G U I

NE

NORD-EST-O

MEXIQUE

Éditions des Voyages

Parution 2002

Note au lecteur

Dans ce guide, les prix sont donnés en pesos mexicains. Les hôtels et les restaurants sont classés par catégorie de prix pour faciliter vos prévisions de budget. Renseignez-vous sur le taux de change du peso au moment de votre départ.

Cet ouvrage tient compte des conditions de tourisme connues au moment de sa rédaction. Certains renseignements (prix, adresses, numéros de téléphone, horaires) peuvent perdre de leur actualité. Michelin Éditions des Voyages ne saurait être tenu responsable des conséquences dues à ces éventuels changements.

Ont collaboré à ce guide

Direction	Hervé Deguine
Rédactrice en chef	Béatrice Brillion
Édition	Florence Dyan
Rédaction	Catherine Bardon, Florence Dyan, Xavier Laporte, Pascal Windland
Cartographie	Jacqueline Pavageau (responsable), Aurélie Huot, Thierry Lemasson, Bertrand de Brun, Martine Marmouget, Catherine Zacharopoulou
Iconographie	Catherine Guégan
Documentation	Claire Chaudat-Delecroix
Mise en page	Marc Pinard, Jean-Paul Josset
Fabrication	Pierre Ballochard
Ventes	Antoine Baron (France), Robert Van Keerberghen (Belgique), Christian Verdon (Suisse)
Marketing	Cécile Petiau
Relations publiques	Gonzague de Jarnac
Pour nous contacter	Guides Neos
	Michelin - Éditions des Voyages
	46, avenue de Breteuil
	75324 Paris Cedex 07
	☎ 01 45 66 12 34
	Fax : 01 45 66 13 75
	E-mail : NEOS@fr.michelin.com

Éditorial

Quatre fois la superficie de la France, 5000 km du nord au sud : le Mexique a tout d'un gigantesque trait d'union entre les États-Unis et l'Amérique Centrale. De la Mexico démesurée aux hameaux du Chiapas, des hommes d'affaires rivés à leur téléphone mobile aux paysans indiens implorant le dieu du Maïs, des rappeurs latinos de la capitale aux mariachis de Guadalajara, des centres commerciaux d'Acapulco aux marchés colorés du Oaxaca, du raffinement maya à la luxuriance du baroque colonial, vous serez séduit par ce métissage de cultures qui donne au Mexique contemporain son extraordinaire vitalité.

Béatrice Brillion, créatrice et rédactrice en chef de la collection Neos, a envoyé aux quatre coins du pays Florence Dyan, la responsable de ce guide, et son équipe de rédacteurs. Pendant plus de six mois, ils ont parcouru à eux quatre des milliers de kilomètres, visité plus de 2000 hôtels et restaurants, gravi les marches de dizaines de pyramides.

Par monts et par vaux, Florence a exploré le Oaxaca et le Chiapas, entre marchés indiens et fêtes traditionnelles. Dans le centre du pays, Catherine Bardon a évolué avec autant d'aisance dans les bars branchés des villes coloniales que dans les minuscules villages de bout du monde de la côte Pacifique. Avion, train, bus, voiture n'ont plus aucun secret pour Xavier Laporte, qui a laissé les eaux cristallines de Cancún pour sillonner le nord du pays, avec des cactus pour uniques compagnons de voyage. Pascal Windland, expert de l'Amérique précolombienne, a arpenté sans relâche les sites archéologiques du Yucatán et s'est laissé bercer par un air de danzón à Veracruz avant de revenir à Mexico, sa ville d'adoption depuis plusieurs années.

Ce nouveau guide Neos a été réalisé avec passion : nous vous offrons nos émotions. À votre tour, faites-nous partager vos découvertes ! Et si, par malheur nous avions oublié une bonne adresse ou avions laissé filer une erreur, alertez-nous !

Car les guides Neos veulent devenir vos meilleurs compagnons de route : précis, synthétiques, agréables à lire, pratiques, ils doivent mériter la place qu'ils prennent dans vos bagages. C'est notre pari.

Hervé Deguine
Directeur des guides touristiques
Directeur.Neos@fr.michelin.com

COMMENT UTILISER VOTRE GUIDE NEOS ?

Invitation au voyage

Les habitants

Pays pratique

Visiter le pays

**4 couleurs pour 4 parties
faciles à repérer**

*Un panorama du pays,
pour découvrir sa physionomie,
son histoire et sa culture.*

*Fêtes, religions, musique, danse,
traditions populaires, mais aussi quelques
clés de savoir-vivre pour rencontrer les
habitants dans leur vie quotidienne.*

*Tout ce qu'il faut savoir pour
bien préparer votre voyage et séjourner
dans le pays : budget, transports,
restauration et hébergement, ainsi
qu'un lexique complet.*

*Une exploration approfondie
de chaque région, ville et site, étayée
de cartes et de plans, ainsi que
des carnets pratiques pour chaque étape.*

• *Les bandeaux-repères,*
alternés bleu clair et bleu foncé, rappellent :
à gauche le nom de la région,
à droite celui de la ville,
du site ou de l'itinéraire décrit.

• *Villes et itinéraires figurent toujours
en haut de page.*

• *Les étoiles vous guident dans votre
sélection des curiosités à voir.*

• *La carte d'identité du lieu
ou du type d'excursion, en un
clin d'œil.*

LA ROUTE DES FORTERESSES ✱

Province des Hautes-Terres
Itinéraire de 190 km – 1 journée
Hébergement à Gaïa

À ne pas manquer
Le marché de Gaïa, le samedi matin.
Le château de la Mer, pour son point de vue.

Conseils
Faites de Gaïa votre base pour rayonner dans la région.
Visitez le château en fin de journée, sous les feux du couchant.

Seule étape sur la route des Hautes-Terres, au cœur de l'Aganabar, Gaïa a toujours été une bourgade prospère et animée, vivant de son agriculture et du passage des commerçants qui y trouvaient refuge. Aujourd'hui, elle accueille d'autres voyageurs – touristes venus de tous les horizons – qui en font le point de départ de leur circuit en montagne. La vieille ville s'étage au pied d'une imposante falaise creusée de part en part d'habitations troglodytiques, d'étables et d'entrepôts, mais aussi de chais – les coteaux alentour produisent quelques bons vins (tous les cafés et les restaurants du centre en proposent ; n'hésitez pas à les goûter).

Les Hautes-Terres

Périple dans les hauteurs
Du chef-lieu, prenez la route nationale sur 54 km.
Entrée libre dans le parc national. Comptez 2 h de visite.

Gaïa conserve néanmoins son charme d'antan, et son animation est très agréable. En particulier le samedi matin, jour du *marché*, quand la place du *Vent de la gare routière* se colore des étals des maraîchers de la région. Fruits et légumes, mais aussi miels et fromages embaument tout le quartier, dès l'aube. Les paysannes, *salvar* et fichu à fleurs sur la tête, viennent y vendre également des foulards, des mouchoirs et des napperons brodés de leur confection.

■ Gaïa* – À l'ouest de la place centrale (Castello Rosso), on s'enfonce dans le dédale des ruelles de la vieille ville (*entre le passage du Cap et la rue Refique*) qui a conservé de nombreuses **maisons traditionnelles** en belles pierres ocre. Assises en cercle sur le pas d'une porte, des femmes discutent en brodant des foulards pour les touristes. À proximité, vous pourrez jeter un coup d'œil aux salles du Musée archéologique (8h30-17h30; *entrée payante*), où dorment quelques fossiles et des monnaies antiques, ainsi que de belles statuettes. En remontant la rue Refique (*vers le nord*), on aboutit à la **tour Blanche**, bel édifice du 15e s. De là, un escalier abrupte grimpe le long de la falaise vers le quartier de Kara Kaspi, petite colline encore empreinte de l'âme du vieux Gaïa avec ses maisons de pierre toutes de guin-gois et ses habitations rupestres.

• *Pour chaque curiosité, toutes
les conditions d'accès et de visite.*

• *Pratique, un petit carré bleu ■
signale chaque étape de l'itinéraire.*

• A ne pas manquer :
le monument important, le café légendaire, la gourmandise locale...

Des cartes et des plans en couleurs
avec des propositions d'itinéraires.

• Sur les plans de ville
les hôtels sont indiqués par une pastille numérotée.

• Des conseils pratiques :
le meilleur moment pour visiter le site, le quartier à éviter, le moyen de transport idéal...

Des carnets pratiques complets
• Pour chaque établissement, des **pictos** vous indiquent tous ses équipements (légende sur le rabat de couverture).

Nos préférences.

Gaïa pratique

ARRIVER-PARTIR
En bus – La gare routière jouxte la place du marché. La **compagnie Gaïa** assure des liaisons quotidiennes avec les principales villes de l'ouest du pays, par la côte.

ADRESSES UTILES
Office de tourisme – Dans la rue principale, ☎ (332) 351 10 74. Ouvert du lundi au samedi, 8 h-17 h. Sympathique accueil en français.

Banque / Change – Deux banques sur la rue principale. Lundi-vendredi, 8 h 30- 17 h 30. Distributeur de billets.

Poste – Juste au pied du château. Tlj, 8 h 30-19 h. Le service du téléphone est ouvert 24 h sur 24. Change.

Santé – **Clinique Gaïa**, sur la route du château, ☎ (312) 287 90 00.

ACHATS
Brocante – Vous trouverez plusieurs magasins autour de la place du Château, proposant des articles de qualité.
Galerie Yuna, rue Yuna, ☎ (384) 341 43 25. De belles lampes à huile.

OÙ LOGER
De 6 à 10€
Camping du château, route de la mer, ☎ (384) 341 33 54 – 10 pl.
Face à la plage ombragée de palmiers, de belles places, propres et équipées. Barbecues à disposition.
Gaïa Hotel, place du Château, ☎ (384) 341 33 54 – 25 ch.
En plein centre-ville, une ravissante maison entourée d'un petit jardin ombragé. Ch...
et très propr...
vous réserve...

OÙ SE REST...
Tarenber, ...
☎ (246) 218...
rant bien conn...
raffolent. Amb...
ses délicieux «...

LOISIRS
Randonnées é...
quez pas les sup...
(d'un ou plusie...
par **Bérangère**...
quittant Gaï...
☎ (384) 341 51...

Gaïa pratique

ARRIVER-PARTIR
En bus – La gare routière jouxte la place du marché. La **compagnie Gaïa** assure des liaisons quotidiennes avec les principales villes de l'ouest du pays, par la côte.

ADRESSES UTILES
Office de tourisme – Dans la rue principale, ☎ (332) 351 10 74. Ouvert du lundi au samedi, 8 h-17 h. Sympathique accueil en français.

Banque / Change – Deux banques sur la rue principale. Lundi-vendredi, 8 h 30- 17 h 30. Distributeur de billets.

Poste – Juste au pied du château. Tlj, 8 h 30-19 h. Le service du téléphone est ouvert 24 h sur 24. Change.

Santé – **Clinique Gaïa**, sur la route du château, ☎ (312) 287 90 00.

ACHATS
Brocante – Vous trouverez plusieurs magasins autour de la place du Château, proposant des articles de qualité.
Galerie Yuna, rue Yuna, ☎ (384) 341 43 25. De belles lampes à huile.

OÙ LOGER
De 6 à 10€
Camping du château, route de la mer, ☎ (384) 341 33 54 – 10 pl.
Face à la plage ombragée de palmiers, de belles places, propres et équipées. Barbecues à disposition.
Gaïa Hotel, place du Château, ☎ (384) 341 33 54 – 25 ch.
En plein centre-ville, une ravissante maison entourée d'un petit jardin ombragé. Chambres joliment décorées et très propres. Le patron, charmant, vous réserve un accueil chaleureux.

OÙ SE RESTAURER
Tarenber, passage du château, ☎ (246) 218 18 25. Un petit restaurant bien connu des habitants, qui en raffolent. Ambiance typique. Goûtez ses délicieux « ganiches ».

LOISIRS
Randonnées équestres – Ne manquez pas les superbes balades à cheval (d'un ou plusieurs jours) conduites par **Bérangère**, route des Pins (en quittant Gaïa par l'ouest), ☎ (384) 341 51 75.

R. Mattes/MICHELIN

MEXIQUE

Nom officiel : États-Unis du Mexique
Superficie : 1 967 183 km^2
Population : env. 100 millions d'habitants
Capitale : Mexico
Monnaie : le peso mexicain

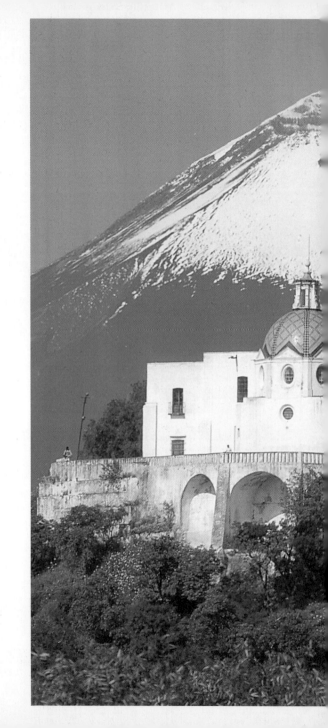

Invitation au voyage

L'église de Cholula
se détachant
sur le volcan
Popocatépetl

UN PAYS DE HAUTES TERRES

Au-delà du Mexique ce sont bien des «Mexiques» qui se dessinent. Cet immense territoire d'une incroyable richesse géographique et climatique recèle des paysages aussi spectaculaires que variés, des étendues désertiques à la forêt tropicale, des volcans encapuchonnés de neige aux lagons translucides. Charnière entre l'Amérique du Nord et l'Amérique centrale, cinquième pays du continent américain par la superficie, le territoire mexicain déploie, entre les océans Pacifique et Atlantique, ses 1 967 183 km² (dont 5 127 km² d'îles), soit près de quatre fois la France. La frontière avec les **États-Unis**, longue de 3 114 km, court en grande partie le long du Río Bravo (dénommé Río Grande du côté américain). Au sud, le pays est fermé par le **Belize** (côté Yucatán) et par le **Guatemala** (côté Chiapas).

Un relief varié et tourmenté

Traversé par le **tropique du Cancer**, le Mexique est un pays de hautes terres dont la moitié du territoire se situe à plus de 1 500 m d'altitude.

Des sierras sur toute la longueur

Telle une double épine dorsale, deux chaînes de montagnes dans le prolongement des Rocheuses (États-Unis) parcourent le pays du nord au sud, parallèlement aux deux barrières littorales : la **Sierra Madre orientale** (côté Atlantique) et la **Sierra Madre occidentale** (côté Pacifique) ceinturent les hautes terres de l'**Altiplano central**, qui s'élèvent entre 1 000 et 3 000 m. Une série de canyons et de ravins spectaculaires, les **Barrancas del Cobre**, occupent cette zone.

Les deux axes montagneux poursuivent leur course pour se rejoindre au sud dans la **Sierra Madre del Sur**, très difficile d'accès, où se déploient d'impressionnants paysages de profonds ravins et de pentes abruptes. Ce massif perd de l'altitude pour atteindre l'**isthme de Tehuantepec**, étroit de seulement 160 km. Il sépare le Chiapas au sud, où se dresse la **Sierra de Chiapas**, hautes terres couvertes de forêts tropicales, de la péninsule du Yucatán au nord, plus aride et victime des cyclones de la zone caraïbe.

Les hauts plateaux du Nord et la Basse-Californie

Situé à la latitude des plus grandes zones arides du monde tel le Sahara, le Mexique ne compte cependant pas de véritable désert. La région du nord, située au-dessus de 1 800 m, est formée de hauts plateaux (Altiplano) semi-désertiques et de savanes arides à la végétation chétive. La **Basse-Californie**, longue langue de terre, s'avançant entre l'océan Pacifique et le golfe de Californie (mer de Cortés), est une terre très peu peuplée, encore guère domestiquée et découpée de profondes criques sauvages. Toute cette zone nécessite une irrigation permanente afin d'y développer cultures et élevage extensifs.

Des volcans à la chaîne

L'arête montagneuse et volcanique qui traverse le pays en son centre, à la jointure de la Sierra Madre occidentale et de la Sierra Madre orientale, zone de cassures et de failles, marque la frontière géographique entre l'Amérique du Nord et l'Amérique centrale. Cette ligne montagneuse, qui s'étire à plus de 4 500 m d'altitude, est hérissée de cônes de volcans actifs, les plus hauts sommets du pays couverts de neiges éternelles. Le **Pico de Orizaba** ou Citlaltépetl («montagne étoile» en nahuatl) culmine à 5 747 m entre Puebla et Veracruz, suivi du fameux **Popocatépetl** («montagne qui fume») au sud-est de la capitale (5 450 m), entré en éruption en décembre 2000 (*voir p. 204*). Son voisin, l'**Iztaccíhuatl** (« la femme blanche »), atteint 5 280 m au sud-est de la capitale, suivi par le **Nevado de Toluca** ou Xinantécatl (« chauve-souris sacrée ») avec ses 4 680 m, au sud-ouest de Mexico. À noter la naissance en 1943 du plus jeune volcan du pays, le **Paricutín**, dans le Michoacán (*voir p. 471*).

Si les éruptions volcaniques constituent une menace, la région est également en proie à de fréquentes **secousses sismiques** (*voir p. 117*).

Les plaines côtières ou tierras calientes

Les deux plus grands océans du monde, le Pacifique et l'Atlantique, cernent le pays doté d'une longue façade littorale de quelque 9 200 km de côtes – dont 6 600 km à l'ouest et 2 600 km à l'est.

Sur la façade Pacifique alternent d'immenses plages de sable et des falaises rocheuses adossées aux contreforts de la Sierra Madre occidentale, délimitant une étroite frange côtière. Le littoral, parfois difficile d'accès, offre encore des régions sauvages bien qu'il soit de plus en plus domestiqué grâce à de nouvelles routes, qui franchissent les cols montagneux. Lagunes et paysages de mangroves sont très présents.

Sur le littoral Atlantique se dessine une plaine côtière plus large et très arrosée. La côte qui borde le **golfe du Mexique** reçoit plus de précipitations que le reste du pays (le record est détenu par l'Usumacinta, à proximité de Villahermosa avec 5 m de pluie par an) et a développé une agriculture florissante.

À l'extrémité est du pays, le vaste plateau calcaire de la **péninsule du Yucatán** ne compte que de fort modestes hauteurs (la sierrita de Tical culmine à 200 m). Marqué par la sécheresse, le nord-ouest du Yucatán est le royaume des **cenotes**, puits naturels très profonds, parfois envahis de végétation, parfois piscines naturelles aux eaux limpides. Ce phénomène karstique résulte de l'effondrement de parois calcaires rongées par les eaux. Certains de ces avens étaient considérés comme des lieux sacrés, tels les *cenotes* de Chichén Itzá (*voir p. 365*).

Un climat tout en nuance

Voir également « À quelle saison partir » p. 94.

Les quelque 5 000 km de long qui séparent le nord du sud et les importantes variations d'altitude du Mexique nuancent le climat, plutôt clément tout au long de l'année. Sa latitude tropicale détermine une **saison humide** qui s'étend de mai à octobre, avec une pluviométrie très variable selon les régions, tandis que pendant l'autre moitié de l'année règne la **saison sèche** parfois aride.

Trois étages climatiques se dessinent en fonction de l'altitude. Au niveau des **terres chaudes** (tierras calientes), à moins de 800 m, règne une chaleur quasi constante ; les **terres tempérées** (tierras templadas), entre 800 m et 1 600 m, jouissent d'un « éternel printemps » comme se plaisent à le proclamer les habitants ; quant aux **terres froides** (tierras frías), à plus de 1 600 m, elles connaissent une forte amplitude thermique, parfois extrême dans les États du Nord, en proie à de brusques chutes de température la nuit et à des tempêtes de neige intempestives.

Deux courants chauds baignent les côtes Atlantique et Pacifique, conférant aux franges côtières un climat tropical humide, tempéré par l'altitude. La région caraïbe reste soumise aux intermèdes humides de la **période cyclonique** de juillet à octobre.

UNE NATURE GÉNÉREUSE

Par sa situation et son étendue, le Mexique possède un éventail exceptionnel de milieux naturels, ainsi qu'une flore et une faune d'une grande diversité. En dehors de la région désertique de l'Altiplano central, entre 1 000 m et 2 000 m d'altitude, il présente une grande variété de zones de végétation. Les dégâts causés à cette nature par l'homme – agriculture et élevage extensifs, exploitation pétrolière, urbanisation et industrialisation envahissantes, traditions indigènes de la culture sur brûlis, coupe du bois à usage domestique – commencent à entamer de façon alarmante le capital naturel du pays.

Au pays du cactus

Le règne du matorral

Les vastes étendues désertiques du Nord (Sonora, Chihuahua, Basse-Californie), de l'Altiplano central et de la Sierra Madre sont hérissées d'une végétation chétive de broussailles et d'épineux (le *matorral*) qui luttent contre la grande sécheresse : l'**agave** (maguey), le yucca et surtout 800 des 1 000 espèces de cactus connues au monde tels le **figuier de Barbarie** (nopal), le gigantesque **cardón**, emblème de la Basse-Californie (qui peut atteindre 20 m de haut), et son cousin le **saguaro**, célèbre cactus-chandelier typique des paysages mexicains de bandes dessinées. Le cactus-cierge (ou torche) déploie quant à lui ses tiges côtelées hérissées de petites épines en touffes denses pouvant atteindre jusqu'à 6 m de hauteur. De février à juillet, sa floraison est un secret bien gardé, puisque ses fleurs blanches éclosent en fin d'après-midi pour mourir avant l'aube suivante.

Une forêt mutilée

Le front de la forêt recule inexorablement sous les assauts de la civilisation. Les cultures vivrières des Indigènes grignotent la selve, la construction d'un réseau routier moderne donne désormais accès aux régions boisées, détruisant l'équilibre de l'écosystème. À flanc de sierras les **forêts de moyenne altitude** sont peuplées de chênes à feuilles persistantes, de conifères, de genévriers ou de thuyas, et sont peu à peu dévastées par un déboisement galopant. Victimes d'une coupe en règle à des fins domestiques et artisanales, les chênes se raréfient, cédant le terrain aux nombreuses espèces de pins, de plus en plus solitaires sur les pentes montagneuses.

Une bonne partie du sud-est du pays et le contrefort côtier de la Sierra Madre sont envahis par une **forêt tropicale humide** à la végétation exubérante et étouffante, qui perd de sa densité et s'aère en prenant de l'altitude. C'est le milieu naturel des fougères arborescentes, des bégonias géants, des essences précieuses telles que l'acajou, des chênes moussus aux troncs desquels s'accrochent des lianes, des broméliacées et de délicates **orchidées** blanches et roses dont on compte un millier de variétés…

Dans les régions abritées du Veracruz et du Tabasco, une des zones agricoles les plus riches du pays, la forêt est peu à peu remplacée par des pâturages ou de grandes plantations fruitières (canne à sucre, banane), d'où émergent des arbres à pain déployant leur épais feuillage et d'immenses **ceibas** (fromagers), épargnés en raison de leur caractère sacré.

Le Yucatán est dominé par les forêts de résineux et de palmiers nains. Le fameux **zapote** (sapotillier), dont le tronc donne le chicle (latex entrant dans la fabrication du chewing-gum), est très présent.

Les **plaines marécageuses** côtières, habitat de nombreuses espèces animales, sont le domaine de la mangrove, des palétuviers et des bambous.

LA FLORE

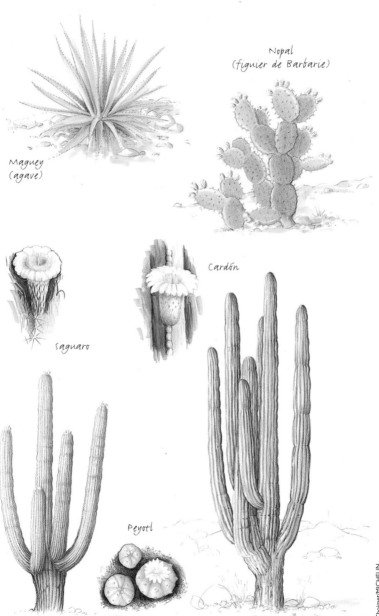

Maguey
(agave)

Nopal
(figuier de Barbarie)

Cardón

Saguaro

Peyotl

Une faune exceptionnelle

Adaptée aux différents reliefs et climats du pays, la faune mexicaine, extraordinairement riche, compte une multitude d'espèces (dont 15 % sont endémiques et une quarantaine dangereuses) : 520 espèces de mammifères, 1 425 espèces d'oiseaux, 685 reptiles et 267 batraciens.

Si la chasse, le commerce, la déforestation, le développement agricole n'ont pas encore eu raison de cette biodiversité opulente, nombre d'espèces sont cependant aujourd'hui en danger et menacées d'extinction, les loups et les ours ayant déjà quasiment été exterminés. De nombreux programmes de protection animaliers ont été mis en place, dont certains commencent à porter leurs fruits notamment pour les baleines grises.

Une immense volière

Quelque 1 400 espèces d'oiseaux peuplent le ciel mexicain, villégiature hivernale d'une centaine d'espèces migratoires. Dans tout le pays évoluent vautours, **aigles** (oiseau mythique, symbole des guerriers aztèques), chouettes, orfraies, busards, faucons, étourneaux, hirondelles, corbeaux, butors...

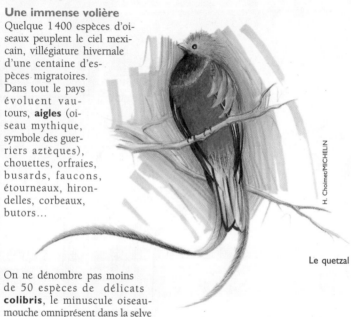

H. Cholmet/MICHELIN

Le quetzal

On ne dénombre pas moins de 50 espèces de délicats **colibris**, le minuscule oiseau-mouche omniprésent dans la selve tropicale, qui se maintient sur place pour butiner les fleurs grâce à la prodigieuse rapidité de ses battements d'ailes. La forêt résonne du concert de centaines d'oiseaux, oiseau trompette, oiseau moqueur, colombe, faisan, pluvier, chardonneret (le *chicomole* dont le sifflement sert de présage aux Indiens). Les plus spectaculaires sont les perroquets (le *loro* particulièrement disert et la *cotorra* au plumage vert) et les perruches aux couleurs chatoyantes, les toucans au gros bec orangé. Quant au très rare **quetzal**, poitrine rouge, bec jaune et longue queue vert émeraude, l'oiseau mythique des cultures précolombiennes dont les plumes servaient d'ornements, il se cache au plus profond de l'épaisseur végétale.

Les rivages côtiers et les zones marécageuses sont également de véritables sanctuaires pour les mouettes, hérons, martins-pêcheurs, bécassines, flamants roses élancés, graciles aigrettes (*garzas*), ibis, foulques, pluviers, sarcelles, cormorans et pélicans massifs, grèbes, canards et frégates. Quant au **dindon** (*guajolote*), originaire du Mexique, c'est le roi incontesté de la basse-cour.

Des animaux presque familiers

Ratons laveurs, renards, skunks se rencontrent dans la majeure partie du pays. Dans le nord, l'élevage extensif du bétail a repoussé le puma, le daim, le coyote et de rares ours noirs dans les régions montagneuses plus isolées. Les petits rongeurs (lapins, souris, grisons, écureuils volants…) vivent en forêt à la lisière des plantations.

Les présences secrètes de la jungle

Les grandes forêts du sud (côte du golfe du Mexique) et les zones tropicales résonnent de cris stridents, de piaillements… Elles sont le domaine de prédilection de l'animal le plus bruyant de la forêt, le **singe hurleur**, dont le rugissement retentit au lever du soleil et s'entend à un kilomètre à la ronde, et du roi des acrobates, le **singe-araignée** (atèle), agile et sociable, désormais protégé. Avec un peu de chance, vous pourrez apercevoir une femelle, son petit agrippé à son dos, en équilibre sur une branche, sa longue queue préhensile lui servant de balancier. Les grands félins (**jaguars**, pumas, lynx, ocelots, chats tigres) et les gros mammifères restent tapis dans la jungle.

Le jaguar, le dieu félin

Le plus grand félidé du Nouveau Monde (de 30 à 100 kg et jusqu'à 1,80 m) est un animal mythique, hissé au rang de divinité dans la plupart des civilisations précolombiennes. Les souverains mayas arboraient des peaux de jaguars qui symbolisaient leur rang. On le rencontre dans les forêts tropicales et plus rarement dans les savanes des zones semi-désertiques. Sa robe jaune au poil court est ornée d'ocelles autour d'un point noir central, et une bande noire formée de taches allongées court le long de son dos. Massif mais très agile, bon grimpeur, coureur véloce et excellent nageur, c'est un chasseur habile. Solitaire, tapi dans la forêt le jour, à la nuit tombée, il guette tapirs, pécaris, tatous, pacas, agoutis, et poissons.

Le **pécari à collier**, un cochon sauvage à la vue basse pesant de 14 à 30 kg et mesurant jusqu'à 1 m, ressemble à un sanglier. Le tapir, le cerf, le **tatou** (armadillo) à l'énorme carapace, l'opossum, l'agouti, le paca petit rongeur au pelage roux parsemé de taches blanches, endémique de l'Amérique du Sud, le fourmilier (ou tamanoir) aux griffes puissantes se rencontrent dans les forêts humides. Le plus grand rongeur du monde, le capybara (50 kg) vit dans les marécages en troupeaux.

Le jaguar, un animal sacré

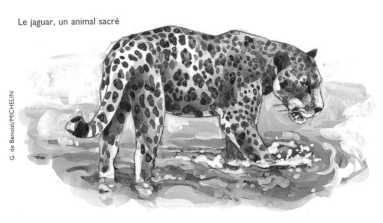

G. de Benoist/MICHELIN

Une foule rampante...

Amateurs de chaleur et de sécheresse, le **serpent corail** aux anneaux rouges et noirs, le redoutable **serpent à sonnettes** (*cascabel* ou *nauyaca*) qui se signale par la vibration sonore de l'extrémité de sa queue, le crotale, la vipère, le scorpion, le varan venimeux, le gecko et le lézard peuplent les régions semi-désertiques du Nord et du Centre. L'**iguane** à la monstrueuse silhouette héritée de la préhistoire, qui mange fruits et insectes et dont la chair est très prisée, est fréquent dans la partie tropicale. Le serpent fer-de-lance (*Barba amarilla*), très venimeux, et le boa constrictor, inoffensif pour l'homme malgré sa taille impressionnante, préfèrent la forêt humide ; quant aux reptiles aquatiques crocodiles, caïmans, tortues, ils se rencontrent fréquemment dans les régions marécageuses et les mangroves côtières, prenant un bain de soleil avant de glisser sans bruit dans les eaux d'une lagune. Les batraciens, crapauds-buffles et grenouilles bruyantes vivent également dans ces régions.

... et grouillante

Les entomologistes ne seront pas déçus car araignées noires et velues, **mygales** venimeuses, moustiques insatiables, tiques voraces (*garapatas*), scorpions agressifs..., toute une population rampante et volante hante les forêts tropicales. Les papillons sont nombreux dont le plus beau spécimen est le **Morpho** du Yucatán aux ailes bleu brillant et le célèbre **papillon monarque**, qui a choisi le Michoacán pour venir s'y reproduire, franchissant plus de 3 000 km au cours de sa grande migration annuelle (*voir p. 463*).

Délicat équilibre pour une faune marine sous surveillance

Dans les mers, une multitude d'espèces évoluent pour le plus grand plaisir des pêcheurs et plongeurs.

La mer de Cortés, grouillante de plancton et de petits poissons, est particulièrement accueillante pour les mammifères marins. Les lamantins (pouvant mesurer 6 m et peser jusqu'à 4 tonnes), dont la population s'est récemment redéployée, les otaries et les dauphins ont élu domicile le long des côtes de la Basse-Californie. Les **baleines grises**, monstres de 15 m de long et d'une quarantaine de tonnes, viennent de l'océan Arctique pour mettre bas en hiver dans la lagune Ojo de Liebre. Presque complètement exterminée lors de la vogue de l'industrie baleinière du 19e s., l'espèce aujourd'hui protégée est désormais estimée à 11 000 spécimens, de quoi bientôt repeupler la mer du Japon. Les **baleines à bosse** ont choisi la région plus septentrionale de la baie de Banderas comme quartiers d'hiver, et elles animent la côte du spectaculaire ballet de leurs sauts et acrobaties.

Raies manta, dauphins, requins-marteaux, requins dormeurs, squales effilés, thons, bars, poissons-chats, gobies, marlins, espadons évoluent communément dans les eaux du Pacifique. Les **tortues marines** ont elles aussi choisi les plages du Pacifique pour venir pondre chaque été.

Côté caraïbes, les coraux tressent de longues murailles dentelées aux ramifications complexes, étoiles de mer, anémones, spirographes, et gorgones ondulantes tapissent joliment les fonds marins tandis que de multiples poissons multicolores évoluent paresseusement dans les eaux chaudes : poissons balistes, poissons anges, poissons papillons, poissons lunes... sous les yeux émerveillés des plongeurs.

Chronologie

Époque précolombienne (20000 av. J.-C. à 1521)
20000 av. J.-C.   Peuplement du continent américain par le détroit de Béring

Époque préclassique (1800 av. J.-C-250 ap. J.-C.)
                     Apogée de la culture olmèque.
                     Premier peuplement maya
                     Fondation de Monte Albán
200-150 av. J.-C.   Fondation de Teotihuacán

Époque classique (250-900)
                     « L'âge d'or » : Teotihuacán, Monte Albán, puis les cités mayas
                     et El Tajín

Époque post-classique (900-1521)
980   Fondation de Tula, capitale des Toltèques
1150   Destruction de Tula
1000-1200   Renaissance maya à Chichén Itzá
1325   Fondation de Tenochtitlán
1428-1521   Triple Alliance (Empire aztèque)

La colonie (1521-1821)
1519   Débarquement espagnol de Cortés à Veracruz
1521   Chute de Tenochtitlán, fin de l'Empire aztèque
1767   Expulsion des jésuites de la Nouvelle-Espagne

L'Indépendance
1810   « Cri de Dolores » du père Hidalgo
1821   Traité de Córdoba, indépendance du Mexique
1848   Cession des territoires du Nord aux États-Unis
1854   Plan de Ayutla, présidence de Benito Juárez
1857   Lois de Réforme
1864-1867   Maximilien d'Autriche, empereur du Mexique
1867-1876   Rétablissement de la République
1877-1911   Le Porfiriat

De la Révolution au retour à la paix
1911   Début de la révolution mexicaine
1911-1913   Présidence de Francisco Madero
1913   Coup d'État du général Huerta
1914   Intervention des États-Unis
1919   Assassinat d'Emiliano Zapata
1914-1920   Présidence de Venustiano Carranza
1926-1929   Guerre des Cristeros
1929   Fondation du Parti national révolutionnaire (PRI)
1934-1940   Présidence de Lázaro Cárdenas
1936-1939   Expropriation des compagnies pétrolières américaines
                     et anglaises

Le Mexique aujourd'hui
1953   Droit de vote des femmes
1968   Massacre de la place des Trois Cultures
1979   Première visite du pape Jean-Paul II
1981   Conférence Nord-Sud de Cancún
1985   Tremblement de tèrre de Mexico
1992   Signature du traité ALENA avec les États-Unis et le Canada
1994   Apparition de l'EZLN du sous-commandant Marcos au Chiapas
                     Crise financière mexicaine, intervention du FMI et des États-Unis
                     Accord de reconnaissance des droits et des cultures
                     des populations indiennes du Mexique
2000   Élection de Vicente Fox à la présidence
                     Fin de l'hégémonie politique du PRI
2001   Marche des Zapatistes sur Mexico

Histoire

LE PUZZLE MÉSO-AMÉRICAIN
DES CITÉS-ÉTATS AUX ÉTATS-UNIS DU MEXIQUE

Le Mexique moderne s'est développé sur le formidable terreau des civilisations de la **Méso-Amérique**, aire culturelle qui s'étend du nord du Mexique au Costa Rica. Pendant plus de 3 000 ans, cet immense territoire a vu naître et mourir plusieurs civilisations dont l'empreinte a marqué différemment le nord et le sud. À partir de la Conquête, cependant, l'histoire ne se fera plus seulement de l'intérieur : au cours des 500 ans qui vont suivre, le métissage entre ces peuples et les nouveaux arrivants, Européens et Africains, dessinera le futur Mexique. Une jeune nation qui n'a pas encore résolu le problème de sa diversité, mais qui compte depuis longtemps parmi les grandes nations du monde contemporain.

Les Olmèques, à l'aube des civilisations méso-américaines

Malgré de récentes découvertes révélant l'existence d'une occupation humaine dès l'époque préhistorique, les historiens avancent toujours l'hypothèse migratoire pour expliquer le peuplement du continent. Des tribus nomades venues d'Asie auraient emprunté le détroit de Béring il y a environ 20 000 ans, pour peupler le continent américain en descendant progressivement vers le sud. Leur sédentarisation, avec l'apparition de l'agriculture, débuta autour du 6e millénaire av. J.-C.
Dès 1 500 avant notre ère s'épanouissent les premières civilisations dont les noms s'inscriront dans l'histoire, se succédant ou coexistant. De nombreux traits culturels communs demeurent, mais la physionomie variée du territoire, du nord au sud – relief, conditions climatiques… – donne naissance à des sociétés à la culture originale, marquées par leurs particularismes régionaux. Aussi, les archéologues ont-ils l'habitude de distinguer **deux grandes zones culturelles** : les civilisations du Nord et des hauts plateaux, foyer de **Teotihuacán**, des **Toltèques** et des **Aztèques** (pour ne citer que les principales), et les cultures – **Olmèques** et **Mayas** – dont les cités se sont développées dans les montagnes du Sud ou en gagnant sur les forêts des basses terres.

La culture mère

Dès 1200 av. J.-C., dans la région du golfe du Mexique, s'épanouit un peuple qui influencera toutes les civilisations de la Méso-Amérique : les Olmèques. Les sites de **San Lorenzo** et de **La Venta** (voir p. 402) ont livré de nombreuses preuves archéologiques du haut degré de développement de cette civilisation, qui durera près de 1 500 ans. Si San Lorenzo semble s'éteindre vers 950 av. J.-C., l'occupation olmèque se prolonge à La Venta jusqu'en 400 avant notre ère, et même un peu plus tard à **Tres Zapotes**.
Les origines de la civilisation olmèque, son organisation politique et sociale et les causes de son déclin restent un mystère. Seule certitude : les Olmèques se placent à la genèse des grandes civilisations méso-américaines, notamment des Mayas. Comme l'affirme François Weymuller dans son *Histoire du Mexique* : «… l'irrigation, l'essor de l'artisanat, l'extension des échanges […], l'élaboration d'un panthéon diversifié, l'apparition de l'écriture, des calculs mathématiques et des observations astronomiques, les débuts d'un urbanisme monumental et planifié en fonction de ces calculs et de ces conceptions : tout le trésor des civilisations classiques est en germe chez les Olmèques». Précurseurs de l'unité culturelle de la Méso-Amérique, leur influence est perceptible dans la vallée de Mexico et sur la côte Pacifique jusqu'au Panama.

Les Mayas, culture du Sud (2000 av. J.-C. à 900 ap. J.-C.)

Maîtres de l'astronomie et des mathématiques, et artistes hors pairs, les Mayas ont fait des terres inhospitalières du Sud le fief d'une civilisation raffinée. L'abandon de leurs prestigieuses cités, au 10ᵉ s. de notre ère, demeure lui aussi un mystère. Plusieurs théories s'affrontent, mais aucune à ce jour ne s'est imposée, et le brillant renouveau maya-toltèque qui prolongea un temps l'ère maya, dans le Yucatán, ne nous éclaire pas davantage sur les raisons de ce déclin.

Les trois âges mayas

Les archéologues ont établi trois grandes périodes : l'**époque préclassique**, qui débute vers 2000 av. J.-C., l'**époque classique** (de 300 av. J.-C. à 900 de notre ère) et l'**époque postclassique**, qui s'achève avec la Conquête. De l'isthme de Tehuantepec au Yucatán, en passant par le Guatemala et le Honduras, l'aire maya couvre un vaste territoire sur lequel les cités, à l'époque de leur apogée, se compteront par centaines. Nombre d'entre elles, en particulier celles qui fleurirent à l'époque classique, ont laissé de magnifiques vestiges : Yaxchilán, Bonampak et Palenque dans les basses terres du Chiapas, Chichén Itzá, Uxmal et Tulum dans le Yucatán et Tikal au Guatemala. Autant de sites remarquables qui, à la lumière des fouilles effectuées ces dernières décennies, révèlent une société complexe.

Cités-États, cités d'échanges

La science des Mayas se révèle d'abord dans leur capacité à domestiquer une terre particulièrement ingrate, couverte de jungle ou de sols pauvres. Des travaux de défrichement herculéens sont entrepris aux abords des rivières, des lacs, des *cenotes*, où s'établissent les premières grandes cités, dès le 1ᵉʳ millénaire. Fondée sur l'**agriculture**, la société maya montre une organisation très hiérarchisée, structurée en classes. Au bas de l'échelle, les paysans exploitent les terres, mises en valeur grâce à divers systèmes d'irrigation et à la technique du brûlis, qui permettent deux récoltes par an de maïs, de courges et de haricots, les bases de l'alimentation maya. À la tête de la cité, dont la population peut atteindre plusieurs dizaines de milliers d'habitants (comme à Tikal ou à Palenque), trône le *halach-huinic* (« homme véritable »), un roi-prêtre omnipotent jouissant d'un luxueux mode de vie. Centre du pouvoir politique et religieux, la cité maya est aussi un **lieu d'échange commercial**, au marché animé où s'échangent toutes les richesses de la région : jade, silex et obsidienne, sel, coquillages ou coraux provenant des côtes, bijoux, tissus brodés et céramiques polychromes, mais aussi ouvrages en plumes, plantes médicinales et encens, les graines de cacao servant de monnaie.

Une fin mystérieuse

Au cours du 9ᵉ s. l'érection des stèles se raréfie, les cités des basses terres se vident alors que des peuplades venues du Nord font irruption dans l'aire maya. Grande énigme de l'histoire méso-américaine, le déclin de la civilisation maya a suscité bien des hypothèses. Catastrophe naturelle, invasions, guerres civiles, terreur millénariste (l'an mil maya) ou rupture de l'équilibre entre production agricole et accroissement de la population ? Ni pillage, ni incendie, ni invasion intempestive ne viennent expliquer cette brutale éclipse. Les historiens penchent plutôt pour une conjugaison de facteurs internes. Devant faire face à l'augmentation de la population, les paysans ont vraisemblablement accéléré la déforestation entraînant la **sécheresse** et la **famine**. Les tensions au sein de la classe dirigeante et les rivalités entre royaumes voisins, avivées par le malaise d'une société sous-alimentée, ont probablement causé l'éclatement du pouvoir et la dispersion d'une société divisée.

Chichén Itzá : Temple des Guerriers et groupe des Mille Colonnes

Chichén Itzá ou le renouveau maya

À Tula, capitale des Toltèques établis dans le Nord, le roi-prêtre Topiltzin régnait sous le nom de Quetzalcóatl, le dieu-serpent à plumes. Chassé par les partisans du culte guerrier au dieu Tezcatlipoca, le monarque partit en exil vers le sud. Or, la tradition maya de cette époque rapporte l'arrivée à Chichén d'un chef étranger et de ses guerriers. Son nom : **Kukulcán**, traduction littérale de Quetzalcóatl, le personnage marquant ainsi la fondation de la nouvelle cité de **Chichén Itzá** (*voir p. 360*).

Si cette théorie de l'invasion toltèque est aujourd'hui écartée au profit d'une autre, mettant en scène des Mayas ayant subi une influence très forte des cultures de l'Altiplano, il n'en reste pas moins qu'avec leur arrivée, Chichén Itzá connaît un nouvel essor. Elle ne tarde pas à s'agrandir et à prospérer grâce à ses alliances avec les cités voisines d'Uxmal et de Mayapán. Les fouilles entreprises à Chichén Itzá mettent au jour une ville fort étendue, dont l'organisation et le mode de vie trahissent l'influence des cultures de l'Anahuac sur les Mayas du Yucatán. Les *Prophéties du Chilam Balam* (voir p. 81) rapportent la froideur de l'accueil fait à ces conquérants, hommes «mauvais» dont «les cœurs sont noyés dans le péché». Pourtant, l'essor attesté des arts, de l'architecture à la poésie, s'accompagne d'un accroissement des **sacrifices humains**, et annonce un nouvel âge d'or.

Cette brillante culture «néo-maya» ne parviendra pas, toutefois, à enrayer le déclin : vers 1200, Chichén Itzá est à son tour abandonnée. Elle connaîtra le même sort que ses consœurs, enfouie sous la jungle. Cependant la culture maya demeure vivace dans la mémoire de ses paysans : aujourd'hui, cinq siècles plus tard, ceux-ci sont restés fidèles aux croyances et aux pratiques ancestrales, et ils supplient toujours le dieu de la Pluie de protéger leurs cultures...

Les civilisations de l'Altiplano et du Mexique central

Entre les contrées désertiques du Nord et les forêts tropicales du Sud, où s'implantèrent les Mayas, l'**Anahuac**, plateau fertile encadré par les cordillères de la Sierra Madre, et les régions du Mexique central (Mixteca, Michoacán et Oaxaca) réunissent toutes les conditions privilégiées à l'épanouissement de grandes civilisations. Le climat tempéré et l'abondance de l'eau y favorisent bien davantage l'agriculture que sur les terres mayas, et de grands centres de pouvoir politique et religieux voient le jour.

Teotihuacán, la «Cité des Dieux» (200 av. J.-C.-750 ap. J.-C.)

Voir également p. 180. Teotihuacán et son grandiose alignement de pyramides apparaît comme la première métropole du continent. Située à une cinquantaine de kilomètres au nord de Mexico, cette puissante cité fondée vers la fin du 2ᵉ s. av. J.-C., compta à son apogée (de 300 à 600 de notre ère) près de 200 000 habitants. Les **Aztèques**, arrivés quelques siècles plus tard, l'érigeront en «Cité des Dieux». Lieu de création du soleil et demeure sacrée de leurs divinités, elle reste entourée d'un halo de mystère. Malgré les fouilles archéologiques, les émouvantes fresques encore visibles sur les murs des monuments et les légendes postérieures la concernant, on ne sait toujours rien de ses dirigeants, des langues qu'on y parlait ni de son nom originel. Son abandon vers 750 ap. J.-C. précède la chute des cités mayas au siècle suivant.

Les Toltèques (800-1200 ap. J.-C.)

Au 9ᵉ s., un des peuples chichimèques quitte le Nord pour établir sa capitale sur l'Anahuac, à 100 km de l'actuelle Mexico : **Tula** (*voir p. 189*) devient vite le foyer d'une civilisation brillante, dont les arts et l'artisanat auront une influence énorme sur toute la région au nord de l'isthme de Tehuantepec. À partir de 980, le règne de **Topiltzin-Quetzalcóatl**, hostile à la culture guerrière basée sur le sacrifice humain, marque une période de paix qui durera 19 ans. La tradition raconte que le monarque dut céder son trône au dieu-sorcier **Tezcatlipoca**, dieu du Ciel nocturne et des Guerriers. Une légende qui correspond, là encore, à une invasion de peuples guerriers

Histoire

venus du Nord : ceux-ci détruisent Tula et précipitent la chute de la civilisation toltèque, en 1168. Une prophétie affirmait que le bienfaisant Topiltzin- Quetzalcóatl devait revenir en 1519 d'un long exil vers le Sud. La diaspora toltèque essaimera la culture de Tula jusqu'en terre maya, séduisant à son passage de nombreuses populations qui se revendiquent encore comme leurs descendants.

Les Zapotèques de Monte Albán (500 av. J.-C. à 1521)

Capitale des Zapotèques, Monte Albán (*voir p. 282*) compte parmi les sites les plus visités du Mexique. Dominant la vallée de Oaxaca, isolée de l'Altiplano et de l'aire maya par le relief de la Sierra Madre, cette cité prit son essor au 5ᵉ s. ap. J.-C. Transformée plus tard en nécropole, ses tombes cruciformes révéleront la richesse d'un art funéraire à son apogée. De nombreuses urnes en céramique constituent une foisonnante galerie de portraits divins, dont Cocijo, le dieu de la pluie, ou Pitao Cozobi, le dieu du Maïs. Les Zapotèques, inventeurs d'une écriture encore peu étudiée et d'un calendrier complexe, reçurent des Olmèques un héritage scientifique comparable à celui développé par les Mayas, dont l'interprétation laisse encore beaucoup de questions sans réponse.

Les Mixtèques (800 ap. J.-C. à 1521)

Descendus des montagnes à la fin de l'ère classique, les Mixtèques profitent de l'affaiblissement de leurs voisins pour accroître leur influence et évincer les Zapotèques de Monte Albán. Occupant à leur tour l'ancienne capitale, leur royaume s'étend dès lors jusqu'au Nord, vers Cholula et Puebla. Peuple d'artistes, ils deviendront les premiers orfèvres de Méso-Amérique, comme le prouve magistralement le trésor de la tombe 7 (*voir p. 274*). Leurs remarquables manuscrits, tel le fameux Codex Borgia, apportent par leur flamboyante calligraphie pictographique de précieux renseignements sur une civilisation qui jette les bases d'un nouvel ordre politique et religieux à l'aube de la période postclassique.

Les Aztèques, un empire éphémère (14ᵉ s.-1521)

Derniers arrivants dans l'histoire des civilisations méso-américaines : le peuple **Mexica**, une tribu guerrière chichimèque venue du Nord, qui se fera appeler «Aztecas», du nom de sa cité d'origine, Aztlán. Au 14ᵉ s., les Aztèques établissent

La «Grande Tenochtitlán» par Diego Rivera (Palais national de Mexico)

R. Mattes/MICHELIN

leur nouvelle capitale sur l'Anahuac, au cœur de l'Altiplano mexicain, puis, grâce à leur politique d'alliances et de guerres, ils imposent rapidement leur hégémonie à l'ensemble des peuples de l'Altiplano, bâtissant un véritable empire qui s'étendra du nord du lac de Texcoco au sud du Mexique actuel. Héritiers des Mayas et des Toltèques, fédérateurs de toutes les cultures de l'Altiplano, les Aztèques marqueront l'histoire du Mexique d'une profonde empreinte : en fondant le premier et le seul empire méso-américain de l'histoire, ils dessinèrent la première ébauche, déchirée par Cortés, d'une nation mexicaine.

Naissance d'un empire – En 1325 s'accomplit la prophétie annonçant la fin de la longue marche des Aztèques : leur migration devait s'achever le jour où ils verraient un aigle se poser sur un cactus pour y dévorer un serpent. Cette vision – dont le Mexique moderne a fait son emblème – leur apparaît enfin, sur un groupe d'îlots inhospitaliers du lac Texcoco. Ils y établissent aussitôt leur capitale, «pauvre petite bourgade au milieu des roseaux»... qui allait devenir «la plus belle cité du monde». **Tenochtitlán**, le «lieu de la fleur de cactus», se métamorphosa en effet en une splendide cité lacustre, aux larges avenues bordées de maisons blanche et rouge, ponctuées de gigantesques temples à gradins et de luxueux palais. Une ampleur et une beauté qui feront d'ailleurs la surprise et l'admiration des troupes de Cortés, lorsqu'elles débarqueront en 1519.

Les débuts des Aztèques en terre centrale se révèlent cependant difficiles. Mais après une existence misérable de mercenaires au service des Tépanèques, les Mexicas se révoltent contre leurs tyrans et fondent en 1428 la **Triple Alliance**, qui unit les cités conquises de Tenochtitlán, de Texcoco et de Tlacopan. Sous le règne du premier empereur, **Itzcoatl** et de son conseiller Tlacaelel, commence l'expansion d'un immense empire, qui va bientôt couvrir près de 200 000 km², territoire divisé en 38 provinces et rassemblant plus de 5 millions d'habitants. Des côtes du Golfe à celles du Pacifique, de l'Anahuac à l'isthme de Tehuantepec, on parle le **nahuatl**, la langue aztèque, et quantité de produits convergent vers le gigantesque marché de **Tlatelolco**, grand foyer commercial établi sur les rives du lac. Le jade, l'or, la turquoise, le tabac, les fruits et légumes, le cacao... y abondent de toutes les provinces conquises, assujetties à de lourds tributs, mais aussi des royaumes voisins avec lesquels l'empire entretient d'étroits échanges.

Une société pyramidale – De 1376 à 1521, neuf souverains se succèdent à la tête de l'État aztèque, brillante dynastie dont la légende attribue l'origine divine à Quetzalcoatl (le dieu-roi toltèque de Tula). Élu au sein de la famille royale par un conseil de prêtres, de guerriers et de fonctionnaires, le **Tlatoani** («celui qui parle») est investi d'un pouvoir absolu, quoiqu'il s'entoure de conseillers et de dignitaires religieux aux pouvoirs très étendus. Guerriers, prêtres, marchands, artisans et esclaves constituent la palette sociale aztèque, les deux premiers «ordres» s'organisant en **calpulli**, sortes de clans qui possèdent les terres en commun. Peuple guerrier, les Aztèques placent les hommes de guerre au sommet de cette échelle, où ils jouent un rôle prédominant. Leur promotion sociale dépend du nombre de prisonniers qu'ils capturent, destinés aux sacrifices. Entraînés dès leur jeunesse, les **Jaguars** et les **Aigles** constituent les corps d'élite, tandis que dans les **calmécacs** (écoles-monastères), les prêtres et la noblesse reçoivent un enseignement religieux, se forment à l'art de la guerre, s'initient à la rédaction des codex et aux subtilités du calendrier. Parmi les nobles, les **pochtecas**, ou marchands-espions à la charge héréditaire, jouissent eux aussi de nombreux privilèges. Composant souvent l'avant-garde des troupes d'invasion, leur richesse notoire fait des envieux au sein de la noblesse.

Vient ensuite la classe des **artistes** et des **artisans**, dont les plus importants sont les tresseurs de plumes et les orfèvres. Quoique fort considérée au sein de la société aztèque, cette population ne jouit d'aucun avantage. Au bas de l'échelle sociale, enfin, les esclaves vivent dans des conditions misérables, mais ils ont le droit de se marier avec des femmes ou des hommes libres et peuvent se racheter.

Une étrange prophétie – Le passage d'un « siècle » de 52 ans à l'autre (*voir p. 43*), marqué par l'annonce de certaines catastrophes cosmiques, représentait un moment particulièrement redouté par les Aztèques. Aussi, à leur approche, les prêtres-devins se référaient-ils aux prophéties pour avertir les gouvernants des dangers ou des changements qui les attendaient. Or, pour l'année « Un Roseau », ces augures annoncèrent le retour de l'ancien dieu pacifique Quetzalcóatl, sous la

La guerre fleurie
La capitale aztèque se trouvant de plus en plus éloignée des terres à conquérir, les rébellions de peuples soumis se faisant rares, les prisonniers voués aux sacrifices vinrent à manquer. Pour pallier cette pénurie, les Aztèques instituèrent une guerre rituelle permettant de fournir leur ration de victimes aux dieux toujours plus gourmands. La Xochiyaoyotl ou «Guerre Fleurie» instaurait un cycle de batailles, programmées sans but de conquête contre un royaume voisin, Tlaxcala, payant ainsi en vies humaines, le tribut imposé par l'Empire.

forme d'un homme barbu à la peau blanche. Est-ce une coïncidence si Cortés et ses hommes débarquèrent cette même année sur les côtes du golfe du Mexique ?

La conquête espagnole

Deux ans pour anéantir un puissant empire, deux ans pour détruire ses cités, ses temples, pour abattre les fondements religieux et remettre en question la culture plusieurs fois millénaire de tout un peuple : il n'en faudra pas plus à une petite troupe de conquérants espagnols assoiffés de richesses et de pouvoir, conduits par un homme animé d'une volonté et d'un courage à toutes épreuves.

Une expédition privée
À la tête d'une flotte de 11 caravelles armées sur ordre de Diego Velazquez, gouverneur de Cuba, **Hernán Cortés** force le destin et quitte le port de Santiago contre l'avis de son protecteur. Le conquistador est accompagné de son lieutenant, le bouillonnant Pedro de Alvarado, d'un chroniqueur, Bernal Diaz del Castillo, d'un représentant de l'Église, le père Olmedo et d'un trésorier du Roi qui devra veiller au prélèvement de la part du souverain (le quint) sur les richesses découvertes. Plus de 500 hommes armés

Hernán Cortés à la conquête du Mexique, B.N. Paris

Photos12.com - ARJ

de sabres, de piques, d'arbalètes et d'arquebuses et 300 marins, porteurs et esclaves débarquent en **avril 1519** sur la côte du Golfe du Mexique. Ici sera fondée la *Villa Rica de la Vera Cruz*, première ville espagnole sur le continent américain.

Le retour de Quetzalcóatl

L'empereur Moctezuma II a été averti par de sombres présages : une comète a traversé le ciel de l'Anahuac, un incendie mystérieux a détruit le grand temple de la capitale et une gigantesque tempête a soulevé les eaux du lac de Texcoco. Ainsi, lorsque des messagers annoncent l'arrivée d'étrangers blancs et barbus, des émissaires partent chargés de cadeaux, convaincus du retour de Quetzalcóatl.

Après une pénible progression depuis la côte, une alliance avec les Tlaxcaltèques et de nombreux combats, les Espagnols arrivent en vue de Tenochtitlán le 8 novembre 1519. À l'entrée de la ville, Moctezuma II accueille les visiteurs et leur fait les honneurs de son luxueux palais. Après une brève semaine de courtoisie, les relations ne tardent pas à se dégrader, et l'empereur aztèque est pris en otage. En l'absence de Cortés retourné à Veracruz pour affronter Panfilo de Narváez parti à sa poursuite, Pedro de Alvarado fait massacrer la noblesse aztèque au cours d'une fête religieuse. C'en est trop : le peuple de Tenochtitlán se rebelle contre les intrus. À son retour, Cortés se trouve confronté à une population totalement hostile, que Moctezuma ne parvient pas à apaiser – il perdra d'ailleurs la vie au cours d'une des émeutes. En cherchant à s'enfuir de la cité dans la nuit du 30 juin au 1er juillet 1520, les Espagnols sont découverts et massacrés par centaines, épisode connu comme la **Noche Triste** (triste nuit).

La Malinche

L'esclave aztèque offerte au conquistador par les caciques du Tabasco joua un rôle déterminant durant la Conquête. Baptisée sous le nom de Marina – les autochtones prononceront Malintzin ou Malinche – cette femme de noble lignée devint la maîtresse de Cortés. Ayant appris les rudiments de la langue espagnole, elle déjoua le complot des habitants de Cholula contre les Espagnols, et servit d'interprète lors des rencontres avec Moctezuma II. Compagne illégitime du conquistador, elle mit au monde Martín Cortés en 1522, l'un des premiers Métis du Nouveau Monde.

La fin de l'empire

Allié avec les Tlaxcaltèques voisins, Cortés revient l'année suivante pour assiéger Tenochtitlán. Malgré la faim, la soif, la tuerie et les épidémies, le nouvel empereur **Cuauhtémoc** repousse les offres de paix des Espagnols, qui pilonnent la ville. Le 13 août 1521, le jeune souverain est capturé et ce qui reste de la capitale aztèque est livré aux flammes. Sur ce même site sera construite Mexico, capitale du vice-royaume de la Nouvelle-Espagne. S'il n'a fallu que deux ans pour abattre la puissance aztèque en la frappant à la tête, il faudra plusieurs siècles pour venir à bout de tous les peuples de la mosaïque humaine mexicaine.

La Nouvelle-Espagne

Entre l'excitante perspective de civiliser une terre « vierge » et les leçons tirées de la Reconquista contre les Maures, le Nouveau Monde se construit avec comme principal objectif celui d'exploiter ses richesses. Au coup par coup, lois et coutumes posent les jalons d'une cohabitation entre deux communautés que tout oppose. L'« humanisme » espagnol des premières décennies succombera rapidement à la logique de rentabilité, radicalisant les rapports sociaux alors que s'épanouit déjà un dévorant métissage.

L'organisation administrative

Les premiers colons ne tarderont pas à voir leurs privilèges réglementés par une couronne d'Espagne soucieuse de contrôler ses lointains serviteurs. Charles Quint met en place une **vice-royauté**, relayée par les **audiencias**, tribunaux administratifs et conseils consultatifs, et les **corregidors**, gouverneurs des provinces. Cette organisation permettra à l'Espagne d'asseoir sa domination, et d'exploiter méthodiquement les ressources économiques de sa colonie. À partir du 18ᵉ s., au siècle des Lumières, les réformes des Bourbons, qui viennent d'accéder au trône d'Espagne, favorisent le développement d'une société parfaitement organisée, riche et raffinée. La Mexico de cette époque est la plus grande ville de l'Empire, et ses institutions (Universités, collèges, Manufacture des Tabacs, Académie des Beaux-Arts) comptent parmi les plus prestigieuses.

Une économie de pillage

Les **mines d'or** et surtout d'**argent**, nombreuses et abondantes, constituent la plus grande richesse du Mexique colonial. Malgré une crise économique au 17ᵉ s., l'Espagne vit des gisements mexicains et péruviens, dont le minerai est acheminé à travers l'Atlantique par des convois de galions lourdement chargés. Les grands domaines fonciers (haciendas, *estancias* et *ranchos*) fournissent au royaume espagnol une grande partie de ses ressources sous forme de monopoles (tabac, sucre, maïs, mercure, sel, poivre,..). Les impôts, taxes et droits divers, de plus en plus lourds, viennent compléter le revenu qui fera de l'Espagne, au cours de ces trois siècles, une des nations les plus riches du monde.

Le système des castes

Deux mondes parallèles cohabitent après la conquête : la « république des Espagnols » et la « république des Indiens ». Dès les débuts, la société mexicaine abrite en son sein les germes du conflit, qui mèneront trois siècles plus tard à l'indépendance. Les **Péninsulaires** ou *Gachupines* (terme péjoratif utilisé pour désigner les Espagnols d'Europe), nés en Espagne et envoyés par le Roi, monopolisent l'administration. Bien qu'exclus des hautes sphères du pouvoir, les **Créoles**, descendants des premiers conquérants nés en Amérique, forment la classe dominante de la société mexicaine. Les **Indiens** sont livrés à l'institution de l'*encomienda* : le roi d'Espagne concède au colon l'exploitation d'un territoire et de ses habitants, qu'il doit nourrir, vêtir, et convertir à la « vraie foi ». Très vite les maîtres oublient leurs devoirs et ne songent plus qu'à tirer avantage de la main-d'œuvre indienne. Victimes des mauvais traitements, décimés par les nouvelles épidémies, les autochtones disparaissent à un rythme inquiétant. Les « Nouvelles lois » de 1542, édictées par Charles Quint sous l'impulsion de **Fray Bartolomé de las Casas**, évêque du Chiapas, aboutissent à la disparition progressive des *encomiendas*. Mais il ne reste qu'un dixième du peuple d'origine. En dehors de ces deux « républiques », le reste de la population se répartit entre les Africains amenés dans les bateaux de négriers, les Métis (de sang indien) et les Mulâtres (de sang africain), occupant avec les Indiens les couches inférieures de la société coloniale.

La difficile naissance d'une nation

Paradoxalement, en pleine montée en puissance du colonialisme européen, l'Amérique latine pose le premier jalon de l'histoire de la décolonisation au début du 19ᵉ s. Au prix de plusieurs dictatures et de courtes dominations étrangères, le Mexique fera le difficile apprentissage de l'émancipation. Indiens, Noirs et Métis, dont la condition empire dans les haciendas et les premières industries, demeureront les grands perdants de la nation naissante. Un siècle plus tard, leur constante oppression et la rigidité du gouvernement de Porfirio Díaz ouvriront la voie à la Révolution mexicaine.

L'accession à l'indépendance

Le ressentiment des riches Créoles contre les *Gachupines* augmente. Ils profitent de l'affaiblissement du pouvoir colonial, après l'invasion de l'Espagne par Napoléon et le départ du roi Ferdinand VII, pour réclamer une plus grande participation à la vie

«Que viva México»

Par ces mots commence la commémoration annuelle du «Grito de Dolores». Tous les 15 septembre à 23 h, le président de la République apparaît au balcon du Palais national de Mexico pour sonner la cloche et réciter la harangue que Miguel Hidalgo lança à ses paroissiens en 1810.

politique. L'étincelle de la révolte vient cependant du peuple des exclus. Alors que le complot de Querétaro vient d'être éventé (voir p. 432), le père Manuel Hidalgo appelle à l'insurrection devant son église du petit village de Dolores, le 16 septembre 1810, aux cris de «Vive la Vierge de Guadalupe, que meurent les Gachupines». Le **Grito de Dolores** (cri de Dolores) marque le début de la rébellion contre le pouvoir colonial.

La troupe de 80 000 Indiens et Métis en marche sur Mexico est finalement battue, et après avoir été excommunié, le père Hidalgo est fusillé. En 1813, une autre révolte d'*insurgentes* est réprimée par le Créole **Agustín de Iturbide**. Mais celui-ci fait volte-face, et s'allie avec les indépendantistes de Guerrero contre le gouvernement espagnol après le retour sur le trône du roi d'Espagne Ferdinand VII. Le 24 août 1821, il impose à la couronne le **traité de Córdoba**, qui consacre l'indépendance du Mexique.

L'ère des dictateurs

Les débuts de la république voient se succéder à la tête du pays une brochette de généraux se disputant le pouvoir suprême. Chantres de la démocratie, ils cachent souvent un objectif plus prosaïque : vider les caisses de l'État. Signe des temps, un de ces caudillos ne reste au pouvoir que moins d'une heure avant d'être assassiné. En 1836, le massacre de Fort Alamo perpétré par le **général Santa Anna** conduit les Texans à la révolte puis à l'indépendance. Dix ans plus tard, les visées expansionnistes américaines déclenchent un nouveau conflit. La bataille fait rage en Californie, et aux succès des troupes de Santa Anna répond le débarquement des forces américaines à Veracruz, qui finit par tomber le 7 mars 1847 après 23 jours de siège. La guerre se termine par la prise du fort de Chapultepec à Mexico, où un monument perpétue le souvenir de jeunes cadets morts au combat (voir encadré p. 153). À l'issue du conflit, en 1848, le Mexique exsangue et ruiné cède un tiers de son territoire aux États-Unis – la Californie, l'Arizona et le Nouveau-Mexique –, le Río Bravo (Río Grande côté américain) délimitant la nouvelle frontière.

Un général à la peau dure

Parmi les nombreux despotes ayant assumé le pouvoir, le général Antonio López de Santa Anna, fut le plus acharné. Onze fois au pouvoir, il en est à chaque fois chassé et mourra finalement dans son lit. Il déjoue en 1829 une tentative de retour des Espagnols à Tampico, mais après le massacre de Fort Alamo en 1836, doit reconnaître l'indépendance du Texas. L'offensive des Français à Veracruz lui permet de redorer son blason : il y perd une jambe mais gagne un nouveau titre de héros. Entre exils et présidences, il participe à la guerre contre l'expansionnisme américain et fait partie de la vie politique mexicaine jusqu'en 1853, date à laquelle il se proclame «dictateur à vie»... avant d'être renversé définitivement deux ans plus tard.

Benito Juárez et la «Reforma»

Appauvri par les dictateurs et démembré par les États-Unis, le Mexique se retrouve à genoux. Le **Plan de Ayutla**, élaboré par Benito Juárez en 1854, signe le retour des civils au pouvoir. Le gouvernement de cet Indien Zapotèque lettré et des libéraux marque un tournant dans l'histoire mouvementée du 19e s. La nouvelle Constitution restaure la démocratie et le fédéralisme, au détriment du catholicisme. Le clergé, choqué par ces **lois de Réforme**, excommunie les fonctionnaires qui prêtent serment à la Constitution. La réponse ne se fait pas attendre, le gouvernement confisque les biens de l'Église, déclenchant une guerre civile de trois ans qui verra la victoire des juaristes en 1861. Le gouvernement de Juárez, qui représente le premier effort de libéralisation et de modernisation du Mexique, est malheureusement contré par l'intervention française.

Benito Juárez (1806-1872)

Originaire d'un village zapotèque de la région de Oaxaca, le futur président du Mexique ne parlait pas un mot d'espagnol. Bientôt orphelin, le jeune Benito est éduqué par un prêtre, ce qui lui ouvre la voie des études et lui permet de devenir avocat, début d'une carrière prometteuse. D'abord gouverneur de Oaxaca de 1847 à 1852, il est exilé par le général Santa Anna. Promoteur du plan de Ayutla, il revient comme ministre de la Justice dans le nouveau gouvernement, une fois le dictateur renversé, et participe à l'élaboration de la Constitution libérale de 1857. Président du Mexique qu'il dirige d'une main de fer à partir de 1861, il est évincé par Maximilien de Habsbourg en 1864, puis revient au pouvoir après avoir signé l'arrêt de mort de l'empereur en 1867.

Maximilien, empereur du Mexique

L'annonce faite par le gouvernement de Juárez de la suspension du paiement de la dette contractée envers les puissances européennes provoque une intervention de celles-ci. Napoléon III commandite une désastreuse intervention et les troupes françaises, anglaises et espagnoles débarquent à Veracruz en 1862. Très vite la France se retrouve seule. Elle parvient cependant à renverser Juárez et impose le jeune archiduc d'Autriche Maximilien de Habsbourg comme empereur du Mexique. Sa popularité est réelle, et les États-Unis sont en pleine guerre de Sécession. Son projet libéral a tout pour réussir mais la situation ne tarde pas à se retourner. Abandonné par la France occupée sur d'autres fronts, pressé par les conservateurs aidés des États-Unis, Maximilien est fait prisonnier et condamné à mort par Juárez. Il tombe sous les balles du peloton d'exécution le 15 mai 1867 à Querétaro. Juárez restaure la République et sera plusieurs fois réélu président jusqu'à sa mort en 1872. Il est considéré à juste titre comme l'artisan de la modernisation libérale du Mexique.

Le Porfiriat, une période d'« ordre et de progrès »

L'instabilité politique et la guerre civile succèdent à la mort de Juárez. Le général **Porfirio Díaz** en profite pour s'emparer du pouvoir, qu'il conservera pendant 34 ans de 1877 à 1911, une longue période « d'ordre et de progrès ». Pour ce qui est de l'« ordre », Porfirio Díaz gouverne avec l'appui de l'armée. Quant au « progrès », s'il est réel, il ne bénéficie qu'à une minorité de privilégiés. Après plusieurs années d'ouverture aux investissements étrangers, le pays se retrouve véritablement sous la tutelle des compagnies étrangères. Certes, les réseaux ferré et routier datent de cette époque, ainsi que le développement des mines et l'installation d'industries lourdes, mais le fossé ne cesse de se creuser entre les classes aisées, immensément riches, et les millions de Mexicains qui vivent dans un total dénuement.

La révolution mexicaine

Comme dans toute l'Amérique latine, l'accession à l'indépendance en 1821 a consolidé au Mexique la prépondérance des élites créoles, Blancs nés en terre d'Amérique et descendants des premiers conquistadors espagnols, au détriment des peuples autochtones. Ils sont les détenteurs des pouvoirs politique et économique, et leurs dirigeants mènent les affaires nationales en fonction de leurs intérêts. Au début du 20e s., désarticulé entre un Nord en phase d'industrialisation et un Sud rural, où la paysannerie vit dans des conditions misérables, fatigué de la dictature que Porfirio Díaz exerce depuis plus de trente ans, le Mexique est, à la veille de la Révolution, un pays dominé par les intérêts étrangers et ceux des latifundiaires.

La paix porfirienne troublée, la présidence de Madero
Malgré la répression qui s'exerce contre lui et ses partisans, Francisco Madero, un riche propriétaire de vignobles, intellectuel pétri de cosmopolitisme et éduqué en Europe, chasse le dictateur en 1911, avec l'aide des célèbres révolutionnaires **Pancho Villa** et **Emiliano Zapata**. Díaz vogue vers son exil parisien et Madero, après son accession au pouvoir, tente d'appliquer son programme de réformes. Il se révèle néanmoins un piètre chef d'État. Et ses seize mois de présidence ne sont qu'une suite de crises. Abandonné par Zapata qui entre en rébellion au cri de «*Tierra y Libertad*», il bénéficie cependant dans le Nord du soutien de Villa contre Orozco et ses «Drapeaux rouges», à la solde des *hacendados*. Il commettra l'erreur de nommer au commandement de l'armée le **général Huerta**. Soudard alcoolique, celui-ci renverse Madero en 1913 lors d'un coup d'État contre-révolutionnaire.

Pancho Villa, personnage de légende
A 16 ans, le jeune Doroteo Arango, fils d'une famille de «peones», s'enfuit dans les montagnes après avoir tué le riche «hacendado» qui voulait séduire sa sœur, et prend le nom de Francisco (Pancho) Villa. Robin des bois mexicain, il vole les riches propriétaire du Chihuahua pour aider les plus pauvres. Dépeint comme un bandit au grand cœur ou un fou sanguinaire, de nombreux récits alimentent le mythe du futur chef de la révolution. On raconte qu'il tuait lui-même les traîtres et poursuivait le reste de leur famille afin de leur faire subir le même sort. Dans la pure tradition de l'Ouest, il pouvait faire creuser leur propre tombe à ses victimes ou voler des troupeaux entiers pour sauver les paysans de la famine. Sa popularité finit par lui faire perdre la tête : embaumée après son assassinat, elle fut volée et jamais retrouvée.

La guerre civile (1913-1915)
Les révolutionnaires, profitant de l'hostilité des États-Unis à l'égard de Huerta, se regroupent derrière les trois grandes figures de la révolution : Pancho Villa, Emiliano Zapata et Venustiano Carranza. Ce dernier rallie à lui les riches États du Nord et obtient le soutien de Villa. Zapata, dans le Sud, représente les petits paysans. Ils se lancent bientôt dans une violente guérilla, sans aucune direction stratégique précise. En 1914, les États-Unis interviennent à Tampico et à Veracruz et précipitent les évènements. Huerta ne tarde pas à abandonner ce pouvoir, qu'il était pourtant bien décidé à ne plus jamais rendre, et les «constitutionnalistes» font leur entrée dans Mexico en liesse. Cependant les trois artisans de la révolution vont bientôt se diviser. Carranza défait Villa dans le Nord, d'où il ne sortira plus, mais Zapata est plus difficile à vaincre. Ce n'est qu'après cinq ans de guerre civile et son assassinat que les derniers guérilleros du Sud se rendent.

Venustiano Carranza (1915-1920) ou la fin de la révolution

La lutte de Carranza contre Villa et Zapata l'avait conduit à s'allier avec le mouvement ouvrier mexicain naissant, et à contrer le zapatisme du Sud en promulguant la première réforme agraire. En 1917, les carrancistes rédigent la **Constitution**, toujours en vigueur aujourd'hui. Libérale, elle sépare l'Église de l'État, adopte une législation en faveur des ouvriers et accorde à l'État la propriété du sous-sol. Dépassé par l'instabilité grandissante dans le pays, Carranza, destitué par son lieutenant Álvaro Obregón en 1920, s'enfuit vers le nord où il sera assassiné pendant son sommeil. Le gouvernement d'Obregón se caractérise par une timide réforme agraire, des progrès concernant l'éducation mais aussi par une corruption exagérée et une politique anticléricale d'une grande violence, qui débouche sur la **guerre des Cristeros**, nom donné aux insurgés qui combattent au cri de « Vive le Christ roi ». Plutarco Elías Calles lui succède au lendemain de son assassinat en 1928. Cet homme aux méthodes dictatoriales poursuit la politique d'Obregón jusqu'à l'arrivée au pouvoir du Général Lázaro Cárdenas.

ZAPATA, LEADER OF MEXICAN REVOLUTION OF THE SOUTH.

Emiliano Zapata

Lake County Museum/CORBIS

La révolution mexicaine

Lázaro Cárdenas (1934-1940), le retour à la paix

Élu en 1934, le général Lázaro Cárdenas offre une nouvelle vertu à la classe politique. Socialiste convaincu, épris de justice sociale, il épure un appareil d'État corrompu et le réconcilie avec l'Église. Il relance la **réforme agraire** en distribuant près de 23 millions d'hectares de terres, favorise la création de grands syndicats : la **Confédération des travailleurs mexicains** (CTM) et la **Confédération nationale des paysans** (CNC). Lors d'un conflit entre la CTM et les compagnies pétrolières anglaises et américaines, il ordonne la **nationalisation** des sociétés étrangères contre indemnisation. L'économie décolle, marquée par la croissance de l'agriculture et de l'industrie manufacturière, le développement d'institutions de crédit fiables et une augmentation des dépenses sociales. Au terme du premier sexennat de l'histoire mexicaine, Lázaro Cárdenas (surnommé « papa ») se retire en 1940 ; il restera dans la mémoire des Mexicains comme l'homme providentiel du retour à la paix sociale.

LE MEXIQUE AUJOURD'HUI

Héritier d'une histoire trop souvent sanglante, le Mexique d'aujourd'hui est encore en proie à plusieurs de ses démons. Les réformes agraires successives et les législations issues de l'indigénisme n'ont pas amélioré le sort des masses indiennes exclues des bénéfices de la croissance économique. Les problèmes démographiques et les crises financières dues à l'endettement handicapent le développement économique et social du pays malgré une croissance spectaculaire jusqu'à la fin des années 70.

Le miracle mexicain?

De 1940 à 1982 le Mexique voit son système politique se renforcer et son économie croître de manière spectaculaire. La Seconde Guerre mondiale offre au pays l'occasion de développer son industrie lourde et légère. À partir de 1946, sous la présidence de Miguel Alemán (1946-1952), le Parti révolutionnaire national (PNR) est réorganisé et rebaptisé Parti révolutionnaire institutionnel (**PRI**). Son gouvernement permet l'ouverture de l'Université aux classes moyennes, le développement du tourisme et la modernisation de l'agriculture ainsi que le lancement de grand travaux d'infrastructure. Le président Adolfo Ruiz Cortines (1952-1958) accorde le **droit de vote aux femmes** en 1953 et dévalue le peso pour obtenir la parité avec le dollar. À Adolfo López Mateos (1958-1964), le pays doit l'affirmation de son autonomie économique et politique et la création d'un système d'assistance médicale et sociale. À partir des années 70, le PRI laisse se développer une opposition politique et affirme la liberté de la presse. Des relations diplomatiques se nouent avec Cuba et la Chine au grand dam du puissant voisin du Nord, et de nouvelles réserves de pétrole sont découvertes dans les États du Sud. En 1982, le Mexique accueille à Cancún une conférence internationale sur les relations Nord-Sud. Cependant cette apparente réussite cache des problèmes économiques et sociaux qui ne tardent pas à se révéler handicapants.

Des enjeux multiples

Depuis le début des années 80 le Mexique se trouve aux prises avec un certain nombre de problèmes. La signature en 1992 de l'accord de l'ALENA (Accord nord-américain de libre-échange) entre le Canada, les États-Unis et le Mexique entraîne des problèmes d'ajustements à un moment, où le pays se trouve dans une situation économique difficile. L'apparition en 1994 de L'EZLN (Armée zapatiste de libération nationale) au Chiapas révèle les tensions entre les communautés. La crise financière de 1994 résulte des problèmes économiques structurels du Mexique contemporain.

Les révoltes

La répression des grèves par l'armée et les révoltes paysannes dans les années 60 donnent le ton. Les gouvernements successifs doivent distribuer des millions d'hectares de terres pour ramener le calme. Néanmoins le mécontentement populaire couve et éclate en 1968. Étudiants, ouvriers, représentants de la classe moyenne sont réprimés dans un bain de sang lors d'une manifestation sur la place des Trois Cultures à la veille de l'ouverture des Jeux Olympiques de Mexico (*voir encadré p. 147*). Dans les années 80 et 90, la démographie galopante du peuple mexicain et la dégradation de ses conditions de vie rendent difficile la maîtrise du chômage, de l'exode rural et de l'émigration vers les États-Unis. Des guérillas apparaissent dans plusieurs États (Chiapas, Tabasco et Guerrero).

Une démographie galopante

Le problème majeur de l'économie mexicaine : comment donner du travail à une population qui augmente plus vite que la croissance économique? De 1945 à 1994 le nombre d'habitants est passé de 22 à 95 millions, et les villes explosent littéralement, surtout la capitale, qui compte aujourd'hui près de 20 millions d'habitants. Dans un tel monstre urbain, on comprend que le tremblement de terre de 1985 ait fait des milliers de victimes. Ces conditions démographiques empêchent d'assurer des conditions de vie décentes en termes de santé, d'éducation et de travail.

La crise financière

Dès les années 50, les différents gouvernements rencontrent des problèmes financiers. Cependant, inflation, déficit de la balance des paiements et réduction des réserves financières se résolvent tant bien que mal – la parité peso/dollar est maintenue jusqu'en 1976. Sous la présidence de José López Portillo (1976-1982) et après le **choc pétrolier** de 1976, le Mexique entre dans la spirale de l'endettement. Le recours au FMI dans les années 80 par le président De La Madrid (1982-1988) après un deuxième choc pétrolier en 1982 entraîne une vague de nationalisations. La menace faite en 1994 par le président Salinas de Gortari (1988-1994) de suspension des paiements de la dette extérieure, après une crise financière sans précédent, oblige le FMI et les États-Unis à sauver le Mexique de la banqueroute. Le nouveau gouvernement d'Ernesto Zedillo (1994-2000) doit prendre des mesures drastiques pour restructurer l'économie du pays. Le travail du gouvernement de Vicente Fox sur ce point est capital pour assurer la stabilité financière du pays.

L'apprentissage de l'alternance

Jusque dans les années 80, le **PRI** a pu jouer un rôle fondamental dans la modernisation du pays et a œuvré principalement à son autonomie par rapport aux États-Unis, refusant par exemple d'appliquer les sanctions économiques contre Cuba décidées par ce puissant voisin. Sur le plan interne, inventeur d'un socialisme original, le Parti n'a pourtant pas su éviter la montée des inégalités. Son clientélisme, la corruption qui règne en son sein et les luttes entre ses différentes factions pour la conquête du pouvoir à partir des années 80 l'ont discrédité. Dans l'opinion publique internationale, le PRI est connu pour sa gestion désastreusement répressive du mouvement indigène du Chiapas. Les rumeurs de fraudes électorales, notamment lors de l'élection de Carlos Salinas de Gortari n'ont pas arrangé l'image d'un parti qui, ces dernières années, a perdu sa représentativité face au Parti révolutionnaire démocratique ou au Parti d'action nationale (**PAN**), de droite, dont le candidat a remporté les élections de l'an 2000 mettant fin à plus de 70 ans d'hégémonie. Le nouveau président du Mexique, **Vicente Fox**, qui a pris ses fonctions le 1ᵉʳ décembre 2000, se voit confier la rude tâche de concilier démographie et économie, de réorganiser l'État et de lutter contre la corruption des élites. Le défi, plus ardu encore, est de réconcilier toutes les composantes de la nation mexicaine et de leur octroyer un accès égalitaire aux bienfaits de la modernité. Modernité dont le Mexique doit trouver, comme le disait déjà Octavio Paz en 1980, sa propre expression dans un monde transformé, menacé d'uniformisation.

L'EZLN et le sous-commandant Marcos

Le 1ᵉʳ janvier 1994, date de l'entrée en vigueur du traité ALENA (Accord de libre-échange nord-américain), un nouveau venu fait irruption sur la scène politique mexicaine : l'Ejército Zapatista de Liberación Nacional (**Armée zapatiste de libération nationale**). Le mouvement né dans les montagnes du Chiapas au sud du pays (*voir p. 303*) défend les droits des Indigènes et lutte contre la mondialisation. Les relations avec les autorités locales et avec le gouvernement sont tendues et oscillent entre les « conversations de paix », les accords sur les droits indigènes (dits de « San Andrés Larraínzar », jamais appliqués !) et les opérations militaires allant jusqu'aux massacres. L'EZLN utilise Internet

Qui est Marcos ?
Reprenons la formule de ses admirateurs : « Todos somos Marcos » (« Nous sommes tous Marcos »). Derrière la pipe et le célèbre passe-montagne se cache un des emblèmes du tournant du siècle. Guérillero en armes, intellectuel maniant humour et autodérision, internaute chevronné pour qui Internet est une arme plus efficace que la Kalachnikov, politicien habile, le sous-commandant Marcos déroute. Il figure parmi les premiers à faire le lien entre la mondialisation et l'exclusion des peuples autochtones, pour les droits desquels il lutte inlassablement depuis plus de dix ans.

© B. Bisson/CORBIS SYGMA

La marche des zapatistes sur Mexico en février 2001

pour lutter contre la désinformation officielle, et Marcos, le porte-parole du mouvement, a gagné l'amitié de très nombreuses personnalités internationales. Nombre d'entre elles viendront participer aux «Rencontres intercontinentales pour l'humanité et contre le néo-libéralisme» organisées le 27 juillet 1996 à San Cristóbal de Las Casas. L'évêque de la ville, Mgr Samuel Ruiz *(voir encadré p. 303)*, a joué un rôle important de médiateur entre l'EZLN et le gouvernement. Après la victoire de Vicente Fox aux élections de l'année 2000, Marcos précipite les évènements par une **marche pacifique sur la capitale** et un discours devant les représentants du peuple mexicain. Après 500 ans de mépris, d'exactions, de massacres et d'exploitation, l'EZLN dit : *« Ya Basta ! »* (« ça suffit ! »). Vicente Fox n'a cessé de rappeler que le problème indien était l'une des préoccupations majeures de son mandat, mais l'EZLN et les 10 % d'Indiens, ainsi que les millions de pauvres du Mexique, attendent plus que des discours…

Le système administratif mexicain

Les «États-Unis du Mexique» sont formés d'une **fédération de 31 États** et d'un **District fédéral** (la ville de Mexico). Le pouvoir exécutif fédéral appartient au président des États-Unis du Mexique, élu pour six ans au suffrage universel direct. À l'exception du statut particulier du District fédéral, administré par un «régent», chacun des 31 États possède sa propre Constitution et est dirigé par un Gouverneur et un parlement élus. Au niveau local, ce sont encore une fois des autorités élues qui président aux destinées des 2 400 **municipios**. Dans les localités à forte population indigène, il peut exister des autorités autonomes *(voir p. 306)*, appelées à n'intervenir que sur des questions locales.

Bien que le Mexique soit une fédération d'États «libres et souverains», la force de l'État central et son intervention dans tous les domaines modèrent cette appellation consacrée par la Constitution de 1917. Chapeautant l'ensemble, l'État mexicain, dirigé jusqu'en 2000 par le PRI, imprime sa marque par l'intermédiaire d'un système d'agences fédérales. Redonner aux entités fédérées leur véritable place au sein du système politico-administratif doit être une priorité du gouvernement de Vicente Fox pour les années à venir.

Une économie stable

Après l'adhésion à l'**ALENA** (Accord de libre-échange avec les États-Unis et le Canada) et la **crise du peso** de 1994, l'État s'est engagé dans une nouvelle politique économique. Le processus de privatisation, de déréglementation et d'ouverture de son commerce extérieur a eu des effets favorables qui ont permis la modernisation de l'agriculture, la réforme du système de sécurité sociale et l'accroissement de la production industrielle, même si en 1999 des coupes budgétaires ont limité les résultats de ces efforts. Néanmoins, grâce à cet assainissement, le taux moyen de croissance annuelle depuis 1996 est de 5 %, le double de la moyenne des pays de l'OCDE. En 2000, le PIB a atteint 546 milliards de dollars. Les ajustements de l'économie mexicaine ont permis au pays de résister à la crise asiatique et à l'effondrement des cours du pétrole de 1998, preuve d'une stabilité nouvellement acquise. Sur le plan du commerce extérieur, le Mexique a été en 2000 le **premier exportateur d'Amérique latine** avec plus de 166 milliards de dollars d'exportations dont près de la moitié vers les seuls États-Unis. La même année, le pays a par ailleurs attiré 13 milliards de dollars d'investissements étrangers en faisant une des économies les plus dynamiques du continent.

Sous le règne de l'industrie et du libre-échange
20 % du territoire sont consacrés à l'**agriculture**, sous forme de grandes exploitations modernes ou de terres communales (*ejidos*), tournées vers les cultures vivrières (maïs, haricots). Au-delà de l'importante production agricole (maïs, café, bovins…), le pays possède de riches **ressources minières** (1er producteur mondial d'argent, de cuivre, d'antimoine) et surtout **pétrolières** (5e exportateur mondial), dont plus de la moitié provient du golfe du Mexique. Son exploitation assurée par la Pemex (Petróleos Mexicanos) est un monopole d'État depuis les nationalisations de Lázaro Cárdenas en 1938.
Cependant, la croissance actuelle s'exprime également dans les domaines de l'**industrie** automobile, de la sidérurgie (fer, acier), ainsi que de la **chimie**. Ces secteurs bénéficient aussi de la **sous-traitance** effectuée pour des firmes américaines qui profitent des bas salaires, des faibles taxes et de l'absence de règles de sécurité, sanitaires et de pollution. Avec plus de 10 millions de visiteurs par an, le **tourisme** représente une contribution non négligeable à l'économie mexicaine.
D'autre part, le Mexique a signé de nombreux **accords de libre-échange** (avec plus de 28 pays) en dehors de son entrée dans l'ALENA en 1994. Même si les États-Unis représentent 70 % des exportations et des importations, le Japon, l'Allemagne, l'Espagne et le Royaume-Uni sont des partenaires importants. Le Mexique est également membre de l'Association latino-américaine d'intégration (**ALADI**), du Forum économique de l'Asie et du Pacifique (**APEC**) et du **Groupe des Trois** (avec la Colombie et le Venezuela). Une croissance soutenue, l'explosion du commerce extérieur et les entrées massives de capitaux en font une des économies les plus dynamiques d'Amérique latine avec le Brésil.

Un bilan relatif
La croissance du Mexique dépend cependant exagérément des **cours du pétrole** (un tiers des exportations mexicaines), du dynamisme de l'**économie américaine** et de la réduction des taux d'intérêt encore trop élevés. La **concurrence** des pays asiatiques et du Brésil (qui ont dévalué leur monnaie), de même que la fragilité du système bancaire sont des handicaps à ne pas négliger. Relative réussite donc, qui ne doit pas faire oublier non plus une **inflation** qui s'élève encore à 10 % par an et des conséquences sociales négatives. Entre 30 et 40 % des Mexicains vivent en dessous du seuil de pauvreté, et les inégalités criantes ont pour conséquence une forte **émigration** vers les États-Unis (près de 500 000 personnes en 2000) et une hausse de la **criminalité**. Le gouvernement de Vicente Fox s'est engagé sur la voix de la démocratisation, de l'assainissement de la corruption de la vie politique et du règlement pacifique du conflit au Chiapas. Ces nouvelles orientations politiques, si elles aboutissent, influeront positivement sur une économie avec laquelle il faudra compter dans les prochaines décennies.

CROYANCES ET SAVOIRS DU MEXIQUE ANCIEN

Étrange et fascinant, l'univers indien préhispanique nous parvient à travers un kaléidoscope d'images fortes, dieux menaçants et pyramides dans la jungle, qui nous emmènent aux portes du surnaturel. Il est impossible au Mexique de confondre deux sites, tous possèdent une magie propre et un environnement distinct. Mais au sein de cette variété, les impressions de «déjà vu» ne manquent pas, car des liens flagrants ou plus subtils les unissent tous entre eux. La **Méso-Amérique** (parfois appelée «Amérique moyenne») réunit sous un même terme une mosaïque de cultures véhiculant les mêmes coutumes, de la culture du maïs à la pratique du jeu de pelote. Mais l'omniprésence du sacré, qui régit leur vie quotidienne, les rapproche de manière plus transcendantale encore.

Un monde religieux

L'iconographie «officielle», qui remplit aujourd'hui les musées, nous décrit l'éternelle dualité entre les pouvoirs du roi et ceux des dieux, au milieu d'une forêt de symboles laissant libre court à l'interprétation. Débarrassée de la moindre fantaisie anecdotique, elle reflète avant tout une **société hiérarchisée** (en forme de pyramide!), oscillant entre théocratie et autocratie.

On devine une religion jouant les chefs d'orchestre, encourageant une spiritualité typiquement indienne, et investissant le roi d'une mission divine. Il n'est pas inutile de rappeler au passage que les Indiens, assujettis à des souverains mégalomanes et à des prêtres tout-puissants, n'ont pas attendu les Espagnols pour découvrir l'oppression.

Les dieux mayas, une affaire de rois

Le paysan maya n'était pas directement impliqué dans l'éternelle entreprise de séduction des dieux, toujours prêts à sanctionner le moindre manquement. Il avait remis bonne part de son destin entre les mains de son roi, qui de son côté entendait rester le modèle absolu auprès de ses sujets. Lui seul avait la responsabilité de contenter ceux qui lui apportaient puissance et légitimité, en pratiquant des rites d'**autosacrifice**. Il se transperçait par exemple le pénis pour faire couler son sang, un privilège qui ne devait pas faire beaucoup d'envieux. La ferveur du petit peuple se limitait sans doute au culte agraire, toujours pratiqué par leurs descendants contemporains.

L'apparence des dieux mayas semble avoir surgi d'une hallucination rituelle : haches plantées dans le front (**Kawil**, protecteur du roi), strabisme prononcé (**Kinich Ahau**, dieu solaire), bouche édentée crachant des serpents (**Itzamná** dieu créateur), nez interminable (**Chaac**, dieu de la Pluie). Seul **Hun Nal Ye** (ex-Yum Kax), le dieu du Maïs, arbore une jeune et noble figure. Il serait vain de dresser la liste exhaustive de ce polythéisme pléthorique, il se rattache généralement aux trois étages superposés de la cosmogonie. Les **Pahuatunes** ou **Bacabs** soutiennent la voûte céleste aux points cardinaux, les **Bolontiku** règnent dans le **Xibalbá** (monde de la Peur), les enfers, et les dieux agraires se chargent du «monde du milieu». Par chance pour le profane, dans l'art maya les divinités s'effacent souvent devant l'image du monarque.

Le panthéon aztèque, la carotte et le bâton

L'autorité religieuse étroitement liée au pouvoir impérial jouait admirablement de la sévérité et de la bonté des dieux, suscitant en alternance la terreur et la reconnaissance. Il n'en fallait pas moins pour faire accepter le défilé vers les temples des futurs sacrifiés, même au prix d'une gloire posthume.

Au palmarès des dieux à craindre, figurent en bonne place **Tonatiuh** (le soleil) et **Tlaltecuhtli** (la terre), tous deux assoiffés de sang, l'un pour continuer sa course et l'autre pour dispenser ses fruits. Tirant la langue et serrant de leurs griffes des cœurs

humains, ils ont au moins le mérite de ne pas cacher leur jeu. **Xipe Totec** non plus,
l'« écorché » dieu du Printemps, pour qui les prêtres se revêtaient de la peau d'un
sacrifié. À côté de ces personnages vénérés sur tout l'Altiplano, la « petite famille »
typiquement mexica n'a pas une allure plus pacifique : **Coatlicue**, la mère (déesse de
la Création et de la Mort) déborde de serpents menaçants, **Huitzilopochtli**, le fils
(dieu du Soleil et de la Guerre), est toujours armé jusqu'aux dents, et **Coyolxauhqui**,
la sœur (déesse de la lune), fut la première sacrifiée (voir encadré p. 140).

Tláloc, reconnaissable à ses yeux cerclés, a une dimension plus sournoise. Rangé
parmi les dieux bienfaisants en tant que seigneur de la Pluie et la Fertilité, il pouvait
s'emporter et, en cas de sécheresse, ne plus plaire du tout aux enfants promis au
sacrifice. Les dieux du Vent (**Ehecátl**) et du Feu (**Huehuetéotl**) n'ont pas mauvaise
réputation, mais que dire des **Cihuateteo**, femmes mortes en couches revenant
tourmenter leurs consœurs enceintes ? Un des rares à tirer son épingle du jeu dans
cette terrifiante galerie est **Xochipilli**, dieu des Fleurs, des Jeux et de l'Amour, accompagné bien entendu de **Tlazoltéotl**, déesse de la Luxure…

	Divines correspondances		
	Mayas	**Aztèques**	**Zapotèques**
Le Créateur	Itzamná	Coatlicue	Coqui-xee
Le Soleil	Kinich Ahau	Tonatiuh	Copichja
La Lune	Ixchel	Coyolxauhqui	
L'Eau	Chac	Tláloc	Cocijo
Le Maïs	Hun Nal Ye	Xilonen	Pitao Cozobi
La Mort	Ah Puc	Mictlantecuhtli	Pitao Pezelao

L'animal métaphore du divin

Parcourir un site ou un musée donne parfois l'impression de visiter un jardin zoologique figé, peuplé d'espèces d'une variété infinie. Ces animaux reflètent l'esprit
animiste de l'Indien et soulignent la vivacité du **nahualisme**, la croyance en un
double animal (voir p. 70).

Le **serpent**, créature bénéfique, est omniprésent. Couvert de plumes, il symbolise la
fertilité du printemps depuis Teotihuacán ; muni de deux têtes, il règne pour les
Mayas dans le monde céleste.

Le **jaguar**, totem de la civilisation olmèque, représente le pouvoir royal chez les
Mayas et le soleil nocturne chez les Aztèques.

L'**aigle** personnifie le soleil diurne sur l'Altiplano, les Mayas lui préféreront l'ara ou
le quetzal.

Reptile, félin et rapace, associés ou métissés, forment une trilogie « chamanique »
commune à toute l'Amérique indienne, des deux côtés du continent.

Le sacrifice humain

Longtemps considéré comme une pratique propre aux cultures militaires adoratrices
du soleil (chez les Toltèques et les Aztèques), on connaît aujourd'hui son importance
dès la période classique. Pour les Mayas, la décapitation sur le jeu de pelote célébrait
un rite à la **fertilité**, dont la mise en scène s'inspirait du mythe du **Popol Vuh**. Celui-
ci narre la mésaventure d'un des héros, ayant perdu sa tête, pour avoir joué à la balle
trop bruyamment et dérangé les dieux de l'inframonde. La macabre cérémonie
pouvait clore une partie et la vie d'un joueur, mais permettait aussi à un dignitaire
captif de trouver une fin digne de son rang. Accompagner un souverain dans l'au-
delà après avoir été emmuré vivant faisait aussi partie de ces honneurs qui ne se
répètent pas deux fois !

Le sacrifice aztèque ne peut se dissocier du **culte solaire** et de la « guerre fleurie »
(voir p. 29) destinée à capturer des prisonniers comme autant de futures victimes.
L'exigence du soleil pour continuer sa course ne semblait connaître de limites car

plusieurs milliers de sujets pouvaient en une seule journée passer de vie à trépas. Selon un scénario ancestral, le candidat passablement drogué était hissé en haut d'une pyramide, couché sur le dos et tenu par quatre prêtres. L'officiant incisait la poitrine, extrayait le cœur palpitant, puis décapitait le corps avant de le jeter en bas des marches. La philosophie de ce rituel effaçait toutes les réticences : la mort de l'individu était source de vie pour la communauté, et en récompense il accédait à un état semi-divin. En conséquence, sa dépouille faisait l'objet d'un traitement spécial. Le cœur incinéré s'identifiait au soleil, la tête avait droit à une place de choix empalée sur le *Tzompantli* (« autel des crânes »), et les membres pouvaient être… consommés non sans recueillement.

Tonatiuh ou Huitzilopochtli n'avaient pas le monopole de telles pratiques, et tout au long de l'année, presque tous les dieux recevaient leurs offrandes en chair et en os. Dédié à Tláloc, le **sacrifice des enfants**, généralement achetés à leurs parents, était l'ultime recours en cas de grave sécheresse. Il se pratiquait sur les montagnes.

Le jeu de pelote

De l'Arizona à l'Amérique centrale, des Olmèques aux Aztèques, ce sport sacré a joué un rôle considérable dans la vie quotidienne et rituelle de l'élite. La dimension du terrain comme les règles du jeu pouvaient varier considérablement, mais partout l'exploit sportif était sublimé par une **philosophie cosmique**. La libération des énergies contraires, le mouvement des astres reproduits par les arcs de cercle de la balle, ces concepts dépassaient largement la simple dimension ludique. Le terrain divisé en deux camps se transformait le temps d'une partie en microcosme de l'univers où s'affrontaient les forces vitales. En terre maya, sa forme en double T imite d'ailleurs le symbole « ik », le souffle de vie.

Les joueurs se renvoyaient une **balle de caoutchouc** (hule), en évitant qu'elle touche terre sur leur propre terrain, sous peine de donner un point à l'équipe adverse. Ils ne pouvaient utiliser ni les mains ni les pieds, ce qui les obligeait à des contorsions aussi périlleuses que spectaculaires. Contraints de se jeter à terre, de jouer des fesses et des hanches, ils étaient protégés par un harnachement digne des footballeurs américains ! Comme le démontre admirablement la décoration des jeux de Chichén-Itzá et d'El Tajín, le **sacrifice humain** par décapitation (*voir ci-dessus*) concluait certaines parties.

La science des maîtres du temps

Depuis les anciens Olmèques, la **domestication du temps** a obsédé les **prêtres**, « techniciens » de la bonne marche du monde. Interpréter les prophéties, inscrire le pouvoir dynastique dans une chronologie et ordonner les cycles naturels de la vie agricole constituaient des raisons suffisantes pour déployer tout un arsenal de connaissances.

L'observation des astres

En l'absence de tout instrument de mesure, sablier ou clepsydre, permettant de matérialiser le temps qui passe, les regards se tournaient vers le ciel.

Les Mayas n'eurent pas le monopole de l'observation astronomique, mais portèrent cette discipline à un tel niveau de perfection qu'ils obtinrent une position dominante en la matière. Temples, stèles, accidents du relief ou observatoires servaient de repères de visée, qui à leur tour déterminaient l'orientation et l'emplacement de nouvelles constructions. Presque toutes les cités préhispaniques, de Teotihuacán à Malinalco, obéissent à une organisation spatiale créant par exemple des phénomènes d'illumination lors des solstices ou équinoxes (Castillo de Chichén Itzá) ou des alignements avec les planètes (palais du Gouverneur d'Uxmal).

Les astres manifestaient la présence des Dieux, il importait de connaître leurs bonnes ou mauvaises dispositions en interprétant leurs mouvements ou leurs caprices (les éclipses !). Le **soleil** déterminant les cycles agricoles et **Vénus** reliée à Quetzalcóatl ou régissant l'activité guerrière (chez les Mayas) faisaient partie des corps célestes les plus étudiés et les plus représentés dans l'imagerie symbolique.

Le système numérique

Le comptage à l'aide des doigts de la main et du pied est à l'origine du **système vicésimal** (base 20). Les Mayas en feront un usage stupéfiant, grâce à l'invention du **zéro**, 1 000 ans avant son introduction en Europe au 12ᵉ s. Il permettait l'utilisation d'une **numération par position** n'utilisant que trois symboles : le 0 («l'œil»), le 1 (le point) et le 5 (la barre). Les nombres (de 0 à 19), décomposés en colonne et de bas en haut, étaient élevés à une puissance 20 supplémentaire à chaque étage, en une somme de produits de 1, 20, 360, 7 200 etc. Le 360 (18×20 au lieu de 20×20) au 3ᵉ degré brise le bel ordonnancement du système (cela aurait été trop simple !), par la nécessité de l'adapter au calendrier de 360 jours. Discipline réservée aux savants, l'écriture mathématique maya s'appliquait en effet exclusivement au calcul du temps écoulé. Aucune trace d'arithmétique fonctionnelle n'a été retrouvée à ce jour. Plus pragmatiques, les Aztèques délaissèrent le zéro et la barre du 5, et rétablirent la régularité vicésimale (1, 20, 400, 8 000, etc), mettant au contraire à profit le système numérique pour faire le décompte des tributs versés à l'empire.

Le calendrier

Replacer l'histoire dynastique dans une perspective légendaire ou cosmique motiva l'élaboration de nombreux calendriers. Une quarantaine coexistaient à l'arrivée des Espagnols, mais tous fonctionnaient sur le même modèle. Un **cycle rituel** de 260 jours (13 x 20) se déroulait parallèlement à un **cycle solaire** de 360 jours (18 x 20) plus cinq jours considérés comme néfastes. Les deux se «retrouvaient» tout les 52 ans, déterminant ainsi la durée du «siècle» méso-américain. Le calendrier rituel (*tzolkin* en maya et *tonalpohualli* en nahuatl) était utilisé pour les rites divinatoires et la datation des fêtes religieuses.

Pour les Aztèques, le changement de période de 52 ans correspondait à un moment critique pour la course du soleil, nommé «ligature des années». Il donnait lieu aux grandes cérémonies du **Feu nouveau**, suivies avec anxiété par une population ayant

Le codex de Madrid

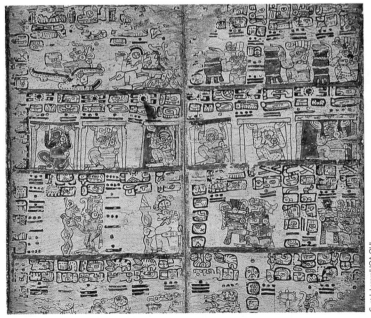

éteint tous ses feux et brisé sa vaisselle. Rallumé à l'aube dans les temples, le Feu nouveau se transmettait alors de maison en maison.

Les Mayas apportaient une plus grande importance aux **katunes**, période d'approximativement 20 ans, au terme desquels une grande cérémonie s'achevait par l'érection d'une stèle à l'effigie du souverain en place. Ces derniers voulant replacer tous les événements de leur histoire dans une chronologie unique (et non « remise à zéro » tous les 52 ans) inventèrent le **Compte long**, un décompte de jours à partir d'une date mythique de création : jour 0 = 13 août 3114 av. J.-C. pour notre calendrier grégorien. Le calcul de cette correspondance, en partie grâce à la notation ancienne des éclipses, permet de connaître au jour près les grands moments de la vie royale.

L'écriture

C'est l'invention la plus spectaculaire des peuples de la Méso-Amérique. Ils l'ont d'ailleurs jalousement gardée car aucune trace d'écriture n'a été trouvée en Amérique du Sud.

L'**écriture hiéroglyphique maya** est constituée de blocs de dessins empilés en colonnes parallèles, qui se lisent deux par deux, de gauche à droite, et de haut en bas. Chaque dessin se compose souvent d'un motif principal (tête humaine ou zoomorphe de profil, main, etc.) et de petits motifs annexes (symboles), qui jouent le rôle d'affixes ou complètent la composition syllabique. On distingue trois catégories de glyphes : les glyphes **pictographiques**, qui représentent chacun un mot entier (une tête de jaguar pour désigner cet animal), les glyphes **phonétiques**, qui indiquent le son d'une syllabe (les syllabes ba-la-ma = jaguar), les glyphes **sémantiques**, qui précisent l'un des sens illustrés par un même glyphe. Ces trois sortes de signes peuvent être combinées dans un même texte, et les pictogrammes peuvent aussi être associés pour être lus syllabiquement, comme un **rébus**.

Les scribes *(ah tzib)*, qui jouissaient d'un rang très élevé dans la hiérarchie sociale, maîtrisaient parfaitement la grande complexité de cette écriture, symbiose de la science et de l'art. Seule l'élite pouvait lire leurs textes, dont le contenu historique ou religieux était beaucoup plus symbolique que narratif.

De leur côté, les Aztèques jouèrent la simplicité, adoptant une écriture à base de **pictogrammes** et d'**idéogrammes**, généralement contenue dans des cartouches. Grâce à l'application de Bernardino de Sahagún et d'autres religieux intéressés à la culture de leurs ouailles, leur signification n'a rien de mystérieux. Beaucoup de manuscrits du 16e s. étaient bilingues, et la langue nahuatl fut transcrite phonétiquement en caractères latins.

Codex, la mémoire sur l'écorce – Une longue bande de papier en écorce de *ficus amate*, pliée en accordéon, se recouvrait d'une calligraphie polychrome. Le contenu du **codex** pouvait varier considérablement selon les cultures. Mayas et Mixtèques élaboraient des **almanachs** de fêtes religieuses et de cycles astraux, servant d'aide-mémoire aux prêtres. Cette fonction religieuse causa leur perte, la plupart disparurent pieusement incinérés par des moines zélés. Les tribus nahuatl y décrivaient aussi le chemin parcouru par leurs ancêtres nomades, sous forme de **cartes de migration**. Le codex continua à être utilisé pendant tout le 16e s., ayant même, une fois traduit, valeur légale en cas de litige.

L'ART ET L'ARCHITECTURE

Bâtisseurs acharnés, les Indiens de Méso-Amérique ont construit des cités gigantesques, développé un art au service du pouvoir, et cela grâce à… l'agriculture ! Leur sédentarisation favorisa la naissance de l'État, et donc d'une élite dirigeante et entreprenante. Plus au nord, les tribus choisirent la chasse et la vie nomade, ce qui explique la rareté de sites archéologiques aux États-Unis et l'existence d'un art « transportable » (céramique, plumes et bois) plutôt que hiératique.

Le génie créateur des peuples indiens

L'architecture

Les techniques de construction – Elles sont souvent dictées par la nature du terrain et de la pierre qui s'y trouve. Le basalte se prêtait volontiers à l'assemblage à joints vifs à Teotihuacán, le calcaire rendait plus logique le mortier à Palenque. Presque toutes les villes s'établirent à proximité de carrières d'extraction. Le Golfe marécageux fait figure d'exception et a obligé ses habitants à utiliser l'argile crue (Olmèques de la Venta) ou cuites (Mayas de Comalcalco) tout en important à grands frais des monolithes « décoratifs ».

La **couverture** des espaces intérieurs va déterminer l'apparence des édifices. Les Mayas optèrent pour la **voûte à encorbellement** (ou fausse voûte), évasant le haut de leurs murs porteurs et formant des « murs parapluies ». Cette technique engendrait de sérieuses contraintes : une massivité disproportionnée par rapport à l'espace intérieur. Pour compenser cette lourdeur, une décoration en relief et l'ajout de crêtes faîtières (*cresterías*) vinrent apporter une solution esthétique étonnamment efficace. Sur l'Altiplano, l'utilisation de **toitures plates** reposant sur des piliers permettait d'agrandir l'espace intérieur, sacrifiant volontairement toute verticalité. De petites stèles venaient cependant animer les corniches.

Teotihuacán inventa une superposition de deux masses architectoniques, le **talud-tablero**, qui connut un grand succès jusqu'au Guatemala : un talus incliné alterne avec un entablement vertical à ressaut, et compose sous forme de gradins les degrés d'une pyramide (*voir ill. p. 49*).

L'urbanisation – L'orientation par rapport à la course du soleil, donc aux **points cardinaux**, sera un facteur déterminant dans l'élaboration du plan urbain. Le tracé perpendiculaire des rues en découle, et avec lui la prédominance du **quadrilatère**, comme canevas de la géographie religieuse. De grandes places rassemblent les foules pour les cérémonies et peuvent s'étendre en contrebas (**patio hundido**) comme à Teotihuacán ou à Monte Albán, ou de plain-pied comme dans la zone maya. Ironiquement, la rigueur du tracé trouvera un prolongement inattendu durant la Renaissance espagnole, elle aussi férue de strict ordonnancement.

Lieux de culte – La **pyramide** est évidemment l'espace religieux le plus spectaculaire. Sa fonction universelle est de surélever le **temple** édifié au sommet pour le rapprocher des dieux. Sa forme diverge fortement entre le nord et le sud. De plan carré sur l'Altiplano, elle deviendra « double » (à deux escaliers et temples parallèles) chez les Aztèques (*voir le Templo Mayor p. 136*).

Chez les Mayas, sa base est rectangulaire et son corps se décompose souvent en neuf degrés. Elle manifeste aussi la grandeur du souverain qui la fait construire et lui sert de **tombeau**. Contrairement aux pyramides égyptiennes, la chambre funéraire ne se trouve pas dans la masse mais dessous, même si son accès est ménagé à l'intérieur (temple des Inscriptions de Palenque). En revanche, de Teotihuacán à Tenochtitlán, on cherche toujours où étaient enterrés les souverains ! Peut-être reposaient-ils sous leur palais, comme les dignitaires zapotèques et mixtèques.

Alors que le **jeu de balle** (juego de pelota) apparaît sur tous les sites, proche du temple principal et du palais, d'autres structures comme le **Tzompantli**, servant à exposer les crânes sur des claies, sont plus spécifiques de l'architecture sacrificielle toltèque et aztèque.

Lieux de vie – Toutes cultures confondues, seule la noblesse habitait dans des maisons « en dur », le petit peuple vivait dans des huttes.

Le **palais** de l'Altiplano s'articule autour de patios, illuminant des chambres rayonnantes. Malgré une toiture plate, il ne possède qu'un seul niveau. Les Mayas élevaient fréquemment des **palais à chambres**, de plusieurs étages sillonnés d'escaliers, dont les pièces exiguës s'alignaient comme des cellules de monastère. Leurs portes pouvaient s'ouvrir individuellement sur les quatre côtés du bâtiment. D'autres structures, dites **palais à couloirs**, accueillaient les cérémonies et les processions royales, le long de grandes galeries longeant l'extérieur ou des cours carrées.

Les arts et leur technique

La céramique – De la « mujer bonita » préclassique au guerrier-aigle du Templo Mayor, le modelage de l'argile occupe une place « royale » dans tous les musées. La quantité de vaisselle funéraire retrouvée dans les tombes indique la **valeur sacrée** de la céramique, de contenant elle devient souvent offrande elle-même. L'**encensoir**, modèle universel, est modelé à l'image des dieux ou de leur manifestation animale. Les Mayas façonnèrent d'innombrables **vases à chocolat**, sans que l'on sache vraiment s'ils alimentaient le défunt ou ses hôtes de l'au-delà. Leur forme cylindrique était en tout cas le support d'une extraordinaire décoration.

Pour les archéologues, la **valeur informative** de la terre cuite est primordiale à plus d'un titre. Elle permet de reconstituer une chronologie grâce à l'évolution des techniques et des styles. Elle localise aussi les zones de sédentarisation et révèle l'existence d'échanges commerciaux.

La sculpture – Pierre dure contre pierre tendre, les sculpteurs ont exploré toutes les techniques, de la ronde-bosse au champlevé. Si la sculpture à trois dimensions a passionné la civilisation olmèque, elle ne sera que peu (mais magistralement) utilisée à Teotihuacán, pour revenir en force avec les Toltèques et les Mexicas. Les Mayas ont excellé dans le bas-relief (voyez les sublimes panneaux de Palenque et les stèles) mais aussi dans le **modelage en stuc**. Ce mélange de chaux, de gypse, de sable et de résine recouvrait parfois des façades entières (Ek-Balam) ou donnait forme à d'énormes mascarons de divinités grimaçantes.

La peinture – L'art pictural était le plus répandu, mais aussi le plus fragile. Seuls d'infimes fragments nous sont parvenus, si l'on considère que la totalité des constructions en pierre étaient enduites puis peintes de couleurs vives. La beauté des fresques de **Cacaxtla** ou de **Bonampak** nous fait oublier que les murs extérieurs subissaient un même traitement, certes plus radical. Le **rouge** (cinabre) couleur de sang recouvrait sans distinction le Templo Mayor, les pyramides de Teotihuacán ou les mosaïques d'Uxmal… Les couchers de soleil sur la pierre mordorée ne flattent donc que notre goût contemporain pour l'« authentique », et nous serions probablement horrifiés de voir la brutale polychromie

Monte Albán, posé entre ciel et terre

L'art et l'architecture

s'emparer à nouveau d'exquises façades! Murs, poteries, codex, aucun support n'échappait au feu d'artifices de couleurs, qui peut se retrouver encore aujourd'hui dans les costumes traditionnels et la palette des muralistes.

L'orfèvrerie – En Amérique du Sud, la culture Chavin réalisait déjà vers 700 av. J.-C. de superbes bijoux en or, mais ce n'est que 1 500 ans plus tard (vers 850 ap. J.-C.) que la métallurgie fit son apparition en Méso-Amérique. Vous ne trouverez donc pas d'or maya dans les musées, mais de magnifiques masques et bijoux en jade. Ce mystérieux retard sera rattrapé par les Mixtèques, qui deviendront jusqu'à la Conquête les spécialistes d'une orfèvrerie raffinée… et presque intégralement fondue en lingots par les Espagnols. Le contenu de la tombe 7 de Monte Albán *(voir p. 274)*, les offrandes du puits sacré de Chichén-Itzá *(voir p. 365)* et le «Trésor du pêcheur» *(voir p. 412)* sont les rares exemples d'un art qui était loin de faire du Mexique le pays de «l'Eldorado».

Petit aide-mémoire du visiteur avisé

Quelques repères de base sont nécessaires pour ne pas se perdre dans une jungle d'édifices et de symboles que la machette ne défriche pas. Cette comparaison dégage les grandes tendances, sans tenir compte d'exceptions toujours possibles. Beaucoup d'inventions de l'Altiplano se retrouvent en terre maya, l'inverse est moins courant.

	Altiplano	**Zone maya**
Architecture	pyramides de plan carré	pyramides de plan rectangulaire
	toitures plates et colonnes	voûte à encorbellement
	talud-tablero	bords biseautés ou arrondis
	banquettes à la base des murs	crêtes faîtières
	pyramides cultuelles	pyramides funéraires
	jeu de pelote avec anneaux	jeu de pelote sans anneaux
Sculpture	statues monumentales	stèles
	ronde-bosse en pierre	modelage en stuc
Céramique	vase tripode en pastillage	vase cylindrique peint
	avec couvercle	sans couvercle
Iconographie	représentation des dieux	représentation des rois
dominante	serpent-jaguar à plumes	serpent-dragon bicéphale
Écriture	pictographique	syllabique

I. Santiago/MICHELIN

Le génie créateur des peuples indiens

L'ARCHITECTURE PRÉCOLOMBIENNE

LE CENTRE CÉRÉMONIEL

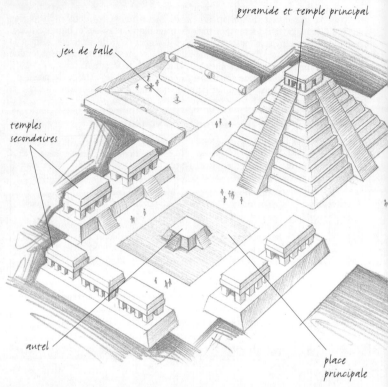

pyramide et temple principal

jeu de balle

temples secondaires

autel

place principale

LES VOÛTES MAYAS

VOÛTE CONCAVE

(palais du Gouverneur d'Uxmal)

VOÛTE TRILOBÉE

(temple de la Croix de Palenque)

VOÛTE CLASSIQUE AVEC PAREMENT-COFFRAGE

(Palais de Palenque)

H. Choimet/MICHELIN

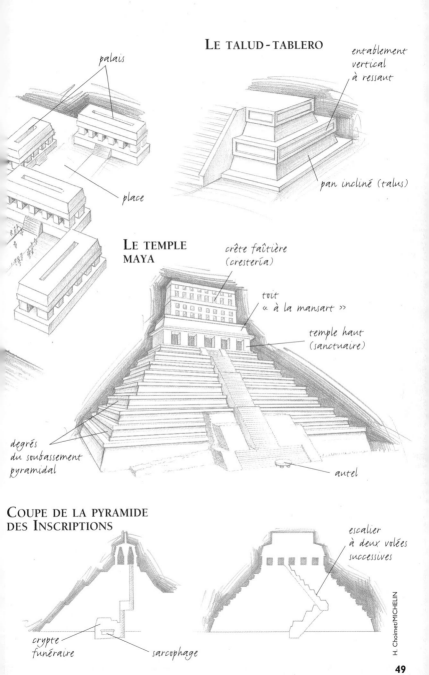

LE TALUD-TABLERO

palais

place

entablement
vertical
à ressaut

pan incliné (talus)

LE TEMPLE
MAYA

crête faîtière
(cresteria)

toit
« à la mansart »

temple haut
(sanctuaire)

degrés
du soubassement
pyramidal

autel

COUPE DE LA PYRAMIDE
DES INSCRIPTIONS

escalier
à deux volées
successives

crypte
funéraire

sarcophage

H. Choimet/MICHELIN

49

Les fastes de la Nouvelle-Espagne

L'architecture coloniale

Le Nouveau Monde au 16e s. est un vaste chantier de construction. L'instauration d'un pouvoir représentant la Couronne, l'arrivée d'immigrants péninsulaires avides d'une vie nouvelle, et surtout le déploiement d'ordres religieux enthousiastes dans leur œuvre d'évangélisation plantent le décor de l'architecture coloniale : elle sera essentiellement **religieuse** et **urbaine**.

Du catéchisme à la truelle – Dans les campagnes, le monastère, franciscain ou dominicain, constitue le noyau de nouveaux villages, de préférence à l'emplacement d'un ancien lieu de culte préhispanique.

Soucieux de reproduire les canons esthétiques de la Renaissance espagnole, le style **plateresque**, dont la fine ornementation était comparée aux filigranes d'argent des bijoutiers (*plateros*), fait écho aux entrelacs géométriques du style **mudéjar** (hispano-mauresque). La main d'œuvre indienne sera largement sollicitée pour matérialiser une nouvelle utopie urbaine, les moines voyant là une activité hautement pédagogique. Ces «travaux pratiques» de la foi donneront lieu à de subtiles interprétations syncrétiques, auréoles en miroir d'obsidienne ou Christ en forme de masque, connues sous le nom de style **tequitqui**.

Une ferveur dorée à l'or fin – Au cours du siècle suivant, le **baroque** rehausse l'architecture religieuse d'une splendeur grandissante. Les **retables**, composition de bois sculpté et doré à la feuille d'or, exaltent avec théâtralité la grandeur de l'Église. Leur version «pétrifiée» envahit les façades comme une invite pour les fidèles. Leur style varie entre le 17e et le 18e s. : vous pourrez les reconnaître en observant les piliers. La colonne torsadée (ou hélicoïdale) trahit un style **salomonique** (17e s.), modèle choisi dit-on par le roi Salomon pour son Temple de Jérusalem. L'*estipite* (colonne en obélisque renversée) est la signature du style **churrigueresque** (première moitié du 18e s.), considéré comme l'expression la plus luxuriante du baroque espagnol. Il porte le nom de l'architecte José de Churriguera. À partir de 1750, le style **néoclassique** redonne à l'architecture une sobriété oubliée.

Les vice-royautés

Aucun roi d'Espagne n'a fait le voyage du Nouveau Monde pour visiter la principale source de richesse de la Couronne. L'éloignement des terres de l'empire justifiera l'envoi d'une doublure de prestigieuse apparence mais aux pouvoirs limités : le vice-roi. En 1535 la Nouvelle-Espagne devient la première vice-royauté, suivie de celle du Pérou en 1543. Cette dernière sera subdivisée au 18e s., donnant naissance à celles de Nouvelle Grenade (Colombie, Équateur, Panama) et La Plata (Bolivie, Argentine, Paraguay et Uruguay).

Le couvent – Son architecture compacte s'inscrit généralement dans un rectangle, dont le plus long côté correspond à la longueur de l'église. Il doit pouvoir se protéger contre d'éventuelles tribus hostiles et résister à des séismes répétés. Les tours sont donc trapues, parfois remplacées par des clochers-peignes faciles à reconstruire, et les murs sont élargis de contreforts telle une forteresse. L'**église** ne possède qu'une seule nef, munie d'un **coro alto** (chœur haut), tribune élargie, recouvrant parfois deux travées, permettant à la communauté d'assister aux offices sans se mêler aux paroissiens. Une porte le relie directement à la galerie supérieure du **cloître** principal, souvent planté d'orangers, d'où sont distribuées les cellules monacales. L'**atrium** est vaste pour célébrer les offices en plein air. De hauts murs délimitent son plan carré, flanqué aux quatre coins par des **capillas posas** (chapelles du reposoir). Elles ponctuaient les processions du Saint-Sacrement et servaient à catéchiser séparément les Indiens. L'architecture religieuse excellait dans les ouvrages hydrauliques, et des **aqueducs** de plusieurs kilomètres alimentaient en eau le couvent, les vergers et tout le village.

L'ARCHITECTURE COLONIALE

PLAN D'UN COUVENT

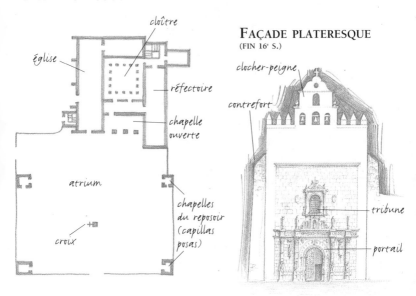

cloître

église

réfectoire

chapelle ouverte

atrium

chapelles du reposoir (capillas posas)

croix

FAÇADE PLATERESQUE
(FIN 16ᵉ S.)

clocher-peigne

contrefort

tribune

portail

FAÇADE BAROQUE
(FIN 17ᵉ S.)

registres

niches

LES COLONNES BAROQUES

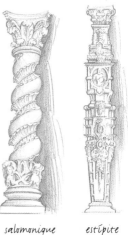

salomonique   estípite

H. Choimet/MICHELIN

Dans l'église de Santa Prisca (Taxco)

La demeure nobiliaire – En ville, une véritable compétition oppose les nobles espagnols enrichis par les mines ou l'élevage. Rivalisant de signes extérieurs de richesse, leurs résidences deviennent de vrais **palais** aux façades sculptées, percés de grandes cours à galeries superposées reliées par d'imposants escaliers. À la campagne, les aspirations de grandeur s'expriment à travers l'**hacienda** *(voir p. 347)*, dont le luxe effronté au milieu d'un peuple appauvri sera plus tard la cible des troupes vengeresses de la révolution paysanne.

La peinture, de l'église au salon

D'incessantes constructions religieuses, cathédrales et couvents, suffisaient largement à occuper les artistes. **José Juárez** (1617-1661), **Cristóbal de Villalpando** (c.1645 -1714), **Juan Correa** (c.1645 -1716) et **Miguel Cabrera** (1719-1768) furent les plus grand noms parmi ceux qui peignirent les coupoles et d'énormes toiles ornant retables et sacristies.

Au 18ᵉ s. la société coloniale avait eu le temps de s'enrichir d'une infinité de métissages entre espagnols, natifs et esclaves noirs. La peinture profane s'en inspira et créa un nouveau genre typiquement mexicain : la **peinture de Castes**. Plus de 50 « mélanges de sangs » étaient recensés, certains aux noms fantaisistes comme *coyote*, fruit d'un Métis et d'une Indienne, ou *lobo* (loup), né d'un Indien et d'une Noire. Sur la toile apparaissaient le père, la mère et l'enfant, aux races dûment « étiquetées ». D'autres thèmes spécifiques à la Nouvelle-Espagne furent la **Muerte Niña** (Petite Mort), portraits d'enfants sur leur lit de mort, et les **religieuses couronnées** de fleurs le jour de leurs vœux.

La surenchère du 20ᵉ s.

Plus solide avec les structures métalliques du Porfiriat, plus grand avec les fresques envahissant des façades entières, plus haut avec la tour latino-américaine – bientôt évincée par une tour de 255 m en construction sur le Paseo de la Reforma –, l'art du 20ᵉ s. conjugue ses créations avec le gigantisme. Après la vague européenne d'une époque insouciante, l'influence grandissante des États-Unis se fait sentir au pays de la « révolution institutionnelle ». Ce voisin embarrassant, modèle de progrès pour certains et repoussoir idéologique pour d'autres, va marquer le paysage culturel du Mexique, par imitation ou par réaction.

Le Porfiriat

Les trois décennies de pouvoir du président Porfirio Díaz, marquées par l'entrée du Mexique dans le monde moderne, imprimeront le sceau d'une culture européenne, qui rendait hommage avec grandiloquence aux styles du passé. Alors que Viollet-le Duc venait de disparaître, Gustave Eiffel atteignait son zénith, et le Ring de Vienne achevait son œuvre historiciste : un musée grandeur nature de l'architecture. Le « dictateur » éclairé, mais surtout *afrancesado* (francophile), appliqua ces références aux bâtiments publics, dans l'euphorie des techniques nouvelles. Ainsi naîtront comme dans un vaste « mécano » le **palais de la Poste**, hymne à la communication, le **palais des Beaux-Arts**, temple de la musique, et une multitude d'édifices cossus, que n'aurait pas désavoué le baron Haussmann.

Le muralisme post-révolutionnaire

L'Amérique indienne et le communisme triomphant vont nourrir l'inspiration des grands muralistes mexicains. Le véritable détonateur de cet art de la démesure, digne héritier de la fresque préhispanique, se cache dans l'incroyable énergie libératrice dégagée par la **Révolution de 1910**. Dès 1922, un vent d'épopée souffle dans les milieux artistiques et génère une peinture engagée mais romantique, d'un lyrisme époustouflant. Ici, Marx le bras tendu indique le chemin de la félicité (Palacio Nacional), là Cuauhtémoc métamorphosé en centaure renaît comme le Phœnix (Palacio de Bellas Artes). **José Clemente Orozco** (1883-1949), **Diego Rivera** (1886-1957) et **David Alfaro Siqueiros** (1896-1974) laisseront un vibrant message nationaliste sur les murs de la ville jusque dans les années 60. Palais, églises, hôpitaux, ministères, universités, hôtels et même une station d'épuration d'eau prêtaient leurs murs à de gigantesques projets picturaux, soumis à une censure minime malgré un régime conservateur. Siqueiros, plusieurs fois emprisonné, joignait le militantisme actif à son discours graphique, alors que Rivera se retranchait derrière la propagande, l'élégante provocation et l'exaltation du Mexique ancien. Orozco, prenant du recul sur l'Histoire, illustra l'universalité de l'homme et dénonça les vicissitudes de la société contemporaine D'autres suivront les traces des « trois grands », de **Juan O'Gorman** à **Rufino Tamayo**, perpétuant la suprématie du *mural* en Amérique latine.

Partie du peuple, l'essence du muralisme, ennoblie par des génies, retourna ensuite au peuple et s'enracina dans l'identité mexicaine. Comme le montre avec bonheur la cinéaste Agnès Varda (*Murs, murs*, 1980), les *Chicanos* (Mexicains en exil) y trouvèrent un moyen d'expression et couvrirent tout un quartier de Los Angeles de *murales*, dont les auteurs anonymes pourraient se réclamer du célèbre trio.

L'architecture contemporaine

Mexico, formidable superposition et enchevêtrement de sept siècles d'urbanisme, est depuis les années 50 le terrain d'aventures d'une brillante école d'architectes. Issu de ce sérail, le président Miguel Alemán (1946-1952) donnera le coup d'envoi de grands travaux, qui transformeront la capitale en métropole moderne. De la tour latino-américaine au nouvel immeuble de la bourse (*Bolsa de Valores*) en verre bleuté (sur le Paseo de la Reforma), des réalisations hardies défient le sol mouvant et les tremblements de terre, s'émancipant du fonctionnalisme pour glisser vers l'épure. **Pedro Ramírez Vázquez** s'est fait un nom grâce à son musée d'Anthropologie défiant les règles de l'apesanteur (1964), sa basilique au toit provocateur (1976) et apparaît comme un chef de file des créateurs de son siècle. Pourtant, vous ne verrez peut-être aucune des œuvres du plus connu d'entre eux, **Luis Barragán**, le génie de la maison particulière, mariant avec bonheur les jeux de lumière subtils aux couleurs éclatantes d'un Mexique populaire.

Les Mexicains

Les couleurs
du Chiapas

LES PEUPLES DU MEXIQUE

Neuf mois après l'arrivée des conquistadors naissait le premier Métis, le fils de Cortés et de la Malinche *(voir p. 30)*, sa compagne indienne qui lui servait d'interprète. Elle reste le symbole de la relation complexe des Mexicains avec leurs origines. Malgré les chiffres, le Mexique s'apparente davantage à une société multi-ethnique que métissée.

La mosaïque mexicaine

Sur les 100 millions d'habitants que compte le pays, on recense approximativement 75 % de **Mestizos** (Métis), pour la majorité espagnol-indien bien que dans la région de Veracruz on rencontre un métissage marginal indien-africain. Les **Criollos** (Blancs de sang espagnol) représentent 10 % de la population et les **Indígenos** (Indiens) environ 15 %.

Le Mexique est un pays jeune puisque 40 % de la population a moins de 20 ans, mais l'indice de fécondité diminue régulièrement (2,8 enfants par femme), sans toutefois atteindre les records des pays occidentaux. Les villes concentrent 70 % de la population, et depuis deux décennies un fort **exode rural** vide les campagnes, creusant un fossé considérable entre une ville créole et une campagne indienne.

Un nom pour chaque groupe

Pour retrouver son latin dans la complexe mosaïque **sociale** et **ethnique**, les Mexicains ont estampillé les groupes humains qui la composent, les baptisant de noms, souvent familiers, parfois péjoratifs, qui s'enracinent dans des notions d'origine ou de déplacement *(voir également la «peinture de Castes» p. 52)*.

Le *bracero* est l'ouvrier agricole qui loue ses bras dans les grandes plantations. Le *naco* désigne l'Indien émigré en ville, les *Indios* sont les Indigènes restés sur leurs terres, auxquelles les lie le culte des ancêtres. Les Espagnols vivant au Mexique sont appelés *gachupines*, tandis que les *Criollos* sont les Mexicains de pur sang espagnol. Les Américains sont affublés du sobriquet de gringos, attribué par extension à tous les Européens et plus largement à l'étranger à la campagne. Le *mojado* («mouillé») entre aux États-Unis en fraude en traversant le Río Bravo, et les Métis sont appelés *ladinos* en terre indienne.

Le monde indien

Le Mexique compte la population indienne la plus importante de toute l'Amérique latine, environ 10 millions de personnes, ce qui reste un groupe très minoritaire et fortement marginalisé (10 % de la population). Les statistiques varient selon les critères bien que la pratique de la langue soit généralement retenue. L'influence de cette population dans la vie politique, l'économie ou la vie sociale demeure faible.

Le mode de vie

Selon leur habitat, plus ou moins hospitalier ou convoité, selon leur histoire et la résistance qu'elles ont opposé à la Conquête, selon leur assimilation plus ou moins forte à la communauté mexicaine, les ethnies présentent des différences marquées. Certaines d'entre elles ont résisté très longtemps à la colonisation et aux influences étrangères, préservant ainsi jusqu'à nos jours leurs traditions et leur mode de vie.

Une organisation communautaire – Les Indiens vivent en **communautés** (comunidades), zones assez étendues, qui portent le nom d'un saint patron. Un fort sentiment identitaire unit les membres d'une communauté autour des éléments piliers de leur culture : le **costume traditionnel** *(voir p. 74)* et la **langue vernaculaire** *(voir p. 85)*. L'organisation du village est très hiérarchisée. Des autorités administratives, chefs et juges élus pour un an, sont responsables de la gestion, de la justice et de l'organisation des fêtes. Les anciens ont un rôle de consultation. L'autorité religieuse est incarnée par un **chaman**, repère essentiel de la vie sociale, sur lequel s'appuient les prêtres catholiques. La grande majorité des Indiens a adopté un syncrétisme religieux (*voir p. 68*), où cohabitent le catholicisme et les rituels ancestraux. Mais au-delà de leurs traditions, c'est avant tout un mode de vie, où l'individu est pris en charge par la communauté, qui distingue les Indiens des Métis. La notion de profit individuel est absente de la culture indienne, seul l'intérêt du groupe est pris en compte. Même au-delà de la mort, l'Indien appartient à sa communauté, qui subvient aux besoins de tous.

Les moyens de subsistance – Les Indiens vivent principalement d'une **agriculture traditionnelle**, maïs, piments, haricots, tabac, canne à sucre, et de l'élevage sur de minuscules parcelles de terre, les *milpas*. Certaines tribus pratiquent également la pêche et la chasse. Mais ils se tournent désormais vers l'**artisanat**, devenu la principale ressource de nombreuses tribus, qu'ils vendent dans les *tianguis*. La confection des costumes est une activité importante, qui occupe les femmes pour le filage, la teinture et le tissage. L'enfant participe à la vie familiale, les garçons aux champs et les filles pour les tâches domestiques.

La culture sur brûlis
Le paysan prépare la parcelle en coupant arbres et broussailles pendant la saison sèche, puis brûle la terre pour préparer le terrain, où sont semées les graines à l'aide d'un bâton à fouir (la « coa »). Quelques années de culture épuise la « milpa », parcelle de terre, qu'on laisse ensuite reposer.

Quel avenir pour les communautés indiennes ?

Les conditions de survie, souvent misérables, n'augurent pas favorablement du futur des tribus indiennes, notamment des plus réduites, bien qu'elles soient une part importante du folklore national. Elles n'échappent pas à l'exode rural qui se généralise, la migration vers les grandes villes marquant l'**abandon du costume traditionnel** et la nécessaire **maîtrise de l'espagnol**. Le conflit est permanent entre l'attirance pour le monde moderne et la volonté de préserver les traditions.

La prise en compte du caractère complexe de la nation mexicaine a amené le gouvernement à prendre un certain nombre de dispositions, dont on peut se demander si au-delà de la sauvegarde d'un patrimoine culturel et folklorique, elles seront suffisantes pour maintenir une véritable culture pluri-ethnique. Ainsi la préservation des langues, la constitution d'archives locales, la transcription des traditions orales, la réappropriation du droit coutumier, l'organisation communautaire, l'exploitation des ressources naturelles par des techniques traditionnelles et l'encouragement des pratiques curatives par les plantes médicinales font désormais l'objet de mesures officielles.

Rencontres avec quelques ethnies

Les Tzotziles et Tzeltales (Hautes terres et vallées du Chiapas)

Les quelque 200 000 Mayas du Chiapas ont su préserver leur mode de vie en gardant leurs distances avec les Mexicains. Les Tzeltales occupent généralement les vallées tandis que les Tzotziles vivent dans les hautes terres, où ils se consacrent à la culture du maïs et à l'artisanat (tissages, broderies et chapeaux). **San Juan Chamula** (*voir p. 306*), à quelques kilomètres de San Cristóbal de las Casas, est le centre de la communauté des Chamulas, de langue tzotzile. Si l'église et le marché hebdomadaire constituent une visite très appréciée des touristes, il ne faut cependant pas oublier le drame de ce village. Au Chiapas, l'irruption du christianisme évangélique (*voir p. 68*), conjuguée aux années de répression du mouvement zapatiste, a rompu l'équilibre au sein de la communauté et dégénéré en une « guerre de religions ». Chassés de leurs terres, des milliers d'évangélistes vivent désormais dans des abris de fortune aux abords de San Cristóbal de las Casas.

Les Lacandons (jungle du Chiapas)

Les 400 derniers représentants de cette ethnie vivent retranchés à la frontière guatémaltèque, au cœur d'une forêt qui recouvre environ 5 000 km², soit trois fois moins que dans les années 50 *(voir p. 316)*. Les Hach Winik, « vrais hommes », vêtus de longues tuniques blanches – que certains ont désormais troquées contre un jean –, le visage encadré de longs cheveux et barré d'une frange, vivent en petits groupes de quelques familles n'excédant pas une quinzaine de personnes. Ils chassent, cultivent le coton, le tabac et le maïs, et pratiquent la culture sur brûlis, ce qui les contraint à se déplacer. Le **carribal** communautaire (groupe de huttes en bois très sommaires) est abandonné dès que la terre conquise sur la forêt est épuisée. Longtemps considérés comme les descendants directs des anciens Mayas de Palenque, de Yaxchilán et de Bonampak, les Lacandons seraient issus de communautés originaires du Guatemala et du Campeche, qui ont trouvé refuge dans la jungle pour fuir les conquistadors. Pendant plusieurs siècles ils surent éviter tout contact avec le monde extérieur et maintenir leur culture intacte. À partir des années 50, la déforestation massive et la colonisation de la région par les paysans sans terre ont modifié leurs conditions de vie. Dans les années 70, le gouvernement a regroupé les Lacandons dans trois communautés, dont celle de Lacanjá à proximité de Bonampak. L'arrivée des sectes évangéliques, l'intrusion de la voiture et de la télévision ont irrémédiablement bouleversé leur quotidien. Avec la disparition des anciens, les traditions s'éteignent et de graves problèmes de consanguinité menacent également la survie de cette population fragile. La fondation Na Bolom *(voir p. 304)* a mis en place des structures d'aide et encouragé les communautés à s'ouvrir au tourisme.

Les Totonaques (côte du golfe du Mexique)

Estimée à 150 000 individus, cette tribu, installée dans la région côtière de Veracruz et dans les hautes terres de la région de Puebla, est menacée par la convoitise qui pèse sur ses terres riches en pétrole et propices à l'élevage extensif. La collaboration des Totonaques avec les Espagnols, auxquels ils servirent de porteurs, leur a valu autonomie et protection. Ouverte à la modernisation de leur mode de vie, la communauté survit de cultures vivrières, et nombre de ses membres louent leurs services dans les grandes exploitations agricoles de la région. Ils mêlent catholicisme et rites ancestraux dans un joyeux syncrétisme, et la spectaculaire danse des **voladores** *(voir p. 423)* fait désormais partie du patrimoine folklorique mexicain.

Les Tarasques ou Purépechas (Michoacán)

Cette tribu d'habiles **artisans** (poteries, masques, cuivre, chapeaux, nattes, meubles…), paysans et pêcheurs, dont la population est évaluée à 80 000 individus, vit dans les villages du lac de Pátzcuaro et des montagnes du Michoacán. Ayant repoussé les Aztèques à plusieurs reprises, longtemps indépendants, ils furent décimés par Nuño de Guzman lors de la colonisation et essaimèrent dans les montagnes. L'évêque Vasco de Quiroga, familièrement surnommé Tata Vasco, les aida à développer leurs talents artisanaux afin de les soustraire au joug espagnol. Leurs traditions artisanales ont traversé les siècles pour devenir une des richesses de la région. Commerçants avertis, ils vendent leur production dans les *tianguis* (marchés). Les rituels sont restés fortement présents et le **culte des morts** est célébré de façon particulièrement grandiose *(voir p. 468)*. Le *Baile de los Viejitos* (danse des Petits Vieux) est une danse traditionnelle moqueuse et provocante évoquant les ravages de l'âge chez les Blancs : les danseurs arborant des masques de vieillard au teint blafard et aux longs cheveux blancs martèlent sauvagement le sol de coups de canne et de claquements de pieds sonores dans une trépidation furieuse.

Difficile de décrocher un contrat

Todo México
JUNTOS CON LADA
TELMEX
Todo México
JUNTOS CON LADA
TELMEX

Les Huichols (Jalisco, Nayarit, Zacatecas et Durango)

Tenue à l'écart de la colonisation en raison de la difficulté d'accès des montagnes qui constituent son habitat, cette tribu est l'une des mieux préservées du pays. Regroupés en petites communautés dans la Sierra Madre occidentale, les quelque 18 000 Huichols, ou Wirrarika, vivent dans des maisons isolées les unes des autres afin d'éviter les disputes entre femmes, selon une tradition ancestrale. Chasse, pêche, et cultures vivrières leur permettent de survivre malgré la menace qui pèse sur leurs terres très convoitées. Ils se tournent désormais vers la commercialisation d'un artisanat très coloré, sculptures ornées de *chaquira* (petites perles multicolores), broderies et tableaux de fils, inspirés de leurs mythes et croyances, et il est de plus en plus fréquent de les croiser sur les marchés. Les femmes sont vêtues d'une large jupe aux teintes vives. Les hommes portent un costume blanc, tunique ceinturée et pantalon flottant rehaussé

Le cactus sacré

Le peyotl (jikuri) fait l'objet d'un culte ancestral car il permet d'entrer en communication avec les dieux par les visions colorées qu'il provoque. Le cactus sacré ne pousse pas sur les terres huicholes, et selon un rituel ancien, les Indiens doivent aller le chercher au cours d'un pèlerinage annuel dans l'État de San Luis Potosí, à plus de 400 km. La quête et la cueillette de la plante sacrée dure 40 jours, ponctués d'étapes rituelles marquées par des cérémonials ancestraux, chants, offrandes, rites de purification, confessions publiques... Dans ce long voyage à travers une nature peu clémente, les autobus ont en partie remplacé la traditionnelle marche à pied. Une fois récolté et séché, le peyotl est rapporté dans l'allégresse et le retour des récoltants est prétexte à force festivités fin février.

dans le bas de broderies symboliques au point de croix ; ils sont coiffés d'un chapeau, le *ropero*, en palme tressée dont les décorations, plumes et pendeloques indiquent leur rang et leur âge. La bourse tissée possède en son centre un motif de fleur de peyotl, la *copa de oro*. Leur vie, où tout est symbole et magie, jusqu'aux vêtements, est ponctuée de nombreux rites. Le chaman, prêtre guérisseur, garant des traditions, est le repère essentiel de la vie sociale. Les Huichols sont dirigés par Marakame Mayor et ses dieux dont Tatewari, l'ancêtre créateur du feu, Taoiaupa, le père-soleil, et Kauyamare, le daim sacré.

Les Tarahumaras (Chihuahua et nord-ouest de Durango)

Estimés à 50 000, les Raramuri, « pieds légers », sont connus pour leur longue tradition de **course à pied**. Dépossédés de leurs terres par les premiers conquistadors et forcés à travailler dans les mines, les Indiens Raramuri se réfugièrent dans les canyons et les basses terres de la Sierra Madre occidentale, baptisés aujourd'hui Sierra Tarahumara, après de violentes rebellions. Farouchement attachés à leurs coutumes, ils manifestent toujours une volonté d'isolement et contestent toute ingérence dans leur mode de vie traditionnel. Troglodytes ou vivant dans des maisons de bois, toujours vêtus de leurs costumes colorés, ils vivent d'agriculture et d'un artisanat peu élaboré, notamment de la taille du bois. Attachés à la terre et à la nature, aux valeurs humaines telles que la fraternité, l'honnêteté et l'équité, ils se considèrent comme enfants de Dieu, qu'ils conceptualisent comme le père et la mère. Comme d'autres tribus du Nord, ils utilisent le peyotl pour leurs rituels.

Les Seris (côte ouest du Sonora, golfe de Californie)

La tribu de « ceux qui vivent sur le sable » est une des plus réduites du Mexique, une des plus menacées aussi puisque leur population n'est estimée qu'à 400 individus. Tribu de chasseurs et de pêcheurs, ils résistèrent longtemps à tous les efforts de christianisation et de sédentarisation et conservèrent leur tradition de **nomadisme** jusqu'au début du siècle. Il vivent également d'un artisanat de vannerie et de sculpture du bois.

Les peuples du Mexique

LA VIE QUOTIDIENNE

Vaste territoire charnière entre l'Amérique latine et l'Amérique du Nord, le Mexique a réussi la gageure de préserver une identité complexe, héritée des cultures précolombienne et coloniale, mais résolument tournée vers l'avenir. Contrastes, paradoxes et compromis émaillent la vie quotidienne mexicaine qui se révèle pleine de surprises, bien loin du cliché du paysan mexicain savourant une sieste sous son sombrero à l'abri d'un cactus ou de l'image traditionnelle des mariachis. Nord américain et Sud indien, gigantesques mégalopoles et immenses déserts, campagne indigène et cités métisses, activité diurne et langueur nocturne s'opposent en superposant les facettes d'un Mexique multiple. De *Zócalos* tranquilles en boîtes de nuit hyperbranchées, de marchés indigènes hauts en couleur en centres commerciaux ultramodernes, des orchestres de rue aux stars du rock latino, des cadres affairés rivés à leur téléphone mobile aux Indiens d'un autre temps sillonnant les campagnes en tenue traditionnelle, des paysans talonnant leurs montures aux jeunes roulant dans de rutilantes voitures de sport, vous serez sans cesse ballotté entre des visages toujours renouvelés d'une réalité mexicaine difficile à apprivoiser mais captivante.

Portraits de familles

Une vie de province

Isabel, 30 ans, et Tomás, 33 ans, se sont rencontrés à la faculté de Mexico puis sont revenus s'installer à Guanajuato, la capitale de l'État dont Tomás est originaire. Il y a rapidement trouvé un emploi de cadre commercial dans l'informatique, plutôt bien payé. Isabel, qui a laissé sa famille dans la capitale, préfère sa vie provinciale, bien plus sereine que dans le DF. Elle adore son travail de responsable des relations publiques au secrétariat du tourisme de l'État : elle multiplie les contacts avec toutes les nationalités et organise des voyages de promotion dans le Guanajuato, qu'elle a arpenté de fond en comble. Son métier lui laisse peu de temps et elle est souvent absente de la maison plusieurs jours de suite. Le soir, Isabel et Tomás sortent volontiers dans les endroits à la mode, paressent aux terrasses des restaurants, s'attardent à bavarder dans les bars, vont au théâtre, au concert, la vie culturelle est ici pleine de ressources. Ils caressent le projet de visiter l'Italie lors de leurs prochaines vacances. Ils ont récemment acheté un coquet appartement, pas très grand mais confortable, dans une zone résidentielle, sur les hauteurs, un peu en dehors du centre historique de la ville. Ils en ont réalisé eux-mêmes la décoration dans ce style rustique et coloré, typiquement mexicain, azulejos et bois peints, qui fait fureur en ce moment.

Les infortunes d'un ouvrier de maquiladora

À 28 ans, Alvaro a abandonné sa terre natale des hauts plateaux désolés du Zacatecas, à un âge où tous les espoirs lui étaient encore permis. Comme des milliers d'autres, attiré par le mirage du Nord, il a tenté seul l'aventure, laissant au pays sa femme et ses quatre enfants en se jurant de les faire venir très vite auprès de lui. Il a tenté à trois reprises de passer la frontière américaine à Tijuana, et trois fois il s'est fait refouler de l'autre côté de cette maudite barrière qui lui interdit l'accès à une vie de nanti. Le dernier de ses échecs l'a laissé vidé de toute énergie, plus raide qu'un passe-lacet et couvert de dettes. Il n'a pas eu d'autre issue que de s'enrôler dans une usine de la zone franche, une *maquiladora*, où il monte jour après jour des composants électroniques pour un salaire dérisoire, à peine décent. L'apprentissage du monde urbain a été une rude épreuve. En quinze ans de cette vie, au prix de multiples privations, il a pu mettre un peu d'argent de côté, suffisamment pour faire venir sa femme et deux de ses enfants qui sont également ouvriers, sa fille dans une usine de textile et son fils dans les produits pharmaceutiques. Ils ont retrouvé un semblant de vie familiale, et son travail d'ouvrier *maquilero* lui pèse moins car, avec trois salaires, ils peuvent s'en sortir. Ils habitent un petit appartement de trois pièces dans un immeuble des quartiers ouvriers de la périphérie de Tijuana. Les barrières d'immeubles hérissent un paysage déprimant de leurs silhouettes massives et ternes, et Alvaro songe parfois avec nostalgie au ciel si pur et aux paysages de sa région natale. Qu'importe, ils ont tissé des relations fort complices et solidaires avec leurs voisins, émigrés du centre du pays comme eux.

Cinq générations de Créoles aristocrates

Margarita a la soixantaine épanouie et florissante. Elle représente l'avant-dernière génération d'une illustre famille créole du Michoacán, un État charnière entre le Mexique colonial et le Mexique indigène. À la mort de son père, elle a hérité de la vieille demeure qui a abrité les six générations de Iturbe Arriaga et n'a pas ménagé ses efforts pour garder et entretenir cette noble demeure de Pátzcuaro. Veuve très jeune d'un mari médecin, elle a incarné avant l'heure la Mexicaine moderne, mère de famille, femme d'affaires avisée, militante pour la défense de la culture de sa région bien-aimée. Fière d'être l'héritière d'un patrimoine, d'un nom et d'une histoire, elle a transformé son palais en hôtel de charme, un des plus anciens de la région, un des plus chaleureux aussi. Elle veille personnellement à ce que tout y soit parfait : personnel trié sur le volet, décoration typique, service personnalisé, restaurant gastronomique… Prenant à bras-le-corps une série de projets de développement dans la région (artisanat, tourisme écologique ou culturel), Margarita n'est jamais en reste d'une idée. Pour préserver les traditions musicales, elle a ouvert une *peña*, un bar musical, où se produisent des artistes régionaux. La relève est assurée : Margarita a placé ses enfants aux postes stratégiques de l'entreprise familiale, Carolina aux relations publiques et Luis à l'administration. Margarita n'en restera pas là. Dès que la nouvelle route reliera la côte encore sauvage aux grandes villes du centre, elle ouvrira un hôtel de plage, un lieu de charme, à dimensions humaines et plutôt haut de gamme, elle se l'est promis…

Une famille d'éleveurs

L'heure du départ a sonné. Au rancho, chacun achève ses préparatifs. Les vans sont accrochés aux pick-up. Les chevaux, crinières peignées et robes soigneusement brossées, sont embarqués, les brides, lassos et éperons, méthodiquement rangés. Les chapeaux reposent sur les sièges arrière des voitures. Les deux *charros* de la famille sont prêts, en grande tenue, bottes et éperons luisants. Miguel et Carlos, les deux frères, membres de l'équipe de *charrería* de San Miguel, sont prêts à en découdre avec ceux de Celaya au cours d'une *charreada* du championnat régional. Leurs enfants, dans leur costume de mini-*charro*, vont parader avant l'ouverture de la compétition. Le frère cadet, Patricio, venu des États-Unis pour les vacances avec sa femme et ses enfants qui ne parlent qu'un espagnol approximatif, est là pour encourager ses aînés. Le repas (bœuf et poulet en sauce, purée de haricots, riz et légumes) a été préparé en grande pompe par les femmes de la famille car la coutume veut que l'équipe à domicile offre le repas qui clôture la compétition. Demain, la vie de la ferme reprendra son cours après cette parenthèse dominicale.

La charreada, le rodeo mexicain

Avec la disparition des grandes haciendas, les vachers rejouent leurs tâches quotidiennes dans l'arène, le Lienzo Charro (large et longue allée terminée par une arène ronde). Sous l'œil d'un jury, les «charros», cow-boys mexicains vêtus du costume traditionnel, s'affrontent en deux équipes d'une dizaine de membres. Les dix «suertes», épreuves de la «charrería», se déroulent selon un ordre précis. Arrêter sur moins de 10 m sa monture lancée au galop, stopper un cheval en pleine course en saisissant ses jambes arrière au lasso, faire chuter un taureau en l'attrapant par la queue, monter un jeune taureau sauvage, sauter d'un cheval à un autre au galop, figurent parmi les nombreuses prouesses du «charro».

La « charrería » au féminin

Dans les montagnes du Chiapas

Moisés, à peine 35 ans, est à la tête d'une famille de neuf enfants dont le plus jeune n'a que 3 ans. Dès les premières lueurs du jour, dans la hutte aux murs d'adobe, chacun s'active. Les filles se répartissent les corvées d'eau et de basse-cour, où dindons et poules se côtoient. Les aînés sont prêts pour leurs trois heures d'école quotidienne, ravis d'aller améliorer leur espagnol précaire. Au retour, les garçons vont rejoindre leur père sur la *milpa*, la parcelle de terre sur laquelle ils cultivent du maïs, des haricots et des courgettes. Avant de rentrer ils feront la provision quotidienne du bois nécessaire à la cuisson du dîner. Pendant ce temps, Rosario, la mère, restera à s'occuper des plus petits et à *tortear* (« préparer les tortillas »). Après avoir lavé le maïs, écrasé les grains sur le *metate*, mélangé la chaux pour obtenir la pâte, elle façonnera les tortillas en claquant les mains l'une contre l'autre selon un geste transmis entre femmes de génération en génération. Puis direction le lavoir, une tâche quotidienne qui lui permet malgré tout de bavarder avec les autres femmes de la communauté. Cet après-midi, le tissage va occuper une bonne partie de son temps et de celui de ses filles. Ce soir, on se couchera tôt, la nuit à peine tombée, car demain, jour de marché hebdomadaire, toute la famille prendra le chemin bien avant le lever du jour, les femmes pour vendre leur artisanat, les hommes chargés de quelques légumes. Ce sera aussi l'occasion d'acheter certains produits introuvables dans la communauté. Et demain l'instituteur comptera de nombreux absents !

Tranches de vie

Une soirée entre hommes

La **cantina** est le rendez-vous masculin par excellence, et on en ressort rarement droit comme un « I ». Jusqu'à un passé récent elles étaient strictement réservées aux représentants du sexe fort, et si certaines *cantinas* ouvrent très timidement leurs portes à la gente féminine c'est uniquement dans les grandes villes progressistes ; d'ailleurs les femmes n'y sont que tolérées, rarement bienvenues. Les Mexicains s'y rendent volontiers après le bureau pour y passer une bonne partie de la soirée à siroter une bière, de la tequila ou du pulque, accompagné de *botanas*, l'équivalent des tapas espagnoles ou de nos amuse-gueules. C'est le lieu des conversations viriles, des parties de dominos ou de dés, âprement disputées, où selon la saison des écrans géants retransmettent les matchs de football, de base-ball ou les corridas, dans une atmosphère survoltée.

Tianguis et marché

Se perdre dans le dédale des marchés et savourer les couleurs, les bruits, les odeurs en se laissant porter par la foule est une expérience inoubliable pour qui veut apprivoiser un fragment de l'âme mexicaine. Le *tianguis* (marché indien) est à l'origine un marché de troc où les villageois venaient échanger leur production. Si le vocable indien a survécu, on est désormais bien loin de la logique du troc. Souvent assimilé à un marché d'artisanat indigène, il se tient le plus souvent à une cadence hebdomadaire à la périphérie du centre-ville. C'est un grand déploiement de marchandises en tous genres, denrées alimentaires, produits d'hygiène, textiles, et les Indiens n'y sont plus les seuls commerçants. Dès le lever du jour, les femmes élaborent avec dextérité, sur une natte à même le sol, des étalages alléchants et harmonieux qui rivalisent de couleurs, avant d'attendre paisiblement le chaland, accroupies derrière leur marchandise.

Le *tianguis* s'oppose au marché permanent, quotidien et ouvert toute la journée. Celui-ci se tient souvent en centre-ville dans une halle couverte et propose principalement des denrées alimentaires et de la quincaillerie. Divisé en sections, il déploie parfois ses étals sur deux niveaux et déborde de ses travées à l'extérieur, où le petit commerce va bon train. Vous pourrez y faire vos provisions d'herbes magiques, de fioles remplies de liquides aux couleurs trop vives pour être tout à fait honnêtes et de sachets de poudres miraculeuses pour soigner tous les maux de l'âme et du corps. Vous pourrez également vous restaurer, dans la section des **comedores** ou des **fondas** (*voir p. 109*), assis sur des bancs de bois, attablés au coude à coude devant d'étroites tables dominées par une matrone qui aura concocté une *comida* roborative.

Le Zócalo, un havre de sérénité

Cœur de la vie sociale et lieu de passage obligé à la fin d'une journée bien remplie dans la moindre bourgade, le *Zócalo* (socle) doit son nom à la Plaza de la Constitución de Mexico, ainsi baptisée car on n'y vit jamais que le socle d'une statue de Charles IV d'Espagne qui n'y fut jamais érigée. Bordé de terrasses de restaurants et de cafés, agrémenté de bancs de fonte peints en blanc ou en vert et parfois d'une élégante gloriette centrale, le *Zócalo* s'étire à l'ombre des ficus telle une promesse de pause paresseuse. Sous les rayons rasants du soleil, les familles prennent d'assaut les bancs pour commenter les derniers potins tout en gardant un œil sur les bambins qui gambadent, les amoureux déambulent nonchalamment enlacés, les gourmands savourent leur dernière sucrerie de la journée. Dans un coin, les accords d'un marimba (sorte de xylophone géant sur pied) tintinnabulent mélancoliquement sous les assauts conjoints des trois musiciens. Un à deux soirs par semaine, l'orphéon municipal donne un récital de musique classique ou populaire. Quand retentit la mélodie lente et sensuelle du *danzón*, des hommes coiffés de panama entraînent des élégantes à talons hauts dans une danse lente et voluptueuse, sous les regards admiratifs des plus jeunes. Dans un coin, un clown joliment grimé offre un spectacle de rue auquel participent grands et petits, tandis que les marchands ambulants sont assaillis par une nuée de gourmands. Ne la ratez pas, une soirée au *Zócalo* est un vrai concentré de l'âme mexicaine fragmentée en de multiples saynètes.

G. de Benoist/MICHELIN

Quand les chaussures des citadins reluisent...

Pas question d'exhiber des souliers douteux pour un Mexicain qui se respecte. Les **limpiabotas** (cireurs de chaussures) font partie du paysage urbain au même titre que les églises. Souvent rassemblés dans le périmètre des places du centre, les stands fixes se composent d'une chaise haute munie d'un cale-pied, abritée d'un auvent, au pied de laquelle repose tout l'attirail : cirages, brosses et chiffons feront reluire impeccablement les souliers fatigués. Le cireur de chaussures, assis sur son mini-tabouret, attend paisiblement sa clientèle, nul besoin de faire l'article. Pour un tarif modique, vous pourrez abandonner vos souliers poussiéreux entre des mains expertes et diligentes, qui ne ménageront pas leur peine. Et pour avoir l'air tout à fait mexicain, sachez qu'il convient de ne pas engager la conversation, mais de se livrer à la lecture d'un quotidien.

Les échoppes ambulantes

Noyé dans une énorme grappe de ballons multicolores dont seules émergent ses jambes, le **vendeur de ballons** fait partie du décor vespéral de toute bourgade mexicaine. Armé de ses arguments irrésistibles aux yeux des enfants, il arpente le *Zócalo*, ponctuant le paysage d'une onde chatoyante.

Le **vendeur de maïs** (*elote*) s'active dès que le soleil commence à décliner car sa recette quotidienne se réalise en un temps record, entre le coucher du soleil et la fin de la soirée. Épis et grains de maïs épars flottent dans une grande marmite maintenue au chaud sur un réchaud rudimentaire. Sur une tablette, les gobelets en plastique, les tiges de bois qui servent à embrocher les épis côtoient le seau de crème, le sachet de fromage râpé et l'inévitable flacon de poudre de piment. Le vendeur, généralement assisté de sa femme ou de ses enfants, reste jusqu'à épuisement de sa marchandise.

Un système éducatif à deux vitesses

Quelque 25 millions d'élèves sont scolarisés dans les 170 000 écoles mexicaines. L'équivalent de la maternelle (*preescolar*) n'est pas obligatoire. En revanche, l'école primaire (*primaria*), de 6 à 12 ans, est obligatoire et gratuite, et le moindre village s'enorgueillit de posséder son école. Le secondaire (*secundaria*), obligatoire depuis 1993, compte trois niveaux tout comme la *preparatoria*, équivalent du lycée. L'uniforme (chemisette blanche ou bleu ciel sur pantalon et jupe gris ou vert sombre), souvent de rigueur, a pour objectif d'effacer les différences sociales.

Pour éviter toute mutilation linguistique et préserver les cultures indigènes, le gouvernement a instauré un système éducatif bilingue avec un apprentissage de l'espagnol. Le pays compte plus de 8 000 **écoles indigènes**, maternelles et primaires.

Tranches de vie

65

Sur le chemin de l'école

Ces établissements assurent un enseignement bilingue et bénéficient de manuels scolaires en espagnol et dans la langue autochtone ainsi que d'horaires assouplis pour permettre aux enfants de participer aux travaux domestiques. L'instituteur est souvent pour les communautés indiennes le premier contact avec le monde officiel et administratif. Seuls 25 % des enfants poursuivent des études secondaires au collège et au lycée. Dans les villages indigènes, il n'est pas rare que le plus brillant des enfants du village soit envoyé au collège ou à l'université aux frais de la communauté. Une fois armé de connaissances et de diplômes, il reviendra défendre et aider économiquement les siens. Malgré un système éducatif proche des modèles européens et un taux officiel d'analphabétisme de 8 % seulement, les enfants indiens sont plus de 70 % à ne pas terminer un cursus primaire.

L'**enseignement supérieur** comprend des universités publiques (autonomes ou d'État) et privées reconnues par l'État, des écoles normales et des instituts technologiques. Le cursus universitaire type dure de 4 à 5 ans. L'enseignement supérieur privé est cher (4 000 à 5 000 pesos par session) mais attire les enfants de familles aisées car de nombreuses sociétés américaines y recrutent leurs poulains.

Vers une libération de la femme mexicaine

Paradoxe des pays latins et machistes, la domination masculine est plus formelle et ostentatoire que réelle, et les femmes restent l'épine dorsale de la famille mexicaine. Toutefois, la libération de la femme avance, même si elle continue à jouer son rôle d'épouse, de mère, de cuisinière et de fille parfois sacrifiée. Le ghetto d'une famille avec trop d'enfants s'estompe à mesure que progressent les mesures de **contrôle des naissances**, mais l'IMS (Institut public de santé) estime à 700 000 le nombre d'avortements clandestins, soit la moitié du total des grossesses.

En milieu rural, les femmes assurent et organisent le quotidien domestique de main de maître, les hommes participent à l'organisation communautaire et à l'agriculture.

La taille de la famille a tendance à se réduire ; si la contraception reste difficile d'accès et contraire à l'éthique populaire et à la religion, les médecins incitent les couples à réduire le nombre de leurs enfants parfois par des mesures radicales. Les difficultés économiques renforcent la portée de ces discours.

Dans les villes, le rôle de la femme ne se cantonne plus à la vie familiale et domestique. Si l'avortement est toujours illicite, l'accès à la contraception, permet désormais des arbitrages entre vie familiale et professionnelle. Nombreuses sont celles qui, après avoir suivi des études universitaires, occupent des postes à responsabilités dans les services ou la fonction publique, soit seulement 20 % des emplois. Des métiers comme ingénieur, avocat ou médecin restent l'apanage des hommes, ce qui contraint certaines femmes à s'expatrier afin de pouvoir exercer sans contrainte le métier de leur choix.

Les fêtes familiales

La piñata

D'après la légende, Marco Polo aurait ramené de Chine la coutume de briser un récipient d'argile plein d'offrandes au moment des récoltes. Les religieux italiens reprirent à leur compte cette « pignata » (marmite en italien) pour les fêtes à la Vierge et répandirent la pratique jusqu'au Nouveau Monde via l'Espagne. La *piñata* des *posadas*, frappée avec un bâton pour extirper le mal et remplie de fruits secs, est donc la plus authentique. Au 20e s., ce rituel a été adapté aux anniversaires enfantins, et la marmite suspendue « s'habille » désormais de papier mâché à l'effigie des personnages de Walt Disney ou des programmes télévisés. Chaque petit invité, les yeux bandés, tente de la frapper au son d'un refrain de circonstance, jusqu'à ce qu'elle délivre une pluie de bonbons. Vous pourrez voir de *piñatas* aux couleurs vives se balancer au-dessus de vos têtes sur presque tous les marchés.

Les « quince años »

L'origine de cette tradition remonte aux rituels indiens célébrés à la puberté, marquant l'acceptation des responsabilités maternelles pour les filles et guerrières pour les garçons. À l'âge de 15 ans, les jeunes filles entrent donc dans l'âge adulte en fanfare, par une fête qui préfigure en tout point leur futur mariage (il n'existe pas d'équivalent pour les garçons). Du faire-part à la pièce montée en passant par les séances chez le photographe, rien n'est laissé au hasard. Vêtue d'une longue robe blanche ou rose, coiffée d'une couronne et encadrée de ses *chambelanes* (demoiselles d'honneur), la jeune fille renouvelle son engagement envers les valeurs chrétiennes au cours d'une grande messe dans une église comble et pleine de fleurs. Ce jour-là, l'adolescente devient femme, mais aussi virtuellement « fille à marier », et danse solennellement la valse avec son père en public. Cours de danse et nouvelle garde-robe font partie des préparatifs, qui annoncent également une plus grande liberté de sortir dans les années à venir (dûment chaperonnée). Le faste coûteux de tant de réjouissances prend des proportions impressionnantes dans les milieux modestes, qui économisent plusieurs années pour célébrer « *en grande* » l'événement. D'ailleurs depuis quelques années l'Église les enjoint à renforcer l'aspect spirituel des *quince años* au détriment de son aspect festif et social pour décourager les dépenses somptuaires hors de leur portée. Les familles aisées se contentent pour l'occasion d'offrir à leur *quinceañera* un voyage en Europe.

La Pastelería Ideal

À Mexico, une immense pâtisserie installée dans l'ancienne salle De Profundis du couvent des franciscains – calle 16 de Septiembre #18 – est l'étape obligée des célébrations familiales. De faux gâteaux à commander pour les « quince años », anniversaires et mariages dégoulinent de toutes parts et transforment le premier étage en caverne d'Ali Baba du kitsch meringué. Une visite insolite et unique en son genre, à inclure dans votre programme.

LES RELIGIONS

500 ans après la conquête spirituelle espagnole, la vie religieuse mexicaine, fervente et festive, reflète toujours l'empreinte d'un fascinant métissage. La société de castes de la Nouvelle-Espagne, virtuellement unifiée par la « Vraie Foi », est venue bousculer un équilibre cosmique instauré par les dieux mais a perpétué un sens inné du sacré, encore très perceptible aujourd'hui.

Le catholicisme

Paradoxalement, le pays le plus catholique d'Amérique latine (90 % des croyants), et le deuxième au monde pour le nombre de ses fidèles, est aussi celui qui a connu la séparation la plus drastique entre l'Église et l'État. Le divorce, consommé en 1857 avec les **Lois de Réforme** de Benito Juárez, mit un terme à plusieurs siècles d'hégémonie du clergé. Les Ordres réguliers furent les principales victimes de ce grand élan laïque, leurs biens furent saisis et leurs couvent fermés.

La Constitution de 1917 ira encore plus loin, privant les religieux du droit de vote, leur interdisant le port de la soutane et les célébrations sur la voie publique. Cette fois la rébellion éclate, et la **guerre des Cristeros** secouant les années 20 fera des centaines de victimes.

Le Mexique se remet à peine d'un passé aussi houleux, et la normalisation amorcée en 1980 connut un moment décisif en 1992, avec la reconnaissance légale des organisations religieuses et l'instauration de relations diplomatiques avec le Vatican.

Les fidèles, eux, n'ont que faire de ces considérations politiques et continuent à réaffirmer leur foi devant l'image de la **Vierge de Guadalupe** (*voir p. 159*), symbole omniprésent de l'identité nationale

L'Église mexicaine est particulièrement chérie par le pape Jean-Paul II, qui lui réserva cinq visites, dont son premier voyage pastoral. Il a encouragé les congrégations les plus conservatrices, celle des **Légionnaires du Christ** née à Mexico en 1946, et l'**Opus Dei** espagnol, dont le fondateur a été canonisé en 2002. De même que les jésuites, celles-ci gèrent des universités privées et jouent un rôle important dans les coulisses du pouvoir. L'intransigeance du nouveau gouvernement concernant le maintien de l'interdiction de l'avortement en est peut-être le reflet.

Les sectes protestantes

Contrairement au Brésil et à l'Amérique centrale, le Mexique, profondément identifié au catholicisme, a résisté au prosélytisme agressif des églises protestantes nord-américaines. Comme au Guatemala, le christianisme évangélique s'est pourtant fortement implanté en terre indienne, et en particulier dans le Chiapas. Son irruption au sein des communautés, accompagnée d'une générosité sélective, a semé dans de nombreux villages un trouble qui a parfois dégénéré en **luttes fratricides**. La rupture du cycle des fêtes traditionnelles et la prohibition de l'alcool, indissociable des rites syncrétiques, a provoqué une fracture sociale largement exploitée par les milices de l'État, lors des années de répression contre le mouvement zapatiste. À San Juan Chamula, capitale spirituelle des Indiens Tzotziles, des affrontements meurtriers éclatent régulièrement entre catholiques et protestants, et l'enseignement scolaire vit une situation d'apartheid !

Une église pas très catholique

Chassé depuis longtemps de l'église de San Juan Chamula dans le Chiapas (voir p. 306), le curé ne revient que pour les baptêmes. Les bancs ont disparu, à leur place les guérisseurs attendent les âmes en peine sur un tapis d'aiguilles de pins et, pour un poulet ou une douzaine d'œufs, exercent quotidiennement leur fonction chamanique. À la lueur des bougies plantées à même le sol, le traitement débute par une introspection, grâce aux miroirs pendus au cou des statues de saints. Il se poursuit d'ancestrales litanies, incitant ces mêmes saints et des Esprits bienfaisants à apporter le soulagement. Une boisson gazeuse aide à l'accomplissement de cette phase ultime et délivre le patient de tout mal… sous la forme d'un rot.

Le syncrétisme indien

Le **culte des saints**, parfois plus important que celui du Christ ou de la Vierge, véhicule des réminiscences du polythéisme ancestral. À la vue des statues sanguinolentes et des martyrs décapités vénérés dans les églises, on ne peut s'empêcher de penser à la fascination des premiers convertis pour les scènes cruelles du Jugement dernier peintes dans les couvents, curieuse correspondance du sacrifice humain préhispanique et de l'imagerie chrétienne.

La population indienne catholique a conservé de nombreuses coutumes héritées des anciens, désormais interdites aux *cristianos* (chrétiens évangéliques). Dans la vie rurale rythmée par les superstitions, des pratiques visant à obtenir la protection de sa famille et de sa récolte répondent aux croyances surnaturelles transmises

San Juan Chamula (Chiapas)

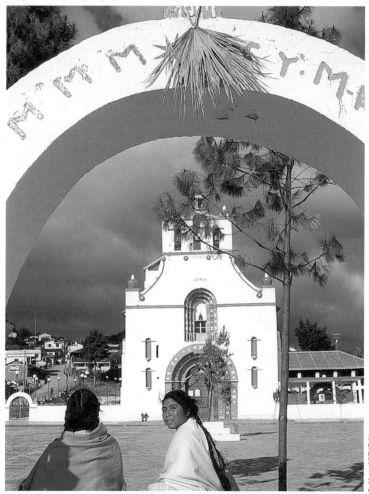

Les religions

de génération en génération. Les **chamans**, intercesseurs, devins et guérisseurs (*curanderos*) sont les officiants de ces cérémonies et convient fréquemment, comme invité d'honneur, le curé de la paroisse! Eux seuls connaissent les interminables incantations en langue indienne mêlée d'espagnol et le langage des offrandes.

Nahualisme et hallucinogènes

La sagesse amérindienne, très à la mode et un peu galvaudée dans les années 90, repose grandement sur des croyances animistes. Le *ceiba* (fromager), arbre sacré des Mayas, appartient «corps et âme» au monde des ancêtres, et le nahualisme constitue la facette la plus révélatrice de cette pensée. Chaque membre éminent d'une tribu – autrefois les rois, aujourd'hui les chamans – possède un **nahual** (double animal), véritable alter ego surnaturel qui illustre l'étroite communion de l'Indien avec son environnement.

L'Amérique indigène, championne de la médecine par les plantes, possède une solide tradition en matière de psychotropes et de stupéfiants naturels, dont l'usage reste intimement lié à la vie religieuse. Chez les rois mayas, leur consommation permettait de rentrer en communication avec les ancêtres et les dieux, mais leur effet paraît aussi avoir influencé toute une iconographie de monstres et de divinités. La dignité du souverain ne semblait pas affectée par la méthode la plus radicale : le lavement à la décoction de datura! Les aztèques avaient plutôt un faible pour les champignons, et les consommaient en groupe pour pouvoir se raconter ensuite leurs visions. Le voyage initiatique du peuple **huichol** représente de nos jours la plus remarquable survivance de cette démarche spirituelle. Sur plusieurs centaines de kilomètres, il permet de mettre à l'épreuve les jeunes hommes de la tribu et de ramener des environs de Real de Catorce (État de San Luis Potosí) le **peyotl**, un cactus riche en mescaline.

Au terme d'une longue clandestinité coloniale destinée à échapper au bûcher, il faudra attendre le 20e s. pour que commence la quête d'intellectuels et de mystiques étrangers, venus goûter au Mexique la saveur «sulfureuse» de ces substances millénaires. **Aldous Huxley**, **Antonin Artaud** et **Carlos Castaneda** ont fait le pèlerinage au pays du *peyotl*, d'autres se sont employés dans les années 50 à rendre célèbre la guérisseuse mazatèque **María Sabina** (*voir encadré*).

Les «brujos»

Une promenade dans le Mercado Sonora de Mexico révèle la vivacité des rites magiques jusque dans la capitale, où des millions d'Indiens déracinés tentent de conjurer les maux de la grande ville. Dans un bric-à-brac ésotérique, parmi les Buddhas et les fers à cheval, des plantes et des eaux bénéfiques font partie des accessoires utilisés par les «sorciers» (le plus souvent des sorcières). Originaires pour la plupart du village de **Catemaco** (État de Veracruz), ils pratiquent des **limpias** (nettoyages) destinées à vous débarrasser du manque de chance, des envoûtements ou des problèmes personnels à répétition. Recourir à leurs services n'a rien d'exceptionnel, y compris dans les hautes sphères de la société pourtant peu enclines à s'identifier au monde indien.

La papesse des champignons hallucinogènes

Née à Huetla, une bourgade de l'État de Oaxaca, la petite María Sabina commença à avaler des champignons hallucinogènes en gardant les poules, à l'âge de 7 ans. Feu son père et Dieu en personne lui apparaissaient alors pour lui parler. Plus tard, elle se souvint de ces «hongos», au moment de soulager ses proches, et devint la guérisseuse du village. En 1955, un banquier nord-américain et sa femme, tous deux passionnés de mycologie, rencontrèrent cette femme de 61 ans et publièrent deux ans plus tard un spectaculaire reportage dans le magazine «Life» en dissimulant son identité. Celle-ci fut rapidement dévoilée par des admirateurs perspicaces, et María Sabina devint une célébrité mondiale. Sans jamais se départir de sa proverbiale sagesse et de ses «champignons magiques», elle s'éteindra en 1985, à l'âge de 92 ans.

FÊTES ET CÉRÉMONIES

Catholicisme et traditions indiennes font bon ménage à l'heure de faire la fête, pour laquelle tous les prétextes sont bons. Qu'elle soit religieuse ou païenne, elle s'accompagne invariablement d'alcool et de musique, les deux mamelles du « *reventón* » (« *éclatement* »), pour lequel on dépense sans compter, parfois au prix d'un passage au mont-de-piété ! La vie mexicaine n'est qu'un pont entre deux célébrations, vous aurez donc sûrement la chance d'en rencontrer une et de pouvoir ainsi profiter d'une des facettes de son incroyable diversité régionale.

Culture et folklore

La fête à l'affiche
La plus grande manifestation culturelle du Mexique se déroule à Guanajuato *(voir p. 450)* au mois d'octobre. Le **Festival Cervantino** rassemble dans une atmosphère jeune et branchée, comparable à celle d'Avignon, des artistes du monde entier qui présentent leurs dernières créations théâtrales ou musicales. Plus modestes, les **Jornadas Alarconianas** de Taxco *(voir p. 232)* animent en mai les places et les ruelles de cette belle ville coloniale, attirant un public nombreux.
Parmi les grands événements folkloriques, le **Festival de la Guelaguetza** à Oaxaca *(voir p. 268)* est le plus institutionnalisé. On a même construit un amphithéâtre uniquement pour admirer une fois l'an (fin juillet) la chorégraphie et les costumes chatoyants des danses régionales.

La fête au village
Organisée chaque année pour la fête du **saint patron**, la fête au village prend dans chaque région une saveur différente, accompagnée des musiques et des danses locales. Dans le Michoacán, elle résonnera au son du *zapateo* (claquement des pieds) du **baile de los Viejitos** (danse des petits vieux) ; dans le Yucatán, elle tourbillonnera au rythme des **vaquerías** (danse des vachères). Alors que les forains font la joie des plus petits, les combats de coqs et les démonstrations de *charrería (voir p. 62)* ne sauraient faire défaut à toute *fiesta* qui se respecte.
Le soir, on se retrouve pour les feux d'artifice, et en particulier le *toro de fuego*, dont les moulinets d'étincelles dispersent la foule à grands cris. La fête de la Chandeleur (début février) à **Tlacotlpan** *(voir p. 415),* mêlant ferveur religieuse et musique du terroir, est un parfait exemple de ce programme festif.

Une année de fêtes liturgiques

La religiosité et la gaieté des Mexicains confèrent aux fêtes catholiques un caractère joyeux et populaire depuis longtemps oublié chez nous. Le métissage des cultures introduit souvent dans leur déroulement une délicieuse candeur et un soupçon de paganisme.

Le cycle de la Nativité
La fête de la **Vierge de Guadalupe**, le 12 décembre, marque le début des célébrations de Noël. Pendant cette période de l'**Avent**, des « *posadas* » sont organisées entre amis, qui se rendent chaque jour chez les uns puis chez les autres en chantant des antiennes et implorant l'hospitalité *(pedir posada)*, comme l'ont fait Marie et Joseph. Après avoir rompu une *piñata* (voir « *Fêtes familiales* » p. 67) en forme d'étoile à sept branches, symbolisant les péchés capitaux, la fête se termine devant un *ponche* (grog aux fruits).
Après **Noël**, le jour des **Saints-Innocents** (28 décembre) correspond à notre 1er avril. On ridiculise gentiment son prochain, on effraye sa petite sœur avec un masque ou on invente des canulars au bureau. Si vous arrivez à vous faire prêter de l'argent ce jour-là, il est d'usage de ne pas le rendre ! Cette fête a le côté taquin des fêtes de la Saint-Nicolas en Europe.

Le **jour des Rois** (5 janvier) est très attendu par les enfants, car ce sont eux qui apportent les plus gros cadeaux, quelques jours après Noël. Selon la tradition, celui qui trouve la fève dans la *rosca de reyes* (couronne des Rois) doit organiser chez lui le repas de la Chandeleur.

La **Chandeleur** (2 février) achève le cycle des fêtes liées à la naissance du Christ. Son origine provient du rite hébraïque, où la mère porte son enfant au temple 40 jours après l'accouchement. Depuis le 9ᵉ s., c'est aussi le jour de la bénédiction des bougies, qui serviront pendant l'année lors d'un décès éventuel dans la famille ou pour se protéger des orages. Outre les cierges, on apporte à la messe un poupon de Jésus habillé pour la circonstance. L'après-midi, on déguste entre amis des *tamales* accompagnés d'*atole* ou de chocolat chaud.

La Semaine sainte

La tradition des processions, très vivace au Guatemala, n'existe pas au Mexique, cette période correspondant plutôt à un grand exode vers les plages. Le quartier d'**Iztapalapa**, au sud-est de Mexico, représente toutefois une exception notable. Le chemin de croix y est mis en scène tous les ans en grande pompe, et décrocher le rôle du Christ fait l'objet d'une compétition acharnée parmi les jeunes hommes.

Le **Sabado de Gloria** (Samedi saint), on brûle des mannequins de papier à l'effigie de Judas ou de diables, et partent en fumée toutes les mauvaises pensées et actions honteuses de l'année.

La fête des Morts

À l'approche du 2 novembre, la mort « chahuteuse », rendue célèbre par les dessins de Guadalupe Posada, commence à faire parler d'elle. Au Mexique, le souvenir de ses chers disparus ignore la gravité compassée régnant dans la vieille Europe. Des squelettes en papier mâché de toutes tailles inondent les marchés, et on confectionne dans les maisons un **autel pour les morts** de la famille (*altar de muertos*), décoré d'œillets d'Inde et de petits crânes en sucre. Après le recueillement de la **Toussaint**, l'animation envahit les cimetières, soigneusement ornés les jours précédents. Dans une joyeuse ambiance de kermesse, on vient partager un peu de sa joie de vivre avec ceux qui ne peuvent plus en profiter, le transistor et la tequila agrémentent dès la veille au soir un pique-nique annuel au milieu des tombes. Les plus pittoresques de ces fêtes des morts ont lieu à **Mixquic** à la périphérie de Mexico et sur l'île de **Janitzio** dans le Michoacán (*voir p. 468*).

Les fêtes indiennes

Les plus authentiques, fortement liées à des pratiques préhispaniques, sont rarement accessibles aux « touristes » (les étrangers à la tribu). Même les anthropologues doivent montrer patte blanche (ou brune !) pour assister aux cérémonies huicholes ou tarahumaras. Pourtant, dans les États à forte proportion indienne (Oaxaca, Chiapas et Yucatán) et sur l'Altiplano, vous serez témoin de démonstrations enthousiastes d'une indianité vivace.

Carnavals et ferias

Les **carnavals** indiens les plus spectaculaires sont organisés dans les États du Chiapas et de Puebla. Dans le village de **San Juan Chamula** (*voir p. 306*), près de San Cristóbal de las Casas, les tzotziles séparés en deux camps opposent les chrétiens aux infidèles et marchent sur les braises. Même ambiance belliqueuse à **Huejotzingo** (*voir p. 206*), mais cette fois on rejoue la bataille de Puebla du 5 mai 1862 contre les Français dans une débauche de costumes colorés.

La **Feria del Huipil** (fête de la Tunique) du village de **Cuetzálan** (État de Puebla) contribue à conserver le patrimoine culturel des descendants du peuple aztèque. La « reine de la foire », élue pour un an, doit parler parfaitement le nahuatl et savoir tisser son *huipil*.

La fête des Morts à Tzintzuntzan

La danse de la conquête

Très populaire du Mexique et au Guatemala, elle naquit de la récupération de danses autochtones par les religieux, pour mettre en scène les hauts faits du christianisme (le *baile de los Moros y Cristianos* narre la reconquête contre l'islam) et les pages «glorieuses» de la Conquête (Cortés contre l'empereur Moctezuma). Avec le temps, les Indiens ont transformé le **baile de la Conquista**, non sans malice, en caricature des envahisseurs blancs. Dans le **baile del torito**, ils se moquent de la corrida et miment un toréador ivre qui perd sa contenance. Le masque porté pour la danse est d'ailleurs sans équivoque : un visage bien rose et des cheveux blonds au dessus d'un costume rutilant recouvert de brocarts, miroirs et panaches de plumes.

Les fêtes indiennes

À LA MODE MEXICAINE

Au Mexique, le goût de la parure ne se dément jamais qu'il s'agisse des hommes ou des femmes. Cependant, il existe un fort contraste entre la ville, et ses classiques mises européennes, et les campagnes attachées à ses coutumes vestimentaires. Malgré quelques sacrifices à la modernité, les costumes mexicains, indigènes ou créoles, témoignent d'un fort attachement aux traditions et d'une volonté farouche de les voir perdurer.

Les vêtements criollos

Paradoxalement, les hommes préservent plus volontiers les traditions vestimentaires mexicaines que les femmes, davantage attirées par la mode occidentale. À la campagne et dans les petites villes, la tenue masculine reste symbolique du machisme et de la virilité. Le port du **sombrero vaquero**, le rigide chapeau blanc aux bords relevés, est toujours de mise dans les régions agricoles. Seule concession à la modernité, le papier mâché (importé d'Asie) et plastifié remplace la traditionnelle fibre végétale. Le paysan mexicain affectionne également les bottes à talonnettes, célèbres dans le monde entier, et la large ceinture cloutée.

Dans les villes du sud, lors de la promenade vespérale sur le *Zócalo*, vous croiserez des élégants d'âge mûr arborant la **guayabera** (ou chemise de Merida). Cette chemise traditionnelle de l'Amérique latine, qui s'interprète selon les pays, est un signe de raffinement masculin et équivaut à la tenue du dimanche. Blanche, en coton léger ou en lin, la *guayabera* présente deux séries de longs plis piqués sur le devant, avec deux poches plaquées sur les hanches, et parfois deux autres sur la poitrine. Discrètement brodée de blanc ou de couleurs, elle se porte flottante sur un pantalon blanc et des souliers impeccablement cirés.

Le **costume charro**, hérité de la tradition des grandes haciendas, reste le cliché traditionnel mexicain et fait désormais partie du folklore. Porté lors des fêtes, des *charreadas* (voir p. 62) et par les mariachis, il est synonyme de valeurs viriles et morales. Il se compose d'un pantalon sombre et moulant, rehaussé de boutons d'argent sur les côtés, d'une veste courte sur une chemise blanche fermée par une lavallière ou un cordon, d'un chapeau à larges bords brodé et retenu par une jugulaire, de bottines de peau et d'une large ceinture de cuir.

Quant aux costumes féminins des régions du Nord, robes à collerettes et à volants au col montant, qui évoquent l'Andalousie, ils sont désormais à ranger au titre de curiosités folkloriques. La **China Poblana** (voir p. 198), vêtue d'un châle de couleur vive, d'une blouse et d'une jupe ornées de paillettes et de verroteries, porte le costume national, homologue féminin du *charro*.

Les costumes indiens

Le port des costumes traditionnels est circonscrit dans les régions d'origine des différentes ethnies. Chacune possède des spécificités vestimentaires, héritage de la période précolombienne mâtinée d'influences coloniales. Vous admirerez sur les marchés une mosaïque de toilettes recherchées, aux couleurs éclatantes ; vous vous attarderez au détour d'une rue sur la silhouette d'un Indien hiératique dont la peau cuivrée contraste joliment avec sa tenue d'un blanc étincelant. Les fêtes sont prétexte à exhiber les plus belles tenues. Mais le port du vêtement traditionnel est menacé, et cette pratique s'effrite sous les coups de boutoir de la modernité. Nombreux sont ceux qui ont déjà troqué leurs vêtements lumineux contre des tenues à l'européenne, souvent moins coûteuses et plus pratiques, mais infiniment plus ternes.

L'habit fait l'Indien

Signe d'appartenance sociale, ethnique et même d'**identité communautaire**, le costume est porté tel un signe de reconnaissance par tous les membres d'une communauté avec une élégance naturelle.

Des costumes codés – Les broderies aux thèmes aussi variés qu'évocateurs enflamment le costume indien de couleurs vives. Reflets des croyances et des mythes anciens, les motifs déclinent les animaux, les fruits, les fleurs, les éclairs dans une palette de décors symboliques toujours renouvelés. Seuls les initiés pourront déchiffrer et interpréter un motif, un nom, parfois une date parmi les broderies chamarrées. Chez les Zinacanteros, on affiche également son statut : le célibataire va jambes nues, et les rubans roses, rouges et mauves de son chapeau flottent librement tandis que l'homme marié se reconnaît à son pantalon long et à son chapeau aux rubans noués. Les costumes s'adaptent également au climat et aux conditions de vie de la tribu. Les ponchos de laine et les pantalons longs des hommes, les châles de laine et les jupes longues des femmes des régions montagneuses cèdent le terrain à des caleçons plus courts et à des blouses ou à des tuniques dans les basses terres.

Une tradition en pleine mutation – Les tenues traditionnelles très colorées sont généralement conçues à la main selon des techniques ancestrales qui ont peu évolué. La tonte des moutons et le traitement de la laine ou du coton sont réservés aux hommes tandis que le filage, le tissage, l'assemblage et la broderie font partie du quotidien des femmes, qui initient leurs filles très jeunes. Les coupes sont donc simples et géométriques, composées de rectangles tissés sur des métiers traditionnels de ceinture ou à pédales. Les fibres naturelles se raréfient au profit des **fibres synthétiques**, les teintures autrefois naturelles, à base de coquillages ou de cochenille, sont remplacées par des **procédés chimiques**, et la **mécanisation** gagnant, les tissus sont fréquemment fabriqués à la machine. Jusqu'à récemment, les costumes étaient réalisés pour un usage exclusivement domestique. Cependant, conscients de la valeur de leur artisanat textile, les Indiens se tournent désormais vers une production à finalité commerciale, tout en respectant les savoir-faire ancestraux.

Les vêtements féminins

À l'inverse de leurs concitoyennes citadines, les Indiennes se montrent plus conservatrices que les hommes en matière vestimentaire. Le **huipil** (blouse), de coupe simple – deux rectangles cousus, généralement sans manche et à encolure arrondie ou carrée –, descend jusqu'au hanches ou aux chevilles. Très décorée à l'encolure, aux emmanchures et le long des ourlets, l'étoffe peut même disparaître sous les broderies délicates aux couleurs chatoyantes, parfois rehaussées de fils d'argent ou dorés. L'**enredo** (jupe) est froncé, parfois plissé (chez les Purépechas) ou simplement enroulé autour de la taille à la manière d'un pagne, ajusté par une **faja** (ceinture tissée). Plus ou moins longue, cette jupe se porte toujours largement au-dessous du genou. Hérité de l'époque préhispanique, le **quisquem** ou cayem (ou encore **quechquemetl** en nahuatl) est un petit poncho féminin qui s'apparente à une cape de coton blanc. Entièrement brodé au point de croix, parfois frangé de laine, il se porte au-dessus du *huipil* dans les régions tempérées.

Le **rebozo**, châle de coton ou de laine, complète la tenue indigène. Ses couleurs varient selon les tribus, noir à rayures bleues pour les Purépechas, rose, bleu ou jaune chez les Tzotziles de Zinacantán, en laine bleue chez les Tzotziles de San Juan de Chamula. Ses emplois sont multiples : enroulé autour des épaules ou sur la tête, il protège du froid, et déplié il peut servir à transporter les jeunes enfants ou des marchandises. Le *rebozo* a largement débordé les communautés indigènes pour envahir les armoires créoles, où il est devenu un signe d'élégance et de féminité (*voir p. 509*). Selon les régions, les **coiffures** sont plus ou moins élaborées. La femme indienne porte généralement les cheveux longs tressés, parfois autour d'une *cinta de pelo* (ruban tissé), qui donne une note colorée. Dans la Huasteca (région montagneuse du

Veracruz), elles arborent le **petob**, une couronne de laine torsadée retenue par des mèches de cheveux que certaines agrémentent d'un fichu de couleur uni qui pend à l'arrière.

Des **bijoux**, tels les colliers de perles en plastique (qui remplace communément l'argent), rehaussent les tenues notamment en période de fête.

Dans la Huasteca, la marraine offre en cadeau de noces une **talega**, bourse suspendue à l'épaule ou autour cou, dans laquelle la femme conserve le *labab* (peigne) et la *tima*, espèce de gourde peinte en rouge.

Les costumes masculins

Les Indiens portent un **pantalon** de facture simple, ajusté par une ceinture tissée, qui parfois se résume à un simple caleçon au genou, brodé de petits motifs zoo-morphes chez les Mayas de la côte. Une ample **tunique** est portée flottante sur le pantalon. Les couleurs et les motifs des broderies au point de croix varient selon les ethnies. Le **sarape**, manteau de laine sans manches percé pour laisser passer la tête (poncho), complète la tenue dans les régions tempérées ou froides. Les **huaraches**, sandales traditionnelles à semelle de cuir ou de caoutchouc (pneu), lacées autour de la cheville, s'adaptent au relief : simples en plaine, renforcées d'un contrefort arrière dans les zones de montagnes où la marche est moins aisée. Le **chapeau**, héritage de l'époque coloniale, le plus souvent en fibre naturelle (sisal ou paille) s'orne de rubans ou de fanfreluches notamment pour les fêtes. Un **sac** de toile (*morral*), porté en ban-doulière, complète la tenue.

Quelques tenues typiques

Les **Tzotziles** portent d'amples tuniques artistiquement brodées, maintenues par une ceinture tissée à motifs géométriques sur un pantalon court, complété par un chapeau plat circulaire bordé de rubans. Les femmes arborent un châle rose, bleu ou jaune sur une jupe de toile bleu foncé et portent les cheveux tressés de rubans.

A **San Juan de Chamula**, les femmes sont vêtues d'une cape blanche en laine à deux pans (poncho), sur une jupe de grosse laine serrée à la taille et un *huipil* en laine brune bordé de pompons rouge.

À **Zinacantán**, les hommes portent une *chamarra* (poncho) de coton rose pâle sur un pantalon bleu ou blanc, une chemise blanche, un chapeau conique orné de rubans et des *huaraches* à contrefort arrière montant.

Le costume des **Huastèques** se compose d'une chemise et d'un pantalon de coton blanc, d'un petit foulard rouge autour du cou, de *huaraches* et d'un chapeau de paille.

Les **Huichols** sont tout de blanc vêtus. Tunique ceinturée et pantalon sont brodés au point de croix aux manches et au bas des jambes. Ils portent le *roporero*, un chapeau en palme tressée, rehaussé de plumes et de pendentifs pour les cérémonies.

R. Mattes/MICHELIN

Une tisserande de Zinacantán

L'ARTISANAT, UN ART DE VIVRE

Superbe, coloré, omniprésent, l'artisanat mexicain se décline en une infinie palette de créations et d'objets, tous plus séduisants les uns que les autres. À travers tout le pays, potiers, menuisiers, tisserands, forgerons, sculpteurs, bijoutiers perpétuent des traditions artisanales qui remontent à la période préhispanique. La colonisation espagnole a apporté de nouveaux outils et techniques, qui ont permis aux Indiens de perfectionner leur savoir-faire afin de satisfaire les besoins du quotidien. Cependant, l'artisanat n'est plus l'apanage des seuls indigènes. De nombreuses bourgades se sont taillé une réputation, qui franchit souvent les frontières nationales, autour d'une production originale. Véritable **ciment social** de la communauté, l'artisanat resserre les liens entre les habitants qui se répartissent les tâches et s'unissent pour commercialiser leur production. Paradoxalement, les touristes ne sont pas les plus gros consommateurs d'artisanat. Si les Mexicains côtoient les étrangers dans les marchés, c'est que ces objets font désormais partie intégrante de leur quotidien, objets usuels et fonctionnels mais aussi objets rituels.

Une production artisanale diversifiée

L'artisanat est passé du fonctionnel au décoratif, plus conforme aux goûts des acheteurs urbains. Il a ouvert la voie à de nouvelles productions, créatives mais aussi moins typiques (verre soufflé, fer forgé, tissages…) qui respectent les savoir-faire ancestraux. Quant aux enfants, ils ne sont pas oubliés : les jouets, marionnettes en bois, figurines en céramique, vannerie, poupées en papier mâché de Celaya (Guanajuato)… ajoutent une note de gaieté et d'innocence aux étals croulants sous la marchandise.

Poteries et céramique, autant de styles que de villages

Clé de voûte de l'artisanat mexicain, la céramique trône en bonne place sur les marchés de nombreuses régions. À l'origine, elle répondait aux besoins élémentaires du quotidien. Grossière ou de finitions délicates, polychrome, incrustée de couleurs (maque) ou peinte, vernissée ou brute, d'inspiration précolombienne ou étrangère, elle offre un très large éventail de styles, de formes, de fonctions et de modèles (vaisselle, assiettes, plats aux formes variées et originales, saladiers, pichets, figurines décoratives, fontaines, vases, bougeoirs…). Couleurs, motifs et techniques dévoilent souvent une nature symbolique et sont autant de signes d'appartenance ethnique. Peintures et teintures végétales et minérales sont de plus en plus fréquemment détrônées par des matières chimiques, les pinceaux remplacent plumes et brindilles.

Dans les États du Oaxaca et du Chiapas, les potiers travaillent sans tour, selon la technique indigène du colombin, en superposant des boudins d'argile. La cuisson se fait autour d'un feu de bois, dans un abri de branches. **San Bartolo Coyotepec** (voir p. 290) est connu dans le monde entier pour ses ateliers de poterie noire. Lissée avec une écorce de coloquinte, décorée de motifs dessinés à l'aide de bambou et polie au silex, la poterie prend un beau noir ébène après cuisson.

La célèbre **talavera** de Puebla, céramique à dominante bleue originaire de Talavera de la Reina en Nouvelle Castille, est métissée d'influences arabes et asiatiques (voir p. 192). Les azulejos de **Dolores Hidalgo** (voir p. 444), carreaux de céramique colorés de joyeux motifs rappelant eux aussi l'Andalousie et ses influences maures, constituent de magnifiques éléments de décoration dans une cuisine, une salle de bains ou sur un meuble. Les céramiques beiges ornées de motifs noirs de Tzintzuntzan sont reconnaissables entre mille. Il est important de se faire préciser si les peintures utilisées contiennent du plomb ; certaines poteries portent une garantie officielle mais en cas de doute, évitez les utilisations alimentaires.

Le cuir

Le travail de la peau est hérité de la tradition des haciendas. La fabrication des accessoires du cow-boy mexicain, bottes, ceintures *piteadas* (cloutées, brodées), sur-pantalons, selles, brides… a permis de développer un savoir-faire autour de cuir, qui s'est mué en une véritable industrie dont la capitale incontestée est Léon au cœur du Guanajuato. Aujourd'hui les bottes mexicaines se sont taillé une réputation internationale, et la maroquinerie dans tous ses états (sacs, chaussures, accessoires, vêtements), plus robuste que délicate ou élégante, a envahi les vitrines de l'État de Guanajuato.

La vannerie et le bois

Plus localisées, ces productions dépendent des ressources du milieu naturel. Cet artisanat, source de revenus importante pour les populations indigènes rurales, est paradoxalement un des facteurs de la baisse de leur qualité de vie par le déboisement et la dégradation du sol qui en résulte.

La vannerie, une des nombreuses facettes de l'artisanat mexicain

Une production artisanale diversifiée

Paniers, chapeaux, nattes, hamacs, petit mobilier, sets de table sont tressés avec des fibres naturelles tels l'osier, la paille et le sisal. La fabrication des nattes, qui servent de tapis et de couches, est une solide tradition indigène. La région du Yucatán est réputée pour ses hamacs en **sisal** (fibre de cactus), aussi appelé *henequén*, ou en coton. Les fibres synthétiques remplacent les fibres naturelles mais la mode des tapis et des moquettes en sisal a permis de redéployer cette tradition vers d'autres productions. Cependant, la concurrence industrielle est rude et déjà le tissage des chapeaux est en grande partie remplacé par une production asiatique, où le moulage du plastique remplace le tressage d'antan. Le village de Tzintzuntzan produit un artisanat de décorations de Noël en paille aux belles couleurs verte et rouge d'origine chimique.

Le **Michoacán**, l'État-roi de l'artisanat, a développé le travail du bois. Menuisiers et sculpteurs taillent, jouent du rabot et du ciseau pour réaliser des meubles rustiques en cèdre ou acajou de type colonial, assez imposants et d'un style un peu lourd. Plus légère, la chaise traditionnelle en bois et cuir du Jalisco décore de nombreux bars. Plus décoratives et surtout plus aisées à rapporter, les statuettes d'inspiration religieuse, les oiseaux de bois légers ou les cadres sont très présents dans le Michoacán et le Jalisco. Les masques moqueurs et colorés, héritage de l'époque précolombienne et coloniale, sont très présents dans le Michoacán et dans le Guerrero, et ils ont toujours un rôle important dans les fêtes (*voir p. 518*).

Le textile

Le tissage, la confection et la broderie des costumes traditionnels sont une occupation rituelle et quotidienne des femmes indiennes. Rivées à leurs métiers, elles réalisent des *sarapes* (ponchos), des *rebozos* (châles), des ceintures, des rubans ou œuvrent à l'aiguille pour broder des motifs floraux ou géométriques d'inspiration symbolique sur les *huipiles*, les capes et les châles. Cette activité, autrefois à finalité domestique et familiale, est désormais devenue commerciale à destination des touristes.

Les métaux

Né à l'époque de l'exploitation minière, le travail des métaux (fer blanc, cuivre, argent, or, fer forgé) permet à d'habiles forgerons ou bijoutiers d'affirmer leurs talents. **Zacatecas** s'est fait une spécialité des arts de la table, **Taxco** est plus orientée vers la bijouterie. Pour ces derniers achats, prenez soin de vérifier l'estampille « 925 », qui signifie que le métal est pur à 92,5 %, les métaux ajoutés servent à donner de la rigidité. Le fer forgé a trouvé une nouvelle vie avec la création d'objets de décoration et de mobilier.

Le second souffle de l'artisanat mexicain

La manne touristique récente a inspiré une production artisanale devenue aujourd'hui pléthorique, en l'orientant vers une fonction plus décorative, sous l'influence d'artistes et d'artisans étrangers, notamment nord-américains. Les arts de la table (verre soufflé, céramique), les objets de décoration et bibelots (bougeoirs, cadres, photophores), le mobilier rustique ou de bois précieux, les tissages (coussins, couvertures, nappes, linge de table) sont les nouveaux eldorados d'un artisanat contemporain, qui exploite toujours des matériaux et des techniques anciennes. Cette nouvelle influence a également permis de renouer avec certaines traditions menacées d'oubli, telle la fabrication des instruments de musique préhispaniques à Mineral de Pozos (*p. 444*). Aujourd'hui objet d'un véritable engouement, l'artisanat mexicain est propulsé à la une des vitrines de décoration ; les boutiques cossues sont légion, mais les marchés typiques et colorés demeurent une tradition fortement ancrée.

Une préoccupation désormais officielle – Conscientes du foisonnant patrimoine historique et culturel que représente l'artisanat pour le pays, les autorités mexicaines ont récemment multiplié les initiatives pour soutenir et enraciner définitivement les traditions artisanales au cœur des régions. De nombreux musées et des expositions thématiques voient le jour dans toutes les capitales d'État, et des concours récompensant les plus belles réalisations émaillent désormais le calendrier.

La culture mexicaine

L'Amérique latine commence vraiment au sud du Río Bravo. Si le Mexique entretient des rapports passionnels avec son encombrant voisin du Nord, mélange d'attraction et de répulsion, il ne transige pas avec sa culture, véritable ciment d'identité nationale. Ni la chanson en anglais, ni le base-ball, ni même le hamburger n'ont réellement droit de cité au pays du bolero et de la tortilla. De la littérature à la musique, les racines indiennes et l'empreinte espagnole demeurent les repères d'une créativité «a la mexicana», à goûter sans modération.

La littérature

Livres sacrés et chroniques de l'époque précolombienne
Malgré les autodafés commis par les missionnaires désireux «d'extirper l'idolâtrie» des autochtones, il reste quelques exemplaires de chroniques aztèques et mayas rédigées sous forme de **codex** (voir p. 44), véritable mine d'informations sur l'histoire et la conception du monde des civilisations précolombiennes. Les bibliothèques européennes détiennent ces rares écrits ainsi que des transcriptions de littérature nahuatl comme les poésies du roi Nezahualcóyotl, le Poème de Quetzalcóatl ou les Chants mexicains, qui fourmillent de mythes, de légendes et de proverbes.

Outre la poignée de codex parvenus jusqu'à nous, les écrits mayas avaient pour support des stèles, des linteaux, des panneaux, autant de textes gravés dans la pierre ou modelés dans le stuc à la gloire des gouvernants, exaltant leurs hauts faits guerriers ou leur liens étroits avec les dieux comme à Palenque.

Le Popol Vuh, «livre de la sagesse» des Mayas, détruit pendant la Conquête, n'a pu être conservé que grâce à la tradition orale. Ce recueil contient sous une forme poétique les mythes fondateurs (la création du monde et des hommes par les dieux) du peuples Maya Quiché. Sa retranscription en 1688, œuvre de Francisco Jimenez, frère dominicain de Chichicastenango (Guatemala), fut retrouvée par l'abbé Brasseur de Bourbourg, qui la traduisit en français et le publia en 1861. Les Prophéties du Chilam Balam, une série de chroniques historiques de la civilisation maya, furent rédigés par le clergé après la Conquête.

Les récits de la colonie
La première imprimerie est introduite au Mexique en 1537, mais seule une minorité d'Espagnols ou de Créoles ont accès à la culture. Pendant la période coloniale, les premières œuvres littéraires du Nouveau Monde se distinguent peu de celles de l'Espagne à part les chroniques historiques. Récits épiques des aventures des conquistadors ou premiers essais à caractère ethnographique, ils décrivent le monde mexicain au moment de la conquête telles les lettres de Cortés au Roi, les chroniques de **Bernal Díaz del Castillo** ou L'Histoire générale des choses de la Nouvelle-Espagne du frère **Bernardino de Sahagún**. Influencée par la Renaissance, la littérature mexicaine commence à s'épanouir au 17ᵉ s., époque à laquelle **Sor Juana Inés de la Cruz** donne à la poésie nationale ses lettres de noblesse. Au siècle suivant, plusieurs traités d'histoire du Mexique écrits par des Créoles sont publiés sur place ou en Europe telle l'Histoire du Mexique de Clavijero (1780). Au 18ᵉ s., toujours, est distribuée une Gazette de littérature de Mexico, qui critique les rigidités de l'enseignement universitaire. Les philosophes des Lumières, surtout à partir des révolutions américaine et française, vont influencer toute une génération d'intellectuels et d'écrivains mexicains.

L'épanouissement de la littérature mexicaine
À l'aube de l'Indépendance, les thèmes patriotiques ont tout naturellement fasciné la première génération de poètes, dont Francisco Sánchez de Tagle ou encore Andrés Quintana Roo. La littérature nationale naissante subit à cette époque de fortes influences américaines et européennes, mais de nombreux écrivains (Guillermo Prieto, Rodríguez Galván, Fernando Calderón, Ortega) entreprennent de

la «mexicaniser». À ce titre, le roman populaire de **Joaquín Fernández de Lizardi**, *El Periquillo Sarniento* («Le Petit Perroquet galeux»), est considéré comme le premier roman hispano-américain (1816). Cet ouvrage satirique est truffé de mexicanismes dans un langage créole aux formes argotiques.

La fin du 19ᵉ s. et l'entrée dans le 20ᵉ s. marquent l'époque du modernisme littéraire, très influencé par la France et Victor Hugo, avec **Gutiérrez Nájera** et **Amado Nervo**, pionniers d'un important courant poétique.

La révolution inspirera de nouveaux auteurs, tournés vers la critique sociale comme **Mariano Azuela** avec *Ceux d'en bas* (1916). Après la révolution, Martín Luis de Guzmán fait revivre l'épopée de Pancho Villa dans *Las Memorias de Pancho Villa*, alors que **Juan Rulfo** prépare le chef-d'œuvre qui allait faire de lui un des auteurs les plus renommés de la littérature latino-américaine : *Pedro Páramo* (1955). Parmi les grands écrivains du 20ᵉ s., mentionnons **Alfonso Reyes** (1889-1959), surnommé le «Montaigne» de l'Amérique latine ; **Octavio Paz** (1914-1998) (*Le Labyrinthe de la solitude*), prix Nobel de littérature en 1990, et **Carlos Fuentes**, artisan du roman urbain moderne (*La Plus Limpide Région*).

Le cinéma

Les balbutiements

Pour les fêtes du Centenaire du fameux «cri de Dolores» en 1910, le film muet *Hidalgo* est présenté devant Porfirio Díaz. Rapidement, le **cinéma muet** est dominé par Hollywood, qui vend ses productions à son voisin latino-américain et s'intéresse déjà à la révolution en achetant à Pancho Villa les droits pour réaliser un film sur ses campagnes. Si les œuvres de l'époque, inspirées par les productions hollywoo-diennes, insistent sur des personnages stéréotypés tels le justicier, la prostituée au grand cœur, la jeune vierge promise, la mère adorée, on assiste cependant à la naissance d'un septième art proprement mexicain. Le passage du grand cinéaste russe **Sergei Eisenstein**, qui filme *Tonnerre sur le Mexique* en 1931, n'a pas manqué d'impressionner ses collaborateurs mexicains. Après son départ, ces derniers épuiseront les thèmes de la révolution et de l'indigénisme. À ce titre, on peut citer *Vámonos con Pancho Villa*, *Redes* et *Janitzio* de **Fernando de Fuentes**, qui sortent en salle en 1935.

L'âge d'or du cinéma mexicain

Dans les années 40, les producteurs d'Hollywood vont investir dans le cinéma mexicain. Le réalisateur qui marque véritablement l'époque est sans conteste **Emilio Fernández** dit «El Indio» avec *María Candelaria* (1943), *La Perla*, *Enamorada*, *Río Escondido*, *La Red*, et *Raíces* (1955). Doté d'une esthétique personnelle, il a contribué au rayonnement du cinéma mexicain à l'étranger grâce à d'excellents acteurs dont Dolores del Río, Pedro Armendáriz ou María Felix. C'est la grande époque des comédies populaires du célèbre Mario Moreno (1913-1993) dit «**Cantinflas**», connu dans toute l'Amérique Latine. Les cinéastes de la fin des années 40 et de la décennie suivante s'attachent à faire revivre la «belle époque» du Porfiriat avec des films comme *México de mis Recuerdos* ou *Asi Amaron nuestros Padres*. C'est aussi le temps des comédies *rancheras* qui jouent du thème de la campagne et de la vie dans les ranchs.

La guerre civile espagnole jettera sur les routes du Nouveau Monde plusieurs réalisateurs. La morale de la bourgeoisie mexicaine est secouée par les films du cinéaste espagnol **Luis Buñuel** (1900-1983) tels que *Los Olvidados* (1950) ou *L'Ange extermi-nateur* (1962). À sa suite, un autre exilé espagnol, Luis Alcoriza, relance le mouvement indigéniste en 1965 avec *Tarahumara*, qui s'apparente à une œuvre ethnographique visant à dépasser la vision folklorique des Indiens.

Vers un renouveau du cinéma mexicain

Avec le groupe **Nuevo Cine**, le cinéma mexicain s'imprègne de critique sociale et dépasse les conventions morales. *Los Nuestros* remet en cause l'image de la mère, le fanatisme catholique est attaqué dans des films comme *El Santo Oficio* d'**Arturo**

Ripstein (1943), *Los Días del Amor* d'Alberto Isaac ou encore *Canoa* de Felipe Cazals. Après une crise de la production dans les années 60 et 70, le cinéma renaît de ses cendres dans les années 80 et 90. Arturo Ripstein, dont le discours cynique et iconoclaste est loin de faire l'unanimité, apparaît comme l'un des grands réalisateurs de notre époque, surnommé l'«Almodovar mexicain». Pur produit de la jeune école, citons le tout récent *Amores Perros* (Amours chiennes) (2000) d'Alejandro Gonzalez Inarritu, Grand Prix de la Semaine de la critique au festival de Cannes.

La musique

De l'arène à l'écran, de la rue aux salons, la musique a bercé de ses accents les moindres épisodes de l'Histoire mexicaine, exacerbant des sentiments latins volontiers généreux. Paso doble faisant l'apologie de l'ivresse, boléros nostalgiques ou *sones* humoristiques, la vie se transforme en chansons, comme le prouvent ces «narcocorridos» de Tijuana dont les paroles célèbrent une singulière économie locale. Les **mariachis** *(voir encadré p. 480)* aux voix d'opérette, aux violons désaccordés et aux trompettes souffreteuses restent, grâce à leur répertoire d'une irremplaçable saveur et leur uniforme *charro*, les ambassadeurs d'une vie musicale à l'image de son public : métissée et festive.

La musique traditionnelle indigène

Plusieurs compilations évoquent ce qu'a pu être la musique des peuples précolombiens du Mexique. Chants et instruments traditionnels à vent ou à percussion accompagnaient les danses lors des cérémonies religieuses, et leur écho se fait entendre aujourd'hui encore chez les peuples indigènes. À Tenochtitlán, un grand nombre de musiciens professionnels dédiaient leur vie à leur déesse tutélaire Macuixochitl. Le *huehuetl* et le *teponaztli*, tambours en bois recouverts de peaux, utilisés par les Aztèques, résonnent encore lors de certaines cérémonies rituelles indiennes. Les chants actuels des chamans en transe de la sierra mazatèque trouvent leur origine dans ceux de leurs lointains ancêtres. Ils sont souvent accompagnés par des flûtes d'argile, de roseau ou de bois ou des ocarinas et des conques marines.

Musiciens du dimanche à Santa María El Tule

F. Soreau/MICHELIN

La sérénade bien tempérée de la place Garibaldi à Mexico (voir p. 146)

	origine	tenue	nombre	instruments	chanson «culte»
Mariachis	Jalisco	costume «charro» sombre à brocarts	6 à 10	guitares violons trompettes	Guadalajara
Norteños	Sonora	chapeau, santiags gilets en daim	3 à 6	accordéon caisse claire contrebasse	Adelita
Jarochos	Veracruz	costume blanc foulard rouge	1 à 3	jaranas (guitares) harpe	El Cascabél
Tríos	Yucatán	tenue de ville et gilet ou poncho	3	guitares	La Peregrina

La musique coloniale

Les récits de voyageurs ayant parcouru la Nouvelle-Espagne s'accordent sur l'entrain des Indigènes pour apprendre les subtilités vocales et instrumentales de la musique européenne, et leur grande habileté en ce domaine. Les cathédrales de Mexico et de Puebla, sous l'impulsion de leurs maîtres de chapelle créoles, deviennent rapidement les foyers d'une pratique musicale au service de l'Église, leurs archives regorgent aujourd'hui de partitions manuscrites qui font la joie des «baroqueux» mexicains. Après l'importation par Hernando Franco des riches polyphonies de la Renaissance espagnole, Gaspar Fernández, Juan Gutiérrez de Padilla et Antonio Salazar composent au 17ᵉ s. des motets et *villancicos* (danses spirituelles) plus «américains», mêlant souvent au contrepoint des paroles en langue indienne et des rythmes africains. Au 18ᵉ s., Manuel de Zumaya, compositeur d'opéras, n'a rien à envier à ses homologues européens et *La Parténope*, sa première œuvre, est présentée à Mexico en 1711. Par ailleurs, les galions apportent des rythmes provenant de toute la Méditerranée, d'Afrique et des Caraïbes comme la rumba, le fandango, le boléro ou le danzón…

La fusion des genres

Le 19ᵉ s. se délecte du romantisme européen, au son des valses accompagnées par le tympanon, des polkas ou des mazurkas. Plus tard, avec l'apparition du cinéma parlant et de la radio, fleurissent les boléros d'**Agustín Lara** suivis des succès de **Pedro Infante**. Dans le même temps, les orchestres de musique tropicale font tempêter leurs bongos, güiros et marimbas et, vibrant au diapason de la musique cubaine, livrent leurs versions de la guaracha et la cumbia. À la fin des années 60, Carlos Santana, fils de mariachi passé «de l'autre côté» (aux États-Unis) intègre la musique traditionnelle de son enfance et des rythmes afro-caribéens dans sa musique rock. Aujourd'hui à l'inverse, les rockeurs de Café Tacuba, Mana ou El Tri, et les rappeurs de Control Machete ou Plastilina Mosh triturent avec bonheur la langue de Cervantes sur un canevas anglo-saxon. Rescapés de la vogue des chanteurs en culottes courtes des années 80, Luis Miguel ou Thalía continuent à remplir les salles d'un public jeune, sans pour autant reléguer aux oubliettes les mélodies mythiques de leurs parents, celles de Cuco Sanchez et Chavela Vargas.

La culture mexicaine

LES LANGUES

L'espagnol

Introduit par les conquistadors au 16e s., l'espagnol est la **langue officielle** du pays hispanophone le plus peuplé au monde. Environ cinq millions de Mexicains parlent une autre langue. Si 80 % des Indiens sont bilingues, les 20 % restants ignorent la **langue véhiculaire** nationale, ce qui les empêche de communiquer en dehors de leur ethnie.

L'espagnol mexicain se distingue du castillan par sa prononciation plus douce et chantante et par l'assimilation de nombreux mots nahuas, dont certains se retrouvent également dans les langues latines ou anglo-saxonnes, tels *tomate* ou *chocolate*. Les Mexicains affectionnent les diminutifs, qui adoucissent le langage. Ne soyez pas surpris d'attendre un *momentito* pour vous faire servir une *aguita* (petite eau aromatisée) et un *pancito* (petit pain), avant de reprendre votre *caminito*.

La tour de Babel mexicaine

La diversité linguistique du Mexique s'explique autant par l'étendue du territoire que par la complexité de sa géographie, qui ont tenu les communautés isolées les unes des autres et leur ont permis de résister à la colonisation. Recenser les langues et les dialectes du Mexique se révèle donc une tâche ardue, certains idiomes n'étant que des variantes régionales d'une même langue, avec des différences lexicales, grammaticales ou phonologiques (de prononciation). Ce qui explique les débats d'experts, d'ethnologues et de linguistes autour de la frontière entre langue et dialecte ainsi que la difficulté d'un recensement précis.

En plus de l'espagnol, près de 300 dialectes indiens sont répartis dans tout le pays, dont plus de la moitié pour le seul État de Oaxaca. Les **56 langues** dénombrées peuvent être regroupées en plusieurs familles dont les principales sont :

- l'**otomangue** du Mexique central et de Oaxaca, dont font partie notamment le mixtèque, le zapotèque, le purépecha ou le mazahua.
- l'**uto-aztèque** du Mexique central et du Nord-Ouest, qui comprend le nahuatl, le tarahumara mais également plusieurs langues de l'ouest des États-Unis.
- le **maya** autour du golfe du Mexique et dans le Mexique méridional, qui regroupe notamment le yucatèque, le huaxtèque, le tzotzil, le tzeltal, le chol, le chontal.

Si certaines langues forment un groupe important, comme celles de la famille maya parlées par 800 000 Indiens, ou le mixtèque (400 000 personnes) et le zapotèque (400 000 locuteurs), certaines variantes dialectales sont condamnées, à très court terme, à devenir un souvenir anthropologique. À titre d'exemple, seule une poignée d'hommes utilise encore le lacandon (*voir p. 58*), l'aguacateco, le cahita ou le cucapá. D'autres, tels le totonaque, l'otomí, ou le tepehua, ont tendance à disparaître au profit de la langue hégémonique, le **nahuatl**, parlée par deux millions d'autochtones.

L'héritage nahuatl dans l'espagnol mexicain					
Cacle	chaussure	Elotero	pluie	Papalote	cerf-volant
Chante	maison		constante	Petate	balluchon
Chipichipi	bruine	Guajalote	dindon	Popote	paille
Chiquito	tout petit	Hueso colorado	vent froid	Tocayo	de même
Chocolate	chocolat	Mecate	corde		nom, copain
Elote	épi	Itacate	sac	Tomate	tomate
	de maïs	Moyote	moustique	Zoquete	idiot

Nouvelles fraîches au soleil

Mentionnons enfin à titre de curiosité linguistique le plautdietsch, communément appelé *alemán bajo* (bas allemand) ou *menonita*, le dialecte parlé par les 15 000 mennonites *(voir encadré p. 531)*, descendants d'émigrés allemands installés dans la région de Cuauhtémoc dans l'ouest de l'État de Chihuahua au début du 20ᵉ s.

Une politique linguistique timide

Bien que le gouvernement prenne en compte la pluralité culturelle et souhaite préserver les dialectes indigènes, pierre angulaire d'un patrimoine culturel pluri-ethnique, les droits linguistiques des Indiens sont très limités. La politique linguistique se limite à l'éducation dont l'objectif est d'asseoir une langue commune à tous, sans porter atteinte à l'usage des langues autochtones. Le gouvernement a développé un **système d'éducation bilingue** à l'intention des Indiens, qui peuvent désormais suivre des cours dans leur langue à la maternelle et au primaire. Cela permet de les alphabétiser dans leur langue tout en leur assurant un meilleur apprentissage de l'espagnol. Seuls une soixantaine de groupes indigènes bénéficient de cet enseignement. En dehors de l'éducation, l'administration ne communique qu'en espagnol. En revanche, les services religieux sont aussi dispensés en dialecte.

SAVOIR-VIVRE

Si les Métis sont ouverts et aimables avec les étrangers, les Indiens montrent beaucoup plus de défiance et considèrent souvent d'un œil méfiant l'intrusion des visiteurs dans leurs communautés, réserve parfois due à la barrière de la langue. Dans ce cas un sourire reste le meilleur passeport pour une communication minimale.

Comment se mêler à la population

Se déplacer en bus – Les transports locaux (bus, *combis*, *colectivos*) sont un excellent moyen de côtoyer les Mexicains dans leur quotidien. Vous pourrez facilement lier conversation avec les autres passagers, qui se feront un plaisir de vous renseigner sur l'itinéraire.

S'attabler dans un comedor – Dans chaque marché, une section est réservée aux *comedores*, lieux de convivialité où vous vous retrouverez au coude à coude avec les autres clients. C'est l'occasion de découvrir une cuisine populaire roborative en nouant des contacts.

Manger dans la rue – Voilà une habitude mexicaine bien ancrée dans les mœurs. Peuple de grignoteurs impénitents, les Mexicains ne s'embarrassent pas de manières quand un petit creux les surprend au détour d'une rue. Faites comme eux et cédez à vos envies du moment sans complexe *(voir p. 89)*.

Musarder au Zócalo – En fin de journée, une balade vespérale sur la place centrale permet de se mêler à la foule nonchalante des promeneurs en adoptant leur rythme ralenti. Partager un banc ou les marches d'un escalier, savourer les mélodies des orphéons, faire la queue devant le stand ambulant de ne vendeur de maïs grillé ou gratifier ses souliers poussiéreux d'une mise en beauté au kiosque d'un cireur de chaussures, c'est un peu vivre à l'heure mexicaine.

S'encanailler dans une cantina – Réservée à la gente masculine, cette expérience d'une soirée entre hommes, devant des écrans diffusant le dernier match de football, permet de siroter une tequila en partageant des valeur viriles dans un lieu où la convivialité est de mise.

Quelques usages et règles à connaître

Évitez de passer pour un gringo – Est appelé gringo tout Blanc, Européen ou Américain visitant le pays, et bien évidemment ce sobriquet n'est pas exempt d'une certaine ironie. Séquelles de l'histoire, jeu ou taquinerie, face au gringo, on n'hésite pas à afficher des prix plus élevés ou on fait mine de ne pas comprendre ses questions pour les lui faire répéter. Apprenez quelques mots courants en espagnol, et faites l'effort de les utiliser. Sachez que les Européens jouissent d'une bien meilleure image que les Américains. En revanche, *güero* («blond») est un terme affectueux pour interpeller les étrangers quel que soit leur couleur de cheveux (même les Mexicains entre eux l'utilisent).

Le machisme – Les Mexicains sont machistes et aiment montrer leur supériorité face aux femmes ou aux étrangers, envers lesquels ils adoptent volontiers une attitude protectrice teintée d'un rien de condescendance. Soyez indulgent(e) avec les prétentions virils de l'homme mexicain.

Tequila, mode d'emploi – Pour boire la tequila «à la mexicaine», mettez une pincée de sel sur le dos de la main, dans le creux formé à la jointure entre le pouce et l'index. Léchez le sel, buvez votre verre de tequila cul sec puis croquez un morceau de citron vert.

Les vêtements – Adoptez des tenues décentes pour la visite des lieux de culte. En dehors des grands centres urbains, les Mexicains sont assez conservateurs, inutile de les choquer par des vêtements provocants. En revanche, vous pourrez faire une débauche de toilettes affriolantes dans les stations balnéaires à la mode. Cependant pas de seins nus ni de naturisme sur les plages.

La section « comedores » du marché de Oaxaca

Photographier les Mexicains – Difficile pour les Indiens de ne pas se sentir réduits à l'état de curiosité folklorique. Ils fuient généralement l'objectif qui, selon leurs croyances populaires, leur vole un peu leur âme. Évitez de prendre des photos à la dérobée, et demandez toujours la permission de les photographier avec un sourire ou en les dédommageant d'un menu achat. Dans le cas contraire, vous courrez le risque de vous faire confisquer vos pellicules par les autorités indigènes locales.

Le marchandage – S'il est de mise sur les marchés, le marchandage doit rester décent. Négociez, certes, mais en respectant le travail des artisans, et honorez votre achat une fois un prix fixé. Dans les boutiques, en revanche, le marchandage est vécu comme une offense et un manque de savoir-vivre.

Le pourboire – La *propina* est de rigueur dans les restaurants et les cafés, et plus généralement pour tous les services rendus (porteurs, pompistes). Laissez environ 10 % de l'addition dans un restaurant et quelques pesos à une station-service.

La mordida – La « morsure » est un terme familier désignant le bakchich. Si un policier vous arrête au volant de votre véhicule pour avoir (ou ne pas avoir) grillé un feu, il est possible d'éviter une amende officielle – qui s'accompagne souvent d'une immobilisation du véhicule – en lui offrant une somme bien inférieure en espèces. Chaque situation est particulière : certains fonctionnaires peuvent s'offusquer de cette pratique et vous accuseront de tentative de corruption ! Mieux vaut les laisser venir d'eux-mêmes sur ce terrain, et vous comprendrez rapidement si un arrangement à l'amiable est possible. Dans ce cas, une petite somme (de 30 à 50 pesos) vous aidera à sortir de cette situation délicate.

« BUEN PROVECHO »

Loin de se résumer au *chili con carne*, qui vient… du sud des États-Unis, la gastronomie mexicaine est placée sous le signe de la variété et de l'abondance, ample éventail de saveurs et de spécialités régionales. Outre les nombreux produits du Mexique précolombien (maïs, haricots, ananas, avocat, cacao, piment, courge, avocat, tomate, vanille…), elle a puisé dans les marmites coloniale (volailles et bovins), asiatique (coriandre, riz et cannelle) et africaine (banane). Multicolore, complexe, insolite, épicée et subtile, souvent piquante, la cuisine mexicaine est un métissage harmonieux, exploitant une infinité d'ingrédients, de quoi chatouiller toutes les papilles. Aux côtés de la solide table traditionnelle, les grandes métropoles et les hauts lieux touristiques ont vu émerger une nouvelle cuisine mexicaine à base de sauces et de portions allégées, de mélanges sucré salé aux saveurs inédites et à la présentation raffinée. *Buen provecho* (« bon appétit »)!

Des repas pris au sérieux
Pas moins de quatre repas quotidiens ponctuent la journée. Après avoir pris le frugal café du matin, pour ne pas quitter la maison à jeun, les Mexicains prennent le **desayuno** (petit-déjeuner) de 11 h. Pour cet intermède roboratif et convivial, du café et des jus de fruits accompagnent les *huevos rancheros* (œufs à la sauce pimentée), *divorciados* (servis avec une sauce verte et rouge) ou les *chilaquiles* (lanières de tortillas avec tomates et oignons gratinées au fromage), le tout servi avec l'incontournable purée de *frijoles* (haricots). Viennent ensuite les choses sérieuses avec la pause de la mi-journée entre 14 h et 16 h. L'*almuerzo* ou la **comida**, repas principal copieux, est composé d'une soupe (*caldo*) ou d'une entrée, d'un plat de résistance, viande ou poisson, servi avec des légumes et du riz, et d'un dessert. Plus tard, une pause sucrée, la **merienda** (goûter), souvent une tasse de chocolat et une petite douceur ou un grignotage intempestif au détour d'une rue, permet d'attendre la **cena**, dîner tardif et léger pris vers 22 h. Quant au **grignotage**, il fait partie intégrante du quotidien mexicain. Partout des échoppes sommaires et des étals au grand air vendent à la sauvette des tacos, des *antojitos* (en-cas), des *tortas* (sandwichs), des épis de maïs ou des cornets de fruits à picorer sans retenue.

Le maïs, une céréale ancestrale
Dénominateur commun des civilisations précolombiennes et symbole de vie, le maïs (*elote*) est omniprésent. On en compte environ un millier de variétés, qui constituent la base de l'alimentation mexicaine. Il se consomme de multiples façons : épis, *tamales* sucrés ou salés (farce de maïs cuite dans des feuilles de bananier ou de maïs), pâtisseries, boissons (*atole*, *chicha*)… Mais il entre surtout dans la composition des fameuses **tortillas**, l'équivalent de notre pain. Ces petites galettes de farine de maïs, plus rarement de blé, servies tièdes dans un panier rond fermé d'un couvercle ou

La tortilla dans tous ses états	
Burrito	tortilla de blé roulée garnie de viande hachée
Chalupa	petite, épaisse et diversement accommodée
Chilaquiles	tortillas découpées en lanières et gratinées avec oignon, purée de haricots, tomates, et fromage, servies au petit-déjeuner
Enchilada	pliée en deux, garnie de viandes ou de légumes, accompagnée de crème et de fromage et nappée de sauce verte ou rouge
Quesadilla	garnie de fromage qui fond à la cuisson
Taco	farci et roulé comme un cigare
Tostada	frite et craquante garnie de viande, poisson mariné, guacamole
Totopos	triangles de tortilla servis à l'apéritif pour manger le guacamole ou les sauces apéritif
Sope	épaisse et garnie d'ingrédients

d'un linge pour les maintenir au chaud, accompagnent tous les plats de la cuisine traditionnelle. Elles servent même de fourchette pour les plats populaires. Le maïs, détrempé dans un mélange d'eau et de chaux, est pilé pour donner une pâte, la *masa*, qui sera pétrie et aplatie, puis cuite sur une plaque. Le moindre village possède sa *tortillería* (fabrique de tortillas).

Le piment enflamme la table mexicaine

Longs ou courts, effilés ou ventrus, du jaune vif au brun en passant par le rouge et le vert, frais, séchés, macérés, taillés ou débités en cubes, entiers, farcis, les piments (**chiles**) semblent se décliner à l'infini et sont l'incontestable vedette d'une cuisine très relevée. Le *jalapeño*, petit, vert et dodu, originaire de Veracruz, se retrouve frais, coupé en dés dans la **salsa mexicana** présente sur toutes les tables. Le *serrano*, vert et fin, utilisé en salades, vient des montagnes. Issu de la région de Puebla, le *poblano*, gros et doux, se farcit de viande (*chile relleno*) et se nappe d'une sauce aux noix, pour donner le savoureux *chile en nogada*, plat aux couleurs du drapeau national. Le *güero*, proche de la banane par la taille et la couleur, est confit pour l'apéritif tandis que le *chipotle* épice les *tamales* et les ragoûts. Les plus explosifs sont utilisés pour les sauces, tels le *chile de árbol*, allongé et rouge vif, ou le *chile piquín*, le plus piquant de tous. Il faut apprivoiser les *chiles* et mordre dedans avec précaution, en évitant les graines : ultime consolation en cas de suées intempestives, ils purifient l'organisme et soignent divers maux tels la toux, la constipation et la gueule de bois !

Des spécialités en abondance

Quelques curiosités culinaires – Au rayon légumes, vous découvrirez quelques raretés telles le **nopal** (figuier de Barbarie) dont les feuilles soigneusement épilées et bouillies sont servies en salade ; les tomates vertes et le *cuitlacoche* (la truffe mexicaine, moisissure noire du maïs) relèvent les sauces et la *flor de calabaza* (fleur de courgette) est dégustée en beignet. Les palais les plus audacieux oseront le **chapulín** (sauterelle), le *gusano de maguey* (ver de l'agave) grillé, à déguster dans un taco, ou les *escamoles* (œufs de fourmi cuits dans une sauce pimentée).

À chaque région ses saveurs – Si Mexico est un creuset des cuisines régionales, un périple mexicain est l'occasion de découvrir des spécialités savoureuses. Dans le nord, les viandes grillées, salées et séchées (*cecina*) cuites en sauces ou à la broche (*cabrito al pastor*), sont reines, élevage bovin oblige. Le centre-ouest (Zacatecas, Jalisco, Michoacán) est la terre du *pozole*, (potage épais de viande, chou, maïs, pois chiche, haricots) et du *caldo* (pot au feu), des **tamales** (pâtés de viande, maïs, légumes cuits dans des feuilles de maïs) et des *uchepos* (*tamales* avec maïs, sucre et cannelle). À la région de Puebla, véritable étape gastronomique, on doit le **mole poblano** (sauce aux piments, épices et cacao amer), plat traditionnel du dimanche, et les *chiles en nogada* qui figurent au menu de tous les bons restaurants traditionnels. Le Yucatán s'est fait une spécialité de la cuisson *pibil*, dans des feuilles de bananier avec de la pâte d'*achiote* au rouge puissant (roucou des Antilles pilé avec de l'ail, du cumin, de l'origan…) et des mélanges sucrés salés (*tamales* de poulet à la banane). Dans les régions côtières, les pro-

Des religieuses gourmandes

Dès le 17ᵉ s. les moniales enfermées dans les couvents se mettent aux fourneaux. Héritières des traditions préhispaniques, elles vont métisser la cuisine mexicaine de produits et de savoir-faire européens. Ainsi naissent, au hasard des marmites et de l'inspiration, des gourmandises qui traversent les siècles pour s'inscrire désormais au patrimoine gastronomique. À Puebla, María del Perpetual Socorro mitonne pour les papilles de l'archevêque Manuel Fernandez de Santa Cruz la sauce « mole » en accommodant ingénieusement du cacao, de la cannelle, des cacahuètes, de la girofle, de l'anis avec une sauce aztèque. Les « chiles en nogada » et le « rompope » (apéritif à base de rhum, de lait et de jaunes d'œufs), le « dulce de camote » (confiserie de patate douce) ou le « dulce de nopal » (confiserie au cactus) furent également imaginés derrière les murs des couvents.

duits de la mer sont bien évidemment à l'honneur avec les **ceviches** (marinades de poissons ou de crevettes dans du jus de citron), les poissons en sauce ou la langouste…

Le verger mexicain
Les marchés abondent en fruits merveilleux qui flattent déjà le regard. Il se déguste frais et nature, joliment ciselés et sculptés, dans un cornet en plastique au coin d'une place en en jus pressés à la demande dans une *juguería* (boutique de jus), mais rarement à la fin d'un repas. Aux fruits familiers (fraises, pommes, poires, oranges) s'ajoute une corbeille tropicale bien remplie : ananas, papaye, mangue, canne à sucre, noix de coco, citron vert (omniprésent sur la table mexicaine), corossol, figue de Barbarie, goyave, pastèque, sapote….

B. Juge/MICHELIN

Le piment enflamme le Mexique

La cuisine

La pause gourmande
Le Mexique est aussi le pays des **dulces** (sucreries). Si les moelleuses viennoiseries sont très populaires depuis la période impériale, les friandises locales sont légion. Les *dulces*, gâteaux ou confitures, tirent savoureusement parti du large éventail de fruits et d'épices. Les repas se concluent par un dessert (riz au lait, flan, gâteau) tandis que les friandises (pâtes de fruits, nougats, fruits confits, chocolats) se grignotent tout au long de la journée. Ne manquez pas de goûter les glaces, les **nieves** (sorbets) nature ou arrosés de vins ou d'alcool et la *cajeta* (confiture de lait), qui nappe généreusement les crêpes.

Des plats bien arrosés
Côté boisson, le Mexique s'illustre avec ses alcools à base de cactacées : le **mezcal** (sève d'agave distillée), le **pulque** (sève d'agave fermentée) et la **tequila**, ambassadeur du Mexique dans le monde et base de nombreux cocktails. Si les amateurs sont capables d'en arroser un repas, ces alcools forts se boivent plutôt en soirée. Les Sol, Tecate, Dos X (*se prononce Dos Equis*), Corona, Bohemia, incontournables **bières** blondes (*claras*) ou brunes (*oscuras*), remplacent le vin, peu consommé et cher, malgré une production confidentielle dans les États de Querétaro et de Guanajuato. Les plus sobres optent pour une *aguita*, eau parfumée servie très fraîche, les plus populaires étant l'*agua de Jamaica* (décoction de feuilles d'hibiscus), l'*horchata*, eau aromatisée au riz, et l'eau de tamarin. Les jus de fruits tropicaux sont autant de merveilleux breuvages qui se sirotent à tout heure du jour et particulièrement le matin. N'oublions pas le chocolat, dont la fève mythique servait de monnaie aux Aztèques. Il se boit chaud et relevé d'une pointe de cannelle, en altitude, ou froid et dilué dans de l'eau. Les amateurs de café risquent d'être un peu déçus. S'il est cultivé sur place, le café n'est pas d'une qualité extraordinaire. Cependant un petit *cafecito* est volontiers consommé à la fin des repas ; quant à celui du matin, il est souvent très allongé, à l'américaine.

Le Mexique pratique

Nuée de coccinelles
sur Mexico

AVANT LE DÉPART

• Décalage horaire

Le Mexique est traversé par **trois fuseaux horaires**. La plus grande partie du pays vit à l'**heure du centre** qui correspond à GMT − 6 en hiver (GMT − 5 en été). Les États de Basse-Californie du Sud, Chihuahua, Nayarit, Sinaloa et Sonora sont à GMT − 7 soit une heure de moins que dans le reste du pays. Enfin, la Basse-Californie du Nord est calée sur GMT − 8 en hiver (1 h de moins par rapport au sud de la péninsule et aux États du Nord-Ouest et 2 h de moins que dans la plus grande partie du Mexique).

Les Mexicains sont à l'**heure d'été** du premier dimanche d'avril au dernier dimanche d'octobre. Quelle que soit la saison, il y a donc toujours 7 h de décalage entre le centre du Mexique et la France. Lorsqu'il est 12 h à Paris, il est 5 h du matin à Mexico.

• Comment téléphoner au Mexique

Pour appeler au Mexique de l'étranger, composez le 00 + 52 + le numéro à 7 ou 8 chiffres de votre correspondant *(voir p. 102)*.

• À quelle saison partir

Pour le climat, voir également p. 15. Le Mexique se trouve dans l'hémisphère Nord, les saisons ne sont donc pas inversées par rapport à l'Europe. Pendant la **saison sèche**, d'octobre à avril, il est préférable de séjourner sur les côtes **Pacifique**, **Atlantique** et dans le **Chiapas**, régions chaudes et humides tout au long de l'année mais qui reçoivent moins de pluies à cette époque de l'année. Pendant cette saison, les températures peuvent être fraîches en altitude (dans les villes du centre), voire rigoureuses dans le Nord (notamment dans les Barrancas del Cobre). Durant la **saison humide**, de mai à septembre, le Chiapas, le Yucatán et les zones côtières sont fréquemment arrosés, et des **cyclones** peuvent frapper les côtes de l'Atlantique, du golfe du Mexique et du Yucatán de juillet à septembre. Séjournez plutôt dans les **villes du centre** à cette époque.

Si vous décidez d'effectuer votre voyage en fonction des fêtes, soyez prêt à partir à n'importe quel moment : il ne se passe pas un jour sans une célébration. Les plus importantes se déroulent pendant la **Semaine sainte**, aux alentours de la **Toussaint** (*Día de los Muertos*) et à partir de **mi-décembre** jusqu'à Noël. Attention, ces périodes correspondent également aux vacances des Mexicains, pensez donc à réservez votre chambre d'hôtel à l'avance.

	Alt. en m	Temp. annuelle moyenne	Mois le plus froid	Mois le plus chaud	Précipit. annuelles moyennes	Mois le plus sec	Mois le plus pluvieux
Cancún	0	26 °C	décembre 24,4 °C	juillet 27,2 °C	1 090 mm	janvier 20 mm	octobre 175 mm
Chihuahua	1 430	18 °C	janvier 9,4 °C	juin 26,14 °C	357 mm	juin 0 mm	août 92 mm
Mexico	2 200	15,3 °C	septembre 11,5 °C	mai 18,3 °C	540 mm	janvier 5 mm	juillet 122 mm
San Cristóbal de las Casas	2 120	14,3 °C	janvier 12,2 °C	août 15,7 °C	1 160 mm	février 0 mm	juin 250 mm
Villahermosa	10	26 °C	janvier 22,2 °C	août 28,3 °C	1 825 mm	avril 45 mm	octobre 275 mm

• Ce qu'il faut emporter
Les vêtements

Selon votre itinéraire et la saison, vous devrez choisir entre des tenues d'été ou d'hiver, de soleil ou de pluie ! Quelle que soit l'époque de l'année, prévoyez des vêtements légers de coton pour les régions chaudes et humides du Yucatán et de la côte Pacifique, ainsi que la Basse-Californie, l'une des zones les plus arides de la planète. Un lainage (voire plusieurs), complété par un coupe-vent, vous sera d'un grand secours pour les séjours en altitude (il peut neiger dans les Barrancas del Cobre). Munissez-vous d'une bonne paire de chaussures de marche, montantes, antidérapantes et imperméables, pour les randonnées en montagne, dans la forêt tropicale et pour la visite des sites archéologiques. Un maillot de bain, des lunettes de soleil, un chapeau et un imperméable viendront bien entendu compléter votre garde-robe.

Les accessoires

N'oubliez pas votre **gourde**, indispensable pour les randonnées ou pour l'ascension, parfois sportive, des pyramides. Une **lampe de poche** peut être utile pour la visite de certaines grottes ou de tombes précolombiennes. Emportez également un **transformateur** 220 V/110 V et un **adaptateur** pour prise à fiches plates pour les appareils électriques aux normes françaises (rasoir, par exemple). Pour les longs voyages en bus, munissez-vous d'un petit **oreiller gonflable** et de **bouchons d'oreilles**, salvateurs pour les sièges situés à proximité des écrans de télévision.

• Voyage pour tous

Voyager avec des enfants

N'oubliez pas que les enfants sont plus sensibles à la chaleur que les adultes, pensez à bien les protéger du soleil et à leur donner souvent à boire. Dans les basses terres un répulsif anti-moustiques et une moustiquaire seront nécessaires.

Femme seule

Voyager seule ne pose pas de problème particulier si vous respectez les précautions d'usage. Évitez les tenues jugées provocantes (décolletés et jambes nues), les lieux fréquentés uniquement par les hommes (comme les *cantinas*), les rues désertes, en particulier la nuit, et les « taxis libres » (*voir p. 168*). Certains de ces conseils valent également pour les hommes seuls. Vous êtes en pays latin, et le Mexique ne faillit pas à la bonne vieille tradition machiste. Si l'on vous aborde, restez polie mais ferme et prenez congé le plus rapidement possible.

Personnes âgées

Dans la mesure du possible, prenez des vols intérieurs pour évitez les trajets en bus, longs et éprouvants. Une préparation physique est conseillée pour faire des randonnées en altitude ou effectuer l'ascension des pyramides des grands sites archéologiques, particulièrement par grosse chaleur.

Personnes handicapées

L'infrastructure pour les voyageurs handicapés n'est pas très développée. En revanche, vous trouverez des équipements mieux adaptés dans les grands établissements des stations balnéaires comme à Cancún par exemple.

Voyager avec un animal domestique

Ses vaccins doivent être à jour, et son certificat de santé établi moins de 72 h avant le départ.

• Adresses utiles

Offices du tourisme du Mexique

France – Office du tourisme du Mexique, 4 rue Notre-Dame-des-Victoires, 75002 Paris, ☎ 01 42 86 96 13. Lundi-vendredi 9 h 30-13 h/14 h 30-17 h 30.

Belgique – Adressez-vous à l'office du tourisme français.

Canada – Mexican Tourism Board Office à Toronto : 2 Bloor St. West, Suite 1801, Toronto ON M4W 3E2, ☎ (416) 925 2753/925 0704, Fax (416) 925 6061, mexto3@inforamp.net. À Montréal : 1 place Ville Marie, Suite 1931, Montreal QC H3B 2C3, ☎ (514) 871 1052, Fax (514) 871 3825, turimex@cam.org. À Vancouver : 1110-999 West Hastings St., Vancouver BC V6C 2W2, ☎ (604) 669 2845/669 5917, Fax (604) 669 3498, mgto@telus.net.

Suisse – Adressez-vous à l'office du tourisme français.

Représentations diplomatiques

France – Ambassade, 9 rue de Longchamp, 75116 Paris, ☎ 01 53 70 27 70, Fax 01 47 55 65 29 ; Consulat général, 4 rue Notre-Dame-des-Victoires, 75002 Paris, ☎ 01 42 86 56 35. Lundi-vendredi 9 h-12 h ; service des visas, ☎ 01 42 86 56 21. Consulat, 35 ruc Ozenne, 31000 Toulouse, ☎ 05 61 25 45 17, Fax 05 61 55 01 55 ; Consulat, 19a rue Lovisa, 67000 Strasbourg, ☎ 03 88 45 77 11, Fax 03 88 45 87 69 ; Consulat, 3 chemin des Cytises, 69340 Francheville, ☎ 04 72 38 32 22, Fax 04 72 38 32 29 ; Consulat, Société Georges Vatinel, 58 rue de Mulhouse, 76600 Le Havre, ☎ 02 35 26 41 61, Fax 02 35 25 18 92 ; Consulat, 11-15 rue Vital Charles V, 33080 Bordeaux, ☎ 05 56 79 76 55, Fax 05 56 79 76 66 ; Consulat, 7 av. Porfirio Díaz, 04440 Barcelonnette, ☎ 04 92 81 00 27, Fax 04 92 81 33 70.

Belgique – Ambassade, 94 av. Franklin D. Roosevelt, B-1050 Bruxelles, ☎ 02 629 07 11, Fax 02 644 08 19.

Suisse – Ambassade, Bernastrasse 57, 3005 Bern, ☎ (031) 357 47 47, Fax (031) 357 47 48.

Canada – 45 O'Connor St., Suite 1500 Ottawa, Ontario, Canada K1P 1A4, ☎ (613) 233-8988, Fax (613) 235-9123.

Centres culturels

Centre culturel du Mexique, 119 rue Vieille du Temple, 75003 Paris, ☎ 01 44 61 84 44. Lundi-vendredi 9 h-13 h/14 h 30-18 h. Destiné à promouvoir l'expression artistique mexicaine sous toutes ses formes, ce centre propose des expositions, des conférences, des concerts, etc.

Sites Internet

Pour les recherches pointues sur des sites ou des thèmes précis, utilisez les moteurs de recherche **google** ou **yahoo** ou **mexico.web.com.mx** (ce dernier étant spécialisé sur le Mexique).

www.trace-sc.com fournit une multitude de liens Internet sur le Mexique (espagnol et anglais).

www.mexique.infotourisme.com. Le site de l'office du tourisme du Mexique en français.

www.mexico-travel.com. Site de la Secretaría de Turismo (Sectur) en espagnol.

www.mexique-fr.com donne des renseignements très complets sur le pays.

www.mexicodesconocido.com fourmille d'informations (anglais et espagnol).

www.ezln.org. Le site officiel du mouvement zapatiste (espagnol).

www.proceso.com.mx. Pour suivre l'actualité mexicaine en espagnol.

www.inegi.gob.mx. Toutes les statistiques sur le pays (anglais et espagnol).

www.webfrancia.com. Le portail franco-mexicain des affaires (français, anglais et espagnol).

• Formalités

Pièces d'identité, visa

Un **passeport** valable six mois après la date du retour et un **billet aller-retour** (ou de continuation vers un autre pays) suffisent pour séjourner au Mexique moins de trois mois. À l'arrivée, on vous fera remplir un formulaire indiquant votre durée de séjour, prorogeable une seule fois pour 90 jours maximum. Ce document devra être remis à la douane le jour du départ : ne le perdez pas.

Douanes

Vous pouvez emporter avec vous trois litres de boissons alcoolisées ainsi que deux cartouches de cigarettes. Si vous n'avez rien à déclarer, vous devrez actionner une sorte de feu de circulation avant de passer la douane. Si le feu passe au vert, vous pouvez avancer. Si le feu est rouge, vos bagages seront inspectés.

Vaccination

Aucun vaccin n'est exigé par les autorités mexicaines pour entrer dans le pays. Pour les séjours hors des pôles touristiques, la vaccination contre les hépatites A et B ainsi que la typhoïde est conseillée. Profitez-en pour faire votre rappel de DT Polio, si besoin est.

Un traitement antipaludéen peut être recommandé en cas de séjour prolongé dans certaines zones rurales reculées du Campeche, Chiapas, Guerrero, Michoacán, Nayarit, Oaxaca, Quintana Roo, Sinaloa, Tabasco. Consultez votre médecin traitant avant le départ.

Centre médical de l'Institut Pasteur, 211 rue de Vaugirard, 75015 Paris, ☎ 01 45 68 81 98.

Centre d'informations médicales du ministère des Affaires étrangères (CIMED), 34 rue La Pérouse, 75016 Paris, ☎ 01 43 17 60 79.

Docteur Vacances (agréé par l'OMS), www.traveling-doctor.com

Le Voyage en ligne, ☎ 08 36 68 07 88.

Permis de conduire

Un permis de conduire national suffit pour louer une voiture.

• Devises

Monnaie

Depuis la crise économique de 1994, le Mexique a supprimé trois zéros à sa monnaie et a adopté le Nouveau peso mexicain (MXN), couramment désigné sous le nom de **peso mexicain**. Attention, son symbole ($) ressemble à s'y méprendre à celui du dollar américain. À l'heure où nous publions ce guide, le **taux de change** est de 8 pesos pour 1 €. Un peso est divisé en 100 centavos. Billets de 10, 20, 50, 100, 200 et 500 pesos. Pièces de 5, 10, 20, 50 centavos et de 1, 2, 5, 10, 20 et 50 pesos. Pensez à vous munir de petites coupures dès que vous sortez des grands circuits touristiques (marchés, transports locaux, *comedores*,...)

Change

Pour avoir des espèces sur vous dès l'arrivée, procurez-vous des **dollars américains**, car vous rencontrerez des difficultés pour changer d'autres devises étrangères sur place. Certains établissements touristiques acceptent les règlements en dollars, mais le taux de change n'est pas toujours très avantageux. Sur place, vous pourrez changer vos billets dans les banques (vous trouverez des agences Banamex ou Bancomer partout). Pour des horaires plus souples et parfois un meilleur taux, adressez-vous à une **casa de cambio** (bureau de change).

Chèques de voyage

L'idéal est de les combiner avec une carte de crédit. Vos chèques de voyage devront être libellés en **dollars**. La plupart des banques acceptent de les changer, mais l'opération prend du temps. Vous devrez vous munir de votre passeport et surtout vous armer de patience : chaque chèque de voyage est examiné à la loupe, photocopié, signé, contresigné par presque tous les employés de la banque, qui vous jettent de longs regards suspicieux. Certains hôtels acceptent les paiements par chèques de voyage, à un taux un peu moins avantageux, mais quel gain de temps !

Cartes de crédit

Les cartes de crédit usuelles (Visa, MasterCard, American Express) sont le moyen le plus pratique pour disposer d'espèces : dans les grandes villes, vous trouverez des **distributeurs automatiques** (*cajeros automáticos*) à tous les coins de rues. Sachez que votre banque retient une commission assez importante pour chaque transaction à l'étranger, il vaut donc mieux ne pas retirer une multitude de petites sommes. Assurez-vous auprès de votre établissement bancaire, avant le départ, de la hauteur de votre plafond de retrait journalier ou hebdomadaire, au-delà duquel vous ne pourrez plus effectuer de retrait. Une carte de crédit sera nécessaire si vous comptez louer un véhicule. Attention, de nombreux hôtels qui acceptent les règlements par carte refusent l'American Express.

• Budget à prévoir

Le Mexique n'est pas une destination foncièrement bon marché, et votre budget peut varier en fonction de la saison choisie ou de la région visitée. Un séjour en Basse-Californie ou dans le Yucatán revient deux fois plus cher que dans le Chiapas, la région la moins onéreuse du pays. De plus, certaines villes sont dénuées d'hébergement bon marché.

Les sorties, les achats et les entrées de musées ou de sites ne sont pas inclus dans les budgets suivants.

À partir de 25 ≤ par jour, les routards dormiront dans des auberges de jeunesse ou des pensions modestes (entre 10 et 15 € la nuit, **sur la base d'un lit ou d'une chambre simple**), se restaureront sur les marchés ou dans les cafétérias locales pour quelques pesos et se déplaceront en bus (à titre indicatif un trajet Oaxaca-San Cristóbal de Las Casas coûte environ 25 €).

Pour un hébergement plus confortable, prévoyez **entre 40 et 70** ≤ par jour (**par personne sur la base d'une chambre double**) pour descendre dans un hôtel de charme de catégorie moyenne (entre 20 et 40 € par personne), et prendre au moins un repas au restaurant (entre 10 et 15 € par personne). La location d'une voiture (environ 80 € par jour à diviser par le nombre de passagers) peut venir gonfler ce budget. Pour satisfaire vos envies de luxe, si vous choisissez de descendre dans un grand hôtel ou une hacienda cossue, de vous restaurer dans des restaurants gastronomiques, votre budget journalier peut aisément grimper jusqu'à un **minimum de 150** ≤ par jour. À cela viendra s'ajouter le prix des vols intérieurs.

• Réservations

Pendant la semaine sainte, aux mois de juillet et août, à la Toussaint et à Noël, le tourisme national et international bat son plein. Réservez à l'avance vos billets d'avion et les hôtels pendant la haute saison. Reportez-vous également à la rubrique « fêtes et festivals » de chaque ville pour anticiper sur la fréquentation des établissements.

• Assurance

Avant de vous assurer, vérifiez que vous n'êtes pas déjà couvert par une assurance assistance/rapatriement incluse dans le prix du billet (souvent le cas si vous passez par un voyagiste). Les porteurs de certaines cartes bancaires, notamment la **Visa Premier**, bénéficient automatiquement d'une couverture à l'étranger, renseignez-vous auprès de votre banque. Le cas échéant, vous pouvez souscrire une police classique couvrant les frais d'annulation du voyage, de maladie sur place et de rapatriement.

AVA, 24 rue Pierre Sémard, 75009 Paris, ☎ 01 53 20 44 20, www.ava.fr.

AVI International, 28 rue de Mogador, 75009 Paris, ☎ 01 44 63 51 01.

Europ Assistance, 1 promenade de la Bonnette, 92230 Gennevilliers, ☎ 01 41 85 85 85.

Mondial Assistance, 2 rue Fragonard, 75017 Paris, ☎ 01 40 25 52 04.

COMMENT S'Y RENDRE

• En avion

Lignes régulières

Toutes les grandes compagnies aériennes desservent le Mexique, mais les prix varient énormément de l'une à l'autre et en fonction des périodes. Organisez-vous longtemps à l'avance et consultez les offres sur certains sites Internet qui présentent des tableaux comparatifs des tarifs et des caractéristiques de différents vols. Vous pourrez ensuite réserver par leurs soins ou contacter directement la compagnie. Enfin, sachez que pour bénéficier des meilleurs prix, il vaut mieux réserver vos billets supplémentaires en même temps que votre billet AR *(voir p. 104)*. Le vol pour Mexico, sans escale, dure environ 13 heures. Vous pouvez obtenir un billet aller-retour en classe économique à partir de 480 €.

AeroMéxico, 1 bd de la Madeleine, ☎ 0 800 423 091, www.aeromexico.com. Vol quotidien direct entre Paris et Mexico. Comptez 13 h.

Air France, 119 avenue des Champs-Élysées, 75008 Paris, ☎ 0820 820 820, www.airfrance.fr. Quatre vols directs par jour pour Mexico et de nombreuses liaisons vers d'autres villes du Mexique, avec escale aux États-Unis. Pour bénéficier des meilleurs tarifs, demander un billet Tempo et réservez longtemps à l'avance.

American Airlines, une seule agence à Paris, à l'aéroport Charles de Gaulle, aérogare 2, terminal A, ☎ 0801 872 872, www.aa.com. Plusieurs vols quotidiens pour Mexico via Dallas, Miami, Chicago ou New York. Comptez 15 h.

Continental Airlines, 92 avenue des Champs-Élysées, 75008 Paris, ☎ 01 42 99 09 09, www.continental.com. Plusieurs vols par jour vers Mexico, Cancún et de nombreuses villes du Mexique, avec escale à Houston ou New York. De 14 h à 17 h de trajet.

Delta Airlines, 119 avenue des Champs-Élysées, 75008 Paris, ☎ 0800 35 40 80, www.delta.com. 3 vols quotidiens vers Mexico et Cancún, via New York ou Atlanta. Comptez 13 h de trajet.

Iberia, 1 rue Scribe, 75009 Paris, ☎ 0802 075 075, www.iberia.com. 2 vols par jour vers Mexico et Cancún, avec escale à Madrid. 16 h de trajet.

KLM, une seule agence à Paris, à l'aéroport Charles de Gaulle, aérogare 1, porte 20, ☎ 0810 556 556, www.klm.fr. La compagnie néerlandaise propose un vol quotidien pour Mexico via Amsterdam. Elle commercialise également deux vols par semaine (les jeudi et dimanche) pour Cancún, en partenariat avec la compagnie Martin Air. Environ 14 h de trajet. Les tarifs sont très compétitifs.

United Airlines, 106 bd Haussmann, 75008 Paris, ☎ 0801 72 72 72, www. ualfrance.fr. L'une des grandes compagnies américaines propose une dizaine de vols quotidiens pour Mexico et Cancún, avec escale à Washington, Chicago, San Francisco ou Los Angeles. Comptez 15 h de trajet.

Les forfaits à acheter avant de partir

Si vous souhaitez prendre des vols intérieurs, achetez un forfait avant de partir auprès des voyagistes (il n'est pas vendu au Mexique) : voir p. 104.

Confirmation

À l'achat de votre billet, vérifiez s'il est nécessaire de reconfirmer votre vol de retour. Si c'est le cas, demandez un numéro de téléphone et faites-le au moins 72 h avant votre vol de retour.

Aéroports

Avant de choisir votre aéroport d'arrivée, calculez bien les distances à parcourir car le Mexique est très vaste. En provenance d'Europe, vous aurez généralement le choix entre atterrir à Mexico ou à Cancún, dans la péninsule du Yucatán.

Taxe d'aéroport

Elle est généralement incluse dans le prix du billet.

Bagages

Le poids autorisé en soute est en général de 20 kg, mais vous pouvez y ajouter un bagage à main (sac à dos ou petit sac de voyage) que vous garderez en cabine.

• Par un voyagiste

Les agences de voyages proposent une large palette de billets d'avion et de séjours négociés auprès des compagnies. Sur Internet, vous trouverez les offres les plus intéressantes et des tableaux comparatifs. Si vous ne craignez pas de vous décider à la dernière minute, vous pourrez même faire de très bonnes affaires.

Anyway, 76 rue Vieille-du-Temple, 75003 Paris, ☎ 0825 008 008, www.anyway.com. Présente les offres comparatives de plusieurs compagnies en les classant par prix. Promotions de dernière minute, mais aussi séjours ou circuits organisés à prix plancher. Possibilité de comparaison des loueurs de voitures.

Dégriftour, uniquement par Internet, sur www.degriftour.fr. Propose vols ou séjours avec des promotions de dernière minute.

Directours, 90 avenue des Champs-Élysées, 75008 Paris, ☎ 0811 90 62 62, www.directours.com. Un vrai voyagiste, mais qui ne négocie pas avec les agences de voyages. Lundi-vendredi 10h-18h, samedi 11h-18h.

Ebookers, 28 rue Pierre Lescot, 75001 Paris, ☎ 0145084488, Fax 0145080369, www.ebookers.fr. Lundi-vendredi 10h-18h30, samedi 11h-17h.

Go Voyages, 22 rue d'Astorg, 75008 Paris, ☎ 0803 803747, www.govoyages.com. Lundi-vendredi 9h-19h, samedi 10h-18h.

Look Voyages, ☎ 0825 824820, www.look-voyages.fr.

Nouvelles Frontières, 87 bd de Grenelle, 75015 Paris, ☎ 0825 000825, www.nouvelles-frontières.fr. Lundi-samedi 8h30-20h.

Travelprice, ☎ 0825 026028, www.travelprice.fr.

Usit Connect, 14 rue Vivienne, 75002 Paris, ☎ 0825 082525, www.usitconnect.fr. Lundi-vendredi 11h-18h30, samedi 11h-17h30. Des tarifs intéressants, mais surtout des formules spéciales étudiants ou jeunes.

Spécialistes de l'Amérique latine

Compagnie Amérique latine, 3 avenue de l'Opéra, 75001 Paris, ☎ 0155353355; autre agence, 82 bd Raspail, 75006 Paris, ☎ 0153631535, www.compagniesdumonde.com. Lundi-vendredi 9h-19h, samedi 10h-19h. Circuits individuels et accompagnés, voyages à la carte ou vols secs.

Comptoir des États-Unis et du Canada, 344 rue Saint-Jacques, 75005 Paris, ☎ 0153102170, Fax 0153102171, www.comptoir.fr. Lundi-samedi 10h-18h30. L'agence propose uniquement des vols secs.

Images du Monde Voyages, 14 rue Lahire, 75013 Paris, ☎ 0144248788, Fax 0145862773, images.du.Monde@wanadoo.fr. Lundi-vendredi 9h30-18h. Voyages à la carte ou vols secs.

Inkatour, 32 rue d'Argout, 75002 Paris, ☎ 0140260754, Fax 0140264850, www.inkatour.fr. Lundi-vendredi 9h-20h, samedi 9h-18h. Voyages à la carte ou vols secs.

Les Ateliers du voyage, 15 rue Chevert, 75007 Paris, ☎ 0145565828, Fax 0145561405, www.les-ateliers-du-voyage.com. Lundi-vendredi 10h-18h30. Voyage individuel ou à la carte et circuits organisés par l'intermédiaire d'Arroyo, son tour-opérateur spécialiste de l'Amérique latine.

La Maison des Amériques latines, 3 rue Cassette, 75006 Paris, ☎ 0153631340, www.maisondesameriqueslatines.com. Lundi-samedi 10h-19h.

Voyageurs du monde, 55 rue Ste-Anne, 75002 Paris, ☎ 0142861740, www.vdm.com. Des voyages soigneusement organisés et des circuits culturels.
À Lyon : 5 quai Jules Courmont, 69003 Lyon, ☎ 0472569456.
À Toulouse : 26 rue des Marchands, 31000 Toulouse, ☎ 0534317272.
À Marseille : 25 rue du Fort Notre-Dame, 13001 Marseille, ☎ 0496178917.

Voyages culturels

Arts et Vie, 39 rue des Favorites, 75015 Paris, ☎ 0144190202, Fax 0145312571, www.artsvie.asso.fr. Informations sur les voyages au 251 rue de Vaugirard, 75015 Paris, ☎ 0140432021, Fax 0140432029. Lundi-vendredi 9h-17h.

Clio, 27 rue du Hameau, 75015 Paris, ☎ 0153688282, Fax 0153688260, www.clio.fr. Lundi-samedi 9h-19h. Découverte des civilisations précolombiennes et du Mexique colonial (12 jours) ou circuit combinant une incursion au Guatemala et au Honduras (16 jours).

Ikhar, 32 rue du Laos, 75015 Paris, ☎ 0143067313, Fax 0140650078. Voyages à la carte. Sur rendez-vous uniquement.

Voyages aventure

Allibert, 37 bd Beaumarchais, 75003 Paris, ☎ 0144593535/0825 090190, Fax 0144593536, Minitel : 3615 Allibert, www.allibert-voyages.com. Lundi-vendredi 11h-13h/14h-19h, samedi 10h-18h. Circuit trekking et alpinisme de 14 jours, permettant de découvrir également les vestiges de la civilisation précolombienne et l'architecture coloniale espagnole.

Altimonde, 7 rue de Louvois, 75002 Paris, ☎ 0142868498. Lundi-samedi 10h-19h. Voyages à la carte, accompagné ou en individuel.

Aventure et volcans, 73 cours de la Liberté, 69003 Lyon, ☎ 0478605111, www.aventurevolcans.com. Circuits de 14 jours à la découverte des volcans du sud ou du nord du Mexique, avec visite des sites précolombiens.

Club Aventure, 18 rue Séguier, 75006 Paris, ☎ 0144320930/0803 306032, Fax 0144320959, Minitel : 3615 Clubavt, www.clubaventure.com. Lundi-vendredi 9h30-18h30, samedi 14h-18h30. Un circuit découverte de 15 jours au Chiapas, à Oaxaca et dans les environs de Mexico.

Explorator, 16 rue de la Banque, 75002 Paris, ☎ 0153458585, Fax 0142608000, www.explo.com. Lundi-vendredi 9h-18h30, samedi 10h-13h/14h-18h. Circuit (4x4 et marche à pied) de 16 jours dans le sud-est du Mexique, à la découverte des civilisations précolombiennes et des grands sites archéologiques.

UCPA, 104 bd Blanqui, 75013 Paris, ☎ 0825 820800, Minitel : 3615 UCPA, www.ucpa.com. Mardi-samedi 11h-18h. Un spécialiste du voyage sportif. Diverses formules de voyage découverte, incluant randonnée pédestre, raid en VTT, raft ou plongée.

Spécialistes de la plongée

Ultramarina, 25 rue Thibournery, 75015 Paris, ☎ 0825 02 98 02 ; À Marseille : 27 rue de la Palud, 13001 Marseille ; À Genève : rue des Eaux Vives 76, 1207 Genève, ☎ (22) 786 14 86, www.ultramarina.com. Lundi-vendredi 11h-13h/14h-19h, samedi 10h-18h. Propose un forfait plongée d'une semaine à Cozumel, avec possibilité d'extension pour visiter le Yucatan.

Sur place

• Adresses utiles

Office du tourisme

Il existe un office de tourisme national, relayé par des antennes locales dans la quasi-totalité des sites touristiques *(voir les rubriques pratiques de chaque ville)*. Le *Secretaría de Turismo* (**SECTUR**) est présent dans toutes les grandes villes. Celui de Mexico donne des renseignements sur tout le pays, fournit des données économiques et démographiques, peut assurer gratuitement la réservation de chambres d'hôtel à travers le Mexique et disposent de cartes nationales, régionales et de quelques plans de ville. Il dispose d'un service de renseignements touristiques téléphoniques nationaux fonctionnant 24h/24, **INFOTUR** *(Información Turística)*, ☎ 01800903 92 00. Le *Secretaría de Desarollo Turístico* (**SEDETUR**), comme le SECTUR, se rencontre dans les capitales d'État et les grandes villes touristiques. Le personnel informe sur les activités touristiques régionales, les possibilités d'hébergement, les lieux de sortie, les activités culturelles, les écoles de langues et proposent des cartes et des plans de villes. Ces deux organismes disposent également dans certaines villes de *Módulos de Información Turística* (**MIT**), plus centrés sur les informations locales. En l'absence de l'un de ces deux organismes, vous trouverez parfois un **SEFOTUR** *(Secretaría de Fomento Turístico)* ou un **SDE** *(Secretaría del Desarollo Económico)*.

Représentations diplomatiques

Ambassade de France, Campos Elíseos #339, col. Polanco, ☎ (55) 52829700, n° d'urgence 24h/24, ☎ (55) 52829707. Lundi-vendredi, 8h30-14h30/15h30-19h.

Consulat français, La Fontaine #32, col. Polanco, ☎ (55) 52829840.

Ambassade de Belgique, Musset #41, col. Polanco, ☎ (55) 52800758. Lundi-jeudi, 8h30-13h30.

Ambassade du Canada, Schiller #529, col. Polanco, ☎ (55) 57247900. Lundi-vendredi, 9h-12h30.

Ambassade de Suisse, De las Palmas #405, col. Lomas de Chapultepec, ☎ (55) 55203003. Lundi-vendredi, 8h-13h.

• **Horaires d'ouverture**

Banques

Dans les grandes villes, du lundi au vendredi de 9 h à 17 h, parfois le samedi de 9 h à 13 h. Dans les localités moins importantes de 9 h à 16 h en semaine. Attention, les tranches horaires pour les opérations en devises sont souvent réduites et varient d'une agence à l'autre : allez-y de préférence le matin.

Postes

En règle générale, lundi-vendredi 9 h-17 h, samedi 9 h-13 h.

Commerces

Tous les jours sauf le dimanche, 9 h-19 h. Certains ferment à l'heure du déjeuner de 14 h à 16 h.

Marchés

La plupart des marchés permanents ouvrent entre 9 h et 18 h (*reportez-vous à la rubrique pratique de chaque ville*). Pour les marchés hebdomadaires, il est préférable de s'y rendre tôt car l'activité décline sérieusement dès le début de l'après-midi.

Restaurants

Au Mexique, on déjeune tard et on dîne tôt. Si l'on comble volontiers un petit creux vers 12 h avec un *antojito* (*empanadas, tacos, quesadillas...*), le véritable déjeuner (*comida*) se prend entre 14 h et 16 h. Cependant dans les pôles touristiques, les restaurants avancent leurs horaires et ouvrent à partir de midi. Le dîner (*cena*) mexicain, un repas léger, est servi entre 19 h et 21 h (22 h 30 dans les grandes villes touristiques). La plupart des restaurants sont ouverts tous les jours.

Bureaux

9 h-14 h/16-19 h, sauf le week-end.

• **Visites des musées, monuments et sites**

Horaires

En règle générale, les monuments et les sites archéologiques sont ouverts tous les jours de 8 h à 17 h. Les musées ferment pour la plupart le lundi et ouvrent entre 9 h et 10 h jusqu'à 17 h/18 h.

Tarifs

Le prix d'entrée des musées et des sites varie entre 2,5 et 5 €. Un supplément est demandé pour l'utilisation d'une caméra. Les dimanche et jours fériés, l'entrée des sites et des musées nationaux placés sous la direction de l'INAH est gratuite.

• **Poste**

Les *Correos* (la poste) sont présents dans toutes les villes. Une carte postale pour l'Europe met de 10 jours à 3 semaines. Vous pouvez envoyer des paquets jusqu'à 20 kg (comptez 15 jours pour l'Europe) ou utiliser le service des recommandés (*Seguro Postal*), ce qui permet le remboursement de la valeur du colis en cas de perte. Pour les plis urgents ou les paquets, faites appel au service rapide de la poste (*Mexpost*), proposé dans tous les bureaux, ou aux sociétés de transports privées de type DHL ou Federal Express.

• **Téléphone et fax**

Les cabines téléphoniques publiques à carte de la compagnie nationale de télécommunications **Telmex** sont présentes dans toutes les villes et tous les villages. Pour les utiliser, munissez vous d'une carte **Ladatel** (cartes prépayées de 30, 50 et 100 pesos) en vente dans les kiosques à journaux ou dans les commerces affichant la pancarte « *Ladatel de venta aquí* ».

Un numéro de carte de crédit internationale permet de passer par un **opérateur**. Composez, sans introduire votre carte de crédit, ★123 pour un opérateur en espagnol, ★789 pour un opérateur en anglais. Il vous demandera votre numéro de carte de crédit, le pays dans lequel vous souhaitez téléphoner, le numéro de téléphone de votre correspondant et vous mettra en relation directe.

Des sociétés privées de télécommunications (*voir « Poste/Téléphone »* à la rubrique *pratique de chaque ville*) proposent des **casetas de teléfono**, présentes dans la plupart des grandes villes (sauf dans le centre historique de Mexico). Elles sont reconnaissables à leur pancarte indiquant *« Teléfono »* ou *« Larga Distancia »*, et le service de téléphone national et international est parfois meilleur marché. La plupart de ces *casetas* proposent un service de fax.

Nouveaux indicatifs régionaux

Depuis le 17 novembre 2001, tous les indicatifs régionaux (*identificador de región*), souvent désignés sous l'ancien nom de *clave Lada*, ont changé *(ces modifications sont prises en compte dans le présent ouvrage)*. Ils comportent désormais **trois chiffres** – à l'exception de Guadalajara, Monterrey et Mexico qui n'en ont que deux. Pour vérifier vos données ou obtenir la liste des nouveaux codes régionaux, vous pouvez vous rendre sur le site www.telmex.com.mx.

Appels internationaux (larga distancia internacional)

Indicatifs – Pour téléphoner en France depuis le Mexique, composez le 00 + 33 + numéro de votre correspondant à 9 chiffres (sans le 0). Pour appeler la Belgique 00 + 32 ; la Suisse 00 + 41 ; le Canada 00 + 1.

Pour téléphoner au Mexique depuis la France, composez le 00 + 52 + indicatif régional (2 chiffres pour Guadalajara, Monterrey, Mexico et 3 chiffres pour le reste du pays) + numéro de votre correspondant à 7 chiffres (8 chiffres pour Guadalajara, Monterrey et Mexico).

Tarifs – Les tarifs pratiqués vers l'Europe sont élevés – près de 3 € la minute, 55 % moins cher pour le Canada.

Dans les *casetas de teléfono*, un appel international revient entre 2,25 et 4,5 € la minute, et toute minute entamée est payable dans son intégralité. Dans la plupart des cas, le temps de communication est calculé avec un chronomètre manuel. Soyez vigilant, car de nombreux « chronométreurs » ont une fâcheuse tendance à arrondir au chiffre supérieur. Le tarif pour l'envoi d'une page de fax est sensiblement équivalent à celui d'une minute de communication. Ces *casetas de teléfono* appliquent des réductions allant de 10 à 30 %, le plus souvent le dimanche et en semaine à partir de 18 h.

Le service de carte de France Telecom propose une carte délivrée gratuitement depuis la France, permettant de téléphoner du Mexique et d'être débiter sur votre prochaine facture téléphonique. Pour se la procurer, munissez-vous d'une pièce d'identité, de votre dernière facture téléphonique et rendez-vous dans une agence France Telecom. Pour un **appel en PCV** (*llamada por cobrar*) à partir d'une cabine, composez le 090.

Appels interrégionaux (larga distancia nacional)

Indicatifs – Lorsque l'indicatif de la ville ou de la région que vous appelez est différent, composez le 01 + indicatif régional + numéro de votre correspondant à 7 chiffres (8 chiffres pour Guadalajara, Monterrey et Mexico).

Tarifs – Les communications interrégionales reviennent à 0,5 € la minute.

Appels locaux (llamada local)

Pour téléphoner à l'intérieur d'une même ville ou d'une même région, composez directement le numéro à 7 ou 8 chiffres (sans l'indicatif régional).

Tarifs – Les communications locales coûtent 0,13 € la minute.

Numéros utiles

Información (renseignements nationaux), ☎ 040.

Policía (police), ☎ 060.

Bomberos (pompiers), ☎ 068.

Emergencias (urgences, police, pompiers, ambulances), ☎ 080.

• Internet

Les lieux proposant un accès Internet se sont multipliés au cours de ces dernières années. Vous n'aurez aucune difficulté à trouver un cybercafé ou au moins un simple local équipé d'ordinateurs. Les prix sont généralement fixés sur une base horaire et varient de 10 à 50 pesos (1,25 à 6,25 €) selon les régions.

Sur place

• **Jours fériés**

1er janvier	jour de l'An	Año Nuevo
5 février	fête de la Constitution	Día de la Constitución
24 février	fête du Drapeau	Día de la Bandera
21 mars	anniversaire de naissance de Benito Juárez	Día de nacimiento de Benito Juárez
Mars-avril	jeudi de Pâques	Jueves Santo
	vendredi de Pâques	Viernes Santo
1er mai	fête du travail	Día del Trabajo
5 mai	victoire du Mexique sur l'armée française à Puebla	Cinco de Mayo
16 septembre	fête de l'Indépendance	Día de la Independencia
12 octobre	fête du peuple mexicain	Día de la Raza
1-2 novembre	Toussaint	Día de Muertos
20 novembre	fête de la révolution	Día de la Revolución
25 décembre	Noël	Navidad

• **Fêtes locales**

En marge des grandes célébrations qui se tiennent à un niveau national, chaque localité organise une fête annuelle en commémoration de son saint patron, événement essentiel dans la vie locale. De la timide fête patronale au festival qui attire des centaines de visiteurs, vous aurez certainement l'occasion d'assister à l'une de ces *fiestas* pendant votre séjour. Pour plus de détails sur les fêtes et festivals, reportez-vous à chaque étape de la partie « Visiter le Mexique ».

COMMENT SE DÉPLACER

C'est en bus que vous vous déplacerez le plus facilement, surtout pour les longs trajets. Leur confort permet de se reposer et d'éviter la fatigue des longues distances en voiture. En outre les bus roulent la nuit et peuvent ainsi vous faire gagner du temps. Si vous choisissez les transports locaux, n'hésitez pas à louer un véhicule à la journée (ou un taxi), afin de parcourir des zones mal desservies. Bien qu'onéreux, l'avion peut constituer, sur un long parcours, un moyen de déplacement très efficace.

• **Liaisons aériennes intérieures**

Les distances entre les différentes villes peuvent être considérables. Se déplacer en avion évite donc la fatigue de certains voyages en bus et signifie un gain de temps non négligeable. Cependant, ce mode de transport reste onéreux (à titre d'exemple, il faut compter environ 2 000 pesos/250 € pour un vol Mexico-Cancún).

Toutes les villes importantes du Mexique comptent un aéroport et sont desservies par au moins une compagnie nationale, dont **AeroMéxico**, Paseo de la Reforma #445, col. Cuauhtémoc, ☎ (55) 51 33 40 10, et **Mexicana de Aviación**, Xola #535, col. del Valle, ☎ (55) 54 48 09 90. Ces deux compagnies proposent le **Mexi-Pass**, un forfait aérien valable de 3 à 90 jours, à se procurer avant le départ auprès de la compagnie aérienne ou de votre agence de voyages. Si vous choisissez cette formule plus avantageuse, vous serez cependant contraint de fixer votre itinéraire à l'avance et vous devrez acheter deux vols minimum. Selon la destination, le prix de chaque billet varie de 60 à 165 €.

Aero California, Paseo de la Reforma #332, col. Juárez, ☎ (55) 52 07 13 92, propose un forfait équivalent, le **Visit Mexico**, mais à destination des villes du nord du pays. D'autres compagnies nationales assurent des liaisons entre les différentes villes du pays.

Les plus importantes sont **Aerocaribe**, **Aeroexo**, **Aerolíneas Internacionales**, **Aerolitoral**, **Aviasca**, et **Taesa** (*leurs coordonnées se trouvent dans les rubriques pratiques des villes concernées*).

• **En voiture**
Location
Location sans chauffeur – Des agences de location de voitures sont représentées dans les aéroports et les grandes villes (*voir « adresses utiles » à la rubrique pratique de chaque ville*), dont certaines dépendent de compagnies internationales (**Avis**, **Budget**, **Europcar**, **Hertz**, **National Car Rental**). À l'aéroport de Mexico, la majorité des agences restent ouvertes 24h/24. Pendant la haute saison, il est conseillé de louer un véhicule avant le départ, directement auprès de la compagnie ou par l'intermédiaire de votre agence de voyages. Vous devez avoir 25 ans (22 ans avec Europcar et 23 ans avec Budget) et un an de permis. À la signature du contrat, on vous demandera de verser par carte bancaire l'intégralité du prix de la location ainsi qu'un dépôt de garantie d'environ 1 000 € (ou allant de 30 à 200 % du prix total de la location). Un véhicule bas de gamme, loué directement au Mexique, revient à 650 pesos (80 €) par jour minimum (généralement sur une semaine de location, l'agence offre le septième jour), kilométrage illimité, assurance et taxes incluses. Vérifiez scrupuleusement l'état du véhicule avant de quitter l'agence. Vous éviterez ainsi d'être pénalisé au retour pour des dommages antérieurs. En cas de vol ou d'accident, une franchise d'environ 11 000 pesos (1 375 €) s'applique. Si vous désirez laisser votre véhicule dans un lieu différent de celui du départ, les agences demandent environ 0,63 € par kilomètre pour rapatrier le véhicule.
Location avec chauffeur – Si vous appréhendez la conduite au Mexique, certaines agences de location proposent les services d'un chauffeur. Prévoyez 45 € supplémentaires par jour pour des déplacements dans la ville de location et les alentours et le double pour des destinations plus éloignées. Son hébergement, ses repas – et bien entendu l'essence – restent à votre charge. Pour un itinéraire d'une journée, il est souvent plus intéressant de louer un taxi à l'heure.
Frontières – Les assurances ne fonctionnent plus dès que l'on sort du territoire. Dans presque tous les cas les compagnies de location refusent le passage d'une frontière.
Réseau routier
Évaluer un temps de trajet en fonction du kilométrage est très périlleux. Cela dépend du mode de transport utilisé, du climat et de la condition des routes. Le réseau routier mexicain est globalement en bon état sur les axes principaux. Les grandes villes sont reliées entre elles par des autoroutes ou des routes nationales. Pour distinguer les deux, repérez les panneaux **Cuota** (péage) ou **Cuota Libre** (sans péage). Les prix des péages sont variables selon les axes, mais souvent très élevés. Un des tronçons les plus chers du pays relie Mexico à Acapulco : pour 400 km, il faut débourser environ 60 €.
La circulation sur les lacets serrés de montagne ou les chemins de terre cahoteux des axes secondaires est plus aléatoire. Avant de vous engager dans une région reculée, n'hésitez pas à vous enquérir de l'état de la chaussée auprès des habitants ou de l'office de tourisme.
Conduite
La conduite sur les routes mexicaines est relativement sûre. La circulation est du côté droit de la chaussée, le port de la ceinture de sécurité est obligatoire. Sur les autoroutes, la limitation de vitesse est de 120 km/h, de 80 km/h sur les nationales et de 50 km/h en ville. L'entrée dans les agglomérations est généralement indiquée par une série de dos d'âne (*topes* ou *vibradores*) mal signalés, contraignant les véhicules à ralentir. La conduite en ville est nerveuse, surtout dans les embouteillages de Mexico. Les feux de circulation sont situés de l'autre côté des carrefours et l'arrêt aux feux

Comment se déplacer

rouges s'effectue avant le carrefour – n'ayez crainte, les automobilistes derrière vous ne manqueront pas de vous signaler en fanfare le passage du feu au vert ! Il est dangereux de rouler de nuit sur les routes (pas d'éclairage, obstacles imprévisibles, risque d'attaques). Soyez particulièrement vigilants le dimanche, jours de festivités souvent arrosés. Il arrive au Mexique que la police vous arrête pour ne pas avoir respecté une règle du code de la route, à juste titre ou non. Dans ces cas-là, la pratique de la *mordida* est fréquente (*voir p. 88*).

Essence

Les stations-service (*gasolineras*) PEMEX (Petróleos Mexicanos) distribuent en exclusivité l'essence dans tout le Mexique. Elles sont postées à intervalles réguliers sur les routes principales. En dehors de ces axes routiers, il est conseillé de faire le plein à chaque station-service rencontrée (tout particulièrement en Basse-Californie) et de prévoir un bidon d'essence de secours pour les trajets dans les régions isolées. L'essence est bon marché, environ 5,5 pesos (presque 0,7 € le litre de super sans plomb (*Magna ou Premium*). Les stations-service ne sont pas en libre service, et on laisse en général un pourboire au pompiste.

Garer sa voiture en ville

Utilisez les parkings d'hôtel ou les aires de stationnement payant (*parqueos*) des villes. Vous limiterez ainsi les risques de vol ou d'effraction et éviterez les amendes pour stationnement gênant. Les trottoirs peints d'une bande rouge indiquent l'interdiction de stationner, contrairement à ceux peints en jaune. Les personnes que vous apercevrez agiter un foulard rouge indiquent, en contrepartie d'un pourboire (*propina*), une place de stationnement disponible. Si vous êtes mal stationné, la police enlève les plaques d'immatriculation du véhicule, que vous pourrez récupérer moyennant le paiement d'une amende. Attention, le Mexique possède également son sabot de Denver (*cepo*) et son service de fourrière.

En cas d'accident

Si vous êtes impliqué dans un accident, ne déplacez pas votre véhicule et prévenez la police, ☎ 060. Les petits accrochages se règlent en général à l'amiable. Les **Ángeles Verdes**, ☎ 01 800 903 92 00 (numéro gratuit 24 h/24), dépendant du SECTUR, proposent un service d'assistance gratuit dans tout le Mexique, pour les automobilistes en difficulté (pannes, accidents…)

• En autobus

C'est le moyen de transport par excellence. Toutes les grandes villes comptent au moins une **gare routière** (*Terminal Terrestre* ou *Central Camionera*) aisément accessible du centre. De nombreuses compagnies de bus se partagent le marché du transport. Il existe trois classes différentes de bus : **Deluxe**, **Primera Clase** et **Segunda Clase**. La classe Deluxe, la plus chère (env. 0,1 € le kilomètre), propose des bus très confortables, climatisés, un espace plus important pour les jambes et offre un sandwich ou une collation pendant le trajet. Les bus de première classe (env. 0,06€ le kilomètre) très confortables, souvent climatisés, équipés comme la classe Deluxe de télévisions et de sièges inclinables, diffèrent de ceux de seconde classe (env. 0,40 $/0,04€ le kilomètre), relativement confortables mais plus anciens. Ces derniers desservent de nombreuses gares routières et ont donc des temps de trajet bien plus longs que les autres.

Rendez-vous à la gare routière, choisissez en fonction des horaires et de la classe souhaitée votre compagnie de transport et achetez directement votre billet aux guichets de la compagnie. Dans certaines villes, vous trouverez une agence **Ticket Bus**, centrale de réservations de toutes les compagnies, qui délivre des billets pour vos trajets au départ n'importe quelle gare routière. Ces agences se trouvent généralement dans les centres-villes, ce qui évite d'avoir à se déplacer jusqu'aux gares routières souvent situées en périphérie. Pour connaître les horaires et les tarifs, vous pouvez également consulter le site www.ticketbus.com.mx.

G. de Benoist/MICHELIN

Comment se déplacer

• En minibus

Ces taxis collectifs (*combi ou colectivos*) sont des minibus d'une capacité d'une dizaine de passagers qui assurent des liaisons régulières entre des lieux peu ou pas desservis par les bus. Les prix, peu élevés, sont inférieurs à ceux des taxis. Leur destination est signalée sur la partie supérieure du pare-brise ou claironnée par le chauffeur.

• En taxi

Toutes les villes et la plupart des villages disposent d'au moins une station de taxi (*taxis de sitio*). Peu utile pour les déplacements dans de petites localités – les curiosités touristiques étant souvent situées à proximité les unes des autres –, le taxi constitue une alternative commode à Mexico (*voir «Mexico pratique», p. 168*) ou pour rayonner dans des villages mal desservis par les bus. Programmez votre circuit à l'avance afin de négocier un tarif horaire ou forfaitaire. Indiquez au chauffeur, dans la mesure du possible, vos temps de visite sur place pour éviter tout malentendu au moment de régler la course. Il arrive que, dans certaines petites localités, les taxis n'aient pas de compteur, il est alors préférable de fixer le prix avant de monter afin d'éviter toute mauvaise surprise. Pour des raisons de sécurité, il est recommandé la nuit d'appeler un taxi plutôt que de le héler dans la rue. Dans les aéroports et certaines gares routières, comme à Mexico, il est recommandé de prépayer sa course auprès d'un guichet habilité.
Faites attention aux arnaques classiques qui consistent à vous faire faire un immense détour avant de vous déposer, à augmenter le prix de la prise en charge (4,80 pesos à Mexico, comptez 20 % de plus la nuit) ou à trafiquer le compteur manuellement après avoir détourné votre attention.

• En train

Le réseau ferroviaire est très limité, et il n'existe pratiquement plus de trains de voyageurs dans le pays. La gare de Mexico est fermée au public pour une durée indéterminée. Seuls l'État de Chihuahua exploite une ligne de chemin de fer (*voir p. 528*) ainsi que le Yucatán (*voir «Mérida pratique» p. 356*).

• En bateau

Quelques sites sont accessibles en bateau. Des ferries assurent des liaisons quotidiennes entre Isla Mujeres et Cancún (*voir p. 375*), Isla de Cozumel et Playa del Carmen (*voir p. 384*), la Basse-Californie et Mazatlán (*voir p. 551*) ou Los Mochis (Topolobampo) (*voir p. 542*). Des embarcations relient tous les jours Isla Holbox au départ de Chiquila (*voir p. 380*).

• Location de moto, cyclomoteur et bicyclette

Les agences sont installées dans les localités touristiques. Comptez environ 12,5 € la journée de location d'un vélo.

• Le stop

À éviter pour des raisons de sécurité, particulièrement si vous êtes seul(e). Cela peut malgré tout vous faciliter l'accès de certains endroits non desservis par les transports locaux. Dans ce cas, montrez-vous prudent.

• Excursions organisées

Dans toutes les villes et les lieux touristiques, les nombreuses agences de voyages affichent souvent à l'extérieur de la boutique le programme des excursions. Une petite promenade en ville suffit amplement pour vous faire une idée des diverses activités. De la visite des environs dans la journée à l'expédition d'une semaine, les férus d'archéologie, d'écologie, d'ethnologie ou de sport trouveront leur bonheur. Certains hôtels proposent également des circuits organisés ou à la carte.

HÉBERGEMENT ET RESTAURATION

Le Mexique dispose d'une multitude de possibilités d'hébergement, adaptées à tous les budgets. Pendant la période de Noël, du nouvel An, de la Semaine sainte et du mois de juillet et août, il est conseillé de réserver à l'avance.

• Les prix

Les prix d'hôtels indiqués dans ce guide sont calculés sur la base d'une **chambre double** sans petit-déjeuner en basse saison. Il incluent les **2 % d'IVA** (TVA) et les **15 % de taxe hôtelière** (10 % à Cancún). Assurez-vous que les tarifs affichés à la réception sont bien TTC. Le paiement en dollars est accepté dans la plupart des hôtels. Si vous souhaitez régler votre hôtel par carte bancaire, sachez que l'American Express est souvent refusée. Les prix augmentent en fonction des périodes touristiques nationales et internationales (fêtes nationales, fêtes locales, manifestations religieuses, périodes de vacances).

• Les différents types d'hébergement

Faites attention au vocable « *hotel* » qui recouvre, en fait, toutes sortes d'hébergements, de la chambre spartiate à la belle demeure coloniale réhabilitée, en passant par le complexe ultramoderne. Certains hôtels prennent le nom de *posada* pour évoquer un cadre rustique.

Hôtels

On peut dresser un tableau général de l'hébergement au Mexique en fonction des tarifs, bien qu'un prix élevé ne soit pas nécessairement le gage d'un bon établissement et vice versa.

Les **hôtels modestes** entre 20 et 30 € se répartissent en deux catégories, selon leur situation géographique. Dans les villes « étapes » et certaines capitales départementales, dénuées d'intérêt mais permettant de rayonner dans les environs, l'hébergement est souvent quelconque et tout juste fonctionnel. Dans la même gamme de prix, une localité touristique a plus de chance de comporter des établissements de caractère. Les chambres de cette catégorie ne possèdent généralement pas de salle de bains privée.

Comptez entre 35 et 60 € pour un hébergement simple mais **assez confortable**. Cette catégorie intermédiaire regroupe des hôtels modernes ou anciens, avec plus ou moins de cachet, dans les cadres les plus variés. Les chambres sont toutes équipées d'une salle de bains, d'un ventilateur ou de la climatisation et parfois d'une télévision.

Entre 60 et 120 €, les établissements sont **tout confort**. Même lorsqu'elles occupent de vieilles bâtisses coloniales rénovées ou des haciendas reconverties, les chambres sont pour la plupart munies d'équipements modernes : literie confortable, sanitaires en bon état, chauffage, climatisation, mini-bar.

Enfin pour plus de 120 €, vous pourrez choisir entre l'établissement de **luxe** au service personnalisé ou le grand hôtel de **standing international**.

Pensions

Les petits établissements à caractère familial sont monnaie courante dans les lieux très touristiques. On y vient pour la modicité du prix, mais également pour rencontrer d'autres voyageurs et échanger des tuyaux. Qu'elle se nomme *casa de huéspedes, hospedaje, pensión, hostal*, voire *hotel*, la pension est capable du meilleur comme du pire. Il ne faut pas être trop regardant sur le confort et malheureusement parfois sur la propreté. Les chambres, sommaires, sont généralement réduites à leur plus simple expression, un lit entre quatre murs souvent sans salle de bains. Quelques établissements font cependant des efforts considérables pour rendre l'endroit attrayant.

Camping

À éviter pour des raisons de sécurité, hors des structures officielles. En revanche, il existe de nombreux **Trailers Parks** le long des côtes mexicaines et à la périphérie des villes. Plutôt équipés et conçus pour accueillir des caravanes ou des camping-cars, ils disposent de quelques emplacements pour les tentes.

Cabañas

Ces cahutes en bois ou en ciment, recouvertes d'un toit de palmes, s'adressent à tous les budgets. Les plus simples, dotées d'un sol en terre battue ou de sable, n'offrent pas grand-chose d'autre qu'un lit. Les plus luxueuses ont l'électricité, la climatisation, une salle de bains et peuvent être décorées dans un raffinement extrême.

Hamacs

Essentiellement pratiquée sur les plages du sud du Mexique, cette formule économique consiste à louer un hamac ou à accrocher le sien sous un toit de palme (*palapa*).

Chez l'habitant

Le logement chez l'habitant peut être combiné avec des cours d'espagnol. Cette forme d'hébergement se rencontre donc dans certaines villes très touristiques, où sont installées les écoles de langue (Oaxaca, San Cristóbal de las Casas, Mérida).

• Où se restaurer
Voir également p. 89.

Dans les hôtels

La plupart des hôtels assurent un service de restauration, qui varie de la cafétéria au restaurant chic, selon le standing de l'établissement. Dans les localités isolées, la pension complète peut s'imposer comme l'unique solution pour effectuer un repas convenable.

Dans les restaurants

Restaurantes – Parmi toutes les formes qu'il revêt, le *restaurante* propose généralement un cadre soigné, une cuisine nationale ou internationale, souvent élaborée, à des prix variables selon qu'il s'agit d'un établissement gastronomique ou non.

Comedores – Ces restaurants modestes et bon marché, souvent dotés de grandes tables où l'on mange au coude à coude, limitent leur carte à deux ou trois plats et à un menu du jour (*comida corrida*). La cuisine à base de viande ou de poulet est servie avec des légumes, du riz, accompagnés de *tortillas*.

Fondas – On sert dans ces petits restaurants un menu du jour (*comida corrida*) constitué d'une soupe, d'une assiette de riz, d'un plat principal, d'une boisson et d'un dessert, le tout à un prix très raisonnable.

Taquerías – C'est là que vous goûterez les traditionnels *tacos* mexicains. Vous pourrez également en trouver auprès des marchands ambulants.

G. de Benoist/MICHELIN

Torterías – Les *torterias* servent des sandwichs (jambon, poulet, chorizo, fromage…) dont le plus connu est le *cubana*. Ces échoppes proposent également de délicieux jus de fruits frais.

Loncherías – Ces restaurants sont spécialisés en *antojitos* (*enchiladas, tacos, quesadillas, tortas, empanadas...*). Tous les «grands classiques» mexicains y sont réunis.

Birrerías – La *birria* est une soupe chaude de chevreau originaire de l'État de Jalisco, servie dans de modestes locaux ou sur des stands ambulants.

Cevicherías ou ostiomerías – Ces établissements sont spécialisés dans les fruits de mer et les poissons, notamment le *ceviche*, plat de poisson cru mariné dans du citron ou du vinaigre, ou la *campechana*, plat typique à base de *ceviche*, de crevettes et d'huîtres.

Cafeterías – Moins dépaysants que les autres, c'est le lieu idéal pour combler un petit creux avec des gâteaux, du pain, des galettes, servis avec des boissons chaudes (café, thé, chocolat au lait). Les *cafeterías* se rapprochent de nos salons de thé.

Sur le pouce

De nombreux marchands ambulants installent des stands de fortune ou arpentent les rues avec leur carriole. À toute heure du jour, vous pourrez grignoter des beignets, des *tortillas*, des *tacos* ou de délicieuses tranches de mangue, d'ananas ou de goyave. Vous siroterez des jus d'oranges pressées ou des milk-shakes (*licuado*) de fruits frais. Dans les bus, des vendeurs à la sauvette surgissent à chaque arrêt, tel un essaim d'abeilles, pour vendre des rafraîchissements, des sachets de cacahuètes, des biscuits ou une poignée de fruits. Une apparition inespérée, lorsque vous n'avez pas eu le temps de faire vos provisions avant un long trajet !

LES LOISIRS

• **Activités sportives**

Randonnées

C'est un excellent moyen pour aller à la rencontre du pays et de ses habitants. Les montagnes, les volcans et les parcs naturels se prêtent à des excursions à pied. Cependant, il peut être risqué de vous aventurer seul, veillez à considérer les consignes de l'office du tourisme, de la police et à respecter les souhaits de la population locale.

Les loisirs

Par mesure de prudence, nous vous conseillons, pour les longues randonnées, d'organiser votre itinéraire avant le départ auprès d'agences de voyages spécialisées (*voir p. 100*) ou de faire appel aux services de professionnels sur place.

VTT

Tous les sites touristiques proposent des locations à la journée. Le VTT est idéal pour découvrir une petite agglomération et ses environs.

Équitation

Partez à la découverte des plages du sud du Mexique et des Barrancas del Cobre à cheval (*voir les rubriques d'informations pratiques régionales correspondantes*).

Tennis

Les grands complexes hôteliers et touristiques disposent généralement de courts.

Golf

Tous les grands complexes touristiques disposent de terrains de golf de 9 et 18 trous.

• Loisirs nautiques

Le pays s'ouvre sur deux océans et compte plusieurs rivières et fleuves. De nombreuses activités se sont développées autour de l'eau.

Natation

La plupart des hôtels de catégorie moyenne et élevée possèdent une piscine. Les non-résidents sont parfois admis moyennant un droit d'entrée. Les eaux du golfe du Mexique et celles du golfe de Californie sont bien plus calmes que l'océan Pacifique.

Surf

Les vagues de la côte Pacifique accueillent de nombreux surfeurs. Les « spots » les plus prestigieux sont Puerto Escondido (État de Oaxaca), Todos Santos et San José del Cabo (État de la Basse-Californie Sud). La pratique du surf sur ces plages est destinée à un public chevronné, les vagues y sont hautes et les courants dangereux. Pour débuter, les plages de San Blas (Jalisco) sont recommandées.

Rafting

Une expédition en raft permet une exploration sportive d'une région sur les rivières des États de Veracruz, de San Luis Potosí, de Morelos, du Chiapas, de Oaxaca.

Plongée sous-marine

Le Mexique offre de nombreuses possibilités de plonger avec ou sans bouteille le long de ses côtes. Celles du Quintana Roo, notamment sur l'île de Cozumel, et celles de la Basse-Californie recèlent les plus jolis fonds marins du Mexique.

Pêche

Dans la plupart des ports de Mexico, des agences organisent des sorties pour pratiquer la pêche en mer.

Kayak de mer

Cette activité est largement répandue en Basse-Californie, notamment aux alentours de La Paz et de Loreto.

• Vie nocturne

En dehors des localités à forte affluence touristique et des grandes mégapoles, la tombée de la nuit marque la fin de toutes activités.

Cinémas

Les salles de cinéma proposent à l'affiche les dernières sorties américaines grand public, en V.O. sous-titrées en espagnol. À Mexico, quelques salles diffusent des films en français, et les alliances étrangères projettent des films une fois par semaine.

Bars et discothèques

Les bars et les boîtes de nuit des lieux touristiques baignent dans une ambiance internationale, tant pour la musique, que pour le personnel et la clientèle. Dans les grandes villes, les bars et les discothèques sont souvent réservés à une clientèle mexicaine aisée. Le reste de la population dépense ses derniers pesos dans les *cantinas* (bars) locales, où l'alcool échauffe rapidement les esprits.

Concerts et spectacles

Vous trouverez le programme des concerts et spectacles des grandes villes dans les revues distribuées par l'office du tourisme ou dans des revues vendues en kiosques (ex : *Tiempo Libre* à Mexico). Les grands hôtels organisent des concerts ou des ballets pour les touristes, ce qui vous donnera une vague idée du folklore local si vous n'avez pas la chance d'assister à une fête patronale. Selon la période de l'année, certaines localités programment d'extraordinaires spectacles de danses héritées des époques préhispanique et coloniale *(voir « Oaxaca » p. 268)*.

LES ACHATS

• Ce que vous pouvez acheter

Voir l'artisanat p. 78. Dans les *tianguis*, vous apercevrez des articles de cuir, de vannerie ou de poterie destinés à l'utilisation quotidienne. C'est là que les habitants viennent se procurer des ustensiles de cuisine, un nouveau panier à provisions ou des tenues vestimentaires. En marge de ces objets quotidiens s'est également développé un artisanat pour touristes, qui copie les formes et les motifs traditionnels. Vous pourrez, entre autres, rapporter de la céramique, des bijoux, des petits meubles en bois peints, de la vannerie et des tissus.

Textiles

Le textile représente une part importante de l'artisanat mexicain. On trouve toutes sortes de textiles, du tissu synthétique industriel au tissu en laine ou en coton fabriqués artisanalement. Vous retrouverez la plupart de ces **tissages** sur les marchés, notamment à San Cristóbal de Las Casas et à Mérida. *Huipiles* (corsages), *guayaberas* (chemises), *rebozos* (châles brodés de soie), *sarapes* (ponchos), vous n'aurez que l'embarras du choix. S'il reste de la place dans vos bagages, vous pourrez également faire l'acquisition d'un tapis de Oaxaca et d'un hamac en coton ou en nylon de Mérida. Certains costumes ethniques richement brodés ont souvent beaucoup plus d'allure portés qu'en magasin. Il est toujours possible de les convertir en élément décoratif une fois chez vous, ce que font déjà, dans une certaine mesure, les boutiques qui reprennent les motifs traditionnels sur des nappes, des sets de tables, des serviettes, des écharpes, des ceintures, des hamacs, des porte-monnaie et autres objets.

Bijoux

Grâces à ses mines d'argent, le Mexique figure au rang des premiers fabricants au monde d'objets en **argent**. Les bijoux en argent de bonne qualité doivent porter l'estampille « 925 » prouvant ainsi que le métal est pur à 92,5 %. Les nombreuses boutiques de Taxco *(voir p. 232)* représentent la plus grande vitrine de bijoux du Mexique. Si votre budget vous le permet, vous pourrez aussi rapportez de superbes pièces de **jade** de l'État du Michoacán ou en **or** (Guanajuato ou Oaxaca). Des pierres semi-précieuses comme la turquoise, l'onyx et l'obsidienne sont utilisées pour la réalisation de bijoux (Oaxaca, Puebla, Querétaro et Zacatecas).

G. de Benoist/MICHELIN

Céramiques

Les céramiques peuvent être de simples babioles, des masques colorés ou des objets plus imposants. Certaines sont enduites d'un vernis brillant de couleur verte ou noire (San Bartolo Coyotepec dans l'État de Oaxaca), d'autres sont décorées de motifs colorés peints à la main dont les plus connues sont les *Talaveras* de l'État de Puebla et de Guanajuato. Vous trouverez également des reproductions de pièces précolombiennes à Tlaquepaque (Jalisco).

Vannerie

Confectionnés à la main, les articles de vanneries se rencontrent sur de nombreux marchés mexicains. L'osier, souvent teinté de couleurs gaies, est largement utilisé pour la fabrication de paniers, de corbeilles et de sacs. Les chapeaux de palme de Panama fabriqués à Becal, dans l'État de Campeche, sont distribués dans toutes les régions touristiques du pays.

Bois

Outre le mobilier en bois, le Mexique compte un artisanat d'objets sculptés et peints. Les plus répandus sont les masques d'Uruapan (Michoacán), de Olinalá (Guerrero) et les animaux de Chiapa de Corzo (Chiapas).

Musique

Vous trouverez sur la plupart des marchés et dans des magasins spécialisés les guitares si chères aux mariachis, des marimbas ou des maracas utilisés par les groupes folkloriques du Chiapas. C'est à Paracho (Michoacán) et dans une moindre mesure à San Juan Chamula (Chiapas) que la plupart des guitares sont fabriquées.

• Où faire vos achats

Dans quels États, quelles villes

L'essentiel de l'artisanat est fabriqué dans les États du Chiapas, du Guerrero, du Michoacán, de Oaxaca et du Yucatán. Chaque village de ces cinq États a une création locale propre, souvent moins chère que sur les marchés d'autres villes. Mais le lieu d'origine n'offre pas nécessairement le plus grand choix. Les artisans ont plutôt tendance à écouler leur production sur les marchés des grandes villes comme Mexico, Guadalajara, Veracruz, Monterrey, Puebla, Oaxaca, San Cristóbal de las Casas, Mérida, Cancún et Acapulco, où afflue l'artisanat de toutes les régions du Mexique. Le Mercado de la Ciudadela de Mexico *(voir p. 178)* réunit la plus grande diversité d'artisanat national.

Les marchés

Sur les **marchés locaux** se côtoient de la nourriture, des ustensiles quotidiens, des fleurs, ainsi que des vêtements et des accessoires. Dans les pôles touristiques, on trouve généralement un **mercado de artesanías**, entièrement consacré à l'artisanat, comme son nom l'indique. Qu'il soit recouvert ou à l'air libre, il est constitué de stands alignés les uns à côté des autres, tenus dans la grande majorité des cas par des commerçants non artisans. Il manque souvent d'authenticité mais permet aux voyageurs pressés d'avoir une vue d'ensemble de la production nationale. Quel que soit l'endroit, la règle d'or reste le marchandage.

Les boutiques

Certains magasins dépendant de l'État fédéral, comme le **FONART** (Fondo Nacional para el Fomento de las Artesanías) *(voir « Mexico » p. 178)*, regroupent à ce titre une grande partie de la création nationale. Au niveau de l'État, les magasins proposent essentiellement l'artisanat de l'État concerné. Ils sont installés dans de grands espaces et font figure de véritables supermarchés de l'artisanat. Généralement, les articles sont plus chers que sur les marchés locaux mais de meilleure qualité. Les magasins (*tiendas*) privés, installés dans toutes les villes touristiques du pays, vendent des articles, parfois haut de gamme, plus onéreux que ceux des marchés. En général, les prix des magasins sont fixes, et il est très difficile de négocier.

- **Marchandage**
Voir p. 116.

- **Taxes**
L'IVA (*Impuesto sobre el Valor Añadido*), équivalent de notre TVA, est de 15 %.

- **Comment expédier vos achats**
S'il vous est impossible de tout rapporter dans vos bagages, adressez-vous à la poste
(*voir p. 102*) ou, pour plus de sécurité, à une société type DHL ou Federal Express.

Santé

- **Maladies**
Voir vaccination p. 96
Les maladies les plus fréquentes sont principalement liées à la **chaleur**. Afin d'éviter
les coups de soleil et les risques d'insolation, exposez-vous progressivement, utilisez
une crème solaire à indice très élevé et couvrez-vous la tête. Pensez à boire fréquemment lors de vos déplacements (randonnées, visites de sites archéologiques).
La cuisine locale souvent relevée, ajoutée au changement d'alimentation et d'horaires,
peut générer quelques troubles intestinaux, que les Mexicains appellent ironiquement
la **vengeance de Moctezuma** (*venganza de Moctezuma*). Soyez extrêmement vigilant
dans les restaurants, où l'hygiène fait parfois défaut; les risques d'intoxication alimentaire proviennent essentiellement des crustacés, des viandes insuffisamment
cuites, des crudités ou des fruits mal lavés (dans le doute abstenez-vous!). Ne
consommez les fruits qu'après les avoir pelés ou lavés.
Il est fortement déconseillé de boire l'**eau** du robinet. Vous pourrez acheter un peu
partout des bouteilles d'*agua mineral* (eau minérale) ou d'*agua purificada* (d'eau purifiée), ainsi que des poches de glaçons (*hielo*) d'eau purifiée. Si vous comptez séjourner
dans des villages reculés, par précaution munissez-vous de désinfectant type Micropur®.
Quant aux animaux venimeux, ils sont plutôt rares, sauf dans les zones désertiques,
où les serpents sont nombreux. Afin d'éviter les piqûres d'insectes lors de vos randonnées dans la forêt, il est recommandé d'avoir les jambes et les bras couverts et
de porter des chaussures montantes.

- **Trousse à pharmacie**
Emportez des médicaments de première nécessité : aspirine, pommade, antiseptique,
pansements, comprimés antidiarrhéiques, lotion antimoustiques (contenant du
repellent 35-35 ou de DEET), crème solaire haute protection, Micropur® ou
Hydroclonazone® pour purifier l'eau. En cas de nécessité, toutes les grandes villes
disposent d'officines où vous pourrez vous procurer sans trop de difficultés ces médicaments ainsi que des articles de parapharmacie.

- **Services médicaux**
Premiers secours
En cas d'urgence, ambulances, ☎ 080 ou Croix-Rouge (*Cruz Roja*), ☎ 065.
Hôpitaux
Dans les régions reculées, l'infrastructure hospitalière et la qualité des soins laissent-
sent à désirer. Dans les pôles touristiques et certaines grandes villes, les hôpitaux
et les cliniques sont correctement équipés et habitués à soigner des étrangers. Les
prix d'hospitalisation varient énormément en fonction du type d'établissement. Les
hôpitaux publics les moins chers (environ 40 € la nuit) dépendent souvent de la
Croix-Rouge, et les conditions d'hospitalisation sont précaires. Les hôpitaux privés
et les cliniques proposent un meilleur service et leurs prix varient de 75 € à 250 €
la nuit. En cas de problèmes graves, il est préférable de vous faire rapatrier.

Pharmacies

Dans toutes les villes vous trouverez des officines. La liste des pharmacies de garde (*farmacias de turno*) est généralement affichée sur la porte.

Médecins/dentistes

Dans les pôles touristiques, les hôtels ou l'office du tourisme vous communiqueront les coordonnées de médecins qui parlent souvent anglais (rarement français).

Urgences

Urgences (*Emergencias*), ☎ 080.
Pompiers (*Bomberos*), ☎ 068.
Police secours (*Policía Nacional*), ☎ 060.

DE A à Z

• Adresses

Av. Madero #47 esq. calle de Mayo, col. Centro. En premier lieu, l'adresse indique le type de voie urbaine : *eje* (axe), *paseo* (passage), *bulevar* (boulevard), *avenida* (avenue), *calle* (rue), *callejón* (ruelle), *plaza* (place) ainsi que le numéro de la voie. *Esq.*, parfois écrit *X*, est l'abréviation de *esquina* (angle) et signifie que l'adresse est à l'angle de la voie citée en second lieu. Enfin, *col.* est l'abréviation de *colonia* (quartier) et précise donc le quartier dans lequel est située l'adresse.
Calle 58 #474 e/55 y 57, col. Centro, indique que l'adresse est située entre la *calle* 55 et la calle 57. Seules les villes importantes sont divisées en *colonias*, à l'intérieur desquelles des adresses peuvent porter le même nom. Cette mention est donc essentielle dans les grandes agglomérations.

• Blanchisserie

Les grandes villes et les pôles touristiques comptent plusieurs laveries (*lavanderías*), dont certaines fonctionnent en libre-service. Comptez environ 1,25 € le kilo de linge. La plupart des hôtels proposent un service de blanchisserie, formule plus pratique mais plus onéreuse.

• Cigarettes

Les grandes marques nationales et internationales sont en vente dans les bars, les épiceries et dans la rue. Le paquet de blondes coûte environ entre 1,5 et 2 €, et il est possible, par endroits, d'acheter ses cigarettes à l'unité. Les grands restaurants prévoient une salle non-fumeur.

• Courant électrique

110 volts et 60 hertz, avec prises à fiche plate, comme aux États-Unis.

• Eau potable

Voir « Santé » p. 114. Évitez l'eau du robinet même lorsqu'elle est traitée. Adoptez les boissons en bouteille, sans glaçons (sauf s'ils sont à base d'eau purifiée). Vous pouvez sans crainte utiliser les bonbonnes d'eau stérilisée mises à votre disposition dans les hôtels et les restaurants.

• Journaux

Vous trouverez dans les grandes villes des journaux américains et européens. La presse nationale propose des quotidiens de bonne qualité. *La Reforma*, avec le plus gros tirage, est connu pour son indépendance et sa liberté d'expression. *La Jornada*, est un quotidien de gauche indépendant, et *El Financiero* est lu par les hommes d'affaires, quelle que soit leur appartenance politique. D'autres quotidiens comme *La Opinión* ou *El Universal* informent de nouvelles nationales et internationales. La presse régionale – intarissable sur les assassinats et les accidents – est très répandue.

• Marchandage

Il est de coutume de marchander (*regatear*) sur un marché lorsqu'on achète de l'artisanat. N'hésitez pas à faire le tour des stands pour comparer les marchandises et à baisser un prix qui vous paraît excessif. Vous risquez de vous livrer à un âpre marchandage avec les chauffeurs de taxi sans compteur. Fixez le montant de la course avant de monter dans le taxi. Vous pouvez tenter de négocier le tarif de votre chambre d'hôtel en basse saison.

• Météo

Elle est annoncée à la télévision et dans la presse nationale.

• Photographie

Le Mexique offre des panoramas variés (sites archéologiques, montagnes, volcans, déserts, plages) et des scènes de rue intéressantes (marchés, fêtes locales). On vous demandera de respecter les cérémonies religieuses, à l'exception des grands rassemblements comme ceux de la Semaine sainte ou de la Toussaint. L'objectif peut être parfois perçu comme une intrusion dans la vie des habitants (particulièrement dans l'État du Chiapas), aussi ayez la courtoisie de demander l'autorisation avant de prendre une photo et ne prenez pas de photos en cas de refus. Quelquefois, une conversation fait des miracles et vos interlocuteurs proposeront spontanément de poser devant votre objectif.

Les grandes villes et les pôles touristiques comptent des magasins Fuji ou Kodak qui offrent un choix relativement varié de pellicules à des prix légèrement inférieurs à ceux de la France.

• Pourboire

Dans les restaurants, on laissera un pourboire (*propina*) d'au moins 10 %, mais plus rarement dans les autres types de restaurants (*voir « Où se restaurer » p. 109*). À l'hôtel, il arrive quelquefois que la femme de chambre glisse sur votre table de nuit une enveloppe prévue à cet effet. Dans les stations-service, il est de coutume de laisser un petit pourboire au pompiste.

• Radio et télévision

Vous ferez le tour des différentes stations musicales pendant vos trajets en bus ! Pour connaître la fréquence de RFI, consultez le minitel avant votre départ (3615 RFI). Outre les six chaînes nationales, détenues par *Televisa* et *TV Azteca*, la plupart des télévisions dans les hôtels sont équipées du câble ou du satellite et émettent des programmes essentiellement mexicains et américains.

• Sécurité

Les rues et les lieux de grande affluence sont propices aux vols. Les marchés et les transports en commun sont le terrain de prédilection des pickpockets, qui profitent d'une bousculade pour subtiliser votre portefeuille en quelques secondes. Évitez, surtout le soir, de vous éloigner des axes éclairés. Quelques règles de bon sens vous éviteront bien des désagréments. Rangez votre argent dans une pochette cachée sous vos vêtements, mais conservez toujours des pesos à portée de main. Cela vous évitera de sortir une liasse de billets au moment de payer vos achats ou votre ticket de bus et peut, le cas échéant, contenter un éventuel agresseur. Ne portez pas de bijoux, ils attirent l'attention même s'il n'ont aucune valeur. Conservez sur vous une photocopie de votre passeport et laissez de préférence l'original dans le coffre-fort de l'hôtel. Dans les grandes villes et notamment à Mexico, il peut arriver que des agressions aient lieu dans des taxis ou dans des bus de ville. Dans le premier cas, il s'agit souvent de faux chauffeurs de taxi, communément appelés *taxi pirata*, qui dévalisent leurs clients. Afin de minimiser les risques de monter dans ce type de véhicule, reportez-vous à « *Mexico pratique* » p. 168. Dans les bus de ville, il arrive que des bandes organisées dessaisissent les passagers de leur biens (montres, bijoux, argent…).

• Séismes
Les endroits les plus sûrs en cas de séisme (murs de soutien, passage voûté, encadrement de portes, angle d'une pièce) sont généralement identifiés par des panneaux dans les lieux publics ou dans les établissements touristiques. Si vous êtes à l'intérieur, ne sortez pas et mettez-vous à l'abri dans l'un des endroits mentionnés ci-dessus ou sous une table solide, tenez-vous éloigné des parois vitrés et protégez-vous d'éventuelles chutes d'objets. Si vous trouvez dans la rue, éloignez-vous dans la mesure du possible des immeubles (ou abritez-vous sous un porche) des arbres, des poteaux électriques ou des ponts. Après le séisme, coupez les arrivées d'eau, d'électricité et de gaz, évacuez calmement l'immeuble par l'escalier (n'utilisez jamais l'ascenseur).

• Toilettes
La quasi-totalité des toilettes disposent d'une corbeille pour jeter le papier hygiénique après utilisation, la piètre qualité de certaines canalisations rendant problématique l'évacuation des eaux usées. Cette habitude est conservée dans la majorité des établissements, même ceux de construction récente.

• Unités de mesures
Le Mexique utilise le système métrique.

LIRE, VOIR, ÉCOUTER

• Art et histoire
BAUDEZ Claude et PICASS, Sidney, *Les cités perdues des Mayas.* Gallimard (collection Découvertes Archéologie), 1987. Histoire de leur découverte au 19e s. par des personnages hauts en couleur.

DUVERGER Christian, *La Méso-Amérique*, Flammarion (Art et anthropologie), 1999 ; *Cortés*, Fayard (collection Bibliographies), 2001. Un ouvrage d'art et une biographie vivante par un spécialiste de la civilisation aztèque.

GRUBE Nikolai, *Les Mayas, art et civilisation*, Könemann, 2000. Un livre d'art au contenu fouillé et actualisé : un nouvel ouvrage de référence.

GRUZINSKI Serge, *Le destin brisé de l'empire aztèque*, Gallimard (collection Découvertes Histoire), 1988 ; *Histoire de Mexico*, Fayard (collection Ville), 1996.

LA GRANGE Bertrand de, *Sous-Commandant Marcos, la géniale imposture*, Plon, 1998. Un portrait sans concessions par le journaliste du *Monde*.

LONGHENA Maria, *Mexique ancien*, Gründ (collection Berceaux de l'histoire), 1998.

MARCOS Sub-Commandante, *Ya Basta!*, Dagorno (2 vol.), 1996. Manifeste plus impertinent que véhément du leader de la guérilla chiapanèque.

• Romans, récits et témoignages
CACUCCI Pino, *Poussières mexicaines*, Payot, 1995. Portrait par petites touches de la société mexicaine, une brillante invitation au voyage.

GERBER Alain, *Le jade et l'obsidienne,* Robert Laffont, 1981. Poétique et bien documentée, la meilleure œuvre de fiction sur le monde aztèque.

JENNINGS Garry, *Azteca*, LGF (le Livre de Poche), 1991. Un roman-fleuve à l'américaine, aux ingrédients savamment dosés.

LE CLÉZIO J.M.G, *Le rêve mexicain*, Gallimard (Folio), 1992. Essai sur les mythes et coutumes du Mexique indien.

LEWIS Oscar, *Les enfants de Sanchez.* Gallimard (collection Tel), 1978. Portrait autobiographique d'une famille mexicaine.

LOWRY Malcom, *Au-dessous du volcan*, Gallimard (collection Folio), 1973.

• Auteurs mexicains

ESCANDON, Maria, *Esperanza et ses saints*, 10/18 (collection Domaine étranger), 2002. Conte d'initiation spirituelle sur la fragilité des traditions ancestrales.

ESQUIVEL Laura, *Chocolat amer*, Robert Laffont, 1991. Comédie tendre et drôle sur fond de recettes de cuisine !

FUENTES Carlos, *L'Oranger*, Gallimard (Collection Folio), 1997. Cinq histoires d'orangers à travers le temps et les continents ; *La mort d'Artemio Cruz*, Gallimard, 1976.

FUENTES Vilma, *L'autobus de Mexico*, Actes Sud, 1995. Un récit qui réussit à capter la mystérieuse aura de la capitale mexicaine.

NEZAHUALCÓYOTL, *Les chants de Nezahualcóyotl*, Obsidiane, 1990. Les préoccupations existentielles et poétiques d'un roi aztèque.

PAZ Octavio, *Le labyrinthe de la solitude*, Gallimard (Collection NRF essais), 1990. Réflexion sur l'identité mexicaine par le prix Nobel de littérature ; *Itinéraire*, Gallimard (collection Arcades), 1996. Autobiographie intellectuelle et politique.

RULFO Juan, *Pedro Paramo*, Gallimard (collection L'imaginaire), 1979. Un récit fantastique peuplé de revenants ; *Le llano en flammes*, Gallimard (collection Du monde entier), 2001.

RUY SANCHEZ Alberto, *Les démons de la langue*, Fata Morgana (collection Archipels), 1999. Un mystique jésuite confond ivresse érotique et extase divine.

SARABIA Antonio, *Les invités du volcan,* Métailié (collection Bibliothèque hispano-américaine), 1997. Voyage dans l'univers magique des sorciers indiens.

• Musique coloniale

Nueva España, The Boston Camerata, dir. Joël Cohen, Erato 1993. Villancicos du 17e s.

Mexican Baroque, Chanticleer, dir. Joseph Jennings, Teldec 1994. Musique sacrée à cappella de la cathédrale México au 18e s.

Le Phénix du Mexique, Ensemble Elyma, dir. Gabriel Garrido, K617 (Les chemins du Baroque), 2000. Villancicos de Sor Juana Inès de la Cruz.

• Musique traditionnelle

La Iguana (sones jarochos), Corasón 1996. Les grands classiques de Veracruz.

Lo Mejor de Agustin Lara, Music Products 2001.

• Musique actuelle

CAFÉ TACUBA, *Avalancha de éxitos*, WEA 1996. Un groupe décalé, inventif et typiquement « chilango » (de la capitale)

MANÁ, *Sueños Líquidos*, WEA 1997. Ton nostalgique et remarquable trame instrumentale, un grands succès de la fin de siècle.

• Les films

Los Olvidados (1950) et *Viridiana* (1961), parmi les grands classiques de la période mexicaine de Luis BUÑUEL.

Les Épices de la Passion (Como Agua para Chocolate) (1992). Une adaptation réussie du roman de Laura Esquivel.

Carmin Profond (Profundo Carmesi) (1996) Cynisme et humour noir par Arturo RIPSTEIN, l'« Almodovar mexicain ».

La loi d'Hérode (La ley de Herodes) (1999) de Luis ESTRADA. Une fable drôle et caustique sur les années PRI. Le meilleur film de ces dernières années.

Amours chiennes (Amores Perros) (2000) d'Alejandro GONZALEZ INARRITU. Trois histoires croisées illustrent le côté « chien » de la nature humaine. Grand Prix de la Semaine de la critique au festival de Cannes.

LEXIQUE

À quelques exceptions près, toutes les lettres se prononcent en espagnol. Des précisions phonétiques pourront cependant faciliter la compréhension de vos interlocuteurs. Le « ll » de *llave* se rapproche d'un « ly » (lyave), le tilde « ñ » de *señor* est semblable au « gn » d'agneau, le « v » et le « b » sont très proches (*vaca* et *baca* sont quasiment homophones et se prononcent « baca »). Demeure le problème de prononciation de la *jota*, le « j » guttural espagnol, et du « r » roulé. L'espagnol mexicain se distingue du castillan par une prononciation plus douce et chantante, la prononciation des « c » et « z » diffère de celle de l'espagnol formel. Les américanismes – mots absents du vocabulaire castillan ou utilisées dans un autre contexte – sont indiqués en italique dans ce lexique. Le mexicain utilise certains mots dans un sens particulier, comme par exemple *suave* ou *madre* pour décrire quelque chose d'extraordinaire (*voir à la fin du lexique*).

Les chiffres

un	uno	huit	ocho	quinze	quince
deux	dos	neuf	nueve	seize	*dieciséis*
trois	tres	dix	diez	vingt	veinte
quatre	cuatro	onze	once	trente	treinta
cinq	cinco	douze	doce	cent	cien
six	seis	treize	trece	mille	mil
sept	siete	quatorze	catorce		

Les chiffres se composent ensuite ensemble : *diecisiete* (dix-sept), *veintidós* (vingt-deux), etc.

Les jours de la semaine

lundi	lunes	jeudi	jueves	dimanche	domingo
mardi	martes	vendredi	viernes		
mercredi	miércoles	samedi	sábado		

Les mois et les saisons

janvier	enero	juillet	julio	printemps	primavera
février	febrero	août	agosto	été	verano
mars	marzo	septembre	septiembre	automne	otoño
avril	abril	octobre	octubre	hiver	invierno
mai	mayo	novembre	noviembre		
juin	junio	décembre	diciembre		

Les formules de politesse

oui, non	sí, no	je vous en prie	no tenga pena
bonjour	buenos días (matin)	à votre service	para servirle
	buenas tardes (après-midi)	excusez-moi	con permiso
		pardon	perdón, disculpe
bonsoir	buenas noches	Comment ?	¿Mande ?
au revoir	adiós, que le vaya bien	je ne comprends pas	no entiendo
à plus tard	hasta luego		
enchanté(e)	encantado(a), mucho gusto	je ne parle pas espagnol	no hablo español
Comment allez-vous ?	¿Qué tal?	bavarder	platicar
s'il vous plaît	por favor	monsieur, vous	señor, Usted
merci (beaucoup)	(muchas) gracias	madame	señora
		mademoiselle	señorita

Le temps

Quand?	¿Cuándo?	siècle	siglo
Quelle heure est-il?	¿Qué hora es?	aujourd'hui	hoy
		hier	ayer
maintenant	ahora	demain matin	mañana por la mañana
tout de suite	ahorita	demain	mañana por la tarde
date	fecha	après-midi	
année	año	demain soir	mañana por la noche

Se diriger

Où se trouve...?	¿Donde está...?	près de	cerca de
adresse	dirección	loin de	lejos de
à droite	a la derecha	angle, coin (de rue)	esquina
à gauche	a la izquierda		
tout droit	recto	carte, plan	mapa

Les transports

billet (avion, train)	boleto (avión, tren)	voiture	carro
aller-retour	ida y vuelta	station-service	gasolinera
bateau	barco	dos d'âne	topes
barque	lancha	route	carretera
río	fleuve, rivière	par la route non payante	por la libre
embarcadère	muelle	péage	cuota
bus, autocar	autobus	piste	carretera de terracería
taxi collectif	colectivo	rue	calle
gare routière	terminal de bus, central camionera	avenue	avenida
amende	multa	pâté de maisons	cuadra
		interdit	prohibido
stationnement	parqueo	sabot de Denver	cepo

Les achats

Combien est-ce?	¿Cuánto es?	espèces	efectivo
		chèque de voyage	cheque de viaje
cher	caro		
bon marché	barato	carte de crédit	tarjeta de crédito
marchander	regatear	marché	mercado, tianguis

À l'hôtel

réception	recepción	drap	sábana
réceptionniste	recepcionista	couverture	cobija
hôte, client	huésped, cliente	toilettes	servicios, baño
chambre simple	habitación sencilla	air conditionné	aire acondicionado
chambre double	habitación doble	ventilateur	ventilador
clef	llave	chauffage	calefacción
salle de bains	cuarto de baño	régler (sa note)	cancelar
lit	cama	piscine	alberca

Au restaurant

manger	comer	dîner	cena
boire	beber	repas	comida
je voudrais...	quisiera...	addition	cuenta
petit-déjeuner	desayuno	menu	menú, carta
déjeuner	almuerzo, comida	pourboire	propina

Pour choisir sur le menu
Voir également p. 89.

avocat	aguacate	langouste	langosta
ail	ajo	beurre	mantequilla
riz	arroz	pomme	manzana
sucre	azúcar	fruits de mer	mariscos
banane	banano	pain	pan
beefsteak	bistec	pomme de terre	patata, papa
crevette	camarón	tarte	pie
crabe	cangrejo		(se dit « pied »)
viande rôtie	carne asada	banane plantain	plátano
oignon	cebolla	poulet frit	pollo frito
porc	cerdo	poivre	pimienta
haricots	frijoles	dessert	postre
purée d'avocat	guacamole	fromage	queso
crème glacée	helado	bœuf	res
œufs brouillés	huevos revueltos	tourte de maïs	tamal
jambon	jamón	galette de maïs	tortilla

Les boissons

thé	té	orangeade	naranjada
café noir	café solo	citronnade	limonada
café au lait	café con leche	jus de fruit	jugo de fruta
chocolat	chocolate	milk-shake	licuado (con leche)
eau minérale	agua pura	bière	cerveza
eau gazeuse	agua mineral	rhum	ron
glace	hielo	vin	vino

Les communications

enveloppe	sobre	appel	llamada larga distancia
timbre	sello	international	
boîte aux lettres	buzón	PCV	por cobrar
bureau de poste	oficina de correos		

Les visites

guide	guía	guichet	taquilla
entrée	entrada, ingreso	billet	boleto
sortie	salida	attendre	esperar
ouvert	abierto	étage	piso
fermé	cerrado	escalier	escalera

Les mots de la rue

ça va, OK	andale / andele	mec	güey
sympa	buena onda	fric	lana
zut !	caray	Tu déconnes !	No manches !
boulot	chamba	sacré, saleté	
super, bon, joli	chido	(en interjection)	pinche
foutoir	desmadre	fête	reventón
bcbg	fresa	super, génial	suave, madre
étranger	güero		

Visiter le Mexique

Le Castillo
de Chichén Itzá

R. Mattes/MICHELIN

Ambiance de kermesse devant la basilique de Guadalupe

MEXICO
ET SA RÉGION

L'Altiplano mexicain, au centre du pays, a toujours été un carrefour de populations. Aimant irrésistible depuis la période aztèque, la ville de Mexico, gigantesque et dévorante, captive aujourd'hui les visiteurs par ses musées. Elle ne doit pourtant pas faire oublier la richesse et la diversité de toute une région. Des cactus de Teotihuacán aux pins du Nevado de Toluca, l'Histoire a composé dans ces vallées bordées de volcans un séduisant contrepoint architectural. Érigés face à face à Malinalco ou l'un sur l'autre à Cholula, les églises coloniales et les temples préhispaniques se côtoient souvent et expriment finalement un même esprit de dévotion. Ailleurs, l'Espagne a boudé d'anciens sites escarpés au charme sauvage, comme celui de Xochicalco, pour construire ses villes dans les vallées fertiles ou près de précieux gisements. Puebla l'aristocrate, Taxco la minière, chacune possède son atmosphère et semble ignorer la proximité d'une capitale envahissante.

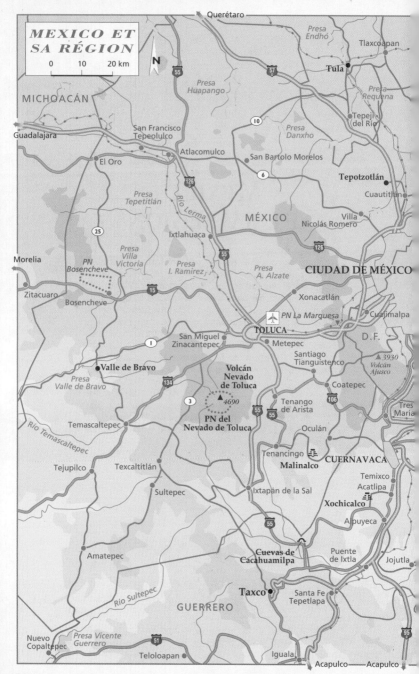

**MEXICO ET
SA RÉGION**

0   10   20 km

N

Querétaro

Presa Endhó

Tlaxcoapan

Tula

Presa Requena

Tepeji del Río

Presa Huapango

MICHOACÁN

San Francisco Tepeolulco

Atlacomulco

San Bartolo Morelos

Presa Danxho

Tepotzotlán

Cuautitlán

Guadalajara

El Oro

Presa Tepetitlán

Rio Lerma

MÉXICO

Villa Nicolás Romero

Morelia

Presa Villa Victoria

Ixtlahuaca

Presa I. Ramirez

Presa A. Alzate

CIUDAD DE MÉXICO

PN Bosencheve

Zitacuaro

Bosencheve

Xonacatlán

PN La Marquesa

Cuajimalpa

TOLUCA

D.F.

San Miguel Zinacantepec

Metepec

Santiago Tianguistenco

3930 Volcán Ajusco

Valle de Bravo

Presa Valle de Bravo

Coatepec

Tres Maria

Volcán Nevado de Toluca

4690

Tenango de Arista

Rio Temascaltepec

Temascaltepec

PN del Nevado de Toluca

Oculán

Tejupilco

Texcaltitlán

Tenancingo

Malinalco

CUERNAVACA

Sultepec

Ixtapán de la Sal

Temixco

Acatlipa

Xochicalco

Alpuyeca

Amatepec

Cuevas de Cacahuamilpa

Puente de Ixtla

Jojutla

Taxco

Santa Fe Tepetlapa

Rio Sultepec

GUERRERO

Nuevo Copaltepec

Presa Vicente Guerrero

Teloloapan

Iguala

Acapulco — Acapulco

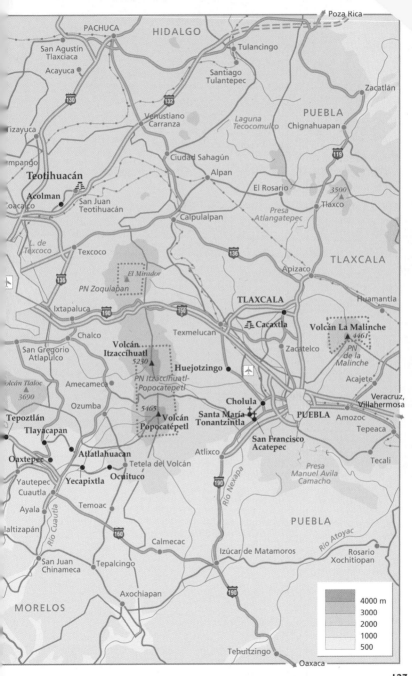

Poza Rica

PACHUCA   HIDALGO

San Agustín
Tlaxciaca
Acayuca   Tulancingo

                        Santiago
                        Tulantepec   Zacatlán

[130]   [132]   PUEBLA

Tizayuca   Venustiano   Chignahuapan
                      Carranza   Laguna
                                      Tecocomulco   [119]

Tmpango   Ciudad Sahagún
Teotihuacán   Alpan
Acolman   El Rosario   3500
oacalco   San Juan   Tlaxco
           Teotihuacán   Calpulalpan   Presa
                                               Atlangatepec

L. de   TLAXCALA
Texcoco   Texcoco

[136]   [136]
                                                    Apizaco
           El Mirador
[136]   PN Zoquiapan   TLAXCALA   Huamantla

Ixtapaluca   [190]   [150]   Cacaxtla
                         Texmelucan   Volcán La Malinche
           Chalco   4461
                    Volcán   Zacatelco   PN
San Gregorio   Itzaccíhuatl   de la
Atlapulco   5230   Huejotzingo   Malinche
olcán Tlaloc   Amecameca   PN Itzaccíhuatl-   Acajete
   3690   Popocatepetl
           Ozumba   Cholula
                      5465   Santa María   PUEBLA   Amozoc
Tepoztlán   Volcán   Tonantzintla
   Tlayacapan   Popocatépetl   Tepeaca
                                   San Francisco
Oaxtepec   Atlatlahuacan   Atlixco   Acatepec   Tecali
Yautepec   Yecapixtla Tetela del Volcán
Cuautla   Ocuituco   Presa
                 Temoac   Manuel Avila
Ayala   Camacho
altizapán   [160]   PUEBLA
           Tepalcingo   Calmecac
San Juan   Izúcar de Matamoros   Rosario
Chinameca   Xochitipan
           Axochiapan   [190]
MORELOS

                                    4000 m
                                    3000
                                    2000
                                    1000
                    Tehuitzingo   500
                              Oaxaca

127

CIUDAD DE MÉXICO★★★
(DISTRITO FEDERAL)
Capitale des États-Unis du Mexique
Environ 18 millions hab. dans toute la zone métropolitaine
Climat tempéré toute l'année – Alt. 2 200 m
Voir plans agglo. p. 130 ; centre historique et Alameda p. 138 ;
Chapultepec et Zona Rosa p. 150 ; San Ángel et Coyoacán p. 160 ; métro p. 179

À ne pas manquer
La promenade dans le centre historique.
Le Musée national d'Anthropologie.
La sérénade sur la Place Garibaldi.

Conseils
Surveillez votre portefeuille dans les transports en commun.
La nuit, évitez les taxis et les distributeurs automatiques de billets.
Regardez aussi vos pieds, les trottoirs sont pleins de chausse-trappes.

Dans une immense cuvette parsemée de massifs volcaniques, la ville de Mexico n'en finit pas de tapisser le fond d'un lac aujourd'hui disparu. L'arrivée en avion, de jour comme de nuit, est spectaculaire : avant d'atterrir en pleine ville, un regard circulaire ne permet pas d'embrasser la totalité de cette gigantesque agglomération, dont les maisons basses s'étendent sur plusieurs dizaines de kilomètres. Mexico est la ville aux superlatifs éculés : tentaculaire, sismique, irrespirable, violente. Rien de tout cela n'est faux bien sûr, mais cette image d'Épinal estompe la réalité, celle d'une métropole réellement fascinante, qui ne dévoile pas ses charmes aussi outrageusement que d'autres villes anciennes.

Vous devrez d'abord digérer la morne apparence de la Mexico contemporaine, troisième ville du monde, dont la modernité disparate et parsemée d'*espectaculares*, panneaux publicitaires géants, flirte tristement avec le modèle nord-américain. C'est ensuite que fait surface l'incroyable richesse historique d'une cité unique en son genre dans toute l'Amérique latine. Compactée en sous-sol – la Tenochtitlán aztèque se manifeste dès que l'on creuse –, la capitale espagnole a marqué de son architecture coloniale le centre historique et plusieurs autres quartiers, et l'opulence bourgeoise du 19e s. est venue compléter cette mosaïque de styles.

Ce prestigieux héritage culturel a non seulement permis à Mexico de se parer de magnifiques monuments et de remplir ses musées, mais a aussi rassemblé des générations d'artistes et d'intellectuels, de sœur Juana de la Cruz à Diego Rivera, qui font encore aujourd'hui de cette mégalopole un des principaux phares culturels du continent.

Peuplée par plusieurs décennies d'exode rural, Mexico est aussi le microcosme métissé d'un grand pays. En marge des quartiers riches où l'on peut vivre dans un luxe insolent, des millions d'habitants, venus des quatre coins de la République, survivent grâce à des petits métiers. Ils donnent aux rues et aux marchés une atmosphère populaire, où s'exprime la réalité crue d'une vie quotidienne difficile.

Vous ne trouverez donc pas ici le charme provincial de Puebla ou de Oaxaca, mais une ville passionnante et dérangeante à la fois, qui vous demandera l'effort de découvrir par petites touches cet incontournable concentré de mexicanité.

Une île capitale
En 1325, la fondation de **Mexico-Tenochtitlán** sur un îlot du lac de **Texcoco**, qui recouvrait alors la plaine, fut certainement moins glorieuse que le rapporte le mythe de l'aigle (*voir encadré*). Elle obéit pourtant à une logique probablement dictée par les grands prêtres de la tribu aztèque : l'emplacement marécageux était peu convoité par les royaumes voisins, facile à défendre, et son approvisionnement

Mexico et sa région

par bateau bien plus aisé qu'à dos d'homme. Bientôt vont s'y élever les premiers temples et palais, entourés des huttes du petit peuple. Lorsque deux siècles plus tard Hernán Cortés découvre la ville comme dans un rêve d'enfant, il ne cache pas son admiration face à une immense cité lacustre de 800 ha (Paris à la même époque n'en comptait que 280), hérissée en son centre de temples bariolés. Proche des rives occidentales du lac, Mexico était reliée à la terre ferme par des digues servant de chaussées, parfois d'aque-

L'aigle et le cactus
Huitzilopochtli, le dieu principal des Mexicas, indiqua lui-même le lieu où ses adorateurs devaient mettre un terme à leur migration séculaire et construire un sanctuaire à sa gloire. À l'endroit choisi, un aigle, symbole du soleil, devait être aperçu sur un figuier de Barbarie, aux fruits rouges représentant des cœurs humains. Grâce à ce mythe du 14e s., le « tenochtli », figuier de Barbarie, donna son nom à la ville et, surmonté du rapace, fut adopté comme pictogramme de la ville. L'aigle perché sur son cactus, tenant un serpent dans son bec, est depuis un emblème omniprésent au Mexique. On le reconnaît sculpté sur une pierre sacrée aztèque au musée d'Anthropologie, sur le blason du drapeau national et au dos de toutes les pièces de monnaie.

ducs, et divisée en quatre grands quartiers entourant les murs d'enceinte du *teocalli*. Près de 200 000 habitants s'y affairaient, se déplaçant en embarcation dans les canaux qui quadrillaient les terre-pleins résidentiels et les jardins flottants. La population se rassemblait tous les cinq jours sur le grand marché de **Tlatelolco**. Des corvées de nettoyage assuraient la propreté d'une ville, dont l'hygiène n'a pas manqué de surprendre les soldats espagnols, qui furent à l'origine de la première épidémie.

Mexico l'Espagnole
Tracée pratiquement à la pointe de l'épée par Alonso de Mendoza sur les ruines de Tenochtitlán, la jeune capitale de la Nouvelle-Espagne va étrangement se superposer à la cité détruite. Le plan en damier de la Renaissance espagnole fait écho à la géométrie urbaine indienne, et le cœur de la ville n'est pas déplacé. De plus, comme pour mieux affirmer la toute-puissance du vainqueur, la cathédrale sera construite presque au-dessus du temple principal, et le palais de Cortés sur celui de Moctezuma. Dès le 16e s. de terribles inondations, qui submergeaient régulièrement la ville espagnole pendant de longs mois, vont motiver l'assèchement progressif du lac et modifier radicalement l'apparence de la capitale. Ce microcosme de la lointaine Espagne, au luxe alimenté par les galions sillonnant l'Atlantique, ne développera qu'insensiblement son exotisme, au gré des métissages.

Les maux de la métropole
À chaque époque ses calamités. La Mexico coloniale se plaignait des épidémies et des inondations – celle de 1629 a fait 30 000 victimes. La ville contemporaine, ayant atteint 1 400 km², se penche plutôt, entre deux séismes *(voir encadré p. 149)*, sur l'approvisionnement en eau, la pollution et la criminalité. Grâce au tassement du taux de croissance de l'agglomération depuis quelques années, la lutte contre ces maux est de moins en moins vaine, et les plus optimistes espèrent que beaucoup de pansements se transformeront en remèdes.

L'eau, entre le trop et le trop peu – Satisfaire les besoins en eau de près de 20 millions d'habitants (75 m³/seconde) n'est pas chose facile, surtout quand le tiers de l'approvisionnement se perd sous forme de fuites. Depuis le 19e s., des aqueducs de plus en plus grands prennent leur source hors de la vallée, celui du Cutzamala franchit 1 000 m de dénivelé sur un parcours de 130 km. Malgré cela, 60 % de l'eau sont toujours puisés dans le sous-sol, et la ville continue à s'enfoncer. Ironiquement, des tonnes d'eau peuvent tomber en quelques minutes dans la cuvette de Mexico à la saison des pluies, engorger les égouts et inonder les tunnels. D'énormes infrastructures, cette fois en direction du golfe du Mexique, tentent alors d'évacuer au plus vite un liquide obtenu par ailleurs après bien des efforts !

Ciudad de México

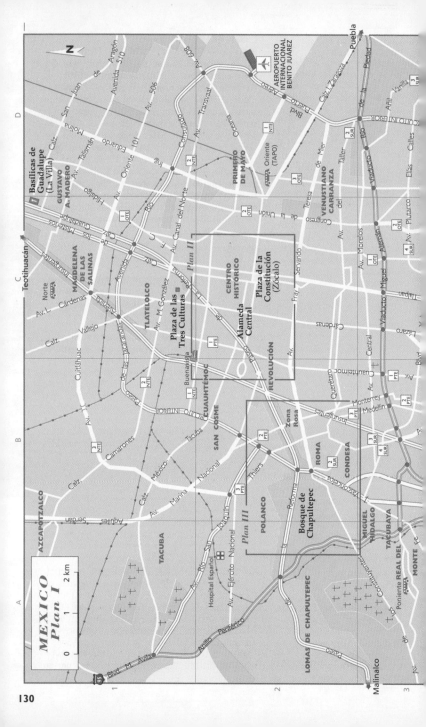

MEXICO
Plan I

0   1   2 km

N

Teotihuacán

Basílicas de Guadalupe (La Villa)

GUSTAVO A. MADERO

AZCAPOTZALCO

MAGDALENA DE LAS SALINAS

TLATELOLCO

TACUBA

Hospital Español

LOMAS DE CHAPULTEPEC

POLANCO

Bosque de Chapultepec

SAN COSME

CUAUHTÉMOC

Plaza de las Tres Culturas

Buenavista

Alameda Central

CENTRO HISTÓRICO

Plan II

REVOLUCIÓN

Zona Rosa

ROMA

CONDESA

MIGUEL HIDALGO

TACUBAYA

MONTE

Plaza de la Constitución (Zócalo)

VENUSTIANO CARRANZA

PRIMERO DE MAYO

AEROPUERTO INTERNACIONAL BENITO JUÁREZ

TAPO

Puebla

Malinalco

Plan III

130

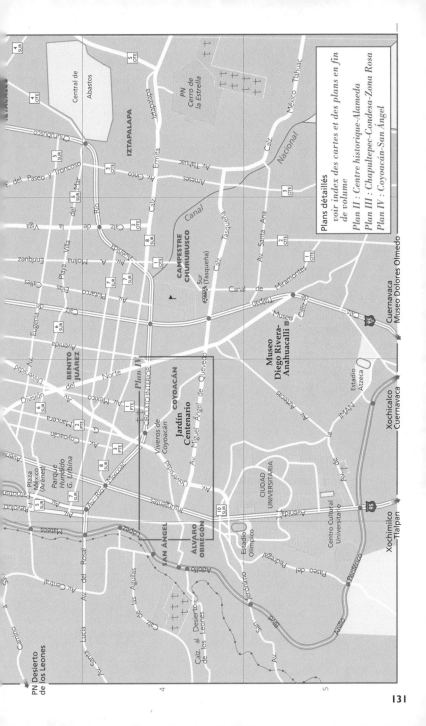

Plans détaillés

voir index des cartes et des plans en fin de volume

Plan II : Centre historique-Alameda
Plan III : Chapultepec-Condesa-Zona Rosa
Plan IV : Coyoacán-San Ángel

PN Desierto de los Leones

Camino a ...

Av. Santa Lucia
Calz. de las Aguilas
Av. Central
Av. del Rosal
San Mateos

IZTAPALAPA

Central de Abastos

Churubusco

4 SUR
4 OTE
5 OTE
5 SUR
3 OTE
2 OTE
8 SUR
7 SUR
6 SUR
5 SUR
7 SUR
8 SUR
6 SUR
1 PTE
3 PTE
8 PTE
6 SUR
2 PTE
5 SUR
10 SUR
1 OTE
2 OTE
3 OTE

F. del Paseo y Troncoso
Río Churubusco
Calz. Ermita Iztapalapa
Av. Cinco
Av. Tláhuac
Arneses
Río de la Viga
Calz. de la Viga
Av. Molina Enríquez
Villa
Av. Plutarco Elías Calles
Playa
Calz.
Eugenia
Av. Universidad
Av. División del Norte
Av. Coyoacán
G. Mancera
Av. México
Av. Río Mixcoac
G. Urbina
Av. Revolución
Parque Hundido
Plaza México (Arènes)
Insurgentes

PN Cerro de la Estrella

México Tláhuac

Calz. Nacional
Calz. Tasqueña
Av. Santa Ana
Sur (Tasqueña)
Canal
Canal de Miramontes
Calz. Tlalpan

CAMPESTRE CHURUBUSCO

BENITO JUÁREZ

Norte

COYOACÁN

Plan IV
Jardín Centenario
Viveros de Coyoacán
Av. Miguel Ángel de Quevedo
CIRCUITO INTERIOR
Universidad
Av. Universidad

SAN ÁNGEL
ÁLVARO OBREGÓN
López
Adolfo

Estadio Olímpico
CIUDAD UNIVERSITARIA
Estadio Azteca
Av. Arneses
IMAN
Av. del Pedregal
Paseo del Pedregal
Jerónimo
Centro Cultural Universitario
Avenida

Museo Diego Rivera-Anahuacalli

Museo

Xochicalco
Cuernavaca
Xochimilco
Tlalpan

Cuernavaca
Museo Dolores Olmedo

95
95

Calz. al Desierto de los Leones

4

5

131

Le fond de l'air est sale – Les indices de pollution, plus révélateurs que l'expérience de la rue, sanctionnent les effets d'une stagnation atmosphérique due à un relief en cuvette. Outre les millions de véhicules circulant en permanence, des usines autrefois éloignées de la ville se retrouvent entourées de quartiers résidentiels. Le programme «*Hoy no circula*» (Ne circule pas aujourd'hui) apporta en 1989 une première solution aujourd'hui passée dans les mœurs : l'obligation de laisser sa voiture au garage un jour par semaine *(voir p. 168)*. Mais le plus souvent, on se contente de publier dans les journaux le taux de contamination dans chaque quartier et d'interdire en cas d'alerte la gymnastique dans les écoles.

Dans la jungle urbaine – L'étude sociologique des *chavos banda*, gangs rivaux régnant sur un territoire de faubourgs, n'intéresse plus grand-monde après l'engouement des années 80. La mode est plutôt aux *niños de la calle* (adolescents vivant dans la rue), depuis que plusieurs reportages étrangers ont médiatisé leur existence. Ce fait de société stimulant l'empathie désamorce une angoisse latente des *Chilangos* («habitants de la capitale») pour leur sécurité, un thème en tête des discours de campagne. Si l'on peut arpenter les lieux touristiques sans grande inquiétude (mais les sens en éveil), la vie au quotidien est rythmée par les récits d'agressions, d'attaques de banques et d'enlèvements, dans un climat de total discrédit des policiers. Beaucoup d'entre eux, changeant parfois de camp, sont capturés l'arme au poing par leurs collègues ! Dernière invention d'une délinquance créative, le «*secuestro express*» ne dure que quelques heures et vise la classe moyenne. N'étant pas concerné, profitez-en pour observer l'arsenal de protections déployé par les automobilistes pour défendre leur bien (rétroviseurs blindés, faux boulons pour les roues, etc.). Plus de 120 véhicules sont volés chaque jour dans la capitale, et revendus en pièces détachées.

Les quartiers

Le «DF», petit nom usuel pour «Distrito Federal», a depuis longtemps débordé sur l'État de Mexico voisin, ne sachant plus où loger ses presque 5000 km². Seule une petite partie intéresse le visiteur, qui s'étend malgré tout sur 30 km du nord au sud, des basiliques de Guadalupe à Xochimilco. Ne pas se perdre dans la *Zona Metropolitana* relève de la prouesse, même pour les *Chilangos*, qui ne sortent pas beaucoup de leur quartier en dehors du travail. Même les chauffeurs de taxi, naviguant au hasard des quelque 350 **colonias** (arrondissements) s'en remettent généralement aux indications de leurs clients.

À lui seul, le **Centro Histórico** (Plan I C2 et Plan II) regroupe une bonne partie des curiosités de la capitale, rayonnant autour de la grande place centrale, le **Zócalo** (Plaza de la Constitución). En remontant vers le nord, Tlatelolco et sa **Plaza de las Tres Culturas** (Plan I C1) ne sera qu'une étape vers les **basiliques de Guadalupe** (Plan I C1), situées beaucoup plus loin dans la même direction.

À l'ouest du centre-ville, l'**Alameda Central** (Plan I C2) constitue un second pôle de visites, et fait le lien avec le **Paseo de la Reforma**, grand axe descendant vers le sud-ouest en direction du **Bosque de Chapultepec** (Plan I A-B2). Sur son parcours, alors que les alentours ne sont guère attrayants, les principales banques et compagnies aériennes ont pignon sur rue, parmi quelques hôtels de luxe. Après l'avenida Insurgentes, côté sud, commence la **Zona Rosa** (Plan I B2), quartier animé jusqu'à une heure avancée de la nuit. Dans la calle Genova (piétonne) et les rues adjacentes, abondent les bars, restaurants, boutiques et discothèques. Un peu plus au sud-ouest se trouvent les *colonias* résidentielles de **Roma** et **Condesa** (Plan I B2), aux avenues à *camellón* (allée centrale), habitées par beaucoup d'artistes et d'Européens.

Au nord du parc de Chapultepec et de ses musées, **Polanco** (Plan I A-B2), longtemps resté un quartier aisé et peuplé d'une importante communauté juive, rallie de plus en plus de boutiques de luxe et de grands magasins aux produits importés. On y trouve aussi l'ambassade de France.

L'**avenida Insurgentes**, dans un défilé ininterrompu de restaurants où se presse la classe moyenne, relie du nord au sud le Paseo de la Reforma à **San Ángel** (Plan I A4) et **Coyoacán** (Plan I B4). À cette hauteur, un tramway (*tren ligero*) prolongeant le métro s'enfonce encore plus bas, à la recherche de la **cité universitaire** (Plan I B5) et des canaux de **Xochimilco** (Plan I B5 en direction).

R. Mattes/MICHELIN

Trafic fluide sur le Paseo de la Reforma

Pour éviter les kilomètres superflus

En plein **centre historique**, l'activité bat son plein jusqu'à 20 h et à défaut d'être séduit par les tissus qui envahissent les rues au sud du Zócalo, vous pourrez aller faire un tour au Palacio de Hierro, le plus ancien grand magasin de Mexico. Ensuite, les rideaux de fer vous inciteront à changer de quartier ou à trouver refuge au Café Tacuba, au restaurant La Opera, avant de rejoindre la place Garibaldi.

Si vous vous trouvez près de l'**Alameda**, une promenade sur les avenidas Juárez et Balderas vous permettra de faire quelques achats d'artisanat, de la boutique Fonart au marché de la Ciudadela. Un taxi vous ramènera ensuite dans le centre ou la Zona Rosa. Depuis le **Bosque de Chapultepec**, empruntez l'avenue Reforma jusqu'à la Zona Rosa (boutiques, marché d'artisanat et restaurants). Pour dîner ou boire un verre en terrasse, la toute proche colonia Condesa (au sud de la station de métro Chapultepec) offre un choix de lieux agréables et très fréquentés en soirée (à l'intersection des calles Vicente Suárez et Michoacán).

Si vous êtes descendu vers le sud, profitez en fin de semaine de l'ambiance nocturne de **Coyoacán**. Vous pourrez faire des trouvailles sur la place principale où se tient une « kermesse » hebdomadaire, et vous restaurer à proximité.

Si vous séjournez 2 jours à Mexico	
1er jour	Matinée et déjeuner autour du Zócalo, après-midi au Musée national d'Anthropologie. Dîner dans la Zona Rosa.
2e jour	Excursion à Teotihuacán, avec arrêt aux basiliques de Guadalupe. Soirée sur la Plaza Garibaldi.
Si vous séjournez 3 ou 4 jours à Mexico	
1er jour	Le centre historique et les marchés, après-midi autour de l'Alameda Central (déjeuner dans le centre ou au musée Franz Mayer)
2e jour	Le Bosque de Chapultepec, du castillo au musée national d'Anthropologie (déjeuner dans le musée).
3e jour	Excursion à Teotihuacán avec arrêt aux basiliques de Guadalupe.
4e jour	San Ángel, Coyoacán et Xochimilco (de préférence le samedi ou dimanche).

Le Centro Histórico*** (Plan II)

Comptez 2 jours.
Plusieurs itinéraires à partir du Zócalo vous sont proposés.

Une centaine de pâtés de maisons résument toute l'histoire de la ville, du Templo Mayor à la tour latino-américaine. Dans ce quartier à la réhabilitation laborieuse, vous serez pris dans un véritable patchwork architectural, cadencé par une activité commerciale trépidante qui ne cesse qu'à la tombée du jour. Les palais espagnols aux façades bicolores, mariage du *tezontle* (pierre volcanique couleur lie de vin) et du calcaire, côtoient de vaniteux édifices porfiriens au « goût français » et de sévères bâtisses fonctionnalistes, le tout bariolé par la camelote d'un gigantesque marché improvisé. À la nuit tombée, le morne alignement des rideaux de fer vous fera regretter l'agitation interrompue et attendre avec impatience les visites du lendemain.

La Plaza de la Constitución** (Zócalo) (D3)

Réveillé à 6 h avec tambours et trompettes pour le lever des couleurs, ce n'est qu'en milieu de matinée que le *Zócalo* s'anime au son des *concheros*, inlassables danseurs emplumés disputant leur scène improvisée aux vendeurs ambulants. Le cœur de la ville, solennel et populaire, bat au rythme de la ville tout entière. Les indigents croisent les cols blancs, les artisans attendent l'embauche, outils aux pieds, devant les dévotes pressées d'entrer dans la cathédrale.

Au centre, un socle (*zócalo*), qui donna son surnom à la place, attendit vainement son monument à l'indépendance, avant de céder la place au grand mât. Celui-ci déploie son drapeau au-dessus des démonstrations officielles, des concerts enfiévrés, mais aussi des mécontents qui peuvent camper des semaines sur le pavé face au palais présidentiel. *Teocalli* aztèque, Plaza Mayor espagnole puis Plaza de la Constitución, ce lieu a maintes fois changé d'apparence depuis le 14ᵉ s., sans jamais cesser de rassembler les pouvoirs politique et religieux. De son évolution, illustrée par trois maquettes dans la station de métro, l'empreinte coloniale reste encore la plus forte. La cathédrale, le Palais national, les bâtiments du District fédéral et le mont-de-piété dressent leur façade de pierre volcanique et encadrent une esplanade bien plus austère qu'au début du 20ᵉ s., lorsque la « bonne société » arrivait en tramway pour se promener dans un square ombragé…

Siège de la vice-royauté puis du pouvoir républicain, le prestigieux **Palacio Nacional*** *(tlj 9h-18h ; entrée libre sur présentation du passeport)* a subi maintes transformations. Incendié en 1624 à la suite d'une dispute entre l'archevêque et le vice-roi, détruit à nouveau par une foule affamée, le nouveau palais du 17ᵉ s. perdra son aspect de forteresse et sera rehaussé d'un étage en 1929. Sur le fronton de la porte principale, au-dessus du balcon présidentiel et de la cloche sonnée par Miguel Hidalgo en 1810 (*voir p. 32*), deux guerriers aztèque et espagnol symbolisent le métissage mexicain. Des **fresques de Diego Rivera*** décorent somptueusement la galerie supérieure de la cour principale. Dans le grand escalier, le triptyque *Epopeya del Pueblo Mexicano* (« Épopée du peuple mexicain »), réalisé par petites touches entre 1930 et 1935, illustre les grands épisodes de

Chronique d'un naufrage annoncé

Les 42 premières années de construction, employées uniquement aux fondations, n'auront pas suffi à éviter l'inexorable enfoncement de cet énorme vaisseau, reposant sur le remblai hâtif d'une cité lacustre. Piquant progressivement du nez au niveau de la tour ouest, le dénivelé amorcé dès le 16ᵉ s. atteignait 2,40 m par rapport à l'abside en 1989 ! Dix ans de travaux ont permis de réduire de moitié cette inclinaison, en retirant l'argile sous les parties les plus hautes, et de renforcer la structure par de nouveaux pilotis. S'il reste quelques stigmates d'une telle chirurgie, vous avez échappé à l'incroyable treillis d'échafaudages, qui transformait l'intérieur de la cathédrale en un étrange monument d'art contemporain l'histoire du pays. Le mur de droite évoque la vie préhispanique, le panneau central montre les vicissitudes du pouvoir espagnol de la conquête à l'indépendance, suivi des interventions étrangères. À gauche, l'enthousiasme marxiste de l'artiste reprend ses droits, fustigeant allègrement la corruption des capitalistes et du clergé sur fond de lutte ouvrière. Les autres *murales*, peints de 1942 à 1954, rendent un vibrant hommage aux peuples indiens. Aux Mexicas du *tianguis* de Tlatelolco *(voir p. 28)*, près de la grande Tenochtitlán, succèdent les Tarasques, Mixtèques et Totonaques. Le dernier décrit, sur un ton acerbe, la *Colonización*.

Majestueux miroir de la « foi triomphante », constamment en travaux pendant les deux siècles et demi de présence espagnole, la **Catedral Metropolitana**** *(7 h-19 h, dimanche 7 h-20 h. Pendant la grand-messe du dimanche, on ne peut pas accéder au retable des Rois ni à la sacristie)* n'a pu être achevée qu'en 1813, au crépuscule de la période

La Catedral Metropolitana

G. de Benoist/MICHELIN

coloniale. Son architecture composite offre ainsi une synthèse de l'évolution des styles, où se côtoient les coupoles Renaissance, les retables baroques et la façade néoclassique. Le **Sagrario***, paroisse accolée à l'est, fut au contraire achevé en 11 ans et affiche l'homogénéité et les excès de sa luxuriance ultrabaroque.

La **façade** de la cathédrale, animée de trois hauts-reliefs inspirés de gravures de Rubens, est flanquée de deux tours coiffées au 18ᵉ s. d'énormes cloches de pierre.

L'**intérieur**, gravement endommagé par un incendie en 1967, a retrouvé son lustre et un semblant d'horizontalité. Le chœur, interrompant la nef centrale, soutient l'**altar del Perdón** (autel du Pardon) illuminant l'entrée. Cette solution typiquement espagnole permettait d'accommoder deux buffets d'orgues face à face, dont les tuyaux « en chamades » (horizontaux) jaillissent comme des trompettes. Sur les côtés s'alignent 16 chapelles, dont autant de confréries avaient la charge. Derrière le maître-autel en albâtre, le **retable des Rois****, dessiné par Jérôme de Balbás en 1737, constitue le chef-d'œuvre absolu de l'art churrigueresque mexicain, à l'heure où son esthétique paraissait déjà démodée en Espagne. L'ornementation pléthorique le transforme en « grotte dorée », où prennent place les rois et les reines sanctifiés délivrant leur message : les grands de ce monde s'inclinent eux aussi devant la Vierge et son fils. Les toiles du centre drapées dans l'ombre représentent « l'adoration des rois » et « l'Assomption de la Vierge », à qui est consacrée la cathédrale. Vous terminerez par la **sacristie*** aux voûtes joliment nervurées, revêtue de cinq immenses tableaux de **Cristóbal de Villalpando**.

Dirigez-vous vers le Templo Mayor par le côté droit de la cathédrale, et remarquez l'étonnant enfoncement de la ville à cet endroit. Presque tous les édifices sont inclinés, et la calle de la Moneda qui longe le Palais national paraît se soulever comme une vague. Plus loin, une **maquette-fontaine** représente le *Teocalli*, l'enceinte sacrée de Tenochtitlán hérissée de temples.

Le Templo Mayor** (D3)

Comptez 2 h. Tlj 9 h-17 h, entrée payante sauf le dimanche. Les boissons sont interdites, mais peuvent être laissées à la consigne. Les vestiges du plus grand lieu de culte aztèque, cette fière pyramide maculée de sang humain décrite avec effroi par les compagnons de Cortés, laisse d'abord perplexe. Le dégagement de ce champ de ruines, aujourd'hui sillonné de passerelles et coiffé de préaux, n'a commencé qu'en 1978. Se représenter le monument, arasé avec application après la Conquête, requiert un sérieux effort d'imagination.

Au centre de l'univers aztèque, ce sanctuaire symbolisait la puissance impériale. Chaque nouveau souverain, pour démontrer sa grandeur, ordonnait que le temple soit « habillé » d'une épaisseur supplémentaire en pierre volcanique garnie d'offrandes, recouverte d'un stuc rouge vif. L'ensemble sera ainsi remanié sept fois en un siècle et demi, et les volées d'escaliers parallèles témoignent de ces agrandissements successifs. La dernière version existante du socle pyramidal, atteignait 80 m de côté et 42 m de haut : une vraie montagne artificielle. Car le **Coatepec**, montagne double infestée de serpents *(coatl)*, berceau de toute création et demeure de la déesse Terre dans la pensée aztèque, servait justement de modèle au temple principal. Vous comprendrez l'alignement de têtes reptiliennes encastrées dans les murs, auxquelles répondent d'autres **serpents ondulants***, encore colorés, et des grenouilles symbolisant le plan terrestre.

Deux grands escaliers menaient séparément à chacun des deux **temples** alignés au sommet, représentant l'*omeyocán* ou le monde de la dualité. La passerelle emprunte ensuite une canalisation d'égouts, creusée en 1900 dans l'édifice sans émouvoir personne, et vous fait remonter le temps à travers les diverses phases de reconstruction. Vous passerez à côté de la copie en ciment du **monolithe de Coyolxhauqui** (*original au musée du site*), dont la découverte fortuite a motivé l'ensemble des fouilles. Au fond, la deuxième version de la pyramide, beaucoup plus modeste que celle du

16ᵉ s., a été inaugurée en 1390. Son sommet, actuellement protégé par un toit, a été miraculeusement préservé grâce à son enfoncement dès l'époque préhispanique. Le premier temple était dédié au dieu guerrier **Huitzilopochtli**, lié au culte solaire, à qui l'on sacrifiait de nombreuses victimes. Remarquez sur la plate-forme la sobre **pierre de sacrifices**, qui soutenait le dos arqué du sacrifié. Le temple de gauche, orné de lignes verticales peintes, était dédié à **Tláloc**, dieu de la Pluie et de la Fertilité. Un **Chac-Mool*** polychrome au regard énigmatique *(voir encadré p. 361)* servait d'autel sur la plate-forme. En dessous, une cavité contenait des offrandes pour contenter la divinité. Les saintes colères de Tláloc provoquaient parfois des sécheresses, qui étaient apaisées par le sacrifice d'enfants enterrés ensuite autour du temple.

Suivez le parcours en remarquant l'empilement des couches de dallage jusqu'au **Recinto de los Guerreros-Águila**** (enceinte des Guerriers-Aigle). À l'entrée, deux têtes de rapaces représentent l'animal totémique de l'un des deux corps de l'armée d'élite, principal instrument du pouvoir aztèque. Lors de grandes cérémonies religieuses, les guerriers se rassemblaient ici autour de leur chef, assis sur des **banquettes polychromes**** sculptées dans le style toltèque. Celles-ci courent autour de deux grandes salles, autrefois couvertes d'une toiture plate, en une superbe frise multicolore où des combattants armés et empanachés défilent vers un motif solaire. Au-dessus d'eux, de petits serpents à plumes les accompagnent et semblent se mordre la queue. Plus loin, vous apercevrez le **Tzompantli*** (autel de Crânes), une plate-forme à la décoration explicite où étaient exposées ses têtes des sacrifiés, puis le **Templo Rojo** (temple Rouge) probablement destiné à un culte agraire. L'arrière du Templo Mayor n'a pas échappé à l'enfoncement généralisé : on peut y voir, parmi quelques traces de l'occupation espagnole, un pilotis et une citerne.

Le Museo del Templo Mayor*** conserve la plupart des 8 000 objets trouvés sur le site, offrandes soigneusement placées dans 118 caisses de pierre *(cistes)*, enfouies rituellement dans la pyramide. Une telle richesse justifiait amplement la construction d'un nouveau musée, achevé en 1987. Il est divisé en deux parties, séparées par une grande maquette de la ville sacrée, et correspond judicieusement à la disposition des deux temples du Templo Mayor.

Côté Huitzilopochtli – La visite commence par cette section illustrant la guerre et le sacrifice humain. Des crânes de pierre grimaçants prélevés sur le *Tzompantli* vous mettent d'ailleurs dans l'ambiance. En guise d'introduction, le premier niveau expose plusieurs maquettes et des exemples d'offrandes, un **cuauhxicalli** (réceptacle de cœurs humains) en forme d'aigle, et des objets récemment trouvés lors des travaux de restauration de la cathédrale ; parmi eux, un remarquable **disque**** en mosaïque de turquoises, où gravitent des divinités.

Au deuxième niveau, remarquez les **crânes préparés***, une manière surprenante de redonner une « vie posthume » aux sacrifiés, en incrustant des yeux en pierre (voyez aussi les petits trous pour les cheveux !). Deux **urnes funéraires**** en argile orangé finement ciselé représente un couple de dieux, dont Tezcatlipoca, à droite, au pied en forme de serpent. La pierre de Coyolxhauqui est à observer depuis l'étage supérieur. Les vitrines du troisième niveau regroupent les objets selon leur origine, les offrandes affluant vers la capitale des quatre coins de l'Empire.

Deux célèbres **guerriers-aigles***** en céramique, provenant de l'enceinte du même nom, vous accueillent au 4ᵉ niveau. Façonnés grandeur nature, leur exceptionnel état de conservation renforce leur pouvoir expressif. Des porte-étendards et une sculpture de **Huehuetéotl** (dieu du Feu) complètent l'étage. La **pierre de Coyolxhauqui***** a été découverte par des ouvriers de la Compagnie d'électricité, au pied de l'escalier conduisant au temple de Huitzilopochtli *(voir encadré p. 140)*. La déesse de la Lune, sculptée sur un monolithe de huit tonnes de basalte, apparaît décapitée et démembrée dans un luxe de détails réalistes. Remarquez le grelot sur la joue – qui lui a donné son nom –, les lignes de la main, les os dépassant des membres coupés, sans oublier les bourrelets sous une poitrine généreuse. Ce portrait est « terriblement » humain, comparé aux monstrueuses créatures du panthéon aztèque.

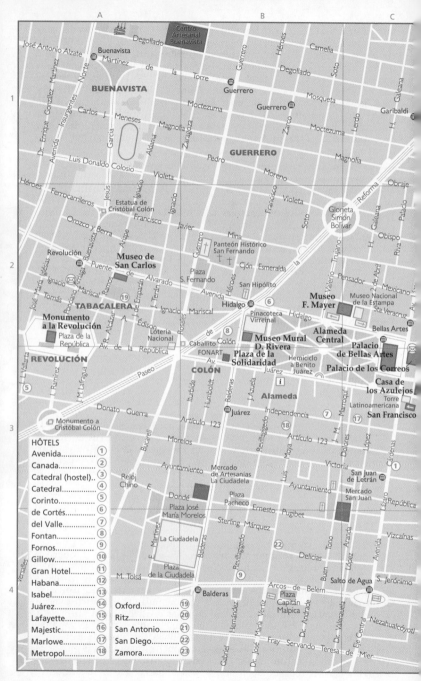

HÔTELS

Avenida	①
Canada	②
Catedral (hostel)	③
Catedral	④
Corinto	⑤
de Cortés	⑥
del Valle	⑦
Fontan	⑧
Fornos	⑨
Gillow	⑩
Gran Hotel	⑪
Habana	⑫
Isabel	⑬
Juárez	⑭
Lafayette	⑮
Majestic	⑯
Marlowe	⑰
Metropol	⑱

Oxford	⑲
Ritz	⑳
San Antonio	㉑
San Diego	㉒
Zamora	㉓

Plaza de las Tres Culturas

MEXICO
Centre Historique-
Alameda (Plan II)

N

0   400   800 m

Francisco
González
Bocanegra
Plaza
Santa Ana
Carranza
Jaime
Comonfort
Nuño
Peralvillo
MORELOS
Tenochtitlán
Aztecas
Florida
Ortega
Obreros
Doblado
Libertad
Allende
Norte
Libertad
Jesús
 Efe Central
Glorieta
General José
de San Martín
Garibaldi
Órgano
Rep. de Ecuador
Mercado de
la Lagunilla
I. López Rayón
Palma
Lagunilla
Argentina
Héroe   de   Granaditas

Mercado
San Camilito
Ciclón La Vaquita
Ignacio
Comonfort
República   de   Paraguay
Aztecas
Florida
González
Manuel
República   de   Costa   Rica

Plaza
Garibaldi
Rep.   de   Honduras
Incas
Brasil
República   de   Nicaragua
Plaza del
Estudiante
Peña y Peña

República   de
Perú
Rep.   de   Bolivia
Colón
Plaza
Torres Quintero
José
Joaquín
Dobladо
Herrera

Plaza de la
Concepción
Belisario
Domínguez
Chile
Santo
Domingo
Rep. de Colombia
Carmen
Lecumberri
Vicario
Manuel

Rep. de Cuba
Allende
República
Casa de los
Condes de
Heras y Soto
Plaza
Santo
Domingo
Antiguo Palacio
de la Inquisición
Rep. de Venezuela
Girón
Museo
Nacional
de Arte
Doncelles
12
SEP
San Ildefonso

M. Tolsá
Palacio
de Minería
Allende
Donceles
La Enseñanza
4
Templo
Mayor
Antiguo Colegio
de San Ildefonso
Leona
Marfil
San Marcos

CENTRO
Bolívar
Católica
Tacuba
3
Guatemala
Museo del
Templo Mayor
Mixcalco
Loreto

5 de Mayo
La
Profesa
14
Monte
de Piedad
Santa
Teresa
Rep. de Guatemala

Palacio de
Iturbide
20
23
10 2
5 de Mayo
Catedral
Metropolitana
Antiguo Palacio
del Arzobispado
La Santísima
Trinidad

Casa
Borda
15
Casino
Español
21
16
Madero
i
Plaza de la
Constitución
(Zócalo)
Palacio
Nacional
Casas del Mayorazgo
de Guerrero
E. Zapata
Circunvalación

16
Motolinía
11
Septiembre
Isabel
Zócalo
Museo de
las Culturas
Plaza
de la
Alhóndiga
Lecherías

Venustiano   Carranza
Casa del los Condes
de San Mateo Valparaíso
República   de
Uruguay
Suárez
Correo Mayor
Corregidora
Corregidora

de
El
Salvador
13
Venustiano   Carranza
Claustro de la Merced
Capilla de
Manzanares

Bolívar
Mesones
5 de Febrero
20 de Noviembre
Vizcaínas
Museo de
la Ciudad
República del Salvador
María
Talavera
Santo
Tomás
Roldán

Regina
Hospital e
Iglesia de Jesús
Correo
Mesones
Jesús
Corona
F. Ramón
Mercado
Sonora

Teatro
Isabel la
Católica
José
María
Izazaga
Pino Suárez
Regina
Plaza Juan
José Baz
Misioneros
Circunvalación
Anillo

Isabel
Nezahualcóyotl
Pino
San
Clavijero
Topacio
San
Pablo
Plaza
Carrizal
Merced
Mercado
de la Merced

Lutte fratricide en montagne

Coatlicue, la déesse-mère des Mexicas à la jupe de serpents entrelacés, vivait sur la montagne sacrée, le Coatepec («montagne aux serpents»). Ayant fourré un duvet sous sa jupe alors qu'elle balayait sa demeure, elle s'en trouve fécondée et scandalise sa fille aînée Coyolxauhqui («celle qui a des grelots sur le visage») par cette grossesse inexpliquée. Celle-ci décide alors de tuer sa mère et le fruit qu'elle porte, aidée par une armée de 400 frères. C'était sans compter sur l'identité du rejeton, Huitzilopochtli en personne, le dieu tribal des Mexicas. Il sort du ventre de sa mère, armé jusqu'aux dents, et décapite sa sœur, avant de la lancer au bas de la montagne, où son corps arrive disloqué. Cette dépouille, sculptée devant le temple de Huitzilopochtli, recevait les corps sacrifiés jetés au bas des marches, épilogue d'une mise en scène répétant inlassablement le mythe sanglant.

Côté Tláloc – Un **vase bleu**★★ à l'effigie du dieu de l'Eau éclate de fraîcheur au-dessus d'une fontaine, la salle illustrant le thème de la fertilité. En redescendant, la visite se poursuit par les offrandes animales, le monde agricole (voyez la maquette des *chinampas*, parcelles cultivées flottantes) et la période coloniale.

Un dernier frisson vous attend dans la salle du **Mictlán** (monde des Morts), au rez-de-chaussée, où deux **personnages squelettiques**★ en argile, perchés sur des banquettes, vous tendent leurs mains griffues en exhibant…

leur foie (siège des émotions chez les Aztèques). Ils flanquaient l'une des portes de l'enceinte des guerriers-aigles, rappelant l'importance de leurs missions mortifères.

Au sud-est, le quartier de la Merced (D-E4)

Quittez le *Zócalo* par le coin sud-est, en passant devant la sculpture de la fondation de Tenochtitlán et la Cour suprême. Continuez jusqu'à la **Casa de los Condes de Calimaya**★ transformée en **Museo de la Ciudad** (musée de la Ville) *(10h-18h sauf le lundi. Entrée libre)*. Construite en 1781 par Guerrero y Torres – on lui doit aussi l'église del Pocito à la basilique de Guadalupe –, elle n'accueille que des expositions temporaires dans de grandes salles immaculées. Des **gargouilles** en forme de canon rehaussent sa façade en *tezontle*, et une énorme **tête de serpent** préhispanique encastrée sert de pierre angulaire. Le patio sommairement couvert conserve une **fontaine**★ où une sirène joue de la guitare; au pied de l'escalier, deux chiens à tête de «lion» montent la garde. À l'étage, voyez à droite l'encadrement sculpté de la **porte** de la chapelle, et à gauche le salon de musique *(empruntez l'escalier et frappez à la porte en bois)*. Une chambre est entièrement peinte par **Joaquín Clausell**, qui vécut dans ce palais au début du 20ᵉ s. Avocat opposé à Porfirio Díaz et peintre autodidacte, il recouvrit les murs d'un journal intime en images de 1905 à 1935.

En face, l'**église de Jesús** *(8h-14h)* fait partie de l'hôpital fondé en 1524 par **Hernán Cortés**. Après sa mort, sa dépouille fut ramenée d'Espagne selon ses vœux pour y être ensevelie, comme l'indique une plaque discrète à gauche du chœur. Au-dessus de la tribune, une peinture murale de **José Clemente Orozco**, inachevée, reflète par cette vision personnelle de l'**Apocalypse** (1943) l'incroyable liberté d'expression dont jouissaient les muralistes de cette époque, jusque dans les églises. L'**Hospital de Jesús**★, auquel on accède par une galerie «moderne», existe toujours. Les deux patios et les jeux de colonnes toscanes donnent presque envie de tomber malade. Vous y trouverez de rares portraits de Cortés, un buste près de l'escalier et deux portraits dans l'ancienne sacristie, couverte par l'unique **plafond**★ en *artesonado* (à caissons) du 16ᵉ s. ayant survécu à Mexico.

Rejoignez la calle República de Uruguay, et arpentez-la vers l'est, en passant devant le **Claustro de la Merced** (cloître de la Merced) *(fermé au public suite à l'incurie des autorités culturelles)*, qui a donné son nom au quartier. Dans une atmosphère d'affairement chaotique, vous passerez devant des boutiques d'un autre âge, jusqu'à la minuscule **Capilla de Manzanares** *(15h-18h)*, la plus petite église de Mexico. Elle fait partie des sept ermitages construits autour de la ville sur ordre de Cortés.

Vous pénétrerez dans le **Mercado de la Merced*** (E4) (M° *Merced*) par la calle Ramón Corona, où s'entassent les cotillons et les friandises. Derrière, le marché alimentaire se tient sous une grande halle des années 50, où accouraient les grossistes avant la création de la *Central de Abastos* (« grandes halles »). En vous dirigeant vers la droite entre les pyramides de fruits et de légumes de saison, vous rencontrerez les *piñatas* (voir p. 67) puis les feuilles de maïs et de bananier servant à cuisiner les *tamales*.

En sortant, continuez vers le sud par la calle Rosario jusqu'à l'av. Fray Servando.

Encore plus exotique que le précédent, le **Mercado Sonora*** (E4 en direction) comporte une section de **sorcellerie** et de magie blanche (*1re allée à gauche*) ainsi qu'un marché aux animaux domestiques.

Autour du Palacio Nacional (D-E3)

Une promenade autour du Palacio Nacional peut débuter calle de la Moneda par la visite de l'**Antiguo Palacio del Arzobispado*** (ancien palais de l'Archevêché) (*10h-17h sauf le lundi. Entrée payante sauf le dimanche*). Fondé en 1530 sur les ruines du temple de Tezcatlipoca par Juan de Zumárraga, premier évêque de Mexico, il sera le théâtre, d'après la tradition, de l'apparition miraculeuse de l'image de la Vierge sur la tunique de Juan Diego. Le **Museo de la Secretaría de Hacienda*** (musée du ministère des Impôts) occupe cette grande demeure reconstruite vers 1730. Quelques fragments du temple aztèque apparaissent au rez-de-chaussée, et dans l'escalier un *mural* (1952) de José Gordillo rend hommage aux héros nationaux. La majeure partie de la collection a été constituée grâce au programme original « *pago en especie* » (paiement en nature) autorisant les artistes à s'acquitter de leurs impôts avec leurs propres œuvres. Outre les **arts plastiques contemporains**, vous pourrez voir la salle des **icônes russes*** du 16e au 19e s. (*confisquées en douane*), la **salle coloniale** renfermant quelques belles sculptures en ivoire et une table en marqueterie et les **salles de peinture du 20e s.*** (plusieurs toiles de Diego Rivera et de Rufino Tamayo).

En continuant la calle Madero, remarquez à gauche l'inclinaison de l'**église de Santa Teresa** dans l'impasse Lic. Verdad, et jetez un œil à droite dans le grand patio néoclassique du **Museo Nacional de las Culturas** (*9h30-17h45 sauf le lundi, dimanche 10h-16h45. Entrée libre*). Dans l'ancien hôtel des Monnaies, Maximilien créa en 1865 le premier Musée national d'Anthropologie, et la pierre de Tizóc (*voir p. 156*) trôna dans la cour jusqu'en 1962. En face, les deux maisons du 17e s., séparées par la calle Correo Mayor, appartenaient au **Mayorazgo de Guerrero** (majorat de Guerrero).

Dans son prolongement, la calle Emiliano Zapata descend vers le parvis de l'**église de la Santísima Trinidad*** (*tlj 7h-19h*). Au cours des siècles, elle s'est enfoncée de 2 m, ce qui obligeait à surélever régulièrement le sol. Sa restauration a permis d'exhumer la base d'origine, au prix d'une « plongée » des rues qui l'entourent. Sur la remarquable **façade**** churrigueresque à la végétation frisottée, les 12 apôtres ornent les *estípites* du 1er registre, sous la représentation de la Sainte-Trinité. Dieu le Père y est coiffé d'une tiare papale que l'on retrouve parachevant le clocher. Le **portail latéral*** n'a rien à envier au portail principal, et à l'**intérieur** les étranges bases de pilastres trahissent les efforts déployés pour contrer l'affaissement.

Vous continuerez vers le sud par la calle de la Santísima, dont les maisons semblent elles aussi sur le point d'être englouties. La Plaza de la Alhóndiga et la calle de la Corregidora (*à droite*) conservent le tracé et les petits ponts de l'**Acequia Real** (canal royal), qui permettait l'acheminement en barque des fruits et des légumes jusqu'au marché de la Plaza Mayor.

Au nord, vers la Plaza Santo Domingo (D2)

L'Antiguo Colegio de San Ildefonso* *(10h-18h sauf le lundi; entrée payante sauf le mardi)* illustre avec grandeur la vocation éducative des jésuites entre 1583 et 1767, année de leur expulsion de la Nouvelle-Espagne. Après avoir abrité les troupes des pays «interventionnistes» (les Américains puis les Français), l'édifice baroque retrouva un siècle plus tard sa fonction d'origine, en devenant l'**Escuela Nacional Preparatoria**, rattachée à l'Université. Les plus belles expositions temporaires du pays s'y tiennent depuis 1992.

La cour principale accueille le plus grand ensemble de **murales de José Clemente Orozco****, réalisés entre 1923 et 1926 sur trois niveaux de l'aile nord, exaltant les thèmes souvent manichéens du muralisme mexicain. Dans l'escalier, Cortés et La Malinche *(voir p. 30)*, nus, évoquent le métissage. Le **Generalito***, salon des actes du collège, conserve la chaire mais surtout les exceptionnelles **stalles*** provenant de l'église Saint-Augustin, sculptées de scènes bibliques au début du 18e s. par Salvador de Ocampo.

En sortant, faites un détour par l'**église de la Enseñanza*** *(Donceles #104. 7h30-20h, dimanche 10h-14h)*. Elle appartenait au couvent d'un ordre féminin fondé par Benito de Nurcia et saint Ignace de Loyola, dont les statues décorent la façade. La partie centrale du portail, aux multiples ondulations, ne manque pas d'originalité. À l'intérieur, de part et d'autre du «clinquant» maître-autel dédié à la Virgen del Pilar, les professes assistaient aux offices, cachées derrières les grilles du double *coro bajo* (chœur inférieur), sous les immenses toiles illustrant l'Assomption et l'Immaculée Conception.

En remontant la calle República de Argentina, vous atteindrez, au numéro 28, la **Secretaría de Educación Pública (SEP)** (ministère de l'Éducation publique) *(9h-18h, samedi-dimanche 9h-17h uniquement le rez-de-chaussée. Entrée libre)*. Dans ce bâtiment redécoré après 1921 vivaient les religieuses du **couvent de la Encarnación**, dont les plus fortunées possédaient une petite maison particulière, avec domestiques, dans les grands cloîtres. Ces cours distillent maintenant un message subversif, grâce aux **murales de Diego Rivera****, inlassable credo du communisme et de la lutte des classes, mais aussi de l'attachement au Mexique traditionnel. Au 3e niveau du **Patio de las Fiestas**, Frida Kahlo distribue les armes de la Révolution prolétarienne.

La calle República de Venezuela vous mènera jusqu'à la **Plaza Santo Domingo***, l'une des plus animées à la période coloniale, en partie grâce à la présence de l'administration des **douanes** occupant le côté est.

À l'est de la place, l'**Antiguo Palacio de la Inquisición** (Antigua Escuela de Medicina) *(tlj 9h-18h. Entrée libre)* est l'œuvre de Pedro de Arrieta (1736). La «*Casa Chata*» (maison plate), ainsi surnommée à cause de son pan coupé, a longtemps gardé une sinistre réputation. Au 19e s., vingt ans après la disparition du tribunal du Saint-Office, personne ne voulait y habiter. Il fallut la mettre 11 fois aux enchères avant que l'archevêque ne l'achète pour la céder au plus vite à l'École de médecine. La faculté a été transférée depuis, remplacée par un modeste **musée de la médecine** : âmes sensibles, évitez les corps disséqués à droite de l'entrée.

Candidats au bûcher

Placé sous l'autorité des dominicains, le tribunal de l'Inquisition établi en Nouvelle-Espagne en 1571 n'était pas dirigé contre les Indiens, considérés trop néophytes dans leur nouvelle foi. Il était destiné au contraire à les «protéger» des hérétiques venus de l'Ancien Monde, qui auraient pu corrompre de si fragiles catéchumènes. Protestants anglais, juifs portugais, mais aussi nobles bigames et prêtres lubriques, le Saint-Office faisait feu de tout bois pour alimenter ses bûchers au 16e s.! Si les peines capitales devinrent ensuite plus rares, le tribunal continua à siéger et à condamner jusqu'en 1820, après avoir excommunié de nombreux indépendantistes dont le prêtre José María Morelos.

Au nord, la troisième version de l'**église de Santo Domingo** fut achevée un an après le palais de l'Inquisition. Sur le relief surmontant la porte, Saint Dominique agenouillé reçoit les clés de saint Pierre et le livre des épîtres de saint Paul.

Le Portal de los Evangelistas* contribue largement à l'attrait de cette place. Des **écrivains publics** y proposent leurs services et tapent à la machine essentiellement des lettres administratives. Ils cohabitent avec les **imprimeurs** de faire-part, dont le travail artisanal mérite votre attention. Le client ayant choisi son modèle dans un grand album (une merveille du kitsch), ils assemblent les caractères et impriment sur des presses à main. Avec le même entrain, on falsifiait aussi dans les ateliers du quartier toutes sortes de documents officiels, avant que la police n'y mette récemment son nez.

Au centre de la place, une **fontaine** représente la Corregidora (« mairesse ») Josefa Ortiz de Domínguez, héroïne de l'indépendance *(voir p. 433).*

Repartez par la calle República de Cuba puis descendez la calle República de Chile.

Au coin de la calle Donceles, la **Casa de los Condes de Heras y Soto*** fut en réalité construite en 1760 pour Adrián Ximenez de Almendral, propriétaire de mines d'argent. À l'**angle***, un atlante portant une corbeille de fruits se tient sur un lion, et d'autres atlantes entourent le bâtiment soutenant les gargouilles. Dans l'entrée *(lundi-vendredi 9h-15h)* est exposée la tête d'un ange déchu : la sculpture de la victoire ailée tombée de la colonne de l'indépendance *(voir p. 152)* lors du séisme de 1957.

Vous pourrez ensuite rejoindre la cathédrale par la calle 5 de Mayo en longeant le **Monte de Piedad** (mont-de-piété), reconversion pragmatique de l'ancien palais de Cortés, et bouée de sauvetage de milliers de désargentés.

À l'ouest, de la calle Madero à la Plaza Garibaldi

Ignorant les premiers mètres de la Calle Madero, envahie (depuis le 18e s. !) par les bijoutiers, partez par la calle 5 de Febrero. Au coin sud-ouest du *Zócalo* s'ouvrit en 1899 le **Centro Mercantil***, premier grand magasin attirant les élégantes de la « Belle Époque » du Porfiriat. Transformé en **Gran Hotel** *(voir « Où loger »)*, il a conservé ses ascenseurs et son impressionnante verrière.

Par la calle Venustiano Carranza, vous atteindrez la **Casa de los Condes de San Mateo Valparaíso*** (D3) *(entrée au numéro 60. 9h-16h sauf les samedi et dimanche. Entrée libre)*. La Banque nationale du Mexique (Banamex) a transformé en bureaux de prestige ce palais, construit par Guerrero y Torres vers 1770 pour une noble famille enrichie par les mines d'argent et l'élevage. Vous admirerez d'abord, à l'intérieur, le patio aux arcs surbaissés, l'audacieux **escalier*** à double révolution, et deux paravents du 18e s. La porte principale, où deux anges soutiennent le blason familial, se trouve calle Isabel la Católica, une rue que vous remonterez vers le nord.

Au coin de la calle 16 de Septiembre, la **Casa Boker**, construite par le propriétaire allemand d'une quincaillerie (toujours là depuis 1865), garde le souvenir d'une époque au commerce florissant. L'outillage ne nourrissant plus son homme, un drugstore Sanborn's profite largement des lieux.

Continuez jusqu'au **Casino Español** (D3) *(# 29, 10h-18h, samedi 10h-15h, fermé le dimanche. Entrée libre)*. Achevé en 1903, il marque le retour en force d'un nationalisme espagnol resté discret aux lendemains de l'indépendance. À la faveur d'un président « européaniste » – Porfirio Díaz est d'ailleurs enterré au cimetière du Montparnasse à Paris –, s'éleva ce temple ibérique au style aussi lourd que les lustres en cristal de son **Salón de los Reyes**. Après avoir gravi l'escalier en marbre de Carrare, vous pourrez y déjeuner dans une ambiance feutrée.

Juste en face, la **Casa de los Condes de Miravalle**, un palais du 17e s., a ouvert ses portes aux bijoutiers, et Rodriguez Lozano en a peint l'escalier en 1945.

Le croisement des calles Isabel la Católica et Madero exhibe à nouveau le joyeux mélange de styles du quartier. À l'est, deux prétentieuses bâtisses inaugurèrent le 20ᵉ s. dans l'euphorie des années bourgeoises de Porfirio Díaz. L'une hésite entre Rome et la Grèce, sa monumentale horloge a dû causer plus d'un torticolis ; l'autre résolument « à la française » affiche un toit à la Mansart. À l'intérieur, dans le magasin de disques Mix Up, on peut encore apprécier les colonnes et les poutres métalliques en vogue depuis Eiffel.

À l'ouest, l'**église de la Profesa** (D3) (*tlj 8h-19h30*), édifiée par les jésuites, causa un grand scandale au sein de l'Église à la fin du 16ᵉ s. Cet ordre nouvellement né (fondé en 1540) venait, dans l'« agressivité » de sa jeunesse, s'intercaler géographiquement entre le couvent franciscain et le palais des vice-rois ! Pour consommer l'insolente implantation de la Compagnie de Jésus, l'église fut consacrée en 1610, le jour de la béatification d'Ignace de Loyola. Celle qui se dresse aujourd'hui date de 1720, et sa belle **façade*** « végétale » montre le fondateur en adoration devant le Christ.

La calle Madero (ex-San Francisco), au tracé parallèle à la rue préhispanique de Tacuba, constitue un axe majeur de la ville espagnole puis républicaine. En tournant le dos au *Zócalo*, vous rencontrerez d'abord la **Casa Borda** (C3), sobre mais imposant pied-à-terre de José de la Borda (*voir p. 232*). Une partie est occupée par le petit **Museo Serfin de Indumentaria Indígena** (musée du Costume indien) (*10h-18h sauf dimanche ; entrée libre*), à l'endroit même où, dans les années 20, on se pressait au « Salon rouge » l'un des tout premiers cinémas de Mexico.

Second palais du comte San Mateo de Valparaíso, la construction du **Palacio de Iturbide**** (C3) (*tlj 9h-18h, uniquement pendant les expositions temporaires organisées par la banque Banamex de juin à décembre. Entrée libre*) servit de dot au mariage de sa fille avec le **marquis de Moncada**. Les mauvaises langues de l'époque racontaient comment il avait englouti dans cette luxueuse demeure l'intégralité du montant afin d'interdire à son gendre un usage plus volage de ce patrimoine. On ne peut se plaindre d'une aussi sage sournoiserie, car le raffinement de sa décoration en fait le plus bel exemple d'architecture civile du 18ᵉ s., signé encore une fois par Francisco Guerrero y Torres. Des guirlandes de fruits, de masques et de chérubins atlantes se déroulent sur les pilastres ciselés encadrant les portes et les fenêtres. Deux « bons sauvages », gourdins à la main, gardent la porte. Le marquis hébergea plus tard **Agustín de Iturbide**, glorieux général des troupes indépendantistes qui, étourdi par les adulations, se fit couronner empereur en 1822. Et laissa son nom au palais.

Presque au bout de la rue, l'**église de San Francisco** (C3) n'est qu'un pâle reflet de l'immense couvent franciscain qui contrôlait toute l'activité de l'Ordre en Nouvelle-Espagne. Fief de Pedro de Gante et des « Doce » (*voir p. 144*), érigé dit-on à l'emplacement des ménageries de Moctezuma, ses 30 000 m² furent grignotés dès la seconde moitié du 19ᵉ s., la tour Latino-américaine lui portant, un siècle plus tard, le coup de grâce. On y pénètre par la Capilla de Balvanera, dont le riche **portail*** churrigueresque en forme de retable rachète un intérieur décevant.

De l'autre côté de la rue, la célèbre **Casa de los Azulejos**** (C3) des Condes del Valle de Orizaba réunit au 17ᵉ s. deux maisons plus anciennes, et se para au 18ᵉ s. de céramique bleue, à faire pâlir un palais de Puebla. Cédée en 1877 à la famille Yturbe, elle devint l'aristocratique Jockey Club. Le drugstore **Sanborn's** s'installa définitivement en 1919 dans son ravissant patio aux colonnes élancées. La fontaine et l'escalier, ce dernier enrichi en 1925 d'une peinture murale de José Clemente Orozco, soulignent un décor parfaitement à sa place : à mi-chemin entre la Chine et l'Andalousie.

À défaut de clore la rue en beauté, la **Torre Latinoamericana** (*tlj 9h30-23h. Ascenseur payant*) vous permettra de prendre de la hauteur et d'admirer, si le temps le permet, une bonne partie de la ville. Ses 44 étages s'élevèrent jusqu'à 139 m entre 1948 et 1956, sur une forêt de pilotis traversant l'argile du fond du lac : cette technologie de pointe tristement habillée permit à la tour de parfaitement résister aux séismes de 1957 et de 1985.

Remontez l'Eje Central (av. Lázaro Cárdenas) jusqu'au **Palacio de los Correos*** (palais de la Poste) (C2-3) *(8h-20h, samedi-dimanche 8h-16h)*, remarquable exercice de styles réalisé par l'architecte italien Adamo Boari en 1908. Comme pour le Palacio de Bellas Artes du même auteur, la pierre recouvre un squelette métallique, cette fois travaillée en un pot-pourri de gothique, de Renaissance italienne et d'hispano-mauresque. Pur produit d'importation, toute la ferronnerie intérieure vient de Florence et les lampadaires en verre soufflé de Murano. Ne manquez pas le grand **escalier*** et les tables en marbre d'une poste comme on n'en fait plus.

En ressortant par la calle Tacuba s'ouvre la **Plaza Manuel Tolsá** (C2), qui ne pouvait se trouver ailleurs : elle est entourée de deux palais et ornée d'une statue, le tout réalisé par l'architecte qui introduisit le néoclassicisme au Mexique. La **statue équestre** de Charles IV, embarrassante après l'Indépendance, a caracolé dans toute la ville. Dévoilée sur la Plaza Mayor (*Zócalo*) en 1803, elle séjourna à l'université, puis sur le Paseo de la Reforma jusqu'en 1979. Le **Palacio de Minería** (Palais des Mines) n'a cessé d'abriter l'école d'ingénieur pour lequel il avait été conçu.

Dans l'ancien Palacio de Comunicaciones, le **Museo Nacional de Arte**** (Munal) (C2) *(10h30-17h30 sauf le lundi. Entrée payante sauf le dimanche)* a rouvert ses portes après le somptueux rafraîchissement de sa muséographie et le fusionnement avec l'ancienne Pinacoteca Virreinal. Il présente désormais «l'art du Mexique de 1550 à 1954», dans un cadre pompeux à souhait, mais qui ne manque pas de grandeur. Commencez par le 2e étage consacré aux 16e et 17e s., en empruntant l'escalier monumental en demi-rotonde. Il mène au salon de réceptions, décoré de peintures allégoriques et d'un plafond à caissons. Dans la salle 1, une magnifique **aquarelle de la Vierge du Rosaire**** (1611), signée par Luis Lagarto, semble perdue parmi les grandes toiles du Basque Baltasar de Echave Orio à la grandiloquence maniériste.

Pause musicale sur la place Garibaldi

R. Mattes/MICHELIN

Plus loin (salle 5), José Juárez (1617-1661), inspiré par l'École sévillane, relate à grande échelle et avec réalisme d'édifiants martyres. Ici, deux enfants sont fouettés et décapités, tandis que saint Laurent rôtit confortablement sur son grill. Dans la salle suivante, retenez deux grands noms de la peinture baroque mexicaine : **Juan Correa** (voyez l'orchestre d'anges) et **Cristobal de Villalpando**.
Le 1er étage couvre les 19e et 20e s., ponctué de cabinets de gravures et de photographies. La période romantique s'illustre par son goût pour les paysages bucoliques des environs de Mexico et la représentation idéalisée de scènes préhispaniques aux réminiscences égyptiennes.

Quatre pâtés de maisons plus au nord (entre Perú et Honduras) se trouve la fameuse **Plaza Garibaldi**★★ (C2), haut lieu de la musique populaire mexicaine (beaucoup plus animée le soir en fin de semaine). Les **mariachis**, orchestres dont les costumes rutilent autant que la sonorité de leurs cuivres, font la célébrité du lieu mais sont loin d'être les seuls à se disputer les faveurs du provincial mélomane. Norteños, Jarochos et Tríos complètent le tour d'horizon de la canción mexicana (voir tableau p. 84). Bien des touristes, résignés à l'idée de côtoyer nombre de leurs congénères, se trouvent au contraire plongés dans une tragi-comédie musicale presque indifférente aux étrangers. Dans une polyphonie de bon aloi, jeunes et moins jeunes viennent la larme à l'œil et le verre à la main s'offrir des chansons de leur région. Souvent, dans un sursaut de fierté attisé par les tragos («gorgées»), le client se fait acteur et, pour impressionner sa fiancée ou réjouir sa famille, interprète lui-même la chanson avec les musiciens ! Vous pourrez partager sans bourse délier ces moments de nostalgie, en vous promenant de groupe en groupe ou en vous attablant à la taverne du Tenampa.

Au nord du centre historique

Le Mercado de la Lagunilla (D1) (M° Garibaldi, sur l'av. López Rayón) n'est en soi qu'un marché parmi tant d'autres dans la capitale. Mais si vous y allez en fin de semaine, vous arrivez dans un quartier entièrement voué au commerce (celui de **Tepito**), véritable royaume de la contrebande et des contrefaçons, refuge des trafiquants en tout genre malgré de fréquentes descentes de police. Après avoir laissé vos papiers et cartes de crédit en lieu sûr, vous pourrez vous fondre dans l'univers étourdissant des ruelles bordant le nord de l'avenida López Rayón, et pourquoi pas tomber au détour de ce bazar universel sur la ruelle des articles érotiques? Le **marché couvert**, entre les calles Ignacio Allende et Comomfort, regorge de robes à volants qui se balancent au-dessus de vos têtes, dans une débauche de satin et de rubans pour postulantes au mariage ou à la communion. Les quinceañeras (voir p. 67) peuvent aussi s'y équiper de pied en cap.

À 800 m au nord de la Plaza Garibaldi (prenez un pesero sur l'Eje central) s'étend la **Plaza de las Tres Culturas** (D1 en direction). Cette vaste esplanade occupe l'îlot de **Tlatelolco**, annexé à Tenochtitlán au 15e s., où se tenait le **tianguis** (marché) de la capitale. Tous les cinq jours, près de 60000 macehuales (gens du peuple) échangeaient leurs denrées près des temples, une scène représentée par une maquette au musée d'Anthropologie et sur une fresque du Palais national. Dernier bastion de la résistance mexica durant la conquête, Tlatelolco fut ensuite investie par les franciscains qui créèrent en 1535 le **Colegio de Santa Cruz** (collège Sainte-Croix), réservé aux enfants de la noblesse aztèque. Fray Bernardino de Sahagún, célèbre historiographe d'un empire disparu, y enseigna durant 40 ans. L'**église de Santiago** attenante, achevée en 1609 et dédiée à saint Jacques, dresse toujours son austère silhouette émergeant d'une base trapue. Sous la présidence de Gustavo Díaz Ordaz, le site fouillé, restauré et ceinturé par Mario Pani d'une triste barrière de bureaux, devint le symbole des grandes périodes architecturales du Mexique, inauguré sous son nom actuel en 1964.

Une passerelle traverse les ruines préhispaniques, dont le matériau volcanique et la forme du temple double ressemblent fort à ceux du Templo Mayor. Parmi plusieurs structures entourant le temple principal, le petit **Templo de los Numerales*** (Temple des Nombres) se distingue par sa frise de cartouches énumérant les dates des grandes fêtes religieuses du calendrier rituel.

Autour de l'Alameda Central** (Plan II)

Comptez une journée.

Limite de la ville espagnole jusqu'au 18ᵉ s., le **parc de l'Alameda** n'a plus de peupleraie que le nom. Ce lieu d'exécution des sentences du tribunal de l'Inquisition est devenu le rendez-vous des amoureux (inutile de chercher un banc libre le soir), mais aussi des *niños de la calle*. Pendant la période de Noël, des stands de photographie au décor de carton-pâte s'installent tout autour pour le traditionnel cliché familial avec le faux chameau et les « vrais » Rois mages. L'**Hemiciclo a Benito Juárez** s'ouvre au sud sur l'avenue, qui honore elle aussi la mémoire de l'Indien devenu juriste, puis président de la République avant et après l'intervention française (*voir p. 33*).

Le Palacio de Bellas Artes** (C2-3) occupe le côté est, de son imposante silhouette blanche au style éclectique, dessinée par l'Italien Adamo Boni et réalisée selon la mode de l'époque par des Européens. Sa construction essuiera des tempêtes de critiques et les années de révolution, avant d'ouvrir ses portes en 1934. Sa structure métallique sera habillée de marbre de Carrare (tellement plus chic que le mexicain !) et décorée de motifs gréco-romains et préhispaniques.

L'intérieur fut conçu comme **opéra** et **musée du muralisme mexicain** (*10h-17h30 sauf le lundi ; entrée payante sauf le dimanche*), ce qui justifie pleinement son nom. Le style Art déco du grand hall s'accommode fort bien des peintures murales colorées, créées par les plus grands maîtres du genre. Au 1ᵉʳ étage, deux panneaux illustrent le Mexique des années 50 vu par **Rufino Tamayo**, dont on reconnaît la palette riche en demi-teintes. Au 2ᵉ étage, vous pourrez admirer six œuvres dont *L'Homme maître de l'univers* (1934) de **Diego Rivera**. La première version peinte au Rockefeller Center de New York fut détruite un an après son achèvement, car Lénine y figurait en bonne place… Vous poursuivrez avec *Catharsis* (1934) de **José Clemente Orozco** et le saisissant *Torture et apothéose de Cuauhtémoc* (1951) de **David Alfaro Siqueiros**.

Dans la salle, où vous irez peut-être voir le Ballet Folklórico Nacional, les volcans Popocatépetl et Iztaccíhuatl apparaissent sur le rideau de scène en pâte de verre sorti des ateliers Tiffany de New York.

Entre le palais et le parc, la station de métro Bellas Artes vous paraîtra familière : son entrée « Guimard » fut apportée en cadeau par le président Chirac lors de sa venue en 1998.

Au nord, une place en contrebas sépare les deux petites églises de la Santa Veracruz et de San Juan de Dios, qui font de vains efforts pour se tenir droites.

Le Museo Franz Mayer** (B-C2) (*10h-17h sauf le lundi ; entrée payante sauf le mardi*) occupe l'ancien hôpital et orphelinat San Juan de Dios. Il rassemble la plus belle collection d'**arts décoratifs** de la période coloniale existant au Mexique, constituée

Jeux de massacre

Le 20 octobre 1968, à quelques jours de l'ouverture des jeux Olympiques de Mexico, la place des Trois Cultures devint le théâtre d'un sinistre massacre d'étudiants, rassemblés pour demander la libération de leurs camarades emprisonnés quelques jours plus tôt. Le gouvernement de Gustavo Díaz Ordaz, pour ne pas ternir l'image du pays à la veille de la fête sportive, choisit la répression. L'armée postée sur les immeubles alentour commença à tirer sur la foule et poursuivit les manifestants affolés dans tout le quartier. On parla à peine les jours suivants des 100 à 200 personnes exécutées sommairement – la plupart des corps ont été escamotés – et, 30 ans plus tard, à la faveur de l'alternance politique, les archives nationales commencent tout juste à déclassifier ses documents secrets. On en saura bientôt un peu plus sur cet événement qui a marqué toute une génération.

B. Morandi/MICHELIN

Le palais des Beaux-Arts

par un homme d'affaires passionné d'origine allemande (1882-1975). L'interdiction des ordres religieux en 1857 et la confiscation de leurs biens expliquent l'importance de l'art sacré dans de tels musées.

Au rez-de-chaussée, une introduction aux arts appliqués permet de faire connaissance avec les fameux *bargueños*, coffres de voyage à tiroirs. La salle de la **platería** (orfèvrerie en argent) rappelle, entre ciboire et crucifix, l'origine de la richesse de l'empire espagnol dès le 16e s. – le Mexique est toujours le 1er producteur mondial de ce métal.

À l'étage, un exceptionnel **paravent★★** (biombo) du 17e s. peint sur ses deux faces représente la ville de Mexico et la conquête de Cortés. La section des **peintures** débute par les écoles européennes du 15e au 17e s. (remarquez trois toiles de Zurbarán et une écritoire italienne incrustée de gravures en ivoire) et se poursuit par les maîtres de la vice-royauté. Entre les deux, la salle des **talaveras poblanas★★** du 18e s. évoque les influences chinoises, et la **salle des textiles** le passe-temps minutieux des femmes vertueuses. Les arts décoratifs de la Nouvelle-Espagne jusqu'au 19e s. (coffres, meubles, vaisselle et pendules) complètent la visite.

Dans le **cloître**, l'une des ailes reconstitue un appartement cossu, de la chambre aux cuisines. La galerie supérieure accueille la bibliothèque et une exposition d'**azulejos**. *La cafeteria del Claustro offre un cadre charmant pour se restaurer légèrement entre deux musées.*

Côté ouest, sur la petite **Plaza de la Solidaridad** (B3), les joueurs d'échecs se donnent rendez-vous à l'endroit même où s'effondra l'hôtel Regis lors du tremblement de terre de 1985. Juste en face, l'hôtel del Prado fortement ébranlé n'a pu être conservé ; à sa place le nouvel hôtel Sheraton, dont la grande tour en fin de construction ne semble craindre pareilles secousses. Avant sa destruction, on retira l'œuvre célèbre qui en décorait l'entrée, pour laquelle fut créé le **Museo Mural Diego Rivera★** (B2) *(10h-18h sauf le lundi ; entrée payante sauf le dimanche. Son et lumière à 11h et 17h).* Dans **Sueño de una Tarde Dominical en la Alameda central★★** (Rêve d'un dimanche après-midi dans le parc de l'Alameda), une fresque « transportable » réalisée en 1947, Diego Rivera réunit une centaine de personnages qui n'auraient pu se rencontrer, de Hernán Cortés à Frida Kahlo. Sur 65 m² (et 35 tonnes), défilent de gauche à droite quatre siècles d'histoire politique, sociale et artistique, de quoi recomposer toute une épopée humaine, un thème cher au génial provocateur. Le *mural* défia la chronique et fut même vandalisé, car on pouvait lire entre les mains du libre penseur « El Nigromante » la phrase « *Dios·*

L'onde de choc du séisme

Le 19 septembre 1985, Mexico a vécu le tremblement de terre le plus meurtrier du 20ᵉ s. Outre le souvenir des plus de 10 000 morts, il a laissé dans les mémoires celui d'une énorme solidarité entre ses habitants, insoupçonnée jusqu'alors, et d'immenses scandales qui ont surgi d'entre les ruines faisant chanceler le régime. Parmi les 2 000 édifices entièrement effondrés, une grande partie étaient publics et leurs fondations anti-sismiques n'existaient que sur les factures. Crèches, hôpitaux et HLM se sont ainsi écroulés comme des châteaux de cartes à côté d'immeubles intacts. Depuis, les séismes fréquents ne font plus rire personne, et bien des parents se précipitent à l'école aux premières secousses.

no existe » (Dieu n'existe pas), une exclamation publique lancée en 1836. Elle fut effacée à la suite d'un immense scandale. Au centre, « La Catrina » (squelette d'une gracieuse féminité) tient le bras de son créateur, José Guadalupe Posada, et la main de Diego enfant debout devant Frida Kahlo.

Continuez par l'avenida Juárez, et traversez le **Paseo de la Reforma** près de la sculpture du **Caballito**, clin d'œil de **Sebastián**, célèbre sculpteur contemporain de Chihuahua. Elle remplace le « Caballito » de Charles IV, statue équestre relogée Plaza Manuel Tolsá en 1979. Passez ensuite devant l'immeuble de la Loterie nationale.

Le Monumento a la Revolución (A2), construit entre 1932 et 1938 par l'architecte Carlos Obregón Santacicilia, récupéra une partie de la structure métallique déjà élevée pour soutenir le grand **palais législatif** de Porfirio Díaz, resté inachevé. Seule la partie centrale de la carcasse abandonnée fut conservée, et transformée en arc révolutionnaire puis en panthéon à partir de 1960. Ses quatre colonnes gardent les dépouilles de Venustiano Carranza, Francisco Madero, Plutarco Elías Calles, Lázaro Cárdenas, et Pancho Villa depuis 1976. Lors de sa restauration après le séisme de 1985, on « découvrit » l'existence de souterrains, transformés aussitôt en **Museo Nacional de la Revolución** (*9 h-17 h sauf le lundi; entrée payante sauf le dimanche*). Photos et documents illustrent une période passablement troublée de l'histoire mexicaine.

Faites une escapade vers le nord, en contournant l'ancien Frontón México tristement délaissé, par la rue Ramos Arizpa.

Le Museo Nacional de San Carlos* (A2) (*10 h-18 h sauf le mardi; entrée payante sauf les dimanche et lundi*) occupe la somptueuse résidence commandée à Manuel Tolsá par une mère riche et aimante pour son fils (le comte de Buenavista), qui mourut avant l'achèvement. Autour d'une belle cour ovale, les six salles du 1ᵉʳ étage exposent la collection de peintures européennes de la **Real Academia de San Carlos**. Les premières toiles furent acquises pour être copiées par les élèves de cette institution, fondée par Charles III en 1783.

Salle 1, vous débuterez la visite avec la peinture gothique espagnole, magistralement représentée par le **Retablo de la Encarnación*** (1465), un triptyque de Pere Espallargues. Les maîtres du Nord dominent la section Renaissance, en particulier l'**Adam et Ève** de Cranach l'Ancien. Son thème de prédilection est également illustré, juste à côté, sur un étonnant **triptyque anonyme*** du 16ᵉ s. où dégringole un bestiaire fantastique en miniature. Le maniérisme italien vous attend **salle 2**, puis le baroque espagnol marqué par les « ténébristes » (adeptes du clair-obscur), un style aisément reconnaissable dans la **Cena de Emaús*** (1639), l'une des quatre toiles de Zurbarán. La **salle 3** est consacrée aux écoles flamande et hollandaise (deux portraits par Van Dyck et Frans Hals font bon ménage), et quelques portraits de l'Angleterre

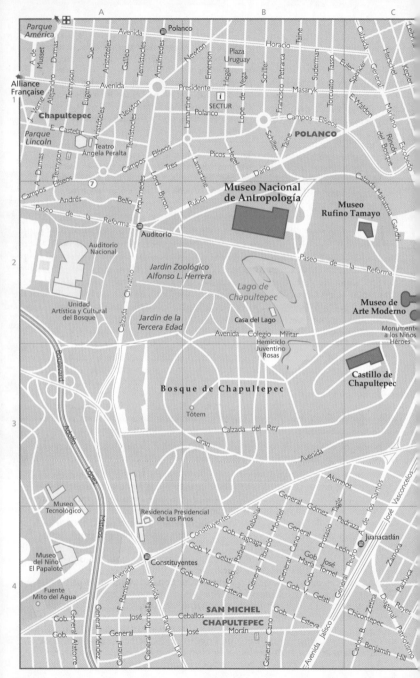

Parque
América

A B C

Avenida ⋒ Polanco

Horacio Taine

Plaza
Uruguay

Calzada General

Herschel

Kepler

Leibn...

A de Musset
Dumas
Sue
Aristóteles
Galileo
Temístocles
Arquímedes
Newton
Emerson
Hegel
Schiller
Francisco Petrarca
Suderman
Torcuato Tasso
Euler
E.Walton
Spencer
Mariano Escobedo

J. Verne
Alejandro Dumas
Tennyson
Eugenio

Avenida

Presidente
Polanco

i
SECTUR

Lamartine
Lope de Vega

Campos Elíseos

Rincón
del Bosque

Alliance
Française

1

Chapultepec

Newton
Temístocles
Aristóteles

Schiller
Taine

POLANCO

Parque
Lincoln

E. Castelar

Teatro
Ángela Peralta

Campos Elíseos

Tres

Lamartine

Picos

Hegel

Darío

Calzada Mahatma Gandhi

Campos
Elíseos

⑦

Bello

Arquímedes
Lord Byron

Rubén

**Museo Nacional
de Antropología**

**Museo
Rufino Tamayo**

Paseo de la Reforma

Andrés

⋒
Auditorio

2

Auditorio
Nacional

Jardín Zoológico
Alfonso L. Herrera

*Lago de
Chapultepec*

Paseo de la Reforma

Unidad
Artística y Cultural
del Bosque

Calzada

Chivatito

*Jardín de la
Tercera Edad*

Casa del Lago

Avenida Colegio Militar
Hemiciclo
Juventino
Rosas

**Museo de
Arte Moderno**

Monumento
a los Niños
Héroes

B o s q u e   d e   C h a p u l t e p e c

○
Tótem

**Castillo de
Chapultepec**

3

Calzada del Rey

Gran

Avenida

Boulevard

Ávila López

Alumnos

A de los Santos

Vasconcelos

Museo
Tecnológico

Residencia Presidencial
de Los Pinos

Constituyentes

General Gómez

Tlalpe

Pedraza

José

Juanacatlán ⋒

Zamora

Pachuca

Constituyentes
Gob. Fagoaga
Gob. V. Gelati
Gob. Rafael Rebollar
General Tiburcio Montiel
General Cano
General
León
Prosaico
Gob.
María José
Gob. José Tornel

Mateos

Museo
del Niño
El Papalote

4

⋒ Constituyentes

Gob. Ignacio Esteva

Gob. V. Gelati

Gob. Pedro

General Jalisco

A. Zettina
Diagonal
Reyes
Patriotismo

Fuente
Mito del Agua
○

Avenida

F. Ramírez

Avenida

José

General Torroella

Parque Lira

Ceballos

José

**SAN MICHEL
CHAPULTEPEC**

Morán

Gob. J. Esteva

General Cano

Avenida Jalisco

Chicontepec

Carlos B. Benjamín Hill

General Alatorre

Gob.

General Méndez

General

Gob.

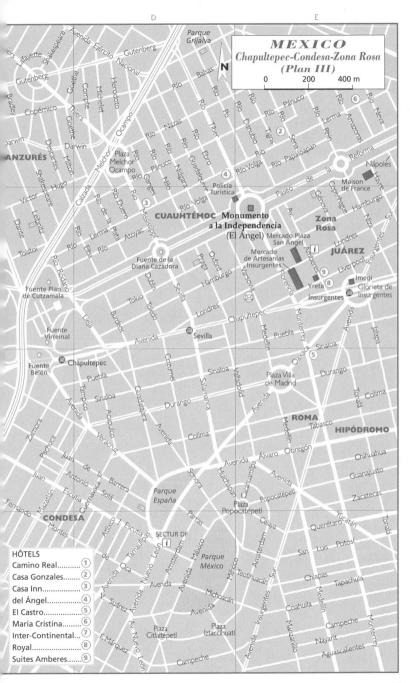

MEXICO
Chapultepec-Condesa-Zona Rosa (Plan III)

0 — 200 — 400 m

HÔTELS
Camino Real.......... ①
Casa Gonzales........ ②
Casa Inn.................. ③
del Ángel................ ④
El Castro.................. ⑤
María Cristina......... ⑥
Inter-Continental... ⑦
Royal....................... ⑧
Suites Amberes....... ⑨

151

du 18ᵉ s. Dans la **salle 4**, le néoclassicisme se délecte de scènes « à l'antique » : vous remarquerez le superbe portrait de **saint Jean-Baptiste enfant★** (1855) peint par Ingres. La **salle 5** dédiée au romantisme de la première moitié du 19ᵉ s. donne la part belle aux paysages et aux scènes sentimentales. Vous terminerez par la **salle 6** et le réalisme espagnol des 19ᵉ et 20ᵉ s., où quelques austères femmes bretonnes semblent gênées de cohabiter avec les frous-frous sévillans. En sortant à droite, vous trouverez dans les **salles de gravures**, la série des **Caprichos★** de Goya. Le rez-de-chaussée offre régulièrement de belles expositions temporaires.

Descendez vers le sud pour rejoindre le **Paseo de la Reforma★**, la grande avenue d'apparat de la capitale, tracée à travers champs par l'**empereur Maximilien**. Destinée à relier le château de Chapultepec, où il avait élu domicile, jusqu'au centre-ville, il lui donna modestement le nom de « Paseo del Emperador ». Entre 1875 et 1910, des monuments viendront orner les *glorietas* (« ronds-points »), rythmant sa rectitude. Vous rencontrerez d'abord les statues de Christophe Colomb, de Cuauhtémoc et plus loin le **Monumento a la Independencia** (Plan III E2). Surnommé « *El Ángel* » (l'Ange) pour sa Victoire ailée surmontant la colonne, ce chant du cygne du pouvoir de Porfirio Díaz commémorait le centenaire du début des luttes d'indépendance. Dessous reposent les héros de cette époque glorieuse, parmi lesquels Vicente Guerrero, Miguel Hidalgo José María Morelos.

Hôtels, ambassades, banques, centres financiers ont tous fini par succomber à l'appel de l'élégante percée verdoyante bordée de contre-allées, où déambule la police montée. Après les dégâts de 1985, bien des immeubles n'ont pas encore été reconstruits : à leur place, des parkings répondent aux problèmes de stationnement d'une ville où l'on ne creuse pas sans risques.

Le Bosque de Chapultepec★★ (Plan III)

Av. de la Reforma. Mᵒ Chapultepec.
La 1ʳᵉ section, où se trouve le château, 5h-16h sauf le lundi. Entrée libre.

La « colline de la Sauterelle », ballon d'oxygène de la ville de Mexico, s'étend sur plus de 400 ha. Cet espace vert déjà choyé par Netzahualcóyotl, le roi poète de Texcoco, devient le dimanche le grand terrain de jeu des familles de banlieue. On y vient fêter en pleine nature l'anniversaire des enfants ou nourrir les poissons du lac encombré d'embarcations. Plusieurs musées, un zoo, un auditorium, un parc d'attractions et le château de Chapultepec se nichent dans le parc, où les frênes sont venus rejoindre les *ahuehuetes*, cyprès sacrés des aztèques.

La tribu mexica séjourna près de cette rive du lac de Texcoco quelques décennies à partir de 1250, avant d'être rejetée vers des marais moins hospitaliers. Sur le rocher d'où jaillissaient les sources alimentant Tenochtitlán en eau potable, vinrent se reposer des souverains de toutes les époques, du roi Netzahualcóyotl au président Lázaro Cárdenas. L'actuelle résidence présidentielle de « Los Pinos », légèrement plus au nord, ne s'est guère éloignée.

Le Castillo de Chapultepec★★ (C3)

Entrez dans le parc par le prolongement du Paseo de la Reforma, près de la station de métro Chapultepec. Derrière le monument aux Niños Héroes, une allée monte jusqu'au château (10 mn à pied, un petit train payant fait la navette). 9h-17h (entrée jusqu'à 16h15) sauf le lundi. Entrée payante sauf le dimanche. Comptez 2h.

L'histoire mouvementée du château commença sous le règne du vice-roi Bernardo de Gálvez, qui en fit débuter la construction en 1785. Boudé après l'Indépendance, il fut transformé en 1841 en **collège militaire**, assiégé peu après par l'armée nord-américaine (*voir encadré*). L'empereur Maximilien l'aménagea en palais, en élevant un **Alcázar** resté inachevé au terme de son règne brutalement interrompu. Porfirio Díaz le compléta d'une **tour** d'observatoire astronomique et décida d'y établir la résidence du président de la République, réinstallant le collège militaire dans la partie coloniale.

Il remplit cette fonction jusqu'au mandat de Lázaro Cárdenas, avant de devenir en 1944 le **Museo Nacional de Historia**** *(réouverture prévue à l'automne 2002, après deux ans de rénovation)*. Vous parcourrez toute l'histoire du Mexique en une quinzaine de salles, de la conquête aux années 30, à travers une riche collection de peintures, de costumes, de médailles, de cartes et de mobilier. De la période espagnole, se distinguent le **Biombo de la Conquista*** (paravent de la Conquête) du 17ᵉ s., une étonnante **peinture calligraphiée**

Les enfants héros

Le 13 septembre 1847, six jeunes cadets retranchés dans le Castillo de Chapultepec résistèrent jusqu'à la mort aux assauts des troupes nord-américaines. L'un d'entre eux, Juan Escutia, pour éviter que le drapeau national ne tombe entre les mains de l'ennemi, s'enroula dedans avant de sauter dans le vide. Le culte aux «Niños Héroes», ayant un temps pâti du rapprochement avec les États-Unis, se célèbre toujours à la date anniversaire. Mais des voix discordantes sont venues contester la véracité d'un tel épisode, dont le récit n'apparaît que 30 ans plus tard. En 1992, la disparition de l'acte héroïque des manuels scolaires causa un tel scandale que ceux-ci durent être retirés, preuve qu'une icône patriotique est plus facile à créer qu'à déboulonner.

de Bernardo de Gálvez, et le **portrait de Sor Juana Inés de la Cruz*** par Miguel Cabrera. Plusieurs toiles décrivent la vie quotidienne à Mexico au temps des vice-rois. Des peintures murales ornent le musée : un hommage à Benito Juárez par José Clemente Orozco, le **Retablo de la Independencia*** (retable de l'Indépendance), peint par Juan O'Gorman vers 1960, et celui *« del Porfirismo a la Revolución »* de David Alfaro Siqueiros (1966).

L'Alcázar* constitue le **palais de Miravalle**, conçu par l'héritier des Habsbourg. À l'entrée se côtoient les **carrosses** de deux adversaires, celui de Maximilien d'une vaine préciosité (il n'a roulé que deux fois) et celui, plus sobre, de Benito Juárez. Une terrasse longe par l'extérieur les **appartements*** reconstitués du couple impérial, au mobilier napoléonien. À l'étage supérieur, ceux du président Porfirio Díaz perpétuent la pompe européenne et jouissent d'un superbe **panorama*** sur la ville. Sur la façade est, de l'autre côté du **Salón de Embajadores** (salon des Ambassadeurs), court un grand vitrail parisien de 1900. Une fenêtre s'ouvre à cet endroit sur la plus belle **vue*** en perspective du Paseo de la Reforma.

Juste avant l'entrée de la 1ʳᵉ section du parc de Chapultepec, le **Museo de Arte Moderno*** (C2) *(10h-17h45 sauf le lundi ; entrée payante sauf le dimanche)* possède trois salles dédiées aux artistes mexicains du 20ᵉ s, et trois autres pour des expositions temporaires. La collection permanente permet d'apprécier des œuvres du célèbre trio Rivera-Orozco-Siqueiros, mais aussi de découvrir d'autres talents moins connus à l'étranger : Manuel Rodríguez Lozano, Jean Charlot, et Remedios Varo, la peintre surréaliste espagnole dont les œuvres réclamées par une héritière font l'objet d'un âpre procès. Vous pourrez aussi y voir plusieurs toiles de Rufino Tamayo, et le fameux autoportrait *Las dos Fridas* de Frida Kahlo.

En sortant, traversez l'avenue et prenez l'allée après le module d'information touristique.

À l'intérieur d'une bâtisse épurée achevée en 1981, le **Museo Rufino Tamayo** (C2) *(10-18h sauf le lundi ; entrée payante sauf le dimanche)* accueille des expositions temporaires d'artistes contemporains étrangers. Ponctuellement sont aussi accrochées des œuvres choisies de la collection léguée par le peintre *oaxaqueño*, disparu en 1991.

On peut rejoindre le musée d'Anthropologie à travers bois en sortant à droite, et en restant parallèle au Paseo de la Reforma.

Le Museo Nacional de Antropología*** (B2)

Comptez une demi-journée. 9h-19h sauf le lundi. Entrée payante, gratuit le dimanche. Photos et vidéos payantes. Au début des années 60, surgit le projet de donner aux cultures mexicaines la place qu'elles méritent et de placer dans un grand musée les œuvres d'art entassées dans l'hôtel des Monnaies proche du *Zócalo*. Le président López Mateos en confie la réalisation à l'architecte **Pedro Ramírez Vázquez** avec

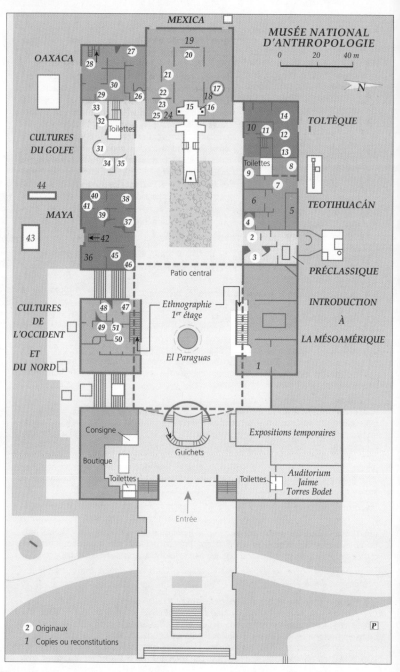

MEXICA

OAXACA

MUSÉE NATIONAL
D'ANTHROPOLOGIE

0   20   40 m

N

19
20
27
28
21
30
22
29   26   23
33   25 24
32   Toilettes
CULTURES
DU GOLFE
31
34 35

44

MAYA
40   38
41   39
37
43
42
36   45
46

48   47
CULTURES
DE
L'OCCIDENT
49   51
50
ET
DU NORD

Patio central

Ethnographie
1er étage

El Paraguas

15
18   17
16

TOLTÈQUE
14
10   11   12
13
Toilettes   8
9   7
6   5
4
2
3

TEOTIHUACÁN

PRÉCLASSIQUE

INTRODUCTION
À
LA MÉSOAMÉRIQUE

1

Consigne

Boutique
Toilettes

Guichets

Entrée

Expositions temporaires

Toilettes

Auditorium
Jaime
Torres Bodet

2 Originaux

1 Copies ou reconstitutions

P

un seul mot d'ordre : « Je veux qu'en sortant les Mexicains se sentent fiers d'être mexicains. » 40 ans plus tard, ce vœu est toujours exaucé, et le bâtiment avant-gardiste de l'époque n'a pas pris une ride. Le marbre blanc de Puebla joue avec les jalousies de bois ou de métal, et le grand **Parapluie*** (Paraguas) qui couvre le patio suscite toujours l'admiration. Il a été conçu comme un immense « arbre de vie » entouré d'un rideau de pluie, et son pilier unique supporte 4 000 m^2 de toiture. Le Musée national d'Anthropologie a été inauguré en 1964, après avoir acheminé à grands frais des monolithes pesant parfois plus de 150 tonnes ; il est considéré dans le monde comme un modèle du genre.

Les salles sont disposées autour d'une grande cour rectangulaire, que l'on retrouve réguliè-rement pour changer de culture ou de région. Les salles du rez-de-chaussée respectent un ordre plus géographique que chronologique : à droite et au fond, le Mexique central du Préclassique aux Aztèques, à gauche les autres régions. D'importants travaux sont entrepris depuis quelques années pour rafraîchir la muséographie et l'adapter aux nouvelles décou-vertes. Ces aménagements sont en voie d'achèvement, et les salles maya et des cultures du Golfe devraient rouvrir dans le courant de l'année 2002.
Les numéros renvoient à l'emplacement des pièces sur le plan du musée.

Trois salles d'**introduction** à l'anthropologie inaugurent la visite, vous pourrez y exa-miner avec profit la **carte de la Méso-Amérique** (1) pour avoir quelques repères géographiques.

Salle Préclassique – Elle réunit des objets d'inspiration olmèque, mais provenant de l'Altiplano. Dominées par les cultes agraires et de fécondité, cette période ignore encore l'imagerie sanguinaire des sacrifices humains. À l'entrée, l'**acrobate*** (2) servait de *brasero* (« encensoir ») et témoigne d'une maîtrise précoce du modelage ana-tomique à trois dimensions. Le **poisson*** (3), aux lignes expressives d'une parfaite sobriété, illustre par sa couleur noire, une technique de la cuisson réduite en oxygène. Du site de Tlatilco proviennent les petites **figurines*** stylisées nommées « *mujeres bonitas* » (jolies femmes), placées dans les tombes ou sur les autels domestiques. Leur féminité s'exprime par des cuisses généreuses, qui semblent s'être développées au détriment des bras atrophiés. Au gré des vitrines où domine le travail de l'argile, vous observerez la créativité des formes propre à cette période expérimentale, primant sur la décoration encore dépourvue de couleurs.

Salle Teotihuacán – À l'entrée, un grand **disque de basalte** (4) préfigure le motif central de la Pierre du Soleil aztèque. Une divinité de la mort entourée de rayons tire la langue, appelant au sacrifice. La réplique du **temple de Quetzalcóatl** (5) a permis de restituer (avec retenue) les coloris de l'architecture extérieure de la « Cité des Dieux » ; celles des **peintures murales** (6) dans un petit patio le fait avec plus de hardiesse. L'énorme sculpture de **Chachiuhtlicue** (« celle à la jupe de jade ») (7), parèdre de Tláloc, plante ses 16 tonnes au milieu de la salle. Sa féminité ne saute pas immédiatement aux yeux, il faut la traquer dans les détails de sa jupe et du châle qu'elle remonte avec les mains. Au fond de la salle, deux statuettes de pierre verte, trouvées sous la pyramide de la Lune en 1998, accompagnent une collection de **masques**** (8), sculptures emblématiques de la culture *teotihuacana*. La forme tri-angulaire et le nez épaté les rendent très reconnaissables. Après une vitrine de céramiques « peau d'orange », couleur typique de la poterie de Teotihuacán, la der-nière section évoque le rayonnement culturel de la ville, se terminant par un grand portrait de **Xipe Totec*** (9) *(voir p. 41)*. Les paupières closes et la bouche ouverte sont celles de la dépouille.

Salle Toltèque – Une « antichambre » reproduit des fresques de **Cacaxtla** (10) et un fragment du temple des Serpents emplumés de **Xochicalco** (11), deux sites de l'époque dite « épiclassique » (750-900), assurant une transition entre les suprémа-ties de Teotihuacán et de Tula. La salle toltèque décline sur tous les tons un art glorifiant l'image du guerrier. Au centre, l'**atlante*** (12) assemblé par des tenons soutenait en façade la toiture du temple principal de Tula (*voir p. 189*). Coiffé d'un bandeau, un pectoral en forme de papillon stylisé sur la poitrine, il tient dans les mains une poignée de flèches et une bourse de *copal* («encens»), symbolisant ses fonctions militaires et religieuses. Dans le dos, un médaillon accroché à sa ceinture l'identifie au culte solaire. Deux objets en coquillage nuancent la rude statuaire d'un peu de délicatesse : à droite de la salle une **cuirasse*** (13) d'apparat retrouvée dans le Palacio Quemado et, à l'opposé, la tête d'un guerrier sortant de la gueule d'un **coyote**** (14) emplumé recouvert de nacre.

Salle Mexica – La sculpture aztèque ne lésinant pas sur la taille, c'est la plus monumentale du musée. Elle expose les grands monolithes retrouvés en 1790 sous le *Zócalo*, mais aussi une galerie de portraits de déités peu rassurantes et leur cortège de symboles guerrier, qui exaltent le rite solaire du sacrifice humain. Un **Cuauhxicalli*** (15) garde l'entrée, grand félin dont la cavité creusée dans le dos recevait les cœurs humains. Juste à côté, le **Teocalli de la Guerre Sacrée**** (16) en forme de temple, glorifie le cinquième Soleil, brillant actuellement selon la mythologie. En bas, les deux dates (1-lapin et 2-roseau) indiquent les deux premières années de sa mise en mouvement, et sur les côtés sont assis quatre dieux qui se sacrifièrent à Teotihuacán pour lui donner naissance. En haut, Huitzilopochtli et Tezcatlipoca encadrent l'astre rayonnant et, derrière, l'aigle perché sur son cactus symbolise Tenochtitlán (*voir encadré p. 129*).

La **pierre de Tizóc**** (17), autel de sacrifice circulaire, possède une tranche sculptée comme une bande dessinée, illustrant les conquêtes du souverain Tizóc (1481-1486). Placé à gauche, il soumet à chaque fois un chef de tribu différent en le tenant par les cheveux. Un autel similaire célébrant cette fois Moctezuma apparut en 1989 sous l'archevêché et prend place au centre de la salle. La **Tira de Peregrinación** (bande de la migration) (18) est le fac-similé d'un spectaculaire *codex* (*voir p. 44*). Il relate le long voyage de la tribu depuis son berceau (l'Aztlán) jusqu'aux bords du lac de Texcoco. Au fond de la salle, une **maquette** et un **diaporama** (19) soulignent l'importance du marché de Tlatelolco dans l'économie de l'empire.

Bien en vue, la **Pierre du Soleil***** (Piedra del Sol) (20), appelée aussi Calendrier aztèque, est la plus célèbre sculpture du musée. Commandée par l'empereur Axayácatl, frère de Tizóc, cette pierre de sacrifices restée inachevée à cause d'une cassure (observez-la sur la tranche) résume magistralement les préceptes du culte solaire. Au centre Tonatiuh, le cinquième Soleil d'après la légende, exige sa ration de sang et de cœurs humains. Il est entouré de ses quatre prédécesseurs (dans les cartouches), qui se sont éteints à chaque fois pour la plus grande infortune du genre humain. Plusieurs cercles concentriques figurent les 20 jours du calendrier rituel (*voir p. 43*) et deux serpents de feu (Xiuhcóatl) symbolisant les cycles diurne et nocturne du soleil se rejoignent.

Coatlicue** (21), mère de Huitzilo-pochtli (*voir p. 140*), est le genre de déesse qu'il ne faisait pas bon contra-rier. De son coup tranché jaillissent deux serpents nez à nez, deux autres naissent des poignets amputés. Un élégant collier de cœurs et de mains enfilés cache la poitrine, et la jupe courte de serpents entrelacés révèle des pieds en forme de serres d'aigle.

Sacrifices en odeur de sainteté

Après la destruction de Tenochtitlán, le premier évêque de Mexico avait ordonné d'enterrer la Pierre du Soleil «au nom des péchés commis sur elle». Ce n'est qu'en 1790, à la faveur de grands travaux pour rénover la Plaza Real, qu'elle sera à nouveau exhumée... et encastrée dans l'une des tours de la cathédrale! Pendant près d'un siècle, les fidèles sortant de la messe passaient devant cette pierre au goût de sang, et on raconte qu'elle servait de cible aux soldats désœuvrés. En 1885, elle sera enfin séparée de son support sacré et placée dans le nouveau Musée national, à l'hôtel des Monnaies.

Derrière elle, à gauche de la salle, s'ouvre tout un monde sacré, divinité du Maïs (Xilonen), serpents enroulés, singes symboles du vent et instruments rituels. Le dieu des Fleurs, **Xochipilli** (22), bien qu'ayant perdu ses yeux, paraît tout de même très inspiré. Avant de quitter la salle, vous verrez également le **mausolée des Siècles** (23), autel du Feu Nouveau (*voir p. 43*), avec ses bottes de 52 roseaux (le siècle aztèque), un **vase en obsidienne**** (24) en forme de singe atèle et la réplique d'un **penacho** (coiffe) (25) en plumes de quetzal dont l'original est à Vienne.

Salle de Oaxaca – De superbes œuvres de Monte Albán enrichissent la première partie consacrée aux **Zapotèques**. Dès l'entrée, une **urne anthropomorphe**** (26) offre un visage aux traits curieusement mayas d'une grande finesse.

R. Mattei/MICHELIN

La Pierre du Soleil (Musée national d'Anthropologie)

Ciudad de México

Dans un même périmètre, voisinent un grand **jaguar*** assis, un **temple** miniature en argile hébergeant un perroquet, et le fameux **Dios Murciélago***** (dieu chauve-souris) (27) en jade, pectoral d'un locataire de l'inframonde. De nombreuses **urnes funéraires*** étaient placées dans des tombes cruciformes, décrivant le panthéon zapotèque. Vous reconnaîtrez sans peine Cocijo (dieu de la Pluie) grâce à son nez et Pitao Cozobi (dieu du Maïs), en pierre, à sa coiffe garnie d'épis.

Dans la section **Mixtèque**, l'orfèvrerie (29) ne vous donnera qu'un avant-goût du trésor de la tombe 7 exposé à Oaxaca, mais vous apprécierez un **pectoral**** d'or et de turquoise en forme de bouclier traversé de flèches. Le raffinement du « peuple des nuages » s'exprimait également sur des vases polychromes, peints comme des codex, et une délicieuse **coupe**** (30) où vient boire un colibri, posé sur le rebord.

Salle des cultures du Golfe – La civilisation **olmèque** vous fera remonter le temps jusqu'à la période préclassique (1 500-400 av. J.-C.). De nombreuses offrandes en jade ou en serpentine et quelques sculptures en pierre diffusent le même faciès félin et le crâne déformé, rendant facilement identifiable cette culture-mère. L'**offrande 4*** (32), aussi célèbre qu'énigmatique, représente une réunion de personnages, dont deux placés face à face semblent être les protagonistes. Enterrée sous le site de La Venta, elle avait été plusieurs fois visitée au cours des siècles. Face à une **tête monumentale*** (31) de San Lorenzo, le **lutteur***** (33) de type « mongol » exhibe une belle musculature, mais son attitude est plutôt celle d'un joueur de pelote en pleine action. Cette sculpture est à la fois l'une des plus parfaites et des plus anciennes du Mexique ancien.

Les sections suivantes exposent par thèmes l'énorme variété de cultures locales disséminées dans cette région. Chef-d'œuvre de l'art **totonaque**, un **Huehuetéotl*** (34) (dieu du Feu) en argile plie sous le poids de sa couronne-brasero, et des haches, des palmes et des jougs soulignent l'importance du jeu de pelote dans la région du Golfe. Pour terminer, la culture **huaxtèque** se distingue par sa grande maîtrise du travail de la pierre. L'**adolescent**** (35) le prouve, son corps nu se couvre de tatouages incisés.

Salle Maya – Deux grandes répliques architecturales viennent désormais l'orner : le **temple d'Ek-Balam** (36) récemment découvert (*voir p. 368*) et le **palais de Sayíl**. À droite de la maquette, les **stèles d'Izapa** (37), aux motifs déjà reliés au *Popol Vuh* (récit mythique maya), illustrent les prémices d'une culture qui connaîtra son apogée à la période classique (5ᵉ-9ᵉ s.). Les **figurines de Jaina**** (38), en argile rehaussée de bleu indigo, présentent une telle variété qu'on a pu reconstituer toute la pyramide sociale. « L'acteur », « la femme enceinte », « l'homme au sombrero » font maintenant partie d'un patrimoine familier des Mexicains. Regardez bien leurs bases : beaucoup sont des sifflets !

Vous pourrez voir aussi plusieurs pièces récupérées sur le marché de l'art nord-américain, dont le **panneau sculpté du Temple de la Croix**** (39) de Palenque (*celui in situ est une copie*) et une grande **frise en stuc** (40) provenant probablement d'un site du Quintana Roo. Sur le **disque de Chinkultic** (41) (Chiapas) sculpté en 591 ap. J.-C., un joueur de pelote relance la balle avec la hanche. Disséminées dans toute la salle, de superbes **stèles et linteaux de Yaxchilán**** répètent inlassablement les mêmes scènes : la reine présente à son époux les symboles du pouvoir.

Un escalier vous emmène dans le *Xibalbá* (monde souterrain), où est reconstituée la **chambre funéraire du roi Pakal** (42), mort à Palenque en 683. Elle permet de voir les côtés, invisibles dans la pyramide. Quelques vitrines exposent le contenu du sarcophage ouvert en 1952 par Alberto Ruz Lhuillier. Un **masque***** et des **bijoux**** en jade recouvraient son corps, deux **têtes en stuc***** d'un homme et d'une femme reposaient près de lui.

À l'extérieur, les répliques des temples de **Hochob** (43) (Campeche) et de **Bonampak** (44) (Chiapas), deux sites à l'accès difficile, permettent d'admirer la luxuriance du premier et les célèbres fresques du second, beaucoup plus lisibles que l'original (*voir p. 316*).

La renaissance « **maya-toltèque** » (de 800 à 1 000 dans le Yucatán) clôt logiquement le parcours. On peut y voir le fameux **Chac-Mool** (45) découvert par Auguste le Plongeon (*voir p. 361*), emmené à Mexico par la marine de guerre de peur que son inventeur ne l'emporte aux États-Unis ! Cette représentation mystérieuse « incarne » un messager transmettant des présents aux dieux. Diverses **offrandes*** (46) en or, repêchées par Edward Thompson dans le *cenote* de Chichén Itzá et rendues au Mexique par le Peabody Museum en 1959, furent « froissées » ou martelées avant d'être lancées dans l'eau.

Salles des Cultures d'Occident et du Nord – La région occidentale proche des côtes du Pacifique, dominée par les cultures de **Colima** et de **Nayarit**, développa un art de la **céramique**** (47) flamboyant. Joueurs de pelote, guerriers, malades et guérisseurs débordent d'une incroyable expressivité, et ses maquettes de maison avec leurs occupants apportent une touche d'humanité supplémentaire. Remarquez dans une vitrine isolée une exceptionnelle **femme nue**** (48) agenouillée. Jusqu'en 600 ap. J.-C., ces objets accompagnaient les défunts dans des *tumbas de tiro*, tombes en forme de bouteille.

Plus loin, d'étonnantes femmes difformes et tatouées, aux yeux « en grains de café », proviennent de **Chupícuaro**, dans l'État de Guanajuato. Un peu en « décalage », le **masque de Malinaltepec***** (49) en pierre, recouvert d'une mosaïque de turquoise et de corail, démontre plutôt l'influence de Teotihuacán dans le Guerrero à la période classique. Vous trouverez, dans la dernière section consacrée aux **Tarasques**, des bijoux en cuivre dont un **masque du dieu Xipe-Totec**★ (50), et un **Chac-Mool★** (51) atypique, bedonnant, ridé et sexué.

Les cultures septentrionales du Mexique s'apparentent plus aux peuples nomades d'Amérique du Nord qu'aux sédentaires de Méso-Amérique. Mogollon et Anasazi influencèrent fortement les habitants de **Casas Grandes** (dans l'État du Chihuahua), entre 1 000 et 1 200. On reconnaîtra de cette région les paquets funéraires, les céramiques claires aux motifs géométriques. Les habitations à étage, parfois à flanc de falaise, rappellent celles de Mesa Verde dans le Colorado.

Salles ethnographiques – *La visite commence par la droite (aile nord), au-dessus des salles d'introduction*. Tout le 1er étage bénéficie lui aussi d'une nouvelle muséographie, plus limpide, et permet d'avoir une vue plongeante sur toutes les salles d'archéologie. Il présente les coutumes, l'artisanat et l'habitat des principales tribus indiennes qui constituent à l'heure actuelle 10 % de la population totale. Après un tour d'horizon des mythes et de l'organisation sociale, vous plongerez dans le monde magique des **Huicholes** et leurs rites du *peyotl*, des **Purepéchas**, pêcheurs du Michoacán, des **Otomis** fabriquant le *pulque* et de la danse du soleil dans la **Sierra de Puebla**. En revenant par l'aile sud, vous rencontrerez les **Zapotèques**, **Mixtèques** et **Mayas** aux costumes colorés *(ouverture prévue à l'automne 2002)*, les traditions du **Golfe** et les **Tarahumaras**, terre de chamanes. Les **Nahoas**, descendants des aztèques, concluent un circuit qui vous ramènera au rez-de-chaussée, au pied de la salle des cultures du Nord.

Les Basílicas de Guadalupe★ (La Villa) (Plan I C1)

Au nord de la ville. En sortant du M° Basílica, rejoignez la calzada de Guadalupe et remontez-la vers le nord pendant 300 m 6 h-21 h.

Dans une ambiance de kermesse populaire animée par les marchands du temple, les pèlerins se pressent dans le plus grand complexe religieux d'Amérique latine. Les deux basiliques et les quatre églises désemplissent rarement, mais la ferveur atteint son paroxysme autour du 12 décembre, quand plusieurs millions de fidèles s'y donnent rendez-vous, bivouaquant, chantant et dansant pour la fête de la **Vierge de Guadalupe**.

Quatre apparitions de la Vierge en décembre 1531 alimentent la tradition religieuse de la **colline del Tepeyac**. Son image, miraculeusement imprimée sur la tunique de l'Indien Juan Diego, convaincra l'évêque Zumárraga de lui construire un sanctuaire, et de lui donner le nom d'une *Virgen morena* (Vierge brune) d'Extremadure. Succédant à la déesse **Tonantzín** («notre mère»), vénérée avant elle sur ce culte, son culte atteindra dès le 17e s. une ampleur qui se perpétue aujourd'hui. L'image maternelle de la Vierge de Guadalupe, brandie par Zapata sur le drapeau révolutionnaire, est omniprésente au Mexique. Du marché au bureau, du métro au supermarché, partout des autels lui sont dressés, érigeant sa célèbre silhouette en véritable symbole d'identité nationale.

Du rififi dans le clergé

2002 doit être l'année de la canonisation de Juan Diego, une consécration très attendue motivant, au mois de juillet, la cinquième visite du pape. Pourtant se pose une embarrassante et angoissante question : Juan Diego a-t-il vraiment existé ? Pas le moindre bout d'os n'a été retrouvé et, plus grave, le premier document relatant l'apparition date du 17e s. En 1996, un coup de théâtre a mis l'archevêché en émoi. Après 30 ans de bons et loyaux services, l'abbé de la basilique, le père Schulenburg, irrité d'avoir été poussé à la retraite, a exprimé publiquement ses doutes, n'hésitant pas à confesser implicitement plusieurs décennies d'hypocrisie lucrative ! Une lettre à Jean-Paul II réaffirmant récemment sa conviction n'a pas découragé le Saint-Père, qui a par ailleurs béatifié 27 Mexicains en 2001, rattrapant certes un coupable retard.

La visite du sanctuaire

En 1709 s'acheva au pied du Tepeyac, la construction de la **première basilique**. L'élégant sanctuaire baroque accueillit la **tilma (tunique)** sacrée pendant plus de deux siècles, sans échapper à l'enfoncement qui finit par mettre sa structure en péril (remarquez l'inclinaison du clocher ouest). En 1976, une **nouvelle basilique*** vint la remplacer, réalisée par l'architecte du musée d'Anthropologie, Pedro Ramírez Vázquez. Le toit conique et l'extérieur peu engageant cachent une nef circulaire très réussie, malgré la trivialité d'un tapis roulant régulant devant la *madrecita* le flot des fidèles. Après 25 ans de purgatoire, l'ancienne basilique « restaurée » s'ouvre à nouveau au public, l'intérieur entièrement corseté dans le béton. On frémit à l'idée que la cathédrale ait pu subir pareil traitement.

L'ascension de la colline par un escalier fleuri vous conduira à la **Capilla del Cerrito** (chapelle de la Colline) reconstruite dans les années 50, dont les murs narrent comme une bande dessinée l'histoire des apparitions. Une **vue** panoramique embrasse la moitié nord de la ville, jusqu'au centre historique. Redescendez par l'autre côté jusqu'à la mise en scène en bronze de l'apparition, sur fond de cascade artificielle. Elle fait partie des divers aménagements de l'enceinte, reflétant dans les années 90 l'effort des autorités ecclésiastiques pour dépenser les offrandes des fidèles. Le grand et laid **portique**, avec carillon et automates sophistiqués délimitant le côté est de l'atrium, en est l'exemple le plus discutable.

Hélas, pas un *centavo* pour la pimpante et ovale **Capilla del Pocito*** (chapelle du Puits) de style *poblano*, dont les **fresques*** de la coupole tombent par pans entiers. Élevée à l'emplacement d'une fontaine miraculeuse du 18ᵉ s., les jeunes mères viennent accrocher un chausson ou un objet de leur bébé à la margelle du puits de l'entrée.

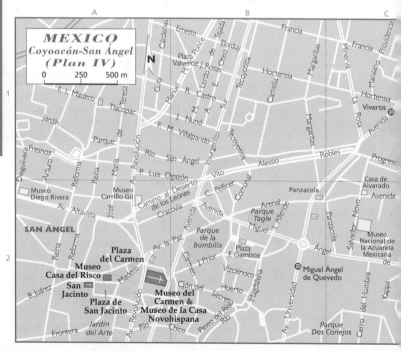

Les villages coloniaux★ (Plan IV)

Comptez une journée (de préférence le samedi).
San Ángel et Coyoacán ne sont pas desservis par le métro, prenez le bus ou le taxi.

Les petites seigneuries installées sur la rive du lac de Texcoco ont servi de noyaux à des villages espagnols, aujourd'hui perdus dans le manteau urbain. Au milieu d'une ville moderne un peu morose, vous serez immédiatement séduit par ces quartiers aux ruelles pavées égayées de bougainvillées. San Ángel et Coyoacán, les mieux préservés, attirent le samedi et le dimanche une foule bigarrée, venue savourer leur atmosphère coloniale. En semaine, ils redeviennent le refuge exclusif des familles fortunées, qui cachent derrière de hauts murs leurs somptueuses demeures.

San Ángel★ (A2)

La meilleure façon d'arriver à San Ángel est de descendre l'av. Insurgentes en autobus ou en «pesero» depuis l'av. de la Reforma ou la station Insurgentes (environ 40 mn). Après avoir parcouru 8 km jalonnés de centaines de restaurants, descendez au Sanborn's de San Ángel (prévenez le chauffeur), et remontez sur 200 m l'av. de la Paz jusqu'au couvent.

Le village préhispanique de **Tenatitla** («en face de la muraille») était rattaché à Coyoacán. Pendant la Conquête, son *cacique* Juan de Guzmán Ixtolinque, ayant par chance sauvé la vie de Cortés, réussit à récupérer son territoire dont il devint gouverneur. Les **dominicains** s'y installèrent en 1544, et fondèrent le couvent de San Jacinto avant d'être rejoints 40 ans plus tard par les **carmélites**, un Ordre nouvellement réformé par sainte Thérèse d'Avila en Espagne. Sous la houlette des «déchaussés» qui établirent un collège, les terres empierrées par l'éruption du volcan Xitle, mais irriguées par le río Magdalena, se mirent bientôt à prospérer.

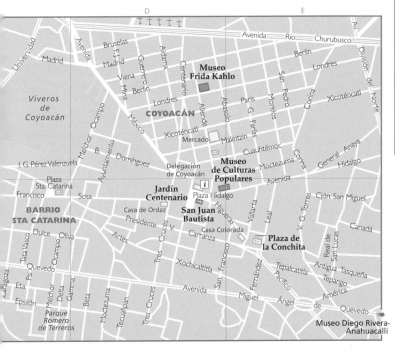

Le samedi à San Ángel

Au 17ᵉ s., plus de 15 000 arbres fruitiers poussaient dans leurs vergers, et les premières fabriques de papier de la Nouvelle-Espagne firent leur apparition. Il faudra pourtant attendre les années 20 pour que San Ángel sorte de son isolement, avec le tracé de la *Calzada Nueva*, devenue l'avenue des Insurgés (*Insurgentes*).

Deux musées occupent l'ancien couvent et collège de San Ángel, construit avec entrain par les carmélites. Achevé en quatre ans (église comprise), il accueillait les jeunes filles de bonne famille : blanches et riches. Bien qu'il changeât très vite de nom (colegio Santa Ana), sa première appellation resta d'usage populaire et finit par désigner le village.

Vous commencerez la visite par le **Museo del Carmen**★ (*10h-16h45 sauf le lundi ; entrée payante sauf le dimanche*). Passé une porterie aux peintures fatiguées, la **salle capitulaire** évoque parmi une galerie de saints l'arrivée des carmélites au Mexique. Une toile du 18ᵉ s. représente les 12 couvents qu'ils fondèrent en Nouvelle-Espagne. Le **cloître** permet d'apercevoir la coupole de l'église en azulejos, auxquels répondent ceux de la fontaine. En le traversant, vous atteindrez la sacristie ornée de cinq toiles de Cristóbal de Villalpando et dotée d'un plafond à entrelacs dorés. Près de l'escalier, admirez les **lavabos**★ en azulejos, avant de descendre à la **crypte**, elle aussi couverte de céramiques, où reposent des **momies** plus défraîchies qu'à Guanajuato. Remontez jusqu'au 1ᵉʳ étage, où plusieurs cellules exposent des objets d'art colonial, entre la **tribune** donnant sur le chœur de l'église et la **chapelle domestique**. Au bas du grand escalier s'ouvre le **Claustro de los Naranjos** (cloître des Orangers) – en pots ! –, réservé aux expositions temporaires.

Dans le collège restauré le **Museo de la Casa Novohispana**★ (musée de la maison de Nouvelle-Espagne) (*mêmes conditions de visite*) a été inauguré en l'an 2000. On y accède en longeant un tronçon de l'aqueduc qui alimentait en eau les bâtiments et les vergers. Le rez-de-chaussée présente les métiers d'art au temps de la colonie, et l'étage les différents lieux de vie dans une maison de la noblesse espagnole.

De l'autre côté de l'avenue, la **Plaza del Carmen** réunit les peintres le week-end, au pied d'une grande maison bleue néoclassique transformée en boutique d'artisanat. Remontez la calle Amargura (*sur la droite*), bordée de belles *mansiones* du 18ᵉ s. comme la casa Fagoaga ou celles de la *cerrada* (impasse) où se profile une croix.

Le début de la calle Benito Juárez forme un triangle, où s'installe le samedi un **marché d'artisanat**, accompagnant l'ouverture ce jour-là du **Bazar del Sábado**. Dans une grande demeure (17ᵉ s.) contiguë se cache une véritable caverne d'Ali Baba d'art traditionnel et contemporain, ouverte à la vente une fois par semaine.

Un peu plus haut, l'église dominicaine de **San Jacinto** *(tlj 7h-20h)* vaut surtout le détour pour son adorable atrium ombragé, où se dresse une **croix-fontaine*** de style tequitqui («indigène»). Vous pouvez ensuite vous perdre dans les ruelles pavées, avant de rejoindre la **Plaza de San Jacinto**, autre rendez-vous des toiles sur chevalets.

Le **Museo Casa del Risco*** (maison du Rocher) *(Plaza de San Jacinto #15. 10h-17h sauf lundi. Entrée libre)* occupe la résidence d'Isidro Fabela, un diplomate du début du 20ᵉ s. Les salles du 1ᵉʳ étage conservent sa collection d'art dont deux **portraits de Diane de Poitiers et Henri II***, peints par François Clouet, particulièrement remarquables. Dans le patio, des plats de la dynastie Ming et des services en porcelaine de Chine, arrivés par le Nao de Manille, composent une **fontaine*** de style rocaille réalisée au 18ᵉ s. De la céramique de Puebla et des coquillages viennent compléter cette composition à la Facteur Cheval, à faire grincer des dents un conservateur du musée Guimet!

Se rendre ensuite à Coyoacán peut fait l'objet d'une belle promenade à pied d'environ 45 mn, sans vous départir de la ligne droite, par les av. de la Paz, Arenal et Francisco Sosa.

Coyoacán*

Attention, la station de métro «Coyoacán» est fort éloignée du Jardín Centenario. Les *Tepanecas*, une tribu de langue nahuatl, s'installèrent dès le 7ᵉ s. dans ce «lieu des coyotes». Leurs descendants durent composer avec Hernán Cortés, qui établit ses quartiers sur leurs terres pendant que Mexico surgissait des ruines de Tenochtitlán. Coyoacán, première résidence du conquistador et de sa compagne indienne (La Malinche), devint la capitale éphémère de la Nouvelle-Espagne. Ici étaient retenus en captivité les trois seigneurs de la Triple Alliance qui régnaient dans la vallée, dont Cuauhtémoc, dernier empereur aztèque.

La petite **Capilla Panzacola** (B2) et le pont (à la même échelle) franchissant le río Magdalena marquent l'entrée du quartier de Coyoacán et le début de son axe le plus emblématique, l'**avenida Francisco Sosa**. Le long de trottoirs aux dalles disjointes ponctués de frênes géants, vous passerez devant les maisons basses aux fenêtres grillagées et par la **Plaza Santa Catarina** à l'église colorée.

Tout au bout de la rue, un élégant portique flanqué d'archanges naïfs en position d'atlante marque l'entrée de l'ancien atrium du couvent de San Juan Bautista. Devenu le **Jardín Centenario** (D2), il y règne en fin de semaine une joyeuse ambiance à la fois familiale et hippie. Si beaucoup de jeunes viennent y acheter des bijoux fantaisie ou un tee-shirt à l'effigie du sous-commandant Marcos, la grande tradition est de venir en famille y déguster un sorbet *(nieve)* au glacier *Siberia* et d'assister aux spectacles de rue sur la **Plaza Hidalgo**.

Dans le même temps, l'**église de San Juan Bautista** (D2) ne désemplit pas. La façade néoclassique soutenant le vieux clocher cache une grande nef rectangulaire couverte de peintures saint-sulpiciennes.

Continuez votre promenade par la calle Higueras, jusqu'à la **Plaza de la Conchita** (E2). Dans un jardin, la **chapelle** du 18ᵉ s. apparaît comme la seule réalisation d'un vœu couché sur le testament de Cortés pour que soit édifié à cet endroit un couvent de religieuses. D'élégantes volutes mauresques habillent son portail. Sur la même place, la **Casa Colorada** (maison rouge) porte aussi le nom de «Casa de la Malinche», bien que la compagne de Cortés ait vécu deux siècles avant sa construction.

Avenida Hidalgo, le **Museo de Culturas Populares*** (D2) *(mardi-jeudi 10h-18h, vendredi-dimanche 10h-20h. Entrée libre)* propose en permanence trois excellentes expositions temporaires, dont l'une au moins correspond au cycle des fêtes de l'année. Une visite s'impose dans ce musée d'art populaire sans cesse renouvelé.

Marchez vers le nord par la calle Allende, où se trouve le **marché**, et quelques rues plus loin, le **Museo Frida Kahlo** (D1) *(calle Londres #247, à l'angle de la calle Allende. 10h-18h sauf le lundi; entrée payante)*. N'y cherchez pas les plus belles toiles de la peintre autodidacte, il s'agit plutôt de sa maison natale, où elle vécut durant 25 ans avec Diego Rivera. Outre des œuvres graphiques, vous verrez dans cette maison austère malgré sa couleur bleu roi, les objets personnels du couple et une partie des pièces préhispaniques rassemblées par Diego. Vous n'échapperez pas aux reliques d'une vie de souffrance, du fauteuil roulant au corset de plâtre.

Après l'adorable **cuisine***, l'escalier qui mène à l'atelier est décoré d'une collection d'**ex-voto*** populaires peints sur plaques de cuivre, racontant le détail des faveurs accordées. Dans le jardin où furent dispersées les cendres de cette artiste singulière, Diego Rivera construisit une pyramide pour y exposer des céramiques anciennes.

Un **bus touristique** part au coin de la maison, et fait le tour de Coyoacán en 45 mn *(tlj 10h-17h, part à 12 personnes. Du lundi au vendredi, départs assurés à 13h et 16h30)*.

Pour Quitter Coyoacán, prenez un pesero sur la Plaza Hidalgo, qui vous conduira jusqu'à la station Coyoacán (ligne 3) ou General Anaya (ligne 2). D'autres partent au coin des calles Allende et Xicoténcatl (plus près du musée Frida Kahlo) en direction de la station Copilco (ligne3).

Au sud de la ville (Plan I)
Comptez une journée.

Deux musées consacrés à Diego Rivera, mêlant l'art moderne et l'art préhispanique, marqueront les étapes d'une excursion vers le mont Ajusco, à une vingtaine de kilomètres du zócalo. Au pied de ce garde-fou naturel contenant l'expansion méridionale de la métropole, Xochimilco n'est plus à la campagne mais perpétue une tradition horticole qui plante le décor coloré des «dimanches en famille».

Le Museo Diego Rivera-Anahuacalli* (C5)
Prenez le tren ligero (sorte de tramway) à la station Taxqueña sur le même quai. Descendez à la station Xotepingo et suivez la calle del Museo. À 10 mn de marche. 10h-18h sauf le lundi. Entrée payante.

Ne vous laissez pas rebuter par l'aspect extérieur de ce «blockhaus» de pierre volcanique sombre. Diego Rivera élabora durant plus de 20 ans ce temple moderne en hommage aux cultures anciennes, qui le passionnaient encore plus que le communisme romantique inspirant ses *murales*.

2000 **pièces préhispaniques** (à peine 5 % de sa collection!) trouvent leur place dans une muséographie soigneusement pensée, peaufinée dans ses moindres détails. N'oubliez pas de lever les yeux pendant la visite pour admirer les mosaïques du plafond illustrant les mythes anciens.

Le rez-de-chaussée est consacré à la période préclassique (**figurines féminines de Tlatilco***), à diverses divinités en pierre disposées sur un *altar* («autel») et à la **culture Teotihuacán***. Les quatre angles du bâtiment évoquent les **éléments** dans le panthéon aztèque : Xilonen (déesse du Maïs), Ehecátl (dieu du Vent) Tláloc (dieu de la Pluie) et Huehuetéotl (dieu du Feu).

Au 1er étage, l'**atelier de Diego Rivera*** orné de **céramiques*** est à l'échelle de ses œuvres. Des études tapissent les murs, la plus grande préparait le *Mural de la Paz*. Commandé pour une exposition européenne, il ne sera jamais exposé : l'oncle Sam et Marianne y paraissent les élèves obéissants de Staline et de Mao. Du toit on peut voir la coulée de lave du volcan Xitle noyée dans la végétation, d'où furent extraites les pierres du musée.

A. Thuillier/MICHELIN

Un dimanche à Xochimilco

Le Museo Dolores Olmedo** (C5 en direction)

Après être passé devant le stade Aztèque, descendez à la station La Noria. Remontez l'avenue jusqu'au carrefour (enjambé par une passerelle rouge), puis tournez à gauche sans changer de trottoir. À 5 mn de marche. 10h-18h sauf le lundi, entrée payante. Distributeur automatique de billets.

Cette hacienda du 16ᵉ s., havre de paix dans un quartier chaotique, appartient à Dolores Olmedo Patiño, modèle et amie de **Diego Rivera**. Ayant fait fortune dans la construction, la fidèle admiratrice devint la plus grande collectionneuse des œuvres de l'artiste (145 exposées) et de ses épouses. De superbes pièces archéologiques et des expositions temporaires viennent parfaire un musée extrêmement attachant, entouré d'un jardin luxuriant où déambulent les paons.

À l'entrée, une salle regroupe les gravures de l'artiste russe **Angelina Beloff**, compagne de la période française. On découvre ensuite, au fil des pièces, un peintre sur toile bien différent du muraliste engagé. Femmes sensuelles, paysages impressionnistes, autoportraits ou fillettes russes révèlent l'étendue du génie créateur de cet ambassadeur de la peinture mexicaine. Dans la première salle, **La Tehuana** (1955), célèbre portrait de Dolores, tient compagnie à une série de **Xoloitzcuintles** (chiens nus préhispaniques) en céramique de Colima, dont quelques exemplaires vivants gambadent dans le parc. La salle IX réunit 26 œuvres de **Frida Kahlo**, dont **La Columna Rota** (La colonne brisée) et **Autoretrato con Changuito** (Autoportrait avec singe).

Sur les canaux de Xochimilco* (B5 en direction)

Au terminus du tren ligero (station Embarcadero), suivez à gauche la calle Morelos jusqu'au marché, puis à droite en longeant le joli marché aux fleurs. Continuez jusqu'au bout de la calle Madero et prenez à gauche de la petite église peinte en gris, pour atteindre l'embarcadero Salitre.

Le week-end (les jours d'affluence), la « lancha colectiva » (bateau collectif) emprunte le « gran canal » pour une somme dérisoire, faisant la navette entre les embarcadères de Salitre et Nuevo Nativitas (12h-18h, 30 mn). Vous trouverez à Nuevo Nativitas la plus grande concentration de bateaux, un module d'information touristique (tlj 9h-19h) et un marché d'artisanat (samedi-dimanche). Toute la semaine, on peut louer une « trajinera » dont le tarif horaire est strictement contrôlé (autour de 120 pesos).

Pour atteindre Nuevo Nativitas par la terre ferme, à l'aller prenez le pesero « Galeana » devant le marché aux fleurs, au retour suivez la berge jusqu'à l'embarcadère Zacapa et prenez le pesero « Xochimilco » (10 mn).

Le folklore et la tradition se donnent rendez vous sur les canaux de la ville aux « champs de fleurs » que le tourisme (surtout national) ne parvient pas à dénaturer. Les Aztèques ne tardèrent pas à contrôler ce village agricole cultivant sur le lac de Texcoco des parcelles flottantes. La *chinampa*, radeau fertile en roseaux tressés couvert de terre, échappait à l'aridité de la saison sèche et aux éternelles querelles de terroirs. Jusqu'au 18ᵉ s., les fruits et légumes continuaient à arriver par bateau jusqu'au *Zócalo* de Mexico, mais l'assèchement du lac a définitivement ancré les cultures lacustres. L'activité horticole continue malgré tout à honorer le nom du lieu, et 189 km de canaux subsistent, dont une quinzaine sillonnés par des **trajineras** (barques à fond plat bariolées). Xochimilco est devenue Patrimoine mondial de l'Unesco en 1987, conjointement avec le centre historique.

Le dimanche, des groupes d'étudiants viennent célébrer une réussite d'examens, les autres se délassent des bouchons quotidiens du périphérique… dans les embouteillages d'embarcations manœuvrées avec brio par des « gondoliers » à la main sûre. Photographes, musiciens et vendeurs en tout genre sont de la fête et accostent à tout moment les passagers à la mine réjouie, saluant joyeusement ceux qui les croisent. Voilà donc un concentré de bonne humeur à la mexicaine qu'il ne faut pas manquer.

Ciudad de México pratique

Arriver-Partir

En avion – L'**Aeropuerto Internacional B. Juárez**, bd Aeropuerto esq. av. Hangares (Plan I D2), ☎ (55) 55 71 36 00, est situé à 6 km à l'est du centre historique. Lignes internationales et nationales assurées par de nombreuses compagnies aériennes (voir « compagnies aériennes » p. 170 et « Comment s'y rendre » p. 98).
– De l'aéroport au centre-ville, vous aurez le choix entre des taxis (4 personnes, env. 80 pesos), des « camionetas » (8 personnes, env. 160 pesos) ou des 4x4 de luxe (8 personnes, env. 210 pesos), stationnés à la sortie de l'aérogare (les prix indiqués sont ceux d'une course jusqu'au centre historique). La course se règle obligatoirement aux comptoirs situés aux repères E3 (arrivées internationales) ou A1 (arrivées nationales).
– Le métro (station : Terminal Aérea), dont l'entrée se trouve après la salle A, dessert la plupart des quartiers de Mexico. Du centre historique, prenez un taxi de « sitio » (env. 100 pesos) pour rejoindre l'aéroport.
– Pour ceux qui souhaitent éviter de traverser la capitale, il existe un **terminal de bus**, salle D porte 8 : 21 départs par jour pour Cuernavaca (1 h 45) ; 20 bus par jour pour Puebla (2 h) ; 15 bus par jour pour Querétaro (2 h 45) ; 13 départs par jour pour Toluca (1 h 15).

En bus – Mexico dispose de quatre gares routières principales, correspondant aux quatre points cardinaux. Possibilité d'acheter les billets par téléphone, ☎ (55) 51 33 24 24 (carte de crédit, billets à retirer 1/2 h avant le départ), sur place, ou calle Isabel La Católica #83 e/Mesones et Regina : lundi-vendredi 9 h-18h, samedi 9h-14 h.
– Le **terminal Norte**, av. de los Cien Metros # 4907, col. Magdalena de las Salinas (Plan I C1), ☎ (55) 55 87 15 52 (Mº Autobuses del Norte). 26 départs entre 7 h 30 et minuit pour Aguascalientes (6 h) ; 3 départs pour Chihuahua (20 h) ; 3 bus le matin et 5 en début de soirée pour Durango (13 h) ; 33 départs entre 6 h 30 et minuit pour Guadalajara (7 h 30) ; 35 bus par jour entre 6 h et minuit pour León (5 h) ; 3 départs le soir pour Mazatlán (15 h 30) ; 21 bus entre 7 h 50 et minuit pour Morelia (5 h) ;

17 bus entre 7 h et 23 h 30 pour Monterrey (12 h) ; 1 bus l'après-midi et le soir pour Palenque (12 h) ; plus de 75 départs entre 6 h et 21 h 30 pour Puebla (2 h) ; 8 bus le soir pour Puerto Vallarta (12 h 30) ; 1 départ toutes les 30 mn entre 6 h et minuit pour Querétaro (2 h 45) ; plus de 30 bus entre 6 h et minuit pour San Luis Potosí (5 h) ; 5 départs le matin et 1 l'après-midi pour San Miguel de Allende (4 h) ; l'après-midi pour Tepic (11 h) ; 2 départs le matin et 2 de nuits pour Zacatecas (8 h).
– Le **terminal Oriente**, également appelé **TAPO**, calzada Ignacio Zaragoza #200, col. Primero de Mayo (Plan I D2), ☎ (55) 51 33 21 24/57 62 59 77 (Mº San Lázaro). 6 départs entre 10 h et 20 h pour Campeche (16 h) ; 4 bus le matin et 2 l'après-midi pour Cancún (22 h) ; 3 départs par jour pour Chetumal (17 h 30) ; 3 bus le matin pour Mérida (18 h 30) ; 28 départs entre 7 h et 1 h du matin pour Oaxaca (6 h) ; plus de 85 bus entre 6 h et 22 h 30 pour Puebla (2 h) ; 2 départs en fin d'après-midi pour San Cristóbal de las Casas (16 h 30) ; 6 bus en fin d'après-midi pour Tuxtla Gutiérrez (15 h) ; 30 départs entre 9 h et minuit pour Veracruz (5 h 30) ; 22 bus entre 7 h et 23 h 30 pour Villahermosa (10 h).
– Le **terminal Sur**, également appelé **Taxqueña**, av. Taxqueña #1320 , col. Campestre Churubusco (Plan I C4), ☎ (55) 56 89 49 87/97 45 (métro Taxqueña). Plus de 30 départs entre 6 h et 23 h 30 pour Acapulco (5 h) ; plus de 80 bus entre 6 h 45 et minuit pour Cuernavaca (1 h 15) ; 3 départs le soir pour Huatulco (14 h) ; 2 bus l'après-midi pour Pochutla (16 h) ; plus de 40 départs par jour pour Puebla (2 h 20) ; 26 départs entre 6 h et 20 h pour Taxco (2 h 45).
– Le **terminal Poniente**, angle av. Sur #122 et Río Tacubaya, col. Real del Monte (Plan I A3), ☎ (55) 52 71 00 38/45 19. 28 départs entre 6 h et 1 h du matin pour Morelia (4 h) ; 11 départs entre 6 h 30 et minuit pour Pátzcuaro (5 h) ; toutes les 5 mn entre 6 h et 22 h 30 pour Toluca (1 h).

En train – Depuis sa privatisation, la station de train FNM, connue sous le nom de Buenavista, angle av. Insurgentes Norte et av. de Mosqueta (Mº Buenavista) est fermée au public jusqu'à nouvel ordre.

Ciudad de México pratique

167

COMMENT SE REPÉRER

La ville est parcourue du nord au sud et d'est en ouest par de grandes avenues dont certaines portent le nom d'«Eje» (axe). Le principal axe est l'Eje Central (av. Lázaro Cardenas), véritable colonne vertébrale qui traverse la métropole du nord au sud, au cœur du centre historique, entre l'Alameda et le «Zócalo»; les deux avenues principales qui parcourent la ville sont l'av. Insurgentes (du nord au sud) et le paseo de la Reforma (diagonale d'est en ouest). Attention, certaines rues portent le même nom d'un quartier à l'autre, il est donc primordial de connaître le nom de la «colonia» pour retrouver une adresse.

COMMENT CIRCULER À MEXICO

L'étendue de Mexico est telle que les déplacements prennent du temps. Il faut compter une heure minimum pour traverser la capitale du nord au sud en voiture (en l'absence d'embouteillage). Vous vous déplacerez donc peu à pied, sauf à l'intérieur d'une même «colonia».

Mesures anti-pollution – En raison du taux de pollution élevé à Mexico, les voitures ne sont pas autorisées à circuler tous les jours. Sur la vitre arrière du véhicule un autocollant coloré rappelle le numéro de la plaque d'immatriculation. Le dernier numéro correspond à une couleur et indique le jour de l'interdiction. Numéros 5 et 6, couleur jaune, interdit le lundi; 7 et 8, couleur rose, interdit le mardi; 3 et 4, couleur rouge, interdit le mercredi; 1 et 2, couleur verte, interdit le jeudi; 9 et 0, couleur bleue, interdit le vendredi. Le week-end, toutes les voitures peuvent circuler.

En bus – Les bus sillonnent la ville dans tous les sens. Il n'existe malheureusement pas de plan de bus à Mexico, ce qui rend leur utilisation assez compliquée. Les arrêts sont signalés par un abribus ou un simple panneau. Les pancartes installées derrière les pare brise avant indiquent la destination. Mexico compte quatre types de transports en commun routiers, qui fonctionnent tous les jours entre 4 h du matin et minuit. Les *peseros*, minibus blancs et verts (env. 2 pesos), les *autobuses Ruta-100*, bus blanc et vert (env. 3 pesos), les *trolleys*, bus électriques, (env. 1,50

pesos) et le *Sistema Colectivo M*, bus orange (env. 1,50 pesos).

En métro – Voir plan de métro p. 179. Le réseau métropolitain, pratique et moderne, dessert la quasi-totalité des quartiers de Mexico. Lundi-vendredi 5 h-minuit; week-end 7 h-minuit. C'est de loin le moyen de transport le plus rapide, mais les stations sont relativement éloignées les unes des autres dès que l'on sort de la Zona Rosa et du centre historique. Il vous faudra souvent combiner un autre moyen de transport. Les tickets s'achètent (env. 1,50 pesos) aux guichets en station. Chacune des lignes porte un numéro ou une lettre, et le nom de la station mentionnée en bout de ligne indique la direction. Vous remarquerez qu'à chaque nom de station correspond un pictogramme, destiné à faciliter les déplacements pour les voyageurs qui ne savent pas lire. Aux heures de pointe, des wagons sont réservés aux femmes sur les lignes 1, 2, 6, 8 et B. Le transport de bagages volumineux est officiellement interdit sur tout le réseau et à toute heure – mais les sacs de voyage sont tolérés.

En taxi – Les véhicules – pour l'essentiel des coccinelles vertes ou jaunes, symboles de Mexico – sont équipés de compteurs, que certains chauffeurs rechignent à utiliser. La prise en charge est fixée à 4,20 pesos, et l'on distingue un tarif de jour et un tarif de nuit (+20% de 22 h à 5 h 30). À titre indicatif, comptez 40 pesos du «Zócalo» à la Zona Rosa et 70 pesos jusqu'à San Ángel. Ces dernières années, la recrudescence des agressions de «taxi pirata» a conduit les Mexicains à éviter les taxis libres (marqués «L» sur la plaque d'immatriculation). Il vaut mieux faire appel aux services de taxis de «sitio» (marqués «S»), commandés par téléphone ou stationnés à une tête de station. Pour toutes les «colonias», *Radio Elite*, ☎ (55) 56 60 11 22; dans le centre historique, ☎ (55) 52 71 90 58; Zona Rosa, ☎ (55) 55 66 00 77. Si vous hélez un taxi dans la rue, assurez-vous que le numéro de licence et la photo du chauffeur sont collés sur une des vitres du véhicule, que la plaque d'immatriculation indique «MEXICO DF» et que le taxi dispose d'un compteur.

En bicitaxi – Les pousse-pousse que l'on trouve autour du «Zócalo» et dans la Zona Rosa doivent circuler dans une zone délimitée. Les tarifs sont équivalents à ceux d'une course en taxi. Négociez le prix avant de monter.

Location de voitures – Toutes les agences de location sont représentées à l'aéroport. **Avis**, Aeropuerto, ☎ (55) 57 86 94 52 ; Paseo de la Reforma #308, col. Juárez, ☎ (55) 55 33 13 36. **Budget**, Aeropuerto, ☎ (55) 57 84 30 11 ; calle Hamburgo #68, col. Juárez, ☎ (55) 55 33 04 50. **Europcar**, Aeropuerto ; ☎ (55) 57 85 93 30 ; av. Cuauhtémoc #1025, col. Narvarte ; ☎ (55) 55 75 22 79. **Hertz**, Aeropuerto, ☎ (55) 57 84 74 00 ; calle Versalles #6, col. Juárez, ☎ (55) 55 92 60 82.

ADRESSES UTILES

Office de tourisme – **SECTUR**, av. Presidente Masaryk #172, col. Polanco (M° Polanco) (Plan III B1), ☎/Fax (55) 52 55 10 06. Lundi-vendredi 8 h 30-18 h, samedi 10 h-15 h. Assistance touristique 24 h/24, ☎ (55) 52 50 01 23. SECTUR, spécialisé dans le tourisme national, fournit de nombreuses informations sur le Mexique, une liste des hôtels avec possibilité de réservation et quelques plans de Mexico et du pays. Pour des cartes détaillées de la ville et du pays, adressez-vous plutôt à une librairie ou à l'**INEGI**, Glorieta Insurgentes, local CC 23 (Plan III E2) (descendez les escaliers entre calle Amberes et l'av. Insurgentes, le magasin est juste à droite dans le passage piéton souterrain). Lundi-vendredi 8 h-20 h, samedi 8 h 30-16 h.

SECTURDF, av. Nuevo León #56, col. Hipódromo Condesa (Plan III D5), ☎ (55) 52 12 02 60/65. Lundi-vendredi 9 h-18 h. C'est l'office de tourisme de la ville de Mexico.

De nombreux bureaux ou kiosques d'informations touristiques, appelés **Módulos de Información Turística**, fonctionnent comme des antennes du SECTURDF. Les 4 principaux se trouvent angle av. Juárez et Revillagigedo, col. Centro (Plan II B3), tlj 9 h-18 h ; Plaza de la Constitución, col. Centro (Plan II D3), tlj 9 h-18 h ; angle calle Amberes #54 et Londres, col. Juárez (Plan III E2), ☎ (55) 55 25 93 80, tlj 9 h-19 h ; Aeropuerto Internacional, salle E et salle A (Plan I D2), ☎ (55) 55 71 36 00, tlj 6 h 30-22 h 30. La **Policía Turística** met deux bus à la disposition des touristes

(tlj 7 h-21 h). L'un se trouve devant la cathédrale de la Plaza Constitución, col. Centro (Plan II D3), l'autre, Glorieta del Ángel, col Juárez (Plan III E2) : informations, aides en cas de problèmes divers et soins médicaux.

Banque/Change – Dès votre arrivée, vous pourrez changer de l'argent dans une des banques ou « casas de cambio » situées dans la salle des arrivées internationales (salle E). La plupart sont ouvertes 24 h/24. Vous trouverez de nombreux bureaux de change sur le Paseo de la Reforma et dans la Zona Rosa (Plan III E2) et des distributeurs automatiques dans toute la capitale. Les agences **Bital** ferment en général plus tard que les autres banques (vers 19 h) et sont ouvertes le samedi matin : angle av. 5 de Mayo et Lázaro Cárdenas, col. Centro (Plan II C3) ; angle Paseo de la Reforma et Florencia, col. Juárez (Plan III E2).

Poste – Angle av. Lázaro Cardenas et Tacuba, col. Centro (Plan II C2-3), lundi-samedi 8 h-20 h ; calle P. Arriaga #11, col. Tabacalera (Plan II A2), lundi-vendredi 9 h-15 h, samedi 9 h-13 h ; angle calle Londres #208 et Varsovia, col. Juárez (Plan III E2), lundi-vendredi 9 h-17 h, samedi 9 h-13 h. Pour les plis et paquets urgents, **DHL**, av. Insurgentes sur #1840, col. Florida, ☎ (55) 53 45 70 00 ; **UPS**, Paseo de la Reforma #404, col. Juárez, ☎ (55) 52 07 19 32.

Téléphone – La plupart des « casetas telefónicas » ont disparu du centre de Mexico, mais des cabines téléphoniques sont disponibles à tous les coins de rues.

Internet – **Con-tacto**, Plaza de la Constitución #13, col. Centro (Plan II D3), lundi-samedi 10 h-20 h. **Lafoel internet service**, calle Donceles #80, col. Centro (Plan II D2), lundi-samedi 9 h-20 h, dimanche 11 h-15 h. **Mac Coffee**, calle Londres #152, col. Juárez (Plan III E2), lundi- samedi 10 h-22 h.

Santé – **Sanatorio Español**, av. Ejército Nacional #613, col. Polanco (Plan III A1 en direction), ☎ (55) 52 55 96 00. **Centro Médico**, angle av. Horacio #1008 et Anatole France, col. Polanco, ☎ (55) 52 80 85 49/38 49 : 2 médecins parlent français (Raymondo Nuñez et Eva Peruskia). **Cruz Roja**, ☎ (55) 55 57 57 57.

Représentations diplomatiques – Ambassade de Belgique, calle Musset #41, col. Polanco (Plan III A1), ☎ (55) 52800758, lundi-jeudi 8h30-13h30. **Ambassade du Canada**, calle Schiller #529, col. Polanco (Plan III B1), ☎ (55) 57247900, lundi-vendredi 9h-12h30. **Ambassade de France**, Campos Elíseos #339, col. Polanco, ☎ (55) 52829700, lundi-vendredi 8h30-14h30/15h30-19 h. #d'urgence 24h/24, ☎ (55) 52829707. **Consulat français**, calle La Fontaine #32, col. Polanco, ☎ (55) 52829840. **Ambassade de Suisse**, av. De las Palmas #405, col. Lomas de Chapultepec, ☎ (55) 55203003, lundi-vendredi 8h-13h.

Centres culturels – Alliance française, calle Socrates #156, col. Los Morales (Plan III A1 en direction), ☎ (55) 53954072 : livres, revues, cd-rom à consulter sur place. Films en français certains vendredis. **Maison de France**, calle Havre #15, col. Juárez (Plan III E1), ☎ (55) 55113151 : Internet, bibliothèques, librairie, agence de voyages et restaurant.

Compagnies aériennes – Aero California, Paseo de la Reforma #332, col. Juárez, ☎ (55) 52071392. **AeroMéxico**, Paseo de la Reforma #445, col. Cuauhtémoc, ☎ (55) 51334010. **Aviacsa**, Paseo de la Reforma #195, ☎ (55) 54488900. **Mexicana de Aviación**, Xola #535, col. del Valle, ☎ (55) 54480990. **Air France**, Edgar Allan Poe #90, col. Polanco, ☎ (55) 56276060. **American Airlines**, paseo de la Reforma #314, col. Juárez, ☎ (55) 52091400. **British Airways**, General Jaime Balmes #8, col. Polanco, ☎ (55) 53870300. **Canadian Airlines Internacional**, Paseo de la Reforma #390, col. Juárez, ☎ (55) 52081883. **Continental Airlines**, Andrés Bello #45, col. Polanco, ☎ (55) 52835500. **Delta Airlines**, Paseo de la Reforma #381, col. Cuauhtémoc, ☎ (55) 52790909. **Iberia**, Paseo de la Reforma #24, col. Juárez, ☎ (55) 51303030. **KLM**, Andrés Bello #45, col. Polanco, ☎ (55) 54480990. **Lufthansa**, av. de las Palmas # 239, col. Juárez, ☎ (55) 52300000. **Swissair**, calle Hamburgo #66, col. Juárez, ☎ (55) 52072455. **United Airlines**, calle Hamburgo #213, col. Juárez, ☎ (55) 56270222. **Taesa**, zona de Hangares «C» #27, col. Aviación Civil, ☎ (55) 72270700. **Varig**, calle Anatole France #51, col. Polanco, ☎ (55) 52809192.

Numéros utiles – Un seul numéro pour la **police** et les **pompiers**, ☎ 060.

Sécurité – Les vols à la tire et les agressions sont courants, soyez particulièrement vigilants dans les bus, dans les rues très fréquentées, sur les marchés et la nuit. Les quartiers les plus risqués sont Tepito, La Merced, les alentours de la Plaza Garibaldi et la sortie de l'aéroport.

Agences de voyages – Sablon's tours, Isabel la Católica #17-1, col. Centro (Plan II D3), ☎ (55) 55217448 : vols nationaux et internationaux, confirmation de vos billets de retour. Voir également « Excursions d'une journée » p. 178.

Laveries – Lavandería Esmafga, calle Mesones #42 e/Bolivar et Isabel la Católica, col. Centro (Plan II C4), lundi-samedi 9h-18h. **Automática**, calle Napoles #81, col. Juárez, lundi-samedi 9h-18h.

OÙ LOGER

• Autour du Zócalo (Plan II D2)

Autour de 100 pesos par personne
Hostel Catedral, Guatemala #4, col. Centro, ☎ (55) 55181726, Fax (55) 55103442, hostellingmexico @remaj.com, www.remaj.com – 42 ch. ✗ 🆑 Fait partie de la chaîne Hostelling International. Très prisé des voyageurs, cette auberge de jeunesse comporte des chambres de 2 à 6 personnes avec des lits superposés, parfaitement tenues et fonctionnelles. Internet, cuisine commune et agence de voyages.

De 150 à 200 pesos
Hotel Juárez, 1r Callejón 5 de Mayo #17, col. Centro, ☎ (55) 55126929 – 39 ch. 🍴 📻 📺 À deux pas de la cathédrale, dans un passage piéton calme et frais. Les chambres propres sont différentes les unes des autres, celles du haut plus lumineuses. Une bonne adresse pour les budgets serrés.
Hotel Zamora, av. 5 de Mayo #50, col. Centro, ☎ (55) 55121832/82 45 – 36 ch. 🍴 Cet hôtel dont la réception est au 1er étage propose des chambres

Mexico et sa région (sidebar)

simples et charmantes. Pour le même prix, certaines sont plus grandes et plus lumineuses que d'autres : n'hésitez pas à en visiter plusieurs. Fréquenté par de nombreux routards, cet établissement présente un bon rapport qualité-prix.

Hotel Lafayette, Motolinía #40 y 16 de Septiembre, col. Centro, ☎ (55) 5521 96 40 – 56 ch. ⌐ ℰ [TV] Dans une rue piétonne, de grandes chambres calmes au mobilier rustique et avec de la moquette. Chacune d'elle est équipée d'un petit coffre-fort. Bon accueil.

Hotel San Antonio, 2ᵈᵒ callejón 5 de Mayo #29, col. Centro, ☎ (55) 55 18 16 25/26 – 38 ch. ⌐ ℰ [TV] Hôtel sur cinq étages, moderne et calme, dans un passage piéton du centre historique. Les chambres confortables comportent 3 lits simples ou 1 lit double.

Hotel Isabel, Isabel la Católica #63, col. Centro, ☎ (55) 55 18 12 13/17, Fax (55) 5521 12 33, hisabel@prodigy.net.mx – 74 ch. ⌐ ℰ [TV] ✗ Ce beau bâtiment de style colonial propose des chambres spacieuses, propres et toutes équipées d'un petit coffre-fort. Une adresse très prisée, il est donc préférable de réserver.

Hotel Avenida, av. Lázaro Cardenas #38, col. Centro, ☎ (55) 55 18 10 08 – 75 ch. ⌐ ℰ [TV] Dans un quartier populaire de l'Eje Central (axe central), face au métro San Juan de Letrán. Idéalement placé pour se déplacer dans Mexico, ses chambres sont fonctionnelles et bien tenues. Évitez de loger côté rue. Le meilleur établissement de cette catégorie.

De 250 à 300 pesos

Hotel Habana, República de Cuba #77, col. Centro, ☎ (55) 55 18 15 89/95 – ⌐ ℰ [TV] Les immenses chambres sont l'atout incontestable de cet établissement moderne. Malheureusement l'hôtel manque de charme et de caractère.

Hotel Canada, av. 5 de Mayo #47, col. Centro, ☎ (55) 55 18 21 06, Fax (55) 5512 93 10 – 85 ch. ⌐ ℰ [TV] [CC] Hôtel moderne un peu fade dont les chambres bien tenues sont petites et sombres. Le point fort de cet établissement est son emplacement central.

De 450 à 600 pesos

Hotel Catedral, Donceles #95, col. Centro, ☎ (55) 55 21 61 83/85 81, Fax (55) 55 12 43 44, hcatedral@infosel.net.mx, www.hotelcatedral.com.mx – 120 ch. ⌐ [TV] ✗ [CC] Les chambres

de ce grand bâtiment de sept étages sont spacieuses, joliment décorées et confortables. Certaines offrent une vue sur l'arrière de la cathédrale. Une bonne adresse dans sa catégorie. Ascenseur.

Hotel Gillow, Isabel la Católica #17, col. Centro, ☎ (55) 55 18 14 40/46, Fax (55) 55 12 20 78 – 110 ch. ⌐ ℰ [TV] [CC] Cet hôtel construit en 1875 est situé au cœur du centre historique. Réparties sur cinq étages autour d'une petite cour intérieure, les chambres moquettées sont égayées par des rideaux et des dessus-de-lit colorés.

Hotel Ritz, Madero #30, col. Centro, ☎ (55) 55 18 13 40, Fax (55) 55 18 29 44, hotelritzdf@hotelritzdf.com.mx, www.hotelritzdf.com.mx – 124 ch. ⌐ ▤ ℰ [TV] ✗ [CC] Un immeuble ancien à la décoration moderne. De grandes chambres confortables sont distribuées autour d'une petite terrasse ombragée. Évitez les chambres bruyantes sur la rue, préférez côté cour.

De 1000 à 1500 pesos

Gran Hotel, 16 de Septiembre #82, col. Centro, ☎ (55) 55 10 40/47, granhotel@hotmail.com – 124 ch. ⌐ ℰ [TV] ✗ [CC] Les vitraux et l'ascenseur de cet ancien grand magasin de Mexico valent le coup d'œil. Construit à la fin du 19ᵉ s., cet établissement dispose de grandes chambres confortables malheureusement un peu poussiéreuses. Du restaurant et des chambres les plus chères vous aurez une vue directe sur le « Zócalo ».

Hotel Majestic, Madero #73, col. Centro, ☎ (55) 55 21 86 00/09, Fax (55) 55 12 62 62, majestic@supernet.com.mx, www.majestic.com.mx – 85 ch. ⌐ ℰ [TV] ✗ [CC] Dans un splendide bâtiment du « Zócalo », cet hôtel, aux chambres un peu petites meublées années 30, est l'un des plus prestigieux du centre historique. Les chambres les plus chères ont vue sur la place.

• **Alameda** (Plan II B-C3)

Autour de 150 pesos

Hotel del Valle, Independencia #35, col Centro, ☎ (55) 55 10 48 52/47 84 – 50 ch. ⌐ ℰ [TV] Les trois étages de cet établissement renferment de vastes chambres au mobilier un peu vieillot. L'ensemble est simple et un peu terne.

De 200 à 300 pesos

San Diego Hotel, Luis Moya #98, col. Centro, ☎ (55) 55 10 35 23 – 87 ch. ⌨ 🖊 📺 ✕ CC Situé dans un quartier calme au sud de l'Alameda, cet hôtel sans charme particulier propose des chambres rudimentaires et fonctionnelles. Hôtel fréquenté par de nombreux Mexicains, souvent complet le week-end. Parking.

Hotel Fornos, Revillagigedo #92, col. Centro, ☎ (55) 55 21 95 94/54, Fax (55) 55 10 47 32 – 118 ch. ⌨ 🖊 📺 ✕ CC Le marbre et les plantes en plastique donnent à cet hôtel un aspect légèrement surfait. Les chambres sont spacieuses et impeccablement tenues, équipées d'un Jacuzzi pour certaines. Prisé des Mexicains, il est préférable de réserver le week-end.

De 450 à 550 pesos

Hotel Marlowe, Independencia #17, col. Centro, ☎ (55) 55 21 95 40, Fax (55) 55 18 68 62, marlowe@prodigy. net.mx – 100 ch. ⌨ 🖊 📺 ✕ CC Récemment rénové, cet hôtel moderne sans caractère particulier dispose de chambres avec moquette bénéficiant de tout le confort d'un hôtel d'une chaîne internationale. Sans surprise mais d'un bon rapport qualité-prix.

Hotel Metropol, Luis Moya #39, col. Centro, (55) 55 10 86 60/72, Fax (55) 55 12 12 73 – 160 ch. ⌨ 🖊 📺 ✕ CC Il présente les mêmes caractéristiques que l'hôtel Marlowe, mais son prix supérieur est justifié par des chambres plus spacieuses.

De 800 à 1 000 pesos

Hotel Fontan, Paseo de la Reforma #24, col. Centro, ☎ (55) 55 18 54 60/79, Fax (55) 55 21 92 40, hotelesfontan@infosel.net.mx – 256 ch. ⌨ 🍴 🖊 📺 ✕ CC Ce grand hôtel moderne et confortable est situé à l'ouest de l'Alameda, entre deux axes principaux. Les chambres sont très bien tenues, mais les couleurs criardes ne sont pas du meilleur goût.

Hotel de Cortés, angle av. Hidalgo #85 et paseo de la Reforma, col. Guerrero, ☎ (55) 55 18 21 81, Fax (55) 55 12 18 63, cortes@albec.net.mx, www. albec.net.mx/hoteldecortes – 29 ch. ⌨ 🍴 🖊 📺 ✕ CC Aménagé dans un ancien hospice du début du 17e s., ce bel établissement de style colonial est le plus charmant des hôtels des quartiers historiques. Les chambres distribuées autour du joli patio fleuri sont colorées et joliment décorées.

• **Revolución** (Plan II A2-3)

Autour de 130 pesos

Hotel Oxford, Ignacio Mariscal #67, col. Tabacalera, ☎ (55) 55 66 05 00 – 45 ch. ⌨ 🍴 🖊 📺 Dans un quartier calme, à l'angle d'un square arboré. Les chambres sont grandes mais rudimentaires. Établissement modeste d'un bon rapport qualité-prix.

Autour de 400 pesos

Hotel Corinto, Vallarta #26, col. Revolución, ☎ (55) 55 66 65 55, Fax (55) 55 46 68 88 – 150 ch. ⌨ 🍴 🖊 📺 ✕ 🏊 CC Dans un quartier tranquille, grand hôtel moderne un peu vieillissant aux chambres confortables, plus lumineuses en étages. L'attrait indéniable de l'établissement est la piscine sur le toit.

• **Zona Rosa** (Plan III D-E)

De 300 à 350 pesos

El Castro, Sinaloa #32, col. Roma, ☎ (55) 52 07 07 26 – 48 ch. ⌨ 🖊 📺 Établissement sans prétention situé au sud de la Zona Rosa. Les chambres sont spacieuses et très propres. Une des adresses les moins chères aux alentours de la Zona Rosa. Parking.

🏅**Casa Gonzales**, Río Sena #69, col. Cuauhtémoc, ☎ (55) 55 14 33 02, Fax (55) 55 11 07 02, j_ortiz_moore@hotmail.com – 22 ch. ⌨ 🍴 ✕ On sort de l'ordinaire avec cette maison à un étage construite autour d'un patio fleuri. Situé au nord de la Zona Rosa, dans un joli quartier calme, cet établissement est un véritable havre de paix. Les chambres sont simples et toutes différentes les unes des autres. Accueil très sympathique, ambiance familiale.

De 500 à 700 pesos

🏅**Hotel María Cristina**, Río Lerma #31, col. Cuauhtémoc, ☎ (55) 55 66 96 88, Fax (55) 55 66 91 94 – 150 ch. ⌨ 🍴 🖊 ✕ CC Décorée d'azulejos, la réception donne le ton de ce ravissant hôtel. Situé au nord de la Zona Rosa, ce bel établissement de style colonial est organisé autour d'un jardin verdoyant. Les chambres sont gaies, confortables et joliment décorées. Une très bonne adresse.

Hotel del Ángel, Río Lerma #154, col. Cuauhtémoc, ☎ (55) 55 33 10 32/01 60, Fax (55) 55 33 10 27, reservaciones@delangel.com.mx – 100 ch. 🗐 ✗̷ 📺 ✗ cc Situé dans un quartier calme au nord de la Zona Rosa, cet établissement bien tenu propose des chambres confortables sans charme particulier, mais il fait partie des hôtels abordables du quartier.

De 1200 à 1500 pesos
Casa Inn, Río Lerma #237, col. Cuauhtémoc, ☎ (55) 55 42 77 50, Fax (55) 55 42 77 60, casainmx@df – 175 ch. 🗐 ✗̷ 📺 ✗ cc Très prisé des groupes de touristes mexicains, ce grand établissement moderne se trouve au nord de le Zona Rosa. Les chambres confortables et agréables, plus calmes côté cour. Établissement sans surprises.

Suites Amberes, Amberes #74, col. Juárez, ☎ (55) 55 33 13 06, Fax (55) 52 08 01 66, suitesamberes@compuserve.com – 28 ch. 🗐 ✗ ✗̷ 📺 ✗ cc L'entrée, quelconque, de cet hôtel dissimule de grandes chambres équipées d'une cuisine et d'un coin salon. Ces petits studios sont confortables et bien aménagés. Idéal pour un séjour prolongé. Petit-déjeuner inclus dans le prix de la chambre. Gymnase.

Royal, Amberes #78, col. Juárez, ☎ (55) 52 52 28 99 18, Fax (55) 52 55 14 33 30, royalzr@netfn.com.mx – 162 ch. 🗐 🗐 ✗̷ 📺 ✗ ✗ cc Grand hôtel moderne accueillant une clientèle internationale. Les chambres sont coquettes et très propres. L'établissement dispose d'un gymnase, de bains turcs, d'une piscine sur le toit et d'un solarium.

• **Polanco** (Plan III)

Autour de 2 500 pesos
Inter-Continental, Campos Eliseos #218, col. Polanco (A2), ☎ (55) 53 27 77 00, Fax (55) 53 27 77 12, mexicocity@interconti.com – 659 ch. 🗐 🗐 ✗̷ 📺 ✗ cc Grand hôtel très moderne qui allie élégance et fonctionnalité. Les chambres sobres et soignées sont toutes équipées d'Internet. De nombreuses salles de réunion pour recevoir une clientèle d'hommes d'affaires. Le weekend et de mi-décembre à mi-janvier les prix chutent de 50 %.

Camino Real, Mariano Escobedo #700, col. Polanco (C2), ☎ (55) 52 62 88 17, Fax (55) 52 50 68 97 –

714 ch. 🗐 🗐 ✗ ✗̷ 📺 ✗ ✗ ✗ cc L'architecture contemporaine mexicaine, les couleurs chaudes, les salons spacieux et les nombreuses prestations font de cet établissement l'hôtel de luxe le plus charmant de Mexico. Les chambres modernes sont aménagées avec goût. Un des rares hôtels de cette catégorie plus particulièrement destiné à une clientèle touristique. Ici, tout est fait pour votre bien-être.

OÙ SE RESTAURER

• **Autour du Zócalo** (Plan II)

Moins de 40 pesos
Canada, 5 de Mayo #47 (D3), ☎ (55) 55 18 37 17. Lundi-samedi 8 h-22 h, dimanche 9 h-21 h. À côté de l'hôtel Canada, c'est l'endroit idéal pour boire un bon jus de fruit frais ou pour manger de copieux sandwiches.

De 40 à 80 pesos
Café Belcourt, República de Cuba #57 (C2), ☎ (55) 55 18 82 13. 8 h-21 h sauf dimanche. Dans une salle avec poutres et pierres apparentes, ce restaurant familial fort sympathique offre le choix entre deux menus, plusieurs formules de petits-déjeuners et quelques pâtisseries. Service rapide et attentionné.

El Pasaje, Gante #6, ☎ (55) 55 21 06 83 (C3) 🍴 cc 8 h 30-21 h, week-end 12 h-20 h. Une grande variété de salades, de sandwiches et de cafés à consommer en salle ou sur l'agréable terrasse de cette rue piétonne. Magazines en espagnol et en anglais que l'on peut consulter sur place.

Café El Popular, 5 de Mayo #52 (D3). Tlj 24 h/24. Avec son éclairage au néon, ce restaurant ne présente pas de charme particulier. Pourtant, vous trouverez de nombreux plats mexicains bien cuisinés. Restaurant très fréquenté et d'un excellent rapport qualité-prix.

Los Vegetarianos del Centro, F. Mata #13 (C3), ☎ (55) 55 10 01 13. cc Tlj 8 h-20 h. Situé à deux pas du Palacio de Bellas Artes. Dans un cadre un peu vieillot, ce restaurant sert des plats végétariens ainsi que des galettes aux céréales. Un organiste accompagnera votre repas.

Los Bisquets, Madero #29-31 (C3) cc Tlj 7 h 30-22 h 30. Réparti sur deux salles, ce salon de thé-restaurant sert de nombreuses viennoiseries (« pan dulce ») et des plats mexicains. Idéal pour le petit-déjeuner ou pour combler un petit creux.

De 60 à 120 pesos

Bertico Café, Madero #66 (D3), ☎ (55) 55 10 93 87. [cc] 8 h 30-21 h 30, dimanche 10 h-20 h. Ce café-restaurant italien propose des spécialités italiennes, mexicaines, des salades et des sandwiches. Vous pourrez savourer un expresso accompagné d'une viennoiserie.

Potzollcalli, 5 de Mayo #39 (C3), ☎ (55) 55 21 42 53. [cc] Lundi-jeudi 8 h-23 h 30, vendredi-samedi 8 h-1 h 30. Cette chaîne compte plus de 20 restaurants dans le Mexique. La carte suggère des plats mexicains et des « antojitos » de bonne qualité à des prix raisonnables.

De 100 à 180 pesos

La Terraza, Madero #73 (D3), ☎ (55) 55 21 86 00. 🏠 [cc] Tlj 7 h-23 h 30. Au dernier étage de l'hôtel Majestic, vous surplomberez le « zócalo », et les jours de beau temps vous apercevrez même les volcans Iztaccíhuatl et Popocatépetl. Bonne cuisine internationale et buffet à volonté pour le petit-déjeuner (7 h à midi) à un prix très raisonnable.

La Opera, 5 de Mayo e/C. Marconi et F. Mata (C3), ☎ (55) 55 12 89 59. [cc] Lundi-samedi 12 h-1 h, dimanche 13 h-18 h. Fondé en 1830 par une Française, ce restaurant est chargé d'histoire puisque Pancho Villa, après une entrée fulgurante à cheval, s'est assis et a tiré un coup de pistolet au plafond. Décor rétro, dorures au plafond dans une ambiance légèrement feutrée. La cuisine mexicaine et espagnole est de bonne qualité, mais on peut se contenter d'y boire un verre.

Los Girasoles, angle Plaza M. Tolsá et Tacuba (C2), ☎ (55) 55 10 06 30. 🏠 [cc] Lundi-samedi 13 h 30-23 h, dimanche 13 h 30-19 h. Ce restaurant au mobilier en bois peint et aux couleurs chaudes et gaies se trouve au début du passage piéton Xicoténcatl. La carte est entièrement consacrée à la cuisine mexicaine. Service attentionné.

Café Tacuba, Tacuba #28 (C2-3), ☎ (55) 55 21 20 48. [cc] Cette belle bâtisse du 17e s., aux murs roses, abrite une salle voûtée recouverte d'azulejos. Dans un cadre agréable vous dégusterez une bonne cuisine mexicaine. Goûtez aux « enchiladas Tacuba », gratinées au four et accompagnées d'une sauce au « chile poblano ».

De 150 à 250 pesos

🍴 **Hostería de Santo Domingo**, Belisario Domínguez #72 (D2), ☎ (55) 55 26 52 76. [cc] Lundi-samedi 9 h-22 h 30, dimanche 9 h-21 h. Un des premiers restaurants de Mexico. Construit en 1860, cet établissement avec ses murs épais et ses poutres apparentes, respire la tradition mexicaine. Très bonne cuisine traditionnelle nationale, poissons et fruits de mer.

• **Plaza Garibaldi** (Plan II)

De 30 à 70 pesos

Mercado de Alimentos San Camilito, Plaza Garibaldi, col. Centro (C1-2). Tlj 24 h/24. En arrivant par l'av. Lázaro Cardenas, les halls du marché se trouvent à gauche, sur la place Garibaldi. Vous aurez le choix entre 72 échoppes (appelées « locales »). Chacune prépare des spécialités différentes. Faites votre choix.

• **Alameda**

De 40 à 100 pesos

San José, angle Ayuntamiento et L. Moya, col. Centro (B3), ☎ (55) 55 12 49 25. Tlj 7 h-22 h. Cet établissement modeste, aux murs recouverts de photos d'acteurs, propose une bonne cuisine mexicaine. Clientèle locale, un accueil sympathique et un service rapide.

Trevi, Colón #1, col. Centro (B2), ☎ (55) 55 12 30 20. [cc] tlj 8 h-23 h 30. Ce restaurant italien fondé en 1958 propose une variété de plats italiens (pâtes, lasagnes, pizzas…) et nationaux. Fréquenté autant par les Mexicains que par les étrangers, cet établissement est cependant en légère perte de vitesse.

De 200 à 300 pesos

Mesón del Cid, Humboldt #61, col. Centro (B3), ☎ (55) 55 21 16 51. [cc] Lundi-samedi 13 h-minuit, dimanche 13 h-18 h. Dans l'ambiance médiévale de cette grande demeure, la décoration et la carte rendent hommage à l'Espagne. La spécialité est le « lechón » (cochon de lait) pour 4 personnes, découpé devant vous. Une bonne maison.

• **Zona Rosa** (Plan III)

De 30 à 50 pesos

🍴 **Cafetería Gabis**, angle Nápoles #55 et Liverpool, col. Juárez (E2 hors plan), ☎ (55) 55 11 76 37. 7 h 30-22 h sauf dimanche. Décoré de moulins et de machines à café de différentes époques,

Mexico et sa région

ce lieu est atypique. Le café est torréfié sur place, et on y sert des sandwiches et des pâtisseries, appréciés des artistes et des habitants du quartier.

Emiliano's, Londres #246, col. Juárez (D2), (55) 55 25 35 78. ☏ 9h-19h sauf dimanche. Petit restaurant sans prétention, « comida corrida » à midi de très bonne qualité. Goûtez le gratin aztèque (feuille de cactacée recouverte de fromage). Service rapide, clientèle de bureau.

Con-Trastes plus, Londres 190-A, col. Juárez (E2), ☏ (55) 55 11 42 22. Lundi-vendredi 7 h 30-18 h, samedi 8 h 15-13 h. Les tables en bois de ce restaurant sont prises d'assaut à l'heure du déjeuner par les employés de la Zona Rosa. « Comida corrida » d'un très bon rapport qualité-prix.

De 50 à 100 pesos

Konditori, Genova #61, col. Juárez (E2), ☏ (55) 55 11 23 00. ☏ ⌨ Tlj 8h-minuit. La terrasse de cette rue piétonne est idéale pour observer la vie de la Zona Rosa. Vous choisirez entre des plats italiens, scandinaves ou mexicains. Grande variété de petits-déjeuners et de pâtisseries. Un des seuls restaurants de cette rue qui ne soit pas surfait.

Las Delicias de la Abuela, Río Lerma #86, col. Cuauhtémoc (E1), ☏ (55) 52 07 90 39. ⌨ tlj 8h-18 h. Situé au nord de la Zona Rosa. Vous vous régalerez à midi, dans un joli cadre peint en bleu et orange, d'un buffet mexicain à volonté. Clientèle de bureau.

Autour de 200 pesos

Fonda El Refugio, Liverpool #166, col Juárez (E2), ☏ (55) 55 25 53 52. ⌨ Lundi-samedi 13 h-minuit, dimanche 13 h-22 h. Fondée en 1954, cette institution est restée aux mains de la même famille. Dans un cadre chaleureux et convivial, vous découvrirez des spécialités de différentes régions du Mexique. Clientèle touristique.

Autour de 300 pesos

Cicero Centenario, Londres #195, col. Juárez (E2), ☏ (55) 55 25 67 30. ⌨ 13 h-1 h sauf dimanche. Le décor de style baroque et la forêt de bambous sont des plus surprenants. Accompagné par un orchestre, vous dégusterez de la cuisine mexicaine et internationale.

• **Polanco** (Plan III)

Autour de 40 pesos

Cerise, Leibnitz #47-A, col. Anzures (C2), ☏ (55) 52 50 12 70. Lundi-vendredi 8h-20h, samedi 9h-15 h. À deux pas de l'hôtel Camino Real. À mi-chemin entre le restaurant et le salon de thé, ce charmant établissement sert de nombreuses viennoiseries (que vous pourrez accompagner d'un expresso), des sandwiches à la baguette et différentes pâtes.

Autour de 250 pesos

Los Almendros, Campos Eliseos #164, col. Polanco (A1), ☏ (55) 55 31 73 07. ⌨ Tlj 8h-23h. C'est ici que vous goûterez à des spécialités yucatèques. Malgré les couleurs gaies et les grandes baies vitrées de la salle climatisée, l'ensemble est un peu aseptisé.

Autour de 350 pesos

El Rincón Argentino, Presidente Masarik #177, col. Polanco (B1), ☏ (55) 52 54 87 75. ⌨ Lundi-samedi 12 h 30-23 h 30, dimanche 12 h 30-22 h 30. Dans un joli décor de ferme de la Pampa argentine, ce restaurant s'adresse aux amateurs de viandes. On sert ici d'énormes grillades (des portions de 500 à 900 g).

• **Condesa** (Plan III)

De 40 à 80 pesos

Taquería « El Greco », angle Michoacán #54 et Nuevo León, col. Condesa (D4). Tlj 14h-22 h 30. Petite salle en longueur où l'on mange assis de délicieux tacos grecs (viande de porc) ou des hamburgers. Clientèle de bureaux.

Fonda Taurina « Belmont », angle Teotihuacán #10 et Amsterdam, col. Condesa (D-E4), ☏ (55) 55 64 22 21. Tlj 10h-23h. Dans cet établissement tenu par un ancien torero professionnel se retrouvent le milieu taurin et de nombreux artistes de la capitale. La cuisine mexicaine y est simple mais excellente. Les jeudi et dimanche sont consacrés à des spécialités espagnoles.

Autour de 100 pesos

La Buena Tierra, Atlixco #94, col. Condesa (Plan III D4), ☏ (55) 52 11 42 42. ☏ ⌨ Tlj 9h-23h. La salle décorée de sculptures et de masques africains s'ouvre sur une terrasse protégée par de jolis stores. Ce restaurant branché ne sert, à l'exception du poulet, que des plats végétariens.

Plus de 20 variétés de jus de fruits, des salades et divers sandwiches sont proposés. L'ensemble est bon et abordable.

Autour de 250 pesos

La Bodega, angle Popocatépetl #25 et Amsterdam, col. Hipódromo (E4), ☎ (55) 55 25 24 73. ⚞ CC Tlj 13 h-1 h. Cette ancienne maison transformée en « bodega » comporte huit salles, toutes différentes les unes des autres. Certaines sont tapissées de toile de jute, d'autres décorées de meubles de récupération. Un établissement étonnant et très plaisant qui sert de la nouvelle cuisine mexicaine de qualité. Groupes à partir de 20 h 30, sauf dimanche. On peut se contenter d'y boire un verre.

• **San Ángel** (Plan IV)

Autour de 50 pesos

La Mora, Plaza San Jacinto #2 (A2), ☎ (55) 56 16 20 80. Tlj 8 h-18 h 30. Au début de la calle Madero sur la droite en venant de la place San Jacinto. Salle au 1er étage où se retrouvent les employés de San Ángel. Le cadre est agréable, la cuisine est simple et bonne. Une des rares adresses pour ce type de budget.

Autour de 200 pesos

Fonda San Ángel, Plaza San Jacinto #3 (A2), ☎ (55) 55 50 16 41. ⚞ Lundi-samedi 13 h-minuit, dimanche 13 h-22 h. Ce restaurant-bar dispose d'une très agréable terrasse sur la place San Jacinto. Tous les soirs se produit un pianiste dans la jolie salle colorée. Un endroit reposant dans lequel vous savourerez une bonne cuisine mexicaine.

Autour de 400 pesos

San Ángel Inn, angle Diego Rivera #50 et Altavista (A2), ☎ (55) 56 16 22 22. ⚞ CC Tlj 13 h-1 h. Magnifique restaurant installé dans un ancien couvent carmélite. Les tables de la terrasse sont disposées autour de la fontaine du patio fleuri ou dans de grandes salles joliment décorées. C'est ici que se retrouve l'élite de Mexico pour déguster une cuisine mexicaine et internationale.

• **Coyoacán** (Plan IV)

Moins de 40 pesos

Mercado de Antojitos Mexicanos, Hidalgo #10, col. Coyoacán (E2). Tlj 10 h-22 h 30. Dans une grande salle couverte sont regroupées seize échoppes, chacune d'elle proposant des spécialités différentes (« quesadillas », tacos, « tamales », jus de fruits…..).

De 50 à 80 pesos

La Salamandra, angle Caballocalco #33 et Presidente Carranza, col. Coyoacán (D2), ☎ (55) 56 16 20 80. Cet établissement modeste est spécialisé dans la cuisine italienne et argentine. Goûtez les « empanadas » (beignets) ou la soupe de « huitlacocha » (à base de maïs).

Las Lupitas, Plaza Santa Catarina #4-C, col. Barrio Sta Catarina (C2), ☎ (55) 55 54 33 53. Tlj 8 h 30-minuit. Dans une jolie salle décorée d'azulejos aux voûtes en « ladrillos » (briques rouges). Cet établissement resté aux mains de la même famille depuis 1959 sert une très bonne « cocina norteña » (cuisine du nord du Mexique).

Autour de 200 pesos

Los Danzantes, Plaza Jardín Centenario #12, col. Coyoacán (C2), ☎ (55) 55 58 64 51. ⚞ CC Tlj 12 h 30-23 h. Établissement branché de Coyoacán installé sur la place principale. La décoration comme la cuisine lient tradition et modernisme). L'ensemble est réussi, la nouvelle cuisine mexicaine est savoureuse. Goûtez les crevettes panées à la sauce abricot et mangue.

OÙ SORTIR, OÙ BOIRE UN VERRE

Les hebdomadaires **Tiempo Libre** et **Dónde Ir** informent sur les diverses activités de la ville (cinémas, théâtres, concerts, festivals, spectacles, musées, expositions…). En vente dans les kiosques à journaux ou dans les librairies.

• **Autour du Zócalo** (Plan II)

Bars – León, Brasil #5, col. Centro (D3). Mercredi-samedi 21 h 15-3 h. Au début de la rue Brasil, sur la droite en partant du Zócalo. Un disco-bar bien latin dans lequel se produit un groupe de salsa et de merengue. Si vous aimez danser, c'est là que ça se passe. Entrée payante.

Dadax, Bolivar #31, col. Centro (C3). Vendredi-samedi 21 h-3 h. Salle au 2e étage dans une grande bâtisse. Discobar fréquenté par une clientèle étudiante. Musique alternative. Entrée payante.

Discothèques – *Baroroco*, angle F. Mata #17 et Madero (C3). Vendredi-samedi, 21h-3h. Les salles de cette discothèque à la décoration baroque et rococo accueillent de nombreux mexicains. Clientèle 25-30 ans, musique internationale, très bonne ambiance. ***Cobá***, Isabel la Católica #32, col. Centro (D3). Jeudi-samedi 22h-5h. La discothèque grand «show» du centre historique. Décoration de style maya, piste de danse vitrée sous laquelle a été reconstruit le village de Cobá. Clientèle branchée de 20 à 25 ans. Tout style de musique.

• **Zona Rosa** (Plan III)

Bars – *El Almacén*, Florencia #37, col. Juárez (E2). Lundi-vendredi 16h-minuit, week-end 16h-4h. Salle en longueur décorée de bois et de métal. Groupe cubain le mercredi, musique rock en semaine. Clientèle homosexuelle et hétérosexuelle. Entrée payante les 3 derniers jours de la semaine. ***Yuppie's***, Genova #34, col. Juárez (E2). Lundi-mercredi 13h-1h, jeudi-samedi 13h-2h. Bar-pub où se retrouvent les employées de la Zona Rosa. Très animé le week-end, bonne ambiance. Entrée libre.

Discothèques – *El Freedom*, Copenhague #25, col. Juárez (E2). Tlj 14h-23h. Un des disco-bars les plus fréquentées de la Zona Rosa. Musique internationale, clientèle de 20 à 40 ans. Entrée libre.

• **San Ángel** (Plan IV)

Discothèques – *La Grappa*, Camino al Desierto de los Leónes #52 (A2). Jeudi-samedi 22h-4h. À l'intérieur du centre commercial Pabellón Alta Vista. Discothèque aux couleurs sobres où se retrouve la bonne société de Mexico. Clientèle 25-35 ans, musique internationale. Entrée libre pour les femmes. ***LHOOQ***, Camino al Desierto de los Leónes #34 (A2). Jeudi-samedi 22h-4h. Ressemble à la Grappa, la salle est un peu plus grande et la clientèle légèrement plus âgée. Entrée libre pour les femmes.

• **Coyoacán** (Plan IV)

Bars – *El Hijo del Cuero*, Jardín Centenario #17 (D2). Tlj 13h-1h. Endroit très agréable pour boire un verre sur la terrasse de la place la plus animée de Coyoacán. Entrée libre. ***La Puerta del Sol***, Caballocalco (D2). Tlj 12h-21h. La

décoration en bois et la petite mezzanine rendent ce bar chaleureux. On sert ici de la bière à la pression. Entrée libre.

LOISIRS

Un site Internet fournit de nombreux renseignements sur les activités : www.chilangolandia. com.mx. Pour réserver vos places de théâtre, concert, événement sportif par téléphone, ***Ticket Master***, ☎ (55) 53 25 90 00. Pour acheter directement vos places, rendez-vous dans un magasin ***Mix-Up***, angle Madero #51 et Isabel la Católica, col. Centro (Plan II D3) ; également Génova #76, local 26, col. Juárez (Plan III E2).

Théâtres – *Teatro de la Ciudad de México*, Donceles #36, col. Centro (Plan II C-D2). L'***Unidad Artística y Cultural del Bosque***, Paseo de la Reforma #50, derrière l'Auditorio Nacional, col. Lomas de Chapultepec, rassemble plusieurs théâtres où sont présentés des pièces en espagnol et des spectacles de danse. La ***Catedral***, Plaza de la Constitución, col. Centro (Plan II D3), propose un opéra le lundi en anglais et le mercredi en espagnol.

Cinémas – *Francia I*, angle Socrates #156 et Homero, col. Polanco, ☎ (55) 52 80 91 56, projette quelques films en français. L'***Alliance française***, Socrates #156, col. Los Morales (Plan III AI en direction), ☎ (55) 53 95 40 72 : films en français certains vendredi. À proximité, ***Cinemex***, Anatole France #120, col. Polanco, ☎ (55) 52 80 91 56, diffuse quelques films en français sous-titrés en espagnol. ***El Plaza Condesa***, J. Escutia #4, col. Condesa (Plan III C3), ☎ (55) 52 86 49 73.

Concerts – Le *Palacio de Bellas Artes*, Juárez y Lázaro Cardenas, col. Centro (Plan II C3), présente des concerts de musique classique. De nombreux festivals de musique classique se déroulent au ***Centro Cultural Universitario***, Insurgentes Sur #3000, col. Copilco Universidad.

Corrida – L'arène, *Plaza de Toros México*, Augusto Rodin, col. Ciudad de los Deportes (Plan I B3), ☎ (55) 55 63 39 61, accueille 50 000 spectateurs. Les corridas ont lieu d'octobre à mai le dimanche à 16h. D'avril à septembre se déroulent les novillades.

Football – Entre août et mai, chaque week-end, se jouent plusieurs matchs de football. Mexico compte 3 équipes principales, et chacune d'elles possède un stade. Le plus important (100 000 places) est l'**Estadio Azteca Guillermo Cañedo**, Calzada de Tlalpan #355, col. Santa Ursula (Plan I B5), (55) 56 17 80 80, où joue l'équipe d'América. Las Pumas se retrouve sur le terrain de l'**Estadio Olímpico**, av. Universidad #3000, col. Copilco Universidad, (55) 56 22 85 31. L'**Estadio Azul**, Indiana #255, col. Ciudad Deportiva, ☎ (55) 55 63 95 99, est le stade des joueurs de Cruz Azul.

ACHATS

Artisanat – **Mercado de Artesanías La Ciudadela**, Plaza de la Ciudadela, col. Centro (Plan II B3). Tlj 10 h-19 h. La quasi-totalité de l'artisanat mexicain est représenté sur ce marché (plus de 300 échoppes). Une section « talleres » est consacrée aux artisans. **Mercado de la Lagunilla**, av. Rayón e/Allende et Comonfort (Plan II D1) (voir p. 146). Lundi-samedi 10 h-19 h 30, dimanche 10 h-17 h 30. C'est ici que les Mexicains viennent acheter les accessoires nécessaires aux mariages et aux premières communions. Le dimanche s'installe en plein air un marché aux puces (« tianguis ») très complet (livres, magazines, vêtements, bijoux, masques, objets émaillés…). Le **Mercado San Juan**, Ayuntamiento et Buen Tono, col. Centro (Plan II BC-3/4), accueille dans un grand bâtiment de deux étages plus de 176 locaux proposant de l'artisanat de tout le pays. Manque un peu de vie et d'authenticité. Lundi-samedi 9 h-19 h, dimanche 9 h-16 h. Le **Centro Artesanal Buenavista**, Aldama #187, col. Guerrero (Plan II A-B1) regroupe une impressionnante quantité d'artisanat et de meubles. Manque de charme, mais pratique pour ceux qui n'aiment pas flâner sur les marchés. Tlj 9 h-18 h. **FONART**, av. Juárez #89, col. Colón (Plan II B3), est installé dans une jolie maison de style colonial. Artisanat de bonne qualité (céramique, huipiles, vannerie, tapis, poupées, coffrets en bois, vases…), relativement cher. Tlj 10 h-19 h. Le **Mercado de Artesanías In-**

surgentes, Londres #154, col. Juárez (Plan III E2), abrite plus de 250 échoppes. Artisanat de tout le Mexique destiné aux touristes. Lundi-samedi 9 h-19 h 30, dimanche 10 h-17 h. **Yreta**, Liverpool #149-A, col. Juárez (Plan III E2), est un magasin qui propose un artisanat de très bonne qualité travaillé avec des techniques traditionnelles. 11 h-21 h, sauf dimanche. Le samedi, profitez du **Bazar del Sábado** (voir p. 163) pour visiter le quartier de San Ángel.

Antiquités – Le **Mercado Plaza del Ángel**, Londres #161, col. Juárez (Plan III E2), réunit plus de 40 magasins autour d'un patio. Le samedi plus de 100 antiquaires déballent leurs marchandises.

Librairies – Les **Librerías Gandhi** possèdent plusieurs magasins, véritables temples du livre : av. Juárez #4, col. Centro (Plan II B3) ; Miguel Ángel de Quevedo #121 et #134, col. Coyoacán (Plan IV B2). **La Bouquinerie**, calle Havre #15, col. Juárez (Plan III E1), ☎ (55) 55 14 08 38, dans les locaux de la Maison de France, et calle Sócrates #156, col. Los Morales (Plan III A1 en direction), ☎ (55) 53 95 25 65, dans les locaux de l'Alliance française : journaux, revues, littérature, dictionnaires, en français et en espagnol. **Sanborn's**, Madero #4, col. Centro (Plan II C3). Journaux et magazines essentiellement en espagnol, cartes de Mexico et du pays.

EXCURSIONS D'UNE JOURNÉE

Pour les escapades autour de Mexico, vous n'aurez que l'embarras du choix, le plus difficile étant de sortir des embouteillages de la capitale. Vous pourrez aisément vous rendre par vos propres moyens à Teotihuacán (voir p. 180), tout proche, mais également à Tepotzotlán et Tula (p. 188), Puebla (voir p. 192), Malinalco ou Toluca (voir p. 212). En vous levant tôt, pourquoi ne pas pousser jusqu'à Taxco (voir p. 232). Pour les circuits organisés, adressez-vous à la réception de votre hôtel ou faites appel aux services d'une agence : **Bestours**, Hamburgo #182 bis, col. Juárez (Plan III E2), ☎ (55) 55 14 30 80.

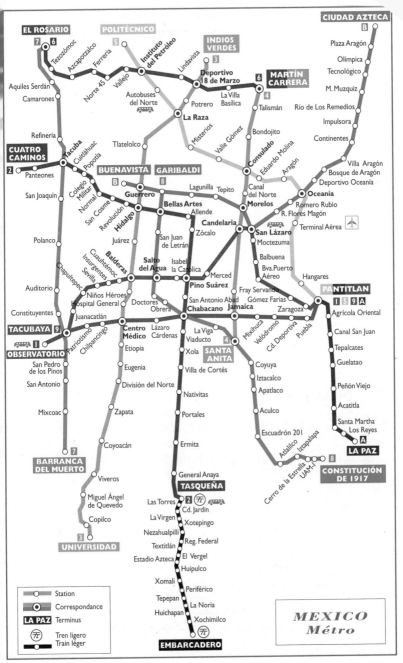

MEXICO
Métro

179

TEOTIHUACÁN ★★★ V †V †
État de Mexico – Carte régionale p. 126
48 km au nord de Mexico

À ne pas manquer
Le panorama du sommet de la pyramide de la Lune.
La pyramide de Quetzalcóatl.

Conseils
Prévoyez un chapeau et une crème solaire.
Pour l'achat d'obsidienne aux vendeurs ambulants,
un sévère marchandage est de rigueur.
Visitez Acolman l'après-midi pour un meilleur ensoleillement.

Le nom usuel du lieu, *Pirámides*, est à la fois simple et révélateur : Teotihuacán fascine avant tout par ses pyramides. Le mot évoque bien sûr la magie pharaonique mais, dès que se profilent les silhouettes fantomatiques des pyramides du Soleil et de la Lune, dans une atmosphère souvent embrumée, l'Égypte est oubliée. On réalise aussitôt que, loin d'êtres isolés, ces monuments sont à la mesure de toute une cité. Et l'on comprend mieux les Aztèques qui, en les découvrant, eurent du mal à imaginer que des hommes aient pu un jour habiter dans cette ville à l'échelle de Gulliver.

La chaussée des Morts vue de la pyramide de la Lune

 *(sidebar, rotated)* **Mexico et sa région**

La « Cité des Dieux »

Voir également p. 26. Teotihuacán est la première grande métropole construite sur le continent américain. Son rayonnement politique et religieux sera tel, durant la période classique, qu'il va influencer toutes les cultures de la Méso-Amérique pendant plusieurs siècles. Parmi une végétation semi-désertique, où abondent les agaves, figuiers de Barbarie et faux poivriers, veillent aujourd'hui les vestiges austères et démesurés de cette grandeur évaporée.

Un microcosme du Mexique ancien – Au 2ᵉ s. av. J.-C., une éruption du volcan Xitle, détruit la ville de Cuicuilco, proche du lac de Texcoco. Les habitants des villages environnants se déplacent alors massivement vers la vallée de Teotihuacán, fertile et proche d'importants gisements d'obsidienne. Elle sera bientôt le théâtre de grands travaux, à la mesure d'une population grandissante – avoisinant 200 000 hab. vers le 5ᵉ s. Gigantesque centre religieux, dominé par ses fameuses pyramides, Teotihuacán attire un nombre croissant de peuples lointains, qui y établissent leurs quartiers, enrichissent la ville de leurs coutumes et leur artisanat. Un pouvoir probablement théocratique va régner ici pendant huit siècles sur une véritable mosaïque culturelle, appliquant avec une remarquable rigueur les principes d'une urbanisation parfaitement ordonnée.

Le berceau du serpent à plumes – Plus connue sous le nom de **Quetzalcóatl**, la représentation du serpent à tête de félin et au plumage d'oiseau apparaît ici pour la première fois. Elle n'est qu'un exemple d'une iconographie entièrement consacrée au culte de la fertilité : coquillages, jaguars, papillons, également ornés de plumes, autant de symboles honorant le dieu de l'Orage, le fameux Tláloc des Mexicas, régnant sur le monde agricole. Capitale des arts et de la dévotion, la ville aux murs entièrement peints était un livre d'images bariolé, décrivant un véritable jardin d'Éden.

Teotihuacán

Une cité-modèle pour les Mayas – Il est difficile d'imaginer le prestige atteint par Teotihuacán dans le monde maya. Au 5ᵉ s., les fondateurs de plusieurs lignées dynastiques se réclamaient ouvertement de la grande civilisation du haut plateau, n'hésitant pas à se faire représenter, comme à Copán, avec les «lunettes» du Tláloc. Le destin des deux cultures est d'ailleurs étrangement lié : l'abandon de Teotihuacán vers 750 ap. J.-C., à la suite d'un appauvrissement écologique de la vallée et de tensions internes provoquées par la famine, préfigure la chute des grandes villes mayas un siècle plus tard.

De la légende à l'archéologie – Les Aztèques, arrivant dans la région au début du 13ᵉ s., sont stupéfaits des proportions du quartier religieux. Persuadés que ce lieu est construit de main divine, ils lui donnent son nom actuel de «Cité des Dieux» et y situent l'action de leur passé légendaire. C'est ici que leur soleil est né, grâce aux dieux qui se sont immolés par le feu. La dimension mythique de Teotihuacán n'estompe pas ses mystères, qui ont alimenté les polémiques passionnées des archéologues. Qui étaient les gouvernants de cette mégalopole ? Était-elle la fameuse **Tollan**, capitale des Toltèques, comme le soutient toujours l'archéologue Laurette Séjourné ? Son ancienneté tend à prouver le contraire, même si les habitants du lieu, les seuls à ne pas avoir de nom, étaient sûrement leurs ancêtres nahuas.

Visite du site
Comptez une demi-journée.

En voiture, prenez l'autoroute 130 à Pachuca puis 132 à Tuxpan. Pour l'accès en bus, voir «Teotihuacán pratique». Le site s'étend sur 2,5 km de long et 1 km de large. Commencez la visite en entrant par la porte 1 et sortez par la porte 3 si vous n'avez pas de véhicule. Tlj 7h-18h; entrée payante sauf le dimanche. Attention, le billet permet d'emprunter au choix 3 portes d'accès sur les 5 existantes. Permis de vidéo payant. Théoriquement, possibilité de visites guidées gratuites.

La Ciudadela★★★ (Citadelle)
Malgré son nom espagnol, ce grand quadrilatère de 400 m de côté n'a aucune fonction défensive, il délimite une grande place entourée de 15 plates-formes à degrés. Les temples construits sur chacune d'entre elles ont disparu mais donnent la mesure d'un des principaux centres religieux de la ville où pouvaient se réunir 30 000 fidèles. La construction montre un bel exemple de **talud-tablero**, superposition d'un mur vertical à encadrement (*tablero*) reposant sur une partie inclinée (*talud*), selon une technique employée pour presque tous les monuments. Le **Patio Escondido** (patio caché), invisible de la chaussée principale, est un modèle couramment utilisé à Teotihuacán pour protéger les lieux de culte des allées et venues. En son centre, des danses sacrées pouvaient se dérouler sur une plate-forme carrée servant d'autel.

Traversez la place vers l'est en direction de la pyramide principale, que vous traverserez par l'intérieur pour ressortir de l'autre côté.

Sacrifices en série
En 1986, une découverte spectaculaire a révélé un nouvel aspect de Teotihuacán, où l'existence de sacrifices humains restait encore à prouver. On a retrouvé, disposés symétriquement autour et sous la pyramide de Quetzalcóatl, environ 260 squelettes, dont certains les mains encore liées dans le dos. Depuis, on s'interroge sur l'identité de ces personnages, vraisemblablement tous tués au même moment. Prisonniers ? Prêtres ? La présence de femmes semble l'infirmer. Un lignage entier de la noblesse régnante a peut-être été éliminé d'un coup. Quelques-uns, parés de curieux bijoux, vous attendent au musée du site.

La pyramide de Quetzalcóatl★★★,
élevée vers 150 ap. J.-C. puis recouverte par une structure plus récente, fut dégagée en 1921 par Manuel Gamio. La façade, presque intacte malgré la disparition de ses couleurs vives, donne un exemple époustouflant de l'architecture teotihuacane. Des serpents-crotales couverts de plumes ondulent sur les

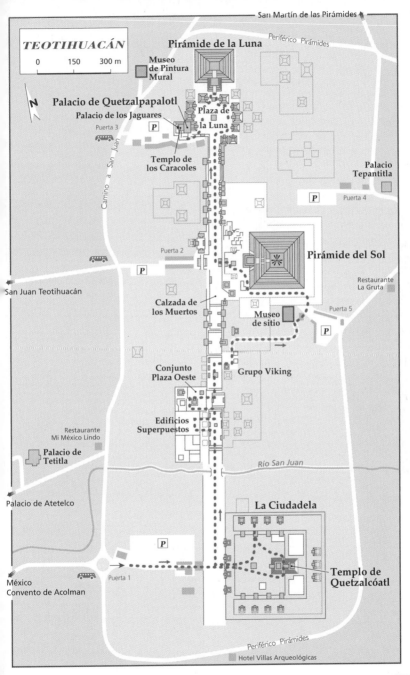

San Martín de las Pirámides

Periférico Pirámides

TEOTIHUACÁN

0   150   300 m

N

Pirámide de la Luna

Museo
de Pintura
Mural

Palacio de Quetzalpapalotl

Palacio de los Jaguares

Puerta 3

P

Plaza de
la Luna

Templo de
los Caracoles

Palacio
Tepantitla

Puerta 4

P

Camino a San Juan

Puerta 2

P

San Juan Teotihuacán

Pirámide del Sol

Restaurante
La Gruta

Puerta 5

Calzada de
los Muertos

Museo
de sitio

P

Conjunto
Plaza Oeste

Grupo Viking

Edificios
Superpuestos

Restaurante
Mi México Lindo

Palacio de
Tetitla

Río San Juan

Palacio de Atetelco

La Ciudadela

P

Templo de
Quetzalcóatl

México
Convento de Acolman

Puerta 1

Periférico Pirámides

Hotel Villas Arqueológicas

tableros, et leurs têtes aux traits félins émergent en ronde-bosse sur les rampes de l'escalier central. Les quatre côtés de la pyramide, ainsi décorés, offrent une alternance de masques de reptile à collerette fleurie et de masques d'une divinité de l'eau, reconnaissable à ses yeux cerclés. D'autres serpents sur les *taluds* se dirigent également vers l'escalier. Les plumes qui les recouvrent représentent à la fois des feuilles de maïs et des plumes de quetzal, symboles du sacré qui, comme les coquillages, complètent cette ode à la fertilité en pierres parfaitement ajustées.

En retournant vers l'entrée de la Ciudadela, faites un détour vers l'une des plates-formes de l'enceinte, pour admirer la vue panoramique.

La Calzada de los Muertos** (chaussée des Morts)

Colonne vertébrale d'un tracé urbain orienté presque nord-sud, cette chaussée vous conduira sur plus de 2 km, de la Ciudadela à la pyramide de la Lune. Réduites à l'état de monticules, les structures alignées de part et d'autre de l'allée sont autant de socles qui supportaient des temples. Les Aztèques crurent y voir des tombeaux, et donnèrent ce nom à la chaussée. Vous reconnaîtrez les parties reconstruites, aux petits cailloux incrustés dans le mortier.

Le dénivelé du terrain jusqu'à la pyramide du Soleil est aménagé en six volées de marches qui délimitent cinq places rectangulaires contiguës. Chacune pouvait rassembler des fidèles et communiquait avec d'autres quartiers religieux sur les côtés. À gauche de la première place, les **Edificios Superpuestos** (édifices superposés) ont été fouillés dès le 19e s. Une étroite passerelle vous conduira à travers cette structure résidentielle, plusieurs fois recouverte, où subsistent quelques restes de peintures. Du même côté, le **Conjunto Plaza Oeste*** possède un patio où apparaissent des **têtes de serpent*** superbement conservées, contemporaines du temple de Quetzalcóatl. Du sommet de l'édifice principal, vous ne sauriez manquer la **vue*** sur la pyramide du Soleil.

Dans le **Grupo Viking** (*3e place à droite*), une cour était entièrement tapissée de plaques de mica (*actuellement protégées par un couvercle : cherchez le gardien qui a la clé*).

De là, vous pouvez emprunter un petit sentier (non balisé) au milieu des cactus pour rejoindre le musée du site sur le côté de la pyramide du Soleil.

Le Museo de Sitio**

Bien qu'un peu en dehors du parcours de la visite, il mérite largement le détour. La collection d'encensoirs en argile incrustés de mica, céramiques, petites sculptures et objets d'obsidienne, est exposée dans une bâtisse récente signée Pedro Ramirez Vázquez. Une immense **maquette**, face à la pyramide, permet d'apprécier l'extension d'origine de la ville. Des **squelettes*** retrouvés près de la pyramide de Quetzalcóatl sont disposés, les mains liées, et ornés de colliers en forme de dentition humaine. Les quatre du fond sont des femmes.

En sortant, dirigez-vous vers la pyramide, et longez-la sur la gauche.

La pyramide du Soleil*** (Pirámide del Sol)

Avec ses 225 m de côté et ses 65 m de haut, c'est la plus grande construction ancienne du continent. Une main-d'œuvre abondante et corvéable à merci a permis d'amasser plus d'un million de briques d'argile pour former une colline artificielle à cinq corps, armée de troncs enchevêtrés. Seul le parement extérieur est en pierre, certaines plus saillantes servaient d'ancrage à la couche de stuc coloré donnant un aspect lisse à la structure. L'édifice, commencé peu avant notre ère au-dessus d'une grotte naturelle, fut complété au 3e s. par un avant-corps à escaliers latéraux. Remarquez comme l'escalier central se subdivise et se rétrécit, accentuant la perspective de l'élévation.

On ignore quel culte était célébré sur une telle structure, son nom provient plutôt de son orientation par rapport à la course du soleil. En l'absence du temple d'origine, le sommet est le point de ralliement de milliers de passionnés d'ésotérisme qui, tout de blanc vêtus, viennent se baigner d'énergie cosmique lors des éclipses, solstices et autres conjonctions de planètes.

Mexico et sa région

B. Juge/MICHELIN

Un détail de la pyramide de Quetzalcóatl

Vous remonterez la chaussée des Morts en imaginant les murs qui vous entouraient encore recouverts d'une gigantesque bande dessinée réunissant les symboles du culte à la fertilité. Seul un fragment subsiste (*à mi-chemin sur la droite*), révélant un **félin** maladroitement esquissé marchant sur une surface d'eau.

La pyramide de la Lune★★★
(Pirámide de la Luna)
Elle occupe un endroit privilégié, à l'extrémité de l'axe central, bordant une place majestueuse, la **Plaza de la Luna**, où se trouvait la sculpture monumentale de Chalchiutlicue (*voir p. 155*). Plus petite que la pyramide du Soleil, sa masse architectonique composée de plusieurs degrés biseautés est plus sophistiquée. Construite à la même époque, elle connaîtra aussi divers aménagements. Le corps pyramidal plus récent, situé à la base, corrige d'ailleurs légèrement son alignement avec la chaussée des Morts. En 1999, une équipe de fouilles a découvert une importante sépulture sous l'escalier principal, mais l'absence d'une réelle écriture à Teotihuacán interdit toujours d'identifier son élite.
Si vous ne souhaitez pas multiplier les ascensions, gardez vos forces pour la pyramide de la Lune, que vous gravirez pour découvrir la somptueuse **vue panoramique★★★** sur le site. Vous pourrez aussi constater l'étonnante harmonie des édifices avec les montagnes alentour, et leur alignement avec la plus haute d'entre elles.

Un grand cadeau d'anniversaire
Pour fêter dignement le centenaire de l'Indépendance, le président Porfirio Díaz demanda en 1905 à Leopoldo Batres, archéologue officiel, de restaurer la pyramide du Soleil. Cette entreprise titanesque, qui entraîna même la construction d'un chemin de fer, fut financée en partie par les premiers visiteurs, venus en veston ou robe de crinoline observer l'avancement des travaux. Après cinq ans d'efforts, la fête fut pourtant «gâchée» par la Révolution, jetant le commanditaire sur les chemins de l'exil.

Le Palacio de Quetzalpapálotl★★★ (palais de Quetzal-Papillon)
Le complexe résidentiel, situé à l'angle sud-ouest de la Plaza de la Luna, était peut-être réservé aux prêtres en charge des temples voisins. Traversez le vestibule décoré de peintures géométriques, couvert d'une toiture plate reconstituée. Il conduit au **Patio de Quetzalpapálotl★★**, magnifiquement travaillé, dont les piliers sculptés sur trois côtés ont été remontés avec les pierres trouvées sur place. Le motif principal représente un oiseau mythologique au corps de papillon, montré de face dans la partie opposée à l'entrée, et de profil sur les autres côtés. L'ensemble était stuqué, peint et rehaussé d'incrustations d'obsidienne. Sur la face lisse des piliers, des points d'attache permettaient de cloisonner l'espace intérieur avec des tentures.
En sortant de ce palais (*contournez-le sans redescendre*), vous parcourrez plusieurs autres patios à chambres rayonnantes, reliés par des couloirs zigzagants jusqu'au **Palacio de los Jaguares★**. Autour d'une cour où se dressait un petit temple, de

fausses banquettes sont décorées de **peintures**** de jaguars soufflant dans des conques marines. Une volute exprime le son de ce rite musical de fertilité, et des gouttelettes sa finalité. Sur l'encadrement, le dieu de l'Eau apparaît dans un motif d'étoile, en alternance avec un symbole calendaire.

Un petit tunnel mène au **Templo de los Caracoles**** (temple des Conques), qui doit son nom aux coquillages emplumés accompagnés de fleurs, sculptés sur la façade. Cependant, la **frise polychrome**** qui court autour de ce temple recouvert par une autre construction est beaucoup plus remarquable. Des oiseaux mythiques crachent un liquide vital sur des épis de maïs.

Prenez à droite en sortant, puis à gauche pour quitter le palais et rejoindre la porte 3.

Un centre commercial qui prétendait s'installer à un jet de pierre de la pyramide de la Lune a finalement été aménagé en **Museo de Pintura Mural*** et devrait être inauguré en 2002. Il rassemble divers fragments de fresques murales mais, pour voir cette même décoration *in situ*, visitez les palais en bordure du site *(voir ci-dessous)*.

Pour compléter la visite

Prenez le chemin de terre entre les portes 1 et 2, derrière le restaurant Mi México Lindo, et contournez le champ sur 200 m. À l'ouest du site, le **Palacio de Tetitla**** conserve les plus beaux fragments de peinture murale. De nombreuses chambres sont encore décorées à la base des murs, sur une hauteur de 50 cm et, dans le patio principal, le **panneau de la Déesse de Jade**** demeure presque intact. Remarquez les mains à l'envers du personnage, preuve qu'elle vous tourne sûrement le dos et porte un masque sur la nuque. En face, des chats sauvages dévorent des cœurs humains stylisés. Plus reconstruit, le **Palacio de Atetelco*** offre 300 m plus loin une belle reconstitution des lieux, en particulier dans le patio Rouge et le patio Blanc.

Contournez la pyramide de la Lune jusqu'à la porte 4, et prenez à gauche.

À l'est, dans le **Palacio Tepantitla****, vous pourrez admirer la célèbre **fresque du Tlalocán**** (paradis de Tláloc), reproduite au musée d'Anthropologie de Mexico, ainsi qu'une belle frise de prêtres dispensateurs de pluie.

Aux environs de Teotihuacán

Le monastère de San Agustín Acolman**

9h-18h sauf le lundi. Entrée payante. En revenant par la route de Mexico, prenez la déviation Acolman à 9 km. Une légende locale raconte comment naquit à cet endroit le premier homme de la tribu des Alcohuas, représenté par un simple bras dès l'époque aztèque. Depuis, le village s'appelle Acolman («bras de l'Homme»), un motif apparaissant sur la façade de l'église. Les augustins construisirent à cet endroit un monastère, achevé en 1560, qu'ils abandonnèrent deux siècles plus tard, lassés des inondations répétées dont souffrait la vallée *(voyez les traces d'érosion au niveau de la porte)*. Récupéré un temps par le clergé séculier, il est aujourd'hui transformé en musée.

La façade*** de l'église, un sommet du style **plateresque** *(voir p. 50)*, présente un raffinement théâtral contrastant avec la rudesse de l'architecture, à peine adoucie par le petit clocher-peigne. Saint Pierre et saint Paul semblent s'accommoder parfaitement des délicates colonnes enrubannées, des frises équines et des atlantes porteurs de fruits. Remarquez la scène de l'Annonciation au-dessus de la porte dont l'arc est sculpté de fruits. Plus haut, la fausse porte, surmontée du cœur transpercé des augustins, est encadrée par les blasons de la couronne d'Espagne et d'Acolman. Du balcon du 1er étage, où est peint le portrait de sainte Catherine d'Alexandrie, les messes étaient dites en plein air.

L'intérieur* est composé d'une seule nef, décorée de fresques longtemps dissimulées sous le crépi *(dans le chœur)*. Sur le côté, un retable maintes fois détruit par les eaux a été finalement directement peint sur le mur.

Dans le couvent, le superbe **cloître des Orangers*** (Claustro de los Naranjos) possède encore de belles peintures, dont un *Jugement dernier* plein de réalisme, et une frise de psaumes enluminés qui se prolonge le long des cellules. Le réfectoire est transformé en musée d'art religieux.

À l'extérieur de l'atrium, juste en face de l'église, une **croix*** illustre le style **Tequitqui**, art naïf religieux réalisé par des artistes indigènes.

Teotihuacán pratique

ARRIVER-PARTIR

Les bus directs de *Transportes Teotihuacanos* effectuent la liaison toutes les 20 mn, dès l'aurore, entre le Terminal Norte de Mexico (voir p. 167) et les portes 1, 2 ou 3 de Teotihuacán (moins d'1 h de trajet). Vous les trouverez au même endroit au retour, mais vérifiez qu'ils annoncent Mexico Central, car les autres lignes s'arrêtent en chemin et ont pour terminus la station de métro Indios Verdes.

Pour aller à Acolman, des combis passent près de la porte 1 en direction d'Ecatepec. Faites-vous déposer au Palacio Municipal Nuevo. Au retour, des bus à destination d'Indios Verdes passent toutes les 30 mn.

OÙ SE RESTAURER

De nombreux restaurants « typiques » attendent le client de pied ferme sur la route qui ceinture le site, en particulier derrière la Ciudadela. Une aire de pique-nique agréable se trouve à côté du musée.

De 60 à 150 pesos

Mi México Lindo, entre les portes 1 et 2, à l'embranchement du chemin vers le Palacio de Tetitla, ☎/Fax (594) 956 08 07 🏠 [CC] 9h-18h. Bien situé si vous voulez visiter le palais de Tetitla de l'autre côté du champ. Les groupes déjeunant plutôt à l'intérieur, installez-vous en terrasse, où vous serez plus tranquille pour profiter de la cuisine traditionnelle (essayez le « molcajete » servi dans de la pierre volcanique). Atelier d'obsidienne en plein air à proximité.

La Gruta, ☎ (594) 956 01 04/27, www.lagruta.com.mx [CC] 11h-19h. À 200 m par une petite route qui part de l'entrée 5. Dans une immense grotte à fleur de terre s'est installée en 1906 la cantine des archéologues, fréquentée par Porfirio Díaz en personne. Ce grand restaurant touristique sert une bonne cuisine mexicaine à des prix tenant compte de l'étonnant cadre naturel et du spectacle folklorique (samedi et dimanche à 15h30 et 17h30). S'il est prudent de réserver le week-end, les autres jours on se sent parfois un peu seul.

Hotel Villas Arqueológicas, ☎ (594) 956 09 09, Fax (594) 956 02 44, www.teotihuacaninfo.com 🏠 [CC] Entre les portes 1 et 5, non loin de la Ciudadela. La piscine apporte une fraîcheur qui contraste avec l'aridité des environs, c'est donc l'endroit idéal pour se reposer après une bonne marche dans les ruines. Goûtez le « mixiote de carnero », ragoût de mouton cuit dans la feuille d'agave, et pour les petites faims, optez pour de bons sandwichs composés. Possibilité de dormir dans cet hôtel-relais du Club Med (42 chambres confortables et décorées avec goût, à moins de 850 pesos).

ACHATS

Souvenirs – De nombreuses échoppes vous attendent à chaque entrée ; à la porte 1, investir dans un chapeau de paille n'est peut-être pas superflu pour la visite.

Obsidienne – Vers 1920, l'archéologue et anthropologue Manuel Gamio a encouragé les habitants des environs à renouer avec leurs ancêtres et à travailler l'obsidienne. C'est aujourd'hui une activité florissante, et la matière première afflue des montagnes de la région. Si vous voulez rapporter un objet façonné dans ce verre volcanique aux multiples reflets, c'est ici que vous l'achèterez. Les prix doivent être âprement discutés avec les marchands ambulants, et ne prenez pas trop au sérieux l'identité avancée des figurines.

AU NORD DE MEXICO★★
TEPOTZOTLÁN ET TULA
États de Mexico et d'Hidalgo
170 km AR par l'autoroute 57 D – Compter une journée
Carte régionale p. 126

À ne pas manquer
L'église et le «camarín» de la Vierge à Tepotzotlán.

Conseils
Si vous voyagez en bus, commencez par Tula
et arrêtez-vous à Tepotzotlán au retour.
Emportez vos jumelles pour voir les détails de la façade.
Déjeunez à l'intérieur du collège de Tepotzotlán.

Mexico étire ses tentacules vers le nord et caresse désormais Tepotzotlán. Cet ancien village otomi blotti autour de son collège protège son joyau d'art colonial et vous réserve une fascinante plongée dans la ferveur échevelée du baroque mexicain. Dans une plaine semi-désertique, les plus passionnés braveront ensuite la zone industrielle pour atteindre l'un des phares culturels de l'Altiplano. Tula est sortie de son isolement, mais ses atlantes dressés continuent à interpeller de leurs regards scrutateurs l'imaginaire du visiteur.

Tepotzotlán★

État de Mexico. À 45 km du centre de la capitale. De Mexico prenez un bus AVM pour Tula et descendez à la «caseta» (péage) de Tepotzotlán. De là, des bus municipaux vous permettent de parcourir les 2 derniers kilomètres.

Le village doit sûrement son nom – «le lieu du bossu» – à la forme des montagnes qui l'entourent. Il apparaît sur le fameux **Lienzo de Tlaxcala**, une peinture indienne du 16e s. qui représente les habitants de Tepotzotlán luttant vaillamment contre Cortés au lendemain de la *Noche Triste* (*voir p. 30*). Les premiers missionnaires franciscains menés par le frère **Toribio de Motolinia** s'y installent pour évangéliser la région et fuir le bruit de la capitale! Ils sont rejoints par les jésuites en 1580, venus apprendre les langues nahuatl et otomi. Ces derniers ne tarderont pas à passer aux travaux pratiques : quatre ans plus tard, ils fondent deux collèges dans un même couvent qui prendra, au cours des multiples agrandissements et grâce à la générosité des donateurs, des proportions gigantesques. Le **collège Saint-Martin**, destiné aux enfants de la noblesse indienne, dispense un enseignement en trois langues. Les élèves les plus doués reçoivent également une éducation musicale de haut niveau, pour laquelle l'établissement est très réputé. Fondé en 1586, le **collège Saint-François-Xavier** forme les nouvelles recrues de la Compagnie de Jésus. Tepotzotlán connaîtra donc un important rayonnement culturel jusqu'à ce que Charles III chasse tous les jésuites des terres de la Couronne en 1767. Après leur départ, le collège devient un séminaire du clergé séculier, puis tombe à l'abandon. En 1885, les jésuites rouvrent le collège avant d'être à nouveau expulsés en 1914, cette fois par l'armée de Venustiano Carranza. En 1964, après plusieurs années de restauration, on y a inauguré le plus grand musée d'art colonial du pays.

En arrivant plaza Hidalgo, vous apercevrez d'abord la **façade★★★** de l'**église de San Francisco Javier**, un sommet de l'art churrigueresque, dessinée par l'architecte Ildefonso Iniesta et achevée en 1762. *Les estípites* (*voir ill. p. 51*) rythment les motifs de ce retable de calcaire gris, où apparaissent les grandes figures de l'Ordre, noyées dans une prodigieuse dentelle de pierre.

Le Museo Nacional del Virreinato★★★ (musée de la Vice-Royauté)

Pour atteindre l'entrée du musée, longez le bâtiment sur la gauche, sans entrer dans la première cour où se trouve le restaurant de La Hospederia. 10 h-17 h, samedi-dimanche 10 h-18 h, fermé le lundi ; entrée payante sauf le dimanche. Comptez 2 à 3 h.

Après avoir franchi la porterie, on pénètre dans le collège par la partie la plus ancienne, le **Claustro de los Aljibes** (cloître des Citernes), où l'eau de pluie était conservée sous le sol. Il est décoré de peintures en demi-lune de **Cristóbal de Villalpando** *(voir p. 52)*, représentant des scènes de la vie de saint Ignace de Loyola. Au premier angle du cloître *(dans le sens de la visite)*, quelques marches conduisaient à la **sacristie**, où l'on peut admirer un superbe lavabo sculpté et plusieurs toiles peintes par **Miguel Cabrera**. Par ce même escalier on accède à l'**intérieur**★★★ de l'église. Sa décoration, dans le même style churrigueresque que la façade, est vertigineuse : des cascades de motifs en cèdre doré, une armée de saints et d'angelots tapissent les retables alignés. Miguel Cabrera a signé non seulement cette composition mais également l'ensemble des toiles et des peintures murales. Au fond à droite, près de la porte principale, la curieuse **Capilla de la Virgen de Loreto** reproduit la maison de la Vierge qui, selon la légende, fut plusieurs fois déplacée par les anges au 13ᵉ s. jusqu'à la ville italienne. Derrière la chapelle, le **camarín**★★ atteint le comble du baroque métis – cette chambre octogonale destinée aux soins de la statue de la Vierge était pourtant invisible aux fidèles. Là encore l'ornementation est luxuriante : au-dessus des pilastres ornés d'atlantes indigènes, quatre archanges semblent soutenir la voûte percée d'un magnifique lanterneau. En ressortant, vous apercevrez la **Capilla del Relicario de San José**, aussi peu encline à la sobriété.

Retournez dans le cloître des citernes, où une succession de salles décrivant la vie monastique de l'époque coloniale vous mène au **Claustro de los Naranjos** (cloître des Orangers), la partie autrefois réservée aux novices. Dans les anciennes salles de classe sont exposés des objets de l'art et de la vie quotidienne au temps des vice-rois, et la bibliothèque conserve 4 000 volumes.

Entre les deux cloîtres se trouve la **Capilla Doméstica**★, destinée aux élèves du collège. Remarquez sur la voûte les blasons des six premiers Ordres ayant évangélisé la Nouvelle-Espagne et, sur un côté, la statue du pieux donateur Pedro Ruiz de Ahumada, qui a financé une bonne partie de la construction.

À l'étage supérieur, une galerie est consacrée aux **vierges couronnées**, un style de peinture typiquement colonial représentant les religieuses parées de fleurs au moment de leurs vœux perpétuels et de leur mort.

À l'étage inférieur, les cuisines et le réfectoire s'ouvrent sur le **Patio de la Cocina** (patio de la Cuisine). L'eau de la fontaine octogonale passait à l'intérieur des murs du couvent, créant ainsi des chambres froides. De la partie basse du cloître des Orangers, on accède à la **huerta**, vergers aujourd'hui un peu délaissés. Revenez au niveau de la chapelle domestique pour rejoindre la sortie en passant devant l'ancienne **infirmerie** (botica).

Le site archeologique de Tula★

État d'Hidalgo. À 80 km de Mexico. Après le péage de Tepotzotlán, continuez par l'autoroute de Queretaro (57-D) jusqu'à Tepeji del Río (28 km) et prenez la direction de Tula (25 km), le site est à 2 km au nord de la ville. Des bus directs partent toutes les 30 mn du Terminal Norte de Mexico (1 h 45), puis un taxi vous mènera jusqu'aux ruines.
9 h-17 h, entrée payante sauf le lundi. Comptez 2 h.

Ces vestiges d'une importante ville de l'époque postclassique marquent probablement l'emplacement de la **Tollan**, capitale du royaume toltèque. Héritière de la culture de Teotihuacán, elle inaugure une nouvelle structure de pouvoir, dont l'iconographie guerrière et sacrificielle se répand sur les façades.

Un berceau de légendes

Les chroniques anciennes nous content l'histoire de Tula avec une précision chronologique un peu suspecte, mais que ne contredisent pas les datations archéologiques. Entre 800 et 1200 ap. J.-C. se succèdent une dizaine de souverains à la suite de **Mixcoatl**, fondateur de la dynastie et père de **Ce-Acatl** (Un-Roseau), dont l'identité se confond avec celle du dieu **Quetzalcóatl**. Vers 1168, Tula est détruite dans des circons-

La légende de Quetzalcóatl

L'image de Quetzalcóatl, dieu civilisateur dont la mère fut fécondée en mangeant une pierre de jade, reste intimement liée à la ville de Tula. Tous les mythes aztèques lui prêtent l'invention de l'agriculture et des arts. Le « serpent à plumes », dont les convictions pacifistes furent contestées par Tezcatlipoca le Guerrier, préféra s'incliner sans se compromettre devant l'inéluctable émergence du sacrifice humain et prendre de la hauteur ! Après avoir gagné la mer vers l'est, il s'immola par le feu pour se transformer en Étoile du Matin – Vénus –, non sans avoir promis son retour pour un jour reprendre son trône.

tances encore incertaines et presque totalement incendiée. Ses habitants, les Tolteca-Chichimeca, se disperseront alors dans la vallée de Mexico et jusqu'en Amérique centrale. Bien après l'abandon de leur capitale, les Toltèques continuent de diffuser leur culture à travers de nombreuses colonies dispersées. Les Aztèques, leurs fervents admirateurs, portent au pinacle ces prestigieux ancêtres. Les **Annales de Cuauhtitlán** et d'autres codex sont remplis de légendes dont se fait écho le célèbre franciscain Bernardino de Sahagún. Elles décrivent un vrai jardin d'Éden, difficile à imaginer aujourd'hui dans cette zone semi-désertique assiégée par les raffineries de pétrole et les cimenteries. Ici va prendre corps le mythe de **Quetzalcóatl** et **Tezcatlipoca**, les deux rois ennemis promptement divinisés (voir encadré), et celui de **Huemac**, dernier roi de Tula, qui par convoitise mène son peuple à la perte avant de se suicider à Chapultepec.

Un atlante de Tula

T. Bognar/PHOTONONSTOP

Les polémiques de Tollan

Les archéologues ont toujours eu du mal à accorder un passé légendaire aussi glorieux avec l'aspect plutôt modeste des ruines actuelles. Teotihuacán était un lieu bien plus crédible pour situer le royaume toltèque : Tollan ne veut-il pas dire « grande ville » ? **Jorge R. Acosta**, qui a fouillé et restauré le site, sera le premier à replacer la capitale toltèque à Tula, en soulignant l'antériorité de la « Cité des Dieux ». Au cours des années 50, la communauté des spécialistes a accepté massivement cette hypothèse, malgré la dissidence notoire de l'archéologue mexicaine Laurette Séjourné. Mais depuis quelques années, Tula doit faire face à de nouveaux assauts, ceux de plusieurs mayanistes aux thèses hardies et fort controversées, affirmant que la culture toltèque est née à Chichén Itzá (voir p. 360). La tentation était grande même si les datations sont encore ambiguës car l'art toltèque a atteint son apogée en terre maya.

Visite du site

Le chemin zigzagant jusqu'au site est bordé de très beaux **cactus***, qui offrent un aperçu des innombrables variétés qui poussent au Mexique. Ils vous aideront à faire abstraction de l'environnement du site, ceinturé par la voie ferrée et dominant une zone industrielle. Sur une grande plate-forme artificielle surplombant la vallée se trouvent les principales constructions, largement restaurées.

En accédant au site, vous remarquerez sur votre droite le **Juego de Pelota nº 1**, un terrain de 67 m de long aux banquettes aplaties, qui partage sa forme en I avec tous les autres sites archéologiques.

Sur votre gauche, à l'arrière du temple de l'Étoile du Matin *(voir ci-dessous)*, se dresse le **Coatepantli**** (mur de serpents), encerclant le dos de la pyramide principale d'une enceinte sacrée. Sous une frise ajourée d'escargots stylisés, des panneaux sculptés en relief représentent des serpents dévorant des squelettes qui semblent se débattre, une scène d'un réalisme féroce qui évoque le sacrifice humain. Sur l'édifice, des aigles et des jaguars symbolisent le sacrifice lié au culte astral.

Sur la Plaza Principal, le vaste complexe résidentiel du **Palacio Quemado** (palais brûlé) s'articule autour de trois grandes salles carrées entourées de banquettes, chacune illuminée par un patio central et couverte d'une toiture plate reposant sur de nombreux piliers en partie reconstruits. Sous la salle du milieu *(salle 2)* a été trouvée une offrande contenant un disque recouvert de turquoises et une armure cérémonielle en coquillages *(exposée au musée d'Anthropologie de Mexico)*.

Juste à côté, le **Tlahuizcalpantecuhtli**** (temple de l'Étoile du Matin), également connu sous le nom d'édifice B, vous donnera un avant-goût du temple des Guerriers de Chichén Itzá, car les deux se ressemblent étonnamment. La pyramide à cinq niveaux en *talud-tablero* *(voir p. 45)* supportait un temple dont subsistent quelques piliers alignés sur la plate-forme sommitale. Les plus spectaculaires sont les quatre **atlantes*****, de 5 m de haut, retrouvés démontés et enfouis dans la pyramide. Dissimulés par une façade aujourd'hui disparue, ils n'étaient visibles que des prêtres. Celui de gauche est une copie, l'original se trouve au musée d'Anthropologie de Mexico *(voir p. 155)*. Au pied de la pyramide, les alignements de piliers indiquent la présence d'une toiture qui remontait jusque sur les premières marches de l'escalier, et plusieurs fragments de banquettes montrent une procession de guerriers empanachés.

À l'est de la place, le **monticule C**, très ruiné, révèle une vue panoramique sur le site. À l'ouest se trouvent d'autres structures non restaurées, parmi lesquelles le **Juego de Pelota nº 2** et, au centre, un petit autel rappelle la fonction religieuse de ce lieu de rassemblement.

À l'entrée, la grande salle du **musée** expose des fragments de sculpture et quelques objets en céramique, mais les plus belles pièces se trouvent au musée d'Anthropologie de Mexico.

PUEBLA★★
(PUEBLA DE LOS ÁNGELES)
Capitale de l'État de Puebla
Alt. 2 200 m – 1,8 million hab.
123 km de Mexico, 307 km de Veracruz et 350 km de Oaxaca

À ne pas manquer
La chapelle du Rosaire de l'église de Santo Domingo.
Les fresques de la Casa del Deán.
La cuisine du couvent de Santa Rosa.
La dégustation des spécialités culinaires.

Conseils
Évitez le « mole » si vous n'aimez pas la cuisine épicée.
Attention aux fermetures des musées les lundi et mardi (musée Amparo).

Coloniale et provinciale, Puebla est surtout restée l'une des villes les plus espagnoles du Mexique central. Son apparente froideur bourgeoise s'effrite rapidement lorsque, au gré de promenades à angles droits dans ses rues en damier, vous parviennent les effluves d'une culture populaire où la ferveur catholique et la bonne chère font excellent ménage. L'un n'allait déjà pas sans l'autre à l'époque dévote de la Couronne, et les plus célèbres recettes *poblanas* sont sorties des cuisines de couvents.

« La Ville des Anges »
Fondée en 1531, Puebla est née d'une utopie propre à la Renaissance, ourdie par Juán de Salmerón de la *Real Audiencia* et les franciscains. Conçue pour rassembler les Espagnols aventuriers et vagabonds qui mettaient en péril une société naissante, un songe de l'évêque de Tlaxcala a sanctionné fort à propos cette noble entreprise. Dans ce rêve pieux, des anges venaient avec des cordons tracer les plans de celle qui allait bientôt devenir la « puebla de los ángeles ».

Perle de la Couronne – Par une ironie de l'Histoire, la cité des « sans-terre » est vite devenue la plus prospère de la Nouvelle-Espagne. À l'élevage, la manufacture textile et l'agriculture, s'est ajouté l'art de la céramique, perpétuant la tradition ibérique de la ville de Talavera de la Reina et du Portugal. Les **azulejos** vont bientôt envahir les façades et les coupoles, illustrant d'une élégance bleutée l'opulence de la Cité des Anges. Passage obligé sur la route de l'Asie, Puebla a également profité du flux de richesses exotiques traversant « les Indes » entre deux galions.

Puebla assiégée – Sur les hauteurs de la ville, le général Zaragoza va offrir au Mexique l'une de ses rares victoires militaires contre une force étrangère. Le 5 mai 1862, il résiste aux assauts des troupes napoléoniennes du général Latrille et met en pièces l'armée française. L'année suivante, après avoir vaillamment enduré deux mois de siège, Puebla devra s'incliner devant le général Bazaine, qui remporte la bataille de San Lorenzo. Actuellement, le **5 de Mayo** est l'un des six jours fériés du calendrier républicain, et toutes les grandes villes du Mexique ont une rue ou une place qui rappelle cette date glorieuse. Pour enfoncer le clou, le nom officiel de la ville est devenu « Puebla de Zaragoza ».

Puebla aujourd'hui
Fière de son passé historique, Puebla ne s'est pas privée pour autant d'un développement économique moderne. La plus grande usine de montage Volkswagen du continent s'y est installée et continue à assembler la « coccinelle », toujours favorite des chauffeurs de taxi de la capitale. Déclarée **Patrimoine de l'humanité** en 1987, la ville a souffert d'un fort tremblement de terre le 15 juin 1999, dont l'ampleur a été minimisée pour ne pas décourager les touristes. L'église de l'Université, toujours en restauration, a été la plus touchée, la cathédrale et autres édifices ont pratiquement achevé de panser leurs blessures. La bibliothèque Palafox et le musée José Luis Bello y Gonzalez restent fermés pour une période indéterminée.

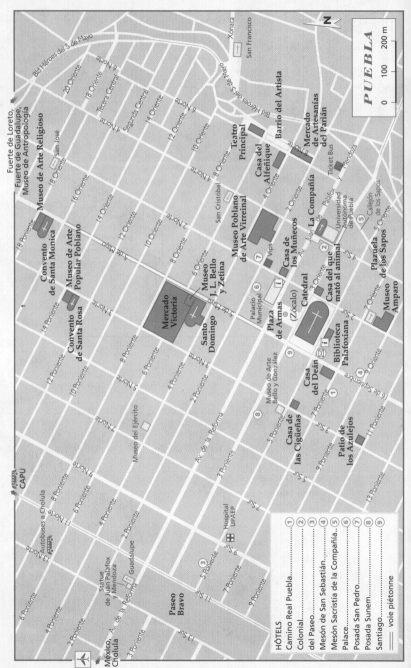

PUEBLA

0 100 200 m

N

194

Détails de la carte :

Fuerte de Loreto, Fuerte de Guadalupe, Museo de Antropología

Bd Héroes del 5 de Mayo

México, Cholula

CAPU

Autobuses a Cholula

Paseo Bravo

Statue de Juan Palafox y Mendoza

Guadalupe

Hospital UPAEP

Museo del Ejército

Convento de Santa Mónica

Museo de Arte Religioso

Museo de Arte Popular Poblano

Convento de Santa Rosa

Mercado Victoria

Museo J. L. Bello y Zetina

Santo Domingo

Museo Poblano de Arte Virreinal

Casa de los Muñecos

Vips

Teatro Principal

Casa del Alfeñique

Barrio del Artista

Mercado de Artesanías del Parián

Ticket Bus

La Compañía

Universidad Autónoma de Puebla

Callejón de los Sapos

Plazuela de los Sapos

Casa del que mató al animal

Palacio Municipal

Plaza de Armas (Zócalo)

Catedral

Museo Amparo

Museo de Arte Bello y González

Casa del Déan

Biblioteca Palafoxiana

Casa de las Cigüeñas

Patio de los Azulejos

San Francisco

Xonaca

San José

San Cristóbal

HÔTELS

- ① Camino Real Puebla
- ② Colonial
- ③ del Paseo
- ④ Mesón de San Sebastián
- ⑤ Mesón Sacristía de la Compañía
- ⑥ Palace
- ⑦ Posada San Pedro
- ⑧ Posada Sunem
- ⑨ Santiago

──── voie piétonne

Visite de la ville

Comptez une journée.

Une ville aussi strictement ordonnée où les repères sont rares peut désorienter. Trois circuits rayonnants à partir du Zócalo vous permettront d'atteindre les principaux points d'intérêt, en passant devant les façades les plus remarquables. En vous promenant, n'hésitez pas à pousser les portes cochères, elles cachent souvent de belles cours et des balcons à colonnes toscanes.

Quel que soit votre moyen de transport, vous arriverez certainement dans le centre-ville par l'**avenida de la Reforma**, l'artère principale, en passant devant le parc du **Paseo Bravo**. Vous serez donc accueilli par la **statue de Juan Palafox y Mendoza**, évêque et mécène du 17e s. qui a fortement contribué au rayonnement artistique de sa ville. À côté, la façade de l'**église de Guadalupe**, achevée en 1722, donne un premier exemple chatoyant de l'assemblage de céramiques et de brique naturelle propre à l'architecture *poblana*.

Sur le Zócalo★ (Plaza de Armas)

Plantée de grands arbres et parsemés de bancs, cette vaste place ne manquera pas de vous séduire si vous ne connaissez encore que le *Zócalo* de Mexico. Ornée en son centre d'une belle **fontaine** de pierre (18e s), sur laquelle se dresse l'archange saint Michel, patron de la ville, elle décline sur trois côtés la régulière ondulation de ses *portales* («arcades») – notamment ceux du **Palacio Municipal** à l'apparence néoclassique datant du début du siècle.

Au sud de la place, la **cathédrale★** *(8h-12h/16h-20h)*, imposante et austère, ne cache pas son ambition de rivaliser avec celle de Mexico, ses clochers étant d'ailleurs les plus hauts du pays (68 m). En 1575, après le transfert de l'évêché de Tlaxcala à Puebla, **Francisco Becerra** est chargé de dessiner les plans d'un temple majestueux. Il choisit le modèle de l'église-salon (rectangulaire), la plus adaptée à une région sismique, avant d'aller faire de même à Lima et à Cuzco. Les travaux commencés avec entrain s'enlisent rapidement et, lorsqu'en 1640 **Juan de Palafox** est nommé évêque, seuls les murs sont levés. N'hésitant pas à payer en partie de ses deniers, il fait reprendre le chantier et consacre la cathédrale en 1649, sans clocher ni façade. Achevé 15 ans plus tard, l'édifice arbore un maniérisme discret.

Sur les côtés, les reliefs de sainte Rose de Lima (la 1re sainte d'Amérique) et sainte Thérèse d'Avila répondent aux statues de saint Pierre et saint Paul. Des médaillons complètent l'ensemble, les lys dans un vase pour l'évêché, le palmier et le cèdre pour la Vierge. Sur le portail nord, émergent les bustes de quatre rois d'Espagne.

À l'intérieur, cinq nefs lumineuses couvertes de coupoles Renaissance harmonisent leurs liserés de dorures avec les grilles en fer forgé. Le **chœur★** aux stalles ouvragées du 18e s. occupe la nef centrale, encadré par les deux buffets d'orgue disposés à l'espagnole. Leur restauration aurait sans doute été préférable à l'installation d'un orgue moderne qui vient déparer l'ensemble. Sur le **maître-autel** néoclassique en baldaquin, les quatre Docteurs de l'Église entourent la Vierge de l'Assomption à qui est consacrée la cathédrale. Derrière, la **Chapelle des Rois** représente les têtes couronnées ayant accédé à la sainteté (saint Louis figure en bas à gauche). **Cristóbal de Villalpando** en a peint la **coupole★★**, chef-d'œuvre vertigineux intitulé la «Gloria».

Au sud du Zócalo

En sortant à gauche, dans la rue longeant la cathédrale, deux collèges-séminaires côte à côte ont été transformés respectivement en **Palais de justice** et en **Casa de la Cultura**. À l'étage de celle-ci, la **Biblioteca Palafoxiana★** *(fermée pour travaux)* fut constituée autour des 6 000 premiers volumes légués par l'évêque Palafox en 1646. Elle en compte sept fois plus aujourd'hui, dont quelques superbes incunables.

Vers 1580, Tomás de la Plaza, le doyen de la cathédrale – la plus haute autorité religieuse après l'évêque –, se fit construire une luxueuse demeure digne de son rang. De la **Casa del Deán**★★ (maison du Doyen) (*angle 16 de Septiembre #505 et 7 Oriente. 10h-17h sauf le lundi ; entrée payante sauf le dimanche*), il ne reste qu'un escalier et deux salons, sauvés *in extremis* d'une démolition destinée à agrandir le cinéma qui avait déjà fait disparaître le reste. En 1953, on découvrit dans ces salles (qui servaient de fumoir à l'entracte) des fresques éblouissantes, exemple exceptionnel de peintures murales profanes du 16e s.

La première salle représente les **Sibylles**, prêtresses d'Apollon et prophétesses « récupérées » par le christianisme, caracolant sur des chevaux en annonçant la venue du Christ. La première, les yeux bandés, incarne le judaïsme qui n'a pas su reconnaître le Messie. Les scènes sont encadrées par deux frises, où un bestiaire naïf trahit la participation d'artistes indigènes.

La seconde salle illustre **Les Triomphes** de Pétrarque (1302-1374), un ouvrage pourtant interdit quelques années plus tôt par l'Inquisition pour laquelle le doyen avait une compétence d'expert ! On peut y reconnaître le Triomphe du Temps (Chronos dévore un de ses fils), de la Mort (les Parques coupent le fil de la vie), de l'Amour, de la Chasteté et de la Renommée.

Un petit tour par l'avenida 5 Poniente vous permettra d'admirer au numéro 125 la belle porte de la **Casa de las Cigüeñas** (maison des Cigognes) (1687), et en continuant par la 3 Sur jusqu'à la 11 Poniente, le **Patio de los Azulejos**★ (*11 Poniente #110. 9h-19h ; entrée libre*), un exemple très coloré du style *poblano*.

Continuez tout droit jusqu'à la 2 Sur et tournez à gauche.

Le Museo Amparo★★ (*calle 2 Sur #708. 10h-18h, fermé le mardi. Entrée payante*) porte le prénom de l'épouse du riche collectionneur Manuel Espinosa, qui transforma sa maison, autrefois hôpital et collège, en un superbe musée. Inauguré en 1991, il présente une des plus belles collections privées du pays et bénéficie d'une luxueuse muséographie interactive. Un grand mystère a toujours plané sur l'origine de ces quelque 3 000 pièces préhispaniques dans un pays qui a longtemps enrichi les pilleurs et les faussaires. Une fois surmonté ce malaise, on se laisse séduire par la grande qualité des figurines préclassiques et d'autres céramiques de diverses cultures. Un des chefs-d'œuvre du musée est le dossier d'un **trône maya**★ de la période classique, de provenance inconnue. Deux nobles apparaissent face à face sur un fond ajouré, une composition très comparable au trône de Piedras Negras conservé au musée d'Archéologie de Ciudad de Guatemala. Plusieurs salles sont consacrées à l'art colonial et à la peinture du 20e s.

En sortant, tournez à droite par la 7 Oriente. À une *cuadra*, vous atteindrez la **Plazuela de los Sapos** (placette des Crapauds), une allée piétonne partant en biais, notable exception dans le centre-ville. Le samedi soir, les mariachis affrontent la concurrence de nombreux bars à la mode, peu avares de leurs décibels, et le dimanche s'y tient un **marché à la brocante** dans une joyeuse ambiance. Elle se prolonge par la ruelle du même nom, fief des antiquaires. On peut toute la semaine y faire quelques trouvailles, du moule à pains de sucre à la photo jaunie de Puebla au temps de Porfirio Díaz.

Revenez au *Zócalo* par la 3 Oriente (*à gauche*) en passant devant la **Casa del que mató al animal** (maison de celui qui a tué l'animal), une riche demeure du 16e s. à l'angle de la calle 2 Sur. La porte est flanquée de deux **reliefs**★ montrant des scènes de chasse. Une légende raconte que Pedro Carvajal offrit sa fille et sa maison à celui qui captura la bête féroce qui avait tué son jeune fils.

Au nord du Zócalo

Engagez-vous dans la **calle 5 de Mayo**, la rue piétonne et commerçante la plus fréquentée et la plus animée de la ville. Parmi les cireurs de chaussures et les musiciens aveugles, les vendeurs de ballons qui retiennent d'énormes grappes multicolores semblent sur le point de s'envoler.

L'église de Santo Domingo*, achevée vers 1660, étonne par sa sobriété extérieure. L'unique tour épaule une façade où l'archange saint Michel et saint Dominique sont accompagnés de chiens portant un flambeau dans la gueule (*Domini canes*, les « chiens de Dieu »). À l'intérieur, le maître-autel aligne 18 saints et évêques dominicains, et la **chaire*** se pare d'une remarquable marqueterie de marbres blanc et noir. À gauche du transept, la **Capilla del Rosario***** (*théoriquement 9h-12h/16h30-20h*) est un véritable chef-d'œuvre du baroque mexicain. Les bancs ne seront pas superflus pour combattre votre vertige devant cette cascade d'angelots. Une profusion de dorures et d'entrelacs en bois stuqué célèbre la Vierge du Rosaire (celle qui apporte le chapelet aux chrétiens), dont le culte a été introduit par les dominicains. Les peintures de la nef représentent les **Joies de la Vierge** (les épisodes heureux de sa vie) ; dessous, de beaux azulejos alternent la croix dominicaine et les têtes de chérubins. Sur la voûte, les **trois vertus théologales** (la foi, l'espérance et la charité) apparaissent en médaillon, et Dieu le Père paraît diriger un orchestre d'anges musiciens. Sur la coupole, au-dessus des statues de 16 saintes dominicaines, des femmes aux jambes dénudées incarnent les **dons du Saint-Esprit** (sagesse, piété, crainte…). Au centre de la chapelle, le baldaquin de la Vierge est surmonté d'une représentation de saint Dominique de Guzmán entouré de saints de son ordre. Derrière, on aperçoit sur une grande toile les anges envoyés par la Vierge distribuant des brassées de chapelets.

Il ne reste presque plus rien du couvent dominicain, dont l'enceinte a été grignotée progressivement dès le 19ᵉ s. après son abandon forcé. En 1910 s'y est construit le **Mercado Victoria**, dont la structure métallique abrite depuis peu un centre commercial moderne. En 1970, une mobilisation massive a réussi à empêcher la construction d'un grand parking à étages sur ce qu'il reste de son atrium !

Juste à côté, Le **Museo José Luis Bello y Zetina** (*5 de Mayo #409. 10h-16h fermé le lundi. Entrée payante*) présente une collection d'art européen (œuvres de Géricault, Murillo, Zurbarán ou Goya), de mobilier anglais, de cristal de Baccarat et quelques toiles de Miguel Cabrera.

Sur la droite s'ouvre la **« rue des Confiseurs »** (*avenida 6 Oriente*), où vous trouverez, entre autres douceurs, le fameux *camote*, une friandise à base de patate douce.

Continuez par la calle 5 de Mayo, en marchant cinq *cuadras* vers le nord, jusqu'au **couvent de Santa Monica*** (*angle 5 de Mayo et 18 Poniente. 10h-17h, fermé le lundi. Entrée payante sauf le dimanche*). La société coloniale prenait garde de ne jamais laisser une femme (blanche) livrée à elle-même, qu'elle soit pucelle ou « perdue ». En 1606, on avait même prévu de recueillir les femmes mariées, temporairement seules, à la lisière de la ville. Devant le peu d'empressement des épousées, l'endroit est rapidement transformé en maison de « redressement » féminine, puis en collège. En 1688 s'y installent les religieuses augustines de Santa Monica, qui résisteront plus tard aux Lois de la Réforme de 1857 interdisant la vie monacale. Pendant plus de 70 ans, grâce à la complicité des fidèles du quartier, elles vécurent clandestinement dans leur couvent avant d'être dénoncées et expulsées en 1933.

Dans l'église (*entrée par la calle 5 de Mayo*) est vénéré le **Señor de las Maravillas**, une statue du Christ chutant sous sa croix. Le nombre d'ex-voto exprime l'intensité de cette dévotion populaire.

Le couvent est aménagé en **Museo de Arte Religioso** (*entrée par la calle 18 poniente*). On y pénètre par le **cloître des novices** couvert d'une mosaïque d'azulejos. Au 1ᵉʳ étage, vous pourrez voir une collection de peintures, dont celles sur velours de Rafael Morante, des sculptures et des objets religieux, puis dans le *coro alto*, le reliquaire contenant le cœur de l'évêque fondateur !

Continuez la calle 18 Poniente, et redescendez par la calle 3 Norte.

Le couvent de Santa Rosa* *(10h-17h, fermé le lundi. Entrée payante sauf le dimanche)* fut occupé, pendant un peu plus d'un siècle, par une communauté de dominicaines dédiée à sainte Rose de Lima. Sa célèbre **cuisine****, entièrement couverte de céramiques blanches, jaunes et bleues, provoque la même émotion esthétique que celle de la maison de Monet à Giverny ! La légende affirme que le fameux *mole* est sorti de ses fourneaux, et on ne demande qu'à le croire. Comme à Acolman, la salle « De profundis » étant juste à côté, on passait directement des plaisirs de la vie à la veillée mortuaire. Vous remarquerez aussi la voûte du *coro alto* ornée de portraits de dominicaines. Une partie du couvent constitue le **Museo de Arte Popular Poblano***, consacré à l'artisanat et aux traditions régionales.

À l'est du Zócalo

Descendez l'avenida Juan de Palafox y Mendoza jusqu'à l'**église de la Compañía**. La compagnie de Jésus, qui avait ouvert cinq collèges à Puebla pour les enfants espagnols ou indigènes, ne profita pas longtemps de son église achevée en 1767. Cette même année, tous les jésuites furent chassés des terres de la Couronne, accusés de fomenter un contre-pouvoir. La façade aux plâtreries immaculées flirte avec le rococo et ressemble à une grande pièce montée, posée sur un portique de pierre. L'intérieur néoclassique est un peu décevant. À côté, l'ancien collège est devenu l'**Universidad Autónoma de Puebla**.

Continuez jusqu'à la calle 6 Norte où vous trouverez le **Mercado de Artesanías del Parián***. Ce marché aux fripes, construit en 1801, s'est reconverti depuis dans l'artisanat *poblano*, les petites échoppes alignées croulant sous les *talaveras* multicolores.

La Chinoise de Puebla

Une légende épique raconte comment Mirra, la fille du grand Moghol, fut enlevée à Delhi et vendue à des pirates portugais. Rachetée à Manille pour être offerte au vice-roi, celui-ci ayant quitté ses fonctions ne recevra pas son cadeau. La belle princesse récupérée à Acapulco est amenée à Puebla en 1624 où, baptisée sous le nom de Catarina de San Juan, elle mènera une vie pieuse. Elle est, dit-on, enterrée dans la crypte de l'église de la Compañia. Mythe ou réalité, la « china poblana » à qui l'on attribue l'introduction d'un costume traditionnel, rappelle l'importance de Puebla sur la route de l'Asie.

La cuisine du couvent de Santa Rosa

En ressortant à gauche, la **Casa del Alfeñique*** (maison du Sucre d'orge), dont le surnom date du 18ᵉ s., fait honneur à l'une des spécialités de la ville. Des corniches dégoulinantes de plâtre viennent des encadrements de fenêtre, déjà bien appétissants. À l'intérieur, un **musée** *(4 Oriente #412. 10h-16h30 sauf le lundi; entrée payante)* expose un mobilier bourgeois, quelques peintures, des costumes et des calèches.

À proximité, le **Barrio del Artista** (quartier de l'Artiste) est un peu la « place du Tertre » locale, en plus calme. De 10 h à 20 h, des peintres ouvrent leurs petits ateliers sur une plaisante allée piétonne, d'où l'on rejoint ensuite la petite place du **Teatro principal**, bordée par de belles arcades à colonnes de pierre.

Repartez en direction du *Zócalo* par la 6 Oriente et la 4 Norte. Entre la 2 Oriente et la 4 Oriente, le **Museo Poblano de Arte Virreinal** (musée d'Art de la vice-royauté) *(10h-17h sauf lundi, entrée payante sauf dimanche)* occupe depuis 1998 l'ancien hôpital des pauvres San Pedro. L'officine a été reconstituée parmi plusieurs salles d'art religieux de la vice-royauté.

Continuez à droite par la 2 Oriente et à gauche par la 2 Norte, pour passer devant la façade de la **Casa de los Muñecos**** (maison des Bonshommes), une splendide composition du 18ᵉ s. où d'énigmatiques personnages évoluent sur des piédestaux (remarquez aussi les atlantes sur la corniche).

Au nord de Puebla

Prenez un bus sur le blvd 5 de Mayo et descendez à la statue de Zaragoza, ou empruntez le bus touristique El Ángel (voir p. 203). Mais le plus simple pour se déplacer dans le parc, assez étendu, est de négocier un taxi pour 2 h.

Sur une colline des quartiers nord à 2 km du centre-ville, la culture est venue rejoindre l'héroïsme militaire. Autour des vestiges défensifs de Puebla, les forts de Loreto et de Guadalupe, se sont installés à partir des années 60 le musée d'Anthropologie, le musée d'Histoire naturelle et le planétarium.

Au pied du **Cerro de Guadalupe**, ne suivez pas la direction que vous indique la statue équestre du général Zaragoza, et tournez à droite. Le **Fuerte de Loreto** *(10h-16h30, fermé le lundi. Entrée payante sauf le dimanche)* fut construit en 1815 autour d'une chapelle votive du 17ᵉ s. dédiée à Notre-Dame de Lorette. À l'intérieur de ce quadrilatère à quatre bastions se trouve le **Museo de la No Intervención**, qui relate les péripéties de la victoire contre les Français le 5 mai 1862.

Un peu plus haut, le **Fuerte de Guadalupe** *(10h-16h30, fermé le lundi. Entrée payante sauf le dimanche)* a, lui aussi, profité de la présence d'un ermitage, dont on peut visiter les restes assez ruinés entouré de fortifications. En redescendant, le **Museo de Antropología*** *(10h-17h, fermé le lundi. Entrée payante sauf le dimanche)* ne manque pas d'intérêt, et vous y verrez quelques beaux objets des périodes préhispanique et coloniale. Après avoir été accueilli par une statue géante de saint Christophe, remarquez en particulier les sculptures et **offrandes de jade** olmèques, les **masques** en albâtre de style Teotihuacán et les **fonts baptismaux*** de l'église d'Acatlán.

Mexico et sa région

ARRIVER-PARTIR

En bus – La *CAPU* (Central de Autobuses de Puebla), blvd Norte #4222, ☎ (222) 249 72 11, centralise les transports interurbains. Vous trouverez de tout dans cette grande gare routière moderne, à 4 km du centre-ville : consigne, banque et même une boutique de robes de mariée ! Des taxis à prix fixe vous emmènent jusqu'au centre-ville. Nombreux départs pour Mexico-TAPO (2 h), Oaxaca (4 h 30), Veracruz (3 h 30).

Pour Cholula (25 mn), les bus partent toutes les 5 mn de 6 h 15 à 23 h, à l'angle des calles 6 Poniente et 13 Norte. Prenez le « directo ».

Pour acheter vos billets en ville, *Ticket Bus*, Juan de Palafox y Mendoza #604, ☎ (222) 232 19 52. 9 h-19 h, samedi 9 h-15 h, fermé le dimanche.

En voiture – L'autoroute 150D (Mexico-Veracruz) passe au nord de la ville, 83 km avant l'embranchement vers Oaxaca. Sortez de Mexico par l'est (calzada Zaragoza), et la route s'élève à 3 200 m dans une forêt de pins puis contourne les flancs du volcan Iztaccíhuatl avant de redescendre dans la vallée de Puebla (1 h 30).

COMMENT SE REPÉRER

La ville est dessinée en damier (« cuadras » ou « manzanas »). Toutes les rues, sauf les deux principales, portent un numéro et le nom d'un point cardinal. Officiellement, les axes nord-sud sont appelés « calles » (rues), et les axes est-ouest « avenidas ». Dans la pratique, les adresses ne mentionnent que le numéro et la direction. L'avenida de la Reforma, puis Palafox, divise les calles en « Norte » et « Sur », et la numérotation des avenues en paires (au nord) et impaires (au sud). La calle 16 de Septiembre, puis 5 de Mayo, divise les avenues en « Oriente » (est) et « Poniente » (ouest), et la numérotation des rues en paires (à l'est) et impaires (à l'ouest). La logique, implacable, vous demandera un instant de réflexion !

COMMENT CIRCULER À PUEBLA

En taxi – Ils n'ont pas de taximètre, mais une course moyenne coûte environ 25 pesos (demandez avant de monter).

Location de voitures – *Hertz* est la seule agence dans le centre historique (dans l'hôtel Camino Real), av. 7 Poniente #105, ☎/Fax (222) 232 31 99. *Budget Car Rental*, av. Juárez #1914, ☎ (222) 232 91 08, budgetpue@giga.com. *Easy Rent a car*, av. 43 Poniente #718, ☎ (222) 243 91 00.

ADRESSES UTILES

Office de tourisme – *Secretaria de Turismo del Estado,* av. 5 Oriente #3 (derrière la cathédrale), ☎ (222) 246 12 85, securep@infosel.net.mx. Grand nombre de renseignements et de documents sur la ville et les excursions possibles dans l'État. On vous prêtera assistance en cas de problème de sécurité ou de santé. 9 h-20 h, dimanche 9 h-14 h. *Oficina de Turismo Municipal*, Portal Hidalgo #14 (dans le Palacio Municipal sur le Zócalo), ☎ (222) 246 18 90. 9 h-20 h, samedi 9 h-17 h, dimanche 9 h-15 h. Bon accueil et un choix de dépliants à thème, des plans et des programmes culturels. Des visites guidées de la ville (« recorridos ») sont organisées du samedi au mardi à 10 h et 12 h.

Banque / Change – Une *Casa de Cambio* se cache dans le passage de l'Ayuntamiento (à gauche du Palacio Municipal). 10 h-18 h, samedi 10 h-15 h, fermé le dimanche.

Poste – Angle 16 de Septiembre et 5 Oriente. 9 h-17 h, samedi jusqu'à 13 h, fermé le dimanche.

Internet – *Café Internet Jardín*, Juan de Palafox y Mendoza #233 (près du Templo de la Compañía). 9 h 15-21 h, fermé le dimanche.

Santé – Dans un bel édifice de style Eiffel à une cuadra du Zócalo (à l'angle de 2 Norte et 2 Oriente), le *Vips* (drugstore) possède une pharmacie ouverte jusqu'à minuit. *Hospital UPAEP* (hôpital universitaire), av. 5 Poniente #715, entre 7 et 9 Sur (à 4 cuadras du Zócalo), ☎ (222) 246 60 99.

OÙ LOGER

Puebla n'est pas très accueillante pour les petites bourses, et les hôtels à prix modestes plongent rapidement dans le sordide. Tous les établissements sont signalés par des H rouges.

De 250 à 300 pesos

Hotel Posada Sunem, av. 3 Poniente #301, ☎ (222) 242 00 41, Fax (222) 245 50 90, posadasunem@hotmail. com – 5 ch. ⁴⎤ 🖵 ✕ CC Dans une demeure nouvellement restaurée et peinte aux couleurs mexicaines, le plus décent et le plus récent des hôtels bon marché. Simple, gai et propre, tout comme le restaurant attenant (voir « Où se restaurer »). Une chambre à 4 lits.

Hotel del Paseo, av. 5 Poniente #914, ☎ (222) 246 24 15, Fax (222) 246 63 23 – 48 ch. ⁴⎤ ℰ 🖵 Près du Paseo Bravo, à cinq cuadras de la cathédrale, face à un grand collège de brique. Derrière une belle porte en bois sculpté, vous trouverez des chambres sans charme particulier, mais propres malgré la moquette. Évitez les deux du rez-de-chaussée. Salles de bains irréprochables.

De 350 à 450 pesos

Hotel Santiago, av. 3 Poniente #106, ☎ (222) 242 28 60, Fax (222) 242 27 79, hsantia@prodigy.net.mx – 37 ch. ⁴⎤ ℰ 🖵 Chambres rénovées et bien tenues mais sans âme. Très bien situé, et de la terrasse vous aurez une vue imprenable sur la cathédrale.

Hotel Palace, av. 2 Oriente #13, ☎ (222) 232 24 30, Fax (222) 242 55 99, hotpalas@prodigy.net.mx – 60 ch. ⁴⎤ ⤨ ℰ 🖵 Chambres impeccables et calmes au confort standard. Un bon point pour les salles de bains flambant neuves.

Hotel Mesón de San Sebastián, av. 9 Oriente #6, ☎ (222) 246 65 23 / 232 90 43, Fax (222) 232 96 90 – 11 ch. ⁴⎤ ℰ 🖵 ✕ CC Dans le second patio d'une demeure ancienne entièrement rénovée, d'agréables chambres au mobilier contemporain réservent une bonne surprise dans cette catégorie. L'accueil chaleureux compense une atmosphère un peu figée.

De 450 à 550 pesos

🕮 **Hotel Colonial**, calle 4 Sur #105 (dans une rue piétonne face à l'université), ☎ (222) 246 41 99 / 246 42 92, Fax (222) 246 08 18, colonial@giga. com – 70 ch. ⁴⎤ ℰ 🖵 ✕ CC Diverses transformations n'ont pas entamé le charme de cet ancien couvent de jésuites, où même l'ascenseur est baroque ! Les chambres donnant sur l'extérieur sont plus spacieuses sans être bruyantes, voyez-en plusieurs. Au crépuscule, belle vue sur la ville et le Popocatépetl dans un ciel rougeoyant (si vous n'y logez pas, dites que vous pensez dîner et demandez la permission de monter sur la terrasse). Idéalement placé, bon rapport qualité-prix.

De 1000 à 1500 pesos

Hotel Posada San Pedro, av. 2 Oriente #202, ☎ (222) 246 50 77, Fax (222) 246 53 76, hposadap@rms.resultsp. com.mx – 79 ch. ⁴⎤ ⤨ ℰ 🖵 ✕ ⩘ CC Les chambres sont confortables et accueillantes, la décoration soignée. Préférez celles du 1er étage donnant sur la belle piscine poblana entourée de gazon.

🕮 **Mesón Sacristía de la Compañía**, calle 6 Sur #304 (callejón de los Sapos), ☎ (222) 242 35 54, Fax (222) 232 45 13 – 8 ch. ⁴⎤ ℰ 🖵 ✕ CC Pas beaucoup plus cher que le précédent et bien plus de caractère. Située dans le quartier des antiquaires, cette demeure du 18e s. ne dépare pas, car le mobilier ancien de votre chambre est aussi à vendre ! La n° 3 est la plus chaleureuse mais sans fenêtre, voyez les n°s 6 et 7 donnant sur la ruelle. Deux suites un peu plus chères.

Plus de 1500 pesos

Hotel Camino Real Puebla, av. 7 Poniente #105, ☎ (222) 229 09 09, Fax (222) 232 92 51, www.caminoreal. com/puebla/– 83 ch. ⁴⎤ ℰ 🖵 ✕ CC Installé dans l'ancien couvent de la Conception, les religieuses du 16e s. auraient été choquées par tant de confort ! Grandes chambres superbement meublées, toutes différentes. En fin de semaine, le prix diminue presque de moitié. Dans la cour principale aux arcades peintes, vous pouvez aussi venir prendre le petit-déjeuner pour moins de 70 pesos.

Où se restaurer

Puebla est une des capitales de la gastronomie mexicaine. Pendant la période coloniale, les religieuses enfermées dans leurs immenses cuisines multicolores mijotaient déjà des mets savoureux. Les plats incontournables sont le « mole poblano » (sauce aux piments, épices et chocolat), le « pipián » (sauce aux graines de citrouille), le « chile en nogada » (piments doux garnis d'une farce aux fruits secs) et les « chalupas » (petites tortillas épaisses diversement accommodées).

Moins de 20 pesos
Tacos Árabes Bagdad, calle 2 Poniente #311. Tlj 11h-23h. Un expatrié de Bagdad a introduit le kebab à Puebla en 1933. Depuis, il est toujours préparé au feu de bois et servi en tacos arrosé d'une sauce inventée par le patron.

Moins de 40 pesos
La Mesa Poblana, av. 3 Poniente #301, ☎ (222) 242 00 41 [cc] Tlj 9h-18h. Le cadre est simple mais décoré avec goût (tomettes et mobilier rustique), on y sert une « comida corrida » économique avec trois plats au choix.

El Vegetariano, calle 3 Poniente #525. Son nom annonce la couleur. Tous les jours un menu différent est servi à partir de 13h, dans un décor de cafétéria. Sélection de produits à emporter, si vous êtes en mal de soja au pays des viandes en sauce. Juste en face, un bon expresso vous attend au **Café Aroma** (9h-21h sauf le dimanche).

El Cazador, 3 Poniente #147, ☎ (222) 232 76 26. 8h-22h. Installé sur les belles chaises cannées de cet établissement fondé en 1900, mais entièrement rénové, vous pourrez vous restaurer d'une « comida corrida » aussi créative qu'économique.

Entre 60 et 100 pesos
Fonda Que Chula es Puebla, 6 Norte #5, ☎ (222) 232 27 92. 10-19h, 9h-20h le week-end. À deux pas du Mercado del Parián. Ambiance familiale et jolie cuisine en azulejos dans la salle. Vous pouvez voir les plats mijoter doucement avant de vous installer. Très bon « chile en nogada », « mole », « pipián » et « mixiote de carnero ».

Fonda de Santa Clara, av. 3 Poniente #307, ☎ (222) 242 26 59 [cc] Tlj 8h-22h. Pour tous les repas, la carte fait honneur à la réputation gastronomique de la ville. Dans un décor très « poblano », les petits-déjeuners sont royaux pour les grosses faims du matin. Goûtez à la crêpe aztèque. Un autre restaurant se trouve dans la même rue au #920, près du Paseo Bravo. Moins intime, mais on peut y écouter du psaltérion du mardi au jeudi à l'heure du déjeuner. Ferme à 23h.

La Casona de los Ángeles, av. 3 Poniente #316 (presque en face du précédent), ☎ (222) 232 61 42 [cc] 8h-19h, fermé le lundi. Un tout nouveau restaurant bien décidé à se faire une réputation grâce à un cadre agréable, une carte raffinée (essayez les « albondigas en salsa negra ») et un service sans faille.

À partir de 150 pesos
El Amparo de Palafox, av. 9 Oriente #201, ☎ (222) 232 96 93 [cc] Mercredi-samedi 14h-22h45, dimanche-mardi 14h-18h. Le chef formé aux grandes tables espagnoles propose une cuisine raffinée et originale dans une belle salle voûtée du 17ᵉ s. Savoureuse sélection de tapas, mais aussi de plats plus sophistiqués comme le médaillon de chevreuil aux noisettes ou le saumon laqué au soja. À la grille de l'entrée, ne manquez pas le cordon de la cloche pour signaler votre présence. Réservation recommandée.

Où sortir, où boire un verre

Café – Café Plaza, av. 4 Poniente #109 (à côté de l'église de Santo Domingo). 9h-20h30, dimanche 9h-18h. Une bonne adresse pour boire un petit noir bien serré sous des coqs empaillés, en regardant les photos de Cantinflas, le Louis de Funès mexicain.

Bars à « pasita » – Ne manquez pas la saga de la « pasita », boisson à base de liqueur de raisin inventée par Emilio Contreras, qui se déguste… avec du fromage. Plusieurs membres de la famille se disputent aujourd'hui la légitimité de cet héritage festif, chacun revendiquant l'authenticité de sa recette.

La « maison père » fondée en 1916 n'étant plus ouverte que de manière sporadique (callejón de los Sapos), vous pourrez mettre vos papilles à l'épreuve et donner votre verdict.

🐌 *La Pasita (Angelópolis)*, calle 3 Sur #504. Tenu par les deux petits-fils, ce lieu aux murs couverts d'une collection de miniatures et de pamphlets satyriques baigne dans une ambiance bachique. Une somme rondelette est promise à celui qui boira 100 « caballitos » (petits verres) de « pasita », le dernier candidat s'est arrêté à 93…

La Fuga de Don Porfirio, av. Juán de Palafox y Mendoza #414-B. 13-22 h, dimanche 9 h-21 h. Tenu par la fille. Ici, la différence est dans le pruneau et le fromage de chèvre. L'atmosphère est plus ésotérique, la patronne étant également une experte du « Reiki ». Si vous parlez l'espagnol, demandez-lui de vous raconter la fuite de Porfirio Díaz du cachot voisin : un grand moment.

Bars musicaux – 🐌 *Librería-Café Teorema*, angle av. Reforma #540 et 7 Norte, ☎ (222) 242 10 14. 9 h 30-14 h 30/16 h 30-0 h 30, dimanche 17 h 30-0 h 30 🆑 Musique live à partir de 21 h 30. On peut y nourrir à la fois le corps et l'esprit dans un cadre chaleureux où le livre est roi. Tous les soirs, des musiciens offrent le meilleur du répertoire latino-américain.

Café del Artista, calle 8 Norte #410 (au 1er étage), ☎ (222) 242 15 27. 16 h-minuit, samedi 11 h-3 h 🆑 Dans le Barrio del Artista, lumière tamisée et ambiance feutrée pour écouter de la musique live le soir (payant). Bon choix de cocktails et de « platillos ».

🐌 *María Candelaria*, angle 6 Norte et 6 Oriente (presque en face du précédent). 18 h-Minuit. Un petit bar où l'on vient se serrer pour écouter le soir la chanson cubaine (Silvio Rodriguez et autres classiques). Ambiance fraternelle. Si vous trouvez la chanson à texte trop sage, vous pouvez aller vous perdre dans les « antros » du Barrio de los Sapos ou de l'avenida Juárez, derrière le Paseo Bravo. Rock live certains jours au *Corazón de León* et au *Zero + Zero*.

ACHATS

Artisanat – Le *Mercado del Parián* (9 h-20 h) sera votre cible favorite, mais vous pourrez aussi tenter votre chance dans les boutiques de l'avenida 6 Oriente.

Talaveras – La fabrique *Casa Uriarte* av. 4 Poniente #911, perpétue la tradition depuis 1827. À défaut de se laisser tenter par des objets aussi fragiles qu'encombrants, on peut visiter les ateliers à 11 h, 12 h et 13 h sauf le dimanche (30 mn). 9 h 30-18 h 30, dimanche 10 h-16 h.

Confiseries – Vous ne risquez pas l'hypoglycémie avec la grande variété de sucreries qui vous attend dans l'*av. 6 Oriente, entre 5 de Mayo et 4 Norte*. Les fameux « camotes » (à la patate douce), mais aussi les « tortitas » (tartelettes aux amandes), les « alegrías » (galettes de graines d'amarante), le « rompope » (liqueur au jaune d'œuf), et bien sûr l'« alfeñique » (sucre d'orge). Une nuée de vendeurs de « camotes » attend même les indécis au péage de l'autoroute !

Antiquités – Toute la semaine chez les antiquaires et le dimanche sur le marché à la brocante, dans le *callejón de los Sapos*.

LOISIRS

Visite de la ville – *El Ángel*, un tramway-bus touristique, effectue un circuit d'1 h en ville, en passant par le Fuerte de Loreto. On peut monter et descendre librement aux 12 arrêts pendant une journée avec un seul billet. Départ toutes les 30 mn du Zócalo, tlj sauf le lundi, de 10 h à 13 h 30 et de 15 h à 17 h 30.

Activités culturelles – Vous trouverez le programme du mois sur un dépliant de l'office de tourisme, et celui de la quinzaine dans le journal gratuit *El Boletino*.

La *Cinemateca Luis Buñuel*, Casa de la Cultura, 5 Oriente #5, propose de fréquentes rétrospectives en V.O.

EXCURSIONS D'UNE JOURNÉE

Cholula et ses environs (voir p. 205), Tlaxcala (voir p. 207) et Cacaxtla (voir p. 210).

Puebla pratique

LES ENVIRONS DE PUEBLA★★

États de Puebla et de Tlaxcala – Carte régionale p. 126
Circuit de 120 km – Compter 2 jours
Hébergement à Tlaxcala (voir p. 211) ou à Puebla (voir p. 201)

À ne pas manquer
L'église de Santa María Tonantzintla.
Les fresques de Cacaxtla.

Conseils
Pour en profiter pleinement, déplacez-vous plutôt en voiture.
Attention aux ralentisseurs en rase campagne.
Visitez Tlaxcala en fin de semaine pour l'ambiance.

Immobiles témoins des tribulations de la vallée, trois volcans planteront le décor de vos promenades dans les environs de Puebla. La **Malinche** (4 420 m) est un peu éclipsée par le **Popocatépetl** (« la montagne qui fume », 5 450 m) et l'**Iztaccíhuatl** (« la femme blanche », 5 280 m), couple mythique auquel l'animisme indien prête vie. Oublié les légendes aztèques, ils sont désormais identifiés à saint Grégoire et à sainte Rose de Lima par les habitants des villages alentour, qui se placent sous leur protection et leur apportent des offrandes pour leur anniversaire. La cohabitation n'est pas exempte de disputes, et parfois « Don Goyo se met en colère ». À 45 km de Puebla à vol d'oiseau, il s'est réveillé en 1993, après 70 ans de sieste, et fait l'objet d'une haute surveillance depuis ses éruptions explosives de décembre 2000.

Le circuit proposé permet de faire le tour des principales curiosités en deux jours, avec une nuit à Tlaxcala, ou d'effectuer deux excursions séparées, l'une dans l'État de Puebla (Cholula et Huejotzingo) et l'autre dans l'État de Tlaxcala (Cacaxtla et Tlaxcala). Vous pouvez aussi prendre le chemin des écoliers en allant de Mexico à Puebla.

Les églises indiennes★
Comptez 1 h 30.

Sur l'ancienne route de Cholula, deux villages voisins tirent un légitime orgueil de leurs églises paroissiales, métissage réjouissant d'académisme espagnol et de rococo indigène. Distantes d'un kilomètre, leur splendeur date de l'apogée du baroque, entre 1650 et 1750.

■ **San Francisco Acatepec★** – *Sortez vers le sud-ouest par la route d'Atlixco. Au bout de 12 km, bifurquez à droite et roulez pendant 1 km. 10 h-17 h, dimanche 8 h-17 h. Entrée libre.* Éclatante de couleurs, l'église ressemble à un bibelot géant de porcelaine. Sa **façade**★★ entièrement recouverte d'azulejos spécialement façonnés prend la forme d'un retable churrigueresque finement travaillé. Remarquez les élégantes colonnes bleues habillées de céramiques arrondies et celles du clocher aux torsades ciselées dans le plâtre. L'intérieur, minutieusement restauré après un incendie, brille de mille feux. Grâce à la générosité dévote des *encomenderos*, ses dorures reproduisaient en pleine campagne les fastes de la chapelle du Rosaire de Puebla. Cherchez le bedeau qui habite dans l'atrium, il vous permettra d'accéder au clocher en baldaquin, d'où l'on peut contempler la vallée.

■ **Santa María Tonantzintla**★★ – *9 h-18 h, dimanche 8 h-19 h. Entrée libre.* Contrairement à sa voisine, elle ménage ses effets. Une relative sobriété extérieure cache l'exubérante ornementation de son intérieur. La fameuse « horreur du vide » propre au baroque atteint ici son paroxysme, grâce à la luxuriance des motifs sculptés dans l'*argamasa*, un plâtre d'origine mauresque. Des centaines d'angelots semblent

Dans l'église de Santa María Tonantzintla

jouer à cache-cache entre les volutes dorées, d'autres imprudemment juchés sur les colonnes du maître-autel tiennent compagnie à la Vierge. Leur apparence naïve reflète une influence indienne qui donne toute sa saveur à la composition. Dans le village, où l'on vénérait autrefois la déesse Tonantzín, des masques crachant des guirlandes végétales, des têtes couronnées de plumes et des fruits tropicaux apportent eux aussi une touche préhispanique tolérée par le clergé.

Continuez pendant 3 km.

■ Cholula★

Comptez 3 h.

Si vous venez de Puebla, empruntez la voie expresse « recta a Cholula » (10 km à l'ouest). Si vous venez de Mexico, une bretelle de l'autoroute 150D vous permet d'éviter Puebla.

Profitant de la fertilité des terres volcaniques et du passage obligé des pèlerins de diverses régions, les premiers habitants marquent, dès 500 à 300 av. J.-C., le début d'une longue tradition agricole et commerciale. Cholula est pendant des siècles l'une des plus grandes villes de Méso-Amérique, qui traite presque d'égal à égal avec Teotihuacán. Idéalement placée sur la principale route commerciale où se croisent obsidienne, poteries et marchandises tropicales, elle organise les plus grandes foires de l'Amérique ancienne. La cité atteindra son apogée au 6ᵉ s. avant de décliner puis de tomber sous le contrôle des **Olmecas-Xicalancas** installés sur le site de Cacaxtla. Au 12ᵉ s., la chute de Tula entraîne la dispersion des Toltèques, dont une partie vient occuper puis dominer la vallée. La ville prend alors un nouvel essor, sous le nom de « capitale de ceux qui avaient fui », **Tollan Cholollan**.

Sur le chemin de Tenochtitlán, Cortés perpètre ici le premier grand massacre de la conquête pour déjouer, dit-on, un complot de l'empereur Moctezuma. Il décrira peu après à Charles Quint une ville comptant 400 « tours de mosquées » et 20 000 maisons. La fondation de Puebla l'Espagnole à proximité a permis à Cholula de préserver son atmosphère populaire à forte tradition indienne, ce qui ne l'empêche pas d'adopter les étudiants de l'Universidad de las Américas, la plus chère et la plus *fresa* (« bcbg ») du Mexique.

La visite de la Gran Pirámide

À l'entrée de la ville, prenez la direction San Pedro Cholula, puis la 14 Poniente à droite vers San Andrés. Tlj 9h-17h. Entrée payante sauf le dimanche. Visites guidées. Nommée *Tlachihualtépetl* («montagne faite à la main») dans les chroniques du 16e s., elle est le fruit de plus de mille ans d'efforts pour élever un lieu sacré dédié aux divinités de la pluie. Plusieurs pyramides superposées, façonnées à partir de 200 av. J.-C., constituent le plus grand monument de l'Amérique indienne. Sur 400 m de côté (deux fois la pyramide du Soleil de Teotihuacán) et 65 m de hauteur, elle apparaît comme une grande colline, coiffée par l'**église de la Virgen de los Remedios**, reconstruite au 19e s.

En 1931, Ignacio Marquina commença à creuser des tunnels archéologiques pour en fouiller le cœur. 25 ans plus tard, 8 km de galeries avaient permis de distinguer quatre grandes phases de construction utilisant en alternance la pierre et l'adobe (briques d'argile), et de découvrir quelques belles peintures murales.

Pour commencer la visite, vous emprunterez d'ailleurs plusieurs centaines de mètres de tunnel à l'intérieur de la pyramide. L'intérêt est limité, claustrophobes s'abstenir. Le côté sud, partiellement dégagé dans les années 60, expose plusieurs structures d'époques différentes, dont le **Patio de los Altares** (patio des Autels), qui a dévoilé trois stèles-autels et une sépulture garnie d'offrandes. De la sortie au coin nord-ouest part la rampe qui vous mènera jusqu'à l'église au sommet.

Vous comprendrez mieux la configuration des lieux si vous passez d'abord par le **Museo de Sitio**★ (*près de l'entrée des tunnels*). Outre l'indispensable maquette, s'y trouvent quelques superbes **plats polychromes** et la fidèle reproduction des fresques, dont le célèbre **Mural de los Bebedores** (fresque des Buveurs), défilé de personnages portant des jarres et buvant du pulque dans des coupes.

Autour du Zócalo

La ville conserve la même orientation et le tracé des rues de l'ancienne Cholollan. Sur un côté de l'immense **Plaza Principal**, qui paraît démesurée, courent les 46 arcades d'un **portal**, où se concentre l'animation estudiantine. À l'opposé, l'ancien **couvent de San Gabriel** fut élevé au 16e s. par les franciscains à l'emplacement du temple de Quetzalcóatl. Au fond d'un grand atrium, la **Capilla Real**★, vaste chapelle d'Indiens dont les 49 dômes reposent sur 64 colonnes, évoque la mosquée de Cordoue. L'**église de San Pedro**, paroisse du 17e s., limite le côté nord et, si vous avez le temps, allez faire un tour au **marché** voisin.

Une légende affirme que Cholula compte une église par jour de l'année. Le patron du **bar Reforma** (*angle calle Morelos et 4 Sur, 15h-minuit*) a mené son enquête et tapissé ses murs de photos des 128 sanctuaires qu'il a recensés dans la commune, un score déjà respectable. Avant de repartir allez donc lui rendre visite, il a aussi inventé une recette de sangría à la vodka et au brandy…

À 19 km au nord-ouest de Cholula (et 29 km de Puebla).

■ Huejotzingo★

Comptez 1h30.
Si vous arrivez de Mexico, sortez de l'autoroute à San Martin Texmelucan.

En venant de Cholula, les briqueteries artisanales qui bordent la route font place peu à peu aux vergers. La culture fruitière qui envahit les pentes du volcan Iztaccíhuatl fait prospérer le village de Huejotzingo, centre de production de conserves au sirop et d'un célèbre cidre rosé (mélangé avec du vin rouge!). Les étals de bocaux multicolores ne manquent pas de charme, mais ne sauraient vous distraire longtemps d'un somptueux monastère franciscain, dont l'enceinte entourée de murs crénelés couvre plusieurs hectares.

La seigneurie de Huexotzingo («petit saule») était très peuplée dès le 13ᵉ s. par des descendants du royaume toltèque. De caractère belliqueux, ils entretenaient des rapports souvent houleux avec la voisine Cholula et la capitale aztèque dont ils avaient réussi à s'émanciper à l'arrivée de Cortés. Celui-ci n'oubliera pas de profiter de leurs aptitudes guerrières. Un autre épisode militaire anime le célèbre **carnaval** de Huejotzingo : dans une explosion de couleurs et de feux d'artifice, on rejoue à l'indienne la victoire de Puebla contre les Français.

Le couvent de San Miguel★★

10 h-17 h, fermé le lundi. L'église est fermée entre 13 h et 14 h 30. Entrée payante. Il fut fondé plusieurs fois à partir de 1525, avant que **Fray Juan de Alameda** ne lui fasse prendre son apparence définitive entre 1544 et 1570. Son architecture, remarquablement préservée, affiche une austérité toute franciscaine mêlant le plateresque mudéjar à des réminiscences médiévales. Dans le vaste **atrium**, quatre **Capillas Posas★★** (chapelles du Reposoir) gardent les coins, de superbes reliefs ornent leurs murs coiffés d'une toiture pyramidale. Sous des écussons «aux cinq plaies du Christ», des anges portent des symboles de la Passion ou jouent des instruments de musique dans un cadre formé par la corde franciscaine.

L'église★ aux allures de forteresse s'accorde avec l'austère façade, qui arbore pour toute fantaisie quelques médaillons sur une porte polylobée. L'intérieur surprend par l'élévation de sa **voûte** aux belles nervures gothiques. Remarquez les fresques retrouvées en 1980, les délicats entrelacs entourant la porte de la sacristie et un rare **retable** du 16ᵉ s. peint par le flamand **Simon Peyrins**. Un bedeau vous illuminera l'ensemble au prix d'une modeste obole, profitez-en pour lui demander de vous ouvrir l'accès à la **Puerta Lateral★★** *(côté nord)*, la plus belle du couvent. Son arc dentelé est surmonté d'une corde en vaguelette formant une couronne, et deux pilastres frappés de blasons épanouissent leurs chapiteaux tressés d'une corbeille végétale.

On accède au **couvent** par une porterie aux piliers ouvragés, et le cloître planté d'orangers permet d'atteindre la **salle De Profundis★★**, entièrement couverte de fresques en grisaille où sont représentés «les douze» *(voir encadré)* et plusieurs saintes martyres. À l'étage, des **cellules** reconstituent le mobilier monacal, et quelques salles présentent l'œuvre missionnaire de l'ordre des franciscains au Mexique. Vous terminerez la visite en redescendant, par les cuisines et le réfectoire.

Pour rejoindre Cacaxtla (30 mn), repartez en direction de Cholula, et bifurquez à gauche à 5 km en direction de l'aéroport. Après celui-ci, engagez-vous sur l'autoroute en direction de Mexico, prenez la sortie Xalmimilulco à 7 km, et tournez à droite. Au premier croisement, tournez à nouveau à droite puis suivez les panneaux.

■ Cacaxtla★★

Comptez 3 h avec Xochitécatl.

À 35 km au nord-ouest de Puebla. De Mexico (115 km), sortez à la «caseta de San Martín Texmelucan», et prenez la direction de Atoyatenco et Xochitecatitla. De Tlaxcala, sortez par l'av. Independencia en direction de Puebla, et tournez à droite au premier rond-point. Passez devant l'IMSS, et continuez par Texoloc et Nativitas. En bus, le plus pratique est de passer par Tlaxcala (voir p. 210).

On ne badinait pas avec l'évangélisation chez les franciscains du 16ᵉ s., et la conquête spirituelle du Mexique fut préparée comme une véritable opération commando. Sous la houlette de frère Martin de Valence, 11 religieux triés sur le volet furent isolés pendant plusieurs semaines dans un couvent d'Extremadure en vue d'une préparation intensive. Avant d'affronter une terre inconnue peuplée d'Indiens probablement hostiles, il fallait établir une stratégie d'approche et d'apprentissage de la langue, mais aussi savoir comment se protéger des maladies tropicales. Les «doce primeros», apôtres du Nouveau-Monde, débarquèrent à Veracruz en mai 1524 et fondèrent les premiers couvents à Tlaxcala et à Huejotzingo, suivis de beaucoup d'autres. Ils commencèrent surtout à baptiser à tour de bras : 10 ans plus tard, on comptait déjà cinq millions de nouveaux chrétiens.

Les environs de Puebla

207

Bien connu des écoliers en uniforme, amusés par la visite sur les passerelles, ce site est injustement boudé par les touristes qui, pressés d'atteindre Puebla, ne s'écartent pas de l'autoroute. Beaucoup d'habitants cultivés de la capitale n'y sont même jamais allés! On peut pourtant y admirer les plus belles **peintures murales******* préhispaniques du Mexique, découvertes il y a 25 ans par des pilleurs de tombes. Repartis bredouilles, ils ont permis de découvrir que cette grande colline, près du village de San Miguel del Milagro, cachait un palais d'argile superbement décoré. Certes, la grande toiture qui couvre aujourd'hui l'ensemble est peu attractive, mais c'est le prix à payer pour conserver intacte cette composition polychrome miraculeusement préservée.

Un carrefour de cultures – Les fouilles à cet endroit ont prouvé l'installation précoce de populations célébrant un culte aux dieux Tláloc (l'eau) et Huehuetéotl (le feu). Mais c'est à l'époque «épiclassique» (650-900 ap. J.-C.) que les chefs d'une tribu maya d'**Olmecas-Xicalancas**, venue de la région chontale du golfe du Mexique, deviennent les nouveaux maîtres de la vallée et établissent une cité fortifiée. Le déclin puis la chute de la grande Teotihuacán favorise une période d'éclatement du pouvoir et d'insécurité. L'altiplano se «féodalise», mais les mouvements de tribus encouragent les échanges culturels. Xochicalco, El Tajín et Cacaxtla sont ainsi les enfants d'un nouveau métissage nord-sud. À Cacaxtla, l'iconographie est incontestablement d'inspiration et de technique maya, mais avec de nombreux symboles empruntés à Teotihuacán. Les deux civilisations, entretenant depuis longtemps des liens importants, se rejoignent ici à travers le **culte à Vénus**, qui semble dominer à tout moment le discours pictural. Pour les Mayas, la planète Vénus régissait la vie guerrière, à Teotihuacán elle s'apparentait au serpent à plumes et à un monde de fertilité.

Une restauration minutieuse – Ressusciter les peintures prisonnières d'une argile presque revenue à son état premier a exigé des trésors de patience. Des centaines de radicelles furent délicatement retirées, et les murs consolidés. Il fallut ensuite percer le mystère des couleurs et découvrir leur liant : la sève baveuse du figuier de Barbarie (*nopal*). Parmi les pigments d'origine minérale, le fameux Bleu maya fait figure d'exception, sa teinte éclatante provenant de l'indigo. Mais les vrais responsables de la fraîcheur des fresques de Cacaxtla sont les Olmecas-Xicalancas eux-mêmes qui, avant de construire par-dessus un palais plus récent, les avaient protégées d'une fine couche de sable.

Visite du site

8 h-17 h. Entrée payante sauf le dimanche. Au sommet d'un escalier de bois qui gravit le **Gran Basamento**, vaste complexe résidentiel et religieux, vous atteindrez la **Plaza Norte**. Dessous ont été retrouvés de nombreux squelettes d'enfants sacrifiés, prouvant l'existence d'un important culte à la fertilité. En suivant les passerelles, vous traverserez d'abord la partie sud où subsiste le tracé de chambres autour de patios. Le plus grand, face à la plate-forme d'un temple, avait une fonction religieuse.

Les premières fresques apparaissent dans le **Templo de Venus** en contrebas sur la gauche, alors que se profile, de l'autre côté du ravin, la grande pyramide de **Xochitécatl**. Côte à côte sur deux piliers, un **couple à la peau bleue***** identifié à Vénus, semble en lévitation sur une surface d'eau. À droite, l'homme brandit une demi-étoile, que l'on retrouve en couronne sur la jupe et sur le cadre. Il porte l'œil cerclé de Tláloc et une queue de scorpion.

Au pied de l'**escalier****** du **Templo Rojo** (Temple Rouge), un vieillard aux extrémités félines s'est délesté de son **cacaxtli**, le fardeau des marchands qui a donné son nom au lieu. On reconnaît parmi d'autres produits tropicaux une botte de plumes de quetzal et une carapace de tortue. Devant lui, deux plants de maïs portent de curieux fruits : le premier des cosses de cacao, l'autre des épis en forme de tête humaine. Ondulant le long des marches, un serpent à plumes, dont la queue s'épanouit au sommet, forme un cadre aquatique à la scène. Un gros crapaud, annonciateur de pluie, termine l'évocation d'une nature généreuse.

Dans la célèbre **bataille*****, 47 personnages aux corps enchevêtrés occupent en une longue frise tout un côté de la Plaza Norte. Sur fond turquoise, les guerriers-jaguars taillent en pièces les guerriers-aigles dans un luxe de détails réalistes, flots de sang et éventrations. Deux capitaines défaits restent debout de part et d'autre de l'escalier central : l'un résigné et les mains liées prête le flanc à la lance, l'autre l'air hébété tente de retirer celle qui est plantée dans son visage. La composition d'un incroyable dynamisme n'est pas une lutte, mais un véritable sacrifice rituel. Les vaincus désarmés n'opposent pas la moindre résistance, et l'épopée militaire se transforme, sous le signe de Vénus, en un affrontement mythique entre l'aigle et le jaguar, le jour et la nuit, le bien et le mal.

L'édifice A, atteint par les pilleurs, a livré les premières peintures de Cacaxtla, mais aussi les plus fraîches. Sur deux panneaux apparaissent grandeur nature l'**Homme-Aigle et l'Homme-Jaguar*****. Deux souverains à la peau brune se confondent avec leurs animaux totémiques respectifs, dualité bien connue au Mexique central. Tout autour, des tortues marines et des coquillages évoluent dans une magnifique bande aquatique découpée en trapèzes. L'Homme-Aigle, debout sur un serpent à plumes, porte une barre cérémonielle à tête de serpent-dragon. Remarquez le quetzal à bec d'ara, et le glyphe « 13-plume » qui pourrait être son nom. L'Homme-Jaguar, « 9-œil de reptile », porte un faisceau de lances d'où tombent des gouttes d'eau. Ses pattes griffues reposent sur un serpent-jaguar.

Les jambages de la porte ont été recouverts ultérieurement par un modelage d'argile dans un style proche de celui d'El Tajín, sur lequel on reconnaît un dignitaire assis de profil. L'épaisseur des murs est également peinte (attention au torticolis) : à droite, un homme-jaguar verse l'eau d'un vase, à gauche, un autre aux jambes croisées tient un grand coquillage vert d'où sort un dieu aux cheveux longs.

Vous terminerez par la partie supérieure du palais, qui révèle une belle **vue*** sur la vallée. De l'extrémité de la passerelle, on aperçoit de curieux « clapiers » qui servaient peut-être à élever des oiseaux. En redescendant, empruntez la passerelle sur la gauche, pour voir un **cuexcomate**, grande jarre en argile qui contenait les épis de maïs.

Peu après l'entrée, le petit **Museo de Sitio***, qui a fait peau neuve en 1998, expose en deux salles de beaux objets retrouvés pendant les fouilles. Remarquez en particulier une série de **divinités** en céramique travaillées en pastillage.

Vous pourrez déjeuner au restaurant panoramique du site, qui propose un délicieux menu de cuisine tlaxcaltèque (sopa Xochitl, mixiote) à moins de 50 pesos. Par temps clair (ce qui est rare), on mange en face du volcan Popocatépetl. À l'entrée, de savoureuses tortillas de maïs noir et des « alegrías » (graines d'amarante au miel) sont encore plus économiques.

Xochitécatl*

Bien que rattaché historiquement à Cacaxtla, le site possède son propre accès, de l'autre côté de la colline, à 3 km par la route (redescendez, tournez à droite au carrefour et encore à droite au panneau). Le rejoindre à pied est théoriquement possible mais malaisé. Il faut franchir un ravin et remonter à travers la montagne. 8h-17h. Entrée payante sauf le dimanche. Ce centre cérémoniel était déjà actif au 6ᵉ s. av. J.-C. lorsque furent érigées les principales structures encore visibles. Au 7ᵉ s. ap. J.-C., il connut un regain d'activité, devenant le quartier religieux de la nouvelle capitale des Olmecas-Xicalancas, dont le centre politique se trouvait sur la colline voisine.

La Pirámide de las Flores* culmine à 30 m de hauteur au-dessus du site. À la période classique, elle fut remaniée et alignée sur l'édifice A de Cacaxtla et le volcan de la Malinche. Du sommet, on profite de la meilleure **vue**** sur la vallée et les trois volcans par temps clair. En contrebas, d'étonnantes **baignoires** monolithiques datent de l'époque préclassique. La découverte sous l'escalier de très nombreuses **figurines**

féminines en argile témoigne de l'importance des cultes à la fécondité-fertilité pratiqués à Xochitécatl. Une partie se trouve dans le petit **Museo de Sitio** et représente des femmes de tous âges, dont certaines enceintes avec un bébé amovible dans le ventre.

Trois autres structures datent de la période formative : l'**Edificio de la Serpiente**, l'**Edificio de los Volcanes** et, à l'ouest, l'**Edificio de la Espiral**, reconnaissable à son plan circulaire à 13 degrés.

■ Tlaxcala★

Comptez une demi-journée.

À 19 km de Cacaxtla, 115 km de Mexico et 32 km au nord de Puebla. Entre Tlaxcala et Puebla, l'«autoroute» à quatre voies est striée de «topes» (ralentisseurs), qui mettront vos nerfs à rude épreuve.

Dans une région réputée pour le pulque et les taureaux de corrida, Tlaxcala (73 000 hab.) peut se vanter d'être la plus paisible des capitales d'État. Vous pourrez flâner le long des façades de brique orangée qui s'embrasent en fin de journée et, attablé sous les arcades de l'élégante place d'Armes ombragée, goûter à sa douceur de vivre sur la route de Cortés.

Ennemis irréductibles des Mexicas, les **Tlaxcaltèques** réunis en quatre seigneuries devinrent les principaux alliés de la soldatesque espagnole. Depuis des générations, ils payaient en vies humaines leur tribut à la «guerre fleurie» aztèque et saisirent l'occasion de s'en délivrer non sans prendre de risques. Leur fidélité aux conquérants ne se démentit pas au lendemain de la *Noche Triste* (voir p. 30) et fut récompensée plus tard par de nombreux privilèges. Dans le premier évêché de la Nouvelle-Espagne, les chefs indiens pouvaient porter des armes et monter à cheval, possédaient le rang d'*Hidalgos* (nobles) et échappaient à tout impôt.

Le couvent de San Francisco★

Au sud-est du Zócalo, en traversant la jolie petite place Xicotencatl contiguë. Il fut l'un des premiers couvents fondés en Nouvelle-Espagne. Au sommet d'une rampe pavée, un élégant portique accompagne la tour solitaire du clocher et marque l'entrée de l'atrium. Cette terrasse, qui surplombe la ville et les arènes construites en contrebas, accueille l'église et le couvent, mais aussi quelques chapelles. Deux escaliers s'en échappent pour se rejoindre un peu plus bas, enserrant une magnifique **chapelle ouverte**★★, achevée en 1539, dont les trois arcs mauresques en accolade soulignent le contour hexagonal.

L'église★ (*7h-14h/16h-20h, samedi et dimanche sans interruption*) possède encore son plafond en *artesonado* (à caissons) de cèdre et de beaux retables en bois doré. À droite du transept, la **Capilla del Tercer Orden** possède la plus ancienne chaire de l'Amérique espagnole et les **fonts baptismaux** où les caciques de Tlaxcala auraient été baptisés en 1520.

Le couvent rénové est aménagé en **Museo Regional**★ (*10h-17h, fermé le lundi. Entrée payante sauf le dimanche*). Le rez-de-chaussée rassemble une belle collection d'archéologie, où se distingue la reconstitution du **tzompantli** (autel de crânes) de Zultepec. Au 1er étage consacré à l'art colonial, on passe allégrement de la vie de saint Antoine de Padoue à l'art de la boulangerie régionale.

Le sanctuaire d'Ocotlán★★

Allez-y en taxi et redescendez en combi de la place de l'église. Quittez le Zócalo au nord-est par la Juárez, puis tournez à droite av. Zitlalpopocatl (20 mn à pied). Sur une colline dominant la ville, ce sanctuaire tient à la fois du joyau baroque et d'un délire de biscuit à la crème Chantilly, auquel n'auraient pas résisté Hansel et Gretel. Tant de magnificence célèbre une apparition de la Vierge au 16e s., si l'on en croit une légende largement inspirée par celle de la Guadalupe à Mexico. Pendant l'épidémie de peste de 1541, l'heureux élu est à nouveau un Indien nommé Juan Diego pour qui la Vierge fit jaillir, cette fois, une source miraculeuse avant de laisser sa statue dans un *ocote* (« pin ») qui brûlait sans se consumer.

L'édifice du 18ᵉ s. oppose la simplicité de tours couvertes de brique à la théâtralité éclatante de la façade et des clochers. L'intérieur ne brille pas non plus par sa sobriété, les feux de la dorure envahissant les moindres recoins. La nef n'a pas échappé aux « améliorations » du 19ᵉ s., contrairement au flamboyant maître-autel churrigue-resque.

Si vous avez le temps, faites un tour au **Museo de Artes y Tradiciones Populares** *(10h-18h, fermé le lundi. Entrée payante)*. Vous y trouverez des explications intéressantes sur la fonte des cloches et la fabrication du pulque. Juste à côté se trouve un bon restaurant avec terrasse *(voir « Où se restaurer »)*.

Tlaxcala pratique

ARRIVER-PARTIR

En bus – La **Central Camionera** se trouve au sud-ouest du Zócalo. Liaisons continues de 6 h à 21 h toutes les 20 mn avec **ATAH** pour Mexico-TAPO (1 h 30) et avec **Flecha Azul** pour Puebla (1 h). Pour Cacaxtla, des « colectivos » partent toutes les 30 mn en direction de San Miguel del Milagro, à l'angle des avenues 20 de Noviembre et Lardizabal. Si vous êtes en transit depuis Mexico, prenez plutôt le microbus sur le quai 13 de la gare routière.

ADRESSES UTILES

Office de tourisme – *Secretaría de Turismo del Estado*, angle av. Juárez et Lardizabal, ☎ (246) 465 09 60, www.tlawxcala.gob.mx/turismo. 9 h-18 h, samedi-dimanche 10 h-18 h. Il propose deux excursions de 4 h dans les environs au départ du Zócalo, le samedi (autour de Tlaxcala) et le dimanche (Cacaxtla-Xochitécatl).

OÙ LOGER

Autour de 250 pesos
Hotel Alifer, Morelos #11, ☎ (246) 462 56 78, Fax (246) 462 30 62, halifer@prodigy.net.mx – 36 ch. ⌁ ✐ TV ✗ CC Cet hôtel sans charme particulier a ouvert ses portes en 1930, mais ses chambres calmes et spacieuses ont été entièrement refaites en l'an 2000. Très bon rapport qualité-prix.

De 750 à 800 pesos
Posada San Francisco, Plaza de la Constitución #17, ☎ (246) 462 60 22 / 61 01, Fax (246) 462 68 18 – 74 ch. ⌁ ✐ TV ✗ ☌ ✗ CC Dans une hacienda du 19ᵉ s. devenue hospice, le plus bel hôtel de la ville donne sur le Zócalo. Le décor est un peu disparate, mais l'ensemble reste très confortable depuis le passage du Club Med, qui l'a géré pendant plusieurs années.

OÙ SE RESTAURER

Moins de 70 pesos
Los Portales, Plaza de la Constitución #8, ☎ (246) 462 54 19 ☌ CC Lundi-jeudi 7 h-23 h, vendredi-dimanche 24 h/24. Le samedi et le dimanche, un buffet sous les arcades du Zócalo permet de goûter le meilleur de la cuisine tlaxcaltèque, et en particulier le « mixiote de carnero ». Le vendredi soir, musique de boleros dans le patio.

Fonda del Museo, av. Emilio Sánchez, à côté du Museo de Artes y Tradiciones Populares, ☎ (246) 462 57 08 ☌ 9 h-19 h, fermé le lundi. Vous pourrez y déguster près de la rivière une « comida típica » savoureuse et économique. Essayez la « sopa de habas con nopales » (soupe de fèves aux feuilles de figuier de Barbarie). En fin de semaine, pulque « curado » (avec des fruits) ou naturel.

À L'OUEST DE MEXICO★
LES VALLÉES DE TOLUCA ET DE MALINALCO
État de Mexico – Carte régionale p. 126
Circuit de 450 km au départ de Mexico – Compter 3 ou 4 jours

À ne pas manquer
L'ascension du Cerro de los Ídolos.
La vue du sommet du Nevado.
Déguster la truite à l'« epazote » de Malinalco.

Conseils
Ce circuit est plus « authentique » en semaine, mais évitez Malinalco le lundi.
Dormez à Malinalco ou à Valle de Bravo plutôt qu'à Toluca.

Entre cimes de volcan et oasis fleuries, cette escapade plus prisée par les Mexicains que par les étrangers vous entraînera à travers une région rurale, où la charrue n'a pas dit son dernier mot. En s'éloignant de Mexico la nature reprend ses droits, et c'est à travers bois que vous gagnerez le lac de Valle de Bravo, havre de paix salutaire loin des miasmes de la capitale.

Au sud-ouest de Mexico, la vallée de Toluca est le grand réservoir hydraulique de la région. Parmi de nombreuses sources, lacs et rivières, le río Lerma, le plus long fleuve du Mexique, alimente en eau une bonne partie de la capitale.

Les **Matlazincas** et les **Otomís** ont fait fructifier une terre fertile qui attirera les convoitises successives de l'empereur aztèque Axayacatl, qui conquiert la région en 1474, et d'Hernán Cortés, qui la soumet en 1520 avant de s'attaquer à la grande Tenochtitlán. L'année suivante, le conquistador s'octroie le centre de la vallée, et distribue le reste du territoire à de proches parents et amis. Sur les rives du río Lerma, les premiers élevages de porcs connaissent un tel succès que les moutons y sont aussitôt introduits : la vallée de Toluca demeure depuis une importante zone d'élevage.

Sortez de Mexico par la « libre a Toluca » (évitez l'autoroute), et tournez à gauche au col de La Marquesa (à 22 km) en direction de Santiago Tianguistenco puis Malinalco (80 km), en suivant les panneaux.

■ Malinalco★★
105 km de Mexico et 69 km de Toluca.
Comptez 3 h

À l'écart des grandes routes, vous trouverez à Malinalco un vrai petit coin de paradis. Dans une vallée encadrée de montagnes à la découpe hardie, ce village blotti autour d'un couvent du 16e s, au pied d'un site aztèque taillé dans le roc, reste fleuri toute l'année. Son nom provient justement d'une graminée locale, la **Malinalli** (herbe tordue) dont la fleur symbolise dans la mythologie l'union cosmique entre les mondes. Elle apparaît sous forme de tresse, sculptée sur le tambour de guerre aztèque du site, peinte en médaillon à l'intérieur du couvent, mais aussi dans le nom de Malinalxochitl (« fleur de Malinalli »), la sœur du dieu Huitzilopochtli – accusée de jeter des sorts, elle sera abandonnée à Malinalco lors de la migration des Mexicas. Vers 1487, l'empereur **Ahuítzol** installe à cet endroit une garnison pour garder sous contrôle les Indiens Matlazincas, récemment conquis. Il y fait construire un lieu de culte solaire, ouvrage poursuivi par Moctezuma II, puis interrompu par les troupes de l'Espagnol **Andrés de Tapia** en 1521.

Le monastère de San Salvador★
Au centre du village, le monastère (*ex-convento*) fut construit par les augustins à partir de 1540. Dans un vaste atrium, où les enfants du village viennent bavarder ou faire leurs devoirs, l'église accuse bon nombre de reconstructions et n'a pu

échapper à l'ajout d'une horloge, très à la mode au début du 20ᵉ s. Une élégante porterie aux arcs couronnés de médaillons conduit à l'un des plus beaux **cloîtres**** du Mexique colonial, aux murs recouverts d'une végétation peinte en grisaille rehaussée de turquoise : ceps de vignes tentaculaires, verger imaginaire, amusez-vous à en débusquer les oiseaux, mammifères ou serpents qui s'en disputent les baies. Cette représentation du Paradis terrestre, tracée par des artistes indigènes, unit dans une même luxuriance, le Tlalocán indien et l'Éden missionnaire. La voûte bicolore, en écho à celle de l'entrée, se pare d'un plafond à caissons Renaissance en trompe l'œil, tandis que d'autres peintures, dans le couloir qui longe le côté sud du cloître, déroulent une jolie frise de psaumes enluminés. Voyez aussi, au-dessus de l'escalier menant à la galerie supérieure, le médaillon où une *Malinalli* s'enroule autour d'un aigle percé de flèches.

Du Zócalo, prenez la calle Hidalgo vers la montagne, passez devant la Capilla Santa Mónica et continuez jusqu'au bout. La rue bifurque à angle droit pour se jeter dans la calle Guerrero. 50 m plus haut à droite, une étroite ruelle vous mettra sur la bonne voie.

Le Cerro de los Ídolos** (colline des Idoles)
10h-17h, fermé le lundi. Entrée payante et toilettes au premier tiers de la montée. Un charmant petit chemin gravit la pente du Cerro de los Ídolos, au sommet duquel se trouve le site archéologique. Au terme d'une ascension en lacets au milieu d'une riche végétation, vous atteindrez une plate-forme à 150 m au-dessus du village, d'où l'on jouit d'une **vue**** splendide. Comme de nombreux sites religieux préhispaniques, Malinalco faisait office d'observatoire astronomique afin de corriger le calendrier et de vénérer le soleil, astre emblématique des guerriers mexicas. Plusieurs structures composent ce centre cérémoniel aztèque consacré au culte solaire.

Adossé à la montagne et coiffé d'un toit de chaume, le **Cuauhcalli**** (maison de l'Aigle) *(fermé au public)* est la construction la plus remarquable. Rare exemple de sanctuaire rupestre en Méso-Amérique, il est entièrement taillé dans le roc, du bas de l'escalier au sommet des murs. À la base, vous distinguerez trois sculptures très mutilées : un motif anthropomorphe au centre, et deux jaguars assis sur les côtés. Empruntez l'escalier latéral de droite pour vous approcher de la porte d'entrée *(si l'intérieur n'est pas éclairé, adressez-vous au gardien)*. On pénétrait dans la chambre circulaire du temple par la gueule féline d'un grand monstre terrestre, dont la langue bifide servait de marchepied. De chaque côté de l'entrée se devinent des symboles militaires : un **tambour de guerre** (huehuetl), à gauche, supportait la sculpture d'un guerrier-jaguar, et une tête de serpent, à droite, soutenait celle d'un guerrier-aigle. À l'intérieur, les jeunes guerriers vouaient rituellement leur vie au soleil, représenté sous ses apparences totémiques diurne et nocturne, par les dépouilles de l'aigle et du jaguar. Au centre, l'aigle servait d'autel, qu'illuminent les rayons du soleil le jour du solstice d'hiver. Et dans l'alignement de la porte, sur une banquette ornée de deux autres aigles, trônait l'officiant suprême sur un jaguar à queue dressée.

D'autres structures, moins bien conservées et en partie rupestres, complètent la plate-forme. Les corps des guerriers morts au combat étaient, pense-t-on, incinérés dans la vaste enceinte du **Tzinacalli** (edificio III) alors que le **Templo del Sol** (edificio IV), tourné vers l'est, semblait destiné aux festivités de l'An nouveau (le 12 février). Le 12 février et le 29 octobre (à 260 jours d'intervalle, durée du calendrier rituel), cette structure permet d'observer le soleil se lever dans une entaille naturelle de la montagne, située de l'autre côté de la vallée.

Pour compléter la visite du site
À l'angle des calles Hidalgo et Zapata, le tout nouveau **Museo Universitario Luis Mario Schneider** *(10h-18h sauf le lundi; entrée payante)* propose un parcours multimédia interactif plutôt inattendu. Ce musée pallie l'absence de pièces archéologiques par de nombreux renseignements sur Malinalco et sa région. Une réplique grandeur nature du Cuauhcalli *(inaccessible in situ)* permet de s'allonger sur l'aigle-autel et de se prendre un instant pour un guerrier aztèque.

Le mercredi, ne manquez pas le **marché**, où l'on troque encore parfois du maïs contre des fruits tropicaux

Repartez par le nord du village, mais cette fois continuez par la route 55 jusqu'à Tenango del Arista (44 km), d'où commence la voie rapide à Toluca via Metepec (25 km).

■ Toluca
Capitale de l'État de Mexico. 1 million hab.
67 km à l'ouest de Mexico. Comptez une journée

Toluca, la mal-aimée des touristes, est la capitale la plus élevée du Mexique. À 2 600 m d'altitude, l'ambiance est plutôt frileuse, malgré l'intense activité économique et, dès 19 h, elle se calfeutre, laissant un peu désemparés ses hôtes de passage. Une fois prévenu, s'y promener une journée à la découverte de quelques beaux musées n'a rien de déplaisant.

Visite de la ville
Le centre-ville arbore de grandes places solennelles et contiguës, autour de la cité administrative, célèbre pour ses **Portales**, galerie en arcades de plusieurs centaines de mètres. Autre objet de fierté, le **Cosmovitral** (vitrail cosmique), décorant le marché couvert reconverti en **jardin botanique** *(à l'ouest de la Plaza Cívica. 9 h-17 h, fermé le lundi)*, semble tout droit sorti d'un *comics* américain.

Au nord de la Plaza Cívica, le **Museo de Bellas Artes★** *(8 h-18 h sauf le lundi ; entrée payante sauf le dimanche)* occupe un ancien couvent des carmélites du 17ᵉ s. Dans un cadre entièrement rénové en 2001, la collection illustre l'art de la Nouvelle-

Dans le cratère du volcan Nevado de Toluca

Espagne des 17ᵉ et 18ᵉ s. Peintures, sculptures et mobilier compléteront agréablement vos connaissances en la matière, acquises au musée Franz Mayer de Mexico (*voir p. 147*).

Pour gagner le complexe moderne du **Centro Cultural Mexiquense*** (*à 8 km à l'ouest du centre-ville, près du parc Alameda 2000. 10h-18h sauf lundi*), prenez un taxi et faites un détour par le **Paseo de los Matlazincas**, à flanc de montagne, qui vous offrira une superbe vue panoramique sur la ville. Depuis 1988 sont rassemblés dans un parc trois musées conçus par Pedro Ramírez Vazquez. Le **Museo de Antropología** réunit quelques belles pièces archéologiques de sites voisins, dont une statue d'**Ehecátl*** (dieu du Vent) provenant de Calixtlahuaca, et le fameux **huehuetl****, tambour de guerre aztèque retrouvé à Malinalco (*celui du musée d'Anthropologie de Mexico est une copie*).

Les proches environs de Toluca

À 9 km au nord du centre-ville, sur une colline peu à peu grignotée par les premiers faubourgs, s'étend le site archéologique de **Calixtlahuaca*** (*9h-16h, fermé le lundi ; entrée payante sauf le dimanche. Pour vous y rendre, prenez le bus à l'angle des calles Independencia et Juárez*). De ce centre cérémoniel d'origine toltèque puis occupé par les Matlazincas dès le 13ᵉ s. se dégage un étrange sentiment de paix, surtout du sommet qui domine une partie presque vierge de la plaine de Toluca. Passé le modeste musée du site, dont l'abandon fait peine à voir, vous êtes accueilli par un **temple circulaire** dédié à **Ehecátl**, dieu du Vent (*munissez-vous d'une lampe de poche pour voir l'intérieur*). Vous grimperez ensuite au milieu des agaves jusqu'à la **place principale*** où, face à la grande pyramide, un autel cruciforme est hérissé de pierres cylindriques et de crânes sculptés.

À l'ouest de Mexico

B. Gardel/HEMISPHERES

215

À 7 km au sud-est de Toluca, le village de **Metepec*** fait aujourd'hui partie de la grande périphérie mais conserve un centre-ville pittoresque, essaimé d'ateliers de céramique. On y façonne des **arbres de vie**, composition baroque d'argile foisonnant de motifs, pouvant atteindre deux mètres de hauteur. Allez rendre visite à **Adrián Luis González**, maître céramiste qui, flatté de votre intérêt, vous guidera peut-être à travers sa maison. De la chambre à coucher à la rotonde panoramique, vous penserez plus d'une fois au palais du Facteur Cheval ! (*calle Altamirano #212,* ☎ *(722) 232 19 52. N'hésitez pas à sonner.*)

Entre deux galeries d'artisanat, les *fondas* ou les bars branchés sont la promesse d'une halte réconfortante autour du *Zócalo*.

Prenez la route 134 en direction de Valle de Bravo, et bifurquez à 18 km en suivant le panneau Nevado (route 10). Après le village de Raíces, vous atteindrez le sommet par une piste carrossable de 20 km. Le bus en direction de Sultepec (partant de la gare routière) vous laisse à cette intersection, il ne vous reste ensuite que l'auto-stop, seulement en fin de semaine. Vous pouvez négocier un taxi à Toluca, mais il vous coûtera au moins aussi cher que la location d'une voiture.

■ Le Parque Nacional del Nevado de Toluca**

Comptez une demi-journée.

À 45 km de Toluca. Tlj 8 h-17 h ; le dernier tronçon (payant), permettant d'accéder au fond du cratère, ferme à 15 h. Comptez au moins 2 h de promenade AR si vous voulez atteindre la cime (2 sentiers partent du lac de la Lune), mais n'oubliez pas que vous êtes à plus de 4 000 m d'altitude. Sa facilité d'accès le rend très fréquenté le dimanche.

La masse imposante de ce volcan éteint, 4e sommet du pays, domine la vallée de Toluca et se couvre de neige une bonne partie de l'année. Surnommé le **Nevado** (enneigé) dès le début de la période coloniale, son nom officiel, le Xinantécatl, n'apparaît qu'au 19e s. Le cratère découpé en dents de scie culmine au Pico del Fraile, à 4 690 m, et illumine son cirque noirâtre de deux miroirs d'eau aux couleurs changeantes : le **lac de la Lune**, le plus petit, et le **lac du Soleil**. Des fouilles subaquatiques ont confirmé qu'ils représentaient un important lieu de culte pour les Matlazincas, mais ont réservé aussi quelques surprises : outre les cônes de copal, les céramiques et les éclairs en bois sculpté jetés en guise d'offrandes, on a également remonté à la surface des objets appartenant au *Vita*, yacht sur lequel les premiers réfugiés de la guerre civile espagnole sont arrivés au Mexique ! La **vue**** est impressionnante lorsque par temps clair se dévoilent, côte à côte dans la vallée, le Popocatépetl et l'Iztaccíhuatl.

Continuez par la route 134 en direction de Tejupilco, vous trouverez à 21 km la déviation vers Valle de Bravo (34 km)

■ Valle de Bravo**

96 km à l'est de Toluca. Comptez une demi-journée.

La construction d'un barrage en 1955 donna naissance au lac de Valle de Bravo, dont les rives boisées sont, en fin de semaine, le lieu de villégiature préféré des *capitalinos* fortunés en mal d'oxygène. L'ancien village de San Francisco del Valle de Temascaltepec, perché à 1 800 m d'altitude, s'est soudain retrouvé bordé d'un lac, et a pris des allures de station balnéaire. Sous le nom de Valle de Bravo, il est devenu l'un des plus attachants du pays. Ici, le parpaing est proscrit depuis 1972, et les toits de tuiles surlignent un dédale de ruelles à flanc de montagne. On se croirait encore dans les années 50, à une époque où le Mexique rural était très préservé. Évidemment, les prix ont changé, le pittoresque se consomme aujourd'hui comme un luxe, y compris par les Mexicains eux-mêmes. Pourtant, Valle de Bravo est tout sauf un village-musée et, si vous y séjournez en semaine, vous pourrez goûter à son animation quotidienne et à son charme tranquille. Les sports nautiques et les balades en forêt, à pied ou à cheval, font le délice des vacanciers, mais de simples promenades dans le village justifient amplement le séjour.

Prenez la rue derrière l'église et montez jusqu'au **Mirador de Cruz de la Misión**. Au coucher du soleil, la **vue**** est spectaculaire. Faites également un tour à 3 km au sud, dans le quartier résidentiel d'**Avándaro**, où de luxueuses villas s'éparpillent auprès de deux cascades.

De novembre à mars, il faut sans hésiter faire un détour par les **sanctuaires de papillons monarques****. *Il existe en fait 5 sanctuaires, dont trois dans l'État de Mexico et deux dans le Michoacán (voir p. 463). Les plus accessibles dans l'État de Mexico sont La Mesa et El Capulín, renseignez-vous auprès de l'Office de Tourisme de Toluca.*

Malinalco pratique

ARRIVER-PARTIR

En bus – Un bus direct pour Mexico (2 h) part du Zócalo à 5 h du matin. Le plus simple est de se rendre en « taxi collectivo » à Chalma (10 km) et de là, **Autotransportes Águila** assure une liaison vers Mexico (Terminal Poniente), toutes les 30 mn jusqu'à 18 h 30. De Chalma partent également régulièrement des bus pour Toluca (2 h 30) jusqu'à 19 h.

En voiture – Une mauvaise route pleine de trous permet de rejoindre Xochicalco, Taxco ou Cuernavaca, en passant par Palpan et Miacatlán. Suivez la route de Chalma et, à 5 km, prenez la déviation en direction de San Andrés.

ADRESSES UTILES

Office de tourisme – *Oficina de Turismo*, Zócalo, sur le côté du Palacio Municipal ☎ (714) 147 01 11. 9 h-15 h, samedi jusqu'à 13 h, fermé le dimanche. Le week-end, de 9 h à17 h, un *modulo de información* est tenu par des étudiants en tourisme à l'entrée du village.

OÙ LOGER

Comme dans tous les villages qui attirent les familles en fin de semaine, il faut impérativement réserver les vendredi et samedi soirs.

Autour de 200 pesos
Hotel Marmil, av. del Progreso #606, ☎ (714) 147 09 16 / 03 44 – 20 ch. 🛏 📺 🏊 Les chambres sont simples et impeccables. Les deux « sencillas » (avec un grand lit) sont un peu moins chères. Terrain de jeu de paume, mais il manque un vrai jardin.

Autour de 300 pesos
🐾 **Cabañas de Malinalco**, av. del Progreso (juste après l'arche, à l'entrée du village) ☎ (714) 147 01 01 / 00 90 – 19 ch. 🛏 🏊 🍴 Dans un parc, un ensemble de bungalows aux allures de village de vacances rustique. Chacun possède 2 chambres doubles, un grand salon avec cheminée, une cuisine équipée plus un barbecue à l'extérieur. La piscine n'est pas entretenue toute l'année, et le terrain de tennis ne l'est pas du tout. Pendant les vacances scolaires, les vendredi et samedi, priorité aux groupes de 4 payant le double. En semaine, tranquillité assurée à un prix imbattable.

OÙ SE RESTAURER

Pour quelque temps encore, Malinalco est à l'abri des pizzerias et glaciers, ouverts seulement en fin de semaine, comme à Tepoztlán. On vous proposera presque partout la truite élevée dans le village, goûtez-la en papillote avec de l'« epazote » (épinard sauvage).

Moins de 80 pesos
🐾 **La Playa**, calle Guerrero s/n, ☎ (714) 147 01 46. Tlj 9 h-21 h. Ambiance rose bonbon et bon enfant pour ce restaurant familial, à deux pas du Zócalo, où l'on savoure la soupe et la truite sous le préau du jardin face à la montagne. Une simplicité qui s'accorde parfaitement avec le village.

Autout de 100 pesos
Las Palomas, calle Guerrero #104 ☎ (714) 147 01 22. 10 h-18 h, samedi jusqu'à 22 h. Dans un joli patio, on peut déguster des plats plus sophistiqués, qualifiés par le chef Paulina, de « haute cuisine mexicaine ». « Huitlacoche », « chipotle », de quoi réviser votre nahuatl en attendant d'être servi. Produits régionaux en vente dans la boutique.

LOISIRS

Équitation – Le cadre enchanteur peut donner des envies de promenade équestre : adressez-vous à la boutique **El Copal**, calle Juárez #11, ☎ (714) 147 11 48. Tarif horaire.

ARRIVER-PARTIR

En bus – La gare routière se trouve près du Paseo Tollocan, vers le marché, assez loin du centre. Le quartier étant peu sûr, il vaut mieux y arriver et la quitter en taxi (vérifiez la mise en marche du taxi-mètre). Pour Mexico (1 h), départs toutes les 5 mn de 5 h à 21 h avec **Flecha Roja** ; pour Malinalco, prenez un bus d'**Autotransportes Águila** jusqu'à Chalma (2 h 15), de 5 h à 19 h 30 ; bus **Autotransporte Zinacantepec** toutes les 20 mn de 5 h à 19 h pour Valle de Bravo (2 h).

ADRESSES UTILES

Office de tourisme – Departamento de Fomento al Turismo, Plaza Fray Andrés de Castro, Edificio C, 1ᵉʳ étage (dans le bâtiment des « portales »), ☎ (722) 214 24 94. Lundi-vendredi 9 h-18 h. On se promène un peu dans les bureaux avant de le trouver, mais l'accueil est sympathique. **Dirección General de Turismo del Estado**, av. Urawa #100, à l'angle du Paseo Tollocan, ☎ (722) 212 60 48 ou 01 800 849 1333. 9 h-18 h, sauf le week-end. Informations, cartes et dépliants sur tout l'État de Mexico.

Poste / Téléphone – Poste et service téléphonique « larga distancia » dans la gare routière.

Location de véhicules – Les agences sont regroupées sur le Paseo Tollocan (prenez un taxi). Au #607 Oriente **As** ☎ (722) 219 99 00 ; au #752 **Budget** ☎ (722) 217 11 22 ; au #754 **Hertz** ☎ (722) 217 94 00.

Santé – Sanatorio Toluca, calle Eulalia Peñazola #223, ☎ (722) 217 74 23.

OÙ LOGER

Autour de 180 pesos
Hotel Albert, Rayón Norte #213, ☎ (722) 214 94 65 – 67 ch. ⊓ ℘ TV
Ne cherchez pas une once de charme dans cet hôtel pour représentants de commerce, il fut moderne il y a 20 ans, et l'entrée est carrément sinistre. Cependant les chambres, standard, sont grandes et propres malgré la moquette, et celles sur cour sont calmes. Bon rapport qualité-prix et rarement complet. Parking.

Autour de 300 pesos
Hotel Colonial, av. Hidalgo Oriente #103, ☎ (722) 215 97 00, Fax (722) 214 70 66 – 38 ch. ⊓ ℘ TV ✗ CC
Tout près du précédent, il doit son nom à quelques boiseries et à un petit air « à l'ancienne » plutôt sympathique. Les chambres sur rue sont plus grandes mais plus bruyantes. Le parquet apporte une chaleur qui compense la rusticité de la salle de bains.

OÙ SE RESTAURER

Du petit-déjeuner à l'heure du thé, vous trouverez de nombreux petits restaurants, cafés et kiosques servant des jus de fruits frais aux **portales** (« arcades »), autour du grand bâtiment qui entoure la Plaza Fray Andrés de Castro. Pour y déjeuner, l'**Hostería Las Ramblas**, Portal 20 de Noviembre #107 (côté andador Constitución) est la meilleure adresse. Le dîner est beaucoup plus problématique, car tout est fermé dans le centre après 20 h. Le mieux est de prendre un taxi et de se faire déposer devant une **taquería** de l'av. Venustiano Carranza.

ACHATS

Vous pourrez être tenté par les belles céramiques de Metepec (voir p. 216), angelots ou « arbres de vie », mais attention, fragile !

Valle de Bravo pratique

ARRIVER-PARTIR

En bus – Gare routière, calle 16 de Septiembre, ☎ (726) 262 02 13. ***Autotransporte Zinacantepec*** assure une liaison directe avec Mexico (3 h), départ toutes les heures à partir de 6 h 20. Le bus peut vous déposer à Toluca, sur le périphérique extérieur (av. de Las Torres).

ADRESSES UTILES

Office de tourisme – *Módulo de Información Turística*, embarcadère municipal (muelle) : 10 h-18 h, sauf le mercredi. Plans, informations sur les hôtels et les promenades.

OÙ LOGER

Quel que soit le type d'hébergement choisi, la réservation est indispensable les vendredi et samedi. Si vous avez le coup de foudre pour Valle de Bravo, des locations à la semaine sont proposées dans la revue gratuite ***Directo Contacto***.

De 250 à 300 pesos

🏠 ***Posada Casa Vieja***, av. Juárez #101, ☎ (726) 262 03 38 – 16 ch. 🛏️ Cette vieille demeure coloniale aux colonnades de pierre est pleine de caractère. Autour d'un grand patio ombragé par un tulipier, des chambres simples mais accueillantes. Jetez un coup d'œil au 1er étage, à la cuisine de la patronne. Bon rapport qualité-prix. Rabais possible en semaine.

Autour de 650 pesos

Hotel El Parador Avándaro, 3a av. Norte #4, ☎ (726) 266 03 27, Fax (726) 266 05 44, partur@prodigy.net.mx – 34 ch. 🛏️ 📺 ✗ 🛋️ 🐾 🌿 CC Situé dans le quartier résidentiel d'Avándaro, loin du village, et s'adresse plutôt à ceux qui disposent d'un véhicule. Dispersés dans un parc, des bungalows aux grandes

chambres rustiques avec cheminée assurent un séjour reposant. Belle piscine avec solarium, petit-déjeuner et une heure de tennis inclus dans le prix. Attention, prix en hausse et tranquillité en baisse le week-end.

OÙ SE RESTAURER

Moins de 50 pesos

Les ***fondas*** du marché alignent leurs tables aux toiles cirées immaculées. On choisit son plat dans les marmites. Prix modérés.

Autour de 100 pesos

La Balsa, muelle municipal, ☎ (726) 262 25 53 🍴 9 h-19 h sauf le mardi. Restaurant flottant spécialisé en poissons et fruits de mer. On se croirait presque sur la Riviera, mais le lieu est un peu tristounet en semaine. Grande terrasse.

LOISIRS

Équitation – Dans le quartier d'Avándaro, à proximité d'El Parador Avándaro (voir « Où loger »), des chevaux attendent leur cavalier attachés dans la rue, notamment av. de Las Vegas.

Sports nautiques – Canotage, voile ou jet ski. Adressez vous aux jeunes gens sur le « muelle ».

ACHATS

Artisanat – *Mercado de Artesanías*, av. Juárez. Sur deux niveaux vous trouverez de nombreuses échoppes bien tentantes : céramiques, vannerie, et « deshilado » (fine batiste dont des fils ont été retirés ou noués pour former un motif ajouré).

Librairie – *Librería Arawi*, Zócalo (Coliseo #101), est l'une des meilleures de l'État : grand choix de livres d'art, presse internationale et littérature en langues étrangères.

Valle de Bravo pratique

SUR LA ROUTE DE TAXCO★★

État du Morelos – Carte régionale p. 126
310 km de Mexico à Taxco – Circuit de 2 jours

À ne pas manquer
La visite de Xochicalco.
Le village de Tlayacapan.

Conseils
Réservez vos hôtels à l'avance si vous faites ce circuit en fin de semaine.
Pour la route des couvents, louez un véhicule ou négociez un taxi.

De la conquête spirituelle à l'exploitation minière, cette région fortement peuplée d'Indiens au 16e s. reflète encore l'empreinte espagnole de la Renaissance. Étoilement de couvents, plantations de canne à sucre, villes au pittoresque andalou, les symboles de l'oppression d'antan sont devenus patrimoine culturel, et on en goûte sans honte tout le charme colonial. Sur la route de Taxco, le voyageur attentif découvrira que le métissage n'a fait disparaître ni les pratiques magiques ni la spiritualité d'une population dont les ancêtres de Xochicalco s'enfermaient sous terre pour observer la course du soleil! Derrière leur visage affable se cache aussi l'âme rebelle d'une paysannerie ancestrale, toujours prête à reprendre la lutte interrompue d'Emiliano Zapata.

■ Tepoztlán★
Comptez une demi-journée.

À 80 km au sud de Mexico par l'autoroute 95D en direction de Cuernavaca et Acapulco. Au km 71, prenez la déviation 115D pendant 9 km.

Blotti dans un cirque de montagnes aux formes fantasmatiques, ce village est, depuis plus de vingt ans, le refuge de la jeunesse dorée de la capitale et des étrangers de la génération New Age en mal de mysticisme. La raison d'un tel engouement : à moins d'une heure d'autoroute de Mexico, il offre tout le charme d'un village colonial et la présence insolite d'un temple aztèque perché sur un piton rocheux. La population locale a dû s'accommoder tant bien que mal de cette nouvelle conquête, répétée toutes les fins de semaine, en s'efforçant de ne pas perdre son identité. On y célèbre toujours **Tepoztecatl**, le dieu du Pulque, et le projet de construction d'un golf sur des terres communales a mené Tepoztlán au bord de l'insurrection villageoise voici quelques années. Il vous faudra donc choisir entre la chaude ambiance des restaurants bondés dès le vendredi soir et une atmosphère plus authentique mais plus sage durant la semaine.

La visite du village
Le centre du village connaît une animation quotidienne grâce à son **marché** permanent, qui sépare le *zócalo* et son petit kiosque à bulbe du couvent des augustins. Le mercredi, l'activité se fait plus intense sous les bâches et, le dimanche, il est doublé d'un marché d'artisanat qui se répand dans la rue principale.

Le couvent de la Natividad★ *(8h-18h, sauf le mardi; entrée libre)* est entouré d'un mur crénelé qui délimite l'atrium, où subsistent les vestiges de chapelles du reposoir *(voir p. 50)*. Celle de gauche, en entrant, est presque intacte. L'église présente peu d'intérêt, mais en pénétrant par une belle porterie servant de chapelle, on accède au cloître dont les fresques représentent les têtes de rois d'Espagne qui paraissent décapitées! À l'étage, quelques salles expliquent la singularité du relief et les coutumes locales. De la terrasse de cette bâtisse dominicaine, vous bénéficierez d'une belle vue sur la vallée.

En contournant le couvent par l'extérieur, vous atteindrez le **Museo Carlos Pellicer** (*10h-18h sauf le lundi ; entrée payante*), qui contient des objets préhispaniques donnés en 1965 par le poète du Tabasco, maître d'œuvre du parc olmèque de La Venta. Parmi les quelques belles pièces exposées dans une unique salle, mal éclairée en fin de journée, remarquez le jaguar de la région de Oaxaca ou le chien nu famélique.

L'ascension du Tepozteco**

Suivez la calle Tepozteco jusqu'au pied de la montagne. De là commence le chemin vers le sommet du Tepozteco. Comptez 45 mn à l'aller. 10h-17h. Entrée payante au sommet.

La promenade sur ce massif rocheux surplombant le village est incontournable. Le chemin un peu raide se termine par une échelle qui mène à un petit **temple** aztèque du 15e s. dédié aux dieux du pulque ou du vent, où subsistent quelques motifs sculptés. Vous serez récompensés de l'effort par une **vue**** extraordinaire sur la sierra de Tepoztlán, la vallée de Cuernavaca et, à vos pieds, le village massé autour de son imposant monastère. Les capricieux contours du relief ont été sculptés par le ruissellement des rivières, érodant un amas de matériaux volcaniques de 1000 m d'épaisseur.

Prenez la route payante (cuota) en direction de Cuautla (30 km). Au rond-point, tournez à gauche en direction de Mexico et, au bout de 9 km, prenez à droite vers Yecapixtla (5 km) et Ocuituco (10 km).

La route des couvents*
Circuit de 120 km. Comptez une journée

En 1994, l'Unesco a déclaré Patrimoine de l'humanité un ensemble de 14 monastères du 16e s. entourant le volcan Popocatépetl. Leur concentration reflète l'enthousiasme des franciscains, des dominicains et des augustins pour établir ici, loin de la vieille Europe pécheresse, un nouvel ordre spirituel. Tout en modelant avec ferveur les âmes « vierges » de leurs Indiens catéchumènes, les religieux ont su aussi concentrer leur labeur pour édifier un extraordinaire réseau de couvents fortifiés autour de la nouvelle Mexico.

Cette excursion au départ de Tepoztlán vous permet de sortir des sentiers battus et de découvrir quatre villages bâtis autour de leur couvent augustinien, semblant somnoler en attendant la fête de leur saint patron. L'architecture conventuelle du 16e s. *(voir p. 50)* obéit à des archétypes aisément reconnaissables même s'ils sont traités de manière différente. Vous serez plus séduit par les déambulations dans des cloîtres et les atriums déserts que par les églises, qui ont subi pour la plupart le rafraîchissement dévastateur d'un 19e s. néoclassique.

■ **Yecapixtla*** – *6h-19h, entrée libre.* Protégé par les hauts murs crénelés autour de l'atrium, ce monastère dédié à saint Jean-Baptiste possède la massivité traditionnelle de ce genre de construction. La façade de l'église est sobre, épaulée par des contreforts, et se distingue par l'élégance de sa **rosace gothique*** entourée de têtes d'angelots, un peu anachronique au-dessus d'un portail plateresque. D'autres anges à corps d'oiseau donnent une touche indienne à la décoration, de même que les **fonts baptismaux*** de l'intérieur, dont les jaguars sculptés par des mains indigènes illustrent le style tequitqui *(voir p. 50)*. Admirez aussi les nervures gothiques de la **tribune** (coro alto) et la belle chaire de pierre ouvragée. Le cloître est austère, mais possède d'intéressants restes de peinture, parmi lesquels un saint Augustin à l'un des angles.

■ **Ocuituco** – *6h-19h, entrée libre.* À 10 km de Yecapixtla, les augustins fondèrent en 1533, leur premier couvent dans le Nouveau Monde, naturellement en honneur de saint Jacques, patron des conquistadors. Son église peu attrayante est souvent fermée, mais le cloître possède une très belle **fontaine**** ornée de lions assis qui mérite le détour. Les voûtes conservent le souvenir polychrome d'une décoration géométrique.

Revenez jusqu'à la route de Mexico et prenez à droite. À 3 km se trouve un embranchement à gauche, qui mène à Atlatlahuacan (2 km) puis à Tlayacapan (17 km).

■ **Atlatlahuacan** – *8h-19h, entrée libre.* Dans ce village au nom ardu se dresse un couvent dépourvu d'atrium ombragé, mais qui possède encore deux **capillas posas** (chapelles du reposoir) intactes. Dans la porterie, un **arbre généalogique**★ représente les grandes figures de l'ordre des augustins. Hélas, le joli motif mudéjar de la voûte a été grossièrement restauré, de même que les peintures de la chapelle ouverte à gauche de l'église. En revanche, au premier étage du cloître, sur la voûte de l'angle à gauche de l'escalier, un **ange musicien**★ jouant de la saqueboute apparaît miraculeusement conservé.

■ **Tlayacapan**★★ – *10h-18h, entrée payante.* Le village, parsemé de petits ponts et d'une vingtaine de chapelles, est vraiment charmant et, jusqu'à présent, plus préservé que Tepoztlán. La nef de l'église, dépouillée, surprend par sa hauteur, et le monastère possède d'admirables **fresques**★★ en grisaille inspirées de gravures flamandes de la Renaissance, notamment à la **porterie**★ et dans la **salle De Profundis**★★ *(malheureusement les photos sont interdites, mais on vous laissera peut-être prendre celle du cloître si vous demandez la permission à l'entrée).* Dans une pièce, reposent des **momies**★ de femmes et d'enfants retrouvées sous l'église, la terre fine d'une crypte sèche ayant favorisé leur conservation.
De l'autre côté de la place, une ancienne **fabrique de cire** du 17ᵉ s., transformée en centre culturel, abrite également un musée régional et des salles d'expositions temporaires.

Continuez par la route 142 en direction de Cuernavaca. À 6 km rejoignez la *cuota* en direction de Tepoztlán à **Oaxtepec**, village balnéaire qui possède aussi un joli **couvent dominicain** (*9h-17h sauf le week-end; entrée payante*), ou continuez jusqu'à Yautepec pour atteindre Cuernavaca.

■ Cuernavaca★
Alt. 1540 m – 340000 hab.
Comptez une demi-journée.

Le climat beaucoup plus chaud qu'à Mexico a valu à la capitale de l'État du Morelos le surnom de « ville de l'éternel printemps ». Les pépinières et les champs de rosiers abondent effectivement dans les alentours, mais Cuernavaca ne se livre pas facilement et cache jalousement ses patios fleuris. Il faut y passer une nuit, pour goûter au charme vespéral du Jardín Juárez et dîner à la Casa Mañana.

De la fleur au fusil
Cuauhnahuac (« à côté des arbres ») était un mot un peu trop barbare pour les Espagnols, qui ne tardèrent pas à adapter le nom de cette province peuplée d'Indiens Tlahuicas, soumise au tribut depuis le règne d'Itzcóatl au 15ᵉ s. Le coton poussant en abondance dans la région, la noblesse de Tenochtitlán recevait en impôt les plus belles tuniques de l'empire.

Le repos du guerrier – Hernán Cortés n'a pas goûté longtemps la gloire de ses hauts faits militaires, harcelé par des compatriotes avides de pouvoir. Lorsqu'en 1529 le roi Charles Quint lui retire le commandement de la Nouvelle-Espagne, il accepte avec soulagement un beau lot de consolation : le **Marquisat de la Vallée**, un territoire morcelé qui s'étend de Oaxaca à Cuernavaca. Près de cette dernière, il introduit la culture de la canne à sucre, et passera le plus clair de sa vie de marquis à faire fructifier ses terres.

La cathédrale de la Asunción de María

Mexico et sa région

Le fief de Zapata – En 1911, le « Caudillo del Sur » prend la tête d'une insurrection paysanne qui va le rendre maître des environs de Cuernavaca pendant huit années. De son quartier général, dans l'ancien hôtel Moctezuma, il va diriger une lutte révolutionnaire nourrie par la classe paysanne. Emiliano Zapata, immortalisé dans la fresque de Diego Rivera au Palacio de Cortés, symbolise une droiture d'esprit qui fait la fierté des habitants du Morelos.

Visite de la ville

Au bout de la calle Hidalgo, la **cathédrale de la Asunción de María**★ occupe depuis 1891 l'église d'un couvent franciscain fondé au 16e s. À l'entrée de l'atrium, à droite, la façade de la **capilla del Tercer Orden** (chapelle du Troisième Ordre) arbore des plâtreries peintes de style indigène. L'intérieur de la cathédrale est décoré de **fresques**★★ représentant le martyre de San Felipe de Jesús, missionnaire mexicain torturé par l'empereur du Japon. Tournant le dos au chœur – repeint dans un style à faire pâlir une discothèque des années 70 –, on aperçoit les fonts baptismaux où, dans un curieux élan de superstition, les fidèles jettent des pièces de monnaie. Dans le cloître, une peinture montre de nombreuses figures de l'Ordre, alignées sur un arbre généalogique. Au-dessus de la porte, permettant de ressortir par l'imposante **chapelle ouverte**★ à contreforts, une scène montre le pape Innocent III bénissant saint François d'Assise.

À deux pas de la cathédrale, le **Jardín Borda** *(10 h-17 h 30 ; entrée payante sauf le dimanche)* a été aménagé par José Manuel Arrieta – fils de l'architecte de l'ancienne basilique de Guadalupe – dans la propriété de José de la Borda, le célèbre prospecteur d'argent *(voir p. 232)*. Celui-ci n'ayant vécu à Cuernavaca que les deux dernières années de sa vie, c'est son fils Manuel, prêtre passionné de botanique, qui a conçu ce parc jalonné de fontaines et de bassins. Plus tard, Maximilien y établira ses quartiers d'été et, à l'ombre de ses arbres, Porfirio Díaz et Madero donneront de grands banquets. Le jardin a malheureusement perdu sa luxuriance d'antan, mais il reste un intermède rafraîchissant au cours d'une journée de visite. La maison abrite des salles d'exposition temporaire, une librairie, un musée et un restaurant.

Descendez la calle Hidalgo, et contournez la cathédrale par la calle Nezahualcóyotl.

Dans une grande maison maintes fois remaniée, le **Museo Robert Brady** *(10 h-18 h, fermé le lundi ; entrée payante)* était le domicile de ce peintre nord-américain né en 1928, voyageur impénitent et ami des célébrités de son époque. Son goût pour l'accumulation d'objets d'art rapportés des quatre coins du monde a transformé sa maison en un étonnant bric-à-brac façon boutique d'antiquaire. Vous pourrez y glaner quelques idées de décoration intérieure, et la cuisine est un petit bijou.

Retournez calle Hidalgo, que vous continuerez cette fois jusqu'au bout.

Le Palacio de Cortés★ s'élève à l'emplacement d'un édifice *tlahuica*, dont on peut apercevoir quelques fondations devant la façade et dans une cour intérieure. Ici était rassemblé le tribut payé à la Triple Alliance *(voir p. 28)*. Une première chapelle espagnole fut transformée après 1529 en la résidence de **Juana de Zuñiga**, la seconde épouse de Cortés, sur le modèle de l'Alcazar de Diego Colomb à Saint-Domingue. Devenue veuve, elle y vécut avec son fils Martin, deuxième marquis de Oaxaca. En l'absence d'héritiers directs, il tomba ensuite à l'abandon avant de devenir prison royale au 18e s. et siège du gouvernement de l'État au 19e s. Après restauration, le **Museo Cuauhnahuac** *(9 h-18 h ; entrée payante sauf le dimanche)* y a ouvert ses portes en 1974. Les salles du rez-de-chaussée réunissent des pièces archéologiques de la préhistoire à la Conquête, dont quelques beaux monolithes sculptés provenant de Xochicalco. Au 1er étage, divers meubles, armes et outils évoquent la période coloniale. La terrasse orientale est décorée d'une grande **fresque**★ peinte par **Diego Rivera** entre 1929 et 1930, sur invitation de l'ambassadeur des États-Unis

Dwight Morrow. De droite à gauche, elle retrace les grands moments de l'histoire de l'État du Morelos. La visite se termine par quelques salles ethnographiques et une section consacrée à l'ère du sucre et à l'épopée zapatiste.

Si le nom de *Zócalo* a été ravi par le **Jardín Morelos,** où se trouve le **Palacio de Gobierno**, c'est au **Jardín Juárez***, la place contiguë, que bat le cœur de Cuernavaca en fin d'après-midi. Dans son kiosque à musique, au bas duquel sont vendus de délicieux jus de fruits dès le petit-déjeuner, résonnent les accents de la fanfare municipale le jeudi soir et le dimanche matin. Mais le vrai concert est assuré par les milliers d'oiseaux qui nichent dans les grands arbres ombrageant la place, ce qui peut parfois « entacher » le plaisir de la fraîcheur savourée sur un banc.

En descendant la rue à gauche du palais jusqu'à la rivière, et en empruntant la passerelle, vous arrivez au **marché** couvert, qui déborde d'activité tous les jours de la semaine. Beaucoup de marchandises sont vendues en gros aux restaurateurs des environs, qui repartent chargés de la gare routière voisine.

En s'éloignant du centre

Si vous avez du temps, vous pourrez mettre un nom sur de nombreuses espèces de plantes rencontrées sur votre route grâce au **Jardín Etnobotánico** *(9h-16h30, entrée libre)*, aménagé dans le parc de la **Casa Maximiliano**, dans le quartier d'Acapantzingo *(au sud-est du centre, à 10 mn en taxi)*. On y trouve aussi un petit **Museo de la Herbolaria** (musée de l'herboristerie), qui présente peu d'intérêt si vous ne pouvez lire les commentaires en espagnol.

Prenez un taxi jusqu'à la **pyramide de Teopanzolco** *(9h-18h; entrée payante sauf le dimanche)*, un peu excentrée à l'est du marché. Bien qu'un peu décevante, elle témoigne du riche passé indien.

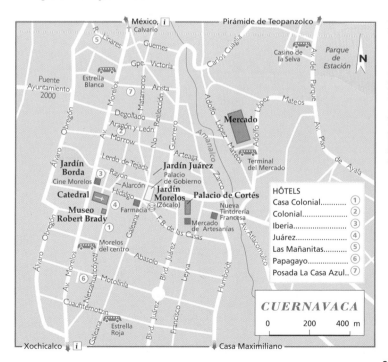

■ Xochicalco★★

Quittez l'autoroute d'Acapulco à la caseta Alpuyeca, puis roulez 10 km jusqu'à la déviation vers le site. Toutes les heures à partir de 8 h, des bus partent du marché de Cuernavaca en direction de Cuentepec, et vous déposent à l'entrée (trajet 1 h 30). Précisez au chauffeur que vous vous arrêtez aux « ruinas ». 8 h-17 h 45 ; entrée payante sauf le dimanche. Comptez 2 h.

Lorsque décline l'immense influence de Teotihuacán aux environs de 700 ap. J.-C., le Mexique central est plongé dans une instabilité politique qui encourage l'émergence de **cités-États** fortifiées, au sommet des montagnes. Appartenant à cette période de transition dite classique tardive, Xochicalco, « le lieu de la maison des fleurs », est l'une d'entre elles au même titre que Cacaxtla de l'autre côté du volcan Popocatépetl. Son caractère défensif est évident, comme en témoignent les fragments de muraille visibles de la route et l'emplacement en surplomb, qui vous permettra surtout de jouir d'une vue panoramique sur les vallées environnantes.

L'apogée de la ville au cours des 8ᵉ et 9ᵉ s. correspond à une époque d'intenses échanges culturels entre l'Altiplano et les terres chaudes du Sud, ce qui explique l'étonnante présence de la culture **maya** dans l'art de Xochicalco et l'importance des observations astronomiques pratiquées ici. Son dynamisme, lié à un emplacement stratégique au carrefour de plusieurs routes commerciales, est brutalement interrompu vers 900 par des dissensions internes qui entraînent sa destruction. Des traces d'incendie et des statues brisées relatent cette fin mouvementée.

Fray Bernardino de Sahagún est le premier à décrire le lieu en 1591. Après José Antonio Alzate, qui déplore deux siècles plus tard la récupération des pierres pour construire les haciendas voisines, et la visite de Guillaume Dupaix à la fin du 19ᵉ s.,

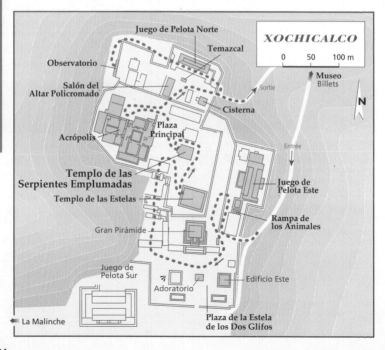

226

le site ne sera finalement fouillé et restauré qu'à partir de 1910 par **Leopoldo Batres**. En 1994 s'est achevée une nouvelle campagne de fouilles qui en a considérablement accru l'attrait, grâce à la restauration de plusieurs structures et à la découverte de nombreux objets placés dans un nouveau musée. Xochicalco a été inscrit sur la liste du Patrimoine mondial de l'**Unesco** en 1999.

En guise d'introduction

Peu avant d'arriver, suivez le panneau à droite en direction du bâtiment vert pour acheter votre billet et visiter le **musée***. À l'entrée se profile une belle perspective de la maquette et du sommet de la ville, puis six salles, disposées comme deux fleurs à trois pétales, regroupent les plus belles pièces du site : portraits de prêtres ou de gouvernants, parmi lesquels le **Señor Rojo***, surprenant d'abstraction, un magnifique **jaguar**** en céramique grandeur nature, et des fragments sculptés du jeu de balle.

La visite du site

La zone archéologique se trouve à 500 m du musée. Après l'entrée, continuez sur l'ancienne route et montez par l'accès incliné de droite en ignorant la flèche. Vous accédez à une première plate-forme avec, sous une toiture de protection, la **Rampa de los Animales**, aux dalles sculptées d'animaux. Un peu plus loin se trouve le **Juego de Pelota Este** (jeu de balle est) dont l'un des anneaux est au musée.

Revenez sur vos pas et pénétrez dans la **Plaza de la Estela de los Dos Glifos** (place de la Stèle des deux glyphes), délimitée par trois **pyramides**. Un petit autel central, où se dressait la stèle aujourd'hui très érodée *(copie in situ)*, sépare deux temples identiques. Celui de gauche servait de point de visée : le soleil se lève à chaque angle de l'édifice aux solstices, et en son centre aux équinoxes. Au bout de la place, vous bénéficierez d'une **vue**** sur le quartier de **La Malinche** *(partiellement dégagé)* et son jeu de balle, la vallée ainsi qu'un petit lac.

Empruntez l'escalier à trois volées, ponctué par la base de grands portiques qui délimitaient les parties réservées de la cité. L'étagement des places était une représentation urbaine de la hiérarchie sociale : l'élite résidait au sommet, autour de la **Plaza Principal**. On y trouve la **pyramide des stèles**, où ont été mises au jour les trois stèles calendaires superbement sculptées exposées au musée d'Anthropologie de Mexico. À côté, le **Templo de las Serpientes Emplumadas*****, au *talud-tablero (voir p. 45)* entièrement recouvert de reliefs sculptés, a fait la célébrité de Xochicalco. Huit serpents emplumés et ornés de coquillages comme à Teotihuacán encadrent des personnages assis à la mode maya et des symboles du « Feu nouveau » *(voir p. 43)*. Au-dessus, d'autres dignitaires portant une bourse sont tournés vers l'escalier. L'interprétation de cette scène a beaucoup évolué ces dernières années, privilégiant désormais une signification plus historique que religieuse. Les portraits du bas ne seraient plus des prêtres mais des souverains, et ceux du haut tous les seigneurs soumis au tribut par Xochicalco, comme l'indique la mâchoire dévorant le disque, symbole que l'on pensait autrefois être celui d'une éclipse. De part et d'autre de l'escalier, des glyphes représentent les dates d'évènements importants.

L'acropole occupe la partie supérieure de la colline et s'étend sur plusieurs niveaux de chambres qui composent un grand quartier résidentiel.

De l'autre côté en contrebas, le **Salón del Altar Policromado** (salon de l'Autel polychrome) possède quelques restes de peintures. Avec le **temazcal** (bain de vapeur) et la **citerne**, il fait partie de l'enceinte sacrée du **Juego de Pelota Norte***. La forme traditionnelle en I de ce dernier est accentuée par de hautes banquettes, et ses anneaux gisent au milieu du terrain.

Traversez-le pour atteindre l'**observatoire***, dans l'un des nombreux souterrains creusés sous l'acropole. L'une de ces anciennes carrières, d'où furent extraites les pierres de construction, avait été aménagé en observatoire solaire. Une cheminée vers l'extérieur, permettait de suivre l'oscillation de la course solaire vers le tropique du Cancer. Lorsque le soleil atteint sa trajectoire zénithale, les 15 mai et 28 juillet, il projette à midi sur le sol de la grotte, une tâche lumineuse hexagonale.

ARRIVER-PARTIR

En bus – Liaisons toutes les 15 mn entre Cuernavaca (terminal du marché) et Tepoztlán (30 mn de trajet). Arrêt sur l'av. del Tepozteco, une cuadra après le Zócalo (à l'entrée du village le samedi et le dimanche). À l'angle de cette même avenue et de la calle Galeana, les **Autobuses Yautepec** ont une liaison directe et fréquente de 6 h à 20 h 15, puis omnibus jusqu'à 21 h 15. Pour Mexico-Taxqueña (1 h), 10 départs par jour de 8 h 20 à 19 h 50 avec **Pullman de Morelos** et **Cristóbal Colón**, av. 5 de mayo #35, à l'entrée du village. Certains partent de la « Caseta » (péage), où une navette gratuite vous conduit.

ADRESSES UTILES

Office de tourisme – Curieusement, il n'y en a pas à Tepoztlán. Adressez-vous à celui de Cuernavaca.

Toilettes publiques – Sanitaires très bien tenus (donc payants), calle de la Católica, près du Zócalo.

OÙ LOGER

Autour de 250 pesos
🍽 **El Mesón de Amanda**, calle Cuauhtemotzín #2, ☎ (739) 395 15 37 – 4 ch. 🛏 🍴 À l'entrée du village, dans une ruelle proche de l'église de San Miguel, 4 chambres calmes et décorées avec goût donnent sur un agréable patio. La meilleure adresse si vous voulez dormir à bon prix à Tepoztlán, et s'il y a de la place !

À partir de 1 000 pesos
🍽 **Posada del Tepozteco**, calle Paraíso #3, ☎ (739) 395 00 10 / 27 76, Fax (739) 395 03 23, www.posadadeltepozteco.com.mx – 19 ch. 🛏 🏊 🍴 🗡 🎴 En remontant la calle Buena Vista du Zócalo. Grand hôtel de charme

dans une vaste demeure au-dessus du village. Chambres spacieuses (avec salle de bains en « talavera ») dont quelques-unes avec balcon. Les prix augmentent de 20 % les vendredi et samedi. Si vous ne logez pas ici, venez prendre un verre sur la terrasse pour voir le Tepozteco s'embraser au couchant.

**OÙ SE RESTAURER,
OÙ BOIRE UN VERRE**

Moins de 50 pesos
Los Buenos Tiempos, av. Revolución #10, près du Zócalo. Pour prendre un bon café.

Difficile d'échapper aux sorbets de la chaîne **Tepoznieves**, qui s'est multipliée de Taxco à Mexico.

Naty's, calle Revolución #7, ☎ (739) 395 02 67 🕐 9 h 30-20 h, fermé le mardi. Pour prendre un copieux petit-déjeuner (pas trop matinal) en profitant de l'ambiance du marché. De bons « chilaquiles » vous donneront l'énergie nécessaire à l'ascension du Tepozteco.

De 50 à 100 pesos
🍽 **Los Colorines**, av. del Tepozteco #13, ☎ (739) 395 01 98. 9 h-20 h, samedi-dimanche 8 h-21 h. Dans un décor très mexicain, où le rose n'a pas peur du jaune, les classiques de la gastronomie nationale sont là, de la « sopa de tortilla » au « mole poblano ». Pour changer vos habitudes ou si vous êtes végétarien, essayez les « tortitas de flor de colorín » (galettes aux fleurs de « corail d'Inde »).

ACHATS

Artisanat – Marché quotidien sur la place centrale, plus actif le mercredi et surtout le dimanche lorsqu'il se double d'un marché d'artisanat, qui envahit une partie des rues alentour. Vous y trouverez de petites maisons sculptées dans l'écorce du « pochote », imitant le relief du Tepozteco.

Cuernavaca pratique

ARRIVER-PARTIR

En bus – La ville ne compte pas moins de 5 gares routières, dont 4 accessibles à pied du centre-ville.

Terminal Pullman de Morelos del Centro, angle Netzahualcóyotl et Abasolo, ☎ (777) 318 69 85 / 04 82. Bus toutes les 15 mn de 5 h à 21 h pour Mexico (1 h 30).

Plus loin du centre, ***Terminal Pullman de Morelos Casino de la Selva***, av. del Parque, ☎ (777) 312 76 20 / 94 73. Départs pour Mexico-Taxqueña (1 h 30) toutes les 10 ou 15 mn de 5 h à 23 h, et 20 bus directs de 4 h à 19 h 30 vers l'aéroport de Mexico.

Terminal Estrella Blanca, av. Morelos e/Arista et Victoria, ☎ (777) 312 26 26 (consigne 24 h/24, Internet). 7 bus de 8 h à minuit pour Acapulco (4 h); départs toutes les heures de 7 h à 20 h 30 pour Taxco (1 h 40); bus toutes les 30 mn de 5 h à 17 h 30 vers Toluca (2 h 30). On y trouve aussi un bus (toutes les 2 h de 8 h à 16 h) pour les grottes de Cacahuamilpa (2 h), qui passe à quelques kilomètres de Xochicalco.

Terminal Estrella Roja, angle Galeana et Cuauhtémotzin, ☎ (777) 318 59 34. Bus pour Puebla (3 h 45), toutes les heures de 5 h à 19 h, le dernier à 19 h 40. Départs très fréquents à côté du ***Mercado Adolfo López Mateos*** pour Tepoztlán (30 mn) et Xochicalco (1 h 15) – pour le site archéologique, prenez un bus en direction de Cuentepec.

COMMENT CIRCULER

Vous n'aurez guère l'occasion de vous éloigner du centre, vous vous déplacerez donc à pied. Pour les visites plus excentrées et pour rejoindre la gare routière de La Selva, prenez un taxi.

En taxi – Les véhicules n'ont pas de taximètre, mais le prix de la course (moins de 20 pesos) est le même pour tout le centre-ville. Au Terminal Pullmann de Morelos Casino de La Selva, les taxis « de sitio » pratiquent un prix fixe. Vérifiez le tarif sur le panneau.

En bus touristique – Le ***Tren Turístico*** fait le tour de la ville en 1 h 15. Départs toutes les 2 h devant la cathédrale, de 11 h à 19 h sauf le mardi.

Location de voitures – ***Hertz***, av. Emiliano Zapata #611, ☎ (777) 311 3515, ***Deguer rent-a-car***, angle av. Morelos et Galeana, ☎ (777) 318 54 66.

ADRESSES UTILES

Office de tourisme – Un ***module d'information touristique*** en plein air a été installé récemment à l'entrée du musée de la ville de Cuernavaca, av. Morelos #278, après le Calvario. Un autre devrait bientôt fonctionner sur le Zócalo en fin de semaine. L'accueil est un peu informel mais sympathique : plans de ville, renseignements sur les activités culturelles, liste complète des écoles de langues et possibilités d'hébergement. 10 h-17 h, fermé le lundi. ***Subsecretaría de Turismo del Estado de Morelos***, av. Morelos Sur #187, ☎ (777) 314 39 20, lundi-vendredi 8 h-17 h, samedi 9 h-13 h. Vous y trouverez des informations sur les lieux touristiques de l'État. Cet organisme publie et distribue gratuitement une cinquantaine de feuillets en espagnol (« guías para visitantes »).

Banque / Change – ***Serfin***, ***Bancomer***, et ***Citybank*** sont situées à proximité du Jardín Juárez, toutes avec distributeur automatique. Bureau de change ***Gesta***, angle Jardín Juárez et calle Lerdo de Tejada. 9 h-18 h, samedi jusqu'à 14 h. Le dimanche, on peut changer de l'argent dans la calle Morrow #9 jusqu'à 15 h.

Poste – Zócalo, à côté du Palacio de Gobierno. 9 h-15 h, samedi jusqu'à 13 h, fermé le dimanche.

Santé – ***Hospital Cuernavaca***, av. Cuauhtémoc #305, ☎ (777) 311 24 82 à 90. ***Farmacia del Ahorro***, angle Hidalgo et Galeana. 24 h/24 h.

Écoles de langues – De nombreux instituts se sont créés, souvent gérés par des professeurs venus des États-Unis. De la liste disponible au module d'information touristique, préférez les écoles mexicaines, plus adaptées aux Européens.

Laveries – Pas de laveries automatiques, mais des blanchisseries. ***Nueva Tintorería Francesa***, en descendant la calle Humboldt à droite du Palacio de Cortés, 9 h-19 h, samedi jusqu'à 14 h 30, fermé le dimanche.

OÙ LOGER

Cuernavaca n'offre pas un grand choix pour les petits budgets mais elle vous permet de faire une étape dans un hôtel de charme. Attention, la ville est prise d'assaut en fin de semaine, les prix grimpent et une réservation à l'avance s'impose. Une hausse substantielle des tarifs est aussi à prévoir durant la semaine Sainte et à Noël. En semaine, n'hésitez pas à négocier les prix.

Entre 200 et 250 pesos
Hotel Colonial, av. Aragón y León #19, ☎ (777) 318 64 14, Fax (777) 317 43 95 – 14 ch. ⁎] Pas d'ambiance coloniale, mais un hôtel simple et agréable autour d'un petit patio. Certaines chambres, à peine plus chères, sont équipées d'un téléviseur ou d'un ventilateur, parfois les deux. Accueil chaleureux. Une bonne adresse.
Hotel Juárez, Nezahualcoyotl #19, ☎ (777) 314 02 19 – 12 ch. ⁎] TV Dans une rue calme à deux pas du Museo Brady, grande villa aménagée en hôtel. Les chambres sont propres, grandes et lumineuses, mais les salles de bains décevantes. Choisissez la 7 ou la 11 donnant sur la piscine ou l'une des deux chambres du rez-de-chaussée (beaucoup moins chères), séparées par une jolie salle de bains commune avec baignoire. Accueil jeune et sympathique. On peut laver son linge à l'extérieur.
Hotel Iberia, Rayón #7, ☎ (777) 312 60 40 – 20 ch. ⁎] TV L'extérieur est beaucoup plus pimpant que l'hébergement. Presque toutes les chambres se trouvent côté rue. Très propre, il constitue cependant une bonne option, surtout si la n° 25, dans la cour, est libre.

De 500 à 600 pesos
Posada La Casa Azul, Arista #17, ☎ (777) 314 21 41, www.tourbymexico.com/lacasaazul – 9 ch. ⁎] 𝒫 TV 𝕁 CC Passé la porte d'une ruelle peu engageante, ce nouvel hôtel est une oasis de tranquillité. Grande maison à l'ambiance familiale, décorée sans faute de goût, tenue par une Française. Toutes les chambres s'ouvrent sur un jardinet ombragé par un grand tulipier. Pour quelques pesos de plus, préférez les plus grandes avec cheminée (nᵒˢ 4 et 9). Petit-déjeuner inclus. Le meilleur rapport qualité-prix de la ville.
Hotel Papagayo, Motolinia #13, ☎ (777) 314 17 11, hotelpapagayo@prodigy.net.mx – 73 ch. ⁎] 🏊 𝒫 TV ✕ 𝕁 CC Du plongeoir en ciment aux portes de HLM, tout est là pour les nostalgiques des centres de vacances des années 60. Les chambres sont propres, simples et sans surprise. Pratique si vous êtes en voiture, vous pourrez vous garer en face de votre chambre. Peut dépanner quand les autres hôtels sont pleins.

À partir de 600 pesos
Hotel Casa Colonial, Netzahualcoyotl #37, ☎ (777) 312 70 33 hotelcasacolonial@hotmail.com – 15 ch. ⁎] 𝕁 CC Calme et élégance font de cette ancienne demeure une étape attachante. Autour d'un agréable jardin, toutes les chambres sont différentes, meublées à l'ancienne et avec cheminée. Une excellente adresse en semaine, les prix baissent de 25 % dès le dimanche soir. Petit-déjeuner inclus, 2 suites pour 5 personnes.

À partir de 1 200 pesos
Hotel Las Mañanitas, Ricardo Linares #107, ☎ (777) 314 14 66, Fax (777) 318 36 72, www.lasmananitas.com.mx – 21 ch. ⁎] 🏊 𝒫 TV ✕ 𝕁 CC Cet hôtel de prestige, haut lieu de la jet-set de Mexico, fait partie de la chaîne Relais & Châteaux. Ici, la distinction se décline en 21 suites (plutôt de grandes chambres) au luxe parfois un peu tapageur, face à un parc privé de rêve et sa piscine hollywoodienne. Un autre parc sert de cadre au restaurant et au bar (voir « Où boire un verre »).

OÙ SE RESTAURER

Moins de 50 pesos
Les « fondas » du **Mercado Adolfo López Mateos**, pittoresques et bon marché, ne méritent pas à elles seules de quitter le centre-ville. On peut y grignoter en attendant le bus pour Tepoztlán.
Cafeona, Morrow #6. 8 h-21 h, fermé le dimanche. Un bon endroit pour boire un café du Chiapas en dégustant une pâtisserie. Expos, conférences et boutique.
Los Arcos, Zócalo, ☎ (777) 312 15 10 CC 8 h à minuit. Depuis les années 60, ses grandes tables de mosaïque ornent le côté de la place. Idéal pour prendre un petit-déjeuner, avec vue sur le Palais de Cortés. Un soir sur deux, on peut y écouter de la « cumbia andine ».
Buba Café, Morrow #9-altos, ☎ (777) 310 04 32. 13 h-17 h sauf le dimanche. Buffet bien sympathique et à petit prix dans une salle au 1ᵉʳ étage.

Gin-Gen, angle Rayon et Alarcón. Tlj 9 h-21 h. Restaurant chinois occupant deux niveaux d'une bâtisse hétéroclite, qui fut le premier théâtre de la ville au 19e s. Les meilleures tables occupent le balcon du 1er étage plus aéré que le patio. Menu servi de 13 h à 17 h. Plats végétariens à la carte.

De 50 à 100 pesos
Marco Polo, Hidalgo #30, en face de la cathédrale, ☎ (777) 312 34 84 [cc] 13 h-22 h 30, le samedi jusqu'à minuit. Au 1er étage d'une galerie commerciale, très bonnes pizzas et grande variété de pâtes maison dont la préparation change toutes les semaines. Service efficace et cadre chaleureux, belle vue sur la cathédrale des rares tables du balcon.

De 100 à 150 pesos
La India Bonita, calle Morrow #15, ☎ (777) 318 66 18 [🍴] [cc] 8 h-22 h, 9 h-23 h le samedi. Restaurant installé dans la **Casa Mañana**, une demeure chargée d'histoire construite par l'ambassadeur des États-Unis Dwight Morrow (un de ses invités, Charles Lindbergh, épousera sa fille). Laissée à l'abandon, elle a été entièrement restaurée et transformée en restaurant dont les deux superbes patios, noyés dans la végétation, en font un cadre idyllique le jour et romantique le soir. Cuisine mexicaine raffinée : la spécialité est le « filete Maximiliano », filet de bœuf fourré au « huitlacoche » (champignon du maïs) et baigné d'une sauce d'avocat. On peut aussi y prendre un verre ou le petit-déjeuner. **Posada María Cristina**, blvd Juárez #300, ☎ (777) 318 57 67 [🍴] [cc] Au restaurant de cet hôtel proche du Palacio de Cortés, le chef français Philippe Maurice prépare avec brio la « cecina », très fines tranches de rumsteck brunies en plein air. Les nostalgiques y trouveront aussi une excellente fondue bourguignonne et de la tarte Tatin.

Où sortir, où boire un verre

Bars – Reposado, Netzahualcóyotl #33 [cc] Mercredi-samedi 19 h-2 h. Le dernier endroit branché où se presse la jeunesse dorée de Cuernavaca. Dans une grande villa, on vient prendre un verre près de la piscine et grignoter quelques canapés de la jeune chef Ana Isabel, en écoutant les valeurs sûres du jazz et de la musique cubaine. Le **Buba Café** (voir « Où se restaurer ») se transforme le soir en café-concert où se produisent de jeunes artistes talentueux, qui n'ont que jusqu'à minuit pour trouver leur public. Au programme : théâtre le jeudi, trova (chanson à texte) les vendredi et samedi. Ambiance bon enfant, entrée payante. Boire un verre le soir à l'**hôtel Mañanitas** (voir « Où loger ») est presque incontournable. Alanguis dans les fauteuils cannés du jardin, à la lueur des torches, vous écouterez un quatuor interprétant les meilleurs boléros mexicains, les vendredi et samedi à partir de 20 h 30.

Discothèque – El K-ova, av. Morelos #241 [cc] Ambiance cabaret, musique internationale, soirée nostalgie le dernier vendredi du mois. 21 h-5 h du matin, mais inutile d'y aller avant 23 h, même en fin de semaine.

Concerts – Placardées un peu partout en ville, des affiches annoncent les manifestations culturelles du mois. Des concerts de musique classique sont régulièrement organisés dans l'atrium de la cathédrale (entrée payante).

Loisirs

Excursions – Ludel Tours, calle Chamilpa #5-A, ☎/Fax (777) 318 10 15, ludeltou@prodigy.net.mx, www.ludeltours.com.mx. Cette agence, fondée par Ludovic Pech, un Français installé à Cuernavaca, propose une excursion sur les traces de Zapata et d'autres circuits.
Cinéma – Cine Morelos, av. Morelos #188. Salle d'art et essai qui projette de bons films à petit prix.

Achats

Artisanat – Le Mercado de Artesanías, installé à droite du Palacio de Cortés, ne propose que des objets d'autres régions.

Librairies – Un bon livre sur Cuernavaca reste à écrire. Vous ne trouverez que des ouvrages généraux sur l'État de Morelos en espagnol ou en anglais. **Librería del Jardín Borda**, à l'entrée du jardin (mêmes horaires d'ouverture), possède un excellent choix de livres et de revues d'art. **Librería Canahuac**, dans le Palacio de Cortés (entrée par l'extérieur) propose des ouvrages généraux et des disques. La boutique à l'entrée du musée n'est qu'une succursale.

TAXCO ★★★

État du Guerrero – Carte régionale p. 126
Alt. 1 680 m – 100 000 hab.
175 km au sud de Mexico

À ne pas manquer
L'église de Santa Prisca.
L'achat d'un bijou en argent.

Conseils
Visitez le marché le matin pour l'animation, et l'église l'après-midi pour la lumière.
Ne mélangez pas tourisme et shopping, vous risquez de ne plus rien voir.
Si vous voulez vous éloigner du centre, préparez vos mollets,
et prenez garde aux taxis qui surgissent à chaque coin de rue.

Accrochée au mont Atachi, Taxco possède le charme pénétrant des villes coloniales de montagne. L'enchevêtrement des ruelles pavées, les cascades de terrasses et les débordements du baroque la rendent extrêmement attachante. De plus, le commerce de l'argent qui fait vivre une bonne partie de la population n'a même pas entamé la jovialité proverbiale de ces amoureux de la fête.

De Tetelcingo à Taxco de Alarcón
L'extraction de métaux dans cette région peuplée d'indiens Tlahuicas, puis colonisée par les Chontales et les Nahuas, est une activité ancestrale. Au 15e s., on verse ici le tribut à l'empire aztèque sous forme de lingots. En se promenant sur le marché de Tlatelolco, Hernán Cortés remarque les fragments d'étain échangés en guise de monnaie par les habitants de la région, et en fait part au roi Charles Quint dans une de ses lettres. Lorsqu'il envoie les premiers Espagnols pour localiser les gisements de ce précieux composant du bronze à canon, il est loin de se douter de la richesse minière du lieu. La première mine d'étain, le Socavón del Rey, est isolée à une douzaine de kilomètres du village indien de **Tlachco** («le jeu de balle»), aujourd'hui Taxco Viejo. Rapidement, un campement s'établit près de la mine, connue sous le nom de Real de Tetelcingo en 1529, à l'emplacement de la ville actuelle. En 1534 sont découverts les premiers filons d'**argent**, et le déplacement de la main-d'œuvre indienne de Tlachco est à l'origine du nom définitif de Taxco. Dès 1550 et pendant plus d'un siècle, la ville s'agrandit au rythme de la production du précieux métal, avant de s'incliner devant la suprématie des mines du nord de Mexico. Elle porte aussi le nom d'un illustre enfant du pays, le dramaturge **Juan Luis de Alarcón**, né en 1580 et auteur de nombreuses comédies durant sa carrière dans l'Espagne du Siècle d'Or. En mai, les **Journées Alarconiennes**, festival de théâtre et musique, lui rendent un brillant hommage. Ce sont surtout deux autres personnages qui vont modeler le visage de Taxco aux siècles suivants.

Joseph de la Borde, une renaissance en plein baroque
Personne ne sait de quel côté des Pyrénées est né ce Béarnais d'origine. En 1716, il débarque à Veracruz âgé de 16 ans, et suit comme son ombre un frère aîné ambitieux, allant jusqu'à épouser la sœur de sa femme. C'est pourtant lui qui entrera dans l'histoire de Taxco, à une époque où la ville est en pleine décadence et ses mines à l'abandon. Il découvre le filon d'argent de **San Ignacio** et s'enrichit alors considérablement. Menant grand train de vie, il fait profiter Taxco de ses largesses, acheminant l'eau potable vers les fontaines et distribuant des vivres les années de disette. L'épuisement de sa mine le plonge dans le dénuement, et il part chercher fortune ailleurs, à Zacatecas, où il connaîtra d'autres succès qui lui vaudront le surnom de «Phœnix des mineurs».

Le nouveau souffle de Spratling

Architecte bohème, aviateur et écrivain, l'aventurier américain William Spratling va trouver sa voie à Taxco en fondant l'atelier d'orfèvrerie « Las Delicias », dans les années 30. Il est alors loin de se douter qu'il va ainsi réveiller un intérêt depuis longtemps émoussé pour le noble métal. Bientôt les ateliers se multiplient, et Spratling consacre sa réputation en instaurant un concours annuel, toujours très disputé, de *platería* – les œuvres de ce concours sont exposées au Museo de la Platería, qui présente un intérêt plutôt limité. Aujourd'hui plusieurs dizaines d'artisans alimentent plus de 300 bijouteries, et Taxco, largement ouverte au tourisme, est redevenue grâce à cette nouvelle activité, une capitale de l'argent.

Visite de la ville
Comptez une demi-journée.

Arpenter les ravissantes ruelles pavées autour de la **Plaza Borda** vous permet de découvrir dans un périmètre restreint les principaux monuments, les musées et le marché. C'est également ici que sont concentrés les vendeurs d'artisanat et une bonne partie des bijouteries. Après s'être engouffré avec une dextérité pétaradante dans le méandre d'une ruelle pentue, le chauffeur de votre coccinelle vous dépose Plaza Borda, sur un des rares replats de la ville. Le petit kiosque entouré de ficus, les bancs de fonte de ce *zócalo* miniature, bordé par l'église et des petits restaurants, vous plongent immédiatement dans une atmosphère chaleureuse de village.

L'église de Santa Prisca y San Sebastián★★★

6h-20h. Cette église dressée sur un côté de la Plaza Borda éclipse tous les autres édifices religieux de Taxco. Comme une belle maquette posée au milieu d'un jeu de construction, elle semble avoir été conçue pour accrocher le regard, où qu'il se dirige. Entre 1748 et 1758, José de la Borda tira profit de moyens presque illimités et des ouvriers de ses mines pour construire ce « caprice de dévot » auquel participèrent les plus grands artistes du temps. Cayetano de Sigüenza, architecte personnel de

L'église de Santa Prisca, le joyau de Taxco

R. Mattes/MICHELIN

Taxco

l'archevêque de Mexico, et le peintre Miguel Cabrera, au faîte de sa gloire, contribuèrent à l'achèvement, en dix ans seulement, d'une église à l'homogénéité exemplaire. Sa silhouette ramassée et coiffée d'une coupole en azulejos accentue l'élan de deux clochers flanqués de huit statues d'apôtres et de masques. Ils prolongent une **façade**** de calcaire rose où sainte Prisca et saint Sébastien sont à l'honneur, encadrés d'élégantes colonnes torsadées. Au centre, la scène sculptée du baptême du Christ est surmontée par la Vierge, perchée sur une horloge anglaise de 1756 toujours en état de marche. Les deux apôtres qui l'entourent, auxquels répondent saint Pierre et saint Paul au niveau de la porte, complètent l'évocation des disciples.

L'intérieur*** de l'édifice est d'une richesse époustouflante. Les dorures et le parquet de cèdre font écho à la pierre mordorée ; les **retables**** churrigueresques dessinés par les fils de Jérôme de Balbas déferlent d'angelots et de guirlandes végétales. Au-dessus des portes du centre de la nef, deux peintures en demi-lune de **Miguel Cabrera** (*voir p. 52*) illustrent, à droite le martyre de saint Sébastien, et à gauche celui de sainte Prisca, dont la véracité est fortement contestée. Cette jeune Romaine de 13 ans, ayant refusé de vénérer Apollon au 3ᵉ s., était promise au supplice. Mais les lions de l'arène se couchèrent à ses pieds et il fallut la décapiter, scène ultime peinte par Cabrera. Retournez-vous pour voir l'admirable **orgue**** rouge et or du 18ᵉ s., de facture espagnole. Le **maître-autel**** est tellement chargé qu'il faut un certain temps pour en distinguer les détails. Les douze apôtres, les deux saints patrons, les martyrs et la foison d'angelots sont un peu les victimes de la surenchère. Dans la **sacristie*** se trouvent les plus belles toiles de Cabrera, décrivant des scènes de la vie de la Vierge.

En ressortant par le côté, admirez le très beau **portail****. Des gouttes de sang ornent la base des colonnes surmontées par saint Joseph et saint Christophe ; sur le côté, trois figures féminines en médaillon représentent les trois vertus : la Foi les yeux bandés, l'Espérance et son ancre, la Charité aux deux enfants.

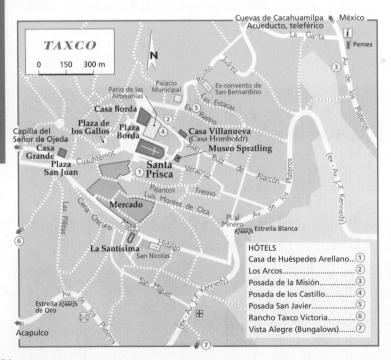

De place en place

Sur un côté du *Zócalo*, la **Casa Borda** *(tlj 10h-19h; entrée libre)*, aux multiples cours intérieures et aux allures de forteresse à l'arrière du bâtiment, était la demeure du riche mécène. Elle est transformée en centre culturel, où se tiennent des expositions temporaires.

Contournez la Casa Borda en descendant la calle Benito Juárez, et engagez-vous dans la calle Humboldt.

Vous parvenez à la **Casa Villanueva**, généralement désignée sous le nom de **Casa Humboldt**

Les deniers du culte

Homme pieux, José de la Borda vouait une gratitude sans limite au Créateur pour sa bonne et grande fortune. «Dieu donne à Borda, Borda donne à Dieu», telle était sa devise. Non content de faire entrer ses deux seuls enfants en religion, il décida de faire édifier pour son fils une église, où il pourrait dire la messe à côté de sa maison. Pour mener à bien son projet, il n'hésita pas à détruire une chapelle d'Indiens en promettant de la rebâtir à l'intérieur de la sienne, ce qu'il fit en conjuguant ses moyens illimités et son goût pour la démesure artistique de l'époque. L'église de Santa Prisca, ce joyau de l'architecture sacrée trônant majestueusement au milieu de la ville, n'était donc rien d'autre qu'une grande chapelle privée.

en souvenir du botaniste allemand qui y a séjourné. Dans cette belle demeure du 18ᵉ s. à la façade aux entrelacs en stuc est aménagé le **Museo de Arte Virreinal**★ (musée de la Vice-Royauté) *(10h-16h30, dimanche 10h-15h, fermé le lundi. Entrée payante)*. La collection évoque plusieurs aspects de la vie quotidienne en Nouvelle-Espagne et, outre les objets d'art sacré, d'intéressantes explications sur la dorure des retables. On y trouve aussi un atelier de restauration.

Prenez ensuite en contrebas la première ruelle qui monte sur la droite pour atteindre le **Museo Spratling**★ *(10h-17h sauf le lundi; entrée payante)*, situé près d'une petite place embaumant le jasmin à côté de la statue de Juan Luis de Alarcón. Sur deux niveaux, récemment repeints dans des tons acidulés, est exposée la collection d'objets préhispaniques de William Spratling. C'est l'occasion d'une bonne révision de ce que vous aurez vu à Mexico, avec en prime un beau crâne recouvert de turquoises.

Continuez le tour de l'église, en passant par la belle calle Veracruz et son arc, qui permet d'accéder au **marché**★★. Situé dans une dépression de terrain entre les calles Veracruz et Miguel Hidalgo, il est indispensable de se perdre dans son labyrinthe de passages et d'escaliers, où se croisent avec peine les commerçants affairés et les clients. Noyé dans un tel dédale, attiré par les odeurs et l'entassement des marchandises, on oublie l'aspect peu engageant de certains bâtiments en béton. Dans le secteur des fruits et légumes, très animé le dimanche, une petite chapelle vient rappeler l'omniprésence de la vierge de Guadalupe. Les argentiers côtoient avec bonne humeur les cordonniers, et c'est peut-être là que vous ferez les meilleures affaires si vous cherchez un simple collier.

Vous aurez de la chance si vous arrivez à ressortir sans encombre par la calle Hidalgo, sinon essayez d'apercevoir le clocher de l'église pour vous repérer. En descendant la rue, jetez un œil à l'**église de la Santísima**, l'une des plus anciennes de la ville, qui vaut surtout le détour pour la façade rustique en pierre et la vue sur Santa Prisca. À côté se trouve un agréable petit square.

Puis revenez sur vos pas jusqu'à la **Plaza San Juan**, ornée de sa fontaine, où se trouve la **Casa Grande**, ancienne résidence de *l'alcalde* largement livrée au commerce.

Vous rejoindrez la Plaza Borda par la calle Cuauhtémoc, bordée de bijouteries, où piétons et taxis se livrent une lutte féroce l'après-midi. Juste avant d'atteindre la place, un raidillon sur la gauche vous mène jusqu'à la **Plaza de los Gallos** (place des Coqs) (les coqs sont en mosaïque sur le sol) qui débouche sur un petit **mirador** juste en face de la façade de l'église : une étape incontournable l'après-midi pour les photographes.

Taxco

A. Thuillier/MICHELIN

Par les ruelles pavées de Taxco

Sur les hauteurs de Taxco

Pour savoir au sens propre ce qu'est un panorama à couper le souffle, empruntez l'une des ruelles qui grimpent de la Plaza Borda ou de la Plaza San Juan, et continuez à monter en demandant votre chemin jusqu'à la **chapelle du Señor de Ojeda**. La **vue**** est superbe au crépuscule, quand les lumières de la ville s'allument une à une et que les tours de Santa Prisca s'illuminent de l'intérieur en fin de semaine. Encore plus authentique lorsque le linge sèche au premier plan.

Au nord-est de Taxco

Les Cuevas de Cacahuamilpa** (grottes de Cacahuamilpa)
Prenez la route d'Ixtapan de la Sal sur 32 km, puis tournez à droite vers Cuernavaca : l'entrée des grottes se trouve à 800 m. Les bus entre Taxco et Ixtapan vous laissent et vous reprennent au croisement ; sinon des « combis » repartent directement des grottes toutes les 2 h. 10 h-17 h ; entrée payante. Visites guidées uniquement. Le retour est libre mais sombre, faites vos photos à l'aller. Beaucoup plus humide mais plus beau à la saison des pluies quand les bassins sont remplis d'eau.
Le río San Jeronimo a creusé dans le calcaire un monumental lit souterrain, avant de dévier son cours une centaine de mètres plus bas. Les grottes de Cacahuamilpa forment un boyau sinueux aux dimensions impressionnantes, atteignant parfois 80 m de hauteur. On le parcourt sur 2 km par une passerelle cimentée, pour admirer les belles concrétions illuminées par le guide. Impossible alors d'échapper à l'inévitable catalogue des formes modelées par les caprices de la nature : rien n'y manque, de la femme nue à la vierge de Guadalupe ! Si les aménagements intérieurs vous frustrent du frisson de l'aventure (il y a même une salle de concerts), l'ampleur et la beauté du lieu ont fasciné plus d'un visiteur depuis son ouverture au public en 1920. Il n'y a plus trace en revanche de l'occupation probable des Indiens Chontales, du cantonnement des troupes révolutionnaires ou du passage de l'impératrice Charlotte. Si vous avez du temps, un sentier descend au fond du canyon (*suivez le panneau « 2 bocas »*), à l'endroit où se rejoignent, sortant de la montagne, les rivières San Jeronimo et Chontalcoatlán. Dommage que tant de détritus jonchent le chemin avant d'arriver.

Taxco pratique

ARRIVER-PARTIR

En bus – Les deux gares routières se trouvent sur l'avenue principale au bas du centre-ville. Le **Terminal Estrella Blanca** (appelée aussi **Flecha Roja**), av. de los Plateros #310, ☎ (762) 622 01 31, possède une consigne automatique. 4 départs par jour pour Acapulco (5 h) dont un bus « de Lujo » à 8 h ; bus (dont des 1ʳᵉ classe) toutes les heures de 6 h à 19 h pour Cuernavaca (1 h 30) ; départs toutes les heures de 5 h à 20 h pour Mexico (2 h 30). Bus toutes les 40 mn de 5 h 30 à 18 h 30 pour Toluca (2 h 30) via les grottes de Cacahuamilpa (45 mn, arrêt au croisement).

Les bus 1ʳᵉ classe partent du **Terminal Estrella de Oro**, av. de los Plateros #126, ☎ (762) 622 06 42. 5 bus pour Acapulco de 7 h 10 à 18 h 10 ; 5 départs pour Cuernavaca de 9 h 15 à 18 h 30 ; 6 liaisons directes pour Mexico entre 7 h et 18 h.

En combi – Pour les grottes de Cacahuamilpa, départs toutes les deux heures en face du Terminal Estrella Blanca. Sinon, prenez le bus de Toluca (voir ci-dessus).

COMMENT SE REPÉRER, COMMENT CIRCULER

Le bas de Taxco est traversé par la sinueuse avenida de Los Plateros (ex-J.F. Kennedy), voie principale qui mène, au nord, vers Mexico et, au sud, vers Acapulco. Pour se rendre dans le centre, il faut emprunter des ruelles pentues suivant un relief capricieux. Il est donc difficile de se repérer, et le stationnement est interdit presque partout. Laissez donc votre voiture à l'hôtel, et de nombreux taxis ou « colectivos » vous conduiront, pour quelques pesos, de l'av. de Los Plateros au Zócalo (Plaza Borda).

ADRESSES UTILES

Office de tourisme – Deux organismes concurrents se disputent les faveurs des touristes. **Subsecretaría de Fomento Turístico**, av. de los Plateros #1, à l'entrée nord, juste après l'aqueduc, ☎ (762) 622 22 74. C'est l'organisme officiel. Montez à l'étage pour avoir de bons renseignements, un plan de la ville et quelques rares dépliants. 8 h-19 h 30 ; lundi 8 h-12 h. **Oficina de Información Turística**, av. de los Plateros #120, en arrivant par le nord, à côté de la station-service. ☎ (762) 622 07 98. Géré par des guides touristiques auxquels vous pourrez faire appel.

Banque / Change – Les banques se trouvent à proximité de la place Borda, dans la calle Cuauhtémoc. **Bital**, sur la place, possède un distributeur automatique.

Poste – Av. de Los Plateros #382. 8 h-16 h ; samedi 8 h-13 h, fermée le dimanche.

Internet – **X-net**, dans la Pizzeria Bora Bora, calle Delicias #4, et en face de la Casa Humboldt, calle Juan Ruiz de Alarcón #11. Tlj 10 h 30-23 h. **Freddie's Café** (voir « Où boire un verre »).

Laverie – La **Pizzeria Bora Bora** (voir ci-dessus) peut laver le linge. Déposé avant 21 h, il est prêt le lendemain à la même heure.

OÙ LOGER

L'architecture de Taxco contribue fortement au charme de nombreux hôtels. Des couloirs labyrinthiques relient entre eux patios et terrasses, d'où la vue est rarement décevante.

Autour de 200 pesos
Casa de Huespedes Arellano, Pajaritos #23, ☎ (762) 622 02 15, quihubo2@hotmail. com – 12 ch. Si vous avez un budget serré ou que l'idée de dormir dans le marché vous séduit, cette pension offre un hébergement d'une grande simplicité, et un dortoir à 6 lits. Les chambres, avec ou sans salle de bains, ont reçu récemment une couche de peinture salvatrice.

De 300 à 400 pesos
Hotel Los Arcos, Juan Ruiz de Alarcón #4, ☎ (762) 622 18 36, Fax (762) 622 79 82 – 21 ch. À l'emplacement d'un couvent du 17ᵉ s. dont il reste le cloître envahi par un flamboyant, un hôtel à l'ambiance coloniale en totale

harmonie avec la ville, à deux pas de la Plaza Borda. Visitez plusieurs chambres, certaines étant plus spacieuses ou plus lumineuses. Grand toit-terrasse pour bronzer sans perdre de vue l'église Santa Prisca.

Posada de los Castillo, Juan Ruiz de Alarcón #7, ☎/Fax (762) 622 13 96 – 14 ch. ⌘ Cet hôtel, en face du précédent, a tout pour plaire dans cette catégorie : des chambres confortables et un décor chaleureux. Hélas, l'extracteur de fumée du restaurant voisin résonne jusqu'à 22 h 30. Bien pour les couche-tard. À côté de la réception se trouve la boutique d'Emilia Castillo (voir « Achats »).

Hotel Posada San Javier, ex-Rastro #6, ☎ (762) 622 31 77, Fax (762) 622 23 51, posadasanjavier@hotmail.com – 18 ch. ⌘ Parking. Descendez l'escalier juste en face du Palacio Municipal. Les chambres au décor un peu froid sont très tranquilles, et les n°s 6, 7 et 8 ont un balcon avec vue sur Santa Prisca. 12 petits appartements avec cuisine équipée, à peine plus chers, dont le magnifique duplex « la Bugambilia », qui remporte la palme du rapport qualité-prix – loué en priorité aux longs séjours. Piscine très agréable dans un jardin verdoyant. Une bonne adresse.

Bungalows Vista Alegre de Don Juan Millán, Cerro de Bermeja #14, ☎ (762) 622 15 83 – 10 ch. ⌘ ⌇ Grimpez la côte partant de l'av. de Los Plateros, à gauche après l'hôpital de l'ISSTE. Dans 5 bungalows autour d'une piscine, Juán Millán a construit lui-même des appartements de 2 chambres avec cuisine équipée et salon. Simple et impeccable. Une solution idéale et économique pour les familles en voiture ou pour passer plusieurs jours entre amis.

De 500 à 800 pesos
Hotel Rancho Taxco Victoria, J. Nibbi #5 et 7, ☎ (762) 622 02 10 / 00 04, Fax (762) 622 00 10 – 63 ch. ⌘ ✂ ✕ ⌇ CC Parking. Étendu sur presque toute la colline qui domine la Plaza San Juán, cet hôtel possède des recoins abandonnés d'un charme très particulier. Par un petit pont enjambant la ruelle, vous descendez de terrasse en terrasse, jusqu'à une piscine panoramique. Les chambres sont assez inégales, les plus chères sont spacieuses

avec TV et balcon, et les n°s 25 et 27 partagent une petite maison avec jardinet. Si vous dormez près de la réception, vous serez plus exposé au bruit des taxis qui grimpent la côte.

Plus de 1 500 pesos
Posada de la Misión, Cerro de la Misión #32, ☎ (762) 622 00 63, Fax (762) 622 21 98, www.posadamision.com.mx – 125 ch. ⌘ ✂ TV ✕ ⌇ CC Petit village à lui tout seul, proche de l'av. de Los Plateros. Dans cet hôtel luxueux et plein de cachet, choisissez les chambres récentes de l'Edificio Guerrero pour le balcon avec la vue incomparable sur la ville – dommage, les salles de bains sont minuscules – ou celles de la section 100, au-dessus du restaurant, donnant sur la piscine. Lumineuses et confortables. Le prix élevé inclut le dîner (voir « Où se restaurer ») et le petit-déjeuner. 20 % de réduction aux grandes compagnies internationales.

OÙ SE RESTAURER

Les restaurants ne manquent pas autour de la place principale, mais la bonne chère n'est pas toujours au rendez-vous. Manger au marché est le plus économique, mais les « fondas » sont installées dans un édifice en béton qui manque vraiment de charme.

Moins de 50 pesos
Hotel Santa Prisca, Cena Oscura #1, ☎ (762) 622 00 80. La meilleure adresse pour un délicieux petit-déjeuner, dans une grande salle colorée à l'atmosphère familiale.

Borda's Café, Plaza Borda #6A, ☎ (762) 622 62 86. Tlj 8 h-minuit. Entrée par l'impasse sur le côté. Maison de poupée aux minuscules balcons, où tiennent par miracle une table et deux tabourets pour un petit-déjeuner en musique. Le reste de la journée, hamburgers, salades et sandwiches pour les petites faims.

Pozolería Tía Calla, Plaza Borda #1 (au coin de la Casa Borda), ☎ (762) 622 56 02. 13 h 30-22 h, fermé le mardi. Oubliez le cadre, sorte de grand restaurant d'entreprise en sous-sol, mais allez-y pour le « pozole », spécialité de la patronne et de la région. Cette soupe solide à base de maïs, viande de porc et avocat, qui tient au corps, se mange traditionnellement le jeudi. Ambiance populaire.

De 70 à 100 pesos
El Adobe, Plaza San Juan #13, ☎/Fax
(762) 622 16 83 `cc` 8 h-23 h. Au-dessus de la place, ce restaurant propose un
grand choix de viandes, et des « enchiladas oaxaqueñas » meilleures qu'à
Oaxaca ! Un cadre chaleureux, avec
2 petits balcons et 2 salles, et un service
attentif. On peut aussi y prendre le petit-déjeuner (moins de 50 pesos).

De 100 à 200 pesos
Posada de la Misión (voir « Où loger »). Une belle salle voûtée en brique
ouvre ses baies vitrées sur l'une des
meilleures vues en contre-plongée de la
ville et du mont Atachi, surtout la nuit.
Menu uniquement. Bonne carte de vins
et service stylé.
Hotel Monte Taxco, Lomas de Taxco,
☎ (762) 622 13 00 `cc` Sur la montagne
du même nom, qui domine la ville. On
peut y accéder en taxi ou, plus amusant,
avec le télécabine qui part de l'aqueduc
(arcos) à l'entrée nord de la ville. L'hôtel, un peu tape-à-l'œil, a une réputation
surfaite, contentez-vous de prendre un
verre sur la terrasse de son restaurant. Le
samedi soir, buffet mexicain accompagné de jeux pyrotechniques (21 h 30) et
de musique live.

OÙ BOIRE UN VERRE

Cafés – Freddie's Café, Juan Ruiz de
Alarcón #8, ☎ (762) 622 48 18 🛐 `cc`
10 h-22 h. Dans le centre commercial
Plaza-Taxco, un café-glacier pour faire
une halte devant un expresso ou un sor-
bet sur un grand balcon avec vue sur le
Monte Taxco. 30 mn de connexion
Internet gratuites pour les clients.

Bars – Berta, Plaza Borda #9, ☎ (762)
622 01 72. Tlj 11 h-21 h. Madame Berta,
dont la photo trône au-dessus du comptoir, a inventé le cocktail qui porte son
nom : tequila, miel, citron et eau minérale. À déguster dans un décor spartiate
style salle de bains. Service sans chichis,
très couleur locale.
Paco, Plaza Borda #12, ☎ (762)
622 00 64. 11 h-23 h, vendredi et samedi
jusqu'à 2 h. Contrairement à La Parroquia voisine, le balcon du 1er étage face à
l'église n'est pas réservé aux dîneurs. On
peut donc y boire un verre tranquillement sans perdre la place de vue.

La Terraza, Plaza Borda #4, ☎ (762)
622 07 26 S 🛐 `cc` Bar sur le toit de
l'hôtel Agua Escondida, face à l'église
Santa Prisca. La meilleure option pour
un apéritif avec vue imprenable, à l'abri
des hordes touristiques envahissant les
autres établissements de la place.

LOISIRS

**Fêtes / Festivals – Jornadas Alarco-
nianas** (10 jours en mai) : théâtre et
concerts sur les places et dans l'église
Santa Prisca. **Día del Jumíl** (novembre,
le lundi suivant la fête des Morts) : toute
la ville part sur le proche Cerro (montagne) del Huixteco pour aller « récol-
ter » des milliers d'insectes comestibles.
Fêtes de **Santa Prisca** et **San Sebastián**
(18 et 20 janvier) : musique, toros et cas-
tillos de fuego (jeux pyrotechniques).

ACHATS

Argent – Il est difficile de quitter Taxco
sans avoir acheté de l'argent, des centaines de « platerías » vous tendent les
bras. Il arrive que l'on propose de l'« al-
paca » (plaqué argent) au tarif du massif,
mais en général la qualité est sévèrement
contrôlée. Et rassurez-vous, le Mexique
étant toujours le premier producteur
mondial de ce métal, les prix n'en sont
que plus attractifs. L'argent le moins
cher se trouve dans les « Tianguis » (marchés), comme celui de la **calle Veracruz**, derrière Santa Prisca, et surtout au
Tianguis Sabatino (le samedi), av. de
Los Plateros, à côté du Terminal Estrella
Blanca. On ne paie qu'en espèces, et si
les bijoux sont vendus au gramme, on
peut quand même négocier. Parmi les
ateliers ayant pignon sur rue : **Talleres
de los Ballesteros**, av. de Los Plateros
#68, ☎ (762) 622 10 76, www.balleste-
ros.com, vend des bijoux mais aussi de
la vaisselle depuis 1937. **Emilia Castillo**
crée des pièces originales mariant l'argent à la porcelaine, en vente dans la
boutique de l'hôtel familial (voir Posada
de los Castillo).

Artisanat – De nombreux stands im-
provisés s'installent, surtout en fin de semaine, derrière la Casa Borda et autour
de l'église Santa Prisca. On y trouve,
entre autres, des bijoux en hématite et
des objets en bois de « guamuchil », une
essence locale.

À Oaxaca

OAXACA ET LA CÔTE PACIFIQUE

Les bâtisseurs zapotèques ont dompté la nature pour élever leur capitale entre ciel et terre, les orfèvres mixtèques ont ciselé de fabuleux trésors, les architectes espagnols ont érigé une « Cité de Jade » éblouissante, des peintres indigènes de renom ont décoré les murs des couvents dominicains... À la confluence des grandes civilisations méso-américaines, la région de Oaxaca connaît un immense rayonnement culturel depuis l'époque précolombienne, et les 16 groupes ethniques que compte l'État continuent de lui insuffler cette puissante énergie créatrice. Elle s'enorgueillit d'être le berceau de grands artistes contemporains mais également d'artisans inventifs. Votre séjour alternera entre des sites archéologiques passionnants, des paysages de toute beauté, de somptueux vestiges coloniaux, des festivals hauts en couleur et des villages bouillonnants de créativité. Par-delà les montagnes s'étire la côte Pacifique, où chacun trouvera son bonheur, du routard au touriste de luxe, de l'amateur de solitude au noctambule invétéré.

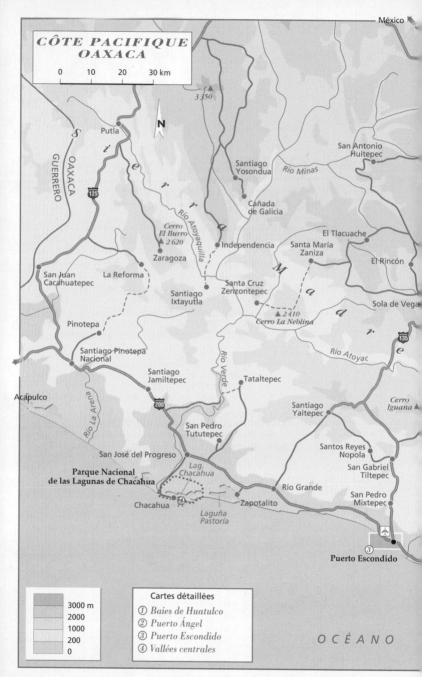

CÔTE PACIFIQUE OAXACA

0   10   20   30 km

N

México

▲ 3 350

Putla

S
i
e
r
r
a

OAXACA
GUERRERO

125

Santiago
Yosondua

Río Minas

San Antonio
Huitepec

Cañada
de Galicia

Cerro
El Burro
▲ 2 620

Río Atoyaquilla

Zaragoza

Independencia

Santa María
Zaniza

El Tlacuache

El Rincón

San Juan
Cacahuatepec

La Reforma

Santiago
Ixtayutla

Santa Cruz
Zenzontepec

M
a
d
r
e

Sola de Vega

Pinotepa

▲ 2 410
Cerro La Neblina

Santiago Pinotepa
Nacional

Santiago
Jamiltepec

Río Verde

Tataltepec

Río Atoyac

135

Acapulco

Río La Arena

200

San Pedro
Tututepec

Santiago
Yaitepec

Cerro
Iguana ▲

San José del Progreso

Santos Reyes
Nopola

Parque Nacional
de las Lagunas de Chacahua

Lag.
Chacahua

San Gabriel
Tiltepec

Chacahua

Zapotalito

Río Grande

San Pedro
Mixtepec

Laguña
Pastoría

Puerto Escondido
③

OCÉANO

3000 m
2000
1000
200
0

Cartes détaillées

① *Baies de Huatulco*
② *Puerto Ángel*
③ *Puerto Escondido*
④ *Vallées centrales*

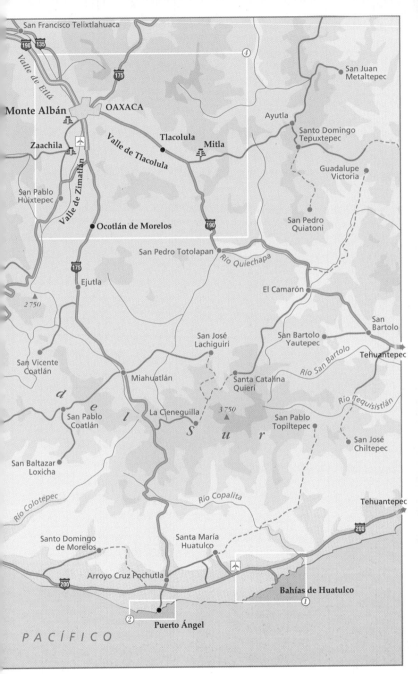

San Francisco Telixtlahuaca

190 135

Valle de Etla

San Juan
Metaltepec

175

Monte Albán

OAXACA

Ayutla

Santo Domingo
Tepuxtepec

Zaachila

Tlacolula

Mitla

Valle de Tlacolula

Guadalupe
Victoria

San Pablo
Huixtepec

Valle de Zimatlán

San Pedro
Quiatoni

Ocotlán de Morelos

190

175

San Pedro Totolapan

Río Quiechapa

Ejutla

El Camarón

San
Bartolo

2 750

San José
Lachiguiri

San Bartolo
Yautepec

Río San Bartolo

Tehuantepec

San Vicente
Coatlán

Miahuatlán

Santa Catalina
Quieri

Río Tequisistlán

d

e

San Pablo
Coatlán

l

La Cieneguilla

S

3 750

u

San Pablo
Topiltepec

r

San José
Chiltepec

San Baltazar
Loxicha

Río Colotepec

Río Copalita

Tehuantepec

Santo Domingo
de Morelos

Santa María
Huatulco

200

Arroyo Cruz Pochutla

200

Bahías de Huatulco

①

②

Puerto Ángel

PACÍFICO

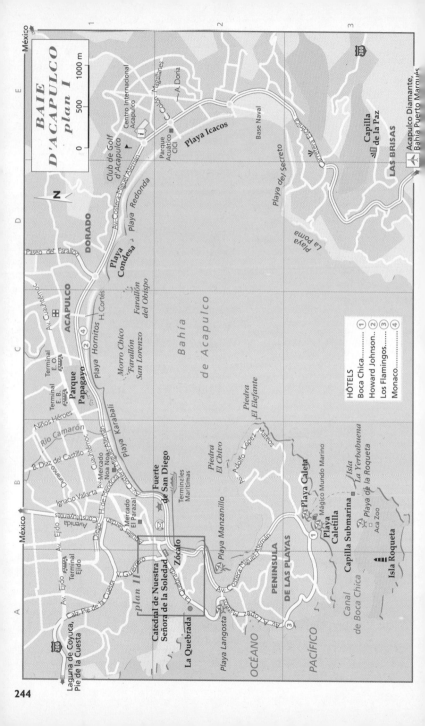

BAIE D'ACAPULCO plan I

0 500 1000 m

N

México

México

ACAPULCO

DORADO

Centro Internacional Acapulco

C. Cristobal Colón · Magallanes
A. Doña
Av. Costera Miguel Alemán
Club de Golf d'Acapulco
Parque Acuático CICI
Playa Icacos
Base Naval
Playa del secreto
La Poma
Playa
Capilla de la Paz
Av. Escénica
LAS BRISAS

Acapulco Diamante,
Bahía Puerto Marqués

Paseo del Farallón
Playa Condesa
Playa Redonda
H. Cortés
Playa Hornitos
Farallón del Obispo
Morro Chico
Farallón San Lorenzo
B a h í a
d e   A c a p u l c o

Av. Cuauhtémoc
Terminal E.O.
Terminal E.B.
Parque Papagayo
Playa Karabali
Playa Hornitos

Niños Héroes
Río Camarón
B. Díaz del Castillo
Duranzo Benito
Ignacio Vallarta
Av. Cuauhtémoc
Av. Mercado
Noa Noa
Av. Costera Miguel Alemán
Piedra El Chivo
Piedra El Elefante
Av. Adolfo López Mateos

Avenida Constituyentes
Terminal Ejido
Av. Ejido
Diego Serdán
La Paz
Mercado El Parazal
Fuerte de San Diego
Terminales Marítimas
Playa Manzanillo
Av. Costera Miguel Alemán
Playa Caleta
Mágico Mundo Marino
Isla La Yerbabuena
Playa de la Roqueta
Capilla Submarina
Aca Zoo

México

Calz. Pie de la Cuesta
Av. Ejido
plan II
Zócalo
Catedral de Nuestra Señora de la Soledad
La Quebrada
Playa Langosta
PENÍNSULA
DE LAS PLAYAS
Playa Caletilla
Isla Roqueta
Canal de Boca Chica

OCÉANO
PACÍFICO

Laguna de Coyuca,
Pie de la Cuesta

200

200

HÔTELS

Boca Chica........ ①
Howard Johnson.. ②
Los Flamingos.... ③
Monaco............. ④

244

ACAPULCO★

État du Guerrero – 640 300 hab.
395 km de Mexico par la route fédérale 95
Voir plan du centre-ville p. 246

À ne pas manquer
La baie d'Acapulco de nuit vue de la route panoramique.
Le musée historique du fort de San Diego.
Les plongeurs de La Quebrada.
Une promenade en bateau sur la lagune de Coyuca.

Conseils
Pour plus de calme, logez à Pie de la Cuesta.
Les drapeaux rouges indiquent les zones dangereuses pour la baignade.

Acapulco semble flotter dans des vêtements trop grands pour elle. Cette réplique de ville américaine un brin tape-à-l'œil peine à remplir ses hôtels démesurés, destinés à absorber la marée montante du tourisme, qui désormais se retire. Pourtant, depuis les années 50, le mythe résiste : la vie nocturne d'Acapulco continue de faire rêver, et ses plages demeurent autant de promesses de voir ou d'être vu. Si les stars hollywoodiennes la délaissent peu à peu pour d'autres rivages, l'une des plus belles baies du monde mérite toujours son surnom de «perle du Pacifique». Surtout de nuit, lorsque les lumières de la ville dessinent un arc de cercle scintillant au pied de la Sierra Madre del Sur et que les bateaux de croisière se perdent dans ses eaux obscures, tels des fragments de météorites à la dérive.

Des soieries orientales aux paillettes hollywoodiennes
Un premier bateau en provenance de Chine, en 1566, inaugura la route commerciale entre l'Extrême-Orient et Acapulco, qui devint le port officiel entre les Amériques et l'Orient. Pendant près de 250 ans, **La Nao de China**, également connue sous le nom de **Galion de Manille**, effectua la traversée une fois par an chargée de soieries, de porcelaine, d'ivoire et de laque, donnant lieu à une importante foire annuelle à Acapulco. Toutes ces marchandises ne manquant pas d'attirer la convoitise des pirates, dont les Britanniques sir Francis Drake et Thomas Cavendish, la Couronne espagnole dut construire un fort pour protéger le port. Ce fut finalement la guerre d'indépendance qui eut raison de la liaison commerciale entre Acapulco et l'Extrême-Orient, qui prit fin en 1815.

Dans les années 20, de nouveaux trésors – les plages et le climat – firent la réputation d'Acapulco, qui devint le lieu de villégiature d'écrivains américains. Mais l'on doit surtout au président mexicain Miguel Alemán la modernisation de la station balnéaire au cours des années 50. À cette époque, Acapulco était le passage obligé de la jet-set internationale : Elizabeth Taylor, Johnny Weissmuller, John Wayne, Gary Cooper mais aussi J.-F. Kennedy ou Brigitte Bardot contribuèrent à la renommée du lieu. Mais que reste-t-il de la belle époque… hormis un Planet Hollywood?

Autour de la baie d'Acapulco★

Comptez une journée pour visiter les principaux sites en bus ou en taxi.

La partie touristique s'étire le long du front de mer tandis que les quartiers populaires sont relégués vers les collines, au nord. On distingue la vieille ville, à l'ouest, où se concentrent les hôtels bon marché ; au centre, la zone Acapulco Dorado (bureaux, restaurants et hôtels modernes) comprise entre l'embouchure du Río Camarón et la base navale, et enfin Acapulco Diamante (hôtels et complexes de luxe) autour de Bahía Puerto Marqués. L'avenida Costera M. Alemán, appelée plus communément **La Costera**, suit la baie d'Acapulco sur une douzaine de kilomètres, avant de s'élever vers l'est sous le nom de **Carretera Escénica**.

La vieille ville

Avec sa foule compacte, ses embouteillages, ses bruits de Klaxon, ses ruelles tortueuses et mal entretenues, on pénètre l'envers du décor, méconnu à l'exception du quartier de La Quebrada.

Pour lutter contre la chaleur d'Acapulco, rien de tel que l'ombre des arbres du **Zócalo** (Plan II), le domaine des vendeurs de ballons et des cireurs de chaussures. Rien ne le distingue particulièrement d'autres places mexicaines hormis l'étrange **cathédrale de Nuestra Señora de la Soledad**, datant des années 30, installée dans un ancien cinéma auquel furent ajoutées des tours d'inspiration byzantine.

Quand vous faites face à la cathédrale, gagnez la droite de la place et suivez la calle Morelos.

Perché sur les hauteurs d'Acapulco *(15 mn à pied à l'est du « zócalo »)*, le **fort de San Diego★** (Plan I B2) veille sur la baie depuis la fin du 16e s. bien que la forteresse dût subir plusieurs remaniements au cours des siècles, notamment après le tremblement de terre de 1776. Reconstruit à la fin du 18e s., l'édifice actuel, un pentagone entouré de douves, abrite le passionnant **Museo Histórico de Acapulco★★** *(9 h 30-18 h sauf le lundi ; entrée payante sauf le dimanche)*. Au fil de salles superbement rénovées se dévoilent également les « dessous » du bâtiment, tel l'ancien système de canalisation visible au travers d'un sol en Plexiglas. Les objets exposés selon un ordre thématique, complétés par d'excellentes légendes explicatives *(anglais/espagnol)* et des vidéos, retracent l'histoire d'Acapulco de l'époque précolombienne à l'indépendance du Mexique. L'accent est mis sur la route commerciale effectuée entre Acapulco et Manille par *La Nao de China (voir l'introduction)* et l'important métissage entre les cultures mexicaine et philippine qui découla de 250 ans d'échanges entre les deux pays.

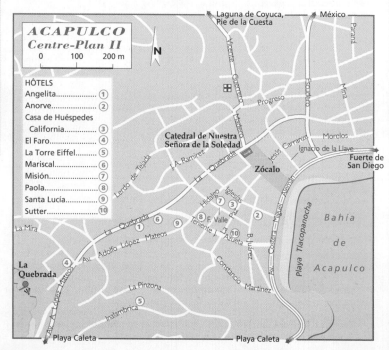

ACAPULCO
Centre-Plan II
0   100   200 m
N

HÔTELS
Angelita................... ①
Anorve.................... ②
Casa de Huéspedes
  California.............. ③
El Faro.................... ④
La Torre Eiffel.......... ⑤
Mariscal.................. ⑥
Misión..................... ⑦
Paola...................... ⑧
Santa Lucía.............. ⑨
Sutter..................... ⑩

Catedral de Nuestra
Señora de la Soledad

Zócalo

Fuerte de
San Diego

Bahía
de
Acapulco

La Quebrada

Playa Caleta   Playa Caleta

Oaxaca et la côte Pacifique

De retour sur le «zócalo», suivez La Quebrada, la rue qui passe derrière la cathédrale, jusqu'au sommet (env. 10 mn de marche).

Pas besoin d'être un fan d'Elvis Presley dans *L'Idole d'Acapulco* (1963) pour apprécier le fameux spectacle des **clavadistas** (plongeurs), qui anime **La Quebrada***
(Plan II) depuis 1934 *(figures différentes à chaque représentation; 12 h 45 puis toutes les heures de 19 h 30 à 22 h 30; entrée payante).* Spontanés à l'origine, ces plongeons sont vite devenus le symbole d'Acapulco. Exécuté à heures fixes devant une foule serrée de curieux, l'exercice est quelque peu convenu mais la prouesse demeure. Après avoir escaladé le rocher en faisant preuve d'une agilité impressionnante, chaque plongeur se recueille devant l'autel placé au sommet, avant de prendre place au bord du vide à 25 m ou 35 m de hauteur : saut périlleux impeccable, figure de l'ange millimétrée, seul ou à deux, muni d'une torche pour les représentations de nuit, le *clavadista* atteint l'eau au moment précis du retour de la vague.

La Quebrada se prolonge en une route côtière qui, après avoir fait le tour de la péninsule, prend le nom d'av. Costera Miguel Alemán pour longer toute la baie.

Un quartier résidentiel occupe le relief accidenté de la péninsule de Las Playas, où des villas cossues évoquent l'âge d'or d'Acapulco. À la pointe sud, l'ambiance est nettement plus populaire : les familles mexicaines investissent le moindre centimètre carré des **Playas Caleta** et **Caletilla** (Plan I B3), où les enfants peuvent barboter sans danger. De la digue qui sépare les deux plages des bateaux à fond transparent *(départ toutes les 30 mn de 8 h à 17 h, 45 mn AR)* effectuent la courte liaison avec **Isla Roqueta** (Plan I AB-3), un îlot doté d'une plage et d'un petit zoo, situé à 1 km de la côte. Au cours de la traversée, vous apercevrez quelques maisons de célébrités enfouies dans de somptueux jardins. Essayez également de distinguer, si le fond en verre du bateau n'est pas trop rayé, la **capilla submarina** (chapelle sous-marine), une statue de la Vierge de Guadalupe, immergée à la fin des années 50.

Acapulco Dorado, la zone hôtelière (Plan I)
Acapulco Dorado, un nom de rêve... pour une avenue hyper bruyante 24 h sur 24, bordée d'hôtels et de centres commerciaux démesurés. Les immeubles modernes s'étirent le long de la baie et semblent croître à mesure que l'on s'éloigne du **Parque Papagayo** (C I) *(6 h-20 h, entrée libre)*, l'un des seuls espaces verts de la ville émaillé de quelques attractions pour les enfants.
Les journées à Acapulco Dorado s'écoulent entre la fraîcheur climatisée des *malls* à l'américaine et les **plages*** *(toutes accessibles au public bien que masquées par les immeubles)*, dont la plus réputée, **Playa Condesa*** (D I) *(après la statue de Diane chasseresse)*. Les amateurs de calme éviteront le centre d'Acapulco, et choisiront plutôt **Playa Icacos**** (E2) ou carrément la zone chic d'Acapulco Diamante.
Le soir venu, la ville endosse ses habits de fête : les néons clignotent et la musique s'échappe des bars en plein air, transformant La Costera en une sorte de gigantesque disco-bar.

Par la route panoramique** vers Acapulco Diamante (Plan I)
La route panoramique («Carretera Escénica») se trouve dans le prolongement de l'av. Costera Miguel Alemán. La route s'élève, révélant peu à peu un panorama spectaculaire sur la baie, surtout de nuit. Vous parvenez au quartier de Las Brisas *(10 km du centre-ville)* repérable à l'immense croix de la **Capilla de la Paz** (chapelle de la Paix) (E3) *(10 h-13 h/16 h-18 h, donation bienvenue)*. Ce lieu œcuménique, ouvert à tous sans distinction de religion ou de croyance, fut construit en 1970 par un couple ayant perdu ses enfants dans un accident d'avion. Du jardin, remarquablement serein, vous bénéficierez d'une **vue**** époustouflante sur la baie.

B. Pérousse/MICHELIN

La « perle du Pacifique »

Oaxaca et la côte Pacifique

Aux environs d'Acapulco
Comptez une journée.

Autour de Bahía Puerto Marqués
18 km au sud-est du « zócalo » par la Carretera Escénica. Pour le bus, voir l'accès à l'aéroport p. 249. Cette baie, de taille beaucoup plus modeste que celle d'Acapulco, accueille aussi bien une infrastructure sélecte, sur **Playa Pichilingüe**★, qu'une clientèle populaire qui vient déjeuner le week-end dans les petits restaurants de **Playa Puerto Marqués**. Vers l'est, où s'étirent la zone d'hôtels ultrachic et les clubs de golf d'**Acapulco Diamante**, vous accéderez à l'immense **Playa Revolcadero**★, dont le nom (*revolcar* signifie « renverser ») n'augure rien de bon (*attention aux forts courants*).

La lagune de Coyuca★
À 10 km au nord-ouest d'Acapulco par la route fédérale 200, tournez à gauche. Pour vous y rendre en transport en commun, prenez le bus à l'arrêt près du « zócalo », en face de Sanborn's, de l'autre côté de La Costera. Coincé entre Océan et lagune, le village de **Pie de la Cuesta** s'étire le long d'une plage réputée pour ses fabuleux **couchers de soleil**. Les voyageurs disposant d'un budget restreint fuient généralement Acapulco pour se retirer à Pie de La Cuesta, qui dispose d'un hébergement plus abordable et d'une atmosphère décontractée. Bien qu'agréable, l'endroit n'a cependant rien d'un paradis et la mer y est dangereuse.

À 17 km à l'ouest de Pie de la Cuesta (*minibus toutes les 15 mn entre Pie de la Cuesta et Barra de Coyuca*), la route s'arrête aux cabanes du hameau de **Barra de Coyuca**. De là, des **lanchas** (*200 pesos l'heure*) remontent le río Coyuca ou effectuent le tour de la lagune. Au cœur d'une végétation exubérante, où alternent cocotiers et mangrove, se cachent une faune et une flore d'une richesse exceptionnelle avec la Sierra Madre en toile de fond. Par endroits, les plantes aquatiques forment un tapis d'une telle densité que les barques de pêcheurs semblent posées au beau milieu d'un champ piqueté de canards, d'ibis, de mouettes et de poules d'eau.

ARRIVER-PARTIR

En avion – *Aeropuerto Internacional Juan N. Alvarez*, ☎ (744) 466 94 34, à 23 km au sud-est du centre historique (Plan I D3). Plusieurs liaisons quotidiennes avec Mexico ou le reste du pays, et vols internationaux pour les États-Unis. Pour les compagnies aériennes, voir « Adresses utiles ».

Pour gagner le centre d'Acapulco à partir de l'aéroport, prenez un taxi (env. 300 pesos, tarif deux fois moins élevé pour aller du centre-ville à l'aéroport) ou une navette (env. 35 pesos) à la sortie de l'aérogare. Pour rejoindre l'aéroport du centre-ville, prenez un bus sur l'av. Costera Miguel Alemán (Plan II) (en face du « zócalo » côté Pacifique) indiquant Puerto Marqués, Colosio ou Coloso. Descendez à la Glorieta de Puerto Marqués et montez dans un « pesero » (minibus) jusqu'à l'aéroport.

En bus – Acapulco dispose de trois gares routières. Le **terminal Ejido**, le plus important, est situé à 1,5 km au nord du « zócalo », av. Ejido #47 (Plan I A1), ☎ (744) 469 20 29. Cuernavaca (4 h) : 7 départs entre 9 h 30 et 1 h 20 ; Huatulco (9 h 30) : 4 bus 1re classe, un départ chaque heure entre 4 h 30 et 14 h 30 en 2nde classe ; Mexico Sur (5 h) : toutes les heures entre 10 h 30 et 18 h 30 ; Mexico Norte (5 h) : un départ tôt le matin, deux départs le soir ; Puebla (7 h) : 4 bus entre 10 h et 23 h ; Puerto Escondido (7 h) : les bus pour Huatulco passent par Puerto Escondido ; San José del Progreso (6 h 30) : départ chaque heure entre 4 h 30 et 14 h 30 avec la compagnie **Cuauhtémoc**. De ce village, on rejoint la lagune de Chacahua ; Taxco (4 h 30) : 3 départs par jour.

Les deux autres gares routières se trouvent vers le Parque Papagayo. Du « zócalo », prenez un bus av. Costera M. Alemán, côté Pacifique, indiquant « Base » ou « Cuauhtémoc ». Au **terminal Estrella Blanca**, av. Cuauhtémoc #1605 (Plan I C1), ☎ (744) 469 20 80, départs pour Aguascalientes (4 h) : un bus en fin d'après-midi et un bus de nuit ; Mexico Sur ou Norte (5 h) : environ toutes les heures ; Laredo (24 h) : un départ en soirée via Querétaro (7 h), San Luis Potosí (12 h) et Mon-

terrey (19 h). Le **terminal Estrella de Oro**, angle av. Cuauhtémoc et calle Wilfrido Massieu (Plan I C1), ☎ (744) 485 93 60, dessert Aguascalientes (12 h) : un bus ; Cuernavaca (4 h) : 13 bus entre 6 h et 20 h dont trois directs ; Mexico (5 h) : un départ chaque heure entre 7 h et 2 h ; Querétaro (8 h) : un bus le matin, un bus le soir.

Les billets peuvent également s'acheter dans le centre historique : Estrella Blanca, av. Costera M. Alemán #207 (Plan I), ☎ (744) 482 49 76, tlj. 8 h-22 h ; Estrella de Oro, Parque Jardín Del Puerto, av. Costera M. Alemán, local #25 (Plan II), tlj. 8 h-21 h.

COMMENT CIRCULER

Les distances étant considérables, on se déplace rarement à pied.

En bus – Les autobus circulent très fréquemment. Les pancartes installées derrière le pare-brise avant indiquent la destination. Les arrêts de bus sont parfois signalés par un panneau mais, si ce n'est pas le cas, il suffit de faire signe au chauffeur. À moins que ce dernier ne vous invite à monter avant même que vous vous soyez manifesté.

En taxi – Les taxis sont nombreux, mais la plupart ne sont pas équipés de compteur. Fixez le prix au préalable, afin d'éviter tout malentendu. Pour une course entre la vieille ville et Acapulco Dorado, comptez entre 15 et 25 pesos.

Location de voitures – La plupart des agences sont présentes à l'aéroport. *Avis*, Aeropuerto, ☎ (744) 466 91 90 ; av. Costera M. Alemán #139, ☎ (744) 485 78 83. *Hertz*, Aeropuerto, ☎ (744) 466 91 72 ; av. Costera M. Alemán #137, ☎ (744) 485 68 89 47. *Budget*, Aeropuerto, ☎ (744) 466 90 03 ; av Costera M. Alemán #93, ☎ (744) 481 24 33.

ADRESSES UTILES

Office de tourisme – *SEFOTUR*, av. Costera M. Alemán #4455 (Plan I E1) (au bout de l'allée derrière le monument Centro Acapulco), ☎ (744) 481 11 68. Lundi-vendredi 9 h-20 h, samedi 9 h-14 h. En cas de fermeture, notamment le dimanche, adressez-vous à la ***Procuraduría de la Defensa del Turista***, à deux pas de l'office de tourisme.

Banque / Change – Banco Santander, sur le Zócalo (Plan II) : opérations en devises lundi-vendredi 9h-15h30. **Bancomer**, sur le Zócalo à l'angle de la Costera : change lundi-vendredi 9h-16h. Nombreuses agences et distributeurs automatiques dans l'Acapulco Dorado. **American Express**, Costera M. Alemán #1628, ☎ (744) 469 11 00, Lundi-vendredi 10h-19h, samedi 9h-14h.

Poste – Palacio Federal, av. Costera M. Alemán #315 (Plan I B2). Lundi-vendredi 8h-20h, samedi 8h-14h. **DHL**, av. Costera.M. Alemán #810 (Plan I B1), ☎ (79) 485 96 45. 9h-19h, fermé le samedi après-midi et le dimanche.

Téléphone – Service de téléphone, fax et photocopie, calle La Paz, à 10 m du **Zócalo**, tlj.9h-21h.

Internet – Compusistem, Edificio Oviedo, local 9, à 50 m du **Zócalo**, à l'est. 9h-20h, sauf dimanche.

Santé – Hospital Pacífico, calle Nao y Fraile #4 (Plan I C1), ☎ (744) 487 71 80 ; **Centro Médico**, J. Valdéz Arévalo #95, ☎ (744) 482 46 92. **Cruz Roja**, ☎ (744) 487 41 00.

Représentations diplomatiques – Consulat de France, av. Costa Grande #235 (Plan I A2), ☎ (744) 482 33 94 / (744) 469 12 08. **Consulat du Canada**, av. Costera M. Alemán, centre commercial Marvella, local 23 (Plan I D1), ☎ (744) 484 13 05.

Compagnies aériennes – Aero-México, av. Costera M. Alemán #286 (Plan I B1), ☎ (744) 485 14 11 : vols quotidiens pour México. **Aviacsa**, av. Costera M. Alemán #178, local 1 (Plan I C-D1), ☎ (744) 481 32 40 : vols quotidiens pour Campeche, Cancún, Chihuahua, Guadalajara, Mérida, México, Monterrey, Oaxaca, Atlanta, Dallas, Houston, Los Angeles, Paris et Phoenix. **Mexicana**, av. Costera M. Alemán #1632, locales G 8-9-10 (Plan I C1), ☎ (744) 486 75 85 : vols quotidiens pour Bahías de Huatulco, Los Cabos, México, Puerto Escondido, Tijuana, Tuxtla Gutiérrez, Caracas, Chicago, Ciudad de Guatemala, Miami et Toronto.

Numéros utiles – Policía Turística, ☎ (744) 485 04 90. **Bomberos** (« pompiers »), ☎ (744) 484 41 23. La

Procuraduría de la Defensa del Turista, Av. Costera M. Alemán #4455 (Plan I E1), ☎ (744) 484 44 16, vous aide en cas de problèmes (pertes, vols, agressions…)

Laveries – Lavandería Coral, calle B. Juárez (Plan II). Lundi-vendredi 8h30-16h, samedi 10h-14h.

Où loger

Les prix de la plupart des hôtels augmentent de 20 à 50 % pendant la haute saison (novembre à janvier et la Semaine sainte). Les petits budgets résideront dans la vieille ville ou à Pie de la Cuesta.

• **La vieille ville**

De 120 à 150 pesos
Hotel Anorve, Benito Juárez #17 (Plan II), ☎ (744) 482 32 62 – 32 ch. ⚑ ☒ À deux pas du « zócalo », hôtel simple et central disposant de chambres propres mais un peu sombres, plutôt bruyantes côté rue. L'un des moins chers d'Acapulco.
Hotel Angelita, La Quebrada #37 (Plan II), ☎ (744) 483 57 34 – 10 ch. ⚑ ☒ On entre par une salle vraiment kitsch, où trône un canapé en skaï aux couleurs acidulées, avant d'accéder aux chambres, plus sobres mais impeccables. Une bonne adresse dans sa catégorie.
Hotel Mariscal, La Quebrada #35 (Plan II), ☎ (744) 482 00 15 – 19 ch. ⚑ ☒ La moitié des chambres disposent d'eau chaude et se louent au même prix que celles avec eau froide. Elles sont simples et correctement tenues, avec terrasse pour certaines.

De 150 à 250 pesos
Hotel El Faro, La Quebrada #83 (Plan II), ☎ (744) 482 13 65 – 30 ch. ⚑ ☒ Construit en 1953, cet hôtel doté d'un certain cachet bénéficie d'un emplacement privilégié, au sommet de la colline, sur la place de las Glorias, face à la Quebrada. Les chambres sont spacieuses et propres. Choisissez l'une des quatre chambres côté mer.
Hotel Santa Lucía, av. Lopez Mateos #33 (Plan II), ☎ / Fax (744) 482 04 41 – 20 ch. ⚑ ☒ De nombreuses plantes vertes sont disposées à l'entrée de ce petit hôtel familial. Les chambres, pour la plupart à l'étage, sont simples et bien tenues. Bon accueil.

Casa de Huéspedes California, calle La Paz #12 (Plan II), ☎ (744) 482 28 93 – 26 ch. ⌶ ⤬ La végétation et le puits apportent une certaine douceur à ce bâtiment aux allures de motel. Toutes les chambres peintes de couleurs gaies sont distribuées sur deux niveaux autour du patio.

La Torre Eiffel, Inalambrica #110 (Plan II), ☎ (744) 482 16 83 – 24 ch. ⌶ ⤬ ⩊ Un charmant hôtel sur les hauteurs d'Acapulco avec de grandes terrasses offrant une très belle vue. Les chambres sont propres et agréables, mais la literie ne semble pas être le point fort de la maison.

Hotel Paola, Teniente J. Azueta #16 (Plan II), ☎ (744) 482 62 43 – 36 ch. ⌶ ⤬ ⤬ ⩊ Un petit immeuble tout blanc égayé de touches rose bonbon. Des chambres propres dont certaines avec balcon sur rue (les plus lumineuses). Le toit-terrasse comporte une piscine mouchoir de poche, qui permet tout juste de se rafraîchir! Bon rapport qualité-prix.

Hotel Sutter, Teniente J. Azueta #10 (Plan II), ☎ (744) 482 02 09 – 27 ch. ⌶ ⤬ Il fait partie des hôtels simples et bien tenus d'Acapulco. Les chambres sont spacieuses et propres, mais celles du rez-de-chaussée manquent de clarté.

Autour de 400 pesos
⌂ **Hotel Misión**, calle Felipe Valle #12 (Plan I), ☎ (744) 482 36 43, Fax (744) 482 20 76 – 22 ch. ⌶ ⤬ Cette maison à l'architecture coloniale abrite le seul hôtel de charme d'Acapulco. D'adorables chambres sont distribuées autour d'un patio fleuri à l'ombre d'un manguier, véritable havre de paix pour lire ou prendre son petit-déjeuner.

De 600 à 850 pesos
Hotel Los Flamingos, av. Lopez Mateos s/n (Plan I), ☎ (744) 482 06 90 / 482 06 91, Fax (744) 482 98 06, e-mail : flamingo@acabtu.com.mx – 40 ch. ⌶ ⤬ ✗ ⤬ ✗ ⩊ ᴄᴄ Dans les années 50, le tout Hollywood se pressait dans l'ancienne résidence de Johnny Weissmuller, par la suite transformée en hôtel. L'intérêt de l'établissement tient surtout à ce passé prestigieux ou au cadre enchanteur, au sommet d'une falaise face à l'Océan. Quitte à faire une petite folie, louez la maison ronde, à l'arrière de la piscine.

Boca Chica, playa Caletilla (Plan I), ☎ (744) 483 63 88 ou (744) 483 67 41, e-mail : bchica@mpsnet.com.mx, Internet : acapulco-travel. web. com. mx/hotels/bocachica/– 42 ch. ⌶ ▤ ✗ ᴛᴠ ✗ ⩊ ✗ ᴄᴄ Vous traverserez un joli jardin tropical conduisant à la piscine, idéalement installée face au Pacifique. Entre toutes les chambres, grandes et confortables, préférez côté mer.

• **Acapulco Dorado**

Autour de 400 pesos
Hotel Monaco, Costera M. Alemán #137 (Plan I), ☎ (744) 485 64 67 / 485 64 15, Fax (744) 485 65 18 – 37 ch. ⌶ ▤ ✗ ᴛᴠ ⩊ ᴄᴄ Chacune des chambres, au mobilier un peu rustique, dispose d'une terrasse. Établissement bien tenu, mais évitez le côté Costera.

De 600 à 850 pesos
⌂ **Howard Johnson**, calle Alemania s/n (Plan I), ☎ (744) 485 66 77, Fax (744) 485 92 28, maralisa@acanovenet.com.mx, acapulco-travel. web. com. mx/hotels/maralisa. html – 89 ch. ⌶ ▤ ✗ ᴛᴠ ✗ ⩊ ✗ ᴄᴄ Cet hôtel au léger style mauresque présente beaucoup de charme. Préférez la vue sur l'une des deux piscines. Un très bon choix si vous séjournez dans l'Acapulco Dorado.

• **Pie de la Cuesta**

Autour de 120 pesos
Hotel Parador de los Reyes, Playa Pie de la Cuesta #305, ☎ (744) 460 01 31 – 11 ch. ⌶ ⤬ ⩊ À 1,5 km sur la gauche après l'embranchement de Pie de la Cuesta, en venant d'Acapulco. Les chambres distribuées autour de la piscine sont grandes et propres, et l'accès indirect à la plage explique en partie le prix peu élevé.

De 300 à 450 pesos
Bungalows María Cristina, Playa Pie de la Cuesta s/n, ☎ (744) 460 02 62 – 8 ch. ⌶ ⤬ ✗ 200 mètres après l'hôtel Parador de los Reyes, des chambres spacieuses, plus claires à l'étage, dont certaines avec une capacité pour 4 personnes. Accueil plaisant.

Hotel Nirvana, Playa Pie de la Cuesta #302, ☎ (744) 460 16 31, Fax (744) 460 35 73 – 7 ch. ⌶ ⤬ ⩊ ✗ L'entrée se fait par le jardin de l'hôtel Villa Roxana. Réparties autour d'un jardin fleuri et d'une piscine, les chambres présentent une jolie décoration, et l'une d'elles possède une charmante véranda face à l'Océan.

*Villa **Bahía Ancha***, carretera Barra de Coyuca/av. Ejército nacional km 17, ☎ (744) 482 36 28 – 7 ch. 🍴🎿✕⌁ ⌂ À l'entrée du village de Barra de Coyuca, un établissement bourré de charme et de caractère. Des objets récoltés aux quatre coins du monde ornent les chambres, chacune dans son style (ne manquez pas celle de Bouddha). Accueil des plus chaleureux.

De 500 à 700 pesos
Hacienda Vayma, Playa Pie de la Cuesta #378, ☎ (744) 460 28 82, Fax (744) 460 06 97, e-mail : vayma@vayma.com.mx – 20 ch. 🍴▤🎿✕⌁ ⌂ Dans ce charmant hôtel tenu par un couple franco-américain, les chambres, mignonnes, portent chacune un nom d'artiste (Tamayo, Mozart, Miró,. ..). Vous pourrez vous prélassez dans un hamac ou faire une partie de pétanque.

OÙ SE RESTAURER

• La vieille ville

Moins de 50 pesos
Les « comedores » installés dans le ***mercado Santa Lucía***, à côté de la Plaza de Toros (près de Playa Caleta) (Plan I B3), proposent une cuisine correcte à prix modérés.
Marino's Restaurante, Costera M. Alemán #344 (Plan II), ☎ (744) 482 63 01. Tlj 7 h-13 h/19 h-23 h. Entre le Zócalo et la calle Iglesia. Installé dans un patio sous un manguier, vous goûterez une cuisine mexicaine, sans surprise mais correcte. Un endroit agréable pour le petit-déjeuner et un accueil aimable.

De 50 à 80 pesos
Mariscos Nacho's, Azueta #7, à l'angle de calle Juárez (Plan II). Tlj 9 h-21 h 30. Dans une salle simple et aérée, on vous servira de bonnes spécialités de poisson et de fruits de mer.
Los Amigos, La Paz #10 (Plan II) 🍴 Tlj 8 h-23 h. À quelques mètres du Zócalo, les tables disposées sous les parasols de cette rue piétonne ne désemplissent pas. On vient y déguster des plats mexicains et des grillades généreusement servis.
100 % Natural, av. Costera M. Alemán #248 (Plan I B1), ☎ (744) 486 20 33. Tlj 8 h-23 h. Cette chaîne possède des établissements dans tout le Mexique.

Dans une salle à la décoration tropicale, vous savourerez des salades, des plats mexicains et une grande variété de jus de fruits frais.

De 80 à 130 pesos
Flor de Acapulco, B. Juárez #1, (Plan II) ☎ (744) 482 97 75. 🍴 🆑 Tlj 8 h-23 h. La terrasse surplombant le Zócalo est idéale pour observer la vie de la vieille ville. La carte variée propose des fruits de mer, du poisson et de nombreux plats nationaux. On peut se contenter d'y prendre un verre.
Pacos, La Quebrada #36 (Plan II), ☎ (744) 483 31 17. 🆑 Tlj 12 h-19 h. Décor marin, filets de pêche, vieilles photos d'Acapulco dans une grande salle recouverte d'un toit de palmes. La cuisine est fine et le service attentionné.

• Acapulco Dorado

De 80 à 130 pesos
Jacalito, dans une impasse partant de la Costera, à l'angle de l'hôtel Monaco (Plan I C1), ☎ (744) 486 65 12. Tlj 8 h-23 h. Son emplacement en fait un lieu reposant. Grand choix de plats mexicains, de fruits de mer et de viandes rouges à déguster sur un fond de piano (vendredi, samedi et dimanche soirs).

Plus de 130 pesos
Papagayo, Parque Papagayo (Plan I C1), ☎ (744) 486 09 96. 🆑 Tlj 8 h-20 h. Posée au milieu du lac, l'immense salle en palme et bambou offre une halte providentielle. Laissez-vous bercer par le bruit du jet d'eau, la musique zen et les allées et venues des canards et des poissons qui glissent à vos pieds.
Coco Loco, calle Hernan Cortés #41 (Plan I C1), ☎ (744) 485 07 01. 🆑 Tlj 7 h-23 h. Dans une petite rue partant de la Costera vers l'Océan, au niveau du Sanborn's café, un endroit enchanteur sur la plage. Dans une salle sobre et joliment décorée, goûtez le «pescado a la talla» (poisson d'1 kg ouvert en deux arrosé d'une sauce aux fruits de mer).
🐌 ***Le Bistroquet***, Andrea Doria #5 (Plan E2), ☎ (744) 484 68 60. 🍴 🆑 Tlj 18 h 30-23 h 30. La carte propose un choix de plats d'inspiration européenne, incluant notamment des escargots de Bourgogne ou des cuisses de grenouille. Le service est soigné, la clientèle huppée, le patio ravissant et la cuisine délicieuse.

• Pie de la Cuesta

De 30 à 50 pesos
Cevichería Ricardito, Playa Pie de la Cuesta s/n. Tlj 9 h-21 h. 200 m après les bungalows María Cristina, de l'autre côté de la route. Un étroit couloir vous conduira à une petite terrasse devant la lagune. L'ambiance est calme et familiale.

De 50 à 100 pesos
Tres Marías, Playa Pie de la Cuesta s/n. Tlj 9 h-20 h. Quelques mètres avant l'Hacienda Vayma. Excellents fruits de mer, mais il ne faut pas être trop pressé.

De 100 à 250 pesos
Tres Marías, Playa Pie de la Cuesta #375, ☎ (744) 460 00 13. 🛵 CC Tlj 8 h-19 h. Même propriétaire que le précédent. Fruits de mer et « antojitos » servis face au splendide panorama de la lagune.

OÙ SORTIR, OÙ BOIRE UN VERRE

Bars – **El Pulpo**, av. Costera M. Alemán #180 (Plan II). Tlj 20 h-3 h. À 50 m du Zócalo, face au port, l'un des plus vieux bar de la ville sert d'excellents cocktails très bon marché. Piste de danse avec juke-box. **El Galeón**, Iglesias #8 (Plan II). Tlj 11 h-4 h. Grande salle et arcades où le taureau et le football sont rois. Musique rock et mexicaine. **La Casa Blanca**, calle de La Paz #8 (Plan II). Tlj 19 h-2 h. Vous pouvez oser : ce n'est ni un bar à entraîneuses ni une vieille discothèque, juste un endroit kitsch et ringard avec canapés en skaï rouge, grands miroirs et néons bleus. Vaut le coup d'œil.

Discothèques – **Nina's**, av. Costera M. Alemán #2909 (Plan I E2). Tlj 23 h à 4 h. En venant du centre historique, 200 m après l'office du tourisme, de l'autre côté de l'avenue. Salsa, cumbia et merengue, groupe « live » à partir de 1 h. Entrée 200 pesos, « barra libre » (boisson à volonté). **Palladium**, Carretera Escénica. 21 h 30-6 h, sauf lundi et mercredi. Construite devant une grande baie vitrée de 100 m² avec vue plongeante sur la baie. Musique techno, house, hip hop et transe. Entrée 280 pesos. **Enigma**, carretera Escénica. 22 h 30-6 h, sauf les dimanche, mardi et jeudi. Même style musical et même prix qu'au Palladium.

LOISIRS

Croisières – Face au Zócalo (Plan II), départs quotidiens de bateaux qui font le tour de la baie. Vous embarquerez à bord du **Bonanza**, du **Fiesta**, du **Hawaino** ou encore du catamaran **Aca Tiki** : orchestre, spectacle, danse, gros cœur rouge scintillant accroché au mât, pour les amateurs de « La Croisière s'amuse ». Env. 200 pesos par personne.

Parcs aquatiques – **CICI**, av. Costera M. Alemán (Plan I E2) (à 500 m de l'office de tourisme), ☎ (744) 484 03 33. toboggans, piscine de vagues et possibilité de nager avec les dauphins. Tlj 10 h-18 h. **Mágico Mundo Marino**, entre les plages Caleta et Caletilla (Plan I B3), ☎ (744) 483 12 15/11 93 : aquarium, piscine avec toboggans et spectacles d'otaries. Tlj 9 h-18 h.

Plongée – Les clubs de plongée sont nombreux. À titre indicatif, **SDA**, Centro Comercial Las Palmas, local 25, ☎ (744) 482 68 20. Comptez env. 800 pesos par immersion.

Pêche – De nombreuses agences de pêche sportive, dont **Costa del Sur**, av. Costera M. Alemán, 100 Paseo del Pescador (Plan I A2) (juste après Playa Manzanillo), ☎ (744) 482 41 71.

Golf – **Club de golf d'Acapulco**, av. Costera M. Alemán (Plan I DE-1), ☎ (744) 484 07 81. Dans l'Acapulco Dorado, parcours 9 et 18 trous.

Tennis – **Club de tennis Hyatt**, av. Costera M. Alemán (Plan I D1), ☎ (744) 484 84 25. 80 pesos de l'heure, tlj 7 h-23 h.

Saut à l'élastique – Pour les amateurs de sensations fortes, rendez-vous au sommet de la grue, av. Costera M. Aleman #107, Playa Condesa (Plan I D1). Env. 500 pesos le premier saut.

Parachutisme ascensionnel – Au départ de la plage Condesa.

ACHATS

Artisanat – **El Parazal**, le marché principal de la ville, assez complet mais relativement cher, se trouve entre calle De León et calle Acacias (Plan I B1). Tlj 10 h-19 h. Le marché **Noa Noa**, sur Costera M. Alemán (Plan I B1), est davantage fréquenté par le tourisme national : tlj 12 h-22 h.

Acapulco pratique

LA CÔTE PACIFIQUE★
D'ACAPULCO AUX BAHÍAS DE HUATULCO
États de Guerrero et de Oaxaca
Env. 520 km d'Acapulco aux baies par la route fédérale 200
Voir carte régionale p. 242

À ne pas manquer
L'ambiance décontractée de Chacahua.
Le coucher de soleil sur la plage Zicatela de l'hôtel Arcoiris.

Conseils
La baignade dans le Pacifique est dangereuse, soyez très prudent.
Un véhicule particulier facilite la visite de la région.
Passez la nuit sur la baie de Chacahua, pour profiter de la plage
et faire une balade en « lancha » sur la lagune.

Sur les 3 000 km du nord du Mexique (Guamuchil) à El Salvador, la **carretera del Pacífico** change régulièrement de physionomie. Entre Acapulco (*voir p. 245*) et les baies de Huatulco, on traverse une plaine coincée entre la chaîne de la Sierra Madre del Sur et l'Océan. Après les quatre axes saturés d'Acapulco, les voies se resserrent rapidement pour ne former qu'une étroite route à double sens, empruntée par les files de camions. Cette partie de l'État de Guerrero, pauvre et peu touristique, n'a pas connu l'effervescence des grandes stations balnéaires comme en témoignent les constructions en bois et en palme qui jalonnent le trajet. Après la localité de Cuajinicuilapa, commence l'État de Oaxaca doté d'un littoral plus développé et plus attrayant, qui ravira les amateurs de belles plages et de farniente.

La terre des Mixtèques
Ce tronçon côtier, appelé Mixteca de la Costa (« terre des Mixtèques de la côte »), fut peuplé au 13ᵉ s. par les Indiens **mixtèques**, connus pour leur travail de mosaïques de pierre, de céramique polychrome et d'orfèvrerie. En s'installant principalement dans la vallée de Oaxaca, ils détrônèrent la puissance zapotèque, et leur domination s'acheva à l'arrivée des Aztèques au début du 15ᵉ s. Aujourd'hui, cette région, essentiellement habitée par des *mestizos* (nés de Mixtèques et de Mexicains), comporte également, près de la lagune de Chacahua, une population métissée entre Africains et Indiens, les **Afromestizos**. Parmi les diverses hypothèses avancées sur leur origine, deux d'entre elles sont vraisemblables : la première fait état d'un navire marchand des États-Unis transportant des esclaves de divers pays africains, qui s'échoua sur la côte Pacifique au début du 19ᵉ s. La seconde thèse mentionne des Nigérians, échappés des mines et des champs de canne à sucre après avoir été amenés par des navires espagnols.

Une diversité économique
Le sol fertile, le climat chaud et humide en font une région propice à l'agriculture. Les exploitations de bananes, de mangues, de pastèques, de noix de coco – dont on extrait le coprah –, de maïs, de café, de cacao, de canne à sucre et de coton constituent la principale source de revenus de la région, notamment dans l'État de Guerrero. L'élevage tient également une place importante dans l'économie régionale. Au début du siècle, le café et le coprah étaient acheminés à dos de mule jusqu'à Puerto Escondido. Chargées sur des bateaux venant de Puerto Ángel, les denrées étaient exportées vers l'Europe et les États-Unis. Depuis la fin des années 60, les marchandises sont envoyées dans l'État de Veracruz et expédiées du Golfe du Mexique. Les ports du Pacifique ont alors mis l'accent sur leur activité de pêche et augmenté leur capacité touristique en développant d'importants complexes, dont les Bahías de Huatulco sont le meilleur exemple.

Le littoral entre Acapulco et Puerto Ángel

470 km 6h de trajet en voiture.

Le long de la Costa Chica («petite côte»), qui s'étend du sud-est d'Acapulco à quelques kilomètres au-delà de Puerto Ángel, chacun trouvera son bonheur, du routard fauché au nudiste en passant par l'amateur d'ornithologie ou le fou de surf.

■ **Le Parque Nacional de las Lagunas de Chacahua**★★ – *À San José del Progreso, au km 311 de la route fédérale 200 en venant d'Acapulco, prenez à droite par le chemin de traverse (impraticable pendant la saison des pluies) jusqu'au village de Chacahua, situé à 29 km. Des «lanchas» traversent le bras de mer jusqu'aux «cabañas», installées sur la plage de Chacahua, face au Pacifique.*

Vous pourrez parcourir en «lancha» les eaux calmes des lagunes de **Chacahua**, de **Pastoría** et de **Tianguisto**, soit une partie des 13 ha du parc national *(au départ de Chacahua et de Zapotalito).* Des canaux délimités par des palétuviers s'ouvrent sur des plans d'eau où plus de 130 variétés d'oiseaux, de reptiles, dont des crocodiles, de mammifères et d'amphibiens évoluent au milieu de la mangrove. Des îlots accueillent des aigrettes, des mouettes, des ibis et d'autres espèces qui viennent s'y reproduire à l'abri des prédateurs. Profitez-en pour passer un peu de temps sur **Playa de Chacahua**, une immense plage de plus de 12 km de long. C'est l'endroit rêvé pour se relaxer dans un hamac ou déguster un poisson frais à l'ombre d'une *palapa*, un peu moins pour se baigner en raison de la violence des vagues.

Vous pouvez repartir par San José del Progreso (voir ci-dessus), où des bus en provenance d'Acapulco passent toutes les heures sur la route fédérale. L'autre solution permet de traverser les lagunes de Chacahua et de Pastoría en «lancha» jusqu'au village de Zapotalito. Au bout de 5 km, vous atteignez la route fédérale, qui conduit à gauche à San José del Progreso (20 km) et à droite à Río Grande (10 km).

■ **Puerto Escondido**★ – *55 km de Río Grande.* En 1930, Punta Escondida («pointe cachée») devint Puerto Escondido. L'exportation du café et la construction de routes contribuèrent largement à développer son statut de port. À la fin des années 60, alors que l'activité commerciale déclinait, les premiers étrangers, surtout des surfeurs, commencèrent à s'intéresser au lieu. En 30 ans, Puerto Escondido a vu sa population se multiplier par dix grâce à l'essor du tourisme, sans pour autant perdre son atmosphère détendue.

Une tortue Luth

G. de Benoist/MICHELIN

La côte Pacifique

En traversant cette localité construite à flanc de colline, la route côtière sépare la partie haute, rythmée par la vie locale quotidienne, de la partie basse, plus touristique. L'activité de cette dernière s'organise autour de l'avenue Pérez Gasca, connue sous le nom d'**Adoquín** (pavé). En fin de journée, cette voie piétonne, jalonnée de boutiques, de restaurants et de bars, résonnent de dialectes italiens – le tourisme transalpin est considérable –, de reggae, de rock et de salsa.

En contrebas, la baie principale abrite deux plages, où il fait bon se baigner : la pittoresque **Playa Principal** et **Playa Marinero**, un peu moins fréquentée. Dans leur continuité, à l'est, **Playa Zicatela**, réputée pour ses vagues, attire les amateurs de **surf**, mais la baignade y est dangereuse. Pour nager, vous devrez rejoindre les plages **Manzanillo** et **Angelito***★* (*15 mn à pied du centre*), au creux d'une anse protégée par le relief de la côte. Plus à l'ouest, nichée dans une petite crique, **Playa Carrizalillo**★★ est accessible à pied (*40 mn*) ou en voiture du centre-ville (*de l'Adoquín, prenez la Carretera Costera à gauche jusqu'à l'av. Miguel Hidalgo, la 2ᵉ avenue à gauche, et suivez la petite route sur la droite jusqu'à la côte*) : avec ses cocotiers et son sable fin, la plus « privée » des plages est un véritable coin de paradis.

De Puerto Escondido, suivez la route fédérale 200 vers l'est pendant 68 km. Au carrefour de Pochutla, tournez à droite pour rejoindre Puerto Ángel situé à 9 km.

■ **Puerto Ángel**★ – Comme pour Puerto Escondido, la chute de l'exportation du café et du coprah a contribué à la reconversion de Puerto Ángel vers la pêche et le tourisme. Ce village paisible aux maisonnettes étagées sur une colline a su conserver une ambiance simple et chaleureuse.

Dès l'aube, rendez-vous sur **Playa Principal** pour observer les pêcheurs s'affairer près de leur barque avant de prendre la mer. La journée, vous choisirez plutôt **Playa del Panteón**★, de l'autre côté de la baie, pour vous baigner.

Sur la route de Pochutla (*300 m après Puerto Ángel*) débute à droite un chemin (*700 m*) qui conduit à **Playa Estacahuite**. Le récif corallien de cette plage dessinée par trois anses permet la pratique de la plongée libre.

Si vous recherchez le calme, vous trouverez votre bonheur à **Playa Boquilla**★★, accessible par un petit chemin au croisement d'Arroyo Cruz (*à 6 km de Puerto Ángel*) sur la route de Pochutla.

De Puerto Ángel, longez la côte vers l'ouest pendant 6 km jusqu'à Zipolite.

■ **Playa Zipolite**★ – Avec son sable doré et ses eaux cristallines, aux tonalités de vert et de bleu, cette plage fut l'une des destinations mythiques du mouvement hippie des années 70. Quelques décennies plus tard, les routards continuent d'y refaire le monde dans des *cabañas* en bois et en bambou. Idéale pour le surf, dangereuse pour la baignade, Zipolite garde un côté sauvage voire indompté. C'est également l'une des seules plages où l'on peut pratiquer le **nudisme** au Mexique.

Continuez la route côtière pendant 5 km.

■ **El Mazunte** – Noyé dans la végétation tropicale, ce village de bord de mer est un haut lieu de rendez-vous des routards. Ici aussi, le quotidien alterne entre baignade, bronzage, jeux de cartes, soirées guitare et lecture dans un hamac.

Si paisible en apparence, El Mazunte a pourtant connu bien des tourments. Le 8 octobre 1997, l'**ouragan Pauline**, suivi par Rick un mois plus tard, frappait de plein fouet cet endroit de la côte, avec des vents à plus de 200 km/h : un drame pour ce village déjà en proie à une crise profonde depuis l'interdiction de la chasse à la tortue marine (voir encadré).

Ironie de l'histoire, El Mazunte s'est désormais forgé une réputation pour son action en faveur de la protection des tortues grâce au **Centro Mexicano de la Tortuga*** (10 h-16 h 30 ; dimanche 10 h-12 h 30 ; fermé le lundi. Entrée payante incluant la visite guidée obligatoire ; en espagnol uniquement ou en anglais pour des groupes importants. 45 mn). Au cours d'une visite très enrichissante, vous observerez les différentes espèces, regroupées par âges dans plusieurs bassins. Régulièrement, le personnel procède, sur la plage, à la libération de tortues nées dans le centre : un spectacle très émouvant qui permet de sensibiliser les enfants à la menace qui pèse sur les espèces.

À 2 km à l'ouest du village, s'avance dans l'Océan **Punta Cometa**, la pointe la plus méridionale du Mexique, l'un des rares endroits qui permettent d'assister aussi bien aux levers qu'aux couchers du soleil.

Rejoignez le croisement de Pochutla, tournez à droite sur la route fédérale et suivez la côte pendant 46 km. Tournez à droite en direction de La Crucecita et de Santa Cruz Huatulco

Le « miracle de Mazunte »

À partir du début des années 70, les tortues marines, alors nombreuses sur les plages de la région de Oaxaca, furent envoyées en série à l'abattoir du village de San Agustinillo, voisin de Mazunte. En une vingtaine d'années, la plupart des espèces furent menacées d'extinction – sept des huit espèces de tortues marines du monde vivent ou pondent sur les côtes mexicaines. Face à cette situation alarmante, une loi fédérale en interdit la pêche en 1990. Des écologistes tentèrent de sauver le littoral en mettant sur pied divers programmes associant les familles d'anciens pêcheurs, désormais privés de leur seule source de revenus. Le « miracle de Mazunte », projet de l'ONG Ecosolar soutenue par la fondatrice du Body Shop, aboutit à la construction d'une usine de cosmétiques naturels (voir « Achats »).

La côte Pacifique

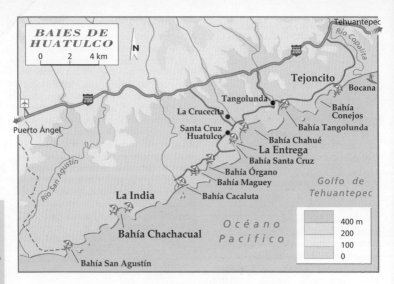

Les Bahías de Huatulco★★

Comptez deux jours.

Vue du ciel, cette succession de baies, enclavées dans les contreforts de la Sierra Madre del Sur, est spectaculaire. C'est là que commencèrent, en 1984, les travaux d'aménagement d'une station balnéaire respectueuse de l'environnement. Parler des Bahías de Huatulco, c'est évoquer neuf baies, 36 plages et une infrastructure touristique divisée en trois parties : **La Crucecita★**, village créé de toutes pièces pour répondre au développement du complexe touristique ; le port d'origine de **Santa Cruz de Huatulco** entouré de grands hôtels modernes et **Tangolunda**, une zone hôtelière de catégorie supérieure. L'ensemble des constructions est malheureusement assez impersonnel et aseptisé, hormis La Crucecita dont les maisonnettes parviennent à restituer un semblant d'atmosphère mexicaine. Conçu pour accueillir un tourisme de masse plutôt aisé, Huatulco ne rencontre cependant pas le succès escompté.

En quittant la route fédérale 200, le bd Chahué traverse la Crucecita puis se divise en deux et prend le nom de bd B. Juárez. À droite il conduit à Santa Cruz (1,5 km), et à gauche il mène à Tangolunda (5 km).

Des baies préservées

Chaque baie, bordée par une végétation dense, abrite des plages de sable blanc et fin. **Chahué★** et **Santa Cruz★** *(accessibles à pied de La Crucecita et de Santa Cruz)* sont les plus fréquentées. Nichée dans la baie de Santa Cruz, **Playa La Entrega★★★** apparaît comme une jolie crique aux eaux calmes et bleutées, idéale pour nager ou s'adonner à la plongée libre. En allant vers l'ouest se succèdent **Órgano★★** et **Maguey★★**, deux baies que les bons marcheurs rejoindront à pied – également accessibles en voiture ou en *lancha*. Les eaux peu agitées de **Playa Maguey★★** attirent généralement beaucoup de monde. Seuls les bateaux accèdent à **Bahía Cacaluta★** *(baignade dangereuse)* et à **Bahía Chachacual★★★**, dotée d'une réserve écologique et de deux merveilleuses plages, **Playa de Chachacual★★** et la **Playa La India★★★**, ourlant toute la baie sur plus de 1,5 km. **San Agustín★★**, à l'extrémité ouest, est accessible par la route fédérale jusqu'au croisement de Santa María de Huatulco *(19 km)*. De là, un chemin part à gauche jusqu'à la baie *(16 km)*.

De l'autre côté de La Crucecita, vers l'est, vous rejoindrez en bus ou en voiture **Bahía Tangolunda**, la plus bétonnée de toutes les baies. Plus à l'est, **Bahía Conejos**** propose l'une des plages les plus intimes *(75 m de long)*, **Playa Tejoncito***** avec ses eaux peu profondes aux reflets bleu-vert. Les passionnés de surf suivront la côte vers l'est jusqu'à **Playa Bocana*** *(baignade dangereuse)*.

Les lagunes de Chacahua pratique

ARRIVER-PARTIR

En bus – Descendez soit à *San José del Progreso* soit à *Río Grande*. Dans le 1er cas, un pick-up (pas d'horaires officiels mais au moins un passage en fin de matinée et un en fin d'après-midi) se rend à Chacahua d'où vous traverserez le bras de mer en « lancha ». Dans le 2e cas, prenez un taxi collectif jusqu'à Zapotalito. De là des « lanchas » privées (400 pesos) ou collectives (30 pesos par personne, 10 passagers minimum) empruntent la lagune de Pastoría et celle de Chacahua jusqu'aux « cabañas ».

En voiture – Pas de bac pour les véhicules. Vous devrez le laisser à Chacahua si vous arrivez de San José del Progreso, ou à Zapotalito si vous êtes passé par Río Grande.

En minibus privé – Certaines agences de Puerto Escondido proposent une excursion pour les lagunes de Chacahua.

OÙ LOGER

Les « cabañas » sur la plage sont très proches les unes des autres. En bois et coiffées d'un toit de chaume, elles abritent en général 1 à 2 lits posés sur le sable et protégés par une moustiquaire. Les adresses citées disposent de certaines chambres au sol en ciment.

Autour de 90 pesos par personne
Palapa Brisa Tamar, à 150 m de l'Océan (l'une des plus à l'est).
Cabañas Arnulfo Nuco, sur la plage.
Juana, grandes « cabañas » côté lagune, près de l'arrivée des « lanchas ».

OÙ SE RESTAURER

Les restaurants également installés sur la plage proposent du poisson frais et des fruits de mer aux alentours de 50 pesos le plat. Parmi ceux-ci, **Frente al Mar, Siete Mares, Isa Mar**. Attention, ils ne servent plus après 20 h, sauf Frente al Mar (23 h).

Puerto Escondido pratique

ARRIVER – PARTIR

En avion – L'*Aeropuerto de Puerto Escondido*, ☎ (954) 582 04 91, se trouve Carretera Acapulco km 138, à l'ouest de Puerto Escondido, à 10 mn en taxi. Un vol par jour en provenance et à destination de Mexico, deux vols par jour pour Oaxaca, sauf jeudi, samedi, dimanche avec *Aerocaribe*, ☎ (954) 582 20 23. Des petits avions de 7 et 14 places assurent deux liaisons quotidiennes avec Oaxaca (*Aerovega*, ☎ (954) 582 01 51 ; *Aerotaxi*, à Oaxaca, ☎ (951) 515 72 70). Trajet entre l'aéroport et Puerto Escondido en taxi (env. 20 pesos).

En bus – Les cinq gares routières sont situées dans la partie haute de la ville, proches de la route fédérale. *Estrella Blanca/Futura*, angle av. Hidalgo et 1ra oriente, ☎ (954) 582 04 27, dessert Acapulco (6 h 30) toutes les heures de 5 h à 15 h en 2nde classe ; 8 bus entre 6 h 30 et 19 h pour Huatulco (2 h 30) ; trois départs en soirée vers Mexico (13 h) ; pour Pochutla (1 h 30), mêmes horaires que pour Huatulco. Connexions pour Puerto Ángel.
Cristóbal Colón, 1ra Norte #207, ☎ (954) 582 10 73, propose 7 bus pour Huatulco (2 h 30) via Pochutla (1 h 30)

de 8h45 à 21h30 ; 3 départs en soirée pour Mexico (13h) ; 2 départs en soirée pour Puebla (11h) ; 2 bus par jour vers Tuxtla Guttiérrez (12h).
Estrella Roja, av. Hidalgo #209, ☎ (954) 582 06 03 : 4 bus de nuit pour Oaxaca (7h). Pour Oaxaca également, 6 bus quotidiens au départ du terminal de bus **Transol**, angle av. Hidalgo et 1ra Oriente, ☎ (954) 582 03 92.
Líneas Unidades, av. Hidalgo #400, ☎ (954) 582 00 50, propose 3 départs le matin en 1re classe et plusieurs départs en 2nde classe pour Oaxaca (7h) ; un bus par jour vers Puebla (10h).
Les minibus pour **Pochutla** partent toutes les 20mn de 5h à 19h, à l'angle de la Carretera Costera et de l'av. Oaxaca (El Crucero).

COMMENT CIRCULER

En taxi – Véhicules stationnés à côté du bureau de l'office du tourisme du centre-ville.
Location de voitures – Budget, bd B. Juárez s/n, ☎ (954) 582 03 15. **Alamo**, av. Pérez Gasca #113, ☎ (954) 582 30 03.
Location de vélos et motos – Hango Club, av. Pérez Gasca. Tlj 9h-20h30

ADRESSES UTILES

Office de tourisme – SEDETUR se trouve à 3 km du centre-ville, angle bd B. Juárez et Carretera Costera, ☎ (954) 582 01 75. Lundi-vendredi 9h-14h/16h-18h, samedi 10h-14h. **Kiosque** d'informations, angle av. Pérez Gasca et calle Marina Nacional (mêmes horaires).

Banque / Change – Banamex, angle calle Unión et av. Pérez Gasca. Lundi-samedi 9h-14h. Vous trouverez des **casas de cambio** ouvertes jusqu'à 19h dans la rue piétonne.

Poste / Téléphone – Bureau de poste, service de fax, angle calle 7 Norte et av. Oaxaca, ☎ (954) 582 09 59 : lundi-vendredi 9h-15h, samedi 9h-13h. Téléphone et fax, av. Pérez Gasca #302, en face de la Banamex.

Internet – Coffeenet, av. Pérez Gasca #405. Lundi-samedi 9h-21h, dimanche 9h-15h.

Santé – Clínica de Especialidades del Puerto, av. Oaxaca. **Medical Services**, 1ra Norte et 2a Poniente : les médecins parlent anglais. **Cruz Roja**, ☎ (954) 582 05 50.

Numéros utiles – Police, ☎ (954) 582 01 55. **Pompiers**, ☎ (954) 582 01 55. En cas de problèmes divers, le **SEDETUR** assiste les touristes (voir « office de tourisme »).

Agence de voyages – Viajes Erickson, angle av. Pérez Gasca et av. Libertad, ☎ (954) 582 03 89.

Laverie – Lavomática del Centro, av. Pérez Gasca #405. 8h-20h, dimanche 8h-17h.

OÙ LOGER

La saison touristique s'étend de mars à avril, et pendant cette période la plupart des hôtels augmentent leur prix d'environ 20 %.

• **Centre-ville**

Moins de 70 pesos
Trailer Palmas de Cortes, angle Andador Azucena et av. Pérez Gasca, ☎ (954) 582 07 74. Petit camping ombragé de 60 emplacements, face à Playa Principal. Les sanitaires sont propres, le terrain entretenu et l'ambiance familiale.

De 100 à 150 pesos
Cabañas Pepe, Felipe Merklin, ☎ (954) 582 20 37 – 10 ch. ☏☒ De la Carretera Costera, descendez l'av. Pérez Gasca et prenez la 1re rue à gauche. Distribuées sur deux niveaux autour d'une cour ombragée en terre battue, les chambres mériteraient un petit coup de peinture. L'un des moins chers de Puerto Escondido.
Estación B cabañas, Marina Nacional #402, ☎ (954) 582 22 51, estacionb@hotmail.com – 10 ch. Dans l'av Pérez Gasca, pratiquement en face de la banque Banamex. Les maisonnettes en bois disséminées au milieu d'un joli jardin abritent des chambres simples et chaleureuses. Les livres et la table de ping-pong sont propices à la rencontre des voyageurs. Pour les budgets plus serrés, des hamacs sont à louer. Une très bonne adresse dans sa catégorie.

De 150 à 200 pesos
Posada Coco Beach, Felipe Merklin s/n, ☎ (954) 582 04 28 – 14 ch. ☏☒ Passez devant les Cabañas Pepe et descendez 150 m. De la terrasse fleurie,

vous traverserez la cuisine familiale pour accéder aux chambres, dont certaines ont vue sur l'Océan.

Hotel Castillo de Reyes, av. Pérez Gasca s/n, ☎ (954) 582 04 42 – 22 ch. ⌂ 🛏 🍴 À droite, après la rue Felipe Merklin. Cet hôtel de deux étages dispose de grandes chambres confortables. Établissement très bien tenu, très bon rapport qualité-prix.

Autour de 300 pesos

Hotel Mayflower, Andador Libertad s/n, ☎ (954) 582 03 67, Fax (954) 582 04 22, minnemay7@hotmail.com – 17 ch. ⌂ 🛏 🍴 CC Passé la Posada Coco Beach, tournez à droite au premier passage pour piétons. Réparties sur 3 étages le long de couloirs colorés, les chambres sont gaies, charmantes et disposent d'une terrasse. Établissement fréquenté par de nombreux voyageurs, qui s'échangent livres et bonnes adresses.

Autour de 800 pesos

Hotel Paraíso Escondido, Andador Unión #10, ☎ (954) 582 04 44 – 20 ch. ⌂ 📋 🛏 📺 🍴 🏊 Au début de la rue Felipe Merklin, tournez à droite dans le passage pour piétons. Cet établissement à l'architecture coloniale, agrémentée d'une touche mauresque, abrite aussi bien un orchestre d'animaux en pierre et des canards en fer forgé qu'une chapelle et un calendrier aztèque. Cet hôtel atypique dispose de belles chambres avec terrasse ouvrant pour la plupart sur l'Océan.

• **Playa Marinero**

Autour de 400 pesos

Flor de María, Playa Marinero, ☎ (954) 582 05 36, pajope@hotmail.com – 26 ch. ⌂ 🛏 🍴 🏊 CC À 50 m de la plage, cet hôtel de style colonial, au patio arboré et aux arcades peintes de fleurs colorées, est tenu par un couple de Canadiens très sympathique. Les chambres sont fraîches et décorées avec goût. Au dernier étage, la piscine offre une vue privilégiée sur le Pacifique.

• **Playa Zicatela**

Autour de 150 pesos

Rockaway, calle del Morro s/n, ☎ (954) 582 06 68, Fax (954) 582 24 20 – 14 ch. ⌂ 🛏 🍴 🏊 Des « cabañas » simples et confortables, autour de la piscine. Une bonne adresse pour ce type de budget.

Autour de 300 pesos

Hôtel Inés, calle del Morro s/n, ☎ / Fax (954) 582 07 92 – 40 ch. ⌂ 🛏 🏊 🏊 CC Ce charmant hôtel, avec une piscine construite au milieu d'un jardin tropical, dispose de chambres de 1 à 6 personnes. Les murs blancs et le mobilier en pierre orné d'azulejos leur donnent une allure méditerranéenne. Moins cher sans eau chaude.

Autour de 450 pesos

Hotel Arcoíris, calle del Morro s/n, ☎ / Fax (954) 582 20 432, arcoiris@ptoescondido.com.mx, www.qan.com/hotels/Arcoiris – 30 ch. ⌂ 🛏 🍴 🏊 🏊 CC L'aspect extérieur un peu massif est vite oublié lorsque l'on pénètre dans le jardin par des petites allées sinueuses et pavées. Les chambres, impeccablement tenues, sont jolies et spacieuses, et certaines bénéficient d'une des plus belle vues de Puerto Escondido.

Autour de 650 pesos

🏨 **Hotel Santa Fe**, calle del Morro s/n, ☎ (954) 582 01 70, Fax (954) 582 02 60, info@hotelsantafe.com.mx – 69 ch. ⌂ 📋 🛏 📡 📺 🍴 🏊 🏊 CC Très bel hôtel de style colonial dans un cadre arboré. De la première piscine, une série d'escaliers décorés d'azulejos montent aux chambres. Joliment aménagées, elles ne manquent ni d'espace ni de caractère.

• **Playa Carrizalillo**

Autour de 800 pesos

🏨 **La Hacienda**, Atunes 15, ☎ (954) 582 02 79, Fax (954) 582 00 96, hacienda@ptoescondido.com.mx, www.qan.com/RealEstate/LaHacienda – 6 ch. ⌂ 📋 🛏 🍴 🏊 Dans un quartier résidentiel, à 5 mn à pied de la plage Carrizalillo. Une charmante demeure avec jardin tenue par un couple de Français. Le plus grand soin a été apporté à la décoration raffinée des appartements. Chacun d'eux aménagés différemment comprend une chambre et une salle à manger. Un lieu enchanteur, idéal pour se reposer.

OÙ SE RESTAURER

• **Centre-ville**

Moins de 60 pesos

Super-Café Puro, Andador Soledad s/n, ☎ (954) 582 03 34 🍴 Tlj 8 h-20 h. Dans la rue piétonne en face du kiosque d'informations. Sur une terrasse dominant le Pacifique, les sets de table à fleurs, les dossiers de chaise en skaï rouge et les fanions de couleurs raviront les amateurs de kitsch. La carte propose une variété de plats mexicains à prix modiques. Bon accueil.

Cafetería Cappuccino, av. Pérez Gasca s/n (côté plage), ☎ (954) 582 03 34. Tlj 7 h-minuit. Dans un cadre simple – toit de palme et photos de la révolution mexicaine aux murs –, on sert des crêpes, des sandwiches, des salades et des formules petit-déjeuner.

Doña Claudia, av. Pérez Gasca s/n. 8 h-18h/20h-22 h. À proximité du kiosque de tourisme dans la partie non piétonne. Un des rares restaurants de la rue à ne servir que de la cuisine mexicaine, dans un décor modeste. Goûtez les délicieuses « empanadas ». Clientèle locale et touristique.

De 60 à 120 pesos
La Galería, av. Pérez Gasca s/n, ☎ (954) 582 20 39. Tlj 8 h 30-minuit. Sur l'Adoquín, près de l'office de tourisme. De nombreux tableaux d'artistes sont exposés dans ce restaurant italien. Grande variété de sandwiches, les pizzas et l'expresso sont très bons.

Bananas, av. Pérez Gasca s/n, ☎ (954) 582 00 05 🍴 Tlj 8h-20h. Au bout de l'Adoquín à droite, à l'opposé de l'office du tourisme. Restaurant animé sur fond de musique salsa, qui sert de la bonne cuisine italienne dans un cadre aéré.

Da Claudio, Andador Azucena s/n, ☎ (954) 582 00 05. Tlj 12h-23h. Derrière le restaurant Bananas, un cadre agréable au bord de la plage et un service attentionné. Tous les soirs à 20h, vous pourrez dîner en regardant « Puerto Escondido », le film de Gabriele Salvatores qui, pour certains, aurait déclenché l'immigration italienne dans cette localité. Dans la salle du restaurant trône d'ailleurs le juke-box, prêté par le propriétaire pour les besoins du tournage.

Autour de 150 pesos
Junto al Mar, av. Pérez Gasca #600, ☎ (954) 582 12 72 cc Tlj 8 h-minuit. Près du kiosque touristique. Vous dégusterez des spécialités de fruits de mer et de poissons dans une agréable salle fleurie et ombragée face à la plage.

• **Playa Zicatela**
De 40 à 100 pesos
Cafecito, calle del Morro, ☎ (954) 582 05 16 🍴 cc Tlj 8h-22h. Le mobilier en bois, les murs ocre et l'éclairage à la bougie donnent à ce restaurant une ambiance chaleureuse. Cet établissement branché propose de la cuisine végétarienne et des plats mexicains de qualité. Une bonne adresse.

Autour de 200 pesos
Santa Fe, calle del Morro s/n, ☎ (954) 582 01 70 🍴 cc Tlj 7h-23h. Sur une des terrasses de l'hôtel du même nom, calé dans un fauteuil face à l'Océan, vous apprécierez le cadre et le service attentionné en dégustant de délicieuses spécialités de poissons et de fruits de mer.

OÙ SORTIR, OÙ BOIRE UN VERRE
Disponible dans les établissements touristiques, le mensuel gratuit **El Sol de la Costa**, en anglais et en espagnol, consacre une grande partie de ses pages aux lieux de divertissement et aux activités culturelles.

Bars – *Un Tigre @zul*, av. Pérez Gasca s/n, ☎ (954) 582 29 54, tlj 8h-23h. Dans le même bâtiment que El Sol y la Rumba, une terrasse surmontée d'un toit de palme surplombe d'un côté l'Adoquín et de l'autre la plage. Mobilier de toutes les couleurs et pop américaine en fond sonore. Pour prendre un verre ou combler un petit creux. *El Sol y la Rumba*, av. Pérez Gasca, tlj 20h-3h. Ce bar-salle de concert programme un groupe de reggae tous les soirs à partir de 22 h 30. Ambiance chaleureuse.

Discothèque – *Tequila Sunrise*, av. Marina Nacional s/n, (954) 582 13 49. Mercredi-dimanche 22h-4h. Rock, merengue, salsa et reggae sont à l'honneur dans cette discothèque en plein air face au Pacifique, où se retrouvent les jeunes Mexicains.

LOISIRS

Excursions – Le programme des activités varie peu d'une agence de voyages à l'autre, pour la plupart situées sur l'Adoquín : visite des lagunes de Chacahua, de Manialtepec, du centre mexicain de la tortue à Mazunte, des baies de Huatulco ou de la cascade de la Reforma à pied ou à cheval. *Zicatela Dorada*, angle av. Pérez Gasca et andador Gloria, ☎ (954) 582 19 26. La responsable du kiosque de tourisme organise des visites guidées de Puerto Escondido les mercredi et samedi.

Équitation – Location de chevaux sur Playa Marinero.

Surf – Les maîtres nageurs de Playa Zicatela enseignent le surf (env. 150 pesos l'heure).

Plongée – Parmi les différents clubs, *Adventura Submarina & Diving*, av. Pérez Gasca, ☎ (954) 582 08 69.

Pêche – *Sociedad Cooperativa Punta Escondida*, av. Pérez Gasca s/n, ☎ (954) 582 69 11, organise des sorties en mer de pêche sportive.

Puerto Ángel pratique

ARRIVER-PARTIR

En avion – Les deux aéroports les plus proches se trouvent à Puerto Escondido (77 km) ou à Huatulco (45 km).

En bus – En l'absence de gare routière à Puerto Ángel, rendez-vous à *Pochutla* à 12 km – pensez à vous renseigner dès votre arrivée à Pochutla sur les horaires de bus. Des taxis collectifs (env. 10 pesos par personne), stationnés au bout de l'av. Principal, des taxis privés (env. 70 pesos) ou des bus, toutes les 20 mn de 6 h à minuit, relient les deux localités.

Les quatre principales gares routières de Pochutla sont à quelques mètres les unes des autres, dans la rue principale (Cárdenas). 4 bus de nuit pour Mexico (13 h) ; 5 départs pour Oaxaca (6 h) ; 4 bus pour Puebla (10 h) ; 2 bus pour San Cristóbal de las Casas (12 h) via Tuxtla Gutiérrez (10 h) ; 3 départs pour Acapulco (8 h).

COMMENT CIRCULER AUX ENVIRONS

En bus – Toutes les 1/2 h pour Huatulco de 5 h 30 à 19 h ; toutes les 30 mn de 5 h à 21 h pour Puerto Escondido.

En taxi – C'est le seul moyen pour se rendre à Zipolite et El Mazunte. Il est fortement déconseillé de se rendre à Zipolite à pied, surtout le soir, où les agressions sont courantes.

ADRESSES UTILES

Office de tourisme – *Agencia Municipal*, calle Principal s/n. 9 h-14 h/17 h-20 h, sauf dimanche.

Banque / Change – Pas de banque à Puerto Ángel. *Bital*, av. Cárdenas, Pochutla. Lundi-vendredi 9 h-17 h 30 et distributeur automatique.

Poste / Téléphone – La poste se trouve à côté de l'Agencia Municipal, lundi-vendredi 8 h 30-15 h. Pour les appels internationaux, *Caseta Galapagos*, calle del Panteón.

Internet – *Caseta Galapagos*, calle del Panteón. Également service de fax, tlj 8 h-22 h.

Santé – *Docteur Constencio Apariso*, ☎ (958) 584 30 58.

Numéros utiles – *Police*, ☎ (958) 584 32 07. *Armada de México*, ☎ (958) 584 30 40, aide les touristes en cas de problèmes divers.

OÙ LOGER

De mars à avril les prix peuvent augmenter de 20 %.

Moins de 120 pesos
Casa de Huéspedes Leal, ☎ (958) 584 30 81 – 7 ch. ⌐ 丈 En face de la base navale, suivez l'indication « Gundy y Tomás ». Cet hôtel familial n'a rien de particulier, si ce n'est son prix peu élevé. Les chambres spartiates sont propres, mais certaines sentent l'humidité.

De 150 à 200 pesos
Posada Rincón sabroso, ☎ (958) 584 43 095 – 10 ch. ⌘ ✗ Dans le 2ᵉ virage après le quai en arrivant de Pochutla. Sur une colline surplombant Playa Principal, belle maison de deux étages aux chambres gaies avec hamac sur la terrasse. Accueil chaleureux.

Gundy y Tomás, ☎ (958) 584 30 68 – 9 ch. ✗ En face de la base navale. Perchés sur la colline, face à Playa Principal, des cabanons, décorés avec goût, un peu plus chers avec salle de bains. Un endroit fréquenté par de nombreux routards. Une bonne adresse.

Autour de 250 pesos
Casa Penelope's, cerrada de la Luna s/n, ☎ (958) 584 30 73 – 4 ch. ⌘ ✗ À la sortie de Puerto Ángel, sur la gauche, en direction de Zipolite. Légèrement excentrée, cette agréable maisonnette est construite à flanc de colline. Les murs en brique rouge abritent des chambres simples et mignonnes. Un endroit calme, propice au repos. Bon accueil.

OÙ SE RESTAURER
De 50 à 100 pesos
Villa Florencia, ☎ (958) 584 30 44. ☕ Tlj 7 h-23 h Juste après l'hôtel Posada Rincón Sabroso. Assis sous les ventilateurs de l'une des deux voûtes de la terrasse, vous dégusterez la cuisine mexicaine et italienne de ce restaurant prisé des touristes.

Hard Times. ☕ Tlj 6 h-23 h. En sortant de Puerto Ángel en direction de Zipolite, sur la droite après le 1ᵉʳ virage. Dans un jardin à flanc de colline, un endroit calme et authentique où sont servis des plats simples mais bien cuisinés : brochettes de poisson et de poulet, poisson « empanizado » (pané) mais aussi des pizzas.

Rincón del Mar. Tlj 9 h-22 h. Empruntez le passage dallé (« andador turístico »), entre Playa Principal et Playa del Panteón, le restaurant se trouve à la pointe nord de Playa Principal. Construit sur un rocher qui domine l'Océan, cet établissement bénéficie d'un des meilleurs emplacements de Puerto Ángel. Bonne cuisine mais portions peu copieuses.

Autour de 120 pesos
Cordelia's, Playa del Panteón, ☎ (958) 584 31 09. ☕ Tlj 7 h-23 h. La carte très variée navigue entre poissons, fruits de mer, viandes et spaghettis. Ce restaurant, fréquenté surtout à l'heure du déjeuner, est très apprécié des Mexicains le week-end.

LOISIRS

Plongée – Azul Prufundo, Playa del Panteón, loue du matériel et propose deux excursions en bateau : l'une pour voir les dauphins et les tortues, l'autre les crocodiles…

Pêche – Au départ de Playa Principal, à 5 h du matin, avec les pêcheurs.

El Mazunte pratique

ARRIVER-PARTIR

En bus – Sur la ligne Puerto Escondido-Pochutla (voir « Puerto Escondido pratique »), descendez à San Antonio. De là, des « camionetas » se rendent à El Mazunte.

En taxi – De Puerto Ángel, seuls des taxis collectifs se rendent fréquemment à Mazunte.

OÙ LOGER

Tous les cabanons de la plage se caractérisent par la même absence de confort, une ambiance décontractée et des « palapas » où installer sa tente ou accrocher son hamac.

De 100 à 150 pesos
Cabañas Ziga, extrémité est de la plage (tout près du centre de la Tortue) –

10 ch. ✗ 🛁 Parmi ces quelques chambres, spartiates, choisissez celles qui se trouvent au-dessus du restaurant pour bénéficier d'une vue imprenable sur l'Océan. Atmosphère familiale.

Autour de 300 pesos

😋**Posada Alta Mira**, cerro del Panteón, ☎ / Fax (958) 584 31 04 (réservation à l'hôtel La Buena Vista, Puerto Ángel) – 7 ch. 🔆 ✗ Accès par l'escalier situé à l'extrémité ouest de la plage ou en voiture par le chemin qui part du restaurant Dolce Vita. Dans des bungalows, construits à flanc de colline, de ravissantes chambres avec mezzanines (pouvant accueillir 4 personnes) s'ouvrent sur des terrasses face à l'Océan.

OÙ SE RESTAURER

Tous les cabanons de la plage servent des crustacés et du poisson, à savourer les pieds dans le sable. Pour varier les plaisirs, essayez les restaurants de la rue principale.

De 30 à 60 pesos

Aldea de Cocos, calle Principal (presque en face du centre de la Tortue). 8 h-22 h, sauf le lundi en basse saison.

Avec son menu à moins de 30 pesos, l'un des restaurants les moins chers du village s'est spécialisé dans les produits de la mer… et le poulet! Le propriétaire vous fournira de précieuses informations sur la région – il est l'auteur d'un guide très complet sur Mazunte, qu'il ne désespère pas de voir publier un jour.

De 50 à 80 pesos

La Dolce Vita, calle Principal (après la boutique de cosmétiques en venant de San Antonio) 🏠 15 h-22 h sauf le lundi. Sur une ravissante terrasse ouverte sur la rue, vous dégusterez des pizzas cuites au feu de bois (à partir de 18 h), de bonnes pâtes et des salades italiennes.

ACHATS

Cosmétiques – Dans la rue principale, à l'entrée du village en venant de San Antonio, la boutique **Cosméticos Naturales de Mazunte** vend des lotions pour le corps, du shampooing, du savon etc. Une formule originale pour venir en aide aux familles d'anciens pêcheurs de tortues. Tlj 9 h-16 h.

Bahías de Huatulco pratique

ARRIVER – PARTIR

En avion – L'aéroport, ☎ (958) 581 90 99, se trouve à 19 km au nord-ouest de La Crucecita sur la route fédérale 200. **AeroMéxico**, ☎ (958) 581 90 25, assure 2 vols par jour en provenance et à destination de Monterrey et de Veracruz. **Mexicana**, ☎ (958) 581 90 07, relie, 2 fois par jour, Acapulco, Cancún, Guadalajara, Los Cabos, Mérida, Mexico, Oaxaca, Tijuana, Tuxtla Gutiérrez, Chicago, Ciudad de Guatemala, Montréal, et Toronto.

De l'aéroport seuls des taxis collectifs (70 pesos par personne) ou privés (340 $) rejoignent Bahías de Huatulco. Pour aller à l'aéroport, des bus partent toutes les 1/2 h de la Plaza Principal à La Crucecita. Le tarif des taxis est d'env. 100 pesos.

En bus – Les trois gares routières se trouvent à La Crucecita. **Estrella Blanca**, ☎ (958) 587 01 03, angle calles Gardenia et Palma Real : 4 départs pour Acapulco (9 h), un bus pour Mexico (14 h). **Cristóbal Colón**, ☎ (958) 587 02 61, angle calles Gardenia et Ocotillo : un départ pour Mexico (14 h) ; un bus de nuit pour Oaxaca (8 h) ; 2 bus pour San Cristóbal de Las Casas (11 h) ; 2 bus pour Tuxtla Gutiérrez (9 h). **Estrella del Valle**, ☎ (958) 587 01 93, calle Jazmin e/bd Chahué et calle Sabali : un départ pour Mexico (14 h) ; un bus pour Oaxaca (8 h) et un pour Puebla (10 h). **Transportes Rápidos**, bd Chahué, relie Pochutla (Puerto Ángel) toutes les 1/2 h entre 5 h 30 et 19 h.

**COMMENT CIRCULER
ENTRE LES BAIES**

En bus – Pour Santa Cruz et Tangolunda, départ de l'av. Oaxaca à La Crucecita.

En taxi – Les véhicules sont stationnés
sur l'av. Oaxaca, à La Crucecita.

Location de voitures – _Budget_, angle
calle Ocotillo #404 et calle Jazmin, La
Crucecita, ☎ (958) 587 00 10.

**Locations de vélos et motos – _Bu-
ceo Sotavento_**, Plaza Oaxaca, au
1er étage loue des vélos, ☎ (958)
587 13 89. _Hotel Plaza Conejo_ (voir
« Où loger ») loue motos et voitures.

ADRESSES UTILES

Office de tourisme – _SEDETUR_, bd
B. Juárez s/n, Tangolunda, ☎ (958)
581 01 76, sedetur6@oaxaca.gob.mx.
Lundi-samedi 8h-17h. Également un
kiosque sur la Plaza Principal de La Crucecita, lundi-vendredi 9h-14h/16-19h,
samedi 9h-13h.

Banque / Change – À La Crucecita,
Bancrecer, av. Bugambilia, change du
lundi au vendredi, 9h-17h. À Santa
Cruz, _Banamex_, bd Santa Cruz, lundi-
vendredi 9h – 15h, samedi 9h-12h. Les
deux banques sont équipées de distributeurs automatiques.

Poste / Téléphone – Le bureau de
poste se trouve à La Crucecita, bd Chahué (à 400 m à l'est de la Plaza Principal). Lundi-vendredi 9h-18h,
samedi 9h-13h. Pour les appels internationaux, av. Bungambilia #501, tlj 8h-
22h.

Internet – Dans les locaux de l'_Hotel
Plaza Conejo_ (voir « Où loger »).

Santé – _Central Medical Huatulco_,
calle Flamboyant #205, ☎ (958)
587 01 04 ; _Cruz Roja_, ☎ (958)
587 11 88.

Agence de voyage – _Bahías Plus_, av.
Carrizal #704, La Crucecita, ☎ (958)
587 02 16. Représente également
American Express.

Numéros utiles – _Policía_, ☎ (958)
587 06 75. _Bomberos_ (« pompiers »),
☎ (958) 587 08 93.

Laverie – _Estrella_, angle av. Carrizal
et calle Flamboyant, lundi-samedi,
8h-21h.

OÙ LOGER

Les hôtels les moins chers sont à La Crucecita. Attention, de novembre à avril, la
plupart des établissements doublent
leurs prix.

• La Crucecita

De 150 à 220 pesos

**Posada de Rambo**, calle Guarumbo
#307, e/av. Bugambilia et av. Gardenia,
☎ (958) 587 09 58, rambohuat@
terra.com.mx. 9 ch. ⌖ ⌁ À 50 m de
la Plaza Principal. Autour d'une cour
intérieure, des chambres sobres et
grandes, qui manquent cependant de
luminosité. Le moins cher de sa catégorie.

**Hotel Posada del Carmen**, calle Paolo
Verde #307, ☎ (958) 587 05 93 – 9 ch.
⌖ ⌁ En partant du bd Chahué par l'av.
Gardenia, 3e rue sur la gauche. Malgré
un aspect extérieur peu engageant, cet
hôtel possède des chambres impeccables. Ambiance familiale, une bonne
adresse.

Autour de 350 pesos

**Hotel Plaza Conejo**, av. Guamúchil
#208, ☎ / Fax (958) 587 00 09 – 10 ch.
⌖ ⌁ ℘ TV ✕ Les chambres réparties
autour d'un patio couvert sont grandes
et bien aménagées. L'accueil est sympathique, et l'établissement peut fournir un
accès Internet.

De 450 à 600 pesos

**Hotel Misión de los Arcos**, av. Garde-
nia #902, ☎ (958) 587 01 65, Fax (958)
587 11 35, www.misiondelosarcos.com
– 13 ch. ⌖ ⌁ ℘ TV CC À deux pas
de la Plaza Principal, en empruntant l'av.
Gardenia sur la gauche. Cet hôtel tout
blanc, doté d'une grande salle de gymnastique, a pour mot d'ordre : santé et
propreté. Certaines chambres disposent
d'une terrasse.

**Hotel Flamboyant**, angle av. Gardenia
et calle Tamarindo, ☎ (958) 587 01 21,
flamboyant@correo.chiapas.com,
www.flamboyant.com.mx – 70 ch. ⌖
▤ ℘ TV ✕ ⌁ CC Sur la Plaza Principal, un des plus beaux hôtels de La

Crucecita autour d'un patio verdoyant. Des chambres spacieuses et rustiques dans un établissement de style colonial où le cadre prime malheureusement sur le confort des chambres.

• **Santa Cruz de Huatulco**

Autour de 750 pesos
Hotel Marlin, Paseo Mitla #107, ☎ (958) 587 00 55, Fax (958) 587 05 46, hmarlin@huatulco.net.mx – 29 ch. ⊿ 🖃 🖉 TV ✗ ⌇ CC Petit hôtel charmant dans lequel règne une atmosphère chaleureuse. Le plus grand soin a été apporté à la décoration et au confort de ses chambres gaies et colorées. L'établissement possède une boîte de nuit, où l'on vient danser de 22 h à 3 h du matin sur des musiques disco, salsa et reggae.

OÙ SE RESTAURER

• **La Crucecita**

De 40 à 80 pesos
Los Almendros, calle Cocotillo #207, ☎ (958) 587 06 45. Tlj 8h-21h. Prenez l'av. Bugambilia en laissant l'église sur votre droite, tournez à gauche dans la 4ᵉ rue. C'est ici qu'à midi se retrouvent une partie des employés de la ville. Petit restaurant décoré d'une fresque représentant les baies de Huatulco. Le service rapide et attentionné est à la hauteur de la qualité de la cuisine. Très bonne adresse.
El Pata, calle Flamboyant #101, ☎ (958) 587 17 50. ☇ Tlj 10h-21h. À l'extrémité de la place d'où partent les bus et les taxis pour Santa Cruz, face à la poste. Ce restaurant spécialisé dans les fruits de mer et le poisson est particulièrement prisé des locaux.

De 60 à 130 pesos
El Italiano Pizza e Pasta, av. Gardenia. Tlj 18h30-23h. À gauche, juste avant d'arriver sur la Plaza Principal. Le cadre est quelconque, mais le propriétaire italien prépare d'honnêtes pizzas et spaghettis.
El Sabor de Oaxaca, av. Guamuchil #206, ☎ (958) 587 00 60. Tlj 7h-minuit. Dans une rue perpendiculaire à la place centrale. Dans un cadre intime, un des très bons restaurants de Huatulco

mitonne des spécialités de l'État de Oaxaca. Profitez-en pour goûter aux « chapulines » (sauterelles).

Autour de 250 pesos
María Sabina, calle Flamboyant #306, ☎ (958) 587 16 97. Tlj 13h-23h. Sur une ravissante terrasse de la place centrale, vous dégusterez des poissons et des viandes grillés devant vous. Un des restaurants les plus chic de La Crucecita.

• **Santa Cruz de Huatulco**

Autour de 150 pesos
Sirocco, Playa Santa Cruz, ☎ (958) 587 09 41. Tlj 9h-1 h. À côté du port de Santa Cruz, un lieu sobre et élégant face à la plage. La carte propose des crêpes, du poisson, des fruits de mer, des plats cuisinés au feu de bois et des spécialités françaises, comme les pâtes au roquefort ou la salade niçoise. Groupe tous les soirs (sauf le dimanche) à partir de 21h30. Très bonne adresse.

LOISIRS

Excursions – Adressez-vous au kiosque de l'**Unión de Lancheros Libres de Huatulco**, port de Santa Cruz : visite des baies de Huatulco (sauf Tangolunda et Conejos) en catamaran ou en « lancha ».

Plongée – Parmi les écoles de plongée, **Buceo Sotavento**, Plaza Oaxaca, local 18, La Crucecita, ☎ (958) 581 00 51, jouit d'une bonne réputation.

Rafting – De mars à fin août, le faible niveau des eaux du río Copalita n'autorise pas la pratique du rafting. **Piraguas Aventuras**, Plaza Oaxaca, local 19, La Crucecita, ☎ (958) 587 13 33, est recommandée par l'office du tourisme.

Quad – L'agence **Jungle Tour**, Hotel Gala Resort, Tangolunda, ☎ (958) 581 04 91, vous emmène en excursion en forêt en moto à quatre roues.

Équitation – Rancho Caballo del Mar, La Crucecita, ☎ (958) 587 05 30, propose des randonnées équestres le long de Bahía Conejos et du río Copalita.

OAXACA ★★★

Capitale de l'État de Oaxaca
Alt. 1 550 m – 255 200 hab.
488 km au sud-est de Mexico – Carte régionale p. 242

À ne pas manquer
Prendre un verre en terrasse sous les arcades du Zócalo
Le trésor de la tombe 7 au musée de Santo Domingo.
Le Mercado de Abastos le samedi.
L'excursion à Monte Albán (voir p. 282)

Conseils
Profitez du lundi, jour de fermeture de la plupart des musées,
pour visiter les vallées centrales (voir p. 282).
Réservez longtemps à l'avance pour le mois de décembre, le plus festif.

Comment résister au charme de la « cité de jade », l'une des villes les plus agréables et les plus riches du pays ? Étendue au fond d'une immense vallée cernée de montagnes, Oaxaca (*prononcez « ouaraca »*) jouit d'un climat relativement tempéré toute l'année. Au centre du Mexique, à la croisée des grandes civilisations méso-américaines, à mi-chemin entre le golfe du Mexique (La Venta) et le Pacifique, entre le plateau de Mexico (Teotihuacán) et l'aire maya, son emplacement privilégié a contribué à son extraordinaire rayonnement culturel. Les Espagnols y ont édifié de somptueuses demeures coloniales, près d'une trentaine d'églises, chefs-d'œuvre du baroque, parées de la célèbre *cantera verde*, une pierre aux tons verdâtres ravivés par la pluie. Savant dosage entre raffinement et bonhomie, Oaxaca affiche sans ostentation une élégance à l'image du couvent de Santo Domingo cachant derrière sa façade austère une décoration éblouissante. Son agréable nonchalance provinciale ne doit pas faire oublier son dynamisme culturel, qui s'exprime au quotidien dans de nombreuses galeries d'art ou lors de festivals comme celui de la Guelaguetza. Prévoyez d'y séjourner quatre ou cinq jours, le temps de profiter de la ville, de visiter les vallées centrales (*voir p. 282*) et de goûter aux savoureuses spécialités culinaires *oaxaqueñas*.

Un berceau d'artistes et de patriotes
À la fin de l'année 1521, la première messe est célébrée à l'emplacement d'Huaxyácac, une ancienne garnison aztèque implantée en 1486, succédant elle-même aux occupations zapotèque et mixtèque (*voir « Les vallées centrales » p. 282*). Hernán Cortés voit d'un mauvais œil l'arrivée des conquistadors et, malgré ses tentatives d'alliance avec les Zapotèques, toutes ses manœuvres pour déloger les indésirables seront vaines. En 1529, Alonso García Bravo détermine le tracé de la **Villa de Antequera de Guaxaca**, dénommée ainsi en l'honneur de la ville andalouse. Son élévation au rang de ville en 1532 par l'empereur Charles Quint – elle ne recevra le nom de Oaxaca de Juárez qu'en 1872 en l'honneur du président – écarte définitivement Hernán Cortés, qui reçoit en échange des terres et le titre de marquis del Valle de Oaxaca.

La Guelaguetza
À l'époque précolombienne, une cérémonie annuelle se tenait avant la période des moissons en l'honneur de Centeotl, déesse du Maïs, tradition que les Espagnols se sont empressés de convertir en une célébration chrétienne dédiée à la Virgen del Carmen. Les festivités se déroulent les deux lundis suivant le 16 juillet sur le Cerro del Fortín, à l'emplacement de l'ancienne garnison aztèque, d'où leur nom de Lunes del Cerro (« lundis de la colline »). Pour le 400e anniversaire de la ville en 1932, la Guelaguetza (mot zapotèque évoquant l'échange, la coopération, l'assistance entre les communautés) a fait peau neuve. Désormais, elle rassemble dans un gigantesque auditorium en plein air les groupes ethniques des sept régions de Oaxaca.

L'âge d'or de Oaxaca – La conquête spirituelle prend le relais, et les premiers dominicains élèvent d'immenses couvents, témoins de la magnificence de la nouvelle religion. Vers 1560, tous les Indiens sont convertis au christianisme… du moins en apparence. Pendant la période coloniale, Oaxaca prospère en partie grâce au commerce de la cochenille et à la production de textile. De fastueuses demeures et de riches églises baroques sont édifiées, les artistes de la région étant parmi les plus réputés tel le peintre **Miguel Cabrera** (1695-1768). Au début de la guerre d'Indépendance, Oaxaca tombe aux mains des troupes de José María Morelos en 1812, avant de regagner le giron royaliste jusqu'en 1821.

Les enfants du pays – **Benito Juárez** (*voir encadré p. 33*) et **Porfirio Díaz** (originaire de Tuxtepec), deux personnages clés de l'histoire du Mexique, occuperont chacun le poste de gouverneur de l'État de Oaxaca avant de se retrouver à la tête du pays. Si la ville s'enorgueillit d'être un berceau de patriotes, l'art n'est pas en reste puisque de grands peintre mexicains comme **Rufino Tamayo**, **Francisco Toledo** ou **Rodolfo Morales** (*voir encadré p. 291*) ont grandement contribué au rayonnement culturel de la ville.

Visite de la ville

Comptez 2 jours en prenant votre temps.

Vous ne vous lasserez pas d'arpenter Oaxaca, dont le centre est inscrit au Patrimoine mondial de l'Unesco depuis 1987. Le *Zócalo* délimite deux zones bien distinctes : le quartier nord foisonne de belles demeures aristocratiques, de superbes églises, de riches musées et bien entendu d'une multitude d'hôtels, de restaurants et de cafés. Mais ne dédaignez pas le quartier sud, plus populaire et moins touristique, où les arômes de cacao vous conduiront vers l'un des nombreux marchés.

Autour de la Plaza de la Constitución (Zócalo) (B4)★★

Assis à la terrasse d'un café sous les **Portales** (arcades), sur un banc à l'ombre des ficus ou sur les marches de l'élégant kiosque à musique datant du Porfiriat, on ne se lasse pas de l'animation quotidienne du *Zócalo*. Les bras chargés de petits animaux imaginaires en bois peint, les gamins des villages alentour viendront vers vous, après avoir fendu la foule de vendeurs de ballons, de cireurs de chaussures et de clowns.

Dans le marché de Oaxaca

R. Mattes/MICHELIN

L'ancienne Plaza de Armas se trouve au cœur de la ville, à l'emplacement choisi par Alonso García Bravo en mai 1529. La répartition géographique des pouvoirs politique et religieux fut décidée dès le mois suivant, une configuration toujours visible de nos jours : le Palacio de Gobierno au sud et la cathédrale au nord, chacun s'ouvrant sur sa place piétonne.

Au nord-ouest de la Plaza de la Constitución, l'**Alameda de León*** devait à l'origine accueillir les maisons consistoriales, mais finalement un marché de poterie s'y installa, lui attribuant son ancien nom de **Plazuela de Cántaros** (place des Cruches). Au milieu du 19ᵉ s., fut réalisé un square ombragé, réplique miniature de l'Alameda de Mexico, dominé par la silhouette massive de la **cathédrale***. La construction de l'édifice religieux commença dès 1535, mais une série de tremblements de terre repoussa son achèvement au 18ᵉ s. Flanquée de deux épais clochers, sa très belle **façade**** baroque présente une architecture trapue, caractéristique des zones sismiques, compensée par une profusion de motifs végétaux pour alléger l'ensemble. Au second registre apparaît un relief de la Vierge de l'Assomption, à qui est dédié l'édifice. À l'intérieur, tracé selon un plan basilical composé de trois nefs et de chapelles, vous pourrez admirer les stalles du chœur, l'orgue imposant ainsi qu'une collection de peintures datant essentiellement du 19ᵉ s.

Au sud du *Zócalo* s'élève le **Palacio de Gobierno** (*8h-20h, entrée libre*), édifié au 19ᵉ s. dans un style néoclassique puis reconstruit en 1938 en *cantera* verte. Deux **murales** réalisés par Arturo García Bustos dans les années 80 en décorent l'intérieur. Dans l'escalier principal, *Oaxaca en la Historia y el Mito* figure l'histoire de Oaxaca de l'époque préhispanique à l'indépendance (avec Benito Juárez et Porfirio Díaz au centre). Une autre fresque (escalier côté est), moins spectaculaire, illustre la cosmogonie des cultures indigènes de la région.

Avant d'entamer la visite du quartier nord, faites un crochet au sud du Zócalo pour respirer l'atmosphère authentique de la ville.

Vous pénétrez dans la zone la plus animée de Oaxaca, où flotte une forte odeur de chocolat mêlée aux senteurs de *moles*. Les paniers gonflés de piments de toutes les tailles et de toutes les couleurs côtoient des sacs débordant de *chapulines* («sauterelles») brillantes et crissantes, une des spécialités culinaires de Oaxaca. Passé le **Mercado Benito Juárez** (B4), consacré aux aliments et à l'artisanat, vous atteignez de l'autre côté de la calle Aldamá le **Mercado 20 de Noviembre**, gigantesque cantine où s'alignent les *fondas* bon marché. Prisonnière de l'une des façades du marché, l'**église San Juan de Dios** fut édifiée à l'emplacement de la première messe. Entièrement reconstruite à la fin du 19ᵉ s., elle a malheureusement souffert du tremblement de terre de septembre 1999. À l'intérieur, vous remarquerez des toiles du 17ᵉ s. traitant de thèmes historiques et non religieux.

Les amateurs de marchés pousseront vers l'ouest pour aller se perdre dans le labyrinthe du **Mercado de Abastos*** (A4-5), un modèle du genre. Ses différentes sections croulent sous les pyramides de légumes, les sacs de piments, les fruits éclatants, les poulets au garde-à-vous, les batteries de cuisine, les textiles en tous genres… Le samedi, les villageois de la région viennent y vendre leur artisanat.

Le long de Macedonio Alcalá** (Andador Turístico)

Une agréable rue piétonne, bordée de magnifiques demeures, relie le nord du *Zócalo* et le couvent de Santo Domingo, les deux pôles touristiques de Oaxaca. La promenade préférée des *Oaxaqueños* et des touristes attire les flâneurs à toute heure du jour et de la nuit. Vous y trouverez des restaurants, des cafés Internet, des bars, des boutiques d'artisanat et des galeries d'art.

À 200 m du *Zócalo* sur votre droite, la **Casa de Cortés**** (B3), l'une des plus belles maisons de la ville, ne fut construite qu'au début du 18ᵉ s. et n'a donc pas pu accueillir le conquistador malgré son nom – Hernán Cortés n'a d'ailleurs jamais vécu à Oaxaca.

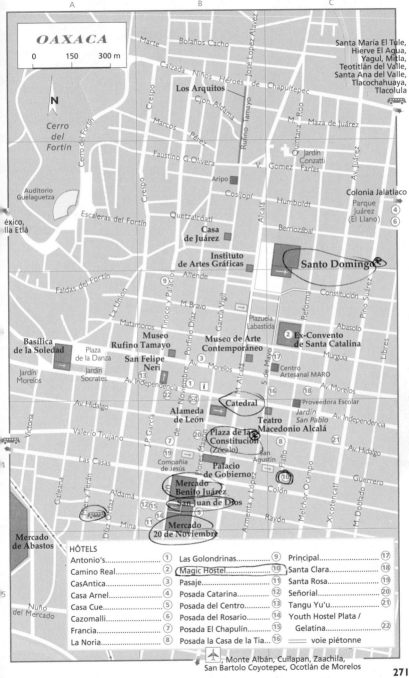

OAXACA

0   150   300 m

N

Cerro del Fortín

Auditorio Guelaguetza

éxico, lla Etlá

Los Arquitos

Santa María El Tule,
Hierve El Agua,
Yagul, Mitla,
Teotitlán del Valle,
Santa Ana del Valle,
Tlacochahuaya,
Tlacolula

Marte
Bolaños Cacho
Calzada
Niños Héroes de Chapultepec
Crespo
Marcos
Pérez
Faustino G.Olivera
Cjon. Aldama
José López Alavez
Rufino Tamayo
Quintana Roo
Maza de Juárez
V. Gomez
Jardín Conzatti Farías
Aripo
Cosijopí
Humboldt

Colonia Jalatlaco
Parque Juárez (El Llano)

Escaleras del Fortín
Quetzalcóatl
Alcalá
Berriozábal

Casa de Juárez

Instituto de Artes Gráficas
Allende

Santo Domingo

Faldas del Fortín
La Unión
Tinoco y Palacios
M. Bravo
Matamoros
García Vigil
Plazuela Labastida
Reforma
Constitución
Abasolo

Basílica de la Soledad
Plaza de la Danza
Museo Rufino Tamayo
San Felipe Neri
Jardín Socrates
Porfirio Díaz
Museo de Arte Contemporáneo
Av. Morelos
Ex-Convento de Santa Catalina
Murguia
Libres

Jardín Morelos
Av. Independencia
20 de Noviembre
Centro Artesanal MARO
Proveedora Escolar
Av. Morelos

Av. Hidalgo
Catedral
M. Alcalá
5 de Mayo
Jardín San Pablo
Av. Independencia

Victoria
Valerio Trujano
Alameda de León
Teatro Macedonio Alcalá
J.P. García
Flores Magón
Plaza de la Constitución (Zócalo)
San Agustín
Fiallo
Melchor Ocampo
Av. Hidalgo

Las Casas
Compañía de Jesús
Palacio de Gobierno
Guerrero

Galeana
Tinoco y Terán
Aldamá
Mercado Benito Juárez
San Juan de Dios
Colón
Armenta y López
Xicoténcatl
M. Doblado

Diaz Ordaz
Mina
Mercado 20 de Noviembre
Rayón

Mercado de Abastos

Nuño del Mercado

HÔTELS

Antonio's	①	Las Golondrinas	⑨	Principal	⑰
Camino Real	②	Magic Hostel	⑩	Santa Clara	⑱
CasAntica	③	Pasaje	⑪	Santa Rosa	⑲
Casa Arnel	④	Posada Catarina	⑫	Señorial	⑳
Casa Cue	⑤	Posada del Centro	⑬	Tangu Yu'u	㉑
Cazomalli	⑥	Posada del Rosario	⑭	Youth Hostel Plata /	
Francia	⑦	Posada El Chapulín	⑮	Gelatina	㉒
La Noria	⑧	Posada la Casa de la Tia	⑯	═══ voie piétonne	

, Monte Albán, Cuilapan, Zaachila,
San Bartolo Coyotepec, Ocotlán de Morelos

271

Passé un très beau porche surmonté d'un balcon en fer forgé, vous pouvez déambuler dans trois patios, autour desquels s'organisent les salles du **Museo de Arte Contemporáneo de Oaxaca**★ *(10h30-20h, fermé le mardi; entrée payante sauf le dimanche)*. Dans un environnement architectural d'une sérénité absolue, vous pourrez admirer les œuvres de Rufino Tamayo et de Francisco Toledo ainsi que des expositions temporaires d'artistes étrangers ou de la région. Les murs chaulés et les tomettes offrent un très beau cadre, notamment au 1er étage, où les tableaux contemporains se mêlent harmonieusement aux vestiges de fresques qui courent le long des murs.

L'église et l'ancien couvent de Santo Domingo de Guzmán★★★ (C2-3)

Comptez 3h de visite avec le musée. Derrière un jardin de cactus, rappelant la pierre verte de Oaxaca, s'élève l'ensemble architectural religieux le plus fascinant de la ville. Majestueux, d'une sobriété à la limite de la sévérité, il cache derrière de hauts murs aux allures de forteresse l'une des plus belles expressions du baroque mexicain.

Commencé en 1575, le complexe dominicain fut achevé dans la seconde moitié du 17e s., à l'exception de la chapelle du Rosaire ajoutée un siècle plus tard. Après les lois de la Réforme, le couvent servit de caserne et fut régulièrement occupé par les forces armées. Il fut rendu pour partie aux religieux en 1902, mais une garnison s'installa dans l'ancien verger. En 1972, lorsque le cloître accueillit le Musée régional, une partie du couvent était toujours occupée par l'armée mexicaine, qui ne quitta définitivement les lieux qu'en 1994.

La façade★ de l'église *(7h-13h/16h-20h sauf le lundi)* représente saint Hippolyte et saint Dominique, le fondateur, soutenant une église sur laquelle descend le Saint-Esprit sous la forme d'une colombe. Au sommet, l'emblème de l'ordre dominicain est gardé par les trois vertus théologales (foi, espérance et charité).

L'intérieur★★★ offre une vision éblouissante, presque vertigineuse. Dès l'entrée, on est émerveillé par la voûte du *coro alto*, recouverte d'un **arbre généalogique**★★★ de stuc doré et décoré de peintures polychromes. Trouvez le point de départ avec don Félix Guzmán, le père de Santo Domingo de Guzmán, puis laissez votre œil se perdre au fil des ramifications aux entrelacs de végétaux et de fruits. À la place des fleurs émergent les bustes des descendants de la famille Guzmán. Notez l'évolution des tenues vestimentaires du 12e au 17e s., pour parvenir jusqu'à la Vierge, image rajoutée à la fin du 19e s. À peine détaché de l'arbre généalogique, le regard est immédiatement happé par les peintures polychromes et les ors de la nef, où alternent les plafonds à caissons, les stucs polychromes et les médaillons représentant des martyrs. Au fond, le retable du maître-autel illumine l'ensemble de mille feux. À gauche de celui-ci, la niche de la statue de San Martin de Porres présente encore des traces de fresques d'origine. À droite de la nef, la **Capilla del Rosario**★★ (chapelle du Rosaire), construite au 18e s., fait écho à la voûte de l'entrée où, sur le même principe, la Vierge apparaît au cœur de ramifications.

L'ancien couvent abrite l'extraordinaire **Centro Cultural Santo Domingo**★★★ *(10h-20h, fermé le lundi. Entrée payante sauf le dimanche. Parcours audioguidé payant en anglais ou en espagnol)*. Vous y trouverez un musée, une bibliothèque et un **jardin ethnobotanique**★ *(visite guidée gratuite mardi-samedi à 13h ou 17h de novembre à mars, à 13h ou 18h d'avril à octobre)*. Récemment restauré, le musée est remarquable tant pour le bâtiment, l'ancien couvent dominicain, que pour la muséographie, les explications précises *(uniquement en espagnol)* et les objets présentés. Un parcours fléché vous conduit dans les 14 salles ordonnées selon un ordre chronologique et thématique, des cultures précolombiennes au Mexique moderne, dans l'État de Oaxaca.

R. Mattes/MICHELIN

L'arbre généalogique de Santo Domingo de Guzmán

En guise d'introduction, les deux premières salles dressent un rapide panorama des **cultures millénaires**, à travers divers thèmes tels que l'alimentation, la céramique, la conception de l'univers, les rites funéraires, le calendrier... La salle III renferme le trésor mixtèque de la **tombe 7 de Monte Albán★★★**, une collection fabuleuse de parures en or (dont un superbe masque figurant le dieu Xipe Totec et un pectoral représentant Mictlantecutli, seigneur de l'inframonde), des os de jaguar finement ciselés, des objets en albâtre, en obsidienne, en turquoise ou en jade. De la **chute des grandes cités** (salle IV), on accède logiquement à une pièce exposant les armes et les armures de l'époque des **conquistadors** (salle V), suivie par la conquête spirituelle des dominicains retracée dans la 1ʳᵉ section de la salle VI. Remarquez la croix dépourvue de Christ, coutume ayant perduré jusqu'au 18ᵉ s. pour éviter la représentation d'un Dieu vengeur et le rapprochement avec la notion de sacrifices humains. Cette même salle passe en revue la peinture de l'époque, la gastronomie ainsi que la production du mezcal dans la région. Les deux salles suivantes illustrent l'interaction entre les Espagnols et les autochtones, à travers l'adoption de nouvelles techniques dans le domaine du textile et de l'élevage (salle VII) ainsi que l'apparition du syncrétisme religieux, avec l'établissement de correspondances entre les saints catholiques et les divinités indiennes (salle VIII). Observez le tableau de *La Cène*, auquel on a ajouté des légumes locaux. La salle IX est consacrée à la naissance d'une **nouvelle nation**, une place de choix étant accordée à Benito Juárez *(voir encadré p. 33)*. Son plus ancien portrait le montre dans une attitude étonnamment napoléonienne ! Puis le pays traverse sa période française (salle X) avec Porfirio Díaz avant d'entrer dans la **modernité** (salle XI). Les deux salles suivantes, plus **ethnographiques** qu'historiques, se consacrent à la pluralité culturelle de l'État de Oaxaca. La visite se termine par la salle XIV, où sont rassemblés des informations et des objets du couvent de Santo Domingo.

En face du couvent, faites un tour à l'**Instituto de Artes Gráficas de Oaxaca★** (B2) *(9h30-20h sauf le mardi, entrée libre)*, où se tiennent de passionnantes expositions permanentes et temporaires d'artistes mexicains et étrangers (choisies dans le fonds de 5 000 œuvres que possède l'institut). Cette demeure du 18ᵉ s., dotée d'un agréable patio, héberge également une bibliothèque bien fournie, que l'on doit au peintre Francisco Toledo.

Dans la rue parallèle, les amateurs d'histoire feront un détour par la **Casa de Juárez** (B2) *(García Vigil #609. 10h-19h, dimanche 10h-17h, fermé le lundi ; entrée payante sauf le dimanche)*. En 1818, le futur président *(voir encadré p. 33)* fut placé chez le relieur Antonio Salanueva, dont vous pourrez voir l'atelier dans la 1ʳᵉ salle. Outre des objets liés à Benito Juárez, le musée permet de découvrir un intérieur d'époque.

Remontez cette rue sur trois *cuadras* jusqu'aux **Arquitos★** (B1-2), vestiges d'un aqueduc datant du 18ᵉ s. Sur 300 m se succèdent d'élégantes arches sous lesquelles se cachent les accès des maisons mais également de minuscules *cantinas* ! À l'extrémité nord se trouve même un ciné-club *(voir p. 280)*.

Pour retourner au Zócalo, rejoignez le couvent de Santo Domingo et redescendez par la calle 5 de Mayo.

Si vous n'avez pas la chance d'y séjourner, jetez un œil à l'ancien **couvent de Santa Catalina de Siena★★** (C3), transformé en hôtel de luxe (Camino Real). Commencés à la fin du 16ᵉ s., les travaux se sont déroulés sur plusieurs années comme le montre le mélange des syles. Après la promulgation des lois de la Réforme, le couvent servit de prison puis de cinéma. N'hésitez pas à vous promener dans les patios tranquilles, où vous découvrirez l'ancien lavoir, et observez bien les murs qui présentent par endroits des restes de fresques d'origine. Un spectacle hebdomadaire de Guelaguetza se déroule dans l'ancien réfectoire *(voir p. 280)*.

Continuez jusqu'à l'angle de la calle Independencia (B-C4), où fut édifié au début du 20ᵉ s. le **Teatro Macedonio Alcalá★** *(10h-20h ; entrée libre)*, du nom d'un grand compositeur *oaxaqueño*.

Au nord-ouest du Zócalo

Sur la calle Independencia, à deux *cuadras* du Zócalo, l'**église de San Felipe Neri** (B3) date du 18ᵉ s. Sa façade baroque, relativement sobre, ne présente qu'une statue de saint Philippe Neri au-dessus de la porte (les autres niches sont vides). À l'intérieur, parmi les différents **retables***, celui du maître-autel constitue un remarquable exemple de style churrigueresque avec ses innombrables *estipites (voir ill. p. 51)*. C'est dans cette église que fut célébré le mariage de Benito Juárez.

Suivez la calle Tinoco y Palacios jusqu'à la calle Morelos, où une superbe maison du 18ᵉ s. a été aménagée en **Museo de Arte Prehispánico Rufino Tamayo****** (B3) *(10h-14h/16h-19h, dimanche 10h-15h, fermé le mardi ; entrée payante)*. Suivant l'ordre chronologique allant du Préclassique à la Conquête, sont exposés plus de mille objets précolombiens originaires des quatre coins du Mexique, donnés au musée par le peintre Rufino Tamayo. Les différentes époques se repèrent grâce aux couleurs des salles, les mêmes coloris que l'on retrouve dans les œuvres de l'artiste.

L'avenida Morelos débouche sur la **Plaza de la Danza** (A3). Cette vaste esplanade conçue pour des manifestations folkloriques accentue l'aspect un peu sévère de la **basilique de la Soledad** (fin 17ᵉ s.). Rompant la géométrie austère des lieux, la **façade**** apporte ses ondulations baroques, telle une colline sculptée en pierre ocre, qui se détache du reste de l'édifice en *cantera* verte. Les statues de saints et les colonnes cannelées et salomoniques, surmontées de chapiteaux doriques, ioniques ou corinthiens, rythment l'ensemble. L'édifice est consacré à la Vierge de la Soledad *(voir encadré)*, représentée au-dessus de la porte.

En contrebas de la Plaza de la Danza, joignez-vous aux *Oaxaqueños* et cédez à la tentation des sacro-saintes *nieves* (sorbets) du **Jardín Socrates**.

Un sacré fardeau

Sur la route entre Veracruz et le Guatemala, quelle ne fut pas la surprise d'un muletier de découvrir une charge supplémentaire sur le dos de son animal. Parvenue au seuil de l'ermitage de San Sebastián, la mule s'écroula, raide morte. La mystérieuse caisse contenait un Christ et une « Vierge au pied de la Croix », et il fut décidé d'élever à cet emplacement un sanctuaire consacré à la Vierge de la Soledad. La sainte patronne de Oaxaca fait toujours l'objet d'un culte fervent et d'un grand pèlerinage le 18 décembre.

Oaxaca pratique

Oaxaca pratique

ARRIVER-PARTIR

En avion – L'*Aeropuerto Federal de Xoxocotlán*, ☎ (951) 511 50 40, se trouve à 8,5 km au sud du centre-ville sur la route de Puerto Ángel (B5 en direction). Comptez environ 70-80 pesos pour un trajet en taxi entre le centre-ville et l'aéroport. Les navettes de *Transportación Terrestre Aeropuerto*, Alameda de León 1tc#G, ☎ (951) 514 43 50, en face de la cathédrale, viennent chercher les clients directement à leur hôtel à des horaires fixes. Réservez la veille. Comptez 20 pesos par personne.

En bus – Pour acheter vos billets dans le centre-ville : **Ticket Bus**, 20 de Noviembre #103-D (B4), ☎ (951) 514 66 55. 8h-22h, dimanche 9h-16h. Au **Terminal de 1ʳᵉ clase**, calzada Héroes de Chapultepec #1036 (C1), au nord-est de la ville, se trouvent les compagnies **ADO**, ☎ (951) 515 17 03, **Cristóbal Colón**, ☎ (951) 515 12 48 / 12 14 et **Línea Uno** (service de luxe), ☎ (951) 513 33 50. Toutes les heures dont 6 départs en catégorie « Deluxe » pour México (6h) ; 3 bus par jour vers Pochutla (8h) ; départs fréquents dont un bus de luxe vers Puebla (4h) ; pour

275

Puerto Ángel, changez à Pochutla (voir p. 260) ; 3 bus via Pochutla pour Puerto Escondido (9 h) ; 3 bus par jour en soirée pour San Cristóbal de Las Casas (12 h) ; 3 départs le soir vers Tuxtla Gutiérrez (8 h) ; 3 bus quotidiens pour Villahermosa (12 h).

COMMENT CIRCULER AUTOUR DE OAXACA

En bus – Les bus pour les villages des environs (sauf Monte Albán et Ocotlán de Morelos) partent de la **Central Camionera de Segunda Clase**, calzada Trujano, de l'autre côté du périphérique à côté du Mercado de Abastos (A4 en direction). Pour l'accès aux villages des vallées centrales (voir p. 282), reportez-vous aux indications en italique dans l'itinéraire.

Location de voitures – Alamo, aéroport, ☎ (951) 511 62 20 ; 5 de Mayo #203-A, ☎ (951) 514 85 34. **Budget**, aéroport, ☎ (951) 511 52 52 ; 5 de Mayo #315-A, ☎ (951) 516 44 45. **Hertz**, aéroport, ☎ (951) 511 54 78 ; Labastida #115-4, ☎ (951) 516 24 34.

ADRESSES UTILES

Office de tourisme – SEDETUR, Independencia #607 (B3), ☎ (951) 516 01 23. Tlj 8 h-20 h. Nombreuses informations et prospectus donnés par un personnel aimable, qui peut également vous fournir une liste d'hébergement chez l'habitant.

Banque / Change – La plupart des banques et des « casas de cambio » se trouvent autour du « zócalo » : comparez les taux de change. Pour les transferts d'argent, adressez-vous au guichet de la **Western Union**, dans le bureau des Télégrafos, angle Independencia et Porfirio Díaz (B3-4). 8 h-18 h, samedi 9 h-16 h, sauf le dimanche. **American Express**, dans l'agence de voyages Micsa, Valdivieso #2 (B4). 9 h-14 h/16 h-19 h, fermé les samedi après-midi et dimanche.

Poste – Angle Independencia et Alameda (B3-4), en face de la cathédrale, 9 h-19 h, samedi 9 h-13 h, fermée le dimanche.

Téléphone – Cabines téléphoniques sous les arcades du Zócalo. Boutiques de téléphone à proximité, notamment dans la calle 20 de Noviembre.

Internet – Les cybercafés fleurissent dans le centre-ville, vous n'aurez que l'embarras du choix. **Cybernet Café-Bar**, Juárez #101 (C3). **Planet X**, Porfirio Díaz #102 (B3), parmi tant d'autres.

Santé – Hospital General, Calzada Porfirio Díaz #400, ☎ (951) 515 14 22. **Dr Francisco Hernández**, Porfirio Díaz #816-A (B1), ☎ (951) 514 42 76, parle français. **Cruz Roja**, ☎ (951) 516 48 03.

Consulats – Canada, Pino Suárez #700, Local 11B, Multiplaza Brena (C2), ☎ (951) 513 37 77. **France**, Alamos #404, Colonia Reforma, ☎ (951) 513 99 44.

Centres culturels – Alliance française, av Morelos #306 (A3), ☎ (951) 516 39 34. **Centro Cultural Ricardo Flores Magón**, Alcalá #302 (B3), programme souvent des spectacles de musique ou de danse.

Agences de voyages – Cantera Tours, 5 de Mayo #412 (C3), ☎ (951) 516 05 12. **Viajes Xochitlán**, M. Bravo #210 (B3), ☎ (951) 514 32 71. **Turismo Comunitario**, Tinoco y Palacios #311-12 (B3), ☎ (951) 516 57 86. **Turismo Marqués del Valle**, Portal de Clavería s/n (B4), ☎ (951) 514 69 62. **Turismo Panorámico de Oaxaca**, Independencia #308 (B3), ☎ (951) 512 54 75.

Compagnies aériennes – Aerocaribe, angle Fiallo #117 et Hidalgo (C4), ☎ (951) 516 02 29/66 : 4 vols par jour pour Tuxtla Gutiérrez, 2 pour Huatulco, 1 pour Puerto Escondido. Pour México, escale à Tuxtla Gutiérrez. **Aviacsa**, Pino Suárez #604 (C2), ☎ (951) 518 45 55/66/77 : vol quotidien pour Hermosillo, Mexico ou Tijuana. Pour se rendre dans d'autres villes, escale à Mexico. **Mexicana**, angle Fiallo #102 et Independencia (C4), ☎ (951) 516 73 52 / 84 14 : 2 liaisons quotidiennes avec Bahías de Huatulco, 6 par jour pour Mexico, 1 pour Puerto Escondido, 3 pour Tuxtla Gutiérrez. **Aerovega**, Alameda de León #1 (B4), ☎ (951) 516 27 77.

Numéros utiles – En cas de perte ou de vol de vos documents, contactez le **Centro de Protección al Turista**, Independencia #607 (B3), ☎ (951) 514 21 55. Les automobilistes pourront demander de l'aide aux **Ángeles Verdes**, Independencia #607 (B3), ☎ (951) 516 38 10.

Laveries – Lavandería Azteca, Hidalgo presqu'à l'angle de Díaz Ordaz (A4). 8 h-20 h, dimanche 10 h-14 h. **Lavorama Antequera**, Murguia #408 (C3). Lundi-samedi 8 h-12 h/16 h-20 h.

OÙ LOGER

La ville est souvent prise d'assaut. Les prix indiqués peuvent augmenter de 20 à 50 % en haute saison et pendant les festivals (semaine sainte, deux dernières semaines de juillet, Toussaint, mois de décembre). Pensez à réserver à l'avance.

• **Centre-ville**

De 50 à 60 pesos par personne
Youth Hostel Plata / Gelatina, av. Independencia #504, ☎ (951) 514 93 91, youthostel_platagelatina@hotmail.com – 2 dortoirs et 4 ch. Deux jeunes artistes, un peintre et un photographe, ont décoré ce lieu, modeste mais convivial, de leurs œuvres et d'objets de récupération. Ping-pong, baby-foot, cuisine et Internet à disposition. *70 pesos*

Magic Hostel, calle Fiallo #305, ☎ (951) 516 76 67, magichostel@backpacker.com – 6 dortoirs et 12 ch. Malgré les changements de noms successifs (Pasador, D'Hostel, Danish Hostel), cette auberge de jeunesse reste le repaire des routards. Des chambres spartiates, une ambiance baba cool, mais l'un des meilleurs endroits pour s'échanger des tuyaux. Internet, laverie et cuisine.

Hostel Tangu Yu'u, Hidalgo #1119, ☎ (951) 516 06 72 – 12 ch. Un rapport qualité-prix raisonnable pour les chambres doubles avec salle de bains. Demandez plutôt celles qui donnent sur la terrasse. En revanche, les sanitaires communs sont d'une propreté douteuse.

De 120 à 150 pesos
Hotel Posada El Chapulín, Aldamá #317, ☎ (951) 516 16 46, hotel chapulin@hotmail.com – 8 ch. Les graffiti laissés par les voyageurs sur les murs

de l'entrée sont éloquents. Pas étonnant que l'on se sente bien dans cette pension, modeste mais impeccable, lorsque l'on voit l'énergie et la générosité dont font preuve les propriétaires. Laverie, Internet et charmantes soirées improvisées en famille…

Hotel Pasaje, Mina #302, ☎ (951) 516 42 13 – 19 ch. ⌁ Dans une rue aux arômes de cacao, des chambres rudimentaires et un peu vétustes agencées autour d'un patio. Le prix n'en demeure pas moins correct et l'accueil aimable.

De 200 à 300 pesos
Hotel Santa Clara, Morelos #1004, ☎ (951) 516 11 38 – 14 ch. ⌁ L'hôtel est d'une propreté irréprochable avec du carrelage à l'entrée et de la moquette dans les chambres.

Hotel Posada La Casa de la Tia, 5 de Mayo #108, ☎ / Fax (951) 514 19 63, latia@prodigy.net.mx – 16 ch. ⌁ 🏊 ✗ Des chambres, simples mais joliment décorées, autour d'un adorable patio croulant sous la végétation. Pour des familles ou des groupes d'amis, les petits duplex peuvent accueillir jusqu'à 5 personnes.

Hotel Principal, 5 de Mayo #208, ☎ / Fax (951) 516 25 35 – 20 ch. ⌁ Dans une rue calme, à deux pas du « zócalo » et de Santo Domingo, cette demeure coloniale au patio ensoleillé propose des chambres absolument impeccables. Une très bonne adresse.

Hotel Posada Catarina, Aldamá #325, ☎ / Fax (951) 516 42 70/53 38, aesperon@oax1.telmex.net.mx – 30 ch. ⌁ 🏊 ✐ 📺 ✗ 💳 De toutes les chambres, préférez celles qui se trouvent du côté du minuscule jardin : vous bénéficierez d'un peu de lumière, et le chant des oiseaux remplacera le bruit des voitures.

Hotel Posada del Rosario, 20 de Noviembre #508, ☎ (951) 516 41 12, Fax (951) 514 49 11 – 37 ch. ⌁ L'établissement est très central et il est possible de garer sa voiture dans la cour, mais la décoration laisse à désirer. Un peu plus cher avec télévision.

De 300 à 400 pesos
Hostal Santa Rosa, angle Trujano #201 et 20 de Noviembre, ☎ (951) 514 67 14/15 – 17 ch. ⌁ ✐ 📺 ✗ Des chambres spacieuses et d'une propreté irréprochable. Bon rapport qualité-prix.

Oaxaca pratique

Hotel Las Golondrinas, Tinoco y Palacios #411, ☎ (951) 514 32 98/21 26, lasgolon@prodigy.net.mx – 26 ch. Des chambres sobrement décorées et bourrées de charme s'articulent autour d'une série de patios noyés dans la végétation. Le seul défaut : l'hôtel est souvent complet. Pour réserver, il faut régler une nuit d'avance (par mandat, les cartes bancaires n'étant pas acceptées).

Posada del Centro, av. Independencia #403, ☎ / Fax (951) 516 18 74, www.mexonline.com/posada.htm – 22 ch. Cet hôtel présente un excellent rapport qualité-prix, en particulier pour les six chambres sans salle de bains, beaucoup moins chères. Les chambres du bas jouissent d'une agréable hauteur sous plafond. Cafétéria pour le petit-déjeuner.

Hotel Francia, 20 de Noviembre #212, ☎ (951) 516 48 11/41 20, Fax (951) 516 42 51, safer@prodigy.net.mx – 68 ch. Un hôtel impeccable et un accueil charmant, mais des chambres assez sombres. Les petits budgets – sans problèmes d'insomnie – pourront se loger à moitié prix dans l'arrière-cour près de la pompe à eau.

Hotel Antonio's, av. Independencia #601, ☎ (951) 516 72 27, Fax (951) 516 36 72 – 17 ch. Un établissement qui n'est pas d'une gaieté folle, mais un emplacement très central pour des chambres propres et relativement spacieuses.

De 400 à 650 pesos

Hostal CasAntica (ex-Pombo), av. Morelos #601, ☎ (951) 514 74 06, Fax (951) 520 11 99 – 51 ch. D'importants travaux de rénovation (la piscine est en cours de construction) ont élevé cet hôtel à la catégorie supérieure. De la chambre standard, tout confort, aux suites climatisées, plusieurs gammes de prix sont proposées. Accueil charmant.

Hotel Señorial, Portal de Flores #6, ☎ (951) 516 39 33, Fax (951) 516 36 68 – 127 ch. La belle façade de cette bâtisse du « zócalo » cache en fait un établissement tentaculaire au mobilier des années 70. Les chambres, sans grand charme, ne manquent cependant pas de confort, et l'emplacement est exceptionnel. Logez de préférence au dernier étage. Ascenseur.

De 800 à 1 300 pesos

Hotel Casa Cue, angle Aldamá #103 et Miguel Cabrera, ☎ (951) 516 77 86/84/61, Fax (951) 516 13 36, hcasacue@met.com.mx – 23 ch. Ouvert en l'an 2000, cet hôtel tout confort est situé en plein centre-ville. Ses volumes donnent une agréable sensation d'espace, et vous jouirez d'une belle terrasse pour prendre le soleil. Un peu cher malgré tout.

Hostal de La Noria, angle av. Hidalgo #918 et Fiallo, ☎ (951) 514 78 28/44/54, Fax (951) 516 39 92, lanoria@infosel.net.mx, www.lanoria.com – 50 ch. Dans cette maison du début du 19ᵉ s., où le confort moderne est allié à la tradition mexicaine, un soin minutieux a été apporté à la décoration de chaque chambre. Préférez celles du 2ᵉ niveau, avec leur porte-fenêtre (double vitrage) s'ouvrant sur un balcon côté rue.

De 2 000 à 3 000 pesos

Hotel Camino Real, 5 de Mayo #300, ☎ (951) 516 06 11, Fax (951) 516 07 32, oax@caminoreal.com, www.caminoreal.com/oaxaca – 91 ch. L'ancien couvent de Santa Catalina est une pure merveille. Cet édifice du 16ᵉ s. renferme un dédale d'arcades reliant entre eux cinq magnifiques cloîtres (l'un d'eux abrite un ancien lavoir). Des chambres à la cuisine d'époque en passant par la chapelle, où sont organisées des soirées, chaque pièce baigne dans une atmosphère coloniale remarquable. Accueil soigné.

• **Colonia Jalatlaco** (C2 en direction) Ce quartier, situé à 15 mn à pied au nord-est du Zócalo, a tout d'un village avec ses petites rues pavées et ses odeurs de tortillas cuites au feu de bois.

De 200 à 400 pesos

Hotel Casa Arnel, Aldamá #404, ☎ (951) 515 28 56, Fax (951) 513 62 85, casa.arnel@spersaoaxaca.com.mx, www.casaarnel.com.mx – 30 ch. Si ce lieu sort de l'ordinaire, la forte personnalité de son propriétaire y est pour beaucoup. Des chambres à tous les prix attirent une clientèle variée, qui finit par se retrouver autour d'un verre sur la terrasse. Internet, laverie, service de courrier, agence de voyages.

De 400 à 500 pesos

Hotel Cazomalli, angle El Salto #104 et Aldamá, ☎ (951) 513 86 05, Fax (951) 513 35 13, cazomalli@infosel. net.mx, www.mexonline.com/cazo-malli.htm – 17 ch. ⍾ 🏊 ⊡ Pour préserver la sérénité de leurs hôtes, les propriétaires de Cazomalli – littéralement la « maison de la tranquillité » en nahuatl – n'acceptent pas les enfants. Les chambres (non fumeur) sont décorées de textiles traditionnels, et une très belle terrasse offre une vue dégagée sur la ville et sur l'église San Matias.

• **Hierve el Agua**

Autour de 120 pesos

Tourist Yú'ù, ☎ (951) 562 09 22 – 10 ch. 🏊 À l'entrée du site de Hierve el Agua (voir p. 290), ces chambres rudimentaires s'adressent aux voyageurs peu soucieux de leur confort. Les groupes peuvent également loger dans deux modules de 10 personnes chacun. Très belle piscine.

OÙ SE RESTAURER

Moins de 30 pesos

La solution la moins onéreuse demeure bien entendu de prendre son repas au **Mercado 20 de Noviembre** (B4).

De 30 à 60 pesos

Flor de Loto, Morelos #509 (B3), ☎ (951) 514 39 44. 8 h 30-22 h, dimanche 9 h 30-21 h. À côté du musée Rufino Tamayo, un restaurant sans prétention qui sert des spécialités de Oaxaca, des pâtes, des plats végétariens dont de très bons veloutés de légumes.

Hipocampo's, Hidalgo #507 (B4). Tlj 8 h-minuit. Un grand hangar aux néons peu flatteurs où se retrouvent Mexicains et touristes, travailleurs et flâneurs pour des plats roboratifs et pas chers.

Decano, 5 de Mayo #210 (C3). 8 h-1 h, dimanche 12 h-1 h. À côté de l'hôtel Principal, des tables en bois recouvertes de nappes en tissu dans une salle chaleureuse ouverte sur la rue. On vient y prendre un plat léger, notamment d'excellentes salades, ou tout simplement un verre dans une ambiance tamisée.

🐝 **El Mesón**, Hidalgo #805 (B4), ☎ (951) 516 27 29. Tlj 8 h-minuit. Pour ceux qui n'osent pas grignoter dans la rue ou sur les marchés, ce restaurant-taquería, situé à 50 m du Zócalo, est l'endroit idéal. Au centre du restaurant, le cuisinier prépare devant vous de délicieux tacos et « quesadillas » à déguster au comptoir ou en salle. Les ingrédients sont d'excellente qualité et le service aimable.

De 60 à 120 pesos

🐝 **El Topil**, Plazuela Labastida #104 (B3), ☎ (951) 514 16 17. Tlj 7 h 30-23 h. C'est un endroit de choix pour vous initier aux mets locaux tel le poulet au « mole negro ». Excellente cuisine et ambiance familiale.

La Crêpe, Alcalá #307 (B3), ☎ (951) 516 22 00. Tlj 14 h-23 h. Dans une belle salle aérée au 1er étage de l'Hostería Alcalá, des crêpes salées ou sucrées, un peu trop épaisses, pour une séquence nostalgie sur fond de chansons françaises. Les petites tables installées sur les balcons offrent une belle vue.

Café Alex, Díaz Ordaz #218 (A4), ☎ (951) 514 07 15. 7 h-21 h, dimanche 7 h-12 h. Deux salles aux tons vifs et un patio où le toucan n'a aucun mal à rivaliser avec les couleurs des murs. Une bonne adresse surtout pour le petit-déjeuner. Assez touristique.

Café-galería La Olla, Reforma #402 (C3), ☎ (951) 516 66 68. Tlj 9 h-23 h. Dans un cadre agréable où sont organisées des expositions d'artistes contemporains, l'accent est mis sur une nourriture saine. Vous pourrez consommer sans crainte d'appétissantes salades de crudités et des spécialités de Oaxaca.

Los Pacos, Constitución #104-A (C3), ☎ (951) 516 17 04. Lundi-samedi 9 h-22 h. À l'ombre d'une voûte de feuillage dans le patio ou sur le toit-terrasse avec sa très belle vue sur Santo Domingo, vous dégusterez des plats régionaux ou de bonnes viandes grillées.

Pizzeria Alfredo da Roma, Alcalá #400 (B3). ⊡ C'est l'adresse du consulat d'Italie et pour cause : le consul lui-même tient l'établissement. Ce n'est pas de la grande gastronomie, mais les pizzas sont variées et les plats de pâtes changent de la cuisine mexicaine. Les amateurs d'expresso très serré seront servis. Assez cher tout de même.

Plus de 100 pesos

El Asador Vasco, Portal de Flores 10-A (B4), ☎ (951) 514 47 55. ㏄ Tlj 13h-23h30. De vastes salles aux murs blancs et décorées de poutres où l'on sert de bonnes spécialités de Oaxaca ainsi que du poisson et des viandes. Des groupes de mariachis jouent pendant le dîner. Réservez une table près de la fenêtre pour profiter de la vue sur le «zócalo».
El Vitral, Guerrero #201 (B4), ☎ (951) 516 13 24. ㏄ Tlj 13h-23h30. Le restaurant le plus chic de la ville est installé dans un splendide cadre colonial. La carte est un panaché de mets typiques de Oaxaca et de plats d'inspiration internationales.

OÙ SORTIR, OÙ BOIRE UN VERRE

Pour le calendrier des festivités et les adresses des lieux de sortie, consultez les mensuels gratuits **Oaxaca** (français/espagnol/anglais), **Oaxaca Times** (anglais/espagnol) ou **La Guía Cultural** (anglais/espagnol).

Cafés – Les terrasses de restaurants sous les arcades du Zócalo constituent un excellent poste d'observation, agréable pour prendre un verre à toute heure.
Il Passaggio (Caffé-bar del Borgo), Alcalá #303 (B3) (même bâtiment que la Pizzeria Rústica). Au percolateur, un couple d'Italiens qui prépare le meilleur expresso de Oaxaca. Vous pourrez goûter également aux pâtisseries et à la charcuterie. 9h-23h, dimanche 11h-23h.
Coffee Beans, 5 de Mayo #114 et 5 de Mayo #400-C (C3). Deux établissements spécialisés dans le café, comme leur nom l'indique, qui servent également à manger.

Bars – La Casa del Mezcal, Cabrera #213 (B4). Depuis 1935, ce bar aux allures de saloon est une institution, où la clientèle, essentiellement masculine, vient tanguer au rythme de quelques verres de tord-boyaux et d'un juke-box hoquetant. Tlj 12h-minuit.
La Divina, Adolfo Gurrión #104 (C3), en face de Santo Domingo. Un bar branché où les jeunes se pressent pour écouter de la musique essentiellement rock, tlj 21h-1h.

Concerts – Candela, angle Murguia #413 et Pino Suárez (C3). La salsa a son sanctuaire à Oaxaca : ambiance «caliente» au son d'un orchestre. Mardi-samedi 22h-2h, droit d'entrée de 35 pesos. **La Fortaleza**, Murguia #101 (C3). Des groupes jouent tous les soirs sauf le lundi pour les amateurs de «trova», mais également de rock ou de salsa. **El Sagrario**, Valdivieso #120 (B4). Au sous-sol, différents styles de musique «live» tous les soirs de 21h à 2h du matin. Droit d'entrée de 70 pesos.

LOISIRS

Visite de la ville – Montez à bord du **Tranvía Turístico del Recuerdo**. Départ toutes les 2h à partir de 13h à l'angle d'Alcalá et Morelos (B3) pour un tour commenté (en espagnol uniquement) du centre historique et du nord de la ville : 30 pesos.
Activités sportives – Bicicletas Bravo, García Vigil #409-C (B3), ☎ (951) 514 40 03, organise des circuits d'une journée à VTT aux environs. **Tierra Dentro**, Reforma #528-B (C3), ☎ (951) 514 92 84 : varappe, randonnées pédestres, VTT.

Spectacles de guelaguetza – Si vous n'avez pas la chance de séjourner à Oaxaca en juillet pour assister à la Guelaguetza, des représentations sont données toute l'année à la **Casa de Cantera**, Murguía #102 (B3), ☎ (951) 518 06 66 (tlj à 20h) ou à l'hôtel **Monte Albán**, Alameda de León #1, ☎ (951) 516 27 77. L'hôtel **Camino Real** (voir «Où loger») organise également des spectacles avec des musiciens dans l'ancienne chapelle du couvent tous les vendredis soirs (spectacle-buffet, 250 pesos).
Cinéma – Le ciné-club **El Pochote**, García Vigil #817 (Los Arquitos) (B1), ☎ (951) 514 11 94, projette des documentaires et des films d'art et d'essai du monde entier. **Cinema Plaza Alameda**, angle Independencia #508 et 20 de Noviembre (B3), passe essentiellement des nouveautés américaines sous-titrées en espagnol.

Oaxaca et la côte Pacifique

Les fêtes de Noël – Le mois de décembre est une succession de festivités à Oaxaca. Outre les manifestations qui se retrouvent dans le reste du pays, les habitants attendent avec impatience la **Noche de Rábanos** (nuit des radis). Ce concours de figurines sculptées dans des radis géants se tient le soir du 23 décembre sur le Zócalo.

Guelaguetza – Si vous êtes à Oaxaca en juillet, vous pourrez assister à une représentation des « Lunes del Cerro » à l'auditorium du **Cerro del Fortín** (A2). Les places sont en vente à l'office de tourisme dès le mois de mai. Les gradins du haut (« palco C ») sont gratuits mais pour avoir une place, il vous faudra arriver au moins 4 h à l'avance.

ACHATS

Artisanat – **Aripo**, García Vigil #809 (B2), boutique d'État qui rassemble tout l'artisanat de la région. La coopérative de femmes **Centro Artesanal MARO (Mujeres Artesanas de las Regiones de Oaxaca)**, 5 de Mayo #204 (C3), vend de l'artisanat régional. Sur la ravissante **Plazuela La Bastida**, à proximité de Santo Domingo (B3), sont exposés des des tableaux et de l'artisanat en plein air.

Textiles – Les textiles de la région se trouvent dans les boutiques de Oaxaca, mais autant vous rendre directement dans les villages d'origine. Vous pourrez faire vos achats auprès des artisans pour un prix généralement moins élevé. Dans la vallée de Tlacolula, à 23 km de Oaxaca, **Teotitlán del Valle** est réputé pour sa production artisanale de « sarapes » (sorte de poncho) et de tapis en laine aux teintures naturelles. Outre des motifs préhispaniques, les habitants reproduisent également des œuvres d'artistes de la région et du monde entier. Avant d'arriver à Tlacolula, une route sur votre gauche mène au bout de 4 km à **Santa Ana del Valle**, également spécialisé dans les « sarapes » et les tapis en laine. Dans la vallée de Zimatlán, à 27 km de Oaxaca, les habitants de **Santo Tomás Jalieza** tissent sur « telar de cintura » (métier de ceinture) du coton teint à base de colorants naturels, pour certains.

Poterie noire – L'alfarería Doña Rosa (voir p. 290) est l'atelier le plus connu de **San Bartolo Coyotepec**, mais chez les autres artisans du village, les prix sont moins élevés. Du cendrier à la jarre admirablement ajourée, vous dénicherez des objets pour toutes les bourses : une jarre toute simple coûte env. 150 pesos, mais une décoration élaborée peut hisser le prix jusqu'à 900 pesos.

Alebrijes – **San Martín Tilcajete**, à 25 km de Oaxaca sur la route d'Ocotlán de Morelos, abrite un bestiaire fantastique. Les artisans du village font preuve d'une inventivité extraordinaire pour créer les « alebrijes », petits animaux imaginaires en bois, éclatant de couleurs.

Mezcal – Une liste des producteurs est disponible à l'office de tourisme. On peut acheter du mezcal sur la route de Mitla en allant visiter une fabrique ou à tous les coins de rues dans Oaxaca. **Mezcalería Yagul**, Aldamá #325 (B4) (à côté de la Posada Catarina). **Alipus**, angle Gómez Farias #212 et Reforma (C2). Vente de vins nationaux et de mezcal.

Chocolat – L'odeur de cacao envahit les rues autour du Mercado 20 de Noviembre. Dans certaines de ces boutiques, on peut assister à la préparation du chocolat, notamment au magasin **Mayordomo**, angle Mina et 20 de Noviembre (B4-5). Ces magasins vendent également du « mole » en poudre.

Librairies – **Amate Books**, Alcalá #307-2 (B3), 10 h 30-14 h 30/15 h 30-19 h 30, sauf le dimanche : livres en anglais et en espagnol. **Proveedora Escolar**, Independencia #1001 (C4), s'adresse plutôt aux scolaires, mais elle est très bien fournie en ouvrages en espagnol (histoire, sociologie, politique, etc). 9 h-13 h 30/16 h-20 h sauf le dimanche.

EXCURSIONS D'UNE JOURNÉE

Les agences de voyages ne manquent pas dans le centre-ville (voir « Adresses utiles »), et la plupart proposent un itinéraire d'une journée aux environs de Oaxaca. Vous pouvez également vous adresser à la réception de l'hôtel. Le grand classique demeure l'excursion pour Hierve el Agua avec un arrêt à Santa María El Tule, la visite du site de Mitla et une dégustation dans une fabrique de mezcal *(voir chapitre suivant)*.

Oaxaca pratique

LES VALLÉES CENTRALES★★
MONTE ALBÁN★★★

État de Oaxaca

Pour les renseignements pratiques, se reporter à « Oaxaca pratique » p. 275
Carte régionale p. 243 et plan des vallées centrales p. 287

À ne pas manquer

Le site de Monte Albán en fin d'après-midi.
Goûter au mezcal, la spécialité de Oaxaca.

Conseils

Le site de Monte Albán est venté, couvrez-vous.
Louez une voiture pour parcourir les vallées à votre rythme.
Programmez vos visites en fonction des marchés, les villages sont plus animés ;
si vous ne deviez en voir qu'un, allez à celui d'Ocotlán de Morelos le vendredi.

Les vallées centrales autour de Oaxaca furent le domaine d'une fabuleuse surenchère artistique entre les Zapotèques, les Mixtèques et les Espagnols. L'imposant couvent de Cuilapan de Guerrero répond au « vaisseau » de Monte Albán, les dorures de l'église de Tlacolula font écho aux trésors mixtèques enfouis dans les tombes. Les artisans ont pris le relais, faisant preuve d'une remarquable créativité : des dentelles de céramique naissent de tours préhispaniques, les tissages rivalisent avec les façades de Mitla, et le bestiaire imaginaire de San Martín Tilcajete se montre digne des paysages surnaturels de Hierve el Agua.

Le calendrier des marchés

Lundi	Teotitlán del Valle
Mardi	Santa Ana del Valle
Mercredi	Villa Etlá
Jeudi	Zaachila
Vendredi	Ocotlán de Morelos
Samedi	Oaxaca (Mercado de Abastos)
Dimanche	Tlacolula

Le site archéologique de Monte Albán★★★

Comptez 3 h de visite.

À 10 km de Oaxaca par une superbe route en lacet. Départs toutes les 30 mn des Autobuses Turísticos à l'hôtel Rivera del Ángel, Mina #518. Premier départ à 8 h 30, premier retour à 11 h ; dernier départ à 15 h 30 et retour à 18 h. Prix du transport : 18 pesos AR. Si vous souhaitez rester plus de 2 h 30 sur place, vous devrez racheter un billet de retour. 8 h-18 h ; entrée payante sauf le dimanche.

À la jonction des trois vallées centrales, un plateau venté se dresse à 400 m de hauteur, soit à près de 2000 m d'altitude. Au sommet, la cité de Monte Albán, remarquable d'austérité, ressemble à un gigantesque « vaisseau spatial » d'un autre âge, posé entre ciel et terre. La main des bâtisseurs n'a cessé de modeler le relief pour tracer de généreuses perspectives : aplanissement du terrain, remblaiement, remaniements successifs des plates-formes et des temples, véritable travail de titan jusqu'à ce que les œuvres de l'homme et de la nature se fondent et se confondent. Le soleil apporte la touche finale, particulièrement en fin d'après-midi, en créant un fabuleux jeu d'ombre et de lumière sur les façades.

Un site sous influence

Le nom préhispanique du site demeure inconnu, cependant le terrain aurait appartenu à un homme du nom de Montalbán au 17e s. La cité a fait l'objet d'une activité intense à partir de 500 av. J.-C., mais sa fondation reste une énigme. On sait que deux civilisations très différentes s'y succédèrent, les Zapotèques au Classique et les

Mixtèques au Postclassique. Mais pourquoi avoir édifié une cité aussi loin de l'eau ou de terres cultivées ? Les premiers habitants étaient-ils des Olmèques ou une civilisation s'étant appropriée les caractéristiques de cette civilisation ? Lentement, les archéologues tentent d'ordonner les pièces du puzzle.

La période villageoise – Autour de 1500 av. J.-C., plusieurs hameaux (*aldeas*) agricoles s'établirent dans la vallée d'Etlá. On a décelé des influences **olmèques**, notamment dans la céramique et les figurines – qui présentent des déformations crâniennes identiques aux représentations olmèques – découvertes à San José el Mogote, un des villages les plus importants de la région. Vers la fin de l'époque villageoise (800 à 500 av. J.-C.) apparurent les premières céramiques grises, caractéristiques de la culture zapotèque à venir ; les connaissances en matière de calendrier se développèrent et une véritable organisation sociopolitique commença à prendre forme.

La capitale des Zapotèques – Fondée autour de 500 av. J.-C., Monte Albán fut l'une des premières cités du Nouveau Monde, mais l'origine exacte des bâtisseurs demeure énigmatique. Au cours des siècles suivants, sous la férule centralisatrice des Zapotèques, les communautés alentour se trouvèrent noyautées par ce centre administratif, religieux et civil, en croissance rapide. À son apogée, vers le 5ᵉ s. de notre ère, Monte Albán regroupait près de 30 000 habitants sur 6 km², et d'autres centres de moindre importance, comme Mitla et Yagul, s'établirent dans la région. À partir de 800 ap. J.-C., les grandes cités commencèrent à décliner, ce qui entraîna un éclatement du pouvoir central en de multiples petits États.

La nécropole des Mixtèques – Par un jeu de conquêtes et d'alliances, les Mixtèques parvinrent à s'imposer. Monte Albán conserva cependant son caractère sacré aux yeux des nouveaux occupants ; ils procédèrent à quelques remaniements, telle l'édification d'une muraille du côté de la plate-forme sud, mais réutilisèrent surtout les édifices abandonnés comme sépultures. Les trésors que renfermaient les tombes témoignent de l'exceptionnel talent d'orfèvres des Mixtèques. Malgré leurs rivalités, les Zapotèques et les Mixtèques surent également s'allier pour résister à l'avancée aztèque au 15ᵉ s.

Un défi pour les archéologues – Sur ordre de Charles IV d'Espagne, le site fut fouillé par Guillaume Dupaix au début du 19ᵉ s., suivi par d'autres explorateurs tout au long du siècle. En 1901, une équipe d'archéologues, dont Leopoldo Batres, explora certains édifices. Mais ce sont surtout les campagnes de fouilles d'**Alfonso Caso**, commencées au début des années 30, qui marquèrent le début d'une véritable étude de Monte Albán et de la civilisation zapotèque. La découverte de la célèbre **tombe 7** (*voir p. 274*) en 1932 par le grand américaniste est le plus beau présent que pouvaient lui faire les civilisations auxquelles il a consacré sa vie. Un important programme de fouilles, mis en place en 1992, a permis de dégager certaines structures de la plate-forme nord et de protéger des monuments déjà mis au jour.

Un « Danseur » de Monte Albán

B. Juge/MICHELIN

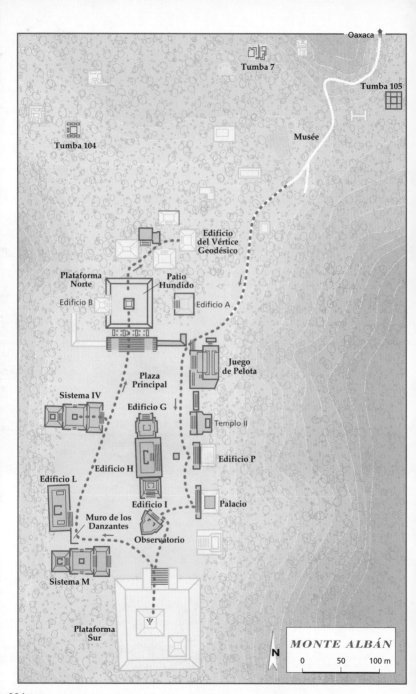

Oaxaca

Tumba 7

Tumba 105

Tumba 104

Musée

Edificio
del Vértice
Geodésico

Plataforma
Norte

Patio
Hundido

Edificio B

Edificio A

Juego
de Pelota

Plaza
Principal

Sistema IV

Edificio G

Templo II

Edificio H

Edificio P

Edificio L

Edificio I

Palacio

Muro de los
Danzantes

Observatorio

Sistema M

Plataforma
Sur

MONTE ALBÁN

N

0   50   100 m

Monte Albán I	Fondation de la cité.
500 à 100 av. J.-C. (Formation)	Influence olmèque (Danzantes).
Monte Albán II	Construction de l'Observatoire.
100 av. J.-C. à 200 ap. J.-C. (Préclassique)	
Monte Albán IIIA	Influence de Teotihuacán
200 à 600 (Classique ancien)	avec des restes de style olmèque.
Monte Albán IIIB	Construction des tombes 104 et 105.
600 à 900 (Classique récent)	Déclin de Teotihuacán.
Monte Albán IV	Désintégration de la capitale zapotèque.
900 au 1200 (Postclassique ancien)	Apparition des cités-États (Mitla, Yagul, Zaachila). Les Zapotèques s'installent à Mitlá. Occupation mixtèque de Monte Albán.
Monte Albán V	Réutilisation des édifices zapotèques
1200 à 1521 (Postclassique récent)	comme tombes mixtèques. Période aztèque. Arrivée des Espagnols.

En guise d'introduction...

Le musée** (*légendes uniquement en espagnol*) peut se découvrir avant ou après la visite du site. Il réunit des originaux de stèles, dont vous pourrez voir les copies à leur emplacement d'origine, comme les **Danzantes** ou les **stèles des Captifs**. Parmi les nombreux objets exposés, ne manquez pas la très belle **urne de la Dame à la coiffe de jaguar****. En revanche, vous devrez attendre le musée de Oaxaca (*voir p. 272*) pour admirer le trésor de la tombe 7.

Sur le côté est de la Plaza Principal

Suivez le chemin qui part du musée. La vaste esplanade sur laquelle s'élèvent les principaux monuments de Monte Albán est majestueuse par ses dimensions (290 x 265 m) et l'impression de parfaite symétrie que créent les groupes d'édifices aux quatre points cardinaux. Les constructions ne rivalisent pas en taille avec celles de Teotihuacán, mais elles montrent son influence avec des adaptations régionales. Ainsi, le *talud-tablero* de Teotihuacán se décline en *talud escapulario* (panneau scapulaire), dessinant un «E», sorte de créneaux à l'envers et en relief qui crée un très bel effet de clair-obscur.

En arrivant sur l'esplanade, sur votre gauche, vous dominez le **Juego de Pelota**, terrain à l'apparence d'un double T inversé et dépourvu d'anneaux, bordé de gradins en forme de banquette. Issue de plusieurs structures superposées, l'aire de jeu visible remonte aux 5e-6e s. ap. J.-C.

Au sud du jeu de balle se trouvent une série de constructions dont l'**édifice P**. Remarquez le trou, au centre des gradins, destiné à recevoir la lumière zénithale aux équinoxes. Le masque de jade en forme de chauve-souris, exposé au musée d'Anthropologie de Mexico, provient de l'autel situé au pied de l'escalier. La plupart des constructions à vocation d'habitation ont disparu car elles utilisaient des matériaux périssables. Cependant les différentes pièces réparties autour du patio central du **Palacio** laissent à penser que ce bâtiment était à usage résidentiel, réservé à l'élite.

Au centre de l'esplanade

La plate-forme au centre de l'esplanade est en fait constituée de trois soubassements pyramidaux, les **édifices G**, **H** et **I**, collés les uns aux autres. Au sud de cet ensemble, l'**édifice J**, plus connu sous le nom d'**Observatorio***, est le plus singulier des édifices de Monte Albán. Contrairement au reste du site, orienté selon les quatre points cardinaux, cette structure quadrangulaire, en forme de flèche, suit une direction différente, à 35° vers le sud-ouest. Sur la façade, vous observerez quelques dalles réutilisées, provenant du mur des Danseurs (*voir ci-dessous*). À l'arrière de l'observatoire, une vingtaine de bas-reliefs, les **Losas de Conquista** (pierres de conquête), montrent des personnages et des hiéroglyphes qui évoqueraient les cités assujetties à Monte Albán.

Les vallées centrales

La Plataforma Sur

Ce gigantesque soubassement, surmonté d'un temple, ferme le sud de l'esplanade. À la base de la plate-forme furent érigées des **stèles*** *(copies in situ, originaux au musée)* comportant des glyphes narrant vraisemblablement des conquêtes – certaines figurent des personnages en captivité. Le long du bâtiment, des vestiges de muraille mixtèque sont encore visibles. Un escalier monumental mène au sommet, où se dressent les vestiges d'un temple tourné vers l'est. Le second édifice *(sur la gauche en tournant le dos à l'esplanade principale)* est surnommé la « pyramide aux Quatre Portes » car il fut perforé sur les quatre côtés par Dupaix lors de ses fouilles au début du 19ᵉ s. Du haut de la plate-forme vous jouirez d'une superbe **vue**** panoramique sur l'ensemble du site et la vallée.

À l'ouest de la Plaza Principal

En redescendant de la plate-forme sud, sur votre gauche, se trouve le **Sistema M**, structure jumelle du **Sistema IV** *(du même côté de l'esplanade près de la plate-forme nord)*. Pour rétablir le déséquilibre de la place, plus large à cet endroit, des plates-formes et une cour fermée ont été ajoutées devant les édifices.

Entre ces deux complexes, l'**Edificio L**, l'une des premières constructions de Monte Alban (époque I), arbore le fameux **Muro de los Danzantes**** (mur des Danseurs), le monument le plus singulier de Monte Albán. Ces dalles qui revêtaient le soubassement de l'édifice étaient environ au nombre de 300, mais une bonne partie fut réutilisée comme matériau pour des constructions ultérieures *(copies in situ pour la plupart, les originaux étant exposés au musée du site)*. Ces stèles aux bas-reliefs d'influence olmèque montrent des hommes nus, de profil, les yeux fermés, la bouche ouverte, certains avec les parties génitales mutilées. Entre autres interprétations de cette succession de personnages, on a évoqué des danseurs (d'où le nom donné aux stèles), des personnes atteintes de difformités physiques, des victimes de sacrifices ou la représentation d'un culte sexuel. Certains personnages portant la barbe (et les Indiens étant plutôt imberbes), il pourrait également s'agir de la représentation des lointains fondateurs de Monte Albán.

La Plataforma Norte

Le complexe architectural le plus imposant de Monte Albán ferme le côté nord de l'esplanade. Un escalier magistral mène à une plate-forme, où subsistent 12 grosses colonnes tronquées, qui soutenaient un portique. De là, on peut accéder à un groupe d'édifices, ainsi qu'au **Patio Hundido** (Patio enfoncé). Au nord-est du patio, se dresse l'**Edificio del Vértice Geodésico** (Sommet géodésique), le point culminant du site. Juste derrière, des fouilles récentes ont permis de mettre au jour une sous-structure, « l'Edifice embijouté », qui doit son nom aux décorations en forme de disques, rappelant le style de Teotihuacán.

Du sommet de cette plate-forme, vous pourrez distinguer vers le nord des replats sur lesquels étaient aménagés les quartiers résidentiels et leurs tombes.

Les tombes alentour

Monte Albán est aussi riche en surface qu'en sous-sol. Fermées au public jusqu'à nouvel ordre, les tombes recelaient d'inestimables trésors, désormais exposés dans différents musées *(sur le site ou à Oaxaca)*. Construites par les Zapotèques, elles regorgeaient d'offrandes d'origine mixtèque. Certaines comportent des **fresques murales** d'influence Teotihuacán comme celles de la **tombe 105** ou de la plus belle, la **tombe 104**** *(derrière la plate-forme nord)*, reconstituées au musée d'Anthropologie de Mexico. Dans une niche, à l'entrée, une statue en céramique figure un personnage assis doté d'une coiffe, Cocijo, un des dieux les plus importants chez les Zapotèques. Enfin n'oublions pas la **tombe 7**** *(voir « musée de Oaxaca » p. 274)*, dans laquelle Alfonso Caso découvrit de superbes objets mixtèques, le plus précieux trésor du monde préhispanique.

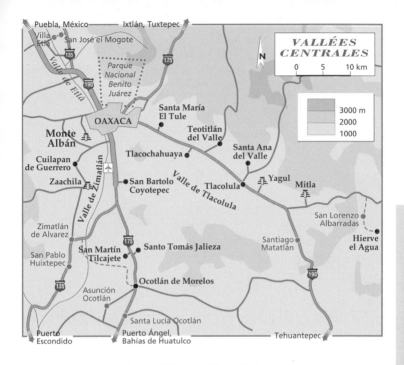

La vallée de Tlacolula★★

Comptez une journée en voiture. Env. 150 km A R

Circuit classique proposé par les voyagistes (voir p. 276) ou à faire en voiture. On peut difficilement effectuer la totalité de l'itinéraire en transports en commun jusqu'à Hierve el Agua dans la même journée. Les bus en direction de Mitla partent toutes les 30 mn de la gare routière de 2ᵉ classe de Oaxaca (voir p. 276).

■ **Santa María El Tule** – *À 10 km à l'est de Oaxaca.* L'un des rares villages où l'église demeure introuvable. Minuscule, comme victime d'une erreur d'échelle, elle disparaît derrière le feuillage d'un gigantesque **ahuehuete★** ou *sabino* (*taxodium mucronatum*), l'un des plus grands arbres du monde avec ses 40 m de hauteur. On ne manquera pas de vous asséner des chiffres démesurés tels que son âge (plus de 2000 ans) ou la circonférence de son tronc (58 m) que 50 enfants peuvent à peine entourer de leurs bras. Remarquez également les formes éloquentes dessinées par son tronc.

■ **Le couvent de Tlacochahuaya★** – *À 6 km de Santa María el Tule, suivez la route de droite pendant 2 km (18 km de Oaxaca). Messes à 8 h et à 18 h. Le reste de la journée demandez au sacristain qu'il vous ouvre sauf à l'heure du déjeuner (14 h-16 h). Entrée libre, donation bienvenue.* Les dominicains construisirent le **couvent de San Jerónimo** à la fin du 16ᵉ s. à l'écart de la route dans un lieu propice à la méditation. Passé l'atrium, doté de **capillas posas** (chapelles du reposoir) aux angles, on distingue sur la **façade** baroque une trompette soufflant la voix divine à San Jerónimo et deux chiens au flambeau symbolisant l'ordre dominicain. Une ornementation relativement sobre comparée à l'**intérieur★★** de l'édifice : des **fresques★★** polychromes, de facture indigène, recouvrent les murs et le plafond, incroyable profusion de motifs floraux au milieu desquels les angelots semblent voleter. Ce couvent est également célèbre

287

Sur la route du mezcal

Un remède miracle si l'on en croit les étiquettes des bouteilles vantant ses vertus aphrodisiaques, entre autres bienfaits, ou le dicton mexicain : « Para todo mal, mezcal... Para todo bien también ! » (Si ça va mal, du mezcal, et si ça va bien du mezcal aussi.) Profitez de votre séjour à Oaxaca pour passer en revue tous les secrets du mezcal, des dix longues années d'attente avant que le « maguey » parvienne à maturation − l'agave ressemble à un cactus − jusqu'à sa production 100 % artisanale − une seule distillation contrairement à la tequila qui en requiert deux. Une halte-dégustation chez un producteur de la vallée de Mitla permet d'en reconnaître les différentes saveurs, et peut-être vous laisserez-vous tenter par le mezcal au « gusano de maguey »... avec son fameux ver au fond de la bouteille.

pour sa **chaire**★★ décorée et son bel **orgue**★★ polychrome datant du 18ᵉ s., véritable écho aux murs de l'église. Vous remarquerez aussi les très beaux autels et retables de style platéresque.

De retour sur la route principale, continuez pendant 6 km et faites un crochet à gauche (3 km) jusqu'à **Teotitlán del Valle**, localité réputée pour la qualité de ses textiles. N'hésitez pas à comparer les prix avec la production de **Santa Ana del Valle**, village également spécialisé dans le tissage (*un peu avant Tlacolula, suivez la route de gauche pendant 4 km*) (*voir « Achats » p. 281*).

■ **L'église de Tlacolula**★ − *À 30 km de Oaxaca. Tlj 8 h-20 h, entrée libre.* L'**église de la Virgen de la Asunción** vous rappellera certainement le couvent de Santo Domingo de Oaxaca. Une fois encore la sobriété de la façade laissait difficilement

augurer la décoration spectaculaire de la **capilla del Señor de Tlacolula**★★ (16ᵉ s.), connue comme la **Chapelle des martyrs**. Entièrement recouverte de stucs polychromes du plus bel effet et dotée de nombreux miroirs, elle renferme des statues de martyrs : crucifié, décapité ou poignardé, une hache plantée dans le crâne, leur sort peu enviable a certainement dû intimider les autochtones du 16ᵉ s. De remarquables **grilles en fer forgé** d'époque complètent élégamment cette luxuriance baroque.

Au km 33, suivez la route de gauche pendant 1,5 km vers le site archéologique.

■ **Yagul**★ − *À 34,5 km de Oaxaca. 8 h-17 h, entrée payante sauf le dimanche.* Les fouilles de l'archéologue Ignacio Bernal dans les années 50-60 ont permis de dater la première occupation du site du « vieil arbre » aux environs de 500 av. J.-C. Cependant Yagul ne prit son essor qu'au déclin de Monte Albán, à partir de 800 ap. J.-C. Lieu de transition entre les civilisations zapotèque et mixtèque, il fut abandonné pendant quelque temps avant de se constituer en cité-État aux 12ᵉ-13ᵉ s., peu avant l'arrivée des conquistadors.

Le centre administratif et religieux consiste en une grande plate-forme, l'**acropole**, supportant des groupes de temples et de palais. D'un patio encadré de quatre édifices on accède à la **Tumba Triple**★, qui mène à trois chambres funéraires, dont la principale est décorée de grecques et de deux têtes humaines. Au nord de ce groupe d'édifices s'étend le plus grand **jeu de balle** de la région, au terrain en forme de double T inversé et dépourvu d'anneaux. Au nord de l'aire de jeu, le **Palacio de los Seis Patios** (palais des Six Patios) apparaît tel un labyrinthe de murs de pierre, désormais ruinés. Les patios étaient entourés de galeries dont il subsiste des colonnes tronquées, et dans une des chambres un trône a été retrouvé. La façade sud du palais est délimitée par la **calle de las Grecas**, un passage orné de grecques comme à Mitla, menant à une grande construction rectangulaire, la **Sala del Consejo** (salle du Conseil).

Vous pourrez entreprendre l'ascension de la colline hérissée de cactus pour découvrir les vestiges de la **Fortaleza** (forteresse), révélant une **vue**★★ dégagée sur la vallée de Tlacolula.

Au km 39, laissez la route 190 vers Tehuantepec (à droite) et continuez pendant 4 km jusqu'au site.

Oaxaca et la côte Pacifique

■ **Mitla**★★ – *À 43 km de Oaxaca. 8 h-18 h, entrée payante sauf le dimanche.* Peu de lieux expriment de façon aussi éloquente la démarche symbolique des Espagnols, qui érigeaient leur lieu de culte à l'emplacement de sites sacrés préhispaniques. À Mitla, la superposition, voire le télescopage, des civilisations s'incarne dans les dômes rouges de l'église de San Pablo Apóstol coiffant victorieusement les palais précolombiens. Les fouilles ont démontré que l'ancienne Lyobaa («lieu du repos» chez les Zapotèques), rebaptisée *Mictlán* par les Aztèques («lieu des morts» en nahuatl), fut occupée entre 600 et 200 av. J.-C. Cependant le déclin de Monte Albán marqua le véritable essor de la cité, dont l'importance à partir de l'an 1000 ap. J.-C. ne prit fin qu'à l'arrivée des conquistadors. La plupart des édifices visibles à l'heure actuelle datent des 13ᵉ-14ᵉ s. et montrent une forme achevée de l'architecture zapotèque, certainement influencée par les Mixtèques. Les **grecques** et les mosaïques de pierre courant le long des façades en constituent l'une des caractéristiques les plus spectaculaires. Ces milliers de blocs de pierre parfaitement taillés semblent draper les palais d'un tissage aux motifs géométriques.

Le site comprend cinq groupes d'édifices assez éloignés les uns des autres. Le **Grupo del Sur** et le **Grupo del Adobe**, les plus anciens et les plus ruinés, suivent le même plan, un patio encadré par trois palais et une pyramide ; les trois autres (Grupo del Arroyo, Grupo de las Columnas et Grupo de la Iglesia) comprennent des palais organisés autour de deux grands patios et d'un plus petit au nord. Votre pourrez consacrer votre visite aux deux ensembles architecturaux les mieux conservés.

Le Grupo de las Columnas★★ est constitué de deux groupes d'édifices, composés chacun de quatre plates-formes (dont trois construites) encadrant leur patio. Vous remarquerez que les édifices ne se touchent pas aux angles. Au nord du patio principal, un bâtiment percé de trois ouvertures s'étire sur une cinquantaine de mètres de long. Un escalier monumental mène au **Salón de las Columnas**★, où six colonnes monolithiques de 4 m de haut, légèrement coniques, soutenaient une toiture aujourd'hui disparue. De là un couloir mène à un petit patio intérieur, le **Patio de la Grecas**★★, entièrement couvert de grecques et de motifs géométriques : une alternance de rythme, sans répétition, de petits blocs de pierre parfaitement ajustés, qui prennent tout leur relief à la lumière. Dans la salle la plus sombre, vous pourrez observer la reconstitution d'une toiture de l'époque.

Dans le second patio *(au sud)* se trouvent deux tombes cruciformes. Dans l'une d'elles se trouve la **Columna de la Vida** (colonne de la vie) soutenant le toit. Selon la légende et une méthode de calcul douteuse, ce monolithe permet de déterminer combien de temps il reste à vivre à celui qui l'enlace. Pour l'instant, vous resterez dans l'ignorance puisque l'accès en est interdit au public.

Une église est venue se loger au beau milieu d'un patio de Mitla, les pierres des palais précolombiens ayant servi à sa construction. Tout naturellement l'ensemble fut baptisé le **Grupo de la Iglesia**★. Le petit patio situé au nord de l'ensemble (le pendant du patio des Grecques) présente des décorations similaires au groupe des Colonnes ainsi que de maigres vestiges de peintures murales mixtèques.

À 18 km de Mitla, engagez-vous à droite sur la route non asphaltée en direction de San Lorenzo Albarradas. Au bout de 8 km, vous arrivez au parking.

■ **Hierve el Agua**★★ – *Venez en semaine et le plus tôt possible pour éviter la foule. Pour l'hébergement sur place, voir «Oaxaca pratique» p. 279.* Ne vous méprenez pas, ici pas d'eaux thermales (*hierve el agua* signifie «l'eau bout») mais une source riche en sodium, excellente pour les rhumatismes. Par endroits, elle sort de terre à gros bouillons, d'où le nom trompeur du lieu. Deux somptueuses **cascades pétrifiées** semblent avoir été stoppées net dans leur descente le long de la pente. Celle de droite forme un étonnant amas de stalactites perchées au-dessus du vide, comme prêtes à se déverser du sommet. Vous pourrez vous baigner dans les **bassins** au cœur d'un paysage d'une sérénité absolue et emprunter le sentier derrière la cascade pour faire une ravissante promenade *(1 h 30)* parmi les cactus et les palmiers.

La vallée de Zimatlán*

Comptez une journée en voiture. Environ 100 km AR.

■ **San Bartolo Coyotepec** – *À 12 km au sud de Oaxaca sur la route d'Ocotlán. Des bus fréquents partent à l'angle des calles Zaragoza et Miguel Cabrera, à 4 cuadras au sud du Zócalo.* Bien qu'une cinquantaine de familles se consacrent à la production de **barro negro** (poterie noire), vous aboutirez inévitablement à l'**alfarería Doña Rosa**★ *(à gauche avant le marché d'artisanat. Calle Benito Juárez #24, ☎ (951) 551 00 11. 8h30-19h30. Démonstration le vendredi et tlj pour un groupe de 10 personnes minimum).* Les premières poteries noires, qui font la renommée de la localité, sortirent de cet atelier au début des années 50. Diminuer le temps de cuisson et polir l'argile à l'aide d'une pierre, voilà la technique que Doña Rosa (1900-1980) venait de découvrir pour obtenir une poterie noire et incroyablement brillante. Depuis son décès, ses fils et petits-fils ont repris le flambeau et élaborent de véritables dentelles d'argile sur leur tour rudimentaire, constitué de deux assiettes posées l'une sur l'autre, dans la plus pure tradition préhispanique. Attention, contrairement aux ustensiles quotidiens, gris et mat, ces objets à vocation purement décorative ne sont pas étanches.

Pour continuer vos emplettes dans la région *(voir « Achats » p. 281)*, vous pouvez faire une halte à **San Martín Tilcajete** *(à 12 km de Coyotepec)*, berceau des *alebrijes*, puis à **Santo Tomás Jalieza** *(2 km plus loin)*, pour observer les tisserandes à l'œuvre.

■ **Ocotlán de Morelos** – *À 18 km de San Bartolo Coyotepec. Mêmes bus que pour San Bartolo Coyotepec.* Sur votre droite à l'entrée du village, jetez un œil aux **Artesanías de las Hermanas Águilar**, petite exposition-vente installée dans une cour. Parmi ces petites figurines en terre, naïves et très colorées, vous remarquerez de nombreuses représentations de Frida Kahlo – un sujet porteur depuis la sortie du film sur l'artiste à la fin des années 90.

L'église de Santo Domingo★ *(tlj 9h-18h, entrée libre, donation conseillée)* mérite le détour. Vous serez surpris par la palette de couleurs utilisée pour la façade, véritable écho aux toiles de Rodolfo Morales *(voir encadré)*, à qui l'on doit la restauration de l'édifice. Pour rénover cet ancien couvent dominicain du 16e s., qui servait de prison, les ouvriers ont utilisé des techniques traditionnelles, à base de teintures naturelles, de sève de *nopal* et de citron. Outre une belle collection de toiles des 18e et 19e s. et du mobilier religieux, un **musée d'art populaire** présente les œuvres de la famille Águilar ainsi qu'une exposition de « palmes allégoriques » en aluminium, utilisées lors des processions religieuses.

La Fundación Rodolfo Morales★ *(av. Morelos #106-B, à 100 m du Zócalo. Entrée libre)* est intallée dans la maison du peintre. Vous pourrez librement parcourir son univers excentrique, de la cuisine colorée à l'étonnant patio échevelé en passant par son atelier, où il n'était pas rare de croiser l'artiste de son vivant.

Une route en mauvais état relie Ocotlán et Zimatlán de Alvarez. Mieux vaut rebrousser chemin pour suivre la direction de Cuilapan, à gauche, avant d'entrer dans Oaxaca.

Figurine de la famille Águilar
(Ocotlán de Morelos)

■ **Le couvent de Cuilapan de Guerrero** ∗ – *À 12 km de Oaxaca. Des bus partent régulièrement à l'angle des calles Bustamente et Arista, à six cuadras au sud du Zócalo. Départs un peu moins fréquents de la gare routière de 2ᵉ classe. Tlj 8 h-18 h, entrée payante.* Sur une vaste pelouse se dresse le **couvent de Santiago Apóstol**, auréolé d'une indicible mélancolie. Commencé au milieu du 16ᵉ s., l'édification de cet imposant complexe religieux fut arrêtée sur ordre d'Hernán Cortés, marquis de la vallée de Oaxaca. Bien qu'inachevée et privée de toiture, la **chapelle**∗∗, d'inspiration Renaissance, est absolument majestueuse. Dotée de deux clochers ronds et d'un porche encadré de deux colonnes corinthiennes, sa façade présente l'emblème des dominicains sur le fronton : une croix terminée par des fleurs de lys et deux chiens tenant une torche dans la gueule. Surnommée « l'église des trois nefs », cette chapelle de plan basilical est divisée par deux alignements de colonnes, à l'état embryonnaire d'un côté, soutenant des arcs en plein cintre. Une dalle encastrée dans le mur présente des glyphes calendaires mixtèques au milieu desquels a été gravée la date de 1555, qui correspondrait à l'année de fondation de Cuilapan. Perpendiculaire à la chapelle, l'**église** reste elle aussi inachevée en partie. Le **cloître**∗ à deux galeries comporte de superbes vestiges de fresques en grisaille et polychromes, qui se poursuivent jusque dans le réfectoire attenant. Dans l'ancien potager du couvent, un monument a été érigé en l'honneur du héros de l'indépendance **Vicente Guerrero**, fusillé en ce lieu le 14 février 1831.

■ **Zaachila** – *À 18 km de Oaxaca. Prenez la rue qui monte derrière l'église du village, puis suivez les panneaux à droite. Mêmes bus que pour Cuilapan de Guerrero. 8 h-18 h, entrée payante sauf le dimanche.* Que reste-t-il de la dernière capitale zapotèque (1100-1521 ap. J.-C.), à part les pierres préhispaniques utilisées par les villageois comme matériau de construction et les morceaux de céramique ramassés par les enfants depuis des années ? Désormais un grillage protège le site pour empêcher que l'urbanisation ne grignote un peu plus la colline, qui recouvre la cité zapotèque. Le site se résume à quelques tumuli enfouis sous la végétation et à deux tombes mises au jour en 1962. La **tombe 1**∗, la plus intéressante, possède divers reliefs en stuc représentant des hibous, des personnages accompagnés de glyphes ainsi qu'un homme recouvert d'une carapace de tortue. Cette chambre funéraire contenait les restes d'un homme et de ses esclaves ainsi que des offrandes de style mixtèque. La **tombe 2** recelait des bijoux en or et des objets en jade, désormais exposés au musée d'Anthropologie de Mexico.

Rodolfo Morales (1925-2001)

Ocotlán de Morelos pourrait s'appeler Ocotlán de Morales tant les habitants respectaient cet homme discret et généreux, qui s'est éteint fin janvier 2001. Réputé pour ses collages et ses toiles dynamiques aux couleurs vives, l'artiste décrivait le quotidien rural, particulièrement l'univers féminin, dans un style empreint de réalisme magique frisant le surréalisme. Le « Maestro », comme tout le monde aimait à l'appeler, avait regagné son village natal pour se consacrer entièrement à la peinture. Outre son œuvre artistique, la région lui doit la restauration de l'église d'Ocotlán, les arbres replantés dans la campagne environnante et la création d'une fondation destinée à promouvoir de jeunes artistes.

Les vallées centrales

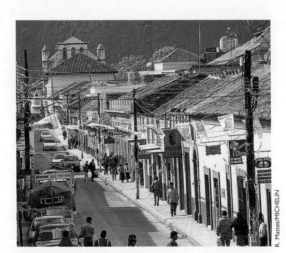

San Cristóbal de las Casas sort de l'ombre

LE CHIAPAS

Si proche du Guatemala, si loin de Mexico. Le Chiapas est un monde à part entière qui recèle une incroyable diversité naturelle et culturelle, du rude climat de la sierra à la moiteur de Tuxtla Gutiérrez, de la fureur des cascades d'Agua Azul à la sérénité des lacs de Montebello, des à-pics vertigineux du Cañon del Sumidero à la luxuriance de la selve lacandone. Pour rivaliser avec ces trésors naturels, les bâtisseurs mayas ont, à leur tour, élevé des forêts de temples et de pyramides, immenses cités émergeant de la jungle avant d'être mystérieusement abandonnées puis englouties sous un linceul végétal. Malgré toutes ces richesses, cet État demeure le parent pauvre du Mexique. Et des confins du territoire, comment faire entendre sa voix ? Des hommes au visage caché par un passe-montagne ont fini par sortir le Chiapas de l'ombre en 1994. Tout un symbole. Comme le choix de San Cristóbal de Las Casas pour point de départ de la longue marche zapatiste sur la capitale à l'aube du troisième millénaire. Depuis, à l'est rien de nouveau...

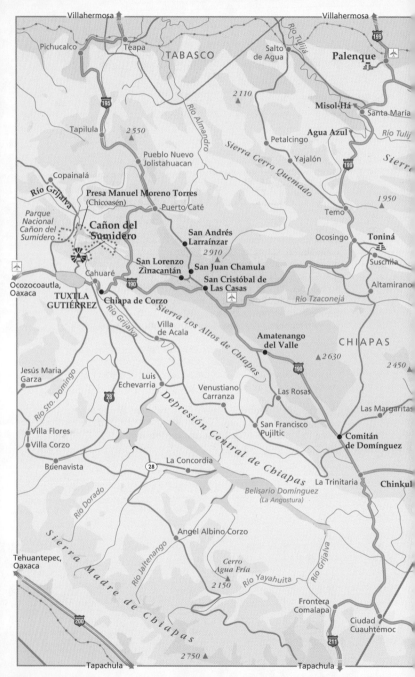

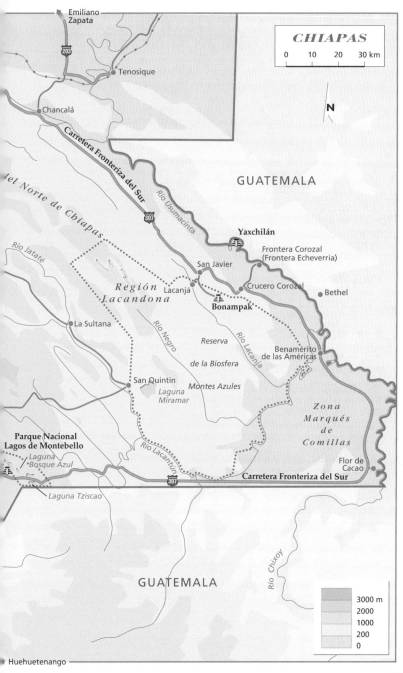

TUXTLA GUTIÉRREZ
ET LE CAÑON DEL SUMIDERO★★★
Capitale de l'État du Chiapas – Carte régionale p. 294
Alt. 528 m – 394 400 hab.
540 km de Oaxaca et 85 km de San Cristóbal de Las Casas

À ne pas manquer
Les concerts du Parque de la Marimba.
Le Cañon del Sumidero en bateau.

Conseils
Pour la visite du canyon en «lancha», faites le circuit entre 11 h et 14 h,
lorsque le soleil, au zénith, illumine les deux parois du canyon ;
prévoyez également un vêtement chaud pour le trajet.

Que vous descendiez des montagnes de Oaxaca ou de San Cristóbal de Las Casas, vous serez immanquablement saisi par l'agitation et la chaleur étouffante de Tuxtla. Ajoutez à cela d'interminables avenues bordées d'édifices modernes et encombrées de voitures, et vous aurez envie de traverser la capitale de l'État au pas de course. Et pourtant elle recèle quelques lieux intéressants et constitue une étape pratique pour visiter le Cañon del Sumidero, l'emblème du Chiapas et l'un des sites naturels les plus spectaculaires du Mexique.

Visite de la ville
Comptez une demi-journée en vous déplaçant en taxi.

Fondée par les Zoques sous le nom de Coyatoc («lieu des lapins»), la plus grande ville du Chiapas devint Tuchtlán – traduction littérale en nahuatl – avec les Aztèques. Puis, au 19e s., les Espagnols ajoutèrent le patronyme de Gutiérrez, en souvenir d'un important gouverneur libéral de l'époque.

De place en place
S'il n'invite guère à la flânerie, le *zócalo* de Tuxtla, désigné sous le nom de **Plaza Cívica**, conserve néanmoins sa vocation de centre administratif et religieux. Sur cette vaste esplanade à la réverbération aveuglante, de rares arbres et quelques abris offrent un bien maigre refuge aux passants et aux cireurs de chaussures accablés de chaleur. Des blocs de béton sans harmonie ceinturent la **cathédrale de San Marcos**, dont les remaniements successifs ont gommé tout charme colonial. Mais, à chaque heure, son clocher présente tout de même un singulier défilé de statues d'apôtres, au son d'un joyeux carillon de 48 cloches.

Rejoignez l'angle nord-est de la place (côté hôtel Casablanca). Remontez 2a calle Oriente Norte jusqu'à 5a av. Norte Oriente. Prenez à droite et suivez cette avenue (qui se prolonge par la calzada de los Hombres Ilustres) pendant environ 800 m.

Dans le **Parque Madero**, un bâtiment moderne en brique, datant du début des années 80, abrite le **Museo Regional de Chiapas**★ *(9 h-16 h, fermé le lundi. Entrée payante sauf dimanche et jours fériés)*. Au rez-de-chaussée, la salle d'archéologie regorge de vestiges précolombiens découverts dans la région. La section dévolue à l'histoire, au 1er étage, s'ouvre sur une peinture illustrant l'épisode des Indiens Chiapa se jetant dans le Cañon del Sumidero. Au travers des différents objets, vous parcourrez le Chiapas depuis la conquête coloniale jusqu'en 1920.

L'arbre de Noël du Cañon del Sumidero

De retour sur la Plaza Cívica, descendez l'av. Central jusqu'au Parque de la Marimba, à l'angle de 8a Poniente Norte.

Si vous passez la soirée à Tuxtla, ne manquez sous aucun prétexte les **concerts**★ *(19h-21h, dimanche 19h-22h)* du **Parque de la Marimba**. Tous les soirs, à 19h précises, un orchestre de cuivres, marimba et percussions investit le kiosque à musique de cette ravissante place. Sur des airs de *danzón*, cha-cha-cha, mambo ou boléro, des couples d'habitués retrouvent leur jeunesse le temps de quelques danses. Boudé par les jeunes, ce rendez-vous un brin mélancolique risque malheureusement de disparaître.

Le Parque Zoológico Miguel Alvarez del Toro★ (ZOOMAT)

Calzada Cerro Hueco s/n. Du centre-ville, accès en taxi (25 pesos) ou en « colectivo » (voir « Comment circuler »). 9h-17h30, fermé le lundi ; donation conseillée. Comptez 2h.
Ce zoo, uniquement consacré à la **faune du Chiapas**, est aménagé dans un parc de 10 ha parcouru de petites cascades. Certains animaux se promènent en liberté tels les singes, les faisans, les *guaqueques* ou les écureuils. Les autres espèces, en cage, disposent de suffisamment d'espace pour évoluer en toute quiétude dans leur **habitat naturel**. À l'heure de la sieste, armez-vous de patience pour repérer les félins, certains parvenant à se dérober au regard des curieux, ce qui donne tout son piment à la visite. L'un des pensionnaires les plus inattendus est le **quetzal**, l'oiseau emblème du Guatemala ayant la réputation de dépérir en captivité.

Le Cañon del Sumidero★★★
Comptez une demi-journée avec un arrêt à Chiapa de Corzo.

À mi-course entre les Cuchumatanes (Guatemala) et le golfe du Mexique, le **río Grijalva** passe à proximité de Tuxtla Gutiérrez. À une quinzaine de kilomètres au nord-est de la ville, la rivière sinue au fond d'une gorge profonde encadrée de parois spectaculaires, atteignant près de 1 000 m de hauteur. Vu d'en haut ou d'en bas, ce canyon procure une sensation incomparable de vertige.

Par la route panoramique★
Au nord-est de Tuxtla par la calzada al Sumidero. Poste de garde situé à 6 km du centre-ville. 6h-16h30 ; entrée libre. Trajet de 22 km jusqu'au dernier mirador en voiture ou en taxi. Comptez 2h AR avec les arrêts.
À certains endroits de la route, on a l'impression de survoler le río Grijalva tant l'à-pic est élevé. Du **mirador Los Chiapa**★★ *(au niveau du restaurant Atalaya)*, le dernier et le plus impressionnant des cinq belvédères de l'itinéraire, vous aurez peine à distinguer les *lanchas* sur la rivière. Seuls de minuscules points suivis de leur sillage trahissent leur présence près d'un kilomètre plus bas.

La légende des Chiapa
Lorsque les conquistadors, alliés aux Zoques, arrivèrent dans la région en 1523, ils rencontrèrent la résistance des Chiapa, peuple guerrier installé dans la vallée de Grijalva. Hernán Cortés choisit donc d'envoyer Diego de Mazariegos à la tête d'une armée de soldats espagnols. À l'issue de sanglants combats qui se déroulèrent aux environs du fleuve, les Espagnols victorieux fondèrent la Villa Real de Chiapa. Mais les Indiens, dirigés par le cacique Sanguieme, organisèrent une nouvelle révolte. Leur chef capturé et brûlé vif, on raconte que 15 000 Chiapanecos préférèrent se précipiter dans le fleuve, du haut du canyon, plutôt que de se soumettre.

Le circuit en bateau★★
Microbus fréquents (voir « Arriver-partir ») entre Tuxtla et les embarcadères de Chiapa de Corzo, à 15 km à l'est de Tuxtla par la route 190, ou celui de Cahuaré, situé à 5 km avant Chiapa de Corzo sur la même route. 10 personnes minimum par « lancha », 70 pesos par personne. Trajet en bateau de 35 km jusqu'au barrage. Comptez 2h AR.
Dommage que l'excursion jusqu'au **barrage Manuel Moreno Torres** (ou Chicoasén) soit un peu expéditive.

Difficile de contempler le paysage lorsque le pilote de la *lancha* décélère à peine pour montrer un ou deux crocodiles endormis sur la rive. Pourtant, sur le parcours absolument superbe, les aigrettes tordent leur cou gracile, dessinant de véritables points d'interrogation au bord du fleuve ; les singes araignées se balancent au cœur d'une végétation fantomatique agrippée aux parois verticales et les rapaces planent au-dessus de votre tête ; les grottes se succèdent et les cascades abondent (*uniquement pendant la saison des pluies*). L'une des formations les plus impressionnantes, l'**Arbol de Navidad**** (arbre de Noël), ressemble à un gigantesque sapin de roche moussue et ruisselante.

La Fiesta de Los Parachicos (8-23 janvier)

La grande fête «para el chico» («pour l'enfant») de Chiapa de Corzo remonte au 17e s., en souvenir d'une Espagnole venue au Chiapas faire soigner son fils gravement malade. Pour rendre grâce de la guérison miraculeuse de son enfant, María de Angulo, aidée de ses servantes («chuntaes»), distribua de la nourriture aux habitants, victimes de la famine. Les festivités annuelles qui commémorent cet épisode sont désormais dédiées au Señor de Esquipulas, à San Antonio Abad et à San Sebastián. Pour l'occasion, la ville se constelle de Chiapanèques aux robes chatoyantes, d'hommes déguisés en «chuntaes» et en Parachicos, dont le masque au teint clair et la perruque blonde évoquent les Espagnols : des jours et des nuits de processions, de chants et de danses couronnés par une bataille navale assortie de feux d'artifice sur le río Grijalva et un défilé de chars.

Une halte à Chiapa de Corzo

En revenant de votre parcours en *lancha*, faites le tour de Chiapa de Corzo, ville fondée en 1528 par Diego de Mazariegos sur l'un des plus anciens sites précolombiens. Au centre du *Zócalo* se dresse le symbole de la localité, la **Fuente Colonial*** (16e s.), fontaine surmontée d'une coupole en brique de style mudéjar, en forme de couronne. À proximité, jetez également un œil à l'ancien **couvent de Santo Domingo**, qui renferme un centre culturel et le **Museo de la Laca** (*10h-17h, fermé le lundi ; entrée payante sauf le dimanche*), où sont exposés du mobilier et des objets en bois laqué, l'un des artisanats traditionnels de la ville.

Tuxtla Gutiérrez pratique

ARRIVER-PARTIR

En avion – La plupart des avions atterrissent à l'aéroport Francisco Sarabia, plus connu sous le nom de **Terán**, ☎ (967) 671 52 97 / 53 11, situé à 12 km à l'ouest de la ville. Le trafic aérien se fait de plus en plus rare à l'aéroport **Llano San Juan**, ☎ (961) 612 29 20 / 06 01, sur la route en direction d'Ocozocoautla, à 38 km de Tuxtla. Pour les compagnies aériennes, voir «Adresses utiles».

En bus – Les bus **ADO**, (961) 613 59 95, et **Cristóbal Colón**, (961) 612 26 24, partagent le même terminal dans le centre-ville, 2a Norte #268, à l'angle de 2a Poniente. 2 bus pour Cancún (durée : 18h) ; départs toutes les heures de 6h à 19h vers Comitán (3h30) ; 1 bus pour Mérida (14h) ; 7 bus par jour de 14h30 à 21h30 pour Mexico TAPO (entre 14h et 15h) ; 3 bus pour Oaxaca (8h) ; 5 départs de 6h30 à minuit pour Palenque (7h) ; 2 bus pour Puebla (entre 12h et 13h) ; bus toutes les heures de 5h à minuit pour San Cristóbal de Las Casas (entre 1h30 et 2h) et des «colectivos» au départ de 2a av. Sur Oriente entre 4a Oriente Sur et 5a Oriente Sur ; 5 bus de 11h à minuit pour Villahermosa (7h).

En microbus – À l'angle de 2a Oriente Sur et 2a Sur Oriente, départ toutes les 30 mn de 6h à 22h pour Chiapa de Corzo (15 km, 20 mn) via Cahuaré.

COMMENT SE REPÉRER

Toutes les « calles » (rues) sont orientées nord-sud, tandis que les « avenidas » courent d'est en ouest. Les adresses de Tuxtla sont déterminées par rapport au point d'intersection de l'av. Central (prolongée à l'ouest par le blvd Dr. Belisario Domínguez) et de la calle Central, à l'angle sud-ouest de la Plaza Cívica. Chaque artère est désignée par un numéro et deux points cardinaux, indiquant sa distance et son orientation par rapport à la Plaza Cívica. Ainsi 4a av. Sur Oriente se trouve à quatre avenues au sud de l'av. Central, à l'est de la calle Central. Rien qu'en lisant le premier chiffre du numéro du bâtiment – ou les deux premiers si le numéro en comporte quatre –, vous connaîtrez le nombre de « cuadras » qui le séparent de la Plaza Cívica. Ainsi, pour aller 4a av. Sur Oriente #256, il faut donc descendre de quatre avenues vers le sud, puis avancer de deux « calles » à l'est de la calle Central. Attention, on utilise couramment les abréviations « Pte » (Poniente) et « Ote » (Oriente).

COMMENT CIRCULER À TUXTLA

En « colectivo » – La ligne 1, très pratique, parcourt toute l'av. Central : elle dessert la Plaza Cívica, le Parque de la Marimba, le SEDETUR ou la Casa de Las Artesanías. Pour le zoo, empruntez la ligne 60 : départ toutes les 15 mn à l'angle de 1ra Oriente Sur et de 7a av. Sur Oriente.

En taxi – Les véhicules n'ont pas de compteur. Une course en ville coûte environ 20 pesos, et autour de 25 pesos pour aller de la Plaza Cívica au zoo.

Location de voitures – Budget, blvd Dr. Belisario Domínguez #2510, ☎ (961) 615 06 72. **Hertz**, aéroport de Terán, ☎ (961) 615 70 70.

ADRESSES UTILES

Office de tourisme – Dirección Municipal de Turismo, angle calle Central et. 2a av. Norte, ☎ (961) 612 55 11. Dans le tunnel, côté nord-ouest de la Plaza Cívica. Peu d'informations, mais central. 8h-20h ; week-end 8h-14h. Kiosque d'informations du **SEDETUR**, blvd Dr. Belisario Domínguez #950, edificio Plaza de las Instituciones (en face de l'hôtel Bonampak), ☎ (961) 613 93 96 à 99 / (01800) 2 80 35 00 (numéro gratuit). On vous donnera de précieux renseignements (en français) et quelques prospectus. 9h-21h, week-end 9h-20h.

Banque / Change – Banamex, 1ra Sur Poniente #141. Change 9h-15h30, sauf le week-end. **Bancomer**, angle av. Central Oriente et 2a Poniente Norte. Change 9h-15h, sauf le week-end. Nombreux distributeurs automatiques.

Poste – 1ra av. Norte Oriente à l'angle de 2a Oriente, sur la Plaza Cíviva.

Internet – Crazy Web, 2a Norte Oriente #215 (entre le tunnel et l'hôtel Plaza Chiapas). **Compumex**, calle Central Norte #402. 9h-21h, dimanche 12h-21h.

Compagnies aériennes – Aerocaribe, Plaza Veranda, blvd Belisario Domínguez #1748, ☎ (961) 612 00 20 / 54 02 / 16 92, Fax (961) 611 14 90 ; av. Central Poniente #206, ☎ (961) 612 71 08 / 20 53. Quatre liaisons par jour vers México, 3 vers Oaxaca, 2 vers Villahermosa et 1 à destination de Palenque et de Veracruz. **Aviacsa**, av. Central Poniente #160, ☎ (961) 611 20 00 / 612 68 80, assure 3 vols par jour avec México. **Mexicana**, blvd Belisario Domínguez #1550, ☎ (961) 614 51 07 / 08, propose 2 départs quotidiens pour México.

Santé – Cruz Roja, 5a Norte Poniente #1480, ☎ (961) 612 00 96. **Sanatorio Rojas**, ☎ (961) 612 54 66 / 59 39.

OÙ LOGER

Les hôtels de Tuxtla ont un point commun : ils sont sans charme et chers pour ce qui est proposé.

De 100 à 150 pesos
Hotel «Jas», calle Central Sur #665, ☎ (961) 612 15 54 – 14 ch. 🍴 ⛲ 👤 📺 Dans la rue commerçante de Tuxtla, tout près du marché Díaz Ordaz. Des chambres modestes mais impeccables. Sombres vers l'intérieur et bruyantes côté rue, elles constituent malgré tout un rapport qualité-prix satisfaisant.

Hotel Casablanca, 2a Norte Oriente #251, ☎ (961) 611 03 05 – 46 ch. ⌂ ✗ Sur deux niveaux le long d'un couloir égayé par des plantes, un établissement sommaire mais bien tenu. Plus cher pour les chambres avec TV et climatisation.

De 200 à 300 pesos
Hotel Regional San Marcos, 2a Oriente Sur #176, ☎ (961) 613 19 40 / 18 87 – 40 ch. ⌂ ✗ ✎ TV ✗ Ce bâtiment moderne situé derrière la cathédrale propose des chambres correctes et propres pour un prix raisonnable et un emplacement on ne peut plus central.

Autour de 600 pesos
Hotel María Eugenia, av. Central Oriente #507, ☎ (961) 613 37 67 à 71, Fax (961) 613 28 60 – 83 ch. ⌂ ▤ ✎ TV ✗ ⛲ CC Cet immeuble de cinq étages en plein centre a les seules chambres modernes et tout confort de la ville (hors zone hôtelière). Choisissez celles du dernier étage, côté Poniente, plus calmes, avec la vue sur Tuxtla jusqu'à l'entrée du Cañon del Sumidero.

OÙ SE RESTAURER

• **Tuxtla Gutiérrez**
Moins de 50 pesos
Lom Lok Café, 9a Poniente Norte, Parque de la Marimba. ☂ 8 h-23 h, dimanche 16 h-23 h. Des familles indiennes du Chiapas se sont associées pour produire un savoureux café organique à consommer sous toutes ses formes, accompagné de sandwiches ou de pâtisseries. De la terrasse, vue plongeante sur le Parque de la Marimba. Arrivez avant 19 h pour avoir une table.
La Boutique del Pan, av. Central Poniente #961, ☎ (961) 613 35 17. Sur le Parque de la Marimba, cette boulangerie dispose d'une cafétéria pour prendre son petit-déjeuner ou quelques en-cas tout au long de la journée. Une autre succursale (uniquement de vente à emporter) se trouve près de la Plaza Cívica, 2a Poniente Norte #173.

Autour de 60 pesos
La Casona, 1ra Poniente #134, ☎ (961) 612 75 34. Tlj 8 h-23 h. Quatre salles chaleureuses décorées de meubles en bois et en fer forgé, de plantes et d'artisanat mexicain. Dans ce cadre typique,

on sert des spécialités nationales ou purement régionales. Une bonne adresse à prix très doux.

De 60 à 120 pesos
Las Pichanchas, av. Central Oriente #837, ☎ (961) 612 53 51 CC Tlj 12 h-minuit. Un grand restaurant de spécialités régionales ouvert sur un patio orné de plantes et de poteries percées (les « pichanchas »). La cuisine n'a rien d'exceptionnel, mais vous pourrez assister à des concerts de marimba (tlj 12 h 30-17 h/20 h 30-23 h) ou à un spectacle de danses folkloriques tlj de 21 h à 22 h.

• **Chiapa de Corzo**
Moins de 60 pesos
Face à l'embarcadère se succèdent plusieurs petits restaurants à la sono assourdissante, tout juste supportable le temps d'un sandwich ou d'« antojitos ».

De 60 à 120 pesos
Los Jardines de Chiapa, av. Francisco I. Madero #395, ☎ (961) 616 01 98. À une « cuadra » du zócalo (à droite en se dirigeant vers l'embarcadère), ce restaurant peut accueillir d'immenses tablées dans l'une de ses salles ou autour d'un patio. Une cuisine régionale et une longue carte de cocktails.

OÙ BOIRE UN VERRE

• **Cañon del Sumidero**
Atalaya, calzada del Sumidero km 22. 7 h-16 h 30. ☂ Au bout de la route panoramique, ce restaurant aux allures de soucoupe volante mal entretenue présente une vue majestueuse de la terrasse qui surplombe le canyon. Contentez-vous d'y prendre un verre.

ACHATS

Artisanat – Casa de las Artesanías de Chiapas, blvd Dr. Belisario Domínguez #2035, ☎ (961) 612 22 75. La production artisanale du Chiapas est réunie dans cette grande boutique pour touristes, à des prix légèrement plus élevés que sur les marchés de la région. 9 h-14 h/17 h-20 h, dimanche 9 h-14 h. Ne manquez pas, dans ce magasin, la visite du **Museo Etnográfico** (entrée libre), une reconstitution d'un village avec des mannequins grandeur nature en costume traditionnel.

SAN CRISTÓBAL DE LAS CASAS★★

État du Chiapas – Voir carte régionale p. 294
Alt. 2 120 m – 103 500 hab.
85 km de Tuxtla Gutiérrez par la route 190.

À ne pas manquer
Le marché municipal de San Cristóbal.
Le musée Na Bolom.
L'église de San Juan Chamula.

Conseils
Visitez les villages des environs plutôt le dimanche, jour de marché.
Respectez les interdictions de photographier à San Juan Chamula et à Zinacantán.
Dormez à Comitán pour profiter d'une vraie journée aux lacs de Montebello.
Renseignez-vous sur les conditions de sécurité sur la route San Cristóbal-Palenque.

Nichée dans la vallée de Jovel, dans les pinèdes des Hautes Terres du Chiapas, San Cristóbal de Las Casas est la localité la plus agréable de la région. Le climat vivifiant et le cachet colonial de ses maisons colorées ont séduit de nombreux Américains et Européens, désormais propriétaires de restaurants, d'hôtels ou de librairies. Malgré la profusion de cybercafés et d'établissements bio aux saveurs internationales, cette petite ville provinciale n'en reste pas moins ancrée dans le monde indien traditionnel. Ici, au cœur de l'une des régions les plus pauvres du Mexique, les plus démunis tentent leur chance, artisanat ou doléances sous le bras : les communautés tzotziles et tzeltales des environs viennent déployer leurs tissages sur le parvis de Santo Domingo, vendre leur maigre récolte au marché municipal, défendre leurs terres à grand renfort de pétitions ou participer à un rassemblement zapatiste sur le parvis de la cathédrale. Et San Cristóbal, si souriante pour le voyageur de passage, laisse alors deviner une société profondément cloisonnée à l'image de ses anciens quartiers, des mondes distincts qui se superposent sans jamais se rencontrer : on y est étranger ou Mexicain, Indien ou ladino, Tzotzil ou Tzeltal, catholique ou évangéliste, riche ou pauvre, pour ou contre les zapatistes…

L'ancienne capitale du Chiapas
En 1524, le capitaine Luis Marín organise une première expédition, infructueuse, pour conquérir le Chiapas. Quatre ans plus tard, **Diego de Mazariegos**, accompagné d'une armée d'Espagnols, de Tlaxcaltecas et de Mexicas, prend la tête d'un second voyage, à l'issue duquel est fondée la capitale, Villa Real de Chiapa (actuelle Chiapa de Corzo) (voir encadré p. 298). Au cours de leur avancée en territoire chiapanèque, les Espagnols, séduits par le climat et les terres fertiles de la vallée de Jovel, choisissent d'y transférer la capitale. Fondée le 31 mars 1528 sous le nom de Villa Real, elle est organisée en quartiers, ces fameux barrios qui portent toujours le nom de différentes ethnies ou de métiers. Si le tracé des rues demeure inchangé depuis Diego de Mazariegos, en revanche la ville recevra les appellations les plus diverses telles Villaviciosa ou San Cristóbal de Los Llanos, avant d'être élevée au rang de Ciudad Real en 1536 et de recevoir de Charles Quint ses armoiries, désormais l'emblème du Chiapas. Devenue siège de l'évêché du Chiapas en 1539, elle a pour évêque le « protecteur des Indiens », **Bartolomé de Las Casas** à partir de 1544, en l'honneur duquel elle sera d'ailleurs renommée 300 ans plus tard. La présence de ce dernier n'empêchera pas les traitements inhumains infligés aux Indiens, à l'origine de nombreux soulèvements dont celui des Tzeltales en 1712, l'une des plus graves rébellions qu'ait eu à connaître la colonie. Dépossédée de son titre de capitale au profit de Tuxtla Gutiérrez en 1892, San Cristóbal jouit, encore au début du 21e s., d'une véritable dimension culturelle et politique

Quand la cathédrale s'embrase

Un fief zapatiste

Le 1er janvier 1994, jour de l'entrée en vigueur de l'ALENA (Accord de libre-échange nord-américain), San Cristóbal de Las Casas sort de l'ombre. Un mouvement alors inconnu, l'**EZLN** (Armée zapatiste de libération nationale), décide d'entrer en guerre contre le gouvernement fédéral en investissant plusieurs chefs-lieux du Chiapas dont San Cristóbal de Las Casas. Envahie par les rebelles au passe-montagne désormais célèbre, la ville se trouve propulsée au-devant de la scène politique internationale. Au terme de 12 jours de combats – qui se soldent par 145 morts selon les autorités gouvernementales et 1 000 morts selon les zapatistes – un cessez-le-feu est signé. Depuis le début de ce long bras de fer entre le gouvernement et l'EZLN, les projecteurs de la planète se braquent par intermittence sur cette petite localité, particulièrement lors de grands rassemblements zapatistes ou de l'intervention de deux personnalités hautement médiatiques : l'évêque de San Cristóbal, **Monseigneur Samuel Ruiz García** (voir encadré) et le **sous-commandant Marcos**, porte-parole de l'EZLN. En février 2001, San Cristóbal a repris espoir, alors que démarrait le « Zapatour », la caravane des zapatistes vers la capitale (voir p. 38). En vain, puisque aucun accord n'est signé à ce jour.

L'héritier de Bartolomé de Las Casas

Près de 500 ans après l'évangélisation pacifique de Bartolomé de Las Casas, Monseigneur Samuel Ruiz García, évêque du diocèse de San Cristóbal de Las Casas, était apparu comme le nouveau « défenseur des Indiens ». Adepte de la théologie de la libération, il forma des centaines de catéchistes et de diacres indiens pour servir l'Église autochtone, « Église des pauvres » fondée sur le principe d'une société égalitaire. Accusé de soutenir les zapatistes, l'évêque s'attira les foudres de l'Église et d'une grande partie de la classe politique, ce qui lui valut également d'être la cible de plusieurs tentatives d'assassinat. Au lendemain de l'insurrection du 1er janvier 1994, il fut appelé à présider la Commission nationale de médiation, dissoute trois ans plus tard faute d'accord entre le gouvernement et l'EZLN. En décembre 1999, Mgr Ruiz dut prendre sa retraite à l'issue de 40 ans de croisade acharnée en faveur des communautés les plus démunies du Chiapas.

Visite de la ville
Comptez une demi-journée.

San Cristóbal est si peu étendu que quelques heures suffisent pour en faire le tour. Votre visite a toutes les chances de commencer par le *Zócalo*, l'ancienne place du marché, au centre duquel le **kiosque** a été transformé en un agréable café.

La Plaza 31 de Marzo★ (Zócalo) (B3)
Sur le côté nord du *Zócalo*, la **cathédrale de San Cristóbal★** *(tlj 10h-13h/16h-19h30)* passe difficilement inaperçue lorsque ses murs ocre-jaune aux ornements blanc, noir et ocre-rouge s'embrasent joyeusement au soleil. Fondée en 1535, l'ancienne église de la Asunción fut élevée au rang de cathédrale dès 1539, lorsque San Cristóbal devint le siège du diocèse. Reconstruite à la fin du 17e s., sa façade baroque décorée de motifs floraux, géométriques et de niches date quant à elle du 18e s. À l'intérieur, vous pourrez admirer de beaux **retables★** baroques du 18e s. en bois doré et ornés de colonnes salomoniques ainsi qu'une magnifique **chaire★** ouvragée. Remarquez également le **plafond** en bois de style mudéjar.

De l'autre côté de la place, l'**hôtel Santa Clara** occupe la **Casa de Diego de Mazariegos★**, l'une des plus belles demeures de la ville datant du 16e s., réputée pour son porche aux motifs platéresques – style de la Renaissance espagnole évoquant un travail d'orfèvre, généralement utilisé en architecture religieuse.

Rejoignez le nord de la ville par l'av. 20 de Noviembre.

Autour de Santo Domingo (B1-2)
Au sommet d'une volée de marches s'élève l'**église de Santo Domingo★★** *(9h-14h/16h-20h)* fondée en 1547 par Francisco Marroquín, premier évêque du Guatemala – le Chiapas dépendait alors de la capitainerie générale du Guatemala. Sa façade datant de la fin du 17e s. est sans aucun doute la plus extraordinaire de la ville, et la moins propre. Flanquée de deux clochers, surchargée de colonnes salomoniques, de niches et de motifs floraux, elle ressemble à un retable géant, dans la plus pure tradition du baroque espagnol, le tout joliment rehaussé par les tissus colorés en vente sur le parvis. La richesse de l'intérieur de l'édifice fait écho à l'extérieur, et l'on prêtera une attention particulière aux **retables★** en bois doré et à la très belle **chaire★**.

L'ancien **couvent de Santo Domingo** abrite la coopérative de tisserandes **Sna Jolobil** (voir «Achats» p. 314) et le **Centro Cultural de Los Altos de Chiapas★** *(10h-17h, sauf le lundi; entrée payante sauf le dimanche)*. Le rez-de-chaussée est consacré aux objets de l'époque précolombienne tandis que les salles du 1er étage traitent de thèmes historiques et ethnographiques. On peut y voir une série de panneaux relatant l'histoire des principaux édifices de la ville, des objets d'art religieux ainsi que des textiles.

Faites un tour au **Mercado Municipal★**, à quelques pas de là. La foule dense qui s'y presse vous procurera un avant-goût des marchés du dimanche des villages alentour. Vous pourrez reconnaître l'identité régionale des chalands et des vendeurs à leur costume traditionnel, de plus en plus souvent remplacé par des tenues occidentales.

De Santo Domingo, empruntez la calle Comitán. Avancez de 10 cuadras environ jusqu'à l'av. Vicente Guerrero, et prenez à gauche.

Le Museo Na Bolom★★ (Casa del Jaguar) (C2 en direction)
Av. Vicente Guerrero #33. Fermé au public en dehors des visites guidées, en anglais et en espagnol, tlj à 11h30 et 16h30; billets délivrés une demi-heure avant. Entrée payante.
Na Bolom, la «maison du Jaguar» en tzotzil, est passionnante d'un point de vue ethnographique, archéologique et humain. Rares sont les maisons privées qui expriment aussi bien la personnalité de leurs propriétaires. Dans cette demeure de la fin du 19e s., vécurent la Suissesse **Gertrude Duby Blom** (Trudy) (1901-1993) et le Danois

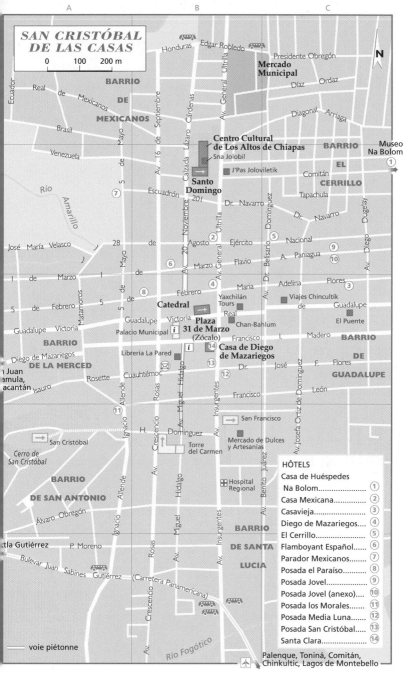

SAN CRISTÓBAL DE LAS CASAS

0   100   200 m

N

Ecuador
Real
de
Mexicanos
Brasil
Venezuela
Río
Amarillo
José María Velasco
de
Marzo
5
de
Febrero
Guadalupe
Victoria
BARRIO
DE LA MERCED
Diego de Mazariegos
n Juan
amula,
acantán
Isauro
Rosette
Cuauhtémoc
Cerro de
San Cristóbal
BARRIO
DE SAN ANTONIO
Álvaro Obregón
tla Gutiérrez
P. Moreno
Bulevar Juan Sabines
Gutiérrez

Honduras
Edgar Robledo
Presidente Obregón
Mercado
Municipal
Díaz
Ordaz
Diagonal
Arriaga
BARRIO
EL
CERRILLO
Comitán
Tapachula
Dr. Navarro
Dr.
Navarro

Centro Cultural
de Los Altos de Chiapas
Sna Jolobil
J'Pas Joloviletik

Santo
Domingo
201
Escuadrón
28
de
Agosto
Ejército
Nacional
A. Paniagua
Flavio
Maria
Adelina
Flores
Yaxchilán
Tours
Viajes Chincultík
Real
Guadalupe
Chan-Bahlum
El Puente
Madero
BARRIO
DE
GUADALUPE
José
F.
Flores
León
Francisco

Catedral
Victoria
Plaza
31 de Marzo
(Zócalo)
Casa de Diego
de Mazariegos
Palacio Municipal
Librería La Pared
Dr.

BARRIO
DE MEXICANOS

Museo
Na Bolom

San Francisco
Mercado de Dulces
y Artesanías

San Cristóbal
Torre
del Carmen
Hospital
Regional
BARRIO
DE SANTA
LUCIA

(Carretera Panamericana)

Río Fogótico

--- voie piétonne

HÔTELS

Casa de Huéspedes
Na Bolom...................... ①
Casa Mexicana............... ②
Casavieja....................... ③
Diego de Mazariegos.... ④
El Cerrillo..................... ⑤
Flamboyant Español...... ⑥
Parador Mexicanos........ ⑦
Posada el Paraíso........... ⑧
Posada Jovel.................. ⑨
Posada Jovel (anexo).... ⑩
Posada los Morales....... ⑪
Posada Media Luna....... ⑫
Posada San Cristóbal..... ⑬
Santa Clara................... ⑭

Palenque, Toniná, Comitán,
Chinkultic, Lagos de Montebello

305

Frans Blom (1893-1963), un couple hors du commun, que vous découvrirez grâce au documentaire de présentation. Lui, archéologue de formation, fouilla sans relâche les ruines de la région tandis que son épouse, anthropologue et photographe pleine de talent, se consacra aux communautés mayas. Depuis leur disparition, une association poursuit leurs travaux en faveur de la communauté lacandone *(voir p. 58)*. À la fois pièces de musée et souvenirs personnels, les objets exposés sont aussi étroitement associés à l'histoire de la région qu'à celle des Blom. L'ancien **bureau de Frans** rassemble des objets exhumés lors de ses fouilles dans les années 50 ; la salle consacrée aux Lacandons renferme des ustensiles domestiques, des instruments de musique et de cérémonie. La **chapelle**, où aucune messe n'a jamais été célébrée, recèle une superbe collection d'**objets d'art religieux**★★, du 16ᵉ au 19ᵉ s., sauvés de la destruction dans les années 20. La pièce la plus émouvante de la maison est la **chambre de Trudy**, qui semble encore habitée. Aux murs, ses **photographies**★★ en noir et blanc, de toute beauté, témoignent d'une sensibilité extraordinaire. Vous terminerez par la **bibliothèque**, qui conserve plus de 9 000 livres, manuscrits et cartes de la région *(consultations sur rendez-vous)*. Et pour prolonger la magie du moment, pourquoi ne pas loger ou dîner sur place *(voir « Où loger »)* ?

Les villages tzotziles★★

Comptez une demi-journée pour visiter San Juan Chamula et Zinacantán.
Il est interdit de photographier l'intérieur des églises et les confréries religieuses.

Au cours de la visite des localités alentour, il n'est pas rare de percevoir une certaine méfiance doublée d'hostilité de la part des villageois. Aussi, un guide professionnel *(voir la rubrique pratique, « Visite guidée des villages »)* peut-il constituer un excellent sésame pour aller à la rencontre des communautés et découvrir leurs traditions passionnantes.

Les confréries religieuses

Deux autorités municipales, l'une administrative et l'autre religieuse, sont à la tête des villages de la région. Outre un conseil municipal, élu comme dans le reste du pays, les communautés sont administrées par des « cofradías » (confréries), qui désignent leurs représentants selon la coutume. Les hommes investis de cette charge (« cargo ») pendant un an s'occupent uniquement d'affaires religieuses. La passation des pouvoirs s'effectuent en début d'année et donne lieu à d'importantes festivités.

San Juan Chamula★

Sortez de San Cristóbal par la Diagonal Ramón Larrainzar et, à 6 km, prenez la route de droite pendant 3 km. Arrêt des « combis » à l'angle de Lázaro Cárdenas et Honduras. À l'entrée du village, vous vous arrêterez à l'**église de San Sebastián**, en ruine depuis un tremblement de terre au 17ᵉ s. En contrebas s'étend un vieux **cimetière**★, véritable jardin de croix en bois blanches, vertes,

bleues et noires, parmi lesquelles paissent les moutons – les Tzotziles vouent un culte aux croix qu'ils associent à l'« arbre de vie » des anciens Mayas. Un chemin rejoint la place centrale où se tient le **marché**★★ du dimanche. Là s'élève l'**église de San Juan Bautista**★★ *(7 h-18 h, entrée payante ; billets délivrés à l'office de tourisme)* qui, de prime abord, ne présente rien de particulier, hormis les panneaux d'interdiction de prendre des photos à l'intérieur et la présence intimidante de quelques Indiens armés de bâtons, chargés de veiller au respect de cette consigne. À peine franchi la porte ornée d'un feston aux couleurs acidulées, on est saisi par une ambiance irréelle. La nef a été débarrassée de ses bancs – tout comme des prêtres catholiques, autorisés à n'y mettre les pieds qu'une fois l'an, le 24 juin, pour baptiser les enfants. Saint Jean-Baptiste occupe d'ailleurs la place d'honneur sur le retable du maître-autel. Des aiguilles de pin fraîches, destinées à absorber les mauvaises ondes, jonchent le sol et enveloppent l'air d'une délicieuse odeur qui se mêle à l'encens. La lueur vacillante de dizaine de

B. Pérousse/MICHELIN

Devant l'église de San Juan Bautista

B. Morand/MICHELIN

Dites-le avec des fleurs à Zinacantán

chandelles éclaire par touches les petits groupes de fidèles et dans un léger brouhaha, les chamans officient *(voir p. 68)*, chacun dialoguant avec l'un des saints de son choix. Personne ne prête attention aux statues privées de miroir et mal fagotées, « punies » de n'avoir pas su protéger l'église de San Sebastián. Même sanction pour les cloches, reléguées dans un coin.

Par une belle route de montagne, à 22 km au nord de San Juan Chamula, vous atteignez **San Andrés Larraínzar**, village au nom familier puisqu'il fut le siège des négociations entre le gouvernement et l'EZLN en 1996.

San Lorenzo Zinacantán★

À l'embranchement de San Juan Chamula (6 km de San Cristóbal), suivez les panneaux (route de gauche si vous arrivez de San Cristóbal) pendant 4 km. Départ des « combis » derrière le Mercado Municipal de San Cristóbal. Ce village, situé non loin de San Juan Chamula, est spécialisé dans l'horticulture. Arums, œillets, roses, chrysanthèmes sont envoyés aux quatre coins du pays, et apparaissent également sur les textiles traditionnels. Vous repérerez les *huipiles* des femmes aux énormes fleurs brodées, souvent des tournesols. Pour les fêtes, les hommes revêtent de superbes costumes et se coiffent de canotiers à large bord, garnis de rubans de différentes couleurs. L'**église de San Lorenzo** *(droit d'entrée)* est moins spectaculaire que celle de San Juan Chamula, mais vous aurez peut-être la chance d'assister à une procession : pétards, musique et *posh* (alcool de canne) seront au rendez-vous.

Vers les lacs de Montebello
Environ 120 km – Comptez une journée.

À 38 km au sud-est de San Cristóbal, la Panaméricaine traverse **Amatenango del Valle**, village tzeltal, spécialisé dans l'**alfarería (céramique)** cuite à ciel ouvert, où vous pourrez faire quelques achats.

■ **Comitán de Domínguez** – *À 54 km d'Amatenango del Valle.* Les toits de tuile semblent agrippés pour ne pas glisser, et les bus doivent accomplir un miracle quotidien pour monter au *Zócalo* tellement les rues de Comitán sont pentues. Le relief accidenté contribue grandement au cachet de cette localité, où bien peu de monde s'arrête : la plupart des touristes retournent à San Cristóbal et les routards choisissent plutôt de séjourner dans le parc national. Pourtant, l'étape n'a rien de désagréable.

Suivez la Panaméricaine pendant 16 km en direction du sud-est. Avant La Trinitaria, tournez à gauche en direction des lacs de Montebello. Au km 31 de la route des lacs (environ 1 km avant les cabañas La Orquidea), prenez encore à gauche pendant 3 km.

■ **Chinkultic** – *10h-17h, entrée payante sauf les dimanche et fêtes.* Ce petit site du classique tardif occupé de 600 à 900 de notre ère peut faire l'objet d'une promenade plaisante. Seuls quelques-uns des 200 monuments ont été excavés, mais vous pourrez tout de même y observer un **jeu de balle** de taille modeste. Du sommet de l'**acropole**, on jouit d'une vue ravissante sur la campagne environnante et sur un **cenote** en contrebas.

Retournez sur la route principale en direction des lacs. 5 km plus loin, un embranchement mène à gauche à la Laguna Bosque Azul (3 km) et, à droite, à la Laguna Tziscao (10 km).

■ **Le Parque Nacional Lagos de Montebello**★ – *Le parc est sillonné de sentiers non fléchés, mais il est déconseillé de s'aventurer seul, bien que la police montée veille. À l'arrêt des combis en provenance de Comitán (voir Arriver-partir »), les gens du coin proposent de vous accompagner à pied ou à cheval.* Sur la cinquantaine de **cenotes** (voir p. 15) qui percent la région, seule une petite dizaine est visible de la route, les autres se nichant au milieu des pins et des chênes. Sous le soleil, chaque lac présente une couleur différente, du bleu turquoise au vert émeraude, selon la végétation, la composition chimique du fond et la réfraction de la lumière. Si le temps n'est pas au beau fixe, les lacs perdent malheureusement de leur éclat, mais la balade en forêt demeure agréable.

Au-delà de la Laguna Tziscao, la Carretera Fronteriza del Sur longe le río Usumacinta pour former une boucle jusqu'à Palenque (432 km, 7h) via Bonampak (voir p. 316).

Sur la route de Palenque
207 km jusqu'à Palenque (voir p. 320). Comptez 5h de route.

De San Cristóbal à Palenque, une belle route de montagne tout en lacet franchit les montagnes via Ocosingo, en pleine zone zapatiste *(renseignez-vous au préalable sur les conditions de sécurité dans la zone).* Profitez-en pour faire un détour par Toniná, site archéologique relativement isolé, où vous pourrez profiter d'un magnifique cadre naturel loin des touristes.

Toniná★
À 96 km de San Cristóbal par la carretera 199. À Ocosingo (84 km de San Cristóbal), des panneaux indiquent une route à droite, que vous suivrez pendant 12 km. Des « combis » mènent d'Ocosingo à Toniná. 9h-16h; entrée payante sauf le dimanche. Comptez 2h.

À 900 m d'altitude, à mi-chemin entre les Hautes et les Basses Terres, Toniná, « maison de pierre » en Tzeltal, demeure un site relativement méconnu. Les fouilles effectuées par Frans Blom, puis par des archéologues français au début des années 70 ont mis en lumière l'histoire de cette cité, habitée dès le Préclassique et parvenue au faîte de sa gloire entre 600 et 900 ap. J.-C. Cette grande puissance militaire, inspirée par d'audacieuses visées expansionnistes, alla jusqu'à capturer le souverain de Palenque, K'an Hoy Chitam II (702-711). Comme dans le reste du monde maya, la population déserta subitement la cité au début du 10e s. – la dernière inscription indique 909, date la plus récente de la civilisation maya trouvée à ce jour. Toniná fut à nouveau occupée un siècle plus tard jusqu'en 1250.

Outre des pierres plates utilisées pour l'édification des monuments, Toniná se distingue surtout par la qualité de ses sculptures. Ses artistes excellaient dans l'art de la ronde-bosse comme en attestent les superbes autels ou stèles, visibles sur place ou au **musée du site***. Aux côtés de l'imagerie classique de monstres terrestres ou de l'inframonde, de divinités aquatiques ou d'oiseaux célestes, Toniná compte de nombreuses représentations guerrières, dont de remarquables statues de prisonniers, retrouvées décapitées.

Après le grand **jeu de balle**, on débouche sur la place principale, bordée au nord par une imposante **acropole***, l'une des structures les plus élevées de l'aire maya. Du haut de ses 57 m, elle vous offrira une vue imprenable sur la vallée d'Ocosingo. Une cascade de marches monte à l'assaut des sept degrés de cette pyramide, aménagée à flanc de colline. Entre les 1er et 2e niveau, vous apercevez l'entrée d'un **labyrinthe**, qui recèle le sarcophage du gouvernant Zotz Choj. Parvenu à la 5e terrasse, admirez sur la droite le **Mural de las Cuatro Eras*** (panneau des Quatre Ères), la pièce maîtresse du site. Avec ses surprenantes têtes à l'envers prisonnières de collerette de plumes (ou de feuilles), les quatre panneaux de cette frise en stuc évoquent, à la manière d'un codex, le mythe des quatre soleils (ou des quatre ères cosmogoniques). Enfin, il vous reste à gravir les deux dernières plates-formes de l'acropole, couronnées par quatre temples, pour parvenir au sommet, où se dresse le **Templo del Espejo Humeante** (temple du Miroir fumant), le point culminant de Toniná.

San Cristóbal de Las Casas pratique

Le Chiapas

ARRIVER-PARTIR

En avion – L'*Aeropuerto de Los Altos de Chiapas*, ☎ (967) 674 30 03, se trouve à 17 km au sud-est de la ville, sur la Carretera Federal 199 en direction d'Ocosingo (B5 en direction). *Aeromar*, ☎ 01 800 704 2900, assure une liaison quotidienne avec Mexico.

En bus – Pour acheter vos billets, adressez-vous à **Ticket Bus**, dans l'agence Chan-Bahlum, calle Real de Guadalupe #5-E (B3), ☎ (967) 678 76 56. Les bus **ADO**, **UNO** et **Cristóbal Colón** partent de la *gare routière 1re classe*, au bout de l'av. Insurgentes, à l'angle de la Panaméricaine (B5). Une dizaine de bus pour Comitán (durée : 1 h 30) ; 3 bus dont un service « de luxe » pour Mexico (16 h) ; deux bus vers Oaxaca (10 h 30 à 12 h) ; 5 départs pour Palenque (5 à 6 h) ; deux bus pour Puerto Escondido (12 h) ; 5 bus pour Tuxtla Gutiérrez (2 h) ; 2 bus pour Villahermosa (7 h).

Deux **terminaux 2e classe** sont situés sur la Panaméricaine (B5), en face de la gare routière 1re classe. Le **terminal ATG** se trouve sur la même route à l'angle de l'av. Ignacio Allende : départs très fréquents pour Comitán, Palenque, Tuxtla Gutiérrez.

En colectivo – Les véhicules de la compagnie **Balun Canan**, stationnés à côté de la gare routière 1re classe sur la Panaméricaine (B5), attendent d'avoir 8 personnes pour se rendre à Tuxtla ou à Comitán.

ADRESSES UTILES

Office de tourisme – *Dirección de Turismo Municipal*, au rez-de-chaussée du Palacio Municipal, Zócalo (B3), ☎ (967) 678 06 65. Lundi-samedi 9 h-20 h. **SEDETUR**, av. Miguel Hidalgo #1-B (B3), ☎ (967) 678 65 70. 8 h-20 h, dimanche 9 h-14 h.

Banque / Change – Sur le Zócalo, **Banamex**, **Bancomer** et **Serfín** effectuent des opérations en devises étrangères de 9 h à 13 h en semaine.

Poste – Calle Cuauhtémoc #13, à l'angle d'av. Crescencio Rosas (B3). Lundi-vendredi 8 h-19 h, samedi 9 h-13 h.

Téléphone – Cabines téléphoniques installées sous les arcades du « zócalo ». En face du SEDETUR, la **Librería La Pared**, av. Miguel Hidalgo #2 (B3), propose un service d'appels internationaux à moindre coût.

Internet – Les cybercafés ne manquent pas. Vous les trouverez en grand nombre calle Francisco I. Madero et calle Real de Guadalupe.

Santé – *Hospital Regional*, Insurgentes #24 (B4), ☎ (967) 678 07 70.
***Cruz Roja*,** av. Ignacio Allende #57 (A4), ☎ (967) 678 07 72.

Écoles de langues – *Centro Bilingüe*, Centro Cultural El Puente, calle Real de Guadalupe #55 (C3), ☎ (967) 678 41 57, Fax (967) 678 37 23.
***Instituto Jovel*,** Apartado Postal 62, calle Adelina Flores #21 (C3), ☎ (967) 678 40 69, helgal@prodigy.net.mx.

Laveries – *Lavandería Orve*, av. Dr. Belisario Domínguez #5 (C3) (à une cuadra du « zócalo »), 8 h-20 h.
***Lavomart*,** calle Real de Guadalupe #70-A (C3), 8 h 15-20 h.

Location de voitures – *Budget*, Auto Rentas Yaxchilán, calle Diego de Mazariegos #36 (A3), ☎ (967) 678 18 71.
***Excellent Rent a Car*,** dans l'agence Chan-Bahlum, calle Real de Guadalupe #5-E (B3), ☎ (967) 678 76 56.

Où loger

De 100 à 150 pesos
***Hotel Posada Jovel*,** calle Flavio A. Paniagua #28, ☎ (967) 678 17 34, posada_jovel@latinmail.com – 16 ch. ⌐ Confort minimum, mais des chambres sans salle de bains à un prix modique. De la terrasse, vous jouirez d'une belle vue sur les toits de la ville. Pour plus d'aisance, élisez domicile à l'annexe, plus chère (voir ci-dessous).
***Posada Los Morales*,** av. Ignacio Allende #17, ☎ (967) 678 14 72 – 13 ch. ⌐ ✗ Les bungalows, avec cheminée, ont des allures de bicoques – pas toujours bien entretenues – qui ne manquent pas de charme. On y vient surtout pour le jardin à flanc de colline, le réveil au chant des oiseaux et la vue superbe sur San Cristóbal.
***Posada Media Luna*,** calle Dr. José Felipe Flores (presqu'à l'angle d'av. Insurgentes), ☎ (967) 678 88 14 – 5 ch. Des chambres d'hôtes (dont deux avec salle de bains) réparties autour d'une cour accueillante pour prendre son petit-déjeuner au soleil. Un hébergement

simple et sympathique et possibilité d'utiliser la cuisine. La propriétaire parle français.

De 150 à 200 pesos
***Hotel El Cerrillo*,** av. Dr. Belisario Domínguez #27, ☎ / Fax (967) 678 12 83 – 28 ch. ⌐ TV ✗ On peut difficilement manquer le bâtiment avec sa façade peinte en mauve et orange vifs. Autour d'un patio tout aussi coloré, des chambres, pas très spacieuses et un peu sombres, mais propres et d'un bon rapport qualité-prix (surtout pour 4 personnes).
***Hotel Posada Jovel (annexe)*,** en face de l'hôtel du même nom (voir ci-dessus) – 10 ch. ⌐ Sur deux niveaux, des chambres impeccables, joliment décorées, s'ouvrent sur une galerie à arcades de style colonial. Préférez celles du 1ᵉʳ étage, plus lumineuses. Une excellente adresse, surtout pour 4 personnes.

De 200 à 300 pesos
🍽 ***Hotel Posada San Cristóbal*,** av. Insurgentes #3, ☎ (967) 678 68 81, Fax (967) 678 50 78 – 18 ch. L'un des plus jolis hôtels du Mexique dans cette catégorie. Autour d'un ravissant patio, de grandes chambres très gaies et impeccables, avec du mobilier en bois, simple et de bon goût, des dessus-de-lit en patchwork de textiles régionaux, et des salles de bains carrelées. Préférez les chambres à l'étage pour éviter les bruits de pas au-dessus de votre tête, côté calle Cuauhtémoc, plus calme qu'Insurgentes.

De 300 à 450 pesos
🍽 ***Casa de Huéspedes Na Bolom*,** av. Vicente Guerrero #33, ☎ / Fax (967) 678 14 18 / 55 86, nabolom@sclc.eco-sur.mx – 15 ch. ⌐ ✗ CC Au musée Na Bolom – chaque chambre a son propre cachet et une foule de détails qui confèrent une atmosphère chaleureuse (cheminée, photos aux murs, étagères chargées de livres,…) Un endroit unique, en particulier les cinq chambres situées au fond du jardin.
***Hotel Parador Mexicanos*,** av. 5 de Mayo #38, ☎ / Fax (967) 678 15 15 / 16, hotel@hparador.com.mx – 24 ch. ⌐ 🅿 TV ✗ 🗲 CC Les clients peuvent garer leur voiture dans l'allée, ce qui donne à l'établissement des allures de motel de standing. Dénué de charme mais confortable.

Hotel Posada El Paraíso, av. 5 de Febrero #19, ☎ (967) 678 00 85 / 53 82, Fax (967) 678 51 68, hparaiso@prodigy.net.mx – 14 ch. ⬧ 🛇 ✕ CC Dans un joli bâtiment avec un jardin d'hiver, les chambres, moquettées et équipées de ravissantes salles de bains, offrent un certain confort, mais pas autant que le laissent présager les parties communes. Préférez les deux chambres sur jardin.

Hotel Santa Clara, av. Insurgentes #1, ☎ (967) 678 11 40, Fax (967) 678 10 41 – 40 ch. ⬧ 🛇 TV ✕ 🛏 CC Dans la plus belle maison de la ville, édifiée au 16e s., des chambres, un peu petites, qui n'ont malheureusement pas le cachet de la façade. Piscine chauffée.

De 500 à 700 pesos

Hotel Casavieja, calle María Adelina Flores #27, ☎ / Fax (967) 678 68 68, hcvieja@sancristobal.podernet.com.mx – 40 ch. ⬧ 🛇 TV ✕ CC Les chambres spacieuses de cette belle bâtisse du 18e s. classée monument historique souffrent cependant du problème récurrent de l'hôtellerie mexicaine : la plupart sont sombres à l'exception des quatre donnant côté rue, plus bruyantes.

Hotel Diego de Mazariegos, av. 5 de Febrero #1, ☎ (967) 678 18 25 / 8 07 25 / 8 08 33, Fax (967) 678 08 27, hdiegom@prodigy.net.mx – 74 ch. ⬧ 🛇 TV ✕ CC Réparties sur deux belles demeures du 17e s., des chambres tout confort dont certaines avec cheminée (supplément pour le bois). Dommage que la décoration intérieure, assez conventionnelle et impersonnelle, ne soit pas à la hauteur de l'élégance du cadre.

Hotel Flamboyant Español, calle 1 de Marzo #15, ☎ (967) 678 07 26 / 8 00 45, Fax (967) 678 05 14, flamboyant@correo.com.mx – 82 ch. ⬧ 🛇 TV ✕ CC Cette magnifique maison coloniale propose de grandes chambres au style rustique (à part la moquette) avec cheminée pour certaines – juste pour la décoration. Cadre somptueux.

Hotel Casa Mexicana, 28 de Agosto #1, ☎ (967) 678 06 98 / 83, Fax (967) 8 26 27, hcasamex@prodigy.net.mx – 54 ch. Organisé autour d'un patio couvert débordant de plantes, des chambres tout confort mais un peu sombres.

OÙ SE RESTAURER

De 30 à 60 pesos

🍴 **El Sagrario**, calle Francisco I. - Madero #21 (B3). Tlj 9h-22h30. Cet ancien restaurant végétarien a étoffé sa carte avec du chili con carne, de la moussaka et des lasagnes. Les mets, savoureux, sont copieux et joliment présentés à un prix très doux. Le tout dans une ambiance tamisée aux chandelles et avec un fond musical discret.

Maya Pakal, calle Francisco I. Madero #21-A (B3). Tlj 8h30-22h. Juste à côté d'El Sagrario. Une grande salle et une cour abritée pour des repas très copieux à petits prix. La carte à forte dominante végétarienne octroie une place à quelques plats de viandes, pour ceux qui ne peuvent pas s'en passer.

Normita, av. Benito Juárez #6 (C3). Tlj 7h30-22h30. Restaurant familial qui sert une cuisine locale sans grande originalité (soupes, viandes grillées, burritos,…) mais très correcte.

La Casa del Pan, calle Dr. Navarro #10 (B2), ☎ / Fax (967) 678 58 95. 8h-22h, sauf le lundi. Un établissement bio tendance « New Age » où l'on déguste d'excellents plats végétariens maison dans une salle ou un patio couvert. De délicieuses viennoiseries en vente dans la boutique à l'entrée. Musique live le soir vers 20h.

De 50 à 100 pesos

París-México, calle Francisco I. Madero #20 (B3), ☎ (967) 678 06 95 🍴 CC Tlj 7h-23h. Un patron français, des serveurs mexicains affublés de bérets, des mur tapissés de photos de Paris ou de la révolution mexicaine : rencontre des deux pays en salle et dans l'assiette. Les nostalgiques jetteront leur dévolu sur les crêpes, le coq au vin ou le filet de poisson sauce meunière. Une ravissante terrasse à l'étage surplombe les toits de la ville.

Madre Tierra, av. Insurgentes #19 (B4), ☎ (967) 678 42 97. Tlj 8h-22h. Dans une belle maison coloniale, un restaurant bourré de charme, au mobilier en bois et aux murs de couleur brique. On y sert des plats presque exclusivement végétariens de bonne qualité (salades, quiches, lasagnes, tartes salées maison). Le vin peut faire grimper l'addition. La boulangerie attenante est également excellente.

Plus de 100 pesos

El Teatro, 1 de Marzo #8 (B2), ☎ (967) 678 31 49 🕭 📷 13 h-22 h sauf le lundi. Au 1ᵉʳ étage, un restaurant spécialisé dans la gastronomie italienne et française, avec une minuscule place accordée aux plats mexicains. Des pâtes, pizzas cuites au feu de bois, des crêpes et des viandes, mais l'addition risque d'être un peu plus élevée pour un repas français, la palme revenant au chateaubriand à la sauce béarnaise. Gardez une petite place pour les desserts, ils sont succulents.

OÙ SORTIR, OÙ BOIRE UN VERRE

Cafés – Les tables disposées autour du *kiosque*, sur le Zócalo, constituent un endroit tout à fait charmant pour profiter du soleil dès le petit-déjeuner. *Café San Cristóbal*, calle Cuauhtémoc #2-C (B3) (en face de la Posada San Cristóbal). 8 h-23 h. Cette cafétéria sans prétention sert le meilleur café de San Cristóbal. Journaux et jeux d'échecs à disposition.

Bars / Concerts – Des groupes de musique se produisent dans certains restaurants comme à la *Casa del Pan* ou au *Madre Tierra* (voir « Où se restaurer »). Des soirées flamenco se déroulent à la *Casa Margarita*, calle Real de Guadalupe #34 (C3). Des groupes de reggae, « trova », flamenco ou salsa passent tlj à partir de 20 h au *Cocodrilo*, bar de l'hôtel Santa Clara (B3). La piste de danse du *Blue Bar*, av. Crescencio Rosas #2 (B3), s'anime tous les soirs avec des concerts « live ». Les amateurs de salsa se retrouvent à partir de 21 h à *Los Latinos*, à l'angle de l'av. Benito Juárez et de la calle Francisco I. Madero (C3) (meilleure ambiance le week-end).

LOISIRS

Visites guidées des villages – Les circuits proposés durent environ 4 h et incluent au minimum la visite de San Juan Chamula et de Zinacantán. Comptez 100 pesos par personne. Tlj à 9 h 30, le « combi » bleu d'*Alex et Raúl* est garé près de la cathédrale (B3), ☎ (967) 678 37 41, chamul@hotmail.com. Les visites effectuées par *Na Bolom* sont un peu plus chères mais réputées pour leur qualité (voir p. 304). *El Puente*, calle Real de Guadalupe #55 (C3), ☎ (967) 678 59 11, propose des balades à cheval de San Cristóbal à San Juan Chamula tous les jours à partir de 9 h du matin.

Excursions – Les agences de voyages, pour la plupart concentrées dans la calle Real de Guadalupe, se succèdent et se ressemblent. Leurs programmes d'excursions dans le Chiapas présentent peu d'originalité (Cañon del Sumidero, lacs de Montebello, Agua Azul, Misol-Há, Palenque, Yaxchilán, Bonampak), mais si vous parvenez à former un groupe d'au moins quatre personnes, les excursions à la carte deviennent plus intéressantes. *Fernando Ochoa*, ☎ (967) 678 04 68, organise des expéditions au cœur de la forêt lacandone. Pour le contacter : donfer8a@prodigy.net.mx ou adressez-vous à la Casa del Pan (B2) (il habite la maison d'à côté). *Yaxchilán Tours*, Real de Guadalupe #26 (B3), ☎ (967) 678 83 21, yaxchilan@sancristobal.com.mx, une minuscule agence de voyages qui ne paie pas de mine. Elle existe depuis bon nombre d'années, et les guides connaissent bien la région. Également les *Viajes Chincultik*, Casa Margarita, calle Real de Guadalupe #34 (C3), ☎ (967) 678 09 57, Fax (967) 678 78 32, viajeschincultik@latinmail.com.

Activités sportives – Outre les excursions classiques dans le Chiapas, *Posetur*, 5 de Febrero #1 (hôtel Diego de Mazariegos) (B3), ☎ (967) 678 08 33, alxqn@usa.net, programme des expéditions plus sportives : descente de fleuve en rafting, VTT, spéléologie.

Cinéma – *El Puente*, calle Real de Guadalupe #55 (C3). Trois films par jour, dont des documentaires ou des films en espagnol ou en anglais sous-titrés en espagnol.

Fêtes et festivals – San Juan Chamula est réputé pour son *carnaval*, la fête tzotzile la plus importante, la semaine avant le mercredi des Cendres. La *passation des pouvoirs* (30 décembre-1ᵉʳ janvier) donne également lieu à d'importantes cérémonies. Les fêtes votives sont célébrées avec beaucoup de ferveur dans tous les villages : **San Juan Bautista** (24 juin) et **San Mateo** (21 septembre) à San Juan Chamula ; **San Lorenzo** (10 août) à Zinacantán ; **San Sebastián** (20 janvier) dans ces deux villages.

Achats

Textiles – Des Indiennes des villages alentour proposent leurs textiles devant l'église de Santo Domingo. Deux coopératives de tisserandes vendent leur production dans leur boutique : **J'Pas Joloviletik**, av. Miguel Utrilla #43 (B2), 9 h-14 h/16 h-19 h, dimanche 9 h-13 h. Un peu plus luxueuse, **Sna Jolobil**, dans une partie de l'ancien couvent de Santo Domingo (B2) : 9 h-14 h/16 h-18 h, fermé le dimanche. Cartes de crédit acceptées.

Vous trouverez également des textiles en vente directement dans les villages des environs.

Artisanat – **Mercado de Dulces y Artesanías**, av. Insurgentes (B4).

Ambre – **El Árbol de la Vida**, calle Real de Guadalupe #13-B (C3).

Livres – **Librería La Quimera**, calle Real de Guadalupe #24-C (B3). Un très grand choix de livres en espagnol notamment sur le Chiapas, mais aucun ouvrage en français. Un changement de propriétaire est projeté (l'ancien était français). **Librería Soluna**, calle Real de Guadalupe #13-B (C3). Livres en anglais et en espagnol.

Excursions d'une journée

Tuxtla Gutiérrez et le Cañon del Sumidero (voir p. 296) ; Comitán et les lacs de Montebello (voir p. 308) ; possibilité de faire l'aller-retour dans la journée pour Palenque (voir p. 320) en partant très tôt, mais au prix d'un trajet long et fatigant. Pour les agences, reportez-vous à la rubrique « Excursions » ci-dessus.

Comitán pratique

Arriver-Partir

En bus – La gare routière 1re classe (**Altos** et **Cristóbal Colón**) se trouve blvd Dr. Belisario Domínguez #43, ☎ (963) 632 09 80, sur la Panaméricaine en direction des lacs. Le **terminal ATG** (2nde classe) est situé sur le même boulevard au #27. Nombreux bus pour Ciudad Cuauhtémoc/frontière du Guatemala (durée : 1 h 30) ; 4 départs par jour pour Mexico (18 h) ; bus environ toutes les heures entre 10 h 30 et 19 h 45 et « combis » fréquents près du terminal ATG pour San Cristóbal de Las Casas (1 h 30). Pour acheter vos billets dans le centre-ville, allez au kiosque de **Ticket Bus** (9 h-14 h/16 h-19 h), sous les arcades du « zócalo » à droite de l'église.

En combi – Les minibus bleus de la **Línea Comitán-Montebello** partent régulièrement de 2a av. Poniente Sur #23 (à quatre « cuadras » du Zócalo) en direction de la Laguna Tziscao ou de la Laguna Bosque Azul (1 h).

Adresses utiles

Office de tourisme – Dans le Palacio Municipal, ☎ (963) 632 19 31 / 40 47. 9 h-15 h/18 h-20 h, sauf le week-end.

Banque / Change – **Banamex**, **Bancomer**, **Serfin** se trouvent à proximité du Zócalo. Fermées le week-end, mais possèdent des distributeurs automatiques.

Poste – 3a av. Poniente Norte, à l'angle de la calle Norte Poniente.

Internet – Au-dessus du restaurant Nevelandia, 9 h-21 h.

Consulat – **Guatemala**, 1a calle Sur Poniente #26 à l'angle de 2a av. Poniente Sur ; ☎ (963) 2 04 91.

Santé – *Cruz Roja*, 5a calle Norte Poniente s/n, ☎ (963) 632 18 89.

OÙ LOGER

• Comitán

De 100 à 150 pesos
Posada Las Flores, 1a av. Poniente Norte #17, ☎ (963) 632 33 34 – 14 ch. De petites chambres, chacune portant le nom d'une fleur, très rudimentaires mais bien tenues tout comme les douches communes.

De 200 à 250 pesos
Hotel Posada del Virrey, av. Central Norte Dr. Belisario Domínguez #13, ☎ (963) 632 18 11, Fax (963) 632 44 83 – 19 ch. ⌐| TV À deux « cuadras » du Zócalo par la rue qui longe la gauche du Palacio Municipal. Autour d'un patio, un ravissant petit hôtel de style colonial extrêmement propre et à l'accueil charmant.

Pensión Delfín, av. Central Dr. Belisario Domínguez #21, ☎ (963) 632 00 13 – 26 ch. ⌐| TV Sur le Zócalo, de vastes chambres qui ont un peu vécu mais qui sont convenablement tenues. Service nonchalant.

Hotel Internacional, av. Central Sur Dr. Belisario Domínguez #16, ☎ (963) 632 01 10, Fax (963) 632 01 12 – 28 ch. ⌐| ✗ CC Ce grand bâtiment d'angle, à une « cuadra » du Zócalo, propose des chambres relativement confortables et propres.

Hotel Real Balún Canán, 1a av. Poniente Sur #37, ☎ (963) 632 39 68 / 00 31 / 10 94 – 37 ch. ⌐| TV ✗ CC Longtemps considéré comme l'établissement le plus confortable de Comitán, il commence à montrer quelques signes de fatigue. Les chambres, peu spacieuses, demeurent cependant convenables.

• Les lacs de Montebello

Pour les amateurs de nature, les « cabañas » près des lagunes permettent de rejoindre les lacs à la première heure du jour. Attention, l'hébergement se rapproche plus du camping et s'adresse aux vrais routards.

Moins de 50 pesos
Dona María (La Orquidea), carretera a los Lagos de Montebello km 32 – 7 ch. ✗ Une institution pour l'ambiance. Depuis le décès de Doña María, sa fille, Doña Elsa, a repris l'affaire et entoure ses hôtes d'autant de soins. Vous pourrez utiliser la cuisine et assister à la préparation des plats locaux en famille. Les bungalows sont réduits à leur plus simple expression, et les douches communes ne fonctionnaient pas lors de notre passage.
El Pino Feliz, même adresse (de l'autre côté de la haie) – 8 ch. ✗ La sœur de Doña Elsa a monté sa propre affaire et propose le même style d'hébergement. Mais la mésentente règne entre les deux clans…

OÙ SE RESTAURER

Moins de 40 pesos
Des stands de **tacos** s'installent le soir sur la place près de l'église.
Café Quiptic, sur le « zócalo » (à droite de l'église) ☕ Tlj 8 h-23 h. Sous les arcades du centre culturel Rosario Castellanos, une terrasse très plaisante pour prendre son petit-déjeuner ou un repas léger (sandwich, salade…), clôturé par un bon café « chiapaneco ».

De 40 à 80 pesos
Nevelandia, calle Central Norte #1, ☎ (963) 632 00 95. Tlj 8 h-22 h 30. Une grande salle d'où s'échappe une délicieuse odeur de grillades. La spécialité de l'endroit est la « parillada », un assortiment de viandes pour deux à faire griller soi-même sur la table. Les tacos sont également bons et peu chers.

Helen's Enrique, sur le « zócalo » (à droite de la pension Delfín) ☕ Tlj 8 h 15-23 h. Une salle aux portes-fenêtres ouvertes sur la place et une terrasse sous les arcades. Cuisine mexicaine classique (grillades ou antojitos) et correcte, mais la musique est un peu assourdissante (particulièrement les soirs de concerts).

AU CŒUR DE LA FORÊT LACANDONE★

BONAMPAK ET YAXCHILÁN

État du Chiapas – À la frontière du Guatemala
Circuit d'1 ou 2 jours au départ de Palenque
Env. 350 km AR par la Carretera Fronteriza del Sur

À ne pas manquer

Le temple des peintures de Bonampak.
Les linteaux des édifices de Yaxchilán.

Conseils

Munissez-vous de votre passeport, les contrôles militaires sont fréquents.
Renseignez-vous sur les conditions de sécurité avant d'explorer la région.
Si vous êtes pressé, participez à un circuit d'une journée organisé par les agences
de voyages de Palenque (voir p. 329) ou de San Cristóbal (voir p. 313).

Tel un serpent progressant dans la jungle, le río Usumacinta sinue entre le Petén (Guatemala) et la forêt lacandone, demeurée pendant des siècles à l'écart du reste du pays, protégeant de son toit végétal d'anciennes cités mayas et ses habitants (*voir p. 58*). Cet équilibre se trouve désormais sérieusement menacé pour des raisons économiques et politiques. Le bitume a fini par dévorer l'ancienne piste le long du fleuve, donnant naissance en l'an 2000 à la **Carretera Fronteriza del Sur** (*432 km de long*), route qui permet désormais de relier Palenque et les lacs de Montebello en sept heures. Censé rompre l'isolement des communautés demeurées en marge du reste du pays, cet ouvrage permet surtout aux militaires de mieux contrôler l'immigration clandestine en provenance du Guatemala et de se déplacer sans difficulté dans une région à forte coloration zapatiste. Grâce à cette nouvelle voie de communication, finie l'époque où seules des avionnettes coûteuses permettaient d'accéder aux sites archéologiques de Yaxchilán et Bonampak. Désormais une journée suffit pour effectuer l'aller-retour à partir de Palenque, mais si vous disposez d'un peu de temps consacrez au moins deux jours à la découverte de la région.

Bonampak★

147 km de Palenque. Sur la route d'Ocosingo, prenez à gauche au bout de 9 km en direction de Chancalá. Suivez la route principale jusqu'au carrefour de San Javier, tournez à droite et, à 3,5 km, laissez votre véhicule au parking. Pour les 9 km restants jusqu'à l'entrée du site, vous devrez soit marcher soit monter à bord d'un « combi » (75 pesos par personne). 8 h-16 h 30 ; entrée payante sauf le dimanche. Comptez 1 h de visite.

Cette cité classique connut son apogée durant la seconde moitié du 8ᵉ s. ap. J.-C. sous le règne de **Chaan Muan II**. Découvert en 1946 par John G. Bourne et H. Carl Frey, le site fut réellement exploré trois mois plus tard par Giles G. Healey, le premier à franchir le seuil du temple des Peintures. Les extraordinaires fresques qu'il découvrit écartèrent définitivement la réputation pacifique des Mayas qui prévalait jusque-là. Sylvanus G. Morley proposa par la suite le nom de Bonampak, une traduction littérale en yucatèque de l'expression « murs peints ».

Ces fameuses peintures sont malheureusement partiellement indéchiffrables, couvertes d'une croûte de calcaire ou irrémédiablement endommagées par des produits inadaptés lors de leur restauration. La visite risque donc d'être décevante pour ceux qui ont en tête les couleurs éclatantes, la beauté et la force des fresques, reproduites au musée d'Anthropologie de Mexico ou dans de nombreux magazines (*voir par exemple GEO nᵒ 203, janvier 1996*). Et pourtant, si vous arrivez avec le regard le plus neuf possible, vous serez ému de pénétrer dans ces trois pièces où œuvrèrent d'immenses artistes, il y a plus de dix siècles.

Le Chiapas

La Gran Plaza

Au centre de cette esplanade un peu vide se dresse la **stèle 1***, brisée en plusieurs endroits (*protégée par un auvent qui rend les photographies difficiles*). Datant de 782 ap. J.-C. et haute de plus de 5 m, ce monument rend hommage à Chaan Muan II, le grand seigneur de Bonampak. Représenté sur la partie supérieure de la stèle en costume d'apparat, armé d'une lance à gauche et d'un bouclier à droite, il semble vous darder un œil noir, très expressif.

L'acropole

Sur le côté sud-ouest de la place, plusieurs structures occupent un ensemble de plates-formes, qui s'insèrent parfaitement dans le paysage. Au premier palier, de part et d'autre de l'escalier, se dressent deux stèles. Celle de gauche, la **stèle 2**** datant de 791, est certainement la plus raffinée de Bonampak. Au centre, Chaan Muan, orné d'une magnifique coiffe, est encadré par deux femmes. Celle de gauche a été identifiée comme **Dama Conejo de Yaxchilán** (dame lapin de Yaxchilán), vraisemblablement son épouse, tandis que celle de droite (qui fait face au gouvernant) serait sa mère. Les personnages sont en train de préparer un auto-sacrifice comme en témoignent le stylet dans la main du personnage de droite et les récipients contenant des bandelettes d'écorce destinées à recueillir le sang offert aux divinités. La **stèle 3** montre Chaan Muan et un personnage en position de soumission (*en bas à gauche*). Ce dernier présente la particularité d'être barbu et de porter une arme (les vaincus étant généralement représentés sans armes ni ornements).

Des deux temples bâtis sur la seconde plate-forme, celui de droite, le **temple des Peintures** (templo de las Pinturas), est le monument le plus connu de Bonampak. Dans la **chambre n° 1**** (*en meilleur état que les deux autres*), à l'extrême gauche, figurent un rassemblement de dignitaires, une procession joyeuse de musiciens, et un homme présentant un enfant (l'héritier ?) à la foule. L'ambiance est très différente dans la **chambre n° 2** (*très abîmée*), où se déroule une scène de bataille meurtrière, dont les couleurs passées et mêlées donnent une impression totalement apocalyptique. On devine plus qu'on ne voit ces scènes tourmentées, qui se terminent pas la défaite d'ennemis dénudés, à l'exception de leur pagne, face aux vainqueurs vêtus de riches costumes ou de peaux de jaguar. Enfin la **chambre n° 3** illustre les cérémonies de la victoire accompagnée de scènes d'auto-sacrifice. Les peintures sont en mauvais état à l'exception d'une partie au-dessus de la porte d'entrée où l'on distingue une file de gouvernants.

Remarquez, au-dessus de chaque porte, la face inférieure des **linteaux** sculptée de bas-reliefs, où est décliné le thème de la capture de prisonnier. Celui de la chambre n° 3, le mieux conservé de tous, montre le vainqueur, orné d'une tête de mort, qui saisit les cheveux d'un captif et le transperce d'une lance.

Yaxchilán**

De retour au carrefour de San Javier (voir l'accès à Bonampak), prenez la Carretera Fronteriza del Sur à droite pendant 15 km jusqu'au Crucero Corozal puis à gauche pendant 10 km jusqu'à l'embarcadère de Frontera Corozal (ou Frontera Echevarría). De là des «lanchas» traversent le río Usumacinta jusqu'au Guatemala ou descendent le fleuve pendant une vingtaine de kilomètres (1 h) jusqu'au site de Yaxchilán (comptez environ 750 pesos par bateau à diviser par le nombre de passagers). Si vous voyagez par vos propres moyens, arrivez tôt le matin afin de partager les frais de traversée avec d'autres touristes. 8 h-16 h 45 ; entrée payante sauf le dimanche. Comptez 2 h 30 de visite. Un «comedor» est installé au bord de la piste d'atterrissage.

Naviguer sur le **río Usumacinta**, ancienne voie d'échange entre le Petén et le Chiapas, donne le sentiment excitant de pénétrer un territoire inexploré. Là, aux confins du Mexique, enserrée dans un méandre du fleuve, une ancienne cité maya demeure prisonnière d'une jungle peuplée d'oiseaux et de singes.

Si Bonampak se distingue par ses peintures murales, Tikal (Guatemala) par son architecture monumentale, Yaxchilán règne sur la sculpture comme en attestent les quelques **stèles** et surtout les superbes **linteaux** de pierre ouvragés – bon nombre ont rejoint différents musées mexicains ou étrangers –, précieux témoignages de son passé. Fondée pendant la période classique, aux environs de 400 ap. J.-C., Yaxchilán devint l'un des centres les plus puissants de la région sous les règnes de **Bouclier-Jaguar** (726-742) et de **Oiseau-Jaguar** (752-770), qui présidèrent à l'édification de monuments importants. L'Anglais Alfred Percival Maudslay effectua les premiers relevés du site en 1882, suivi de très près par l'explorateur français Désiré Charnay. Mais c'est à l'archéologue Teobert Maler, que l'on doit le nom de Yaxchilán («pierres vertes»).

La Gran Plaza

Sur une terrasse naturelle au bord du río Usumacinta, cette place cérémonielle, aux dimensions imposantes (500 m de long sur 60 de large), est bordée par la plupart des édifices d'envergure de Yaxchilán, les seuls ayant fait l'objet de fouilles à ce jour. En débouchant sur la Gran Plaza (*au nord-ouest*), le premier édifice rencontré est la **structure 19**, un nom bien peu poétique pour ce temple tout droit sorti du carnet de dessins d'un grand explorateur. Grignoté par la végétation et l'humidité, envahi par les chauves-souris, cet édifice sur deux niveaux renferme un dédale de pièces sombres qui ont valu à la structure le surnom de **labyrinthe**. Prévoyez une lampe de poche pour observer les voûtes mayas et pour emprunter les passages, qui servaient à simuler le voyage dans l'inframonde au cours de rites initiatiques.

À une centaine de mètres, droit devant vous, l'**édifice 23** possédait trois **linteaux** d'une grande finesse. Sur le linteau n° 26 (*exposé au musée d'Anthropologie de Mexico*), **Dame Xoc**, l'épouse de Bouclier-Jaguar, lui présente une tête de jaguar en offrande. Des deux autres linteaux, qui ont rejoint le British Museum, le n° 24 figure parmi les plus beaux exemples de sculpture maya : il montre une scène d'auto-sacrifice au cours de laquelle une femme se passe une cordelette garnie d'épines à travers la langue.

En vous dirigeant vers le fleuve, vous découvrirez le **jeu de balle** (742) qui comportait cinq marqueurs.

À droite du terrain, l'**édifice 12**, en piteux état, se distingue par ses huit **linteaux*** ouvragés dont seuls trois se trouvent encore *in situ*, les autres ayant également rejoint le musée d'Anthropologie de Mexico et le British Museum.

L'édifice 33

G. de Benoist/MICHELIN

À proximité, vers l'est, se dresse la **stèle 1** (760), érigée en l'honneur de Oiseau-Jaguar. Il manque malheureusement la tête du personnage principal.

À l'extrémité est de la place, la **stèle 11*** (756), qui s'élevait à l'origine devant l'édifice 40 sur les hauteurs de Yaxchilán, devait être acheminée au musée d'Anthropologie de Mexico, mais elle se révéla trop lourde pour être transportée en avionnette. Abandonné à cet endroit non loin du fleuve, le monument gît par terre. Sculpté sur quatre de ses six côtés, sa face visible présente deux personnages richement vêtus : Bouclier-Jaguar transmet le pouvoir à Oiseau-Jaguar, le plus grand des deux (il pourrait également s'agir d'un problème de succession mettant en présence Oiseau-Jaguar et l'héritier légitime de Bouclier-Jaguar).

La Gran Acrópolis*

Au sud de la place, une grand montée, qui tient plus du chemin que de l'escalier, vous conduira au sommet d'un tumulus. Vous passez devant les édifices jumeaux 25 et 26 avant d'atteindre le sommet de l'acropole, couronné par l'**édifice 33***, le temple le plus important de Yaxchilán – considéré par les Lacandons comme la demeure de Hachakyum, le dieu solaire. Orné d'une haute **cresteria** (crête faîtière) ajourée et sculptée, qui rappelle Palenque, cet édifice est le mieux conservé du site. La dernière marche de l'**escalier hiéroglyphique*** comporte un superbe bas-relief figurant des scènes du jeu de balle. À l'intérieur du temple (*accès par la porte de gauche*) trône, assis dans la pénombre, une **statue** de Oiseau-Jaguar, décapitée au 19e s. Selon une légende lacandone, le jour où la tête réintégrera son emplacement d'origine les jaguars célestes dévasteront le monde. Remarquez également les **linteaux** au-dessus de chacune des portes.

Derrière l'édifice 33, un sentier part à gauche (*environ 10 mn de montée*) jusqu'à l'**acropole sud**, où les édifices 39, 40 et 41 dominent la forêt.

Redescendez jusqu'à la bifurcation ramenant à l'édifice 33, et prenez le sentier de gauche qui vous conduira jusqu'à la **petite acropole** avant de rejoindre votre point de départ.

De retour au Crucero Corozal, la Carretera Fronteriza vous ramène à Palenque (à droite) ou en direction des lacs de Montebello (à gauche), qui se situent à 270 km (voir p. 309).

La forêt lacandone pratique

ARRIVER-PARTIR
Voir la rubrique « Excursions » à Palenque p. 329 et à San Cristóbal de Las Casas p. 313.

COMMENT SE RENDRE
AU GUATEMALA
De Frontera Corozal, des « lanchas » gagnent Bethel (40 mn ; env. 50 pesos par personne), d'où part un bus (2 par jour) à destination de Flores (5 h). Si vous êtes pressé, passez plutôt par une agence de voyages (voir p. 329) : le transport de Palenque à Flores (Guatemala) coûte env. 350 pesos par personne et prend 12 h.

OÙ LOGER, OÙ SE RESTAURER
De 50 à 250 pesos
Centro Ecoturístico Escudo Jaguar, Frontera Corozal – 30 ch. ⚎ ⚏ ✕ À proximité du río Usumacinta, ce centre s'adresse à différents types de budget. On peut choisir de planter sa tente, accrocher son hamac sous un « palapa » ou dormir dans un joli bungalow coloré de style rustique. Attention, le restaurant ferme vers 20 h.

La forêt lacandone pratique

PALENQUE ★★★
État du Chiapas – Climat chaud et humide
207 km de San Cristóbal de Las Casas par la route 199
Hébergement à Palenque, ville située à 8 km du site
Patrimoine mondial de l'Unesco (1987)

À ne pas manquer
Le temple des Inscriptions et le palais.
La balade dans la jungle jusqu'au musée.

Conseils
Prévoyez une lotion anti-moustiques.
Visitez les ruines tôt le matin pour observer les oiseaux et éviter la grosse chaleur.
Baignez-vous uniquement dans les bassins autorisés d'Agua Azul.

Adossée à la sierra de Chiapas et tournée vers la plaine du Tabasco, Palenque illustre à merveille le génie des bâtisseurs mayas, parvenus à dompter la pierre et la jungle. Les archéologues exhument peu à peu ses sanctuaires, sculptures et sépultures, levant doucement un coin de voile sur les mystères d'une cité peuplée de rois et de dieux. Essayez de l'imaginer au temps de sa splendeur, véritable forêt de pyramides polychromes défiant les arbres, ces mêmes arbres qui finirent par l'étouffer de leurs racines. Dans cette forêt bruissante, qui la protège et la retient prisonnière, la vue de temples ensevelis vous procurera des émotions dignes de celles des premiers explorateurs.

Palenque, un modèle de l'art maya
Palenque – traduction espagnole d'*otulum* signifiant «maisons fortifiées» en chol – fut occupé par des agriculteurs dès le 1er s. av. J.-C. À partir du 7e s. de notre ère, cette cité devint l'un des centres les plus florissants de la région, particulièrement sous les règnes de K'inich Hanab Pakal II (615-683), plus communément désigné sous le nom de **Pakal II**, puis de ses fils **Kan Balam II** (684-702) et K'an Hoy Chitam II (702-711), grands souverains qui présidèrent à l'édification de monuments d'une grâce incomparable.

Une architecture novatrice – Vous ne rencontrerez pas de stèle ou d'autel indépendant comme le veut la tradition maya (à l'exception de la stèle 1 qui se dressait devant le temple de la Croix), la sculpture de Palenque étant intégrée au bâtiment : les **bas-reliefs** tapissent les murs et les piliers des sanctuaires, tandis que les **sculptures** en stuc décorent les *crestarías* («crêtes faîtières») des temples. La cité se distingue également par son déferlement de **textes glyphiques** et la perfection atteinte dans l'art de la **ronde-bosse**, telles les têtes en stuc découvertes dans le sarcophage du temple des Inscriptions. Comme tous les autres centres cérémoniels mayas, Palenque subit un destin funeste, déclinant subitement vers l'an 800 avant de se vider de sa population autour de 850-900 ap. J.-C.

L'ère des grands explorateurs – Les palais et les temples de Palenque demeurèrent ensevelis sous la forêt jusqu'à l'arrivée des premiers explorateurs au 18e s. Le roi d'Espagne Charles III chargea Antonio del Río d'établir un rapport, le fameux document qui servit de modèle aux dessins de **Jean Frédéric de Waldeck** (*voir encadré p. 326*). Les premières fouilles commencèrent en 1805 avec Guillaume Dupaix, sur ordre de la couronne d'Espagne, suivies par les travaux de l'Américain John Lloyd Stephens accompagné du dessinateur anglais Frederick Catherwood, en 1839. D'autres explorateurs tels Désiré Charnay, Teobert Maler, Alfred Percival Maudslay (qui effectua le premier relevé topographique des lieux) ou Frans Blom (*voir p. 306*) dans les

Le temple du Soleil

années 20, pour ne citer qu'eux, se succédèrent sur le site. Sous l'égide de l'INAH, des travaux furent menés dans les années 40 par Miguel Ángel Fernández et **Alberto Ruz Lhuillier**, l'archéologue qui trouva le célèbre tombeau du temple des Inscriptions. Les édifices fouillés à ce jour sont situés dans un périmètre restreint, sans commune mesure avec les 8 km² qu'occupait la cité au faîte de sa gloire.

Visite du site

Le site de Palenque est situé à 8 km à l'ouest de la ville. Les «combis» de l'agence Chambalú partent toutes les 10 mn de calle Allende à l'angle de l'av. Juárez.
8h-17h; entrée payante sauf le dimanche. Comptez 4h de visite avec le musée. Possibilité de faire appel aux services d'un guide (env. 350 pesos pour un groupe de 1 à 7 personnes).

Passé l'entrée, vous découvrez, sur votre droite, le **Templo de la Calavera** (temple de la Tête de mort), édifice partiellement ruiné qui recelait de belles pièces en jade. À sa gauche subsistent les vestiges du **temple XIII** où les archéologues ont découvert, en 1994, la **Tumba de la Reina Roja** (tombe de la Reine rouge). Le sarcophage conservait le squelette d'une femme, couvert de cinabre (sulfure de mercure de couleur rouge), et de riches offrandes. Des tests ADN devraient permettre de déterminer s'il s'agit de la mère de Pakal, mais aucun résultat n'est connu à ce jour. En face du temple, remarquez la tombe de l'archéologue Alberto Ruz Lhuillier.

Le Templo de Las Inscripciones*** (temple des Inscriptions)
La crypte du temple des Inscriptions étant momentanément fermée au public, on devra se contenter de la copie de la dalle du sarcophage au musée du site ou de la reproduction du tombeau au musée d'Anthropologie de Mexico.
Construit sous le règne de Pakal (675), ce temple aux proportions harmonieuses couronne une pyramide à neuf degrés (les neuf niveaux de l'inframonde) d'une vingtaine de mètres de hauteur. Coiffé d'un toit «à la Mansart» surmonté d'une **cresteria** ruinée, le sanctuaire est doté de cinq portes, qui confèrent une grande légèreté à la structure. Les piliers étaient décorés de sculptures en stuc montrant notamment Pakal et le Dieu K – protecteur du pouvoir royal, représenté avec une hache fumante plantée dans le front et une jambe en forme de serpent. À l'intérieur, une cloison percée de portes divise la pièce dans la longueur. Sur le mur du fond, les trois **panneaux** (tableros) couverts de glyphes, qui ont donné leur nom au temple, retracent l'histoire dynastique de Palenque de 514 à 684 ap. J.-C.
De cette seconde pièce, un escalier voûté à deux volées successives (vers l'ouest puis vers l'est) descend au fameux **tombeau**★★, situé sous la pyramide, légèrement en dessous de la place centrale *(voir ill. p. 49)*. Le sarcophage monolithique qui renfermait la dépouille de Pakal est fermé par une **dalle**★★ (3,80 m x 2,20 m) ornée d'un très beau bas-relief :

La découverte du tombeau de Pakal
En 1949, l'archéologue mexicain Alberto Ruz Lhuillier découvrit un passage sous le temple des Inscriptions. Quatre saisons de fouilles furent nécessaires pour dégager les 300 tonnes de remblai qui obstruaient la cage d'escalier. Enfin, au mois de juin 1952, parvenus à bout de la dernière dalle de pierre qui barrait l'entrée, les membres de l'équipe pénétrèrent dans une salle de 9 m de long sur 4 m de large et 7 m de hauteur, aux murs ornés de reliefs en stuc représentant les neuf seigneurs des Ténèbres. Dans le sarcophage, fermé par un couvercle sculpté, reposait la dépouille de Pakal accompagnée d'offrandes, dont un masque funéraire de jade aux yeux de coquillage et d'obsidienne placé sur son visage et deux superbes têtes de stuc à l'effigie du souverain (musée d'Anthropologie de Mexico).

suspendu entre le ciel et l'inframonde, le souverain tombe en arrière dans les mâchoires du monstre terrestre. Derrière lui s'élève l'«arbre de vie», en forme de croix aux bras terminés par des serpents stylisés et un oiseau céleste au sommet. Sur les côtés de la dalle, Pakal est représenté accompagné de ses huit ascendants. Le long tuyau maçonné qui rejoint le sommet de la pyramide serait une sorte de «canal de l'âme» permettant au défunt de communiquer avec le monde des vivants.

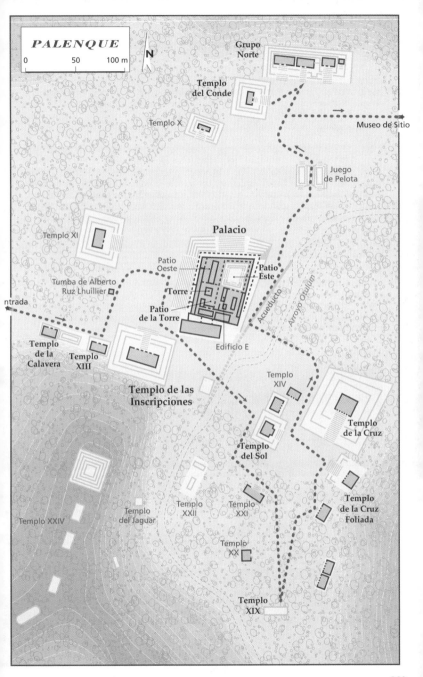

Le Palacio★★★

Au nord-est du temple des Inscriptions, juché sur une immense plate-forme en forme de trapèze de 100 m sur 80 m, le palais forme un ensemble architectural extraordinaire dont la construction s'est échelonnée sur plus d'un siècle à partir du début du 7e s. N'hésitez pas à vous perdre dans son dédale d'escaliers, de portiques, de galeries souterraines, de cours et d'édifices, jadis ornés de stucs polychromes. L'escalier, côté ouest, vous conduit au **Patio de la Torre** (patio de la tour), qui doit son nom à une singulière **tour★** carrée à trois étages, l'un des derniers monuments du palais, érigé sous le règne de K'inich K'uk Balam II (764-783). Elle aurait servi d'observatoire astronomique comme semble l'indiquer le hiéroglyphe « Vénus » déchiffré à l'intérieur. À l'est de la tour, l'édifice E renferme le **panneau ovale★** (Lápida Oval), sur lequel la mère de Pakal présente une coiffe à son fils assis sur un trône en forme de jaguar bicéphale. Le thème de la cérémonie d'intronisation a également inspiré d'autres panneaux du palais *(voir le « panneau du Palais » au musée)*. À proximité, au nord-est de l'édifice, vous accédez au **patio Este★**, également connu sous le nom de **Patio de los Esclavos** (cour des Esclaves), aux marches encadrées de surprenants **bas-reliefs★**. Ces stèles de facture grossière, plus grandes que la normale, semblent hors contexte comparées aux sculptures raffinées de Palenque. Elles montrent plusieurs personnages de profil, en position de soumission, dont les riches parures accentuent l'idée de déchéance.

Regagnez le sud du Palais et, derrière le ruisseau Otulum, grimpez sur la colline à droite du groupe de la Croix.

Ce détour vous conduit dans le secteur sud, récemment exploré. Dépassez le temple XX, qui recèle un tombeau avec une fresque murale *(en cours de fouilles)*. Vous parvenez au **Templo XIX**, où fut découvert en 1999 un **trône sculpté★★**, qui associe les événements mythiques de la triade de Palenque, divinités protectrices de la cité, et l'accession au pouvoir d'Ahkal III (722). Le sanctuaire détenait également un **panneau de stuc polychrome★★** représentant son héritier *(musée du site)*.

Agua Azul, des cascades qui portent bien leur nom

Le Grupo de la Cruz** (groupe de la Croix)

Les temples dressés sur la petite place au sud-est du palais composent un ensemble gracieux. Chaque pyramide est couronnée d'un temple percé de trois portes, aux piliers ornés de décorations en stuc, et coiffé d'un toit à la Mansart. Les édifices sont surmontés d'une *cresteria* typique de Palenque, deux plans inclinés et ajourés en forme de V renversé placés au centre de la toiture. Construits en 692 par Kan Balam II, le fils de Pakal, ces sanctuaires font preuve d'une belle unité architecturale et thématique. Chacun, associé à une divinité, célèbre l'intronisation du souverain, à l'exception du temple XIV *(à droite du Templo del Sol)*, construit ultérieurement par son frère cadet K'an Hoy Chitam II.

À l'est, le **Templo de la Cruz Foliada** (temple de la Croix foliée) possède un **panneau**** figurant Kan Balam II *(à gauche)* et Pakal, placés de part et d'autre de l'« arbre de vie », croix dont les branches se terminent par des épis de maïs. De ce temple, vous bénéficierez d'une perspective généreuse sur le groupe de la Croix avec le Palais en second plan.

Au nord s'élève le **Templo de la Cruz*** (temple de la Croix), le plus haut de l'ensemble. Sur le **panneau*** du temple, on retrouve l'« arbre de vie » sous la forme d'une croix émergeant des mâchoires du monstre terrestre *(l'original se trouve au musée d'Anthropologie de Mexico)*. À droite, Kan Balam II, le plus grand personnage des deux, reçoit le bâton de commandement de son père. De part et d'autre de la porte du sanctuaire, les piliers sont ornés de bas-reliefs représentant d'un côté Kan Balam II et, de l'autre, le Dieu L, divinité des enfers représentée sous les traits d'un vieillard en train de fumer.

À l'ouest, vous repérerez le **Templo del Sol*** (temple du Soleil) à sa **cresteria***, la mieux conservée de Palenque. Cet édifice doit son nom au **panneau***, où Pakal *(à gauche)* transmet le pouvoir à Kan Balam II, avec pour motif central le Dieu solaire sur un bouclier avec deux lances croisées.

Longez le temple XIV et dirigez-vous vers le nord en longeant la façade est du Palais.

Palenque

Jean Frédéric de Waldeck (1766-1875)

En 1819, le comte de Waldeck se voit confier l'illustration du rapport d'Antonio del Río sur Palenque, ce qui suffit à aiguiser la curiosité de ce peintre, aventurier et amateur de femmes. Autrichien naturalisé Français, il a déjà exploré une bonne partie de l'Afrique du Sud, pris part à la campagne d'Égypte avec Bonaparte, écumé l'océan Indien et participé à la lutte pour l'indépendance du Chili. En 1832, à 66 ans, il réalise son rêve et s'installe dans une cabane à Palenque au pied du temple de la Croix. Il passera plus d'un an à dessiner les édifices et les monuments du site, des interprétations plutôt libres publiées dans l'ouvrage de l'abbé Brasseur de Bourbourg, en 1866. De retour à Paris, après 11 ans passés au Mexique, il continue de peindre et d'écrire. Il meurt, à presque 110 ans, écrasé par une diligence, alors qu'il venait de se retourner sur le passage d'une jolie femme.

Le Grupo Norte

Ces cinq temples furent édifiés à différentes époques sur une plate-forme. Sur l'un des sanctuaires un bas-relief figure le dieu Tláloc, une représentation de style Teotihuacán inhabituelle à Palenque.

Sur la gauche, le **Templo del Conde** (temple du Comte), qui aurait accueilli le fameux comte de Waldeck (*voir encadré ci-contre*), ne fait pas à proprement parler partie de l'ensemble.

Pour compléter la visite

Le musée se trouve à 1,5 km de l'entrée du site sur la route principale en direction de la ville. Empruntez plutôt le sentier « écoar-chéologique » (env. 650 m de long) *qui démarre à l'est du groupe Nord. Cette promenade à travers la jungle conduit à une petite cascade et à d'autres ruines enfouies sous la végétation. La sentier se termine à la route principale au niveau du* **Museo de Sitio**** (*9 h-16 h ; billet jumelé avec l'entrée du site*). *Ce bâtiment moderne rassemble près de 300 objets et monuments découverts sur le site : des bijoux de jade et d'obsidienne, de superbes* **encensoirs**** *du groupe de la Croix, des têtes modelées en stuc dont un éloquent portrait de Kan Balam II. Parmi les pièces maîtresses, ne manquez pas le* **Tablero del Palacio**** (*panneau du Palais*), *illustrant la passation des pouvoirs de Pakal II à K'an Hoy Chitam II, son plus jeune fils qui sera emprisonné à Toniná, ainsi que le* **panneau de stuc polycrome**** *du temple XIX. La reproduction du couvercle du sarcophage du temple des Inscriptions permet d'observer la dalle en détail en attendant la réouverture de la crypte.*

Baignade aux environs de Palenque

Comptez une journée en prenant votre temps.
Pour l'accès, voir « Loisirs » p. 329.

La chute de Misol-Há★

Au km 18 de la route d'Ocosingo, suivez le chemin de droite pendant 1,5 km. Entrée et parking payants. Possibilité d'hébergement sur place (voir « Où loger »). Cette jolie piscine naturelle alimentée par une chute d'eau permet de fuir la moiteur de Palenque le temps d'une baignade. La grotte située derrière la cataracte est accessible par un sentier aménagé.

Les cascades d'Agua Azul★★

À 65 km de Palenque par la route d'Ocosingo. Attention, ne vous baignez pas hors des bassins autorisés (près du parking), les accidents sont fréquents (le panneau installé à proximité de la cascade surnommée la « licuadora », qui signifie le « mixeur », n'augure rien de bon). Installations rudimentaires pour planter sa tente ou accrocher son hamac. Entrée et parking payants.

Photographiée d'avion, cette série de cascades rugissantes se déversant dans des vasques bleu turquoise est spectaculaire. Une fois sur place, vous risquez d'être déçu car l'eau prend parfois une teinte brunâtre, surtout par mauvais temps ou après un orage. Cependant, sous le soleil pendant la saison sèche (*de novembre à avril*), l'endroit est tout simplement magique. Pour éviter la foule, éloignez-vous du parking par le sentier qui monte pendant 1 km le long des cascades (*au-delà, il est déconseillé de s'aventurer seul comme l'indique un panneau*). Des guides sur place peuvent également vous conduire à d'autres cascades dans la forêt (*1 h de marche*).

ARRIVER-PARTIR

En avion – L'aéroport se trouve à proximité de la ville, sur la route 199 en direction de Villahermosa. *Aerocaribe*, ☎ (916) 345 06 18 / 19, assure deux vols par jour vers Huatulco, Mérida, Mexico, Oaxaca, Puerto Escondido, Monterrey, Tuxtla Gutiérrez, Veracruz, Villahermosa ; 2 vols trois jours par semaine pour Cancún, Cozumel et Flores (Guatemala).

En bus – Pensez à acheter vos billets à l'avance car les bus au départ de Palenque sont souvent bondés. Les différentes gares routières sont situées av. Juárez, à l'entrée ouest de la ville, à 8 cuadras du zócalo. Les bus 1re classe partent du **Terminal ADO/Cristóbal Colón**, ☎ (916) 345 01 40. 4 départs par jour pour Cancún (13 h) ; 4 bus pour Chetumal (7 h) ; 4 bus pour Mérida (9 h) via Campeche (5 h) ; 2 bus en soirée pour Mexico (14 h) ; 1 bus dans l'après-midi pour Oaxaca (15 h) ; 4 bus pour Playa del Carmen (12 h) ; 2 départs vers San Cristóbal (5 h) ; 4 départs pour Tulum (11 h) ; 6 bus pour Tuxtla Gutiérrez (7 h) ; 12 bus pour Villahermosa (2 h).

En combi – *Autotransportes Río Chancalá*, 5 de Mayo #120 (à 4 cuadras à l'ouest du zócalo). Quatre départs dans la matinée pour Frontera Corozal, où sont amarrées les « lanchas » pour se rendre à Yaxchilán ou au Guatemala (voir « La forêt lacandone pratique » p. 319).

ADRESSES UTILES

Office de tourisme – Bureau d'informations, angle av. Juárez et Abasolo. 9 h-21 h, dimanche 9 h-13 h. Également le *SEDETUR*, ☎ (916) 345 03 56, à l'angle de la calle Mina et de l'av. Bravo. 9 h-16 h, fermé le dimanche.

Banque / Change – Sur l'av. Juárez, *Banamex* et *Bancomer* effectuent les opérations en devises de 9 h à 15 h sauf le week-end. Possibilité de changer les travellers'chèques dans les agences de voyage.

Poste – Av. Independencia, près du « zócalo ». 9 h-16 h, samedi 9 h-13 h, fermé le dimanche.

Téléphone – Plusieurs « casetas » sur l'av. Juárez.

Internet – Parmi les nombreux cybercafés de l'av. Juárez, **Red Maya**, situé entre la posada Nikte-Há et la posada Shalom I, propose des connexions rapides. 15 pesos l'heure.

Santé – *Hospital General*, av. Juárez (près de la gare routière), ☎ (916) 345 07 33.

Laverie – *Lavandería Azul*, 20 de Noviembre entre Jimenez et Guerrero. 8 h-20 h 30 sauf dimanche.

OÙ LOGER

• Centre-ville

Autour de 150 pesos

Hotel Lacroix, Hidalgo e/Vicente Guerrero et Jiménes #10, ☎ (916) 345 00 14 – 8 ch. ⁴| ⌲ Toutes les chambres sont alignées face à un jardin tropical. Elles sont relativement spacieuses mais très rudimentaires. Pas d'eau chaude.

Posada Kin, calle Abasolo e/av. 5 de Mayo et 20 de Noviembre, ☎ (916) 345 17 14 – 18 ch. ⁴| ⌲ Sur trois étages, les chambres, propres, s'ordonnent autour d'une cour. L'endroit n'a rien d'extraordinaire, mais le petit-déjeuner est inclus dans le prix.

Posada Shalom I, av. Juárez #156, ☎ (916) 345 09 44 – 17 ch. ⁴| ⌲ TV Dans l'avenue principale, de toutes petites chambres au sol carrelé, impeccables mais insuffisamment insonorisées. Accueil charmant et service de laverie. Même prix pour 1 ou 2 personnes.

Posada Shalom II, à l'angle de Corregidora et de Abasolo – 20 ch. ⁴| ⌲ Un peu retiré de l'agitation de la rue principale. Accueil aussi plaisant qu'à la Posada Shalom I, mêmes prestations mais légèrement moins chères.

Autour de 250 pesos

Hotel Nikte-Há, Juárez #133 e/Allende et Aldama, ☎ (916) 345 13 80 / 5 02 12 – 12 ch. ⁴| 🖿 TV Juste à côté de la Posada Shalom 1. De petites chambres à la propreté irréprochable comme son voisin, mais un cran au-dessus au niveau du confort et du prix.

• La Cañada

À l'entrée ouest de la ville, derrière l'énorme tête maya du rond-point, se trouve l'entrée de la zone touristique

La Cañada. Ce quartier calme et verdoyant est envahi de moustiques pendant la saison humide, mais tous les hôtels disposent de moustiquaires.

Autour de 150 pesos

Hotel Yax-Há, av. Merle Greene s/n – 9 ch. ⌂ 🏊 Les chambres modestes mais bien tenues présentent un bon rapport qualité-prix, surtout pour 3 ou 4 personnes.

Autour de 250 pesos

Hotel La Cañada, av. Hidalgo s/n, ☎ (916) 345 01 02 – 7 ch. ⌂ 🍽 🏊 ✕ Le plus « campagnard » des hôtels de la zone. Des bungalows disséminés au fond d'un jardin où se réfugient quelques animaux. Des chambres correctes mais un peu humides.

Hotel La Posada Cañada, 2a Norte Poniente s/n, ☎ (916) 345 17 56 – 16 ch. ⌂ 🏊 ✕ On s'installe volontiers sous la véranda face au jardin pour prendre le frais et profiter de l'ambiance décontractée. Les 3 chambres avec air conditionné sont à un prix plus élevé.

Hotel Kayab, calle Cañada #3, ☎ / Fax (916) 345 13 02 – 40 ch. ⌂ 🏊 À l'entrée de La Cañada, non loin de la tête maya, cet immeuble flambant neuf donne côté rue ou dans les arbres. L'ancien bâtiment est composé de 7 chambres, plus simples mais climatisées.

Hotel Xibalba, av. Merle Greene #9, ☎ (916) 345 03 92 – 14 ch. ⌂ 🏊 📺 ✕ Des chambres fonctionnelles, plus grandes et plus chères avec la climatisation. Un nouveau bâtiment, de catégorie supérieure, devrait ouvrir à côté.

Autour de 350 pesos

Hotel Chablis, Merle Greene #7, ☎ (916) 345 08 70, Fax (916) 345 03 65 – 20 ch. ⌂ 🏊 De jolies chambres carrelées, vastes et impeccablement tenues, dans une atmosphère calme et reposante. Le restaurant est en reconstruction depuis plusieurs années.

Autour de 600 pesos

Hotel Maya Tulipanes, Calle Cañada #6, ☎ (916) 345 02 01 / 58, Fax (916) 345 10 04, mtulipan@tnet.net.mx – 70 ch. ⌂ 🍽 🏊 🅿 📺 ✕ 🏊 💳 L'hôtel le plus chic de La Cañada propose des chambres spacieuses mais un peu chères. Préférez celles du module récent (de l'autre côté du parking) au-dessus de la nouvelle piscine.

• **Vers le site archéologique**

De 15 à 30 pesos par personne

Albergue Ecológico Elementos Naturales, **El Panchán** et **Maya Bell** (voir ci-dessous) disposent d'emplacements pour installer les tentes ou les hamacs.

De 100 à 140 pesos

🐢 **Albergue Ecológico Elementos Naturales**, km 5 carretera Palenque-Ruinas, enpalenque@hotmail.com – 5 ch. 🏊 ✕ À 3 km des ruines, dans un jardin paisible uniquement troublé par les bruits de la forêt située à deux pas. Ici, seuls les matériaux naturels (bambou, palme) ont été utilisés pour construire ces cabanons rudimentaires. Petit-déjeuner compris et accueil vraiment charmant. Possibilité d'utiliser le « temazcal ».

El Panchán, km 4,5 carretera Palenque-Ruinas (à l'entrée du parc), ☎ (916) 345 20 73, elpanchan@yahoo.com – 30 ch. ⌂ 🏊 ✕ 🏊 Enfouis dans un coin de forêt parcouru de ruisseaux, ces cabanons sommaires, prisés des routards du monde entier, appartiennent en fait à trois établissements distincts (**Chato's Cabañas**, **Ed y Margarita** et **Rakshita's**). Au programme, méditation, séances de relaxation et « temazcal ».

De 190 à 350 pesos

Maya Bell, km 6 carretera Palenque-Ruinas, ☎ (916) 345 01 25 / 05 97 – 13 ch. ⌂ 🍽 🏊 ✕ 🏊 À 2 km du site archéologique, des bungalows disséminés dans un grand jardin. Le plus cher mais le plus confortable des trois centres touristiques. Attention, les prix varient du simple au double selon que la chambre dispose d'un ventilateur ou de la climatisation. Des clients se plaignent parfois du tempérament caractériel du patron.

De 550 à 900 pesos

Chan-Kah Resort Village, km 3 carretera Palenque-Ruinas, ☎ (916) 345 11 00 / 34, Fax (916) 345 08 20 – 76 ch. ⌂ 🍽 🏊 🅿 ✕ 🏊 💳 Dans un parc magnifique, à mi-chemin entre le site et le village, des bungalows tout confort, sobrement décorés avec des baies vitrées s'ouvrant sur une terrasse. Un endroit calme mais assez cher (plus abordable pour les quelques chambres sans climatisation).

- **Misol-Há**

Autour de 200 pesos
Centro Turístico Ejidal Cascada Misol-Há, ☎ / Fax (916) 345 12 10 – 15 ch. 🛏 ✖ Pour profiter de Misol-Há de bon matin, vous pouvez loger sur place dans un chalet rustique sans grand confort, mais dans un cadre plaisant. Pendant la haute saison, réservez un mois à l'avance.

OÙ SE RESTAURER

- **Centre-ville**

De 40 à 80 pesos
La Guacamaya, av. Juárez (à 50 m de l'office du tourisme). 8 h-23 h. Dans le même bâtiment que l'épicerie « La Casita », ce restaurant n'affiche pas de nom à l'entrée, mais on le repère au perroquet dessiné. Minuscule salle où l'on déguste des spécialités mexicaines pas chères. Goûtez aux « plátanos con crema » (bananes à la crème) en dessert.
Girasoles, av. Juárez #150, ☎ (916) 345 03 83. De 7 h à 23 h. Malgré des néons un peu pâlichons, des petits tournesols peints çà et là évoque gaiement le nom du restaurant. « Antojitos » ou spécialités mexicaines correctes. Des menus copieux à 35 pesos.
Las Tinajas, angle av. 20 de Noviembre #41 et Abasolo 🍴 7 h-23 h. Une toute petite terrasse pour prendre le frais en soirée et grignoter des « antojitos », des sandwiches ou, pour les grosses faims, une « comida corrida » à moins de 40 pesos.
Los Portales, angle av. 20 de Noviembre et Independencia, ☎ (916) 345 13 38. De 7 h à 23 h. Dans un cadre sympathique et coloré, une salle ouverte sur la rue sous des arcades. On y mange les classiques viandes, hamburgers ou soupes mexicaines.

De 60 à 120 pesos
Maya, angle Independencia et Hidalgo, ☎ (916) 345 00 42. De 7 h à 23 h. Depuis 1958, ce restaurant est devenu une institution (à ne pas confondre avec le Mara's). Très fréquenté par les Mexicains, il sert une cuisine savoureuse et des portions copieuses. Forts de leur succès, les propriétaires ont ouvert une succursale plus chic dans la zone de La Cañada.
Mara's, av. Juárez #1 à l'angle d'Independencia, ☎ (916) 345 15 76. De 8 h à 23 h. Une grande salle aérée s'ouvrant

sur les deux artères principales de Palenque offre un bon poste d'observation. Plats de viande ou « antojitos », le tout servi copieusement.

- **La Cañada**

De 60 à 120 pesos
Merolec, Merle Greene #3, La Cañada 🍴 12 h à minuit. Ce restaurant porte bien son nom, qui signifie « très bon » en chol. Vous dégusterez des viandes et volailles dans un ravissant jardin de La Cañada. Guillermo, un vieux guitariste à la voix enchanteresse, joue de table en table du mercredi au samedi.

LOISIRS

Excursions – Les agences de Palenque et les hôtels proposent des programmes équivalents : Yaxchilán et Bonampak (voir p. 316), plusieurs jours dans la forêt lacandone ou la visite de Tikal (Guatemala). En comparant les tarifs, vérifiez l'étendue du forfait car certaines agences, bon marché à première vue, peuvent être plus onéreuses à l'arrivée. Pour la visite de Yaxchilán et Bonampak, comptez env. 500 pesos la journée ou 900 pesos les 2 jours. Si vous disposez d'un budget conséquent, sachez que le trajet en avionnette revient à env. 2 000 pesos par personne pour un groupe de quatre.
Kukulcan, av. Juárez s/n (à 5 cuadras du zócalo en allant vers la gare routière), ☎ (916) 345 15 06 ; **Viajes Misol-Há**, av. Juárez #103 (2 cuadras du zócalo), ☎ / Fax (916) 345 04 88 / 09 11 ; **Viajes Shivalva**, calle Merle greene #9, La Cañada, ☎ (916) 345 04 11, Fax (916) 345 03 92 ; **Yax-Há**, av. Juárez #123 (à gauche de la Banamex), ☎ (916) 345 07 98.

Baignade – Pour Misol-Há et Agua Azul, il est possible de prendre un bus 2nde classe vers Ocosingo ou San Cristóbal de Las Casas et de descendre en chemin, mais le plus simple consiste à passer par une agence de voyages. L'itinéraire classique comporte un arrêt d'1 h à Misol-Há et 3 ou 4 h à Agua Azul.
Chambalú, calle Allende à l'angle d'av. Juárez (3 cuadras du zócalo). Départ à 9 h, 10 h ou midi, comptez env. 80 pesos.

Rafting – **Viajes Mayasol**, av. Juárez #191, ☎ (916) 345 10 06, organise des expéditions de 1 à 6 jours.

Le couvent de San Antonio de Padua à Izamal

LA PÉNINSULE DU YUCATÁN

Entourée par les eaux les plus cristallines du pays, la pointe hardie du croissant mexicain semble se refuser à l'appel du grand Sud. On y trouve pourtant la chaleur toute méridionale d'un peuple qui, fier de sa différence, a souvent tourné le dos aux soubresauts politiques de la capitale pour se vouer sans honte à son indianité. Des siècles de tradition maya n'ont pu être vaincus ni par le glaive ibérique ni par la hache bûcheronne des Anglais, pas plus que par les hordes touristiques de Cancún. Accompagnés par l'accent chantant d'un espagnol mêlé de langue yucatèque, vous découvrirez, perdus dans un tapis de verdure strié de cicatrices routières, les vestiges pétrifiés de cités préhispaniques flamboyantes ; vous traverserez des villages blottis près de leur église franciscaine, où l'ombre d'une hacienda sacrifiée au progrès rappelle l'opulence oubliée de l'ère du sisal. Le doux balancement d'un hamac entre les portes d'une hutte achèvera de vous convaincre que l'essentiel échappe au temps dans l'atmosphère colorée d'un Yucatán aux saveurs caraïbes.

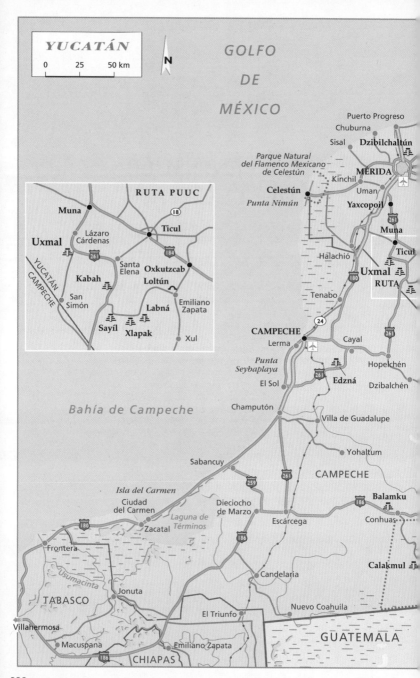

YUCATÁN

0   25   50 km

N

GOLFO DE MÉXICO

Puerto Progreso
Chuburna
Sisal   Dzibilchaltún
Parque Natural
del Flamenco Mexicano
de Celestún   Kinchil
MÉRIDA
Celestún   Uman
Punta Nimún   Yaxcopoil
Muna

Halachió   Ticul

RUTA PUUC   Uxmal
                            RUTA
Muna
        Lázaro   Ticul   Tenabo
Uxmal   Cárdenas
                Santa   CAMPECHE   Cayal
Kabah   Elena Oxkutzcab   Lerma   Hopelchén
        Loltún   Punta   Edzná
San   Seybaplaya   Dzibalchén
Simón   Labná Emiliano   El Sol
Sayíl   Xlapak Zapata   Champutón
                Xul   Villa de Guadalupe

Bahía de Campeche   Yohaltum

                Sabancuy   CAMPECHE

        Isla del Carmen
        Ciudad   Dieciocho   Balamku
        del Carmen   de Marzo
                Zacatal Laguna de Escárcega   Conhuas
                        Términos
Frontera   Candelaria   Calakmul

        Usumacinta   Nuevo Coahuila
TABASCO Jonuta
                El Triunfo
Villahermosa   GUATEMALA

    Macuspana   Emiliano Zapata
                CHIAPAS

332

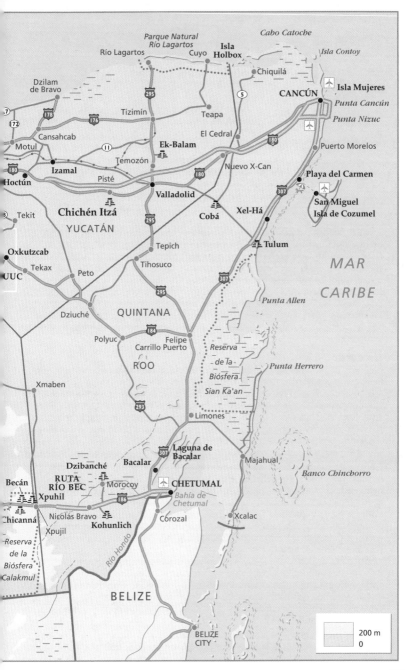

Parque Natural
Río Lagartos
Río Lagartos   Cuyo   **Isla Holbox**

Cabo Catoche

Isla Contoy

Chiquilá

Dzilam
de Bravo

7

172

Motul

Cansahcab

Tizimín

Teapa

El Cedral

5

CANCÚN   **Isla Mujeres**
Punta Cancún
Punta Nizuc

Puerto Morelos

Ek-Balam

Temozón

Nuevo X-Can

Playa del Carmen

**San Miguel
Isla de Cozumel**

180

Izamal

Pisté

Hoctún

Chichén Itzá

Valladolid

Cobá

Xel-Há

Tekit

YUCATÁN

Oxkutzcab

Tekax   Peto

UUC

Dziuché

Tepich

Tihosuco

Tulum

*MAR
CARIBE*

QUINTANA

Polyuc   **Felipe
Carrillo Puerto**

ROO

Xmaben

Punta Allen

*Reserva
de la
Biósfera
Sian Ka'an*

Punta Herrero

Limones

**Laguna de
Bacalar**

Dzibanché   **Bacalar**

Majahual

Banco Chinchorro

Becán

**RUTA
RÍO BEC**   Morocoy

Xpuhil

CHETUMAL
*Bahía de
Chetumal*

Chicanná

Nicolás Bravo

Kohunlich

Xpujil

Corozal

Xcalac

*Reserva
de la
Biósfera
Calakmul*

Río Hondo

BELIZE

**BELIZE
CITY**

200 m

0

333

CAMPECHE★★
ET EDZNÁ★

Capitale de l'État de Campeche – 215 000 hab.
1 150 km de Mexico et 180 km de Mérida

Voir carte régionale p. 332

À ne pas manquer
Le musée de la Culture maya.
Le son et lumière à la Puerta de Tierra.
Siroter une margarita sous les Portales.

Conseils
Achetez-vous un chapeau, c'est l'endroit !
Prévoyez un anti-moustique pour Edzná.
Commencez le tour de la péninsule ici ou à Mérida,
les locations de voitures sont moins chères.

Souvent boudée par des touristes trop pressés d'atteindre le Yucatán, Campeche n'a pourtant pas ménagé ses efforts pour mettre en valeur ses richesses et devenir une étape incontournable en terre maya. Plus de 1 600 façades ont retrouvé leur polychromie d'antan, et une partie des murailles de l'ancienne ville fortifiée a même été reconstruite ! Le pari est presque gagné, grâce à l'enthousiasme et à la gentillesse de ses habitants, pour qui l'inscription de Campeche sur la liste du Patrimoine mondial de l'Unesco en 1999 a été une récompense méritée. Après être passé par Veracruz et Villahermosa, vous serez certainement conquis par cette « gardienne de la péninsule », où se mêlent tradition indienne, langueur des Caraïbes et vieilles saveurs européennes.

Un destin lié à la mer

En 1517, une troupe espagnole, menée par Cordoba, débarqua en terres mexicaines, deux ans avant Hernán Cortés. L'hostilité des tribus mayas à leur approche incitait à la prudence, aussi l'étape des conquistadors dans le village d'**Ah-Kin-Pech** était-elle uniquement destinée à trouver de l'eau douce. Mortellement blessé quelques encablures plus au sud, Cordoba fut la première victime d'un peuple rebelle, qui résista aux incursions étrangères jusqu'en 1540. **Francisco de Montejo « El Mozo » (Le Jeune)**, poursuivant la conquête entamée 13 ans plus tôt par son père, réussit à soumettre les caciques du lieu et fonda la ville de San Francisco de Campeche.

Délices et tourments d'une ville portuaire – Dès le 16e s., ce port prospère vit transiter de nombreuses richesses, dont une précieuse marchandise locale, le *palo de tinte*, un bois exotique très prisé pour teindre les textiles. Il régnait également dans ce fief franciscain une légèreté de mœurs aux relents de péché, qui ne tarda pas à alerter la sainte Inquisition. Les accusations pleuvaient sur ses habitants juifs ou polygames. Mais un danger plus grave, venu de la mer, ne tarda pas à faire des ravages : corsaires et flibustiers, non contents d'écumer la mer des Caraïbes, exerçaient volontiers la piraterie en pleine ville, accompagnant leurs appétits féroces d'un cortège de massacres et de destructions. Certains, comme Lewis Scott, revenaient régulièrement remplir leurs coffres. Le saccage du Français **Laurent Le Graaf** (Lorencillo), qui en 1685 avait enfermé tous les habitants dans l'église de San Francisco (sa technique favorite), décida enfin les autorités à protéger efficacement leur ville. L'année suivante, Jaime Frank, l'architecte du fort de Veracruz, entreprit l'édification d'un formidable système défensif.

Mauvais temps pour les pirates – En 18 ans, une muraille de 2,5 km de long et de 8 m de haut ceinturait la cité. Percée de quatre portes et défendue par huit bastions (six sont toujours là, un a été reconstruit, un autre a disparu), elle faisait de

La péninsule du Yucatán

Campeche la ville la mieux protégée de la Nouvelle-Espagne. Pour couronner l'entreprise, deux forts vinrent renforcer l'ensemble à la fin du 18e s. et redonner définitivement la paix aux nantis espagnols. C'est à la fin du 19e s. que furent jetés bas les remparts par des gouverneurs peu inspirés mais décidés, comme à Veracruz, à délivrer la ville de ses prétendus miasmes et sacrifier au progrès.

Visite de la ville

Comptez au moins une journée.
Les bus empruntent le « Circuito Baluartes » à l'extérieur des remparts.

S'il ne reste que quelques fragments de muraille, le boulevard extérieur continue de séparer le centre historique d'une ville moderne bien disparate. La mer, qui léchait autrefois les remparts, a été repoussée de 200 m par un remblai fort mal urbanisé depuis les années 50, et le Malecón (front de mer), flambant neuf, ne s'anime guère que lors du *paseo* dominical.

Campeche intra-muros**

Flâner dans les ruelles, qui composent cet échiquier hexagonal, donne l'impression d'arpenter la palette d'un géant aquarelliste. Au cours de votre promenade le long des murs multicolores des maisons basses (côté ombre !), un régal pour les yeux, vous partirez à la recherche de vieilles *mansiones* encadrant des patios mauresques.

Autour du verdoyant **Parque Principal** (nommé aussi Plaza de la Independencia) et de son kiosque-restaurant, la **cathédrale** dresse sa sobre façade du 18e s. hérissée de deux tours élancées, et l'édifice des **Portales** oppose ses élégantes galeries superposées à la silhouette ramassée du Baluarte de la Soledad.

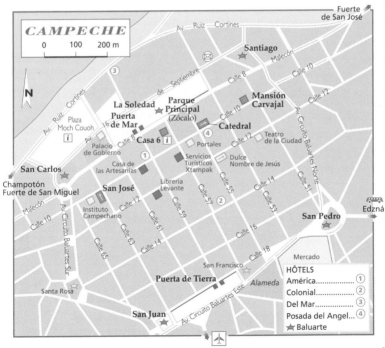

Campeche

Sur un côté de la place, le centre culturel occupe une demeure du 18ᵉ s. récemment restaurée, la **Casa 6**★ *(9h-21h; entrée libre. Visites guidées possibles, bureau d'information touristique, librairie et cafétéria. «Serenata Campechana» le jeudi à 20h30).* Les pièces donnant sur la rue reconstituent un intérieur bourgeois du début du siècle. Remarquez au milieu de la cour, le puits de son **aljibe** (citerne), qui servait à recueillir l'eau canalisée des toitures. La dureté de l'eau dans cette région calcaire a toujours motivé la consommation d'eau de pluie, encore vendue de nos jours dans les quartiers périphériques par des marchands ambulants en voiture à cheval.

En remontant la calle 10, la **Mansión Carvajal**★ *(8h-15h, sauf les samedi et dimanche. Entrée libre)*, bien que bâtie au début du 20ᵉ s. par l'*hacendado* Fernando Carvajal, est une flamboyante expression de l'architecture péninsulaire, où la lumière joue entre les colonnes toscanes et les arcs capricieux.

Perdez-vous ensuite dans les ruelles en passant par exemple dans la calle 12, devant le Teatro de la Ciudad (Théâtre de la Ville) et l'église voisine del Dulce Nombre de Jesús (Doux-Nom-de-Jésus!), avant de rejoindre l'autre extrémité de la calle 10. L'**église de San José**★, à la belle façade rehaussée d'azulejos, fut consacrée par les jésuites en 1756, 11 ans à peine avant leur expulsion du Mexique, puis récupérée avec satisfaction par les franciscains. À l'intérieur sont organisées des expositions temporaires. Un de ses clochers sert toujours de **phare** : vous pourrez mieux l'apercevoir de la cour de l'ancien collège attenant, aujourd'hui l'**Instituto Campechano**.

Le circuit des Baluartes★★ (bastions)

L'avenida Circuito Baluartes suit aujourd'hui le tracé des anciennes fortifications. Le parcours des bastions en partant du *Zócalo* dans le sens inverse des aiguilles d'une montre commence par le plus grand, le **Baluarte de la Soledad**★, qui porte le nom de la patronne des marins. De ses 13 canons, il protégeait l'accès de la Puerta de Mar toute proche. On accède par une rampe à un chemin de ronde, d'où l'on peut redescendre près de la cathédrale. À l'intérieur, quatre salles constituent le **Museo de las Estelas**★ *(8h-20h, dimanche 8h-13h; entrée payante sauf le dimanche)*, qui rassemble des sculptures provenant de nombreux sites archéologiques de l'État. Des dignitaires y apparaissent empanachés sur des stèles ou des colonnes en calcaire diversement érodées.

En suivant la calle 8, vous passerez devant la **Puerta de Mar**, démolie en 1893, reconstruite en 1953 et complétée de deux pans de muraille il y a quelques années. Cette porte, franchie par les marins et les marchandises, s'ouvrait directement sur la mer.

Au bout de la rue, le **Museo de la Ciudad** (musée de la Ville) *(8h-20h, dimanche 8h-13h, fermé le lundi. Entrée libre)*, aménagé dans le **Baluarte de San Carlos**, vous dévoilera tout sur Campeche au temps des pirates.

En face de la Puerta de Mar, à l'autre extrémité de la calle 59, la **Puerta de Tierra**★★, encore reliée au **Baluarte de San Juan** par 400 m de remparts, a été achevée en 1732, et présente toujours ses batteries, sa casemate et son avancée triangulaire défensive entourée d'un fossé. À l'entrée, un beau canon français, datant de la même année et repêché dans la baie, n'effraie plus grand-monde. Ici se tient un remarquable spectacle **son et lumière**★★ *(mardi, vendredi et samedi à 20h; tlj en période de vacances. Entrée payante)* avec diaporama, figurants et promenade sur les remparts en compagnie du *Sereno*, chargé jadis d'annoncer la fermeture des portes peu avant 20h.

Vous passerez ensuite devant le Baluarte de San Francisco, coupé en deux par la calle 57, et le **Baluarte de San Pedro**, où l'on peut trouver un petit marché d'artisanat. En revenant vers la mer, le **Baluarte de Santiago**, entièrement reconstruit dans les années 50, est aménagé en **jardin botanique** *(9h-16h; entrée payante)* où pousse, entre autres essences, le fameux *palo de tinte* ou *palo de Campeche*.

À l'extérieur de la ville

Deux forts sont venus renforcer la protection de Campeche à la fin du 18e s. Bâtis chacun sur une colline, ils étaient complétés par deux batteries de canons en contrebas.

Inspirée des principes de Vauban, l'architecture défensive du **Fuerte de San Miguel**** *(quittez le centre-ville par le Malecón en direction de Champotón. À 3 km, tournez à gauche et grimpez la colline pendant 500 m, ce dernier tronçon étant déconseillé à pied à la nuit tombée)* est un modèle du genre, de l'entrée à chicane aux échauguettes. Le tout n'a pas beaucoup servi, la menace ainsi combattue s'étant déjà éloignée à son achèvement. La terrasse vous offrira la plus jolie **vue**** sur Campeche et la côte. Depuis l'an 2000, dans le fort vous trouverez le **Museo de la Cultura Maya**** *(8h30-19h30, fermé le lundi ; entrée payante sauf le dimanche)* à la muséographie exemplaire, même si le choix d'exposer les pièces par thème vous privera plus d'une fois d'en connaître la provenance. Les plus beaux objets, les céramiques zoomorphes et surtout la collection de bijoux et de **masques funéraires***** en jade, viennent de Calakmul. Le contenu de la tombe de « Griffe de Jaguar », découverte en 1997, s'y trouve intégralement.

Ceux qui ont du temps pourront faire un tour au **Fuerte de San José El Alto** *(8h-20h, fermé le lundi ; entrée payante sauf le dimanche)*. Plus difficile à atteindre *(à 2 km du centre-ville, prenez un taxi)*, son dessin est moins novateur que le précédent, mais il jouit également d'une belle vue. Son modeste **musée** retrace l'histoire de la navigation et du commerce maritime, le tout agrémenté de quelques armes et de maquettes de bateau.

Edzná*

À 61 km au sud-est de Campeche. Excursion d'une demi-journée à partir de Campeche ou étape sur la route d'Uxmal. Sortez par l'av. Gobernadores, continuez tout droit jusqu'à Cayal, puis prenez à droite sur la route 261, que vous suivrez pendant 18 km.
Départ des bus à 7h, 10h, 11h30 et 12h en face du marché (1h de trajet) et retour à 11h, 13h et 14h. Servicios Xtampak (voir « Adresses utiles ») propose des excursions.
8h-17h ; entrée payante sauf le dimanche. Service de guides. Comptez 2h de visite.

Découvert tardivement, en 1906, le site d'Edzná (« La maison des Itzáes ») apparaît comme le chaînon manquant permettant de mieux comprendre l'origine du peuplement du Yucatán. La tribu de Putunes-Chontales qui l'habitait dès 400 ap. J.-C. était peut-être apparentée aux **Itzáes**, dont on connaît la prospérité postérieure à Chichén Itzá. À mi-chemin entre la plaine du Petén et la région Puuc, Edzná, décorée des mascarons en stuc ou de mosaïque de pierre, a pu varier ses sources d'inspiration jusque vers l'an 1000, lorsque s'est amorcé son déclin. Profitant d'une initiative originale, les principaux monuments ont été restaurés, sous l'égide de l'ONU de 1988 à 1998, par les réfugiés guatémaltèques fuyant la guerre civile dans leur pays.

Passé l'entrée, après avoir observé quelques stèles fort abîmées, parmi la trentaine retrouvées au cours des fouilles, prenez le chemin vers la gauche jusqu'à la **Plaza Principal**. Elle est délimitée à l'ouest par la **Nohochná** (Grande Maison), une large plate-forme dont l'escalier servait de tribune. On prête aux galeries du sommet une fonction administrative.

La Gran Acrópolis*

À l'est de la place, la grande acropole rassemble, dans un quadrilatère de 160 m de côté, plusieurs constructions à degrés dominées par l'**Edificio de los Cinco Pisos**** (édifice à cinq étages), fruit d'un étonnant métissage architectural. Imaginez un temple de Palenque dont la pyramide serait le palais de Sayíl ! Plusieurs fois remaniée, son élégante silhouette culmine à plus de 30 m, grâce à cette superposition peu commune d'un palais pyramidal et d'un temple encore muni de sa *cresteria*. L'escalier, dont certaines marches sont sculptées, vous promet donc une belle vue panoramique à dominante verte.

L'angle nord-ouest de l'acropole est occupé par une petite place, le **Patio Puuc**, dont les ornements triangulaires vous donneront un léger avant-goût de l'explosion géométrique d'Uxmal.

Vers le sud, vous traverserez le jeu de balle pour visiter la partie la plus ancienne.

La Pequeña Acrópolis

La petite acropole concentrait le plus grand nombre de stèles, près du **Templo de la Escalinata con Relieves** (temple de l'Escalier aux Reliefs), au nom fort explicite. Une belle tête de profil attire l'œil parmi les glyphes alignés sur les contremarches. Protégé par un toit de palmes, le **Templo de los Mascarones** a livré deux superbes **masques en stuc★★★** de la divinité solaire **Kinich Ahau**, reconnaissable à son strabisme, sa dent limée et le *piercing* de sa cloison nasale. Les pupilles différentes distinguent clairement sa qualité de soleil levant à l'est *(celui de droite)* et de soleil couchant à l'ouest.

En marchant vers l'ouest, le quartier de la **Vieja Hechicera** (Vieille Ensorceleuse), dont la pyramide a été fouillée en 1996, ne représente guère pour l'instant qu'un prétexte de promenade.

Campeche pratique

ARRIVER-PARTIR

En bus – Le **Terminal de Autobuses** se trouve av. Gobernadores #289 (à 10 mn à pied du Baluarte de San Pedro), ☎ (981) 811 43 34 / 816 34 90. **ADO** et **Cristobal Colón** : 20 bus pour Mérida (2 h 30) ; 4 départs pour Mexico (16h30) ; 5 bus pour Palenque (6h) ; 13 départs pour Villahermosa (6-7h). Pour Xpujil (5 h) et Chetumal (6h) un seul départ à midi, sinon changez à Escárcega.

En avion – L'aéroport est situé à 10 mn du centre en taxi. Deux vols quotidiens entre Campeche et Mexico. Un avion à hélices d'**Aeromar** retourne en fin de journée à Mexico, et le matin avec **AeroMéxico**, ☎ (981) 816 49 25 / 56 78.

ADRESSES UTILES

Office de tourisme – Campeche fait beaucoup d'efforts pour accueillir les touristes, et vous serez reçu à bras ouverts. Un **módulo de información** s'est installé dans la Casa 6 (voir p. 336), ☎ (981) 816 17 82. La **Secretaría de Turismo del Estado de Campeche**, Plaza Moch Couoh, en face du Palacio Municipal, ☎ (981) 816 67 67 / 811 92 29, procure de nombreux renseignements sur la ville et l'État avec plan, dépliants et une liste actualisée des prix d'hôtels. Tlj 8h-21h.

Banque – Plusieurs banques avec distributeur automatique de billets se trouvent à proximité du Parque Principal, au coin des calles 10 et 54 et dans la calle 8 entre 57 et 59.

Poste – Angle av. 16 de Septiembre et calle 53 (dans l'Edificio Federal). 8h-19h, samedi 8h-13h, fermé le dimanche.

Internet – Une salle d'ordinateurs avec air conditionné se trouve à **Diversiones del Centro**, où l'on vient aussi jouer au billard (3 « carambolas », billards français).

Santé – **Hospital Manuel Campos**, av. Circuito Baluartes (près du Baluarte de San Pedro), ☎ (981) 816 09 57 / 70 07.

Agence de voyages – **Servicios Turísticos Xtampak**, calle 57 #14 e / 10 et 12, ☎ (981) 812 64 85, xtampak@elfoco.com, organise une excursion de 4h à Edzná (toutes les heures de 8h à 15h minimum 2 personnes) et vers d'autres lieux touristiques de l'État (Route Río Bec et Calakmul).

Location de voitures – **Soles Rent-a-car**, calle 8 #215 (Hotel del Paseo), ☎ (981) 811 01 00, Fax (981) 811 00 97. Tlj 8h-12h/15h-21h. Petits véhicules avec air conditionné, prix négociables pour plusieurs jours.

OÙ LOGER

De 150 à 300 pesos

Hotel Colonial, calle 14 #122, ☎ (981) 816 26 30 / 22 22 – 30 ch. Dans une ambiance acidulée, le propriétaire avenant propose des chambres spartiates mais d'une propreté irréprochable. La plomberie est garantie d'origine depuis l'ouverture de l'hôtel en 1946 et... elle fonctionne. De nombreux routards se retrouvent dans le petit salon ou sur la terrasse de cette ancienne maison coloniale

Posada del Ángel, calle 10 #309, ☎ (981) 816 77 18 – 14 ch. ⫟🍴📺 D'assez grandes chambres accueillantes mais sans vue sont alignées le long d'un couloir. La moitié des chambres disposent d'un ventilateur et coûtent sensiblement moins cher. Seule la n° 6, lumineuse, donne sur une rue calme la nuit. Bon rapport qualité-prix.

De 300 à 450 pesos

Hotel América, calle 10 #252, ☎ (981) 816 45 88 / 76, Fax (981) 811 05 56, www.hotelamericacampeche.com – 52 ch. ⫟🍴📺 CC Le meilleur choix dans sa catégorie. Pour une fois les chambres sur rue, plus spacieuses, ne sont pas trop bruyantes en semaine. Évitez celles qui donnent sur la rue adjacente à cause de la discothèque, et une dizaine sont climatisées. Petit-déjeuner et 1 h d'Internet inclus.

Autour de 1 000 pesos

Hotel del Mar, av. Ruiz Cortines #51 (Malecón), ☎ (981) 811 91 92, Fax (981) 811 16 18 – 145 ch. ⫟📧🔑📺 ✕ 🏊 CC Hors les murs de la vieille ville, avec vue sur la mer. Si vous êtes en manque de piscine ou de confort international, l'ex-Ramada est pour vous. On peut aussi y réserver sa nuit au Chicanná Ecovillage (voir « Ruta Río Bec » p. 397).

OÙ SE RESTAURER

Moins de 50 pesos

La Parroquia, calle 55 #8 e/10 et 12, ☎ (981) 816 25 30. Cuisine familiale 24 h sur 24 dans une ambiance populaire.

El Principal, kiosque du Parque Principal, ☎ (981) 816 22 48. 17 h-23 h 30, fermé le lundi. Les cuisines sont installées dans le kiosque du Zócalo, et les tables qui l'entourent permettent de

boire un verre, un cappuccino ou se restaurer. On y est aux premières loges lors des soirées musicales en fin de semaine. **La Bella Época**, calle 59 (entre 10 y 12). 8 h-21 h. Un joli petit coin pour faire une halte entre deux visites. Bon café, pâtisseries maison et un délicieux moka glacé.

Plus de 100 pesos

Restaurant Casa Vieja, calle 10 #319 Altos, ☎ / Fax (981) 811 80 16 ⌂🍴 Mardi-dimanche 8 h 30-2 h, lundi 18 h-2 h. De sa galerie surplombant le Parque Principal, c'est l'endroit idéal pour siroter une margarita ou se laisser tenter par quelques petits plats.

🍴 **La Iguana Azul**, calle 55 #11 e/10 et 12. Lundi-samedi 18 h-2 h, dimanche midi-20 h. María Eugenia, la patronne, est intarissable sur l'histoire de la maison et des objets qu'elle contient. Une même passion l'anime dans l'élaboration des plats : filet de poisson à la sauce d'avocat, crevettes à la sauce de Chaya ou « arroz à la tumbada » (riz aux fruits de mer), un festival de saveurs « campechanas » à déguster dans l'un des deux patios.

LOISIRS

Visite de la ville – Le **Tranvía** (« tramway ») est un bus panoramique qui vous promène à travers la vieille ville et le Malecón durant 45 mn. L'original était tiré par des mules jusqu'en 1938 ! Départ du Parque Principal toutes les heures (ou selon l'affluence) de 9 h à 12 h et de 17 h à 20 h, sans interruption en haute saison. Un deuxième, **El Guapo**, explore plus les environs et passe par les forts de San José et de San Miguel (en général 2 le matin et 2 l'après-midi).

Manifestations culturelles – La musique et la danse sont à l'honneur presque tous les soirs : les samedi et dimanche sur le Parque Principal et, en semaine, sur les places des églises hors les murs (San Román le mardi, Guadalupe le jeudi, San Francisco le vendredi).

ACHATS

Artisanat – Dans une demeure coloniale, la **Casa de las Artesanías**, calle 10 e/59 et 61, possède le meilleur choix d'articles régionaux, du chapeau type panama de Becal à la tunique brodée.

UXMAL ★★★
ET LA RUTA PUUC ★★

État du Yucatán – Voir carte régionale p. 332
75 km au sud de Mérida

À ne pas manquer
La vue du sommet de la Grande Pyramide d'Uxmal.
Le Codz Pop de Kabah et la porte de Labná.

Conseils
Soyez sur le site d'Uxmal à l'ouverture.
Louez une voiture pour suivre la Ruta Puuc.
Essayez de dormir dans la région puuc.

Après plusieurs kilomètres d'une route désespérément rectiligne venant de Muna, les premières silhouettes de pierre apparaissent enfin droit devant, comme un mirage. Seuls les abords des monuments ont été dévêtus de l'inextricable jungle sèche qui s'étend à perte de vue, attirant dans ce solarium inespéré, écrasé de chaleur, une colonie d'iguanes impavides, immobiles sentinelles d'une cité fantomatique. Uxmal, première étape d'un parcours archéologique captivant, a été inscrite sur la liste du Patrimoine mondial de l'Unesco en 1996.

Au royaume des Xiú

El Puuc est le nom maya donné à un ensemble de collines basses qui ne passent pas inaperçues au milieu d'un vaste plateau calcaire. Ce relief a donné son nom à toute la région, étoilée de villes mayas florissantes dès le 8ᵉ s., mais aussi au style architectural qui se développera à cet endroit. Une décoration à la composition symétrique court le long des interminables façades de bâtiments à l'esthétique horizontale. Perfectionnant une technique utilisée par les **Chenes**, installés un peu plus au sud, des pierres finement prétaillées étaient assemblées et encastrées, comme une véritable mosaïque, avant d'être couvertes d'une fine couche de stuc et d'une peinture aux tons vifs.

Un destin lié au ciel – La région puuc ne possède pas les *cenotes* («avens») qui ont fait prospérer les Itzaés plus au nord. Les habitants du lieu ont dû trouver une parade au cruel manque d'eau pendant la saison sèche. Des **chultunes**, citernes ménagées dans la masse des plates-formes, recueillaient les eaux de pluies, conservées plusieurs mois dans ces invisibles réservoirs de pierre tapissés d'un stuc étanche. On a la preuve que la région ʼpuuc, aujourd'hui peu cultivée, était exceptionnellement fertile, et certains n'hésitent pas à relier le mot Uxmal aux trois récoltes annuelles qui pouvaient s'y pratiquer. On comprend mieux dès lors l'incroyable multiplication des représentations de divinités agricoles liées à l'eau, parmi lesquelles le célèbre masque de Chaac, le dieu de la Pluie. C'est probablement parce qu'il faisait la sourde oreille que les Xiú ont abandonné Uxmal au 12ᵉ s., à la suite de sécheresses à répétition, et se sont installés à Maní près de l'actuelle Mérida.

Uxmal, trois fois construite – La traduction littérale de son nom, évoquant un labeur trois fois recommencé, trouve son sens à la vue de la pyramide du Devin plusieurs fois surélevée. La cité, peut-être habitée dès le 6ᵉ s. par un peuple inconnu, va prendre son essor vers 770, à l'arrivée de la tribu des **Xiú**, originaires de la région du golfe du Mexique. La rareté des inscriptions retrouvées ici rend difficile l'énoncé d'une séquence chronologique, mais Uxmal connut son apogée sous le règne du **Señor Chaac** (*représenté sur la stèle 14 exposée à l'entrée*), à qui l'on doit l'apparence actuelle du site. À l'orée du 10ᵉ s., il avait conclu une alliance militaire avec Chichén Itzá, et étendu son autorité sur de nombreuses villes voisines, parmi lesquelles Kabah et Sayíl. C'est un peu plus tard, vers l'an 1000, que les lignages d'Uxmal, de Chichén Itzá et de Mayapán formeront une ligue qui amorcera le déclin politique de la capitale puuc.

La quatrième reconstruction – De vieilles légendes circulent toujours sur la construction (inachevée) d'Uxmal par des bossus. Ce sont des Mayas bien bâtis qui, depuis 1992, sous la supervision de l'INAH (Institut national d'anthropologie et d'histoire), remontent peu à peu les structures et recomposent le puzzle de la décoration

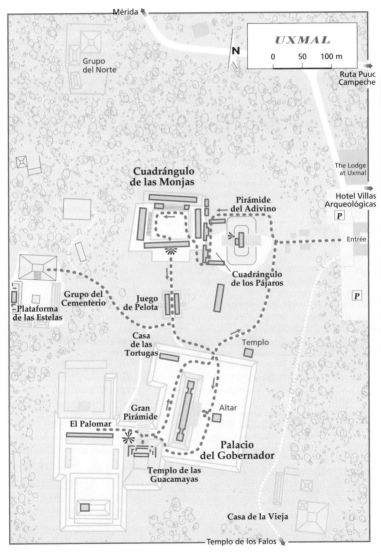

Uxmal

extérieure. Plusieurs quartiers ont ainsi retrouvé leur splendeur, du quadrilatère des Oiseaux aux abords du jeu de balle. Délaissant le béton largement utilisé dans les années 20 au quadrilatère des Nonnes et dans les années 70 à la Grande Pyramide, ils utilisent à nouveau la technique du stuc et s'interpellent joyeusement dans la même langue que leurs ancêtres.

Visite du site

Comptez 3h. 8h-17h. Entrée payante sauf le dimanche. Vous achetez un bracelet à montrer au tourniquet et un billet à présenter 100 m plus loin au guichet, où vous pouvez également acquérir votre permis de filmer, valable une journée sur tous les sites de l'État. N'égarez rien de tout cela si sous voulez assister au son et lumière, inclus dans le prix du billet. La librairie de l'entrée est l'une des mieux fournies du Yucatán.

La visite s'articule autour de deux quartiers principaux séparés par le jeu de balle. Le premier est constitué par deux quadrilatères contigus, le Cuadrángulo de los Pájaros et le Cuadrángulo de las Monjas, le deuxième par la Grande Pyramide et une vaste plate-forme accueillant la Casa de las Tortugas et le Palacio del Gobernador.

Le Cuadrángulo de los Pájaros★★ (quadrilatère des Oiseaux)

Dès l'entrée, vous serez accueilli par l'imposante **Pirámide del Adivino★★** (pyramide du Devin), dont les bords arrondis rappellent un peu les tours de la région Río Bec. Un escalier à volée unique, percé d'un tunnel archéologique, permet d'atteindre le sommet *(fermé au public depuis plusieurs années et jusqu'à nouvel ordre)*. Ce n'est pourtant que le côté postérieur de la pyramide : pour en apprécier la façade, contournez-la par la droite afin d'atteindre la place dont elle borde un côté. En chemin, vous remarquerez la belle **voûte★** d'un édifice non restauré, dont le plan en coupe permet d'apercevoir les pierres triangulaires encastrées dans la maçonnerie pour éviter qu'elles ne retombent à l'intérieur.

Le Cuadrángulo de los Pájaros est un complexe résidentiel à chambres rayonnantes transformé en place religieuse, lorsqu'une aile fut comblée pour servir d'assise à un temple pyramidal. Des aras encastrés sur les toitures, voletant sur un motif de plumes, lui ont donné son nom. Les trois degrés de la pyramide sont flanqués par un grand escalier bordé d'une cascade de **masques de Chaac** *(voir encadré)* menant à un premier temple entièrement décoré, de style Chenes. La façade représentant la gueule ouverte d'un monstre, on imagine que le petit peuple ne devait pas trop regretter de ne jamais y avoir accès. Deux escaliers latéraux conduisaient ensuite à un large **temple** qui culmine à 33 m de hauteur.

Qui se cache derrière le masque de Chaac ?
Dans tous les sites de la Ruta Puuc, un mascaron formé d'une trentaine de pierres assemblées anime les façades et sculpte les angles de ses yeux exorbités, de ses crocs menaçants et de sa trompe recourbée, une apparence qui l'a rapidement assimilé au dieu de la Pluie, Chaac, à l'instar du Cocijo zapotèque ou du Tláloc aztèque, eux aussi pourvus d'un bel appendice nasal. Mais sa présence évoque également le monstre de la Terre et Itzamná, dieu du Ciel et créateur de toute chose, dont le nom – maison de l'Iguane – semble né sur ce plateau aride où abondent les reptiles. Les symboles célestes qui ornent ses paupières, image de Vénus ou bâtons entrecroisés, explicitent d'ailleurs son identité astrale. Traditionnellement représenté sous la forme du vieillard comme à Tulum, voici donc Itzamná dissimulé derrière l'aspect féroce d'un avatar vénéré.

R. Mattes/MICHELIN

Le palais du Gouverneur

Le Cuadrángulo de las Monjas*** (quadrilatère des Nonnes)

Comme le jeu de balle et le Palacio del Gobernador, cette place impressionnante porte le sceau de *Señor Chaac* et marque l'une des dernières réalisations des architectes d'Uxmal. Ce vaste palais à chambres percé de portes alignées ne pouvait qu'évoquer, dans la logique espagnole, un couvent de religieuses! Les quatre ailes matérialisent les points cardinaux, et leur élévation progressive semble respecter la hiérarchie du pouvoir. Le style puuc se situe ici à son apogée, opposant la sobriété des murs au foisonnement des toitures.

On pénètre par l'**aile sud**, percée d'une élégante porte dont la voûte à encorbellement est ornée de **mains rouges**, manifestation du dieu Itzamná. Au-dessus de chaque ouverture, un masque à l'allure reptilienne (voyez la langue bifide) semble vouloir protéger une hutte maya.

Sur l'**aile est** sobrement tapissée de «jalousies», six **trapèzes** formés de serpents bicéphales servent de cadre à l'image d'un hibou célébrant le monde nocturne face au soleil couchant. L'architecte Viollet-le-Duc s'est intéressé à cette curieuse géométrie et lui a trouvé une troublante ressemblance avec les claies yucatèques pour sécher le maïs. Des mascarons empilés coiffent la porte principale et habillent l'arrondi des extrémités.

Posée sur un important soubassement, l'**aile nord** domine. On y accède par un escalier monumental au pied duquel un trône possède quelques vestiges d'écriture. Sa toiture, bien qu'incomplète, sature le regard. À gauche de l'accès central, remarquez la porte, qui se trouve dans l'alignement de l'entrée principale et du jeu de balle. Au-dessus, deux **jaguars**, dos à dos et aux queues entrelacées, sont assis au pied d'une hutte sur laquelle sont empilés des sceptres serpentiformes.

La trame en losanges de l'**aile ouest** rappelle des motifs textiles et rehausse les sculptures à tenon, guerriers ou *bacabs* («porteurs du monde») accompagnant au centre un trône vide surmonté d'un dais. On aimerait encore y voir la statue disparue de *Señor Chaac* scrutant le soleil levant, entouré de deux **serpents emplumés** qui ondulent et se rejoignent sur toute la longueur de la façade.

Entre les deux grands palais de la classe dirigeante se trouve le **jeu de balle***, dont les proportions et les banquettes légèrement inclinées sont conformes à la tradition maya. Pourtant, les **anneaux** encastrés dans les tribunes ont une origine étrangère, peut-être la même que celle du serpent à plumes qui gît le long du terrain ou celle des images de Tláloc retrouvées à Uxmal, subtile influence de la lointaine Teotihuacán.

Le quartier sud

Serrée à l'angle de la grande plate-forme que vous venez de gravir, la **Casa de las Tortugas*** (maison des Tortues), petit palais aux proportions admirables, surprend par la sobriété de son ornementation imitant une hutte traditionnelle. Un jeu de colonnettes engagées dessine les murs, et la corniche biseautée un toit de chaume, sur lequel semble cheminer une procession de **tortues** sculptées avec réalisme.

Vers 900, le *Señor Chaac* manifeste avec éclat son autorité, en faisant élever un nouveau palais, le **Palacio del Gobernador***, dont les trois corps totalisent 99 m de longueur. Son orientation, qui détonne par rapport au reste de la ville, fut calculée de façon à observer, de la porte principale, la planète Vénus se lever au moment où elle atteignait son extrême sud. Elle apparaissait alors au-dessus du **trône royal*** en forme de deux jaguars situé au centre de la place, une façon spectaculaire de relier le souverain à l'équilibre cosmique! La décoration du palais est étourdissante : les masques juxtaposés forment un immense serpent qui ondule le long de la toiture, alors que leurs boucles d'oreilles carrées s'émancipent pour tracer des lignes obliques. Au niveau de la porte centrale, on retrouve le trône, cette fois en demi-lune, mais aussi le trapèze de serpents à deux têtes. Au pied de l'escalier, un monolithe cylindrique, couramment taxé de phallique, symbolisait en fait l'arbre de vie dressé, trait d'union entre les mondes de l'univers maya.

À l'arrière du palais du Gouverneur se dresse la masse imposante de la **Grande Pyramide***, à la façade reconstruite. Elle supporte le **Templo de las Guacamayas (temple des Perroquets)**, décoré de façon attrayante par des aras aux ailes déployées, des fleurs ou des nœuds plats. À l'angle ouest ont été reconstitués trois mascarons remarquables : de chaque gueule entrouverte émerge une tête humaine aux attributs solaires. Du sommet de la Grande Pyramide, la **vue**** permet de contempler l'ensemble d'une ville qui pouvait compter 25 000 habitants sur 8 km². Au cœur d'une mer végétale, vous distinguerez plusieurs monticules qui trahissent l'existence de quartiers encore enfouis, dont la Casa de la Vieja à l'est.

À gauche de la Grande Pyramide, une longue *crestería* ajourée surplombe un palais à chambres à double exposition, dont l'aspect lui a valu le nom de **Palomar** (pigeonnier). Elle marque l'entrée d'un complexe non restauré mais aisément accessible, où deux cours mènent à un temple haut.

Pour compléter la visite

À l'ouest du jeu de balle, le **Grupo del Cementerio** (groupe du Cimetière) mérite un détour pour sa **Plataforma de las Estelas***. Les stèles ont été placées dans le petit musée de l'entrée, mais il subsiste une belle frise de glyphes, de têtes et de tibias entrecroisés.

Au sud-est du Palacio del Gobernador, la **Casa de la Vieja** (temple de la Vieille) et le **Templo de los Falos** (temple des Phallus), très ruinés, ne présentent pour l'instant d'autre intérêt qu'une promenade dans un environnement sauvage *(attention aux serpents)*.

Le musée du site* se résume à une salle, où sont rassemblées quelques sculptures parmi lesquelles la **stèle 14***, où l'on distingue encore le *Señor Chaac* brandissant une conque marine, s'identifiant ainsi à son dieu homonyme. Vous découvrirez plusieurs **têtes** à tenons, portant souvent des marques de scarifications rituelles, ainsi qu'un **phallus** de pierre provenant du Templo de los Falos, où était pratiqué un culte à la fertilité.

De la terrasse supérieure du quadrilatère des Nonnes, le spectacle **son et lumière**** *(45 mn, à 19 h en hiver et 20 h en été, casques payants disponibles en français)* apportera une touche de magie à votre visite. Les accents d'une musique originale et les illuminations jouant avec la mosaïque enflamment le récit des chroniques légendaires de la cité.

La Ruta Puuc**

61 km à partir d'Uxmal et 110 km jusqu'à Muna.
Comptez une journée en voiture.

Ce circuit relie quatre petits sites archéologiques contemporains d'Uxmal, qui déclinent sans se répéter un même vocabulaire architectural. Leur visite complétera admirablement votre découverte de la région, qui peut se conclure par les grottes de Loltún, ayant elles aussi connu une occupation préhispanique. *Quel que soit votre point de départ, vous pouvez éviter de rebrousser chemin en passant par Oxkutzcab, Ticul et Muna (voir ci-dessous), où se rejoignent les deux routes principales vers Mérida.*

■ **Kabah**** – *À 23 km au sud-est d'Uxmal. Tlj 8 h-17 h ; entrée payante, sauf le dimanche.* En bordure de route, la plus proche des villes soumises à l'autorité de Uxmal réserve une surprise de taille : le palais du **Codz Pop***** (Natte enroulée), l'expression la plus échevelée de l'architecture puuc. Sur la **façade ouest**, près de 250 masques de Chaac alignés descendent jusqu'au sol, leurs nez recourbés créant un saisissant relief. Devant les portes, ces mêmes trompes servent de marchepied, tandis qu'une autre, sagement enroulée à l'intérieur de la chambre centrale, a été assimilée au **Pop**, la natte posée sur le trône royal. Chaac ou Itzamná n'ont jamais été autant implorés qu'à travers cette litanie vertigineuse taillée dans le calcaire. Chaque masque était composé d'une trentaine d'éléments, ceux de la toiture sont au sol dans l'attente d'une restauration future. Seuls ceux de la rangée du bas sont complets, les autres partagent une oreille avec leur voisin. Contournez l'édifice par la gauche pour voir la **façade est**, qui illustre un thème beaucoup plus humain. La statue d'un guerrier au visage scarifié, surnommé le «**Seigneur de Kabah**», y était répété quatre fois, s'identifiant peut-être aux quatre *bacabs* des points cardinaux. Ses mains stylisées étaient sûrement cachées derrière un bouclier ou d'autres accessoires. Sur les jambages de la porte principale, des scènes en miroir décrivent des combats où les vainqueurs ont des attributs «mexicains» (peut-être toltèques). Le Codz Pop cumulait peut-être une double fonction, religieuse à l'est et administrative à l'ouest. À proximité, un **palais** à étages, flanqué d'ailes latérales, se dresse sur un quadrilatère percé de *chultunes*.

De l'autre côté de la route, un chemin passe devant une grande pyramide réduite à l'état de colline, et permet d'atteindre un **arc**, d'où un **sacbé** (chemin blanc) partait en ligne droite sur 18 km pour rejoindre Uxmal. On suppose que cet axe d'échanges commerciaux et de contrôle politique était également emprunté lors de grandes processions religieuses.

■ **Sayíl**★ – *À 9 km au sud de Kabah (à mi-chemin, bifurquez à gauche en suivant le panneau). Tlj 8h-17h; entrée payante sauf le dimanche.* Ce site, où la terre rouge comme la pierre mordorée s'enflamment au couchant, est un vrai havre de paix. Des études récentes ont mis l'accent sur l'importance économique de cette autre ville vassale d'Uxmal, principal centre agricole de la région. Vergers ou parcelles cultivées entouraient des «plates-formes domestiques» munies de *chultunes*, creusées dans le rocher, regroupant chacune cinq ou six huttes rectangulaires. Pas moins de 15 000 personnes contribuaient à l'opulence de Sayíl à la fin de la période classique, reflétée par l'importance de son palais. Sans cesse agrandi, le **Gran Palacio**★★ compte 99 chambres (dont certaines curieusement sans ouvertures), et son architecture se distingue par les trois niveaux superposés et l'élargissement des ouvertures grâce à des colonnes à chapiteau.

En face du palais, un *sacbé* s'enfonce vers le sud en direction du **Mirador** *(à 500 m)*, un temple qui conserve encore une partie de sa crête faîtière et près duquel se tenait, pense-t-on, un grand marché.

Le Grand Palais de Sayíl

■ **Xlapak** – *À 5 km à l'est de Sayíl. Tlj 8h-17h; entrée payante sauf le dimanche.* Un tout petit site pour les passionnés, entre Sayíl et Labná. Dans le **palais** à neuf chambres (dont trois côtés sont encore debout), on ne saurait manquer quelques beaux **masques** de Chaac. Sur la droite, un chemin se transformant ensuite en un sentier, vous permet de faire une promenade de 20 mn dans la forêt, en passant devant plusieurs structures ruinées, avant de retrouver l'entrée.

■ **Labná★★** – *À 4 km à l'est de Xlapak. Tlj 8h-17h; entrée payante sauf le dimanche.* Réputé pour son arc admirable, Labná («vieilles maisons») a bien d'autres richesses à offrir, en particulier un beau **palais★★**, plusieurs fois remanié jusqu'à comprendre 67 chambres et sept patios. Il est orné de **masques★★** remarquables qui n'ont pas leur pareil dans la région puuc. L'un d'entre eux a troqué son nez contre une gueule de serpent ouverte d'où émerge une tête humaine; un autre arbore une gueule de jaguar sous une trompe ornée de glyphes incisés. Un *sacbé* surélevé relie le palais au Groupe sud dominé par le **Mirador**, un temple pyramidal dont la crête faîtière prolonge la façade. Tout près, un **arc★★** à fausse voûte est épaulé par deux corps de bâtiment à chambre unique, dont les portes sont surmontées de petites huttes miniatures où apparaissent quelques restes de peinture. L'autre face est plus sobre, et une frise dentelée figurant un serpent ondulant entoure l'ensemble.

■ **Les Grutas de Loltún★** – *À 20 km au nord-est de Labná. Tlj 9h-17h; entrée payante sauf le dimanche. Visites guidées obligatoires à 9h30, 11h, 12h30, 14h, 15h et 16h. Durée 1h30.* La «Fleur de pierre» est un vaste réseau de galeries souterraines utilisées comme lieu de culte pendant des millénaires par les populations locales. Ils ont laissé quelques traces de leur passage : un personnage sculpté à l'entrée, le «guerrier de Loltún», et quelques figures taillées dans la dernière salle à ciel ouvert. Les quelques peintures rupestres sont désormais tellement estompées qu'elles exciteront plutôt votre imagination. Parmi les traditionnelles concrétions, vous y verrez et entendrez les intéressantes «colonnes musicales», qui font l'objet de légendes aussi croustillantes que fantaisistes.

Continuez votre route vers le nord à travers d'immenses orangeraies pour gagner **Oxkutzcab**, la capitale fruitière du Yucatán. Tous les jours s'y tient un marché aux fruits, où s'approvisionnent tous les grossistes de la péninsule.

■ Continuez pendant 17 km par la Carretera Federal 184 en direction de Mérida jusqu'à **Ticul** (*voir «Uxmal pratique»*). Dans cette ville étape, spécialisée dans la fabrication de chaussures, les rues principales sont embellies par de grands personnages en céramique.

■ À 23 km, vous retrouvez la Carretera Federal 261 (Mérida-Campeche) à **Muna★** (*voir «Où se restaurer»*). Ce petit village colonial possède une **église franciscaine** du 16e s., dont la belle façade à clocher-peigne disparaît derrière les flamboyants.

■ **L'hacienda de Yaxcopoil★** – *À 31 km au nord de Muna. 8h-18h, dimanche 9h-13h; entrée payante. Pour l'hébergement, voir «Uxmal pratique». Feuillet en français.*

Vie et mort de l'hacienda

Héritière de l'«encomienda» coloniale, l'hacienda fut, jusqu'à la révolution de 1910, la structure de base de l'économie agricole mexicaine. Elle était en général spécialisée – maïs, élevage, pulque, traitement du minerai d'argent... –, et ses bâtiments aménagés en conséquence. Les «peones» (ouvriers agricoles) sortaient rarement des villages privés, où tout appartenait à l'«hacendado» (propriétaire terrien), les logements, la boutique, l'école et la chapelle. Symboles de l'oppression paysanne et parfois miroir de la mégalomanie de ses bénéficiaires, elles furent détruites ou démantelées, et certaines tout récemment transformées en de luxueux «paradors». Dans le Yucatán, on les repère de loin avec leurs grandes cheminées, vestiges insolites de l'éphémère révolution industrielle.

Dans le village du même nom, entre Uxmal et Mérida, un bel arc polylobé vous servira à repérer cette grande hacienda de sisal, qui mérite une halte. La salle des machines et sa râpe mécanique se sont définitivement tues, mais elles montrent avec la maison des maîtres, la chapelle, et le jardin, autant de décors figés d'une époque révolue.

Il reste 33 km à parcourir jusqu'à Mérida (voir p. 350).

Uxmal pratique

ARRIVER-PARTIR

En bus – Du Terminal de 2ᵉ classe de Mérida (1 h 30), 7 autobus partent tlj de 6 h à 18 h. Pour le retour, il faut attendre au bord de la route (à côté de l'hôtel Hacienda) le passage du bus Campeche-Merida, théoriquement vers 15 h, 17 h et 19 h 30. Ces horaires peuvent fluctuer. En haute saison, un bus de la compagnie **Autotransportes del Sur** quitte le parking à 14 h 30, renseignez-vous au guichet d'entrée. Pour aller à Ticul, descendez à Muna (16 km) et prenez un « combi ». Yaxcopoil se trouve sur la route entre Uxmal et Mérida, prenez au vol un bus Campeche-Mérida (rare) ou un « combi ».

En voiture – Ignorez les panneaux « Mérida », qui vous incitent à contourner les villages de Uman et Muna, leur traversée est au contraire pittoresque.

OÙ LOGER

Deux hôtels de luxe sont installés à la porte du site, mais vous pouvez aussi trouver un hébergement à Ticul (30 km), à Yaxcopoil (48 km) ou retourner à Mérida (75 km) (voir p. 350). Dormir à proximité permet de profiter le soir du son et lumière (plus beau qu'à Chichén Itzá) et, le matin, d'une fraîcheur de courte durée.

• Uxmal

Autour de 700 pesos
Villas Arqueológicas (Club Med), ☎ / Fax (997) 976 20 20, villauxm@sureste.com – 43 ch. ⌁▤♪✕⌁※|CC| Ni GO ni colliers de fleurs pour ces hôtels, à ne pas confondre avec les clubs, construits près de quatre grands sites archéologiques (d'où leur nom). Dans une construction basse bien intégrée au paysage, des chambres accueillantes entourent une piscine ornée de palmiers. Calme et volupté, service sans faille.

Autour de 800 pesos
The Lodge at Uxmal, ☎ (997) 976 21 02, Fax (997) 976 20 11, www.mayaland.com – 40 ch. ⌁✕⌁|TV|✕⌁|CC| Le dernier-né du groupe Mayaland (voir l'hôtel Mayaland de Chichén Itzá, p. 367). Disséminées dans le jardin, les chambres sont luxueuses, mais l'ensemble manque un peu de cohésion. Les prix peuvent baisser de 25 % en basse saison.

• Ticul

Autour de 300 pesos
Hotel Plaza, calle 23 #202 (un côté donne sur la place principale), ☎ (997) 972 04 84, Fax (997) 972 0026, www.hotelplazayucatan.com – 30 ch. ⌁ ▤✕⌁|TV||CC| Parmi les chambres spacieuses et confortables, demandez l'une des huit donnant sur le patio, plus calmes et aérées. Vous ne payez l'air conditionné que si vous l'utilisez.

• Yaxcopoil

Autour de 500 pesos
⌁**Hacienda de Yaxcopoil**, ☎ (999) 927 26 06 / 950 10 65, www.yaxcopoil.com – 1 ch. ⌁✕ Le genre d'adresse que l'on aimerait presque garder pour soi… Dans une pièce immense, l'ancienne « Casa de Visitas » restaurée, l'unique chambre à louer comporte 2 grands lits, une cuisine équipée, un jardin privé, une terrasse et un barbecue. Petit-déjeuner inclus, et une dame du village peut vous apporter des petits plats.

OÙ SE RESTAURER

Hormis la cafétéria à l'entrée du site ou le restaurant de l'hôtel Villas Arqueológicas, vous ne trouverez pas grand-chose à vous mettre sous la dent à Uxmal même.

- **Ticul**

À partir de 60 pesos

Los Almendros, calle 23 #421 ☎ (997) 972 00 21. Tlj 9h-21h. Restaurant gastronomique qui, depuis 40 ans, a bâti sa réputation sur son excellente cuisine yucatèque. Des succursales ont été ouvertes à Cancun et à Mérida, mais on continue à venir de loin, malgré un décor tristounet, pour se régaler de la «sopa de lima» (soupe au citron vert) et du Poc-Chuc (escalope de bœuf grillée). À ne pas manquer si vous dormez à Ticul.

- **Muna**

À partir de 60 pesos

Chun-Yaax-Ché, calle 13 #201, ☎ (997) 971 00 36. Tlj 8h-19h. À la sortie du village vers Mérida, à côté de la place au marché d'artisanat. Dans un cadre pittoresque, qui n'a pas échappé aux agences qui y envoient parfois leurs groupes, on y mange le «pollo pibil» cuit à l'étouffée dans des fours enterrés dans le jardin. Attention à la sauce au «chile habanero», perfidement laissée sur les tables, vous courrez un grave danger… Grand choix de cocktails et boutique à l'entrée (voir «Achats»).

ACHATS

Céramique – *Taller de Artesanías Los Ceibos*, à l'entrée du restaurant Chun-Yaax-Ché dans le village de Muna. Patricia au pinceau et son mari Rodrigo au tour se sont spécialisés dans la reproduction de vases mayas de la période classique. Les prix assez élevés sont justifiés par la remarquable fidélité aux originaux – même les musées d'archéologie leur passent commande!

MÉRIDA★★

Capitale de l'État du Yucatán – 710 000 hab.
1 300 km à l'est de Mexico et 320 km à l'ouest de Cancún
Voir carte régionale p. 332

À ne pas manquer
Le Palacio Cantón.
Une baignade dans le cenote de Dzibilchaltún.
L'achat d'un hamac.

Conseils
Prévoyez de préférence une fin de semaine
pour profiter de l'animation musicale dans les rues.
Commencez le tour de la péninsule ici ou à Campeche,
les locations de voitures sont moins chères.

Peu de villes approchant le million d'habitants conservent une atmosphère aussi provinciale. Pris d'une langueur toute méridionale, vous aurez du mal à réaliser en arpentant les rues tracées au cordeau que vous êtes en fait au nord de Mexico. La chaleur aidant, vous succomberez à l'étrange alchimie de Mérida, l'espagnole et l'indienne, mêlant avec bonheur musique et gastronomie.

L'enfant perdue de la Nouvelle-Espagne
Il ne reste plus rien de la ville maya de **T'hó**. Comme à Tenochtitlán, les pierres de ses ruines ont servi à élever les murs d'une ville espagnole fondée par Francisco Montejo « El Mozo » (Le Jeune) en 1542. Le souvenir de la cité disparue est pourtant contenu dans son nom actuel, choisi en raison de sa supposée ressemblance avec les vestiges romains de la Mérida d'Extremadure.
Durant plus de deux siècles, la hiérarchie urbaine fut scrupuleusement respectée : les colons vivaient près de la place d'Armes dans la « Ville Blanche », et les Indiens autour des églises conventuelles de quartiers extérieurs. Il fallait, pour s'y rendre, choisir entre les tribus hostiles et les pirates, et de cet isolement de l'administration royale naîtront d'incessantes révoltes.

L'ère du sisal
Durant les premières années du 20ᵉ s., l'économie exsangue du Yucatán, après des années de guerre des Castes, trouva une reconversion inespérée grâce à l'invention de la moissonneuse-lieuse aux États-Unis. Les anciennes plantations de maïs se couvrirent de *henequén* : ce cactus doit son nom au port de Sisal, d'où était exportée la fibre qui serait transformée en kilomètres de ficelle pour attacher les bottes de paille américaines. Parmi l'oligarchie blanche, de grosses fortunes naîtront de cette culture lucrative avant que la fibre synthétique n'en sonne définitivement le glas. Il reste de ces années d'opulence d'élégantes maisons, signes extérieurs de richesse qui, comme le Palacio Cantón, apportent au nord de la ville une singulière distinction.

Sauvée par les fourmis volantes
En ce mois de juin 1848, la panique règne parmi les familles créoles (blanches) de Mérida. Depuis plusieurs mois, les Indiens Mayas, excédés par leur condition d'esclave agricole, ont pris les armes et se sont lancés dans une rébellion armée qui leur a permis de récupérer la quasi-totalité de leurs terres ancestrales. Après la destruction des haciendas, le massacre de propriétaires terriens et le saccage de Valladolid, Mérida assiégée à son tour est sur le point de succomber. Mais brusquement, les attaquants se retirent et disparaissent : l'apparition des fourmis volantes, annonciatrices des premières pluies et du temps des semences, est venue rappeler aux soldats du désespoir qu'ils sont avant tout des paysans chargés de nourrir leur famille. Troquant le fusil pour la bêche, ils reprennent aussitôt le chemin de la « milpa ».

Visite de la ville

Comptez un à deux jours.

Autour de la Plaza de la Independencia

Sous les ficus aux troncs blanchis, les bancs prêtent leur forme en « S » à d'intimes conversations tandis que déambulent, un peu désabusés, les vendeurs de hamacs entre les cireurs de chaussures. Toute la nonchalance de Mérida est contenue dans le *Zócalo*, qui se réveille d'humeur joyeuse aux premières fraîcheurs du soir.

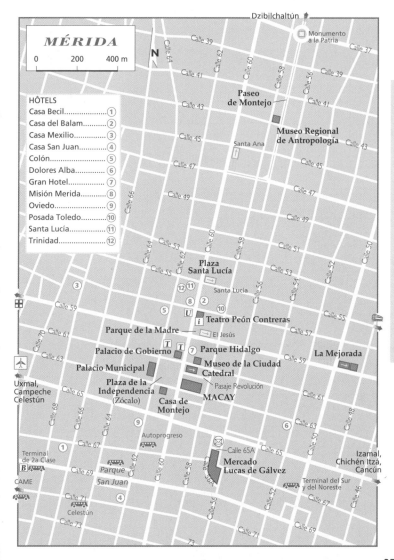

MÉRIDA

0   200   400 m

N

HÔTELS

Casa Becil.....................①
Casa del Balam............②
Casa Mexilio................③
Casa San Juan..............④
Colón...........................⑤
Dolores Alba................⑥
Gran Hotel...................⑦
Misión Merida.............⑧
Oviedo.........................⑨
Posada Toledo.............⑩
Santa Lucía..................⑪
Trinidad.......................⑫

Dzibilchaltún

Monumento a la Patria

Paseo de Montejo

Museo Regional de Antropología

Santa Ana

Plaza Santa Lucía

Santa Lucía

Teatro Peón Contreras

Parque de la Madre

El Jesús

Palacio de Gobierno

Parque Hidalgo

La Mejorada

Palacio Municipal

Museo de la Ciudad

Plaza de la Independencia (Zócalo)

Casa de Montejo

Catedral

Pasaje Revolución

MACAY

Autoprogreso

Uxmal, Campeche Celestún

Terminal de 2a Clase

CAME

Parque San Juan

Mercado Lucas de Gálvez

Izamal, Chichén Itzá, Cancún

Terminal del Sur y del Noreste

Mérida

Après 37 ans de travaux, l'achèvement de la **cathédrale**** en 1598, avant toutes celles en chantier sur le continent, est un légitime sujet de fierté et le gage d'une grande unité. L'extérieur ne manque pas d'originalité : les deux clochers ressemblent à un jeu de cubes gigognes, et sur le portail dépouillé l'aigle aztèque a remplacé le blason d'Espagne. Des meurtrières soulignent une fonction défensive compréhensible pour une poignée d'Espagnols isolés dans un territoire indien difficilement conquis. L'intérieur est d'une impressionnante sobriété, sa mise à sac par les troupes révolutionnaires en 1915 lui ayant fait retrouver la pureté de son origine renaissante. Les voûtes dont le quadrillage de pierre imite les plafonds à caissons mozarabes reposent sur de puissants piliers ; un grand Christ en bois les contemple depuis 1955, face à une remarquable tribune en pierre. Au-dessus de la porte sud, une toile représente Montejo reçu par le cacique de Maní. Dans la nef de gauche, de nombreuses plaques récupérées d'un cimetière tapissent le sol, et la vierge de Guadalupe drapée dans le drapeau mexicain nous rappelle qu'elle est un vrai symbole national. Tout au bout, la **Capilla del Cristo de las Ampollas** (chapelle du Christ des ampoules) attire toujours de nombreux fidèles. Cette statue vénérée a subi les outrages d'un incendie, mais les cloques qui lui ont donné son nom ont été soignées depuis !

Contre l'aile sud de la cathédrale, le Pasaje de la Revolución, flambant neuf, permet d'accéder au **Museo de Arte Contemporáneo** (MACAY) (*10h-18h, fermé le mardi ; entrée payante sauf le dimanche*). Les expositions temporaires apportent un sérieux dépoussiérage à l'ancien archevêché.

Diego de Landa, un évêque controversé
Deuxième évêque de la cathédrale de Mérida, Fray Diego de Landa restera dans l'Histoire pour son attitude paradoxale envers les Indiens. Fervent extirpateur de l'idolâtrie et instigateur du célèbre autodafé de Maní – qui verra disparaître en 1562 la quasi-totalité des manuscrits religieux mayas (codex) –, il a en même temps recueilli dans son ouvrage «Relation des choses du Yucatán» les plus précieux renseignements sur les us et coutumes de ses ouailles, s'essayant le premier au déchiffrement de l'écriture maya.

Au nord de la cathédrale, calle 61, dans une maison du 17e s. est installé le **Museo de la Ciudad** (musée de la Ville) (*10h-14h/16h-20h, samedi-dimanche 10h-14h, fermé le lundi. Entrée libre*). Ce musée conte l'histoire d'une Mérida perdue, l'ancienne T'ho, mais aussi celle de l'incroyable citadelle de San Benito, un couvent franciscain fortifié doublé d'une caserne pour 8000 hommes, entièrement rasé il y a un siècle.

Le Palacio de Gobierno (*8h-22h, dimanche 9h-21h. Entrée libre*) de style néoclassique est venu remplacer les anciennes **Casas Reales**. Achevé en 1892, il arbore, comme c'est l'usage, la reproduction de la cloche de Miguel Hidalgo. Fernando Castro Pacheco en a décoré l'intérieur dans les années 70 par un ensemble de **peintures murales***. Le triptyque du grand escalier inspiré du *Popol Vuh* rend hommage à l'Homme maya ; 16 autres panneaux dans le **Salón de Historia** illustrent des épisodes de l'histoire régionale, comme le supplice de Jacinto Can Ek, qui avait contesté le pouvoir espagnol en 1761, ou l'échange d'Indiens contre du sucre à Cuba au 19e s.

Le Palacio Municipal, construit à l'emplacement d'un monument préhispanique, a conservé ses séduisantes arcades du 18e s. surmontées d'une tour de l'horloge pas très heureuse, rajoutée au début du 20e s. Tous les lundis soirs, la foule s'y presse pour assister aux traditionnelles **vaquerías**, danses de vachères qui animaient les fêtes de marquage du bétail.

La Casa de Montejo**, régulièrement mutilée, occupait autrefois toute la *manzana* («pâté de maisons») au sud de la place. Une banque se cache aujourd'hui derrière la magistrale façade de la porte principale, exemple rarissime de l'architecture civile du 16e s. en Nouvelle-Espagne. Dans la partie inférieure au style platéresque raffiné, la famille de l'*Adelantado* (gouverneur) est représentée sous une frise d'animaux fantastiques. Le personnage courbé, semblant soutenir le balcon à têtes d'enfants, représente probablement l'architecte. La partie haute est de facture indigène, flanquée de deux « bons sauvages » tenant un gourdin. Remarquez les hallebardiers juchés sur les têtes hurlantes des vaincus entourant le blason des Montejo. Au sommet, deux lions dressés encadrent la dédicace de 1549.

À l'est du Zócalo

Descendez la calle 60 et prenez la 65 à gauche pour trouver le **Mercado Municipal Lucas de Gálvez**, à l'activité incessante jusqu'à la tombée de la nuit. En fait, tout le quartier déborde de commerces. Le marché lui-même n'en est que le cœur, avec une section d'artisanat régional où, dans un bâtiment peu engageant, vous pourrez néanmoins faire quelques trouvailles *(voir « Achats »)*.

Dans la calle 56, sous les plus beaux **Portales★** (arcades) de la ville, artisans et indigents viennent se disputer les premiers rayons du matin.

Continuez vers l'est par la calle 65 puis remontez la 50 jusqu'à la première place.

Le couvent franciscain de **La Mejorada** (17ᵉ s.) a donné son nom à tout le quartier. Derrière l'église un peu austère, cette bâtisse a été aménagée en école d'architecture, mais on y trouve aussi le **Museo de Arte Popular** *(8h-18h, dimanche 9h-14h, fermé le lundi. Entrée payante, par la calle 59)*. Les trois salles à l'étage ne sont pas de toute première fraîcheur mais illustrent bien des aspects de la vie traditionnelle yucatèque, du costume aux rites syncrétiques.

Si vous revenez par la calle 59, vous passerez devant le nᵒ 458, une maison de style républicain toute bleue, qui n'aurait pas déplu aux demoiselles de Rochefort...

En remontant la calle 60★

Vous ne pouvez pas en faire l'impasse. Une promenade vespérale qui dédaigne les calèches, pourtant bien tentantes, garées au coin de la cathédrale, doit passer par cette rue bordée de petites places et de jardins, où l'on peut s'attarder à une terrasse de café. Dans le **Parque Hidalgo**, les musiciens ne tarderont pas à vous prouver, accords à l'appui, que la *trova* yucatèque a grandi aux côtés de sa cousine cubaine. Après l'**église del Jesús** (ou de Tercer Orden), ancien fief des jésuites, vous passerez devant le petit **Parque a la Madre**, puis entre l'édifice néoclassique qui abrite le **Teatro Peón Contreras** (un poète local) et l'**Universidad Autónoma de Yucatán** à la belle cour mauresque. Vous atteindrez enfin la **Plaza Santa Lucía**, où arrivaient les voyageurs et le courrier de México, au terme d'un périlleux voyage.

Mérida

Sous les
arcades
de Mérida

G. de Benoist/MICHELIN

Le Paseo de Montejo★

Dès son inauguration en 1904, la première grande avenue de Mérida connut un succès immédiat, diversion salutaire après des années de Guerre des Castes. Pendant plusieurs années, la grande attraction familiale était d'aller voir la construction des **casonas** (villas) à l'élégance ostentatoire, alors que l'exploitation du sisal battait son plein. Depuis, l'urbanisme fonctionnaliste des années 60 et le modernisme qui s'ensuivit sont venus entacher l'ensemble, mais le Paseo de Montejo (une des rares avenues à porter le nom d'un conquistador au Mexique) a gardé fière allure. Vous pourrez le parcourir jusqu'au **Monumento a la Patria** (à 2 km), symbole un peu démodé de la «mexicanité», qui clôt son tracé historique.

Rien n'était trop beau pour le général Francisco Cantón, gouverneur de l'État qui fit dessiner sa résidence par un architecte italien, mélange d'architecture classique, baroque, et bien sûr «a la Francesa» pour respecter la mode en ce début de siècle porfirien. Depuis 1966, les salons du **Palacio Cantón★** abritent le **Museo Regional de Antropología★★** (8h-20h, dimanche 8h-14h, fermé le lundi. Entrée payante sauf le dimanche). La plus importante collection de pièces archéologiques de l'État (sculptures, céramiques et offrandes) est présentée de manière didactique. Vous y verrez les **offrandes de jade★** provenant du puits sacré de Chichén Itzá et, au fond du couloir, la **stèle de Tabi★** montrant deux personnages en train de porter un chevreuil, une des rares représentations de la vie quotidienne dans l'art maya.

Les excursions aux environs de Mérida

Nature, archéologie ou ambiance coloniale, tous vos goûts seront satisfaits aux alentours de Mérida, le tout étant de bien choisir sa direction! La plupart des groupes de touristes ne s'attardant guère entre Uxmal et Chichén, vous ne serez pas trop dérangé.

Dzibilchaltún★

À 15 km vers le nord. Prenez la voie rapide Mérida-Progreso et, à 11 km, suivez la route de droite pendant 4 km. Des «combis» attendent au Parque San Juan, calle 69 entre 62 et 64. Tlj 8h-17h; entrée payante sauf le dimanche. N'oubliez pas votre maillot de bain. Comptez une demi-journée.

À seulement 17 km de la côte, le «Lieu aux écritures sur la pierre» n'a cessé d'être habité depuis le 5ᵉ s. av. J.-C. jusqu'à la période coloniale. Lors de son apogée à la fin du Classique (600-900 ap. J.-C.), il pouvait compter jusqu'à 20 000 habitants, profitant des produits de la mer et de l'agriculture. Plus de 8 000 structures avaient déjà été dénombrées dans les années 60, mais seules quelques-unes, dans le centre cérémoniel, ont fait l'objet d'une restauration. L'architecture d'apparence rustique n'a pas le raffinement du style puuc mais remonte à une tradition beaucoup plus ancienne.

Sur la **Plaza Principal★**, plusieurs soubassements pyramidaux et un large palais constituent le quartier réservé à l'élite, agrémenté par la présence du **cenote Xlacah★★** (à droite du palais) dont les eaux à fleur de terre font aujourd'hui le délice des baigneurs. Les explorateurs n'ont jamais atteint le fond, probablement relié à un réseau de rivières souterraines, mais ont remonté des milliers d'offrandes. Au centre de la place, une **chapelle ouverte** du 16ᵉ s. témoigne du souci missionnaire d'affirmer la nouvelle foi dans les anciens lieux sacrés.

Un *sacbe* de 500 m rejoint le **Templo de las Siete Muñecas★** (temple des Sept Poupées), où furent retrouvées enfouies sept petites figurines d'argile. Il est surmonté d'une sorte de tour et son orientation est calculée pour que le soleil se lève dans l'alignement de deux portes qui le percent, le jour des équinoxes.

À mi-chemin sur la droite, un sentier balisé traverse un quartier d'habitations dont subsistent des enclos de pierre de forme ovale.

Au niveau de la structure 12 (l'autel surmonté d'une stèle), un «chemin écologique» vous ramène à travers la forêt vers l'entrée et le **Museo del Pueblo Maya★** (8h-16h, attention, il ferme une heure avant le site). Le musée le plus moderne du Yucatán est né en 1994 d'un ambitieux projet de valorisation de Dzibilchaltún. Parmi un ensemble de sculptures exposées en plein air, vous remarquerez l'étrange personnage d'Uxmal au sexe transpercé par deux bâtons puis, dans la 1ʳᵉ salle, un curieux **Chac-Mool** (*voir encadré p. 361*) portant les attributs d'un joueur de pelote ainsi que de beaux **linteaux** sculptés d'Oxkintok. La 2ᵉ salle évoque la période coloniale et l'ère du sisal.

Celestún*

À 96 km vers l'ouest. Sortez par le sud en direction d'Uxmal, et tournez à droite dans le village d'Uman en direction de Kinchil. Une route toute neuve devrait être terminée à la fin 2002. Des bus de la compagnie Autobuses de Occidente, ☎ (999) 924 8055, partent toutes les heures de la calle 71 entre 64 et 66 (2 h de trajet). Les embarcations attendent juste après le Puente Celestún, 1,5 km avant le village (1 h 30 minimum) d'autres partent de la plage et font un tour beaucoup plus long. Comptez une demi-journée minimum.

Plusieurs marais d'eaux saumâtres effilochent la côte au nord de la péninsule et représentent un vrai paradis pour l'une des plus grandes colonies de flamants roses du continent. Des 30 000 oiseaux actuellement recensés, quelques centaines vivent en permanence à Celestún, mais ils sont beaucoup plus nombreux durant les mois d'hiver, de novembre à mars, avant de migrer vers Río Lagartos pour se reproduire. Partir à la rencontre des gracieux échassiers est un spectacle superbe, qui réserve bien d'autres attraits : la promenade en bateau dans les mangroves permet d'admirer sur fond de palétuviers des hérons cendrés, des aigrettes, des canards, des pélicans blancs et (avec un peu de chance) des spatules rosées. Après avoir contourné la **Isla de los Pájaros** (île aux Oiseaux), vous ferez un arrêt à la source **Baldiosera**, où l'on peut se baigner à la saison sèche. Lorsqu'il pleut, les eaux de la lagune colorées par les racines se teignent d'un rouge du plus bel effet. Vous pourrez vous remettre de vos émotions devant un plat de fruits de mer dans l'un des restaurants populaires qui se disputent la plage du village.

Izamal**

À 70 km vers l'est en direction de Cancún. Empruntez la route 180 Mérida-Cancún et bifurquez à Hoctún. Si vous allez à Chichén Itzá, repartez ensuite par Kantunil. Des bus partent régulièrement de la calle 62 entre 65 et 67. 6 h-20 h ; entrée libre. Comptez 2 h.

En chemin, arrêtez-vous au bord de la route à l'entrée du village de **Hoctún** pour en visiter l'étonnant **cimetière***. Ses tombes sont peintes régulièrement de motifs fleuris par des artistes locaux, que vous aurez sûrement l'occasion de rencontrer le pinceau à la main. Pas question de s'agrandir : les plus riches ont réussi à caser leur caveau dans la première section, les autres doivent se contenter d'une concession de cinq ans avant d'être « relogés » dans la fosse commune.

Le charmant village colonial d'Izamal a été construit à l'emplacement d'un grand centre religieux maya hérissé de cinq pyramides. Sur la base de l'une d'entre elles, les franciscains fondèrent le **couvent de San Antonio de Padua****, sous les auspices de Diego de Landa qui y apporta l'image d'une Vierge guatémaltèque. Quelques miracles plus tard, Izamal devint rapidement le plus important sanctuaire marial du Yucatán, une ferveur qui ne s'est pas démentie après la disparition de la statue (aussitôt remplacée) dans l'incendie de 1829. Le monastère est moins célèbre pour son église que pour son gigantesque **atrium****, bordé d'un passage couvert ajouté au 17ᵉ s. pour protéger les processionnaires de la pluie. Sa rayonnante couleur ocrejaune a été adoptée depuis quelques années par presque tout le village. À gauche de l'église, un escalier permet d'accéder au **Camarín** (chapelle), sous laquelle une salle montre les photos et les reliques de la visite du Pape en 1993. À cette occasion, le président Salinas avait enfin reconnu l'autorité de Vatican en tant qu'État et amorcé la fin d'une longue brouille au Mexique entre les pouvoirs civils et religieux.

À deux pâtés de maisons du *Zócalo* vers le nord, la pyramide **Kinich Kakmó**, en bonne partie dégagée, mérite le détour. Avec ses 195 m de côté, elle était l'une des plus grandes de la péninsule. *Vous pourrez en profiter pour déjeuner dans l'agréable patio du restaurant Kinich Kakmó, calle 27 entre 28 et 30.*

Mérida

La péninsule du Yucatán

ARRIVER-PARTIR

En avion – L'*Aeropuerto Internacional Manuel C. Rejón*, ☎ (999) 946 13 39, est situé à 8 km au sud-ouest de la Plaza de Armas. Pour les compagnies, voir « adresses utiles ». Une course en taxi entre l'aéroport et le centre de Mérida coûte env. 100 pesos. Une navette appelée « 79 aviación » (3 pesos) passe toutes les 30 mn, dans les deux sens, à 300 m de la Plaza de Armas, calle 69 e/60 et 62.

En bus – Mérida possède 3 gares routières importantes. Les bus 1re classe et Deluxe partent du **terminal CAME**, calle 70 #555 e/69 et 71, ☎ (999) 924 83 91. 27 départs entre 6 h et 23 h 45 pour Campeche (2 h 30) ; 25 départs entre 5 h 30 et minuit pour Cancún (5 h) ; 4 bus par jour pour Chetumal (6 h) et Chichén Itzá (1 h 45) ; 7 départs pour Mexico (20 h) dont un en classe Deluxe ; 3 départs pour Palenque (8 h) ; 9 bus pour Playa del Carmen (7 h) ; 3 bus pour Tulum (4 h 30).

Les bus qui partent du **terminal de 2a clase**, calle 69 e/68 et 70, s'arrêtent également au **terminal del Sur y del Noreste**, calle 67 e/50 et 52. 4 départs pour Campeche (4 h 30) ; 19 départs entre 6 h et minuit pour Cancún (6 h) ; 3 bus pour Chetumal (8 h) ; un bus de nuit pour Chiquila (5 h) ; bus toutes les heures entre 5 h 30 et 18 h pour El Ideal (5 h) – carrefour entre Mérida et Cancún pour rejoindre Isla Holbox. De là, prenez un « colectivo » ou un taxi jusqu'à Chiquila ; 6 bus pour Playa del Carmen (9 h) via Tulum (6 h) ; 7 départs pour Uxmal (1 h 30).

COMMENT CIRCULER AUX ENVIRONS

En bus – Du **terminal Autoprogreso**, calle 62 #524 e/65 et 67, départs toutes les 12 mn pour Progreso (50 mn). Du **terminal de 2a clase**, un bus le matin pour la Ruta Puuc et des départs toutes les heures entre 5 h et 20 h pour l'ex-hacienda de Yaxcopoil ; bus toutes les 30 mn, entre 5 h et 21 h, pour Izamal (1 h).

En train – La **Estación de Ferrocarril**, calle 55 e/46 et 48, ☎ (999) 923 59 44, tlj 7 h-11 h/13 h-18 h, Un train touristique pour Izamal (2 h) le dimanche : départ 8 h, retour 17 h (env. 250 pesos).

Location de voitures – *Avis*, Aeropuerto, ☎ (999) 946 15 24 ; Plaza Grande, ☎ (999) 928 00 45. *Hertz*, Aeropuerto, ☎ (999) 945 13 55 ; calle 60 #486 e/55 et 57, ☎ (999) 924 28 34. *Executive Car Rental*, Aeropuerto, ☎ (999) 946 13 87 ; calle 60 e/55 et 57.

ADRESSES UTILES

Office de tourisme – Le *SEDEINCO* est installé dans le Teatro Peón Contreras, calle 60 e/57 et 59, ☎ (999) 924 92 90 / 93 89. Lundi-samedi 8 h-21 h, dimanche 8 h-20 h. Également un module d'informations à l'aéroport, tlj 8 h-20 h.

Banque / Change – *Banamex*, calle 62 e/61 et 63, lundi-vendredi 9 h-17 h, samedi 9 h-14 h (uniquement des espèces le samedi). *Banorte*, à côté du terminal de 2nde classe, calle 69 e/68 et 70, lundi-vendredi 9 h-17 h. *Centro Cambiario Catedral*, Pasaje Revolución (près de la cathédrale) change les devises, tlj 8 h 30/12 h 30-14 h 30/19 h. *American Express*, Paseo Montejo #492, lundi-vendredi 9 h-12 h/14 h-18 h, samedi 9 h-13 h.

Poste – Calle 65 e/56 et 56-A. Lundi-vendredi 8 h-15 h, samedi 9 h-12 h.

Téléphone – Un service « larga distancia » se trouve entre le terminal CAME et le terminal de 2nde classe, angle calles 70 et 69. Lundi-samedi 9 h-21 h.

Internet – *Chandler's Internet*, calle 61 #501 e/60 et 62, Pasaje Picheta. Tlj 9 h-23 h.

Santé – *Clínica de Mérida*, angle av. Itzáes et calle 25, ☎ (999) 925 45 08. *Cruz Roja*, ☎ (999) 983 02 11.

Représentations diplomatiques – *Consulat de France*, calle 33 D #528 e/62-A et 72, ☎ (999) 925 28 86, Fax (999) 925 22 91. *Consulat de Belgique*, calle 25 #159 e/28 et 30, col. Garcia Ginerés, ☎ (999) 981 10 99, Fax (999) 981 19 62. *Consulat de Suisse*, calle 17 #98, col. Irzimá, ☎ (999) 927 29 05. *Consulat du Canada*, av. Colón #309-D, ☎ (999) 925 64 19.

Centre culturel – *Alliance française*, angle calle 23 #117 et 24, ☎ (999) 927 24 03.

Compagnies aériennes – *Aerocaribe*, Paseo Montejo #500-B, ☎ (999) 928 67 90 : vols quotidiens pour Cancún, Chetumal, Ciudad del Carmen, Tuxtla Gutiérrez et Villahermosa. *Aero-México*, Paseo Montejo #460 e/37 et 35, ☎ (999) 925 57 10 : vols quotidiens sauf vendredi, samedi, dimanche pour La Paz et Los Mochis ; vols quotidiens pour Cancún, Chihuahua, Ciudad Juárez, Guadalajara, Mexico, Monterrey, Oaxaca, Puebla, Tijuana, Tuxtla Gutiérrez et Veracruz. *Aviacsa*, Paseo Montejo #130, ☎ (999) 926 90 87, vols quotidiens pour Acapulco, Guadalaraja, Mexico, Monterrey et Tijuana. *Mexicana*, Paseo Montejo #493 e/43 et 45, ☎ (999) 924 66 33, vols quotidiens sauf samedi-dimanche pour Chetumal et Ciudad del Carmen, vols quotidiens pour Acapulco, Bahías de Huatulco, Cancún, Cozumel, Guadalajara, Los Cabos, Mexico, Oaxaca, Palenque, Tijuana, Tuxtla Gutierréz et Veracruz. *Magni Charters*, calle 21 #104-B, col. Itzima, ☎ (999) 927 28 20 : vol charter quotidien pour Mexico, sauf dimanche, et pour Monterrey de lundi à vendredi.

Numéros utiles – *Policía Turística*, ☎ (999) 925 25 55. *Bomberos* (« pompiers »), ☎ (999) 983 05 55.

Laveries – *Sol y Puerto*, calle 66 #551 e/67 et 69. Lundi-vendredi 8 h 30-17 h, samedi 8 h 30-13 h.

Où loger

Mérida étant une ville bruyante, préférez les chambres sur cour ou jardin.

Autour de 150 pesos
Hotel Oviedo, calle 62 #515 e/65 et 67, ☎ (999) 928 56 18, Fax (999) 928 67 11 – 33 ch. ⌐⎮ 🍴 Cette grande bâtisse construite en 1887 propose autour d'une cour intérieure des chambres rudimentaires, propres et lumineuses. Le moins cher de sa catégorie. Une bonne adresse.
Casa Becil, calle 67 #530 e/66 et 68, ☎ (999) 924 67 64 – 14 ch. ⌐⎮ 🍴 ✕ Voici un hôtel charmant dont les quelques tables du patio fleuri sont idéales pour lire ou prendre un petit-dé-

jeuner (inclus dans le prix). Les chambres calmes et l'accueil aimable sont autant d'atouts.

De 300 à 400 pesos
Hotel Trinidad, calle 62 #464 e/55 et 57, ☎ (999) 923 20 33, ohm@sureste.com – 19 ch. ⌐⎮ 🍴 cc Réparties autour des deux patios ensoleillés d'une demeure de style colonial, les chambres sont toutes différentes et gaiement décorées – plus lumineuses à l'étage. Le petit-déjeuner est inclus, et vous aurez libre accès à une piscine voisine.
Hotel Dolores Alba, calle 63 #464 e/52 et 54, ☎ (999) 928 56 50, Fax (999) 928 31 63 – 60 ch. ⌐⎮ 🍽 ✎ ✕ 🛏 Forts du succès de l'établissement, les propriétaires ont adjoint une annexe moderne au bâtiment d'origine. Les chambres récentes, plus grandes et équipées d'une TV, sont un peu plus chères.
Hotel Posada Toledo, angle calle 58 #487 et calle 57, ☎ (999) 923 16 90, Fax (999) 923 22 56, hptoledo@finred.com.mx – 23 ch. ⌐⎮ 🍴 ✎ Dans ce bel hôtel, les pièces communes, notamment la salle à manger, ont gardé tout leur cachet colonial. Dommage que les chambres présentent un mobilier fatigué et des peintures défraîchies.
Hotel Santa Lucía, calle 55 #508 e/60 et 62, ☎ / Fax (999) 928 26 72 – 51 ch. ⌐⎮ 🍽 ✕ 🛏 cc La façade rose de la fin du 19ᵉ s. dissimule un bâtiment moderne de deux étages autour d'une cour arborée. Les chambres au mobilier rustique sont confortables et soignées. Un bon rapport qualité-prix.
Hotel Colón, calle 62 #483 et 487 e/57 et 59, ☎ (999) 923 43 55, Fax (999).924 49 19, hcolon@thenettraveler.com – 53 ch. ⌐⎮ 🍽 ✎ 📺 ✕ 🛏 cc Cet hôtel de style colonial est décoré d'azulejos à l'entrée. Des chambres colorées, mignonnes et confortables, et d'agréables bains de vapeur proposés aux clients.
☻ *Casa San Juan*, calle 62 #545-A e/69 et 71, ☎ / Fax (999) 986 29 37 – 9 ch. ⌐⎮ 🍽 🍴 ✕ cc Ce Bed & Breakfast est installé dans une belle demeure de la fin du 19ᵉ s. Dans la partie ancienne, 4 chambres adorables sont alignées le long d'un patio. Plus loin, la salle à manger s'ouvre sur une terrasse dallée face à un jardin. Il est conseillé de

Mérida pratique

réserver à l'avance (séjour minimum de 3 jours). Supplément pour la climatisation.

Autour de 500 pesos

Gran Hotel, calle 60 #496 e/59 et 61, ☎ (999) 924 77 30, Fax (999) 924 76 22 – 32 ch. ⌂ ▤ ✕ ♘ TV ✕ CC Dès sa fondation, en 1901, cet établissement de style néo-classique français fut conçu pour être un hôtel. Malheureusement l'aspect moderne des chambres détonne dans cette architecture remarquable.

Casa Mexilio, calle 68 #495 e/59 et 57, ☎ (999) 928 25 05, info@turqreef.com – 9 ch. ⌂ ▤ ✕ ♘ CC Derrière la façade néo-classique d'inspiration vénitienne se cache une demeure exceptionnelle. Les chambres, toutes de styles différents, sont superbes, et de la terrasse de ce Bed & Breakfast, la vue sur les toits de Mérida est admirable.

De 850 à 1 000 pesos

Misión Mérida, angle calle 60 #491 et calle 57, ☎ (999) 923 95 00, Fax (999) 923 76 65, misión@yuc1.telmex.net.mx, www.hotelesmision.com.mx – 145 ch. ⌂ ▤ ♘ TV ✕ ☒ CC Ce grand hôtel de style colonial propose des chambres modernes disposant de tout le confort d'un hôtel de ce standing.

Casa del Balam, calle 60 e/55 et 57, ☎ (999) 924 21 50, Fax (999) 924 50 11, balamhtl@finred.com.mx, www.yucatanadventure.com – 54 ch. ⌂ ▤ ♘ TV ✕ ☒ CC Bel établissement de style colonial doté de chambres distribuées autour d'un patio fleuri orange et blanc. Un des rares hôtels qui a su conserver une concordance de style entre l'architecture du bâtiment et les chambres.

OÙ SE RESTAURER

Moins de 50 pesos

Les « comedores » installés au 1er niveau du **Mercado Municipal Lucas de Gálvez** proposent de la cuisine locale et de la « comida corrida » à des prix peu élevés.

De 50 à 100 pesos

Café Alameda, calle 58 #474 e/55 et 57, ☎ (999) 928 36 35. Tlj 7 h 30-17 h 30. Dans cette salle à manger simple, dotée d'une hauteur sous pla-

fond vertigineuse, vous mangerez des spécialités libanaises et mexicaines.

Eladia's, angle calle 4 #119 et calle 19-B, ☎ (999) 922 58 55. Tlj 11 h-21 h. L'immense salle abritée par un toit de chaume est animée par un groupe de variété mexicaine de 13 h 30 à 19 h 30. La formule de ce restaurant est simple : à chaque boisson commandée, on vous sert de délicieuses « botanas » (assortiment d'entrées), gratuites. Un lieu à l'ambiance très mexicaine, un peu excentré, mais qui mérite le détour.

La Habana, angle calle 59 #511 et calle 62, ☎ (999) 928 65 02. Tlj 24h/24. La machine installée dans cette grande salle climatisée ne cesse de torréfier du café. Cet endroit est idéal pour combler un petit creux ou choisir une des 8 formules de petit-déjeuner.

El Anfitrión, angle calle 62 #272 et calle 27, ☎ (999) 925 61 09. 8 h-21 h sauf le mardi. Ici on aime l'authenticité et la tradition, qui se retrouvent dans toute cuisine maison qui se respecte. Le propriétaire parvient à transmettre toute sa passion pour la cuisine dans ses plats du Yucatán ou du Liban, aussi savoureux les uns que les autres. Le plus simple est de s'y rendre en taxi.

Restaurant Café Express, angle calle 59 #502 et calle 60, ☎ (999) 928 16 91. Tlj 7 h-23 h. Certains serveurs travaillent depuis plus de 30 ans dans cette institution, située à gauche du Gran Hotel. Fondé en 1937, l'établissement est fréquenté par les intellectuels, les artistes et les touristes. La cuisine est correcte.

Amaro, calle 59 #507 e/60 et 62, ☎ (999) 928 24 51. 🎵 9 h 30-minuit, dimanche 9 h 30-12 h. Ce restaurant entièrement végétarien – à l'exception de quelques plats de volailles – sert des pizzas et quelques spécialités comme les « calabazitas rellenas » (courges farcies) ou les « berenjenas en salsa blanca » (aubergines en sauce blanche).

De 100 à 200 pesos

Los Almendros, Parque Mejorada, calle 52 e/57 et 59, ☎ (999) 928 54 59. CC Tlj 12 h-23 h. Des spécialités yucatèques de qualité sont les clés du succès de cet établissement. Victime de sa réussite, il se trouve en légère perte de vitesse même si la cuisine reste appréciable.

El Patio Español, angle calle 60 #496-B et calle 59, ☎ (999) 928 37 84. CC

Tlj 7 h 15-10 h 45. Installé dans une aile du Gran Hotel, ce restaurant, spécialisé dans la gastronomie du Yucatán, propose également de bonnes paellas à la valencienne.

Pórtico del Peregrino, calle 57 #501 e/60 et 62, ☎ (999) 928 61 63. 🍽 CC Tlj 12 h-23 h. Une charmante maison avec une cour arborée. Un endroit idéal pour dîner, à l'heure où l'éclairage des bougies donne au patio une tonalité romantique. Spécialités mexicaines de qualité.

Pancho's, calle 59 e/60 et 62, ☎ (999) 923 09 42. 🍽 CC Tlj 18 h-2 h. Le patio à la végétation tropicale, réparti sur 3 niveaux, est animé tous les soirs (sauf dimanche) par un orchestre de salsa. Restaurant touristique très agréable même si les prix sont un peu élevés. On peut se contenter d'y prendre un verre.

OÙ SORTIR, OÙ BOIRE UN VERRE

Une partie du mensuel **Yucatán Today**, en anglais et en espagnol, est consacré à Mérida. Exemplaires gratuits à l'office de tourisme et dans les lieux touristiques.

Bars – **Café y restaurant Peón Contreras**, angle calles 60 et 57, ☎ (999) 924 70 03. Tlj 7 h-24 h. À partir de 20 h, sur la terrasse, vous pourrez écouter un groupe tout en sirotant de délicieux cocktails. La carte propose également des sandwiches, des pizzas et quelques plats yucatèques. Le **Pancho's** (voir ci-dessus) est un lieu plaisant pour boire un verre, danser ou écouter de la musique. **Ay Caray**, calle 60 #482 e/55 et 57, est un des bars-discothèques les plus animés du centre. 20 h-3 h sauf le lundi.

Concerts – Le **Teatro Peón Contreras**, angle calles 60 e/57, présente des ballets folkloriques, des pièces de théâtre et des concerts.

Discothèque – **Vatzya**, calle 56 e/av. Colón et 60, mercredi-samedi 21 h-3 h. Réservé aux plus de 30 ans le mercredi, ouvert à tous les jeudi et samedi, soirée VIP le vendredi. Tous styles de musique.

LOISIRS

Cinéma – Le **Teatro Mérida**, calle 62 e/59 et 61, projette des films en espagnol ou en anglais sous-titrés ainsi que des vidéos touristiques en anglais et en espa-

gnol sur les activités de la région, du lundi au vendredi à 10 h 30.

Théâtres – Le **Teatro Daniel Ayala**, calle 60 e/59 et 61, et le **Teatro Mérida**, calle 62 e/59 et 61, programmation de temps en temps des pièces de théâtre.

ACHATS

Artisanat – Mérida est le centre artisanal le plus important du Yucatán. Les hamacs, fabriqués dans le village de Tixcocob, les « huipiles » (corsages brodés), les « guayaberas » (chemises à côtes, spécialité de Mérida), les panamas (chapeaux de l'État de Campeche) sont les articles les plus fréquents. En février ou mars, se déroule le **Kihuic**, une fête annuelle qui réunit pendant une semaine, sur le Zócalo, des artisans du Belize, du Guatemala, du Honduras et du Salvador.

Pour un bon résumé de la production locale, rendez-vous au **Mercado Municipal Lucas de Gálvez** (alimentaire au rez-de-chaussée et artisanal au 1er étage), calle 65-A e/56 et 56-A : 8 h-20 h, dimanche 8 h-17 h. En face, sous le « Portal de Granos », le **Bazar de Artesanías**, calle 56-A e/67, conçu pour le tourisme, manque de vie et d'authenticité. **La Casa de las Artesanías**, calle 63 #503 e/64 et 66, vend des paniers en rotin, en osier, des meubles en bois peint, des céramiques, des fleurs séchées, des panamas et des « huipiles » : lundi-vendredi 9 h-20 h, samedi 9 h-13 h. **Plaza Artesanal Santa Lucía**, calle 60 #469 e/53 et 55, regroupe des boutiques d'artisanat original : tlj 7 h-21 h.

Hamacs – **Hamacas El Aguacate**, angle calle 58 #604 et calle 73 : hamacs de qualité à prix intéressants. Lundi-vendredi 8 h-19 h, samedi 8 h-17 h.

Librairies – **Dante Olimpo**, Plaza de Armas e/61 et 62. Cartes de la région et livres en anglais. Tlj 8 h-22 h 30.

EXCURSIONS D'UNE JOURNÉE

Les agences de voyages sont situées dans la calle 62 e/57 et 59 pour la plupart. **Viajes Colonial**, calle 62 #476-B e/57 et 59, ☎ (999) 924 21 20. Possibilité de faire un AR dans la journée pour Campeche (voir p. 334) ; Chichén Itzá (voir p. 360) ; Uxmal et la Ruta Puuc (voir p. 340).

Mérida pratique

CHICHÉN ITZÁ★★★

État du Yucatán – Voir carte régionale p. 332
125 km à l'est de Mérida et 200 km à l'ouest de Cancún

À ne pas manquer

Le quartier puuc de Chichén Viejo.
L'ascension de la pyramide de Kukulcán.
La promenade au puits sacré.

Conseils

Pour visiter le site avant ou après la marée humaine de Cancún,
évitez la tranche horaire 10h30-14h30.
Entrez par la porte sud (zone hôtelière), moins touristique.
Prenez vos photos l'après-midi.

La grande métropole du Yucatán attire les superlatifs… et beaucoup de visiteurs! Sa pyramide de Kukulcán ressemble à un rêve d'enfant, et sa monumentalité exhale une odeur d'encens et de sang guerrier. Au-delà de son apparence grandiose, Chichén Itzá passionne également par ses énigmes, qui alimentent les plus vives polémiques et exacerbent la sagacité des archéologues. L'exploitation touristique du site, relié par l'autoroute à Cancún, a eu quelques fâcheuses retombées, dont l'interdiction progressive d'accéder à la plupart des structures. En contrepartie, elle a permis de financer de nouvelles campagnes de fouilles et de restaurations dont vous profiterez.

Mystères près de la «bouche du puits des Itzáes»

La traduction du nom Chichén Itzá est bien l'une des rares certitudes que l'on puisse avoir à son sujet. Elle reflète l'importance symbolique du grand *cenote* («aven») qui la borde. Malgré l'abondance des sources la concernant et un vrai cortège d'explorateurs et de chercheurs, de nombreuses questions restent à ce jour sans réponse. Qui étaient les Itzáes? Qui les gouvernaient? Pourquoi leur ville ressemblait-elle autant à Tula, la capitale des Toltèques?

Une origine controversée – À la fin de la période classique, l'émergence de cette puissante métropole va bouleverser l'équilibre politique du nord de l'aire maya. Entre 800 et 1 000 ap. J.-C., l'hégémonie de Chichén Itzá est marquée par l'influence d'une nouvelle caste de guerriers, dont les pratiques «exotiques» s'apparentent à celles de peuples nahuatl. L'hypothèse de l'irruption vers l'an 1 000 d'une armée toltèque conquérante a longtemps été admise, elle est aujourd'hui écartée au profit de l'arrivée dès le 9e s. d'une tribu maya *chontale* ou *putune* fortement «mexicanisée», venue des côtes du Golfe (actuellement Tabasco ou Campeche).

Une civilisation énigmatique – L'influence des cultures du Mexique central dans le monde maya a toujours existé. Teotihuacán jouissait déjà d'un immense prestige à Copán (Honduras) ou à Tikal (Guatemala) au 5e s. Mais cette fois, un changement radical dans l'urbanisation, l'imagerie et les cultes laisse perplexe, d'autant que l'ensemble paraît une réplique beaucoup plus achevée de la mythique **Tollan** (Tula) de l'Altiplano (*voir p. 189*). Cette similitude alimente de nombreux débats, certains n'hésitant pas à affirmer avec audace que le style «toltèque» serait né à Chichén Itzá! Aucune tombe royale n'a encore été retrouvée, et l'étude des nombreuses inscriptions ne nous éclaire pas beaucoup sur l'identité des gouvernants. Si des chroniques de l'époque coloniale nous parlent d'un certain *Nacxit Xuchit* portant le titre de **Kukulcán** (serpent à plumes) et du dernier grand roi *Chac Xib Chac*, l'iconographie nous présente plutôt des guerriers empanachés qui paraissent tous avoir le même rang.

Le sursis des derniers Itzáes – Une consolation face à tant d'interrogations : tout le monde semble s'accorder sur la chute et l'abandon de Chichén Itzá vers 1200, peut-être sous les assauts d'Uxmal. Mais trois siècles après cet épilogue, des groupes Itzáes vivaient toujours à proximité de la capitale en ruine de leurs ancêtres.

Ils manifestèrent une vive hostilité envers les Espagnols, ce qui découragea ces derniers de fonder une ville à cet endroit. Malgré cela, une partie de la tribu s'enfonça vers le sud et s'installa près du lac Petén-Itzá (Guatemala). Perdue dans une jungle épaisse, elle put ainsi conserver son autonomie jusqu'en 1697 !

Le métissage de l'architecture

Deux types de constructions très différenciés coexistent sur le site mais ne correspondent pas à deux époques successives, comme on le pensait autrefois. Une remarquable synthèse d'esthétiques et de techniques anime des bâtiments presque tous datés des 9e et 10e s. Le **style puuc**, typiquement maya, qui fleurissait au même moment autour d'Uxmal, est très reconnaissable à sa voûte à encorbellement, sa décoration en mosaïque de pierre et ses mascarons au long nez. Le **style toltèque** se distingue, lui, par les jeux de colonnes, les banquettes sculptées, la pyramide de plan carré, mais surtout par des représentations qui glorifient la guerre et le culte solaire.

150 ans d'observation

Fray Diego de Landa décrivait déjà les vestiges de Chichén Itzá au 16e s., mais il faudra attendre la moitié du 19e s. pour que commence le grand défilé des aventuriers : John Lloyd Stephens,

B. Morandi/MICHELIN

Chichén Itzá

Détail du temple des Guerriers

Alfred Maudslay ou **Auguste Le Plongeon** (*voir encadré*), chacun défrichant ou creusant ici et là au gré de son inspiration. **Edward Thompson**, le dernier de ces « amateurs », avait racheté l'hacienda et les ruines et cumulait ses activités de consul et d'archéologue à la petite semaine, en draguant par exemple le *cenote* sacré.

En 1923 est lancé un vaste projet de restauration, qui durera 10 ans. Les États-Unis, à travers l'**Institut Carnegie** de Washington, et le Mexique se répartissent la tâche : les Mexicains se réservent le Castillo et le jeu de pelote, les autres grands monuments étant à la charge des Américains. Tant d'efforts apporteront bientôt à Chichén Itzá une légitime célébrité et les premiers touristes. Après des fouilles ponctuelles dans les années 60, une nouvelle campagne de restauration entreprise en 1993 se poursuit actuellement.

Auguste Le Plongeon, du scientifique au pathétique

Cet aventurier français, médecin autodidacte et archéologue excentrique, a fouillé Chichén Itzá à partir de 1873, et connu son heure de gloire deux ans plus tard, à la découverte du fameux Chac-Mool (« tigre rouge »), baptisée par ses soins. Se targuant de pouvoir lire les glyphes mayas dans le texte, il accablait la Société des Américanistes de ses thèses farfelues tels la conquête de la vallée du Nil par les Mayas, les rites maçonniques d'Uxmal, la tribu de nains et de géants peuplant la côte ou encore l'invention du télégraphe à Chichén Itzá ! Si la communauté des mayanistes est unanime pour condamner ses fouilles à la dynamite, elle a conservé, par paresse intellectuelle, le nom de cette statue-autel dont l'origine est probablement toltèque.

Visite du site archéologique

8 h-17 h 30. Entrée payante sauf le dimanche. Le prix inclut le son et lumière en espagnol. Consigne gratuite à l'entrée principale. Services de guide. Comptez une demi-journée.

La visite peut se décomposer en trois quartiers : la partie la plus ancienne au sud (Chichén Viejo), la partie la plus monumentale au nord (la place principale) et, entre les deux, une enceinte sacrée (Grupo del Osario) par lequel vous pouvez commencer votre parcours.

Si vous entrez par la porte sud, prenez le premier chemin sur votre gauche pour accéder au **cenote Xtoloc**, l'un des deux principaux *cenotes* de la zone, qui alimentait en eau une bonne partie de la ville. La végétation qui l'envahit ne peut dissimuler tout à fait sa taille respectable.

En lui tournant le dos, un « sacbe » vous mène en ligne droite au premier quartier religieux, auquel vous arriverez également depuis l'entrée principale, par le premier sentier sur votre droite (à 50 m, non balisé).

Le Grupo del Osario★ (groupe de l'Ossuaire)

Dans une enceinte rectangulaire, une pyramide carrée du 9e s. à la blancheur éclatante *(elle vient d'être reconstruite)* a dû servir de modèle au Castillo. L'**Osario★**, ou **temple du Grand Prêtre**, fouillé par Edward Thompson il y a un siècle, a révélé l'existence d'un passage reliant le sommet à une grande cavité souterraine, où gisaient plusieurs squelettes accompagnés d'offrandes. Les grands serpents et la décoration, en partie reconstituée, de ses pans inclinés appartiennent au style toltèque, de même que les **autels** alignés devant l'escalier principal. Celui de plan carré paraît l'ébauche de la plate-forme de Venus sur la grand-place.

Continuez à gauche par le chemin qui part vers le sud.

Chichén Viejo★★

Ce nom s'applique depuis longtemps à la partie puuc, la plus ancienne, mais désigne aussi des quartiers beaucoup plus au sud, en cours de fouilles, qui ne se visitent pas encore. Les noms fantaisistes nous viennent une fois de plus de la période espagnole.

À l'est d'une belle esplanade, vous serez accueilli par le **Caracol★** (Escargot), une tour servant d'**observatoire astronomique**, dressée sur deux plates-formes quadrangulaires superposées. Il doit son surnom à l'espace intérieur constitué de deux couloirs circulaires concentriques et d'un énorme pilier central dans lequel un escalier en spirale s'élève vers une chambre supérieure. Plusieurs fenêtres de visée permettaient de suivre le cycle de Venus, dont la position déterminait l'activité militaire. Cette planète était aussi l'équivalent astral du serpent à plumes, symbole omniprésent de *Kukulcán*, héros divinisé plus connu sous le nom nahuatl de **Quetzalcóatl**.

En contournant le Caracol par la droite, vous rencontrez le plan cruciforme d'un **bain rituel**. Autour d'un petit patio carré, quatre salles étaient occupées par deux vestiaires à banquette, un **temazcal** (bain de vapeur) et une petite baignoire.

Plus loin, le **Templo de los Tableros** (temple des Panneaux) célèbre à merveille les épousailles des architectures maya et toltèque. Les parois latérales montrent en coupe comment la voûte à encorbellement, se libérant du mur-parapluie *(voir p. 45)*, reposait sur des piliers qui agrandissaient considérablement l'espace intérieur.

Un peu plus au sud, les constructions les plus anciennes affichent une décoration flamboyante très péninsulaire de styles *puuc* et *chenes*. L'**Edificio de las Monjas** (édifice des Nonnes) est un palais à deux étages, juché sur un socle imposant flanqué d'un grand escalier. Sur le côté droit, Le Plongeon aurait, dit-on, fait parler la poudre pour ouvrir le trou béant, ce qui a au moins le mérite d'exposer les diverses phases d'agrandissement ! L'**Annexe★★**, une aile plus récente rajoutée côté est, possède une façade spectaculaire. Des mascarons descendent jusqu'au sol, s'emparent des angles

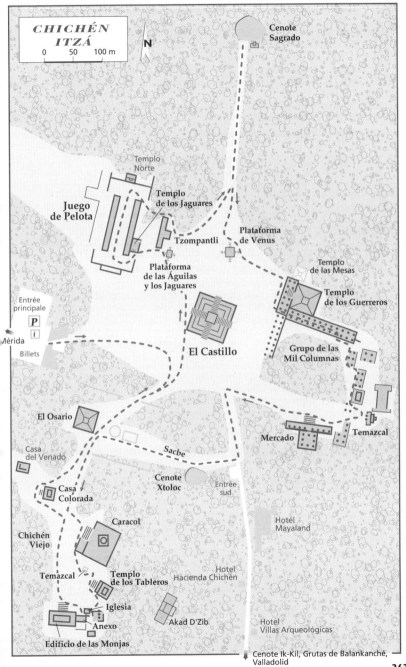

CHICHÉN ITZÁ

0   50   100 m

N

Cenote Sagrado

Templo Norte

Juego de Pelota

Templo de los Jaguares

Tzompantli

Plataforma de Venus

Plataforma de las Águilas y los Jaguares

Templo de las Mesas

Templo de los Guerreros

Entrée principale

P

i

Mérida

Billets

El Castillo

Grupo de las Mil Columnas

El Osario

Casa del Venado

Sacbe

Cenote Xtoloc

Entrée sud

Mercado

Temazcal

Casa Colorada

Caracol

Chichén Viejo

Temazcal

Templo de los Tableros

Hacienda Chichén

Hotel Mayaland

Iglesia

Anexo

Akad D'Zib

Edificio de las Monjas

Hotel Villas Arqueológicas

Cenote Ik-Kil, Grutas de Balankanché, Valladolid

363

et prêtent leurs nez devenus crocs à la porte principale pour simuler une grande gueule ouverte. Au-dessus du linteau sculpté, un dignitaire est assis sur un trône céleste porté par deux *pahuatunes* (l'un de ces «porteurs du ciel» a disparu), dans une aura de plumes cernée de deux serpents d'eau.

Flirtant avec un de ses angles, l'**Iglesia**** est un chef-d'œuvre du style puuc. Surmontant des murs lisses, la toiture de ce petit temple se prolonge d'une crête faîtière dans l'alignement de la façade. De part et d'autre du masque central, les quatre personnages au buste zoomorphe, assis de profil sur des trônes, représentent sans doute les quatre *bacabs*, porteurs du monde terrestre. Deux d'entre eux, la tortue et l'escargot, sont facilement identifiables.

Retournez au Caracol, puis tournez à gauche.

Au début du 20ᵉ s. une longue frise de glyphes courait encore à l'intérieur de la **Casa Colorada*** (Maison rouge), qui a depuis perdu ses couleurs. À l'arrière, son soubassement servait de tribune à un petit jeu de pelote dont seules quelques pierres sculptées trahissent la présence. Ce temple domine encore quelques structures plus ou moins ruinées, dont au nord, la **Casa del Venado** (maison du Cerf).

Revenez ensuite sur vos pas par le chemin principal, en repassant devant l'Osario.

Autour de la Plaza Principal***

Sur une immense plate-forme en remblai se dresse un complexe cérémoniel et résidentiel, dont la facture illustre magistralement le style dit «toltèque». Au cours du 10ᵉ s., l'aura de Chichén Itzá rayonne jusqu'en Amérique centrale, et son activité religieuse détermine l'élaboration de gigantesques espaces de culte.

Le Castillo*** (Templo de Kukulcán) – Vous aviez peut-être rêvé de cette fière pyramide en lisant *Tintin et les Picaros*! Sur 55 m de côté, elle déploie ses neuf degrés, qui supportent un temple carré vers lequel convergent quatre escaliers. Vous la gravirez plutôt par le côté ouest *(aidé d'une corde)* pour accéder en premier lieu à un couloir circulaire illuminé par trois portes, qui révèlent autant d'angles de **vue**** différents sur le site. Côté ouest, le groupe des Mille Colonnes surgit dans l'encadrement : c'est le moment de photographier le *Chac-Mool* du temple des Guerriers, cet étrange personnage sculpté dont vous ne pourrez approcher *(le plus beau se trouve au musée d'Anthropologie de Mexico, voir p. 158)*.

Côté nord, des colonnes serpentiformes mutilées soutiennent une entrée principale à trois baies, gardée par des reliefs de chefs-guerriers sculptés presque grandeur nature.

L'hymne au soleil de Kukulcán

La pyramide tout entière a été conçue pour honorer l'astre resplendissant et en souligner l'importance cyclique. D'une part ses quatre escaliers de 91 marches plus la plate-forme sommitale produisent le nombre 365, mais surtout son orientation a été pensée pour créer un phénomène de «hyérophanie» (illumination du sacré). Au moment des équinoxes, le soleil au couchant projette sur la rampe de l'escalier nord l'ombre de l'angle du bâtiment, formant ainsi le corps d'un serpent ondulant dont la tête est sculptée en contrebas. Deux fois par an, le dieu-Serpent descend de la Montagne sacrée pour féconder la terre au moment des semences (équinoxe de printemps) et la délivrer de ses précieux fruits au moment des récoltes (équinoxe d'automne). Un spectacle qui attire aujourd'hui les mystiques et les curieux.

Remarquez les beaux piliers de l'intérieur, qui portent encore les **poutres sculptées** en bois de sapotillier.

Lors de sa restauration dans les années 20, on a découvert à l'intérieur une pyramide plus ancienne, servant de noyau à l'actuelle. Une petite porte sous l'escalier nord *(11 h-15 h/16 h-17 h)* permet, au terme de la chaude ascension d'un tunnel archéologique, qui vaut bien un *temazcal*, d'en admirer le sanctuaire. Un **Chac-Mool** et un superbe **trône**** peint, en forme de jaguar aux yeux et au pelage incrustés de jade, veillent toujours dans les entrailles du Castillo.

Deux structures proches du jeu de pelote sont directement liées aux rites sacrificiels qui s'y déroulaient. La **Plataforma de las Águilas y los Jaguares*** (plate-forme des Aigles et des Jaguars), un autel en plein air, porte la représentation d'aigles et de jaguars, symboles toltèques du cycle diurne et nocturne du soleil, se régalant de cœurs humains. L'ensemble de la composition puise ses origines dans l'art de Teotihuacán et reproduit intégralement des motifs de Tula. Tout près, une autre structure toltèque, le **Tzompantli*** (autel de Crânes), servait à aligner sur des pieux les têtes décapitées des sacrifiés. Il ne reste heureusement de cette charmante exposition que sa représentation sculptée, déjà suffisamment explicite. Des personnages en habit d'apparat, accompagnés par une procession de serpents, se dirigent vers l'escalier d'accès à l'autel, une tête tranchée à la main, l'autre munie d'un couteau.

Le Juego de Pelota*** – Plus qu'un simple terrain de jeu, ce véritable quartier célèbre par l'exploit sportif et le sacrifice, l'une des plus étonnantes facettes de la vie religieuse *(voir p. 42)*. Parmi les trois temples qui s'y trouvent, le **Templo Inferior de los Jaguares***, à l'extérieur, arbore une véritable bande dessinée dont les registres sont séparés par deux serpents tressés. Derrière un trône-félin, une procession de prêtres et de guerriers, en relief sur les murs puis peinte sur la voûte, exprime la puissance militaire de Chichén Itzá et l'assentiment des dieux. Le **Templo Superior** dominant le jeu n'est pas accessible, mais en pénétrant sur le terrain, on aperçoit sur sa toiture des jaguars cheminant entre des disques solaires. Le **terrain****, le plus grand de Méso-Amérique (168 m de long sur 70 m de large), est formé de deux camps en forme de T inversés, séparés par deux anneaux encastrés dans les tribunes. On se demande combien de joueurs pouvaient couvrir une telle surface. Certainement plus que les 14 représentés sur six **bas-reliefs**** identiques, qui résument avec réalisme la symbolique du jeu dans sa phase finale. Les deux capitaines devant leurs équipes respectives sont face à face, séparés par une balle-soleil, et le vainqueur empoigne la tête décapitée de son adversaire. Du cou tranché jaillissent sept serpents, celui du milieu se transforment en une grande plante fleurie, allégorie de la fertilité et de la vie née de ce glorieux sacrifice.

Un grand rassemblement de l'élite est tracé en rouge sur les murs intérieurs du **Templo Norte**.

Ressortez par le côté opposé en contournant le Tzompantli, et engagez-vous plus loin sur le chemin de gauche, qui franchit l'enceinte fortifiée et continue pendant 400 m vers le nord (buvette et toilettes près du « cenote »).

Le Cenote Sagrado* (Puits sacré) – Ce large gouffre de 60 m de diamètre, aux eaux verdâtres, était une porte ouverte vers le *Xibalbá*, un monde aquatique et sous-terrain, destination redoutable des défunts. Pour contenter les terrifiantes divinités qui y régnaient, on leur jetait des **offrandes** rituellement « tuées », disques d'or réduits en

boule, bijoux martelés ou céramique brisée. À partir de 1904, Thompson va extraire de la vase des centaines d'objets provenant, pour certains, du sud des États-Unis ou de la Colombie, preuve de l'immense renommée de ce « Chichén » avant même et après son occupation par les Itzáes.

De retour sur la grand-place, vous longerez la **Plataforma de Venus****, un autel en *talud-tablero* richement décoré. Dans la partie basse, un masque émergeant d'une créature hybride (serpent-aigle-jaguar) est encadré par

Sacrifice ou noyade

Une légende déformant les propos de Diego de Landa prétendait que des jeunes filles vierges étaient précipitées dans le « Cenote Sagrado ». Pourtant, le dragage du fond n'a permis de retrouver qu'une quarantaine de squelettes (dont 21 enfants), un chiffre modeste qui, sur plusieurs siècles, pourrait bien s'apparenter à des noyades accidentelles. Il ne faut cependant pas oublier que le sacrifice d'enfants qui épouvantait tant les braves franciscains, était encore parfois pratiqué clandestinement dans le Yucatán du 19e s.!

Chichén Itzá

Vénus (la demi-étoile), le *Pop* (la natte royale) et le symbole du siècle de 52 ans (la botte de roseaux). Au-dessus, le serpent à plumes qui ondule entre les poissons semble arrivé tout droit de Teotihuacán.

Le Grupo de las Mil Columnas** – Le goût pour les passages hypostyles, déjà fla-grant à Tula, atteint ici son paroxysme. Plusieurs centaines de piliers coiffés de dés formaient un vaste quadrilatère couvert reliant plusieurs structures à vocation admi-nistrative et résidentielle.

Sur la gauche, une belle **frise de jaguars*** provenant du **Templo de las Mesas** (temple des Tables), fouillé depuis peu, a été reconstituée. Les félins menaçants, le sexe dressé et la patte en l'air, figurent la mâle puissance du guerrier.

Le Templo de los Guerreros** (temple des Guerriers) pouvait en fait être réservé aux audiences royales, ce qui expliquerait la présence d'un grand trône à l'intérieur, et d'une véritable armée de pierre prenant corps sur les **piliers*** carrés de la façade. Si l'on accepte l'hypothèse de l'antériorité de Tula, cet édifice est directement inspiré du Temple de l'Étoile du matin de la capitale toltèque. On y trouve la même utili-sation du *talud-tablero* qu'à Teotihuacán, des jeux de banquettes et des alignements de piliers. Au sommet, des masques de Chaac côtoient un être mythique (Kukulcán ?) émergeant de la gueule d'un serpent-aigle tandis que, surveillant les rampes, des **porte-étendards** privés de leurs oriflammes n'en tendent pas moins leurs mains jointes percées. En contournant le temple par la droite, vous pourrez en apprécier l'ornementation : répétition de personnages armés et aux yeux cerclés, entourés d'aigles, de jaguars et de coyotes dévorant des cœurs, inlassable litanie glorifiant le sacrifice humain.

Une promenade dans la « forêt pétrifiée » des colonnes, vous emmènera ensuite suc-cessivement, à un palais flanqué de fûts sculptés, au **Temazcal** le mieux conservé du site, puis au **Mercado*** (marché), ceinturé de banquettes toltèques. Ses colonnes démesurées n'abritaient sans doute pas l'activité commerciale longtemps prêtée à cet endroit.

Le Son et Lumière* *(19h en hiver, 20h en été)* est un peu décevant par rapport à celui d'Uxmal. Assis devant le Castillo, on est loin d'avoir une vue d'ensemble. Sur un commentaire manquant de conviction, vous aurez droit à une projection de dia-positives psychédéliques assez kitsch sur la pyramide. Pourtant, voir un site maya la nuit ne manque pas de magie, et 45 mn d'illuminations ne sont pas à bouder.

Aux environs de Chichén Itzá

Les Grutas de Balankanché
Visites sonorisées à heure fixe. À 10 h en français ; 9 h, 12 h, 14 h et 16 h en espagnol ; 11 h, 13 h et 15 h en anglais. Entrée payante. À 3 km de la porte sud en direction de Valladolid, plusieurs galeries souterraines, inondées pour certaines, étaient le théâtre occulte de cérémonies religieuses. Découvertes en 1959, elles sont maintenant amé-nagées et peuvent se parcourir au son d'un montage musical et poétique. Dans la plus grande des salles, autour d'une concrétion en forme d'« arbre de vie », sont épar-pillées des céramiques à l'effigie de *Tláloc*, mortiers de pierre et autres objets. Un insolite complément de visite si vous avez le temps, mais n'y allez pas pour la fraîcheur ! Vous pourrez également jeter un œil au petit jardin botanique à l'entrée.

ARRIVER-PARTIR

En bus – La plupart des bus au départ de Chichén Itzá s'arrêtent au **Terminal de Pisté** et au parking de l'entrée principale du site. Ils n'empruntent pas l'autoroute et sont donc assez lents. Pour Cancún (4 h 30), bus **Expresso del Oriente** (2ᵉ classe) toutes les heures de 7 h 30 à 20 h 30 via Valladolid (1 h) et un bus **Riviera** (1ʳᵉ classe) à 16 h 30. Pour Mérida, bus toutes les heures de 6 h 30 à 21 h 30. Pour Tulum (2 h 30) via Cobá (1 h 30), un départ à 8 h (Super-Expresso) et un autre à 16 h 30 (Riviera).

OÙ LOGER

L'énorme succès touristique de Chichén Itzá a complètement transformé le petit village de Pisté, à l'ouest du site (côté Mérida). De grandes « cantines » à touristes et des hôtels médiocres et bruyants s'étirent le long d'une rue principale poussiéreuse à 2 km de l'entrée principale. À l'est (côté Cancún), dans la « zone hôtelière » avec accès direct au site, sont réunis les hôtels les plus agréables (et les plus chers), dans une oasis de palmiers et d'albizias géants (bifurquez à droite 3 km après Pisté, sur la route de Valladolid). Si vous avez un budget plus limité, choisissez l'hôtel Dolores Alba ou souvenez-vous de l'accueillante Valladolid, à seulement 45 mn de route (voir p. 368).

Autour de 350 pesos

Hotel Dolores Alba, carretera Chichén-Cancún km122, ☎ (985) 858 15 55, www.doloresalba.com – 45 ch. ⌂▤☷✗⚒ À 2 km de l'entrée sud de Chichén Itzá et à 800 m de Balankanché en direction de Valladolid (les bus 2ᵉ classe Mérida-Cancún passent devant). Incontestablement le meilleur hôtel à un prix correct. Vu ses chambres pimpantes et l'accueil du patron, particulièrement chaleureux, on ne regrette que le bruit de la route, atténué en partie par une haie d'arbres. La piscine à fond rocheux est unique en son genre. Transport gratuit jusqu'au site.

Autour de 700 pesos

Hotel Villas Arqueológicas (Club Med), Zona Hotelera km120, ☎ (985) 851 00 34, Fax (985) 851 00 18 – 42 ch. ⌂▤✐✗⚒✾ CC Ouvert depuis 1977, c'est la réplique presque exacte de celui d'Uxmal (voir p. 348). Le gérant français vient s'enquérir de votre confort, et les hamacs attendent près de la piscine. On aimerait bien rester un peu plus…

À partir de 1 000 pesos

⊛**Hotel Hacienda Chichén**, Zona Hotelera km120, ☎ (985) 851 00 45, Fax (985) 851 00 19, www.yucatanadventure.com.mx – 28 ch. ⌂▤☷✗⚒ CC Cette hacienda du 16ᵉ s. ayant appartenu à Edward Thompson est devenue le QG des archéologues dans les années 20. Leurs bungalows sont toujours là mais ont été récemment redécorés, chacun dans un style différent. Parmi les 7 suites, la « Thompson » est vraiment séduisante.

Hotel Mayaland, Zona Hotelera km120, ☎ (985) 851 00 70, Fax (985) 851 01 29, www.mayaland.com – 95 ch. ⌂▤☷✐TV✾⚒✾ CC Depuis son ouverture en 1921, le Mayaland est presque devenu un village. La partie hôtel au mobilier vieillot est confortable mais quelconque, les autres chambres réparties dans 24 « chozas » (huttes mayas) de luxe, perdues dans un immense parc, sont beaucoup plus attrayantes. Plusieurs piscines dont une paradisiaque, dissimulée derrière des rochers. Le prix, élevé, peut être divisé par deux en basse saison !

OÙ SE RESTAURER

On rêverait d'un joli patio fleuri et tranquille après une longue visite, hélas rien de tout cela à Pisté. Si vous reculez devant le prix d'un déjeuner à l'hôtel Mayaland (le cadre est somptueux) ou au Villas Arqueológicas, sortez votre pique-nique ou prenez le chemin de Valladolid…

LOISIRS

Équitation – L'hôtel Mayaland propose une randonnée à Chichén Viejo, dans un quartier excentré de la ville maya, à faire de préférence au petit matin. Superbe.

Baignade – L'accès au **Cenote Ik-kil**, en face de l'hôtel Dolores Alba, a été aménagé (un peu trop ?), mais le cadre demeure très beau. Entrée payante (chère). Allez-y entre 11 h et 14 h afin d'éviter les groupes.

VALLADOLID★

État du Yucatán – 57 000 hab.

43 km à l'est de Chichén Itzá

À ne pas manquer
Le site d'Ek-Balam.

Au terme d'une laborieuse conquête, l'Indienne **Zací**, habitée par le lignage des *Cupules*, a été remplacée par la Valladolid du Nouveau-Monde, l'un des trois grands foyers de culture espagnole dans le Yucatán. En flânant sur sa place principale, devant sa cathédrale ou son couvent franciscain, on devine, malgré la paisible atmosphère provinciale, un désir oublié de rivaliser avec la grande Mérida. Les stigmates de sa destruction par les troupes rebelles durant la Guerre des Castes (1847-1901) sont presque imperceptibles, et une douce quiétude a repris ses droits.

Visite de la ville
Comptez une demi-journée.

À l'ombre des ficus, les femmes immaculées dans leurs grandes tuniques blanches brodées au point de croix discutent gentiment, entre l'austère façade aux inutiles meurtrières de la **cathédrale** et celle, plus chaleureuse, du **Palacio Municipal**. Vous goûtez ainsi au charme un peu candide du **Parque Principal★**, avant de faire un tour au proche couvent de San Roque, devenu **Museo del Patrimonio Cultural de Valladolid** *(calle 41 entre 38 et 40, derrière le Palacio Municipal. 9h-21h; entrée libre)*. Quelques sculptures et céramiques nouvellement exhumées à **Ek-Balam** ont la vedette, mais on y évoque aussi l'histoire coloniale et la guerre des Castes.
En remontant la calle 41 de deux cuadras à partir de la place, vous trouverez la 41-A en diagonale. Semi-piétonne, elle est la plus plaisante de la ville, bordée de maisons colorées fraîchement repeintes. Tout au bout se trouve le **couvent de San Bernardino★** *(théoriquement 8h-12h/17h-19h; entrée payante)*, fondé par les franciscains en 1550. Conçu comme une véritable forteresse médiévale avec ses hauts murs crénelés par **Juan de Mérida**, à qui l'on doit également celui d'Izamal, il pousse la sobriété jusqu'à se priver de clocher. On le nomme aussi **couvent de Sisal**, nom du village où il se trouvait au 16e s., depuis rattaché à Valladolid.

Pour se baigner aux environs
Plutôt que de vous arrêter au Cenote Zací, défiguré par une rampe de ciment, faites 3 km sur la route de Chichén Itzá, et prenez la déviation vers Dzitnup pendant 2 km.
Vous pourrez visiter deux *cenotes* fermés, avens dont la voûte ne s'est pas encore effondrée mais qui possèdent une ouverture par laquelle descendent les racines d'arbre en quête d'humidité. Au **Cenote Xkekén★** *(7h-18h, entrée payante)*, les baigneurs savourent la fraîcheur d'eaux souterraines aux tons turquoise. Il est fortement recommandé d'y aller en milieu de journée, quand la grotte s'illumine d'un rayon de soleil. À quelques centaines de mètres, le **Cenote Samula**, plus tranquille, a été récemment aménagé pour la baignade par les villageois.

Ek-Balam★★

À 16 km au nord de Valladolid. Sortez par la calle 40 et continuez par la route de Tizimin. Tournez à droite 1 km après le village de Temozón et suivez les panneaux. Des «colectivos» partent de la calle 44. 8h-17h; entrée payante sauf le dimanche. Des enfants se proposeront de vous faire visiter. Comptez 1h30.

Leticia et Victor voient arriver les rares visiteurs avec une pointe d'inquiétude. À vous de la dissiper en leur assurant que vous ne venez pas de Cancún! Les deux archéologues qui fouillent activement Ek-Balam ne se sont pas encore remis de leurs émotions : on leur doit l'une des découvertes les plus spectaculaires de ces dernières années dans l'aire maya. La crainte de voir leur oasis de paix soudain envahie par les hordes qui submergent Chichén Itzá sont hélas justifiées. Allez-y donc avant que ne s'accomplissent leurs sombres prédictions.

Le site archéologique d'Ek-Balam («Jaguar noir» ou «Jaguar étoilé») porte sans doute le nom d'un de ses souverains et commence à peine à faire parler de lui bien que l'explorateur Désiré Charnay soit déjà passé par là au 19ᵉ s. Construit à la période classique tardive (700-1 000 ap. J.-C.), son centre monumental est entouré d'une double muraille d'enceinte de 3 m d'épaisseur et d'1,5 m de hauteur, une protection plus symbolique que défensive, qui délimitait un espace sacré.

On y pénètre par le sud, pour atteindre, après avoir contourné la porte joliment voûtée, un petit **jeu de pelote**. À droite, la **Plaza Sur** est la partie la plus restaurée, entourée par les **Gemelas**, deux constructions jumelles côte à côte, et le **Palacio Oval**. Quelques stèles à l'effigie d'un souverain ont été relevées sur une petite plate-forme, et d'autres complètent ce lieu de résidence de l'élite.

La grande surprise date d'août 1999, lors des fouilles de l'**Acropole**★★ (Estructura I) sur la **Plaza Norte**, immense structure à étages de 160 m de large et 35 m de haut. À mi-hauteur est apparue la façade entière d'un **temple**★★★, dont la décoration s'apparente beaucoup plus à la sculpture flamboyante de Copán qu'au style postclassique de la voisine Chichén Itzá. Sur fond de mascarons aux délirantes volutes, des personnages modelés en stuc arborent des panaches de plumes dans le dos, et apparaissent comme des «anges» miraculeusement préservés. Au-dessus de la porte en forme de gueule de jaguar, un ange est assis jambes pendantes sur le rebord d'une corniche. L'infinité de détails d'une composition à laquelle il ne manque que la couleur, permet pour la première fois de contempler, presque intactes, les outrances «baroques» et hallucinées de l'art maya. Au pied de l'escalier central, des têtes de serpent-dragon tirent une langue bifide où apparaît l'emblème d'Ek-Balam, cité dont on découvrira peut-être bientôt l'importance politique parmi les royaumes du Nord.

Valladolid pratique

Arriver-Partir

En bus – Terminal Autotransportes de Oriente, calle 39 entre 44 et 46 (à 2 cuadras du Zócalo). 9 bus par jour pour Mérida (2 h) ou Cancún (2 h) de 7 h à 22 h ; 6 bus par jour pour Playa del Carmen (2 h 30) et 3 pour Tulum (1 h 15).

Où loger

De 300 à 500 pesos
Hotel Zaci, calle 44 #191, ☎ / Fax (985) 856 21 67 – 48 ch. ⁿ⊨ ✕ ℰ ⊤⋁ ⊥ Des chambres simples et agréables (choisissez celles du fond) dans deux bâtiments récemment rénovés. Bon rapport qualité-prix.

🍴 **Hotel El Mesón del Marqués**, calle 39 #203 (sur le Zócalo), ☎ (985) 856 20 73 / 30 42, Fax (985) 856 22 80 – 74 ch. ⁿ⊨ ℰ ⊤⋁ ✕ ⊥ Dans une maison coloniale du 16ᵉ s., des chambres «standard» joliment décorées et chaleureuses ou des «junior suites», légèrement plus chères. Un excellent choix.

Autour de 650 pesos
Ecotel Quinta Regia, calle 40 #160A, ☎ (985) 856 34 72 / 73, Fax (985) 856 24 22 – 106 ch. ⁿ⊨ ℰ ⊤⋁ ✕ ⊥ ✕ 𝗰𝗰 Dans le quartier de Santa Lucía, à la sortie de la ville en direction d'Ek-Balam, cet hôtel flambant neuf a été construit dans une orangeraie. Les chambres sont décorées avec goût.

Où se restaurer

Moins de 50 pesos
Sous une halle au coin du Zócalo, le **Bazar Municipal**, récemment reconstruit, a un peu perdu en pittoresque ce qu'il a gagné en hygiène. Plusieurs «puestos» y proposent une cuisine régionale à bas prix. 7 h-minuit.

À partir de 80 pesos
Hostería del Marqués, restaurant de l'hôtel Mesón del Marqués (voir « Où loger »). 7 h-23 h. On s'installe autour du patio près de la fontaine pour déguster les grands classiques de la région.

CANCÚN★

ISLA MUJERES★ ET ISLA HOLBOX★★

État du Quintana Roo – Péninsule du Yucatán
Env. 500 000 hab. – 2,8 millions de touristes par an
253 jours d'ensoleillement par an

À ne pas manquer
Les plages de Cancún.
Le tour d'Isla Mujeres en deux-roues.
L'ambiance décontractée d'Isla Holbox.

Conseils
Si vous avez le choix, logez sur Isla Mujeres plutôt qu'à Cancún.
Arrivez avant 17h à Chiquilá pour pouvoir prendre une « lancha »
jusqu'à Isla Holbox.
Si vous allez à Isla Holbox en voiture, laissez votre voiture à Chiquilá.

Qui n'a jamais entendu parler de Cancún? La réputation de La Mecque du tourisme mexicain n'est plus à faire : des plages de rêve, des eaux turquoise, des sites archéologiques passionnants à proximité… mais aussi des kilomètres de côtes bétonnées, des hordes de touristes américains et des prix souvent supérieurs au reste du pays. On se sent bien loin du Mexique, mais si vacances riment avec soleil, sports nautiques et boîtes de nuit, vous vous y sentirez comme un poisson dans l'eau. En revanche, pour le calme et le pittoresque, trouvez plutôt refuge sur Isla Mujeres ou poussez jusqu'à Isla Holbox, petite île isolée aux confins du Quintana Roo.

Cancún en quelques chiffres

Pour pallier le manque de devises dont souffrait le pays au milieu des années 60, le Mexique choisit de miser sur le tourisme. Le Yucatán avait alors tout à envier à Acapulco, la destination phare de l'époque. Or, en 1967, une étude montra que, dans la zone caraïbe, les revenus du tourisme suivaient une courbe d'augmentation plus importante que ceux liés à l'exportation; entre 1961 et 1967, 20 millions de visiteurs s'étaient rendus en Floride, 4 millions dans les îles caraïbes mais seulement 60 000 dans le Yucatán. Deux ans plus tard, le président Gustavo Díaz Ordaz donna son feu vert à un projet de développement pour la région. Au terme de l'étude de différents paramètres, tels que la qualité des plages, le climat, les courants marins et les caractéristiques topographiques idéales pour l'alignement des hôtels face à la mer, Cancún fut désignée. Dès le mois de janvier 1970, les ouvriers donnèrent leur premier coup de pioche. Trente ans plus tard, la grande station balnéaire mexicaine compte plus de 500 000 habitants, plus de 24 600 chambres et rapporte 37 % des revenus nationaux du secteur touristique.

Un séjour à Cancún

Comptez une demi-journée pour les visites.

Il faut distinguer deux « Cancún », séparées l'une de l'autre par la **Laguna de Nichupté**. Sur le continent, s'est établie Ciudad Cancún, la ville à proprement parler, tandis que les plages bordent la **zone hôtelière** (zona hotelera), installée sur une île longue et étroite (17 km de long sur 300 m de large) semblable à un « 7 » délicatement tracé sur la mer. Cette dernière est désormais reliée au continent par deux ponts, situés à chaque extrémité.

A. Cassidy/MICHELIN

Cancún, entre piscine et plage

La péninsule du Yucatán

Dans la zone hôtelière

Sur cette fine langue de terre, vous ne trouverez ni cabanons de pêcheur ni plages vierges, mais une armada de gigantesques «paquebots» en béton, complexes hôteliers et centres commerciaux en tout genre, qui barrent peu à peu l'horizon. Derrière la ligne monotone des immeubles alignés le long du boulevard Kukulcán se cachent de splendides **plages**★★ de sable blanc *(toutes accessibles au public)*, qui se déroulent sur des kilomètres face à une mer turquoise. Pour se baigner, mieux vaut se rendre au nord de l'île, dans la partie la plus calme de la mer caraïbe, protégée par la **Bahía**

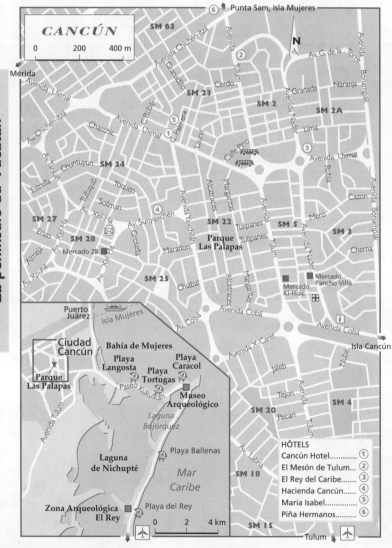

HÔTELS

Cancún Hotel	①
El Mesón de Tulum	②
El Rey del Caribe	③
Hacienda Cancún	④
María Isabel	⑤
Piña Hermanos	⑥

La péninsule du Yucatán

de Mujeres. Comparée à **Playa Langosta**★★ et **Playa Tortugas**★★, qui attirent du monde, **Playa Caracol**★★ semble plus intime au creux d'une anse à l'abri du vent. Attention, de **Playa Ballenas** à la pointe sud, la baignade est dangereuse.

Au cœur de la zone hôtelière, le **Museo Arqueológico de Cancún** (*bd Kukulcán km 9,5 ; 9h-19h, dimanche 10h-17h, fermé le lundi ; entrée payante sauf les dimanche et jours fériés*) fait office de parenthèse culturelle. Vous y découvrirez des pièces de l'époque classique et postclassique maya du Quintana Roo, accompagnées d'explications sur la religion, les coutumes funéraires et l'économie primaire maya.

Continuez le bd Kukulcán pendant 9 km vers le sud de l'île.

Datant de l'époque postclassique tardive (1200-1550 ap. J.-C.), les vestiges de la **Zona Arqueológica El Rey** (*tlj 8h-17h, entrée payante sauf les dimanche et jours fériés*) rappellent le style architectural de Tulum et de Xel-Há. L'une des deux places principales abrite le centre cérémoniel et le bâtiment dans lequel vivaient les prêtres et la royauté. L'origine du nom *El Rey* (« le roi ») provient de la découverte d'un crâne en stuc représentant une **tête de roi** (*exposée au Musée d'archéologie de Cancún*).

Ciudad Cancún

De l'autre côté de la lagune, sur le continent, vous pourrez profiter des charmes méconnus de Ciudad Cancún. Fondée dans les années 70 pour héberger les ouvriers de la zone hôtelière, elle a attiré des Mexicains des quatre coins du pays alléchés par la manne de Cancún. Si la ville est essentiellement tournée vers le tourisme, elle n'en conserve pas moins une atmosphère mexicaine avec ses vendeurs ambulants et l'animation du **Parque Las Palapas** en fin d'après-midi, à l'heure où les enfants mêlent leurs cris aux guitares des musiciens de rue.

Cap sur les îles
Pour l'accès aux îles, reportez-vous à chaque rubrique pratique.

À quelques encablures de Cancún, Isla Mujeres est idéale pour le farniente, les sorties nocturnes, les balades ou la plongée libre. Bien qu'elle cède à son tour aux sirènes du tourisme, elle ne ressemble en rien à la station balnéaire voisine, la hauteur des constructions étant limitée et l'implantation de grosses franchises commerciales interdite. Si vous disposez d'un peu de temps, rejoignez plutôt Isla Holbox, un peu plus éloignée mais mieux préservée de l'afflux de touristes.

Isla Mujeres★

3 km de Cancún à l'embarcadère de Puerto Juárez. En mars 1517, lorsque les Espagnols découvrirent l'île, les Mayas l'utilisaient comme lieu de production et d'exploitation du sel et comme sanctuaire. Ce lieu saint dédié à **Ixchel**, déesse de la Fertilité, abritait de nombreuses statuettes la représentant avec d'autres femmes de sa famille : de ces idoles proviendrait le nom d'Isla Mujeres (« île des femmes »). Pendant trois siècles, seuls des pirates et des pêcheurs occupèrent l'île, qui servit par la suite de refuge à de nombreux Mayas pendant la guerre d'indépendance. Bien avant le projet de développement de Cancún, des barques de pêcheurs venaient déjà chercher les premiers touristes sur le continent. La proximité et l'engouement suscités par Cancún ont rejailli sur Isla Mujeres, dont la population a triplé entre 1980 et 2000 – passant de 4 500 à 13 500 habitants.

Étirée sur 12 km de long, cette île toute plate ne dépasse pas 1,5 km dans sa partie la plus large. Les deux embarcadères sont situés au nord, dans le seul village d'Isla Mujeres. Une horde de visiteurs débarque tous les matins de Cancún, faisant l'effet d'un raz-de-marée sur la petite localité, qui retrouve sa sérénité en fin d'après-midi une fois qu'ils sont partis. C'est également dans cette partie de l'île que se trouve **Playa Norte**★★★, dont l'eau turquoise, le sable blanc et les palmiers semblent tout droit sortis d'une carte postale.

Retour de pêche sur Isla Holbox

Dans la partie méridionale, boisée et calcaire, s'étendent à l'ouest **Playa Paraíso** *(8,5 km du village, entrée payante)* et **Playa Lancheros** *(500 m plus loin)*. Les eaux calmes et les fonds rocheux de ces deux plages sont pris d'assaut par les touristes. Plus au sud, le **Parque Nacional El Garrafón*** *(9,5 km du village ; 8h-17h, entrée payante)*, très fréquenté, dispose d'un petit musée et d'un aquarium. Vous pourrez y observer les poissons tropicaux au cours d'une séance de plongée libre, mais le récif de corail est malheureusement abîmé. Si vous atteignez les **ruines mayas**, situées à la pointe sud de l'île, vous jouirez d'une vue imprenable sur la mer Caraïbe et l'île de Cancún.

La côte est de l'île, moins peuplée et plus sauvage, reste quant à elle préservée de l'affluence touristique. Au km 3,5, frayez-vous un chemin entre les rochers jusqu'à une ravissante petite **crique*** isolée *(pas de nom officiel et pas signalée sur les cartes de l'île distribuées par l'office du tourisme)*. Malgré les eaux agitées, vous pourrez vous baigner près du rivage.

Isla Holbox**

162 km de Cancún. Prenez la route fédérale 180 jusqu'au km 82, à l'embranchement d'El Ideal, puis tournez à droite en direction de Chiquilá. À la pointe nord du Quintana Roo, où se rencontrent les eaux du Golfe et de la mer Caraïbe, Isla Holbox *(prononcez holboch)* s'étire sur plus de 30 km de long et 2 km de large, séparée du continent par la lagune de Yalahau. Depuis 1998, l'île connaît un léger développement touristique et fait partie de la **réserve écologique Yum Balam**. Mais pour l'instant, l'endroit demeure encore intact avec ses routes non goudronnées avec pour seuls véhicules, des deux-roues ou des voiturettes de golf. Les **plages*** s'étendent à perte de vue sur plusieurs kilomètres, mais l'eau est moins transparente qu'à Cancún. Une jolie promenade consiste à longer la plage vers l'est jusqu'au pont de Punta Mosquito *(env. 8 km AR)*. Les pêcheurs vous feront également découvrir les alentours comme l'**Isla de los Pájaros*** (île des Oiseaux), une réserve naturelle qui abrite des pélicans, des flamants roses, des canards, ou encore l'**Isla de la Pásion***, un îlot où l'on peut profiter de la plage et d'un restaurant. Mais Isla Holbox, c'est aussi toute une atmosphère. C'est à pied et pieds nus que vous parcourrez les quelques rues du village, bordées de maisons basses en béton ou en bois peint de couleurs pastel. Vous aboutirez inévitablement à la place centrale, le royaume des jeunes, où trônent un terrain de basket, de volley et un jardin d'enfants.

ARRIVER-PARTIR

En avion – L'*Aeropuerto del Sureste*, ☎ (9) 886 03 40, est situé à 16 km au sud de « Ciudad Cancún ». Plusieurs liaisons quotidiennes avec Mexico ou le reste du pays. Vols internationaux pour les États-Unis, l'Amérique centrale, quelques villes européennes et canadiennes. Pour les compagnies aériennes, voir « Adresses utiles ».

Aucun bus n'assure la liaison entre Cancún et l'aéroport. Un taxi de l'aéroport au centre-ville revient à 400 pesos et un taxi collectif à env. 65 pesos par personne. Du centre-ville vers l'aéroport, un taxi prend 100 pesos et un taxi de « sitio » 150 pesos.

En bus – Le *terminal de bus*, calle Pino SM 23, M.56, lote 1 y 2, ☎ (998) 887 11 49, se trouve à l'intersection de l'av. Uxmal et de l'av. Tulum : 3 départs quotidiens pour Campeche (6 h 30) ; 3 bus pour Chetumal (6 h) ; 1 bus pour Chichén Itzá (3 h 30) ; plus de 40 départs par jour vers Mérida (5 h) ; 4 bus pour Mexico (25 h) ; 4 bus vers Playa del Carmen (1 h 15).

En face de la gare routière se trouve le *Terminal Playa Express* : départs toutes les 1/2 h pour Playa del Carmen et toutes les heures entre 8 h et 15 h pour Tulum.

COMMENT SE RENDRE DANS LES ÎLES

Pour *Isla Mujeres*, prenez un bateau à Puerto Juárez (à 3 km de Ciudad Cancún) ou un ferry à Punta Sam (à 8 km) : pour les horaires, voir « Arriver-Partir » p. 378. Le bus n° 13, qui passe av. Tulum, dessert les deux embarcadères.

Pour *Isla Holbox*, le plus simple est de prendre le bus direct pour Chiquilá (2 h 30) à 8 h. Sinon départs toutes les heures entre 5 h et 19 h d'un bus jusqu'à El Ideal (1 h 30), puis taxi ou bus pour Chiquilá (peu fréquents et horaires variables). Pour les horaires de bateau, voir « Arriver-Partir » p. 380.

COMMENT SE REPÉRER À CANCÚN

Les quartiers de Ciudad Cancún sont divisés en zones indépendantes appelées « Super-Manzanas » (SM), elles-mêmes sub-divisées en « Manzanas » (M) ; parfois les adresses sont suivies d'un n° ou d'un « lote n° ». Les « Super-Manzanas », qui bordent l'av. Tulum, la grande artère de la ville, constituent les quartiers principaux du centre-ville. Dans le prolongement de cette avenue, le bd Kukulcán bifurque vers l'est en direction de la « Zona Hotelera », qu'il parcourt du nord au sud. Toutes les adresses de l'île de Cancún portent le nom de ce boulevard, assorti d'un kilométrage.

COMMENT CIRCULER

La question des déplacements ne se pose guère que pour rejoindre la zone hôtelière.

En bus – De Ciudad Cancún à la « Zona Hotelera », prenez un bus indiquant « Hotels downtown » sur l'av. Tulum.

En taxi – Les taxis sont nombreux à Cancún, et la plupart ne sont pas équipés de compteur. Les taxis de « sitio », garés à une station, sont 50 % plus chers que les véhicules que l'on hèle dans la rue.

Location de voitures – La plupart des agences sont présentes à l'aéroport. *Avis*, aeropuerto, ☎ (998) 886 02 21 ; Plaza Maya Fair, Zona Hotelera, ☎ (998) 883 00 44. *Budget*, aeropuerto, ☎ (998) 886 00 26 ; av. Tulum #231, ☎ (998) 884 07 30. *Hertz*, aeropuerto, ☎ (998) 886 01 50 ; Reno #35 SM 20, ☎ (998) 887 66 34.

ADRESSES UTILES À CIUDAD CANCÚN

Office de tourisme – *SEDETUR*, angle av. Cobá et Nader #26, ☎ (998) 884 65 31, tlj 9 h-21 h.

Banque / Change – *Bancreer*, av. Uxmal #31, lundi-vendredi 9 h-17 h, samedi 10 h-14 h. *Bancomer*, av. Tulum #20, lundi-vendredi 8 h 30-16 h, samedi 10 h-14 h. « Casa de cambio » *Monterrey Export*, calle Pino, à côté de la gare routière, tlj 7 h-22 h. *American Express*, av. Tulum #208, ☎ (998) 885 20 01.

Poste – À l'angle de l'av. Xel-Ha et de l'av. Sunyaxchén. Lundi-vendredi 9h-18h, samedi 9h-13h.

Téléphone – Av. Tulum #18, Centro comercial San Fransisco de Asís, tlj 8h-22h.

Internet – *Classics*, calle Tulipanes, tlj 10h-23h.

Santé – *Hospital Amat*, av. Nader #13, ☎ (998) 887 44 22 : certains médecins parlent anglais et français. *Cruz Roja*, ☎ (998) 884 16 16.

Représentations diplomatiques – *Consulat de France*, av. Nader #34 SM 2-A, ☎ (998) 884 70 22. *Consulat du Canada*, Plaza Caracol, local 330, 3ᵉ piso, ☎ (998) 883 33 60. *Consulat de Suisse*, Hotel Hilton, bd Kukulcán km 17, ☎ (998) 881 80 00.

Compagnies aériennes – *Aero-México*, av. Cobá #80 SM 3, ☎ (998) 884 35 71 : vols quotidiens pour Cozumel, Flores-Tikal (lundi, mercredi, vendredi), Guadalajara, Mérida, Mexico, Monterrey, Montréal, Puebla, Paris. *Aviacsa*, av. Cobá #37 SM 4, ☎ (998) 887 42 11 : liaisons quotidiennes avec Mexico, Monterrey, Oaxaca. *Mexicana*, av. Cobá #39 SM 4, ☎ (998) 887 44 44 : vols quotidiens pour Bahías de Huatulco, Belize City (sauf lundi, mercredi), Campeche (sauf jeudi, samedi, dimanche), Chetumal (sauf samedi, dimanche), Ciudad de Guatemala, Flores-Tikal (lundi, mercredi, vendredi), Mérida, Mexico, Oaxaca, Palenque (lundi, mercredi, vendredi) et Toronto.

Numéros utiles – *Policía*, ☎ (998) 884 19 13. *Bomberos*, ☎ (998) 884 12 02.

Laveries – *Alborada*, av. Nader #5, SM 5, tlj 8h-20h.

Agences de voyages – *Asociación de Agencias de Viajes*, av. Tulum #200, Plaza Mexico SM 4, ☎ (998) 887 16 70, donne la liste des agences de voyages.

Librairies – *Fama Cancún*, av. Tulum #105, vend quelques cartes régionales et des livres en anglais.

OÙ LOGER À CIUDAD CANCÚN

De janvier à mi-avril, les quinze derniers jours de juillet et le mois de décembre, sont les périodes les plus touristiques : le prix des hôtels peut augmenter de 20 à 40 %. La zone hôtelière est destinée à une clientèle de tour-opérateurs : logez plutôt à Ciudad Cancún.

Autour de 100 pesos par personne
Cancún Hotel, calle Palmera #30, ☎ (998) 887 01 91 – 6 ch. De nombreux routards se retrouvent dans cette auberge de jeunesse, qui fait partie de la chaîne Hostelling International. Les chambres, très propres, disposent de 4 à 8 lits superposés. Internet, hamacs et cuisine commune à disposition.

Autour de 150 pesos
Hotel Piña Hermanos, calle 7 #35 SM 64, M6, L 14, ☎ (998) 884 21 50 – 43 ch. ⌁ ⎍ ⤧ Dans un cadre agréable des chambres toutes différentes les unes des autres, fonctionnelles et bien tenues. Si l'on ajoute un accueil aimable, un prix peu élevé pour Cancún, l'on obtient l'une des meilleurs adresses dans cette catégorie.

Autour de 250 pesos
Hotel María Isabel, retorno Palmera #59, SM 23 M 8, L 5, ☎ (998) 884 90 15 – 12 ch. ⌁▤⤧ Situé dans une rue calme, ce charmant hôtel propose des chambres petites et coquettes. Préférez celles du haut plus lumineuses et moins exiguës.
Hotel El Mesón de Tulum, av. Tulum #21, SM 2, M 13, int.13, ☎ (998) 887 73 99 – 14 ch. ⤧ Un couloir d'entrée un peu sombre conduit aux chambres réparties autour d'un jardin. Elles sont simples et relativement propres ; préférez celles du fond, plus calmes.

De 350 à 500 pesos
Hotel Hacienda Cancún, av. Sunyaxchén, SM 24, L 39 y 40, ☎ (998) 884 36 72, Fax (998) 884 12 08 – 36 ch. ⌁▤ TV ⎍ CC Calme et central, ce ravissant hôtel aux couleurs chaudes dispose de chambres impeccables et d'une agréable piscine à l'ombre de la végétation.
⌂ **El Rey del Caribe**, angle av. Uxmal et Nader, SM 2-A, ☎ (998) 884 20 28, Fax (998) 884 98 57, reycarib@cancun.

rce.com.mx – 53 ch. 🛎 📋 🍴 📺 🏊 CC Avec ses airs de château, cet hôtel est l'un des lieux les plus étonnants de Cancún. Au centre, un jardin tropical entoure la piscine et le Jacuzzi. Les chambres, grandes et jolies, sont toutes équipées d'un coin cuisine.

OÙ SE RESTAURER

Moins de 40 pesos

Les «comedores» installés au **Mercado 28**, à l'angle des av. Sunyachén et Tankah, proposent une cuisine correcte à prix modérés.

De 40 à 80 pesos

Los Huaraches de Alcatraces, calle Alcatraces #31 SM 22, ☎ (998) 884 39 18. Tlj 7h-23h. Près du Parque Las Palapas, ce restaurant fonctionne comme une cafétéria pour le choix des plats. Très bonne cuisine mexicaine dans cette salle tout en longueur, où se retrouvent les employés du centre-ville.

De 80 à 120 pesos

El Café, av. Nader #5, ☎ (998) 884 15 84 CC 7h 30-23h 30, dimanche 7h 30-22h 30. Ce restaurant aux arcades carrelées noir et blanc est essentiellement fréquenté par des cadres locaux. La carte variée propose de nombreux sandwiches, des plats mexicains plus consistants et diverses formules de petit-déjeuner.

Gory Tacos, Tulipanes #26. 🌂 CC Tlj 11h-23h. Situé dans l'une des rues piétonnes les plus fréquentées de Ciudad Cancún. Sur la charmante terrasse arborée de ce restaurant, vous dégusterez des «antojitos» ou des plats de poissons ou de viandes. Une bonne cuisine pour un budget moyen.

De 120 à 250 pesos

Mesón del Vecindario, Uxmal 23, SM 3, ☎ (998) 884 89 00. CC 11h-23h, dimanche 11h-19h. Quelque mètres après l'av. Nader en venant de la gare routière par l'av. Uxmal. Les petits objets de décoration à vendre, les revues à feuilleter disposées dans un cadre chaleureux rendent le lieu particulièrement agréable. La cuisine d'inspiration espagnole, italienne et française est adaptée au goût mexicain. Un ensemble plutôt réussi.

Roots, calle Tulipanes #26, ☎ (998) 884 24 37. 🌂 CC 17h-2h, sauf dimanche. À côté du Gory Tacos. Une lumière tamisée, des murs pastel rose et jaune composent un cadre chaleureux pour déguster un bon poisson ou une viande rouge. Un groupe de jazz se produit à partir de 22h du mardi au samedi. On peut se contenter d'y boire un verre.

• Zone hôtelière

De 180 à 350 pesos

La Palapa, calle Quetzal #13, ☎ (998) 883 54 54. 🌂 CC 7h30-23h sauf dimanche. Situé dans la zone hôtelière quelques mètres avant l'Intercontinental (entrée par l'hôtel Imperial Laguna), cet établissement tenu par un Bruxellois contraste fortement avec le béton environnant. Sous un toit de palmes, face à la lagune de Nichupté, vous pourrez savourer une délicieuse cuisine française. Le cadre enchanteur et la qualité de la cuisine compenseront largement les difficultés rencontrées pour trouver l'endroit.

OÙ SORTIR, OÙ BOIRE UN VERRE

Bars – La Taberna, av. Yaxhilán, SM 24. Tlj 13h-5h. Un des lieux les plus animés de Cancún : rock, billard, fléchettes et télévision. Clientèle locale et touristique. **Petite Havana**, calle Tulipanes, tlj 19h-2h. Cigares et cocktails cubains à déguster en terrasse.

Discothèques – La Candela, av. Tulum #3 7, 22h-5h sauf mardi. Une des rares discothèques du centre. Musique latine, entrée payante sauf du lundi au jeudi.

La Pachanga, angle av.Cobá #12 et av. Tulum, 22h-5h sauf mardi. Ce bar-discothèque est spécialisé en salsa, merengue, cumbia et cha-cha-cha. Entrée libre, clientèle mexicaine. **Coco Bongo**, bd. Kukulcán km. 9,5, Plaza Forum, tlj 22h-5h. Une des nombreuses discothèques de la zone hôtelière, musique rock, pop, House et latine. Entrée payante.

LOISIRS

Excursions – Ecolomextours, av. Tulum #200, SM 4, Plaza México, ☎ (998) 887 17 76. Découverte de la faune et de la flore aux environs de Cancún. La

« Riviera Maya » s'étend le long de l'autoroute 307, sur plus de 130 km au sud de Cancún ; parmi les attractions à visiter, les plus connues sont Xcaret et Xel-Há (voir p. 390).

Parcs aquatiques – Le *Parque Nizuc*, bd Kukulcán km 25, ☎ (998) 881 30 30 : nombreux toboggans et possibilité de nager avec des dauphins. *Aquaworld*, bd Kukulcán km 15,2, ☎ (998) 885 22 88, est un centre nautique regroupant plusieurs activités : bateau à fond de verre, visite d'Isla Mujeres ou Cozumel, plongée, pêche et ski nautique.

Golf – *Hilton Hotel*, bd Kukulcán km18, ☎ (998) 881 80 16 : 18 trous. *Meliá Cancún Hotel*, bd Kukulcán km 15, ☎ (998) 881 11 00 :

13 trous. *Pok-Ta-Pok*, bd Kukulcán km 7,5, ☎ (998) 883 12 30 : 18 trous.

Équitation – *Wild Paradise*, av. Kabash, SM 32, M6, L2, ☎ (998) 884 90 63.

Karting – *Gokarts*, carretera Cancún-Aeropuerto km 7,5, ☎ (998) 882 12 75.

ACHATS

Les marchés de Cancún sont davantage spécialisés en souvenirs. Le *Mercado 28*, angle av. Sunyaxchén et av. Tankah, est un ancien marché alimentaire qui a peu à peu laissé la place à un marché artisanal : 9 h-21 h, dimanche 9 h-17 h. Les deux plus importants, le marché *Pancho Villa*, av. Nader #7 et le marché *Ki-Huic*, av. Tulum #5, sont dos à dos : 9 h-21 h, dimanche 9 h-17 h.

Isla Mujeres pratique

ARRIVER-PARTIR

En bateau – De *Puerto Juárez* (3 km au nord de Cancún), des bateaux (20 mn, 35 pesos) partent chaque 1/2 h entre 6 h 30 et 21 h – le dernier est à 23 h 30. Au retour, mêmes fréquences de 6 h à 20 h, dernier bateau à 21 h. De *Punta Sam* (8 km au nord de Cancún), les ferries (40 mn, véhicules : 180 pesos et / ou passagers : 15 pesos) partent à 8h, 11h, 14h45, 17h30, 20h15. Retour à 6 h 30, 9 h 30, 12 h 45, 16 h 15, 19 h 15. Les billets s'achètent directement au port avant le départ. Voir aussi « Arriver-Partir » p. 375.

COMMENT CIRCULER SUR L'ÎLE

En taxi – Véhicules stationnés av. Rueda Medina. Fixez le prix à l'avance.

Location de deux-roues et de voitures de golf – *Operadora Turística Isla Mujeres*, av. Rueda Medina #78 b.

ADRESSES UTILES

Office de tourisme – Av. Rueda Medina #130, ☎ (998) 887 03 07. 8 h-20h, week-end 9 h-14 h.

Banque / Change – *Bital*, av. Rueda Medina #3. Lundi-samedi 8 h-18 h. Nombreuses « casa de cambio » dans l'av. Hidalgo.

Poste – Angle av. Guerrero et Lopez Mateos. Lundi-vendredi 9 h-16 h.

Téléphone – *Xtel*, av. Madero #8, local 5 : 8 h-22 h, dimanche 10 h-18 h. Également fax.

Internet – *Xtel*, av. Madero #8, local 5 : 8 h-22 h, dimanche 10 h-18 h.

Santé – *Centro de salud*, ☎ (998) 887 01 17. *Cruz Roja*, (998) 887 02 80.

Sécurité – *Policía*, ☎ (998) 887 00 82 ext. 27.

Laveries – *Tim Phó*, av. Juárez Norte #94-B. 7 h-21 h, dimanche 8 h-14 h.

OÙ LOGER

De mi-décembre à fin avril et pendant les mois de juillet-août, l'île connaît son plus fort taux de fréquentation touristique. Les prix des hôtels augmentent alors de 20 à 50 %.

De 160 à 200 pesos

Posada Suemi, av. Matamoros #12, ☎ (998) 877 01 22 – 17 ch. 📶 🍴 Au cœur du village, un hôtel familial aux chambres très convenables; celles du haut sont spacieuses et plus lumineuses. Un des établissements les moins chers, très prisé des routards.

Xul-Ha, av. Hidalgo #23 Norte, ☎ (998) 877 00 75 – 19 ch. 📶 🍴 À 150 m de Playa Norte, cet hôtel aux murs blancs est réparti sur deux étages autour d'un petit jardin. Les chambres simples et confortables constituent un très bon rapport qualité-prix.

De 280 à 400 pesos

Hotel Isleño, angle av. Madero #8 et Guerrero, ☎ (998) 877 03 02 – 19 ch. 📶 🍴 Cet établissement central, sans prétention, propose deux catégories de chambres, avec ou sans salles de bains (moins chères). Le meilleur prix dans cette catégorie.

María Leticia, av. Juárez #28 Norte, ☎ (998) 877 03 94 – 10 ch. 📶 🍴 📺 Avec ses maisons réparties le long de l'allée, cet hôtel est un village dans le village. Un jardin planté d'un cocotier et d'un palmier et de jolies chambres impeccables en font une étape charmante.

Autour de 1 200 pesos

Na Balam, calle Zazil-Ha #118, Playa Norte, ☎ (998) 877 02 79, Fax (998) 877 04 46, nabalam@cancun. rce.com.mx, www.nabalam.com – 31 ch. 📶 🍴 🏊 🐾 💳 Doté d'un emplacement privilégié face à la mer, cet hôtel dissimulé dans un joli jardin tropical possède des chambres spacieuses, équipées d'un coin salon et d'une terrasse.

Autour de 3 000 pesos

La Casa de los Sueños, carretera Garrafón s/n, ☎ (998) 877 06 51, Fax (998) 877 07 08, info@lossuenos.com, www.lossuenos.com – 8 ch. 📶 🍴 📺 ✕ 🏊 🐾 💧 💳 Ce Bed & Breakfast, au sud de l'île, est un havre de paix. Dès l'entrée, vous serez ébloui par la décoration sobre, moderne et gaie de cette « casa » mexicaine. Les chambres, toutes différentes, sont dotées d'une terrasse avec une vue magnifique sur la mer Caraïbe. La propriétaire possède deux chiens et appréciera si vous êtes non-fumeur. Massages et yoga sur place. Réservation recommandée.

OÙ SE RESTAURER

De 40 à 80 pesos

Poc-Chuc, angle calle Abasolo et av. Juárez. 8h-21h, sauf dimanche. Ce restaurant sympathique, sans prétention, propose une grande variété de plats, dont quelques spécialités yucatèques, bon marché et bien préparées.

Lonchería La Lomita, av. Juárez #178. 9h-22h, sauf dimanche. Légèrement excentré, au sud du village, vous aurez le choix entre un menu ou un des plats (poissons, viandes) généreusement servis. Cuisine familiale dans une salle simple.

De 80 à 150 pesos

El Sol Dorado, av. Madero #11, ☎ (998) 877 03 26. 🍴 Tlj 7h-23h. Derrière la salle de billard et sa bruyante télévision se cache un charmant petit jardin. Cuisine mexicaine, mais également des plats végétariens et six formules de petits-déjeuners.

Tequila Sol, av. Hidalgo. Tlj 7h-24 h. Installé dans une belle salle à arcades, le seul restaurant où l'on sert des « tapas » et des grillades dans une ambiance plaisante de bar-restaurant.

Plus de 150 pesos

Na Balam, calle Zazil-Ha #118, ☎ (998) 877 02 79. 🍴 💳 Tlj 8h-minuit. Le restaurant de l'hôtel Na Balam est divisé en trois parties. Le petit-déjeuner se prend dans le jardin, les pieds dans le sable ; à midi, vous serez sous un parasol de la plage. Le soir pour un repas plus intime, une salle à l'étage éclairée à la bougie, sous un toit de palmes, vous accueillera. La cuisine est de très bonne qualité.

OÙ SORTIR, OÙ BOIRE UN VERRE

Bars – Daniel's, av. Hidalgo #132. Tlj 11h-1h. Un des premiers bars de l'île. Groupe de rock à partir de 22h30, bonne ambiance.

Discothèques – _Kokonuts_, av. Hidalgo, e/av. Lopez Mateos et Matamoros. Tlj 18h-4h. Pour boire un verre où danser jusqu'à l'aube sur de la musique latine, rock ou House : entrée libre. _Slices_, calle Hidalgo. Tlj 22h-4h. En face du Kokonuts. Entrée libre.

LOISIRS

Excursions – Les agences proposent une excursion jusqu'à la réserve ornithologique d'Isla Contoy (350 pesos, 9h-16h). _La Isleña_, av. Morelos s/n, ☎ (998) 877 05 78.

Parc aquatique – Pour nager avec des dauphins, _Dolphin Discovery_, au centre-ouest de l'île.

Plongée – _Sea Hawk_, calle Carlos Lazo Playa Norte, ☎ (998) 877 02 96. Pour découvrir des récifs variés – les deux plus jolis sont « Manchones » et « Media Luna ». Location de masques, palmes et tubas.

Pêche – _Sea Hawk_, calle Carlos Lazo : pêche en mer (1 700 pesos la 1/2 journée).

Isla Holbox pratique

ARRIVER-PARTIR

En bateau – Embarquement au port de **Chiquilá** (voir « Arriver-Partir » p. 356 et p. 375). Les « lanchas » (25 mn, 30 pesos) partent à 6h, 8h, 10h, 12h, 14h, 16h, 17h. Retour à 5h, 7h, 9h, 11h, 13h, 15h, 16h. Ferries à 8h et 14h, retour à 10h30 et 15h30 (attention, les marées peuvent parfois retarder les traversées d'un jour. Mieux vaut prendre les « lanchas » et laisser son véhicule au parking de Chiquilá).

En bus – Du port de Chiquilá, un bus pour Mérida (durée : 5h) à 6h30 et un pour Cancún (2h30) à 14h.

ADRESSES UTILES

Office de tourisme – Adressez-vous aux hôtels ou aux restaurants.

Banque / Change – Pas de banque avant Valladolid, Mérida, Tizimín ou Cancún.

Poste – Sur la place centrale, lundi-vendredi 10h-12h.

Téléphone – Calle Porfirio Díaz, au niveau de la place centrale sur la gauche lorsqu'on vient de l'embarcadère. 8h-20h, dimanche 8h-13h.

Urgences – Sur la place centrale, deux policiers assurent une permanence devant la mairie.

Location de deux-roues et de voitures de golf – Dans l'av. Juárez ou sur la place, env. 60 pesos par jour pour les vélos et 400 pesos pour les voitures de golf.

OÙ LOGER

Durant les saisons touristiques (mars-avril, juillet-août et décembre), les prix des hôtels de catégorie peu onéreuse doublent, les autres augmentent d'env 35 %. Pensez à réserver.

Autour de 100 pesos
Posada La Raza, ☎ (984) 875 20 72 – 6 ch. ⚐☂ Sur la place centrale, à côté du restaurant la Cueva del Pirata. L'ensemble est un peu sombre et les chambres distribuées autour du couloir sont rudimentaires mais propres. L'un des moins chers de l'île.

De 200 à 250 pesos
Posada Ingrid, ☎ (984) 875 20 70 – 10 ch. ⚐☂ Avant d'arriver sur la plage par l'av. Juárez, prenez la dernière rue à gauche avant la plage. Le bâtiment rectangulaire ne présente aucun charme, pourtant les chambres sont gaies, propres et fonctionnelles.

Hotel La Palapa, av. Morelos #231, ☎ / Fax (984) 875 21 21, I.Pompeo @libero.it, www.pisana.com/holbox – 6 ch. ⚐☂ Avant d'arriver sur la plage par l'av. Juárez, prenez à gauche, continuez pendant 150 m. Des chambres spacieuses et agréables, malgré leur manque d'isolation. Préférez la chambre à l'étage, plus confortable mais plus chère, avec vue sur le Golfe du Mexique.

Autour de 400 pesos
Hotel Faro Viejo, ☎ (984) 875 22 17, Fax (984) 875 21 86, faroviejo@prodigy. net.mx, www.faroviejoholbox.com. mx – 14 ch. ⚐☂▤✕⚲ CC Au bout

de l'av Juárez, sur la plage en arrivant du débarcadère. Cet hôtel tenu par un couple franco-mexicain accueillant dispose de chambres décorées avec goût et dotées de terrasses privées donnant sur le golfe du Mexique. Également des appartements de 4 à 6 personnes. Petit-déjeuner inclus et supplément pour la climatisation.

Autour de 800 pesos
Hotel Villas Delfines, ☎ (984) 884 86 06, Fax (984) 884 63 42, delfines@holbox.com, www.holbox.com – 10 ch.  En arrivant sur la plage par l'av. Juárez, longez la côte sur la droite pendant 1,5 km (vous pouvez vous faire accompagner par des vélos-taxis stationnés au débarcadère). Les allées fleuries sont jalonnées de bungalows sur pilotis abritant de jolies chambres, spacieuses et confortables.

Où se restaurer

Moins de 40 pesos
Lonchería Julio's, place centrale. Tlj 19h-23h. Assis sur un tabouret ou une chaise en plastique, vous grignoterez tacos, tortas, quesadillas, hot dogs ou soupes. Bon et pas cher.

De 40 à 80 pesos
Zarabanda, calle Escobedo #282, ☎ (984) 875 20 94. Tlj 8h30-21h. À 50 m au sud de la place centrale. Ce restaurant sans prétention accueille une clientèle de locaux et de touristes. Poissons, volailles et viandes rouges copieusement servis à des prix très raisonnables.

De 80 à 150 pesos
La Cueva del Pirata, ☎ (984) 875 21 83. Tlj 8h-13h/17h30-23h. Ce restaurant tenu par un Italien est situé sur la place centrale. Très agréable pour observer la vie du village, il propose une carte variée et une cuisine de qualité.

Faro Viejo, ☎ (984) 875 22 17. Tlj 8h-21h30. Sur la terrasse de l'hôtel Faro Viejo. Vous dégusterez face au golfe du Mexique des spécialités de poissons ou de fruits de mer. Le service attentionné et la qualité de la cuisine en font un endroit de choix.

Isla Mujeres : ambiance caraïbe

A. Cassidy/MICHELIN

Isla Holbox pratique

Playa del Carmen★
et Isla de Cozumel★★
État du Quintana Roo
68 km de Cancún et 61 km de Tulum par la route 307

À ne pas manquer
Les bars des plages de Playa del Carmen.
Le tour d'Isla de Cozumel en deux-roues.

Conseils
Réservez votre hôtel à l'avance de décembre à fin avril et pendant juillet et août.
La baignade sur la côte est d'Isla de Cozumel est dangereuse.

Longtemps cantonnée au rôle de port d'embarquement pour l'île de Cozumel, Playa del Carmen est devenue une ville touristique à part entière depuis ces 20 dernières années. Avec ses très belles plages, elle constitue non seulement une excellente base d'excursions vers Cobá et Tulum, mais la ville elle-même, très cosmopolite, est désormais un carrefour obligé où accostent les bateaux de croisière et les voyageurs en quête d'aventure. Si vous préférez un coin plus sauvage, prenez le bateau jusqu'à Cozumel pour découvrir les plus beaux fonds marins du Mexique.

Playa del Carmen★
70 000 hab.

Des plages de sable blanc aux eaux turquoise et émeraude longent la ville sur plusieurs kilomètres. L'animation se concentre dans les rues et avenues les plus proches de la mer. L'**Avenida Quinta** (cinquième avenue) est le cœur touristique de Playa del Carmen. En fin de journée, quand la fraîcheur revient, les flâneurs déambulent sur les pavés des voies piétonnes, attirés par les boutiques, les restaurants et les bars animés. Là se retrouvent les jeunes globe-trotters pour échanger leurs impressions de voyage dans une atmosphère conviviale.

Côté plages
À 3 km au nord de la ville, **Coco Beach**★★, l'une des plus belles plages, présente un récif corallien à 50 m à peine du rivage.
À l'opposé, plus au sud, **Playacar** offre un contraste étonnant avec l'ambiance décontractée de la ville. Les grands hôtels de luxe et les villas privées ont été investis par les tour-opérateurs et une clientèle américaine aisée.

Isla de Cozumel★★
Pour l'accès, voir la rubrique pratique.
Pour faire le tour de l'île, comptez une journée en vous arrêtant.

Dans la mer Caraïbe, à l'est de la péninsule du Yucatán, Cozumel, la plus grande île habitée du Mexique, s'étend sur 47 km de long et 17 km dans sa partie la plus large. Au Postclassique tardif (1 200 à 1500 ap. J.-C.), Cozumel était un centre cérémoniel maya d'envergure où l'on vénérait Ixchel, déesse de la Fertilité, de la Raison, de la Médecine et de la Lune. À l'arrivée des conquistadors en 1518, le sanctuaire de la divinité fut détruit pour être remplacé par un autel consacré à la Vierge. Devenue un repaire de pirates dès la fin du 16e s., l'île fut désertée par les habitants et ne se repeupla que trois siècles plus tard grâce au chiclé, une gomme naturelle utilisée pour la fabrication du chewing-gum. En 1973, Jacques-Yves Cousteau explora plus de 15 récifs, dont celui de Palancar, et fit découvrir au monde entier les merveilleux fonds marins du deuxième plus grand site de plongée du monde (après l'Australie).

left margin
La péninsule du Yucatán

San Miguel de Cozumel

Les trois quarts des 75 000 habitants vivent dans la seule ville de l'île, à San Miguel de Cozumel, sur la côte occidentale. Le débarcadère fait face à la **Plaza Principal**, d'où partent les rues et les avenues centrales bordées de maisons basses. Deux à trois fois par semaine, Cozumel est submergée par les touristes débarquant des bateaux de croisière. Pendant quelques heures, les boutiques de souvenirs sont dévalisées, les restaurants assaillis jusqu'au départ des bateaux. Hormis cette vague touristique, San Miguel de Cozumel est calme et accueillante. À deux *cuadras* au nord de la place principale, le **Museo de la Isla de Cozumel**★ *(9h-18h, entrée payante)* présente la flore et la faune, les récifs coralliens et retrace l'histoire de l'île.

Le tour de l'île★★

Quittez San Miguel de Cozumel par la route côtière qui conduit jusqu'à la pointe méridionale. Circuit d'env. 60 km. Faites le tour de l'île dans le sens contraire des aiguilles d'une montre.

À 9 km de la ville, le **Parque Nacional de Chankanaab**★ *(8h-16h30; entrée payante)*, avec son jardin botanique et 60 répliques de sculptures indiennes (aztèques, zapotèques, mayas, etc.), est un des lieux les plus touristiques de l'île. Il abrite le **récif de Chankanaab**★, peu profond et coloré, qui ravira les plongeurs débutants. De **Playa Corona**★ *(1 km plus loin)*, plus petite et plus intime, des bateaux pneumatiques rejoignent le **récif de Tormentos**★★. Plus au sud, à 4 km, la **Playa San Francisco** à quant à elle perdu beaucoup de son charme avec les terrasses de restaurants posées sur des socles qui défigurent le paysage.

Une route goudronnée oblique vers les ruines mayas les plus anciennes de l'île : **El Cedral**. Détruit par les Espagnols et utilisé comme piste d'atterrissage pour les avions américains, le site est aujourd'hui en mauvais état.

En reprenant la route principale, toujours vers le sud, **Playa Sol**★★ *(entrée payante)* propose à ses clients des activités sportives (volley, ping-pong) et de détente (massage, piscine, transats). La plage suivante, **Playa Mister Sanchos**★★, dont les tables et les chaises longues entourent un bar « exotique », est l'une des plus agréables pour la baignade. Quelques centaines de mètres plus au sud, **Playa Nachi Cocom**★★, avec ses cocotiers bordant la piscine et le Jacuzzi, se veut la plus chic de l'île. Les routards préfèrent se retrouver sur la dernière plage, la plus sauvage de la côte occidentale, **Playa Palancar**★. Plantée de nombreux cocotiers, elle n'est malheureusement pas très bien entretenue, mais au large se trouve le célèbre **récif de Palancar**★★★.

En longeant la pointe méridionale de l'île, vous serez surpris par le changement de végétation et l'atmosphère de « bout du monde » ; les bars, des cabanons en planches piquées de drapeaux jamaïcains, font face à une mer démontée. C'est ici que l'on accède à la **réserve écologique de Punta Sur**★★ *(8h-16h, entrée payante)* qui propose une balade le long du littoral entre mer Caraïbe et lagunes.

La route continue pendant 13 km, le long d'une côte calcaire, sauvage et ventée jusqu'à **Playa Chen Rio**★★, une large bande de sable blanc abritée du vent, parsemée de palmiers et de parasols en palmes. Plus au nord, **Punta Morena**, aux eaux agitées, est idéale pour les surfeurs. À la hauteur de Mezcalitos, la **carretera Transversal** parcourant l'île d'est en ouest tourne à gauche *(un chemin de sable continue jusqu'au nord de l'île, mais seuls les 4x4 ou les motos tout terrain peuvent l'emprunter)*. Rapidement, vous apercevrez sur votre droite l'embranchement qui conduit aux ruines **San Gervasio** *(8h-17h, entrée payante)*.

Playa del Carmen pratique

ARRIVER-PARTIR

En avion – Le petit aérodrome de Playa del Carmen, angle calle 3 bis et av. 15, ☎ (987) 873 03 50, est situé à 3 «cuadras» du centre-ville. Seuls des taxis aériens, **Aero Saab**, ☎ (987) 873 05 01, **Aeroferinco**, ☎ (987) 873 06 36, et **Aerocozumel**, ☎ (987) 873 19 19; assurent des liaisons avec Cozumel, Isla Holbox, Isla Mujeres, Mérida, Tikal et Palenque. Leurs horaires dépendent des réservations et du taux de remplissage.

En bateau – Pour Isla de Cozumel, départ chaque heure (45 mn, env. 70 pesos) entre 5 h et 23 h (sauf 6 h, 12 h, 14 h, 20 h, 22 h). Transport de passagers uniquement.

En bus – Dans le centre-ville, **Terminal ADO**, angle av. 5 et av. Juárez, ☎ (987) 873 01 09. Un bus toutes les 10 mn de 5 h 15 à 00 h 30 pour Cancún (1 h); départs à 5 h 30 et 7 h 30 vers Cobá (1 h 30); 13 départs entre 7 h 15 et minuit pour Chetumal (5 h); un bus tôt le matin pour Chichén Itzá (5 h); 11 départs entre 7 h 15 et minuit pour Mérida (5 h); 2 départs le matin et 1 en début de soirée pour Mexico (24 h); 3 bus dans l'après-midi pour Palenque (12 h); 3 départs dans l'après-midi pour San Cristóbal de las Casas (18 h); 13 départs entre 6 h 15 et 20 h 15 vers Tulum (1 h); 3 départs en fin de matinée pour Xel-Ha (50 mn).
À quelques mètres du terminal ADO, le **terminal Tuxtla Gutiérrez**, av. Juárez e/av. 5 et av. 10, ☎ (987) 873 00 11, dessert : Cancún (1 h) : 2 départs l'après-midi; Chetumal (5 h) : 11 départs entre 6 h 15 et minuit; Chichén Itzá (5 h) : un bus tôt le matin; Mérida (5 h) : 5 départs dans la journée.

COMMENT CIRCULER

En taxi – Une course jusqu'à l'aéroport de Cancún coûte env. 250 pesos. Des minibus assurent également ce transfert (120 pesos par personne). Adressez-vous aux différents comptoirs de l'avenida 5.

Location de deux-roues – **Universal**, av. 10 e/12 et 14, ☎ (987) 987 933 58.

Location de voitures – **Hertz**, av. 5 e/10 et 12, ☎ (987) 873 07 03. **Avis**, av. 20 e/2 y 4, ☎ (987) 873 38 44, ☎ (987) 873 38 42. **Autorent**, av. 10 e/2 et 4, ☎ (987) 873 35 35.

ADRESSES UTILES

Office du tourisme – L'office du tourisme, angle av. Juárez et av. 15, ☎ (987) 873 28 04. 9 h-21 h, dimanche 9 h-17 h.

Banque / Change – **Bital**, av. Juárez e/10 et 15. Lundi-samedi 10 h-18 h. Nombreux bureaux de change dans l'avenida 5.

Poste – Av. Juárez e/15 et 20, ☎ (987) 873 03 00. Lundi-vendredi 8 h-15 h, samedi 9 h-13 h.

Téléphone – Service de téléphone et de fax,, calle 4 e/5 et 10. Tlj 8 h-23 h 30.

Internet – **Supersonicos.com**, av. 10 e/2 et 4. Tlj 9 h-24 h.

Santé – **International Medical Services**, av. 35 e/2 et 4, ☎ (987) 873 04 93. **Cruz Roja**, ☎ (987) 873 12 33.

Numéros utiles – **Policía**, ☎ (987) 873 02 91. **Pompiers**, ☎ (987) 873 02 91.

Laveries – **Yee**, calle 6 e/5 et 10. Tlj 7 h 30-19 h 30.

Librairies – **La Librería**, calle 8 e/5 et 10. Lundi-samedi 9 h-23 h, propose quelques cartes du Mexique et des livres d'occasion en anglais et en français.

OÙ LOGER

En juillet-août et de mi-décembre à fin avril, les prix augmentent de 15 à 40 %.
Autour de 150 pesos
Posada Lily, av. Juárez e/10 et 15 – 25 ch. À 50 m de la gare routière, en contrebas de l'av. Juárez. Ce motel dispose de chambres rudimentaires aux murs roses. Un peu bruyant.
De 200 à 300 pesos
Posada Fernández, av. 10 e/Juárez et 1, ☎ (987) 873 01 56 – 11 ch. Cet hôtel familial se trouve entre la gare routière et l'embarcadère pour Cozumel. Un établissement bien tenu, sans prétention, proposant des chambres convenables. Les chambres sur la rue sont un peu bruyantes. Le moins cher de sa catégorie.

La péninsule du Yucatán

Hotel Mar Caribe, angle calle 1 et 15 av., ☎ (987) 873 02 07 – 9 ch. ☷☒ À 2 « cuadras » de la gare routière, cet hôtel tenu par un couple franco-mexicain propose des chambres simples, impeccables mais bruyantes. Bon accueil.

De 350 à 450 pesos

Hotel Maya Bric, av. 5, Lotes 7 y 8, ☎ / Fax (987) 873 00 11, mayabric. com – 29 ch. ☷☒☒☒ Dans l'avenue piétonne principale, un agréable jardin tropical s'étire le long d'un bâtiment qui abrite de grandes chambres. L'ensemble est convivial et aéré.

Hotel Copa Cabaña, av. 5 e/10 et 12, ☎ (987) 873 02 18 – 30 ch. ☷☒☒ ☒☒ De l'avenue piétonne, vous passerez par la réception pour déboucher sur un jardin tropical luxuriant. Les chambres sont spacieuses et confortables mais manquent un peu de luminosité au rez-de-chaussée. Une bonne adresse. Supplément (50 pesos) pour la climatisation.

Autour de 500 pesos

Hotel Costa del Mar, calle 1 e/12 et 14, ☎ (987) 873 08 50, Fax (987) 873 00 58, costamar@prodigy.net.mx – 37 ch. ☷☒☒☒☒☒☒☒ La tranquillité du passage piéton et la distribution de l'hôtel donnent le sentiment d'être dans un village en plein cœur de Playa del Carmen. Les chambres spacieuses et colorées sont bien aménagées. Supplément de 150 pesos pour la climatisation.

Autour de 1 000 pesos

Mosquito Blue, calle 12 e/5 et 10, ☎ (987) 873 13 35, Fax (987) 873 13 37, www.mosquito@playadelcarmen.com – 45 ch. ☷☒☒☒☒☒☒☒ Voici l'un des hôtels les plus élégants du centre-ville, placé sous le signe du bleu et du bois, évoquant l'intérieur d'un bateau. Parmi les chambres, sobres et joliment décorées, choisissez celles qui donnent sur le jardin.

De 30 à 60 pesos

Lonchería Doña Tere, angle av. Juárez et 35. 8 h-21 h, sauf le dimanche. Dans ce restaurant familial, on mijote de très bons plats traditionnels mexicains. Les propriétaires, originaires du Jalisco, proposent quelques spécialités du nord du pays. Goûtez au « pozole ».

The Coffee Press, calle 2. ☷ Tlj 7 h 30-22 h 30. Situé à quelques mètres de la plage, ce restaurant-salon de thé est idéal pour combler un petit creux. Sandwiches, crêpes ou desserts sont proposés sur la terrasse de cette rue piétonne. Parfait pour le petit-déjeuner.

De 60 à 120 pesos

Casa Mediterránea, angle calle 1 et av. 5. ☷ 12 h-23 h, sauf le jeudi. À une centaine de mètres face à l'embarcadère pour Cozumel. Ce charmant restaurant italien est spécialisé dans la cuisine du nord de l'Italie. La carte présente une grande variété de pâtes fraîches à déguster dans un cadre méditerranéen

Tarraya, angle calle 2 #101 et 103, ☎ (987) 873 20 40. ☷ Tlj 7 h-21 h. Un des premiers restaurants de Playa del Carmen. Les filets de pêche suspendus aux poutres donnent un ton marin à ce restaurant de bord de plage. Malgré l'afflux de touristes, il demeure immuable en matière de prix et de qualité. Poissons frais et très bon guacamole.

Autour de 150 pesos

Jardín Limones Restaurant, av. 5 e/6 et 8, ☎ (987) 873 08 48. ☒☒ La lumière tamisée, l'atmosphère paisible et la qualité de la cuisine en font une bonne adresse à Playa del Carmen. Cuisine mexicaine et internationale (filet au roquefort, lasagne…).

Bar-discothèque – Capitán Tutix, calle 4. Tlj 22 h-3 h. Au bord de la plage, salle en bois avec un comptoir en forme de bateau. Musique « live » à partir de 22 h, puis discothèque vers minuit (house, techno, salsa, reggae et rock).

Plongée – Yucatek Divers, av. 15 e/2 y 4, ☎ (987) 879 64 86, www. yucatek-divers.com, propose des cours en français pour plongeurs débutants ou confirmés.

Pêche – Même agence que pour la plongée.

Golf – Club de golf Playacar, Paseo Xaman-Há, ☎ (987) 873 06 24 : parcours 18 trous.

Playa del Carmen pratique

La péninsule du Yucatán

ARRIVER-PARTIR

En avion – L'*Aeropuerto Internacional de Cozumel*, angle av. Boulevard et av. 65, ☎ (987) 872 20 81, se trouve à 1 km au nord du centre-ville. *Aerocozumel*, ☎ (987) 872 34 56, assure des vols quotidiens pour Cancún ; *Mexicana*, ☎ (987) 872 29 45, propose des vols quotidiens pour Mexico et Mérida. Pour le centre-ville, seuls des taxis collectifs (8 personnes) assurent le transport.

En bateau – Départs pour Playa del Carmen chaque heure de 4 h à 22 h (sauf 5 h, 11 h, 13 h, 19 h, 21 h). Voir également « Arriver-Partir » p. 384.

COMMENT CIRCULER DANS L'ÎLE

En taxi – Station devant le débarcadère. En l'absence de compteur, les chauffeurs ont une liste de tarifs officiels.

Location de voitures – *Budget*, 5a av. Norte e/2 et 4, ☎ (987) 872 51 77. *Hertz*, aeropuerto ; Internacional Dock y av. Rafael E. Melgar, (987) 872 59 79.

Location de deux-roues – *Aguila*, av. Rafael E. Melgar #685 e/3 et 5, ☎ (987) 872 13 75. *Rentodora Cozumel*, 10 av. sur #172, ☎ (987) 872 14 29.

ADRESSES UTILES

Office du tourisme – *Dirección de Turismo Municipal*, Plaza B. Juárez e/5 et 10, Edificio Plaza del Sol, 1ᵉ piso, ☎ (987) 872 75 63. Lundi-vendredi 9 h 15/18 h-20 h.

Banque / Change – *Bancomer*, Plaza B. Juárez. Lundi-vendredi 8 h 30-16 h, samedi 10 h-14 h. *Change, Interdivisas Interpeninsular*, av. 1 sur e/5 et 10. Tlj 8 h 30-21 h.

Poste – Av. Rafael E. Melgar #501. Lundi-vendredi 9 h-16 h, samedi 9 h-13 h.

Téléphone – *Coffee Net*, Plaza Villamar. Fax et téléphone. 9 h-23 h, dimanche 15 h-23 h.

Internet – *Coffee Net*, Plaza Villamar. 9 h-23 h, dimanche 15 h-23 h.

Santé – *Médica San Miguel, calle 6 e/5 et 10*, ☎ (987) 872 01 03, 24 h/24. *Buceo Médico Mexicano*, calle 5 sur #21B, ☎ (987) 872 14 30 (centre de décompression) *Cruz Roja*, ☎ (987) 872 10 58.

Numéros utiles – *Policía*, (987) 872 04 09. *Pompiers*, (987) 872 08 00. **Laverie** – *Express*, calle Rosado Salas e/5 et 10.

OÙ LOGER

Pendant la haute saison, les prix peuvent augmenter de 20 à 40 %.

Autour de 200 pesos
Posada Edem, calle 2 Nte #12, ☎ (987) 872 11 66 – 26 ch. ⌂ ⤬ En arrivant de l'embarcadère, prenez à gauche puis tournez dans la 1ʳᵉ rue à droite. Un hôtel calme sans prétention. Les chambres sont spartiates mais bien tenues.

Hotel Flores, av. Adolfo R. Salas #72, ☎ (987) 872 14 29 – 27 ch. ⌂ ▤ ⤬ CC À droite en sortant du débarcadère et 2ᵉ rue à gauche. Un accueil sympathique, des chambres propres et fonctionnelles bien qu'un peu exiguës. Évitez celles donnant sur la rue. Comptez 50 pesos en plus si vous optez pour la climatisation.

De 300 pesos à 350 pesos
Palma Dorada, av. Adolfo R. Salas #44, ☎ (987) 872 03 30, Fax (987) 872 02 48 – 18 ch. ⌂ ▤ ⤬ CC Derrière les murs de cet établissement, apparemment sans charme, on découvre un foisonnement de plantes et de tableaux ainsi que des chambres d'une grande gaieté. 100 pesos supplémentaires pour la climatisation.

Hotel Flamingo, calle 6 Nte #81, ☎ (987) 872 12 64, flammingo@cozumel.com.mx – 21 ch. ⌂ ▤ ⤬ ♪ ✕ TV CC À gauche en sortant du débarcadère, puis tournez dans la 3ᵉ rue à droite. Cet hôtel calme et coloré propose des chambres modernes et joliment décorées. Vous profiterez des hamacs installés au dernier étage, sous un toit de palmes. Supplément de 100 pesos pour les chambres climatisées.

Amarento, calle 5 sur e/15 et 20, ☎ / Fax (987) 872 36 14, tamarind@cozumel.com.mx – 5 ch. ⌂ ▤ TV En sortant du débarcadère, prenez à droite puis tournez à gauche au bout de 5 « cuadras » et passez 3 rues. Un des rares hôtels de charme de l'île. Les chambres ovales au mobilier en bois peint sont confortables et très agréables à vivre. Cet établissement tenu par un couple franco-mexicain dégage une atmosphère méditerranéenne. Une très bonne adresse.

Autour de 600 pesos

Suites Colonial, angle 5 av. Sur #9 et av. Adolfo R. Salas, ☎ (987) 872 02 09, Fax (987) 872 13 87, bacocame@dicoz.com – 28 ch. 📶📧♒📺 ᴄᴄ Passez devant l'hôtel Flores et tournez dans la 1ʳᵉ rue à gauche. Vous emprunterez le long passage conduisant à la réception de cet établissement qui n'a de colonial que le nom. Les chambres sont spacieuses, chacune étant équipée d'un coin cuisine et d'un petit salon.

Autour de 900 pesos

Casa Mexicana, av. Rafael E. Melgar #457 e/5 et 7, ☎ (987) 872 02 09, Fax (987) 872 13 87, reservaciones@casamexicanacozumel.com, www.casamexicanacozumel.com – 88 ch. 📶📧♒📺 ✗⚓ ᴄᴄ À droite en sortant de l'embarcadère, continuez jusqu'à la 4ᵉ rue. Toutes les chambres confortables et joliment décorées ont une terrasse dont certaines avec vue sur la mer Caraïbe.

OÙ SE RESTAURER

De 50 à 100 pesos

El Foco, av. 5 sur #13 e/Adolfo R. Salas et 3 sur. Tlj 12 h-5 h. Les murs de ce restaurant sur deux niveaux sont tapissés de messages écrits au stylo. La cuisine mexicaine est correcte, le service est rapide, et son atout principal est de servir jusqu'à 5 h du matin.

La Chabelita, av 10 sur e/1 Sur et Adolfo R. Salas. Lundi-samedi 8 h-21 h. Légèrement à l'écart du circuit touristique, ce restaurant familial propose une cuisine mexicaine très convenable. Grande variété de plats dans un cadre simple. Accueil aimable.

Restaurante del Museo, av. Rafael E. Melgar e/4 et 6. ⛱ ᴄᴄ Tlj 8 h-19 h. La terrasse située au-dessus du musée offre un splendide panorama. C'est le lieu idéal pour choisir une des formules du petit-déjeuner.

De 100 à 200 pesos

Casa Denis, calle 1 Sur e/5 et 10, ☎ (987) 872 00 67. ⛱ ᴄᴄ Tlj 7 h 30-22 h 30. Construit en 1945, ce restaurant a conservé son allure « caraïbe ».

Remarquez derrière la salle principale la charmante courette ombragée. La cuisine mexicaine, les poissons et les fruits de mer sont de qualité. Une bonne adresse.

🦞 **Capi Navigante**, av. 10 sur e/3 et 5. ᴄᴄ Tlj 9 h-23 h. Vous dégusterez, dans ce décor marin, l'un des meilleurs poissons ou fruits de mer de l'île. Service rapide et attentionné. Les gourmands ne manqueront pas de savourer les délicieuses bananes flambées.

La Choza, Adolfo R. Salas esq. av. 10, ☎ (987) 872 09 58. Tlj 7 h-23 h. Un endroit frais et agréable sous un toit de palmes. Goûtez au « filete de huachinango a la Veracruz » (filet de poisson au vin blanc, au beurre et à l'ail).

OÙ SORTIR, OÙ BOIRE UN VERRE

Bars – Cactus, angle av. Rafael E. Melgar e/1 Sur et Adolfo R. Salas. Tlj 9 h-5 h. Groupe de musique (salsa, blues, reggae) tous les soirs de 22 h à 1 h. Entrée libre. **Joe's**, angle av. Adolfo R. Salas et av. 10. Tlj 18 h-3 h 30. Entre café-concert et pub, groupe tous les soirs à partir de 22 h (reggae, salsa). Entrée libre.

LOISIRS

Croisières – Atlantis, carretera Chankanaab km 4, ☎ (987) 872 56 71. Vous observerez les fonds aquatiques à bord d'un sous-marin.

Excursions – Ecotur Caribe, ☎ (987) 872 17 50, organise une visite de la jungle dans l'île avec une nuit sous la tente.

Plongée – Blue Note, calle 2 Norte e/40 et 45, ☎ / Fax (987) 872 03 12 (également ☎ 04 92 92 27 07 en France), cozumel@bluenotescuba.com. Centre de plongée dirigé par une Française, Corinne Lambert. Plongée technique, plongée pour enfants, baptême, brevets.

Pêche – Marathon, ☎ (987) 872 19 86, vogakin@prodigy.net.mx.

Jet ski – Au départ des plages San Francisco et Mister Sanchos.

Moto – ATV Jungle Tours, ☎ (987) 872 58 76. Départs à 8 h, 11 h, 14 h, 17 h, devant le restaurant Cactus, av. Rafael E. Melgar, à 50 m au sud de l'embarcadère.

TULUM★★

À ne pas manquer
La baignade sur le site.
Une escapade à Cobá.

Conseils
Visitez Tulum l'après-midi pour échapper à l'affluence.

L'emplacement idyllique de Tulum, se mirant dans les eaux turquoise de la mer des Caraïbes, justifie sa renommée grandissante. Les iguanes, sentinelles immobiles des cités du Yucatán, regardent stoïquement le flot des touristes strictement encadrés débarquant de Cancún qui, dès l'ouverture, envahissent sans pitié l'un des plus petits sites du Mexique. Si l'époque des visites intimes est donc bien révolue sur la côte orientale de la péninsule, ne vous découragez pas car les après-midi sont un peu plus tranquilles, et la lumière plus chaleureuse.

Un port fortifié

Tulum prendra son essor vers 1200, à une époque politiquement troublée, marquée par une lutte d'influence entre tribus. Elle reçut l'héritage culturel des basses terres du Petén, accessibles en longeant la côte vers le sud, et de la société «maya-toltèque» présente à Chichén Itzá depuis plusieurs siècles. Tournée vers le soleil levant, Zama («aurore»), l'ancien nom de Tulum («murailles»), se consacrait non seulement à la pêche et au commerce maritime, mais aussi à une vie religieuse qui la reliait à l'île de **Cozumel**, important centre de pèlerinage.

En 1518, l'expédition espagnole de **Juan de Grijalva** contempla depuis la mer ce port toujours actif et n'hésita pas à le comparer à Séville, une exagération sûrement destinée à encourager les bailleurs de fonds de ce type d'aventures, restés à Cuba.

Charme et décadence – L'architecture de la plupart des temples, à la verticalité approximative et à la facture grossière, reflète une nette décadence. Il se dégage de cette maladresse apparente une humanité émouvante, qui contribue beaucoup au charme du lieu. L'échelle miniature de tous les bâtiments, dont la forme s'inspire souvent de la hutte traditionnelle (*choza*), contraste avec la démesure de Chichén Itzá ou de Cobá. Elle s'accompagne d'une ornementation peinte, dont il reste quelques traces, et d'une iconographie sacrée modelée dans le stuc.

Des marchands navigateurs

Le mot canoë, d'origine arawak, désignait un type d'embarcation couramment utilisé par les Mayas de la péninsule du Yucatán. Une route commerciale maritime longeait toute la côte et permettait d'échanger jusqu'au Panama les richesses locales (miel, sel et coquillages) contre le jade, le cacao et l'obsidienne. En 1502, Christophe Colomb rencontra une de ces embarcations au large du Honduras, chargée de coton du Yucatán. Près de Tulum, la barrière de corail formait un corridor particulièrement adapté au cabotage, ciselé de multiples criques permettant des étapes abritées.

Le dieu-descendant – On a prêté de nombreuses identités à ce curieux personnage apparaissant sur presque toutes les façades de Tulum, également présent à Cobá et plus curieusement sur le palais de Sayíl. Semblant vouloir piquer une tête dans les eaux toutes proches, il dégringole cul par-dessus tête au-dessus des portes principales, mains jointes et coiffé d'une sorte de tiare. Associé au maïs et au culte de Vénus, on l'identifie également au dieu des Abeilles, protecteur des marchands dans cette zone productrice de miel.

Le Castillo : vue imprenable sur la mer

Visite du site
Comptez 1 h 30.

8 h-17 h ; entrée payante sauf le dimanche. Un petit train (payant) transporte les visiteurs par l'ancienne route, de l'entrée jusqu'au site. La distance n'étant que de 800 m, on peut facilement la parcourir à pied. Démonstrations continues de « palo volador » (voir p. 423).

Un étroit passage traverse l'épaisseur de la **muraille**, un mur d'enceinte de 3 à 5 m de haut délimitant un espace rectangulaire de 380 m de long sur 165 m de large. La présence d'une telle fortification trahit l'insécurité régnant dans la région avant l'arrivée des Espagnols et crée une séparation hiérarchique entre l'élite et le peuple. Aux coins apparaissent encore les tours de guet protégeant l'accès par la terre.

Un alignement de structures borde la rue principale parallèle à la côte. Le **Templo de los Frescos**★★ (temple des Fresques) servait peut-être également de résidence à un dignitaire de la ville. Une première bâtisse cubique fut recouverte d'un étage et entourée d'une galerie protégeant des **peintures murales** assez estompées. Leur style « codex » rappelle l'art pictural « au trait » des manuscrits mayas. Les angles de la toiture prennent la forme de **masques d'Itzamná**, le dieu créateur au visage de vieillard.

Plus loin, deux grands édifices perpendiculaires à la rue, palais résidentiels ou administratifs, arborent des espaces hypostyles et des banquettes de style toltèque.

Sur un affleurement de rocher dominant la mer, une deuxième enceinte ménage un espace réservé où se dresse le **Castillo**, plusieurs fois remanié. Son grand escalier menant à un temple soutenu par des colonnes serpentiformes l'apparente directement à l'architecture de Chichén Itzá. Remarquez qu'il tourne résolument le dos à la mer, sans doute pour se protéger des intempéries dans une zone cyclonique.

Côté nord, le **Templo del Dios Descendente**★ conserve le plus bel exemple de « dieu descendant » dans une petite niche façonnée dans la toiture. Au centre de la place, un petit autel couvert, typique de la région, ressemble à un baldaquin. Ressortez par la porte sud et rapprochez-vous de la côte, pour découvrir une **vue**★★★ splendide, symphonie de pierre et d'eau aux tons pastel. Contournez ensuite le palais par la falaise.

Après avoir traversé la **plage**, ancien port d'attache des canoës mayas, vous pouvez terminer par le **Templo del Viento** (temple du Vent) peut-être consacré à Ehecátl, dieu du Vent et avatar de Quetzalcóatl-Kukulcán, et la **Casa del Cenote** bâtie au-dessus d'une grotte.

Excursions dans les environs

Xel-Há*

14 km au nord de Tulum sur la route de Cancún. Zone archéologique à gauche de la route, et parc aquatique à 100 m plus au nord, à droite. Comptez une demi-journée. Profitant d'une des plus grandes caletas («criques») de la côte nord s'établit dès la période classique (300-900) une ville portuaire contrôlée par Cobá, qui commerçait avec les grands royaumes des basses terres. En 1527, Francisco de Montejo voulut commencer la conquête du Yucatán par le nord-est et débarqua à cet endroit. De son campement partirent diverses expéditions, toutes mises en échec par la fureur des autochtones, et les Espagnols durent reprendre la mer.

À 1 km à l'intérieur des terres, la **zone archéologique*** *(tlj 8h-17h. entrée payante sauf le dimanche)*, séparée de la côte par la voie expresse Cancún-Chetumal, connaît une fréquentation inversement proportionnelle aux boutiques de Tulum. Entre 400 et 700, Xel-Há était la ville la plus peuplée de la côte orientale.

Son architecture correspond au style de la région, les murs évasés vers l'extérieur. Un premier quartier comprend l'**Edificio de los Pilastros** et le **Palacio** et, à quelques centaines de mètres, le **Grupo del Jaguar** voisine un *cenote* parfaitement sauvage. Sur un temple miniature, la peinture du «jaguar descendant» est aujourd'hui presque entièrement effacée.

Le Parque Acuático Xel-Há* *(tlj 8h30-18h, entrée payante. Réductions enfants et le week-end)* a transformé la magnifique **crique**** en vaste complexe plus touristique qu'écologique, où ne manquent ni les chaises longues ni les restaurants, à chaque détour d'un chemin balisé. Vous allez adorer ou partir en courant, non sans avoir au préalable payé une importante somme pour rentrer, qui peut tripler pour peu que vous vous laissiez tenter par les multiples attractions en supplément (plongée libre, nage avec les dauphins) ou que vous ayez un petit creux.

Cobá**

45 km au nord-ouest de Tulum par la route de Valladolid. 8h-17h; entrée payante sauf le dimanche. Comptez une demi-journée minimum. Perdue au milieu d'une végétation dense et entourée de cinq lagunes, cette métropole ayant atteint son apogée vers 800 ap. J.-C. grâce au commerce du sel n'a pas encore livré tous ses secrets. Son extension et l'élévation de ses pyramides en disent long sur sa splendeur d'origine. Le réseau de **sacbeob (chaussées de pierres concassées)** rayonnant depuis Cobá confirme l'importance politique et économique de la ville, contrôlant tout le nord-est de la péninsule à la fin de la période classique. Le plus long s'étirait en ligne droite sur près de 100 km. Vous emprunterez ces antiques chemins pour visiter les divers quartiers du site, une bonne occasion pour vous familiariser avec la faune et la flore de cette jungle sèche.

Près de l'entrée, le **Grupo Cobá** se compose d'une quarantaine de structures parmi lesquelles l'**église**, une pyramide assez ruinée qui laisse deviner ses sept degrés superposés. Du sommet, vous jouirez d'une **vue**** sur l'ensemble du site et sur les petits lacs environnants. Tout proche, le **jeu de pelote***, restauré il y a une dizaine d'années, est un modèle du genre.

À 2 km de marche dans la forêt vers le nord-est, le **Grupo Nohoch Mul*** (Grand Monticule), le plus éloigné, est dominé par la **Gran Pirámide****, culminant à 42 m de hauteur. À proximité, la **stèle 20** datée de 780 ressemble à celles du Petén par sa représentation d'un dignitaire soumettant des captifs.

ARRIVER-PARTIR

En bus – Terminal ADO ☎ (984) 871 21 22, au bord de la route Cancún-Chetumal. Les bus **Riviera** se rendent à Playa del Carmen (1 h) et à Cancún (2 h) : 9 par jour de 10 h à 23 h. Également 8 bus par jour de 7 h à 21 h pour Chetumal (3 h 30) ; un bus le matin pour Chichén Itzá (3 h). Pour Mérida (4 h) un bus direct **Super Expresso** à 12 h 20 et un à 14 h 30 via Chichén. 5 bus par jour pour Cobá avec retour à 15 h 30 et 18 h. Pour gagner l'aéroport sans passer par Cancún, changez à Playa del Carmen, d'où des bus directs partent presque toutes les heures de 7 h à 19 h 30.

ADRESSES UTILES

Office de tourisme – The Weary Traveller, en face du terminal ADO ☎ (984) 871 24 61. On y trouve aussi un café Internet, une librairie, et des lits à moins de 100 pesos (10 €).

Change – Casa de Cambio à proximité du Terminal ADO (8 h-20 h) et à côté des Cabañas Conchita.

OÙ LOGER, OÙ SE RESTAURER

La plage de Tulum (sur 9 km au sud du site archéologique) compte une quarantaine de lieux d'hébergement – de l'abri pour accrocher son hamac à la chambre au luxe écologique – mais pas beaucoup de catégories intermédiaires. La zone est protégée, donc pas de barrière de béton mais de petits hôtels (vite complets, il vaut mieux réserver). Les prix grimpent en haute saison.

• Au bord de la mer

Uniquement accessible à pied depuis le site, la zone hôtelière commence à 200 m de l'entrée des ruines (Don Armandos à 500 m, Diamante-K à 2 km). En voiture ou en taxi (prix forfaitaires), il faut faire un détour de 4 km par le prolongement de la route Cobá-Tulum.

Moins de 100 pesos par personne

Les plus aventuriers iront s'installer dans un hamac chez **Don Armandos,** ☎ (984) 876 2743, en prenant garde de ne pas enflammer la moustiquaire avec la bougie. Assez cher.

De 300 à 600 pesos

⚇**Hotel Diamante-K**, carretera Tulum-Boca Paila km 2.5, www.diamantek.com – 27 ch. 🕯🗙 ⚑ Un subtil mélange entre rusticité et confort pour apprentis Robinsons. Près d'une minuscule plage entre les rochers, décor en bois et lits suspendus. « Cabañas » à tous les prix, les moins chères sans salle de bains (notamment la 17) sont petites mais agréables. La 7 coûte plus du double mais a séduit plus d'un couple en lune de miel avec son jardin privé et sa salle de bains en plein air.

De 600 à 1 000 pesos

⚇**Cabañas La Conchita**, carretera Tulum-Boca Paila km 5, www.differentworld.com – 8 ch. 🕯 ⚑ Un petit hôtel plein de charme et très bien tenu, des chambres joliment décorées sur la plage la plus tranquille de Tulum. Petit-déjeuner inclus, électricité jusqu'à 22 h. Moins isolé que le Diamante-K, épicerie, change et location de vélos à côté.

Cabañas Ana y José, carretera Tulum-Boca Paila km 7, ☎ (998) 887 54 70 / 880 60 22 Fax (998) 887 54 69, www.tulumresorts.com – 15 ch. 🕯 🗙 🗙 ⚑ 🆑 Chambres très confortables, moins chères et plus fraîches sans vue sur la mer. On peut barboter dans une petite piscine près d'une très belle plage. Électricité 24 h/24, location de voitures et bon restaurant.

• Sur la route de Cobá

Autour de 350 pesos

Hotel Villas Uolis Nah, carretera Tulum-Coba (à 200 m du croisement avec la route Cancún-Chetumal), ☎ (984) 879 50 13, www.uolisnah.net – 6 ch. 🕯 🗙 Noyés dans un jardin, 3 bungalows récemment construits par un jeune Italien qui ne manque pas de goût, avec des chambres toutes rondes et cuisine équipée. Celles du haut, avec balcon, hamac et toit de chaume, sont encore plus agréables. Bon rapport qualité-prix, on regrette seulement la proximité de la route.

LOISIRS

Plongée libre – Acuatic Dive Center, près des Cabañas Armandos ou à l'entrée du village.

CHETUMAL
LA LAGUNA DE BACALAR★

Capitale de l'État de Quintana Roo – 210 000 hab.
1 250 km à l'est de Mexico et 380 km au sud de Cancún
Point de départ de la Ruta Río Bec (voir p. 394)

Le 27 septembre 1955, le **cyclone Janet** raya Chetumal de la carte. La charmante petite ville aux maisons de bois, fondée en 1898 sous le nom de Payo Obispo et capitale du 32ᵉ État créé en 1902, dut être reconstruite. Depuis, l'ambiance très particulière évoque la nonchalance des stations balnéaires nord-américaines des années 50 (sans la plage!), avec ses larges avenues et ses maisons claires et cubiques. Le **Malecón** (avenue du front de mer) contournant la ville, d'une longueur inattendue de 7 km, concentre sur ce «bout du monde» à la frontière du Belize, l'assiduité des promeneurs et la vie nocturne d'une jeunesse un peu isolée.

Un rapide tour de ville

Votre unique visite à Chetumal sera pour le **Museo de la Cultura Maya**★ *(à l'angle de l'av. Héroes – la rue principale – et de la calle Mahatma Gandhi. Mardi-jeudi et dimanche 9h-19h, vendredi-samedi 9h-20h. Entrée payante. Couvrez-vous, il fait froid)*. Il présente depuis 1993 une excellente synthèse des connaissances actuelles sur le monde maya. Maquettes savamment illuminées, bruitages et écrans interactifs font oublier l'absence d'objets anciens. Un arbre de vie cosmique traverse les étages du musée qui représentent les niveaux de l'univers maya.

Si vous n'avez pas le temps d'aller à Bacalar, faites un tour à la **Laguna Milagros**, charmante en fin de journée avec son îlot couvert d'arbres *(à la sortie de Chetumal sur la gauche, guettez le panneau Huay-Pix)*.

La Laguna de Bacalar★

40 km au nord-ouest de Chetumal sur la route de Cancún. Si vous arrivez de Tulum, faites l'arrêt en chemin. Les bus qui retournent régulièrement à Chetumal font le tour de la place. Comptez 1h.
Malgré la proximité de la **Réserve de la Biosphère Sian ka'an**, patrimoine de l'humanité depuis 1987, les autorités de l'État continuent à lancer d'agressives campagnes de séduction auprès des investisseurs étrangers, qui devraient rapidement mettre un terme à la tranquillité de la côte sud.

En arrivant de Chetumal, tournez à droite, 3 km avant Bacalar, pour faire un crochet par le **Cenote Azul**★, qui ressemble à petit lac circulaire aux eaux bleu nuit *(au bord, restaurant sans charme mais bien placé)*. Puis sur la *carretera costera* («route côtière»), au sommet d'une côte avant le village, d'où vous aurez la meilleure **vue**★★ sur la lagune.

Le temps semble s'être arrêté à **Bacalar**, village installé au bord de l'eau. Le regard ne se perd pas vers le grand large mais se régale des tons changeants de vert et de bleu de la lagune, long serpent turquoise niché près de la baie de Chetumal. Sur la berge, on se baigne au **Balneario Ejidal** (bain municipal) *(9h-17h. Entrée libre)*, où des parasols en chaume et un restaurant font la joie des familles.

À l'est du *Zócalo*, le **Fuerte de San Felipe** *(10h-18h. Entrée payante)* fut construit en 1729 sur ordre du gouverneur du Yucatán, en réponse aux attaques de pirates anglais et trafiquants de *palo de tinte* (bois à teinture) qui écumaient la côte. Bacalar était régulièrement attaqué par les boucaniers qui saccageaient la ville et emmenaient les femmes. Protégé par des douves et des bastions, un petit musée entièrement rénové en 2001 évoque les heures noires de la flibusterie. Grimpez au sommet de la tour de guet dominant les eaux pour apprécier la vue.

ARRIVER-PARTIR

En bus – Le **Terminal de Autobuses** est éloigné du centre, prenez un taxi en sortant à gauche. La compagnie **ADO** assure 1 seule liaison quotidienne vers Campeche (7 h) à midi, on peut aussi l'atteindre en prenant le bus pour Villahermosa en changeant à Escárcega (3 h 30) ; 4 bus pour Merida (8 h) ; 6 bus pour Villahermosa (8 h 30) et 5 vers Xpujil (2 h). 13 bus **Riviera** par jour vers Tulum (4 h), Playa del Carmen (5 h) et Cancún (5 h 30). Départ des bus 2ᵉ classe **Mayab** toutes les 30 mn à destination de Bacalar (45 mn). Distributeur automatique de billets et poste.

ADRESSES UTILES

Office de tourisme – **Caseta de Información Turística**, angle av. Heroes et calle Efraín Aguilar, ☎ (983) 832 36 63. 10 h-12 h/18 h-21 h (dès 9 h les mardi, jeudi et samedi), fermé le dimanche. Dany Garcia donne de précieuses informations sur la ville et les environs et organise des excursions avec guide-chauffeur à Kohunlich et Dzibanché.

OÙ LOGER

Tous les édifices de Chetumal ont été construits après le cyclone de 1955. Pas d'hôtels de charme donc, mais une étape dans l'une des villes les plus calmes du pays.

Autour de 170 pesos
Hotel María Dolores, av. Alvaro Obregón #206, ☎ (983) 832 05 08 – 41 ch. 🖶 🌊 ✕ Des chambres turquoise, simples et à la propreté irréprochable. Les plus tranquilles donnent sur le parking et celles à 2 lits sont plus grandes et à peine plus chères. Accueil chaleureux et bon restaurant (7 h-22 h 30). La meilleure adresse dans sa catégorie.

Autour de 350 pesos
Hotel Caribe Princess, av. Alvaro Obregón #168, ☎ (983) 832 09 00 / 05 20 – 36 ch. 🖶 ▤ ♒ TV CC Après avoir emprunté de mornes couloirs,

vous serez agréablement surpris par le confort des chambres. Bon rapport qualité-prix, accueil parfait, quelques chambres à 3 et 4 lits.

De 650 à 950 pesos
Hotel Los Cocos, av. Héroes #134, ☎ (983) 832 05 44, Fax (983) 832 09 20, hotelcocos@correoweb.com – 94 ch. 🖶 ▤ ♒ TV ✕ ♒ CC Des chambres standard impeccables et moins chères qu'au Holiday Inn. Location de voitures.

Holiday Inn Chetumal, av. Héroes #171-A, ☎ (983) 835 04 00 à 05, Fax (983) 832 16 76, hotel@holidayinnmaya.com.mx – 85 ch. 🖶 ▤ ♒ TV ✕ ♒ CC Presque en face du précédent, c'est le meilleur hôtel de la ville, au confort sans surprise propre à la chaîne. De fréquentes promotions peuvent faire baisser les prix d'environ 20 %. Agence de voyages et location de voitures.

OÙ SE RESTAURER

Vous trouverez quelques restaurants coincés entre les discothèques du front de mer.

De 20 à 60 pesos
Taquerías Díaz, av. Héroes #261 (après le musée en remontant l'avenue principale). Tlj 8 h-12 h et 18 h-2 h. Pour manger à la mexicaine dans un décor fonctionnel, ici bien sûr le taco est roi. Pratique pour les petites creux à une heure avancée de la nuit.

Los Milagros, av. Ignacio Zaragoza entre Héroes et 5 de Mayo 🪑 Tlj 7 h-23 h. Un bon endroit pour prendre son petit-déjeuner. À toute heure, ce restaurant sans prétention permet de s'installer en terrasse et se rassasier à petit prix.

À partir de 100 pesos
Sergio's Pizzas, av. Alvaro Obregón #182 (à côté de l'hôtel Caribe Princess), ☎ (983) 832 08 82 CC Tlj 7 h-23 h 30. Derrière ce nom de pizzeria de quartier se cache en fait l'un des restaurants les plus chic de la ville. Pâtes et pizzas, mais aussi un grand choix de viandes et de poissons, bonne carte de vins. Service stylé et salle climatisée.

LA RUTA RÍO BEC★★
DE CHETUMAL À BALAMKU

États du Quintana Roo et de Campeche – Carte régionale p. 332
Circuit de 270 km au départ de Chetumal (voir p. 392) – Compter 2 à 3 jours

À ne pas manquer
Une seule étape !

Conseils
Pensez à l'anti-moustique en été.
Faites le plein à l'unique station-service, 5 km avant Xpujil.

Entre Chetumal et Escárcega, 270 kilomètres de route rectiligne relient d'est en ouest une série de sites exaltants sortant à peine de l'anonymat. Ils essaiment leurs vestiges de pierre entre les grands royaumes du Petén et les cités sophistiquées du Yucatán, entre les fastes du monde classique et les derniers feux péninsulaires de la culture maya. Ce pèlerinage en terre méconnue et jalonnée de trésors vous laissera, par son côté sauvage, un des souvenirs les plus poignants de votre voyage.

Le style Río Bec («rivière du chêne»), baptisé et décrit pour la première fois par l'explorateur français Maurice de Périgny lors d'une expédition en 1906, s'est développé **de Kohunlich à Chicanná** (*les autres sites décrits dans l'itinéraire n'appartiennent pas au style Río Bec*), dans une région de 90 km de long. Une trentaine de cités disséminées autour de Xpujil développèrent, entre 500 et 900 ap. J.-C., une esthétique architecturale particulière proche de celle de la région *Chenes*, légèrement plus au nord. Elle se distingue par la silhouette élancée des édifices, souvent flanqués de **tours** en trompe l'œil, et les grands **mascarons** zoomorphes à l'effigie du dieu Itzamná encadrant la porte principale. L'ensemble était coiffé de crêtes faîtières ajourées.

■ **Dzibanché★** – *83 km à l'ouest de Chetumal. Au km 58, tournez à droite en direction de Morocoy. 8h-17h ; entrée payante sauf le dimanche. Comptez 1h30.* Si vous n'envisagez pas de visiter Tikal (Guatemala) ou Calakmul (*voir ci-dessous*), vous trouverez ici, en miniature, une atmosphère comparable. Dans un calme végétal troublé par des perruches tapageuses, vous longerez des monticules prometteurs pour escalader quelques pyramides émergeant des frondaisons. L'ascension du Templo 6 ou **Templo de los Dinteles** (temple des Linteaux) permet d'admirer un rarissime **linteau★** en bois sculpté de glyphes, qui inspira les archéologues à l'heure de nommer le lieu («écriture sur le bois»). Après avoir contourné le **Templo 2**, le plus haut de Dzibanché, vous atteindrez l'imposante place principale et le Templo 1 ou **Templo del Buho★** (temple du Hibou), restauré en 1993. À cette occasion, fut découvert à l'intérieur un jeu d'escaliers comparable à celui du temple des Inscriptions de Palenque, menant à une tombe inviolée. Du sommet, vous apprécierez la **vue★** sur le temple 2 et la plaine.

Revenez sur la route principale (186) et continuez vers l'ouest. À 3 km, tournez à gauche et continuez pendant 8 km.

■ **Kohunlich★★** – *8h-17h ; entrée payante sauf le dimanche. Comptez 2h30.* Construite au 6ᵉ s. et abandonnée au 13ᵉ s., Kohunlich est aujourd'hui tapie dans une végétation exubérante où abondent les palmiers. D'importantes restaurations l'ont enrichie entre 1992 et 1994. La visite débute par l'**Acrópolis★**, de style Río Bec (voyez les colonnes encastrées), à la cour centrale surélevée par une volumineuse plate-forme. Le chemin principal traverse la **Plaza de la Estela** (place de la Stèle), siège des grandes cérémonies pour vous conduire vers le **Templo de las Máscaras*** (temple des Masques) datant probablement du 5ᵉ s. De part et d'autre de l'escalier, six **mascarons***** représentent des dignitaires, dûment parés de leurs «tambours» d'oreilles, identifiés par leurs pupilles au dieu solaire **Kinich Ahau**. De là un chemin se dirige vers le sud jusqu'au quartier des **27 escalones*** (27 marches), un vaste complexe résidentiel aux multiples patios et espaces intimes. Son nom fait référence à la rampe à degrés qui permet d'y accéder.

Peu après Kohunlich, vous quittez l'État de Quintana Roo pour celui de Campeche, au cœur de la région Río Bec. À partir de l'embranchement pour Kohunlich, roulez pendant 67 km.

■ **Xpuhil** – *Au bord de la route à la sortie du village. 8h-17h; entrée payante sauf le dimanche. Comptez 1 h maximum.* Un sentier court le long des constructions parallèles de cette petite seigneurie du Classique tardif (600-800 ap. J.-C). Il vous mènera d'abord à la **structure 4**, un modeste palais garni de banquettes où se répètent des motifs en damier ou en escalier. Tout au bout, la **structure 1***, bien que passablement ruinée, dresse ses trois tours aux bords arrondis. Elles prenaient la forme de fausses pyramides surmontées de temples miniatures en trompe l'œil, et d'impraticables escaliers de façade complétaient l'illusion.

■ **Becán**** – *9 km à l'ouest de Xpuhil. 8h-17h; entrée payante sauf le dimanche. Comptez 2 h.* Exploré pour la première fois en 1934 par l'Institut Carnegie, Becán devient au fil des restaurations un site majeur de la péninsule. Ses palais à étages sophistiqués et ses multiples places contiguës nous parlent d'un centre politique important, qui pouvait contrôler de nombreuses villes voisines. Comme son nom l'indique, le site est entouré d'un **fossé**, plus large que haut, formant un périmètre défensif autour de cette cité, qui rayonna du 7ᵉ au 9ᵉ s. avant de décliner vers 1 200.
Un premier palais à trois étages et à double exposition, la **structure 4***, sépare deux places de niveaux différents. Côté sud, il fait face à la **structure 1**, la plus ancienne, dont les deux tours servaient peut-être d'observatoires astronomiques. Redescendez à la première place, où une **ruelle couverte** conduit à la **structure 9** (connue comme la **pyramide du Sorcier**), éclatante de blancheur, culminant à 32 m de hauteur. Sur la **structure 8*** la bordant à l'est deux tours encadrent une façade flanquée de colonnes remarquablement taillées. Depuis les chambres donnant vers l'est, on aperçoit les tours de la structure 1 de Xpuhil. À l'ouest de la même place, ne manquez pas la **structure 10**, dont le côté gauche conserve un magnifique **personnage en stuc***** protégé par une vitrine.

■ **Chicanná*** – *2 km à l'ouest de Becán. 8h-17h; entrée payante sauf le dimanche. Comptez 2 h.* Découverte en 1966, cette petite ville inféodée au pouvoir de Becán atteignit son apogée entre 550 et 700 ap. J.-C. En empruntant un chemin balisé en forme de boucle, vous rencontrerez quelques remarquables constructions dont la première, la **structure 20***, est probablement l'une des plus insolites du style Río Bec. De plan carré, elle comporte deux étages reliés par un escalier intérieur. De beaux masques superposés en épousent les angles. Sur la place principale, face à la **structure 1**, dont les tours latérales encadrent la façade tripartite, la célèbre **structure 2**** (*mieux éclairée l'après-midi*) a donné son nom au site («la maison à la gueule de serpent»). Dans une composition un peu «baroque», le monstre de la terre ouvre la gueule, et sa mâchoire inférieure s'avance pour former le seuil. Remarquez à droite de la porte des fragments d'écriture peints en rouge.

Après Chicanná se termine la région Río Bec.

■ **Calakmul**** – *À 45 km de Chicanná, tournez à gauche (péage) puis parcourez 60 km à vitesse réduite par une route nouvellement asphaltée. 8h-17h; entrée payante sauf le dimanche. Comptez une journée. Apportez de l'eau et de la nourriture.*

La Ruta Río Bec

Razzia dans la jungle

Le raffinement de l'art maya a suscité bien des vocations de collectionneurs, et donc de pilleurs de tombes. Cette escalade de l'offre et de la demande a pris dans les années 60 des proportions inquiétantes, en particulier dans la jungle isolée du Petén. Les «chicleros» (récoltants du caoutchouc) déambulant pendant des semaines à la recherche de la précieuse sève se firent une nouvelle spécialité, de même que les paysans formés par les archéologues puis abandonnés à la fin des campagnes de fouilles. Bientôt, tronçonneuses et hélicoptères prirent le relais de cette activité lucrative, forçant les autorités locales à prendre des mesures de protection drastiques. Il fut un temps où les chercheurs découvraient les plus beaux objets non pas dans les tombes mais dans les salles de vente étrangères !

Calakmul, l'une des plus grandes villes anciennes de la plaine du Petén, deviendra dans quelques années une étape obligée sur la route maya. Pour l'instant, elle émerge à peine de la jungle et, noyée au cœur de la **Réserve de la Biosphère de Calakmul**, elle vous entraînera bien loin des sentiers battus. Les archéologues ont enfin obtenu les moyens de protéger et de restaurer un site très longtemps pillé, mais qui continue à livrer des trésors funéraires.

Grâce à d'habiles jeux d'alliance avec Yaxchilán *(voir p. 317)*, Dos Pilas (Guatemala) et surtout Caracol (Belize), cette capitale de la confédération dite «à la tête de serpent» réussit à dicter sa loi à sa grande rivale Tikal (Guatemala) pendant tout le 7ᵉ s. De cette période, les tombes royales, comme celle de «Griffe de Jaguar» (686-695), ont livré de spectaculaires joyaux dont les neuf masques en mosaïque de jade exposés au Museo de la Cultura Maya de Campeche *(voir p. 337)*. Entre le 5ᵉ et le 9ᵉ s., les souverains successifs feront dresser 115 stèles, véritable baromètre du dynamisme de la ville.

Les principales pyramides sont en cours de restauration, et la jungle résonne des cris des ouvriers, qui s'interpellent joyeusement d'une pyramide à l'autre. La plupart se trouvent autour de la **Gran Plaza****, que vous atteindrez par le nord. Côté sud, la **structure 2****, formidable entassement architectural hérissé de stèles, apparaît comme le temple principal. Au pied de l'escalier, la **stèle 116** représente l'épouse ou la mère de Griffe de Jaguar. Sur la **stèle 43** *(au 1ᵉʳ niveau à gauche)* triomphe un roi vainqueur, trois captifs à ses pieds. Du sommet, on découvre plusieurs pyramides émergeant d'une forêt qui s'étend à perte de **vue*****, une vision inoubliable.

Un chemin rallie la **structure 1**, qui réserve un triste spectacle. En contrebas, toutes les stèles ont été découpées à la scie, et ne subsistent que les glyphes de la tranche sur une lamelle de calcaire. Rebroussez chemin et terminez le tour de la Gran Plaza, qui vous rapprochera du quartier ouest. La **structure 13** et son **jeu de pelote** n'est qu'une première étape vers un vaste complexe d'habitations bordé d'une muraille.

■ **Balamku*** — *État de Campeche. 7 km après l'embranchement de Calakmul. 8h-17h; entrée payante sauf le dimanche. Comptez 1h.* Isolé entre Calakmul et Edzná *(voir p. 337)*, Balamku attira l'attention des archéologues après la découverte, en 1990, d'un fragment de frise en stuc par des pilleurs de tombes. En 1994 commencèrent les fouilles de la structure principale nommée depuis la **Casa de los Cuatro Reyes** (maison des Quatre Rois). À l'intérieur, recouverte par une construction plus récente, une **frise***** de 17 m de long représente le cycle dynastique assimilé à la course du soleil, remarquable composition datée de 550 à 650 ap. J.-C. Quatre mascarons terrestres au nez pendant crachent des serpents, dont certains dévorent un oiseau. Des jaguars aux pattes attachées, prêts au sacrifice, ont inspiré le nom choisi pour ce nouveau site : «temple du Jaguar». Les masques de *cauac*, symboles de l'inframonde, supportent des animaux amphibies, crapauds et crocodiles assis, sur lesquels sont juchés des souverains en tailleur *(il en reste deux sur quatre)*.

ARRIVER-PARTIR

En bus – Xpujil, Chicanná et Balamkú se trouvent au bord ou à proximité de la route Chetumal-Escárcega. Vous pouvez vous y faire déposer et reprendre un des nombreux bus qui empruntent cet axe (*voir p. 393*). Xpujil possède un **Terminal ADO.**

En voiture – C'est la meilleure façon de profiter pleinement des nombreux sites dispersés le long de la Carretera Federal 186. Si vous louez un véhicule uniquement pour visiter le région au départ de Campeche ou de Chetumal, vous devrez certainement faire un aller-retour.

OÙ LOGER

• **Xpujil**

De 200 à 350 pesos
Hotel Calakmul, av. Calakmul, ☎ (983) 871 60 29 / 06 – 12 ch. ⁌ ⇲ ✗ Les chambres sont très correctes, l'air conditionné est en projet. Choisissez-en une loin de la route, car les camions circulent toute la nuit. Vous pouvez aussi loger dans l'une des 9 « cabañas », très couleur locale, proprettes et économiques (moustiquaire, douches communes).

• **Chicanná**

De 800 à 1 000 pesos
Chicanná Ecovillage, km 144 carretera Escárcega-Chetumal (face à l'entrée du site archéologique), réservations à Mexico ☎ (55) 57 05 39 96, Fax (55) 55 35 29 66, réservations à Campeche ☎ (981) 816 22 33, Fax (981) 811 16 18, chicanna@campeche.sureste.com – 32 ch. ⁌ ⇲ ✗ ⇲ CC L'art de dormir écologique sans sacrifier au confort. Ensemble de maisons en bois perdues dans la nature et luxueusement aménagées, calme garanti. Payez votre nuit à l'Hotel del Mar de Campeche (voir p. 339) pour bénéficier de 20 % de réduction et d'un petit-déjeuner inclus.

• **Conhuas (Calakmul)**

Autour de 500 pesos
Hotel Puerta Calakmul, km 98 carretera Escárcega-Chetumal, puertacalakmul@starmedia.com – 15 ch. ⁌ ⇲ ✗ ⇲ Au croisement de la route vers le site de Calakmul (à 60 km). Le plus proche du site, pas de téléphone. Depuis janvier 2000, voici un nouvel « hôtel de brousse », à l'apparence rustique mais confortable, et conçu avec amour (remarquez les tables du restaurant). Les bungalows pour 4 personnes reviennent moins cher (autour de 750 pesos). Demandez à être conduit à la grotte aux chauves-souris, au crépuscule : elles sortent par dizaines de milliers et attirent les oiseaux prédateurs.

OÙ SE RESTAURER

À **Xpujil**, la plus grande agglomération, vous trouverez alignés le long de la route plusieurs petits restaurants ouverts sur l'extérieur, style relais pour routiers.
Si vous êtes lassé de regarder passer les camions ou que la climatisation vous manque, enfermez-vous à l'*Hotel Calakmul* (autour de 50 pesos) ou à l'*Hotel Puerta Calakmul* de Conhuas (autour de 60 pesos). En revanche au Chicanná Ecovillage, il faut montrer patte blanche.

LOISIRS

Excursions – *Aventura Máxima*, ☎ (983) 871 60 10 / 15, Fax (983) 871 60 11 (un grand panneau indique leur présence à l'entrée de Xpujil, en venant de Chetumal). Fernando Sastré Méndez organise de nombreux circuits-découvertes dans les environs avec observation d'animaux, visite de grottes et bien sûr de sites archéologiques. Accueil chaleureux.

Halte rafraîchissante sur la plage de Veracruz

LE GOLFE
DU MEXIQUE

La ruée vers l'or noir, mamelle économique du Mexique contemporain, fait trop vite oublier que le Golfe est aussi un berceau des cultures d'Amérique du Nord. Quinze siècles avant notre ère, dans les marécages de l'actuel Tabasco et sur les côtes de Veracruz, la civilisation olmèque donnait déjà le tempo d'une partition culturelle méso-américaine, qui allait trouver sa plus belle expression dans la pierre sculptée et l'écriture pictographique. Bien plus tard, les Mayas, oublieux de ces glorieux ancêtres, vinrent s'installer sur ce même littoral et porter leurs coutumes jusqu'en terre totonaque. De La Venta à El Tajín, la saga des tribus a laissé une guirlande de sites encore méconnus, dont le parc archéologique de Villahermosa et le prodigieux musée de Xalapa ont recueilli la quintessence, fruit d'une inépuisable créativité. L'ancre de Cortés plongeant ensuite dans le golfe du Mexique annonçait déjà une nouvelle vocation pour ces peuples maritimes, celle du commerce avec l'outre-mer, que la vibrante Veracruz est toujours là pour nous conter.

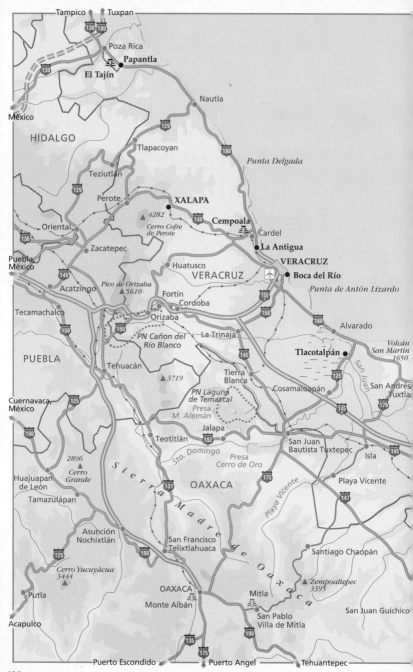

GOLFO DE MÉXICO

3000 m
2000
1000
200
0

Bahía de Campeche

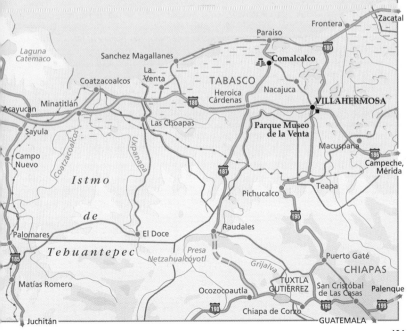

Frontera · Zacatal

Paraiso

Laguna Catemaco

Sanchez Magallanes

La Venta

Comalcalco

Coatzacoalcos

TABASCO

Nacajuca

VILLAHERMOSA

Minatitlán

Heroica Cárdenas

Acayucan

180

Sayula

Las Choapas

Parque Museo de la Venta

Campo Nuevo

Macuspana

186

Campeche, Mérida

Istmo

Coatzacoalcos

Uxpanapa

187

de

Pichucalco

Teapa

195

Tehuantepec

Palomares

El Doce

Raudales

185

Presa Netzahualcóyotl

Puerto Gaté

CHIAPAS

Matías Romero

Grijalva

TUXTLA GUTIÉRREZ

San Cristóbal de Las Casas

Palenque

Ocozocoautla

190

190

199

Juchitán

Chiapa de Corzo

GUATEMALA

VILLAHERMOSA
PARQUE MUSEO DE LA VENTA★★

Capitale de l'État du Tabasco – Voir carte régionale p. 400
770 km à l'est de Mexico – 520 000 hab.
Climat chaud et humide

À ne pas manquer
Les deux musées, le seul intérêt d'une étape à Villahermosa.

Conseils
Au musée de la Venta et à Comalcalco,
la lotion anti-moustique peut être une question de survie !

L'arrivée en avion ne laisse planer aucun doute sur le climat chaud et humide qui vous attend. Les affluents du fleuve Grijalva étirent leurs méandres sur un grand tapis vert constellé de miroirs d'eau. Frappé régulièrement par des inondations, le Tabasco a appris depuis longtemps à composer avec cette union de la terre et de l'eau pour en tirer les principales ressources : le cacao, le latex et le pétrole. Dans ses marécages reposent aussi d'autres trésors, les vestiges enlisés de la civilisation olmèque.

La *Villa Hermosa* (« belle ville ») *de San Juan Bautista*, fondée en 1598 sur les terres de l'ancien cacique **Taabscoob**, ne mérite plus vraiment son qualificatif premier, depuis qu'elle reflète l'opulence clinquante d'une capitale enrichie par le pétrole. Malmenée par les attaques de pirates, elle a fini par perdre tout son charme colonial. Sur la route de Palenque ou du Yucatán, vous y viendrez plutôt pour ses musées, hommage incontournable à la « culture mère ».

Le Parque Museo de La Venta★★

À 2 km au nord-ouest du centre-ville. En venant de l'aéroport (ou de Palenque), continuez tout droit par l'av. Ruiz Cortines après le pont du río Grijalva. Lorsque vous apercevez le parc sur votre gauche, quittez la voie rapide, et prenez la latérale afin de faire demi-tour au niveau du Paseo Tabasco.
8h-16h. Attention, seule la partie archéologique est ouverte le lundi. Entrée payante. Comptez 3h.

Lorsque Matthew Stirling commence à fouiller les monticules de La Venta en 1942, on ne sait pratiquement rien de la culture **olmèque**. L'apparition des premiers objets – haches polies, figurines de jade – marque le début d'une polémique sur l'ancienneté du site. Était-il contemporain des Mayas installés dans la région ? Il faudra attendre 1957 pour que le verdict du carbone 14 mette tout le monde d'accord, et établisse une considérable antériorité : son occupation date de 1200 à 400 av. J.-C.

Une ville en pleine jungle

Perdue dans les marécages à 140 km de Villahermosa, La Venta a justement profité de ce qui l'isole aujourd'hui. Un extraordinaire réseau fluvial lui permettait de nombreux échanges commerciaux, de cacao, de caoutchouc et de produits de la mer dans toute la zone olmèque. Une autre marchandise voyageait par radeau : d'énormes blocs de pierre arrachés au massif volcanique des Tuxtlas, parcourant près de 100 km pour venir orner une ville en argile. On comprend dès lors la valeur sacrée d'un tel matériau et les prouesses déployées pour glorifier un souverain avec des rochers sculptés atteignant 50 tonnes ! Explorée pour la première fois en 1925 par Franz Blom et Olivier La Farge, La Venta s'est plus tard révélé être un des trois grands centres urbains olmèques, avec San Lorenzo, le plus ancien, et Tres Zapotes. Les années 40 ont vu la découverte d'une grande quantité de stèles, autels et offrandes, et l'idée a commencé à germer dans l'esprit d'un grand poète *tabasqueño* d'en faire profiter le plus grand nombre.

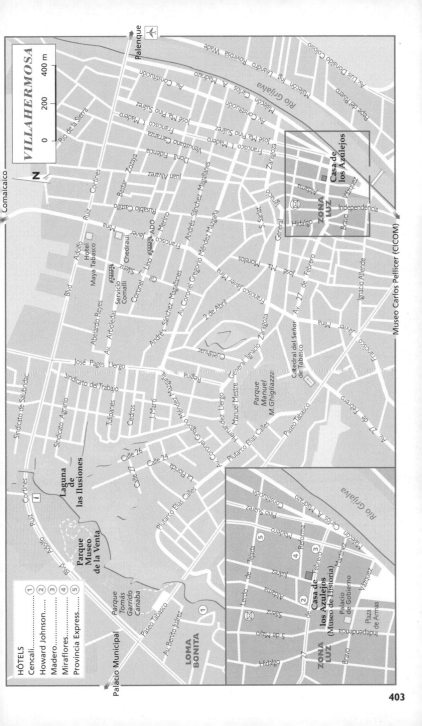

VILLAHERMOSA

0 200 400 m

N

Comalcalco

Palenque

Río Grijalva

Río de la Sierra

Malecón Ing. Leandro Rovirosa Wade

Pepe del Rivero

Av. Luis Donaldo Colosio

Av. Constitución

Malecón Carlos A. Madrazo

Malecón Carlos A. Madrazo

Francisco I. Madero

José Ma. Pino Suárez

Venustiano Carranza

Doña Fidencia

Francisco I. Madero

José Ma. Pino Suárez

Zaragoza

Bastar Zozaya

Cortines

Juan Álvarez

Ruiz

Eusebio Castillo

Alameda

Zona Luz

Independencia

Casa de los Azulejos

Zaragoza

Bravo

Hidalgo

General

S. Serra

José Ma. Morelos

Javier

Mina

Francisco

Coronel Lino

Sáenz

Coronel Gil

Andrés Sánchez Magallanes

Av. Coronel Gregorio Méndez Magaña

Blvd. Adolfo

Hotel Maya Tabasco

Chedraui

Servicio Comalli

ADO

Abelardo Reyes

Av. Arboledas

2 de Abril

Av. 27 de Febrero

Francisco Javier Mina

Catedral del Señor de Tabasco

Ignacio Allende

Javier Mina

Francisco

Av. 27 de Febrero

Museo Carlos Pellicer (CICOM)

José Pages Llergo

Sindicato del Trabajo

Sindicato de Salubridad

Sindicato Agrario

Tulipanes

Cedros

J. Martí

La Ronda

Regina

Hernández Llergo

Av. Coronel Gregorio Méndez Magaña

Manuel Mestre

General Ignacio Zaragoza

Parque Manuel M. Ghigliazza

Plutarco Elías Calles

Paseo Tabasco

Cuitláhuac

Calle 26

Calle 24

Calle 27

Laguna de las Ilusiones

Parque Museo de la Venta

Parque Tomás Garrido Canaba

Paseo Tabasco

Av. Benito Juárez

Palacio Municipal

Ruiz Cortines

Blvd. Adolfo Ruiz Cortines

LOMA BONITA

HÔTELS
Cencali............ ①
Howard Johnson.... ②
Madero............ ③
Miraflores......... ④
Provincia Express... ⑤

Inset (Zona Luz / Casa de los Azulejos)

ZONA LUZ

Casa de los Azulejos (Museo de Historia)

Palacio de Gobierno

Plaza de Armas

Lerdo de Tejada

Aldama

Juárez

Madero

Reforma

Sáenz

Pino Suárez

Constitución

5 de Mayo

27 de Febrero

Hidalgo

Independencia

Bravo

Vázquez

Martínez

Malecón Carlos A. Madrazo

Río Grijalva

① ② ③ ④ ⑤

403

Une jungle en pleine ville

En 1957, Carlos Pellicer a orchestré le déménagement de tous les monuments sculptés de La Venta, balayant les critiques par son inébranlable enthousiasme. « *Hombre* ! Imagine un poème de sept hectares », confiait-il à ses amis. Dans une forêt tropicale beaucoup moins urbanisée qu'aujourd'hui, au bord de la **Laguna de las Ilusiones** qui étend ses tentacules au nord de la capitale, les énormes blocs sont arrivés par la route, continuant un voyage commencé il y a 3000 ans sur les eaux. Pour ne pas les dépayser, Pellicer a voulu recomposer leur environnement naturel, ce qui a donné naissance à un parc archéologique, mais aussi écologique et zoologique. Si l'on fait abstraction du bruit de la circulation, on se croirait vraiment perdu dans la jungle, et un coati la queue dressée peut surgir au détour du sentier pour disparaître sous les arbres à cacao.

Vous commencerez la visite par **la Palapa**, un petit musée introductif installé sous un toit de palme, réalisé lors de la rénovation du parc en 1994. La plupart des sculptures sont des copies, mais une grande **maquette** de La Venta permet de connaître l'emplacement des pierres sur leur lieu d'origine.

Ensuite, un **parcours balisé**** d'1 km est ponctué de haltes régulières pour admirer une quarantaine d'œuvres disséminées dans la verdure. À mi-chemin, les boutiques d'artisanat et l'enclos des jaguars divisent la visite en deux parties.

Première partie de la visite

Après avoir contourné un magnifique **ceiba** (fromager), l'arbre sacré des Mayas, vous serez accueilli par le **Caminante** (marcheur), qui semble vous indiquer le chemin. Ce personnage en relief marche d'un air volontaire, un étendard à la main. Il introduit une particularité de l'art olmèque : l'aspect narratif et dynamique de nombreuses scènes.

La Abuela, loin d'être une grand-mère, représente un personnage agenouillé avec une crête sur la tête et portant une coupelle entre les mains, qui lui confère une fonction d'autel. Était-ce l'ancêtre du Chac-Mool toltèque ?

La stèle 3* nous permet de mesurer l'héritage olmèque qu'ont reçu les Mayas, érigeant plus tard des monuments comparables. Deux dignitaires (curieusement pieds nus) se font face : à gauche, le plus puissant a eu le visage martelé (on mesure l'importance d'un chef à la hauteur de sa coiffe), celui de droite semble être barbu, mais porte un postiche ou une jugulaire à frange. Des guerriers armés volètent autour d'eux jouant les « anges » protecteurs.

L'une des plus étranges découvertes de La Venta est la **mosaïque en serpentine** (El Mascarón). Ce masque stylisé reposait 7 m sous terre sur un lit de 28 couches superposées de la même pierre verte. Près de 100 tonnes de minéral importé ont servi à élaborer chacune des deux offrandes identiques retrouvées sur le site. Également enterrée, une « cabane » en fûts naturels de basalte formait un **tombeau**.

La première tête que vous rencontrerez (monument 3) n'a pas très fière allure, abîmée par des entailles vengeresses. En revanche, le **Monumento 4**** voisin est beaucoup plus impressionnant : le souverain aux pommettes saillantes, coiffé d'un casque orné d'une patte griffue, vous regarde approcher. Sa bouche laisse entrevoir ses dents (quatre seulement des 17 têtes olmèques découvertes au Mexique ouvrent la bouche), et un léger strabisme renforce l'intensité de son regard.

Les souverains ont la grosse tête

Posées à même le sol dans le centre cérémoniel, les têtes monumentales représentent manifestement des personnages réels. Ces portraits monolithiques, enfouis volontairement à l'abandon des villes, ne sont connus que depuis peu. La première tête fut heurtée par le soc d'un laboureur en 1862, et la dernière en date est sortie de terre en 1994. Une étude attentive a permis d'avancer une hypothèse séduisante : elles auraient été réalisées en retaillant le trône du souverain (appelé autel), peut-être à sa mort, pour immortaliser son règne et protéger ses successeurs.

Tête olmèque du Parque de la Venta

L'autel 5★★, connu sous le nom d'**Altar de Niños** (autel des Enfants), est un trône de basalte dont la face est sculptée en ronde-bosse. Un noble à la coiffe en forme de tiare, assis devant une cavité pouvant représenter une ouverture vers l'inframonde, tient un bébé sur les genoux. Sur les côtés, quatre adultes portant chacun un enfant dans les bras se dirigent vers lui. Cette scène, diversement interprétée, pourrait bien évoquer un sacrifice d'enfants, si l'on considère l'aspect inanimé du premier et la hache brandie par un autre. À quelques mètres, le **Gobernante★** (gouvernant) (monumento 77) inspire le respect. Assis en tailleur, il est vêtu d'une cape et d'un couvre-chef à « papillotes ».

Seconde partie de la visite

Vous trouverez sur le chemin un trône inachevé en forme de jaguar, un dauphin « pétrifié », puis le **Mono Mirando el Cielo★** (singe regardant le ciel), une statue très expressive ainsi disposée, mais qui était encastrée horizontalement dans un mur d'argile.

L'autel 4★★ est un autre chef-d'œuvre de poids. Un chef guerrier assis dans la gueule d'un monstre reptilien tient d'une main une corde attachée au poignet d'un captif. Celui-ci, sculpté sur le côté, désigne du doigt son vainqueur.

La stèle 2★ illustre le même thème du pouvoir sous les traits d'un dignitaire serrant un bâton de commandement. Sa coiffe est aussi haute que lui et, comme sur la stèle 3, des personnages armés l'entourent.

Sur une autre pierre allongée, un **porte-étendard** brandit une grande bannière en forme de requin menaçant. Vous trouverez une autre scène animée sur le côté de l'**autel 3**, où deux personnages en grande conversation n'hésitent pas à parler avec les mains. Le rang supérieur de celui de droite, assis sur une banquette, est souligné par son embonpoint.

Placé en fin de visite pour terminer en beauté, le **Monumento 1★★** est le nom de la plus célèbre des têtes olmèques. Le nez épaté, les lèvres finement dessinées et le menton prognathe, ce souverain ne manque pas d'allure et change d'expression quand vous le contournez. Ouvrez l'œil et vous verrez des gens très ressemblants dans la région.

La dernière pierre sculptée est une **Déesse** grossièrement ébauchée, dont la musculature est digne d'une nageuse olympique.

Un pont suspendu vous ramène au **parc zoologique**∗, dans la section des félins et des reptiles. De retour à l'entrée, vous retrouverez les singes atèles dont l'affairement ne semble pas entamer le flegme d'un iguane qui partage leur sort.

Pour avoir une vue panoramique sur le parc et la ville, longez la berge de la **Laguna de las Ilusiones** jusqu'au **Mirador**.

Visite de la ville
Comptez une demi-journée.

Le centre-ville, qui a échappé aux modernisations d'autres quartiers, ne vous laissera pourtant pas un souvenir impérissable. Vous pourrez flâner sous les arcades commerçantes de la calle Madero et dans la **Zona Luz**, un ensemble de ruelles piétonnes assez paisibles – où l'on oublie que la ville est réputée pour ses luttes politiques acharnées.

À l'angle des calles Juárez et 27 de febrero, une belle demeure bleue, la **Casa de los Azulejos**∗, affiche l'élégant éclectisme architectural des années 1900, quand les copies de statues romaines ne rechignaient pas à cohabiter avec des arcs mauresques. À l'intérieur se trouve le **Museo de Historia de Tabasco** (*9 h-20 h, dimanche 10 h-17 h, fermé le lundi. Entrée payante*), qui présente l'histoire du pays à travers ses épisodes régionaux.

Le Malecón longe le **Río Grijalva**, du nom du conquistador ayant le premier exploré l'embouchure du fleuve en 1518. Avec ses 750 km de long, le Río Grijalva prend sa source au Guatemala et, après avoir traversé l'État du Chiapas en creusant le fameux cañon del Sumidero (*voir p. 298*), se jette dans le golfe du Mexique. On peut encore surprendre quelques bateaux assurant un transport public vers des quartiers excentrés. En vous dirigeant vers l'amont, une passerelle et un mirador offrent plusieurs points de vue, à quelques centaines de mètres avant le musée d'Anthropologie.

Le Museo Regional de Antropología Carlos Pellicer∗ (CICOM)

10 h-19 h, dimanche 10 h-16 h, fermé le lundi. Entrée payante sauf le dimanche. Autre initiative du poète, ce grand cube, inauguré en 1980 au bord du fleuve, souffre du désintérêt des pouvoirs publics. La ventilation fonctionne de temps en temps, et il faut parfois insister pour l'illumination des vitrines ! Vous l'avez compris, vous ne serez pas trop dérangé.

Après avoir vu la quatrième tête de la Venta (Monumento 2), souriant de toutes ses dents, prenez l'ascenseur et commencez au **2ᵉ étage**, par un vaste panorama de cultures méso-américaines – une excellente révision si vous connaissez déjà le musée de Mexico. De nombreuses figurines préclassiques (une scène d'accouchement, des siamois…) et deux **masques**∗ de Teotihuacán vous accompagneront jusqu'aux salles des **cultures du Golfe**. Un **jouet**∗∗ en forme de jaguar monté sur quatre roues n'a pas dû divertir beaucoup d'enfants, il servait d'offrande mortuaire – contre toute idée reçue, les Indiens connaissaient donc bien la roue mais n'utilisaient pas sa forme solaire pour de basses tâches. D'autres œuvres d'art totonaques attirent l'attention : des **têtes d'enfants**∗ ravis, exhibant fièrement leurs dents de lait, et les accessoires reproduits en pierre du joueur de pelote (une **palme**∗ imitant la genouillère présente une scène de décapitation). Après de belles **urnes funéraires zapotèques**, la partie consacrée aux **cultures du Pacifique**, Colima et Nayarit séduit par l'humanité de ses scènes de la vie quotidienne modelées dans l'argile. La **maquette** d'une maison paysanne abrite une famille au grand complet, un **couple de caciques** adeptes du *piercing* se tiennent enlacés. Quant aux fameux **chiens nus** engraissés, ils font toujours la joie des collectionneurs dans les salles de vente.

Descendez au 1er **étage**, où vous rentrerez dans le vif du sujet avec les salles olmèque et maya. Des haches cérémonielles en serpentine, un joli bol à couvercle en forme de poisson, un pendentif de jade en forme de scorpion sont autant d'objets qui inaugurent une longue évolution artistique. Plus loin, de curieuses pierres en forme de U servaient de canalisation, et un **phallus** de pierre, rarissime au Mexique, mérite donc d'être remarqué. La section maya réunit quelques figurines de l'île de Jaina, plans, panneaux et des têtes en stuc modelé et un quetzal empaillé (profitez-en vous n'en verrez pas de vivants sauf au zoo de Tuxtla). Elle se termine par une série de **porte-encensoirs*** en céramique d'une exubérance baroque, où des prêtres chauve-souris, des dieux aux traits fantastiques se drapent dans une végétation de motifs symboliques.

Deux salles au fond du hall du **rez-de-chaussée** rassemblent quelques statues olmèques et des stèles mayas mal conservées, mais un escalier conduit à l'entresol où vous pourrez admirer quelques remarquables **pièces choisies** dont le fameux **vase Pellicer****.

Une excursion à Comalcalco*

À 56 km au nord-ouest de Villahermosa. À l'aller, passez plutôt par Nacajuca. La route, plus directe (mais pas toujours bien indiquée) traverse des villages aux églises pimpantes. En bus, les vans de la compagnie Comalli partent derrière l'hôtel Maya Tabasco. À l'arrivée, faites-vous déposer au rond-point du terminal ADO, et prenez un taxi (3 km) ou attendez (si vous avez le temps) le bus «Ruinas», qui vous offre à l'aller un détour par des plantations de cacao. N'oubliez pas la lotion anti-moustique. Tlj 9h-17h Comptez 1h30.

Située à l'extrême nord-ouest de la zone maya classique, dans la région chontale, Comalcalco – «le lieu de la maison des *comales* (briques)» – est un peu la ville oubliée des historiens. Pourtant, sa proximité avec la mer et les plantations de cacao lui ont fait jouer un rôle commercial important à la fin de la période classique (600-1000 ap. J.-C.), et on connaît ses relations dynastiques avec les derniers souverains de **Palenque**. Les lignes architecturales qu'elle adopte sont d'ailleurs fortement influencées par la ville de Pakal, mais la technique de construction est un modèle d'adaptation au milieu. Le manque de pierre a motivé une géniale invention, inconnue jusqu'alors : la **brique** d'argile cuite. L'assemblage de la maçonnerie sur un noyau de terre compactée était obtenu grâce à un mortier à base de coquilles d'**huîtres** concassées et brûlées. Cette matière première servait aussi à l'élaboration d'un stuc qui recouvrait et décorait l'ensemble.

Visité en 1880 par l'infatigable Désiré Charnay, le site dévoilera la «tombe des Neuf Seigneurs» en 1925, puis sera fouillé à partir de 1956. Une partie reste encore enfouie.

La visite du site archéologique

La Plaza Norte, de forme rectangulaire, est dominée par le **Temple I**, une grande pyramide de plan carré culminant à 20 m de hauteur. Sur le coin sud-est subsiste un fragment de la décoration extérieure, où l'on distingue un captif tenu par les cheveux. De part et d'autre, plusieurs temples alignés restent pour certains à l'état de monticules.

Sur une immense colline artificielle, la **Gran Acrópolis*** constitue le plus grand complexe réservé à l'élite, à la fois civil et religieux. Avant de l'atteindre, faites un arrêt à mi-hauteur pour voir les **Temples 6 et 7**, qui conservent également quelques restes d'ornementation : le premier est un mascaron du dieu solaire, et l'autre une frise de personnages assis. Le **Palacio*** s'ouvre vers l'ouest par un long couloir semblable à celui de Palenque, des pans de mur-parapluie trahissent la même utilisation de la fausse-voûte. Derrière, vous déambulerez dans un jeu de patios, où affleurent quelques canalisations cylindriques, avant de gagner le sommet non dégagé de l'acropole : de cette butte, la **vue**** est splendide. En redescendant côté sud, vous contournerez la structure pour revenir côté ouest, et passer devant la **Tumba de los 9 Señores***, une chambre funéraire carrée tapissée des reliefs en stuc des neuf dieux du monde souterrain.

Le musée du site

L'art du modelage en stuc, célèbre à Palenque et à Toniná, est aussi représenté à Comalcalco comme en témoignent les **têtes*** humaines et de pélicans au centre de l'unique salle du musée. Des milliers de **briques** encastrées dans les bâtiments étaient décorées de motifs incisés, animaux ou personnages, dont le dessin ressemble aux graffitis retrouvés sur les murs de Tikal. Vous y verrez aussi de grandes **jarres funéraires** qui, renversées, contenaient le corps des défunts en position fœtale.

--- **Villahermosa pratique** ---

ARRIVER-PARTIR

En avion – L'aéroport est situé à 15 km (20 mn), à l'est du centre-ville, sur la route d'Escárcega (et Palenque). Si le taxi vous paraît cher (150 pesos), demandez le van « servicio compartido » qui réunit plusieurs clients (100 pesos) ou attendez un « combi » passant théoriquement toutes les 20 mn à la sortie du parking. **Aeromexico**, ☎ (993) 312 15 28 / 69 91 : 6 vols quotidiens pour Mexico. **Mexicana**, ☎ (993) 316 31 32 : 6 vols pour Mexico et 3 vers Mérida. **Aviacsa**, ☎ (993) 316 57 00 / 31 : 2 vols pour Mexico.

En bus – le **Terminal de Autobuses ADO**, ☎ (993) 312 16 89 / 89 00 ou 314 04 81, se trouve à l'angle de Francisco Javier Mina #297 et Lino Merino, à 20 mn à pied du centre-ville, près de l'hôtel Maya Tabasco et du supermarché Chedraui. 12 bus pour Campeche (6-7 h, plus rapide par Ciudad del Carmen) ; 6 bus vers Chetumal (8 h) ; 20 bus pour Mexico (10 h) ; 11 bus pour Mérida (8 h) ; 12 bus pour Palenque (2 h) ; 17 bus pour Veracruz (7 h).
Pour Comalcalco (50 mn), les vans confortables et climatisés **Comalli** partent toutes les 20 mn de 5 h 30 à 22 h de la calle Gil y Saenz #615A (derrière l'hôtel Maya Tabasco).

ADRESSES UTILES

Office de tourisme – **Instituto de Turismo**, ☎ (993) 316 28 89 ext. 229. Plutôt que d'aller inutilement dans un quartier inintéressant, un « módulo » vous attend avec les mêmes services à l'entrée du Parque de la Venta. 8 h-16 h sauf le lundi. Pas le moindre document gratuit, mais on peut y acheter un guide du Tabasco en français avec carte et plan, remarquablement réalisé.

Banque / Change – Plusieurs banques dans la calle Juárez (piétonne) de la Zona Luz.

Poste – Calle Saenz #131. 8 h-15 h, samedi 9 h-13 h, fermé le dimanche.

Internet – **Café Internet Zona Luz** (hôtel Howard Johnson), calle Aldama #404. 8 h-22 h, samedi 8 h-20 h, dimanche 12 h-18 h.

Santé – **Farmacias del Ahorro**, calle Reforma #414 (dans le centre piétonnier). 7 h 30-22 h 30. **Hospital Cruz Roja Mexicana**, av. Sandino #716, ☎ (993) 315 55 55 (urgences).

Location de voitures – **Dollar Rent A Car**, Paseo Tabasco #600, ☎ (993) 315 80 88, aéroport ☎ (993) 356 02 11. **Agrisa**, angle Paseo Tabasco et Malecón, ☎ (993) 312 91 84.

OÙ LOGER

Villahermosa attend plus les hommes d'affaires que les touristes, les hôtels sont donc plus fonctionnels qu'élégants, et il vous sera difficile d'échapper au bruit des climatiseurs. Vous obtiendrez presque partout une réduction d'au moins 20 % du vendredi au dimanche.

- **Zona Luz**

De 200 à 400 pesos

Hotel Madero, angle Madero #301 et 27 de Febrero (au-dessus du restaurant El Torito Valenzuela), ☎ (993) 312 05 16 – 28 ch. 🛏 ❄ 📺 Malgré les travaux de rénovation en voie d'achèvement, les prix restent bas et les couples de passage discrets. Quelques chambres avec air conditionné, une bonne adresse pour les petits budgets.

Hotel Provincia Express, calle Lerdo de Tejada #303, ☎ (993) 314 53 76 à 78, Fax (993) 314 54 42, villaop@prodigy.net.mx – 48 ch. 🛏 ▦ ℘ 📺 ᴄᴄ Un hôtel tout neuf et sans prétention dans une rue piétonne. Les chambres vers l'intérieur sont un peu confinées mais impeccables, et celles sur rue, plus lumineuses, pèchent par un climatiseur bruyant.

De 550 à 700 pesos

Hotel Miraflores, calle Reforma #304, ☎ (993) 312 00 54 / 22, Fax (993) 312 04 86, www.miraflores.com.mx – 74 ch. 🛏 ▦ ℘ 📺 ✗ ᴄᴄ Pendant longtemps le meilleur hôtel du centreville, il est aujourd'hui un peu démodé mais reste confortable et bien situé. Évitez les chambres du 1ᵉʳ étage pour échapper à la musique du bar.

Hotel Howard Johnson Villahermosa, calle Aldama #404, ☎ / Fax (993) 314 46 41, réservations ☎ 01 800 201 09 09, www.hojo.com.mx – 99 ch. 🛏 ▦ ℘ 📺 ✗ ᴄᴄ Dans un édifice des années 50, les chambres des années 70 ont été rafraîchies par la célèbre chaîne américaine. Le tout n'est pas désagréable mais sans grand charme. Café Internet. Transfert économique à l'aéroport (4 par jour) réservé aux clients.

- **Loma Bonita**

Autour de 900 pesos

Hotel Cencali, angle av. Juárez et Paseo Tabasco (derrière l'hôtel Calinda), ☎ / Fax (993) 315 19 99, réservations ☎ 01 800 112 50 00, www.cencali.com.mx – 113 ch. 🛏 ▦ ℘ 📺 ✗ ⌇ ᴄᴄ Le meilleur choix parmi les hôtels de luxe, dans un grand jardin à proximité du Parque de la Venta. Demandez une chambre donnant sur le lac. Buffet du petit-déjeuner inclus et transport gratuit à l'aéroport. Très bon rapport qualitéprix, surtout avec les 25 % de réduction dès le vendredi.

OÙ SE RESTAURER

La ville se réveille lentement. Si vous êtes matinal, vous pouvez boire un jus de fruit frais à partir de 6 h à **Jugos de la Fuente**, calle Lerdo de Tejada #321, et prendre un café en terrasse à partir de 7 h au **Café La Cabaña**, calle Juárez #303 en face de la Casa de los Azulejos. La boulangerie-pâtisserie **La Hogaza**, calle Juárez #409, n'ouvre qu'à 8 h.

Moins de 40 pesos

Taquería El Torito Valenzuela, av. 27 de Febrero #202 (à l'angle de la calle Madero). 8 h-minuit. Une clientèle d'habitués vient y déguster tacos, « tortas » et « burritos » sans se ruiner.

À partir de 60 pesos

Cockteleria Rock and Roll, calle Reforma #307. 9 h-minuit. Rien de « gringo » dans ce restaurant populaire, bien au contraire. On y pousse parfois la chansonnette pour concurrencer la télévision, devant un cocktail de fruits de mer, la spécialité de la maison.

Café del Portal, calle Independencia #301, ☎ (993) 312 50 67 ⌂ ᴄᴄ 8 h-23 h. Vous pourrez y prendre un bon petit-déjeuner ou y goûter des « enchiladas », sous ses arcades bleues en ogive qui jouxtent le Palacio de Gobierno.

Excursions d'une journée

Vous pouvez passer par une agence de voyages ou vous rendre par vos propres moyens à Comalcalco (voir p. 407) et à Palenque (voir p. 320).

L'agence **Turismo Nieves**, angle Simón Sarlat #202 et Doña Fidencia, ☎ (993) 314 18 88, Fax (993) 312 51 30, www.turismonieves.com.mx, propose plusieurs circuits-découverte dans la région, de Palenque à la « route du chocolat ». Départs quotidiens ou à la carte.

VERACRUZ★
(EL PUERTO DE VERACRUZ)
État de Veracruz – 460 000 hab.
400 km au sud-est de Mexico
Voir carte régionale p. 400

À ne pas manquer
Le fort de San Juan de Ulúa.
Le « danzón » sur le Zócalo.
La musique en plein air dans toute la ville.

Conseils
Réservez votre hôtel en période de vacances scolaires ou de carnaval.
Attendez la péninsule du Yucatán pour vous baigner.

Après des siècles de suprématie, Veracruz n'est plus le premier port du Mexique, et l'on ne peut que s'en réjouir. Elle a pu ainsi échapper au chaos de l'industrie pétrolière et conserver à la fois son activité maritime et son âme festive. Haut lieu du tourisme populaire, son atmosphère bon enfant, un rien surannée, s'accommode fort bien des rénovations disparates. Après une journée écrasée de chaleur, où même les maisons paraissent se tasser, la brise du soir balance sur un même tempo les bateaux amarrés et les danseurs du *Zócalo*.

Figure de proue de l'histoire mexicaine

La valse hésitation des premiers colons – En 1518, Grijalva atteint la baie avant de faire demi-tour et ouvre la voie à Hernán Cortés, qui débarque l'année suivante avec armes et bagages sur un îlot bientôt baptisé **San Juan de Ulúa**. Nous sommes un Vendredi saint, et le campement voisin deviendra un peu plus tard la « Villa Rica de la Vera Cruz » (riche ville de la Vraie Croix). Quelques semaines plus tard, à la faveur d'une première alliance avec une tribu totonaque, tout le monde déménage, fuyant cette plage infestée de moustiques et battue par les vents. L'installation sur le site indigène de **Quiahuiztlán**, à 8 km plus au nord, ne sera qu'éphémère car, en 1525, l'embouchure bien protégée du río Huitzilapan sera finalement adoptée (aujourd'hui **La Antigua**). Mais pendant 75 ans les bateaux ne cessèrent jamais d'accoster à San Juan de Ulúa, ce qui décidera finalement les autorités de la première ville espagnole du Mexique, à la ramener sur son lieu d'origine, en 1600.

Des richesses en transit – Presque toutes les précieuses marchandises échangées entre la Couronne et la vice-royauté passaient par les quais de Veracruz, « porte principale » de la Nouvelle-Espagne, mais en disparaissaient aussi vite sans lui en laisser grand bénéfice. Les galions apportant velours, dentelles et verreries repartaient chargés d'argent ou de cochenille ainsi que de produits d'Asie – épices et soieries embarquées à Manille et acheminés à dos de mule du port d'Acapulco. Il n'en fallait pas plus pour attirer la crème des pirates, de John Hawkins à Francis Drake. En 1663, commence donc la construction de murailles, qui n'empêcheront pas Laurent Le Gaff (Lorencillo), bien connu aussi à Campeche, de saccager le port avec 600 hommes, vingt ans

La ville de corail
Dépités de ne pas trouver dans les environs des carrières de pierre pour construire la ville, les premiers bâtisseurs se tournèrent vers l'Océan pour en extraire la madrépore, un corail blanc qui fait souvent partie des collections enfantines rapportées de nos plages. En s'approchant des murs anciens du fort de Ulúa ou des veilles bâtisses du centre-ville, on reconnaît au premier coup d'œil les stries de ce curieux matériau, léger mais résistant, qui contribue à nouer un peu plus l'intime relation de la mer et du port.

plus tard. Dans un redoublement d'ardeur, s'élèvent deux grands bastions près de la mer, sept plus modestes vers l'intérieur des terres et une redoutable forteresse sur l'île de San Juan de Ulúa. Seuls cette dernière et le Baluarte de Santiago échapperont vers 1880 à la volonté de modernisation du président Porfirio Díaz.

L'étoffe des héros – Malgré la disparition des pirates, l'indépendance ne va pas apporter plus de tranquillité. Toujours la première exposée aux convoitises étrangères, la ville « quatre fois héroïque » gagne ses premiers galons en 1826 après une résistance de plusieurs années contre la garnison espagnole loyaliste installée dans le fort de Ulúa. En 1838, eut lieu la rocambolesque « guerre des gâteaux » contre la flottille française de l'amiral Baudin, venue réclamer réparation au Mexique des dégâts soufferts par nos chers compatriotes durant les luttes d'indépendance. Un pâtissier installé à Mexico affirmait avoir perdu deux cent mille pesos de gâteaux lors d'un combat de rue ! Beaucoup moins chanceuse, mais tout aussi vaillante, sera la résistance des habitants pendant les invasions nord-américaines de 1847 et de 1914.

Le repos du guerrier – Ville de poètes et de musiciens, Veracruz a développé un art de vivre particulier, peaufiné au rythme des influences ultramarines dont elle avait la primeur. Adopté avec enthousiasme vers 1880, le **danzón**, danse de salon mesurée des Créoles de Cuba, n'est pas le moindre de ses coups de cœur. Mais la vraie tradition musicale est plus paysanne (*jarocha*) et s'inspire de la séguedille andalouse. Le **son jarocho** fait chanter la harpe, la *jarana* (petite guitare) et le *pandero* (tambourin), dans un mouvement perpétuel scandé par les talons. Qui se souvient que *La Bamba*, le grand succès de Richie Valens, est en fait un classique de la musique de Veracruz ? La fête s'accompagne des fameuses « décimes », les rimes improvisées, ou de l'évocation d'un florilège de légendes, celle de la maléfique comtesse de Malibran ou de la diligence hantée, qui cimentent un peu plus l'histoire collective des *Veracruzanos*.

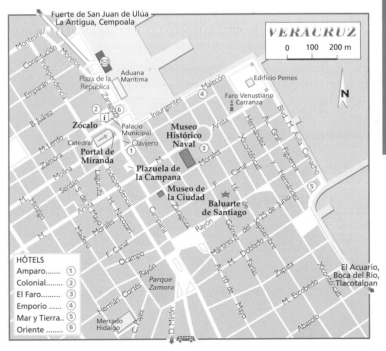

Visite de la ville

Comptez un jour.

Le centre-ville

Le cœur de Veracruz bat sur le **Zócalo**★ dès que le crépuscule sonne le rappel du *paseo*. Devant les **Portales** (arcades), sous l'œil impassible des vendeurs de cigares qui empilent leurs boîtes, les musiciens se disputent un public déjà conquis, installé en terrasse. La concurrence est rude entre les *soneros* de la région et les *norteños* qui, accompagnés d'un accordéon et d'une caisse claire, viennent contester jusqu'à une heure avancée de la nuit le règne de la musique *porteña*. Heureusement, plusieurs soirs par semaine, la démonstration de **danzón** sur la place vient mettre tout le monde d'accord.

Le pimpant **Palacio Municipal** du 18ᵉ s. occupe le côté nord et semble faire la nique à la cathédrale, sa tour d'horloge (1786) étant plus ancienne que l'unique clocher. En face, l'hôtel Diligencias, qui accueillait autrefois les grands de ce monde, est voué à l'abandon et dresse sa triste façade dans l'attente d'un improbable repreneur.

Commencez votre balade par les ruelles piétonnes, à droite du palais municipal, en empruntant la calle Zamora puis, juste à droite, le joli passage à arcades, le **Portal de Miranda**★. Au coin, dans une belle *casona* du 18ᵉ s., la **Fototeca** *(10h-19h30, fermé le lundi. Entrée libre, librairie)*, flambant neuve, présente de belles expositions temporaires de photographies.

Continuez tout droit par la calle Claviero jusqu'à la **Plazuela de la Campana**. Vous reviendrez sûrement le soir dans ce petit trapèze de verdure, haut lieu de la **trova** (chanson à texte) du mercredi au samedi.

Rejoignez la calle Arista et remontez-la sur la gauche jusqu'au musée de la Marine.

Les amoureux de la mer trouveront leur bonheur au **Museo Histórico Naval** *(9h-17h, fermé le lundi ; entrée libre)*, dans un cadre aussi impeccable qu'une chambrée de marins. Le rez-de-chaussée retrace l'histoire de la navigation, le 1ᵉʳ étage étant plus orienté sur l'armée navale et ses hauts faits ainsi que l'arsenal de la marine de guerre. De nombreuses maquettes de bateaux agrémentent l'ensemble, et l'une d'entre elles, une frégate réalisée au 19ᵉ s., occupe toute une pièce. Une salle rassemble les objets à la gloire de Venustiano Carranza, autrefois exposés dans le phare.

Ressortez par la calle Morales et revenez vers la calle Zaragoza.

Au rez-de-chaussée d'un ancien hospice du 19ᵉ s., le **Museo de la Ciudad** (musée de la Ville) *(10h-18h, fermé le mardi. Entrée payante ; photos et vidéo payantes)* a bénéficié d'une nouvelle muséographie en l'an 2000. Les salles de gauche content l'histoire de la ville espagnole et de ses fortifications, celles de droite illustrent l'époque insouciante où Cuba apportait le danzón. Le 1ᵉʳ étage est réservé aux expositions temporaires.

La pêche au trésor

En 1976, un humble pêcheur remonta dans ses filets des objets d'or engloutis dans le naufrage d'un galion. Alertées par son nouveau train de vie suspect, les autorités découvrirent à son domicile des bijoux de facture préhispanique, certainement mixtèques, tout à fait semblables à ceux de la tombe 7 de Monte Albán. Une bonne partie d'entre eux ayant échappé aux creusets espagnols du 16ᵉ s. avaient déjà fini dans ceux d'un joaillier peu scrupuleux. Les tristes lingots exposés au Baluarte de Santiago, aux côtés de 64 pièces d'orfèvrerie récupérées, pendentifs et bracelets, envoyèrent finalement leur receleur en prison.

La calle Canal vous conduira jusqu'au front de mer en passant par le bastion.

Isolé sur une petite place, le **Baluarte de Santiago**★ (bastion de Saint-Jacques) *(10h-16h30, fermé le lundi. Entrée payante sauf le dimanche, un peu cher pour ce qui est proposé)* est le dernier vestige des fortifications la ville. Une rampe permet l'accès au réduit, transformé en un minuscule musée où sont exposées les **Joyas del Pescador** (joyaux du pêcheur). La découverte de ces bijoux ressemble à l'une de ces légendes fleuries dont Veracruz a le secret *(voir encadré)*.

Sur le Malecón

Flâner sur le Malecón, grignoté sur l'Océan par un remblai au 19ᵉ s., est un autre passe-temps prisé par les habitants de Veracruz. Ne cherchez pas ici l'harmonie du décor, c'est plutôt l'ouverture sur la mer et l'activité portuaire qui donne vie à cette promenade en « L ». Sur le **quai Comodoro Manuel Azueta**, la partie la plus pittoresque, les vedettes de l'armée côtoient de vieux chalutiers. Après avoir contourné la tour moderne de Pemex (l'entreprise nationale des pétroles) vous arriverez face aux docks, sur le **Paseo de los Insurgentes**, ennobli par l'imposant **Faro Venustiano Carranza.** Dans ce phare néoclassique de 50 m de haut, enserré dans une grande bâtisse administrative, vécut le futur président entre 1914 et 1915, dans la tourmente révolutionnaire. L'installation récente des deux grands **cafés de la Parroquia** (*voir « Où sortir, où boire un verre »*) assure une animation quasi permanente. Avant de rejoindre le *Zócalo*, vous passerez devant un « marché d'artisanat », un festival de T-shirts bariolés et de coquillages vernis pour baigneurs en goguette.

Le Fuerte de San Juan de Ulúa⋆

À 800 m du Malecón à vol d'oiseau mais à 8 km par la route, qui doit contourner toutes les installations portuaires. Si vous avez le temps, un bus passe toutes les 45mn Plaza de la República, devant l'Aduana Maritima, sinon prenez un taxi. 9h-16h30, fermé le lundi. Entrée payante, visites guidées.

Dessiné une première fois par l'Italien Bautista Antonelli, au 16ᵉ s., le fort doit son apparence actuelle à l'Allemand Jaime Franck, sollicité après la terrible attaque de Lorencillo en 1683. Huit ans plus tard sont achevées les quatre courtines hérissées d'autant de bastions, formant un grand rectangle. Outre sa fonction défensive, il a très rapidement servi de prison, et ce jusqu'en 1915, date à laquelle Venustiano Carranza le transforme en… résidence présidentielle ! Plusieurs prisonniers célèbres alimentent sa légende, de « Chucho el Roto », le Robin des bois mexicain, à Benito Juárez. Le fort de San Juán de Ulúa a tenu jusqu'au bout – et même au-delà – son rôle de protecteur des intérêts de la Couronne : quatre ans après l'Indépendance, une troupe d'irréductibles, fidèles au pouvoir espagnol, y vivait toujours retranché. Ironie de l'Histoire, ses canons ayant longtemps protégé la ville ont été retournés contre elle pour la bombarder sans relâche !

Autour de la grande cour, la **Casa del Gobernador**, largement transformée au début du 20ᵉ s., ressemble plus à une demeure bourgeoise qu'à une caserne défensive. Des entrepôts voûtés abritaient armes et marchandises : l'un possède encore son sol en bois d'origine, d'autres ont été aménagés en un petit **musée** des interventions étrangères. Du quai, où pendent toujours d'énormes anneaux d'amarrage, on peut apercevoir au loin le Malecón.

De l'autre côté d'un petit pont, le quartier triangulaire des **prisons** n'est pas dénué d'une certaine élégance, mais on en sortait rarement vivant. Le guide prend un malin plaisir à décrire les effroyables conditions de détention dans les cellules collectives, d'une telle humidité que le sol est constellé de stalagmites, et se délecte du supplice de la goutte d'eau.

La plage Villa del Mar★

À 2 km au sud du centre-ville. Prenez un bus ou un taxi car le parcours à pied n'a rien d'extraordinaire. Ne vous attendez pas à un littoral de carte postale, ici le sable est sombre et l'eau a oublié d'être turquoise. Mais les familles nombreuses venues des faubourgs de Mexico pour les vacances n'en ont cure, et quel spectacle grandiose de les voir savourer chaque instant, au milieu de victuailles jaillies des glacières, dans une bonne humeur communicative. La même ambiance est de rigueur sur le **Boulevard Ávila Camacho**, où l'on se promène face à la mer sous de grands cocotiers et une ribambelle de lampadaires.

Plus au sud, la station balnéaire de **Boca del Río** s'étire sur plusieurs kilomètres, morne villégiature pour tous les vacanciers qui s'y ruent en août ou à la Semaine sainte.

Dans un centre commercial qui précède la plage, l'**Acuario★** *(lundi-jeudi 10 h-19 h, vendredi-dimanche 10 h-19 h 30. Entrée payante)*, le plus grand aquarium d'Amérique latine inauguré en 1992, est la principale attraction au retour de la baignade. Autour d'une spectaculaire rotonde, requins, raies et tortues géantes évoluent dans un grand bassin océanique circulaire. À l'entrée, un couple de **lamantins** (manatis) sont les mascottes du lieu ; ces placides « vaches de mers » à l'apparence ingrate attendent patiemment d'être transférées dans un grand bassin en construction conçu spécialement pour elles. Cette espèce menacée, qui abondait autrefois sur les côtes américaines, a relancé le mythe des sirènes au 16ᵉ s.

Excursions dans la région côtière

Comptez une demi-journée pour La Antigua et Cempoala (au nord) et une journée pour Tlacotalpan (au sud).

La Antigua★

À 28 km au nord de Veracruz par la route 140. Prenez un bus jusqu'à Ciudad Cardel puis continuez en colectivo, ou faites-vous déposer quelques kilomètres avant la déviation vers La Antigua. Il vous reste 1 km à parcourir à pied.

Oasis au milieu des cannes à sucre, l'ancienne (*antigua*) Veracruz est un charmant village assoupi sur une rive du río Huitzilapan. Rien ne laisse supposer son importance au 16ᵉ s. alors que, pendant 75 ans, elle eut la primauté des échanges avec la vieille Europe. Sur la place, les ruines romantiques d'une demeure du 16ᵉ s., la **Casa de Cortés★**, disparaissent sous les racines de ficus. Son nom un peu usurpé désigne en fait un bâtiment de l'administration royale. Après une promenade dans des ruelles rongées par l'humidité, où survivent des arbres centenaires, vous pourrez vous attabler devant un plateau de fruits de mer sous les rustiques *cabañas* qui bordent la rivière, en regardant les enfants se baigner.

Cempoala

À 84 km au nord de Veracruz. Prenez la voie rapide jusqu'à Ciudad Cardel, puis continuez pendant 8 km par la route 180. Des colectivos font la navette à partir de Ciudad Cardel, où vous descendrez également si vous arrivez d'El Tajín. Tlj. 9 h-17 h. Entrée payante sauf le dimanche.

Dans un parc impeccablement entretenu, quelques monuments épars en galets sombres n'intéresseront que les plus passionnés ou les pèlerins de la « route de Cortés ». Ici a en effet été scellée, en juin 1519, l'alliance stratégique entre le *conquistador* et le *cacique* (« chef naturel ») de cette capitale régionale totonaque.

L'architecture locale, privée de son revêtement de stuc d'origine, se distingue par des murs crénelés et des structures circulaires délimitant des espaces sacrés. L'important **Templo Mayor** qui domine ce petit centre cérémoniel était plus vraisemblablement un palais. Le **Templo de las Caritas** (temple des Visages), conservant quelques modestes fragments de peintures, se trouve dans un champ de canne à sucre (*on vous y conduit sur demande depuis l'entrée*).

Tlacotalpan*
À 105 km au sud de Veracruz. 17 km après le Puente Alvarado, prenez à droite la route 175 pendant 14 km. Des bus partent régulièrement de la gare routière.
Ce village allongé sur la rive du río Papaloapan (« rivière des papillons ») vit dans le souvenir des riches heures du commerce fluvial, interrompues par le chemin de fer. Des petites ruelles aux maisons basses peintes de couleurs pastel sont sagement alignées près de la place principale, où trône un kiosque rococo entouré de palmiers. Ce décor pittoresque n'a pas échappé à l'Unesco, qui l'a inscrit sur sa liste du Patrimoine mondial en 1998.
Tous les ans à la Chandeleur (1ʳᵉ semaine de février), Tlacotalpan sort de sa torpeur pour célébrer avec faste sa sainte patronne, la **Virgen de la Candelaria**. Alors que les taureaux sont lâchés dans les rues et que les musiciens et danseurs *jarochos* se relaient nuit et jour sur les places, une procession conduit la Vierge jusqu'au rivage pour la promener en bateau, suivie par des dizaines d'embarcations.

Veracruz pratique

ARRIVER-PARTIR

En bus – La **Central de Autobuses**, av. Diaz Mirón, ☎ 01-800-702 8000, est bien organisé, avec distributeurs de billets, service de taxis à prix fixés et bureau d'informations touristiques (voir ci-dessous). Départ des bus ADO toutes les 30 mn pour Ciudad Cardel (30 mn) et Jalapa (2 h) ; plus de 10 départs pour Mexico (5 h 30) ; 3 bus vers Oaxaca (8 h) ; moins de 10 départs pour Puebla (3 h 30) et Tlacotalpan (1 h 30) ; plus de 10 bus pour Villahermosa (7 h 30). Si vous ne trouvez pas votre bonheur chez ADO, le **Terminal AU** (2ᵉ classe) se trouve juste à côté (entrée par l'av. La Fraga) et possède une consigne.

En avion – De l'**Aeropuerto Heriberto Jara Corona** 5 vols par jour à Mexico avec **Mexicana**, ☎ (229) 938 98 39. **Aerocaribe**, ☎ (229) 934 58 88, propose un vol quotidien (à 9 h) vers Mérida et Cancún, et un autre pour Mérida via Villahermosa l'après-midi (lundi-vendredi à 16 h).

ADRESSES UTILES

Office de tourisme – **Dirección de Turismo Municipal**, dans le Palacio Municipal, sur le Zócalo. 8 h-20 h, dimanche 10 h-18 h. L'accueil fait ici honneur à la tradition hospitalière de Veracruz, et le personnel a réponse à toutes vos questions. Le bureau d'informations de la gare routière possède des horaires fantaisistes (théoriquement 9 h-15 h, samedi 9 h-20 h).

Banque / Change – Les banques se trouvent à une « cuadra » du Zócalo, à l'angle de Benito Juárez et Independencia. La **Casa de Cambio Greco**, Morelos #329 (Plaza de la República), a les meilleurs horaires. 9 h-21 h, dimanche 10 h-16 h.

Poste – Dans un grand et bel édifice néoclassique au bout de la Plaza de la Repúblíca. 8 h-16 h, samedi 9 h-13 h, fermé le dimanche.

Internet – *Internet Cybercafé*, Zamora #405-1 (à 2 cuadras du zócalo). Lundi-vendredi 10 h-22 h, samedi 16 h-21 h.

Santé – *Sanatorio Español*, av. 16 de Septiembre #955, ☎ (229) 932 00 21 / 931 40 00. *Farmacias del Ahorro*, calle Independencia, en face de la cathédrale, ouverte 24 h/24.

OÙ LOGER

Si vous comptez séjourner à Veracruz pendant les vacances scolaires ou le carnaval, attendez-vous à avoir des difficultés pour trouver un hébergement.

• Centre-ville

Autour de 150 pesos

Hotel Amparo, calle A. Serdan #482, ☎ (229) 932 27 38, amparohotel ver@hotmail.com – 63 ch. ☝ 🍴 📺 Sommaire mais très bien tenu, dans une rue centrale un peu « chaude » la nuit. Excellent rapport qualité-prix, préférez les chambres en étages, plus claires.

De 300 à 400 pesos

Hotel El Faro, calle 16 de Septiembre #223, ☎ (229) 931 65 38 – 28 ch. ☝ 📖 🍴 ✐ 📺 🆑 Dans un quartier tranquille, à une « cuadra » du Malecón, petit hôtel sobre qui manque un peu d'entretien. Chambres grandes et claires, certaines avec un lit king-size pour le même prix. Une cafétéria (8 h-17 h) jouxte l'hôtel, et le supermarché se trouve en face.

Hotel Oriente, calle Miguel Lerdo #20 (Plaza de la República), ☎ / Fax (229) 931 26 15 / 24 90 – 57 ch. ☝ 📖 ✐ 📺 ✗ 🆑 Dans un immeuble sans charme mais très central, donc assez bruyant. Demandez les chambres « remodeladas » (rafraîchies), au même prix. La 19 à chaque étage, bien que pas encore refaite, est plus calme et lumineuse.

De 400 à 650 pesos

Hotel Mar y Tierra, angle av. Gral Figueroa et Malecón, ☎ (229) 931 38 66, Fax (229) 932 60 96, www.hotelmary tierra.com – 176 ch. ☝ 📖 ✐ 📺 ✗ 🆑 Le plus maritime des hôtels de Veracruz, au bout du Malecón, entre le port de plaisance et le quai des chalutiers. Chambres confortables, rénovées en 2000, dont certaines permettent d'observer l'entrée des cargos dans le port (par exemple la 27 de chaque étage). Le samedi soir, évitez les derniers étages, sous le salon des mariages. Belle piscine sur le toit dominant la mer.

Hotel Colonial, calle Miguel Lerdo #117 (Zócalo), ☎ / Fax (229) 932 01 93, hcolonial@infosel.net.mx – 180 ch. ☝ 📖 🍴 ✐ 📺 ⛵ 🆑 Au cœur de la vie nocturne de Veracruz. Plus de la moitié des chambres ont été refaites, visitez-en plusieurs. Côté rue, elles sont spacieuses, avec balcon, mais bruyantes. Les 640 à 648 sont plus calmes, avec vue sur le port. Grande terrasse et solarium couverts d'azulejos donnant sur le Zócalo, et on peut y apporter son pique-nique !

Autour de 1 000 pesos

Hotel Emporio, Paseo del Malecón #244, ☎ (229) 932 00 20 / 22, Fax (229) 931 22 61, emporio@ver.mega-red.net.mx – 203 ch. ☝ 📖 🍴 ✐ 📺 ✗ ⛵ 🆑 Depuis 50 ans, sa haute silhouette domine la baie. Complètement transformé, il est devenu l'hôtel le plus luxueux de la ville et possède tous les services de sa catégorie. Prix promotionnels hors saison.

• Boca del Río

Autour de 1 500 pesos

Hotel Mocambo, calzada Ruíz Cortinez #4000, ☎ (229) 922 02 00 / 03, Fax (229) 922 02 12, hmocambo@ infosel.net.mx – 103 ch. ☝ 📖 ✐ 📺 ✗ ⛵ 🐾 🆑 À 8 km au sud de Veracruz, cet hôtel de légende des années 30 vit sur sa réputation. Peu entretenu, il pratique des prix injustifiés, mais qui peuvent baisser pratiquement de moitié 7 mois par an. C'est peut-être alors le moment de profiter de ses grandes chambres, baptisées pompeusement « junior suites », et de son charme rococo (ne manquez pas le salon-piscine à piliers en forme de palmiers). Accès à la mer par le Balneario Mocambo.

OÙ SE RESTAURER

Les « Portales » du Zócalo offrent une ambiance musicale de meilleure qualité que la nourriture. Restaurez-vous plutôt dans les environs, et revenez y prendre un verre. Les établissements cités à la rubrique « Où sortir, où boire un verre » servent également des repas.

Moins de 20 pesos
Pour les faims intempestives et tardives, **Doña Reynita** installe son stand tous les soirs à l'angle des calles Serdán et Zaragoza et sert de délicieux tacos accompagnés d'échalotes à croquer jusqu'à 2 h du matin.
À l'angle du Zócalo, des vendeurs de **tamales** ouvrent leurs marmites en face du restaurant Sanborn's en début de soirée.

Moins de 50 pesos
El Cochinito de Oro, calle Zaragoza #190 (à l'angle de calle A. Serdan) ☎ (229) 932 36 77. Tlj 7 h-17 h. Restaurant populaire propret et aéré, ouvert sur trois rues, où les « gorditas » (galettes de maïs fourrées) et les « caldos de camarón » (soupes de crevettes) sont appréciés dès le petit-déjeuner, sous la protection de la Vierge de Guadalupe qui surveille le tiroir-caisse.

El Tacoyote, Plazuela de la Campana #55 ⛲ Tlj 15 h 30-1 h. Vous l'avez compris, l'endroit est spécialisé dans les tacos, à consommer en musique du mercredi au samedi. Assumez votre condition de touriste et goûtez à la « supergringa » à la tortilla de blé en restant prudent avec le piment placé sur la table.

Tano, calle Mario Molina #20, ☎ (229) 931 50 50. Tlj 9 h-22 h. Un des rares restaurants à l'ancienne dans une ville en pleine mutation. Les murs couverts de photos du patron en galante compagnie font écho à la maquette de bateau emballée sous plastique, qui trône sur le comptoir. Spécialité de fruits de mer depuis quelques décennies.

OÙ SORTIR, OÙ BOIRE UN VERRE
Gran Café de la Parroquia, angle Malecón et calle Gómez Farias, ☎ (229) 932 25 84, www.laparroquia.com ⛲ Tlj 6 h-0 h 30. Le temple du « lechero » (café au lait), véritable institution depuis plus d'un siècle. Ce sont en fait deux grands cafés qui occupent les angles d'un même pâté de maisons sur le Malecón. Préférez le premier en venant du Zócalo,

il a conservé les chaises cannées et la monumentale machine à café de 1926. On vous sert d'abord le café, puis les clients frappent sur leur verre avec la cuillère pour appeler… le « lechero » (laitier).
Gran Café del Portal, calle Independencia #1187 (en face de la cathédrale), ☎ (229) 931 27 59. ⛲ Tlj 7 h-minuit. À la place de l'ancien café de la Parroquia, qui a déménagé à la suite de rocambolesques luttes familiales. La terrasse est très agréable, à un coin du Zócalo.
🍸 **El Rincón de la Trova**, callejón de la Lagunilla #59. ⛲ Tlj 13 h-3 h. Ambiance torride les vendredi et samedi soirs, lorsqu'un groupe de « son montuno » (musique cubaine) fait danser les couples dans le tournoiement des ventilateurs. Les tables débordent sur la petite place attenante, on paye la musique en plus.

LOISIRS

Carnaval – L'enthousiasme festif des « porteños » (habitants du port) se révèle tous les ans à la fin du mois de février. C'est le carnaval le plus célèbre du pays même si les sponsors ont réussi, depuis quelques années, à détourner à leur profit la spontanéité traditionnelle de l'événement.

Visite de la ville – Le **Tranvía Turístico**, bus panoramique à l'apparence de tramway, part toutes les 45 mn du Zócalo, près de la cathédrale, pour une promenade commentée de 45 mn à travers les rues du vieux Veracruz et le front de mer. Vendredi-dimanche 11 h-22 h, tous les jours en haute saison. Le circuit est plus complet que les véhicules concurrents qui partent du Malecón. Ambiance très conviviale avec dégustation gratuite de « torito » (liqueur régionale).

EXCURSIONS D'UNE JOURNÉE
On peut se rendre à Xalapa (voir p. 418) et à El Tajín (voir p. 422), en se levant tôt.
L'agence **Fiesta Viajes**, av. Camacho s/n (dans le lobby de l'hôtel Hostal de Cortés à une cuadra de l'Acuario), ☎ / Fax (229) 931 52 32 / 40 46, www.festaviajes.cjb.net, organise des excursions aux quatre coins de l'État. Départ tous les matins à 8 h pour El Tajín (autour de 800 pesos par personne).

XALAPA ★
(JALAPA)
Capitale de l'État de Veracruz – Voir carte régionale p. 400
Alt. 1 500 m – 390 000 hab.
320 km à l'est de Mexico et 100 km au nord-ouest de Veracruz

À ne pas manquer
Le musée d'Anthropologie.
Faire un tour au Callejón del Diamante.

Conseils
Sortez un pull, il peut faire frais et humide le soir.

L'orthographe « à l'ancienne » (avec un X !) est à nouveau de mise, et rappelle le temps où les attelages faisaient ici étape, sur le chemin de Mexico ou de Veracruz. Si vous arrivez de la côte, vous serez comblé d'aise par ce climat tempéré qui, au cours des siècles, a décidé plus d'un voyageur à poser ses malles, près des plantations de café enveloppées dans la brume. Après 1720, on parlait de « Xalapa de la Feria », car se tenait ici la plus grande foire de la Nouvelle-Espagne. Il faut s'enfoncer dans les faubourgs pour retrouver le cadre de cette époque, car le centre a revêtu l'habit républicain et exhibe des façades un peu pompeuses. Aujourd'hui, l'activité commerciale de la « ville de l'eau sur le sable » est moins réputée que son grand rayonnement culturel. À la joyeuse animation d'une ville universitaire, dotée d'un extraordinaire musée d'archéologie, s'ajoutent les représentations théâtrales du Parque Juárez et les concerts d'un des meilleurs orchestres symphoniques du pays.

Visite de la ville
Comptez une journée avec le musée.

Épousant bon gré mal gré le relief d'une région montagneuse, le centre historique échappe aux canons de la ville espagnole. Le **Parque Juárez** et ses araucarias géants en constitue le pôle, la traditionnelle Plaza de Armas n'est qu'un espace tronqué en face du Palacio de Gobierno et à côté de la **cathédrale**. Cette dernière semble d'ailleurs s'excuser, par sa chaude couleur, de l'errance des évêques de passage qui l'ont abandonnée, orpheline d'un clocher et affublée d'un portail néo-gothique. En l'absence de monuments à visiter, promenez-vous le long de la **calle Enríquez** et ses immeubles bourgeois, et empruntez ses ruelles pentues comme le **Callejón del Diamante**, dont les cafés débordent d'étudiants.

Le Museo de Antropología★★★
À 4 km au nord du centre-ville, sur l'avenida Xalapa. Prenez un bus ou un combi annonçant « museo » ou « tesorería » devant le Palacio Municipal, et guettez-le sur la gauche. Tlj 9h-17h, entrée payante. Permis payant pour photographier ou filmer. Bonne librairie à l'entrée. Sa visite, qui justifie à elle seule votre passage à Xalapa, permet d'admirer la plus riche collection de pièces archéologiques du pays après le musée national d'Anthropologie de Mexico. Inauguré en 1986, son architecture épurée met parfaitement en valeur les objets, le long d'un très grand espace rectangulaire qui descend en pente douce en suivant le dénivelé du parc. Six salles et trois patios s'ouvrent sur une longue galerie qui, tel un fil d'Ariane, vous conduira à travers les diverses cultures du Golfe, des Olmèques aux Huaxtèques.

Les têtes monumentales olmèques★★ sont un peu les « vedettes » qui ont forgé la réputation du musée. Parmi les 17 retrouvées jusqu'à présent, sept provenant de San Lorenzo (État de Veracruz) ont été ramenées à Xalapa. La première, la **Cabeza 8**, vous accueille à l'entrée : c'est l'une des mieux conservées et des plus réalistes avec ses yeux tombants et sa bouche entrouverte.

Patio et salles olmèques – Dans le patio 1, la Cabeza 1, dite **El Rey**★★ (le Roi), mise au jour en 1945, ne semble pas trop affectée par ses 3 000 ans d'âge. Cette imposante tête de chef-guerrier en basalte, la plus grande de San Lorenzo, atteint presque 3 m de haut, et possède ce léger strabisme commun à la plupart de ses semblables. Trois autres têtes vous attendent dans la salle 1, dont l'une, au nez rituellement entamé, esquisse un petit sourire crispé. Quelques *baby faces* («visages de bébé») et des sculptures mutilées de dignitaires assis rappellent le goût prononcé de l'art olmèque pour la représentation humaine. Dans la salle 2, le **Señor de Las Limas**★★★, taillé dans une pierre verte, est l'une des pièces maîtresses. Ce personnage couvert de tatouages, portant un bébé aux traits félins, a été trouvé par deux enfants au bord de la rivière Coatzacoalcos. Réunis derrière lui, se trouvent plusieurs **masques**★★ – celui qui comporte des incisions est d'une qualité exceptionnelle. Au fond, le **Señor del Monte** semble porter des œillères, et sa facture tardive (650-250 av. J.-C.) reflète un style épuré, presque moderne. Dans la galerie, une des plus anciennes représentations connues de **Huehueteotl**★, le vieux dieu du feu, apparaît sur un brasero en argile (curieusement, il ne porte qu'un disque d'oreille), et deux nains imperturbables soutiennent côte à côte un petit **trône**.

Art totonaque (musée d'Anthropologie de Xalapa)

G. Dagli Orti

Xalapa

Patio et salles des cultures du Centre – Plusieurs sites disséminés dans l'État de Veracruz ont développé un art régional dont l'esthétique n'a d'égal que l'originalité. Dans le patio 2, la **stèle de la Mojarra**★★ n'a pas fini de donner du fil à retordre aux archéologues. Sur un relief où apparaît la date de 143 ap. J.-C., un personnage typiquement maya s'accompagne d'un texte de 600 glyphes, dans une écriture à mi-chemin entre le pictogramme olmèque et la calligraphie maya.

La salle 3 est essentiellement consacrée aux peintures murales du **Templo 1 de Las Higueras**★★, dont les fragments dormaient dans les réserves depuis les années 70. Cette nouvelle reconstruction permet d'admirer des processions de personnages sur l'une ou l'autre des multiples couches superposées. Dans la galerie, un **Xipe Totec** d'argile, recouvert de squames ou de bourgeons, symbolise le renouveau du printemps dont il est le dieu tutélaire.

Une remarquable collection de haches, jougs et palmes en pierre provenant d'**El Tajín** (*voir p. 422*) occupe la salle 4. Ces objets avaient une fonction rituelle associée au jeu de pelote, un sport sacré indissociable de ce site du Classique tardif (750-1200 ap. J.-C.). La **Lápida de Aparicio** (pierre d'Aparicio), où des serpents jaillissent d'un

419

personnage décapité, n'est pas sans rappeler la scène du jeu de pelote de Chichén Itzá. La zone totonaque est également représentée par les **personnages souriants***, une expression particulièrement amène au milieu de toutes ces mines sévères !

La salle 5 est un festival de merveilleuses céramiques du Classique tardif (600-900 ap. J.-C.), un art d'autant plus achevé que la pierre était rare. À **El Zapotal**, un temple dédié à la mort était gardé par des **Cihuateteo*****, figures grandeur nature représentant les femmes mortes en couche accompagnant le soleil couchant. Remarquez aussi le **Tláloc**** assis ou les **jumeaux*** portant une urne.

Salle huaxtèque – Dans le nord de l'État s'est développée à la période postclassique cette culture influencée par Teotihuacán, mais aussi par les cultures voisines du littoral. Le retour en force de divinités féminines de la fertilité trouve une illustration sur la **Piedra del Maíz*** (pierre du Maïs), où se retrouvent face à face Tláloc et Tlazolteotl, un couple divin célébrant la fécondité de la terre en brandissant un serpent et un plant de maïs. De grands personnages en pierre, souvent féminins, termineront la visite. Leurs coiffes coniques les identifient immédiatement à la culture huaxtèque.

Xalapa pratique

En bus – La **CAXA** est une gare routière moderne située à 3 km à l'est du centre-ville. Prenez un taxi ou un bus passant av. Zaragoza. Distributeur de billets et consigne automatique. Les taxis sont contrôlés, et le billet s'achète avant de monter dans le véhicule. Les deux principales compagnies, **AU** et **ADO**, ☎ 01800-702 8000, offrent un service comparable. 17 départs par jour avec AU et 16 avec ADO pour Mexico (5 h) ; 8 ADO pour Papantla ; 14 AU et 9 ADO pour Puebla (3 h 15) ; 23 AU et bus ADO toutes les 20 ou 30 mn pour Veracruz (2 h). On peut acheter son billet en ville à **Ticket Bus**, calle Enríquez #13, à droite de la cathédrale (8 h-20 h 30).

ADRESSES UTILES

Office de tourisme – Módulo de Información, dans la cour du Palacio Municipal, face au Parque Juárez. Lundi-vendredi 9 h-16 h.

OÙ LOGER

Faire étape à Xalapa est hautement recommandable : le climat est frais, les soirées animées et les prix attractifs.

De 200 à 300 pesos

Hostal de Bravo, calle Nicolas Bravo #11, ☎ (228) 818 90 38 – 10 ch. En descendant à gauche de l'hôtel Salmones, hôtel simple et tranquille au décor dépouillé. Impeccable pour les petits budgets.

Hotel Salmones, calle Zaragoza #24, ☎ / Fax (228) 817 54 31 à 36 – 71 ch. ⌘ 🖉 TV ✗ CC Dans un grand bâtiment couleur saumon (cela s'impose), des chambres confortables à prix modeste. Les deux tiers ont été refaites et les travaux continuent. L'aile intérieure est plus calme. Grand restaurant (7 h-23 h).

Autour de 450 pesos

Mesón del Alférez, angle Zaragoza #14 et Sebastián Camacho, ☎ / Fax (228) 818 01 13 / 63 51, mesonalferez@hot mail.com.mx – 20 ch. ⌘ 🕱 🖉 TV ✗ CC Hôtel de charme dans une demeure ancienne de style rustique, les chambres donnent sur un patio calme (éloignez-vous de l'extracteur de la cuisine). Belles suites en duplex pour un prix raisonnable. Petit-déjeuner inclus et Internet à disposition.

OÙ SE RESTAURER

Moins de 50 pesos

Restaurante La Sopa, callejón del Diamante #3-A, ☎ (228) 817 80 69. Tlj 13 h-17 h 30/19 h 30-23 h 30. Haut-lieu de la gastronomie populaire, on y déguste sans façons une bonne cuisine mexicaine à petits prix. Goûtez les copieuses « enfrijoladas », baignées d'une sauce aux haricots noirs. La grande salle voûtée se remplit après 20 h 30 et résonne trois fois par semaine des accents de la musique de Veracruz : « danzón » le jeudi, « son jarocho » le vendredi et harpe le samedi.

À partir de 50 pesos

La Casona del Beaterio, calle Zaragoza #20, ☎ (228) 818 21 19 🍴 CC Tlj 8 h-minuit. Le petit-déjeuner est particulièrement agréable dans cette grande maison rustique du 19e s., près de la fontaine du patio. À midi, on sert une « comida corrida » à moins de 60 pesos, et pour le soir bon choix de fruits de mer et délicieux feuilleté aux pommes (« hojaldre de manzana »). Musique live du jeudi au dimanche, de 21 h à minuit.

OÙ SORTIR, OÙ BOIRE UN VERRE

Le soir, la **calle Primo Verdad** s'anime au rythme des sorties étudiantes, et l'ambiance des cafés tranquilles devient rapidement surchauffée. Le grand **Café Lindo**, calle Primo Verdad #21, est le plus fréquenté à partir de 20 h, quand se succèdent plusieurs groupes de musiciens. Outre le café du matin et la « Chela » (bière en jargon juvénile) du soir, on y trouve aussi de quoi combler toute les faims.

EL TAJÍN★★

État de Veracruz – Voir carte régionale p. 400
285 km de Mexico et 16 km au nord-ouest de Papantla
Hébergement à Papantla

À ne pas manquer
Le jeu de pelote sud.

Conseils
La lumière est meilleure le matin.

Perdu dans une plaine boursouflée de collines, El Tajín possède le charme des sites isolés. À perte de vue, la moiteur des forêts et des pâturages renforce l'harmonie d'une cité de pierre abandonnée des hommes. Loin des sentiers touristiques, la quiétude du lieu porte à la méditation et vous offrira, outre sa beauté monumentale, la part du rêve.

Après avoir abandonné sans regret la ville de Poza Rica à son industrie pétrolière, c'est **Papantla** que vous choisirez pour faire étape lors de votre passage à El Tajín. Cette petite ville accueillante, réputée pour ses **voladores** (*voir encadré ci-dessous*) et son concentré de vanille, se trouve à 16 km du site. On peut y loger et s'y restaurer (*voir « Papantla pratique »*) sans s'éloigner du *Zócalo* ombragé, où des bancs en azulejos s'éparpillent autour du kiosque.

La ville de l'éclair

La foudre ou le tonnerre (« Tajín » en Totonaque), caprice climatique fréquent dans cette région tropicale, manifeste les bienfaits des dieux de la fertilité. Mais ce terme pourrait s'appliquer aussi à l'empressement qui accompagne l'essor de la plus grande cité du nord-est de la Méso-Amérique. Vers 600 ap. J.-C., les premiers bâtisseurs mal connus, peut-être d'origine **huaxtèque**, commencent à développer une brillante architecture, sans cesse peaufinée. Au 10ᵉ s., les **Totonaques** récemment arrivés dans le golfe, installent leurs lignages au pouvoir d'une ville déjà resplendissante. Une nouvelle aristocratie guerrière à l'iconographie triomphante porte alors El Tajín à son apogée. Le roi **13-lapin** glorifié sur les colonnes de son palais préside ce prestige politique éphémère ; après lui s'amorce le déclin, puis l'abandon de la ville aux alentours de 1150. Installés sur la côte, les descendants de la capitale oubliée deviendront les premiers alliés de Cortés à l'aube de la Conquête.

Une créativité désordonnée – Le développement rapide de la cité va entraîner une juxtaposition confuse des constructions, sans orientation précise ni tracé directeur. Lorsque, à une époque tardive, est élevée la pyramide principale, elle se retrouve coincée contre un mur extérieur, sans même s'ouvrir, comme c'était l'usage, sur une place aux monuments alignés. Une véritable boulimie artistique va s'exprimer le long des murs, mêlant avec bonheur la rigueur géométrique des **grecques** aux entrelacs « baroques » des panneaux sculptés. La peinture n'était pas en reste, coloriant les **niches** et déroulant ses frises d'une palette de rouges et de bleus. Il faut, en se promenant sur le site, réinventer une prodigieuse polychromie dont seules quelques touches émergent du passé.

L'iconographie d'El Tajín est un livre d'images qui conte une mythologie oubliée, dont on saisit au passage quelques bribes, empruntées aux cultures de Teotihuacán ou du pays maya. Sa qualité plastique est certes plus évidente que sa signification, objet de multiples interprétations.

L'Olympie indienne – Les dieux d'El Tajín étaient sans doute plus impatients que Zeus, car sans attendre quatre ans, la ville résonnait toute l'année d'échos sportifs et solennels. 17 terrains de **jeu de pelote** dispersés sur le site donnent la mesure de cette activité plus transcendante que ludique, où de virtuoses athlètes honoraient leurs

Le golfe du Mexique

croyances jusqu'au sacrifice. Dans ces stades préhispaniques dépourvus d'anneaux, les parties sculptées au centre et aux extrémités du terrain servaient également de marqueurs. L'omniprésence de ces espaces de jeu n'a d'égal que sur le site de Cantona dans l'État de Puebla (24 terrains), et l'on comprend mieux pourquoi les Totonaques d'aujourd'hui restent les héritiers d'un autre jeu sacré, la **danse des Voladores** (*démonstrations uniquement les jours d'affluence en milieu de journée; participation libre*).

La redécouverte d'El Tajín – Après plusieurs siècles de silence, El Tajín commence à

La danse du Soleil

À l'instar du jeu de pelote, le «Palo Volador» prouve à nouveau que les Indiens ne savaient s'amuser sans recourir aux symboles! Pour interpréter cette danse sacrée, quatre cordes enroulées à l'extrémité d'un mât étaient attachées à la ceinture des «voladores» qui se lançaient dans les airs tournoyant jusqu'au sol. Ils décrivaient chacun 13 révolutions, nombre de mois de l'année rituelle, et totalisaient 52 tours, nombre d'années du «siècle» préhispanique. Au sommet, un cinquième danseur représentant le dieu-soleil accompagnait de la flûte cette course renversante, vivante incarnation des rayons venant féconder la terre. Cette danse spectaculaire ravit maintenant les touristes à El Tajín, Teotihuacán et Tulum, mais se pratique toujours lors des fêtes patronales de nombreux villages. Dans tout le pays, les danseurs de la région de Papantla en ont conservé le privilège.

nouveau à faire parler d'elle lorsqu'en 1785, Diego Ruiz, inspecteur des tabacs de Papantla, se trouve nez à nez avec la pyramide aux niches qui n'a jamais été totalement recouverte. En 1938, **José García Payón** arrive sur le site, qu'il fouillera pendant plus de 30 ans, et doit le disputer à une compagnie pétrolière qui a installé son campement au milieu des monticules. Entre 1988 et 1992, 18 archéologues et 500 ouvriers ont largement contribué à donner au site son aspect actuel. Malgré son inscription comme **Patrimoine mondial** en 1992, une bonne partie de la ville reste encore tapie sous la végétation. Pour sortir la région de son isolement, le gouvernement de l'État organise depuis l'an 2000 à El Tajín un grand festival artistique, qui attire les foudres (à nouveau!) de l'INAH, l'Institut national chargé de sa conservation.

Visite du site
Comptez 2 h 30.

Le chemin vous conduit d'abord sur la place du **Grupo del Arroyo** (groupe du Ruisseau), le quartier le plus ancien, datant du 7ᵉ s. Quatre constructions pyramidales rectangulaires encadrent une grande place, où se tenait un marché selon les affirmations, sans preuves convaincantes, de plusieurs auteurs. De petits groupes de niches et des frises géométriques annoncent déjà le style local.

Poursuivez votre chemin en remarquant le dallage d'origine de la chaussée, et tournez à gauche pour contourner un premier **jeu de pelote** aux côtés ornés de losanges en mosaïque de pierre. Longez-le en continuant vers le nord, pour vous attarder sur le terrain perpendiculaire voisin.

Le Juego de Pelota Sur**

L'aire de jeu forme un long rectangle bordé au sud par un grand édifice servant de tribune, la plate-forme de l'édifice 5 constituant l'autre côté. Il a la plus belle décoration existant sur ce type de structure – plus variée que celle de Chichén Itzá –, qui décrit en **six panneaux**** de reliefs les principaux mythes liés à ce jeu. Les quatre panneaux des extrémités représentent des joueurs de pelote, acteurs de rituels qui précèdent ou concluent la partie. À chaque fois, la Mort au crâne squelettique observe sur un côté, nous rappelant que le sacrifice humain sanctionnait souvent cette pratique sportive.

Les panneaux est – Sur le panneau de gauche *(le plus érodé)*, le joueur debout porte une bourse de *copal* (encens), qui accompagnait toutes les cérémonies religieuses. Celui de droite montre un joueur assis tenu par les bras, sur le point d'être décapité par son adversaire. Le dieu de la Mort descend au-dessus de sa tête pour recueillir son dernier souffle de vie.

Les panneaux ouest – À gauche, le joueur allongé sur une banquette est l'objet d'une cérémonie qui pourrait précéder son sacrifice. L'officiant déguisé en aigle danse sur lui, au son de la sonnaille et du tambourin joués par deux prêtres musiciens. Sur le panneau de droite, deux joueurs face à face discutent (voyez la virgule de la parole). Celui de droite tient un couteau, et derrière lui est agenouillé un personnage à tête de chien (Xolotl, le « Caron » amérindien accompagnant les morts)..

Les panneaux du centre – Ils célèbrent le *pulque*, boisson fermentée sacrée, l'agave dont il est extrait y figurant en bonne place avec sa hampe florale. Les scènes sont surmontées d'un dieu qui, au premier coup d'œil, a l'air de faire le grand écart ! En fait, deux personnages allongés, face à face avec un pied relevé, joignent leurs profils pour composer un visage à la mâchoire triangulaire, qui ne serait autre que Quetzalcóatl. Sur le panneau de gauche, un homme accroupi se transperce le pénis ; le sang jaillit et semble alimenter un personnage à coiffe de poisson qui émerge d'un bassin. À droite, un trio participe à une obscure cérémonie, l'un debout tient une jarre sous le bras, l'autre est assis en tailleur et le dernier allongé sur le sol.

Un peu plus à l'ouest, l'**édifice 10** est couvert d'une toiture de chaume pour protéger des restes de fresques rouge et turquoise. Faites le tour de l'**édifice 12**, dégagé en 1989, aux niches soutenues par des colonnettes, pour admirer avec recul la plus belle pyramide d'El Tajín.

Pirámide de los Nichos**

Ses corniches effilées s'empilent sur six degrés en *talud-tablero* lui donnant des airs de pagode. **365 niches** rendent hommage au cycle solaire, comme les 365 marches du Castillo de Chichén Itzá. L'intérieur de ces niches, peint en rouge avec un cadre bleu, n'abritait aucun objet. Imaginez l'aspect hollywoodien de ce monument si on le repeignait à l'identique ! En longeant ses 35 m de côté, vous gagnerez le côté principal dont l'escalier rythmé de petits autels à trois niches permettait d'accéder à un sanctuaire disparu.

À droite en lui tournant le dos, sur l'**édifice 5** est érigée une curieuse silhouette en talus surmontée d'une collerette. Côté est, au pied de l'escalier, une **stèle*** pentagonale est entièrement sculptée à l'effigie du dieu « Tajín » ou « Huracán » dont le visage épouse un angle. Curieusement, l'*Huracán* taïno (qui a donné le mot ouragan) se confond avec l'*Huracán* maya (« jambe »), le dieu de l'Orage. Cette jambe est dessinée très distinctement à l'arrière de la stèle.

En passant derrière deux pyramides jumelles élevées côte à côte, vous atteindrez une place encombrée d'énormes blocs de stuc retirés d'un monticule voisin. On y trouve le **Juego de Pelota Norte***, lui aussi décoré de panneaux et d'une frise qui court sur toute la longueur. Des personnages accroupis, parfois à tête d'oiseau, portent des objets de culte au milieu d'une forêt de symboles. Sur un relief fragmenté au centre du terrain, on distingue nettement une tortue, symbole de la terre.

Dans le prolongement vers l'est, gravissez les marches du mur de contention et, avant d'atteindre Tajín Chico, grimpez sur le sommet herbu du monticule de droite qui vous offrira la meilleure **vue**** sur le site.

Tajín Chico

Au nord de la ville sacrée s'est construit, à partir de 900 ap. J.-C., un grand quartier résidentiel partiellement dégagé. L'**Edificio de las Columnas**, palais non restauré *(non accessible)*, a dû être élevé sous le règne du roi 13-Lapin, protagoniste des représentations sculptées sur les grosses colonnes de sa façade *(exposées au musée)*.

424

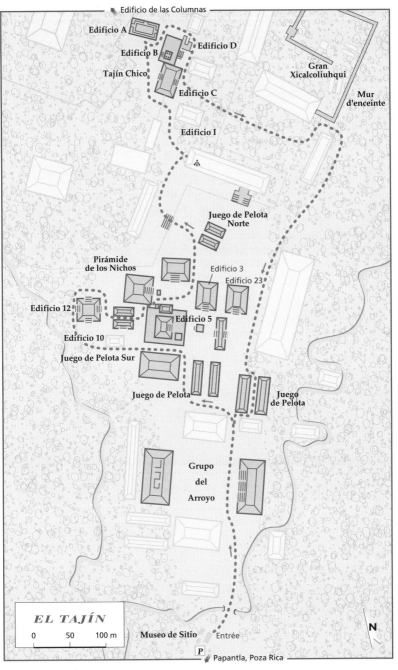

Edificio de las Columnas

Edificio A

Edificio D

Edificio B

Tajín Chico

Gran
Xicalcoliuhqui

Mur
d'enceinte

Edificio C

Edificio I

Juego de Pelota
Norte

Pirámide
de los Nichos

Edificio 3

Edificio 23

Edificio 12

Edificio 5

Edificio 10

Juego de Pelota Sur

Juego de Pelota

Juego
de Pelota

Grupo
del
Arroyo

EL TAJÍN

0   50   100 m

Museo de Sitio

Entrée

P Papantla, Poza Rica

N

Vous commencerez par l'**édifice I***, protégé depuis la découverte de peintures d'une grande fraîcheur. Un motif modelé d'arbre ou de sonnaille se répète sur une banquette, en alternance avec celui d'une pyramide inversée. Au-dessus, une frise aligne des symboles inconnus dans une dominante de vert et de bleu.

Autour d'une petite place, l'**édifice C**, le plus imposant, décline ses grecques désormais familières. À côté, l'**édifice B**, plus sophistiqué, ouvre sur une salle hypostyle et, sur la gauche, l'**édifice A** porte les traces d'une ornementation géométrique bien fatiguée. En faisant le tour de l'édifice B, vous passerez devant l'**édifice D** percé d'un escalier intérieur, et doté d'un mur décoré de losanges entrecroisés.

Redescendez devant l'édifice I, et une fois en bas abandonnez le chemin un peu plus loin pour prendre le sentier qui part sur votre gauche.

La **Gran Xicalcoliuhqui** est une plate-forme entourée d'une surprenante **muraille** s'enroulant sur elle-même en forme de grecque (d'où son nom en nahuatl). Seule cette dernière a été restaurée il y a une dizaine d'années, pour reconstituer son assemblage soigné en *talud-tablero*, son alignement de niches et sa corniche biseautée.

Repartez par le chemin principal et terminez par le dernier **jeu de pelote**. Encastrées dans les coins, de grosses têtes de serpent appartiennent à la première période de construction d'El Tajín (7ᵉ s.)

N'oubliez pas de visiter le **Museo de Sitio*** *(à l'entrée)*, qui conserve de magnifiques fragments sculptés, récupérés sur les édifices non reconstruits. Derrière la maquette d'El Tajín se dressent les **colonnes*** de l'édifice du même nom. Elles soutenaient le toit d'un grand portique et célèbrent les victoires militaires du roi 13-Lapin en une procession de guerriers et de captifs. Un grand **bas-relief*** (monumento 184), retrouvé sur l'édifice 4, décrit un culte solaire : le soleil en forme de fleur est entouré par deux serpents enlacés, les cycles diurne et nocturne, au-dessus de la terre (la tortue). Deux prêtres portent les symboles du sacrifice (le couteau) et du feu (le fagot de cannes) et, derrière eux, deux assistants tiennent des bourses à encens.

El Tajín pratique

ARRIVER-PARTIR

En bus – Les bus bleus de la compagnie *Tuspa* assurent la liaison Papantla-Poza Rica-Papantla toutes les 15 mn, et vous déposent dans les deux sens à l'entrée du site archéologique. À Papantla, ils partent de l'av. 16 de Septiembre (derrière l'hôtel El Tajín), mais on peut aussi les attendre devant la cathédrale, au coin du Parque Central.

À Poza Rica, étape incontournable si vous arrivez de Mexico, ils doivent être pris au vol sur le boulevard qui longe le parking, devant le terminal ADO. Juste à gauche, à la gare routière de 2ᵉ classe, départ des bus des *Transportes Papantla* qui vous laissent au croisement, à 1 km des ruines d'El Tajín. Pour quitter El Tajín, prenez un bus *Tuspa* dans l'une ou l'autre direction (toutes les 15 mn).

En voiture – El Tajín se trouve presque à mi-chemin entre Poza Rica et Papantla. Des deux routes parallèles reliant ces deux villes, empruntez la plus ancienne (au sud) via El Chote.

OÙ SE RESTAURER

Moins de 35 pesos

Plusieurs **comedores**, plutôt fréquentés en fin de semaine, se trouvent près de l'entrée.

À l'intérieur, la *Cafetería El Tajín* avec terrasse côté jardin sert un menu du jour et des sandwiches.

ARRIVER-PARTIR

En bus – Terminal ADO, av. Benito Juárez #402, ☎ (784) 842 02 18. Du Zócalo, prenez l'av. Enriquez et descendez la 1re rue à gauche. 2 bus par jour (12h15 et 14h40) pour Ciudad Cardel (3h); 5 départs pour Mexico (6h); 6 vers Veracruz (3h30); 10 vers Xalapa (4h30). Pour continuer votre route, il est préférable de partir du Terminal ADO de Poza Rica (45mn), ☎ 01 800 702 8000, d'où les bus sont plus fréquents. Voir ci-dessus « El Tajín pratique ».

ADRESSES UTILES

Office de tourisme – Oficina Municipal de Turismo, Palais Municipal, en entrant par la calle Artes. ☎ (784) 842 01 76. Bon accueil et collection de pièces archéologiques à l'entrée. Tlj 9h-21h.

OÙ LOGER

De 280 à 400 pesos
Hotel Tajín, calle José de Jesús Nuñez y Dominguez #104, ☎ (784) 842 06 44, Fax (784) 842 16 23, hoteltajin@hotmail.com – 72 ch. ◫ 🛏 🖻 📺 ✕ CC
Le soir, il est difficile de rater son enseigne lumineuse rouge, sur le toit d'un bâtiment des années 50 proche de la place principale. Du double escalier aux salons en demi-lune, cet hôtel au charme suranné offre des chambres simples mais

de caractère, en particulier celles donnant sur la rue. 13 chambres neuves, plus chères et plus banales.
Hôtel Provincia Express, calle Enriquez #103, ☎ (784) 842 42 13, Fax (784) 842 16 45, hotprovi@prodigy.net.mx – 20 ch. ◫ 🖻 🛏 📺 CC Pour les adeptes d'un confort plus standardisé, des chambres refaites à neuf avec vue sur le Zócalo, pour profiter de l'animation en début de soirée. Attention, certaines sont carrément en sous-sol.

OÙ SE RESTAURER

De 30 à 50 pesos
Deux restaurants à l'étage, avec terrasse surplombant le parc central, se ressemblent comme des frères. Mêmes horaires, même carte, vous pouvez essayer l'un pour le dîner et l'autre pour le petit-déjeuner. Goûtez à la « cecina a la tampiquena » (spécialité locale). **La Hacienda**, calle Reforma #100 Altos, ☎ (784) 842 06 33. Tlj 8h-23h30. Un peu plus aéré que le suivant, on y accède par un escalier métallique extérieur. **Plaza Pardo**, calle Enriquez #105 Altos, ☎ (784) 842 00 59. Tlj 7h30-23h30. Légèrement plus cher, peut-être à cause d'un décor récemment rénové.
Juste en dessous du Plaza Pardo, le **Sorrento** au joli comptoir en céramique, sert également de bons petits-déjeuners à partir de 7h.

Un des nombreux « callejones » de Guanajuato

LE CENTRE

Véritable concentré du Mexique, cette région livre une palette infinie de paysages, des montagnes verdoyantes du Michoacán aux plages paradisiaques du Pacifique, de l'aridité des hautes terres du Nayarit à la touffeur des mangroves tropicales du Jalisco. Ici bat le cœur colonial du Mexique, et nombre de cités sont de véritables musées vivants où les églises, les couvents et les palais laissent éclater leur architecture exubérante : Querétaro la baroque et Guadalajara la turbulente, Morelia la Créole et Pátzcuaro l'Indienne, San Blas l'endormie et Puerto Vallarta la noctambule, San Miguel l'artiste et Aguascalientes l'industrieuse montrent autant de facettes de la mosaïque mexicaine. La route des villes d'argent vous mènera à San Luis Potosí et à Zacatecas, aux portes des grands déserts du Nord, parmi les cactus et les agaves, écrasés par un soleil de plomb. Creuset de traditions nationales, comme la tequila ou les mariachis, le centre du pays abrite également des communautés huicholes ou purépechas, qui vivent au rythme de leurs cérémonies ancestrales, parfois éclipsées par les clameurs des spectacles de corridas et de *charreadas*.

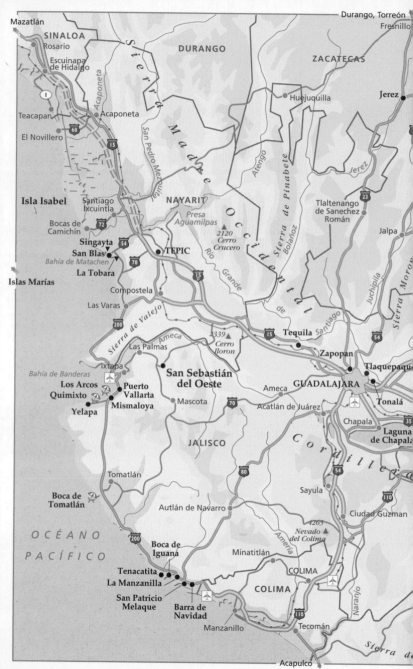

Mazatlán

SINALOA

Rosario

Escuinapa
de Hidalgo

Teacapan

El Novillero

Isla Isabel

Bocas de
Camichín

Singayta
San Blas
Bahía de Matachen
La Tobara

Islas Marías

Acaponeta

Santiago
Ixcuintla

DURANGO

Durango, Torreón
Fresnillo

ZACATECAS

Huejuquilla

Jerez

Tlaltenango
de Sanechez
Román

Jalpa

NAYARIT

*Presa
Aguamilpas*

▲
*2120
Cerro
Crucero*

TEPIC

Compostela

Las Varas

Sierra de Valejo

Río Grande

Las Palmas

Ixtapa

Bahía de Banderas

Los Arcos
Quimixto

Yelapa

Puerto
Vallarta
Mismaloya

San Sebastián
del Oeste

Mascota

GUADALAJARA

Ameca

Acatlán de Juárez

JALISCO

Tomatlán

Boca de
Tomatlán

OCÉANO

PACÍFICO

Autlán de Navarro

Boca de
Iguana

Tenacatita
La Manzanilla

San Patricio
Melaque

Barra de
Navidad

Manzanillo

▲
*2339
Cerro
Iloron*

Tequila

Zapopan

Tlaquepaqu

Tonalá

Chapala

Laguna
de Chapala

Cordillera

Sayula

▲
*4265
Nevado
del Colima*

Ciudad Guzmán

Minatitlán

COLIMA

COLIMA

Tecomán

Sierra de

Acapulco

430

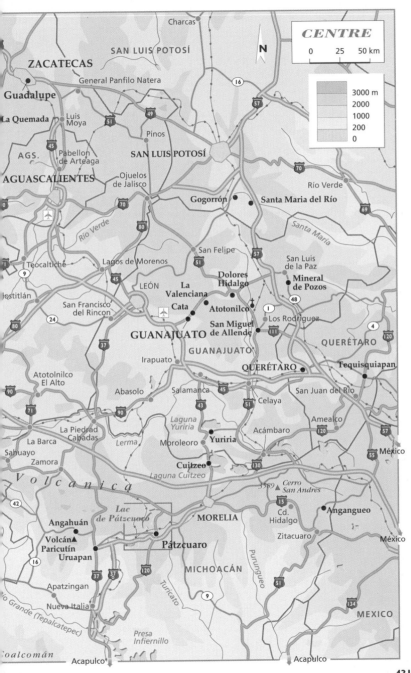

CENTRE

0   25   50 km

3000 m
2000
1000
200
0

N

Charcas

SAN LUIS POTOSÍ

ZACATECAS

General Panfilo Natera

Guadalupe

La Quemada   Luis Moya

AGS.   Pabellon de Arteaga

AGUASCALIENTES

Pinos

SAN LUIS POTOSÍ

Ojuelos de Jalisco

Río Verde

Gogorrón   Santa Maria del Río

Santa Maria

Teocaltiché

Jostitlán

Lagos de Morenos

San Francisco del Rincon

LEÓN

San Felipe

La Valenciana

Cata

Dolores Hidalgo

Atotonilco

GUANAJUATO

San Miguel de Allende

San Luis de la Paz

Mineral de Pozos

Los Rodriguez

GUANAJUATO

QUERÉTARO

Irapuato

Atotolnilco El Alto

Abasolo

Salamanca

Salamanca

QUERÉTARO

Celaya

San Juan del Río

Tequisquiapan

Amealco

México

La Piedrad Cabadas

Sahuayo

Zamora

Laguna Yuriria

Lerma

Moroleoro

Cuitzeo

Laguna Cuitzeo

Yuriria

Acámbaro

México

Volcanica

Angahuán

Volcán Paricutín Uruapan

Apatzingan

Nueva Italia

Río Grande (Tepalcatepec)

Lac de Pátzcuaro

Pátzcuaro

MICHOACÁN

Turicato

MORELIA

3589   Cerro San Andrés

Cd. Hidalgo

Zitacuaro

Purungueo

Angangueo

México

MEXICO

Presa Infiernillo

Coalcomán   Acapulco

Acapulco

QUERÉTARO★★
(SANTIAGO DE QUERÉTARO)
Capitale de l'État de Querétaro – Voir carte régionale p. 430
Alt. 1 762 m – 533 300 hab.
260 km au nord-ouest de Mexico

À ne pas manquer
Une soirée en terrasse sur la Plaza de Armas.
Une balade nocturne le long des «andadores» illuminés.
Un coup d'œil aux hôtels coloniaux de luxe.
Déguster une «nieve» chez Galy.

Conseils
Parcourez le centre historique à pied.
Réservez votre chambre à l'avance pour les périodes de vacances et les week-ends.

Après Mexico, Santiago de Querétaro est une véritable bouffée d'oxygène. Passé la banlieue industrielle, vous serez frappé par la douceur de vivre de cette ville coloniale, qui a su équilibrer un fort développement économique avec l'héritage d'un riche passé – elle est inscrite au Patrimoine mondial de l'Unesco depuis 1996. Le cœur historique, circonscrit dans un périmètre aisé à parcourir à pied, se prête à d'inoubliables flâneries le long des *andadores*, ruelles piétonnières pavées, bordées de constructions centenaires à l'exubérance baroque. Palais aux façades armoriées, somptueuses églises où le churrigueresque est sublimé, couvents discrets, aqueduc audacieux, anciennes demeures bourgeoises reconverties en hôtels de charme, l'histoire vous fait un clin d'œil à chaque pas. Places ombragées, jardins et terrasses fleuris émaillent le centre-ville d'îlots de fraîcheur et s'offrent à la paresse des promeneurs et des étudiants, qui pimentent d'une touche branchée la saveur provinciale de Querétaro.

Un carrefour historique
Pendant la période préhispanique, la région était semée de postes militaires destinés à contrôler les flux commerciaux. En 1531, Conin, un Indien acquis à la cause espagnole et rebaptisé Fernando de Tapia, offre une reddition pacifique aux caciques locaux, qui ne livrent qu'un combat symbolique le 25 juillet. En 1606, Don Juan de Mendes y Luna fonde officiellement la ville sous le nom de «très noble et loyale ville de Santiago de Querétaro». Son emplacement stratégique sur la route des centres miniers du Nord en fait un carrefour incontournable. Aux croisements de tous les mouvements qui marquent l'histoire du Mexique, la ville est au cœur du complot, connu comme la **conspiration de Querétaro** (*voir encadré*), qui aboutira à l'indépendance du pays au début du 19e s. L'épisode impérial y prend fin avec l'**exécution de Maximilien de Habsbourg**, le 15 mai 1867, au Cerro de las Campanas, après un siège de plusieurs mois mené par Juárez. La Constitution du pays y est signée en 1917 alors que la ville est la capitale provisoire du pays.

Visite de la ville
Comptez un jour.

La Plaza de Armas ou Plaza de la Independencia★★
Dès le matin, le cœur historique de Querétaro commence à palpiter sous l'œil de son bienfaiteur, le marquis de la Villa del Villar, dont la statue surmonte la fontaine (1843). Les employés affairés sillonnent dans tous les sens cette place frangée de ficus et agrémentée de bancs, s'octroyant parfois une pause au kiosque d'un cireur de chaussures. À la tombée du jour, le lieu se révèle dans toute sa magie, quand une lumière plus douce patine joliment ses splendides façades coloniales, puis un discret éclairage

orangé et féerique prend le relais. Vous aurez alors bien du mal à trouver une table à la terrasse des restaurants.

En échange de la *Corregidura* (« administration de la région ») à vie, José Martin de la Rocha fit construire, entre 1700 et 1770, l'imposante mais sobre **Casa de la Corregidora**, plus intéressante pour son rôle historique que pour son architecture (*voir encadré*). Cet édifice situé au nord de la place abrite désormais le **Palacio de Gobierno** (*8h-21h, dimanche jusqu'à 15h; entrée libre*). Allez au fond du premier patio

Doña Josefa Ortiz de Domínguez (1768-1829)

Doña Josefa, l'épouse du « Corregidor » de Querétaro, tenait un salon littéraire, qui devint rapidement un cercle politique. Avec le soutien tacite de son mari, elle ouvrit sa maison aux conspirateurs et consacra sa fortune à la cause indépendantiste. Mais le 11 septembre 1810, les Espagnols découvrirent la préparation d'un complot, connu par la suite sous le nom de « conspiration de Querétaro ». Enfermée dans ses appartements par son propre époux, inquiet de l'impétuosité de sa femme, la Corregidora réussit cependant à faire parvenir un message au père Miguel Hidalgo. Prévenu à temps, celui-ci put prendre les armes le 16 septembre 1810, avant la date prévue. Doña Josefa fut condamnée et détenue au couvent de Santa Teresa jusqu'à l'indépendance en 1821. Elle déclina tous les honneurs et mourut le 2 mars 1829.

pour découvrir sur la gauche une courette portant le vestige du mirador des anciennes prisons royales (*Reales Carceles*), qui comptèrent parmi leurs hôtes Chucho El Roto. Surnommé le Robin des bois mexicain, il fut emprisonné les derniers mois de sa vie à Querétaro avant de mourir, en 1885, dans une cellule du fort de San Juan de Ulúa à Veracruz (*voir p. 413*).

HÔTELS
Doña Urraca..................① Mesón de la Luna........④ Misión Juriquilla...........⑧
Hostal de la Juventud...② Mesón de la Merced....⑤ Plaza.............................⑨
Impala..........................③ Mesón del Obispado....⑥ Posada Acueducto.........⑩
Mesón de Santa Rosa...⑦ Posada de Matamoros...⑪

Un timbre espagnol a immortalisé la **façade**★ aux balcons de fer forgé de la **Casa de Ecala**★ (*ouest de la Plaza de Armas, lundi-vendredi 9h-17h*), bel exemple d'édifice baroque construit au 18e s. pour le maire Don Tómas López de Ecala.

Ne quittez pas la Plaza de Armas sans jeter un coup d'œil au magnifique hôtel **Mesón de Santa Rosa**★ (*voir « Où loger »*), ancien relais où étaient stockés l'or et l'argent des mines du nord.

Empruntez l'Andador Libertad puis l'av. Corregidora sur la droite jusqu'au Jardín Zenea.

Le Jardín Zenea★ et ses environs

Cette coquette place est agrémentée d'une fontaine dédiée à Hébé, déesse de la Jeunesse, et d'une gloriette traditionnelle. À Noël, ne manquez pas la **crèche** grandeur nature (ainsi que le gigantesque autel des morts installé sur la place de la Corregidora, à l'angle nord-est du Jardín durant la première semaine de novembre). À l'est du Jardín se dresse l'**église de San Francisco** (*tlj 9h-17h*), cathédrale de la ville jusqu'en 1922. Construite au 17e s. dans le style baroque, elle ne présente d'autre intérêt que sa façade, où se détache un bas-relief de Saint-Jacques (patron de la ville), et des peintures des 17e et 19e s. à l'intérieur.

Mitoyen, l'ex-couvent de San Francisco abrite le **Museo Regional de Querétaro**★★ (*Corregidora Sur #3. Mardi-samedi 10h-17h, dimanche 9h-16h; entrée payante sauf le dimanche*). Plusieurs fois remodelé, ce magnifique couvent du 16e s. est construit autour de trois patios rehaussés de mosaïques colorées et plantés de mandariniers. La région est le fil conducteur ténu d'une collection riche mais hétéroclite, des origines précolombiennes à l'ethnographie locale. La collection de peintures des 17e et 18e s., dont des œuvres de Juan Correa, est particulièrement intéressante.

Face au musée, prenez la calle Madero et poursuivez jusqu'à l'angle de la calle Allende pour découvrir la somptueuse **Casa de la Marquesa**★. Cette demeure baroque, construite par le marquis de Villa del Villar de Aguila pour son épouse abrite un hôtel de luxe. Si vous n'y logez pas, vous pourrez néanmoins apprécier sa façade finement sculptée et glisser un coup d'œil au sublime **patio intérieur**★ de style mudéjar.

En face se dresse l'**église de Santa Clara**★★ (1606) (*angle Allende et Andador Madero. Tlj 9h-19h*). À l'instar de toutes les églises de congrégations féminines, on y pénètre par le côté. Deux portes jumelles s'ouvrent sur un intérieur d'une richesse époustouflante. Le chœur où les religieuses assistaient à l'office est séparé de la nef par une **grille en fer forgé**★ magnifiquement ouvragée. Les **retables latéraux**★★ finement sculptés et dorés à la feuille laissent éclater toute l'exubérance et la démesure du Baroque churrigueresque. Vous admirerez également une **chaire**★ incrustée d'argent et de coquillages.

En reprenant la calle Allende, à l'angle de la calle Pino Suárez, vous repérerez facilement l'**église de San Agustín**, construite en 1731, à son dôme orné d'une mosaïque de faïence bleue et d'un cortège d'anges musiciens. La façade baroque, surmontée d'un crucifix de pierre sculptée, ressemble à un retable avec ses colonnes salomoniques délimitant des niches, où s'inscrivent les statues de saints.

Le **Museo de Arte de Querétaro**★★ (*Allende #14. Mardi-dimanche 10h-18h; entrée payante sauf le mardi*) occupe l'ancien couvent de San Agustín. Le **cloître**★★, typiquement baroque, un des plus beaux du pays, mérite à lui seul la visite. Anges gracieux et gargouilles démoniaques soulignent ses colonnes et arcades s'ouvrant sur deux niveaux de galeries, et le patio fleuri est rafraîchi d'une coquette fontaine. La collection de peintures européennes des 16e et 17e s. et mexicaines des 19e et 20e s. illustre les courants maniériste, baroque et néoclassique.

Suivez la calle Pino Suárez sur trois cuadras puis prenez Ezequiel Montes sur la gauche.

La Plazuela Mariano de las Casas

Sur cette place, dédiée à l'architecte des plus beaux édifices religieux de la ville, se dresse un autre joyau de Querétaro, l'**église de Santa Rosa de Viterbo**★★ (1752) *(angle av. Arteaga et Ezequiel Montes. Tlj 9h-18h)*. L'intérieur churrigueresque est impressionnant de magnificence. Vous serez ébloui par les dorures rutilantes des six **retables**★★ latéraux réalisés par Pedro de Rojas, illustrant la vie de San José à droite et la Vierge de Guadalupe à gauche. Le **pupitre** incrusté de marbre et de nacre retiendra également votre attention. La chapelle arrière réservée aux moniales est séparée de la nef par une **grille**★ surmontée d'une grande coquille ornée de médaillons, une trappe en bois permettant de passer la communion. Quant à la **sacristie**★★, elle recèle de véritables trésors : les statues en bois peint des apôtres et du **Christ**, dont la poitrine s'ouvre pour contenir les hosties, une **table octogonale** du 18ᵉ s. incrustée d'os, ainsi que quelques peintures remarquables.

Le Barrio de Santa Cruz★

De la Plaza de Armas, empruntez l'Avenida Carranza vers l'est pendant 800 m jusqu'à la colline Sangremal, qui domine la ville. Au terme d'une douce ascension, vous serez accueilli par la statue de Saint-Jacques, patron de la ville, dont l'apparition, lors de la bataille du 25 juillet 1531 menée par Fernando de Tapia, convainquit les Otomis d'accepter le christianisme.

Face à vous, la vaste esplanade de la **Plaza de los Fundadores** immortalise les fondateurs de Querétaro : Conin, le chef indigène rebaptisé Fernando de Tapia, Nicolas de San Luis Montañez, fondateur de Tequisquiapan, Fray Jacobo Daciano et Juan Sanchez de Alaniz qui réalisa le tracé au cordeau de la ville.

Le couvent de la Santa Cruz★ *(mardi-samedi 9h-12h/16h-18h, dimanche 9h-16h; entrée gratuite, visite guidée de 20mn)*, édifié au 17ᵉ s. à l'endroit de l'apparition de Santiago, siège du premier Colegio Apostólico de Propaganda Fide, avait pour mission l'évangélisation de la Nouvelle-Espagne. Plus tard, il servit de base militaire à Maximilien lors du siège de 1867 (mars à mai), puis de prison après sa défaite et sa condamnation à mort. Dans une cellule, des meubles (table, coffre, chaise) témoignent de cette page de l'histoire du pays. L'église est modeste, mais au-dessus de l'autel principal vous observerez la **croix de pierre originale** offerte par les Espagnols aux indigènes lors de leur reddition. Vous ferez une halte obligatoire dans une cour intérieure, où sont jalousement gardés les **arbres à épines en forme de croix**, miraculeusement nés du bâton de pèlerin du religieux Margil de Jésus.

L'aqueduc de Querétaro

A. Thuillier/MICHELIN

Querétaro

À l'arrière du couvent se déploie le **Panthéon de los Querétanos Ilustres**, place carrée cernée de statues édifiée en 1847, au centre de laquelle trône le **mausolée de la Corregidora** et de son époux.

Du **mirador**, profitez de la belle vue sur l'**Aqueduc*** *(angle Calzada de los Arcos et Ejército Republicano)*, un des monuments dont les Querétanos sont le plus fiers. L'imposante structure de 74 arches se déroule sur 1 280 m de long et 23 m de hauteur. Construit entre 1726 et 1738, à l'initiative du marquis de La Villa de Villar de Aguila (celui-là même qui fit construire la Casa de la Marquesa pour son épouse), il alimenta la ville en eau potable jusqu'en 1944.

Voyage au centre du pays : Tequisquiapan*

Comptez au moins une demi-journée. De Querétaro, prenez un bus jusqu'à San Juan del Río, puis un autre pour Tequisquiapan (20 mn). En voiture, prenez l'autoroute de Mexico pendant 47 km puis l'embranchement sur la gauche vers Tequisquiapan (22 km). Si vous arrivez de Mexico, l'embranchement sur la droite est indiqué avant San Juan del Río. Tequisquiapan, le centre géographique du pays – un monument sans intérêt illustre cette situation privilégiée – constitue une étape fort agréable entre la capitale et Querétaro. Fondée en 1551 par un décret royal de Charles V, cette coquette bourgade, située à 1 880 m d'altitude, est un lieu de villégiature très prisé des *Chilangos* («habitants de la capitale») pour ses sources thermales et son climat. Presque trop léché, le village a le charme un peu artificiel d'une carte postale. Cependant vous ne resterez pas indifférent à ses jolies ruelles pavées et fleuries de bougainvilliers, aux couleurs éclatantes de ses vieilles maisons rustiques, à la sérénité de sa placette encadrée d'arcades envahies par le marché d'artisanat improvisé des Indiens, à l'atmosphère chaleureuse de ses restaurants et de ses bars et au bon goût de ses boutiques.

Querétaro pratique

ARRIVER-PARTIR

En bus – Le **Terminal de Autobuses** est situé Prolongación Luis Vega y Monroy #800, à 5 km au sud-est du centre, ☎ (442) 229 01 81. **Primera Plus/Flecha Amarilla**, ☎ (442) 211 40 01 ; **Ómnibus de México**, ☎ (442) 229 03 29 ; **ETN**, ☎ (442) 229 00 19. 10 bus par jour pour Aguascalientes (4 h) ; 14 départs vers Guadalajara (5 h) ; départs toutes les 10 mn 24 h/24 pour Mexico (2 h 45) ; 3 bus pour Morelia (3 h) ; départs toutes les 40 mn de 6 h à 22 h pour San Miguel de Allende (1 h) ; 8 bus par jour pour San Luis Potosí (3 h).

En avion – L'**Aeropuerto Fernando Guttíerez Espinosa**, ☎ (442) 220 69 34, à 4 km au nord-est de la ville. **AeroMéxico**, ☎ (442) 215 64 74, dessert Guadalajara, Morelia, Mexico (4 vols quotidiens), Puerto Vallarta et San Luis Potosí.

Location de voitures – **Aconsa**, Mariano Escobedo # 187, ☎ (442) 215 05 61 ; **Europcar**, ☎ (442) 216 35 44 ; **Hertz**, ☎ (442) 224 07 20.

ADRESSES UTILES

Office de tourisme – **Sectur**, Pasteur #61, ☎ (442) 231 52 12. Tlj 9 h à 19 h.

Banque / Change – Nombreuses banques avec distributeur dans le centre historique. **Banamex**, angle Juárez et 16 de Septiembre. Lundi-vendredi 9 h-17 h, samedi 10 h-14 h.

Poste – Arteaga #5. Lundi-vendredi 9 h-14 h 30.

Internet – **Cyber Café**, 16 de Septiembre #65. Lundi-vendredi 10 h-20 h, samedi 13 h-21 h.

Santé – **Hospital San José**, Constituyentes #302, ☎ (442) 215 32 36. **Clínica Los Arcos**, Av Hercules #231, ☎ (442) 223 12 70.

Laverie – *Lavandería del Centro*, Morelos #142, ☎ (442) 287 88 18. Lundi-samedi 9h-20h.

Sécurité – La *Policía Turística*, ☎ 800903 92 00, reconnaissable à son uniforme jaune, sillonne les rues du centre historique à vélo. *Ángeles Verdes*, ☎ (442) 213 84 24.

Où loger

Moins de 50 pesos par personne

Hostal de la Juventud, av. Ejército s/n, Barrio de Santa Cruz, ☎ (442) 223 31 42 – 72 lits. À 15mn à pied du centre, c'est l'option de logement la plus économique. Confort minimal dans des dortoirs de 8 lits. Fermé à 22h, pas de petit-déjeuner.

De 200 à 300 pesos

Posada de Matamoros, Andador Mariano Matamoros #8, ☎ / Fax (442) 214 03 75, posadamatamoros_@hot mail. com. mx – 29 ch. Dans un passage piétonnier calme, ce nouvel hôtel à la décoration chaleureuse propose des chambres simples mais très confortables. Accueil sympathique. Très bon rapport qualité-prix, aussi est-il prudent de réserver.

Posada Acueducto, Juárez #64 Sur, ☎ (442) 224 12 89 – 14 ch. Bien tenu, récemment rénové, il offre des chambres modestes et confortables, mais peu ventilées. Une bonne adresse dans cette catégorie. Pas de réservation.

Mesón de la Luna, Mariano Escobedo #104, ☎ (442) 212 14 39 – 40 ch. Dans cet édifice récent et bien tenu, certaines chambres bénéficient d'une décoration rustique. Chambres de grande capacité (5 personnes) avec réfrigérateur. Bon rapport qualité-prix. Parking.

Hotel Plaza, Juárez Norte #23, ☎ (442) 212 11 38 – 29 ch. Simple, bien tenu et pratique. Demandez les chambres donnant le parc.

De 300 à 450 pesos

Hotel Impala, Zaragoza et Colón #1, ☎ (442) 212 25 70 – 114 ch. Non loin du centre historique, un édifice moderne avec des chambres fonctionnelles un peu exiguës. Préférez les chambres intérieures, plus calmes. Service gratuit de transfert à la gare routière ou à l'aéroport sur réservation.

Mesón del Obispado, Andador 16 de Septiembre #13, ☎ / Fax (442) 224 24 64 – 16 ch. L'atout majeur de l'hôtel est sa situation dans une rue piétonne du centre historique. Chambres confortables au charme kitsch ordonnée autour d'une petite cour intérieure. Restaurant sans prétention mais pratique.

Plus de 1 000 pesos

Mesón de la Merced, 16 de Septiembre #95, ☎ (442) 214 14 98, Fax (442) 224 21 98, www.hotelmesondela-merced.com – 14 ch. Petit hôtel de grand charme, situé dans une ancienne « vecindad » où vivaient de nombreuses familles. Les suites raffinées, agencées sur trois niveaux, encadrent le patio aux couleurs terre, beige, orange typiques du style local. Petit restaurant en terrasse. Parking. Service attentif.

Mesón de Santa Rosa, Pasteur #17 Sur, Plaza de Armas, ☎ (442) 224 26 32, Fax (442) 212 55 22, starosa@ciateq.mx – 21 ch. Cette magnifique demeure coloniale âgée de trois siècles, décorée dans le style mexicain, s'ordonne autour de trois patios successifs. Les chambres 301 et 302, en rez-de-chaussée, sont très agréables. Le restaurant est très couru pour sa cuisine et son décor.

Hotel Misión Juriquilla, bld Villas del Mesón #56, ☎ (442) 234 00 00, Fax (442) 234 02 97 – 196 ch. Abrité dans une imposante hacienda du 18ᵉ s. sur la route de San Miguel de Allende, cet hôtel offre une gamme complète de services, des équipements sportifs aux restaurants et bars. Les chambres en rez-de-chaussée avec terrasse privative donnent directement sur l'immense piscine, au milieu de jardins fleuris. Pour se sentir en vacances.

Hotel Doña Urraca, 5 de Mayo #117, ☎ (442) 238 54 00, Fax (442) 238 54 46, www.donaurraca.com – 24 ch. Une étape d'exception au style méditerranéen moderne et chaleureux. Les chambres sont vastes avec terrasse privative. Grand jardin, solarium autour de la piscine, Jacuzzi, sauna. Ascenseur. Personnel aux petits soins.

Le Centre

OÙ SE RESTAURER

Moins de 60 pesos

Los Compadres, 16 de Septiembre #46, ☎ (442) 212 98 86. Tlj 10h-23h. Idéal pour une petite faim : des « antojitos », tacos, « tortas », « gorditas » à des prix modiques servis toute la journée. Service rapide et efficace.

Ibis Natura, Juárez #47 Norte. Tlj 8h-21h. Sous des dehors de boutique naturaliste, il s'agit en fait d'un restaurant végétarien. Si le charme n'est pas au rendez-vous, la cuisine est bonne comme en témoigne une clientèle fidèle.

Crepería San Gabriel, Andador 16 de Septiembre #42. Midi-22h, fermé le lundi. Une petite salle conviviale et sans prétention pour déguster des crêpes salées ou sucrées et reposer les estomacs sensibles.

Mesón de la Corregidora, 16 de Septiembre #16 (Plaza de la Corregidora), ☎ (442) 212 07 84. Tlj 8h-23h. Difficile de trouver une table en terrasse dans ce restaurant toujours plein, ce qui est de bon augure. Le menu du jour est très (trop?) complet (4 plats et un dessert pour 30 pesos). L'ambiance est toujours au beau fixe, orchestrée par des groupes de musique traditionnelle, et le service très sympathique.

De 80 à 120 pesos

La Duquesa, Ezequiel Montes #22, ☎ (442) 212 61 90. Tlj 8h-22h. Restaurant peu touristique, à l'écart du cœur du centre historique. Décor rustique et bonne cuisine mexicaine, formules de petits-déjeuners. Ambiance conviviale. Prix très raisonnables.

Un Lugar de la Mancha, Prospero Vega #1, ☎ (442) 212 33 33. Lundi-vendredi 8h-23h, week-end 9h-23h. Ce « café-restaurant-librairie-galerie d'art », fréquenté par une clientèle un brin intello, distille une ambiance sereine, artistique et littéraire. On mange au choix dans une petite salle ou dans le patio avec, en fond sonore, une musique de qualité… Petits-déjeuners et plats simples à prix doux.

Mesón de Chucho el Roto, Pasteur #16 (Plaza de Armas), ☎ (442) 224 11 03. Tlj 8h-23h. Cuisine mexicaine traditionnelle servie sur une agréable terrasse. Formules de petits-déjeuners. Un incontournable

Terraza Don Ramón, Corregidora #34, ☎ (442) 214 21 81. Voilà une adresse que les « Querétanos » recommandent pour sa bonne cuisine mexicaine et sa terrasse agréable. Service attentif. Prix moyens.

Bisquets, Pino Suárez #7. Tlj 7h-23h. Pas de surprise avec sa cuisine mexicaine servie dans un agréable patio. On vous recommande le délicieux pain maison.

Le Bistrot, Andador Matamoros #6A, ☎ (442) 212 85 38. 13h30-22h30, fermé le lundi. Tout nouveau, tenu par un Mexicain amoureux de la France, c'est un élégant restaurant gastronomique. Carte de vins et de spécialités de chez nous. Service soigné.

OÙ SORTIR, OÙ BOIRE UN VERRE

Glacier – Nevería Galy, Andador 5 de Mayo. Si ce glacier est une institution locale, ce n'est pas pour sa salle plutôt tristounette mais pour ses « nieves », sorbets arrosés de vin local à emporter ou à consommer sur place. À essayer à tout prix.

Cafés / Bars – Café del Fondo, Pino Suárez #9, ☎ (442) 212 05 09. Pour prendre un verre dans une ambiance estudiantine. Petits-déjeuners et vente de cafés en grains.

El Rincón del Juli, Andador 5 de Mayo #39, Casona de los Cinco Patios, ☎ (442) 224 27 60. Tlj 18h-minuit. Ambiance taurine dans ce nouveau bar branché, entièrement dédié au Matador El Juli. Décor chaleureux (photos, trophées) et musique espagnole. On déguste des tapas arrosées de vin, au coude à coude avec les aficionados sur l'immense comptoir. **Cafetería El Naranjo**, angle Madero et Guerrero, ☎ (442) 224 01 36. Tlj 9h-22h. Agréable terrasse pour faire une pause ou prendre un verre le soir dans une ambiance bohème aux accords d'une musique douce. Service de sandwichs et restauration rapide. **Quadros**, Andador 5 de Mayo #16, ☎ (442) 212 63 86. Bar à la mode, musique live les soirs en fin de semaine à partir de 19h. Idéal pour faire des rencontres.

LOISIRS

Visite de la ville – *Queretours*, Velasquez #5, ☎ (442) 223 08 33 : tours de ville de 3 heures, 150 pesos. ***Promotur***, Independencia #77, ☎ (442) 212 89 40 : tours de ville à pied, tlj à 11 h et 16 h, durée 3 h. ***Tranvia*** : trois itinéraires de 1 h de visite commentée (15 pesos) au départ de la Plaza de Armas, du mardi au dimanche à 9 h, 10 h, 11 h, 16 h, 17 h, 18 h ; réservez la veille à l'office de tourisme.

ACHATS

Artisanat – *Casa Queretana de las Artesanías*, Andador Libertad #52, Plaza de Armas. Dans cet édifice colonial est présenté tout l'éventail de l'artisanat régional : broderies, céramiques, vannerie, sculptures, travail du métal…

Feria de las Artesanías, Juárez # 49 Norte, ☎ (442) 214 11 98. Longue galerie d'artisanat, où est représentée toute la production régionale à des prix corrects. Lundi-vendredi 9 h-21 h, week-end 10 h-21 h. ***La Casona de los Cinco Patios***, Andador 5 de Mayo #39, ☎ (442) 224 27 60. Dans une imposante demeure du 18ᵉ s. magnifiquement restaurée, cinq patios en enfilade vous feront découvrir des boutiques, des galeries d'art, des bars et un restaurant.

Verre soufflé – *La Casa de los Arcos*, 5 de Mayo #92. Dans un grand jardin, verre soufflé de qualité à des prix imbattables. Lundi-vendredi 11 h-13 h/16 h-19 h, samedi 12 h-16 h.

Librairie – *Un lugar de la Mancha* (voir « Où se restaurer »).

Tequisquiapan pratique

ADRESSES UTILES

Office de tourisme – *Dirección de Turismo*, Andador Independencia #1, Plaza Central, ☎ (414) 273 02 95. Tlj 9 h-19 h.

Visite de la ville – Départ du ***Tranvía*** les mardi, jeudi, vendredi, samedi et dimanche à 10 h, 11 h, 12 h, 13 h, 16 h, 17 h et 18 h. 8 personnes minimum, 20 pesos pour un adulte, 12 pesos pour un enfant. Renseignez-vous à l'office de tourisme.

OÙ LOGER

De 350 à 400 pesos

☺ ***Posada San Francisco***, Moctezuma #2, ☎ (414) 273 02 31, mariodoy@hotmail.com – 12 ch. ⚑ ✗ ⊠ Les chambres simples de cet hôtel familial s'ordonnent autour d'un jardin fort agréable, agrémenté d'une charmante piscine. L'accueil est amical. Parking.

Posada Tequisquiapan, Moctezuma #6, ☎ (414) 273 00 10 – 15 ch. ⚑ TV ⊠ Les chambres encadrent un grand jardin fleuri. Agréable et convivial.

☺ ***Hotel La Plaza***, Juárez #10, Plaza Principal, ☎ (414) 273 00 05, Plazatx@prodigy.net.mex – 15 ch. ⚑ ✗ ⊠ Très central, l'hôtel bénéficie d'une très belle décoration de style colonial et de chambres fort plaisantes.

Hotel Los Arcos, Moctezuma #12, ☎ (414) 273 05 66 – 10 ch. ⚑ TV Cette petite pension joliment décorée propose des chambres nichées autour d'un patio intérieur fleuri. Ambiance intime. Parking.

OÙ SE RESTAURER

Autour de 80 pesos

La Charamusca, Ezequiel Montes #1, à l'angle de la Plaza Central. Dans un décor sans prétention, une cafétéria qui sert une cuisine simple et de bonnes formules de petits-déjeuners.

Capricho's, 20 de Noviembre #2, ☎ (414) 273 01 08. Cuisine mexicano-française servie dans un décor sympathique.

K'puchinos, Morelos #4, Plaza Central, ☎ (414) 273 10 46. Tlj 9 h-23 h. Installé sous les arcades, ce charmant restaurant propose de bons plats.

SAN MIGUEL DE ALLENDE★★

État de Guanajuato – Voir carte régionale p. 430
Alt. 1 850 m – 56 000 hab.
235 km au nord-ouest de Mexico

Architecture séculaire, églises baroques, murs roses et ocre, palette de couleurs franches ou délavées, portes sculptées, patios secrets, fontaines au coin des rues pavées, places ombragées sous les jacarandas : San Miguel a conservé un charme colonial intact. Construite à flanc de colline, la ville bénéficie toute l'année d'un climat doux et d'une lumière très pure, qui ont attiré dès les années 40 de nombreux artistes – dont David Siqueiros, le chef de file des muralistes mexicains – et des étrangers, nord-américains pour la plupart. Devenue le refuge d'une élite intellectuelle et artistique un brin bohème, San Miguel compte deux écoles d'art et foisonne de galeries, de magasins de décoration, de boutiques d'artisanat et d'antiquaires. Peuplée de palais coloniaux minutieusement restaurés et d'édifices religieux aux façades exubérantes, dans une harmonie sans faille, San Miguel n'a cependant rien d'une ville-musée. Bien au contraire, elle jouit d'une vie nocturne animée, particulièrement le week-end, lorsque les *Chilangos* (habitants de la capitale) investissent ses restaurants élégants et ses bars branchés.

Une histoire sans histoire
Malgré la présence de traces de civilisations préhispaniques, la région n'est pas vraiment occupée à l'arrivée des conquistadors en 1542. Seules des populations nomades, appartenant au groupe des Chichimèques, la visitent ponctuellement. Le 29 septembre 1542, un franciscain, Juan de San Miguel, établit la première ville de l'intérieur, San Miguel de los Chichimecas. Mais la résistance chichimèque contraint les Espagnols à changer d'emplacement, et San Miguel el Grande, fondée par le vice-roi Don Luis de Velasco en 1555, prend le relais, 5 km plus loin.
Porte de la route des mines du nord, San Miguel prospère rapidement grâce au commerce, à l'agriculture, à l'élevage et à l'industrie lainière. La ville devient une des plus importantes de la Couronne espagnole. Au milieu du 18ᵉ s. est créée l'école de Saint François de Sales, extension de l'Université de Mexico, où étudieront quelques héros de la guerre d'indépendance. En 1826, Allende est ajouté au nom de San Miguel en l'honneur de Don Ignacio de Allende, qui prend la tête de l'armée rassemblée par le père Hidalgo pour libérer le pays du joug espagnol.

Visite de la ville
Comptez une demi-journée.

Le centre de San Miguel se parcourt aisément à pied, mais il vous faudra souvent affronter raidillons et ruelles escarpées car la ville est construite tout en dénivelés. N'hésitez pas à musarder pour apprécier la richesse de la ville, déclarée Monument national en 1926.

Le Centre

La Plaza de Allende★★

Point de passage obligé de toute journée à San Miguel, cette place, communément appelée **Jardín Principal** ou **Plaza Principal**, constitue le centre névralgique de la ville. Encadrée de maisons des 17ᵉ et 18ᵉ s., dont les profondes arcades abritent des boutiques, des restaurants et des bureaux, elle est animée à toute heure. Dès le matin, les marchands de journaux ou de friandises et les cireurs de chaussures y installent leur stand à l'ombre des ficus. Les habitués s'interpellent, échangent les derniers potins en épluchant la presse puis se donnent rendez-vous pour le soir. À la tombée du jour, on vient y prendre le frais en grignotant des grains de maïs, ou en savourant un cornet de glace, et les bancs ne désemplissent pas jusque tard dans la nuit.

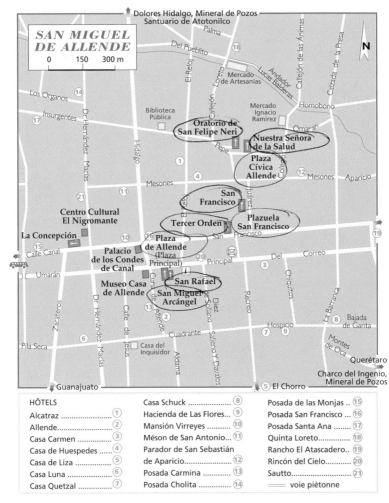

HÔTELS			
Alcatraz	①	Casa Schuck	⑧
Allende	②	Hacienda de Las Flores	⑨
Casa Carmen	③	Mansión Virreyes	⑩
Casa de Huespedes	④	Méson de San Antonio	⑪
Casa de Liza	⑤	Parador de San Sebastián de Aparicio	⑫
Casa Luna	⑥	Posada Carmina	⑬
Casa Quetzal	⑦	Posada Cholita	⑭

Posada de las Monjas	⑮
Posada San Francisco	⑯
Posada Santa Ana	⑰
Quinta Loreto	⑱
Rancho El Atascadero	⑲
Rincón del Cielo	⑳
Sautto	㉑
═══ voie piétonne	

Sur le côté sud du *Jardín* s'élève la **Parroquia de San Miguel Arcángel*** *(7h-20h)* qui domine impérieusement la place de son audacieuse **façade néogothique** du 19ᵉ s. Si l'on en croit la légende populaire, l'architecte indigène Zeferino Gutiérrez s'inspira de cartes postales européennes pour la construire, d'où son air de famille avec les cathédrales de Barcelone et de Cologne. En revanche, l'intérieur contraste par sa sobriété. Les tombes à côté de l'autel renferment les restes d'évêques et de notables de la ville, notamment ceux du président de la République Anastasio Bustamante *(caveaux ouverts au public le 2 novembre)*. Le **Cristo de la Conquista** (Christ de la Conquête), en épis de maïs et bulbes d'orchidées, dans la chapelle à gauche du maître-autel, aurait été réalisé par des Indiens de Pátzcuaro au 16ᵉ s.

Sur le côté gauche de la Parroquia, l'**église de San Rafael***, la première de la ville, dont la construction remonte à 1564, montre un bel exemple d'architecture religieuse du 16ᵉ s.

À l'angle sud-ouest de la place s'ouvre le **Museo Casa de Allende*** *(10h-16h, fermé le lundi; entrée libre)*, modeste maison de deux niveaux où naquit Don Ignacio Allende. Construite au 18ᵉ s., elle possède une belle entrée baroque et des balcons ouvragés. L'exposition, éclectique et sans intérêt majeur, présente des pièces archéologiques régionales, des documents historiques sur la fondation de la ville, des outils agraires, et une salle dédiée à l'illustre insurgé.

Au nord-ouest de la place *(angle Hidalgo et Canal)*, le **Palacio de los Condes de Canal** abrite désormais la Banamex. Construite à la fin du 18ᵉ s., au confluent des styles baroque et néoclassique, cette noble demeure exhibe une façade ornée de chapiteaux corinthiens et de balcons austères égayés d'éléments zoomorphes. Remarquez surtout la **porte*** en bois magnifiquement sculptée, surmontée d'un aigle et d'une statue de la Virgen de Loreto.

Remontez la calle San Francisco jusqu'à la placette encadrée par deux églises et leur cloître.

La Plazuela San Francisco (Jardín San Francisco)

À gauche, l'**église de la Tercer Orden**, bâtie par les franciscains au début du 17ᵉ s., se distingue par la sobriété de son architecture, sans coupole ni tour. Dans la partie haute de la façade, une niche abrite la statue de saint Antoine de Padoue. Sur le côté nord de l'église, le **cloître**, encadré de deux niveaux à arcades et orné d'une fontaine centrale, conserve de magnifiques fresques murales illustrant le Calvaire.

En face, au nord, se dresse l'**église de San Francisco** *(10h-14h/16h-19h; fermé les samedi après-midi et dimanche. Entrée payante; visite guidée de 45mn)*. Construite au milieu du 18ᵉ s., sa splendide **façade** churrigueresque en *cantera* (pierre) rose, chargée d'éléments décoratifs représentant des végétaux et des visages humains, contraste avec la tour néoclassique dessinée par Eduardo Tresguerras. La nef communique avec un plaisant **cloître** fleuri, à forte influence baroque.

La Plaza Cívica Allende

Construite en 1555, cette esplanade, qui épouse la dénivellation du terrain, était la place principale de la ville avant d'accueillir le marché jusqu'en 1969. Une **statue équestre d'Allende** domine sa partie haute et deux édifices religieux en bordent le côté nord.

À gauche, l'**Oratorio de San Felipe Neri*** *(tlj 7h-20h)* datant de 1714 se distingue par sa remarquable **façade baroque** de trois ordres, richement ornée de motifs végétaux, dont les colonnes délimitent des niches et leurs statues. À l'intérieur, on peut admirer 33 peintures de saint Philippe Neri, un Florentin, fondateur de l'ordre de l'Oratoire au 16ᵉ s. Par un remarquable **portail** à colonnes salomoniques dorées, accédez à la chapelle latérale, la **Santa Casa de Loreto**** (1735), qui reproduit la sainte maison de la Vierge de Lorette en Italie *(si l'entrée principale est fermée, le portail en bois situé calle Insurgentes #9 permet l'accès au cloître puis à la chapelle)*. Une statue de cette Vierge trône sur l'autel principal, mais le plus intéressant à visiter c'est le **camarín*****, au fond. Sous une coupole, cette chapelle baroque de forme octogonale à la décoration fastueuse, toute d'or et de mosaïques colorées, renferme trois sompteux retables.

À droite de l'Oratorio se détache le dôme de faïence bleue et jaune de l'**église de Nuestra Señora de la Salud** (1734), l'ex-collège Saint-François de Sales. Sa façade baroque à trois registres est surmontée d'une coquille Saint-Jacques, qui symbolise le ciel. L'intérieur modeste comporte de belles peintures et une sculpture de la Virgen de la Soledad.

Suivez la calle Mesones vers l'ouest jusqu'au bout et tournez à gauche dans la calle Hernández Macías.

G. de Benoist/MICHELIN

L'église de San Felipe Neri

En s'éloignant du centre

Installé dans l'ancien couvent de la Concepción de las Monjas (1754), le **Centro Cultural El Nigromante** *(9h-20h; dimanche 10h-14h; entrée libre)* abrite désormais la Escuela de Bellas Artes, école d'art où sont organisés des expositions temporaires et des évènements culturels. Vous pourrez y admirer un **mural** inachevé relatant la vie d'Allende (1948), œuvre de David Siqueiros, qui y enseigna.

À une cinquantaine de mètres, dans la calle Canal, se dresse l'**église de La Concepción★**, terminée à la fin du 19e s. Vous remarquerez la coupole à dix faces de Zeferino Gutiérrez, inspirée des Invalides, ainsi que l'autel et le retable baroque du chœur.

De retour à la Plaza principal, prenez la Cuna de Allende, puis la calle Adalma, jolie rue pavée typique au parcours tortueux. Elle descend jusqu'au Parque Juárez, que vous longerez par la calle Diezmo.

Vous parvenez au **Chorro**, l'ancien lavoir public qui déploie ses 17 bassins individuels de pierre rouge sur une petite esplanade en contrepoint du Parque Juárez. Remontez par les ruelles escarpées Caradita puis Recreo. Après le croisement de Huertas, vous passez devant la **Plaza de Toros** (arène), cachée derrière une haute porte en bois. Tout au long de cette balade, soyez attentif aux façades pleines de charme, portails sculptés, balcons ouvragés, fontaines coloniales, ex-voto, qui émaillent les rues de touches nostalgiques.

Le Charco del Ingenio

À 2 km au nord-est du centre. Sur la Plaza Cívica ou calle Juárez, prenez un bus jusqu'au Gigante, puis continuez à pied sur 1 km ou en taxi. En voiture, prenez la sortie pour Querétaro, puis tournez à gauche au premier rond-point. Au centre commercial Gigante, le jardin est indiqué. Tlj de l'aube au coucher du soleil, entrée payante.

Refuge de colonies d'oiseaux migrateurs, cet immense jardin botanique, qui se situe dans un étroit canyon, comprend un arboretum, les ruines d'une hacienda et une belle collection de cactées ordonnée dans un jardin japonais.

Les environs de San Miguel de Allende
Comptez une journée.

Une jolie route de campagne, bordée de boutiques de brocante et d'artisanat, ainsi que d'agréables sources chaudes *(voir « Loisirs »)*, relie San Miguel à Dolores Hidalgo. Vous emprunterez cet itinéraire pour vous rendre à Guanajuato *(voir p. 450)*, avec la possibilité de faire un crochet par Mineral de Pozos.

■ **Le sanctuaire de Atotonilco**✶✶ – *Au km 11 de la route de Dolores, le sanctuaire est indiqué à droite et se trouve 2 km plus loin au centre du village d'Atotonilco. En bus (20 mn), départ de la Central Camionera toutes les 30 mn. Tlj 7 h-20 h; entrée libre.* Au cœur d'un village aux ruelles pavées, où le temps s'est arrêté, le sanctuaire, inscrit au Patrimoine de l'humanité par l'Unesco, dégage une impression de sérénité et de paix. L'église, construite en 1745, comporte un **plafond**✶✶ et six **chapelles** latérales à couper le souffle, ainsi que de magnifiques **fresques** et **peintures murales**✶✶, œuvres de Miguel Antonio Martínez de Pocasangre. En 1802, Ignacio Allende s'y maria, et le père Hidalgo s'y arrêta en 1810 au cours de sa marche sur San Miguel.

■ **Dolores Hidalgo**✶, **capitale de la céramique** – *À 27 km de Atotonilco (soit 38 km au nord de San Miguel). En bus (45 mn), départ toutes les 30 mn de la Central Camionera.* Cette ville typiquement mexicaine aux allures de bourgade s'enorgueillit de deux titres de gloire. Elle fut le berceau de l'indépendance mexicaine, puisque du parvis de l'église le père Miguel Hidalgo lança le **Grito de Dolores** le 16 septembre 1810 *(voir p. 32)*. Elle est également la capitale de la céramique, avec une production originale, variée et créative à prix très doux *(les principales boutiques de fabricants se trouvent à l'entrée de la ville)*. Une balade dans Dolores s'avère agréable, et la visite du **Museo Casa de Hidalgo** *(angle Hidalgo et Morelos. 10 h-17 h 45; dimanche 10 h-16 h 45, fermé le lundi; entrée payante)* offre un intéressant témoignage historique, puisque le père Hidalgo, doyen du collège San Nicolas de Morelia puis curé de Dolores, vécut dans cette modeste demeure coloniale de 1779.

Suivez la route 110 jusqu'à San Luis de la Paz (39 km), puis sur la droite à la sortie de San Luis, Mineral de Pozos est indiqué à 6 km. De San Miguel, vous pouvez emprunter un autre itinéraire en prenant à la sortie sud la direction de Los Rodriguez (18 km). Poursuivez pendant 20 km puis, au croisement, Mineral de Pozos est indiqué à gauche (22 km).

■ **Mineral de Pozos**✶ – *À 60 km de San Miguel de Allende. Pour l'hébergement, voir p. 447.* Opulente ville minière de quelque 65 000 habitants jusqu'en 1910, Pozos était devenue une ville fantôme dont les ruines n'abritaient plus que quelques familles. Depuis une dizaine d'années, séduits par son charme indicible, des artistes y ont installé leurs ateliers, redonnant vie à cette localité de 2 500 âmes. Au détour des ruelles, des galeries ouvrent leurs portes sur des œuvres de bonne facture. Parallèlement, un artisanat, très sophistiqué et unique, de reproduction d'instruments de musique pré-colombiens a vu le jour. Poussez la porte des ateliers de la rue escarpée qui monte face au Jardín Principal pour découvrir le *chicahuaztli* ou *palo de lluvia* (bâton de pluie), le *huehuetl* (tambour), le *teponaztli* (percussion), l'ocarina (flûte), les maracas et le *raspador* (grattoir).

ARRIVER-PARTIR

En bus – La Central Camionera se trouve calle Canal à 1,5 km à l'ouest du centre-ville, ☎ (415) 152 00 84. *ETN*, ☎ (4) 152 64 07, *Primera Plus / Flecha Amarilla* ☎ (415) 152 73 23, *Estrella Blanca* ☎ (415) 152 22 37, *Herradura de Plata* ☎ (415) 152 07 25. 2 bus pour Aguascalientes (2 h 30); 5 départs pour Guadalajara (5 h) de 8 h et 17 h; 10 départs pour Guanajuato (1 h); départ toutes les 40 mn de 6 h à 21 h pour Mexico (3 h 45); départ toutes les 45 mn de 6 h à 20 h vers Querétaro (55 mn); 7 bus pour San Luis Potosí (2 h 45).

COMMENT CIRCULER

En bus – Les autobus locaux partent de la calle Colegio, côté est de la Plaza Cívica, et circulent jusqu'à 22 h. Les pancartes sur les pare-brise indiquent leur destination.

En taxi – La course en ville coûte environ 25 pesos. Stations situées sur le côté est du Jardín, sur le côté sud de la Plaza Cívica et à la gare routière.

Location de voitures – *Hola*, Plaza Principal Interior #5 (dans le patio de la Posada San Francisco), ☎ (415) 152 01 98, holarent@unisono.net.mx.

ADRESSES UTILES

Office de tourisme – À côté de l'église San Rafael, Plaza Principal. 10 h-14 h 45/17 h-19 h; week-end 10 h-13 h.

Banque / Change – *Dicambio*, angle Juárez #1 et San Francisco. 9 h-16 h; samedi 9 h-14 h et dimanche 10 h-14 h. Taux correct. *Banamex*, angle Canal et Hidalgo (Jardín) : distributeur de billets 24 h/24.

Poste – Correo #15. Lundi-vendredi 9 h-18 h, samedi 9 h-14 h.

Internet – *Internet San Miguel*, Mesones #57, ☎ (415) 154 46 34. 9 h-21 h, dimanche 10 h-18 h, 48 pesos l'heure. *Estación Internet*, Recreo #13 Altos (1er étage de la galerie), ☎ (415) 152 73 12. 9 h-20 h; dimanche 10 h-14 h. 45 pesos l'heure.

Santé – *Hospital de la Fe San Miguel*, Libramiento a Dolores Hidalgo #43, ☎ (415) 152 22 33 / 23 20. *Silvia Azcárate*, ☎ (415) 152 19 44 / 50 23 (en cas d'urgences) : médecin généraliste parlant français et anglais.

Écoles de langues – *Instituto Allende*, Ancha de San Antonio #20, ☎ (415) 152 01 90, Fax (415) 152 45 38, www.instituto-allende.educ.mx. L'école la plus renommée de San Miguel se consacre aux arts (peinture, sculpture, lithographie, dessin, histoire de l'art, photographie) et à l'enseignement de l'espagnol pour les étrangers. *Academia Hispano Americana*, Mesones #4, ☎ (415) 152 03 49, Fax (415) 152 23 33 : sessions tout au long de l'année, diplômes reconnus par l'université de Guanajuato.

Laveries – *Lavamágico*, Pila Seca #5, ☎ (415) 152 08 99. 8 h-20 h sauf le dimanche. *Franco*, Zacateros #54, ☎ (415) 154 44 95. Lundi-vendredi 9 h-19 h, samedi 9 h-17 h. Service de livraison à domicile.

Agence de voyages – *Metro*, Jesús #11, ☎ (415) 154 73 73, metrotur@prodigy.net.mx. Lundi-vendredi 10 h-18 h; samedi 10 h-14 h. Réservations aériennes, transports intérieurs, réservations hôtelières.

OÙ LOGER

Les prix des hôtels sont généralement majorés en fin de semaine compte tenu de l'affluence des habitants de la capitale.

Autour de 85 pesos par personne
Hostal Alcatraz, El Reloj #54, ☎ (415) 152 85 43, alcatrazhostel@yahoo.com – 4 ch. Des dortoirs de 4 ou 6 lits superposés (avec une salle de bains pour deux chambres) dans un établissement central, agréable et bien tenu autour d'un patio. Salle TV, cuisine à disposition et ambiance conviviale.

De 180 à 250 pesos
Casa de Huespedes, Mesones #27, ☎ (415) 152 13 78 – 8 ch. ⌐ ✗ Les chambres (dont deux appartements),

petites et propres, donnent sur une agréable terrasse fleurie, où des fauteuils permettent de bavarder entre voisins. Confort sommaire mais accueil chaleureux.

🏨 **Parador de San Sebastián de Aparicio**, Mesones #7, ☎ (415) 152 70 84 – 28 ch. ⁙ Tout près du centre, une maison ancienne avec un joli patio intérieur abrite des chambres correctes et impeccables. Un bon choix dans cette catégorie.

Posada Cholita, Dr. Hernández Macías #114, ☎ / Fax (415) 152 28 98 – 12 ch. ⁙ TV Petite pension familiale bien tenue à la décoration kitsch au possible. Moins cher pour les chambres avec salle de bains commune. Le confort est modeste mais le rapport qualité-prix excellent. TV en option, service de laverie.

De 250 à 400 pesos

Hotel Sautto, Dr. Hernández Macías #59, ☎ (415) 152 00 52 – 29 ch. ⁙ Les chambres simples, dans un esprit très routard, donnent sur plain-pied sur un immense jardin plus ou moins entretenu, qui assure calme et indépendance. Souvent plein, tarif dégressif pour les locations de longue durée.

Posada Santa Ana, Insurgentes #138, ☎ / Fax (415) 152 05 34 – 7 ch. ⁙ TV À 10 mn à pied du centre, une ancienne maison de famille qui dégage une atmosphère conviviale. Les chambres, à la décoration kitsch, sont bien tenues mais manquent de charme. Plus cher le week-end. Service de laverie.

🏨 **Posada de las Monjas**, Canal #37, ☎ (415) 152 01 71, Fax (415) 152 62 27, bigboy@prodigy.ney.mx – 65 ch. ⁙ 🚭 ✗ CC Dans une rue calme, à 200 m du centre, un ancien monastère abrite cet hôtel tout en terrasses, aménagées en solarium pour certaines. Chambres charmantes à la décoration rustique et salles de bains à l'ancienne. Accueil chaleureux. Bon rapport qualité-prix. Parking, laverie.

Hotel Quinta Loreto, Calle de Loreto #15, ☎ (415) 152 00 42, Fax (415) 152 36 16, hqloreto@terra.com.mx – 40 ch. ⁙ 🚭 TV ✗ 🏊 CC Situé à côté du marché artisanal, cet édifice récent donne sur une grande cour arborée. Les chambres, sans recherche mais confortables, sont bien tenues. Parking.

De 400 à 600 pesos

Hotel de Allende, Hidalgo #22. ☎ (415) 154 79 20, Fax (415) 152 79 29 hotel_d_allende@yahoo.com – 12 ch. ⁙ TV Central, bien tenu, propre et confortable, cet établissement séduit par sa touche coloniale et ses couleurs chaleureuses. Petit-déjeuner inclus.

Hotel Mansión Virreyes, Canal #19, ☎ (415) 152 08 51, Fax (415) 152 38 65, mansionvirreyes@prodigy.net.mx – 25 ch. ⁙ 🛉 TV ✗ CC Les chambres, confortables mais sans charme particulier, sont ordonnées autour d'un joli double patio encadré d'arcades. Petit-déjeuner inclus.

Posada Carmina, Cuna de Allende #7, ☎ (415) 152 04 58, Fax (415) 152 10 36 – 11 ch. ⁙ 🚭 🛉 ✗ TV Dans un charmant édifice ancien agrémenté d'un patio, des chambres simples mais vastes et confortables, à la décoration un peu surannée. Accueil parfois un peu bougon. Travaux d'agrandissement prévus.

De 600 à 1 000 pesos

Hotel Mesón de San Antonio, Mesones #80, ☎ (415) 152 05 80, Fax (415) 152 28 97 – 11 ch. ⁙ 🚭 🛉 TV 🏊 CC Les chambres en duplex, modernes et plaisantes, donnent sur un jardin avec piscine. Calme et intimité assurés.

Hacienda de Las Flores, Hospicio #16, ☎ (415) 152 18 08, Fax (415) 152 83 83, hhflores@unisono.net.mx – 15 ch. ⁙ 🛉 TV 🏊 Derrière la façade coloniale se cache un hôtel moderne de style mexicain. Les chambres surplombent un beau jardin et une piscine agréablement aménagée. Petit-déjeuner compris.

Posada de San Francisco, Plaza Principal #2, ☎ / Fax (415) 152 00 72, hposadasanfrancisco@prodigy.net.mx – 46 ch. ⁙ 🛉 TV ✗ CC Idéalement situé sur la place principale, l'hôtel affiche souvent complet. L'entrée est somptueuse, mais l'hôtel déçoit un peu. Les chambres sobres et rustiques sont plus fonctionnelles que coquettes. Accueil amical.

Hotel Rincón del Cielo, Correo #10, ☎ (415) 152 00 17, rincon@unisono. net.mx – 15 ch. 🍴 ✗ ✎ 📺 cc À deux pas de la place centrale, un établissement attrayant, décoré dans la plus pure tradition mexicaine. Les chambres s'ouvrent sur une galerie fleurie. Accueil chaleureux.

Casa Carmen, Correo #31, ☎ / Fax (415) 152 08 44, ccarmen@ unisono.net.mx – 11 ch. 🍴 ✗ En plein centre, une vieille demeure pleine de charme tenue par un couple d'Américains retraités. Les chambres, dont certaines en duplex, encadrent la cour ornée d'une fontaine. Petit-déjeuner compris

Plus de 1 000 pesos

Rancho El Atascadero, Prolongación Santo Domingo s/n, ☎ (415) 152 02 06, Fax (415) 152 15 41, atascadero@redmex.com – 51 ch. 🍴 ✎ 📺 ✗ ⚲ ✤ cc À l'entrée nord de la ville, dans le quartier résidentiel de l'Atascadero, cette ancienne hacienda entourée de jardins possède encore une petite chapelle d'époque. Les chambres, vastes et confortables, de style rustique mexicain, ont une cheminée. Pour rendre votre séjour agréable : salon, salle de lecture, terrasses, salles de jeux, piscine avec solarium, Jacuzzi, sauna et personnel amical. 4e nuit gratuite et transport gratuit pour le centre-ville.

Casa Luna, Pila Seca #11, ☎ (415) 152 11 17, casaluna@unisono.net.mx – 9 ch. 🍴 ✗ cc Belle maison ancienne à la décoration colorée et chaleureuse, où patios et fontaines croulent sous la végétation. Les chambres, avec cheminée, ont une tonalité folklorique. Salle de massage, bar, belle terrasse dominant le voisinage. Petit-déjeuner inclus, pris en commun à 9h. Moins de 14 ans non admis.

Casa Schuck, Bajada de la Garita #3, ☎ (415) 152 06 57, cschuck@unisono. net.mx – 6 ch. 🍴 📺 ✗ cc Cette maison de style très mexicain est une des adresses les plus sélectes de San Miguel. À chaque suite possède sa décoration spécifique et raffinée dans un cadre intime et élégant. Petit-déjeuner inclus. Enfants non admis.

Casa Quetzal, Hospicio #34, (réception Correo #24), ☎ (415) 152 05 01, Fax (415) 152 67 48, casa@quetzalfilms.com – 6 ch. 🍴 📺 cc Situé au cœur du centre historique, le dernier-né

des hôtels de charme de San Miguel propose des chambres dont l'architecture et la décoration sont modernes et étonnantes. Service impeccable.

Casa de Liza, Bajada del Chorro #7, ☎ (415) 152 03 52, Fax (415) 152 61 44, casaliza@unisono.net.mx – 6 ch. 🍴 ✎ 📺 cc Luxe, calme et volupté… À 10 mn à pied du centre, conçu dans une demeure coloniale du 17e s. superbement restaurée, ce B & B est une halte d'exception. Il propose des chambres et suites à la décoration sophistiquée et romantique, décorées d'antiquités et de curiosités artisanales. Magnifiques jardins, fontaines et bassins en terrasses, Jacuzzi et personnel aux petits soins. Petit-déjeuner compris. Parking.

• **Mineral de Pozos**

De 550 à 800 pesos

Casa Mexicana, Jardín Principal #2, ☎ (442) 293 00 14, pozosmex@yahoo. com – 5 ch. 🍴 ✗ ✤ Hôtel-restaurantgalerie d'art, c'est la halte de charme par excellence. Des chambres originales et un restaurant niché dans un jardin fleuri, où l'on déguste une excellente cuisine mexicaine joliment servie. La visite de l'hacienda et de la mine qui appartiennent à la propriétaire de l'hôtel peut être organisée sur rendez-vous (comptez 2 h et 250 pesos). Accueil très agréable.

OÙ SE RESTAURER

Moins de 50 pesos

La Parroquia, Jesús #11, ☎ (415) 152 31 61 🍽 Tlj 8h-16h sauf le lundi. Quelques tables dans un patio autour d'une fontaine et une petite salle chaleureuse pour déguster des salades, des plats simples et d'excellents petits-déjeuners. « Comida corrida » et un plat végétarien différent chaque jour. Accueil sympathique d'une compatriote, Françoise.

La Alborada, Diez de Sollano #11. 7h-2h, fermé le dimanche. Idéal pour les petites faims, cuisine mexicaine, tacos, « quesadillas », « flautas », salades. Décor simple mais soigné, ambiance sereine et relaxante.

La Terraza, Plaza Principal s/n 🍽 Tlj 8h-22h. Sur la terrasse la mieux placée de San Miguel, à côté de l'église paroissiale, vous goûterez de la cuisine mexicaine et des pizzas à prix très doux. Ambiance familiale.

La Buena Vida, Dr. Hernández Macías #72, ☎ (415) 152 2 11 ⌂ Cafétéria avec quelques tables dans un patio. Un endroit pratique pour manger sur le pouce (sandwichs, salades, jus de fruits.

De 50 à 100 pesos

La Finestra, Canal #21, ☎ (415) 152 80 93. Lundi-samedi 9h-21h, dimanche 9h-18h. Au fond d'une galerie, un tout petit restaurant aux allures de salon de thé, à la décoration tout en douceur, bois et pastel. Restauration rapide, crêpes, salades et plats du jour.

☺ *El Correo*, Correo #23, ☎ (415) 152 01 51. 9h-22h, fermé mercredi. Typiquement mexicain aussi bien pour les plats (« caldo tlapeño », « corundas »…) que pour le décor aux couleurs chaleureuses. Excellente cuisine familiale et service attentionné. Ambiance très conviviale. Bon rapport qualité-prix.

Quinta Loreto (voir « Où loger ») ⌂ 8h-11h30/14h-17h30. Très apprécié des résidents mexicains et américains pour sa cuisine familiale, savoureuse, copieuse et bon marché. La galerie qui abrite les tables est prise d'assaut à l'heure de la « comida corrida ».

La Placita, Plaza Principal #4, dans l'enceinte de la Posada de San Francisco, ☎ (415) 152 24 86 ⌂ CC Tlj 7h-23h. Plaisant patio, fleuri et ombragé, où il est agréable de faire une halte à toute heure du jour. Les formules de petits-déjeuners sont copieuses et bon marché. Cuisine mexicaine traditionnelle, sans prétention, et des plats servis à toute heure pour les petites faims.

De 100 à 150 pesos

Rincón de Don Tomás, angle Portal de Guadalupe #2 et San Francisco, ☎ (415) 152 37 80 CC Tlj 8h30-22h. Sur la place principale, restaurant à l'ambiance conviviale qui sert de bonnes spécialités mexicaines traditionnelles (« mole poblano », « chiles en nogada »), accompagnés de tortillas et « moles » maison, à des prix très raisonnables compte tenu de l'emplacement. Musique douce.

Mama Mia, Umarán #8, ☎ (415) 152 20 63 CC Tlj 7h-2h. Restaurant branché, souvent bondé en fin de semaine. La cuisine italienne et internationale est bonne, et l'ambiance parfois survoltée. Musique sud-américaine ou rock dans le patio tous les soirs, salsa le jeudi.

☺ *Pueblito Viejo*, Umarán #6, ☎ (415) 152 49 77. Tlj 8h-2h. Un décor original de ruelle de village mexicain, avec des peintures murales et des étals de légumes. Une délicieuse cuisine mexicaine, une bonne ambiance et un service zélé font de ce restaurant une excellente adresse. Musique live tous les soirs, jazz les vendredi et samedi.

☺ *Las Margaritas*, Canal #39, ☎ (415) 152 25 86. ⌂ CC 13h-23h, vendredi et samedi jusqu'à minuit. Patio. Décor charmant et douillet à souhait, à l'élégance rustique (parquets, chandelles, belles tables). Cuisine internationale mexicanisée de bonne tenue. Ambiance feutrée et musique douce.

Plus de 200 pesos

☺ *El Market Bistro*, Hernández Macías #95, ☎ (415) 152 32 29 CC Tlj 13h-23h. Dans une demeure historique qui accueillit les insurgés en 1810, Daniel propose des plats traditionnels français (escargots, ris de veau, tournedos Rossini) et une belle carte des vins. Ambiance feutrée, intime et raffinée avec musique douce (piano, chanteur) le soir. À l'avant du restaurant, le bar, où l'on peut aussi dîner, attire une clientèle branchée jusqu'à 3h du matin.

Bugambilia, Hidalgo #42, ☎ (415) 152 01 27 ⌂ CC Tlj 12h-23h. Considéré comme une des meilleures tables de San Miguel, ce restaurant est aussi l'un des vétérans. Typiquement mexicain dans la décoration et dans la cuisine, qui sait aussi être créative (« chiles en nogada », « camarones al tequila »). Musique live à partir de 20h.

El Campanario, Canal #34, ☎ (415) 152 07 75 ⌂ CC Jeudi-dimanche 13h-23h. Ce restaurant, l'un des plus luxueux de San Miguel, est un chef-d'œuvre de raffinement. Cuisine plus internationale que mexicaine, artistiquement présentée. Service empressé. Trio de musique le week-end.

La Capilla, Cuna de Allende #10, ☎ (415) 152 06 98 ⌂ CC 13h-22h30, fermé le mardi. Restaurant-galerie installé dans un bel édifice du 16ᵉs. Pour déguster une bonne cuisine internationale dans un décor élégant rehaussé d'antiquités, bercé par les accords du pianiste. Cher et fréquenté par les Américains résidents. Prudent de réserver.

Où sortir, où boire un verre

Le week-end, les bars programment des concerts de différents styles musicaux. Les événements culturels sont annoncés par des affichettes dans les vitrines, des prospectus et dans l'hebdomadaire en anglais **Atención San Miguel** (en vente à la bibliothèque et dans les librairies.)

Bars / Discothèques – **El Casino**, Canal #15, ☎ (415) 152 00 44. Tlj 13 h-23 h. Écrans géants, vidéos, billards, soirées avec animations : un endroit pour prendre un verre en fin de soirée dans une ambiance parfois surchauffée et plutôt masculine. Restauration rapide de hamburgers et sandwichs. **El Market Bistrot** (voir « Où se restaurer »). La **Fragua**, Cuna de Allende #3, ☎ (415) 152 11 44. Tlj 13 h 30-2 h. Malgré la présence d'un menu du jour, ce bar-restaurant à la mode reste assez sélect et cher. Musique live en fin de semaine. **Char Rock**, Correo #7 (1er étage), ☎ (415) 152 73 73. De 19 h à l'aube, fermé le mardi. Une salle conviviale, ambiance rock, happy hour de 19 h à 21 h, musique live à partir de 21 h. El **Grito**, Umarán #15, ☎ (415) 152 00 48. Vendredi samedi 21 h 30-5 h. Plus boîte de nuit que bar (la musique y est assourdissante), un lieu au décor spectaculaire et à l'ambiance branchée. Très fréquenté par les jeunes de la capitale, entrée filtrée. **La Cava de la Princesa**, Recreo #3, ☎ (415) 152 14 03. 18 h 30-3 h fermé lundi. Dans une ancienne écurie aux voûtes séculaires, on danse latino au son des orchestres et trios de musique mexicaine. Rock traditionnel les mardi, mercredi et jeudi, salsa les vendredi et samedi. Clientèle trentenaire et plus. Entrée payante seulement le week-end.

Loisirs

Visite de la ville – **Francisco Correa**, ☎ (415) 152 03 11, propose une visite guidée de San Miguel en anglais ou en espagnol : 80 pesos à pied (1 h 30), 150 pesos en voiture et à pied (3 h). Pour découvrir la face cachée de la ville, **Houses and Gardens Tour** (tour des maisons et jardins) tous les dimanches à midi (durée 3 h environ, 150 pesos). Billets en vente à partir de 11 h devant la bibliothèque, calle Insurgentes #25.

Théâtre – **Teatro Angela Peralta**, angle Mesones et H. Macias. Reportez-vous au guide « Atención San Miguel », pour le programme.

Baignade – Les « balnearios » (sources d'eau chaude) offrent une pause détente agréable de 9 h à 17 h. Ils se trouvent tous sur la route de Dolores Hidalgo et les bus vous y déposent à la demande. **Xote**, km 8 sur la route de Dolores ; **Escondido**, route de Dolores, km 8, puis 1 km de piste (50 pesos) ; **Taboada**, km 8 puis 3 km de piste (30 pesos) ; **La Gruta**, km 10, ☎ (415) 185 20 99.

Charreadas – Voir p. 62. Ce spectacle a lieu le dimanche à midi au Lienzo Charro (arène), à la sortie de la ville sur la route de Celaya.

Fête – La **San Miguelada** a lieu le 3e samedi de septembre pour célébrer le patron de la ville. Lâchers de taureaux, corridas et combats de coqs électrisent le centre, spectacles folkloriques de danses et concerts animent places et esplanades.

Achats

Artisanat – Les boutiques de décoration et d'artisanat rivalisent de charme tout au long des rues. Une grande partie d'entre elles est concentrée dans les quatre rues encadrant le Jardín. Le **Mercado de Artesanías**, entre les calles Reloj et Loreto, propose tout l'éventail de la production locale : papier mâché, laiton, verre soufflé, céramique, argent… à des prix très raisonnables. Tlj 10 h 30-19 h et jusqu'à 18 h le dimanche.

Verre soufflé – **Guajube**, Lupita #4, à la sortie de la ville, ☎ (415) 152 70 30 Boutique d'usine en face de la fabrique du même nom. Ses soldes en août attirent de nombreux clients. Lundi-vendredi 9 h-14 h, samedi 9 h-12 h 30.

Galeries d'art – Elles sont légion, de l'art abstrait au naïf. **Galería San Miguel**, Plaza Principal #14 ; **Galería Atenea**, Jesús #2.

Librairies – **Libros El Tecolote**, Jesús #11. Mardi-vendredi 10 h-18 h, samedi 10 h-14 h. **Lagundi**, Umarán #17, livres et revues en anglais.

GUANAJUATO★★★

Capitale de l'État de Guanajuato – Voir carte régionale p. 430
Alt. 2 080 m – 73 900 hab.
355 km au nord-ouest de Mexico

À ne pas manquer
Une soirée dans le Jardín Unión.
Flâner dans les «callejones» et de place en place.
La visite d'une mine.

Conseils
Laissez votre voiture dans un parking pendant la visite de la ville.
Prenez un guide pour visiter les mines des environs
Réservez votre hôtel à l'avance pour le Festival Cervantino.

Construite dans une étroite vallée, Guanajuato désarçonne, de prime abord, par l'apparente complexité de son réseau urbain et son labyrinthe de souterrains. Pour apprivoiser la ville, perdez-vous dans ses *callejones*, un dédale d'étroites ruelles qui grimpent à flanc de colline, admirez l'exubérance baroque de ses élégants édifices coloniaux, paressez sur ses innombrables placettes romantiques ombragées, où chaque banc invite à la nonchalance, humez son ambiance bohème en vous mêlant aux déambulations nocturnes des *estudiantinas* (orchestres d'étudiants en tenue de troubadours)… Dans l'une des villes les plus attachantes du Mexique colonial, inscrite au Patrimoine mondial de l'Unesco depuis 1988, l'atmosphère est franchement à la fête, de jour comme de nuit, et un séjour à Guanajuato peut se révéler quelque peu éreintant !

La capitale des mines d'argent
À l'arrivée des Espagnols, les tribus nomades chichimèques occupent la région, dont le nom d'origine tarasque *Quanashuato* signifie «lieu de nombreuses montagnes». Les conquistadors finissent par s'y implanter définitivement en 1570, après la découverte du premier filon d'argent par un muletier, Juan de Rayas. C'est le début de la fortune puisque les montagnes environnantes regorgent d'or, d'argent et de cuivre, et la prospérité rapide de Guanajuato – 20 % de la production mondiale d'argent au 18ᵉ s. – lui vaudra en 1741 le titre de ville, accordé par le roi Philippe V.

En s'emparant de la Alhóndiga en 1810 *(voir p. 453)*, les troupes mexicaines marquent la première victoire de la guerre d'indépendance face aux Espagnols. Pendant la présidence de Juárez, à l'instar d'autres villes, elle devient temporairement capitale de la République, puis retourne à une vie paisible malgré la création de son université en 1945.

Des tunnels au secours de la ville
Le réseau de voies souterraines qui sillonnent Guanajuato lui donne un visage singulier. La construction du premier tunnel, qui commença en 1883, devait capter les eaux provenant du mont San Nicolas afin de mettre un terme aux inondations dévastant périodiquement la ville. Le premier tunnel, le «Pípila», fut inauguré en 1908, puis le río Guanajuato fut à son tour recouvert et converti en voie souterraine, la calle Padre Belauzarán. Les travaux s'accélérèrent et, entre les années 60 et 80, d'autres souterrains furent creusés d'est en ouest pour désengorger le centre-ville de la circulation automobile.

La renaissance d'une ville
L'étoile de Guanajuato décline au profit de sa voisine San Miguel de Allende *(voir p. 440)*, qui attire artistes et intellectuels. Dès 1953, sous l'impulsion de quelques universitaires, les premiers *Entremeses Cervantinos*, petites comédies populaires du répertoire espagnol du 16ᵉ s. attribuées à Miguel

de Cervantes, renouent avec la tradition culturelle de la ville. Officiellement créé en octobre 1972, l'incontournable **Festival Cervantino**, désormais international, se déroule durant la première quinzaine du mois d'octobre. La ville épouse alors un rythme frénétique, le moindre espace est réquisitionné pour les pièces et les ballets, et le festival de rues, fantasque et insolite, s'empare des placettes et des *callejones*.

Visite de la ville
Comptez une journée à pied.

À Guanajuato tout commence et tout ramène à l'étroite place triangulaire du Jardín Unión, au cœur d'une zone piétonnière éclairée à l'ancienne.

Le Jardín Unión**
Ombragé par des ficus et agrémenté de bancs toujours pris d'assaut, c'est LE point névralgique de la vie sociale, LE lieu de rencontre des familles et des étudiants à toute heure. Dès la nuit tombée, un ballet incessant de flâneurs, un cornet de maïs ou de glace à la main, déambule dans ce décor de théâtre, au son de la musique traditionnelle des *estudiantinas*. Pour profiter d'un poste d'observation privilégié, essayez de trouver une table à l'une des plaisantes terrasses, souvent bondées. Le jeudi et le dimanche à 19 h, l'**orchestre municipal** exécute rituellement des morceaux du répertoire mexicain. Le Jardín commence à se vider à l'heure où les bars et les boîtes se remplissent et, jusqu'au petit matin, les taxis sillonnent la ville pour ramener les noctambules à bon port.
Le Jardín est bordé par l'**église de San Diego** dont seule la façade churrigueresque sophistiquée (17ᵉ s.) mérite un coup d'œil.
À côté se dresse le cœur de la vie culturelle de la ville, l'imposant **Teatro Juárez**** *(mardi-dimanche 9 h-13 h 45/17 h-19 h 45 ; visite commentée payante de 20 mn)*. Inauguré en 1903 par Porfirio Díaz, il mêle savamment les styles néoclassique, colonial et mauresque, avec une façade à colonnes doriques ornée de statues, un foyer Art nouveau et une décoration intérieure exubérante. Vous ferez sans doute une halte sur les marches du théâtre pour assister à l'un des nombreux spectacles de rue qui s'y déroulent.

Empruntez ensuite la Calle Sopeña pour découvrir l'étonnant **Museo Iconográfico del Quijote*** *(Manuel Doblado #1, mardi-dimanche 10 h-18 h 30 ; entrée libre)*. Exclusivement consacré à Don Quichotte et à son acolyte, il présente des peintures, des gravures, des sculptures et des céramiques classiques ou contemporaines, esthétiques ou drolatiques, d'artistes connus – Raphaël, Dali, Pedro Coronel – ou inconnus.

De retour au Jardín Unión, continuez vers l'ouest pendant une centaine de mètres.

Autour de la Plaza de la Paz*
Animée de terrasses, desservie par la plupart des bus, ceinturée de nobles demeures, parmi les plus belles de la ville, la Plaza de la Paz est un autre carrefour stratégique. Elle est dominée par le clocher churrigueresque de la **basilique de Nuestra Señora de Guanajuato***, construite entre 1671 et 1696. De son intérieur de style baroque maniériste, vous retiendrez, trônant sur un piédestal d'argent au-dessus du maître-autel, la **statue de la Vierge** offerte par Philippe II d'Espagne le 8 août 1557.
À l'extrémité ouest de la place se trouve la **Casa Rul y Valenciana** *(fermée au public)*, magnifique demeure néoclassique construite à la fin du 18ᵉ s. par l'architecte Eduardo Tresguerras pour un riche propriétaire minier.

De place en place le long de l'avenida Juárez
De la Plaza de la Paz, empruntez l'avenida Juárez, artère commerçante animée qui mène au bout de 300 m sur la gauche à la jolie **Plaza de los Ángeles**.
À deux pas de là, pour quelques pesos, vous pourrez vous faire immortaliser sur papier glacé par une horde de photographes dans le **Callejón del Beso** (ruelle du Baiser), étroite ruelle aux deux balcons distants de seulement 68 cm, rendue célèbre par une histoire d'amour contrarié.

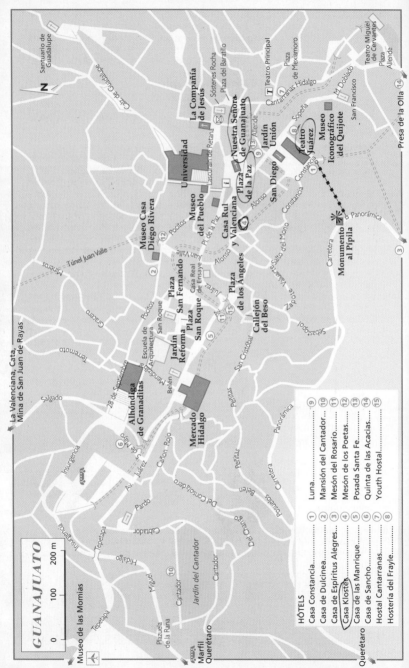

GUANAJUATO

0   100   200 m

N

Museo de las Momias

Marfil
Querétaro

La Valenciana, Cata,
Mina de San Juan de Rayas

Santuario de Guadalupe

Calz. de Guadalupe

Túnel Juan Valle

Mineros

Gracero

Terremoto

Salgado

Insurgencia

Tepeapa

Hidalgo

Miguel

Plazuela
de la Rana

Cantador

Jardín del Cantador

Cantador

Del Cantador

Pardo

A.V. Juárez

Del Campo

Del Consolidero

Cañon Rojo

Belén

Peñitas

Panorámica

Carretera

Posditos

Querétaro

Universidad

Museo Casa
Diego Rivera

Museo
del Pueblo

La Compañía
de Jesús

Nuestra Señora
de Guanajuato

Teatro Principal

Plaza de Mexiamoro

Teatro Principal

Cantarranas Hidalgo

Plaza del Baratillo

Sóstenes Rocha

Lascuráin de Retana

Pocitos

Plaza
San Fernando

Plaza
San Roque

Jardín
Reforma

Escuela de
Arquitectura

San Roque

Belén

28 de Septiembre

5 de Mayo

Mendizabal

Alhóndiga
de Granaditas

Mercado
Hidalgo

Casa Real
de Ensaye

Juan Valle

Alonso

Pl. de la Paz

Plaza
de la Paz

i

San Diego

Jardín
Unión

Museo
Iconográfico
del Quijote

Teatro
Juárez

Sopeña

Allende

Cantarranas Hidalgo

M. Doblado

San Francisco

Teatro Miguel
de Cervantes

Plaza
Allende

Presa de la Olla

a Panorámica

Monumento
al Pípila

Carretera

Constancia

Salto del Mono

Constancia

Zapote

Sebastópol

Valencia

Juárez

Casa Real
de Ensaye

Casa Rul
y Valenciana

Plaza
de los Ángeles

Callejón
del Beso

Alonso

Pitos

San Cristóbal

Museo de las Momias

Marfil
Querétaro

452

HÔTELS

Casa Constancia................	①
Casa de Dulcinea..............	②
Casa de Espíritus Alegres...	③
Casa Klostel.....................	④
Casa de las Manrique.........	⑤
Casa de Sancho.................	⑥
Hostal Cantarranas...........	⑦
Hostería del Frayle...........	⑧
Luna...............................	⑨
Mansión del Cantador.......	⑩
Mesón del Rosario............	⑪
Mesón de los Poetas.........	⑫
Posada Santa Fe...............	⑬
Quinta de las Acacias.......	⑭
Youth Hostal....................	⑮

En revenant légèrement sur vos pas dans l'avenida Juárez, la **Plaza San Fernando*** se trouve un peu en retrait sur la gauche. Bordée de terrasses et de maisons coloniales, véritable havre de paix, elle offre ses bancs aux promeneurs et son petit marché de livres aux curieux.

Une ruelle sur la droite mène à la coquette **Plaza San Roque***, écrin du festival Cervantino, où se dresse l'**église de San Roque**, sagement baroque.

En descendant de la Plaza San Roque sur la droite, faites une pause à l'abri des colonnes du tranquille **Jardin Reforma**, dont les volées de marches et les bancs accueillent étudiants et flâneurs.

Un peu plus loin sur la gauche s'ouvre le **Mercado Hidalgo****, immense structure métallique inspirée d'une gare française, témoignage du *Porfiriato*. Le 1ᵉʳ étage regorge d'artisanat, où cuir et céramique sont à l'honneur et le marchandage de mise. Vous trouverez dans les échoppes d'herbes miraculeuses de quoi soigner tous vos maux, des ampoules aux blessures de l'âme.

De la Alhóndiga au Jardín Unión

Face au marché, prenez la calle Mendizábal qui longe le **Museo Regional de la Alhóndiga de Granaditas**** (halle aux grains) (*Mendizábal #6, mardi-samedi 10h-13h30/16h-17h30, dimanche 10h-14h30, entrée payante sauf le dimanche*). Si elle est peu accueillante, cette imposante et sévère bâtisse sur deux niveaux, aux allures de forteresse, est riche d'histoire. De marché aux céréales, elle devint garnison puis prison. El Pípila en brûla la porte pour déloger les Espagnols, marquant la première bataille décisive de la révolution. Dans l'escalier principal, deux fresques monumentales de l'artiste local José Chávez Morado, le *Canto a Guanajuato* et *La Abolición de la Esclavitud* immortalisent la guerre d'indépendance. L'archéologie a la part belle d'une exposition riche et éclectique, avec une collection originale de **sceaux préhispaniques**. D'importantes sections sont consacrées à l'histoire, l'art et l'ethnographie régionale. Au rez-de-chaussée, une salle austère rend hommage aux trois héros de la révolution, Aldama, Morelos et Hidalgo.

En remontant la calle Pocitos, ne manquez pas le **Museo Casa Diego Rivera**** (*mardi-samedi 10h-18h30, dimanche 10h-14h30; entrée payante*), modeste maison du 18ᵉ s. où le peintre, une des figures du mouvement muraliste (1886-1957), naquit et passa sa petite enfance. Au 1ᵉʳ niveau, les pièces aménagées avec des meubles de famille retracent l'atmosphère de l'époque. À l'étage sont exposés quelque 80 tableaux, esquisses, et dessins du maître, d'émouvantes photos, et des œuvres de peintres amis.

Plus haut dans la même rue, le **Museo del Pueblo de Guanajuato** (*mardi-samedi 10h-18h30, dimanche 10h-14h30; entrée payante*) renferme une collection d'art religieux et civil des 18ᵉ et 19ᵉ s. Demeure des marquis de San Juan de Rayas, propriétaires de la mine du même nom, l'édifice présente une architecture remarquable. En poursuivant dans la même direction, vous aboutirez au pied de l'immense escalier de l'**Universidad** (*calle Lascurain de Retana #5*), rebâtie sur les ruines d'un ancien hospice au milieu des années 50, avec de faux airs néoclassiques.

À quelques pas de là, l'**église de la Compañía de Jesús*** (1747) cache derrière sa façade churrigueresque des autels néoclassiques, qui contrastent avec le style original. Dans la sacristie, la **Pinacoteca*** (*lundi-samedi 10h-16h; entrée payante*) présente une belle collection d'art religieux dont des peintures de Miguel Cabrera.

Sur les hauteurs de la ville

En fin de journée offrez-vous une ascension au **Monumento al Pípila**, monument perché sur une colline qui offre un **panorama***** spectaculaire sur la ville. Il est dédié à Juan José de los Reyes Martínez, dit **El Pípila** (la Dinde), qui incendia la porte de la Alhóndiga de Granaditas le 28 septembre 1810, assurant la prise de la ville. Les plus courageux graviront la colline à pied par les escaliers, les autres opteront pour le funiculaire (*sur la gauche du théâtre Juárez, 20 pesos A/R*) et pourront redescendre à pied.

Guanajuato

Le Museo de las Momias (musée des Momies)

Dans le cimetière à la sortie ouest de la ville. Prenez le bus « Momias » ou « Panteón » sur l'av. Juárez. Évitez le dimanche et privilégiez une visite matinale pour échapper aux longues files d'attente. Tlj 9h-18h, entrée payante. Évitez le musée de la Mort, suite d'hologrammes sans intérêt.

L'une des attractions les plus courues de Guanajuato se révèle bien décevante. Vous y verrez 119 momies, découvertes en 1865 lors des exhumations réalisées pour gagner de la place dans le cimetière municipal. L'explication du phénomène de momification n'est pas certaine, la minéralité du sol ou l'alimentation des personnes étant évoquées sans être avérées.

Les quartiers résidentiels de Guanajuato
Comptez une demi-journée.

Vers la Presa de la Olla

À 2 km à l'est du centre. Du centre-ville, prenez un bus indiquant « Presa ». Une promenade agréable en direction de La Presa (« barrage ») permet de découvrir un quartier résidentiel chic du début du 20ᵉ s. Au bout du **Paseo de la Presa**, avenue ponctuée d'édifices élégants de style néoclassique ou Art nouveau, dont l'**École normale supérieure**, se trouve la Presa de la Olla. Inaugurée en 1749, cette retenue servait à alimenter la ville en eau. Elle est ouverte en grande pompe avec force festivités le dernier dimanche de juillet au son de *Sobre las Olas* du compositeur mexicain Juventino Rosas. Le dimanche, les familles viennent y louer des barques et prendre un verre dans les petits bars qui cernent la retenue.

Le quartier résidentiel de Marfil

À 3 km au sud du centre-ville, route de León, Irapuato. Du centre-ville prenez un bus Plaza de la Paz indiquant « Marfil ». Comptez 2h de visite. Malgré quelques hôtels de luxe et des restaurants élégants, qui ont élu domicile dans de vieilles demeures, Marfil ne vaut le détour que pour la visite de ses deux musées.

L'impressionnant **Museo ex-Hacienda San Gabriel de la Barrera**★★ (*carretera Marfil km 2,5. Arrêt de bus à proximité. Tlj 9h-18h, entrée payante*) fut bâti à la fin du 17ᵉ s. par le capitaine Gabriel de la Barrera. La somptueuse demeure, meublée dans le respect de l'époque et décorée de nombreuses œuvres d'art (15ᵉ-19ᵉ s.), semble être figée dans le temps. Une promenade bucolique à travers ses **jardins** vous révélera tous les styles de plantation : anglais, oriental, mexicain, français…

La Casa Museo Gene Byron (*route de Guanajuato, à côté du restaurant Hacienda de Marfil ; le bus « Marfil » s'arrête devant. Mardi-samedi 10h-17h ; entrée payante*) est installée dans l'ancienne hacienda Santa Ana du 17ᵉ s., achetée par une artiste canadienne et convertie en un musée à l'atmosphère bohème. Au premier niveau, la demeure est richement meublée et décorée avec goût, et des ateliers d'artisanat (laiton, tissage) s'ouvrent sur le jardin. À l'étage, on peut voir une collection de peintures ainsi que des expositions temporaires.

Par la Carretera Panorámica
Comptez une demi-journée. Circuit d'une vingtaine de kilomètres AR.
Il est recommandé de prendre un guide avec voiture ou de louer un taxi.

La route panoramique (*en direction de Dolores Hidalgo, voir p. 444*), qui enserre les hauteurs de la vallée et de la ville de Guanajuato, offre une balade intéressante sur la route des mines et de magnifiques points de vue sur les environs.

F. Dyan/MICHELIN

Vue du monument du Pípila

De 80 à 120 pesos

La Posada Santa Fe (voir « Où loger ») 🛐 cc Tlj 8h-23h. Outre le charme de l'édifice, une des meilleures terrasses pour profiter de l'animation nocturne du Jardín. La cuisine y est excellente et les prix sages. Les « enchiladas mineras », cuisinées en terrasse, sont savoureuses. Buffet pour le déjeuner.

Canastillo de Flores, Plaza de la Paz #32, ☎ (473) 732 71 98 🛐 cc Tlj 9h-1h. Cuisine mexicaine et internationale avec des spécialités de viandes servie dans une ambiance chaleureuse.

Tasca de los Santos, Plaza de la Paz #38, ☎ (473) 732 23 20 🛐 cc Tlj 8h-23h30. Cuisine espagnole (paella) et internationale (poulet au vin blanc) servie en salle ou sur une terrasse agréable au cœur de la place.

De 120 à 200 pesos

El Gallo Pitagorico, Constancia #10, ☎ (473) 732 67 58 cc Tlj 13h-minuit. Derrière le théâtre Juárez, une volée de marches conduit à la maison bleue. La cuisine méditerranéenne de salades, pâtes, fruits de mer est soignée. Profitez de la très belle vue sur la ville.

La Casona del Cielo, Pastita #76, ☎ (473) 731 20 00. Mardi-samedi 13h-22h, dimanche-lundi 13h-19h. Joli restaurant très élégant, décoré dans un style mexicain. Bonne cuisine internationale.

La Hacienda de Marfil, à côté de la Casa Museo Gene Byron, Marfil, ☎ (473) 733 11 48 🛐 cc Mardi-dimanche 13h30-18h30 Tenu par une Française, ce restaurant, élégant et intime, niché dans un jardin fleuri est une adresse réputée pour sa bonne cuisine traditionnelle mexicaine et ses spécialités françaises (escargots ou fondue bourguignonne). Vins français.

Où sortir, où boire un verre

Cafés / Bars – Café Dada, Plaza del Baratillo, pour déguster de vrais cafés, cappuccino ou moka. **Bar Fly**, Sóstenes Rocha #30, tlj 20h-2h. Situé en étage, ce bar séduit par sa jolie décoration, son ambiance relaxante et sa musique cool. Service de tapas pour les petites faims. **Rincón del Beso**, San Javier #24, ☎ (473) 732 59 12, tlj 18h-3h.

Une institution au décor sans prétention, pour écouter de la musique traditionnelle dans une ambiance bohème.

Discothèques – El Bar, Sopeña #10, tlj 19h-3h. En étage au-dessus du café Galería, la nouvelle boîte latino à la mode est très populaire chez les étudiants. **La Dama de Camelias**, Sopeña #32 (en étage), tlj 18h-2h. Une clientèle très mélangée danse tous les soirs sur les rythmes latino d'hier et d'aujourd'hui dans un décor kitsch étonnant de tags, peintures et miroirs brisés.

Loisirs

Visite de la ville – Turhistoria, Cantarranas #68, ☎ (473) 732 10 27, turhist@int.com.mx. Tours de ville thématiques ou généralistes en français. Comptez 150 pesos l'heure, tarifs dégressifs en fonction de la durée. Renseignements et orientation pour les chambres chez l'habitant.

Excursions – Antonio Ojeda, ☎ (473) 733 12 44, organise des excursions dans la montagne et les forêts environnantes, des visites de villages isolés, des randonnées pédestres...

Fêtes et festivals

Pour le **Festival Cervantino**, les spectacles de théâtre, de danses, de concerts, d'opéras et les expositions de peintures ont lieu durant les deux premières semaines d'octobre. Billets en vente à partir de septembre sur la gauche du théâtre Juárez ou à Mexico FIC (Festival Internacional Cervantino), Alvaro Obregón #273, col. Roma, ☎ (55) 55334121.

Achats

Artisanat – Le **Mercado Hidalgo** (voir p. 453) est le meilleur endroit pour acheter de l'artisanat à bon prix.

Cuir – Tout au long de l'av. Juárez, de nombreuses maroquineries proposent la production de León (chaussures, sacs et accessoires), mais les prix sont élevés.

Céramique – Alfarería Gorky González, Pastita s/n, ☎ (473) 731 03 89, est un des ateliers de céramiques les plus réputés. Visite de l'atelier et vente d'objets. Lundi-vendredi 10h-12h/16h-18h, samedi 10h-12h.

MORELIA★

Capitale de l'État de Michoacán – Voir carte régionale p. 430
Alt. 1 950 m – 537 000 hab.
302 km de Mexico et 302 km de Guanajuato

À ne pas manquer
Prendre un verre sous les arcades de la Plaza de Armas.
La Danza de los Viejitos en fin de semaine à la Peña Colibri.
Le Mercado de Dulces.

Conseils
Prévoyez une petite laine pour les soirées.
Pour voir les papillons monarques, voyagez entre novembre et mars.

Ville créole à l'âme bohème, Morelia prend le temps de vivre, auréolée d'une sérénité toute provinciale. Inscrite au Patrimoine culturel de l'Unesco depuis 1991, elle affiche son noble passé dans ses édifices baroques en pierre rose. Au savant dosage d'héritage colonial et de modernité s'ajoutent des traditions artistiques et musicales, que perpétue la population estudiantine. Malgré cette effervescence culturelle, Morelia vit le jour et, la nuit venue, la faible lueur orange des lanternes à l'ancienne donnent aux rues quasi désertes un aspect fantomatique.

Une ville créole
Après avoir soumis les Indiens purépechas et investi la ville indigène de Pátzcuaro, le vice-roi Antonio de Mendoza choisit la vallée de Guayangareo pour fonder la **Villa Real de Valladolid de Nueva España** en 1541. Cinq ans plus tard, le titre de ville lui est accordé et, dès 1580, les administrations se retirent de Pátzcuaro pour s'installer à Valladolid, nouvelle capitale du Michoacán. Au 17ᵉ s. les ordres franciscain, dominicain et augustin bâtissent les édifices civils et religieux qui vont faire sa grandeur. Valladolid va jouer un rôle important dans la marche vers l'indépendance du pays, notamment grâce au religieux révolutionnaire José María Morelos y Pavón, qui y naquit et à qui le Mexique doit sa première Constitution. En son honneur, Valladolid sera rebaptisée Morelia en 1828.

Visite de la ville
Comptez une demi-journée.

Autour de la Plaza de Armas★
Le cœur historique de Morelia tient dans un mouchoir de poche. La traditionnelle Plaza de Armas (ou **Plaza de los Mártires**) est encadrée par les plus vieux édifices de la ville et, sur deux côtés, les boutiques et les cafés se succèdent sous les arcades. Véritable concentré de traditions mexicaines, cette place est animée par un ballet de cireurs de chaussures, de marchands ambulants et de promeneurs, au rythme des concerts de l'orphéon municipal qui investit le kiosque central le week-end et des orchestres estudiantins en grande tenue de troubadours.
De ses hautes tours et de ses dômes faïencés la **cathédrale**★★ (1640-1744), baroque matinée de néoclassique, domine la place qu'elle divise en deux : à l'est, la Plaza de Armas, à l'ouest, la Plaza Melchior Ocampo. Au centre du portail principal on reconnaît le blason national. À l'extérieur sur le côté gauche des fonts baptismaux s'ouvrent sur un magnifique **baptistère**★ en argent et or du 18ᵉ s. Les **portes intérieures**★ de la cathédrale, revêtues de cuir martelé et teint, vous rappelleront le style andalou. Dans la sacristie, vous admirerez de belles peintures du 16ᵉ s. et un **Christ**★ réalisé en pâte de maïs et miel selon la technique préhispanique.
Face à la cathédrale, dans le **Palacio de Gobierno** (*8 h-22 h, samedi-dimanche 8 h-21 h*) installé dans un ancien séminaire datant de 1770, les murs peints par **Alfredo Zalce** narrent l'histoire du pays. Chaque dimanche matin, sous les arcades, se tient un petit marché d'art bien approvisionné.

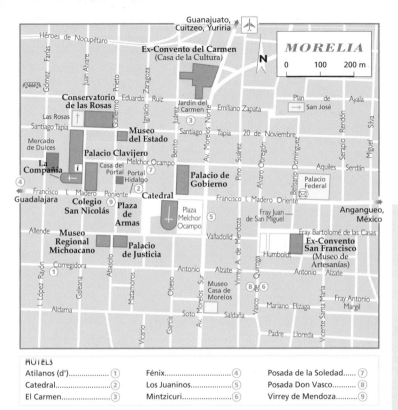

Héroes de Nocupétaro

Guanajuato, Cuitzeo, Yuriria

Ex-Convento del Carmen
(Casa de la Cultura)

N

MORELIA

0   100   200 m

Gómez Farías   Juan Alvare   Ignacio   Prieto   Zaragoza

Conservatorio
de las Rosas

Eduardo. Ruiz

Jardín del
Carmen ③

Emiliano Zapata

Plan   de   Ayala
Rendón   Silva
San José

Las Rosas †
Santiago Tapia

Guillermo

Juárez

Av. Morelos Norte

Santiago   Tapia

Museo
del Estado

20 de Noviembre

Serapio   Miguel

Mercado
de Dulces

Palacio Clavijero

Benito

Pino Suárez

Álvaro Obregón

Aquiles   Serdán

La
Compañía   i

Casa del
Portal

Melchor Ocampo

Portal
Hidalgo ②

Palacio de
Gobierno

Belisario Domínguez

Palacio
Federal ✉

④
Guadalajara

Francisco I. Madero Poniente

Colegio
San Nicolás ⑨

Catedral

Plaza
de
Armas

Plaza
Melchor
Ocampo

⑤

Francisco I. Madero Oriente

Fray Juan
de San Miguel

Angangueo,
México

Allende

Museo
Regional
Michoacano

Palacio
de Justicia

Corregidora

Valladolid

Virrey A. de Mendoza

Humboldt

Fray Bartolomé de las Casas

Ex-Convento
San Francisco
(Museo de
Artesanías)

I. López Rayón ①

Galeana   Abasolo   Matamoros

Antonio

Alzate

Vasco de Quiroga

Antonio   Alzate

Aldama

Obeso

Av. Morelos Sur

Museo
Casa de
Morelos

⑧ ⑥

Vicente Santa María

Fray Antonio
Margil

Vicario

García

Soto   Saldaña

Mariano Elizaga

Padre   Lloreda

Morelia

Au sud de la Plaza de Armas, vous trouvez l'imposant **Palacio de Justicia**, qui sacrifia à la mode du Porfiriat et perdit sa façade du 17ᵉ s., ses colonnes intérieures et son patio carré.

Au sud-ouest, une superbe demeure du 18ᵉ s. abrite le **Museo Regional Michoacano**★ (*Allende #305. Mardi-samedi 9h-19h, dimanche 9h-14h; entrée payante*). Sur les parois de l'escalier se déploie une fresque murale d'Alfredo Zalce illustrant l'histoire régionale de l'époque préhispanique au Porfiriat. Jetez un œil au tableau de 1738, *El Traslado de las Monjas* («Le transfert des religieuses»), qui relate un épisode de l'histoire locale, lorsque les religieuses durent quitter leur couvent de las Rosas pour cause de délabrement, pour être hébergées dans un couvent de la calle Madero.

Au nord-ouest de la Plaza de Armas

À l'angle des calles Francisco Madero et Galeana se dresse le bel édifice baroque du **Colegio San Nicolás** (1540) (*Madero Poniente #351. Entrée libre*). Dans cette université, l'une des plus anciennes du Nouveau Monde, le père Hidalgo fut successivement étudiant, professeur puis recteur.

En remontant la calle Galeana vers le nord, vous longerez le majestueux **Palacio Clavijero**★ (*tlj 9h-18h, entrée libre*) de style baroque (moitié du 17ᵉ s.). Ancien collège jésuite de San Francisco Javier, il fait l'orgueil de la ville pour ses imposantes proportions et héberge aujourd'hui des administrations gouvernementales. Glissez un coup d'œil à l'église mitoyenne de **La Compañia**, bibliothèque de l'université depuis 1927.

Plus bas dans la même rue, des accords de piano ou les chœurs d'une chorale vous indiquent le **Conservatorio de las Rosas**✶. L'ancien Colegio de Santa María, fondé en 1738 pour instruire les jeunes filles, est aujourd'hui une académie de musique réputée. L'église mitoyenne possède un des rares **retables** baroques de la ville. Si vous êtes là un samedi, jetez un coup d'œil au **marché de peintures** qui se tient sur la placette juste en face.

Du **Museo del Estado**✶ (*Guillermo Prieto #176. 9h-14h/16h-20h, jusqu'à 19h le week-end; entrée libre*), où histoire, anthropologie et ethnologie constituent l'essentiel d'une exposition fort convenue, vous retiendrez une intéressante **pharmacie**✶ datant de 1868 avec du mobilier, des vases et des fioles d'époque.

Poursuivez la calle Santiago Tapia sur trois *cuadras* à l'est puis prenez la calle Morelos Norte sur la gauche jusqu'à l'ancien **couvent del Carmen**✶ (*Morelos Norte #485. Lundi-vendredi 9h-14h/16h-19h; entrée libre*). Ce complexe religieux aux dimensions impressionnantes abrite désormais la **Casa de la Cultura**. Outre des expositions et des manifestations temporaires, vous y découvrirez le **Museo de la Máscara**✶ (musée du Masque), qui présente une superbe collection de quelque 200 masques provenant des différents États du Mexique.

À l'est de la Plaza de Armas

L'ancien **couvent de San Francisco**, le plus ancien de la ville, se dresse en retrait d'une placette. L'ensemble pompeusement baptisé **Museo de Artesanías**✶ (*Fray Juan de San Miguel #129. Tlj 9h-14h/18h-20h; entrée libre*) renferme une petite exposition de productions artisanales régionales et d'objets primés lors de concours. Les anciennes cellules de moines sont désormais occupées par des boutiques. Plus que pour l'artisanat présenté, la visite vaut pour l'ensemble architectural de dimensions imposantes et le cloître à deux niveaux.

Les couvents sur la route de Guanajuato

Comptez une demi-journée. La route ne présente aucun intérêt, profitez d'un trajet entre Morelia et Guanajuato pour visiter les couvents.

■ **Le couvent de Cuitzeo**✶✶ (Convento Agustino de Santa María Magdalena)
34 km au nord de Morelia. Bus Flecha Amarilla (45mn de trajet) toutes les 15mn au départ de Morelia. Visite du couvent : tlj 10h-13h30/16h30-19h; entrée payante. Bien que le lac soit en partie asséché, la route traverse une vaste et morne étendue miroitante qui rend spectaculaire l'arrivée sur **Cuitzeo**. La place centrale de ce bourg typique est dominée par la masse austère et imposante du couvent. Fondé au milieu du 16ᵉ s., l'un des plus anciens édifices religieux de la région présente une **façade**✶ plateresque somptueusement ornée de chérubins et de motifs végétaux. Le **cloître**✶✶ à deux niveaux, particulièrement remarquable, est cerné d'arcades finement sculptées dont les voûtes conservent encore le souvenir des peintures originelles : une invitation à la méditation.

■ **Le couvent de Yuriria**✶✶ (Convento de San Agustín)
À 35 km au nord de Cuitzeo. Bus Flecha Amarilla toutes les 15mn au départ de Cuitzeo. Visite du couvent : mardi-dimanche 10h30-16h45, fermé le lundi; entrée payante. Dans le village de **Yuriria**, ce monumental complexe religieux augustinien datant de 1560, déclaré monument historique en 1932, impose le respect. Son style plateresque est une curiosité rare dans une région où domine le baroque. Sa fastueuse **façade**✶ de trois ordres est ornée de motifs végétaux. On retiendra particulièrement le splendide **cloître**✶ aux voûtes gothiques, dont la cour paisible héberge un puits décoré de gargouilles aux gueules fantastiques et menaçantes. Une riche collection de sculptures et de peintures religieuses a trouvé refuge dans les anciennes cellules de l'étage et le réfectoire du rez-de-chaussée.

À la rencontre des papillons monarques

115 km à l'est de Morelia par la route 15.

Entre novembre et mars, une rencontre avec les hôtes temporaires les plus réputés de la région s'impose. Les papillons monarques envahissent par milliers l'immense forêt qui cerne l'ancien village minier d'**Angangueo** *(voir « Où loger »)*, aujourd'hui reconverti en base pour aller à la découverte des **sanctuaires de papillons**** *(tlj 9h-16h de mi-novembre à mars, entrée payante).*

G. de Benoist/MICHELIN

Agglutinés en grappes, qui dissimulent presque entièrement les arbres, ces papillons orange et noir partent ensuite vers la fraîcheur estivale du Canada.

Des cinq sanctuaires, seuls deux sont ouverts au public. Le plus ancien et le plus visité est le **Santuario El Rosario** *(accès difficile pour les véhicules de tourisme par une piste de 14 km. Transport organisé par les hôtels de Morelia ou bus au départ d'Ocampo, situé à 8 km au sud-ouest d'Angangueo).* La balade commence au pied de la montagne près des ruisseaux, où les papillons monarques viennent s'abreuver tous les soirs.

On peut arriver en voiture jusqu'à l'entrée du **Santuario de Sierra Chincua**, qui offre une promenade de 3 km environ sur un terrain plat, plus facile que le Rosario.

Des papillons voyageurs

Avez-vous déjà vu des papillons migrer comme des oies sauvages ? Jusqu'en 1975, personne ne savait où les papillons monarques du Canada passaient l'hiver. Après des années de traque, le chercheur Fred Urquhart a finalement trouvé le refuge mexicain où la quasi-totalité de l'espèce se retrouve tous les ans. Au terme d'un voyage de plus de 3 000 kilomètres, les monarques reviennent exactement dans la forêt quittée par leurs ancêtres de l'année précédente, soit cinq générations plus tôt ; un sens inné de l'orientation qui reste inexpliqué, peut-être transmis génétiquement.

Morelia pratique

Morelia pratique

ARRIVER-PARTIR

En avion – L'***Aeropuerto Internacional Francisco Mújica***, ☎ (443) 317 47 11, se trouve à 25 km au nord de Morelia. Il assure des liaisons avec Mexico, Zacatecas, Guadalajara, Tepic, Monterrey, Tijuana. ***Mexicana de Aviación***, ☎ (443) 324 38 28 ; ***Aero-México***, ☎ (443) 324 24 24.

En bus – ***Central Camionera***, calle Ruíz, entre Gómez Farías et León Guzmán, ☎ (443) 312 56 64. ***Flecha Amarilla***, ☎ (443) 313 57 16 ; ***ETN***, ☎ (443) 313 74 40 ; ***Elite***, ☎ (443) 312 26 76 ; ***Primera Plus***, ☎ (443) 312 55 03 ; ***Destinos Parhikuni***, ☎ (443) 327 51 04. Départs toutes les 40 mn pour Guadalajara (4 à 5h) ; 8 bus pour Guanajuato (4 h) ; 10 départs vers Manzanillo (8 h) ; 15 départs pour Mexico (5 h) ; départ toutes les 20 mn pour Pátzcuaro (1 h) ; un bus toutes les heures vers San Luis Potosí (6 h).

COMMENT CIRCULER

En bus – Des « microbus » sillonnent la ville pour un prix modique.

En taxi – *Monarca*, Madero Oriente #635, ☎ (443) 313 35 71.

Location de voitures – *Budget*, à l'aéroport, ☎ (443) 313 33 99.

ADRESSES UTILES

Office de tourisme – *Sectur*, Palacio Clavijero, Nigromante #79, ☎ (443) 312 04 15. Lundi-vendredi 9 h-17 h. Le bureau d'information touristique, situé à côté de la bibliothèque (angle Nigromante), est ouvert le week-end.

Banque / Change – De nombreuses banques avec distributeur automatique se trouvent autour de la Plaza de Armas et à proximité de la cathédrale.

Poste – Angle Madero et Dominguez, à l'intérieur du Palacio Federal.

Internet – *Chat Room*, Nigromante #132, ☎ (443) 312 92 22. Lundi-samedi 9 h-22 h, dimanche 12 h-21 h. 9 pesos la 1/2 h.

Santé – *Cruz Roja*, ☎ (443) 314 51 51.

Sécurité – *Ángeles Verdes*, ☎ (443) 312 77 77. *Asistencia Turística*, ☎ (443) 317 23 71.

OÙ LOGER

• **Morelia**

Moins de 200 pesos
Hotel Fénix, Madero #537, ☎ (443) 312 05 12 – 20 ch. ⌁ Central, l'hôtel propose des chambres sombres et petites mais correctes. Parking (2 places).

Posada Don Vasco, Vasco de Quiroga #232, ☎ (443) 312 14 34, Fax (443) 313 60 38 – 36 ch. ⌁ ℰ Installé dans un ancien couvent de clarisses, cet hôtel aux chambres simples mais correctes est souvent plein. Le patio à arcades sert de parking.

Hotel Mintzicuri, Vasco de Quiroga #227, ☎ (443) 312 05 90 – 37 ch. ⌁ ℰ TV ✗ En face du précédent, il offre les

mêmes prestations au même prix. La cour est ornée de plantes. Chambres exiguës et sombres, mais bien tenues.

De 200 à 400 pesos
🦟 **Hotel El Carmen**, Eduardo Ruíz #63, ☎ (443) 312 17 25, Fax (443) 314 17 97 – 30 ch. ⌁ Central et calme, face au Jardín del Carmen, cet hôtel décoré d'azulejos est fort agréable. Les chambres sont coquettes et confortables, et l'accueil chaleureux. Un bon choix dans cette catégorie.

Hotel d'Atilanos, Corregidora #465, ☎ / Fax (443) 313 33 09, cbias@prodigy.net.mx – 27 ch. ⌁ ℰ TV ✈ Petit hôtel coquet et central mais à l'écart de l'agitation. Autour d'un patio agrémenté de plantes, des chambres confortables et bien tenues, mais sombres. Ambiance conviviale.

De 400 à 800 pesos
🦟 **Posada de la Soledad**, Zaragoza #90, ☎ (443) 312 18 88, Fax (443) 312 21 11, hsoledad@hsoledad.com – 58 ch. ⌁ ℰ TV ✗ CC Une halte de charme dans le 1er relais de diligences de la ville, à la superbe architecture coloniale. Atmosphère très agréable et restaurant chaleureux sous les arcades du patio fleuri.

🦟 **Hotel Catedral**, Zaragoza #37, ☎ / Fax (443) 313 04 67, hotel_catedral@ infosel.com.mx – 45 ch. ⌁ ℰ TV ✗ CC Situé sur la Plaza de Armas dans une noble demeure du 16e s. autour d'un patio couvert. Les chambres sont vastes et confortables, certaines avec balcon sur la rue ou terrasse sur la place. Service sympathique.

Hotel Virrey de Mendoza, av. Madero Pte #310, ☎ (443) 312 06 33, Fax (443) 312 67 19, hvirrey@prodigy.net.mx – 55 ch. ⌁ ℰ TV ✗ CC Dans une élégante demeure coloniale, les chambres classiques au mobilier de style offrent l'illusion d'un voyage dans le temps.

Plus de 800 pesos
Hotel Los Juaninos, av. Morelos Sur #39, ☎ (443) 312 00 36, Fax (443) 313 42 56, juaninos@mich. telmex.net.mx – 33 ch. ⌁ ℰ TV ✗ CC Face à la cathédrale, l'ancien palais épiscopal (fin 17e s.) abrite des chambres toutes différentes, élégantes et sobres.

• **Angangueo**

De 450 à 550 pesos

Casa Don Bruno, Morelos #92, ☎ / Fax (715) 156 00 26. – 30 ch. Hôtel accueillant avec un agréable jardin. Les chambres sont plus fonctionnelles que charmantes. Bar, restaurant et boutique.

Où se restaurer

De 50 à 100 pesos

Sous les arcades de la Plaza de Armas, trois restaurants d'hôtels (***Catedral***, ***Casino*** et ***Valladolid***) sont au cœur de la vie sociale de la cité. Le service, les cartes et les prix sont identiques, et leur terrasse toujours pleine et animée par des « peñas » en fin de journée. Un seul regret, le service prend fin vers 21h30.
Café del Conservatorio, Santiago Tapia #363, ☎ (443) 312 86 01 Lundi-vendredi 9h-21h30, samedi-dimanche 13h30-21h30. Petite salle intérieure et terrasse confortable, la seule à donner sur le calme Jardín de las Rosas. Une halte agréable pour déguster une cuisine mexicaine sans prétention.
Los Comensales, Zaragoza #148, ☎ (443) 312 93 61 Tlj 8h30-21h. Service en salle ou en terrasse dans un patio agréable. Bonne cuisine régionale (« antojitos », viandes).
Café del Centro, Morelos Sur #181, ☎ (443) 312 14 07. Tlj 13h-18h. Petit restaurant intime. Cuisine mexicaine avec spécialités de viandes.
Maná, Guillermo Prieto #236, ☎ (443) 312 31 81. Lundi-samedi 8h30-17h. Une cuisine végétarienne simple et des formules de petits-déjeuners.

De 100 à 180 pesos

Bizancio, Corregidora #432, ☎ (443) 317 45 98. Mardi-samedi 14h-23h, dimanche 14h-18h. Pour ceux que la cuisine mexicaine aura lassé, une bonne adresse de cuisine italienne traditionnelle.
La Porfiriana, Corregidora #694, ☎ (443) 312 26 63. Mardi-samedi 13h-2h30, dimanche 13h-22h. À la fois restaurant et « peña », un endroit élégant qui sert de la cuisine mexicaine et des spécialités régionales. Un peu cher.
La Casa del Portal, Guillermo Prieto #30, ☎ (443) 313 48 99 CC 8h30-22h, dimanche 8h30-14h30. Ce restaurant élégant se trouve au 1er étage de la plus ancienne maison privée de Morelia avec balcons surplombant la Plaza de Armas. Bonne cuisine internationale (pâtes, crêpes, viandes).

Où sortir, où boire un verre

Pour prendre un verre, les terrasses du ***Portal Hidalgo*** animées par les « peñas » estudiantines sont l'endroit le plus chaleureux. Ferment vers 22h.
Peña Colibri, Galeana #36, ☎ (443) 312 22 61. Tlj 9h-15h (restaurant), 18h-2h (restaurant, bar, « peña »). Une véritable institution : on y vient pour dîner ou pour prendre un verre. Excellente musique traditionnelle live tous les soirs. Les vendredi et samedi vers 23h, la Danza de los Viejitos, danse traditionnelle régionale. Réservations obligatoires en fin de semaine. ***Bola Suriana***, Allende #355, ☎ (443) 312 41 41. Tlj 18h-2h. Concerts, chanteurs mexicains classiques. ***La Porfiriana*** (voir « Où se restaurer »).

Loisirs

Visite de la ville / excursions – Tour du centre historique avec le ***Tranvía Kuanari***, réservation à l'office du tourisme. ***Ayangupani***, ☎ (443) 315 40 45 : tours de ville et excursions thématiques (artisans, nature, villages, Pátzcuaro...). ***Kuanary***, Zaragoza #95, ☎ (443) 317 40 46. Lundi-vendredi 9h-20h et jusqu'à 14h le samedi : tours de ville, réservations de billets de bus (ETN et Primera Plus).
Marcia Bejarano, ☎ (443) 316 77 48 : tours de ville en espagnol, comptez 200 pesos de l'heure. ***Pablo Chávez Villa***, ☎ (443) 317 07 94 ou (443) 327 31 34 : tours de ville et excursions en voiture. Services de taxi et transferts aéroport.

Achats

Artisanat – La ***Casa del Portal*** abrite des boutiques, des galeries d'artisanat et des antiquaires (voir « Où se restaurer »).

Confiseries – Le ***Mercado de Dulces***, angle calle Valentin Gómez Farias et Madero, tient aussi lieu de marché d'artisanat. Il ouvre ses échoppes sous les arcades de l'ancien collège jésuite. Les gourmands se laisseront tenter par les « ates » (pâtes de fruits), les « chongos zamoranos » (sucreries au lait et au miel), les caramels ou autres fruits confits. Tlj 10h-19h.

PÁTZCUARO ET SES ENVIRONS★★★

État du Michoacán – Voir carte du lac de Pátzcuaro p. 469
Alt. 2 175 m – 49 400 hab.
60 km au sud-ouest de Morelia

À ne pas manquer
Musarder dans les ruelles pavées de la vieille ville.
Un chocolat chaud sous les arcades de la Plaza Vasco de Quiroga.
Le lac de Pátzcuaro et les villages alentour.
La nuit des morts du 1er au 2 novembre dans les villages de la région.

Conseils
Prévoyez une petite laine, les soirées peuvent être fraîches et humides.
Réservez votre hébergement très à l'avance pour la Toussaint.
Louez une voiture pour la visite des villages.
Faites vos achats d'artisanat dans la région.

Énigmatique et fière, presque distante, Pátzcuaro procure une sensation immédiate de mystère, et le visiteur se sent un peu incongru dans ce décor d'une autre époque. Le temps semble s'être arrêté, et Pátzcuaro est restée en chemin quelque part sur la route de la modernité. Ville indienne, une des plus anciennes du pays, elle possède une âme véritablement indigène. On est ici au cœur de la culture **purépecha** (ou tarasque) et de ses traditions vivaces. Dans les ruelles pavées, bordées de maisons blanches aux toits de tuile rouge, vous croiserez des Indiens tarasques au parler musical, accompagnés de leurs mulets alourdis du poids des ballots. Sous les arcades des places, des femmes coiffées d'un chapeau de paille, frileusement enroulées dans leur châle bleu sombre, guettent le chaland derrière leur étal de poteries ou de vanneries. Le soir venu, les collines de sapins et l'immense lac de Pátzcuaro déversent un tapis de brume sur la ville déserte, mal éclairée par la lueur falote des réverbères. La région se prête, elle aussi, à d'inoubliables promenades sur les traces des empereurs purépechas, dans le sillage de Don Vasco de Quiroga, sur la piste des lacs et des forêts ou en quête d'artisanat dans les villages indigènes.

Une ville impériale
Fondée en 1324 par le roi Curateme, Pátzcuaro servait de villégiature aux empereurs purépechas, dont la capitale était Tzintzuntzan. Cette civilisation avait su résister aux Aztèques et, en 1522, les premiers Espagnols furent bien accueillis. En 1529, Nuño de Guzman revint coloniser la région d'une manière si cruelle que **Vasco de Quiroga** fut envoyé de Mexico en 1536 pour tempérer les ardeurs impérialistes espagnoles. Il établit des communautés villageoises indigènes fondées sur l'autosuffisance ; l'instruction et le développement d'une économie locale basée sur l'artisanat étaient encouragés, traditions qui perdurent encore aujourd'hui. Pátzcuaro perdit rapidement sa suprématie régionale au profit de Valladolid (Morelia), une ville royale où les Indiens étaient tout juste tolérés *(voir p. 460)*.

Visite de la ville
Comptez une demi-journée.

La visite de Pátzcuaro se résume à une flânerie nonchalante pour humer son atmosphère si particulière.

Par les ruelles du centre
Commencez votre balade par la **Plaza Vasco de Quiroga**★★, cœur de la vieille cité d'où irradient les ruelles pavées. Cernée par de nobles édifices centenaires aux façades blasonnées, ombragée par de grands arbres et dominée par la statue

de Don Vasco, elle est réellement majestueuse. Entrez dans le **Palacio Huitzimengari** *(au nord de la place)*, construit au 16ᵉ s. par un descendant du dernier empereur. Sa façade austère cache un bel intérieur où se nichent des boutiques d'artisanat.

Au sud-est de la place, avancez d'une cinquantaine de mètres dans la calle Dr Coss, et tournez à gauche dans la calle Madrigal de Altas Torres. Sur votre droite se trouve la **Casa de los Once Patios*** (maison des 11 patios) *(tlj 10h-18h)*, un couvent dominicain de 1742 dont le dédale de patios a mal résisté à l'épreuve du temps. Dans les cinq cours restantes se sont implantées des boutiques d'artisanat.

Au bout de la même rue, prenez la calle Lerín sur votre gauche, et longez l'**église del Sagrario*** *(Tlj 7h-18h)*, dont l'austère et mélancolique beauté se découvre derrière un haut mur d'enceinte. Cette église sobrement baroque, datant du 17ᵉ s., recèle un superbe retable churrigueresque du 18ᵉ s.

En diagonale, toujours dans la calle Lerín, l'**église de la Compañia de Jesús**, construite par Vasco de Quiroga en 1546, fut cathédrale jusqu'en 1566. L'ancien collège jésuite, un édifice sur deux niveaux à la façade austère, a été converti en **Casa de la Cultura**. La tour annexe comporte une horloge, offerte à la ville par le roi Philippe II d'Espagne.

Remontez la même rue jusqu'au **Museo de Arte Populares**** *(angle Lerín et Alcantarilla. Mardi-samedi 9h-19h, dimanche 9h-14h30; entrée payante)*, installé dans l'ancien collège de San Nicolás, fondé par Vasco de Quiroga en 1540. Ce fut la première université d'Amérique, qui compta parmi ses étudiants les révolutionnaires Miguel Hidalgo et José María Morelos. Sur les murs subsistent encore des restes de peintures originales. Le musée renferme une belle collection de céramiques, de laques et de maques (technique traditionnelle d'inclusion des couleurs) et, à l'arrière, dans le jardin, vous observerez les ruines d'une pyramide purépecha et une **troje**, maison traditionnelle en bois au toit pentu.

Quelques mètres plus haut, l'esplanade de la **basilique de Nuestra Señora de la Salud**, consacrée en 1924, est envahie par un petit marché d'artisanat et de bondieuseries en tous genres. Le seul vestige du bâtiment d'origine, datant du 16ᵉ s., est sa nef centrale. À gauche, à proximité de la porte ouest, repose l'évêque Vasco de Quiroga. Vous pourrez admirer la statue vénérée de la **Virgen de la Salud**, réalisée en pâte de canne de maïs et de miel d'orchidées, selon la tradition indigène sous la houlette du religieux.

Descendez le raidillon de la calle Buenavista pour arriver au carrefour des Siete Esquinas, puis prenez la calle Lloreda à gauche sur deux *cuadras* jusqu'à l'ancien monastère de **San Agustín** *(Plaza Gertrudis Bocanegra. Tlj 9h-19h, entrée libre)*. À l'intérieur de l'édifice, aménagé en bibliothèque, une grande **fresque** réalisée par Juan O'Gorman illustre l'histoire du Michoacán, de l'époque précolombienne à la révolution mexicaine.

Le monastère se dresse face à la **Plaza Mayor** ou **Plaza San Agustín**, rebaptisée **Plaza Gertrudis Bocanegra** en hommage à une héroïne locale exécutée pour son soutien au mouvement indépendantiste. À l'angle nord-ouest de la place se tient le marché dont les étals regorgent de denrées alimentaires de toutes sortes.

Sur les hauteurs de la ville

À 2 km à l'ouest du centre. Comptez 25mn de montée à pied et 5mn en voiture. Il est conseillé de s'y rendre en taxi, des agressions ont été signalées. Pour profiter d'une belle vue sur le lac, les îles et la ville, grimpez les 420 marches qui mènent au sommet du **Mirador del Estribo***.

Le lac de Pátzcuaro*

Comptez un jour et demi avec la visite des villages au bord du lac.
Les bus pour les villages partent tous de la Central Camionera de Pátzcuaro.

Les eaux du lac de Pátzcuaro, l'un des plus grands du pays, miroitent d'un éclat un peu terni par les envahissantes plantes aquatiques. Les tentatives pour se débarrasser de ces hôtes végétaux indésirables se sont jusqu'à présent révélées peu efficaces et nocives pour l'écosystème. Ponctué par les cônes des îles de Janitzio, Pacanda, Yunuén et Tecuena à la population vieillissante, cerné de villages de pêcheurs, célèbres pour leurs immenses filets ronds, qui ne servent plus guère qu'à distraire les visiteurs, le lac distille une sourde mélancolie, une légère impression d'abandon. Il n'en reste pas moins l'attraction locale et le prétexte d'une excursion à laquelle nul n'échappe. Le môle s'anime tôt le matin. Les marchands et les restaurateurs s'y livrent une féroce concurrence pour séduire le chaland avant son embarquement pour les îles.

D'île en île

Les bus pour les deux embarcadères démarrent de la Plaza Bocanegra. Au Muelle General, départ du bateau dès qu'il est plein, dernier retour vers 19h. 24 pesos AR pour Janitzio (30 mn), 28 pesos pour Pacanda ou Yunuen (15 mn de plus). Vous pouvez également embarquer au Muelle San Pedrito, mais départs des bateaux erratiques. Possibilité de louer une « lancha » privée (comptez 400 pesos).

Cône dominé par l'impérieuse statue de Morelos, la **Isla de Janitzio*** émerge du lac telle une promesse d'exotisme, qui se révèle un peu décevante. La foule compacte des visiteurs ne débarque qu'après avoir assisté au rituel bien orchestré des « pêcheurs », qui déploient leurs légendaires filets en forme de papillons avant de percevoir leur obole en accostant les bateaux de touristes. Une fois à terre, empruntez les étroites ruelles qui grimpent à l'assaut de la colline. Dans une ambiance de fête foraine, harcelé par les marchands de souvenirs, frayez-vous un passage entre les boutiques aux étals débordant de souvenirs et les gargotes hautes en couleur, où les spécialités locales sont artistiquement mises en scène. Dès le matin, l'odeur de friture des *charales* (minuscules poissons du lac), le fumet de la *sopa tarasca*, l'arôme des sauces où surnagent les poissons blancs, chatouillent agréablement les narines.

Impossible de vous égarer, tous les chemins mènent au **Mirador de Morelos**, trônant au sommet de l'île, au centre d'un jardin tristounet (*tlj 9h-19h, entrée payante. Attention au vertige, la descente est plus impressionnante que la montée*). Érigée entre 1934 et 1937, cette structure massive et grossière de 48 m de hauteur représente le héros de l'indépendance le bras droit levé, façon statue de la Liberté. Une galerie intérieure en colimaçon, à la paroi ornée de 56 fresques relatant la vie de Morelos, mène au sommet de la statue, d'où vous profiterez d'une **vue panoramique*** exceptionnelle sur le lac et les îles.

Veillée ardente autour du lac

Comme dans le reste du Mexique, les villages des bords du lac honorent leurs morts dans la nuit du 1er au 2 novembre (« Día de los Muertos »). Dans l'île de Janitzio, la cérémonie, véritable rituel pagano-religieux, revêt des allures particulièrement grandioses. Les parents et amis des défunts investissent les cimetières pour une nuit de veille, au cours de laquelle des autels ornés de fleurs et de nourriture (fruits, pains, boissons) sont dressés sur les tombes. À la lueur de milliers de chandelles, qui éclairent ces scènes fantasmagoriques, prières, incantations, chants, processions et danses entretiennent l'ardeur de la foule jusqu'au petit matin.

Sur le chemin du retour, dégustez un cornet de *charales* ou laissez-vous tenter par une des terrasses panoramiques pour prendre un verre. Si Janitzio a vendu son âme au tourisme, elle retrouve son atmosphère villageoise une fois les derniers visiteurs repartis. Ce n'est qu'en passant une nuit sur l'île (*voir « Où loger »*) que vous découvrirez le vrai visage de cette communauté purépecha.

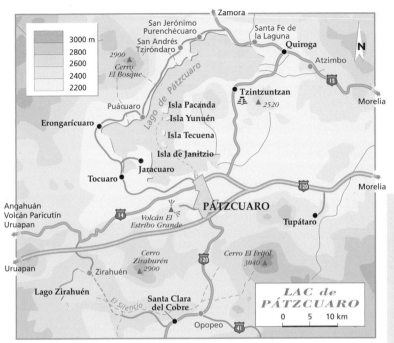

Les îles de **Pacanda** et de **Tecuena** coulent des jours paisibles à l'écart de toute frénésie touristique et ne justifient pas de visite. Pour une halte loin de toute civilisation, optez pour **Yunuén** *(même bateau que pour l'île de Janitzio ou bateau spécial selon la demande)*, véritable havre de paix, où la communauté indigène gère un ensemble de bungalows qui surplombe le lac *(voir « Où loger »)*.

Sur la rive est du lac

Au centre de l'empire purépecha, le village de **Tzintzuntzan*** *(17,5 km par la route de Quiroga à la sortie nord-est de Pátzcuaro. Bus toutes les 15 mn au départ de Pátzcuaro)* porte le joli nom de « lieu des colibris ». Arrivés au 12ᵉ s. dans la région, les Purépechas bâtirent stratégiquement leur capitale en hauteur sur les rives du lac.

Le site archéologique* *(tlj 9h-17h, entrée payante, 1 km au sud du village, pas de bus du village)* impressionne par son emplacement privilégié et sa vue panoramique sur le lac. Seuls témoignages de la capitale de l'empire, les cinq *Yácatas* (monticules circulaires de pierres superposées qui servaient de base à des temples) se dressent mélancoliquement face au lac.

De sa période coloniale, Tzintzuntzan conserve un magnifique **couvent franciscain*** de 1550, avec une intéressante chapelle ouverte. Un petit **marché d'artisanat de vannerie*** se tient sur la place du village à proximité immédiate du couvent.

Pour faire vos achats, poursuivez la route au nord, jusqu'à **Quiroga** *(15 km. Bus toutes les 15 mn de Pátzcuaro via Tzintzuntzan)*, plaque tournante de l'artisanat régional, qui foisonne de merveilles à des prix défiant toute concurrence.

Sur la rive ouest du lac

À 12 km au nord-ouest de Pátzcuaro *(bus toutes les 15 mn)*, **Jaracuaro***, ancien îlot désormais rattaché à la terre, est accessible par une déviation bien indiquée de la route qui cerne le lac. Dans ce village, blotti sur une élévation dominant le lac, le temps s'est arrêté. Son charme magique tient autant à sa situation qu'à son artisanat de **chapeaux de paille** qui fait vivre la communauté tarasque. Ici chacun maîtrise une des étapes de la confection du chapeau (tissage, mise en forme, finition…). En musardant dans les ruelles, vous croiserez parfois un enfant chargé d'une pile de chapeaux, plus haute que lui, qu'il transporte d'un atelier à l'autre.

De retour sur la route du lac (à 10 km au nord-ouest de Pátzcuaro. Bus toutes les 15 mn), les amateurs de **masques en bois** découvriront dans la modeste bourgade de **Tocuaro** une tradition artisanale perpétuée de père en fils. Les hommes aux rabots et les femmes aux pinceaux, chaque famille s'active dans son atelier pour créer des diables cornus ou des animaux grimaçants. C'est là que boutiques et particuliers passent commande et vous pourrez, si vous disposez d'un peu de temps, vous faire tailler un masque sur mesure.

Huit kilomètres plus loin (bus toutes les 15 mn), sur la même route, le charmant village d'**Erongarícuaro**★ accueillit André Breton pendant son escapade mexicaine dans les années 1940. Rues empierrées, placette sobre sous les arcades de laquelle se nichent des boutiques, quelques édifices à la saveur coloniale, c'est une bourgade typique de la région. Son **couvent franciscain** plateresque du 16ᵉ s. mérite un coup d'œil. En repartant, faites une halte gourmande au restaurant Campestre Alemán (voir « Où se restaurer »).

Les villages autour de Pátzcuaro★

Comptez une journée.

À 18 km à l'est de Pátzcuaro (suivez pendant 2 km l'embranchement qui part à droite de la route de Morelia), **Tupátaro**★ est un paisible village d'agriculteurs qui abrite la remarquable **église de Santiago Apóstol**★ (1725), touchante de simplicité au fond de son grand jardin. On ne s'attend pas à trouver tant de richesse dans un bourg aussi modeste. Des Indiens ont peint l'admirable plafond de bois à trois pans, représentant la Passion du Christ et le Couronnement de la Vierge, qui lui vaut son surnom de « chapelle Sixtine » du Michoacán. Admirez également les splendides peintures du retable de l'autel doré à la feuille.

À 16 km au sud de Pátzcuaro (bus toutes les 30 mn), **Santa Clara del Cobre**★ (du nom officiel de Villa Escalante) résonne des coups sourds des artisans martelant sans relâche le **cuivre**, qui a fait sa renommée. Le centre n'est que boutiques aux étals rutilants, et chaque maison possède un atelier. En déambulant dans les ruelles, n'hésitez pas à pousser les portes pour observer l'habileté des artistes qui donnent naissance à de multiples objets (vases, assiettes, plats…). Pour vous familiariser avec la production locale et ses techniques, visitez le **Museo del Cobre** (musée du Cuivre) (angle Morelos et Pino Suárez. Mardi-samedi 10 h-15 h/17 h-19 h, dimanche 10 h-16 h ; entrée payante). Dans cette jolie demeure coloniale sont exposées les pièces primées lors de la Feria del Cobre, fête à ne manquer sous aucun prétexte si vous êtes dans la région le 15 août.

Prenez la route de Nueva Italia en sortant de Santa Clara puis, à 2 km sur la droite, engagez-vous sur une bonne piste, qui devient vite très caillouteuse et serpente au cœur d'une forêt touffue (15 km). Les reflets mordorés de l'eau scintillent à travers les sapins puis, au détour d'un virage, reposant au creux des montagnes, surgit le **lac de Zirahuén**★. Au village, où vous serez gentiment accueilli, les habitants vous proposeront des promenades en bateau (20 pesos par personne pour 45 mn).

De Zirahuén, rejoignez la route 14 pour retourner vers le lac de Pátzcuaro (18 km) ou continuer vers l'ouest en direction d'Uruapan (40 km).

En arrivant sur l'île de Janitzio

En poussant plus à l'ouest
Comptez une journée.

À 61 km de Pátzcuaro, **Uruapan**, l'une des villes les plus importantes de l'État, ne présente guère d'intérêt. Les stakhanovistes de la visite pourront toujours s'attarder à la **Huatápera** (*Plaza Principal, mardi-dimanche 10h-17h, entrée payante*). Cet ancien hôpital de style plateresque et mudéjar, fondé par Don Vasco de Quiroga, est devenu un musée avec des boutiques d'artisanat. Quant aux amoureux de la nature, ils iront se promener dans les jardins exubérants du **Parque Nacional Eduardo Ruiz** (*tlj 10h-18h, entrée payante*).

D'Uruapan, faites 18 km vers le nord sur la route 37, puis prenez à gauche en direction d'Angahuán, distant de 30 km.

À l'assaut du volcan Paricutín★
À 48 km d'Uruapan. Bus toutes les 15mn entre Uruapan et Angahuán, point de départ des randonnées à cheval ou à pied (demandez Juan Lazaro Zoto, un excellent guide). Si vous n'êtes pas effrayé à l'idée de passer la journée en selle, choisissez l'itinéraire le plus long jusqu'au pied du volcan Paricutín (6h, 300 pesos par personne) avec un arrêt au village de San Juan de Paricutín. Vous pouvez vous rendre uniquement à San Juan de Paricutín (2h, 150 pesos). Il est possible d'effectuer ces excursions à pied, mais un guide est conseillé pour le volcan car il faut traverser plusieurs propriétés privées. Dans tous les cas, équipez-vous de bonnes chaussures de marche et partez tôt le matin pour éviter la foule.
Considéré comme le plus jeune volcan actif du monde, crachant encore de la vapeur et du soufre, le Paricutín culmine à 2 800 m (*45mn d'ascension*) au cœur d'un paysage lunaire. Au plus fort d'une lente éruption, qui dura deux années (1942-1944), le village de San Juan de Paricutín fut enseveli sous la lave le 20 février 1943. Une jolie descente à cheval ou à pied par des sentiers forestiers vous mènera à son ancienne **église★**, enlisée dans un sombre manteau de coulées noires, d'où seuls émergent le fronton et le clocher : une image surréaliste et déroutante. La lave en fusion a stoppé net sa progression devant l'autel, bien visible au cœur d'un étau noir. Il n'en fallait pas plus pour que les villageois crient au miracle. Désormais, les fidèles bravent les embûches pour fleurir l'autel et déposer leurs ex-voto en action de grâce.

Au retour, faites une halte dans le pittoresque village tarasque d'**Angahuán*** aux maisons en bois coiffées de tuiles. Jetez un œil à l'**église de Santiago Apóstol**, datant du milieu du 16ᵉ s., puis installez-vous sur un banc de la place centrale pour observer les allées et venues des habitants : des grappes de femmes en jupons de couleurs vives et drapées dans leurs châles s'interpellent en purépecha dans les rues en terre battue, où les cochons et les chevaux surpassent en nombre les véhicules à moteur.

Pátzcuaro et environs pratique

ARRIVER-PARTIR

En bus – Central Camionera, Libramento Ignacio Zaragoza #2600, ☎ (434) 342 17 09, se trouve au sud du centre-ville (bus depuis la Plaza Bocanegra). **Primera Plus** et **Flecha Amarilla**, ☎ (434) 342 09 60 ; **Herradura de Plata**, ☎ (434) 342 10 45 ; **Galeana**, ☎ (434) 342 08 08. Deux bus par jour à 9h30 et 23h30 pour Guadalajara (5h) ; départ toutes les 20mn vers Morelia (1h) ; bus toutes les heures pour Mexico (6h) ; départ toutes les 15mn pour Uruapan (1h).

ADRESSES UTILES

Office de tourisme – Información Turística, Buenavista #7, à proximité de la basilique, ☎ (434) 342 12 14 / 17 05. 9h-15h/16h-19h, dimanche 9h-12h.

Banque / Change – Banques avec distributeurs dans le centre autour des places.

Poste / Téléphone – Obregón #13 (près de la Plaza Bocanegra). Lundi-vendredi 9h-16h.

Santé – Hospital General, ☎ (434) 342 02 85. Médecin généraliste, ☎ (434) 342 39 04.

Agence de voyages – Movisa, Iturbe #6, ☎ (434) 342 56 15. Agence de tourisme multiservices. Lundi-samedi 9h-19h.

Location de vélos – Mansión Iturbe (voir « Où loger »). Locations à l'heure ou à la journée.

OÙ LOGER

• **Pátzcuaro**

Moins de 90 pesos par personne
Hotel Valmen, Lloreda #34, ☎ (434) 342 11 61 – 16 ch. ⌁ Hôtel central aux chambres très rudimentaires mais propres.

Autour de 200 pesos
⌂**Posada de la Salud**, Serrato #9, ☎ / Fax (434) 342 00 58, posadadelasalud@hotmail.com – 15 ch. ⌁ À deux pas du centre, cette pension est tenue par de sympathiques vieilles dames. Les chambres coquettes et claires, impeccablement tenues, s'ordonnent autour d'un petit jardin fleuri. La clientèle familiale assure calme et convivialité. Excellent rapport qualité-prix.

De 300 à 450 pesos
⌂ **Hotel de la Concordia**, Juárez #31, ☎ (434) 342 00 03 – 20 ch. ⌁ TV Sur la Plaza Bocanegra, ce joli établissement affiche souvent complet. Les chambres sont très bien tenues et décorées avec goût. Parking.

Posada Mandala, Lerín #14, ☎ (434) 342 41 76, matiasag@hotmail.com – 5 ch. ⌁ ✕ Une maison accueillante face à la Casa de los Once Patios. Deux chambres avec salle de bains commune, plus économiques. Petit patio ensoleillé et sympathique.

⌂ **Hostal del Valle**, Lloreda #27, ☎ / Fax (434) 342 05 12, hdelvalle@ml.com.mx – 9 ch. ⌁ TV ✕ CC Superbe hôtel de charme à la décoration soignée et chaleureuse. Le grand patio couvert est converti en salon, les chambres sont coquettes et l'ambiance chaleureuse. Parking.

Hotel Misión San Manuel, Portal Aldama #12, ☎ (434) 342 10 50 – 42 ch. ⌁ ⌁ TV ✕ Très bel édifice colonial avec un coquet patio encadré d'arcades. Chambres charmantes à la décoration simple et de bon goût.

Hotel Rincón de Josefa, Iturbe #29, ☎ (434) 342 11 43, hotelrincon@terre.com.mx – 60 ch. ⌁ TV ✕ Entre les deux places du centre historique, une jolie maison aux couleurs chaleureuses, agrémentée de patios aux plantes luxuriantes. Les chambres sont mignonnes, un peu sombres en rez-de-chaussée. Parking.

Hotel Los Escudos, Portal Hidalgo # 73, Plaza Vasco de Quiroga, ☎ (434) 342 01 38, losescudos@yahoo.com – 45 ch. ⁿ] 𝒫 TV ✗ CC Dans une noble demeure, des chambres rustiques et confortables, plus vastes et plus claires à l'étage, avec des salles de bains un peu exiguës. Parking.

De 450 à 700 pesos
🐌 **Hostería San Felipe**, Lázaro Cárdenas #321, ☎ (434) 342 12 98, hotel_catedral@infosel.net.mx – 23 ch. ⁿ] 𝒫 TV ✗ CC Situé entre les embarcadères et le centre, cette ancienne hacienda bénéficie d'un cadre intime. Les chambres au style rustique mexicain avec cheminée donnent de plain-pied sur la galerie encadrant le jardin. On apprécie l'assistance et les conseils touristiques. Parking.
Hotel Fiesta Plaza, Plaza Bocanegra #24, ☎ / Fax (434) 342 25 15 – 60 ch. ⁿ] 𝒫 TV ✗ CC Très bel édifice de style local au joli patio fleuri. Les chambres à la décoration soignée sont un peu petites, mais très confortables. Parking.

Plus de 700 pesos
🐌 **Mansión Iturbe**, Portal Morelos #59, Plaza Vasco de Quiroga, ☎ (434) 342 36 28, Fax (434) 342 36 27, mansioniturbe@mexmail.com – 14 ch. ⁿ] TV ✗ CC Cette vénérable bâtisse coloniale, aux mains de la même famille depuis cinq générations, a conservé tout son cachet. Des chambres chaleureuses au charmant salon-bibliothèque (bien pourvu en revues et livres), tout baigne dans une ambiance intime et feutrée. Excellent restaurant de spécialités mexicaines. Parking, vélos à disposition.
Posada de la Basílica, Arciga #6, Plaza de la Basílica, ☎ (434) 342 11 08, Fax (434) 342 06 59, hotelpb@hotmail.com – 12 ch. ⁿ] TV ✗ CC À deux pas du centre, l'hôtel abrité dans une demeure du 18ᵉ s., possède beaucoup de charme. Les chambres décorées avec goût et simplicité, certaines avec cheminée, sont fort agréables. Jolie terrasse. Souvent plein.

• **Isla de Janitzio**
Autour de 200 pesos
Hotel Terhu'nukua (El Patio), ☎ (443) 313 61 52 – 15 ch. ⁿ] ✗ Du débarcadère, prenez la montée vers le mirador puis la 1ʳᵉ à gauche, l'hôtel se trouve à 40 m. Les chambres sont correctes mais la promiscuité avec les maisons voisines est extrême. Le sympathique restaurant du rez-de-chaussée sert une bonne cuisine locale.

• **Yunuén**
Autour de 350 pesos
Centro Turístico, ☎ (434) 342 44 73 ⁿ] 8 bungalows de différente capacité, bien aménagés et bien tenus aux terrasses surplombant le lac. Une halte nature, au grand calme, en compagnie des Purépechas.

• **Santa Clara del Cobre**
Autour de 250 pesos
Hotel Real del Cobre, Portal Hidalgo #19, Plaza Principal, ☎ (434) 343 02 05 – 19 ch. ⁿ] TV Au cœur du village, un hôtel familial et bien tenu aux chambres confortables.

• **Zirahuén**
Autour de 400 pesos
Cabañas de Zirahuén – 10 ch. ⁿ] ✗ En bordure du lac, un complexe de bungalows équipés (cuisine, chambre, salon, terrasse) propose un hébergement confortable et un service de restauration à prix doux.

• **Angahuán**
Autour de 200 pesos
José Perucho, Juárez s/n, ☎ (459) 48 073 – 4 ch. Au bout du village, derrière un grand portail en fer, on se sent immédiatement chez soi dans cette maison familiale, au cœur d'un grand jardin surplombant le village. Les chambres avec cheminée disposent d'une salle de bains commune. Accueil chaleureux et petit-déjeuner sur demande.
Centro Turístico de Angahuán, camino à Paricutín, ☎ (442) 203 85 27 ⁿ] ✗ À la sortie du village, dans une immense propriété face au volcan. Huit « cabañas » équipées, avec kitchenette, salon et cheminée.

Où se restaurer

• Pátzcuaro

Moins de 50 pesos

La Casona, Plaza Vasco de Quiroga #65, ☎ (434) 342 11 79. Tlj 8h-22h. Cuisine mexicaine familiale servie dans une petite salle peu touristique. Simple et agréable.

Yunuhén, Portal Juárez #27, Plaza Bocanegra, ☎ (434) 342 08 94. Tlj 8h-18h. Coquet restaurant de six tables, vite plein. Cuisine régionale simple, dommage que le service soit si désinvolte.

Don Rafa, Benito Mendoza #30, ☎ (434) 342 04 98. Tlj 9h-20h. Ce petit restaurant propose une carte courte de cuisine régionale dans une ambiance mexicaine.

La Escalera Chueca, Portal Guerrero #27, ☎ (434) 342 02 90 ⏰ 8h-22h30 sauf le mercredi. Situé sous les arcades de la place centrale, cet établissement sert une bonne cuisine régionale en terrasse.

La Casa de las 11 pizzas, Vasco de Quiroga #33, ☎ (434) 342 00 62. Cinq tables dans un patio et autant en salle pour déguster de bonnes pizzas. Pratique et rapide. Sur place ou à emporter.

De 50 à 100 pesos

La Campana, Arciga #26. 8h30-21h sauf le lundi. Face à la basilique, un petit restaurant tout simple de cuisine mexicaine. Jolie salle colorée, accueil amical et bon rapport qualité-prix.

Mandala, Lerín #14, ☎ (434) 342 41 76. 9h-21h30 sauf le mardi. Cuisine méditerranéenne végétarienne (salades, pâtes) servie dans un cadre simple. Prix très raisonnables.

De 100 à 200 pesos

El Patio, Plaza Vasco de Quiroga #19, ☎ (434) 342 42 40 ⏰ cc Tlj 8h-22h. Un coquet restaurant de cuisine traditionnelle régionale : truite saumonée et poisson blanc à l'honneur. Salle intérieure et terrasse sous les arcades de la place.

Hostería de San Felipe, Lázaro Cárdenas #321, ☎ (434) 342 12 98. Tlj 8h-21h. Dommage que ce restaurant soit un peu excentré car ses plats régionaux sont excellents. Commandez le « platillo de antojitos », qui permet de découvrir une sélection de spécialités.

La Spaghettería, Lloreda #27, ☎ (434) 342 05 12. Tlj 13h-22h. Pâtes italiennes à gogo servies dans un cadre moderne et chaleureux. Musique live samedi à partir de 20h.

Doña Paca, Portal Morelos #59. Tlj 8h-10h30/14h-17h/18h-22h. Le restaurant de l'hôtel Mansión Iturbe propose des spécialités de cuisine régionale servies dans une ambiance intime et feutrée à souhait. Personnel attentif. Excellents petits-déjeuners.

El Primer Piso, Plaza Vasco de Quiroga #29 à l'angle de Dr Coss (à l'étage), ☎ (434) 342 01 22. Tlj 14h-22h. Pour découvrir la nouvelle cuisine mexicaine, avec autant d'épices, des sauces allégées, une touche d'italianité et une présentation soignée. Moderne, élégant mais cher.

• Erongarícuaro

Autour de 120 pesos

Restaurante campestre Alemán, carretera Pátzcuaro-Erongarícuaro, à 14 km de Pátzcuaro, ☎ (434) 344 00 06. Tlj 13h-19h. Dans d'agréables jardins avec des bassins, les tables à l'air libre sous une structure en bois offrent une halte agréable au cours d'une balade autour du lac. Pour déguster des spécialités de truites, préparées de diverses façons, dont des recettes allemandes.

• Zirahuén

Autour de 120 pesos

La Troje de Ala, ☎ (434) 353 40 41. Le restaurant vous envoie son bateau pour vous inviter à savourer ses spécialités du lac.

Où sortir, où prendre un verre

Cafés / Bars – Cafetería Botafumareino, Portal Aldama #10. Tlj 8h-22h. Sous les arcades, une terrasse sympathique pour boire un chocolat accompagné d'une pâtisserie.

El Viejo Gaucho, Iturbe #10, ☎ (434) 342 36 28. Mardi-samedi 18h-minuit, dimanche 13h-18h. Une soirée s'impose dans ce « restaurant-bar-peña ». On y déguste au coude à coude une bonne cuisine argentine et des spécialités de viandes (« churrasco », « empanadas », hamburgers), dans une ambiance bohème chaleureuse. Des groupes de musique latine traditionnelle s'y produisent à partir de 20 h. Réservez en fin de semaine.

Excursions – *Francisco Castilleja*, ☎ (434) 344 01 67. Tlj 8 h-21 h. Ce guide vous fait découvrir les richesses de sa région (tours de ville, villages du lac, culture purépecha) dans un français impeccable. Pour une journée d'excursion, transport public et repas inclus, comptez 500 pesos pour 2 personnes et 700 pesos pour 3. *Jorge Guzmán*, ☎ (434) 342 25 79. Excursions guidées en espagnol ou en anglais.

ACHATS

Artisanat – La *Casa de los Once Patios* et le *Palacio de Huitzimengari* abritent sous les arcades de leurs patios des boutiques d'artisanat régional. À *Quiroga*, gros bourg commerçant, se tient un grand marché artisanal quotidien et particulièrement peu onéreux.

Céramiques – Le vendredi à Pátzcuaro, le marché de la *Plaza San Francisco*, à une «cuadra» à l'ouest de la Plaza Principal, propose des poteries à des prix imbattables.

Vannerie – Boutiques et marché d'artisanat quotidien de *Tzintzuntzan*. Chapeaux de paille dans les ateliers de *Jaracuaro*.

Bois sculpté – Une multitude d'ateliers spécialisés se trouvent à proximité des embarcadères et à la sortie de Pátzcuaro sur la route de Morelia.

Cuivre – Santa Clara del Cobre offre un choix impressionnant et des prix compétitifs. *Casa Felicitas*, Pino Suárez #88, ☎ (434) 343 04 43. Dans la rue perpendiculaire au Museo del Cobre. Une belle sélection d'objets originaux et bien travaillés. *Galería Arte y Diseño*, Morelos #368, quasiment en face du Museo del Cobre, ☎ (434) 343 01 89. Un peu plus chère que les autres boutiques, mais les objets sont superbes.

GUADALAJARA★

Capitale de l'État de Jalisco – Voir carte régionale p. 430
Alt. 1 540 m – 1,8 million hab.
535 km à l'ouest de Mexico

À ne pas manquer
La place des Mariachis et ses orchestres.
Une promenade en calèche.
Le marché de Tonalá le jeudi ou le dimanche.
Un dîner à Tlaquepaque.

Conseils
Profitez des réductions offertes par l'office du tourisme.
Faites ici votre shopping, quelle qu'en soit la nature.

Au premier contact, Guadalajara déconcerte. Cette immense métropole, enserrée dans un réseau complexe d'échangeurs, ne cessera de vous prendre à contre-pied avec des calèches qui tentent de se frayer un chemin dans les embouteillages, l'éclat mordoré d'un dôme faïencé entre les façades modernes, le déhanchement sensuel d'une *Tapatía* (nom donné aux habitants) aux yeux clairs au milieu d'une foule pressée, la gouaille des marchands ambulants des quartiers populaires adossés aux centres commerciaux dernier cri, les accords mélancoliques d'un marimba au cœur d'un concert de klaxons. Pourtant « Guada » est une ville curieusement attachante, berceau de nombreuses traditions mexicaines, qui font la fierté des *Tapatíos* : la *charreada* (rodéo mexicain), le *jarabe* (chapeau à large bord), la tequila, les mariachis sont nés ici. Vos journées seront bien remplies, entre une balade dans le centre historique à l'atmosphère provinciale, du lèche-vitrine à Tlaquepaque, centre artisanal réputé, des achats au marché de Tonála, un dîner dans un restaurant branché de l'avenida Chapultepec et des sorties nocturnes en tous genres. Pas de répit pour le visiteur curieux…

Une ville agricole et industrielle
Quand 266 familles espagnoles, menées par Nuño de Guzmán, s'installent en février 1539, la vallée de Atemajac est peuplée de quelques tribus tarasques. En février 1542, Guadalajara, baptisée du nom de la ville natale de Guzmán (en Espagne), est définitivement établie. Avant-poste pour l'exploration de l'ouest du territoire, puis capitale de la province de Nouvelle-Galice, elle devient un lieu d'échanges commerciaux important, où de grosses fortunes bâtissent de somptueux monuments, des églises et des demeures coloniales. Pendant la guerre de l'Indépendance, Miguel Hidalgo y prononce l'abolition de l'esclavage et le gouvernement de Juárez s'y replie durant quelques mois en 1858. Au début du 20ᵉ s., elle est le théâtre de péripéties révolutionnaires notamment durant la révolte des *Cristeros*. Aujourd'hui, dans cette métropole moderne et prospère, business et culture font bon ménage.

Visite de la ville
Comptez une journée pour le centre historique.

Le cœur historique de la ville s'organise autour des quatre places qui cernent la cathédrale. Grouillantes d'activité durant la journée, elles retrouvent, dès la nuit tombée une langueur plus conforme à la tradition mexicaine.

La Catedral Metropolitana (C2)
8h30-19h. Bâti entre 1558 et 1568, cet imposant édifice aux styles architecturaux mêlés, du néogothique au maniérisme, pointe impérieusement vers le ciel ses deux dômes aux couleurs de la ville, jaune et bleu. À l'intérieur 11 autels néogothiques de type allemand ont remplacé les autels baroques d'origine, et vous remarquerez l'imposant orgue tubulaire français du 19ᵉ s. Dans la **crypte** reposent évêques et

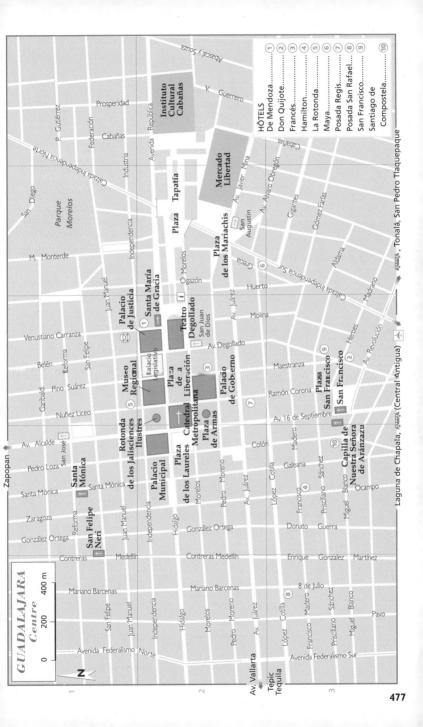

GUADALAJARA
Centre

0   200   400 m

N

Zapopan

HÔTELS
1. De Mendoza
2. Don Quijote
3. Francés
4. Hamilton
5. La Rotonda
6. Maya
7. Posada Regis
8. Posada San Rafael
9. San Francisco
10. Santiago de Compostela

Laguna de Chapala, ⟶ (Central Antigua)

⟶, Tonalá, San Pedro Tlaquepaque

Parque Morelos

Instituto Cultural Cabañas

Plaza Tapatía

Mercado Libertad

Plaza de los Mariachis

Palacio de Justicia

Santa María de Gracia

Teatro Degollado

Museo Regional

Palacio Legislativo

Plaza de la Liberación

Catedral Metropolitana

Palacio de Gobierno

Plaza de Armas

Rotonda de los Jaliscienses Ilustres

Plaza de los Laureles

Palacio Municipal

Santa Mónica

San Felipe Neri

Plaza San Francisco

San Francisco

Capilla de Nuestra Señora de Aránzazu

Streets
Abascal y Souza
V. Guerrero
República
Prosperidad
Cabañas
Industria
P. Gutiérrez
Federación
Calzada Independencia Norte
San Diego
M. Monterde
Juan Manuel
Independencia
Avenida
Morelos
Ogazón
Huerto
Molina
Av. Juárez
San Juan de Dios
Av. Degollado
San Augustin
Av. Javier Mina
Av. Álvaro Obregón
Cabañas
Gigantes
Gómez Farías
Aldama
Calzada Independencia Sur
Creta
Heroes
Maestranza
Ramón Corona
Av. 16 de Septiembre
Colón
Av. Revolución
Madero
Priscilano Sánchez
Galeana
Ocampo
Miguel Blanco
López Cotilla
Francisco
Donato Guerra
Enrique Gonzalez Martínez
8 de Julio
Pavo
Avenida Federalismo Sur
Avenida Federalismo Norte
Contreras Medellín
González Ortega
Hidalgo
Pedro Moreno
Av. Juárez
Mariano Barcenas
San Felipe
Juan Manuel
Independencia
Morelos
Pedro Moreno
Venustiano Carranza
Belén
Garibaldi
Pino Suárez
Nuñez Liceo
Av. Alcalde
Pedro Loza
Santa Mónica
Zaragoza
González Ortega
Contreras
Medellín
Reforma
Leforma
San Felipe
San José
Santa Mónica
Av. Vallarta
Tepic
Tequila

477

cardinaux, et la relique de sainte Innocence, sur le côté gauche de la nef principale, attire de nombreux fidèles. La **sacristie** renferme un tableau de l'Immaculée Conception de l'Espagnol Bartolomeo Estebán Murillo, ainsi que de magnifiques sculptures du Christ et des objets liturgiques.

La Plaza de los Laureles (B2), ou **Plaza Guadalajara**, ornée d'une fontaine monumentale, se déploie face à la cathédrale. Sur le côté nord se dresse le **Palacio Municipal** (lundi-vendredi 8h-21h), construit en 1951 dans le respect du style baroque. Remarquez les armes de la ville sculptées sur son portique. Dans l'escalier intérieur des fresques de Gabriel Flores (1962) illustrent la fondation de la ville.

La Plaza de Armas* (C2)

Cette place, la plus ancienne de la ville, s'étire au sud de la cathédrale. Des statues d'inspiration grecque figurant les quatre saisons en délimitent les angles et, au centre, se dresse un élégant **kiosque** Art nouveau réalisé en France, véritable dentelle de fer forgé, ornée de cariatides portant des instruments de musique. Si vous êtes en ville les mardi, jeudi ou dimanche à 18h30, ne manquez pas le **concert** de musique traditionnelle de l'orchestre municipal, rendez-vous des familles et des flâneurs.

À l'est de la place, le **Palacio de Gobierno**** (tlj 9h-20h, entrée libre) occupe un imposant édifice baroque de deux étages à la belle façade aux colonnes torsadées, construit entre 1643 et 1774. En 1858, il accueillit Benito Juárez et son gouvernement exilé de la capitale. Les œuvres de José Clemente Orozco qu'il renferme en font l'un des bâtiments les plus visités de la ville. La voûte de l'escalier principal est ornée de la célèbre fresque **Hidalgo Incendiero***** (1937), représentant le père Hidalgo brandissant un flambeau. Sur le mur de droite, **El Circo Politico** symbolise les totalitarismes et impérialismes modernes (Hitler, Staline, le Pape, Chamberlain, Hiro Hito, Mao, Mussolini, Daladier) et, sur celui de gauche, **Las Fuerzas Tenebrosas** montrent le peuple mexicain sous le joug du clergé et de l'armée. À l'étage, la salle Jalisco abrite les portraits des gouverneurs de l'État ainsi que la **lettre d'Indépendance** signée par le père Hidalgo. Dans la salle du Congrès utilisée pendant 103 ans jusqu'en 1975, Orozco peignit en 1949 des thèmes relatifs à l'indépendance et à la révolution mexicaine.

José Clemente Orozco, figure majeure du muralisme

Le comble de la malchance pour un peintre? Être manchot et borgne! Malgré cela, José Clemente Orozco, qui perdit la main gauche dans son enfance, s'inscrit parmi les plus grands au panthéon de la peinture mexicaine. Il naquit à Ciudad Guzman (Jalisco) en 1883, et sa rencontre avec le graveur José Guadalupe Posada, le Daumier mexicain, fut décisive. Héritier des traditions artistiques nationales, héraut de la révolution, Orozco créa des œuvres magistrales dans un style expressionniste au dynamisme et au chromatisme violents, autour de thèmes historiques, politiques et sociaux. Dès 1922, date qui marqua la renaissance de la peinture murale, ses gigantesques fresques, métaphores simplistes, décorèrent les murs de nombreux édifices officiels à Mexico et à Guadalajara. Il mourut en 1949 et repose désormais parmi les Jalisciences Ilustres dans la rotonde de Guadalajara.

La Rotonda de los Jaslisciences Ilustres (C2)

Au nord de la cathédrale, cette rotonde datant de 1952 compte 17 colonnes doriques et des statues, dont celle du peintre Orozco (voir encadré), qui encadrent 98 urnes de personnages de l'histoire locale.

À l'est de la rotonde, le **Museo Regional*** (9h-15h45, dimanche 9h-13h, fermé le lundi; entrée payante) est installé dans l'ancien séminaire de San José du 17e s. Dans ce beau bâtiment, où se succèdent cloîtres, arches et jardins, vous parcourrez l'histoire du Jalisco à travers une collection de vestiges archéologiques, de peintures, d'objets et de documents. L'ancienne **chapelle** mérite le coup d'œil.

Sur la Plaza de Armas

Autour de la Plaza de la Liberación (C2)

À l'est de la cathédrale, la Plaza de la Liberación, plus connue comme la **Plaza des los Tres Poderes** (place des Trois Pouvoirs), est la plus vaste du centre-ville.
En poursuivant l'avenida Hidalgo vers l'est, vous parvenez au **Palacio de Justicia** (*lundi-vendredi 9h-18h, samedi 9h-14h*). Datant de 1588, il fait partie du couvent de Santa María de Gracia et présente une belle façade de trois ordres. Juste à côté se dresse l'**église de Santa María de Gracia** à l'emplacement de la première cathédrale de la ville. Datant de 1661, surmontée d'un dôme ovale, elle possède un bel intérieur néoclassique.
Sur le trottoir d'en face, le **Teatro Degollado*** (*10h-14h, fermé le dimanche*) est un chef d'œuvre de l'architecture néoclassique. Inauguré en 1856, il a des allures de temple italien avec un chapiteau soutenu par une rangée de colonnes doriques et un fronton orné d'une allégorie des muses. L'intérieur, de style français, comporte un plafond qui illustre le quatrième chant de *La Divine Comédie* de Dante.

Le long de la Plaza Tapatía (D2)

Contournez le théâtre par l'arrière. Sur sa façade orientale, la **Fuente de la Fundación** de Manuel Zamarripa, une frise murale en bronze de 3 m de hauteur et 21 m de long, relate la fondation de la ville. De là démarre la Plaza Tapatía, double voie piétonne animée, inaugurée en 1982, bordée d'édifices municipaux, de boutiques et de cafés, qui s'étire sur neuf *cuadras* entre le théâtre et l'**Instituto Cultural Cabañas*** (E2) (*10h-18h, fermé lundi ; entrée payante, visite guidée 25mn*). Avant d'entrer dans le bâtiment, reposez-vous dans la **Sala de los Magos** (salle des Magiciens), étonnante sculpture moderne en bronze qui offre ses singuliers sièges aux promeneurs. L'institut occupe la Casa de Caridad y de Misericordia, ancien orphelinat néoclassique datant de 1805, classé au Patrimoine de l'humanité de l'Unesco depuis 1997. L'ensemble ne compte pas moins de 23 patios autour desquels s'organisent des salles d'expositions,

Mariachi, une origine… française

Dans un bourg de l'État de Jalisco pendant l'intervention française, lors d'une noce mise en musique par un orchestre villageois, un soldat français demanda à l'un des musiciens la raison de cette liesse. Celui-ci répondit dans la langue de Molière : « c'est un mariage ». Le mot « mariachi » était né. Durant le 19e s., les orchestres rustiques répandent une musique populaire qui exalte l'honneur viril, l'amour et les femmes. Devenus symbole de la culture et de la tradition mexicaine, les orchestres de mariachis se composent toujours de violons, de guitares et de trompettes. Les musiciens arborent le traditionnel costume « charro » : pantalon sombre et moulant rehaussé de boutons d'argent, veste courte sur chemise blanche fermée d'une lavallière, chapeau à large bord brodé et bottines. Toutes les villes du centre leur ont consacré une place, où pour quelques poignées de pesos chacun peut s'offrir une pause musicale en grande tradition.

des salles de cours, un théâtre et la **Capilla Mayor**★★, aussi appelée « clementina » pour ses 40 fresques réalisées entre 1938 et 1939 par José Clemente Orozco : *L'Homme de feu* et *Les Quatre Cavaliers de l'Apocalypse* illustrent les thèmes de la conquête espagnole, des conflits religieux et culturels, de l'apocalypse, de la servitude et de l'esclavage.

La Plaza de los Mariachis★ (D2)

Le coucher du soleil marque le début des festivités sur cette place. Peu à peu les tables débordent des terrasses et envahissent l'étroite esplanade inscrite entre deux lignes de restaurants et de bars, où il devient hasardeux de se frayer un chemin entre badauds et musiciens. Les orchestres en grande tenue, chapeau à large bord et costume moulant rehaussé de médailles argentées, déambulent de table en table. Ils entonnent les rengaines du répertoire populaire mexicain, repris en chœur par une foule bon enfant. On trinque de concert, chacun y va de son refrain, on se hèle d'une table à l'autre pour former de longues tablées, où les bouteilles de bière et de tequila s'entassent de façon alarmante. On ne rentrera chez soi qu'aux petites heures du matin, voix éraillées et démarches titubantes.

La Plaza San Francisco (C3)

Sur cette place, située à cinq *cuadras* au sud de la cathédrale, se dressent deux remarquables édifices religieux qui méritent le coup d'œil : l'**église de San Francisco**, bel exemple d'architecture religieuse baroque avec sa façade aux colonnes torsadées enrichies de sculptures de motifs végétaux, et la **Capilla de Nuestra Señora de Aránzazu**★, la seule église du Jalisco à posséder des **retables** churrigueresques richement ouvragés et dorés à la feuille.

Un détour au nord-ouest de la cathédrale (B1)

Dans la calle Santa Mónica, l'**église de Santa Mónica**★, construite par les jésuites en 1733, mérite un coup d'œil avec son double portail baroque qui ouvre sur un bel intérieur néoclassique. À trois *cuadras* vers l'ouest, à l'angle des calles San Felipe et Contreras Medellín, se dresse l'**église de San Felipe Neri**, imposante église de style baroque avec un remarquable **portail** sculpté.

Les faubourgs de Guadalajara★★
Comptez une journée.

Ces anciens villages font désormais partie de la zone métropolitaine de Guadalajara. Ils sont desservis par la ligne 275 (arrêt sur l'av. 16 de Septiembre), mais assurez-vous de la destination auprès du chauffeur de bus, car la ligne présente des bifurcations.

Zapopan

À 11 km au nord de Guadalajara. Située dans la banlieue nord, cette bourgade fondée en 1542, qui jouxte la ville, est devenue un quartier résidentiel réputé pour sa sérénité. Quelques allées piétonnes bordées de restaurants et de cafés, une place à la langueur toute provinciale et sa basilique en font une halte agréable. Zapopan s'enorgueillit d'être le centre religieux le plus important de la région. Dans sa **basilique de Nuestra Señora de la Expectación*** *(8h-19h)*, on vénère la Vierge miraculeuse de Zapopan qui, après un pèlerinage de cinq mois dans toutes les églises de la zone métropolitaine de Guadalajara, réintègre la basilique lors d'une grande cérémonie le 12 octobre.

Shopping à Tonalá*

À 15 km au sud-est de Guadalajara, bus 275 toutes les 10 mn jusqu'à 23 h ou bus TUR vert direct. Ce petit village est célèbre pour ses ateliers de **poteries** et de **verre soufflé**. Si vous êtes dans le coin un jeudi ou un dimanche, ne manquez sous aucun prétexte son gigantesque **marché**** artisanal, réputé dans tout le pays pour la variété de ses produits provenant des quatre coins du Mexique et la modicité de ses prix. Une foule bigarrée en quête de bonnes affaires investit en rangs serrés Tonála dès le petit matin, se faufilant difficilement entre les étals le long de la rue principale. Du chiot au mobilier rustique en passant par les bougies parfumées et les sets de table, c'est l'occasion de faire des affaires, marchandage de rigueur, bien entendu ! Si vous ratez le marché, les ateliers et boutiques restent ouverts toute la semaine, et vous y bénéficierez de prix identiques. Seule l'ambiance ne sera pas au rendez-vous.

Lèche-vitrine à San Pedro Tlaquepaque**

À 8 km au sud de Guadalajara. Bus 275 jusqu'à 23 h ou bus TUR vert direct. Cet adorable village est un centre artistique et artisanal au décor plein de cachet. Les jolies rues pavées aux maisons coloniales abritant des restaurants chic, des terrasses de café, des boutiques de décoration et d'artisanat ou des galeries d'art invitent à la flânerie. Articles de verre soufflé, céramiques, meubles de style colonial, bougeoirs en fer forgé, cadres rustiques, bijoux… les tentations ne manquent pas. Ici tout est de belle qualité, mais les prix sont élevés. Tlaquepaque est aussi très prisé pour sa vie nocturne, et ses restaurants et bars affichent complet en fin de semaine. Si vous êtes un amateur de la céramique, ne manquez pas le **Museo Regional de la Cerámica*** *(Independencia #137. 10h-18h, dimanche 10h-15h, fermé le lundi ; entrée libre)*, une belle demeure néo-classique du 19ᵉ s. qui abrite une superbe exposition de céramiques régionales (miniatures, reconstitutions de scènes historiques avec personnages de faïence).

Au pays de la tequila*

À 56 km au nord-ouest de Guadalajara par l'autoroute puis la route 15 en direction de Tepic. Bus toutes les 30 mn au départ de la Central Antigua (1 h de trajet). Comptez une demi-journée.

Dans cette étroite région, au paysage doucement vallonné, on produit le plus grande partie de la tequila du pays *(attention, tequila est masculin en espagnol)*. Les champs d'agave omniprésents colorent le décor d'une lumière bleue profonde.

Tequila*

Fondé en 1656, Tequila a gardé le charme d'un gros bourg agricole animé par un incessant ballet de touristes. De nombreuses distilleries, Sauza, Herradura, Cuervo et Orendain, ouvrent leurs portes aux

La tequila, un alcool millénaire

La tequila est extraite de la variété d'agave (« maguey ») baptisée Tequilana Weber, du nom d'un biologiste européen. Cette plante grasse possède une coloration bleue, due à la cire naturelle qui recouvre ses feuilles, empêchant ainsi l'évaporation d'eau. À l'issue de 8 à 10 années de maturation du plant, le « jimador » sépare, à l'aide de sa « coa », un outil séculaire, les feuilles au plus près du cœur du fruit pour obtenir la « piña », au poids variable de 25 kg à 40 kg – pour un litre d'alcool à 55° il faut 7 kg d'agave. Une fois lacérée, elle est cuite au four de 24h à 48h puis doit refroidir pendant quatre jours. Les fruits sont ensuite découpés dans un moulin à lames et broyés pour en extraire le mécanique. Le liquide obtenu (« mosto »), additionné d'eau, est mis à fermenter avec des levures spéciales. Laissé au repos pendant trois jours, il est ensuite distillé deux fois dans des alambics en cuivre.

visiteurs dans les environs immédiats du village *(renseignements au kiosque touristique sur la Plaza Central)*. Les boutiques sont légion et offrent toutes les qualités et marques de tequila… à des prix légèrement plus élevés que ceux des supermarchés de Guadalajara !

Bien évidemment, la visite du village est placée sous le signe du célèbre alcool mexicain. Derrière la place principale, le **Museo del Tequila**★ *(calle Ramon Corona #34. 10h-17h, fermé le lundi ; entrée payante)* se niche dans une maison… bleue. La salle consacrée aux tavernes *tequileras* est particulièrement intéressante avec une impressionnante collection de verres à tequila.

Vous pourrez compléter ce musée par la visite très instructive, avec dégustation en prime, de la **Rojeña José Cuervo**★ *(calle José Cuervo,* ☎ *(33) 31343372. Entrée payante, visite guidée de 45mn à 10h, 12h, 13h et 14h)*. Fondée en 1758 par José Antonio Cuervo, l'entreprise est aujourd'hui le 1er producteur mondial de tequila. En face un joli espace de vente aménagé autour d'objets d'époque propose tous les millésimes et toutes les qualités de tequila.

Une journée au bord de la Laguna de Chapala★
À 48 km au sud de Guadalajara par l'autoroute 44.
Bus toutes les 30mn de 6h à 19h30 au départ de la Central Antigua (1h de trajet)

Depuis quelques années, la plus grande surface d'eau douce du pays se tarit, et les villages côtiers sont aujourd'hui en cale sèche. Môles et embarcadères, désormais inutilisables, ont un air de nostalgie de temps meilleurs, et les restaurants, autrefois les pieds dans l'eau, restent suspendus dans le vide. Si le lac Chapala ne présente plus un intérêt touristique majeur, il abrite néanmoins la plus grande colonie d'Américains du Mexique, principalement des retraités attirés par un climat exceptionnellement doux et constant. Galeries d'art, condominiums luxueux, restaurants gastronomiques, équipements sportifs confèrent à l'endroit une physionomie inattendue. **Chapala**, **Ajijic**, anciens villages de pêcheurs colonisés par des artistes, et **San Juan Cosala** *(balnearios)* sont les trois bourgades les plus agréables. De l'embarcadère de Chapala des barques gagnent les îles de **Los Alacranes** et de **Mezcala** *(150 pesos l'excursion de 30mn ou 200 pesos pour une heure)*.

Guadalajara pratique

ARRIVER-PARTIR

En avion – L'*Aeropuerto Internacional Miguel Hidalgo* (D2 en direction), ☎ (33) 36885894, est situé à 18 km au sud-ouest de la ville en direction de Chapala. Liaisons avec les États-Unis, Paris, Londres et vols nationaux vers tous les aéroports mexicains. *AeroMéxico*, ☎ 800 021 4000 ; *Air France*, av. Vallarta #1540, ☎ 800 00 67 700 ; *American Airlines*, ☎ (33) 36885518 ou ☎ 800834 0300 ; *United Airlines*, ☎ (33) 36167993.

En bus – La *Central Camionera* se trouve à 10 km au sud-est de Guadalajara sur la route de Tonalá (D3 en direction). *Futura*, ☎ (33) 36790451 ;

Transporte Norte de Sonora, ☎ (33) 36790463 ; *Primera Plus*, ☎ (33) 36000050 / 00 14 ; *ETN*, ☎ (33) 36000775 ; *Omnibus de Mexico*, ☎ (33) 36000469. 2 départs par jour à 17h et 19h pour Acapulco ; 26 départs de 4h à 20h vers Aguascalientes (3h) ; 9 départs de 1h à 22h pour Barra de Navidad (9h) ; 26 départs de 1h à 20h pour Guanajuato (6h) ; départs toutes les heures pour Mazatlán (8h) ; départs toutes 15mn 24h/24 pour Mexico (8h) ; départs fréquents 24h/24 vers Morelia (4h) ; 1 départ le matin pour Pátzcuaro (4h) ; 30 départs vers Puerto Vallarta (6h) ; 50 départs pour Querétaro (5h) ; 1 départ à 12h30 pour

San Blas (6 h); 26 départs 24 h/24 pour San Luis Potosí (5 h); départs fréquents 24 h/24 pour Tepic (3 h); 30 départs vers Tijuana (36 h); 24 départs pour Zacatecas (5 h).

La **Central Antigua** (D2 en direction), à l'angle de Los Ángeles et 28 de Enero, dessert les environs : Chapala, Tequila… (voir la partie itinéraire).

Location de voitures – *National*, aéroport ou Niños Heroes #961, ☎ (33) 36 14 71 75. ***Europcar***, aéroport ou Milo #2674, ☎ (33) 36 66 00 19. ***Avis***, aéroport ou Hotel Hilton, av. de las Rosas #2933, ☎ (33) 36 78 05 02.

COMMENT CIRCULER

En bus – Les « combis » petits autobus et les autobus urbains sont fréquents, et leur tarif modique (3 pesos).

En taxi – Ils circulent 24 h/24, ☎ (33) 36 30 00 50/15 80 82.

ADRESSES UTILES

Office de tourisme – *Sectur*, Morelos #102, Plaza Tapatía, angle Rincón del Diablo (C-D2). Tlj 9 h 30-14 h 30/16 h-18 h 30.

Banque / Change – Nombreuses banques avec distributeurs de billets 24 h/24 dans le centre-ville. ***Casas de Cambio*** dans la calle López Cotilla entre 16 de Septiembre et calzada Independencia Sur (C2).

Poste – Angle V. Carranza et Independencia. Lundi-vendredi 8 h-19 h.

Internet – *Ciber@z*, Degollado #128 (C2), ☎ (33) 35 62 82 11. Tlj 9 h-21 h. 5 pesos le 1/4 h.

Santé – *Cruz Roja*, ☎ (33) 36 13 15 50. ***Hospital México Americano***, ☎ (33) 36 41 31 41.

Sécurité – *Protección al Turista*, ☎ 01 800 90 392.

Laverie – *Lavarami*, Río Juárez #1520, ☎ (33) 36 57 16 83. Service à domicile, 9 h-20 h, dimanche 10 h-14 h.

Représentations diplomatiques – *Consulat de France*, López Mateos Norte #484, ☎ / Fax (33) 36 16 55 16. ***Consulat de Suisse***, av. Revolución #707, ☎ (33) 38 33 41 22. ***Consulat du***

Canada, Hotel Fiesta Americana, local 30, ☎ (33) 36 16 56 42.

Alliance française – López Cotilla #1199, ☎ (33) 38 25 21 40. Lundi-vendredi 9 h-13 h/16 h-19 h, 9 h-12 h samedi, fermé le dimanche.

OÙ LOGER

• **Centre-ville**

Autour de 120 pesos
Hotel Hamilton, Madero #381, ☎ (33) 36 14 67 26 – 32 ch. ⌁ Dans un édifice des années 60, un des hôtels les moins chers de la ville. Chambres petites et sombres et salle de bains tout juste fonctionnelle.

Autour de 200 pesos
Hotel Maya, angle López Cotilla #39 et calzada Independencia Sur, ☎ (33) 36 14 54 54 – 50 ch. ⌁ ℘ Dans le quartier animé du marché, un édifice sans charme aux chambres modestes mais propres, un peu plus chères avec télévision.

⌂ **Posada San Rafael**, Lopez Cotilla #619, ☎ / Fax (33) 36 14 91 46, posadasanrafael@usa.net – 11 ch. ⌁ ℘ TV Non loin du centre, dans un ancien monastère jésuite, ce petit hôtel familial propose des chambres confortables et flambant neuves aux salles de bain rutilantes, autour d'un grand patio couvert. Accueil sympathique et bons conseils. Excellent rapport qualité-prix.

Posada Regis, Corona #171, ☎ (33) 36 13 30 26 – 22 ch. ⌁ ℘ TV CC Au 1ᵉʳ étage d'une demeure du 19ᵉ s., cet hôtel au charme désuet, tenu par de vieilles dames sympathiques, est une bonne surprise. Chambres vastes et vieillottes, impeccables, un peu bruyantes sur rue, plus sombres à l'intérieur. Quatre « chambres d'étudiant », moins chères, donnent sur le toit-terrasse. Grande salle commune ornée de plantes vertes.

De 400 à 650 pesos
⌂ **Hotel San Francisco**, Degollado #267, ☎ (33) 36 13 89 54, Fax (33) 36 13 32 57 – 76 ch. ⌁ ℘ TV 🗏 ✕ CC Central, cet hôtel de style colonial a beaucoup de cachet. Autour de trois agréables patios, des chambres spacieuses et confortables. Un bon choix dans cette catégorie. Parking.

Hotel Don Quijote, Heroes #91, ☎ (33) 36 58 12 99, Fax (33) 36 14 28 45 – 32 ch.

📶 🎧 📺 📖 ✕ 🆑 Non loin du Jardín San Francisco, dans un édifice rénové dans le respect du style colonial, les chambres confortables se déclinent sur quatre niveaux autour d'un patio. Bien mais moins joli que l'hôtel San Francisco. Parking.

Hotel La Rotonda, Liceo #130, ☏ (33) 36 14 10 17, hotelsucasa@yahoo.com – 35 ch. 📶 🎧 📺 ✕ 🆑 Un hôtel sympathique et bien tenu. Les chambres agréables et claires encadrent un patio couvert. Parking.

🐌 **Hotel Francés**, Maestranza #35, ☏ (33) 36 13 11 90, reserva@hotel-frances.com – 56 ch. 📶 🎧 📺 ✕ 🆑 Très central, dans une bâtisse coloniale datant de 1610, cet hôtel à l'élégance classique possède un charme fou : parquet, meubles de style, ascenseur d'une autre époque. Les chambres vastes et meublées à l'ancienne encadrent un magnifique patio à arcades couvert.

De 750 à 1 200 pesos

Hotel Santiago de Compostela, Colón #272, ☏ (33) 36 58 19 25, hotelsantiagocom@mega-red.net.mx – 95 ch. 📶 🎧 📺 📖 🛗 ✕ 🆑 La jolie façade abrite un hôtel qui ne manque pas de charme colonial et donne sur le Jardín San Francisco. Les chambres sont sobres et classiques. Le dernier étage est aménagé en petite piscine avec quelques chaises longues. Parking.

🐌 **Hotel De Mendoza**, Venustiano Carranza #16, ☏ (33) 36 13 46 46, Fax (33) 36 13 73 10, hotel@demendoza.com.mx – 110 ch. 📶 🎧 📖 📺 ✕ 🛗 🆑 L'hôtel est construit sur les ruines du couvent de l'église Santa María de la Gracia, dans le respect du style de l'époque. Récemment rénové, il propose tous les services d'un hôtel de grand luxe. Chambres spacieuses et bien équipées. Petite piscine avec chaises longues, rare dans le centre-ville. Service impeccable et chaleureux. Parking.

• **Tlaquepaque**

Autour de 250 pesos

La Posada de la Media Luna, Juárez #36, Tlaquepaque ☏ (33) 36 35 60 54, Fax (33) 36 57 76 31, pinaluna@jal1.tel-mex.net.mx – 18 ch. 📶 🎧 📺 Les chambres, petites mais très agréables, se trouvent en étage et donnent sur une terrasse fleurie. Une adresse centrale et sympathique.

OÙ SE RESTAURER

• **Centre-ville**

Moins de 50 pesos

Les « comedores » au 1er niveau du **Mercado Libertad** (D-E2) offrent des étals où l'on déguste au coude à coude une cuisine populaire bon marché.

Sandy's, angle Alcalde et Independencia (B2). Tlj 8 h-23 h. Installé au 1er étage, en balcon, ce restaurant propose des buffets économiques pour le petit-déjeuner et le déjeuner. Très fréquenté à midi.

La Catedral del Antojito, Morelos #134 (D2), en étage. Tlj 9 h-21 h. Les quelques tables sur le balcon étroit dominant l'agitation de la rue piétonne sont prises d'assaut. Cuisine typique et populaire.

El Pacífico, Plaza de los Mariachis (D2) 🍴 Tlj 10 h-2 h. Sous les arcades ou sur la place, cette adresse vaut plus pour son emplacement que pour sa cuisine. Pas cher et populaire.

De 50 à 100 pesos

Las Sombrillas del Hospicio, Plaza Tapatía, face à l'Instituto Cabañas (E2), ☏ (33) 36 18 69 99 🍴 Tlj 9 h-21 h. Grande terrasse avec parasols sur l'esplanade de l'institut, petit-déjeuner, service de cuisine mexicaine simple. Idéal pour prendre un verre ou déguster une glace.

🐌 **La Chata**, Corona #126 (C2), ☏ (33) 36 13 13 15. Tlj 8 h-23 h 30. Cette véritable institution sert une bonne cuisine mexicaine, sans prétention, préparée sous l'œil des clients. Les tables sont prises d'assaut aux heures des repas, mais on n'hésite pas à faire la queue. Excellent rapport qualité-prix.

El Mesón de Don Miguel, Pino Suárez #92 (C1), ☏ (33) 36 14 79 92. Tlj 13 h-18 h. Cuisine mexicaine simple servie dans une petite salle à l'ambiance conviviale. Une bonne adresse pour la pause du déjeuner.

De 100 à 180 pesos

El Mexicano, Morelos #79, Plaza Tapatía (D2), ☏ (33) 36 58 03 45. Tlj 13 h-22 h, le week-end jusqu'à 23 h. Un immense restaurant abrité sous un toit de tuiles, frais et aéré. Une décoration colorée pour déguster des plats traditionnels mexicains, au son des « rancheras ». Formule de « parilladas » (grillades) pour 5 personnes.

La Rinconada, Morelos #86, Plaza Tapatía (D2), ☎ (33) 36 13 99 14 [cc] Tlj 8 h-21 h. Un joli patio abrite cet élégant restaurant. Spécialités de viandes et une bonne sélection de vins.

☺ **La Feria**, Corona #29 (C3), ☎ (33) 36 13 18 12 [cc] Tlj 13 h 30-2 h. Musique live à 15 h 30 et 22 h. On mange au son des mariachis, dans une immense salle très colorée. Longue carte de cuisine mexicaine. Très bonne ambiance.

• **Avenida Vallarta** (A2 en direction) De nombreux lieux de sortie se trouvent dans le prolongement de l'av. Juárez, à environ 4 km à l'ouest du centre-ville.

De 100 à 180 pesos
Dans le nouveau Centro Magno, av. Vallarta #2425, très à la mode et ouvert jusqu'à 2 h, vous trouverez de nombreux restaurants, très fréquentés le soir : **Vips**, **Chili's**, **Italianni's** et surtout le **Hard Rock Café**, ☎ (33) 36 16 45 60. Tlj 13 h-2 h. Carte traditionnelle internationale et des spécialités mexicaines. Musique live tous les soirs.

La Bodeguita del Medio, av. Vallarta #2320. ☎ (33) 36 30 16 20. Tlj 13 h 30-2 h 30. L'une des nombreuses succursales du fameux bar cubain. Pour dîner ou prendre un verre en écoutant du « son ». Il reste encore de la place sur les murs pour inscrire votre autographe. Très à la mode, il est prudent de réserver.

Plus de 200 pesos
La Charla, av. Vallarta #1095, ☎ (33) 38 25 03 93 🍴 Tlj 8 h-2 h. Ce restaurant à la mode, abrité dans une belle maison bourgeoise au cadre sophistiqué, offre une cuisine mexicaine de très bonne tenue avec des tortillas faites maison, qui ont fait sa réputation.

☺ **La Valentina**, av. Vallarta #1342, ☎ (33) 38 25 20 04. 13 h-1 h, dimanche 13 h-18 h. Dans une demeure de style néoclassique, à la décoration sobre et élégante, vous dégusterez de la haute gastronomie mexicaine. Carte de viandes (le filet « netztli » est la spécialité maison) ou de poissons et une bonne sélection de vins. Cadre intime.

OÙ SORTIR, OÙ BOIRE UN VERRE
Ocio, le supplément du vendredi du quotidien « Público » donne un programme hebdomadaire des sorties.

Bars – *La Bodeguita del Medio, Hard Rock Café, La Feria* (voir « Où se restaurer »).

Discothèques – *Mr Grill*, Lopez Mateos Sur #2698, ☎ (33) 36 31 50 80. Une grande discothèque où les meilleurs groupes se produisent. 14 h-3 h, fermé le dimanche. *El Mito*, Centro Magno, av. Vallarta, ☎ (33) 36 15 28 55, est la boîte branchée du moment.

Musique traditionnelle – *Peña Cuicalli*, Niños Heroes #1988 (3 km au sud-ouest du centre-ville), ☎ (33) 38 25 46 90, programme de la musique latine et du « canto nuevo » (chanson engagée).

LOISIRS

Visite de la ville – *Tequila Express*, ☎ (33) 38 80 90 99, programme une excursion d'une journée en train privé pour découvrir Tequila et ses secrets. Réservations à l'office du tourisme : 550 pesos pour un adulte et 300 pesos pour les enfants de 6 à 12 ans.
Promenades en *Calandrias* pour parcourir le centre historique en calèche. Trois itinéraires (180 et 250 pesos). Départs face au Musée régional (C2), Plaza San Francisco (C3) ou Mercado Libertad (D-E2). Réductions accordées par l'office du tourisme.

Danse – *Ballet folklorique de Jalisco*, à l'Instituto Cultural Cabañas (E2) (voir p. 479) le mercredi à 20 h 30, 40 pesos : il est prudent de réserver ses places à l'avance. *Ballet folklorique municipal* le dimanche matin à 10 h 30 et le jeudi à 20 h au théâtre Degollado (C2).

Charreadas – *Lienzo Charro*, Parque Agua Azul, dimanche à 12 h.

ACHATS

Marché – Dans le quartier populaire de San Juan de Dios le **Mercado Libertad** (plus connu comme le Mercado San Juan de Dios), calzada Independencia et Javier Mina (D-E2), est un des plus vastes marchés couverts du pays avec ses 2 600 stands. Tlj 6 h-20 h.

Artisanat – Voir Tonalá p. 481 et San Pedro Tlaquepaque p. 481.

Tequila – Voir p. 481.

PUERTO VALLARTA ★★
ET LA CÔTE PACIFIQUE
État de Jalisco – Voir carte régionale p. 430
134 000 hab. – Climat subtropical humide
À 165 km de Tepic et 335 km de Guadalajara

À ne pas manquer
Une balade au coucher du soleil sur le Malecón.
Les plages du Sud, accessibles uniquement par la mer.
L'observation des baleines en hiver et des tortues en été.

Conseils
Négociez le prix des hôtels en hors saison.
N'oubliez pas le décalage horaire de 1 h
entre le nord de la baie de Banderas (Nayarit) et Puerto Vallarta (Jalisco).

Pittoresque station balnéaire abritée dans la baie de Banderas, Puerto Vallarta s'étire dans un écrin bleu-vert, entre l'océan Pacifique et les contreforts luxuriants de la Sierra Madre. Si le cœur du village a conservé son style d'antan, avec ses ruelles pavées et ses maisons blanches aux toits de tuiles, la fièvre du tourisme a frappé la région de plein fouet, et le développement de la baie est loin d'être harmonieux. Les complexes hôteliers de luxe et les condominiums cossus poussent comme des champignons, grignotant peu à peu les flancs de la Sierra et annexant des plages hier encore vierges. Nuevo Vallarta, le port de plaisance, et Marina Vallarta, camp retranché du tourisme international, donnent le ton du nouveau visage de la côte. Cependant, on se laisse volontiers ensorceler par le charme de Puerto Vallarta même s'il est un peu artificiel. Ici tout invite au farniente : de somptueuses plages de sable blanc, une mer translucide à température idéale, des activités nautiques et sportives, des restaurants et des bars branchés, des boutiques et des galeries d'art… La nature n'est pas en reste puisque les baleines viennent mettre bas dans les eaux chaudes de la baie en hiver, et les tortues envahissent les plages pour enfouir leurs œufs en été.

Du repaire de pirates à la station balnéaire branchée
Les explorateurs espagnols menés par Francisco Cortés de Buenaventura débarquent sur la côte en 1524. Accueillis par les lances indiennes, ornées de plumes multicolores qui évoquent des drapeaux, ils nomment l'endroit *Bahía de Banderas* («baie des drapeaux»). La région n'est pas colonisée, et le modeste village de Las Peñas, un repaire de pirates, ne commence à se développer qu'à partir de 1851 avec l'ouverture des mines d'argent du Cuale. Au début du 20e s., un port rebaptisé Puerto Vallarta, est aménagé pour l'embarquement du précieux métal, une activité qui périclite rapidement.

Assoupi jusqu'en 1963, le village flirte avec la jet-set hollywoodienne quand John Huston y tourne *La Nuit de l'iguane* avec Richard Burton et Ava Gardner. Depuis, Puerto Vallarta s'affiche comme une des stations balnéaires les plus recherchées du Mexique, investie par une importante colonie de résidents nord-américains.

Le vieux Vallarta

Autour de Puerto Vallarta★★

La station balnéaire de Puerto Vallarta se déploie du nord au sud le long du Pacifique. La partie nord (ou zone hôtelière) ne cesse de se développer, de façon parfois anarchique : d'énormes complexes hôteliers, des clubs tout compris, des centres commerciaux et des équipements sportifs peuplent le quartier de **Nuevo Vallarta** et de la **Marina**. Vous flânerez plutôt dans le **vieux Vallarta**, cœur historique de la station, qui s'étend derrière le Malecón. Plus au sud, après le río Cuale, le quartier touristique de **Olas Altas** compte de nombreux hôtels, des restaurants et des plages et, au-delà se succèdent les villages et les plages, accessibles par l'unique route côtière ou seulement par bateau.

Une balade dans le vieux Vallarta

Comptez une demi-journée. Ici pas d'édifices séculaires ni de somptueux musées, mais une bourgade de bord de mer, typique et chaleureuse. Le cœur de Puerto Vallarta se découvre à pied en musardant au fil des ruelles, de préférence en fin d'après-midi, quand la lumière trop vive du soleil a baissé la garde pour parer le front de mer de reflets mordorés. Le Malecón, ponctué des grappes de ballons multicolores des marchands ambulants, s'anime alors d'un ballet de flâneurs alanguis par une journée de plage.

En commençant par le sud de la ville, descendez sur l'**Isla Cuale**, petite île étirée à l'embouchure du fleuve, qui regorge de boutiques d'artisanat et de terrasses de café. Vous pourrez faire un tour au **Museo Arqueológico** (*mardi-samedi 10h-19h, entrée libre*), qui présente des objets de la région.

Mettez vos pas dans ceux d'une star et gravissez la partie escarpée de la calle Zaragoza (*à trois « cuadras » au nord de l'île*) pour atteindre la **Casa Kimberley★** (*Zaragoza #445. Tlj 9h-18h, visite guidée payante*). Refuge du couple Taylor-Burton durant le tournage de *La Nuit de l'iguane*, l'endroit offre une belle vue panoramique sur le village, et les fans pourront passer la nuit dans ce véritable mausolée à la mémoire de Liz, au décor très sixties.

Redescendez la calle Zaragoza, et vous découvrirez l'**église de Guadalupe** (*Hidalgo #370*) qui ne présente guère d'intérêt, malgré sa **coupole**, réplique de la couronne de l'impératrice Charlotte de Belgique, épouse de Maximilien.

Sur la place centrale, face au Malecón, le **Palacio Municipal** (*9h-19h sauf le dimanche*) a souscrit à la tradition du *mural* en s'offrant, en 1981, une **fresque naïve** de Manuel Lefe illustrant l'histoire du pays.

À proximité, vous découvrirez le monument le plus photographié de Puerto Vallarta : le **Teatro Aquiles Serdán**, amphithéâtre cerné de cinq colonnes et de quatre arcades, derniers vestiges de l'époque coloniale. Enfin, cédez au rituel de la balade vespérale sur le **Malecón★★** pour savourer un spectaculaire coucher de soleil en flânant entre les **sculptures contemporaines** d'Alejandro Colunga – *Le Pêcheur, Mère Nature, La Nostalgie, La Rotonde de la mer* – et le célèbre **Caballito del Mar** (Hippocampe) de Rafael Zamarripa (*angle Morelos et Corona*), qui ponctuent le front de mer de touches de modernité.

Les plages accessibles par la route

Les grands établissements de la zone hôtelière possèdent tous leur plage privée, mais les plages publiques les plus agréables se trouvent au sud du vieux Vallarta. Au-delà de l'embouchure du fleuve, la Playa Olas Altas est prolongée par la **Playa de los Muertos**, sans conteste la plus populaire et la plus fréquentée. Animée d'un va-et-vient de vendeurs ambulants, elle propose de multiples activités nautiques comme le banana boat, le ski nautique, le parachute ascensionnel…

L'étroite route du sud, comprimée entre une falaise escarpée et le flanc rocheux de la sierra, débouche à chaque virage sur de beaux points de vue sur l'Océan.

À 12 km de Puerto Vallarta (*bus à l'angle des calles Lázaro Cárdenas et Pino Suárez ou par bateau*), la **Playa Mismaloya**, l'anse mythique où fut tournée *La Nuit de l'iguane*, désormais annexée par le gigantesque hôtel La Jolla de Mismaloya, a perdu tout charme sauvage. Sur les hauteurs, l'**Eden** et **Chino's Paradise** (*tlj 11h-18h*), étonnants restaurants-bars dominant le tumultueux río Mismaloya au cœur d'une forêt touffue, offrent un but de balade bien agréable (*20mn de piste en voiture ou 1h à cheval*). À l'embouchure du río Tomatlán, la **Playa de Boca de Tomatlán*** est protégée dans une anse profonde. Dans une des petites gargotes de la plage, prenez le temps de déguster un poisson en *barra asado*, cuit empalé sur une brochette de bois plantée face aux braises. Poursuivez la route pendant 2 km pour atteindre l'immense restaurant **Chico's Paradise**, situé au-dessus des rapides (*voir «Où se restaurer»*).

Les plages accessibles en bateau

Deux options se présentent à vous : soit le taxi aquatique au départ du môle de la Playa de los Muertos ou de Boca de Tomatlán (prix à négocier) soit le bateau de croisière, au terminal maritime au nord de la baie avant l'aéroport. Comptez 200 pesos pour la journée, réservations à l'office du tourisme, dans les hôtels ou dans les kiosques des plages.

Pour découvrir la face cachée de Puerto Vallarta, le bateau reste la meilleure solution. La navigation permet d'approcher **Los Arcos**, non loin de Mismaloya, triple formation rocheuse d'une hauteur de 25 m, creusée de grottes naturelles qui font les délices des plongeurs.

Au-delà de Boca de Tomatlán, la côte, étroite bande de sable adossée au flanc abrupt de la montagne, est inaccessible par la terre. Successivement se découvrent la superbe **Playa Las Ánimas***, qui offre un hébergement sommaire, puis la **Playa Quimixto***, belle grève rocheuse agrémentée d'une cascade et de beaux fonds marins. On accoste ensuite à **Yelapa****, village traditionnel de pêcheurs niché dans une anse sauvage frangée de cocotiers (*comptez 1h de trajet*), désertée tôt l'après-midi dès que retentissent les sirènes des bateaux rappelant les touristes à bord. Agrippé au flanc de la montagne, le village coule des jours paisibles dans une atmosphère très nonchalante. En remontant le sentier qui borde le río Tiuto, on atteint une cascade et une piscine naturelle, très surestimées. Les amoureux de nature sauvage pourront prolonger leur halte dans les quelques chambres et bungalows aménagés en bordure de plage.

Ava Gardner et Richard Burton dans «La Nuit de l'iguane» de John Huston (1964)

CAT'S Collection

À l'intérieur des terres : San Sebastián del Oeste★★★

À 85 km de Puerto Vallarta. Départ du bus à 7 h sur le Parque Hidalgo, comptez 3 h de trajet. En voiture (2 h 30 de trajet), prenez la direction de l'aéroport, et au croisement las Juntas, suivez la direction de Ixtapa jusqu'à Las Palmas (35 km). À la 1ʳᵉ intersection, une piste sur la droite indique « San Sebastián, ruta ecológica » (50 km). Avant de partir, renseignez-vous sur l'état de la piste qui part à l'assaut de la sierra, elle peut se transformer en bourbier à la saison des pluies.

Serti dans un écrin de conifères, cet ancien village minier est demeuré en marge de la civilisation. Au 17ᵉ s., San Sebastián, baptisé del Oeste par opposition à la ville espagnole, comptait plus de 30 000 habitants. Aujourd'hui, le village de quelque 600 âmes ressemble à un décor de cinéma presque trop léché pour être réel.

Prenez votre temps pour musarder le long des ruelles pavées et savourer le parfum colonial qui se dégage des bâtiments blancs aux toits de tuiles. Ici c'est l'odeur du pain chaud qui vous guidera jusqu'à un atelier de *tortillas*, où des femmes s'activent tout en devisant gaiement. Plus loin *(en direction de la piste d'atterrissage)*, l'arôme du café fraîchement grillé vous mène à la **fabrique de café la Quinta★**, où le propriétaire vous en fera fièrement déguster une tasse. Sous les arcades de la **place★★**, l'épicerie de Pachita ouvre ses portes de bois délavé sur de menus trésors d'un autre temps. À côté, les murs de l'ancienne *cantina* montrent des traces de balles témoignant de la violence des rivalités amoureuses de jadis. Face à la place *(à côté du terrain de basket)*, la vénérable doña Conchita a ouvert un **musée** *(tlj 9 h-19 h entrée payante)* dans sa maison, émouvant bric-à-brac d'une autre époque. Après avoir assisté à la messe dans l'**église de San Sebastian Mártir**, simple croix latine aux murs et plafonds superbement peints, les promeneurs envahissent un court instant les bancs de la place pour échanger quelques courtoisies puis le village replonge dans sa torpeur. Si vous souhaitez prolonger l'étape, quelques possibilités d'hébergement s'offrent à vous *(voir « Puerto Vallarta pratique »)*.

Autour de Barra de Navidad★

À 218 km au sud de Puerto Vallarta.

La route côtière entre Puerto Vallarta et Barra de Navidad serpente au cœur d'une végétation presque suffocante, desservant plages et stations balnéaires. Entre bananeraies et rizières, l'arrivée à **Barra de Navidad★** a des accents d'aventure tropicale : touffeur moite de l'atmosphère, routes défoncées, maisons basses aux murs délavés coiffées de *palapa*… Coincé entre une lagune mélancolique et le Pacifique, ce village de pêcheurs, qui se résume à quelques rues, est devenu une station balnéaire conviviale et familiale, envahie de visiteurs plus routards que huppés entre novembre et mars.

Olive Ridley, une tortue en sursis

La tortue la plus commune des eaux mexicaines est prisée pour sa chair et sa carapace. Chaque été, les « arribadas » (grandes concentrations de ponte) en rassemblent des milliers durant les nuits de pleine lune ou d'orage, sur les plages de la côte de Oaxaca et dans la baie de Banderas. Elle choisit avec soin l'emplacement du nid puis creuse un trou profond pour y pondre, jusqu'à trois fois par saison, une centaine d'œufs de la grosseur d'une balle de ping-pong. Épuisée, elle les recouvre de sable bien tassé et brouille ses traces sur le sable avant de regagner la mer. S'ils ont échappé aux braconniers qui les vendent pour leurs vertus aphrodisiaques, les œufs éclosent au bout d'un mois. Les minuscules tortues rejoignent l'Océan de nuit, pour échapper à leurs prédateurs naturels terrestres (coyotes, vautours ou pélicans), mais peu survivront aux poissons.

Les plages du nord

Toutes les plages offrent des possibilités d'hébergement, plus ou moins sommaires, ainsi que des restaurants. Au nord de Barra de Navidad, le littoral est ponctué de plages attrayantes, où il n'est pas rare d'apercevoir un crocodile somnolant à l'embouchure d'une rivière envahie de mangrove ou une tortue se hissant péniblement sur la plage pour enfouir ses œufs dans le sable chaud.

■ **San Patricio Melaque**, la station mitoyenne de Barra de Navidad, est loin de posséder le charme de sa voisine ; quant à sa vie nocturne, elle est quasi inexistante. Elle offre néanmoins ·de bonnes possibilités d'hébergement et de restauration. En vous baladant le long du bord de mer, vous atteindrez sa plage aux eaux plus tranquilles que celles de Barra.

■ Au km 15 de la route côtière, suivez la route de gauche pendant 2 km jusqu'à **La Manzanilla**★, joli village traditionnel qui compte pas mal de résidents étrangers. La vaste baie, enserrée dans les collines verdoyantes et cernée de rochers, est égayée de restaurants sous des *palapas*. Dans l'**Estero de la Manzanilla** (estuaire de La Manzanilla), vous observerez une importante colonie de crocodiles tout à fait paisibles.

■ 5 km plus loin, prenez à gauche pendant 3 km vers la **Boca de Iguana**. Si l'immense baie ouverte sur l'Océan est moins intime que ses voisines, vous découvrirez cependant une jolie rivière envahie de nénuphars.

■ De retour sur la route côtière, tournez à gauche au bout de 10 km et roulez encore 6 km jusqu'à **Tenacatita**★. Cette magnifique anse tranquille aux eaux peu profondes, semées de rochers, offre une baignade très agréable. À l'embarcadère, derrière le village, vous pourrez louer les services d'un pêcheur et partir à la rencontre des oiseaux dans la lagune couverte de mangrove *(150 pesos pour 40 mn)*. Aucun problème pour vous loger *(camping)* ni pour vous restaurer dans une des nombreuses gargotes sur la plage.

Puerto Vallarta pratique

ARRIVER-PARTIR

En avion – L'*Aeropuerto Internacional Gustavo Díaz Ordaz*, ☎ (322) 221 13 25, est situé à 8 km au nord de Puerto Vallarta (accessible en bus très fréquents du centre-ville). *Mexicana de Aviación*, Villas Vallarta Shopping Center, local 18, ☎ (322) 224 89 00 ; *AeroMéxico*, Plaza Genovesa Shopping Center, local 2, ☎ (322) 224 27 77. Vols quotidiens pour Mexico, Guadalajara, Mazatlán, Los Cabos, León.

En bus – Le *Terminal Terrestre* pour les longues distances, ☎ (322) 221 07 98, se trouve à l'entrée nord de la ville, à proximité de l'aéroport. *ETN*, ☎ (322) 221 04 50 ; *Elite / Norte de Sonora*, ☎ (322) 222 08 48 ; *Estrella Blanca*, ☎ (322) 222 06 13 ; *Primera Plus*, ☎ (322) 221 00 95 ; *Transportes del Pacífico*, ☎ (322) 221 08 69. Plus de 20 départs par jour pour Guadalajara (5 h) ; un bus toutes les heures vers Manzanillo (5 h) ; 10 départs pour Mexico (14 h), départs toutes les 30 mn pour Tepic (4 h) ; un bus par jour Tijuana (10 h).

COMMENT CIRCULER AUTOUR DE PUERTO VALLARTA

En bus – Les bus, qui desservent les plages et les villages côtiers, s'arrêtent au Parque Hidalgo et circulent de 6 h à 23 h.

En taxi – Ils sont très nombreux et les tarifs aléatoires. Négociez le prix avant de monter à bord.

Location de voitures – *Alamo*, Malecón #660, ☎ (322) 223 10 57 ; *Budget*, Aquiles Serdan #194, ☎ (322) 222 30 66 ; *Dollar*, aéroport, ☎ (322) 223 13 54.

Location de vélos – *BB Bobby's Bike*, angle Iturbide et Miramar, ☎ (322) 223 00 08. Location de VTT à la journée et à la semaine, tours guidés.

ADRESSES UTILES

Office de tourisme – *Turismo Municipal*, Presidencia Municipal, ☎ (322) 223 25 00. Lundi-vendredi 9 h-17 h, samedi 9 h-13 h.

Banque / Change – Nombreuses banques et distributeurs dans le centre, sur le Malecón, et dans le quartier de

Olas Altas. De nombreux bureaux de change jalonnent le Malecón et le quartier de Olas Altas, les hôtels de luxe effectuent également les opérations de change.

Poste – Mina #188. Lundi-vendredi 8h30-16h, samedi 9h-14h.

Internet – *PVc@fe. com*, Olas Altas #250. Tlj 8h-2h. Service de petits-déjeuners et repas sur le pouce, salades et sandwichs. 35 pesos l'heure de connexion Internet. *Surf's Up*, Olas Altas #391, ☎ (322) 222 56 63. Lundi-samedi 8h30-22h, dimanche 10h-22h. Un cyber-café qui offre également une cave à cigares et une belle carte de cafés.

Santé – *Ameri Med*, ☎ (322) 221 00 23, urgences 24h/24. *Medasist*, ☎ (322) 223 04 04. *Cruz Roja*, ☎ (322) 222 15 33.

Représentation diplomatique – *Consulat canadien*, Zaragoza #160, ☎ (322) 222 53 98.

Sécurité – *Policía*, ☎ (322) 221 25 86. *Protección al Turista*, ☎ 91 800 90 392.

Laverie – *Laundry Express Service*, José María Mercado #98. Lundi-samedi 8h-14h/15h-19h.

OÙ LOGER

• Puerto Vallarta

De nombreux petits hôtels bon marché aux prestations équivalentes sont situés dans la rue Francisco I. Madero, dans le quartier de Olas Altas.

Moins de 100 pesos par personne
Casa de la Juventud, Aguacate #302, Olas Altas, ☎ (322) 221 21 08 – 32 lits. Des dortoirs dans une maison accueillante avec jardin au cœur du quartier de Olas Altas. Fermé à minuit.

De 150 à 300 pesos
Hotel Ana Liz, Francisco I. Madero #429, ☎ (322) 222 17 57 – 23 ch. ⌐| ⊼ Un des hôtels les moins chers de la ville, à 10mn de la Playa de los Muertos. Les chambres sont petites mais bien tenues (TV en supplément). Accueil bon enfant. Bon rapport qualité-prix.

⊛**Hotel Lina**, Francisco I. Madero #376, ☎ (322) 222 16 61 – 21 ch. ⌐| ⊼ Les chambres un peu sombres mais confortables et propres encadrent un joli patio intérieur.

Hotel Bernal, Francisco I. Madero #423, ☎ (322) 222 36 05 – 34 ch. ⌐| ⊼ Bien situé dans le centre d'Olas Altas, il offre des chambres simples, fraîches et bien tenues.

⊛**Hotel Hortensia**, Francisco I Madero # 336, ☎ (322) 222 24 84, hotelhortensia@hotmail.com – 20 ch. ⌐| On est accueilli avec chaleur dans ce petit hôtel coquet. Demandez une chambre avec balcon, réfrigérateur et air conditionné pour un supplément symbolique.

De 300 à 450 pesos
Posada Pedregal, Agustin Rodriguez #267, ☎ (322) 222 06 04 – 18 ch. ⌐| ⊼ TV Au centre du vieux Vallarta, cette petite pension sympathique, bien tenue et conviviale, propose également des studios avec cuisine. Tarifs dégressifs au-delà d'une semaine.

Estancia Don Carlos, Constitución #110, Olas Altas, ☎ (322) 222 62 30, sancarlos@accessmexico.com – 24 ch. ⌐| ℰ ▤ TV ⊼ Une adresse centrale, idéale pour un séjour de plusieurs jours. Les studios équipés dominent la piscine nichée dans un joli jardin. Bon rapport qualité-prix.

Posada de Roger, Basilio Badillo #237, Olas Altas, ☎ (322) 222 08 36, pvroger@pvnet.com.mx – 47 ch. ⌐| ℰ TV ⊼ ✗ cc Les chambres simples encadrent une cour fleurie. Préférez celles qui ont un balcon côté rue. Bon rapport qualité-prix.

De 600 à 850 pesos
Hotel Molino de Agua, Vallarta #130, ☎ (322) 222 19 07, Fax (322) 222 60 56, hotelprodigy@prodigy. net.mx – 60 ch. ⌐| TV ▤ ⊼ ✗ cc Bien placé entre le centre-ville et la Playa de Los Muertos, cet établissement fort agréable donne sur la plage. Les chambres sont disséminées dans un immense jardin plein d'oiseaux où les fontaines chantent doucement. Souvent plein.

Casa Kimberley, Zaragoza #445, ☎ / Fax (322) 222 13 36 – 9 ch. ⌐| ℰ TV cc Mythique B & B de luxe au style très daté. Juste pour dire que vous avez dormi dans la chambre de Liz Taylor!

⊛**Posada Claudia**, Paraguay #1290, ☎ (322) 222 44 00, Fax (322) 222 36 30, velasco@pvnet.com.mx – 12 ch. ⌐| ⊼ ✗ ⊼ ✗ cc À l'entrée nord de Puerto Vallarta, près du centre et de la plage, l'hôtel est calme et intime. Les petits studios équipés, au mobilier coloré, donnent sur un jardin ombragé de palmiers avec chaises longues et piscine. Restaurant de plage pour manger sur le pouce.

• San Sebastián del Oeste

De 200 à 300 pesos

Posada Sol, Lopez Mateos 15, ☎ (322) 205 95 86 – 12 ch. ⚐ Sur la place centrale, jolie auberge à l'ambiance familiale aux chambres simples mais confortables.

☜**Hotel Pabellón**, sur la place centrale, ☎ (322) 297 02 00 – 9 ch. ⚐ ✗ L'hôtel possède le charme d'une ancienne demeure. Les chambres confortables au décor très mexicain encadrent un patio fleuri planté d'arbres fruitiers.

Où se restaurer

• Puerto Vallarta

De 50 à 100 pesos

No Name Café, Malecón, ☎ (322) 223 25 08. Une restauration sans prétention adressée à une clientèle jeune (pizzas, pâtes, sandwichs, BBQ ribs).

Planeta Vegetariano, Iturbide #270, ☎ (322) 222 30 73. Lundi-samedi 11h30-22h. Buffet végétarien très copieux, avec de nouveaux plats chaque jour.

☜**Ocho Tostadas**, angle Niza et Lucerna, ☎ (322) 224 33 18. Une adresse traditionnelle très fréquentée par les Mexicains, pour déguster des plats de poissons et de fruits de mer. Goûtez aux « tostadas de ceviche » (marinade sur tortilla grillée).

☜**La Chata**, Paseo Díaz Ordáz (Malecón) #708, ☎ (322) 222 55 29 [cc] Tlj 8h-minuit. La grande salle bénéficie d'une belle vue sur la mer, mais les tables près des fenêtres sont les plus recherchées. Longue carte de cuisine traditionnelle mexicaine et de spécialités régionales de Jalisco. Ambiance bon enfant.

La Piazzetta, angle Olas Altas et Rodolfo Gómez #143, ☎ (322) 222 06 50 ⚑ Lundi-samedi 13h-minuit. Cuisine italienne (pizzas au feu de bois) servie dans une ambiance conviviale aux accords de la musique d'un trio le soir.

Autour de 150 pesos

Café Maximilian, Olas Altas #380, ☎ (322) 223 07 60.⚑ [cc] Tlj 18h-23h. Une bonne table qui sert une cuisine autrichienne dans un décor de brasserie traditionnelle. Le salon de thé propose des glaces et des pâtisseries.

La Palapa, Pulpito #103, Playa de los Muertos, ☎ (322) 222 52 25 ⚑ [cc] Le premier restaurant à s'être installé sur la plage est une institution. Cuisine tropicale avec spécialités de la mer attentivement servie dans un décor élégant avec une musique d'ambiance. Pour un dîner romantique, choisissez une table sur la plage.

Plus de 300 pesos

Café des Artistes, Guadalupe Sánchez #740, ☎ (322) 222 32 28 ⚑ [cc] Tlj 18h-23h30. Lassé de la cuisine mexicaine, nostalgique du camembert ou du Ricard ? Un jeune chef français officie dans ce restaurant gastronomique au décor moderne, qui s'est taillé une belle réputation. Service impeccable.

☜**The Kliff**, km 17 au sud de Puerto Vallarta, ☎ (322) 228 06 66 ⚑ [cc] Juste après la plage de Mismaloya, le plus spectaculaire des restaurants de la côte est installé dans un décor à couper le souffle : l'immense « palapa » épouse la déclivité de la falaise sur plusieurs niveaux, et la vue est extraordinaire. Spécialités de langoustes. On peut aussi y prendre un verre.

• Boca de Tomatlán

De 50 à 100 pesos

☜**Chico's Paradise**, ☎ (322) 22 07 47. Tlj 10h-18h, jusqu'à 21h en haute saison). Après une baignade dans le turbulent torrent, vous pourrez vous ressourcer avec une bonne cuisine traditionnelle.

• San Sebastián del Oeste

De 50 à 100 pesos

El Fortín, sur la place. Dans ce café-restaurant-galerie d'art, au décor soigné, vous dégusterez une cuisine simple de pâtes et de spécialités mexicaines aux prix très sages. Une halte charmante et inattendue.

Où sortir, où boire un verre

Vallarta Voice, hebdomadaire gratuit sur l'actualité culturelle et sociale de Puerto Vallarta, est disponible dans les galeries et les cafés.

Bars – Mariachi Loco, L. Cardenas #254, ☎ (322) 223 22 05. Pour se délasser au son de la musique traditionnelle mexicaine. Tlj 8h-1h.

La Bodeguita del Medio, angle Malecón #858 et Allende, ☎ (322) 223 15 85. La cousine de la mythique Bodeguita de La Havane propose une cuisine cubaine sans surprise mais une belle carte de rhums et de cigares. Après avoir tangué aux accords de l'orchestre, laissez votre autographe sur le mur… Tlj 11 h 30-3 h.

Hard Rock Café, Malecón #652, ☎ (322) 222 55 32 cc Une institution. Concerts de musique rock le soir. On peut également y manger des burgers, des « fajitas », des « brownies ». Tlj 11 h-2 h.

Planet Hollywood, Morelos #518 (Malecón), ☎ (322) 223 27 10 cc Une cuisine adaptée à tous les goûts (californienne, italienne, basses calories…), mais on y vient plutôt pour l'ambiance. Orchestre et piste de danse le soir. Tlj 11 h-2 h.

Discothèques – Club Roxy, Ignacio Vallarta #217. Bonne ambiance dans ce bar-discothèque, où résidents et touristes se côtoient. Tlj 21 h-3 h.

Christine, Vallarta #399, zone hôtelière nord, ☎ (322) 222 60 37. Cette discothèque est un classique de la vie nocturne locale avec clientèle et musique éclectique.

Zoo, Malecón #630, ☎ (322) 222 49 45. Facilement localisable grâce au décor africain et aux flots de musique qui s'en échappent dès la nuit tombée, un endroit à la mode et très animé, fréquenté par les touristes. Sandwichs, « quesadillas », tacos pour accompagner les boissons. Tlj 21 h-6 h.

Loisirs

Excursions – Cielo Abierto, Guerrero #339, www.vallarta whales. com, ☎ (322) 222 33 10. Tlj 9 h-19 h sauf le dimanche : excursions dans un esprit très écologiste pour assister à la ponte des tortues (300 pesos), observer les baleines (600 pesos), les oiseaux (500 pesos), les crocodiles… **Vallarta Adventures**, Edificio Marina Golf, Marina Vallarta, ☎ (322) 221 06 57. Visite des communautés huicholes des environs, nage avec les dauphins, plongée sous-marine, expéditions en avion notamment à destination de San Sebastián del Oeste.

Activités nautiques – Sur les plages, on vous proposera toutes sortes d'activités : parachute ascensionnel, jet-ski (40 pesos les 30 mn), banane, ski nautique. Pour la plongée sous-marine, **Chicos'Dive Shop**, Malecón #772, ☎ (322) 222 18 75. Pour la pêche au gros, **Pesca de Lobina Viva Tours**, ☎ (322) 224 04 10 ; **Master Baiter's**, ☎ (322) 209 04 98. **Splash**, Carretera Tepic km 155, ☎ (322) 297 07 24 : toboggans géants, nage avec les dauphins, shows de dauphins. Tlj 10 h-19 h.

Équitation – Rancho Manolo, Mismaloya, ☎ (322) 222 36 94. Balades sur mesure proposées par un sympathique couple mexicain.

Tennis – Continental Plaza Tennis Club, ☎ (322) 224 01 23.

Golf – Marina Vallarta Golf Club, ☎ (322) 222 15 45.

Saut à l'élastique – Bungee Jump, route de Mismaloya (à 4 km de Puerto Vallarta). 450 pesos le saut. Tlj 10 h-17 h.

Karting – Go Karts, carretera Tepic km 153, ☎ (322) 221 22 93. Tlj 9 h 30-23 h.

Achats

Artisanat – Puerto Vallarta ne produit pas d'artisanat, mais les articles originaires d'autres régions du Mexique sont en général de bonne qualité, et les prix restent très raisonnables. **Mercado de Artesanías**, angle Corona et Cardenas. Tlj 10 h-19 h.

Verre soufflé – Mundo de Azulejos, Venustiano Carranza #374, ☎ (322) 222 26 75. Lundi-vendredi 9 h-19 h, jusqu'à 14 h le samedi. La fabrique vend à des prix très raisonnables de la céramique et des objets en verre soufflé. **Mundo de Cristal**, angle Insurgentes et Basilio Badillo, ☎ (322) 222 41 57. Pour observer le travail des souffleurs de verre avant de faire ses achats.

Galeries d'art – Huichol Collection, Morelos # 39. Galerie-musée où sont exposés des broderies, masques, sculptures et objets en perles. Tlj 10 h-20 h. **Sergio Bustamante**, Juárez #275, sculptures modernes, ☎ (322) 222 11 20. **Galeria I**, angle Morelos #561 et Corona, ☎ (322) 222 09 08.

ARRIVER-PARTIR

En bus – La **Central Camionera** est située calle Veracruz #226. **Transportes Costalegre**, ☎ (315) 355 61 11, **Transportes Cihuatlán**, ☎ (315) 355 52 65. 20 départs pour Guadalajara (6h) ; 12 bus pour Manzanillo (1h) ; 2 bus par jour pour Mazatlán (3h) ; 7 départs vers Puerto Vallarta (4h30) ; un bus toutes les heures pour Tepic (1h) ; 2 départs par jour pour Tijuana (12h). Pour les plages voisines (30mn à 1h de trajet), 5 départs par jour de 7h à 16h.

ADRESSES UTILES

Office de tourisme – Jalisco #82, ☎ (315) 355 51 00. Lundi-vendredi 9h-17h.

Banque / Change – **Somex**, av. Veracruz # 213. Lundi-vendredi 9h-14h/16h-18h30.

Santé – **Centro de Salud**, ☎ (315) 355 62 20.

OÙ LOGER

• Barra de Navidad

Moins de 150 pesos
Hotel Mama Laya, Veracruz # 69 – 14 ch. L'une des adresses les moins chères de Barra offre un confort spartiate. Pour quelques pesos de plus, vous pouvez opter pour une chambre avec une salle de bains modeste. Prix dégressifs au-delà de 5 jours de séjour.

De 200 à 350 pesos
Hotel Caribe, Sonora #15, ☎ (315) 355 59 52 – 18 ch. 🍴 ⚲ Entre mer et lagune, un hôtel familial, un peu bruyant en pleine saison, qui propose des chambres correctes.

🍴 **Hotel Delfín**, Morelos # 23, ☎ (315) 355 50 68, Fax (315) 355 60 20 – 22 ch. 🍴 ⚲ ✕ ⚲ cc Petit hôtel sympathique et bien tenu. Les chambres sobres, vastes et claires donnent sur une piscine agrémentée de quelques chaises longues. Accueil amical.

De 400 à 650 pesos
🍴 **Hotel Las Villitas**, Legazpi #127, ☎ (315) 355 53 54 – 8 ch. 🍴 tv ▤ cc Petit hôtel de charme très central avec un accès direct à la plage. Des

chambres accueillantes, dans un style très méditerranéen.

Hôtel Barra de Navidad, Legazpi #250, ☎ (315) 355 51 22, Fax (315) 355 53 03, hotel_barra@yahoo.com – 55 ch. 🍴 ⚲ ▤ tv ✕ ⚲ cc Cet hôtel moderne et confortable, le plus grand de Barra, donne sur la plage. Même prix pour les chambres côté mer avec air conditionné ou sur rue avec ventilateur.

• La Manzanilla

Autour de 300 pesos
🍴 **Posada Tonalá**, María Asunción #75, ☎ (315) 335 154 74, Fax (315) 335 153 18, posadatonalahotel@prodigy.net.mx – 13 ch. 🍴 ⚲ tv cc Situé au cœur du village, sous une immense « palapa », cet hôtel flambant neuf propose des chambres coquettes et lumineuses. Accueil chaleureux.

OÙ SE RESTAURER, OÙ PRENDRE UN VERRE

De 50 à 100 pesos
🍴 **Ambar**, Veracruz #101, ☎ (315) 355 58 79. Tlj 8h-15h/17h-minuit. Sous un toit de palmes, le restaurant occupe deux niveaux, au-dessus de la rue. Cuisine française (plats du jour, salades et fruits de mer) orchestrée par une compatriote. Accueil et service agréables.

Sea Master, Lopez de Legazpi #146, ☎ (3) 132 37 00. Tlj 12h-23h. Coquette terrasse sur la mer à la décoration haute en couleur pour déguster une bonne cuisine mexicaine : poissons et crevettes à l'honneur. Le bar propose une belle carte de cocktails

Nacho, Legazpi #100. Tlj 9h30-21h30. Une table familiale, où domine la cuisine mexicaine, avec une terrasse donnant sur la mer.

LOISIRS

Excursions – Embarquement côté lagune pour les balades en bateau dont les tarifs officiels sont affichés (Melaque, Colimilla, Tenacatita, tour de la lagune…).

Pêche sportive – Location de bateau à l'embarcadère (matériel compris), 1 250 pesos pour 5h et 500 pesos pour 2h.

TEPIC ET SES ENVIRONS
SAN BLAS★

Capitale de l'État de Nayarit – Voir carte régionale p. 430
Alt. 920 m – 261 500 hab.
756 km à l'ouest de Mexico
Décalage horaire : - 1 h avec Mexico

À ne pas manquer
Le Museo de los Cuatro Pueblos.
La vue sur la côte du sommet de la colline de San Basilio.
Une excursion à La Tobara avec la visite du cocodrilario.

Conseils
Visitez la région en hiver : il fait moins chaud et les oiseaux sont plus nombreux.
Prévoyez un produit anti-moustique et une crème pour les piqûres d'insectes.
Privilégiez un hébergement avec ventilateur ou air conditionné en été.

Située dans la verdoyante vallée de Matatipac, Tepic ressemble à une grosse bourgade provinciale, nonchalante et alanguie par un climat chaud et humide. Son rôle mineur dans l'histoire du pays et son architecture hétéroclite, mêlant des immeubles modernes sans charme à quelques restes coloniaux et néoclassiques, ne lui confèrent guère d'attrait, mais elle constitue une étape pratique sur la route du Pacifique. Néanmoins, si vous disposez d'un peu de temps, poursuivez votre chemin jusqu'à San Blas pour arriver au plus tard en fin de journée. Cette partie de la côte Pacifique, encore épargnée par le développement touristique, conserve un caractère sauvage. Outre une nature exubérante et de longues plages quasi désertes, qui n'ont certes pas le charme tropical de leurs sœurs du sud, la région dégage une atmosphère typiquement mexicaine.

Tepic
Comptez 2 h de visite.

Tepic existe déjà en 1526 quand Francisco Buenaventura soumet pacifiquement les Indiens de la région. En 1530, Nuño Beltrán de Guzmán en termine la conquête et fonde en 1531 la « Villa del Espíritu Santo de la Mayor España ». Aux 16ᵉ et 17ᵉ s., Tepic devient un important centre d'échanges commerciaux, dont la prospérité est liée à celle du port de San Blas.

Autour de la Plaza Principal
Cette place, plantée d'arbres et ornée d'un hémicycle encadré de colonnes, n'a pas grand intérêt mais, pour prendre le pouls de la ville, il faut y flâner en fin de journée, comme les habitants. Après vous être arrêté devant les quelques stands d'artisanat huichol, installés sous les arcades du Palacio Municipal, vous pourrez jeter un rapide coup d'œil à l'intérieur de la **cathédrale de Nuestra Señora de la Asunción** (début du 19ᵉ s.), orné de peintures de chérubins et de végétaux.

Prenez la calle Amado Nervo Oriente *(à gauche de la cathédrale)* et tournez tout de suite à gauche dans la calle Zacatecas Norte pour gagner la **Casa Museo Amado Nervo** *(Zacatecas #284. 9 h-14 h/16 h-19 h, samedi 10 h-13 h, fermé le dimanche ; entrée libre).* Bâtie en 1850 et meublée à l'ancienne, la maison natale du poète Amado Nervo (1870-1919) présente des photographies et des lithographies anciennes de Tepic.

Redescendez la calle Zacatecas sur trois *cuadras* jusqu'à l'angle de la calle Hidalgo, où se trouve le **Museo de los Cuatro Pueblos★** (musée des Quatre Peuples) *(9 h-14 h/16 h-19 h, fermé le samedi après-midi et le dimanche ; entrée libre).* Les quatre groupes

Le Centre

ethniques régionaux, les Huichols, les Coras, les Tepehuanos et les Nahuatles, y sont à l'honneur à travers une intéressante exposition d'artisanat, de masques, de tissages, d'armes, de bijoux et de répliques de l'habitat traditionnel.

En sortant du musée, suivez la calle Hidalgo vers la gauche et prenez la calle México Norte *(la 1re à gauche)* pour parvenir au **Museo Regional de Antropología e Historia** *(9h-19h, samedi 9h-15h, fermé le dimanche; entrée payante)*. Dans l'ancienne demeure des comtes de Miravalle (18e s.), dont le blason surmonte le portail, vous découvrirez une ambiance d'époque et une exposition, sans surprise, sur la faune préhistorique, l'archéologie régionale, les armes et l'ethnographie.

L'église et l'ancien couvent de La Cruz★

Suivez l'av. México pendant 1,5 km vers le sud jusqu'à l'angle de la Calzada del Ejército Nacional. Lieu de pèlerinage populaire les 1er, 2 et 3 mai, l'église est fort modeste mais, sur la gauche, on découvre une curieuse chapelle à ciel ouvert au sol couvert d'ex-voto. Elle sert d'écrin à la **Cruz de Zacate★**, croix d'herbe miraculeuse, qui apparut en 1540 à un jeune muletier et lui désigna le lieu de construction de l'église. Depuis, sans entretien aucun, la croix d'herbe continue à pousser de façon inexpliquée.

Le couvent mitoyen, siège du tourisme de l'État, fut construit par les franciscains en même temps que l'église, en 1784. Autour du cloître planté de rosiers et de mandariniers, rafraîchi d'une fontaine, les boutiques d'artisanat huichol installées sous les arcades vendent des bijoux et des sculptures ornées de *chaquira* (travail de petites perles multicolores) ainsi que des broderies au point de croix.

C'est dans ce couvent que Fray Junípero Serra (1713-1784), béatifié en 1988, fondateur de la mission de San Francisco en Californie en 1776, prépara ses expéditions de colonisation et d'évangélisation des terres du Nord. Une **cellule** exhibe une défroque de moine, du mobilier ainsi que des cartes.

San Blas★

61 km au nord de Tepic par l'autoroute à péage.
Comptez au moins 2 jours avec les excursions.

La route entre Tepic et San Blas serpente au cœur d'une végétation tropicale, plus dense à mesure que l'on approche de la côte tandis que l'air devient lourd et moite. Bout du monde étonnant, bourgade mélancolique et oubliée, écrasée de chaleur, qui s'étire voluptueusement entre océan Pacifique et estuaire, le port de San Blas garde les traces d'un glorieux passé. En été, pendant la saison des pluies, l'humidité extrême décuple la chaleur, et l'on ne s'y meut qu'à l'économie, avide d'ombre et du moindre courant d'air. En hiver, le climat retrouve une fraîcheur toute relative, et la région est envahie de colonies d'oiseaux, paradis des ornithologues et des amoureux du farniente. Ses longues plages blondes, sa nature généreuse, sa faune extraordinaire mais surtout son ambiance nonchalante et la gentillesse de sa population font de San Blas une halte à nulle autre pareille.

L'heure des pélicans

G. de Benoist/MICHELIN

Un port en sommeil

Occupée dès 1531 par les Espagnols, la zone ne donne naissance à une véritable ville qu'en 1768. San Blas va servir de base pour l'exploration des terres du Nord, de la région de Sonora à l'Alaska. C'est le port d'embarquement de Fray Junípero Serra qui évangélise la Californie, où il fonde 17 missions. Au 19ᵉ s., la ville prospère grâce au commerce avec l'Orient et devient le plus important chantier naval du Pacifique, jusqu'à ce que le port de Manzanillo lui ravisse la place au début du 20ᵉ s., marquant son déclin. Une brève idylle avec Hollywood dans les années 50, quand Lee Marvin en fait son territoire de pêche, sort un temps le village côtier de sa torpeur. Depuis peu San Blas semble vouloir renouer avec sa prospérité d'antan en s'ouvrant résolument au tourisme.

Une balade dans le village

De son riche passé, San Blas ne conserve que peu de monuments, et l'essentiel de la visite se résume à une flânerie nonchalante dans ses rues assoupies.

Faites un tour à l'entrée de la localité (*en venant de Tepic*) au **Cerro de San Basilio**★ (*garez votre véhicule au pied du fort et enduisez-vous de lotion anti-moustiques. Tlj 9h-17h, entrée payante*), colline sur laquelle s'établirent les premiers Espagnols. S'il n'en reste pas grand-chose, le site conserve néanmoins une grandeur émouvante.

Sur la façade de l'**église de Nuestra Señora del Rosario**, ou **La Marinera**, construite en 1769, il subsiste des médaillons des rois d'Espagne, Charles III et Josefa Amalia de Saxe. Au sommet de la colline, on peut voir les vestiges du **Fuerte de San Basilio**, ou **Contaduría** (*recette du Trésor*), dont les vieux canons rouillés témoignent de son rôle défensif contre les attaques de pirates. De là, se déroule une belle **vue panoramique**★ sur la côte.

De retour près de la place centrale de San Blas, jetez un œil aux ruines de l'**Aduana Marítima** (1785), la première douane de Nouvelle-Espagne créée pour contrôler le commerce avec l'Asie. Protégée par un rempart de grillages, elle attend d'être restaurée.

Côté plages

San Blas est avant tout une étape balnéaire. Ses plages, qui s'étirent le long de la barrière Pacifique, sont particulièrement agréables mais ne font l'objet d'aucune surveillance, et les courants marins peuvent s'y montrer sournois.

Longue de 3 km, **Playa el Borrego**, la plage la plus proche du centre (*15mn à pied*), accueille en fin de semaine une foule bigarrée, qui s'installe sous les toits de palme de ses restaurants de poisson, simples et bon marché.

Des bateaux (*renseignements au port de San Blas, 10mn de traversée, 15 pesos AR*) se rendent à **Playa del Rey**, de l'autre côté de l'estuaire del Rey, en face du village. Très isolée, le côté océan est le refuge des naturistes.

Une balade le long de la côte sud permet de découvrir la **Bahía de Matanchén**★ (*comptez une demi-journée en voiture ou à vélo. Au km 3 de la route de Tepic, prenez à droite en direction de la côte*). Cette immense baie, qui s'étend sur une trentaine de kilomètres, est frangée de cocoteraies et ponctuée de petits villages. Directement accessibles de la route, ses **plages**, longues étendues de sable gris blond aux eaux peu profondes, sont bordées de modestes restaurants de poissons.

Tout au long de la baie, vous aurez le choix entre **Aticama**, **Los Cocos**, ou **Miramar**, plages sans différence significative mais qui offrent des baignades agréables. Les surfeurs préféreront **Playa de Las Islitas**, réputée pour la longueur de ses vagues.

Sur cette même route, à 6 km de San Blas, un embranchement sur la gauche indiquant « cocodrilario » conduit à la source de La Tobara par une piste correcte (voir ci-dessous).

Les îles au large de San Blas

Permis obligatoire, délivré par la Presidencia municipal de San Blas. Comptez 4000 pesos pour 2 ou 3 jours d'excursion, prévoyez équipement et provisions. Isolé au large, l'archipel volcanique n'offre aucune structure touristique et constitue une excursion originale pour les amoureux de robinsonnades, qui disposent de temps et d'argent. L'**Isla Isabel** (*35 km de la côte*), sanctuaire marin et avicole devenu parc national en 1980, est la plus intéressante. Les amateurs d'ornithologie y observeront plus de **300 espèces** d'oiseaux : fous aux pieds bleus, pélicans, aigrettes, oiseaux-mouches, flamants roses… Malheureusement sur les plages **Las Monas** et **Los Pescadores**, la baignade est un peu risquée. Les **Islas Marías** (*70 km de la côte*), sans intérêt majeur, forment un groupe de quatre îles qui compte une colonie pénitentiaire.

Une excursion en bateau à La Tobara★★

Bus pour Matanchén à la Central Camionera, en taxi ou en stop. Au km 3 de la route de Tepic, prenez à droite en direction de la côte pendant 2 km jusqu'à l'embarcadère de La Aguada. Excursion de 2 h (220 pesos) ou 3 h (300 pesos), avec la visite du cocodrilario, dans un bateau de 4 à 6 personnes.

L'eau douce des sources et l'eau de mer forment un entrelacs complexe de canaux dans cette zone de mangrove touffue, la plus étendue du Mexique. Un canal a été élargi afin d'atteindre la source de La Tobara, qui forme une piscine naturelle ombragée de grands arbres et agrémentée d'un restaurant accueillant. La balade commence par une glissée silencieuse dans un long tunnel végétal, où la lumière du jour a du mal à pénétrer, puis se poursuit à travers une exubérante végétation tropicale. Hérons, aigrettes, frégates, perroquets, oiseaux-mouches, poissons, tortues, alligators vivent dans ce milieu naturel encore protégé. À La Tobara, vous visiterez le **cocodrilario★**, un élevage d'une cinquantaine de crocodiles aux conditions de sécurité bien précaires (*visite conseillée le lundi vers 11h, pour le déjeuner hebdomadaire des reptiles. Le cocodrilario est également accessible par la route de Matanchén, l'embranchement est signalé sur la gauche. Tlj 7h-19h, entrée payante*). Outre les crocodiles d'élevage, on nourrit aussi ceux qui vivent en liberté dans la lagune, une population évaluée à un millier. Les petits nés en captivité sont relâchés afin de préserver l'espèce.

Singayta★

Informations et guides à l'office du tourisme. Sorties matinales et moustiques très offensifs.
À 3 km à l'est de San Blas, au bout d'une piste de terre difficilement praticable en saison des pluies, c'est un sanctuaire d'oiseaux à visiter de préférence en novembre-décembre.

Tepic pratique

ARRIVER-PARTIR

En avion – *Aeropuerto Amado Nervo*, Pantanal s/n, à 12 km au sud du centre-ville, ☏ (311) 214 18 40. ***AeroMéxico***, ☏ (311) 214 33 66 ; *Aero California*, ☏ (311) 216 16 36. Vols intérieurs à destination de Mexico, Manzanillo, Tijuana.

En bus – *Terminal de Autobus*, av Insurgentes et Preparatoria, à la sortie ouest de la ville en direction de Guadalajara, ☏ (311) 214 10 00. ***Elite*** et ***Estrella Blanca***, ☏ (311) 214 10 00 ;

Norte de Sonora ☏ (311) 214 23 15, ***Ómnibus de Mexico***, ☏ (311) 213 23 81, ***Transportes del Pacífico***, ☏ (311) 213 12 23. Deux départs par heure 24h/24 pour Acapulco et Guadalajara (3 h) ; 3 bus vers Mazatlán (5 h) ; départ toutes les 2 h de 10 h à 20 h pour Mexico (11 h) ; 1 bus quotidien pour Monterrey (14 h) ; un départ chaque heure pour Puerto Vallarta (3 h), départ chaque heure de 6 h à 19 h vers San Blas (2 h) ; un bus toutes les heures pour Tijuana (14 h).

ADRESSES UTILES

Office de tourisme – Sectur, dans l'ancien couvent de la Cruz de Zacate, angle av. Mexico et Ejército Nacional, ☎ (311) 214 80 71. Tlj 8h-20h.

Banque / Change – Les banques avec distributeurs automatiques se trouvent à proximité de la place principale.

Santé – Cruz Roja, ☎ (311) 213 11 60. **Sanatorio de la Loma**, ☎ (311) 213 30 95.

Sécurité – Asistencia Turística, ☎ (311) 214 63 02. **Ángeles Verdes**, ☎ (311) 214 10 17.

OÙ LOGER

De 150 à 200 pesos
Hotel Ibarra, Durango #297 Norte, ☎ (311) 212 36 34 – 54 ch. ⬜🏊🅿 📺 ✗ CC Moderne et aseptisé, cet hôtel central propose des chambres confortables et bien tenues, un peu austères.

De 350 pesos à 500 pesos
⬤ **Hotel Sierra de Alica**, av. México #180 Norte, ☎ (311) 212 03 24, Fax (311) 212 13 09 – 60 ch. ⬜🏊🅿 📺 ✗ CC Dès l'entrée, vous serez séduit par la touche de splendeur coloniale. Les chambres sont agréables, confortables et spacieuses. Parking.

Hotel Fray Junípero Serra, Lerdo #23 Poniente, ☎ (311) 212 22 11, Fax (311) 212 20 51, frayjunipero@tepic.megared.com.mx – 84 ch. ⬜🏊📺 ≣ ✗ CC Très central, cet immeuble offre des prestations de luxe pour un prix relativement abordable. Chambres vastes mais sans caractère. Service attentif. Parking.

OÙ SE RESTAURER

Autour de 100 pesos
Cenaduría Aveces, León #42 Norte, ☎ (311) 216 14 88. 12h-22h. Cuisine typiquement mexicaine avec spécialités régionales dans un restaurant convivial.

⬤ **La Gloria**, angle México et Lerdo (1ᵉ étage), ☎ (311) 217 04 22. Tlj 8h-1h. Le restaurant à la mode de Tepic agrémenté d'une terrasse romantique domine la place centrale. Dans un cadre soigné, une cuisine internationale généreusement servie. Musique live en fin de semaine, service sympathique. Buffet de petit-déjeuner.

Candilejas, Lerdo y Zacatecas, ☎ (311) 212 63 65. 11h-22h. Cuisine internationale dans un cadre fonctionnel. Pratique mais sans charme.

El Capistrano, Lerdo n°23, ☎ (311) 212 25 25. Le restaurant de l'hôtel Fray Junípero Serra est réputé pour sa bonne cuisine, internationale et mexicaine, servie dans une salle élégante et climatisée.

San Blas pratique

ARRIVER-PARTIR

En bus – La **Central Camionera**, ☎ (323) 285 00 43, est située face à l'aile nord de la Presidencia Municipal, à l'angle de Sinaloa et Canalizo. 2 départs par jour pour Mazatlán (3h); 3 départs vers Puerto Vallarta (3h); un départ toutes les heures pour Tepic (1h30); 2 départs vers Tijuana (14h).

COMMENT CIRCULER

En bus – Les autobus locaux pour les plages et les villages alentour se prennent à la gare routière.

En taxi – C'est le moyen le plus commode pour se déplacer dans les environs

proches du village. Les courses sont assez bon marché. Comptez 30 pesos pour La Tobara, 40 pesos pour les plages de la baie de Matanchén.

Location de vélos – Hôtels et pensions proposent des locations à l'heure (env. 15 pesos) ou à la journée (env. 50 pesos).

ADRESSES UTILES

Office du tourisme – Embarcadère de La Aguada, à 4 km du centre. Tlj 8h30-17h.

Banque / Change – Banamex, angle calle Juárez et Canalizo. **Casa de cambio** sur la place principale.

Poste – Angle Sonora et Echeverria. 8 h-15 h sauf le week-end.

Santé – *Centro de Salud*, Canalizo s/n, ☎ (323) 285 02 27.

De 100 à 200 pesos
Posada Azul, Batallón de San Blas #126, ☎ (323) 285 01 23 – 11 ch. ⌐⚫
⚓ Les chambres au confort spartiate donnent sur un jardin peu entretenu. Deux chambres avec salle de bains commune, plus économiques, se trouvent dans la maison des propriétaires. Accueil chaleureux.

Casa María, Canalizo #67 – 6 ch. ⌐⚫
Simple mais très bien tenue par une famille sympathique, cette pension possède des chambres agréables qui donnent sur le jardin. Une cuisine et une machine à laver sont à la disposition des hôtes. Location de vélos.

Ranchero, Batallón de San Blas #102, ☎ (323) 285 08 20 – 8 ch. Tenues par la même famille que la Casa María, des chambres rudimentaires, un peu plus chères avec salle de bains privée, donnent sur un jardin. Services de la Casa María à disposition.

De 250 à 400 pesos
Bucanero, Juárez #75, ☎ (323) 285 01 01 – 33 ch. ⌐⚫ ⚓ ⚒ L'hôtel a connu des jours meilleurs et manque d'entretien. Malgré une jolie entrée, gardée par un crocodile naturalisé, les chambres sont tristounettes, petites mais propres. La discothèque Boga Boga fonctionne le week-end.

🐊 **Posada del Rey**, Campeche #10, ☎ (323) 285 01 23 – 13 ch. ⌐⚫ ⚓ ▤
⚒ Tout proche du centre, cet hôtel à l'ambiance conviviale propose des chambres simples mais confortables autour d'une petite piscine. Terrasse-solarium et bar-mirador sur le toit.

Plus de 600 pesos
🐊 **Flamingos**, Juárez #105, ☎ / Fax (323) 285 04 85, tecnica@red2000. com.mx – 8 ch. ⌐⚫ ⚓ ▤ ⚒ cc Très centrale, cette demeure du 19ᵉ s. joliment restaurée propose des chambres vastes et élégantes, sans ostentation, autour d'un patio rafraîchi d'une fontaine. Sur l'extérieur, elles possèdent une terrasse donnant sur la piscine et un jardin calme et ombragé. Location de vélos.

Garza Canela, Paredes Sur s/n, ☎/Fax (323) 285 01 12, hotel@garzacanela. com – 45 ch. ⌐⚫ ⚓ ▤ TV ✗ ⚒ cc Dispersés dans un grand jardin fleuri avec une piscine bien entretenue, des bâtiments des abritent des chambres claires et spacieuses. Le restaurant El Delfín sert de bonnes recettes originales. L'accueil est un peu froid, dommage !

Moins de 100 $
Wala Wala, Juárez #94. 9 h-23 h. Bonne cuisine traditionnelle mexicaine, mais il manque un ventilateur et la chaleur peut devenir insupportable.

🐊 **Mac Donald**, Juárez #36. 8 h-22 h. Malgré son nom, pas de confusion possible avec une quelconque chaîne de restauration rapide. Deux restaurants à la même adresse : décor typique et cuisine familiale en bas, avec maman aux fourneaux ; à l'étage, c'est le fils qui tient les rênes, dans un cadre branché pour des plats plus légers. Petits-déjeuners européanisés.

El Cocodrilo, Zócalo 🍴 Tlj 17 h-23 h. Une terrasse sympathique sur la place et une salle aérée, avec juste quelques tables. Les prix sont un peu élevés, la carte classique. Grand choix de cocktails pour le soir. Bonne ambiance et musique cool.

🐊 **La Familia**, Batallón de San Blas #18, ☎ (323) 285 02 58. Tlj 7 h-22 h. Le restaurant a bonne réputation auprès du Tout-San Blas. Cette bâtisse coloniale plante un décor traditionnel d'antiquités et d'artisanat, où tout est à vendre. Vous dégusterez une cuisine mexicaine simple et bien servie, où poissons et crevettes marinés (« ceviches »), grillés ou en sauce, sont à l'honneur. Service attentif.

Excursions en mer – Pour observer les baleines (qui viennent mettre bas de novembre à mars), comptez 1 500 pesos. **Ruben Tizcareño**, Ciudad Victoria #94, ☎ (323) 285 05 20. **Abraham Murillo**, ☎ (323) 285 07 19. **Antonio Aguayo**, Aterrizaje s/n ☎ (323) 285 03 64.

AGUASCALIENTES

Capitale de l'État d'Aguascalientes – Voir carte régionale p. 430
Alt. 1 987 m – 580 000 hab.
513 km au nord-ouest de Mexico

À ne pas manquer
Le musée Posada, le Daumier mexicain.
Une soirée dans un « merendero ».
La fête de San Marcos en avril et mai.

Conseils
Évitez les encombrements en parcourant la ville à pied.
Faites vos achats à Aguascalientes, le textile est particulièrement bon marché.
Ne programmez pas un séjour de plus de deux jours dans la région.

Au cœur d'une région de sources thermales, Aguascalientes (« eaux chaudes ») est la capitale de l'un des plus petits États du pays. Ville active, bruyante, un peu stressante et guère touristique, elle vit surtout de l'industrie textile. Au premier abord, son architecture désordonnée, ses rues commerçantes aux vitrines chamarrées, ses trottoirs encombrés où une foule remuante se presse, n'invitent ni à la nonchalance ni à la flânerie. Cependant, dans le centre historique, l'effervescence urbaine s'estompe pour laisser place à une âme véritablement coloniale avec quelques édifices et des musées intéressants. En avril-mai, Aguascalientes est en pleine ébullition pour la fête de San Marcos, une tradition vieille de quatre siècles (1604). Pendant trois semaines se succèdent les corridas, les combats de coqs, les *charreadas* (rodéos), les feux d'artifice et les manifestations populaires et culturelles.

Visite de la ville
Comptez une demi-journée.

La Plaza de la Patria★
Le cœur historique de la ville s'ordonne autour de cette place, ancienne Plaza de Armas, centre de la vie sociale et lieu de rendez-vous ou de rencontres, dominée par l'**Exedra**, une colonne ionique de 15 m de haut surmontée d'un aigle de bronze. Sur le côté sud le **Palacio de Gobierno★★** *(tlj 8h-20h)*, construit en 1665, se distingue par sa façade rouge et rose, ses balcons et les cinq blasons de la famille Rincón. Acheté en 1855 par Jesús Terán Peredo, il abrite l'administration de l'État depuis cette date. L'édifice possède un **double patio★** encadré de 111 arches et un escalier central majestueux. Empruntez-le pour admirer, sur les murs du second niveau, cinq immenses **fresques murales★★** (1961 et 1990) du Chilien Osvaldo Barra Cunningham. De gauche à droite, elles ont pour thème l'histoire de la ville, la Feria de San Marcos, les symboles du drapeau mexicain, le métissage mexicain et la Convention révolutionnaire d'Aguascalientes.
À l'ouest de la Plaza de la Patria, la **Catedral Basílica de Nuestra Señora de la Asunción** *(tlj 7h-13h/16h-20h)* fut fondée en 1738, quand Manuel Colón de Larreategui décida de transformer la modeste chapelle qui accueillait les voyageurs sur la route de Zacatecas. Encadrée de deux tours jumelles – la tour sud ne fut ajoutée qu'en 1946 – sa façade baroque de trois ordres est dotée d'un portail flanqué de paires de colonnes salomoniques. Au 3ᵉ niveau se trouve un haut-relief de la Vierge de l'Assomption. De l'intérieur vous retiendrez la décoration de motifs végétaux et l'orgue en bois, les pupitres et les confessionnaux en bois sculpté et trois peintures du 18ᵉ s. Dans la sacristie, jetez un œil aux six grandes toiles de Miguel Cabrera, Villalpando et Osorio.

Vers l'Expo Plaza

Derrière la cathédrale, empruntez la calle V. Carranza, calme artère aux allures provinciales bordées de vieux édifices. Passé la Casa de La Cultura, sur la gauche, au n° 118, se trouve le **Museo Regional de Historia** *(V. Carranza #118. 10h-19h, fermé le lundi, entrée payante)*. Construite en 1914 par l'architecte Refugio Reyes Rivas, cette demeure néoclassique abrite une collection hétéroclite d'objets (paléontologie, archéologie, jouets populaires). Attardez-vous dans les deux salles consacrées au compositeur mexicain Manuel Ponce (1886-1948), ancien directeur de l'orchestre national symphonique.

Par la même rue, vous parvenez à l'ancienne **Plaza de Toros San Marcos**, à l'angle nord-est du **Jardín San Marcos**. À l'angle diamétralement opposé du Jardín s'élève l'**église de San Marcos**, modeste église du 18ᵉ s.

Sur sa gauche démarre la calle J. Pani, voie piétonnière qui mène à la vaste esplanade **Expo Plaza** et son centre commercial. Bordée de terrasses, animée jour et nuit par le ballet incessant des chalands et les spectacles de rues, elle offre une halte agréable.

Vers le Jardín del Encino

En repartant de la Plaza de la Patria, prenez à l'est la calle Juan de Montoro jusqu'au **Museo de Arte Contemporáneo** *(Juan de Montoro #222. 11h-18h, fermé lundi, entrée payante)*, connu comme le « n° 8 ». Logé dans une boutique construite en 1901 par l'architecte Refugio Reyes, pour José de Jesús Rábago qui naquit le 8 août 1888, le musée expose les œuvres d'Enrique Guzmán.

Revenez sur vos pas, et prenez à gauche la calle Díaz de León jusqu'au Jardín del Encino, une placette au charme provincial, où se dresse l'**église del Encino** *(tlj 7h-14h/16h30-20h)*. Cette église de style éclectique aux dômes couverts de céramiques bleues, vertes et jaunes présente une façade ultra-baroque. À l'intérieur, des **toiles géantes** réalisées par le Mexicain Andrés López figurent le **Chemin de croix*** (1798). Regardez bien le **Christ noir**, au-dessus de l'autel, dont le bras gauche ne cesse de grandir, selon la légende.

Mitoyenne, l'ancienne cure du 19ᵉ s. abrite le **Museo Posada**** *(11h-18h, fermé le lundi; entrée payante sauf le dimanche)*, dédié au graveur **José Guadalupe Posada** (1852-1913). Les œuvres critiques du Porfiriat, des traditions et de la société sont exécutées avec un talent remarquable et un œil sarcastique à la Daumier, qui ne manquent pas de piment.

Au nord-est de la Plaza de la Patria

Empruntez la calle Juárez, active et bruyante, et au niveau de l'église de San Diego, prenez la calle Parga, sur votre droite, jusqu'à l'**église de San Antonio**. Œuvre de Refugio Reyes Rivas, au début du 20ᵉ s., elle possède une façade à trois tours, une imposante coupole et un intérieur baroque richement décoré, avec des médaillons latéraux représentant les miracles de saint Antoine peints par Candelorio Rivas.

En face de l'église, le **Museo de Aguascalientes** *(Zaragoza #505. 11h-18h, fermé le lundi; entrée payante)* occupe un petit palais néoclassique à la façade orange. Vous y découvrirez une collection d'œuvres de peintres régionaux dont Saturnino Herrán (1887-1912).

Aguascalientes pratique

Arriver-Partir

En bus – *Central camionera*, angle av. de la Convención Sur et 5ta avenida, à 2 km l'est du centre. ***ETN***, ☏ (449) 978 22 53 / 24 29 ; ***Omnibus de***

Mexico, ☏ (449) 978 25 47 / 27 70 ; ***Estrella Blanca***, ☏ (449) 978 27 58 / 24 87, ***Primera Plus / Flecha Amarilla***, ☏ (449) 978 26 61. 9 départs de 8h à 16h pour Durango (6h); 23 départs de

5h à minuit pour Guadalajara (3h30); 30 départs 24h/24 pour Mexico (6h); 8 bus de 5h à 22h pour Morelia (6h); 10 départs de 4h à 22h pour Querétaro (5h); 20 départs de 7h à 18h vers San Luis Potosí (3h); un départ le matin et un le soir pour San Miguel de Allende (6h); 2 départs de 17h à 21h Tijuana (40h), 29 départs de 6h à 22h pour Zacatecas (2h30).

En avion – *Aeropuerto Jésus Terán*, Carretera Panamerica km 532, Ejido Peñuelas, à une quinzaine de kilomètres à l'est du centre-ville, ☎ (449) 915 81 32.

Aeroméxico, Madero #474, ☎ (449) 916 13 62 : vols quotidiens pour Mexico, Tijuana. ***Aero California***, Madero #319, ☎ (449) 915 24 00.

COMMENT CIRCULER

En taxi – Ils sillonnent le centre-ville et fonctionnent au compteur. ***Taxi Express***, ☎ (449) 972 68 85; ***Taxitel*** ☎ (449) 918 19 42.

Location de voitures – *Hertz*, aéroport, ☎ (449) 918 29 32; ***Avis***, aéroport ☎ (449) 916 12 11; ***Europcar***, ☎ (449) 913 64 05.

ADRESSES UTILES

Office de tourisme – *Dirección de Turismo*, Plaza de la Patria, rez-de-chaussée du Palacio de Gobierno, ☎ (449) 915 11 55. Tlj 9h-19h.

Banque / Change – Plusieurs banques et distributeurs de billets se trouvent à proximité de la Plaza de la Patria.

Poste – Hospitalidad #108.

Internet – *Hidroweb*, J. Pani #111. Tlj 9h-21h, 20 pesos l'heure.

Sécurité – *Seguridad para el Turista* ☎ (01) 800 903 92 00. ***Angeles Verdes***, ☎ (449) 915 70 98.

Santé – *Hospital Hidalgo*, Galenea Sur #465, ☎ (449) 918 44 47.

Laverie – *Lavamatic*, Juan de Montoro n° 418. Lundi-samedi 10h30-20h.

OÙ LOGER

De 120 à 200 pesos
Hotel Reforma, Nieto #118, ☎ (449) 915 11 07 – 16 ch. ⌾ Cette vieille maison très centrale a connu des jours

meilleurs. Les chambres au confort spartiate donnent sur le patio intérieur couvert, les salles de bains sont un peu vétustes mais propres. Pratique et l'un des plus économiques de la ville.
Hotel San Antonio, Zaragoza #305, ☎ (449) 915 93 41, Fax (449) 918 48 04 – 34 ch. ⌾ ♪ TV ✈ L'hôtel offre un confort correct sans recherche. Préférez les chambres à l'étage donnant sur le parking de l'établissement, plus claires et moins bruyantes que celles donnant sur rue.
Hotel Señorial, Colón #104, ☎ (449) 915 14 73 – 30 ch. ⌾ TV Le principal atout de cet hôtel moderne est sa situation face à la Plaza de la Patria. Les chambres, correctes et bien tenues, sont malheureusement un peu bruyantes et avec des salles de bains vétustes.

De 250 à 300 pesos
⌾ **Hotel Imperial**, 5 de Mayo #106, ☎ (449) 915 16 50 – 60 ch. ⌾ TV Sur la Plaza de la Patria, l'un des plus anciens édifices de la ville dont le charme désuet de vieil hôtel classique agit. Les chambres sont fonctionnelles et bien tenues autour d'un grand patio couvert. Un peu plus cher avec balcon sur rue. Parking.
Hotel Colonial, av. 5 de Mayo #552, ☎ (449) 915 99 93, Fax (449) 915 18 70 – 45 ch. ⌾ TV CC Derrière une jolie entrée de style colonial se cache un hôtel agréable. Logez côté cour intérieure (qui sert de parking), plus calme et plus lumineux.
Hotel Roble, 5 de Mayo #540, ☎ (449) 915 39 94, Fax (449) 915 06 82 – 24 ch. 280p. ⌾ ✈ ♪ TV ✗ On saluera l'effort de décoration et le bon rapport qualité-prix des chambres confortables. Parking.

De 900 à 1 200 pesos
Holiday Inn, Nieto #102, ☎ (449) 916 16 66, Fax (449) 915 12 51, hiexp@ags.podernet.com.mx – 90 ch. ⌾ ♪ TV ✗ CC Très central (sur la Plaza de la Patria), l'établissement a su conserver le charme des vieux édifices avec une jolie façade ancienne. Chambres et service conformes aux standards de la catégorie.
⌾ **Hotel Calinda Francia**, Plaza de la Patria, ☎ (449) 918 73 00, Fax (449) 915 73 17, reservas@hotelescalinda.com – 74 ch. ⌾ ▤ ♪ TV ✗ CC Idéalement

situé sur la Plaza de la Patria, cet hôtel luxueux affiche une rénovation de bon goût et propose des chambres vastes et très confortables avec tous les services de sa catégorie. Service amical. Accès direct à Sanborn's, le grand magasin mexicain par excellence. Parking.

OÙ SE RESTAURER

De 50 à 100 pesos

Los Pirules, angle av. López Mateos et J. Pani, ☎ (449) 916 89 34. 13 h 30-20 h, fermé le lundi. Des spécialités régionales savoureuses sont servies dans un décor coloré rehaussé de vieilles photos. Sympathique et pas cher.

Saturnina, V. Carranza #110. Tlj 8 h-22 h. Familial, coquet et calme, ce restaurant, très prisé d'une clientèle d'habitués, est pris d'assaut pour le petit-déjeuner et le déjeuner. Les tables se trouvent au cœur d'un grand patio couvert et fleuri. La cuisine, simple et économique, est excellente. Service attentif aux accords d'une musique relaxante.

De 100 à 200 pesos

Rincón Maya, Abasolo #113, ☎ (449) 916 75 74. Tlj 13 h-minuit. Cuisine yucatèque à prix doux, à savourer dans un décor typique, soigné et chaleureux.

La Mestiza, Abasolo #117, ☎ (449) 915 93 02. Tlj 8 h-14 h. Cet établissement est un clone du précédent, avec des horaires complémentaires.

Los Cazadores, av. López Mateos #509, ☎ (449) 916 59 77. Tlj 12 h-23 h. Cet immense restaurant décoré de trophées et d'images taurines dégage une atmosphère chaleureuse mais peu intime. Les spécialités de viandes, grillées ou en sauce, sont généreusement servies.

Chirris, V. Carranza #301, ☎ (449) 915 23 31. Tlj 13 h 30-2 h. Grand restaurant de spécialités argentines, où les viandes sont à l'honneur (« chimichurri », quelques plats mexicains). Les soirées sportives y sont particulièrement animées grâce à l'immense écran vidéo et au grand bar central où s'échangent les commentaires.

México Lindo, av. Ayuntamiento #417, ☎ (449) 978 30 90. Tlj 13 h-2 h. Sous un grand toit de palme, immense restaurant au décor typique où la cuisine

traditionnelle se déguste au son des orchestres de variétés, « rancheras », trios, à toute heure. Ambiance assurée.

Plus de 200 pesos

Antigua Hacienda de la Noria, av. Héroe de Nacozari Sur #1041, ☎ (449) 918 25 74. Tlj 13 h-1 h, jusqu'à 19 h le dimanche. Le restaurant de l'hôtel La Noria est réputé pour être la meilleure table d'Aguascalientes. Gastronomie internationale, élégance du décor et service impeccable. Prix élevés.

OÙ SORTIR, OÙ BOIRE UN VERRE

Merenderos – Tradition régionale, le « merendero » est redevenu très à la mode. Ce bar-restaurant reste ouvert tard et sert des boissons accompagnées de « botanas » (amuse-gueules), assez copieuses pour tenir lieu de dîner. Les soirées y sont généralement conviviales et fort arrosées. Dans la calle Pani, on en trouve plusieurs côte à côte. Le **San Marcos**, Pani #144, ☎ (449) 918 19 28, est l'un des plus couru. Tlj 13 h 30-1 h. **La Corte** (connu comme le Castillo Douglas), Vásquez del Mercado #103. 9 h-2 h, fermé le lundi. Cette réplique de château médiéval irlandais du début du siècle possède un joli décor tout en boiseries. Déjeuner-buffet jusqu'à 13 h, puis « merendero », bar, discothèque. Musique live en fin de semaine.

LOISIRS

Visite de la ville – **Margarita Correa de la Torre**, ☎ (449) 914 40 52, propose des tours guidés de la ville en espagnol et en anglais. **Tranvía** : 2 circuits en bus du mardi au dimanche à 10 h, 11 h, 12 h, 13 h, 17 h et 18 h. 25 pesos pour les adultes, 15 pesos pour les moins de 12 ans. Réservations à l'office du tourisme.

ACHATS

Textiles – Aguascalientes peut se targuer de posséder plus d'ateliers et de boutiques de vêtements et de linge de maison qu'aucune autre ville mexicaine. Un centre commercial de magasins d'usine, **Plaza Vestir**, se trouve à 10 km au sud de la ville par la route 45 en direction de Lagos de Moreno.

SAN LUIS POTOSÍ★

Capitale de l'État de San Luis Potosí – Voir carte régionale p. 430
Alt. 1 887 m – 850 000 hab.
415 km au nord-ouest de Mexico

À ne pas manquer
Le concert hebdomadaire de l'orphéon municipal
et le « danzón » sur la Plaza de Armas.
La procession du Silence pendant la Semaine sainte.

Conseils
Évitez de visiter San Luis Potosí le dimanche, car la ville est déserte,
et le lundi, jour de fermeture hebdomadaire des musées.

Sous des dehors quelque peu inhospitaliers, San Luis Potosí, grosse métropole industrielle, est une ville fière qui ne se livre pas facilement. De son riche passé minier, la ville conserve un cœur historique remarquable, où se mêlent tous les styles architecturaux : édifices baroques et néoclassiques, places secrètes, enfilades d'arcades, rues piétonnes, San Luis Potosí est pétrie d'âme coloniale. Il faut l'apprivoiser à la tombée du jour, à l'heure où l'activité frénétique s'estompe pour céder le terrain à une langueur bienvenue. Les stands de nourriture envahissent les places, et les rues s'animent de spectacles de musiciens, de baladins, de clowns sous l'œil bon enfant des *Potosinos*. La ville se découvre alors dans la lumière pure et dorée de fin de journée d'une manière aussi inattendue que magique.

Une ville baptisée en l'honneur d'un roi de France
Le *pueblo* de San Luis Minas del Potosí est fondé le 3 novembre 1592 par le capitaine Miguel Caldera et Frère Diego de la Magdalena. Le nom de la ville est choisi en l'honneur du roi de France Saint Louis et pour les mines d'argent alentour, comparables à celles de Potosí en Bolivie. La cité florissante devient la troisième de la colonie derrière Mexico et Puebla, et le titre de ville lui est donné en 1658. Les magnifiques édifices civils et religieux au style baroque exubérant datent du 18ᵉ s., période de grande prospérité. En 1867 San Luis Potosí devient brièvement la capitale de la République et, cette même année, Juárez y signe la sentence de mort de Maximilien de Habsbourg. Francisco Madero y rédige le « plan de San Luis » durant son emprisonnement en 1910, marquant le déclenchement de la révolution mexicaine. Déclarée patrimoine historique en 1990, San Luis Potosí est aujourd'hui une capitale active, où les marques du passé colonial sont omniprésentes.

Visite de la ville
Comptez une demi-journée.

Organisé autour de trois places, le cœur historique de San Luis Potosí se parcourt aisément à pied. Commencez votre visite par la Plaza de los Fundadores, la plus à l'ouest.

La Plaza de los Fundadores★★ (place des Fondateurs)
C'est ici que le capitaine Caldera et les franciscains s'établirent en 1592 et bâtirent la première église. Cette vaste esplanade, ornée en son centre d'une fontaine, est encadrée des plus anciens édifices de la ville.
Au nord se dresse l'**église de la Compañía**, construite par les jésuites en 1675 dans un style baroque. On remarquera son autel néoclassique surmonté d'un Christ du 18ᵉ s. Le monastère, qui abrita un collège jésuite jusqu'en 1767 (date de l'expulsion des jésuites d'Espagne), est occupé par les bureaux de l'université autonome. Contiguë, sur la gauche, la petite **Capilla de Loreto★** (1700), une des plus

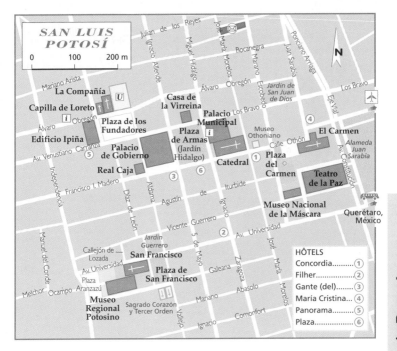

coquettes que possédèrent les jésuites au Mexique, est un bel exemple du baroque salomonique ; à l'intérieur, admirez sa coupole elliptique et son bel **autel**.

L'Edificio Ipiña occupe tout le côté ouest de la place. Construit entre 1906 et 1916, cet imposant bâtiment néoclassique abrite sous son arcade piétonnière une enfilade de boutiques.

Descendez la calle Aldama, au sud de la place, jusqu'à l'angle de Francisco I. Madero, où se trouve le magnifique édifice baroque de la **Real Caja★** *(lundi-vendredi 9h-14h/16h-20h, entrée libre)*, où était stockée la **Quinta Real**, soit le cinquième des métaux extraits des mines qui revenait au roi d'Espagne. Passé la porte en bois sculpté, vous parvenez à un patio octogonal découvert d'où vous pourrez observer le portail et les fenêtres de la chapelle.

La Plaza de Armas★★ (Jardín Hidalgo)

Vers l'est, la calle Francisco I. Madero longe le Palacio de Gobierno jusqu'à la Plaza de Armas. Au centre, l'élégant kiosque octogonal de *cantera* rose (1948) porte les noms de musiciens mexicains célèbres. En grande pompe l'**orphéon municipal** y exécute ponctuellement des morceaux du répertoire classique le jeudi à 19h. Les vendredi et samedi en fin de journée, vous pourrez évoluer dans une ambiance bon enfant, au milieu des couples au rythme des airs populaires.

Le Palacio de Gobierno *(lundi-vendredi 8h-14h)*, édifice néoclassique à l'austère façade de *cantera* rose, occupe tout le côté ouest de la place. Sa construction dura de 1770 à 1827. Son horloge centrale date du centenaire de l'indépendance en 1910, et la réplique de la cloche de Dolores Hidalgo, qui appela au soulèvement *(voir p. 32)*, fut installée en 1960. Vous pourrez visiter le **salon de réception** et la **salle Juárez**, où des mannequins de cire représentent le refus du président Juárez de gracier Maximilien.

Au nord, la **Casa de la Virreina** (maison de la Vice-Reine) est l'une des plus anciennes demeures de la ville (1736). Sobre façade, balcons et portail en bois sculpté, la résidence de Doña Francisca de la Gándara, une des deux vice-reines que connut le Mexique, montre un bel exemple de l'architecture du 18ᵉ s.

En face du Palacio de Gobierno, le **Palacio Municipal** fut édifié en 1838 à l'emplacement des Casas Reales ; ancienne résidence épiscopale, il abrite la municipalité depuis 1915. Face à l'escalier intérieur un **vitrail** représente les armes de la ville. La **voûte** de l'escalier est décorée de mosaïques de style italien.

À droite du Palacio Municipal se dresse la **cathédrale**. Construite une première fois au 16ᵉ s., elle fut rebâtie la fin du 17ᵉ s. sur l'ordre de José de Galvez et consacrée cathédrale en 1854 par Pie IX. Elle possède une belle façade de deux ordres, ornée de colonnes salomoniques et creusée de 12 niches abritant les statues des apôtres en marbre de Carrare. À l'intérieur, de sobres autels néoclassiques ont remplacé les anciens retables baroques en bois doré, et de belles sculptures et peintures du 18ᵉ s. ornent le transept. Une statue de Saint Louis se tient à gauche de l'entrée ; jetez un œil aux peintures de la sacristie (18ᵉ s.) de Nicolás Rodriguez et Patricio Morlete.

La Plaza del Carmen★

Inaugurée en 1973, cette place, ornée d'une belle fontaine centrale, est la plus courue des *Potosinos* à la tombée du soir. Attardez-vous quand couples et familles y déambulent en rangs serrés à la fraîche pour se distraire de spectacles d'artistes ambulants. La place est dominée par l'**église del Carmen★**, magnifique construction ordonnée par Don Nicolás Fernando de Torre en 1749. Sa **façade** ultra-baroque de trois ordres et son dôme de faïence aux couleurs vives la distinguent. L'intérieur dévoile un autel central néoclassique et deux retables rehaussés d'or. La chapelle, appelée le **Camarín de la Virgen**, est décorée de coquillages sculptés, et le portique de la sacristie, la **Portada de la Madre de Dios y de las Carmelitas**, est somptueusement sculpté en *cantera* rose.

Du même côté de la place, vous apercevez le fronton néoclassique du **Teatro de la Paz**, terminé en 1894, cœur de la vie culturelle *potosina*.

En face, l'ancien Palacio Federal, de style néoclassique (1894), abrite le **Museo Nacional de la Máscara★** *(mardi-vendredi 10h-14h/16h-18h, samedi-dimanche 10h-14h; entrée payante)* qui présente une collection haute en couleur de **masques** de différentes époques provenant des quatre coins du pays.

À deux cuadras au sud, prenez la calle Universidad à droite et continuez jusqu'au bout.

La Plaza de San Francisco★★

Pas moins de trois églises se dressent sur cette place fraîche et ombragée : le Sagrado Corazón, la Tercer Orden, et **San Francisco★**, la plus belle. Construite entre 1591 et 1686 dans le style churrigueresque, elle affiche fièrement sa façade de trois ordres, ornée de colonnes salomoniques. À l'intérieur, on découvre de magnifiques **retables** de pierre dorés à la feuille, et dans la sacristie des peintures de Francisco Vallejo.

L'ancien couvent de San Francisco *(entrée par la Plaza Aránzazu derrière la Plaza San Francisco. Mardi-samedi 10h-19h, dimanche 10h-17h; entrée payante sauf le dimanche)* héberge désormais le **Museo Regional Potosino★**. Évitez la section consacrée à la préhistoire, mais attardez-vous sur les pièces préhispaniques de la culture huastèque : céramiques, bijoux, armes et sculptures imposantes tel **El Adolescente Huasteco**. Le véritable joyau du musée, la **Capilla de Aránzazu★★★**, occupe, fait exceptionnel, le second niveau. De style baroque, déclarée Monument national en 1936, elle offre une façade de pierre finement taillée, de magnifiques **retables** latéraux et une statue de la Vierge de Aránzazu au-dessus de l'autel. *Des fouilles sont en train de mettre au jour une autre chapelle au rez-de-chaussée ainsi qu'une crypte, et la restauration des peintures murales originales a commencé.*

Une balade vers Querétaro

Comptez une demi-journée.

■ **L'hacienda Gogorrón*** – *À 47 km de San Luis Potosí. Sur la route de Querétaro, prenez à droite au km 148 (à 29 km de Potosí). Poursuivez la route secondaire pendant 18 km, tournez à gauche avant la cheminée de l'usine électrique et allez au bout du village. Sur rendez-vous uniquement, ☎ (444) 833 25 47 sur place, ☎ (444) 811 27 18 à San Luis Potosí, ou contactez Dolores Ortuño Araisa (voir «Loisirs»). Entrée payante.*

L'une des plus anciennes haciendas de la région est une invitation à un voyage dans le temps. Fondée en 1593 par Pedro Arizmendi Gogorrón, elle a compté jusqu'à 14 ha de constructions – ateliers de textile, fabrique d'alcool, étables, écuries, chapelle et édifices d'habitation. Aujourd'hui ces bâtiments tombent en ruine et l'hacienda n'emploie plus qu'une vingtaine de personnes pour la culture du maïs, des haricots, des tomates et des piments. Seule la demeure principale et la chapelle sont entretenues et servent de temps à autre de décor à des tournages. La grande maison pleine de charme est un vestige mélancolique de l'ancienne splendeur et un témoignage de la vie d'antan.

De retour sur la route de Querétaro, Santa María del Río se trouve à 22 km.

■ **Santa María del Río*** – *49 km de San Luis Potosí.* Cette bourgade typique est la capitale du **rebozo**, le châle traditionnel que les femmes mexicaines portent en étole ou sur la tête. Le village compte quelque 70 artisans et 200 personnes employées à la finition des châles. Ne manquez pas la visite de la **Escuela del Rebozo*** *(lundi-vendredi 9h-19h, entrée libre)*, hébergée dans une ancienne noble demeure de la Plaza Principal. Vous découvrirez quelques-unes des phases d'un processus d'élaboration très minutieux, qui ne compte pas moins de 200 étapes, de la mise en écheveaux, la teinture, le tissage, à la finition. Le tissage, tradition véhiculée par les religieuses, se fait sur un **telar de cintura** (métier de ceinture). Le *rebozo* traditionnel se réalise en soie de Chine et coûte une petite fortune. La forme des nœuds de finition (plumes, animaux, étoiles ou flèches) est caractéristique de chaque région. Chaque année, un concours réunit les meilleurs artisans du pays, et Don Cecilio, le directeur de l'école de Santa María, s'enorgueillit de nombreux prix.

San Luis Potosí pratique

San Luis Potosí pratique

ARRIVER – PARTIR

En avion – L'*Aeropuerto Internacional Ponciano Arriaga* se trouve à 9,5 km au nord du centre-ville par la route de Saltillo, ☎ (444) 822 00 95. *Mexicana de Aviación*, V. Carranza #1539, ☎ (444) 813 33 19. Vols sur Mexico, Guadalajara et Monterrey.

En bus – *Terminal Terrestre Potosina*, Carretera Central en direction de Mexico, juste à la sortie de la ville, face à l'échangeur Juárez. *Estrella Blanca*, ☎ (444) 816 54 77 ; *ETN*, ☎ (444) 818 67 05 ; *Primera Plus*, ☎ (444) 816 63 93 ; *Omnibus de México*, ☎ (444) 816 81 72. 18 départs par jour de 7h à 22h pour Aguascalientes (2h30) ; 24 bus par jour pour Guadalajara (5h) ; 3 bus pour Guanajuato (3h) ; départ toutes les heures pour Mexico (5h30) ; 25 départs par jour pour Monterrey (7h) ; 10 départs par jour de 5h à 23h pour Morelia (7h) ; 10 départs pour Querétaro (2h30) ; départ chaque heure pour Zacatecas (3h).

ADRESSES UTILES

Office du tourisme – *Sectur*, av. Alvaro Obregón #520, ☎ (444) 812 99 43. Lundi-vendredi 8h-15h.

Promoción Turística Municipal, rez-de-chaussée du Palacio Municipal, ☎ (444) 812 27 70. 8 h-20 h 30, samedi 9 h 30-19 h 30, dimanche 10 h-14 h.

Banque / Change – Banques et distributeurs de billets sont nombreux dans le centre. **Banamex**, Alvaro Obregón et Allende ; **Bancomer**, angle Allende et Jésus de los Reyes ; **Banco Serfin**, Alvaro Obregón #240.

Poste – Morelos #235. Lundi-vendredi 9 h-17 h, samedi 9 h-14 h.

Internet – **Fox Cyber Kafe**, Iturbide #355, Plaza del Carmen ; **Hard and Soft Café**, av. V. Carranza #416, ☎ (444) 812 09 47.

Santé – **Clínica Diaz Infante**, Arista #730, ☎ (444) 812 37 37 ; **Cruz Roja**, Calzada de Guadalupe #540, ☎ (444) 815 33 22.

Sécurité – **Seguridad para el Turista**, ☎ (91 800) 90 392.

Agence de voyages – **2001 Viajes**, Alvaro Obregon #604, ☎ (444) 812 29 53, propose une vaste gamme de services.

Location de voitures – **Budget**, av. V. Carranza #1040, ☎ (444) 811 47 25 ; **Hertz**, Alvaro Obregón #6670, ☎ (444) 812 95 00.

OÙ LOGER

De 200 à 250 pesos

Hotel Plaza, Jardín Hidalgo #22, Plaza de Armas, ☎ (444) 812 46 31 – 26 ch. Ce vieil hôtel à l'atmosphère délicieusement surannée est décoré de vieilles photos. Les chambres modestes, au confort spartiate, sont vastes et propres, mais les salles de bains un peu vétustes. Pour un petit supplément offrez-vous une des 4 chambres sur la Plaza de Armas

Hotel del Gante, 5 de Mayo #140, ☎ (444) 812 20 58 – 42 ch. Édifice moderne, fonctionnel et très bien placé. Les chambres sont spacieuses et bien tenues.

De 350 à 450 pesos

Hotel Filher, av. Universidad #375, ☎ (444) 812 15 62, Fax (444) 812 15 64 – 48 ch. Emplacement

très central pour un vieil édifice qui ne manque pas de charme colonial avec son faux patio couvert. Les chambres simples témoignent d'un effort de décoration. Assez fonctionnel et très pratique.

Hotel Concordia, angle Manuel José Othón et Morelos, ☎ (444) 812 06 66, Fax (444) 812 69 79, concordia@prodigy.net.mx – 95 ch. Au cœur du centre historique, un hôtel moderne de 4 étages dans le style démodé des années 60. Les chambres sont confortables et spacieuses. Parking.

De 500 à 600 pesos

Hotel María Cristina, Juan Sarabia #110, ☎ (444) 812 94 08 / Fax (444) 812 88 23, hotelmac@slp1.telmex.net.mx – 74 ch. Très central, cet hôtel moderne de 8 étages manque de charme. Bien qu'un peu exiguës, les chambres sont confortables et bien tenues. Parking.

Hotel Panorama, V. Carranza #315, ☎ (444) 812 17 77, Fax (444) 812 45 91 – 137 ch. Dans le centre historique, cet hôtel moderne et fonctionnel possède une piscine, un luxe rare en centre-ville.

OÙ SE RESTAURER

De 40 à 70 pesos

El Pacífico, angle Constitución #200 et Los Bravo, ☎ (444) 812 36 58. Restaurant-cafétéria ouvert 24 h/24. Le décor n'est pas des plus romantiques, mais la cuisine est correcte et pas chère. Formules de petits-déjeuners sympathiques.

La Parroquia, av. V. Carranza #303, ☎ (444) 812 66 81. Centrale et pratique, cette cafétéria sert une cuisine simple et économique.

La Posada del Virrey, Jardín Hidalgo #3, Plaza de Armas. Tlj 7 h-23 h 30. Cuisine mexicaine économique servie dans un décor moderne. On apprécie la vue sur la place.

De 70 à 100 pesos

Los Frailes, Universidad #165, ☎ (444) 812 58 26. 16 h-minuit, fermé le lundi. Bar-restaurant branché, fréquenté par une clientèle jeune. On mange au choix en terrasse ou dans une enfilade de petites salles intimes. Restauration simple et carte limitée (« quesadillas », « antojitos », sandwichs). Idéal pour une petite faim. Musique et bonne ambiance.

La Colomba, Juan Sarabia #120, ☎ (444) 812 84 18. 7 h-23 h, dimanche 8h-19h. Le restaurant de l'hôtel Nápoles est central et dégage une atmosphère provinciale. Le décor est sans recherche mais les spécialités régionales sont bonnes et le service attentif. Bons petits-déjeuners.

🍴 **El Callejón de San Francisco**, callejón de Lozada #1, ☎ (444) 812 45 08 Mardi-samedi 13 h 30-minuit, dimanche 13 h 30-18h, fermé le lundi. Joli restaurant au décor sobre et élégant ; la terrasse, très agréable et romantique, donne sur l'église de San Francisco. Cuisine mexicaine classique de bonne tenue et service sympathique. Il est prudent de réserver une table en terrasse en soirée et en fin de semaine.

De 100 à 150 pesos

El Campanario, Los Bravos #125, ☎ (444) 814 37 68. Tlj 13 h-minuit. En haut d'une volée de marches peu engageantes, le restaurant s'ouvre au 1ᵉʳ étage sur un joli patio couvert au décor chaleureux. Trois tables sur un étroit balcon dominent la rue. La carte de spécialités mexicaines est fort sympathique. Musique live en fin de semaine. Souvent plein le soir.

Fonda Orizatlan, Pascual Hernandez #240, ☎ (444) 814 67 86. Lundi-jeudi 8h-23h, vendredi-samedi jusqu'à minuit et dimanche jusqu'à 19h. Au début de la Calzada de Guadalupe, ce restaurant, apprécié des touristes, sert une cuisine typiquement mexicaine (« parillada huasteca en cazuela ») dans un décor mexicain chaleureux et haut en couleur. En fin de semaine, spectacle de danses folkloriques.

Café del Teatro, au rez-de-chaussée du Teatro de la Paz, propose de la musique live le soir dans une ambiance estudiantine. **El Mito**, Jardín Hidalgo #3 (à l'étage), ☎ (444) 812 42 26 : bar-discothèque sans grand relief mais animé. **Los Frailes** (voir « Où se restaurer »).

LOISIRS

Visite de la ville – Départ du **Tranvía** du mardi au dimanche à 10 h 30, 12 h 30, 16 h 30, 18 h 30 et 20 h 30. Renseignements et billets à l'agence Turimex dans l'hôtel Panorama, ☎ (444) 814 22 26.

Excursions – Dolores Ortuño Araisa, ☎ (444) 813 06 85, propose des visites guidées en espagnol de la ville et des ex-haciendas. **Leonel Chávez Lerma**, ☎ (444) 812 77 66, en anglais et en espagnol.

FÊTES ET FESTIVALS

La **Procesión del Silencio** est ici l'événement culminant de la Semaine sainte. Depuis 1954, le Vendredi saint, les rues s'animent du défilé solennel et silencieux de pénitents vêtus de blanc et encapuchonnés de hautes cagoules pointues. Les confréries de chaque église portent en procession des statues religieuses en commémoration de la Passion du Christ.

Pour la San Luis (25 août), outre une messe solennelle à la cathédrale et une procession liturgique, la **Procesión Festiva** reprend une tradition des 17ᵉ et 18ᵉ s. avec des défilés de marionnettes géantes représentant les différents groupes ethniques et « Tarasca », un monstre symbolisant les forces du mal.

San Luis Potosí pratique

ZACATECAS★★★

Capitale de l'État de Zacatecas
Alt. 2 580 m – 109 000 hab.
605 km au nord-ouest de Mexico
Voir carte régionale p. 430

À ne pas manquer
Suivre une callejoneada dans le centre historique. ✓
Les spectacles de rues de la Plazuela Goitia.
Le Museo de Arte Virreinal de Guadalupe.
Le site archéologique de La Quemada. ✓

Conseils
Choisissez de bonnes chaussures de marche.
Si vous recherchez l'animation, évitez le dimanche à Zacatecas.
Visiter de façon conjointe la mine de l'Eden et la colline de la Bufa.

Malgré son nom nahuatl, *zacatl* («le lieu où abonde l'herbe»), Zacatecas se dresse au cœur d'une zone semi-désertique, dans une étroite vallée comprimée entre deux lignes de montagnes. Sous la lumière pure et ardente du soleil se révèle une cité majestueuse et seigneuriale, joyau de la route des villes d'argent. Tout en surprise, de placette secrète en venelle pentue, de balcon de fer forgé en façade armoriée, elle se découvre lentement, au fil du tracé capricieux d'un labyrinthe de ruelles, où exulte la pierre rose. Cette ville, dont la prospérité se lit dans le moindre édifice, est aujourd'hui l'une des mieux préservées du Mexique et possède de sublimes témoignages du Baroque espagnol. Mais elle sait aussi se montrer festive et chaleureuse. En fin de semaine de joyeuses bandes sillonnent les *callejones* («ruelles»), de savoureux spectacles de rues animent les places, et les restaurants et les cafés de l'avenida Hidalgo affichent complet.

La reine des villes d'argent
Le 8 septembre 1546, Zacatecas est officiellement fondée au cœur d'un territoire occupé par des Chichimèques et des Guachichiles. Moins de deux années plus tard, elle compte 152 mines d'argent et se peuple à une vitesse vertigineuse. Felipe II lui donne le titre de *Muy Noble y Leal Ciudad de Nuestra Señora de los Zacatecas* en 1585 puis lui accorde ses armoiries le 20 juillet 1588. Aux portes des grandes régions désertiques du nord, Zacatecas devient la 2ᵉ ville de Nouvelle-Espagne derrière Mexico. Les «aristocrates de l'argent» y bâtissent de somptueux édifices religieux, des demeures élégantes et d'imposants bâtiments administratifs.

La callejoneada
Manifestation de liesse populaire, la «callejoneada» est une vieille tradition zacatena. Les soirées de fin de semaine sont ponctuées du tintamarre de turbulents cortèges qui déambulent, au cœur de la ville, au son des percussions et des cuivres. Les musiciens, qui louent leurs services sur les places du centre-ville, mènent la danse, entraînant dans leur sillage une foule débridée, qui s'étoffe au fil des escaliers étroits et des venelles pavées, les «callejones». Une mule chargée d'un tonnelet de mezcal suit la troupe, et les plus aguerris portent un verre autour du cou pour s'offrir une lampée du puissant alcool à chaque arrêt et continuer de plus belle. (Voir «Loisirs»)

B. Pérousse/MICHELIN

Le clocher de la cathédrale

Au 19ᵉ s., son architecture se modifie sous l'influence du néoclassique et de la mode française du *Porfiriato*. Zacatecas fut le théâtre d'une des batailles décisives de la révolution mexicaine, la **Toma de Zacatecas** (prise de Zacatecas) par Pancho Villa et ses *Dorados*, le 23 juin 1914. En 1993, elle est déclarée Patrimoine mondial de l'Unesco, juste consécration de son destin.

Visite de la ville
Comptez un jour. Laissez votre véhicule dans l'un des parkings du centre.

Zacatecas est une ville où vous marcherez beaucoup, de descentes en montées, la visite se révèle parfois un peu éreintante. Mais placettes et jardins offrent des pauses aussi romantiques que bienvenues. Alors prenez votre temps et savourez le charme de cette ville qui se mérite !

La Plaza de Armas*
Commencez votre visite par le joyau de la ville, la **cathédrale**★★ (*tlj 6h30-13h/16h-21h*). Construit entre 1718 et 1752 à l'emplacement de deux églises plus anciennes, cet édifice religieux est l'une des plus belles expressions du baroque churrigueresque en Amérique latine. Du côté de l'avenida Hidalgo, la **façade principale**★★★ en *cantera* (pierre) rose, véritable dentelle aérienne d'une richesse sans pareille, montre un travail d'une finesse incomparable et un souci du détail rarement égalé. Une guirlande complexe d'angelots gracieux, de chérubins joufflus et d'animaux attentifs enserre la rosace centrale, tandis que deux paires de colonnes jumelles torsadées d'un feston de motifs végétaux encadrent le portail de bois sculpté. Vous serez déçu par l'intérieur dont la sobriété contraste radicalement avec la folle exubérance de l'extérieur. Pour voir des objets liturgiques et des ornements religieux, vous devrez vous rendre à la **Galería Episcopal** (*10h-18h, sauf le lundi ; entrée payante*), le bâtiment contigu au sud de la cathédrale.

La légende de la Mala Noche
Sa fortune battant de l'aile, Don Manuel décide de fermer sa mine. Le soir de l'ultime paye de ses mineurs, il rencontre une mendiante à qui il remet l'intégralité de ses ressources puis passe la nuit à prier. Au matin sa générosité est miraculeusement récompensée puisque son majordome lui apprend qu'une veine très riche en argent vient d'être découverte dans la mine. La Mala Noche (« mauvaise nuit ») a donc marqué le retour en fortune de Don Manuel.

Sortez par la porte latérale gauche de la cathédrale, vous voilà sur la Plaza de Armas, la plus grande place de la ville, dont la tranquille esplanade s'étend au nord de la cathédrale. C'est l'un des points de départs des **callejoneadas**, et dès la tombée du jour les musiciens y guettent le chaland.

Le Palacio de Gobierno★ (*tlj 8h-20h*) *s'étire sur son côté est*. Noble demeure du 18ᵉ s. au style baroque caractéristique de la période coloniale, elle ne devint le siège du pouvoir exécutif de l'État qu'en 1834. Arrêtez-vous sur son escalier principal orné d'un **mural** d'Antonio Rodríguez, mêlant peinture et bas-reliefs, qui relate l'histoire de la ville.

À l'ouest, le **Palacio de Justicia**, dit le **Palacio de Mala Noche** (*9h-15h/17h30-20h, fermé le week-end*), fut construit au 18ᵉ s. pour Don Manuel Rétegui, riche propriétaire minier. Bel exemple de l'architecture de l'époque, l'édifice possède une cour intérieure encadrée d'arcades, des portes en bois et des balcons somptueux.

La Plazuela Goitia
En fin de journée, cette place s'anime de savoureux spectacles de clowns. Grands et petits se serrent sur les marches des escaliers, amphithéâtre improvisé qui domine la place. Comme un seul homme, les marchands ambulants investissent les lieux avec leurs grappes de ballons, de marionnettes ou leurs paniers de friandises ; les rires, les cris et les encouragements des spectateurs fusent de toutes parts. Gare aux timides, les étrangers facilement repérés sont mis à contribution par les artistes pour la plus grande joie des Mexicains !

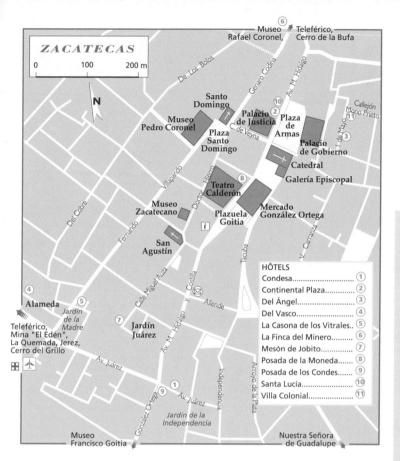

ZACATECAS

0   100   200 m

N

Museo Rafael Coronel, — Teleférico, Cerro de la Bufa

De Los Bolos

Genaro Codina

Av. M. Hidalgo

Callejón Mono Prieto

Santo Domingo

Museo Pedro Coronel

Palacio de Justicia
C. de Veyna

Plaza de Armas

Plaza Santo Domingo

Palacio de Gobierno

Catedral

Galería Episcopal

Villapando

Doctor Hierro

Teatro Calderón

Del Cobre

Museo Zacatecano

Fernando

Plazuela Goitia

Mercado González Ortega

i

San Agustín

Calle Miguel Auza

Costilla

Allende

Tacuba

V. Carranza

Arroyo de la Plata

Alameda

Jardín de la Madre

Teleférico, Mina "El Edén", La Quemada, Jerez, Cerro del Grillo

Jardín Juárez

Av. M. Hidalgo

Av. Juárez

González Ortega

Av. Juárez

Jardín de la Independencia

Museo Francisco Goitia

Nuestra Señora de Guadalupe

HÔTELS

Condesa............................. ①
Continental Plaza............. ②
Del Ángel.......................... ③
Del Vasco.......................... ④
La Casona de los Vitrales.. ⑤
La Finca del Minero.......... ⑥
Mesón de Jobito.............. ⑦
Posada de la Moneda....... ⑧
Posada de los Condes....... ⑨
Santa Lucía....................... ⑩
Villa Colonial................... ⑪

Zacatecas

Cette place est adossée à la structure néoclassique du **Mercado González Ortega** (*voir « Achats »*), où logent de luxueux commerces. Juste en face se trouve le cœur de la vie culturelle de Zacatecas, le **Teatro Calderón** (*tlj 9h-21h, voir « Loisirs »*). Construit en 1891 sur les cendres d'un précédent théâtre, il fut inauguré le 5 mai 1897. Successivement théâtre, cinéma, cirque, palais des sports, station de radio, il ne retrouva sa vocation qu'en 1985, après sa restauration. De style néoclassique d'inspiration française, sa façade est ornée d'allégories artistiques.

La Plaza de Santo Domingo★

De retour sur la Plaza de Armas, en montant le callejón de Veyna à gauche du palais de Justice, vous parvenez sur une placette dominée par l'**église de Santo Domingo**★★ (*tlj 8h-13h/16h-20h30*), construite à flanc de colline. Terminée en 1749, la deuxième église de la ville après la cathédrale, passa aux mains des dominicains après l'expulsion des jésuites en 1767. Admirez son **portail★** baroque et ses huit **retables★** en bois dorés à la feuille, dont celui dédié à la Virgen de Guadalupe. La sacristie octogonale est ornée de huit tableaux de Francisco Martínez.

Sur la même place, le **Museo Pedro Coronel**★★ (*10h-17h, sauf le jeudi; entrée payante*) renferme des œuvres léguées par Pedro Coronel (1922-1985), peintre, sculpteur et amateur d'art éclairé. Les passionnés de livres anciens s'attarderont dans l'impressionnante **bibliothèque** du rez-de-chaussée. Les arcades du patio sont égayées par les sculptures de l'artiste, prélude à la découverte d'une collection éclectique extrêmement riche. Aux beaux exemples d'art préhispanique, colonial, classique (eaux-fortes de Goya, gravures de Daumier) ou moderne (Rouault, Tapies, Delaunay, Miró, Giacometti, Van Dongen, Aleschinsky), succèdent des masques africains et mexicains, des pièces de l'Égypte ancienne, des bouddhas et des estampes japonaises.

Par la calle Doctor Hierro

En descendant la calle Doctor Hierro sur une centaine de mètres, vous trouverez le **Museo Zacatecano*** *(10h-17h sauf le mardi; entrée payante)*. Inauguré en 1995 dans l'ancienne **Casa de la Moneda** (maison de la Monnaie), il présente des **broderies**, des objets rituels, des photographies, des vêtements et de l'artisanat **huichols**. La pinacothèque d'art sacré colonial est l'occasion de découvrir le *Niño de Atocha*, le saint protecteur des mineurs, muni de son bâton de pèlerin et d'un panier de fleurs, au travers d'une magnifique **collection de retables** populaires.

Une *cuadra* plus bas se dresse l'ancienne **église de San Agustín** *(façade sur le callejón de San Agustín et entrée par l'escalier de la calle Miguel Auza. 9h-21h, fermé le lundi; entrée libre)*. Construite en 1617, l'église fut pillée pendant la Réforme au 19e s., et il n'en reste aujourd'hui que la structure. Le **portail latéral*** churrigueresque représentant la conversion de saint Augustin, sous l'œil d'un soleil à visage humain et d'anges musiciens, laisse imaginer la splendeur initiale de l'édifice, où sont désormais organisées des expositions temporaires.

Au bout de la rue, une pause s'impose dans le **Jardín Juárez**, place à l'atmosphère délicieusement surannée. Sur le côté ouest s'élève le **Mesón de Jobito**, un charmant hôtel installé dans une ancienne *vecindad* (édifice habité par plusieurs familles). À proximité, l'**Alameda** offre une paisible promenade jusqu'à l'hôpital, que vous contournerez pour gagner l'entrée de la Mina El Edén.

Des entrailles de la Mina El Edén*...

Entrée : calle Antonio Dovali s/n. Visite guidée payante de 45mn, tlj 10h-18h. Creusée sous le Cerro del Grillo (colline du Grillo), l'une des plus grandes mines du pays, exploitée jusqu'en 1966, produisait de l'or et de l'argent, ainsi que du cuivre, du quartz, du fer et du plomb. La visite commence par une descente en wagonnets dans les entrailles de la mine, puis on parcourt à pied des galeries somme toute assez peu évocatrices. Au détour de l'une d'elles, vous découvrirez une étonnante chapelle dédiée au *Niño de Atocha*, le protecteur des mineurs.

À la fin de la visite, vous pouvez soit regagner l'entrée en ascenseur, soit vous rendre à pied jusqu'à la sortie, à proximité du téléphérique.

Prenez votre mal en patience et affrontez la queue pour prendre le **téléphérique*** *(Paseo Díaz Ordaz, ☎ (492) 922 56 94. 10h-18h, prenez en compte 2h de visite pour le retour. 60 pesos A/R)*. C'est le moyen le plus rapide de relier la colline de la Bufa à celle du Grillo. La traversée offre de très beaux points de vue sur la ville et permet d'en apprécier son capricieux tracé.

... au sommet du Cerro de la Bufa*

Possibilité de s'y rendre en voiture (3 km) ou en bus au départ de la Plaza de Armas. La colline est désertée à partir de 17h. Présent sur le blason de la ville, ce promontoire rocheux, véritable poste de surveillance stratégique, domine la ville à 2657 m d'altitude. Sa forme pansue évoque une outre de vin espagnole (*bufa*), dont il tirerait son nom.

En sortant du téléphérique, dirigez-vous vers l'esplanade sur laquelle se trouve le **Museo de la Toma de Zacatecas** (musée de la Prise de Zacatecas) *(10h-16h30 sauf le lundi; entrée payante)*. C'est un hymne à la fameuse bataille de 1914 qui est relatée au travers d'une collection de photographies, d'armes et de documents. Derrière le musée, le **mirador** révèle un magnifique **panorama*** sur la ville.

Tout proche du musée, au fond de l'esplanade, le **Santuario de la Virgen del Patrocinio**, patronne de la ville, fut bâti au 18ᵉ s. sur les ruines d'une chapelle du 16ᵉ s. Durant les deux premières semaines de septembre, à l'occasion de la fête de la ville, de nombreux pèlerinages se déroulent dans cette modeste église.

Quelques pas en direction du sommet de la colline vous amènent à la **Rotonda de los Hombres Ilustres** (1943), hommage aux Zacatenos ayant marqué la politique et l'art. À l'ouest du sommet, sur l'esplanade de la **Plaza de la Revolución Mexicana** sont érigées trois **statues** équestres datant de 1989, qui immortalisent les héros de la Révolution, Pánfilo Natera, Francisco Villa et Felipe Angeles.

Le Museo Rafael Coronel★★★ (ancien couvent de San Francisco)

De retour au pied du Cerro del Grillo, prenez le callejón de García, en face de l'arrivée du téléphérique. À la deuxième « cuadra », prenez à gauche la calle Genaro Codina, remontez la calle Juan de Tolosa jusqu'à la Fuente de los Conquistadores, puis remontez l'av. de Matamoros. 10h-17h, fermé le mercredi. Entrée payante.

L'ancien couvent de San Francisco, le premier de la région, construit en 1567 sous la houlette des franciscains, fut le point de départ des nombreuses expéditions vers le nord qui valurent à Zacatecas son surnom d'« évangélisatrice du nord ». En 1856, la loi de nationalisation des biens ecclésiastiques le dépouilla de ses ornements pour le transformer en prison puis en atelier de taille de pierres et en *vecindad*. Aujourd'hui, sur une pelouse jalousement entretenue, ces ruines, empreintes d'un charme indicible, montrent la plus ancienne **façade salomonique★** de la ville.

On doit au peintre Rafael Coronel, le frère de Pedro *(voir ci-dessus)*, la riche collection d'œuvres d'art et d'objets rassemblés dans ce musée. Les quelque 6 000 **masques★★** illustrant les thèmes classiques des carnavals et des fêtes religieuses : diables cornus, ermites barbus, animaux impertinents vous familiariseront avec l'une des formes les plus originales de l'art populaire mexicain. Des tableaux de la vie populaire sont savoureusement mis en scène au travers d'une touchante collection de marionnettes du 19ᵉ s. Vous pourrez également voir une intéressante série de **dessins de Diego Rivera★** – beau-père de Rafael Coronel –, ainsi que des ordonnances royales originales et une collection de céramiques des 17ᵉ et 18ᵉ s.

La statue de Pancho Villa

Zacatecas

Les masques ou les mille visages du Mexique
Originaires de diverses régions, les masques sont une riche expression de l'art populaire mexicain. Éléments majeurs des danses, des fêtes religieuses ou païennes, ils sont utilisés dans les rites funéraires pour couvrir le visage des défunts, dans le théâtre, les rituels de chasse ou comme ornements des temples. Réalisés en céramique ou en pierres, parfois semi-précieuses, équilibrant les éléments réalistes et symboliques, ils se déclinent en une grande variété de formes, de tailles, de couleurs et de plumages. Lien magique entre le monde terrestre et l'au-delà, le masque permet à l'homme de dissimuler sa véritable personnalité pour entrer en relation avec le monde surnaturel, adopter une identité divine, s'identifier aux esprits et se doter de leurs pouvoirs, synthétisant ainsi les espèces humaine, animale et végétale.

Un crochet au sud du centre historique
Prenez l'av. Hidalgo puis dans son prolongement l'av. González Ortega, et longez le Parque Enrique Estrada. L'ancienne **Plaza de Toros San Pedro** où se situe désormais l'**hôtel Quinta Real**, mérite un coup d'œil. Joliment fleurie, l'arène est entourée de boutiques, de galeries et de restaurants bâtis à même les gradins.

Traversez le Parque Enrique Estrada pour trouver, niché au fond d'un beau jardin, le **Museo Francisco Goitia** (*10h-17h sauf le lundi, entrée payante*). Il occupe un grand édifice néoclassique de 1945, résidence du gouverneur de l'État jusqu'en 1962. Les initiés apprécieront l'exposition d'art contemporain, peintures et sculptures d'artistes mexicains et zacatèques, dont des œuvres des frères Coronel ainsi que celles du peintre qui a donné son nom au musée.

Les faubourgs de Zacatecas
Comptez une demi-journée.

Le couvent de Nuestra Señora de Guadalupe★★★
À 7 km à l'est de Zacatecas. Bus sur l'av. López Mateos toutes les 15 mn. En voiture, sortez de la ville par le blvd López Portillo puis suivez les indications. La petite commune de Guadalupe abrite cet immense complexe franciscain construit en 1707 dans le plus pur style baroque grâce à la générosité des «aristocrates de l'argent». Le Colegio Apostólico de Propaganda Fide de Nuestra Señora de Guadalupe, bastion avancé de l'évangélisation au nord de la Nouvelle-Espagne, géra jusqu'à 30 missions puis fut abandonné lors des lois de Réforme de 1859.

L'église (*7h-13h et 16h30-20h*) conserve dans son chœur les stalles originales en bois sculpté. De là, vous bénéficierez d'une vue plongeante sur la **Capilla de Nápoles★★★** (19ᵉ s.). De style néoclassique, fastueusement ornementée de dorures à la feuille, elle renferme une sculpture de l'Immaculée Conception.

En 1918, le couvent, déclaré monument national, est devenu le **Museo de Guadalupe de Arte Virreinal★★★** (*tlj 10h-16h30, entrée payante sauf le dimanche*). L'architecture intacte, les escaliers majestueux et le cloître sont tout aussi impressionnants que la collection d'art religieux colonial, l'une des plus importantes du pays avec celle du musée de Tepoztlán. Le musée compte des œuvres maîtresses et des compositions monumentales des plus grands peintres parmi lesquels Juan Correa, Miguel Cabrera – dont vous admirerez *La Vierge de l'Apocalypse* au détour d'une volée de marches de l'escalier principal –, Luis Juárez, Nicolás Ibarra, Cristobal de Villalpando, Felipe Santiago Gutíerrez. Arrêtez-vous sur les 25 toiles géantes du cloître qui illustrent la vie de saint François. La **bibliothèque** de quelque 10 000 volumes est particulièrement spectaculaire.

Faites un tour dans le bâtiment mitoyen au **Museo Regional de Historia** (*tlj 10h-16h30, entrée libre*), où sont exposés des attelages, des voitures anciennes et des tramways.

De Guadalupe, reprenez le blvd López Portillo en direction du centre, puis après 2 km prenez sur la droite en direction du Country Club.

Le Centro Platero (centre de l'Argent) *(10h-18h, samedi 10h-13h, fermé le dimanche)*, situé dans l'ex-hacienda de San Bernárdez, regroupe dans un décor d'un autre temps une dizaine d'ateliers de bijouterie, où d'habiles artisans travaillent l'argent. Profitez de la visite pour observer le travail minutieux des ouvriers qui créent avec passion des modèles originaux. Les prix sont plus intéressants qu'en ville, mais chaque atelier est spécialisé et propose un choix relativement restreint.

Une excursion au sud de Zacatecas
Comptez une journée.

Cet itinéraire est l'occasion de découvrir deux visages du Mexique : d'une part, les vestiges d'un impressionnant site préhispanique, grandiose tribut à la mémoire d'une civilisation disparue, d'autre part le charme d'une paisible bourgade campagnarde. La route, où l'on croise plus de cavaliers que de véhicules, traverse un paysage désertique, calciné par un soleil de plomb, hérissé çà et là d'un cactus cornu. Profitez de la fraîcheur, toute relative, du matin pour visiter le site de La Quemada, restaurez-vous dans une *cantina* populaire de Jerez et terminez la journée par une balade dans cette localité au parfum rustique.

■ **La Quemada★** – *À 53 km au sud de Zacatecas. Prenez la route 54 pour Guadalajara. À 38 km, laissez l'embranchement pour Jerez et poursuivez en direction de Guadalajara pendant 18 km. Le site est indiqué sur la gauche, et l'entrée se trouve au bout d'une route de 2 km. Tlj 10h-17h, entrée payante sauf le dimanche. Guide gratuit sur place. Entrée du musée également payante sauf le dimanche. Comptez 3h de visite.*

La visite du **musée**, qui présente une maquette du site et des vestiges des cultures régionales, constitue une bonne entrée en matière. Stratégiquement placé sur une hauteur dominant la vallée de Malpaso, « Chicomoztoc », bâti au 3e s. et abandonné avant le 12e s., est connu comme le « lieu des sept grottes », point de départ possible des sept tribus nahuatlacas qui s'établirent dans la vallée de Mexico. Les ruines, très suggestives, laissent imaginer la puissance de la forteresse qui se dressait là. Les cinq niveaux sont construits sur des terrasses à flanc de colline, séparées par des escaliers très étroits et des sentiers tortueux. Au 1er niveau se trouve le **Salón de las Columnas★★**, une vaste esplanade à usage cérémoniel liée aux sacrifices humains,

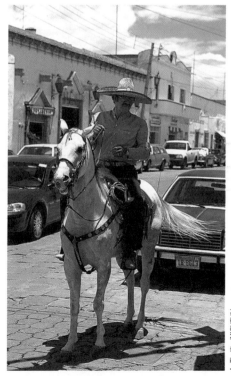

Le dimanche, dans le centre de Jerez

où se dressent 11 colonnes monumentales, qui supportaient un toit. Au 2ᵉ niveau, on observera les restes du **Juego de Pelota** avant d'emprunter la **Escalinata★**, escalier étroit et pentu, jusqu'au 3ᵉ niveau. Là se dresse le **Palacio**, ancien lieu de sacrifices dont les deux autels rappellent à moindre échelle les pyramides de Teotihuacán. La **Ciudadela** (citadelle), au niveau supérieur, est intéressante pour bénéficier d'une **vue panoramique★** sur le site et le tracé des anciennes voies de communication qui quadrillaient la région.

Retournez à l'embranchement pour Jerez, et suivez la route de gauche pendant 25 km.

■ **Jerez★** – *À 57 km de Zacatecas. Comptez 2 h de visite.* Coquette bourgade fondée au 16ᵉ s., Jerez conserve un parfum de cité andalouse avec ses balcons en fer forgé et ses patios ensoleillés. Le dimanche, les hommes, vêtus de leurs costumes de *charros* (*voir p. 74*), sillonnent fièrement le centre à cheval, et le **tianguis**, fort populaire, rassemble tous les fermiers et les éleveurs de la région.

Dans la calle Aquiles Serdan, derrière la place principale, remarquez le style mauresque de l'**Edificio de la Torre** (1896), où vous pourrez visiter la bibliothèque et la maison de la culture (*8h-20h sauf le week-end*). Dans la même rue, le **Teatro Hinojosa★** (*tlj 10h-14h/16h-20h*) est l'édifice le plus intéressant de la ville. Construit en 1878, il présente un intérieur néoclassique à la française, décoré de splendides boiseries. Des églises, on retiendra le sanctuaire néoclassique de **La Soledad** (1805-1885) et la façade baroque de la **Inmaculada Concepción** (1727).

Jetez un œil au **Museo Casa Ramón López Velarde** (*calle de la Parroquia, lundi-mardi-jeudi 10h-19h, mercredi-vendredi-samedi 10h-16h; entrée payante*). Dans cette modeste maison meublée d'époque, où naquit le poète le 15 juin 1888, sont exposés des photos et des copies de manuscrits, dont celle du fameux poème patriotique *Suave Patria*, inscrit au programme des écoliers mexicains.

Zacatecas pratique

ARRIVER-PARTIR

En avion – Aéroport, ☎ (492) 985 08 56. **Mexicana**, ☎ (492) 922 74 70, dessert Léon, Mexico et Tijuana

En bus – Les bus longue distance se prennent à la **Central Camionera**, antiguo camino de la Isabélica, à 4 km au sud-ouest de la ville. **Estrella Blanca**, ☎ (492) 922 02 25 ; **Ómnibus de Mexico**, ☎ (492) 922 64 38. Départs toutes les 30 mn de 6 h à 20 h 30 pour Aguascalientes (2 h 30) ; 15 bus pour Guadalajara (6 h) ; 2 départs pour Mazatlán (3 h) ; 8 départs le soir pour Mexico (8 h) ; 3 départs pour Puerto Vallarta (2 h 30) ; 8 départs de 7 h à 21 h pour San Luis Potosí (3 h) ; un bus toutes les heures pour Tepic (1 h) ; 2 départs par jour vers Tijuana (42 h).

Pour les villes et villages des environs, notamment Jerez, départ des bus 2ⁿᵈᵉ classe à la **Central Antigua**, blvd López Mateos.

Location de voitures – **Avis**, Blvd López Mateos, ☎ (492) 922 30 03 ; **Budget**, blvd López Mateos #104, ☎ (492) 922 94 58 ; **Lloguer**, blvd López Mateos #201, ☎ (492) 922 34 07.

ADRESSES UTILES

Office de tourisme – *Dirección de Turismo*, av Hidalgo #403, ☎ (492) 924 03 93 / 05 52. Tlj 9 h-20 h. On peut faire appel aux services d'un guide (130 pesos de l'heure en espagnol, 145 pesos pour un guide bilingue). Module d'information touristique, au Mercado González Ortega. Tlj 10 h-18 h.

Banque / Change – *Banco de Santander México*, av. Hidalgo #324. Lundi-vendredi 9h-16h. Distributeur de billets 24h/24.

Poste – Allende #111. Lundi-vendredi 8h-19h, samedi 8h-12h.

Internet – *Internet en Cronos*, Rayón #212, ☎ (492) 922 15 48. 9h-21h, dimanche 10h30-21h. ***Access Café Internet*,** av. Hidalgo #131 (entrée par la pharmacie). Lundi-samedi 9h-21h, 12 pesos l'heure.

Santé – *Hospital San José*, Constitución #210, ☎ (492) 922 38 92.

Agences de voyages – *Mazzocco*, Fátima #115, ☎ (492) 922 77 02. Tours de ville, excursions, billets d'avion.

Sécurité – *Policía Turística*, ☎ (492) 922 01 80 / 92 50. ***Ángeles Verdes*,** ☎ (492) 922 40 08.

Laveries – *Labasolo*, Plazuela de García, lundi-samedi 9h-21h. ***El Indio Triste*,** angle Hidalgo #8 et callejón del Indio Triste.

Taxis – *Sitio de la Catedral*, ☎ (492) 922 02 80.

et l'autre : 40 Pesos ✓

OÙ LOGER

De 180 à 250 pesos ← *✓ + 60 pesos*

🛏 **Hostal Villa Colonial,** angle 1 de Mayo et callejón Mono Prieto, ☎ / Fax (492) 922 19 80, hostalvillacolonial@hotmail.com – 6 ch. Cette maison familiale à la décoration rustique propose des chambres modestes (dont deux avec des lits superposés) mais agréables avec deux salles de bains communes. Cuisine et laverie à disposition des hôtes, TV et Internet dans le salon. Terrasse. Excellent accueil du propriétaire, qui parle français.

Hostal del Ángel, 1 de Mayo #211, ☎ (492) 924 17 18 – 12 ch. Petite maison modeste aux chambres spartiates, sombres mais propres. Accueil moyen.

De 250 à 300 pesos

Posada de los Condes, Juárez #107, ☎ (492) 922 14 12 – 56 ch. Hôtel sans charme au confort simple. Préférez les chambres donnant sur la rue, plus claires et avec balcon. Accueil très moyen.

Hotel Condesa, Juárez #102, ☎ / Fax (492) 922 11 60 – 60 ch. Un établissement moderne se cache derrière la façade ancienne. Les chambres sont un peu sombres, sans charme particulier, mais correctes. Plus sympathique côté rue.

De 500 à 800 pesos

Posada de la Moneda, av. Hidalgo #413, ☎ (492) 922 08 81, posada@visitezacatecas.com.mx – 36 ch. Cet hôtel bien tenu propose des chambres simples et fonctionnelles dans un bel édifice. Pour le même prix, préférez les chambres sur rue, avec balcon.

Hotel La Casona de los Vitrales, callejón del Espejo #104, ☎ (492) 925 00 96, Fax (492) 922 33 78, lacasona2000@hotmail.com – 13 ch. Hôtel de charme intime et élégant, à l'ambiance feutrée. Des chambres sobres, vastes et confortables, avec une salle de bains coquette. Parking.

🛏 **Casa Santa Lucía,** av. Hidalgo #717, ☎ (492) 924 49 00, mazzocco@zac1.telmex.net.mx – 18 ch. Sur la Plaza de Armas, le charme d'une ancienne demeure bien restaurée. Les chambres spacieuses, décorées avec goût, bénéficient d'une belle vue sur la Plaza de Armas. Personnel attentif.

De 800 à 1 200 pesos

Hostal del Vasco, angle Velasco et Alameda #1, ☎ (492) 922 04 28 – 18 ch. Les chambres se répartissent dans deux maisons anciennes, mais on préférera celles du bâtiment principal, avec son joli patio rempli de cages d'oiseaux.

La Finca del Minero, Matamoros #212, ☎ (492) 925 03 10, lafinca@logicnet.com.mx – 49 ch. Un peu éloigné du centre, cet hôtel tout récent présente une jolie décoration avec une touche de style mexicain. Des chambre élégantes, tout confort, et un personnel efficace. Parking.

🛏 **Hotel Continental Plaza,** Av. Hidalgo #703, ☎ (492) 922 61 83 au 87, Fax (492) 922 62 45, crositur@sidek.com.mx – 98 ch.

Derrière une splendide façade se cache un hôtel moderne et de standing. Situé sur la Plaza de Armas, il offre de grandes chambres, agréablement décorées. Terrasse panoramique. Service sympathique. Parking.

Hotel Mesón de Jobito, Jardín Juárez #143, ☎ (492) 924 17 22, Fax (492) 924 35 00, hmjobito@logicnet. com.mx – 53 ch. 🛏 📶 🎙 📺 ✕ cc Décor de ruelle mexicaine pour cette ancienne « vecindad » restaurée dans le respect de l'architecture du 19ᵉ s. Chambres à l'élégance classique, un peu sombres, mais tout confort. Service sans faux pli.

OÙ SE RESTAURER

Moins de 50 pesos

Gorditas Dona Julia, av Hidalgo #409. « Gorditas » (sandwichs mexicains) à manger sur le pouce dans un décor de cafétéria.

El Recovero, face à l'Alameda. Tlj 8 h-11 h/14 h-18 h. Ce restaurant très populaire propose un excellent buffet de cuisine mexicaine pour un prix modique, d'où son succès.

Los Comales, av. Hidalgo #611. 9 h-23 h, fermé le dimanche. Cet établissement familial, situé en face de la cathédrale, sert une cuisine simple et bon marché pour la « comida corrida ».

De 50 à 100 pesos

Viva Pizza, callejón de Veyna #105. ☎ (492) 922 79 65. Tlj 12 h-22 h. Central et familial, bien placé pour profiter des « callejoneadas ». Vous y dégusterez de bonnes pizzas et des salades.

El Paraíso, av Hidalgo et Plaza Goita (face au théâtre Calderon), ☎ (492) 922 61 64. Tlj 8 h-minuit sauf le dimanche. Dans un style de brasserie à l'européenne, ce restaurant est idéal pour grignoter des « botanas » et prendre un verre.

De 100 à 150 pesos

El Pueblito, av. Hidalgo #403, ☎ (492) 924 38 18. 13 h-23 h, sauf le mardi. Au fond du patio, dans un joli décor traditionnel haut en couleur, on vous sert de la cuisine mexicaine et des spécialités zacatecas. Atmosphère chaleureuse.

Mamá Inés, angle Tacuba et Rinconada de Catedral, ☎ (492) 922 34 16. Mardi-samedi 13 h 30-1 h, jusqu'à 19 h le dimanche. Las de la cuisine épicée ? Voilà un restaurant de spécialités cubaines avec des concerts de « trova cubana » à partir de 21 h. Ambiance assurée.

La Cantera Musical, Tacuba #2, ☎ 922 88 28. 8 h-23 h tlj. Cuisine mexicaine sans surprise préparée devant les clients. Nombreux cocktails. Bonne ambiance.

Los Dorados de Villa, Plazuela de García #1314, ☎ (492) 922 57 22. Tlj 15 h-1 h. Dans une minuscule salle au décor exubérant, vous savourerez une cuisine régionale réputée (« pozole verde » et « antojitos »). Ajoutez à cela une ambiance conviviale, et vous aurez les clés du succès de ce restaurant, qui affiche complet tous les soirs. Il est prudent de réserver.

Saluti, Doctor Hierro #400, ☎ (492) 922 63 42. Tlj 14 h 30-23 h. Spécialités de pâtes où chacun compose son plat selon sa fantaisie. Ambiance intime et clientèle branchée. On peut aussi y prendre un verre.

Plus de 200 pesos

La Cuija, Tacuba, local 5 (sous le marché González Ortega), ☎ (492) 922 82 75. Tlj 14 h-23 h. Restaurant élégant à l'ambiance feutrée dans un joli décor. Cuisine internationale avec quelques plats typiques mexicains.

OÙ SORTIR, OÙ BOIRE UN VERRE

Bars – El Rincón de los Trovadores, av. Hidalgo #802. week-end 7 h-2 h 30. Joli décor et ambiance sympathique dans ce bar en sous-sol et au rez-de-chaussée (restauration légère). Concerts en fin de semaine. **Café Tacuba**, Tacuba #164. Tlj 16 h-23 h. Décor moderne pour ce petit café accueillant, très fréquenté le soir. **El Teatro**, dans l'enceinte du Teatro Calderón. Tlj 10 h-23 h. Ambiance un brin intello et décor moderne. Animé les soirs de spectacle. **Gaudi**, Tacuba, local 6. 19 h-3 h sauf le mardi. Bar jeune et branché, billard, concerts de musique rock en fin de semaine. **Dali**, Dr Hierro #504, derrière le Teatro Calderón. Ambiance jeune et conviviale autour d'un billard.

Discothèque – El Malacate, pour danser dans un décor spectaculaire, à l'intérieur de la mina El Edén, ☎ (492) 922 30 02. Jeudi-samedi 22 h-2 h 30. Entrée : 50 pesos avec le train.

LOISIRS

Callejoneadas – Voir encadré p. 512. Vous pourrez soit participer à une « callejoneada » organisée par un des hôtels de luxe (participation payante), soit vous offrir votre propre « callejoneada » en louant les services d'un orchestre sur l'une des places du centre, soit suivre sans bourse délier un défilé déjà formé.

Théâtre – Teatro Calderón, ☎ (492) 922 00 77. Pièces de théâtre et concerts, voir p. 515.

Festivals – La tradition centenaire de **Las Morismas de Bracho**, l'une des plus importantes de la région, est célébrée la dernière semaine du mois d'août en l'honneur de saint Jean-Baptiste. Pendant 3 jours on reconstitue la bataille de Lepanto entre Maures et chrétiens (dont ces derniers sortent vainqueurs), et le dimanche, le spectacle atteint son apogée avec un grand défilé déguisé dans les rues de la ville. Pour la **Feria Nacional de Zacatecas**, les deux premières semaines de septembre, on célèbre la fondation de la ville avec des spectacles taurins, corridas et « charreadas », des combats de coqs et un pèlerinage au sanctuaire de la Virgen del Patrocinio, patronne de Zacatecas.

ACHATS

Artisanat – Mercado González Ortega, av. Hidalgo s/n, ☎ (492) 922 79 90. On y trouve toute la production régionale : broderies, ceintures « piteadas » (cloutées et surpiquées), fer forgé, bijouterie et art de la table en argent, onyx, mais les prix sont élevés. Tlj 9 h-21 h.

Argent – Centro Platero à Guadalupe, voir p. 519. Nombreuses boutiques spécialisées le long de l'av. Hidalgo.

Tel père, tel fils

NORD-OUEST
BASSE-CALIFORNIE

À Chihuahua, porte du grand désert du Nord, pays de tempêtes de sable et de cow-boys des temps modernes, prenez place à bord de l'un des derniers trains du Mexique. Le long de cette voie ferrée au tracé audacieux, vous découvrirez une série de canyons vertigineux, les Barrancas del Cobre, territoire des communautés Tarahumaras, d'anciens villages miniers, de cascades rafraîchissantes et de panoramas à couper le souffle. Au terminus, sur la côte Pacifique, un ferry rallie la Basse-Californie, région singulière qui n'a pas usurpé son surnom d'« autre Mexique ». Sous un soleil de plomb, une route rectiligne parcourt la totalité de la presqu'île jusqu'à la frontière des États-Unis, à travers des étendues arides, parfois surréalistes, uniquement peuplées de cactus. Ici émerge une oasis luxuriante, là une plage vierge côtoyée par des baleines, autant de mirages qui surgissent sur le parcours. Et au bout de cette course folle, Tijuana, l'ultime illusion pour les candidats au « rêve américain ».

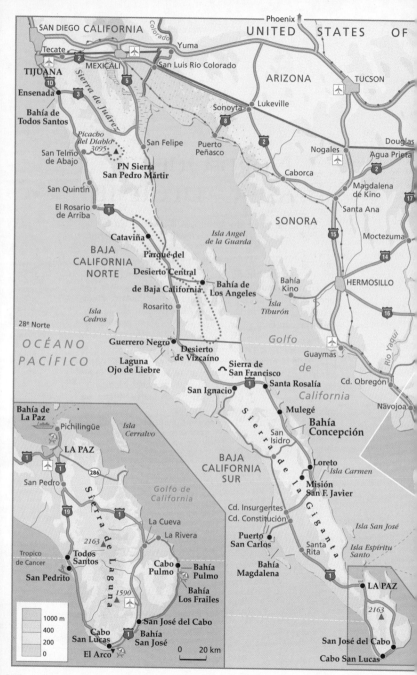

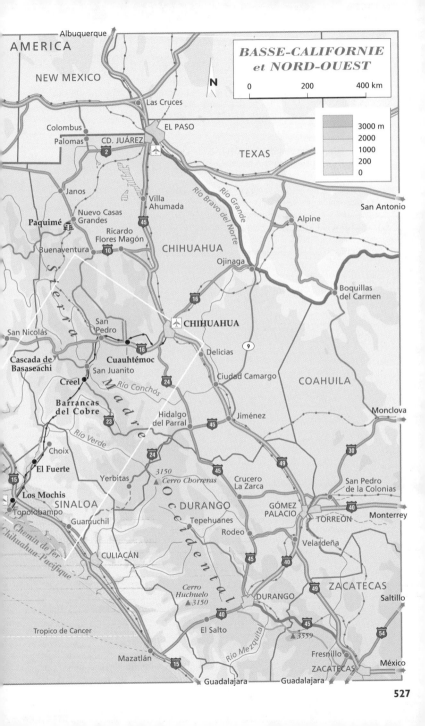

BASSE-CALIFORNIE
et NORD-OUEST

0   200   400 km

3000 m
2000
1000
200
0

AMERICA

NEW MEXICO

TEXAS

Albuquerque

Las Cruces

EL PASO

Colombus
Palomas
CD. JUÁREZ
2

San Antonio

Janos
Villa
Ahumada

Río Bravo del Norte
Río Grande

Alpine

Paquimé
Nuevo Casas
Grandes
45
Ricardo
Flores Magón
Buenaventura
10

CHIHUAHUA

Ojinaga

Boquillas
del Carmen

16

San
Pedro
San Nicolás
16

CHIHUAHUA

Sierra

Cascada de
Basaseachi
Cuauhtémoc
San Juanito
Creel
24
Delicias
9
Ciudad Camargo

COAHUILA

Barrancas
del Cobre
23
Río Conchós
Madre
Hidalgo
del Parral
45
Jiménez
Monclova

Choix
Río Verde
24
30

El Fuerte
15
Yerbitas
3150
Cerro Chorreras
45
Crucero
La Zarca
San Pedro
de la Colonias

Los Mochis
SINALOA
Topolobampo
Guamuchil

DURANGO
Tepehuanes
Rodeo

GÓMEZ
PALACIO
TORREÓN
40
Monterrey

Chemin de fer
Chihuahua-Pacifique
CULIACÁN
Occidental
Velardeña
45
40

Cerro
Huchuelo
3150
DURANGO
49
ZACATECAS
Saltillo

Tropico de Cancer
40
El Salto
45
3559
54

Mazatlán
15
Río Mezquital
Fresnillo
México

ZACATECAS
Guadalajara
Guadalajara

527

FERROCARRIL CHIHUAHUA-PACÍFICO ★★★
BARRANCAS DEL COBRE
États de Chihuahua et de Sinaloa
Parcours de 656 km – Compter env. 15 h de train et 7 jours en s'arrêtant
Climat tempéré dans les parties hautes et subtropical dans les parties basses
Décalage horaire : - 2 h avec la Basse-Californie Nord et - 1 h avec le reste du pays

À ne pas manquer
Une excursion dans la Barranca de Urique ou celle de Batopilas.
La Barranca de Urique vue du Cerro del Gallego.

Conseils
Prévoyez des vêtements chauds.
Asseyez-vous à gauche dans le train venant de Chihuahua : la vue est spectaculaire.
Le trajet en train entre Chihuahua et Creel est fastidieux, préférez le bus, plus rapide.
En attendant le ferry pour la Basse-Californie, logez plutôt à El Fuerte qu'à Los Mochis.

Du désert à la côte Pacifique, cette ligne ferroviaire vous conduira à travers les paysages les plus spectaculaires du pays. En quittant Chihuahua, le train traverse de vastes plateaux désertiques et quelques champs cultivés, grandes étendues monotones qui se répètent jusqu'à 50 km de Creel. Enfin apparaissent les premières forêts de conifères, la flore et la roche gagnent du terrain, et la voie ferrée suit la vallée avant d'entamer une douce ascension. Dès lors, le train se faufile dans des tunnels, longe des précipices, franchit des ponts aux hauteurs vertigineuses, révélant de somptueux paysages montagneux. La descente vers El Fuerte, bordée de plaines quasi désertiques, débouche sur une vallée tapissée de palmeraies, de champs de canne à sucre, d'oranges et de pastèques.

Et au milieu passe une voie ferrée

Un vaste système orographique – Les Barrancas del Cobre, qui doivent leur nom aux mines de cuivre (*cobre*) de la région, désignent un parc naturel formé d'immenses ravins (*barrancas*), de 1000 à 1800 m de profondeur. Avec une superficie supérieure à 60 000 km², une altitude moyenne de 2 275 m, ce parc naturel, vieux d'environ 30 millions d'années, forme l'un des plus grands ensembles de canyons et de ravins au monde.

Une réalisation mouvementée – En 1872, l'entrepreneur américain A. K. Owen a l'idée de construire un chemin de fer pour relier le port de Topolobampo à Kansas City (États-Unis). À l'issue de 30 ans de négociations, toutes soldées par un échec, l'ingénieur **E. Creel** se voit confier la réalisation de l'ouvrage, devant conduire au développement de la Sierra Tarahumara et à la création d'une ouverture sur la mer. L'inauguration de la voie ferrée a lieu en 1961. Véritable prouesse de l'ingénierie mexicaine, le train franchit 39 ponts et 86 tunnels de Chihuahua à Los Mochis.

Les pictogrammes ■ *matérialisent les étapes de l'itinéraire. Pour les horaires de train, voir p. 536 et pour les adresses utiles, reportez-vous aux rubriques pratiques de chaque ville.*

■ Chihuahua★
Comptez une demi-journée.

Aux portes du grand désert du Nord, Chihuahua semble surgir d'une autre époque. Si les chevaux ont cédé la place aux pick-up, les «cow-boys», chaussés de santiags et coiffés de chapeaux, voisinent avec les Indiens Tarahumaras (*voir p. 60*) en tenue traditionnelle, sur fond d'immeubles modernes et de bâtisses coloniales.

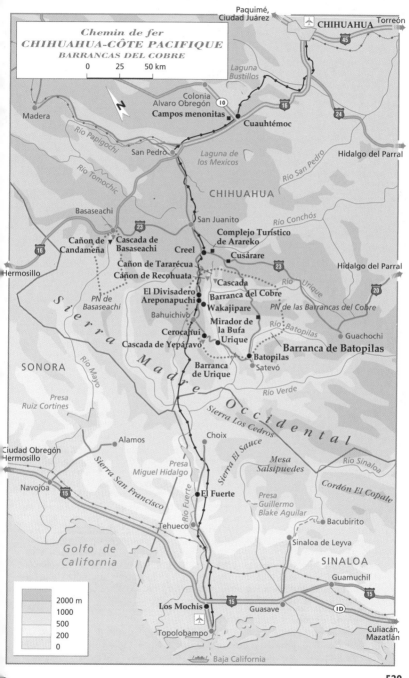

Chemin de fer
CHIHUAHUA-CÔTE PACIFIQUE
BARRANCAS DEL COBRE

0   25   50 km

N

Paquimé,
Ciudad Juárez

✈ **CHIHUAHUA**   Torreón

45

Madera

*Laguna
Bustillos*

Colonia
Alvaro Obregón   10
Campos menonitas

Cuauhtémoc

16

24

Hidalgo del Parral

Río Papigochi

San Pedro

*Laguna de
los Mexicos*

Río San Pedro

Río Tomochic

CHIHUAHUA

Río Conchós

Basaseachi

San Juanito

**Complejo Turístico
de Arareko**

16

23

**Cañon de
Candameña**   **Cascada de
Basaseachi**

Creel

Cusárare

Hidalgo del Parral

20

Hermosillo

Cañon de Tararécua
Cañon de Recohuata

Río Urique

23

El Divisadero
Areponapuchi

Cascada
Barranca del Cobre

Wakajipare

S i e r r a

*PN de
Basaseachi*

Bahuichivo

Cerocahui

**Mirador de
la Bufa**
Urique

PN de las Barrancas del Cobre

Río Batopilas

Guachochi

SONORA

M a d r e

Cascada de Yepáravo

Río Mayo

**Barranca
de Urique**

Batopilas
Satevó

Barranca de Batopilas

*Presa
Ruiz Cortines*

O c c i d e n t a l

Río Verde

Alamos

Choix

Sierra Los Cedros

Ciudad Obregón
Hermosillo

Sierra El Sauce

*Mesa
Salsipuedes*

Río Sinaloa

Cordón El Copate

Navojoa

15

Sierra San Francisco

*Presa
Miguel Hidalgo*

Río Fuerte

El Fuerte

*Presa
Guillermo
Blake Aguilar*

Bacubirito

Tehueco

*Golfo de
California*

Sinaloa de Leyva

SINALOA

Guamuchil

15

2000 m
1000
500
200
0

Los Mochis
✈

15

Guasave

1D

15

Culiacán,
Mazatlán

Topolobampo

⚓ Baja California

Pôle d'attraction de l'État de Chihuahua – le plus vaste du pays –, cette ville de 700 000 habitants demeure agréable, avec sa rue piétonne principale, ses commerces et ses parcs, lorsqu'elle n'est pas sujette aux tempêtes de sable.

Une ville chargée d'histoire

Fondé en 1709, le village de San Francisco de Cuellar connut une forte croissance, grâce aux mines d'argent de Santa Eulalia, avant d'être élevé au rang de ville en 1718, sous le nom de San Felipe el Real de Chihuahua, empruntant le mot *Xicuauhua* (« lieu sec et sablonneux ») au náhuatl. Chihuahua a surtout joué un rôle majeur dans l'histoire de l'indépendance et de la révolution mexicaines. En 1811, Don Miguel Hidalgo, le « Père de la patrie », y fut exécuté et, entre 1864 et 1866, le gouvernement de Benito Juárez s'y installa. Chihuahua reste également associé au déclenchement de la révolution, en 1910, avec la célèbre « division du Nord » menée par le général Francisco « Pancho » Villa.

Visite de la ville

Reflet de la prospérité minière de Chihuahua, l'imposante **cathédrale**★ *(tlj 7h-21h)* baroque, dont la construction démarra en 1727, présente une façade churrigueresque flanquée de tours de 40 m de haut. À l'intérieur, l'autel principal baroque (1790) est couvert par un autre autel néoclassique de 1925 en marbre de Carrare. Profitez-en pour visiter le **Museo de Arte Sacro** *(10h-14h/16h-18h, sauf le week-end; entrée payante)*, où sont exposées des peintures religieuses mexicaines du 17ᵉ s.

Lorsque vous faites face à la cathédrale, longez à droite l'av. Independencia jusqu'à l'av. Juárez, que vous prendrez à droite jusqu'au #321.

Les amateurs d'histoire pourront suivre cet itinéraire, qui les mène tout d'abord au **Museo Casa de Juárez** *(9h-18h30, sauf le lundi; entrée payante)*, où sont présentés les différents documents et objets ayant appartenu au président Benito Juárez.

En sortant du musée, prenez la calle 5, en face, puis à gauche l'av. de la Libertad jusqu'au **Palacio Federal**. Ce bâtiment colonial de style néoclassique abrite le **Calabozo de Hidalgo** (cachot d'Hidalgo) *(9h-18h30, sauf le lundi; entrée payante)*, où fut emprisonné le « Père de la patrie », initiateur de l'indépendance mexicaine. On y lit sur une plaque de bronze les vers dédiés à son geôlier et quelques objets l'ayant accompagné jusqu'à son exécution.

À quelques mètres de là, le **Palacio de Gobierno** *(tlj 8h-19h)*, bâtiment néoclassique construit à la fin du 19ᵉ s., présente des **fresques** du peintre Aarón Piña Morales retraçant l'histoire de Chihuahua. Au pied des escaliers, une flamme éternelle brûle à la mémoire du père Hidalgo, à l'endroit où il fut fusillé.

En sortant du Palacio de Gobierno, rejoignez à droite le Paseo Bolívar, que vous prendrez à gauche jusqu'au #401, où se dresse la **Quinta Gameros** ou **Centro Cultural Universitario** *(11h-14h/16h-19h, sauf le lundi; entrée payante)*. Cette élégante maison, inspirée de l'architecture française du 17ᵉ s., fut occupée pendant la révolution par « Pancho » Villa et R. Madero. Considérée comme l'une des plus belles demeures de Chihuahua, elle est décorée de meubles Art nouveau et abrite, à l'étage, des expositions temporaires.

De l'autre côté du Paseo Bolívar, suivez la calle 4 jusqu'à la calle Méndez, et prenez à droite jusqu'à l'angle de la calle 10, où se trouve la **Quinta Luz**★ *(9h-13h/15h-19h, dimanche 9h-17h; entrée payante)*. L'ancienne maison du général **Francisco Villa**, habitée par sa femme jusqu'en 1981, est devenue le **Museo de la Revolución Mexicana**. Elle renferme des objets personnels, des documents historiques, une collection d'armes ayant appartenu au « Centaure du Nord » et, dans la cour, la voiture dans laquelle il fut assassiné en 1923.

Un grand détour à Paquimé★

À 356 km au nord-ouest de Chihuahua par la route 45 en direction de Ciudad Juárez. À El Sueco (km 156), prenez à gauche en direction de Nuevo Casas Grandes via Ricardo Flores Magón et Buenaventura. De Nuevo Casas Grandes, suivez la route vers le sud-ouest pendant 15 km jusqu'à Casas Grandes. 10h-17h, sauf le lundi ; entrée payante. Appelé **Casas Grandes** (grandes maisons) par les Espagnols lors de sa découverte en 1565, ce site archéologique est le plus important du nord du Mexique. La culture Paquimé connut son apogée entre 900 et 1300 ap. J.-C. Les vestiges des maisons, relativement bien conservés, malgré les incendies provoqués par les Apaches en 1340, paraissent au loin comme un labyrinthe aux murs de terre épais. Certaines maisons servaient soit d'habitations,

Les mennonites

Adeptes d'une branche de l'anabaptisme fondée en Suisse, en 1536, par le curé Menno Simonsz, les mennonites allemands, émigrés en Russie, s'installèrent au Mexique en 1921. Ils parlent un dialecte allemand du 18e s., refusent le monde moderne et interprètent strictement la Bible. Ces membres de communautés rurales isolées se consacrent aux travaux de la ferme et des champs, réduisant au minimum le contact avec les autres habitants. Fichu sur la tête et jupe longue pour les femmes, casquette et pantalon pour les hommes, yeux bleus et cheveux blonds, ils sont reconnus pour leur sérieux et leur ténacité dans leur travail.

soit pour des rites religieux, d'autres utilisées comme ateliers étaient destinées à la taille des turquoises et des coquillages. Sur place, le **Museo de las Culturas del Norte*** *(10h-17h, fermé le lundi ; entrée libre)* retrace la vie des anciennes populations de la région et renferme des céramiques, aux dessins géométriques noir et rouge sur fond crème, caractéristiques de Paquimé.

■ **Cuauhtémoc** – Cette petite ville dynamique doit son développement en grande partie à la communauté mennonite. Devenue le centre agricole de l'État, l'élevage y tient une place importante. Ses rues aux maisons basses, construites au milieu des plaines arides, n'offrent aucun charme particulier, mais Cuauhtémoc constitue une excellente base pour visiter les **camps mennonites**, situés à quelques kilomètres au nord-ouest *(voir « Cuauhtémoc pratique » p. 539).*

En attendant le train

C. Vogel/MICHELIN

■ **Creel et sa région**★★
Comptez 3 jours.
Pour se rendre aux environs, voir « Creel pratique ».

Traversé en son milieu par la voie ferrée, Creel ressemble à un village du Far West dans un décor de montagnes canadiennes. En début de soirée, une partie des habitants défile en voiture, entre la rue principale et l'unique place, puis l'animation retombe. L'air vivifiant des montagnes rappelle que l'on est à 2 328 m d'altitude. Créé en 1907 avec l'arrivée du chemin de fer, ce village d'exploitation forestière, qui doit son nom à l'ingénieur E. Creel, s'est développé grâce au tourisme. Considéré comme la porte d'entrée à Las Barrancas del Cobre, il est un des points de départs de nombreuses excursions dans la sierra.

Un rapide tour du village

Si vous séjournez à Creel, jetez un œil à la **Casa de las Artesanías del Estado** (*9 h-14 h/16 h-19 h, sauf le lundi ; entrée payante*), sur la place principale. Vous découvrirez l'histoire de la localité et de la construction du chemin de fer ainsi que l'artisanat tarahumara. Dans la rue principale, le **Museo de Paleontología** (*tlj 9 h-21 h, entrée payante*) rassemble des fossiles et des squelettes d'animaux préhistoriques, des minerais régionaux ainsi qu'une exposition sur la culture mennonite.

Balades autour de Creel

À 2 km au sud de Creel, se trouve l'entrée du **Complejo Turístico de Arareko**★ (*8 h-17 h, entrée payante*). Si vous souhaitez effectuer l'intégralité de la balade (*env. 20 km*), faites-la à vélo, à cheval ou en pick-up. On peut découvrir les conditions de vie des Tarahumaras dans la **Cueva de San Sebastián**, mais la visite risque de pousser au voyeurisme. Vous parcourrez les vallées de **Los Hongos**★, de **Las Ranas**★ et de **Los Monjes**★, qui tirent leurs noms de rochers aux formes étonnantes de champignons, de crapauds et de moines. La **Misión de San Ignacio** (*uniquement le dimanche*), située au-delà des deux premières vallées, est le centre des principales

San Ignacio

B. Pérousse/MICHELIN

fêtes religieuses tarahumaras et fait partie, comme le **Lago de Arareko***, du complexe. Ce lac aux eaux calmes et vertes au milieu de la forêt de pins permet de belles promenades à pied ou en barque.

À 13 km au sud-ouest de Creel, après le lac de Arareko, un chemin de terre part à droite vers le **Cañon de Recohuata*** *(comptez 1h30 en pick-up pour rejoindre le sommet du canyon; entrée payante. Il est conseillé de se faire accompagner d'un guide à partir de Creel).* Un sentier pentu descend *(40mn à l'aller et 1h au retour)* au fond du ravin, où des **sources d'eaux chaudes*** permettent la baignade.

À 22 km au sud-est de Creel sur la route de Guachochi, arrêtez-vous au **Complejo Turístico Cusárare**** *(8h-17h, entrée payante)* pour visiter **Cusárare***, un village de Tarahumaras. Ne manquez pas la messe du dimanche, à l'issue de laquelle les hommes se réunissent pour prendre les décisions communautaires. Du village regagnez la route goudronnée et empruntez le chemin à travers la forêt jusqu'à une **cascade**** de 30 m de haut *(comptez 45mn de marche du village ou env. 60 km à vélo de Creel).*

La cascade de Basaseachi**

À env. 200 km au nord-ouest de Creel. Bus jusqu'à San Pedro et de là, une correspondance pour Basaseachi (direction Hermosillo), puis marchez une dizaine de kilomètres ou prenez pick-up au départ de Creel. Comptez une journée AR.
La cascade de Basaseachi marque le début du **Cañon de Candameña****, localisé dans le Parque Nacional de Basaseachi. Avec ses 246 m de hauteur, la plus haute chute du Mexique est réellement impressionnante, particulièrement en été pendant la saison humide. Une série de sentiers relie à travers la forêt les différents **points de vue***** sur la cascade et le canyon.

Batopilas**

À 123 km au sud de Creel. Pick-up ou bus au départ de Creel. Comptez 2 à 3 jours AR.
Le trajet entre Creel et le fond de la *barranca* est spectaculaire. Passant de 2338 m à 460 m d'altitude, on traverse de superbes paysages, entre forêts de pins suspendues aux parois des ravins, canyon vertigineux et étendues arides avant d'entamer une descente vertigineuse. La vue splendide du **Mirador de la Bufa****, à 1300 m d'altitude, laisse apparaître le río Batopilas. La route en terre, tout en lacet, longe des précipices, pour laisser place aux premiers palmiers, à des champs de bananes, de mangues et d'avocats, avant d'arriver au village de Batopilas. Il fait partie, avec La Bufa et Cerro Colorado, de la **Barranca de Batopilas*****, le centre minier le plus riche de la région.
Créé en 1708 grâce à la découverte de mines d'argent, Batopilas est un charmant village de 10000 âmes, aux rues en terre émaillées de bougainvillées, de palmiers et de fromagers. La plupart des maisons datent de l'époque minière, et certaines constructions comme l'**Hacienda de San Miguel*** témoignent de la richesse émanant de l'exploitation des mines. Vous pourrez également rendre visite aux communautés Tarahumaras de Munérachi, Yerbabuena et Satevó *(accessibles à pied de Batopilas).*

De Creel au Pacifique

■ **El Divisadero** – *15mn d'arrêt.* C'est à El Divisadero que les Barrancas del Cobre dévoile leur premier **point de vue****. De gigantesques formations rocheuses coiffées d'une végétation clairsemée de pins et d'alisiers, sur des dizaines de kilomètres surplombent la **Barranca del Cobre***, le **Cañon de Tararécua*** et la **Barranca de Urique***. Devenu touristique grâce à son mirador, le village ne présente aucun charme particulier mais attire quelques Indiens Tarahumaras désireux de vendre leur artisanat.

■ **Areponapuchi** – *Comptez une journée.* Descendez à la gare de **Posada Barrancas** pour visiter cette bourgade de quelques maisons de *rancheros*, dispersées sur des centaines de mètres. «Arepo» présente la particularité d'être implanté à proximité du bord d'un ravin, d'où l'on jouit de **points de vue★★★** majestueux sur la Barranca del Cobre, le Cañon de Tararécua et la Barranca de Urique. De magnifiques couchers et levers de soleil viennent ajouter à l'intensité du spectacle.

La descente le long de la Barranca del Cobre par un étroit sentier traverse des forêts de pins, à flanc de montagne et s'engage dans une étroite vallée avant d'accéder au village tarahumara de **Wakajipare★** *(3h30 AR à pied de Areponapuchi, mais on peut également s'y rendre à cheval).* La quarantaine d'habitants, répartis dans une dizaine de maisons, vivent de l'agriculture et de l'élevage. En contrebas, le mirador *(45mn AR du village)* offre un joli **point de vue★★** sur le río Urique, que l'on peut rejoindre à cheval d'Areponapuchi *(2 à 3 jours AR. Adressez-vous aux hôtels du village).*

■ **Cerocahui★** – *Comptez une journée.* Le train dessert la gare de **Bahuichivo**, localité sans intérêt, que vous quitterez rapidement pour rejoindre Cerocahui, situé à 17 km *(voir «Cerocahui pratique» p. 541).* Dans cette vallée, où l'on cultive des pommes et des pêches, la vie s'écoule tranquillement au rythme des saisons. Les maisons en bois et en adobe, recouvertes d'un toit de tôle, bordent un petit cours d'eau sur plus de 4 km. Une des places principales de Cerocahui accueille une ravissante **église★** en pierre ocre arborant un dôme de mosaïques jaunes.

Empruntez le chemin de terre partant vers le sud du village *(comptez 2h AR à pied, 1h à cheval).* Cette agréable balade à travers la vallée vous conduira à la **cascade de Yepáravo★**, où vous pourrez vous rafraîchir.

Une route sinueuse non goudronnée, reliant Cerocahui et **Urique** *(35 km)*, grimpe pour redescendre vers le splendide point de vue du **Cerro del Gallego★★★** *(comptez 2h30 AR en pick-up)* : des montagnes à perte de vue, tapissées de végétation, un somptueux décor pour la **vallée de Urique★★**, où serpente une rivière encaissée, qui disparaît à l'horizon. Les taches rouges et blanches que l'on distingue ne sont autres que les toits de l'ancien village minier d'Urique.

■ **El Fuerte★★** – *Comptez une demi-journée.* Située à 180 m d'altitude et à 110 km de la mer de Cortés dans l'État de Sinaloa, El Fuerte, construit en 1564 par le capitaine espagnol Francisco de Ibarra, est une jolie ville coloniale aux couleurs pastel. Il fait bon flâner le long de ses rues pavées et arborées ou faire une halte sur la ravissante **Plaza de Armas★★**, à l'ombre des palmiers. Empruntez la calle Hidalgo, à gauche du Palacio Municipal, puis prenez la première rue à gauche pour monter jusqu'au **Mirador de Montes Claros★★**. De là, la vue sur le río Fuerte et les contreforts de la Sierra Tarahumara est saisissante.

■ **Los Mochis** – Passage obligé pour se rendre en Basse Californie ou aux Barrancas del Cobre, cette ville moderne et bruyante présente un intérêt limité. Construite à la fin du 19e s. par l'Américain B. Jonhston, qui y implanta des champs de canne et une sucrerie, Los Mochis a tiré l'essentiel de ses revenus de l'industrie sucrière. En attendant le ferry, vous pourrez visiter le **Parque Sinaloa★** *(angle bd A. Rosales et bd R.G. Castro, tlj 9h-14h; entrée libre)*, un jardin botanique de 16 ha où poussent des espèces issues de plusieurs continents.

Le train Chihuahua-Pacifique pratique

Comptez 14h de trajet en Primera Express et 15h30 en classe économique. La Primera Express dispose de l'air conditionné, de sièges plus confortables et d'un wagon-restaurant.

Départs quotidiens de Chihuahua à Los Mochis

	Primera Express n° 74		Clase Económica n° 76	
Gares	Départs	Prix en pesos	Départs	Prix en pesos
Chihuahua	6h		7h	
Cuauhtémoc	8h15	207.75	9h25	102.15
Creel	11h26	463.90	13h	228.10
Divisadero	12h45	554.50	14h30	272.65
Posada Barrancas	13h20	560.75	15h05	275.70
Bahuichivo	14h32	626.40	16h25	307.95
El Fuerte	18h16	893.50	20h42	439.30
Los Mochis	19h50	1020	22h25	501.50

Départs quotidiens de Los Mochis à Chihuahua

	Primera Express n° 73		Clase Económica n° 75	
Gares	Départs	Prix en pesos	Départs	Prix en pesos
Los Mochis	6h		7h	
El Fuerte	7h26	187.45	8h40	92.15
Bahuichivo	11h12	395.20	12h45	194.30
Posada Barrancas	12h25	460.80	14h10	226.55
Divisadero	12h35	467.05	14h25	229.65
Creel	14h14	557.65	16h05	274.15
Cuauhtémoc	17h25	812.25	19h45	399.35
Chihuahua	19h50	1020	22h25	501.50

Chihuahua pratique

ARRIVER-PARTIR

En train – Voir horaires ci-dessus. La **Estación de Ferrocarril CH-P (Chihuahua-Pacífico)**, angle calle Méndez y calle 24, ☎ (614) 439 72 12, est située au sud du centre-ville. Pour gagner la gare du centre-ville, prenez un taxi (env. 40 pesos) ou un bus, sur la Plaza Hidalgo, indiquant «Cerro de la Cruz» (la gare est située derrière la prison). Pas de bus pour le train de 6h. Les billets peuvent être réservés par téléphone et se retirent au guichet le jour du départ (sauf le week-end) : lundi-vendredi 5h-7h/9h-17h30, samedi-dimanche 9h-12h. En haute saison (septembre-octobre), il est préférable d'acheter son billet la veille. Certaines agences délivrent des billets pour la classe **Primera Express** (voir «Adresses utiles» p. 537).

En avion – L'**Aeropuerto Internacional Gen Fierro Villalobos**, bd Juan Pablo II, km 14, ☎ (614) 420 51 04, se trouve à 25mn au sud-est de Chihuahua. Plusieurs liaisons quotidiennes avec Mexico et le reste du pays et vols pour les États-Unis. Pour les compagnies aériennes, voir «Adresses utiles» p. 537.

En bus – La **Central Camionera**, bd Juan Pablo II s/n, ☎ (614) 420 53 98, est située à 25mn au sud-est du centre-ville. Des bus municipaux, av. Niños Héroes entre av. Ocampo et av. Independencia, indiquent «Central Camionera» ou «Aeropuerto» et des taxis (env. 50 pesos), relient le centre à la gare routière. Pour gagner le centre-ville, prenez un bus en direction de « Circunvalación Sur n° 2 » ou un taxi stationné devant la gare routière. Départs toutes les deux heures entre 6 h et 18 h pour Creel (5 h) ; bus toutes les heures de 5 h à 19 h 30 pour Cuauhtémoc (2 h 30) ; 10 départs de 7 h à minuit pour Ciudad Juárez (5 h) ; 9 bus de 9 h à 23 h pour Mexico (20 h) ; un bus le matin et un l'après-midi pour Mazatlán (18 h) ; 2 bus le soir pour Tijuana (24 h).

Location de voitures – La plupart des agences sont représentées à l'aéroport. **Avis**, Aeropuerto, ☏ (614) 420 19 19 ; Agustin Melgar #1909, col. Magisterial, ☏ (614) 414 19 99. **Budget**, Aeropuerto, ☏ (614) 420 03 91 ; bd Ortiz Mena #332, ☏ (614) 414 21 71. **Hertz**, Aeropuerto, ☏ (614) 435 17 65 ; av. Revolución #514, ☏ (614) 416 64 73.

ADRESSES UTILES

Office de tourisme – SECTUR, calle Almada y Carranza (rez-de-chaussée du Palacio del Gobierno), ☏ (614) 410 10 77, Fax (614) 429 34 21. 8 h 30-18 h, week-end 10 h-17 h.

Banque / Change – Bancomer, Plaza de Armas, lundi-vendredi 9 h-15 h. **Casa de Cambio**, angle av. Independencia et av. Juárez. Lundi-vendredi 9 h-16 h 30, samedi-dimanche 9 h 30-16 h 30.

Poste – À l'angle de l'av. Juárez et de l'av. Guerrero, dans le Palacio Federal. Lundi-vendredi 9 h-15 h, samedi 9 h-13 h.

Internet – Calle Aldama #510, entre av. Guerrero et av. Independencia. 8 h-20 h, dimanche 9 h-13 h.

Santé – Clínica del Centro, calle Ojiniga #816, col. Centro, ☏ (614) 416 00 22.

Alliance française – Independencia #1003, ☏ (614) 415 47 12.

Compagnies aériennes – Aero-México, av. Juárez #4108, Col. Centro, ☏ (614) 410 46 76. **Continental Airlines**, calle Periferico Ortiz Mena, local 28, Centro Comercial Plaza las Quintas, Col. Quinta del Sol, ☏ (614) 420 47 51.

Numéros utiles – Policía, ☏ 060. **Bomberos**, ☏ (614) 410 07 70. **Cruz Roja**, ☏ (614) 411 22 11.

Agence de voyage – Rojo y Casa-vantes, av. Guerrero #1207, Col Centro, ☏ (614) 415 58 58.

Laveries – Lavasolas, angle av. Victoria et calle 12, Col. Centro, lundi-samedi, 9 h-20 h.

OÙ LOGER
Autour de 100 pesos
Posada Aída, angle calle 10 et av. Juárez, col. Centro, ☏ (614) 415 38 30 – 20 ch. ⫔ Dans une rue d'un quartier populaire, à 3 mn de la cathédrale. La fontaine et les plantes de la cour intérieure égaient ce petit établissement aux chambres sans prétention mais bien tenues. Le moins cher de sa catégorie, un très bon rapport qualité-prix.

Hotel Cortés, calle Gómez Farías #6, col. Centro ☏ (614) 410 04 71 – 34 ch. ⫔ À 5 « cuadras » de la cathédrale se trouve cet hôtel, calme et sympathique. Il abrite une grande cour intérieure aux murs roses et des chambres propres et spacieuses.

Autour de 400 pesos
Hotel Apolo, av. Juárez #907, col. Centro, ☏ / Fax (614) 416 11 00 – 44 ch. ⫔ 🖉 📺 ✕ ⌨ En plein centre de Chihuahua, cet hôtel est situé derrière le Palacio del Gobierno. La salle de réception de style baroque conduit à des chambres moquettées et convenables. Celles qui donnent sur l'av. Carranza sont bruyantes.

Hotel El Campanario, angle bd D. Ordaz et av. Libertad, col. Centro, ☏ (614) 415 45 45 – 29 ch. ⫔ ▤ 🖉 📺 ⌨ Un peu excentré au sud-ouest de la cathédrale, cet établissement moderne dispose de chambres bien tenues, grandes et confortables. L'accueil est sympathique et l'ensemble fonctionnel. On peut regretter sa situation géographique.

OÙ SE RESTAURER
De 50 à 80 pesos
Mi Café, av. Victoria #1000, col. Centro, ☏ (614) 410 12 38. Tlj 7 h 30-23 h.

Chihuahua pratique

À 300 m de la cathédrale. Avec ses banquettes et ses chaises en skaï, ce restaurant ressemble à un établissement américain des années 70. Plusieurs formules de petit-déjeuner et de « comida corrida » sont proposées. Service rapide et agréable.

Casa de los Milagros, av. Victoria #812, col Centro, ☎ (614) 437 06 93. Lundi-jeudi 17 h-minuit, vendredi-dimanche 17 h-1 h 30. À côté de Mi Café. Autour d'un patio, des salles chaleureusement décorées de meubles en bois et peintes de couleurs chaudes. C'est l'adresse branchée du centre-ville, où les étudiants aiment se retrouver. La cuisine mexicaine est simple, et l'on peut se contenter d'y boire un verre.

De 80 à 150 pesos

Café Calicanto, av. Aldama #411, col. Centro, ☎ (614) 410 44 52 🍴 CC Tlj 16 h-2 h. Spécialisé dans la cuisine régionale, ce restaurant accueille le soir, du jeudi au dimanche, un groupe de musique mexicaine. Les couleurs pastel et le plancher en bois contribuent à son atmosphère chaleureuse.

De 150 à 300 pesos

Rincón Mexicano, av. Cuauthémoc #2224, col. Centro, ☎ (614) 411 84 10 CC Tlj 13 h-minuit. À env. 20 mn à pied de la cathédrale. Le propriétaire a transformé sa maison en un restaurant convivial et cosy. Vous pourrez écouter à partir de 21 h 30 un groupe de mariachis en dégustant des spécialités de Oaxaca, de Veracruz et de Puebla.

La Olla, av. Juárez #3705, Zona Dorada, ☎ (614) 416 22 20. CC 13 h-23 h, sauf le dimanche. Situé dans un des quartiers chic de Chihuahua (10 mn en taxi du centre-ville). Dans une an-cienne fabrique de bière, qui a conservé ses anciennes cuves en cuivre et son générateur d'électricité du début du 20ᵉ s., vous dégusterez des plats internationaux de bonne qualité. Cadre atypique et atmosphère reposante.

OÙ SORTIR, OÙ BOIRE UN VERRE

Bars – **La Taberna**, av. Juárez #3331, Zona Dorada, ☎ (614) 416 83 32. Tlj 12 h-1 h. Ancienne fabrique de bière, transformée en un bar moderne à l'ambiance de pub. Prenez un taxi (10 mn). **La casa de los Milagros** (voir ci-dessus).

LOISIRS

Excursions – **Rojo y Casavantes**, av. V. Guerrero #1207, ☎ (614) 439 58 58, Fax (614) 415 53 84, organise diverses visites, dont celles de la ville, des camps mennonites, des Barrancas del Cobre, de Paquimé et de la cascade Basaseachi.

Théâtre – Renseignez-vous directement auprès du **Teatro de los Héroes**, angle av. Division del Norte et calle 25, col. Centro, pour connaître la programmation.

ACHATS

Artisanat – La **Casa de Artesanías del Estado**, calle Juárez #705, regroupe l'artisanat de l'État de Chihuahua. Lundi-vendredi 9 h-19 h, samedi 10 h-15 h.

Vêtements – Dans les calles Libertad et Juárez, entre l'av. Ocampo et l'av. Independencia, vous trouverez des santiags, des ceintures, des vestes en cuir et des chapeaux.

Cuauhtémoc pratique

ARRIVER-PARTIR

En train – Voir horaires p. 536. La gare, angle av. Independencia et calle 5a, est située à 5 mn à pied du centre-ville. Les billets s'achètent directement dans le train.

En bus – La gare routière **Estrella Blanca**, angle av. Allende et calle 9a, se trouve dans le centre-ville. 3 départs par jour pour Basaseachi (5 h) ; 11 bus de 6 h à 19 h pour les Campos Mennonitos (15 mn) et, pour revenir, arrêtez un bus sur le bord de la route (plus de 15 par jour); départs toutes les 1/2 h de 8 h 30 à 21 h 30 pour Chihuahua (2 h 30); 8 bus de 7 h 30 à 19 h 30 pour Creel (3 h 30).

ADRESSES UTILES

Banque / Change – *Banco Santander*, calle 3a s/n, lundi-vendredi 9 h-16 h, samedi, 10 h-14 h. ***Casa de Cambio***, av. Morelos #101a, 8 h-19 h, dimanche 9 h-14 h.

OÙ LOGER

Autour de 130 pesos
Hotel San Francisco, calle 3a #132, ☎ (625) 582 31 52 – 55 ch. ⌁ TV Non loin de la gare routière, cet établissement dispose de chambres spacieuses, simples et propres. L'accueil est sympathique et le petit-déjeuner inclus.

Autour de 550 pesos
Hotel Tarahumara Inn, angle av. Allende et calle 5a, ☎ / Fax (625) 581 19 19 – 65 ch. ⌁ 🖉 TV ✕ CC À

quelques dizaines de mètres de l'hôtel précédent, cet établissement a l'aspect d'un motel haut de gamme. De grandes chambres moquettées, confortables et bien tenues, sont réparties autour du parking de l'hôtel. Accueil agréable.

OÙ SE RESTAURER

De 70 à 130 pesos
La Fogata, av. Allende #134, ☎ (625) 582 13 28 CC 8 h-23 h 30, sauf le jeudi. Dans ce décor chaleureux sont suspendus d'un côté de la salle des crucifix, et de l'autre de l'artisanat tarahumara. Le service est attentionné et la cuisine mexicaine traditionnelle de bonne qualité. On peut simplement y boire un verre.

LOISIRS

Excursions – *Cumbres Friesen*, calle 3a #466, ☎ (625) 582 54 57, organise des visites des camps mennonites.

Creel pratique

ARRIVER-PARTIR

En train – Voir horaires p. 536. La gare est située à l'entrée du village en arrivant de Chihuahua. Les billets s'achètent directement dans le train.

En bus – Le ***Terminal Estrella Blanca*** se trouve en face de la gare. Un départ en fin de matinée et un en fin d'après-midi pour Guachochi (2 h); 2 bus le matin par Posada Barranca (1 h 15) via El Divisadero (1 h); 7 départs de 7 h à 17 h 30 pour Chihuahua (5 h) via San Pedro (2 h) et Cuauhtémoc (2 h 30) :.
Un départ le matin et un l'après-midi pour Chihuahua avec la compagnie ***Noroeste***, devant l'hôtel Posada Creel. Un départ à 8 h 30, les lundi, mercredi, vendredi pour Batopilas (6 h) devant l'hôtel Los Pinos, av. Lopez Mateos #39.

En pick-up – Pour se déplacer aux environs, les véhicules sont stationnés sur la place de Creel à partir de 8 h 30.

ADRESSES UTILES

Office de tourisme – La ***Casa de las Artesanías del Estado***, sur la place, 9 h-14 h/16 h-19 h sauf le lundi, sert de bureau de renseignements.

Banque / Change – *Serfin*, sur la place. Lundi-vendredi 9 h-16 h. ***Casa de Cambio***, av. Lopez Mateos s/n. 8 h 30-14 h/15 h-19 h, dimanche 8 h 30-14 h.

Poste / Téléphone – La poste se trouve sur la place principale. Lundi-vendredi 9 h-15 h. Pour téléphoner, ***Papelería de Todo***, av. Lopez Mateos. 9 h-20 h, dimanche 9 h-14 h.

Laveries – À l'intérieur de la maison bleue, calle Fco. Villa #112. Lundi-samedi 9 h-18 h.

OÙ LOGER

De 160 à 250 pesos
Hotel La Posada de Creel, ☎ (635) 456 01 42 – 22 ch. ⌁ À 200 m de la gare, vers le centre, de l'autre côté de la

Creel pratique

539

voie ferrée. Le plancher et les lits super-posés créent une atmosphère conviviale et rappellent une auberge de montagne. Beaucoup de chambres sont équipées de 3 à 4 lits superposés. Une très bonne adresse.

Casa Margaritas, av. Lopez Mateos #11, ☏ (635) 456 00 45 – 18 ch. ⚏ ✗ Cet établissement installé sur la place de Creel propose des chambres rudimen-taires et petites, fréquentées par de nom-breux routards. Le prix inclut le repas du soir et le petit-déjeuner. Il existe égale-ment un dortoir de 20 places pour env. 60 pesos par personne.

Autour de 650 pesos
Parador de la Montaña, av. Lopez Mateos #44, ☏ (635) 456 00 85 – 50 ch. ⚏ ✐ 📺 ✗ 🆑 À partir de la place, lon-gez l'avenue principale sur 250 m. L'ex-térieur est conçu comme un chalet et l'intérieur décoré dans l'esprit d'une ha-cienda : un mélange plutôt réussi. Les chambres aux poutres apparentes sont spacieuses et agréables.

Autour de 1200 pesos
Best Western, av. Lopez Mateos #61, ☏ (635) 456 00 71 – 29 ch. ⚏ ✐ 📺 ✗ 🆑 À quelques mètres de l'hôtel précé-dent, chacun des chalets répartis sur un terrain arboré abritent 2 à 4 chambres. Joliment décorées, elles sont douillettes et chaleureuses.

OÙ SE RESTAURER
De 50 à 80 pesos
Tío Molcas, av. Lopez Mateos #35, ☏ (635) 456 00 33. Tlj 8 h-23 h. On sert dans cette salle carrelée au mobilier en bois une cuisine mexicaine très correcte. Au fond de la salle, une petite pièce fait office de bar (18 h à 1 h).
Restaurant Veronica, av. Lopez Mateos, ☏ (635) 456 06 31. Tlj 7 h-22 h 30. Une grande quantité de plats nationaux de qualité servis sur fond de musique mexicaine. Essayez le « bistec Veronica » (bœuf à la crème et aux oignons).

LOISIRS

Excursions – L'hôtel **Casa Margarita** organise diverses excursions dans les environs.

Hélicoptère – Pour survoler les canyons, adressez-vous à **Nuevo Horizonte**, av. Lopez Mateos #53, ☏ (635) 456 01 11.

Escalade – **Expediciones Umarike**, av. Ferrocaril s/n.

Équitation – **Rarajipa**, av. Ferrocaril s/n. Comptez env. 35 pesos l'heure.

Location de vélos – **Expediciones Umarike**, av Ferrocaril s/n. Env. 100 pesos par jour.

Areponapuchi (Posada Barranca) pratique

ARRIVER-PARTIR

En train – Voir horaires p. 536. Les billets s'achètent dans le train.

En bus – Les bus s'arrêtent à la sortie du village après les Cabañas Arepo Bar-rancas. 2 bus par jour pour Creel (1 h 15).

OÙ LOGER, OÙ SE RESTAURER
De 250 à 300 pesos
Cabañas Arepo Barrancas, ☏ (635) 578 30 46 – 6 ch. ⚏ ✗ 🐎 Situé à 30 mn à pied de la gare. Le propriétaire attend souvent à l'arrivée du train, si-non appelez-le de la cabine télépho-nique, il viendra vous chercher. La bâ-tisse en pierre abrite les chambres rudimentaires de cet établissement sympathique. Ambiance cow-boy, re-pas du soir inclus dans le prix. Le pro-priétaire peut vous servir de guide à pied ou à cheval.
Cabañas Diaz, ☏ (635) 578 30 08 – 7 ch. ⚏ ✗ 🐎 Là aussi, le propriétaire viendra vous chercher à la gare si vous l'appelez. Situé à 10 mn à pied de la gare, cet établissement aux allures de

ranch propose un hébergement simple et agréable. Repas du soir compris.

Autour de 2 250 pesos
Posada Barrancas Mirador, ☎ (668) 818 70 46 – 51 ch. ⌘ ✕ ⇞ CC Qua-

siment posé au sommet de la Barranca del Cobre, cet hôtel jouit d'une vue époustouflante. Les chambres sont joliment décorées avec terrasse. Pension complète.

Cerocahui pratique

ARRIVER-PARTIR

En train – Voir horaires p. 536. La gare se trouve à Bahuichivo, à 17 km de Cerocahui. Les billets s'achètent dans le train. Liaison régulière entre les deux villages en pick-up et en minibus (env. 30 pesos). Départ du bus à destination d'Urique (4 h) à l'arrivée du train en provenance de Chihuahua.

En pick-up – Le seul à être officiellement autorisé à proposer ses services se trouve sur la place principale. Adressez-vous à l'épicerie **Llanito**, ☎ (635) 456 06 19. D'autres proposent leurs services à plus bas prix, mais n'ont pas les mêmes garanties en cas de problème.

OÙ LOGER, OÙ SE RESTAURER

Autour de 160 pesos
El Raramúri, Estación Bahuichivo km 669, ☎ (635) 456 06 19 – 8 ch. ⌘ ⇞ ✕ Situé à 100 m de la place principale, cet hôtel familial dispose de chambres spartiates et propres.

Autour de 1 300 pesos
Hotel Misión, ☎ (668) 818 70 46 – 42 ch. ⌘ ✕ CC Ce charmant hôtel se trouve en plein centre-ville, à quelque mètres de l'église. Les murs blancs, les poutres marron foncé et les tuiles rouges rappellent le décor d'une hacienda. Les chambres sont calmes et jolies.

El Fuerte pratique

ARRIVER-PARTIR

En train – Voir horaires p. 536. Les billets s'achètent dans le train. La gare est située à 7 km du centre-ville. Comptez env. 30 pesos en taxi.

En bus – Ils partent de l'av. Juárez, en face de l'hôtel Guerrero. Départ toutes les 1/2 h de 6 h à 19 h pour Los Mochis (1 h 30).

ADRESSES UTILES

Banque – Banamex, av. Juárez #212. Lundi-vendredi 8 h 30-16 h.

Poste / Téléphone – La poste se trouve dans le Palacio Municipal. 8 h-15 h, sauf week-end. Pour téléphoner, angle av. Juárez et av Independencia. 9 h-20 h, dimanche 9 h-14 h.

OÙ LOGER

Autour de 160 pesos
Hotel Guerrero, av. Juárez #210 – 5 ch. ⌘ ⇟ Dans une bâtisse de type coloniale installée à trois « cuadras » de la Plaza de Armas, vous entrez par une charmante courette fleurie. Le chambres, bien tenues, sont agréables, mais préférez celles de la partie ancienne.

Autour de 400 pesos
Hotel Río Vista, calle Chal Gámez, ☎ (698) 893 04 13 – 10 ch. ⌘ ⇟ ✕ Situé à côté du mirador de Montes Claros, cet hôtel ressemble à petit château fort. Cet établissement étonnant dispose d'une superbe vue sur le río Fuerte et les plaines environnantes. Les chambres

sont colorées, certaines un peu humides. La terrasse est le meilleur endroit de El Fuerte pour prendre son petit-déjeuner. L'hôtel organise des excursions sur le fleuve et dans des villages indiens environnants.

Autour de 1 100 pesos

Posada del Hidalgo, calle Hidalgo s/n, ☎ (668) 818 70 46 – 55 ch. ⌁ ✕ ☷ CC Ce ravissant hôtel est situé à quelques mètres de la Plaza de Armas. De type colonial, il est entouré de plusieurs jardins dont les pelouses, les fontaines et les plantes donnent un charme particulier au lieu. Les chambres sont grandes, fraîches et joliment décorées.

OÙ SE RESTAURER

De 50 à 80 pesos

La Fogata, av. Rosales #103, ☎ (698) 893 07 34, tlj 7 h-16 h. Ce restaurant situé à 30 m de la Plaza de Armas est tenu par un couple très serviable. Dans une petite salle simple et charmante, vous apprécierez une cuisine mexicaine bien préparée.

De 80 à 150 pesos

El Mesón del General, av. Juárez #202, ☎ (698) 893 02 60, tlj 8 h-22 h 30. À 50 m de la Plaza de Armas, le couloir d'entrée conduit à une salle voûtée aux murs jaunes pastel donnant sur une petite cour fleurie. On sert dans ce cadre agréable des spécialités régionales et de la cuisine chinoise.

Los Mochis pratique

ARRIVER-PARTIR

En train – Voir horaires p. 536. La gare se trouve calle Bienestar s/n, à 8 km du centre-ville. Du centre-ville, bus toutes les 5 mn de 5 h 30 à 20 h (calle Zaragoza entre Obregón et Hidalgo) ou en taxi (env. 70 pesos). Les billets de train se retirent sur place, le jour même (tlj 5 h-15 h), ou dans une agence de voyages (voir « Adresses utiles » p. 543).

En avion – L'*Aeropuerto del Valle del Fuerte*, ☎ (668) 815 30 70, est situé à 12 km de la ville. Des compagnies nationales (voir « Adresses utiles » p. 543) assurent des vols quotidiens pour Mexico, La Paz et plusieurs villes mexicaines et américaines. Pour gagner la ville, prenez un taxi stationné à la sortie (env. 140 pesos). De Los Mochis pour rejoindre l'aéroport, prenez un taxi ou un bus (45 mn), angle calle Cuauhtémoc et calle Zaragoza, un départ le matin, un en milieu de journée et un en fin d'après-midi (env. 10 pesos).

En bus – La *Central Camionera*, angle calle Juárez et av. Degollado, ☎ (668) 815 58 38, se trouve à 4 « cuadras » du centre. Un départ toutes les heures pour Mazatlán (6 h) ; idem pour Mexico (23 h) et Tijuana (20 h).

Pour El Fuerte (1 h 30), les bus partent de calle Cuauhtémoc, à l'angle de la calle Zaragoza, toutes les heures de 7 h à 20 h.

En ferry – Le ferry pour La Paz part à 22 h (10 h) de *Topolobampo*, à 24 km de Los Mochis. Quatre classes différentes : « Salón » (env. 230 pesos), « Turista » (env. 460 pesos), « Cabina » (env. 900 pesos) et « Especial » (env. 1 200 pesos). Les billets s'achètent sur place le jour du départ ou, jusqu'à 5 jours avant, au guichet de la compagnie maritime *SEMATUR*, à l'embarcadère, tlj 8 h-21 h 30, ou encore dans une agence de voyages (voir « Adresses utiles » p. 543). Au mois de décembre, juillet, août et pendant la Semaine sainte, il est préférable d'acheter son billet le plus tôt possible. Pour gagner le port de Topolobampo de Los Mochis, prenez un taxi (env. 200 pesos) ou un bus (env. 10 pesos), angle calle Cuauhtémoc et calle Prieto, toutes les 15 mn de 5 h 45 à 20 h.

ADRESSES UTILES

Office de tourisme – *FONATUR*, angle calle Allende et calle M. Ordoñez, ☎ (668) 815 10 90. 9 h-15 h/17 h 30-19 h, sauf le week-end.

Banque – *Banamex,* angle calle Hidalgo et calle Prieto, 8 h-16 h, samedi 8h-13h.

Poste / Téléphone – La poste, calle Ordoñez, entre Zaragoza et Prieto. 8h-18h, samedi 8h-12h. Téléphone et fax, calle Allende, entre Hidalgo et Independencia, tlj 8h-22h.

Internet – *Tito Café Internet*, bd Castro #337. 9h-21h, dimanche 10h-18h.

Compagnies aériennes – *Aerocalifornia*, angle av. Leyva et calle Carranza, ☎ (668) 818 16 16. ***Aerolitoral***, Aeropuerto, ☎ (668) 812 25 75. ***AeroMéxico***, Aeropuerto, ☎ (668) 815 25 70.

Agences de voyages – *Viajes Flamingos*, angle av. Leyva et calle Hidalgo (hôtel Santa Anita), délivre des billets de train. ***Viajes Ahome***, angle av. Leyva et calle Morelos, vend des billets de ferry.

OÙ LOGER

De 220 à 260 pesos
Hotel Lorena, angle av. Obregón #186 et calle Prieto, ☎ / Fax (668) 812 02 39 – 50 ch. ⌁ 🍴 📺 ✕ cc Cet immeuble des années 70, sans charme particulier, propose des chambres fonctionnelles et confortables au mobilier un peu vieillot.

Hotel Fénix, calle A. Flores #365, ☎ (668) 812 26 23, Fax (668) 815 89 48 – 45 ch. ⌁ 🍴 📺 ✕ cc Un hôtel moderne, bien tenu et sans surprise. Un bon rapport qualité-prix.

Autour de 600 pesos
Hotel Corientos, av. Obregón #580, ☎ (668) 818 22 24, Fax (668) 818 22 77 – 41 ch. ⌁ 🍴 📺 ✕ cc Relativement plus gai que les autres hôtels de Los Mochis, cet établissement dispose de chambres modernes et coquettes.

OÙ SE RESTAURER

Moins de 60 pesos
El Taquito, av. Leyva. Tlj 24h/24. Les banquettes en skaï et les stores roses donnent à cet établissement un côté un peu kitsch. À toute heure, vous goûterez des « antojitos » ou des hamburgers tout à fait corrects.

El Farallón, angle av. Obregón et calle A. Flores. Tlj 7h-23h. À une « cuadra » du Parque Sinaloa. Comme l'indique le décor marin, ce restaurant est spécialisé dans les fruits de mer et le poisson. Service attentionné et plats bien préparés.

15 mn d'arrêt à El Divisadero

B. Pérousse/MICHELIN

Los Mochis

LA BASSE-CALIFORNIE★★
DE LA PAZ À TIJUANA

États de Baja California Sur (BCS) et de Baja California (BC)
Parcours de 2 035 km – Compter 10 jours minimum
Climat essentiellement aride – Voir carte p. 526
Décalage horaire : Basse-Californie (GMT – 8) et Basse-Californie du Sud (GMT – 7)

À ne pas manquer
L'observation des baleines grises de janvier à mars (voir encadré).
Le coucher de soleil sur Bahía Concepción.
La vue du haut de la colline au-dessus de Mulegé.

Conseils
La baignade dans le Pacifique est dangereuse, soyez prudent.
Un véhicule particulier facilite la visite de la région.
Évitez de conduire la nuit, de nombreuses vaches traversent les routes.
Entre Guerrero Negro et Cataviña, faites le plein d'essence à chaque station-service.

Dans le prolongement de la Californie américaine, cette presqu'île de 1 300 km de long s'avance, tel un doigt effilé, entre l'océan Pacifique et le golfe de Californie. Hormis quelques pôles touristiques très américanisés, près de la frontière et à la pointe méridionale, vous ne croiserez pas grand monde sur les 1 645 km de la **Carretera Transpeninsular** (**Mex 1**), qui parcourt les deux États de Basse-Californie du nord au sud depuis 1973. Malgré les prix plus élevés que dans les autres régions, la péninsule est devenue une étape incontournable pour assister au rassemblement de baleines grises de janvier à mars ; pour découvrir les missions et les grottes décorées de peintures rupestres ; sans oublier la traversée de paysages grandioses, où poussent 120 variétés de cactus – aux trois quarts endémiques –, notamment en Basse-Californie du Sud, l'État le moins peuplé du pays. De vastes déserts sous un soleil de plomb, des chaînes de montagnes se découpant sur un ciel bleu limpide, des plages totalement sauvages, des villages nichés dans des oasis luxuriantes complètent le surprenant tableau d'une région bien différente du reste du Mexique.

Une région singulière
Il y a environ 12 millions d'années, le mouvement des plaques tectoniques sépara la Basse-Californie du continent le long de la faille de San Andreas, créant le golfe de Californie (aussi appelé mer de Cortés). Pas étonnant, donc, que les conquistadors espagnols aient pensé découvrir une île, qu'ils baptisèrent California du nom d'une région paradisiaque issue d'un conte populaire de l'époque. Après maintes expéditions infructueuses, les jésuites fondèrent la première mission à Loreto en 1697, point de départ de l'évangélisation poursuivie par les franciscains et les dominicains. Les Indiens qui peuplaient la région – les Yumanos au nord, les Cochimís au centre, les Guaycuras et les Pericúes au sud – furent décimés par les massacres et les maladies.

Où observer les baleines grises ?
En hiver, les baleines grises migrent des côtes d'Alaska vers les eaux plus chaudes de la côte ouest de la Basse-Californie, parcourant ainsi, pendant environ deux mois, plus de 9 000 km. De début janvier à fin mars, elles évoluent dans les lagons du Pacifique où elles se reproduisent et hivernent. Elles peuvent atteindre 18 mètres et peser 40 tonnes, et leur observation est facilitée par leur présence à proximité des côtes. De la pointe sud en allant vers le nord les meilleurs sites d'observation sont la Bahía Almejas (à Puerto Chale, près de Santa Rita) ; la Bahía Magdalena (à Puerto San Carlos et Puerto López Mateos près de Ciudad Insurgentes ; la Laguna de San Ignacio (San Ignacio) et la Laguna Ojo de Liebre (Guerrero Negro), deux sites appartenant au sanctuaire d'El Vizcaíno inscrit au Patrimoine mondial de l'Unesco.

Nord-Ouest et Basse-Californie

La Paz et Los Cabos** (les caps)
Boucle de 452 km. Comptez 4 jours.

La pointe méridionale de la Basse-Californie, la région **la plus touristique** de la péninsule, alterne entre un littoral sauvage et venté, des paysages lunaires avec, en toile de fond la majestueuse **Sierra Laguna**, des villages pittoresques et des stations balnéaires. Selon votre humeur, vous pourrez plonger dans les nuits folles de Cabo San Lucas ou dans les eaux limpides d'une crique déserte.

■ **La Paz**★★ – *170 000 hab.* Hernán Cortés débarque dans la **Bahía de La Paz**★ en 1535, mais il faut attendre 1811 pour que des fermiers et des pêcheurs de perles s'y implantent durablement. Au fond de la plus grande baie de la côte orientale, les maisonnettes colorées de la capitale de la Basse-Californie Sud sont construites sur une pente douce qui descend jusqu'au **Malecón**★ (front de mer), agréable lieu de promenade pour assister au **coucher du soleil**. Ici, et dans les quelques rues voisines, règne toute l'ambiance de La Paz, authentiquement mexicaine contrairement à d'autres stations balnéaires de la péninsule.

Suivez l'av. 5 de Mayo *(à gauche de la cathédrale)* sur quatre *cuadras* jusqu'à l'angle de la calle I. Altamirano pour parvenir au **Museo Regional de Antropología e Historia** *(8h-18h, samedi 9h-12h, sauf le dimanche; entrée libre)*, qui retrace l'évolution de la péninsule à travers des fossiles, ses groupes indiens, sa conquête et l'indépendance nationale.

L'intérêt de La Paz réside surtout dans les nombreuses plages aux eaux calmes qui se succèdent essentiellement au nord de la baie. En longeant le Malecón vers le nord *(à droite en faisant face à la mer)*, vous pourrez gagner la **Playa la Concha**, abritée au fond d'une anse, à 2 km derrière l'hôtel du même nom.

Trois kilomètres plus loin, en contrebas, les parasols en palme de la charmante **Playa del Tesoro**★ procurent une halte accueillante. En continuant pendant 10 km, la **Playa Balandra**★, plus sauvage et connue pour son rocher érodé en forme de champignon, permet de nager au milieu des pélicans et des mouettes *(en contrebas du parking, contournez les rochers pour accéder à la plage principale)*.

La baie de Balandra

C. Vogel/MICHELIN

La Basse-Californie

Au sud de La Paz, prenez la Mex 1 vers Cabo San Lucas. Au km 27, tournez à droite (Mex 19) en direction de Todos Santos (53 km).

■ **Todos Santos*** – Implanté sur un plateau fertile, à 3 km de l'océan Pacifique, ce village parsemé de bougainvillées a un petit air d'Andalousie. Épargné par le tourisme de masse, il est devenu le lieu de villégiature de nombreux artistes mexicains et étrangers, d'où la profusion d'ateliers et de galeries d'art.

En direction de Cabo San Lucas, 5 km après Todos Santos, tournez à droite vers San Pedrito et poursuivez le chemin de sable jusqu'à la plage.

Au pied de la Sierra Laguna, face à l'Océan, s'étend la **Playa San Pedrito**** *(camping et bungalows sur place)*, belle plage de sable fin, paradisiaque pour le **surf** mais dangereuse pour la baignade. C'est l'endroit rêvé pour admirer de superbes couchers et levers du soleil et observer, avec un peu de chance, les **baleines grises** près du rivage.

■ **Cabo San Lucas** – *À 67 km de Todos Santos par la Mex 19.* Après la construction de la Transpeninsular et l'ouverture de l'aéroport international, Cabo San Lucas a connu un essor touristique spectaculaire. Bien loin du charme d'autres localités de Basse-Californie, ici tout respire l'artifice. Nichée dans la Bahía de San Lucas, à la pointe sud-ouest du territoire, la ville est envahie chaque année par des milliers de Nord-Américains, amateurs de sorties nocturnes, d'achats – des vêtements aux appartements en multipropriété –, mais aussi de pêche ou de plongée.

De la **Playa el Médano**, cachée par les hôtels, vous accéderez au **Muelle Las Glorias** d'où partent des *lanchas (départ 10 h, retour 16 h 30, env. 100 pesos)*. L'excursion commence à la ravissante **Playa del Amor*** pour se terminer à… la Playa del Divorcio. En route, vous pourrez enfin voir de vos propres yeux la célèbre **arche***, représentée sur les cartes postales. Située à l'extrémité de la Basse-Californie, cette formation rocheuse naturelle sépare les eaux du Pacifique de celles du golfe de Californie.

■ **San José del Cabo*** – *À 33 km à l'est de Cabo San Lucas par la Mex 1, appelée « couloir touristique » sur la portion de route entre ces deux villes.* Contrairement à Cabo San Lucas, le centre de San José a su conserver une atmosphère authentique avec ses rues étroites bordées de constructions ocre de style colonial et ses places ombragées. Le boulevard Mijares relie la vieille ville, située sur un plateau à 3 km de la côte, aux immeubles modernes qui s'étirent le long de la **Bahía San José**. De ce boulevard *(en laissant le centre derrière vous)*, tournez à gauche après la Banamex et continuez pendant 2 km jusqu'à l'**Estero San José**, estuaire où évoluent plus de 200 espèces d'oiseaux. Pour éviter les plages de la zone hôtelière, vous pouvez vous rendre à la **Playita**, moins fréquentée, qui s'étend sur des centaines de mètres *(elle se trouve au Pueblo la Playa, à 2,5 km de l'intersection du bd Mijares et de la calle Juárez)*.

De San José del Cabo, récupérez la Mex 1 vers le nord jusqu'au km 61 (lieu-dit La Cueva) et tournez à droite (direction La Rivera, 10 km). À La Rivera, prenez à droite en direction de Cabo Pulmo (chemin de terre de 26 km).

■ **Cabo Pulmo**** – Ce petit village installé sur le **cap Pulmo**, face à la **Bahía Pulmo*** reste, grâce à son accès relativement difficile, un endroit privilégié. Hors des sentiers battus, les plages quasi désertiques et les récifs coralliens du **Parque Marino Nacional Cabo Pulmo**** raviront les amoureux de farniente et de plongée. À 8 km au sud se trouve la **Bahía los Frailes***, dont la **plage*** est formée par trois anses. Les eaux calmes et les fonds marins de la portion la plus au nord sont idéales pour la pratique de la **plongée libre**. *(Possibilités d'hébergement sur place).*

De la Bahía de los Frailes, faites demi-tour jusqu'à La Rivera, tournez à gauche pour récupérer la Mex 1, puis prenez à droite jusqu'à La Paz (123 km).

Le centre de la péninsule*
Comptez 4 jours.

Dès la sortie ouest de La Paz, la Mex 1 fend des centaines de kilomètres d'étendue sablonneuse, dont la monotonie n'est rompue que par la silhouette des cactus. Puis la route finit par abandonner sa trajectoire linéaire pour franchir la majestueuse **Sierra de la Giganta** et longer le golfe de Californie, au littoral ponctué de palmeraies et de vestiges des premières missions.

■ **Puerto San Carlos** – *De La Paz, prenez la Mex 1 vers l'ouest et roulez jusqu'à Ciudad Constitución (216 km). Tournez à gauche à la sortie de la ville en direction de Puerto San Carlos (Mex 22, 57 km).* Vous ne viendrez pas ici pour admirer les constructions en béton et en préfabriqué de ce village sans intérêt, mais pour observer les **baleines grises** dans la **Bahía Magdalena**. *Pour prolonger votre séjour, vous trouverez quelques hôtels à Puerto San Carlos.*

Récupérez la Mex 1 à Ciudad Constitución, et filez plein nord vers Ciudad Insurgentes (27 km), puis prenez à droite en direction de Loreto (120 km par la Mex 1).

■ **Loreto**★ – Installée sur les contreforts de la Sierra de la Giganta face au golfe de Californie, cette localité de 10 000 habitants est peu fréquentée malgré le projet de développement touristique de la zone hôtelière de Nopoló (à 8 km au sud de Loreto). Avec 360 jours d'ensoleillement par an, cette petite ville coloniale permet une agréable flânerie sur son **Malecón** (front de mer) bordé de palmiers et dans ses rues aux maisons basses. Vous parviendrez à la **Misión de Nuestra Señora de Loreto** *(tlj 6h-20h),* la première mission fondée en 1697 par le jésuite Juan María de Salvatierra, point de départ de l'évangélisation du pays. Il ne reste pratiquement rien de l'édifice d'origine, endommagé par divers tremblements de terre et des cyclones, dont celui de 1829, qui fit d'ailleurs perdre à Loreto son titre de «capitale des Californies». Sur un des côtés de l'église, dans un bâtiment du 18ᵉ s., se trouve le

Un marlin

C. Vogel/MICHELIN

Museo de las Misiones (*9 h-13 h/13 h 45-18 h, sauf le lundi ; entrée payante*), qui illustre le processus de colonisation par une collection d'art religieux, d'armes et de cartes d'époque.

À 2 km au sud-ouest de Loreto, quittez la Mex 1 pour suivre une superbe route de montagne (*34 km*) jusqu'à la **Misión de San Francisco Javier***, la deuxième mission des Californies (1699), remarquablement conservée.

Reprenez votre route vers le nord. À 80 km de Loreto, la Transpeninsular longe la majestueuse **Bahía Concepción*****, baie étroite et profonde, bordée de montagnes aux teintes ocre et violet. Leurs flancs escarpés pénètrent des eaux bleues et limpides ourlées de **plages**** paradisiaques.

■ **Mulegé**** – *À 136 km au nord de Loreto.* Au cœur d'un paysage montagneux et aride, cette vallée fertile, regorgeant de palmiers, tient du mirage. Niché dans l'oasis, le charmant village de Mulegé aux rues étroites s'organise autour de la **Plaza Corona***, où se retrouvent les joueurs de domino à l'ombre des bougainvillées. Ici le temps s'écoule lentement, au rythme du paisible **Río Santa Rosalía** (également appelé **Río Mulegé**), qui traverse le village.

Au sommet d'une colline, d'où vous jouirez d'une **vue**** saisissante sur la palmeraie, le village et le golfe de Californie, s'élève la **Misión de Santa Rosalía de Mulegé**. Fondée en 1705 par les franciscains, qui développèrent la culture de la vigne, du coton et du dattier, elle fut endommagée par des inondations, puis abandonnée en 1828.

■ **Santa Rosalía*** – *À 61 km au nord de Mulegé.* Difficile de se croire au Mexique dans ce village singulier, coincé entre deux plateaux face au **golfe de Californie**. Comme en témoignent les usines désaffectées et la locomotive à vapeur exhibée à l'entrée de la localité, Santa Rosalía demeure fortement marquée par son passé minier. Le village fut construit à la fin du 19ᵉ s. par la compagnie française *El Boleo*, dont le nom évoque la forme « en boule » du cuivre découvert dans la région. En 1954, l'épuisement des gisements conduisit au départ des Français, qui ont cependant laissé leur empreinte dans le style architectural des maisons en bois colorées, dotées de vérandas pour certaines, rappelant la Nouvelle-Orléans. L'**église de Santa Bárbara** (1897), dessinée par Gustave Eiffel, est l'un des premiers exemples de construction préfabriquée.

■ **San Ignacio*** – *À 73 km au nord-ouest de Santa Rosalía.* Dans cette zone semi-désertique se profile une oasis dense et colorée, alimentée par le **Río San Ignacio**, au nord du village. Lieu de rendez-vous des habitants, la grand-place, plantée de palmiers-dattiers, est délimitée par des maisons de style colonial et l'**église de San Ignacio***, qui se dresse au sommet d'une volée de marches. La mission, l'une des plus importantes de Basse-Californie à la fin du 18ᵉ s., fut fondée en 1728 par le jésuite Juan Bautista Luyando, mais l'on doit aux dominicains la construction de l'église, achevée en 1786. Derrière sa façade en pierre volcanique, elle renferme de beaux retables baroques.

Ce plaisant village est le point de départ de nombreuses excursions dans la région, notamment pour découvrir les **peintures rupestres**** dans les grottes de la **Sierra de San Francisco** (*pour les conditions de visite, voir « Excursions », p. 559*).

Les ancêtres des muralistes
Les grottes de la Basse-Californie centrale sont peuplées de peintures pariétales représentant des hommes et des animaux (mammifères, poissons, reptiles, oiseaux), bicolores pour la plupart (rouge et noir). Protégés par le climat sec de la région et leur accès difficile, ces témoignages artistiques et rituels d'origine mystérieuse sont très bien conservés, malgré leur 2 000 ans d'âge. Leur découverte récente et le manque de moyens expliquent en grande partie l'insuffisance des recherches, mais depuis le classement des sites par l'UNESCO en 1993, les investigations semblent s'accélérer.

Au nord de San Ignacio, la route traverse de vastes étendues monotones parsemées de cactus, le **Desierto de Vizcaíno**, avant de rejoindre la côte Pacifique.

■ **Guerrero Negro** – *À 150 km au nord de San Ignacio.* Bordée de lagunes s'ouvrant sur le **Pacifique** et située à proximité de la plus grande étendue à ciel ouvert de marais salants du monde, la ville doit son nom au baleinier américain *Black Warrior* (*« Guerrier noir »*), échoué en 1858 dans une des lagunes. Guerrero Negro consiste en une ligne droite de plus de 5 km de long, bordée de constructions en préfabriqué, derrière lesquelles s'étendent d'immenses plages de sable gris, souvent jonchées de déchets. Poussiéreuse et morose, cette localité sans âme doit sa fréquentation touristique aux **baleines grises***** qui se rassemblent dans la **Laguna Ojo de Liebre** de janvier à mars. Si vous vous y arrêtez, vous pourrez descendre dans l'un des nombreux motels, situées au bord de la route principale.

Continuant sa trajectoire vers le nord, la route franchit, à 7 km au nord de Guerrero Negro, le **28ᵉ parallèle** qui sépare les deux États de la Basse-Californie. N'oubliez pas de reculer les aiguilles de votre montre *(1 h de moins au nord)*.

À 136 km de Guerrero Negro, un embranchement à droite vers le golfe de Californie permet d'accéder à la Bahía de los Ángeles (66 km).

■ **La Bahía de los Ángeles*** – Après des kilomètres d'étendues arides, on a l'impression de respirer une bouffée d'oxygène en débouchant sur cette baie. Le village ne présente pas de charme particulier et peut paraître laissé à l'abandon, mais de jolies **îles*** au large sont accessibles en kayak ou en bateau *(plusieurs possibilités d'hébergement dans le village)*.

Récupérez la Mex 1 (km 66), tournez à droite et continuez en direction de Cataviña (165 km).

Sous un soleil de plomb, la Mex 1 continue sa course au cœur du **Parque del Desierto Central de Baja California***. Au cours de cette longue traversée du désert, au pied de plateaux recouverts de rochers et de cactus, dont le gigantesque *cardón*, le tournoiement des rapaces témoigne avec éloquence de l'hostilité de l'environnement.

■ **Cataviña** – Au nord du Parque del Desierto Central de Baja California, vous parvenez à une dizaine de maisons construites dans l'un des décors désertiques les plus spectaculaires de la péninsule. Encerclée de rochers, de lacs salés asséchés et de différentes variétés de cactus, Cataviña semble ne devoir sa survie qu'à sa station-service et à ses hôtels.

À 237 km de Cataviña, à San Telmo de Abajo, quittez la Mex 1 pour suivre une belle route de montagne sur la droite *(78 km, difficilement praticable entre novembre et mars)*. Au nord de la **Sierra San Pedro Mártir** s'étend un des parcs les plus sauvages et les moins fréquentés de la péninsule, le **Parque Nacional Sierra San Pedro Mártir**** (*entrée payante ; quelques kilomètres avant l'entrée du parc, le Rancho Meling fournit des informations et des guides*). Les forêts de conifères et les canyons offrent de nombreuses possibilités de randonnées et abritent une faune variée (coyotes, chats sauvages, cerfs…), et les grimpeurs chevronnés pourront s'attaquer au **Picacho del Diablo*** (3 095 m).

Le nord de la péninsule

Comptez 2 jours.
Taxe à payer à Ensenada, voir rubrique pratique.

En s'éloignant du désert central, la végétation devient plus dense à l'approche des côtes. Bientôt, la Mex 1 longe le Pacifique et coupe des champs de tomates et de brocolis sur fond de volcans, puis s'écarte à nouveau du littoral pour franchir des vallées agricoles fertiles. Cette région empreinte de l'influence économique et touristique américaine connaît une industrialisation et une démographie croissantes,

La Basse-Californie

et les *maquiladoras* (usines étrangères de sous-traitance) se multiplient. Les paysages moins sauvages et les villes plus imposantes rendent cette région moins pittoresque que le reste de la péninsule.

■ **Ensenada** – *À 372 km au nord de Cataviña.* La 3ᵉ plus grande ville de la péninsule est construite au bord de la **Bahía de Todos Santos**, encadrée au nord-est par la vallée de Guadalupe et, au sud, par la vallée de Santo Tomás, deux célèbres **régions viticoles⋆**. Fondé en 1542 par le navigateur portugais João Rodrigues Cabrilho, ce port connut un essor important à la fin du 19ᵉ s. avec la découverte d'or aux environs. Le vaste front de mer, parsemé de pelouses et de palmiers, sépare le port industriel du quartier des bars, des discothèques, des restaurants, des boutiques de prêt-à-porter et de souvenirs, où affluent en masse les Américains le week-end. Cette partie de la ville, un peu surfaite, s'étend sur quelques *cuadras* et diffère du reste de la localité, plus populaire et moins touristique.

À l'extrémité sud de la baie de Todos Santos se trouve la **Bufadora** (souffleuse) *(prenez la Mex 1 vers le sud et, au niveau de Maneadero (16 km), tournez à droite en direction de la Bufadora (20 km).* Dans cette cavité formée par la mer au pied de la falaise s'engouffrent les eaux du Pacifique pour rejaillir violemment en un jet puissant pouvant atteindre une vingtaine de mètres de haut.

Pour rejoindre Tijuana (108 km), deux itinéraires sont possibles : l'un par l'autoroute Mex 1-D (env. 60 pesos) et l'autre par la route Mex 1 (gratuite). Les points de vue offerts de l'autoroute Mex 1-D sont plus impressionnants, car l'on surplombe le Pacifique du haut des falaises. Dans les deux cas sortez d'Ensenada par le bd Costero sur le front de mer vers le nord, et prenez à gauche, bd Azueta, après l'office de tourisme en direction de Tijuana.

■ **Tijuana** – Fièrement affichée à l'entrée de la ville, une banderole proclame que l'on entre dans la « ville frontière la plus visitée au monde » – son statut de *duty-free* y contribue certainement. À la frontière avec les États-Unis, à 30 mn en voiture de San Diego, Tijuana compte plus d'un million d'habitants. Nombre de magasins présentent des babioles en tout genre ; des ânes en bois zébrés « plantés » au coin d'une rue attendent les touristes que l'on coiffe d'un sombrero le temps d'une photo ; des

Tijuana, dernière étape avant les États-Unis

restaurants, des bars et des pharmacies se succèdent de la frontière au centre-ville. Bienvenue dans la « folle » Tijuana, où l'on sent l'énergie dégagée par la rencontre des deux pays. Ici tout se paie en dollars. La journée, les rues grouillent de passants, le soir et le week-end, des hordes d'Américains affluent pour profiter de l'animation nocturne de l'**avenida de la Revolución**, principal axe touristique, où règne une atmosphère à la fois glauque et électrique.

La Paz pratique

ARRIVER-PARTIR

**En avion – L'*Aeropuerto Internacional Márquez de León*, ☎ (612) 122 14 86, est situé à 11 km au sud ouest de La Paz. Vols nationaux quotidiens pour Guadalajara, Loreto, Los Mochis, Mazatlán, Mexico, Tijuana et vols internationaux pour les États-Unis.

En ferry – Le port, accessible en bus ou en taxi, se trouve à *Pichilingüe*, à 16 km au nord de La Paz. Départs quotidiens à 22 h pour Topolobampo et à 15 h pour Mazatlán. Il existe quatre classes (voir p. 542), et les billets se retirent le jour même ou la veille dans une agence de voyages (voir « Adresses utiles »).

En bus – La *Central Camionera*, angle Jalisco et av. Heroes de la Independencia, se trouve à 3 km à l'est du centre-ville. Départs quotidiens pour Puerto San Carlos (4 h), Loreto (5 h 30), Mulegé (8 h), Santa Rosalia (9 h), San Ignacio (10 h), Guerrero Negro (12 h), San Quintín (18 h), Ensenada (20 h), Tijuana (22 h). La gare routière *Aguila Malecón* est située dans le centre-ville, Paseo Obregón entre av. de Mayo et Independencia. Départs quotidiens pour Pichilingüe (20 mn), Todos Santos (1 h 30), Cabo San Lucas (2 h), San José del Cabo (2 h 30), Loreto (5 h 30), Tijuana (22 h). Le *Terminal de Autotransportes de La Paz*, angle Delgado et av. Prieto, propose des bus quotidiens pour Todos Santos (1 h 30), Cabo San Lucas (2 h), San José del Cabo (2 h 30). Pour rejoindre Los Cabos, les bus empruntent soit la « Vía Corta » (route courte par l'ouest) soit la « Vía Larga » (route longue par l'est).

Location de voitures – *Avis*, Paseo Obregón #820, ☎ (612) 122 26 51. *Budget*, Paseo Obregón #582, ☎ (612) 122 76 55. *Hertz*, Paseo Obregón, entre av. Juárez et av Allende, ☎ (612) 122 53 00. Toutes ces agences sont présentes à l'aéroport.

ADRESSES UTILES

Office de tourisme – La *Coordinación Estatal de Turismo*, angle Paseo Obregón et calle 16 de Septiembre, ☎ (612) 121 59 39. Tlj 8 h-15 h/17 h-24 h.

Banque / Change – *Banamex*, angle A. Arreola et C.M. Esquerrero. Lundi-vendredi 8 h 30-16 h 30, samedi 9 h-14 h. *Baja Money Exchange*, angle Mutualismo et A. Arreola, lundi-samedi 9 h 30-17 h 30.

Poste – À l'angle d'av. Revolución et av. Constitución. Lundi-vendredi 8 h-18 h.

Téléphone / Internet – *Viajes Briones*, Paseo Obregón. Tlj 8 h-22 h.

Compagnies aériennes – *Aero California*, Paseo Obregón #550, ☎ (612) 125 10 23. *Aeroméxico*, Paseo Obregón, ☎ (612) 124 63 66, entre av. M. Hidalgo et av. J. M. Morelos.

Agences de voyages – *Viajes Ahome*, angle av. 5 de Mayo et av. G. Prieto, ☎ (612) 125 23 46. Lundi-vendredi 8 h-18 h, week-end 8 h-13 h.

Laveries – *Las Paz Lavas*, Mutualismo #260. Tlj 8 h-22 h.

Santé – *Hospital Salvatierra*, calle Bravo entre Licenciado et Ortíz de Domínguez. *Cruz Roja*, ☎ (612) 122 11 11.

Numéros utiles – *Policía*, ☎ (612) 124 01 99. ***Bomberos*,** ☎ (612) 122 74 74.

OÙ LOGER

Autour de 150 pesos
Pensión California, Degollado #209, ☎ (612) 122 28 96, Fax (612) 123 35 25 – 25 ch. ⌂ 🍽 À 300 m du front de mer, dans le prolongement de la calle Lerdo de Tejada, cet ancien couvent accueille de nombreux routards. Les chambres réparties autour de la cour centrale sont simples, toutes différentes les unes des autres, et relativement propres.

Autour de 250 pesos
La Casa Triskel, I. Allende #305, ☎ (612) 123 05 01, zazou@latinmail.com – 3 ch. 🍽 À trois cuadras du front de mer, à l'angle de la calle A. Serdan, dans une charmante maison en brique rouge agencée autour d'une courette, vous serez cordialement accueilli par un couple franco-mexicain. Les chambres sont joliment décorées et la salle de bains commune est spacieuse. Il règne ici une atmosphère décontractée. Petit-déjeuner inclus.

Hotel Yeneka, av. F. Madero #1520, ☎ / Fax (612) 125 46 88 – 19 ch. ⌂ 🍽 ✗ Cet hôtel original, qui recèle une foule d'antiquités (lampes, fusils, voitures…), propose des chambres sympathiques et colorées.

Autour de 500 pesos
Hotel Las Palmas, Mutualismo #314, ☎ / Fax (612) 122 46 23, palmas@yupimail.com – 7 ch. ⌂ 🍽 cc Autour d'un jardin sur plusieurs niveaux, les jolies chambres disposent d'un coin cuisine et d'un petit salon. Petit-déjeuner inclus. Une bonne adresse.

Autour de 700 pesos
🐚 **Hotel El Ángel Azul**, Independencia #518, ☎ (612) 125 51 30, www.elangelazul.com – 16 ch. ⌂ 🖥 ✗ cc À six cuadras du front de mer, à l'angle de la calle G. Prieto, cette ravissante bâtisse conjugue à la perfection les styles colonial et méditerranéen. Les chambres réparties autour d'un jardin enchanteur sont calmes et impeccablement tenues.

OÙ SE RESTAURER

De 30 à 60 pesos
La Fonda, av. Revolución #1895, ☎ (612) 125 47 00. 🍽 8h-20h, sauf le dimanche. Une dizaine de plats nationaux et une « comida corrida » de très bonne qualité servis en terrasse ou dans la charmante salle aux murs blancs.

Jarrock Café, calle B. Domínguez. 10h-22h, dimanche 10h-16h. Dans ce restaurant-brocante, qui expose des antiquités à l'entrée, d'anciennes machines à coudre font office de tables et les murs sont entièrement tapissés de photos de stars. Un endroit étonnant, tendance « rock'n roll », à la nourriture copieuse et bon marché.

Autour de 100 pesos
Le Bistrot français, Esquerro #10, ☎ (612) 125 60 80. 🍽 cc Tlj 8h-21h. Installé dans l'une des plus anciennes demeures de La Paz, cet établissement, tenu par un couple de Français, propose de la cuisine française traditionnelle dans un joli cadre : crêpes, salades et bons calamars à la catalane.

Autour de 300 pesos
Boungainvillea, Malecón de Vista Coral Local 5, ☎ (612) 122 77 44. 🍽 cc Tlj 13h-23h. Quand vous êtes face à la mer, longez le Malecón vers la gauche et pénétrez dans la marina. Dans ce restaurant, sobre, élégant et idéalement placé, vous dégusterez des fruits de mer, du poisson ou l'un des nombreux plats internationaux de qualité.

OÙ SORTIR, OÙ BOIRE UN VERRE

Discothèques – La Paz Lapa, angle Paseo Obregón et av. 16 de Septiembre. 22h30-3h, sauf les lundi et mercredi. Le lieu le plus branché de La Paz. Tous styles musicaux. Entrée payante. **Las Varitas**, av. Independencia #111. 21h-3h, sauf le lundi. La sciure sur la piste et les danseurs sur les tables donnent le ton. Ambiance torride. Payant le week-end.

LOISIRS

Plongée – Les côtes d'Isla Espíritu Santo, Isla Partida et Los Islotes offrent de nombreux récifs pour la plongée.

Baja Expeditions, angle av. Bravo et Paseo Obregón, ☎ (612) 125 38 28, travel@bajaex.com. **Buceo Carey**, buceocarey@baja.net.mx, Topete #3040, ☎ (612) 123 23 33.

Kayak – Baja Expeditions assure des sorties autour de Isla Espíritu Santo, Isla Partida, San José, Santa Cruz et Santa Catalina.

Pêche – Bureau d'informations à l'hôtel Los Arcos, Paseo Obregón #498.

Location de vélos – Katun, av. 16 de Septiembre. 9 h-22 h, sauf le dimanche.

Observation des baleines – Baja Expeditions propose des départs de La Paz pour la Bahía de Magdalena ou la lagune de San Ignacio.

Todos Santos pratique

ARRIVER-PARTIR

En bus – La gare routière est située au Parque de los Pinos, à 200 m du centre-ville. Départs quotidiens pour Cabo San Lucas (1 h), San José del Cabo (1 h 30) et La Paz (1 h).

ADRESSES UTILES

Office de tourisme – Adressez-vous à la librairie **El Tecolote Libros**, angle Juárez et av. Hidalgo, pour acheter des cartes et demander des renseignements.

Banque / Change – Bancreer, angle Juárez et Obregón. 9 h-13 h, sauf le week-end.

Poste / Téléphone – La poste se trouve calle H. Colegio Militar e/calle M. de León et av. Hidalgo. 8 h-13 h, sauf le week-end. Téléphone, fax, Internet, **El Centro de Mensajes Todos Santos**, calle Juárez angle av. Hidalgo. Lundi-vendredi 10 h-17 h, samedi 10 h-14 h.

OÙ LOGER

Autour de 100 pesos
El Litro RV Park. En direction de Cabo San Lucas, dans la 2ᵉ rue à droite après la station-service. À 15 mn à pied du centre-ville, camping sans prétention, ombragé et bien tenu.

Autour de 200 pesos
Hotel Misión del Pilar, angle H. Colegio Militar et av. Hidalgo, ☎ (612) 145 01 14 – 12 ch. ☏ 🖃 cc Cet hôtel

moderne, sans charme particulier, dispose de chambres simples et propres. L'atout majeur est sa situation centrale.

Autour de 350 pesos
Hotel Way of Nature, ☎ (612) 126 60 60 – 7 ch. ☏ 🌊 ✗ cc De la rue principale B. Juárez, tournez à droite au niveau de la calle Zaragoza et longez le chemin en terre sur 800 m. Au milieu d'une palmeraie, cet hôtel au toit de palmes disposent de chambres vastes et décorées avec goût. Ambiance décontractée.

Autour de 850 pesos
Todos Santos Inn, calle Legaspi #33, ☎ / Fax (612) 145 00 40, todossantosinn@yahoo.com – 4 ch. ☏ 🖃 En plein cœur du centre historique, cette bâtisse en brique rouge abrite un hôtel de charme au superbe mobilier ancien. Les chambres sont sobres et élégantes. Bon accueil.

OÙ SE RESTAURER

De 40 pesos à 80 pesos
Café Brown, angle H. Colegio Militar et. Hidalgo 🍴 Tlj 7 h-21 h. Situé dans la cour de l'hôtel Misión del Pilar, ce restaurant moderne est idéal pour combler un petit creux. Un bon choix pour le petit-déjeuner.

Fonda El Zaguán, Juárez s/n. 🍴 11 h 30-20 h 30, sauf le dimanche. Dans la rue principale, ce restaurant agencé le long d'une étroite terrasse sert des poissons, des fruits de mer et des salades. Cuisine soignée et portions copieuses.

Autour de 100 pesos
Café Todos Santos, Centenario #3 ⌂
cc Tlj 7 h-21 h, sauf le lundi après-midi. Face à l'hôtel Todos Santos Inn. Dans une maison ancienne de Todos Santos, ce charmant restaurant, avec sa terrasse fleurie, propose une bonne cuisine mexicaine, des sandwichs et de nombreux petits-déjeuners. Très prisé mais prix un peu élevés.

Autour de 250 pesos
Café Santa-Fe, Centenario #4. ⌂ cc
12 h-21 h, sauf le mardi. Sur la place centrale de Todos Santos, les touristes et les Mexicains aisés se retrouvent dans le cadre élégant du restaurant chic de Todos Santos. Vous dégusterez une cuisine internationale, essentiellement italienne (pizzas, ravioli, pâtes…), préparée avec des ingrédients locaux de grande fraîcheur.

Cabo San Lucas pratique

ARRIVER-PARTIR

En avion – L'**Aeropuerto Internacional Los Cabos** est situé à 46 km de Cabo San Lucas, à 13 km au nord de San José del Cabo. Vols quotidiens pour Chihuahua, Guadalajara, La Paz, Loreto, Los Mochis, Mazatlán, Mexico et pour les États-Unis. Pour l'aéroport, des minibus partent de la Plaza Las Glorias sur la marina : 2 départs le matin et 2 l'après-midi, env. 90 pesos par personne. En taxi, comptez env. 250 pesos.

En bus – La gare routière **Autotransportes La Paz**, carretera principal a Todos Santos, est située à 3 km au nord de la ville. Plusieurs bus par jour pour Todos Santos (1 h) et La Paz (2 h 15). À proximité se trouve la gare routière **Águila**. Également plusieurs bus par jour pour La Paz (2 h 15). Un départ quotidien pour Loreto (8 h) et Tijuana (24 h).

Location de voitures – **Avis**, Plaza de los Mariachis, ☎ (624) 143 46 07. **Budget**, av. L. Cárdenas s/n, ☎ (624) 143 41 90. **Thrifty**, av. Cárdenas angle av. Morelos, ☎ (624) 143 16 66. Toutes ces agences sont présentes à l'Aeropuerto Internacional los Cabos.

ADRESSES UTILES

Office de tourisme – **Fondo Mixto de Promoción Turística**, av. Madero entre av. Hidalgo et av. Guerrero, ☎ (624) 143 41 80. Lundi-vendredi 9 h-14 h/16 h-19 h, samedi 9 h-13 h.

Banque / Change – **Banco Santander**, angle Cárdenas et Cabo San Lucas. Lundi-vendredi 9 h-16 h, samedi 10 h-14 h. Plusieurs **casas de cambio** sur le bd Marina.

Poste / Téléphone – La poste est située av. Cárdenas s/n. Lundi-vendredi 9 h-16 h, samedi 9 h-12 h. Téléphone, fax et Internet à **Cabonet**, av. Cárdenas, Edificio Posada.

Compagnies aériennes – **Aero California**, Plaza Náutica, bd. Marina, ☎ (624) 143 37 00. **Mexicana**, angle Niños et Héroes Zaragoza, ☎ (624) 143 04 11.

Numéros utiles – **Policía**, ☎ (624) 143 39 77. **Bomberos** (pompiers), ☎ (624) 143 35 77.

Santé – **IMSS hospital**, à 3 km sur la route de Todos Santos, ☎ (624) 143 14 44.

OÙ LOGER

Pendant la haute saison touristique (novembre à avril), les prix augmentent de 15 à 30 %.

Autour de 100 pesos
El Faro Viejo Trailer park, A. MiJares, ☎ / Fax (624) 143 42 11. ✗ Du bd Marina, prenez l'av. Matamoros, tournez à droite à la 10ᵉ cuadra. À 20 mn à pied du centre, ce camping, bien tenu et installé sur un joli terrain, manque cruellement d'ombre.

De 200 pesos à 300 pesos
Hotel Casa Blanca, Revolución s/n, ☎ (624) 143 53 60 – 30 ch. ⌂ ✗
Du bd Marina, prenez l'av. I. Zaragoza,

tournez à droite à la 4e cuadra, et avancez encore d'une cuadra. À 10 mn à pied du centre-ville, ce modeste établissement dispose de chambres spartiates, relativement propres, réparties autour d'une cour recouverte de sable.

Hotel Dos Mares, E. Zapata s/n, ☎ (624) 143 03 30, Fax (624) 143 47 27 – 40 ch. 📶 🔌 📺 🏊 En plein cœur de ville, cet établissement moderne, de type motel, propose des chambres spacieuses et récemment repeintes. L'ensemble sans prétention est une bonne adresse pour ce type de budget.

Autour de 500 pesos
Cabo Inn, 20 de Noviembre, ☎ / Fax (624) 143 08 19 – 20 ch. 📶 🍽 🏊 Le patio arboré de ce charmant hôtel est entouré de petites chambres gaies et colorées. Au dernier étage, la piscine et le coin salon sont un atout incontestable.

Autour de 750 pesos
🍽 **Los Milagros**, Matamoros #16, ☎ / Fax (624) 143 45 66, fish@1cabonet.com.mx – 11 ch. 📶 🍴 🏊 cc Derrière la belle porte en bois se cache un hôtel de charme au cœur de la ville. La maison de style grec, peinte à la chaux, est construite autour d'un jardin fleuri. Les chambres sont belles et impeccablement tenues. Un lieu calme et serein.

De 50 à 100 pesos
El Huarachazo, Mendoza, ☎ (624) 170 28 61 🍴 Tlj 7 h-23 h. De l'av. Cárdenas, tournez à gauche, calle Mendoza, et avancez de 3 cuadras jusqu'au terrain de basket. Hors des sentiers touristiques, cet établissement familial propose une fine cuisine familiale et des petits-déjeuners. Une bonne adresse.

Café Canela, Malecón, ☎ (624) 143 34 35 🍴 cc Tlj 6 h-17 h. L'agréable terrasse, face aux bateaux de la marina, est l'endroit idéal pour prendre une salade ou un petit-déjeuner.

Autour de 400 pesos
La República, angle Morelos et 20 de Noviembre, ☎ (624) 143 34 00 🍴 cc Tlj 18 h-23 h. De l'av. Cárdenas, prenez à gauche calle Morelos et continuez jusqu'à la 3e cuadra. Une cuisine régionale raffinée et originale à déguster dans un ravissant jardin orné d'une fontaine. Goûtez le velouté de courge froid ou le médaillon de crevettes.

Discothèque – El Squid Roe, av. Cárdenas, tlj midi-3 h. Ambiance endiablée et très américaine, salle à l'étage pleine à craquer. Entrée gratuite.

Bars – O Molé Mío, bd. Marina, tlj 12 h-24 h 30. Design soigné et bar branché.

Plongée – Pour découvrir ce lieu de plongée unique, grâce à la transition entre les eaux tropicales et tempérées, adressez-vous à **Amigos del Mar**, bd Marina, ☎ (624) 143 05 05.

Pêche – Solmar Fleet, bd Marina, ☎ (624) 143 04 10, propose des départs quotidiens.

Motos à quatre roues – Cabo's Moto Rent, av.Cárdenas, ☎ (624) 143 08 08.

Équitation – Reyes Collins, Playa El Médano, derrière l'hôtel Meliá San Lucas.

Golf – Il existe plusieurs terrains entre Cabo San Lucas et San José del Cabo. Parmi les plus réputés : **Cabo del Sol**, km 11 : 18 trous. **Palmilla**, km 25 : 18 trous.

Cabo San Lucas pratique

ARRIVER-PARTIR

En avion – Voir Cabo San Lucas p. 554. Des taxis stationnés sur la place Mijares gagnent l'aéroport (env. 90 pesos). Comptez le double pour rejoindre la ville à partir de l'aéroport.

En bus – La gare routière *Águila*, calle González, est située à 1,5 km du centre-ville. Plusieurs départs par jour pour La Paz (2 h) et Cabo San Lucas (30 mn).

Location de voitures – *Thrifty*, Transpeninsular, entre calle González et av. Misiones., ☎ (624) 142 23 80.

ADRESSES UTILES

Office de tourisme – *Dirección General de Turismo Municipal*, angle Guerrero et av. Zaragoza. Lundi-vendredi 8 h-15 h.

Banque / Change – *Bancomer*, angle Zaragoza et Morelos. Lundi-vendredi 8 h 30-11 h 30. *Baja Money Exchange*, bd Mijares. Lundi-samedi 10 h-18 h.

Poste / Téléphone – La poste se trouve bd Mijares, lundi-vendredi 8 h-17 h. Service de téléphone, fax et Internet, Hidalgo #9. Tlj 9 h-22 h.

Numéros utiles – *Policía*, ☎ (624) 142 39 37. *Bomberos*, ☎ (624) 142 24 66.

OÙ LOGER

Pendant la haute saison touristique (novembre à avril), les prix augmentent de 10 à 20 %.

Autour de 200 pesos
Hotel Ceci, Zaragoza #22, ☎ (624) 142 09 07 – 14 ch. ⌁ 🍽 Hôtel rudimentaire aux chambres simples et moyennement propres.

De 350 à 500 pesos
Hotel Colli, calle Hidalgo, ☎ (624) 142 07 25 – 12 ch. ⌁ 🍽 TV Établissement familial en plein centre-ville, sans charme particulier, mais les chambres confortables sont impeccablement tenues.

Hotel Posada Terranova, calle Degollado, ☎ (624) 142 05 34, Fax (624) 142 09 02 – 21 ch. ⌁ 🍽 ♪ TV CC

Ce petit hôtel moderne dispose de chambres spacieuses, décoré d'un beau mobilier en bois. Personnel attentionné. Une bonne adresse.

Autour de 850 pesos
Tropicana Inn, bd Mijares #30, ☎ (624) 142 09 27, Fax (624) 142 15 90 – 40 ch. ⌁ 🍽 ♪ TV ✕ ☷ CC Derrière la grande salle de restaurant, de ravissantes chambres bien tenues autour d'un joli jardin fleuri. Hôtel très fréquenté.

OÙ SE RESTAURER

De 30 à 60 pesos
Mercado Municipal, calle Ibara. Tlj 7 h-17 h. Plusieurs « loncherías » proposent des plats du jour pour un prix modique.

Los Gallos, calle Coronado. Tlj 7 h-22 h. Dos à l'église, longez sur la droite la calle Hidalgo jusqu'à l'intersection de la calle Coronado. Impossible de rater cet établissement aux murs jaune vif sur lesquels sont peints deux coqs. De nombreux employés s'y retrouvent autour de spécialités mexicaines à des prix corrects. Petits-déjeuners copieux.

Autour de 400 pesos
El Chilar, calle B. Juárez #1490, ☎ (624) 142 25 44. CC Tlj 15 h-22 h. Dos à l'église longez sur la droite la calle Hidalgo, prenez à droite calle Juárez jusqu'à la 2ᵉ cuadra. Ce bon restaurant mexicain tenu par des amoureux de la cuisine change de carte tous les mois. Dans un décor simple et gai, on vous servira une cuisine de qualité.

Autour de 400 pesos
Tequila, calle Doblado, ☎ (624) 142 11 55 🍴 CC Tlj 18 h-22 h 30. Très bel établissement avec, à l'entrée, un bar pour siroter un verre ou fumer le cigare. En contrebas, le jardin arboré offre un cadre de choix pour une délicieuse cuisine méditerranéenne et mexicaine.

LOISIRS

Pêche – *Punta Gorda Sportfishing*, bd Mijares, ☎ (624) 142 11 54, organise des sorties.

Kayak – Balades en mer aux alentours et jusqu'à Cabo Pulmo. *Los Lobos del Mar*, Brisa del Mar RV park, ☎ (624) 142 29 83.

Golf / Tennis – *San José Country Club*, au sud de San José, ☎ (624) 142 09 05. Terrains de tennis et parcours 9 trous (voir aussi p. 555).

Le centre de la péninsule pratique

ARRIVER-PARTIR

En avion – De Loreto, vols quotidiens pour La Paz et Los Angeles avec *Aero California*, ☎ (613) 135 05 00.

En bus – Les bús La Paz-Tijuana (voir p. 551) desservent toutes les villes citées. Seules Puerto San Carlos et Bahía de los Ángeles n'ont pas de service de bus.

ADRESSES UTILES

Office de tourisme – *El Departamento de Turismo Municipal*, angle calle Madero et Francisco, Loreto, ☎ (613) 135 04 11. 8h-15h, sauf le week-end.

Banque / Change – Banques et distributeurs à Loreto, Santa Rosalia et Guerreo Negro. Bureau de change à Mulegé. Dans la plupart des cas, il est possible de régler en dollars.

OÙ LOGER

• **Loreto**

Autour de 100 pesos
El Moro R. V. Park, calle Rosando Robles #8, ☎ (613) 135 05 42. Ce camping du centre-ville dispose d'une dizaine d'emplacements. Certains sont ombragés, l'ensemble est relativement bien tenu.

De 250 pesos à 400 pesos
Posada San Martin, angle B. Juárez et Davis #4, ☎ (613) 135 07 92 – 9 ch. ⌂ 📺 Ce petit établissement central est un des plus avenants dans cette catégorie. Les chambres sont simples mais propres.

Hotel Las Trojes, calle Davis, ☎ / Fax (613) 135 02 77 – 8 ch. ⌂ 📺 ⚒ En entrant dans Loreto par la rue principale Salvatierra, dirigez-vous vers le front de

mer, tournez à gauche, calle Davis, et continuez pendant 1,5 km, l'hôtel est à droite. Voici un des établissements les plus charmants de Loreto. Certaines chambres ont une vue directe sur la mer, elles sont chaleureuses et jolies. Un Jacuzzi se trouve dans le jardin qui sépare l'hôtel de la plage.

• **Mulegé**

Autour de 150 pesos
Casa de Huespedes Canett, calle Madero, ☎ (615) 153 01 75 – 6 ch. ⌂ ⚒ Cette grande maison, tenue par une dame charmante, abrite des chambres spartiates et propres. Dès 6h du matin, la cloche de l'église voisine retentit chaque 1/4 d'h.

Autour de 300 pesos
Hotel Terrazas, calle Zaragoza, ☎ (615) 153 00 09 – 20 ch. ⌂ 📺 📺 Vaste hôtel simple et agréable dont la grande terrasse offre un joli point de vue sur Mulegé. Les chambres, sans charme particulier, sont bien tenues.

Hotel Vieja Hacienda, calle Madero #3, ☎ / fax (615) 153 00 21 – 23 ch. ⌂ 📺 📺 La grande porte en bois ouvre sur une cour égayée par un magnifique bougainvillier et des palmiers. Les chambres sont ravissantes et confortables. Une bonne adresse.

• **Santa Rosalía**

De 250 pesos à 350 pesos
Hotel María de Los Angeles, av. Obregón #1, ☎ (615) 152 00 75 – 8 ch. ⌂ 📺 ⚒ 📺 ✗ Sur la place, à l'entrée du village. Vous entrerez par la terrasse du restaurant Los Terco's. Cet hôtel bien tenu propose des chambres petites, propres et confortables.

Hotel Francés, calle Cousteau, ☎ / Fax (615) 152 20 52 – 17 ch. 🍴▤ 📺 ✗ 🏊 Cette belle et grande maison en bois, construite par les Français en 1886, abrite un petit musée exposant des pièces de la mine de cuivre. Le prix des chambres est peu excessif pour les prestations proposées. Un hôtel surprenant, à l'image de la ville.

• **San Ignacio**

Autour de 200 pesos
Hotel Posada, av. Carranza #22, ☎ (615) 154 03 13 – 6 ch. 🍴 🌴 Prenez face à l'église, le chemin sur la gauche et continuez pendant 800 m. Cet hôtel calme, agencé comme un motel, sans charme particulier, dispose de chambres rudimentaires et propres.

Autour de 800 pesos
Hotel La Pinta, ☎ / Fax (615) 154 03 00 – 27 ch. 🍴▤ 📺 🏊 CC À 400 m avant le village se trouve cet établissement de plain-pied, aux allures d'hacienda. Les chambres sont grandes et disposent de tout le confort d'un hôtel de ce standing.

• **Cataviña**

Autour de 250 pesos
Rancho Santa Inés – 3 ch. 🍴 ✗ Prenez à droite 2 km avant Cataviña en venant du sud, et continuez pendant 400 m. Ce petit ranch familial dispose de chambres et de dortoirs, au confort spartiate mais relativement propres. Bonne ambiance.

Autour de 800 pesos
Hotel La Pinta, ☎ (833) 176 26 01 – 27 ch. 🍴▤ 📺 ✗ 🏊 🍸 CC À côté de la station-service, cet hôtel propose des chambres spacieuses et confortables.

Où se restaurer

• **Loreto**

Autour de 50 pesos
Fonda Canipole, angle P. Suárez et Magdalena 🍴 Tlj 8 h-22 h. Derrière l'office de tourisme, ce restaurant sert une très bonne cuisine familiale dans un cadre agréable.
Café Olé, calle Madero, ☎ (613) 135 04 96 🍴 7 h-21 h 30, dimanche 7 h-13 h 30. À côté de l'hôtel Las Flores. Dans la salle tapissée de cartes de visite ou sur la terrasse, vous apprécierez une restauration rapide (sandwichs, hamburgers…) et quelques plats mexicains. Idéal pour combler un creux ou pour le petit-déjeuner.

Autour de 150 pesos
Chile Willie, calle L. Mateos. Tlj 10 h-23 h. Les baies vitrées de la salle offrent un point de vue exceptionnel sur la mer. Les poissons et fruits de mer sont très bien préparés.

• **Mulegé**

De 40 à 70 pesos
Asado Ramon, calle Rubio. Tlj 7 h-20 h. Comme le clame le propriétaire, vous êtes ici chez le spécialiste du taco à Mulegé, ce que les habitués ne démentent pas.

Rosario's Patio, angle Zaragoza et Moctezuma, ☎ (615) 153 03 06. 7 h 30-22 h 30, sauf le mercredi 🍴 À l'ombre d'une agréable terrasse, vous goûterez des plats mexicains ou des pizzas. Très bien pour le petit-déjeuner.

Autour de 100 pesos
Los Equipales, calle Moctezuma, ☎ (615) 153 43 36. Tlj 8 h-22 h 30. À quelques mètres de l'hôtel Terrazas, dans une jolie salle à l'étage aux briques rouges et aux poutres apparentes, ce restaurant propose une bonne cuisine. Spécialisé en fruits de mer, il sert également des plats mexicains, des sandwichs et des hamburgers.

• **Santa Rosalía**

Autour de 50 pesos
El Portal Taco, angle calle Constitución et calle 3ra, ☎ (615) 152 00 71. 20 h-minuit, sauf le lundi. Installé sur une terrasse en bois surplombant la rue, ce restaurant sympathique propose des tacos et des brochettes.

Terco's Pollito, av. Obregón #1 (sous l'hôtel Maria de Los Ángeles). Aux murs, les photos sont consacrées à la mine de cuivre. Fruits de mer et plats mexicains tout à fait corrects.

• **San Ignacio**

Autour de 50 pesos
Chalita, calle Hidalgo. Tlj 8 h-22 h. Sur la place centrale, ce restaurant modeste, fréquenté par les locaux, sert de la cuisine familiale.

- **Cataviña**

Autour de 50 pesos
Antojitos Mexicanos. À la sortie nord de Cataviña, sur la droite, ce restaurant de cuisine mexicaine sans prétention est une bonne escale au milieu du désert.

LOISIRS

Excursions – Des agences proposent l'observation de baleines de janvier à mars et la découverte des peintures ru-pestres de San Borjita, à 2 h de route au nord de Mulegé, et celles de la sierra de San Francisco, au départ de San Ignacio. Guide obligatoire et enregistrement nécessaire auprès de l'INAH, à côté de l'église de San Ignacio.

Activités nautiques – Les agences et les hôtels de la plupart des villes côtières (essentiellement Loreto et Mulegé) programment de la pêche, de la plongée ou du kayak.

Ensenada pratique

ARRIVER-PARTIR

En bus – La **Central de Autobuses** se trouve av. Riveroll #1075, à 10 cuadras du centre touristique. Quatre départs quotidiens pour La Paz et toutes les 30 mn pour Tijuana.

ADRESSES UTILES

Office de tourisme – COTUCO, angle bd Costero et J. Azueta #540, ☎ (646) 178 24 11. 9 h-18 h, samedi 10 h-15 h, dimanche 11 h-15 h.

Poste – Angle calle Club Rotario #93 et av. Mateos. Lundi-vendredi 8 h-15 h 30, samedi 8 h-12 h.

Banque / Change – Bital, angle av. Castelum et av. Juárez. 8 h-19 h, samedi 8 h-17 h 30.

Bureau d'immigration – L'**Instituto Nacional de Migración**, av. Azueta #101, applique une taxe **(DNI)** de 185 pesos aux voyageurs venant du nord et continuant vers le sud.

Numéros utiles – Policía, ☎ 060. **Bomberos**, ☎ 068. **Cruz Roja**, ☎ 066.

Santé – Clínica Hospital ISSSTE, angle Sanginés et av. P. Loyola, ☎ (646) 176 52 76.

OÙ LOGER

De mai à août et le week-end, les prix sont susceptibles d'augmenter de 15 à 30 %.

Autour de 300 pesos
Motel América, av. L. Mateos #1309, ☎ (646) 176 13 33 – 20 ch. ⌐ TV En venant du sud par la route Mex 1, tournez à gauche av. L. Mateos et continuez pendant 1,2 km. Ce motel bien tenu dispose de grandes chambres confortables équipées d'un coin cuisine. Une bonne adresse pour ce type de budget.

Autour de 500 pesos
Days Inn, av. L. Mateos #1050, ☎ (646) 178 34 34, Fax (646) 178 38 37 – 65 ch. ⌐ ▤ ✐ TV ✗ ⊿ cc En venant du sud par la route Mex 1, tournez à gauche av. L. Mateos et continuez 1,5 km. En plein cœur de l'animation de la ville, ce motel en bois rose propose des chambres colorées et confortables. Petit-déjeuner inclus dans le prix.

OÙ SE RESTAURER

De 30 à 70 pesos
La Baguette, bd L. Cárdenas #1030, ☎ (646) 178 28 14. Tlj 7 h 30-21 h 30. Prenez la calle Castillo face à l'hôtel Cortez, tournez à droite. Voici une boulangerie-pâtisserie à l'accent français : millefeuilles, tartes aux fraises, croissants, idéal pour le petit-déjeuner.

Las Parillas, angle calle Espinoza et calle 7a, ☎ (646) 176 17 28. Tlj 7 h 30-22 h 30. Du motel América, longez la calle Espinoza et continuez pendant 6 cuadras. Hors du circuit touristique, ce restaurant, où se pressent de nombreux employés, propose des « antojitos » et une « comida corrida » de bonne qualité.

De 200 à 300 pesos
Mariscos de Bahía de Ensenada, av. Riveroll #109, ☎ (646) 178 10 15. CC Tlj 10h-22h. De l'av. Lopez Mateos prenez la calle Riveroll vers la ville. Dans cette salle bruyante, vous êtes chez le spécialiste du fruit de mer à Ensenada.

Bar – *Hussong's Cantina*, av. Ruiz #113. Tlj 10h-2h. Une des premières « cantina » à Ensenada. Décor authentique, fréquenté par de nombreux touristes.

Tijuana pratique

ARRIVER-PARTIR

En avion – L'*Aeropuerto Internacional Abelardo L. Rodríguez*, ☎ (664) 683 20 21, est situé à 13 km à l'est de la ville. Vols quotidiens pour la plupart des villes mexicaines et pour de nombreuses villes aux États-Unis. Pour les compagnies, voir « Adresses utiles ».

En bus – La **Central de Autobuses**, angle av. L. Cárdenas et bd Arroyo Alamar, ☎ (664) 680 90 60, dessert plusieurs fois par jour La Paz (24h) en s'arrêtant dans les villes principales de Basse-Californie. Départs quotidiens pour la plupart des grandes villes mexicaines : Acapulco (32h), Chihuahua (22h), Guadalajara (35h), Los Mochis (19h) Mexico (42h). Bus quotidiens pour San Diego (1h15) et Los Angeles (3h30) aux États-Unis. Du centre-ville, les bus **ABC**, av. Madero, angle calle 1a, desservent Ensenada toutes les 30mn. Pour rejoindre San Diego (20mn), prenez un bus, départs toutes les 20mn av. Revolución, entre les calles 6a et 7a, jusqu'au trolley de San Ysidro, bus toutes les 15mn pour San Diego (40mn).

Location de voitures – **Avis**, Aeropuerto, ☎ (664) 683 23 10. **Budget**, Aeropuerto, ☎ (664) 683 29 05. **Hertz**, Aeropuerto, ☎ (664) 683 20 80.

ADRESSES UTILES

Office de tourisme – *SECTUR*, angle calle Revolución et calle 1ra. 8h-17h, samedi-dimanche 10h-17h.

Poste / Téléphone – La poste se trouve angle calle 11a et Negrete, 8h-17h, samedi 9h-13h. Service de téléphone calle 1a, entre av. Revolución et av. Constitución. Tlj 8h-22h.

Banque / Change – *Bital*, angle av. Revolución et calle 2a. Lundi-vendredi 8h-19h, samedi 8h-17h30.

Internet – Av. Revolución entre calle 2a et calle 3a. Tlj 8h-23h.

Compagnies aériennes – *Aero California*, Plaza Río Tijuana C-20, Paseo de los Héroes, ☎ (664) 684 28 76. ***AeroMéxico***, av. Revolución, ☎ (664) 685 44 01. ***Mexicana***, Edificio Fontana, Diego Rivera #1511, ☎ (664) 634 65 66.

Représentations diplomatiques – *Consulat du Canada*, Calle G. Gedovius #5, ☎ (664) 684 04 61, ***Consulat de France***, av. Revolución #1651, ☎ (664) 685 71 77.

Numéros utiles – *Policía*, ☎ 060. ***Bomberos***, ☎ 068. ***Cruz Roja***, ☎ 066.

OÙ LOGER

Autour de 150 pesos
Hotel Guadalajara de Tijuana, av. Madero #620, ☎ (664) 685 71 30 – 42 ch. ⬧ ✆ Les chambres, rudimentaires et assez propres, n'ont absolument rien d'exceptionnel, mais c'est l'un des hôtels les moins chers de Tijuana.

De 250 à 350 pesos
Hotel St Francis, calle 2a #8279, ☎ (664) 685 49 03 – 29 ch. ⬧ TV Installé dans un des plus anciens bâtiments

de la ville, cet hôtel dispose de chambres simples et bien tenues, bruyantes côté rue.

Villa Bonita, calle 3a #7856, ☎ (664) 685 90 30 – 50 ch. ⌘ ℘ TV Légèrement éloigné du brouhaha de l'av. Revolución, le plus charmant des hôtels du centre-ville propose des chambres mignonnes autour d'un petit patio arboré.

Autour de 500 pesos

La Villa de Zaragoza, av. Madero #1120, ☎ (664) 685 18 32, Fax (664) 685 18 37 – 66 ch. ⌘ 🍽 ℘ TV ✕ CC Ce motel, égayé par des plantes, propose de grandes chambres modernes et confortables pour un bon rapport qualité-prix.

OÙ SE RESTAURER,
OÙ BOIRE UN VERRE

Dans l'av. Revolución, vous trouverez une profusion de restaurants et de bars, où les boissons coulent à flots sur des rythmes musicaux explosifs.

Autour de 60 pesos

Restaurant La Villa, av. Madero #1120, ☎ (664) 685 18 26 CC Tlj 7h-23h. Le restaurant de l'hôtel La Villa de Zaragoza propose des plats mexicains, des sandwichs et un menu de midi très attrayant.

Autour de 100 pesos

Chiki Jai, av. Revolución #1388, ☎ (664) 685 49 55. Tlj 11h-21h. Créé en 1947, ce restaurant basque, dont le nom signifie « petite fête », sert dans une salle chaleureuse des spécialités espagnoles (paella, jambon cru…).

Café La Especial, av. Revolución #718, entre les calles 2 et 3 ☎ (664) 685 66 54 CC Tlj 9h-22h30. Descendez quelques marches pour accéder à la salle au mobilier en bois peint et aux murs recouverts de scènes de corridas. Cuisine mexicaine et clientèle touristique. Service rapide.

Autour de 300 pesos

La Costa, calle 7a, ☎ (664) 685 31 24. CC tlj 10h-23h. Chaque spécialité de fruits de mer et de poissons est accompagnée d'une entrée et d'une soupe. Goûtez l'« ajillo camarones » (crevettes à l'huile d'olive et au piment).

LOISIRS

Corrida – El Toreo de Tijuana, bd. Agua Caliente #100. Certains dimanches de mai à novembre. Informations : av. Revolución, entre calle 2 et calle 3, face à l'hôtel Lafayette.

NOTES

NOTES

NOTES

NOTES

■ **La Valenciana** – *À 5 km au nord de Guanajuato par la route de Dolores Hidalgo. Bus en direction de «Cristo Rey» ou de «La Valenciana» sur la calle Alhóndiga.* Ouverte en 1760, la **Mina de la Valenciana** (*tlj 9h-17h, entrée payante. Accès uniquement au site, la mine elle-même étant fermée à la visite*), cernée par une haute et sévère enceinte, fut la plus riche de la ville. Fermée après la révolution, cette mine d'argent, d'or, de nickel et de plomb a été réouverte en 1968 et est exploitée en coopérative. La vue panoramique sur la ville est saisissante.

Des mineurs vous serviront de guides pour la visite de la mine voisine, la **Bocamina San Cayetano*** (*tlj 10h-18h; entrée payante, visite guidée de 25mn*). Une grande maquette permet d'appréhender l'ensemble de l'exploitation. La descente dans l'étroit boyau d'une galerie par un escalier grossièrement sculpté dans la roche est impressionnante, et il faut bien reprendre son souffle avant d'opérer la remontée.

À proximité des mines, l'**église de San Cayetano de la Valenciana***** (*10h-18h, fermée le lundi*) est considérée, à juste titre, comme la plus belle de la région. Avec un peu de chance, vous pourrez assister à un mariage de notables. Construite entre 1775 et 1778 à la demande du comte de Rul, propriétaire de la mine éponyme, elle témoigne avec éloquence de sa prospérité. Les **façades** principale et latérale, en pierre de taille rose, sont magnifiquement ouvragées. À l'intérieur, les trois fastueux **retables** churrigueresques dorés à la feuille, débauche de baldaquins et de pilastres, comptent parmi les plus somptueux du pays. Le couvent mitoyen abrite aujourd'hui l'Université de lettres et de philosophie.

■ **Cata** – 5 km plus loin sur la même route, ce village est renommé pour sa belle **église**** baroque du 17ᵉ s., qui possède une remarquable façade churrigueresque en *cantera* rose et deux imposants retables. Sur la droite s'ouvre une **chapelle** aux parois couvertes de petites pierres grises déposées en offrande par les mineurs à leur patronne, Nuestra Señora de los Dolores.

■ **La Mina de San Juan de Rayas*** – *Accès libre.* À 2 km à l'est de Cata, la route d'accès à la mine se termine en cul-de-sac sur le site de l'ancien puits, un des plus grands du monde, autour duquel s'ordonnent d'antiques constructions désaffectées. Découverte en 1550 par Juan de Rayas, la première mine exploitée du pays, toujours en activité, scella le destin de Guanajuato. Du gigantesque contrefort, qui domine l'entrée de la mine et la vallée, vous jouirez d'une **vue panoramique**** sur Guanajuato et ses environs.

À l'arrière de l'esplanade, un escalier monte au paisible hameau de **Mellado***, où l'on pourra visiter l'**église de la Merced** et les ruines du **couvent del Carmen** (*dimanche 10h-18h; entrée libre*).

Guanajuato pratique

ARRIVER-PARTIR

En bus – La **Central de Autobuses**, ☎ (473) 733 13 29, à 4 km au sud-ouest de la ville sur la route de Querétaro, est desservie par des bus affichant «Centro». **ETN**, ☎ (473) 733 15 79; **Primera Plus**, ☎ (473) 733 13 26; **Ómnibus de Mexico**, ☎ (473) 732 04 38; **Estrella Blanca**, ☎ (473) 733 13 44; **Flecha Amarilla**, ☎ (473) 732 02 77.

4 départs pour Aguascalientes (2h); départs toutes les 30mn vers Dolores Hidalgo (1h30); 9 bus de 9h à 23h pour Guadalajara (5h); départs toutes les 10mn pour Léon (50mn); 21 départs de 9h à minuit vers Mexico (5h); 4 départs de 8h à 16h pour Morelia (5h); 11 départs de 7h à 18h pour Querétaro (3h30); 4 départs de 7h à 19h pour San Luis Potosí (4h); 11 départs de 7h à 19h pour San Miguel de Allende (1h30).

Le Centre

En avion – L'*Aeropuerto Internacional El Bajío* se trouve à 40 km à l'ouest de la ville. Comptez 40 mn et 200 pesos en taxi. Les compagnies *Aerocalifornia*, *AeroMéxico* et *Mexicana* (pas de représentation à Guanajuato, voir « Agences de voyages ») desservent Mexico, Monterrey, Guadalajara, Tijuana, Acapulco, et Puerto Vallarta.

COMMENT CIRCULER

En bus – Toutes les lignes passent par le Jardín Unión (en tunnel), la Plaza de la Paz et la Alhóndiga de Granaditas. Les bus circulent jusqu'à 22 h.

En taxi – Le taxi est le seul moyen de se déplacer la nuit. Comptez env. 30 pesos pour une course en ville. C'est également une bonne solution pour effectuer des excursions aux environs (env. 400 pesos la journée). ☎ (473) 732 10 60.

ADRESSES UTILES

Office de tourisme – *Cotur*, Plaza de la Paz #14, ☎ (473) 732 15 74 / 76 87. Lundi-vendredi 9 h 30-19 h, samedi-dimanche 10 h-14 h.

Banque / Change – Nombreux distributeurs de billets 24 h/24 sur la Plaza de la Paz (distributeur dans le hall de la clinique, à côté de l'office de tourisme) et le long de l'av. Juárez.

Poste – Lascuaraín de Retana. Lundi-vendredi 8 h-19 h, samedi 8 h-13 h.

Internet – *Y2K*, Juan Valle #4 et 8. 9 h-minuit sauf le dimanche. *Redes Internet*, Alonso #70, ☎ (473) 732 04 87. Lundi-vendredi 10 h-20 h, samedi 10 h-15 h.

Santé – *Centro Médico de la Presa*, Paseo de la Presa #85, ☎ (473) 731 10 74.

Sécurité – *Policía*, ☎ (473) 732 02 82. *Ángeles Verdes*, ☎ (473) 732 01 19.

Laverie – *Lava Nube*, Plaza San Fernando #46, ☎ (473) 732 99 30. Tlj 9 h-21 h.

Agences de voyages – *Fraustro*, Obregon #10, ☎ (473) 732 35 80. *Cambio 2000*, Paseo Madero #32, ☎ (473) 731 00 82.

OÙ LOGER

Les hôtels doublent leurs tarifs durant le festival Cervantino. Un système non officiel de location de chambres chez l'habitant (voir Turhistoria à la rubrique « Loisirs ») s'est développé pour les besoins de la population estudiantine.

Moins de 100 pesos par personne
Youth Hostal, Patrocinio #1, Plaza de los Angeles – 12 lits en dortoir. Centrale et récente, cette auberge n'est pas encore rodée. Confort spartiate mais emplacement exceptionnel. Sonnez et insistez.
☺ **Casa Kloster**, De Alonso #32, ☎ (473) 732 00 88 – 18 ch. Cette auberge de jeunesse est abritée dans une demeure calme. Les chambres et les dortoirs s'ordonnent autour d'un patio fleuri agrémenté de cages d'oiseaux. Central, bien tenu et convivial.

De 200 à 350 pesos
☺ **Casa Constancia**, Constancia #13, ☎ (473) 732 18 52 – 6 ch. ◄│ TV Dominant la ville, cette maison de famille calme, agréable et bien tenue, construite sur plusieurs niveaux, est réservée à ceux que les escaliers n'effraient pas. Les chambres sont coquettes, l'ambiance conviviale. Terrasse avec vue panoramique.
Mansión del Cantador, Cantador #19, ☎ (473) 732 68 88, Fax (473) 732 23 64 – 42 ch. ◄│ TV ✕ CC Un hôtel tout neuf, moderne, calme et agréable, un peu en retrait du centre offrant des chambres confortables et bien tenues.
☺ **Hostal Cantarranas**, Cantarranas #50, ☎ (473) 732 52 41 – 12 ch. ◄│ ℰ TV Une jolie maison tout en hauteur donnant sur une charmante place du centre-ville. Les chambres confortables, certaines avec kitchenette, sont décorées dans le style mexicain. Optez pour une chambre en étages, plus claire. Une terrasse-solarium bien aménagée offre une belle vue sur la ville. Excellent rapport qualité-prix.

De 350 à 550 pesos
Mesón del Rosario, av. Juárez #31, ☎ (473) 732 32 84 – 33 ch. ◄│ ✕ TV CC Une somptueuse entrée ancienne s'ouvre sur des chambres agréables et confortables, plutôt jolies. Une bonne option dans cette catégorie.

Casa de Dulcinea, Positos #44, ☎ (473) 732 39 23 – 9 ch. ⌂ TV CC On choisira ce petit hôtel central pour son intimité. Les chambres simples et confortables sont plaisantes.

Casa de las Manrique, av. Juárez #11, ☎ (473) 732 76 78 – 8 ch. ⌂ ℘ ⤴ TV ✗ CC Central, ce vieil édifice au charme désuet abrite des chambres vastes, confortables, mais un peu sombres. Celles donnant sur la rue disposent d'un balcon mais sont plus bruyantes.

Casa de Sancho, 5 de Mayo #24, en face de la Alhóndiga de Granaditas, ☎ (473) 732 04 32 – 10 ch. ⌂ TV Petite sœur de la Casa de Dulcinea, cette maison intime au charme colonial propose des chambres joliment décorées.

De 600 à 850 pesos

Mesón de los Poetas, Positos #35, ☎ (473) 732 66 55, Fax (473) 732 54 64 – 27 ch. ⌂ ℘ TV ⤴ CC Cet hôtel récent, tout en niveaux, occupe plusieurs maisons. De vastes chambres avec kitchenette, fort agréables, portent chacune le nom d'un poète mexicain.

☺**Hostería del Frayle**, Sopeña #3, ☎ (473) 732 11 79 – 37 ch. ⌂ ℘ TV ✗ CC Central, cet hôtel possède tout le charme d'un édifice colonial, qui fut autrefois l'Hôtel de la monnaie. Des chambres classiques et fonctionnelles.

Posada Santa Fe, Jardín Unión, ☎ (473) 732 00 84, Fax (473) 732 46 53, santafe@redes.int.com.mx – 50 ch. ⌂ ℘ ⤴ TV CC Des chambres au mobilier rustique mexicain dans un palais colonial majestueux. Le côté jardin, plus bruyant, offre un poste d'observation exceptionnel.

Hotel Luna, Jardín Unión #6, ☎ (473) 732 97 20, Fax (473) 732 97 25, hluna@prodigy.net.mx – 21 ch. ⌂ ℘ ⤴ TV ✗ CC Très bien située, cette noble demeure accueillit en son temps Porfirio Díaz. Chambres classiques, confortables et joliment décorées. Celles donnant sur la place sont particulièrement charmantes, mais bruyantes.

De 1500 à 2000 pesos

☺**La Casa de Espíritus Alegres**, ex-Hacienda La Trinidad #1, Marfil, ☎ / Fax (473) 733 10 13, casaspirit@aol.com – 8 ch. ⌂ CC Dans une demeure du 18ᵉ s., ce B & B de charme est l'hôtel le plus attachant de Guanajuato.

La décoration est un hymne à l'artisanat mexicain, et les chambres sont chaleureuses et douillettes. Le salon et le jardin sont des lieux de rencontres conviviaux. Le petit-déjeuner pris en commun est aussi spectaculaire que délicieux. Une adresse inoubliable.

☺**Quinta de las Acacias**, Paseo de la Presa #168, ☎ (473) 731 15 17 / 01 800 710 89 38, Fax (473) 731 18 62, acacias@int.com.mx, www.quintalasacacias.com.mx – 9 ch. ⌂ ℘ TV 🗐 ⤴ ✗ CC Une vaste demeure de famille convertie en hôtel de charme. Les chambres style mexicain ou européen sont raffinées jusque dans le moindre détail. Le jardin en surplomb de la propriété jouit d'une belle vue sur la Presa. Terrasse aménagée avec petite piscine-jacuzzi. Service chaleureux et impeccable.

OÙ SE RESTAURER

Moins de 50 pesos

☺**El Café Galería**, Sopeña #10, ☎ (473) 732 25 66 ⛾ Tlj 8h-minuit. Décoration intérieure soignée et belle terrasse à côté du théâtre Juárez. Carte courte de salades, de sandwichs et de plats mexicains simples. Prix légers.

Yogurt Jardín, Juan Valle #4, ☎ (473) 732 95 28. 9h-17h30 sauf le dimanche. Cinq tables dans un patio pour déguster une cuisine 100 % végétarienne.

De 50 à 80 pesos

☺**Truco 7**, Truco #7, ☎ (473) 732 83 74. Tlj 8h30-23h. Cuisine mexicaine simple et pas chère. L'endroit, joliment décoré et à la mode, est très fréquenté par les étudiants. Musique parfois un peu forte.

El Retiro, Sopeña #12, ☎ (473) 732 06 22. Tlj 8h-23h pour le bar et 13h-1h pour le restaurant. Cuisine mexicaine (« mole poblano ») économique et bien servie dans un joli patio.

La Oreja de Van Gogh, Plaza San Fernando #24 ☎ (473) 732 03 01 ⛾ Tlj 8h-minuit. Pour profiter de l'intimité de la place en savourant une cuisine mexicaine simple. Dommage que le service soit un peu désinvolte.

Las Embajadoras, Paseo Embajadoras, ☎ (473) 732 00 81 ⛾ Tlj 8h-22h. Ce restaurant à la cuisine familiale et aux prix doux est très couru pour sa « comida corrida ». Salle intérieure et terrasse donnent sur un jardin calme.

Le Centre